Reibold/Seebach/Dahlkamp

Praxis des Notariats

13. überarbeitete Auflage

bearbeitet von
Dr. Daniel Seebach und Christoph Dahlkamp

begründet von
Friedrich J. Reibold

IMPRESSUM

Bibliografische Information der Deutschen Nationalbibliothek
Die Deutsche Nationalbibliothek verzeichnet diese Publikation in der Deutschen Nationalbibliografie; detaillierte bibliografische Daten sind im Internet über http://dnb.d-nb.de abrufbar.

© 2019 by Deubner Verlag GmbH & Co. KG

Wichtiger Hinweis
Die Deubner Verlag GmbH & Co. KG ist bemüht, ihre Produkte jeweils nach neuesten Erkenntnissen zu erstellen. Deren Richtigkeit sowie inhaltliche und technische Fehlerfreiheit werden ausdrücklich nicht zugesichert. Die Deubner Verlag GmbH & Co. KG gibt auch keine Zusicherung für die Anwendbarkeit bzw. Verwendbarkeit ihrer Produkte zu einem bestimmten Zweck. Die Auswahl der Ware, deren Einsatz und Nutzung fallen ausschließlich in den Verantwortungsbereich des Kunden.

Deubner Verlag GmbH & Co. KG
Sitz in Köln
Registergericht Köln
HRA 16268

Persönlich haftende Gesellschafterin:
Deubner Verlag Beteiligungs GmbH
Sitz in Köln
Registergericht Köln
HRB 37127
Geschäftsführer: Ralf Wagner, Werner Pehland

Deubner GmbH & Co. KG
Oststraße 11, D-50996 Köln
Fon   +49 221 937018-0
Fax   +49 221 937018-90
kundenservice@deubner-verlag.de
www.deubner-recht.de

Umschlag geschützt als eingetragenes Design der
Deubner Verlag GmbH & Co. KG
Satz: Barbara Brudlo, 25832 Tönning
Druck: Druckerei & Verlag Steinmeier GmbH & Co. KG, Deiningen
Printed in Germany 2019

ISBN 978-3-88606-932-3

Inhaltsübersicht

Vorwort zur 13. Auflage

In den drei Jahren seit dem Erscheinen der 12. Auflage und seit der Fortführung des „Grünen Reibold" durch das aktuelle Autorenteam hat sich viel getan. Wir bedanken uns für die freundliche Aufnahme des Werks. Die wertvollen Anregungen unserer Leserinnen und Leser haben wir gerne aufgegriffen. Wir freuen uns auch zukünftig über jede Rückmeldung aus diesem Kreis.

Das bewährte, didaktische Konzept des Werks gilt auch in der 13. Auflage fort. Das aus langer Lehr- und Berufserfahrung entstandene Fachbuch möchte Notarfachangestellten, Lehrerinnen und Lehrern an Berufsschulen, Rechtsanwältinnen und Rechtsanwälten vor und nach der Übernahme eines Notaramts sowie Notarvertreterinnen und -vertretern die praktische Arbeit des Notariats in einer verständlichen Form näherbringen und rechtliche Zusammenhänge erläutern. Dementsprechend berücksichtigt es die neueste Fassung der ReNoPat-Ausbildungsverordnung für die Berufsausbildung zum/r Notarfachangestellten bzw. Rechtsanwalts- und Notarfachangestellten.

Die vorliegende 13. Auflage bringt das Buch auf den Stand von Juni 2019. Die Neuauflage berücksichtigt alle relevanten Gesetzesänderungen und Entwicklungen der vergangenen Jahre in der notariellen Praxis, insbesondere:

- das Gesetz zur Neuordnung der Aufbewahrung von Notariatsunterlagen und zur Einrichtung des Elektronischen Urkundenarchivs bei der Bundesnotarkammer (Urkundenarchivgesetz);

- die Datenschutzgrundverordnung (DSGVO);

- Verschärfungen im Bereich der Geldwäscheprävention;

- weitere Änderungen im Bereich des elektronischen Rechtsverkehrs wie z.B. die Einführung des besonderen elektronischen Notarpostfachs (beN);

- die neue Eintragungsfähigkeitsprüfung im Grundbuchrecht (vgl. § 15 Abs. 3 GBO) und Handelsregisterrecht (vgl. § 378 Abs. 3 FamFG);

- die Gesellschafterlistenverordnung zur GmbH-Gesellschafterliste (GesLV);

- Praxisfragen zur Vollmachtsbescheinigung (vgl. § 21 Abs. 3 BNotO);

- die EU-Güterrechtsverordnungen (EuGüVO und EuPartVO);

- das Güterrecht gleichgeschlechtlicher Lebenspartner seit Einführung der „Ehe für alle" (vgl. § 1353 Abs. 1 Satz 1 BGB).

Die dazu ergangene Rechtsprechung konnte bis Juni 2019 berücksichtigt werden, etwa betreffend „Dauerbrenner"-Themen wie die Vierzehntagesfrist gemäß § 17 BeurkG.

Neu hinzugekommen sind ausführliche Erläuterungen und Muster insbesondere

- zum Wohnungseigentumsrecht, namentlich zu Teilungserklärungen (vgl. § 12 dieses Werks),

- zum Handelsregisterrecht, zu Vereinsregisteranmeldungen und zum Partnerschafts- und Genossenschaftsregister (vgl. § 13 dieses Werks).

Durch die überarbeiteten und neuen Inhalte steigt die Zahl der in diesem Buch vorhandenen Muster, Check- und Merklisten sowie Formulierungsbeispiele weiter an. Alle Arbeitshilfen lassen sich online abrufen und auf diese Weise leicht in die eigene Textverarbeitung integrieren. Hierzu erhält jeder Erwerber des Buches bis zum Erscheinen der Nachfolgeauflage Zugang zu einem Online-Add-on des Deubner-Verlags, auf das Sie unter

www.deubner-recht.de

zugreifen können. Informationen hierzu erhalten Sie unter „Hinweise zum ergänzenden Online-Angebot" auf Seite XX.

Bei der Formulierung des Buches wurde der Einfachheit halber stets die männliche Schreib- und Formulierweise („Notar", „Käufer" etc.) verwendet; es versteht sich von selbst, dass immer auch Notarinnen, Käuferinnen, Rechtspflegerinnen etc. gemeint sind.

Mit der vorliegenden Neuauflage treiben Autoren und Verlag die Modernisierung der Inhalte und Arbeitshilfen des „Grünen Reibold" konsequent voran. Unser Leitbild und Anspruch war und ist es auch in der 13. Auflage, ein modernes, auf die aktuellen Anforderungen zugeschnittenes Lehrbuch für die notarielle Praxis zu verfassen. Wir hoffen, dass wir diesem Ziel mit der Neuauflage ein weiteres Stück nähergekommen sind. Fragen, Anregungen und Kritik werden auch in Zukunft gerne unter der E-Mail-Adresse notariatspraxis@deubner-verlag.de entgegengenommen.

Lindlar und Wuppertal, im Juni 2019

Daniel Seebach   *Christoph Dahlkamp*

Unsere Autoren

Notar Dr. Daniel Seebach, LL.M. (Chicago)

Dr. Daniel Seebach ist Notar in Lindlar. Er hat Jura an der Universität Bonn und Politik am Institut d'Études Politiques in Paris („SciencesPo") studiert. Nach dem ersten juristischen Staatsexamen erwarb er einen Mastertitel (LL.M.) an der University of Chicago Law School (USA) und seinen Doktortitel (Dr. iur.) an der Universität zu Köln. Im Anschluss an das zweite juristische Staatsexamen arbeitete er als Rechtsanwalt in Köln, bevor er im Jahr 2011 zum Notarassessor im Bereich der Rheinischen Notarkammer ernannt wurde. In diesem Zusammenhang war er u.a. im Jahr 2013/2014 als Notariatsverwalter in Brühl und leitete von 2014 bis 2016 das Zentrale Testamentsregister und das Zentrale Vorsorgeregister bei der Bundesnotarkammer in Berlin.

Dr. Seebach hat verschiedene Fachbeiträge zu notarrelevanten Themen veröffentlicht. Er ist zudem Referent des Fachinstituts für Notare beim Deutschen Anwaltsinstitut e.V. in Bochum sowie Mitglied des Ausschusses für Personal- und Standesangelegenheiten bei der Rheinischen Notarkammer und des Ausschusses für Kostenrecht bei der Bundesnotarkammer. Vor seiner Bestellung zum Notar in Lindlar war er Lehrbeauftragter an der Humboldt-Universität zu Berlin und unterrichtete notarielle Fachkunde am Joseph-DuMont-Berufskolleg in Köln.

Notar Christoph Dahlkamp, M.Jur. (Oxford)

Christoph Dahlkamp ist Notar in Wuppertal. Er studierte Jura und Volkswirtschaftslehre an den Universitäten Heidelberg, Sydney und Genf. Im Anschluss an die juristischen Staatsprüfungen arbeitete er als wissenschaftlicher Mitarbeiter der Universität Heidelberg, war Mitglied einer internationalen Max Planck Research School und absolvierte ein Postgraduiertenstudium an der Universität Oxford. Anschließend war er Notarassessor im Bereich der Rheinischen Notarkammer und in diesem Zusammenhang zwischenzeitlich Referent im Bundesministerium der Justiz und für Verbraucherschutz (Referate Immobilienrecht und Gesellschaftsrecht).

Notar Dahlkamp ist Autor verschiedener Fachbeiträge und didaktischer Bücher zu notarrelevanten Themen. Seit 2009 ist er als Vortragender tätig, u.a. als Lehrbeauftragter der Universität Heidelberg, als Berufsschullehrer für notarielle Fachkunde am Joseph-DuMont-Berufskolleg in Köln, beim Fachinstitut für Notare des Deutschen Anwaltsinstituts e.V. sowie im Rahmen der Weiterbildung von Notarfachangestellten.

Der Begründer des Werks

Friedrich J. Reibold (†)

Friedrich J. Reibold hat die Praxis des Notariats 1983 begründet und über mehr als zwei Jahrzehnte verantwortlich betreut. Unter seiner Federführung wurde das Werk zu einem treuen Begleiter in der notariellen Praxis. Es ist daher bekannt unter dem Namen „Der Grüne Reibold".

Friedrich J. Reibold war viele Jahre als Notariatsvorsteher und Lehrbeauftragter tätig. Seit 1980 hat er bundesweit Notarfachangestellte ausgebildet und als langjähriger Referent in den Grund- und Intensivkursen für angehende Anwaltsnotare des Deutschen Anwaltsinstituts e.V. – Fachinstitut für Notare, Bochum gelehrt. Zudem hat er als Sachverständiger an der bundeseinheitlichen Ausbildungsverordnung für Rechtsanwalt- und Notariatsfachangestellte mitgewirkt.

Danksagung

Mit Herrn Reibolds Rücktritt von der aktiven Autorenschaft im Jahr 2014 haben wir den „Grünen Reibold" in die Hände der heutigen Autoren, Dr. Daniel Seebach und Christoph Dahlkamp, gelegt. Mit ebensolcher Akribie und Begeisterung, mit der der Begründer an dem Werk gearbeitet hat, haben sie seitdem die stetige Erweiterung des „Grünen Reibold" vorangetrieben. Dafür – und für die immer gute Zusammenarbeit – bedanke ich mich herzlich bei Herrn Dr. Seebach und Herrn Dahlkamp.

Bedanken möchte ich mich auch bei dem Produktionsteam, das im Hintergrund wundervoll die Fäden zusammengeführt hat, insbesondere bei meiner Kollegin, Regine Henke, die das Werk über viele Jahre betreut hat und sich mit der aktuellen Auflage in den Ruhestand verabschiedet.

Wir hoffen, Ihnen mit der stetigen Erweiterung und dem wachsenden Praxisbezug der Inhalte sowie den zahlreichen Mustern und Formulierungsvorschlägen einen zuverlässigen Begleiter in Ihrem beruflichen Alltag an die Hand geben zu können.

Mit den besten Grüßen aus Köln

Rechtsanwältin Ilka Pijowczyk
Produktmanagerin

Deubner Verlag GmbH & Co. KG

Bearbeiterverzeichnis

§ 1	Christoph Dahlkamp
§ 2	Dr. Daniel Seebach
§ 3	Christoph Dahlkamp
§ 4	Dr. Daniel Seebach
§ 5	Christoph Dahlkamp
§ 6	Christoph Dahlkamp
§ 7	Christoph Dahlkamp
§ 8	Christoph Dahlkamp
§ 9	Dr. Daniel Seebach
§ 10	Christoph Dahlkamp
§ 11	Christoph Dahlkamp
§ 12	Christoph Dahlkamp
§ 13	Dr. Daniel Seebach
§ 14	Dr. Daniel Seebach
§ 15	Dr. Daniel Seebach
§ 16	Dr. Daniel Seebach

Hinweise zum ergänzenden Online-Angebot

Mit Blick auf Ihre tägliche Praxis beinhaltet dieses Fachbuch neben einer Vielzahl an Formulierungsbeispielen auch eine Reihe von Mustern, Check- und Merklisten. Diese sind im Fachbuch wie folgt gekennzeichnet:

 Muster: ...   **Checkliste/Merkliste: ...**

Arbeitshilfen und Formulierungsbeispiele stehen zur sofortigen Verwendung in einem ergänzenden Online-Angebot für Sie als Download bereit – so ersparen Sie sich das mühsame und zeitraubende Abtippen.

Damit Sie außerdem schnell und unkompliziert mit der Suchfunktion über alle Texte hinweg recherchieren können, haben wir auch die gesamten Inhalte des Fachbuchs online aufgenommen.

Dieses Online-Add-on steht exklusiv den Lesern der aktuellen 13. Auflage des Fachbuchs als kostenloses Zusatzangebot zur Verfügung.

Der Zugang zum Online-Add-on: Lokal wie mobil via App möglich

1. **Zugriff über Ihr persönliches Benutzerkonto:**
   Loggen Sie sich mit Ihrer E-Mail-Adresse und Ihrem Passwort unter **www.deubner-recht.de** direkt in Ihr Benutzerkonto ein.

2. **Direktzugriff von PC, Smartphone oder Tablet:**
   Mit der *Mein Deubner-App für Windows* gelangen Sie mit einem Klick in Ihr Benutzerkonto – Sie brauchen sich keine Zugangsdaten mehr zu merken! Via Smartphone und Tablet nutzen Sie mobil die *App für IOS und Android*. Alle Apps stehen unter **https://www.deubner-recht.de/service/app.html** für Sie bereit.

Sie haben Fragen zu diesem Online-Angebot?

Bei technischen Fragen erreichen Sie unsere Infoline unter der Rufnummer 0221/937018-87 oder per E-Mail unter *Infoline@deubner-verlag.de*.

Für sonstige Fragen erreichen Sie unseren Kundenservice telefonisch über die 0221/937018-0 oder per E-Mail unter *Kundenservice@deubner-verlag.de*.

Abkürzungsverzeichnis

a.a.O.	am angegebenen Ort
A.d.ö.R.	Anstalt des öffentlichen Rechts
a.F.	alte Fassung
Abl. EU	Amtsblatt der Europäischen Union
Abs.	Absatz
AEUV	Vertrag über die Arbeitsweise der Europäischen Union
AG	Aktiengesellschaft / Amtsgericht
Anm.	Anmerkung
AO	Abgabenordnung
Aufl.	Auflage
AV	Auflassungsvormerkung
AVNot	Allgemeine Verfügung betreffend die Angelegenheiten der Notarinnen und Notare
Az.	Aktenzeichen
BauGB	Baugesetzbuch
BauO	Bauordnung
BayObLG	Bayerisches Oberstes Landesgericht
BeglG	Beglaubigungsgesetz
BeurkG	Beurkundungsgesetz
BGB	Bürgerliches Gesetzbuch
BGBl.	Bundesgesetzblatt
BGH	Bundesgerichtshof
BIC	Business Identifier Code (Bank-Geschäftskennzeichen)
BMG	Bundesmeldegesetz
BNatSchG	Bundesnaturschutzgesetz
BNotO	Bundesnotarordnung
BRAO	Bundesrechtsanwaltsordnung
BRiLi	Berufsrichtlinien der Notarkammern
BtBG	Betreuungsbehördengesetz
BT-Drucks.	Bundestagsdrucksache
Buchst.	Buchstabe
BVerfG	Bundesverfassungsgericht
BVerfGE	Entscheidungen des Bundesverfassungsgerichts
BW	Baden-Württemberg

d.h.	das heißt
DAI	Deutsches Anwaltsinstitut e. V.
dgl.	dergleichen
DNotI	Deutsches Notarinstitut
DNotZ	Deutsche Notarzeitschrift
DONot	Dienstordnung für Notarinnen und Notare
DSGVO	EU-Datenschutzgrundverordnung
eIDAS-Verordnung	EU-Verordnung über elektronische Identifizierung und Vertrauensdienste für elektronische Transaktionen im Binnenmarkt
e.V.	eingetragener Verein
EDV	Elektronische Datenverarbeitung
eG	eingetragene Genossenschaft
EGBGB	Einführungsgesetz zum BGB
EGVP	elektronisches Gerichts- und Verwaltungspostfach
EHUG	Gesetz über elektronische Handelsregister und Genossenschaftsregister sowie das Unternehmensregister
ElRV	Elektronischer Rechtsverkehr
EMRK	Europäische Menschenrechtskonvention
EnEV	Energieeinsparverordnung
ENZ	Europäisches Nachlasszeugnis
ErbbauRG	Erbbaurechtsgesetz
ErbStDV	Erbschaftsteuer-Durchführungsverordnung
ErbStG	Erbschaftsteuergesetz
EStDV	Einkommensteuer-Durchführungsverordnung
EStG	Einkommensteuergesetz
EU	Europäische Union
EuGH	Europäischer Gerichtshof
Eu-ErbVO	EU-Erbrechtsverordnung
EuGüVO	EU-Güterrechtsverordnung
f. / ff.	folgende
FamFG	Gesetz über das Verfahren in Familiensachen und in den Angelegenheiten der freiwilligen Gerichtsbarkeit
FGPrax	Praxis der Freiwilligen Gerichtsbarkeit
Fn.	Fußnote

GBO	Grundbuchordnung
GbR	Gesellschaft bürgerlichen Rechts (= BGB-Gesellschaft)
GBV	Grundbuchverfügung
geb.	geboren
gem.	gemäß
GesLV	Verordnung über die Ausgestaltung der Gesellschafterliste (Gesellschafterlistenverordnung - GesLV)
gez.	gezeichnet
GG	Grundgesetz
ggf.	gegebenenfalls
GKG	Gerichtskostengesetz
GmbH	Gesellschaft mit beschränkter Haftung
GmbHG	Gesetz betreffend die Gesellschaften mit beschränkter Haftung
GNotKG	Gerichts- und Notarkostengesetz
GrdstVG	Grundstücksverkehrsgesetz
GrdstVO/GVO	Grundstücksverkehrsordnung
GrEStG	Grunderwerbsteuergesetz
GwG	Geldwäschegesetz
HGB	Handelsgesetzbuch
HöfeO	Höfeordnung
HRegGebV	Verordnung über Gebühren in Handels-, Partnerschafts- und Genossenschaftsregistersachen
HRV	Handelsregisterverordnung (Verordnung über die Einrichtung und Führung des Handelsregisters)
i.d.F.	in der Fassung
i.d.R.	in der Regel
i.H.v.	in Höhe von
i.R.d.	im Rahmen der/des
i.S.d.	im Sinne der/des
i.S.v.	im Sinne von
i.V.m.	in Verbindung mit
IBAN	International Bank Account Number (Internationale Bankkontonummer)
IHK	Industrie- und Handelskammer
InsO	Insolvenzordnung

JMBl	Justizministerialblatt
JVKostG	Justizverwaltungskostengesetz
KaisNotO	Kaiserliche Notariatsordnung
KG	Kommanditgesellschaft
KonsG	Gesetz über die Konsularbeamten, ihre Aufgaben und Befugnisse
KostO	Kostenordnung (nicht mehr in Kraft, s. GNotKG)
KV	Kostenverzeichnis (= Anlage zum GNotKG)
LPartG	Gesetz über die Eingetragene Lebenspartnerschaft
L.S.	Locus sigilli (L. S.) (lat.: Ort des Siegels)
lfd. Nr.	laufende Nummer
LFGG	Landesgesetz über die freiwillige Gerichtsbarkeit (in BW)
LG	Landgericht
LPartG	Lebenspartnerschaftsgesetz
MaBV	Makler- und Bauträgerverordnung
MittBayNot	Mitteilungen des Bayerischen Notarvereins, der Notarkassen und der Landesnotarkasse Bayern
MoMiG	Gesetz zur Modernisierung des GmbH-Rechts und zur Bekämpfung von Missbräuchen
MwSt.	Mehrwertsteuer
n.F.	neue Fassung
NB	Nota bene (wohlgemerk/Nebenbemerkung)
NEhelG	Gesetz über die rechtliche Stellung der nichtehelichen Kinder
NJW	Neue Juristische Wochenschrift
Nr.	Nummer
NRW / NW	Nordrhein-Westfalen
o.Ä.	oder Ähnliches
OGG	Ortsgerichtsgesetz (in Hessen)
OHG	Offene Handelsgesellschaft
OLG	Oberlandesgericht

PrKG	Preisklauselgesetz
PStG	Personenstandsgesetz
Rdnr.	Randnummer
RegVBG	Registerverfahrensbeschleunigungsgesetz
RheimstG	Reichsheimstättengesetz
RiLi BNotK	Richtlinien der Bundesnotarkammer
RiLi BRAK	Richtlinien der Bundesrechtsanwaltskammer
RNotZ	Rheinische Notar-Zeitschrift
RP	Rheinland-Pfalz
Rpfleger	Der Deutsche Rechtspfleger
RSG	Reichssiedlungsgesetz
RVG	Rechtsanwaltsvergütungsgesetz
S.	Seite
SachenRBerG	Sachenrechtsbereinigungsgesetz
SchlHA	Schleswig-Holsteinische Anzeigen
SiG	Signaturgesetz
SigV	Signaturverordnung
SGB	Sozialgesetzbuch
sog.	sogenannte/r/s
StGB	Strafgesetzbuch
u.U.	unter Umständen
UB	Unbedenklichkeitsbescheinigung
UG	Unternehmergesellschaft
UmwG	Umwandlungsgesetz
Urkundenarchivgesetz	Gesetz zur Neuordnung der Aufbewahrung von Notariatsunterlagen und zur Einrichtung des Elektronischen Urkundenarchivs
UR-Nr.	Urkundenrollen-Nummer
usw.	und so weiter
v.	vom
VDG	Vertrauensdienstegesetz
VermG	Vermögensgesetz
VersAusglG	Gesetz über den Versorgungsausgleich
VerschG	Verschollenheitsgesetz

vgl.	vergleiche
VO	Verordnung
VRegGebS	Vorsorgeregister-Gebührensatzung
VRegV	Vorsorgeregister-Verordnung
VRV	Vereinsregisterverordnung
WEG	Wohnungseigentumsgesetz
WoBindG	Wohnungsbindungsgesetz
WZGA	(deutsch-französischer) Güterstand der Wahl-Zugewinngemeinschaft
XML	Extensible Markup Language
z.B.	zum Beispiel
ZfIR	Zeitschrift für Immobilienrecht
Ziff.	Ziffer
ZNotP	Zeitschrift für die Notarpraxis
ZPO	Zivilprozessordnung
ZTR	Zentrales Testamentsregister
ZTRV	Testamentsregister-Verordnung
ZTR-GebS	Testamentsregister-Gebührensatzung
ZVG	Gesetz über die Zwangsversteigerung und die Zwangsverwaltung
ZVR	Zentrales Vorsorgeregister
zzgl.	zuzüglich

Literaturverzeichnis

ARMBRÜSTER/PREUß/RENNER   Beurkundungsgesetz und Dienstordnung
für Notarinnen und Notare, 7. Aufl. 2015

BLAESCHKE   Praxishandbuch Notarprüfung,
2. Aufl. 2010

BORMANN/DIEHN/SOMMERFELDT   GNotKG, 3. Aufl. 2019

BORUTTAU   Grunderwerbsteuergesetz, 19. Aufl. 2019

BÖS/NEIE/STRANGMÜLLER/JURKAT   Praxishandbuch für Notarfachangestellte,
2. Aufl. 2014

BUNDESNOTARKAMMER RUND-
SCHREIBEN   Rundschreiben 5/2017 v. 23.5.2017
zum Thema „Notarielle Prüf- und Einreichungspflichten im Grundbuch- und Registerverkehr"

BÜTTNER/FROHN/SEEBACH   Elektronischer Rechtsverkehr und Informationstechnologie im Notariat, 2019

VON DICKHUTH-HARRACH   Handbuch der Erbfolge-Gestaltung, 2010

DIEHN   BNotO, 2015

DIEHN   Notarkostenberechnungen, 5. Aufl. 2017

DIEHN/SIKORA/TIEDTKE   Das neue Notarkostenrecht, 2013

DRUMMEN/WUDY   Gebührentabelle für Notare,
10. Aufl. 2018

DUTTA/WEBER   Internationales Erbrecht, Beck'scher Kurz
Kommentar, 2016, alternativ: BECK'SCHE
KURZ-KOMMENTARE oder; beck online
GROSSKOMMENTAR (Kommentierung
zur EU-ErbVO).

FACKELMANN/HEINEMANN	GNotKG, 2013
FASSBENDER/GRAUEL/OHMEN/PETER/ ROEMER/WITTKOWSKI/FÜHR/OTTO	Notariatskunde, 18. Aufl. 2014
FRANK/DÖBEREINER	Nachlassfälle mit Auslandsbezug, 2015
GOTTWALD/ BEHRENS	Grunderwerbsteuer: Handbuch für die Beratungs- und Gestaltungspraxis, 6. Aufl. 2019
GUSTAVUS	Handelsregister-Anmeldungen, 8. Aufl. 2013
HECKSCHEN/HERRLER/MÜNCH BEGR. VON BRAMBRING/JERSCHKE	Beck'sches Notarhandbuch, 7. Aufl. 2019
KERSTEN/BÜHLING	Formularbuch und Praxis der freiwilligen Gerichtsbarkeit, 26. Aufl. 2019
KORINTENBERG	Gerichts- und Notarkostengesetz: GNotKG, 20. Aufl. 2017
LANGE-PARPART	Notarfachkunde, 4 Bde., 2011–2016
LIMMER/HERTEL/FRENZ/MAYER	Würzburger Notarhandbuch, 5. Aufl. 2018
MÜNCH	Familienrecht in der Notar- und Gestaltungspraxis, 3. Aufl. 2019
NOTARKASSE MÜNCHEN	Bäuerle-Kostentabelle für Notare, 33. Aufl. 2018
NOTARKASSE MÜNCHEN	Streifzug durch das GNotKG, 12. Aufl. 2017
SCHARE	Urkundenabwicklung von A–Z, 3. Aufl. 2015

Schippel/Bracker   BNotO, 9. Aufl. 2011

Schöner/Stöber   Grundbuchrecht, 16. Aufl. 2019

Weingärtner/Gassen/   Dienstordnung für Notare, 13. Aufl. 2016
Sommerfeldt

XXX

§ 1 Notarrecht

I. Das Amt und die Aufgabengebiete des Notars

Notare sind als unabhängige, von den Bundesländern bestellte Träger eines öffentlichen Amtes für die Beurkundung von Rechtsvorgängen und anderen Aufgaben auf dem Gebiet der vorsorgenden Rechtspflege tätig (§ 1 BNotO). Sie sind damit eine eigenständige staatliche Einrichtung der vorsorgenden Rechtspflege im Bereich der freiwilligen Gerichtsbarkeit.

Der Begriff der vorsorgenden Rechtspflege umfasst diejenigen Tätigkeiten im Bereich der freiwilligen Gerichtsbarkeit, deren Zweck die Verhütung eines möglicherweise drohenden Rechtsstreits ist. Zu ihrer Zielsetzung gehört es, Einzelpersonen darin zu unterstützen, ihre Rechtsverhältnisse und Rechtsbeziehungen in möglichst klarer, rechtliche Zweifel ausschließender Weise zu gestalten und fortzuentwickeln.

Die notarielle Tätigkeit ist demnach von vorbeugendem, beratendem und zugleich unmittelbar rechtsgestaltendem Charakter. Sie hat die Sicherung und Erhaltung des Rechtsfriedens zum Ziel, lässt sich jedoch zugleich von der streitigen Gerichtsbarkeit klar abgrenzen, die in erster Linie feststellender und rechtsprechender Art ist.

Vereinfacht ausgedrückt: Notare werden **vorsorgend** tätig, um dem „Kampf um das Recht" vor Gericht vorzubeugen.

Die Aufgabengebiete in der freiwilligen Gerichtsbarkeit werden zum größten Teil durch Notare und Gerichte (z.B. als Nachlassgerichte, Registergerichte oder Grundbuchämter) sowie zusätzlich von anderen Organen (z.B. Standesämtern) wahrgenommen.

Zu den wichtigsten Aufgaben der Notare gehört die Beurkundung von

–   Willenserklärungen,

–   sonstigen Erklärungen,

–   Tatsachen und

–   Vorgängen,

und zwar vornehmlich in folgenden Rechtsbereichen:

–   Grundbuchsachen (auch soweit sie Wohnungseigentum und Erbbaurechte betreffen),

–   Nachlasssachen (einschließl. der Verfahren in Teilungssachen),

–   Registerrecht (insb. das Handels- und Vereinsregister betreffend) und

–   Landwirtschaftssachen (insb. der landwirtschaftliche Grundstücksverkehr und die Erbfolge bei Höfen).

Auch darüber hinaus wird den Notaren in ihrer Funktion als **unparteiische Mittler** vermehrt Vertrauen entgegengebracht. So wächst ihre Bedeutung für den Verbraucherschutz, bei der einvernehmlichen Streitbeilegung im Rahmen eines Güteverfahrens oder einer Mediation sowie im Bereich des Schiedswesens.

Dass Notare und die durch sie errichteten Urkunden zunehmend auch in anderen Fachbereichen einen besonderen Stellenwert genießen, zeigt sich regelmäßig an aktuellen Gesetzesänderungen. So sieht z.B. das Gesetz zur Tarifeinheit (BGBl I, 1130) weiterhin vor, dass im arbeitsgerichtlichen Verfahren zu bestimmten, arbeitsrechtlichen Fragen der Beweis auch durch das Beibringen notarieller Urkunden angetreten werden kann. Dies gilt ausdrücklich für die Zahl der in einem Arbeitsverhältnis stehenden Mitglieder und das Vertretensein einer Gewerkschaft in einem Betrieb (§ 58 Abs. 3 ArbGG). Für die notarielle Praxis dürfte die Zahl derartiger Urkunden freilich eine untergeordnete Rolle spielen.

II.   Entwicklung des notariellen Amtes

Der Gedanke einer öffentlich organisierten Beurkundung ist sehr alt; bereits die Römer entwickelten für wichtige Rechtsakte die jurisdictio voluntaria, die im Gegensatz zur streitigen Gerichtsbarkeit stand und begrifflich bis in die Neuzeit überlebte (französisch: „procédure civile non contentieuse", englisch: „noncontentious jurisdiction", italienisch: „jurisdictio voluntaria"). Im Laufe der Zeit wurden in den byzantinischen Städten mehr und mehr Beurkundungstätigkeiten auf gewerbsmäßige Urkundenschreiber – sogenannte notarii (lat. „Geschwindschreiber") – übertragen. Ihre Dienstleistung bestand darin, in ihrer Eigenschaft als glaubwürdige Person vor Zeugen Urkunden für Privatpersonen auszustellen. Den damaligen Urkunden fehlte jedoch der heute bestehende wesensmäßige öffentliche Glauben.

Bis zum 12. Jahrhundert wandelte sich der Beruf des „notarius" vom reinen Schreiber zu einem unabhängigen, freien Beruf. Diese Notare waren in Zünften organisiert. Die Überwachung ihres Geschäftsgebarens durch die Zünfte führte zu einem besonderen Vertrauen in ihre Niederschriften. Man sprach sogar von einer „Kunst des Notars" (lat. ars notariae).

Das Notariat entwickelte sich im Laufe der Zeit zu einer Institution für die Beurkundung von Rechtsgeschäften und Rechtsakten mit öffentlichem Glauben.

Im 13. Jahrhundert kam die Institution des Notariats als Folge und Förderung der Übernahme des römischen Rechts über die Alpen nach Deutschland. Seit dem 14. Jahrhundert wurden den Notaren ihre Befugnisse als privilegierte Gewerbetreibende vom Kaiser durch die Hofpfalzgrafen (zum Teil auch vom Papst) verliehen.

Die von Kaiser Maximilian I. im Jahr 1512 erlassene **kaiserliche Notariatsordnung** (KaisNotO) stellt die erste einheitliche Kodifikation des Notarrechts dar und enthielt bereits mehrere Grundsätze des Beurkundungswesens, die noch heute gelten. Hierzu einige anschauliche **Beispiele:**

–   Der Notar musste beurkunden, es sei denn, es handelte sich um verbotene Geschäfte (§ 15 KaisNotO; vgl. heute § 15 BNotO und § 4 BeurkG).

–   In die von ihm persönlich aufzunehmende Urkunde sollte er erst Ort und Zeit, dann den Inhalt der Handlung aufnehmen, sie anschließend Wort für Wort vorlesen sowie genehmigen lassen und diese sodann mit Unterschriften versehen (§§ 3, 11, 14 KaisNotO; vgl. heute §§ 8, 9, 13 BeurkG).

–   Die Vorschriften über das zu verwendende Papier, das Ausschaben, Ausfüllen von Lücken und das Hinzusetzen in den §§ 18 und 19 KaisNotO haben eine Neuauflage in den seit 2010 geltenden §§ 28–30 DONot gefunden.

–   Auch § 46 BeurkG, der das Ersetzen zerstörter oder abhandengekommener Urschriften regelt, hat ein Vorbild in § 20 KaisNotO, der dem Notar aufgab, sich vor der Anfertigung eines neuen Protokolls an die früheren Empfänger und Zeugen zu wenden.

III.   Rechtsgrundlagen für die notarielle Tätigkeit

Das notarielle Berufsrecht setzt sich im Wesentlichen aus den folgenden Rechtsquellen zusammen:

–   Einschlägige Bundesgesetze, namentlich

    1. der Bundesnotarordnung (BNotO),

    2. dem Beurkundungsgesetz (BeurkG) und

    3. dem Gerichts- und Notarkostengesetz (GNotKG);

ferner aus

4. der Dienstordnung für Notarinnen und Notare (DONot) und

5. den Berufsrichtlinien der Notarkammern (BRiLi),

sowie in Teilen auch aus den zivilgerichtlichen Verfahrensordnungen, also

6. der Zivilprozessordnung (ZPO) und

7. dem Gesetz über das Verfahren in Familiensachen und in den Angelegen
    heiten der freiwilligen Gerichtsbarkeit (FamFG).

Weitere Rechtsgrundlagen für die notarielle Tätigkeit ergeben sich im Einzelfall

– aus den Empfehlungen der Bundesnotarkammer für eine Güteordnung und eine
   Schiedsvereinbarung sowie

– aus europäischen Standesrichtlinien und

– aus der europäischen Charta gegen organisierte Kriminalität.

Diese weiteren Vorschriften spielen in der täglichen Praxis nur eine untergeordnete
Rolle und können im Einzelnen auf der Internetseite der Bundesnotarkammer
nachgelesen werden (*www.bnotk.de*).

1.   Die Bundesnotarordnung (BNotO)

Stellung und Aufgaben des Notars sind in der Bundesnotarordnung geregelt. Sie
enthält Grundlagen des Notarrechts für die Bundesrepublik Deutschland.

Die Bundesnotarordnung behandelt in ihrem **ersten Teil** das Amt des Notars – die
Bestellung des Notars, die Ausübung des Amtes, die Abwesenheit und Verhinderung des Notars, den Notarvertreter, das Erlöschen des Notaramtes und den Notariatsverwalter.

In ihrem **zweiten Teil** enthält sie Regelungen über die Standesorganisation, die
einzelnen Ländernotarkammern und die Bundesnotarkammern.

Der **dritte Teil** regelt die Aufsicht über die Notare und das Disziplinarverfahren.

2.   Das Beurkungsgesetz (BeurkG)

Das Beurkundungsgesetz enthält grundlegende Verfahrensregeln zur Beurkundung
von Willenserklärungen (§§ 8 ff. BeurkG) sowie anderer Erklärungen und sonstiger

Tatsachen oder Vorgänge (§§ 36 ff. BeurkG), aber auch Regelungen zu den übrigen Geschäftsabläufen im Notariat (§§ 44 ff. BeurkG). Vergleiche für nähere Einzelheiten zum Beurkundungsverfahrensrecht (BeurkG) unten § 2.

3. Das Gerichts- und Notarkostengesetz (GNotKG)

Mit Art. 1 des Zweiten Gesetzes zur Modernisierung des Kostenrechts (2. KostRMoG) v. 23.07.2013 (BGBl I, 2586) wurde das Gerichts- und Notarkostengesetz (GNotKG) eingeführt. Es ersetzt seit dem 01.08.2013 das Notarkostenrecht, welches zuvor in der sogenannten Kostenordnung (KostO) geregelt war. Das GNotKG hat neben einer moderaten Anpassung und leistungsorientierteren Ausgestaltung der Gebührentabelle für Notare auch grundlegende strukturelle Änderungen mit sich gebracht. Das Gesetz brachte folgende Neuerungen:

– Einführung einer **klaren formalen Struktur**, bestehend aus einem (ersten) Paragraphenteil und einem nach Vorbild anderer Kostengesetze (GKG, RVG etc.) ausgestalteten Kostenverzeichnis (KV) als zweitem Teil;

– **Transparenz und Übersichtlichkeit** aller Gebühren- und Auslagentatbestände und ein dadurch bedingter Wegfall der Auffangnorm des § 147 Abs. 2 KostO;

– **Zusammenfassung der Gebührentatbestände** für Notare, um die alleinige Zuständigkeit der Notare für das Beurkundungsverfahren auch im Kostenrecht zu unterstreichen.

Trotz dieser und anderer Neuerungen sind zwei wesentliche Eckpfeiler des notariellen Kostenrechts unverändert geblieben. Denn neben der Amtspflicht zur Kostenerhebung (§ 17 Abs. 1 Satz 1 BNotO) besteht weiterhin das grundsätzliche Verbot von Kostenvereinbarungen (jetzt §§ 125 f. GNotKG).

Der amtliche Charakter der notariellen Kostenberechnung wurde nicht zuletzt dadurch nochmals verdeutlicht, dass seit dem 01.01.2014 in jede notarielle Kostenberechnung eine Rechtsbehelfsbelehrung mit dem Inhalt gem. § 7a GNotKG aufzunehmen ist.

4. Die Dienstordnung für Notarinnen und Notare (DONot)

Viele Arbeitsbereiche des Notariats sind in der Bundesnotarordnung und im **Beurkundungsgesetz** nur in den Grundzügen geregelt. Ihre konkrete Ausgestaltung ist im Einzelnen den Bundesländern (bzw. den von ihnen beaufsichtigten Notarkammern, dazu sogleich) vorbehalten.

Die wichtigste Ausgestaltung dieser Art ist durch die Dienstordnung für Notare erfolgt. Sie gibt Hinweise und Rechtsgrundlagen für den praktischen Ablauf der Tätigkeiten im Notariat. Die Dienstordnung enthält Vorschriften über den laufenden Geschäftsbetrieb, insbesondere Bestimmungen über das Büro des Notars (Siegel, Amtsschild, Behandlung der Amtsvorgänge, Aufbewahrung der Urkunden, Aktenführung, die äußere Form und Gestaltung der notariellen Urkunden und schließlich Richtlinien für die Prüfung der Amtsführung, die Vertretung des Notars und für den Notariatsverwalter).

Die Dienstordnung für Notare ist in ihrer rechtlichen Qualität weder Gesetz noch Rechtsverordnung. Es handelt sich vielmehr um eine **bundeseinheitliche Dienstanweisung (Verwaltungsverfügung)** aller 16 Landesjustizverwaltungen, die daher im Wesentlichen übereinstimmend in allen Bundesländern gilt.

Die Darstellung in diesem Buch erfolgt anhand der von der BNotK vorgeschlagenen, bundeseinheitlichen Fassung der DONot. Jeder Notar muss darüber hinaus etwaige Abweichungen in seinem jeweiligen Bundesland beachten. Die jeweils geltende Fassung findet sich auf der Website der Bundesnotarkammer (*www.bnotk.de/ Notar/Berufsrecht/DONot.php*).

5.   Die Berufsrichtlinien der Notarkammern (BRiLi)

Gemäß § 78 Abs. 1 Nr. 5 BNotO ist es die Aufgabe der Bundesnotarkammer, Empfehlungen für die von den Notarkammern nach § 67 Abs. 2 BNotO zu erlassenden Richtlinien auszusprechen. Diese Empfehlungen erfolgten im Jahr 1999 durch Beschluss der Vertreterversammlung (DNotZ 1999, 258) und wurden zuletzt durch Beschluss vom 28.04.2006 geändert (DNotZ 2006, 561). In der Folge haben alle 21 Notarkammern in Deutschland für ihren jeweiligen Bereich entsprechende Berufsrichtlinien eingeführt.

Die Richtlinien wollen das Ansehen und die Würde des Berufsstands wahren und eine einheitliche Handhabung des Standesrechts fördern. Regelungsbereiche der Richtlinien betreffen u.a. die Wahrung der Unabhängigkeit und Unparteilichkeit des Notars, die Pflicht zur persönlichen Amtsausübung, das Auftreten des Notars in der Öffentlichkeit und Werbung, die Titelführung, das Verbot von Fernbeglaubigungen sowie das Verbot der Gebührenvereinbarung und Gebührenteilung.

Die jeweils aktuelle Fassung sämtlicher Richtlinien der einzelnen Notarkammern kann online auf der Website der Bundesnotarkammer als pdf eingesehen und heruntergeladen werden (vgl. hierzu: *www.bnotk.de/Notar/Berufsrecht/Richtlinien.php*).

IV.   Notariatsformen

In Deutschland gibt es derzeit (Stand: 2018) rd. 7.100 Notare.

Aufgrund historischer Entwicklungen bestanden in Deutschland lange Zeit vier Notariatsformen:

1. Zur hauptberuflichen Amtsausübung bestellte Notare (sog. „Nur-Notare"),

2. Anwaltsnotariat („Rechtsanwalt und Notar"),

3. Richternotariat und

4. Beamtennotariat (Bezirksnotare).

Mit Abschluss der Notariatsreform in Baden-Württemberg zum 01.01.2018 wurden die zu den Punkten 3. und 4. genannten Notariatsformen abgeschafft (siehe unten Ziffer 3. hier in Abschnitt IV.)

1.   Zur hauptberuflichen Amtsausübung bestellte Notare (sog. „Nur-Notare")

Gemäß § 3 Abs. 1 BNotO werden Notare zur hauptberuflichen Amtsausübung auf Lebenszeit bestellt. Allerdings erlischt das Notaramt gem. § 47 Nr. 1 BNotO mit Erreichen der Altersgrenze i.S.d. § 48a BNotO, also mit Vollendung des 70. Lebensjahres.

Hauptberuflich bedeutet vor allem, dass der Notar nicht zugleich einen anderen Beruf ausüben darf, insbesondere nicht zugleich Rechtsanwalt oder Richter sein kann.

Zur hauptberuflichen Amtsausübung bestellt werden die Notare in

– Bayern,

– Brandenburg,

– Hamburg,

– Mecklenburg-Vorpommern,

– Nordrhein-Westfalen
  (mit Ausnahme des Bezirks des Oberlandesgerichtsbezirks Hamm, des Bezirks des Amtsgerichts Emmerich und des rechtsrheinischen Teils des Landgerichtsbezirks Duisburg – sämtlich Bereiche, in denen Anwaltsnotariate bestehen),

– Rheinland-Pfalz,

– Saarland,

– Sachsen,

– Sachsen-Anhalt und

– Thüringen.

2.   Anwaltsnotariat

Der Anwaltsnotar ist hingegen zugleich Rechtsanwalt; seine Berufsbezeichnung lautet „Rechtsanwalt und Notar". Wenn der Anwaltsnotar als Notar tätig wird, zeichnet er seine Unterschrift wie der Nur-Notar lediglich mit dem Zusatz „Notar". Anwaltsnotare werden in

– Berlin,

– Bremen,

– Hessen,

– Niedersachsen,

– Schleswig-Holstein,

– Westfalen-Lippe und

– den unter Ziffer 1. genannten Teilen des Rheinlandes bestellt, also in den Bezirken des Oberlandesgerichtsbezirks Hamm, des Amtsgerichts Emmerich und des rechtsrheinischen Teils des Landgerichtsbezirks Duisburg.

Die persönlichen Voraussetzungen für die Bestellung zum Anwaltsnotar ergeben sich aus § 6 Abs. 2 BNotO. Sie wurden mit Einführung dieser Vorschrift im Jahr 2011 erheblich verschärft. Seitdem sind das Bestehen einer notariellen Fachprüfung sowie der Nachweis der Teilnahme an Fortbildungsmaßnahmen und der Durchführung von Vertretungstätigkeiten erforderlich.

3.   Änderungen in Baden-Württemberg seit dem Jahr 2018

Im Land Baden-Württemberg gab es bis zum 31.12.2017 gesetzlich unterschiedliche Notariatsformen, namentlich Richternotare und Beamtennotariate (Bezirksnotare). Diese waren teilweise nicht nur Urkundsbeamte (Notare), sondern auch Nachlass- und Grundbuchrichter sowie im württembergischen Rechtsgebiet auch zum Teil Betreuungsrichter. Anders als in allen anderen Bundesländern waren die

Notariate dort auch zuständig für Nachlasssachen (Nachlassgericht). Die Grundbuchämter befanden sich hingegen bei den Gemeinden.

Seit Beginn des Jahres 2018 werden in Baden-Württemberg neue Notare nur noch im Hauptberuf bestellt (vgl. auch § 114 BNotO mit Wirkung zum 01.01.2018 gem. Art. 1 des Gesetzes zur Abwicklung der staatlichen Notariate in Baden-Württemberg). Auch im Bereich der gerichtlichen Zuständigkeiten wird eine Angleichung an alle anderen Bereiche Deutschlands vollzogen.

V.   Bestellung und Ernennung des Notars

Zum Notar darf gem. § 5 BNotO bestellt werden, wer die Befähigung zum Richteramt nach dem Deutschen Richtergesetz erlangt hat. Die vormals zusätzliche Einschränkung, dass nur ein deutscher Staatsangehöriger bestellt werden kann, wurde im Anschluss an eine wegweisende Entscheidung des Europäischen Gerichtshofs vom 24.05.2011 (C-54/08) mit Wirkung zum 01.04.2012 gestrichen (BGBl I 2011, 2515). Seitdem besteht daher die Möglichkeit, dass ein EU- Ausländer ohne deutsche Staatsangehörigkeit zum Notar in Deutschland bestellt wird. Praktisch ist diese Entscheidung bislang von geringer Bedeutung, da die entscheidende Voraussetzung, die Befähigung zum Richteramt nach dem Deutschen Richtergesetz, fortbesteht. Notare müssen also „Volljuristen" sein, die zwei deutsche juristische Staatsprüfungen bestanden haben.

Gemäß § 4 BNotO werden so viele Notare bestellt, wie es den Erfordernissen einer geordneten Rechtspflege entspricht. Zu berücksichtigen ist dabei namentlich das Bedürfnis nach einer angemessenen Versorgung der Rechtsuchenden mit notariellen Leistungen und die Wahrung einer geordneten Altersstruktur des Notarberufs.

Nur solche Bewerber sind zu Notaren zu bestellen, die nach ihrer Persönlichkeit und ihren Leistungen für das Amt des Notars geeignet sind. Die Reihenfolge bei der Auswahl unter mehreren geeigneten Bewerbern richtet sich nach der persönlichen und fachlichen Eignung unter Berücksichtigung der die juristische Ausbildung abschließenden Staatsprüfung und der bei der Vorbereitung auf den Notarberuf gezeigten Leistungen.

Seit 2011 müssen Bewerber auf Notarstellen im Bereich des Anwaltsnotariats eine notarielle Fachprüfung ablegen, die von dem zentralen, von der Bundesnotarkammer eingerichteten Prüfungsamt für die notarielle Fachprüfung abgenommen wird (§§ 7a–7i, 8 NotO).

Notare werden von der jeweiligen Landesjustizverwaltung, also von dem Justizminister des Landes oder dem Justizsenator, nach Anhörung der Notarkammern ernannt. Begründet wird das Amt des Notars mit dem entscheidenden Rechtsakt der Aushändigung der Bestellungsurkunde.

VI.   Notarvertreter

Der Notar ist verpflichtet, sein Amt persönlich auszuüben. Er kann keine andere Person – auch nicht einen Notarassessor – mit der Ausübung beauftragen. Er darf zwar Mitarbeiter (u.a. Auszubildende, Notarfachangestellte, Notarfachassistenten, Notarfachreferenten, Bürovorsteher und – zum Teil mit Einschränkung – auch Volljuristen) beschäftigen, diesen aber nicht notarielle Kerntätigkeiten, sondern ausschließlich vorbereitende, begleitende oder ausführende (Hilfs-)Tätigkeiten übertragen.

Aufgrund dieser Amtspflicht zur persönlichen Amtsführung muss im Fall seiner Verhinderung durch Urlaub, Krankheit etc. durch die Justizverwaltung ein Notarvertreter bestellt werden.

Der Notarvertreter wird auf Antrag durch schriftliche Verfügung des Landgerichtspräsidenten (als Aufsichtsbehörde) bestellt. Voraussetzung für jede Tätigkeit als Notarvertreter ist eine vorherige Vereidigung durch den Landgerichtspräsidenten bzw. der Hinweis auf einen bereits zuvor geleisteten Amtseid. Übernimmt ein Notarvertreter die Amtsgeschäfte des Notars, so beginnen seine Amtsbefugnisse erst mit der Übernahme des Amtes und nur dann, wenn zuvor die Vertreterbestellung als Verwaltungsakt des Landgerichtspräsidenten durch Bekanntgabe an den Notarvertreter wirksam geworden ist.

Falls ein Notarvertreter schon vor der Bestellung tätig würde, wären alle seine getätigten Amtshandlungen (Beurkundungen, Beglaubigungen etc.) unwirksam. Der vertretene Notar hingegen kann die Amtsgeschäfte bereits vor Ablauf der Vertreterzeit wieder selbst übernehmen, muss dies jedoch dem Landgerichtspräsidenten unverzüglich anzeigen.

Der Notarvertreter ist – wie der Notar – Inhaber eines öffentlichen Amtes. Ihn treffen die Rechte und Pflichten eines Notars. Die Gebühren stehen jedoch dem vertretenen Notar zu.

VII. Amtssiegel und Amtsschild

Als Träger eines öffentlichen Amtes führen Notare ein Amtssiegel, und zwar in drei verschiedenen Ausgestaltungen:

- Farbdrucksiegel (Stempel),

- Prägesiegel (mittels Siegelpresse) und

- Petschaft (Lacksiegel mit erhitztem Lack).

Die Einzelheiten sind in § 2 DONot näher beschrieben. Die jeweiligen Vorschriften des Beurkundungsgesetzes bestimmen, welche Siegelart jeweils Verwendung finden muss (vgl. §§ 34, 39, 44, 49 BeurkG).

Notare haben strikt dafür zu sorgen, dass ihr Amtssiegel nicht missbraucht wird. So dürfen ihre Siegel nicht offen herumliegen, sondern müssen verschlossen werden, insbesondere nach Büroschluss. Falls ein Siegel abhandenkommen sollte, muss der betroffene Notar unverzüglich den Landgerichtspräsidenten als Aufsichtsbehörde benachrichtigen, der wiederum den Verlust im jeweiligen Amtsblatt veröffentlichen lässt (siehe auch WEINGÄRTNER/SCHÖTTLER, Dienstordnung für Notare, 13. Aufl. 2016, § 2 Rdnr. 26 ff. und KERSTEN/BÜHLING, Formularbuch und Praxis der freiwilligen Gerichtsbarkeit, 26. Aufl. 2019, § 11 Rdnr. 31 ff.).

Notare sind zudem gem. § 3 DONot berechtigt, am Eingang zu der Geschäftsstelle und an dem Gebäude, in dem sich ihre Geschäftsstelle (Büro) befindet, ein Amtsschild anzubringen. Das Amtsschild enthält das Landeswappen und die Aufschrift „Notarin" oder „Notar". Zusätzlich können sie Namensschilder anbringen, auf denen sie das Landeswappen führen dürfen.

VIII. Amtssitz, Amtsbereich und Amtsbezirk des Notars

Der Notar ist nicht frei in der Wahl des Orts, an dem er sich niederlässt und im Einzelfall Amtshandlungen vornimmt. Die Bindung des Notars an einen bestimmten Ort ist vergleichbar mit dem Sitz von Gerichten und Behörden.

- **Amtssitz** des Notars ist der Ort, an dem er seine Geschäftsstelle zu halten hat. Vom Amtssitz leitet sich der Amtsbereich ab.

- Der **Amtsbereich** des Notars ist der Bezirk desjenigen **Amtsgerichts**, in dem er seinen Amtssitz hat (§ 10a BNotO). Die Landesjustizverwaltung kann nach den Erfordernissen einer geordneten Rechtspflege die Grenzen des Amtsbereichs allgemein oder im Einzelfall mit der Zuweisung des Amtssitzes abweichend festlegen und derartige Festlegungen, insbesondere zur Anpassung an eine Änderung von Gerichtsbezirken, auch abändern.

– Der **Amtsbezirk** des Notars entspricht dem Bezirk des **Oberlandesgerichts**, in dem er seinen Amtssitz hat (§ 11 BNotO).

Der Notar soll seine Urkundstätigkeit nur innerhalb seines Amtsbereichs, und im Regelfall insbesondere in seiner Geschäftsstelle ausüben, sofern nicht sachliche Gründe oder besondere berechtigte Interessen der Rechtsuchenden ein Tätigwerden außerhalb des Amtesbereichs rechtfertigen.

Wird der Notar **außerhalb seines Amtsbereichs** tätig, hat er dies gem. § 10a Abs. 3 BNotO unverzüglich und unter Angabe der Gründe der Aufsichtsbehörde (oder nach deren Bestimmung der jeweiligen Notarkammer) anzuzeigen. Vergleiche zu den Einzelheiten die jeweiligen Abschnitte IX. der oben unter Abschnitt III. Ziffer 5. genannten Berufsrichtlinien der Notarkammern.

Will der Notar sogar **außerhalb seines Amtsbezirks** Amtsgeschäften nachgehen, benötigt er hierfür die vorherige Genehmigung der Aufsichtsbehörde, sofern nicht das Unterlassen der jeweiligen Tätigkeit eine Gefahr für die an dem Amtsgeschäft Beteiligten mit sich brächte (§ 11 Abs. 2 BNotO).

Verstößt der Notar gegen diese örtlichen Pflichten bei der Beurkundung, haben die an der Beurkundung Beteiligten jedoch keinen Nachteil, da die Urkunde ohne Einschränkung gültig ist. Für den Notar selbst liegt in dem Verhalten jedoch ein Dienstvergehen.

Dagegen darf der Notar im **Ausland**, also außerhalb des Gebiets der Bundesrepublik Deutschland, niemals Amtsgeschäfte vornehmen. Weil die Befugnis des Notars, Urkunden aufzunehmen, ein Ausdruck der Hoheitsgewalt des Staates ist, in dem er als Notar ernannt wurde, kann diese Hoheitsgewalt nicht über die Grenzen dieses Staates hinausgehen. Beurkundungen eines deutschen Notars im Ausland sind deshalb nichtig. Auch im Ausland können jedoch nach deutschem Verfahrensrecht Beurkundungen stattfinden; allerdings obliegt dies nicht den Notaren, sondern vielmehr den deutschen Konsulatsbehörden.

IX.   Amtspflichten des Notars

Mit der Stellung des Notars als Träger eines öffentlichen Amts (siehe oben Abschnitt I.) geht einher, dass ihm eine Reihe von Amtspflichten auferlegt sind. Dazu gehören insbesondere:

– die Pflicht zur Amtsbereitschaft,

– die Pflicht zur Amtsausübung,

– die Pflicht zur Unparteilichkeit,

– die Fragepflicht hinsichtlich einer Vorbefassung als Rechtsanwalt,

– die Sachverhaltserforschungs-, Prüfungs- und Belehrungspflichten sowie

– die Pflicht zur Gestaltung des Beurkundungsverfahrens.

1. Pflicht zur Amtsbereitschaft (§§ 10, 38–46 BNotO)

Der Notar muss das ihm verliehene Amt ausüben. Die Ernennung gibt ihm also nicht etwa die Wahl, ob er den Beruf tatsächlich ausüben oder nur den zugehörigen Titel führen möchte. Das widerspräche dem Auftrag des Notaramts.

Die allgemeine Pflicht, das Amt auszuüben, erfordert, dass der Notar eine Geschäftsstelle unterhält und diese während der üblichen Geschäftsstunden offen hält (§ 10 Abs. 3 BNotO). Was in dieser Hinsicht als „übliche" Geschäftsstunden anzusehen ist, ist gesetzlich nicht geregelt. Auch die in KV Nr. 26000 des GNotKG genannten Zeiten geben insoweit wenig Anhaltspunkte, da sie lediglich Einzelheiten über die Zusatzgebühren für die Tätigkeit zur Unzeit regeln sollen.

Will sich der Notar **länger als eine Woche** von seinem Amtssitz entfernen oder ist er aus tatsächlichen Gründen länger als eine Woche an der Ausübung seines Amts verhindert, so hat er dies der Aufsichtsbehörde unverzüglich anzuzeigen (§ 38 Satz 1 BNotO).

Soll die Abwesenheit von dem Amtssitz **länger als einen Monat** dauern, so bedarf dies der Genehmigung der Aufsichtsbehörde (§ 38 Satz 2 BNotO).

Die Aufsichtsbehörde kann dem Notar auf seinen Antrag für die Zeit seiner Abwesenheit oder Verhinderung einen Vertreter bestellen (§ 39 Abs. 1 BNotO).

2. Pflicht zur Amtsausübung (§§ 14–19 BNotO)

Von der Pflicht zur allgemeinen Bereitschaft zur Amtsausübung (dazu oben unter Ziffer 1.) ist die Pflicht zur konkreten Amtsausübung im Einzelfall zu unterscheiden. Insbesondere darf der Notar nicht seine Urkundtätigkeit ohne ausreichenden Grund verweigern. Bei rein beratenden oder betreuenden Tätigkeiten ist er jedoch in seiner Entscheidung frei.

Der Notar **muss** seine Amtstätigkeit hingegen versagen, wenn sie mit seinen Amtspflichten nicht vereinbar ist. Dies ist insbesondere dann der Fall, wenn seine Mitwirkung bei Handlungen verlangt wird, mit denen erkennbar unerlaubte oder unredliche Zwecke verfolgt werden

Das Gleiche gilt, wenn der Notar von der Nichtigkeit eines beabsichtigten Geschäfts überzeugt ist oder davon, dass einem Beteiligten die erforderliche Geschäftsfähigkeit fehlt.

Selbstverständlich darf der Notar nicht beurkunden, wenn er aus persönlichen Gründen von der Amtsausübung ausgeschlossen ist (§ 3 BeurkG, siehe dazu unten Ziffer 3.).

Hält sich der Notar in einer Angelegenheit für befangen, hat er also begründete Zweifel an seiner uneingeschränkten Unparteilichkeit, so ist er berechtigt, aber nicht verpflichtet, seine Amtsgeschäfte abzulehnen.

Beispiele für den Verdacht der Befangenheit

– Beurkundung für einen guten Freund des Notars;

– das Ausbleiben eines angeforderten Kostenvorschusses.

Der Notar kann seine Tätigkeit auch ablehnen, wenn er überlastet ist oder dringendere Amtsgeschäfte anstehen. Eine Ablehnung aus diesen Gründen widerspricht jedenfalls dann nicht den Erfordernissen einer geordneten Rechtspflege, wenn ein anderer Notar am selben Ort oder in einem Nachbarort die Geschäfte wahrnehmen kann. In diesem Fall muss er die Ablehnung unverzüglich zum Ausdruck bringen, damit die Beteiligten rechtzeitig einen anderen Notar mit dem Amtsgeschäft betrauen können.

Weigert sich der Notar, Amtsgeschäfte durchzuführen, steht den Beteiligten die sogenannte Untätigkeitsbeschwerde zur Beschwerdekammer des zuständigen Landgerichts zu (vgl. dazu im Einzelnen § 15 Abs. 2 BNotO und § 54 Abs. 2 BeurkG, §§ 58 ff. FamFG).

3. Pflicht zur Unparteilichkeit (§§ 13–14 BNotO)

Die Bundesnotarordnung regelt ausdrücklich, dass der Notar „nicht Vertreter einer Partei, sondern unparteiischer Betreuer der Beteiligten" ist (§ 14 Abs. 1 Satz 2 BNotO). Im Amtseid schwört er dementsprechend, seine Pflichten „unparteiisch zu erfüllen".

Die Pflicht zur Unparteilichkeit gilt nicht nur bei Beurkundungen, sondern bei allen Amtstätigkeiten. Der Notar darf keine Betreuung annehmen, bei der es sich um die Wahrnehmung gegensätzlicher bzw. einseitiger Parteieninteressen handelt.

Unparteiisch zu sein bedeutet, niemanden zu bevorzugen und niemanden zu benachteiligen, sowie das Fehlen von Bindung, Zu- oder Abneigung und Voreingenommenheit. Auch die Berücksichtigung eigener Vor- oder Nachteile bei der Amtsausübung dürfen das Handeln des Notars selbstverständlich nicht beeinflussen.

Dieses Gebot der Unparteilichkeit verlangt von dem Notar mitunter Standfestigkeit, denn manche „Stammklienten" glauben und erwarten, dass ihr „Hausnotar" ihre Interessen bevorzugt wahrnimmt.

Unparteilichkeit fordert Unabhängigkeit. Wer abhängig ist, kann nicht unbefangen handeln.

4. Vorbefassung und Konfliktlage des Anwaltsnotars (§ 3 BeurkG)

Die Unparteilichkeit stellt besondere Anforderungen an das Tätigwerden des Anwaltsnotars. Denn die Pflicht des Rechtsanwalts besteht gerade darin, einseitig Parteiinteressen zu vertreten. Was also dem Rechtsanwalt geboten ist, ist dem Notar strengstens verboten.

Dabei geht es im Wesentlichen um zwei spiegelbildliche Fragen:

– Kann ein Anwaltsnotar in einer Sache als Notar tätig werden, die er zuvor anwaltlich bearbeitet oder in der er in seiner Eigenschaft als Rechtsanwalt beraten hat bzw. die mit seiner anwaltlichen Tätigkeit zusammenhängt?

– Kann ein Anwaltsnotar in einer Sache als Rechtsanwalt tätig werden, die mit seiner früheren notariellen Tätigkeit zusammenhängt?

Bezüglich der ersten Frage des Ausschlusses des Notars wegen der **Kollision mit einer früheren Anwaltstätigkeit**, gilt Folgendes: Eine Mitwirkung als Notar ist verboten, wenn es sich um die Angelegenheit einer Person handelt, die der Notar bereits in derselben Angelegenheit als Rechtsanwalt oder Beauftragter vertreten hat (§ 3 Abs. 1 Satz 1 Nr. 7 BeurkG).

Danach ist es nicht gestattet, einen Vertrag, wie z.B. einen Vergleich, zu protokollieren, wenn der Notar in dieser Angelegenheit von einem der Beteiligten als Rechtsanwalt bevollmächtigt ist oder war. Problematische Konstellationen sind zahlreich, so etwa die folgenden zwei Beispiele.

Beispiele

– Erbauseinandersetzungsverhandlung mit rechtsanwaltlicher Vertretung der Parteien und anschließender Beurkundung des ausgehandelten Erbauseinandersetzungsvertrags.

– Auseinandersetzungsvertrag einer gekündigten Gesellschaft, wenn der Notar bei der Auseinandersetzungsverhandlung und Liquidation als Rechtsanwalt einseitig beraten hat.

Ist der Notar wegen seiner vorherigen anwaltlichen Tätigkeit ausgeschlossen, dann gilt dasselbe auch für seinen Sozius (§ 3 Abs. 1 Nr. 4 BeurkG).

Da in der Praxis mittlerweile oftmals sämtlichen Rechtsanwälten (oder zumindest sämtlichen Sozien) einer Anwaltssozietät eine anwaltliche Vollmacht erteilt wird, kommt ein Ausschluss schon nach dem Wortlaut des § 3 BeurkG immer häufiger in Betracht. Es kann daher vor einer Amtstätigkeit als Notar eine aufwendige Recherche über frühere Mandatierungen erforderlich werden.

Zu der zweiten Frage der **Unterlassung der anwaltlichen Tätigkeit** mit Rücksicht auf die frühere notarielle Bearbeitung, gilt gem. § 45 BRAO Folgendes: Der Notar schuldet den Beteiligten, für die er früher in derselben Angelegenheit als Notar tätig war, über den Abschluss des Amtsgeschäfts hinaus weiterhin die unbedingte Unparteilichkeit.

Aus diesem Grund darf er bereits **nach anwaltlichem Standesrecht** nicht in seiner Eigenschaft als Rechtsanwalt tätig werden, wenn er in derselben Rechtssache als Notar bereits tätig geworden ist (§ 45 Abs. 1 Nr. 1 BRAO). Dies gilt insbesondere, wenn er als Notar eine Urkunde aufgenommen hat und deren Rechtsbestand oder Auslegung streitig ist oder die Vollstreckung aus ihr betrieben wird (§ 45 Abs. 1 Nr. 2 BRAO).

Dem Notar ist es darüber hinaus **aus Gründen des notariellen Standesrechts** versagt, einen Beteiligten bei der Geltendmachung von Ansprüchen aus einer von ihm aufgenommenen Urkunde anwaltlich zu vertreten.

Beispiele

– Die Vertretung eines Miterben oder Vermächtnisnehmers als Rechtsanwalt gegen andere Miterben, wenn er als Notar zuvor das Testament beurkundet hat.

– Die Vertretung des Käufers oder Verkäufers in Streitigkeiten aus einem von ihm als Notar beurkundeten Kaufvertrag.

– Die Zustellung und Vollstreckung für den Hypothekengläubiger aus einer als Notar beurkundeten vollstreckbaren Urkunde.

Der Anwaltsnotar muss sich also bei jeder einzelnen Rechtssache entscheiden, ob er sich strikt auf rechtsanwaltliche oder Notargeschäfte beschränkt.

Erleichterungen gibt es in bestimmten Fällen bei der Vertretung vor Gericht: Zum Amt des Notars gehört es, die Beteiligten auf dem Gebiet der vorsorgenden Rechtspflege vor Gerichten und Behörden zu vertreten. Handelt der Notar dabei im Rahmen einer Vollzugstätigkeit zu einem Amtsgeschäft, so ist er zur Weiterverfolgung der Angelegenheit in den Rechtsmittelinstanzen auch dann befugt, wenn im Einzelfall Interessen anderer Beteiligter entgegenstehen könnten. Auch der Anwaltsnotar handelt hier stets als Notar, was sich hinsichtlich seiner Haftung, seiner Gebühren und der Beitreibung der Kosten auswirkt.

Beispiele

– **Kaufvertrag:** Der Notar vertritt die Beteiligten im Genehmigungsverfahren nach dem Grundstücksverkehrsgesetz oder nach dem Baugesetzbuch oder im Beschwerdeverfahren gegenüber dem Grundbuchamt.

– **Erbscheinsantrag:** Der Notar vertritt den Antragsteller in einem Beschwerdeverfahren.

– **Pachtvertrag:** Der Notar vertritt die Beteiligten in einem Beanstandungsverfahren nach dem Landpachtgesetz.

– **Hofübergabevertrag:** Der Notar vertritt die Beteiligten im landwirtschaftsgerichtlichen Verfahren.

5.   Fragepflicht des Notars nach Vorbefassung (§ 3 Abs. 1 Satz 2 BeurkG)

Damit das oben näher beschriebene Verbot der Vorbefassung als Rechtsanwalt (siehe dazu oben Ziffer 4. und § 3 Abs. 1 Satz 1 Nr. 7 BeurkG) abgesichert wird und schon nach außen hin erkennbar ist, dass der Notar dieses Mitwirkungsverbot eingehalten hat, muss er gem. § 3 Abs. 1 Satz 2 BeurkG die Urkundsbeteiligten vor der Beurkundung nach einer Vorbefassung in diesem Sinne befragen und dies in der Urkunde bzw. in dem Unterschriftsbeglaubigungsvermerk protokollieren.

Die ebenfalls zu vermerkende Antwort der Beteiligten kann inhaltlich nur in zwei Varianten vorkommen: Entweder die Beteiligten verneinen die Vorbefassung, oder aber sie bejahen diese mit dem Zusatz, dass die Vorbefassung im Auftrag aller an der Urkunde beteiligten Personen geschehen sei. Andernfalls kann eine Beurkundung oder Beglaubigung wegen des Mitwirkungsverbots nicht vorgenommen werden.

Verstößt der (Anwalts-)Notar gegen das Mitwirkungsverbot, kann dieses Verhalten möglicherweise den Straftatbestand der Falschbeurkundung im Amt nach § 348 StGB erfüllen. Bei wiederholten groben Verstößen gegen die Mitwirkungsverbote droht ihm zudem der Amtsverlust (vgl. § 50 Abs. 1 Nr. 9 Buchst. a) BNotO).

Bei der Formulierung der Vorbefassung muss der Anwaltsnotar nicht den genauen Inhalt des Gesetzes wortgleich wiedergeben, eine inhaltliche Zusammenfassung genügt.

Formulierungsbeispiel – Vorbefassung des Anwaltsnotars (Kurzfassung)

Die Frage des Notars an die Beteiligten vor der Beurkundung nach einer Vorbefassung gem. § 3 Abs. 1 Satz 1 Nr. 7 BeurkG wurde von den Beteiligten verneint.

Oder ausführlicher:

Formulierungsbeispiel – Vorbefassung des Anwaltsnotars (längere Fassung)

Auf die Frage des Notars vor der Beurkundung an die Beteiligten, ob er oder eine Person, mit der sich der Notar zur gemeinsamen Berufsausübung verbunden hat oder mit der er gemeinsame Geschäftsräume nutzt, in der Angelegenheit, die Gegenstand der beabsichtigten Beurkundung ist, außerhalb seiner Amtstätigkeit bereits tätig war oder ist, erklärten die Beteiligten, dass dies nicht der Fall war bzw. ist.

Bei Niederschriften gehört der Vermerk hinter den Urkundeneingang und vor die Erklärungen der Beteiligten. Bei anderen Urkundsgeschäften, insbesondere bei der Unterschriftsbeglaubigung, gehört der Vermerk in den Beglaubigungsvermerk selbst, denn schließlich gehört er gerade nicht zu den Erklärungen des Beteiligten.

6. Sachverhaltserforschungs-, Prüfungs- und Belehrungspflichten (§ 17 BeurkG)

Den umfassenden Pflichtenkreis des Notars bei der Beurkundung benennt § 17 BeurkG (Prüfungs- und Belehrungspflichten). Hierbei handelt es sich um eine der wichtigsten Vorschriften des Beurkundungsgesetzes; sie zielt darauf ab, dass der Notar eine Urkunde errichtet, die

- dem wahren und wirklichen (vom Notar erforschten) Willen der Beteiligten entspricht,

- den Sachverhalt vollständig und richtig wiedergibt,

- bei Kenntnis der Beteiligten über die rechtliche Tragweite des Geschäfts (aufgrund Belehrung des Notars) deren Erklärungen klar und unzweideutig wiedergibt sowie

- Irrtümer und Zweifel vermeidet und unerfahrene und ungewandte Beteiligte nicht benachteiligt.

Aus diesem Pflichtenprogramm folgt die Aufgabe des Notars zur sachgerechten Beratung und Mitwirkung bei der Gestaltung des Rechtsgeschäfts (dazu sogleich).

7. Pflicht des Notars zur Gestaltung des Beurkundungsverfahrens (§ 17 Abs. 2a BeurkG)

Nach § 17 Abs. 2a BeurkG soll der Notar das Beurkundungsverfahren so gestalten, dass die Einhaltung der Pflichten nach § 17 Abs. 1 und 2 BeurkG gewährleistet ist.

Der Gesetzgeber hat damit Forderungen der Bundes- und der Ländernotarkammern Rechnung getragen, Gestaltungen des Beurkundungsverfahrens entgegenzuwirken, durch die ein Vertragsteil, insbesondere ein „unerfahrener und ungewandter Beteiligter" (§ 17 Abs. 1 Satz 2 BeurkG), systematisch von der Beurkundungsverhandlung ausgeschlossen würde und sowohl jede Chance von Verhandlungen mit dem anderen Vertragsteil als auch den Schutz der Beratung und Belehrung durch den Notar verlöre.

Nicht zulässig wäre demnach eine Beurkundungspraxis, bei der ein Beteiligter systematisch von der Beurkundungsverhandlung ferngehalten würde, wie z.B. bei jeweils **systematischer**

- Beurkundung mit vollmachtlosen Vertretern,

- Beurkundung unter Verwendung isolierter Vollmachten und systematischer Bevollmächtigung von Mitarbeitern des Notars,

- Aufspaltung in Angebot und Annahme oder

- Auslagerung wesentlicher Vereinbarungen in Bezugsurkunden.

Das Gebot zur Gestaltung des Beurkundungsverfahrens kann aber nicht in dem Sinne verstanden werden, dass ausnahmslos die am Rechtsgeschäft materiell Beteiligten bei der Aufnahme der Niederschrift anwesend sein müssen. Das materielle Recht kennt nur wenige Rechtsgeschäfte, die höchstpersönlich sind und bei denen eine Vertretung ausscheidet (z.B. Testamentserrichtung gem. § 2064 BGB und Abschluss eines Erbvertrags gem. § 2274 BGB). Bei nicht höchstpersönlichen Rechtsgeschäften bleibt materiell-rechtlich trotz § 17 Abs. 2a BeurkG eine Vertretung zulässig. Ein Beteiligter kann sich hier auch vollmachtlos vertreten lassen. Die Vorschrift will in diesem Zusammenhang aber die planmäßige, systematische und damit missbräuchliche Gestaltung des Urkundsverfahrens durch die Beteiligung vollmachtloser Vertreter verbieten.

8. Insbesondere: Zweiwochenfrist für Verbraucher (§ 17 Abs. 2a Satz 2 Nr. 2 BeurkG)

Für bestimmte Verbraucherverträge, insbesondere Grundstückskaufverträge, an denen ein Verbraucher (als Käufer oder Verkäufer) beteiligt ist, muss der Verbraucher in besonderer Weise Gelegenheit erhalten, sich vorab mit dem Gegenstand der Beurkundung auseinanderzusetzen. Dazu sieht § 17 Abs. 2a Satz 2 Nr. 2 BeurkG vor, dass der Verbraucher mindestens zwei Wochen Zeit zur Prüfung des Vertragsentwurfs erhält.

Anders als die anderen Teile des § 17 BeurkG ist diese Zweiwochenfrist auf **Verbraucherverträge** beschränkt, und zwar (noch enger) nur auf solche, die gem. § 311b Abs. 1 Satz 1 und Abs. 3 BGB der Beurkundungspflicht unterliegen. Dies sind nur solche Verträge, die die Verpflichtung zum Erwerb oder zur Veräußerung einer Immobilie oder des gesamten Vermögens oder eines Bruchteils davon zum Inhalt haben. Für Grundschuldbestellungen gilt die Zweiwochenfrist daher z.B. nicht.

Die Vorschrift dient dem Verbraucherschutz (**Überlegungs- und Übereilungsschutz für Verbraucher**) und wurde bereits mehrfach durch den Gesetzgeber und die Rechtsprechung in ihrer Bedeutung hervorgehoben und verschärft:

—   Der BGH hat zunächst klargestellt, dass die Urkundsbeteiligten auf die Einhaltung der Regelfrist von zwei Wochen **nicht verzichten** können (BGH, NJW 2013, 1451) und dass auch die Einräumung eines vertraglichen Rücktrittsrechts für den Verbraucher eine Fristverkürzung allein nicht rechtfertigt (BGH, NJW 2015, 2646).

– Seit dem Gesetz zur Stärkung des Verbraucherschutzes im notariellen Beurkundungsverfahren vom 15.07.2013 (BGBl I, 2378) beginnt die Zweiwochenfrist gem. § 17 Abs. 2a BeurkG erst zu laufen, wenn der beabsichtigte Vertragstext dem Verbraucher **von dem beurkundenden Notar** (oder seinem Sozius) zur Verfügung gestellt wird. Eine Zusendung durch den beteiligten Unternehmer (z.b. den unternehmerischen Bauträger/Verkäufer) genügt also nicht mehr. Hintergrund dieser Neuregelung ist die Überlegung, dass der Verbraucher geneigt ist, sich mit Fragen zum Vertragsentwurf an denjenigen zu wenden, von dem er den Text erhalten hat, und dass dies möglichst der Notar sein sollte.

– Verstößt der Notar wiederholt und grob gegen die Vorgaben des § 17 Abs. 2a Satz 2 Nr. 2 BeurkG, muss er nunmehr eine **Amtsenthebung** befürchten (vgl. § 50 Abs. 1 Nr. 9 Buchst. b) BNotO).

Es empfiehlt sich daher für alle (Standard-)Fälle, in denen die Frist von zwei Wochen eingehalten wurde – in Grundstückskaufverträgen –, schon zu Dokumentationszwecken folgende Bestimmung aufzunehmen:

Formulierungsbeispiel – Zweiwochenfrist

Der Erschienene erklärt, dass er den beabsichtigten Text dieser Urkunde – sowie der nachfolgend näher bezeichneten Verweisungsurkunde (z.B. Teilungserklärung) – mindestens zwei Wochen vor dem heutigen Beurkundungstermin (oder aber konkret: am ...2019) von dem beurkundenden Notar erhalten hat.

Dem beurkundenden Notar sollte jedoch klar sein, dass allein eine solche Erklärung des Verbrauchers, einen Verstoß des Notars gegen seine Amtspflicht nicht „heilt". Maßgeblich ist vielmehr, dass der Verbraucher den Entwurf tatsächlich zu dieser Zeit erhalten hat (entscheidend ist der Zugang, vgl. etwa BGH, DNot 2019, 37).

Im Übrigen sollte von der Einhaltung der Zweiwochenfrist nur in absoluten Ausnahmefällen abgewichen werden, und zwar nur dann, wenn nachvollziehbare Gründe vorliegen, die auch unter Berücksichtigung der Schutzinteressen des Verbrauchers eine Fristverkürzung rechtfertigen. Hierfür ist nach der jüngeren Rechtsprechung des BGH (allein) die anderweitige **Erfüllung des Schutzzwecks** maßgeblich. Es ist die Frage zu stellen, ob im Einzelfall sichergestellt ist, dass der vom Gesetz bezweckte Übereilungs- und Überlegungsschutz auf andere Weise als durch die Einhaltung der Regelfrist gewährleistet sein muss (BGH, DNotZ 2019, 37

Rdnr. 19). In früheren Fällen hätte der BGH darauf abgestellt, dass der Verbraucher „hinreichend überlegt handelt" (vgl. BGH, NJW 2015, 2646). Darüber hinausgehende sachliche Gründe sind grundsätzlich nicht erforderlich.

Eine ausnahmsweise Verkürzung der Frist ist unter diesem Aspekt nur dann zulässig, wenn der Notar zu der Überzeugung gelangt, dass der Käufer auch innerhalb der kürzeren Frist eine hinreichend informierte und fundierte Kaufentscheidung treffen kann. Aufgrund der naturgemäß begrenzten Erkenntnismöglichkeiten des Notars muss er insoweit zunächst auf die Angaben der Beteiligten vertrauen; wobei ihm als Herr des Beurkundungsverfahrens ein Beurteilungsspielraum zukommen dürfte.

Fehlen weitere Anhaltspunkte im konkreten Fall, so könnte der beurkundende Notar ergänzend auf folgende **praxistaugliche Beurteilungskriterien** zurückgreifen, die im Rahmen einer Gesamtbetrachtung Berücksichtigung finden mögen:

–   Wie geschäftserfahren ist der Verbraucher (allgemein/konkret)? Hat der Verbraucher bereits zuvor Immobilientransaktionen mit dem Verkäufer getätigt?

–   Wurden dem Verbraucher weitere erklärende Unterlagen ausgehändigt?

–   Hat der Verbraucher fachkundige Berater konsultiert (Rechtsanwalt, Steuerberater, technische Sachverständige)?

–   Wann und wie oft hat der Verbraucher das Kaufobjekt besichtigt?

–   Ist die Kaufpreisfinanzierung bereits gesichert?

–   Wann genau hat der Verbraucher den Vertragsentwurf erhalten?

–   Welchem Zweck dient der Kauf? Ist z.B. größere Vorsicht bei Kauf zu Kapitalanlagezwecken geboten?

–   Wie umfangreich und komplex ist das abzuschließende Rechtsgeschäft?

Seine Erwägungen, die für die ausnahmsweise Zulässigkeit einer Fristverkürzung im Einzelfall sprechen, sollte der Notar schon zu Beweiszwecken möglichst einzelfallbezogen in der Urkunde selbst benennen.

Häufig stellt sich (auch und gerade bei rechtzeitigem Versand) die Frage, ob Änderungen und erneute Zusendung des Entwurfs vor Beurkundung die Zweiwochenfrist neu auslösen. Erfreulicherweise hat die Rechtsprechung zwischenzeitlich (BGH v. 23.08.2018 – III ZR 506/16, DNotZ 2019, 37 Rdnr. 21) klargestellt, dass **vom Verbraucher ausgehende Änderungen** des Vertragsentwurfs grundsätzlich jederzeit ohne weiteres möglich sind und keine erneute Zweiwochenfrist auslösen. Ob dies in dieser allgemeingültigen Form auch dann gilt, wenn die Änderung zu einer erheblichen wirtschaftlichen Mehrbelastung des Verbrauchers wird, wird unterschiedlich gesehen (vgl. etwa ARMBRÜSTER/WÄCHTER, NotBZ 2019, 34, 36). Für neutrale bzw. weniger gravierende Änderungen dürfte die Leitlinie der Rechtsprechung ebenfalls anzuwenden sein. Im Übrigen, d.h. bei für den Verbraucher nachteiligen Änderungen, ist jedoch nachdrücklich zur Vorsicht zu raten.

Vergleiche für weiterführende Hinweise dieses aktuellen und haftungsträchtigen Themas beispielhaft CRAMER, DNotZ 2015, 725, oder WEBER, NJW 2015, 2619 sowie BGH vom 23.08.2018 – III ZR 506/16, DNotZ 2019, 37, z.B. m. Anm. ARMBRÜSTER/WÄCHTER, NotBZ 2019, 34.

§ 2   Beurkundungsverfahrensrecht

I.   Vorbemerkung: Die Formen der Rechtsgeschäfte (§§ 126 ff. BGB)

1.   Formfreiheit, Formzwang

Zur Vertragsfreiheit, die unsere Rechts- und Wirtschaftsordnung prägt, gehört auch die Freiheit der Form. Rechtsgeschäfte können **grundsätzlich formfrei** (z.B. mündlich oder durch Handschlag) verbindlich abgeschlossen werden. Dies gilt unabhängig von der wirtschaftlichen Bedeutung des Geschäfts. Umgekehrt können die Parteien eine bestimmte Form freiwillig vereinbaren (vgl. § 127 BGB).

Für einzelne Fälle schreibt aber auch das Gesetz – im notariellen Bereich i.d.R. das BGB – eine besondere Form vor (gesetzliches Formerfordernis). In den meisten Fällen verfolgt der Gesetzgeber mit einer Formvorschrift einen, mehrere oder alle der nachfolgend beschriebenen **Zwecke:**

– **Warnfunktion:** Der Erklärende soll vor unüberlegten (übereilten) Rechtshandlungen geschützt werden. Beispiel hierfür sind die Schriftform der Bürgschaftserklärung (§ 766 BGB) und die notarielle Form des Schenkungsversprechens (§ 518 BGB). Eine funktionale Alternative ist die Einräumung eines **freien Widerrufsrechts** (z.B. im modernen Verbraucherschutzrecht, etwa wie bei Fernabsatzverträgen (§ 312d BGB). Die zum Widerruf berechtigte Vertragspartei (der Verbraucher) ist über dieses Recht zu belehren (Widerrufsbelehrung). Denn bei fehlender oder unrichtiger Belehrung, beginnt die Widerrufsfrist nicht zu laufen (vgl. § 355 Abs. 2 BGB i.V.m. z.B. § 356 Abs. 3 Satz 1 BGB).

– **Beweisfunktion:** Mit der geforderten Form sollen der Inhalt einer Erklärung und der Umstand ihrer Abgabe dokumentiert werden. Im Fall der Schriftform soll zugleich die Identität des Erklärenden (**Identitätsfunktion**) und die Echtheit seiner Erklärung (**Echtheitsfunktion**) gewährleistet und für den Empfänger überprüfbar gemacht werden (**Verifikationsfunktion**).

– Mit der Beweisfunktion korrespondiert die **Informationsfunktion:** Die verkörperte (schriftlich fixierte) Erklärung kann alle Beteiligten sehr viel zuverlässiger als z.B. das gesprochene Wort über Inhalt und Umfang ihrer rechtserheblichen Erklärungen informieren.

– **Beratungs- und Belehrungsfunktion:** Ist die notarielle Form angeordnet, sollen die Erklärenden zusätzlich sachkundig und unabhängig beraten und über die rechtliche Bedeutung der geplanten Erklärung belehrt werden. Der Notar ist in besonderem Maß qualifiziert, dieser Beratungs- und Belehrungsfunktion nachzukommen (vgl. § 17 BeurkG). Ein wichtiges Beispiel für die Bedeutung der Beratungs- und Belehrungsfunktion ist § 311b Abs. 1 BGB (Kaufvertrag über ein Grundstück).

Ist ein gesetzliches Formerfordernis angeordnet, muss es natürlich auch dann beachtet werden, wenn der beabsichtigte Zweck sich nicht oder nicht mehr erreichen lässt oder bereits anderweitig erreicht wird. Ein Rechtsgeschäft, das nicht die gesetzlich vorgeschriebene Form erfüllt, ist nichtig (§ 125 Satz 1 BGB; wichtige Ausnahme: § 550 BGB für den Mietvertrag; beachte auch die gesetzlich vorgesehenen Heilungsmöglichkeiten, z.b. bei der Schenkung, § 518 BGB).

2.   Mögliche Formen

Folgende **gesetzliche Formen** sind möglich:

- Textform (§ 126b BGB),
- Schriftform (§ 126 BGB),
- elektronische Form (§ 126a BGB),
- Eigenhändigkeit (§ 2247 BGB),
- öffentliche Beglaubigung (§ 129 BGB),
- notarielle Beurkundung (§ 128 BGB, §§ 6 ff. BeurkG).

a)   Textform (§ 126b BGB)

Die Textform **unterscheidet** sich von der strengeren Schriftform (siehe nachfolgend Punkt b)) vor allem dadurch, dass bei der Textform zwar auch die Person des Erklärenden erkennbar sein muss, dessen **eigenhändige Unterschrift** auf der Erklärung aber **nicht** erforderlich ist.

Wie bei der Schriftform ist jedoch zumindest die Möglichkeit zur **dauerhaften Verkörperung** der Erklärung notwendig, die nur eben nicht schriftlich erfolgt oder möglich sein muss. Erklärungen per **Fax**, auch Computerfax, auf CD-ROM und anderen Speichermedien sowie per **E-Mail** genügen daher der Textform. Bei elektronischen Erklärungen reicht es für die dauerhafte Verkörperung i.S.d. § 126b BGB aus, dass der Empfänger der Erklärung diese speichern und ausdrucken kann. Vorsicht ist geboten bei nur online im Internet eingestellten Texten (z.B.

Allgemeinen Geschäftsbedingungen eines Online-Shops), da diese Texte dem Empfänger (z.B. Kunden) gerade nicht übermittelt wurden. Ob dieses Vorgehen die Textform wahrt, wird unterschiedlich beurteilt, aber von der obergerichtlichen Rechtsprechung davon abhängig gemacht, dass es zu einem tatsächlichen Download der online bereitgestellten Erklärung kommt. Die übermittelte Erklärung muss zur Wahrung der Textform lesbar sein, bei elektronischen Erklärungen genügt es, wenn sie durch ein Anzeigeprogramm (z.B. einen PDF-Reader) lesbar sind.

Die Textform ist die **einfachste gesetzlich vorgegebene Form** (z.B. in §§ 355 ff., 559b, 613a BGB). Bei ihrer Anordnung geht es dem Gesetzgeber i.d.R. primär um Wahrung der Informationsfunktion.

b)   Schriftform (§ 126 BGB)

Zur Wahrung der Schriftform muss der **vollständige Inhalt** der Erklärung (sog. Einheitlichkeit der Urkunde) **schriftlich** (nicht unbedingt handschriftlich! Ausnahme: nachfolgend Punkt d) abgefasst und vom Aussteller des Schriftstücks **eigenhändig unterschrieben** sein. „Unterschrift" ist auch **räumlich** zu verstehen: Sie muss den Urkundentext abschließen, so dass eine Unterschrift z.B. am Seitenrand nicht genügt (Merkposten: *„Unter*-Schrift").

Das Erfordernis der **Namensunterschrift** soll über die **Person** des Erklärenden informieren (Identitätsfunktion, siehe oben Ziffer 1.). Der Nachname reicht aus. Auf die Lesbarkeit der Unterschrift kommt es nicht an. Es genügt ein individueller, einmaliger Schriftzug mit charakteristischen Merkmalen, der sich als Wiedergabe eines Namens darstellt und die Absicht einer vollen Unterschriftsleistung erkennen lässt. Der Schriftzug muss Andeutungen von Buchstaben erkennen lassen. Die Gerichte stellen aber keine übertriebenen Anforderungen an das Vorliegen einer Unterschrift, solange die Identität des Erklärenden gesichert ist.

Keine Unterschrift sind die **Paraphe** (= Namenskürzel, häufig: die Initialen) und das **Handzeichen** (z.B. drei Kreuze). Letzteres kann aber anstelle einer Unterschrift verwendet werden (§ 126 Abs. 1 BGB: „oder"), und zwar auch dann, wenn der Erklärende seinen Namen schreiben könnte. Das Handzeichen muss zur Wahrung der Schriftform dann aber notariell beglaubigt sein (beachte § 126 Abs. 1 BGB).

Sieht das Gesetz für einen **Vertrag** die Schriftform vor, müssen die Vertragsparteien auf derselben Urkunde, wahlweise aber auch lediglich auf dem für die andere Partei bestimmten Exemplar unterschreiben (§ 126 Abs. 2 BGB).

Bei **Stellvertretung** ist der Vertreter Aussteller der Urkunde, da er eine eigene Erklärung abgibt (vgl. § 164 Abs. 1 Satz 1 BGB). Es kommt also auf seine Unterschrift an.

c)   Elektronische Form (§ 126a BGB)

Die elektronische Form steht gleichrangig neben der Schriftform und **ersetzt sie**, sofern die elektronische Form nicht im Einzelfall **vom Gesetz ausgeschlossen** wird (§ 126 Abs. 3 BGB). Beispiele für den gesetzlichen Ausschluss der elektronischen Form sind die Kündigung des Arbeitsverhältnisses (§ 623 zweiter Halbsatz BGB) und die Bürgschaftserklärung (§ 766 Satz 2 BGB).

Darüber hinaus scheidet eine Erklärung in elektronischer Form aus, wenn sie dem Erklärungsempfänger oder Vertragspartner im Einzelfall **gar nicht zugehen kann**, weil er die Verwendung der elektronischen Form im Vorfeld abgelehnt hat oder von ihm nicht erwartet werden kann, dass er die nötigen elektronischen Empfangsgeräte bereithält (z.b. von einem 90-jährigen Menschen, der im Altersheim lebt).

Bei der elektronischen Form liegt die Erklärung als elektronische Datei vor. Sie muss wie bei der Schriftform das gesamte formbedürftige Rechtsgeschäft enthalten (Einheitlichkeitsgrundsatz, siehe oben Punkt b)). Der Erklärende muss dieser Erklärung **seinen Namen hinzufügen** und das elektronische Dokument mit einer **qualifizierten elektronischen Signatur** nach der **eIDAS-Verordnung (EU) Nr. 910/2014** und dem daraufhin erlassenen Vertrauensdienstegesetz (VDG) versehen (siehe unten Abschnitt V. Ziffer 2.). Anders als die Unterschrift bei der Schriftform hat die Namensbeifügung hier aber **keine Abschlussfunktion**. Der Name kann bei der elektronischen Form also auch vor oder neben dem Text der Erklärung stehen.

d)   Eigenhändigkeit (§ 2247 BGB)

Die eigenhändige Form ist **nur** beim **privatschriftlichen Testament** gesetzlich vorgeschrieben (§ 2247 Abs. 1 BGB; daher auch die Bezeichnung „eigenhändiges Testament"). Diese Form ist ein **Unterfall der Schriftform** und erfordert, dass der Aussteller seine Erklärung nicht nur persönlich unterschrieben, sondern auch vollständig mit der Hand **geschrieben** hat (siehe näher § 15 Abschnitt IV. Ziffer 2. Buchst. b)).

Eine **Erleichterung** bietet § 2267 Satz 1 BGB für das privatschriftliche **gemeinschaftliche Testament**: Danach genügt es, wenn nur einer der testierenden Ehegatten das Testament gem. § 2247 BGB errichtet und der andere testierende Ehegatte die gemeinschaftliche Erklärung eigenhändig mitunterzeichnet (siehe näher § 15 Abschnitt VI. Ziffer 2.).

e)   Öffentliche Beglaubigung (§ 129 BGB)

Ist eine Erklärung öffentlich zu beglaubigen, muss sie schriftlich abgefasst und die Unterschrift des Erklärenden von einem Notar beglaubigt werden (§ 129 Abs. 1 Satz 1 BGB). Wie bei der Schriftform kann die Erklärung in beliebiger Weise hergestellt werden, also außer mit der Hand z.b. mit Schreibmaschine, durch Fotokopie oder (Aus-)Druck. Zum Beglaubigungsverfahren des Notars siehe §§ 39, 40 BeurkG und ausführlich unten Abschnitt III.

Der „öffentliche" Teil einer öffentlich beglaubigten Erklärung **erschöpft** sich in dem **Beglaubigungsvermerk** des Notars. **Nur dieser** genießt den öffentlichen Glauben (§ 415 ZPO). Der Urkundeninhalt selbst nimmt an diesem öffentlichen Glauben teil.

Die Erklärung selbst ist also eine Privaturkunde! In der notariellen Praxis bringen die Beteiligten nicht selten die öffentlich zu beglaubigende (Privat-)Erklärung selbst mit. Dann wird besonders deutlich, dass der mit besonderem Beweiswert versehene notarielle Teil der öffentlich beglaubigten Erklärung lediglich die Unterschriftsbeglaubigung selbst ist, nicht aber die eigentliche Erklärung. In Fällen mit Auslandsbezug wird nicht selten eine in der erforderlichen Fremdsprache verfasste Erklärung unterschriftsbeglaubigt. Dieser fremden Sprache muss der Notar nicht mächtig sein, um die Unterschriftsbeglaubigung durchzuführen. Hier bietet sich ein klarstellender Zusatz im Beglaubigungsvermerk an (siehe unten Abschnitt II. Ziffer 4.).

Die öffentlich beglaubigte Form wird vom Gesetz für eine Reihe von Rechtsgeschäften verlangt, z.B. für die meisten Erklärungen, die eine Eintragung in **öffentliche Register** bezwecken, aber auch für bestimmte Erklärungen aus dem Bereich des **Familien- oder Erbrechts**.

Beispiele

–   Anmeldungen zum Handelsregister (§ 12 Abs. 1 Satz 1 HGB),

–   Anmeldungen zum Vereinsregister (§ 77 Satz 1 BGB),

–   Bewilligungen zur Eintragung in das Grundbuch (§ 29 Abs. 1 Satz 1 GBO),

–   Erbschaftsausschlagung (§ 1945 Abs. 1 zweiter Halbsatz zweiter Fall BGB),

– nachträgliche Erklärung über die Bestimmung des Ehenamens (§ 1355 Abs. 3 Satz 2 BGB).

Ist eine öffentlich zu beglaubigende Erklärung **empfangsbedürftig** (z.b. Erbschaftsausschlagung, § 1945 Abs. 1 erster Halbsatz BGB), muss sie dem Erklärungsadressaten **in dieser Form** zugehen. Der Zugang einer Kopie, auch einer beglaubigten, reicht nicht aus. Aus diesem Grund werden unterschriftsbeglaubigte Urkunden häufig gegen Empfangsquittung in Urschrift an die Beteiligten ausgehändigt, nachdem der notarielle Beglaubigungsvermerk auf der Urkunde angebracht worden ist, damit diese selbst für den Zugang sorgen können (am Beispiel der Erbschaftsausschlagung siehe unten § 15 Abschnitt IX. Ziffer 6.).

Der Begriff der **öffentlichen Beglaubigung** ist **weiter** als der der notariellen Beglaubigung, dem der § 129 BGB zugrunde liegt und nur die notarielle Unterschriftsbeglaubigung erfasst. Es gibt neben dem Notar **weitere (Urkunds-)Personen**, die Unterschriftsbeglaubigungen vornehmen können. Diese sind insbesondere

– die **Konsularbeamten** (§ 10 Abs. 1 Nr. 2 KonsG), sowie – im Hinblick auf den Verbraucherschutz nicht unproblematisch –,

– die Urkundspersonen bei den **Betreuungsbehörden** – sachlich beschränkt auf Unterschriften unter den Vorsorgevollmachten und den Betreuungsverfügungen, § 6 BtBG –,

– die **Standesbeamten** – sachlich beschränkt auf Erklärungen zur Namensführung von Ehegatten i.S.d. § 41 PStG –, ferner

– die nach **Landesrecht** entsprechend befugten Personen oder Stellen, z.B. der Ortsgerichtsvorsteher in Hessen (§ 13 hess. OGG), die Ratschreiber in Baden-Württemberg (§ 35a Abs. 4 LFGG BW) sowie Ortsbürgermeister und Gemeinde- bzw. Stadtverwaltungen in Rheinland-Pfalz (§ 2 BeglG RP).

Die **Berechtigung der Landesgesetzgeber** zur Schaffung derartiger Beglaubigungszuständigkeiten folgt aus § 63 BeurkG, speziell für die Ratschreiber aus § 61 Abs. 4 BeurkG.

Zur konkreten Umsetzung einer notariellen Unterschriftsbeglaubigung siehe unten Abschnitt II. Ziffer 4.

Beachte zum Begriff der Beglaubigung:

Der Begriff „öffentliche Beglaubigung" ist **nicht gleichbedeutend** mit „amtlicher Beglaubigung". Letztere meint Abschriftsbeglaubigungen, die z.B. von Verwaltungsbehörden nach § 33 VwVfG i.V.m. den Verwaltungsverfahrensgesetzen der Bundesländer vorgenommen werden können. Daher genügte z.B. die von einem rheinland-pfälzischen Bürgermeister vorgenommene amtliche Beglaubigung einer Vereinsregisteranmeldung nicht der Form der §§ 67 Abs. 1, 77 Satz 2 BGB (instruktiver Fall OLG Zweibrücken, Beschl. v. 08.05.2015 – 3 W 57/13, FGPrax 2014, 223).

f)   Notarielle Beurkundung (§ 128 BGB, §§ 6 ff. BeurkG)

Die notarielle Beurkundung ist die **stärkste Urkundsform** des bürgerlichen Rechts. Der Notar bezeugt, dass die in der Urkunde bezeichnete Person die Erklärung des beurkundeten Inhalts abgegeben hat. Sie wird vom Notar in der Form einer Niederschrift (Protokoll) festgehalten (§§ 8 ff. BeurkG). Bezeugt ist nicht nur die Unterschrift, sondern der gesamte Inhalt der Erklärung, nicht jedoch deren sachliche Richtigkeit. Dass der Notar nicht auch die sachliche Richtigkeit der beurkundeten Erklärungen bezeugt, wird an folgendem **einfachen Beispiel** deutlich:

Bei einem sogenannten **Schwarzkauf** geben die Beteiligten beim Notar einen niedrigeren Kaufpreis als den eigentlich zwischen ihnen vereinbarten an, um Notargebühren und vor allem Grunderwerbsteuer zu sparen (z.B. 100.000 € statt 200.000 €). Dieses Verhalten ist strafbar und führt zivilrechtlich zur Nichtigkeit des notariell beurkundeten Kaufvertrags (§ 117 Abs. 1 BGB). Der eigentlich gewollte Kaufvertrag zu dem höheren Preis (200.000 €) ist mangels notarieller Beurkundung ebenfalls nichtig (§§ 117 Abs. 2, 311b Abs. 1 Satz 1, 125 Satz 1 BGB). Es ist klar, dass die vom Notar bezeugte Vereinbarung der Vertragsparteien „Der Kaufpreis beträgt 100.000 €" zwar tatsächlich abgegeben wurde, aber eben sachlich nicht richtig ist.

Die notarielle Beurkundung **sichert** den Beteiligten den sachkundigen unabhängigen Rat und die Belehrung durch den Notar. Sie ist deshalb vorgeschrieben für Rechtsgeschäfte, bei denen der Gesetzgeber wünscht, dass die Beteiligten über ihre Tragweite und rechtliche Bedeutung auf diese Weise aufgeklärt werden (§ 17 BeurkG, siehe bereits oben Ziffer 1.).

Beispiele

– Grundstücksvertrag (§ 311b Abs. 1 BGB),

– Ehevertrag (§ 1410 BGB),

– Erbvertrag (§ 2276 BGB),

– Erbverzichtsvertrag (§ 2348 BGB),

– Anerkennung einer Vaterschaft (§ 1597 Abs. 1 BGB),

– Schenkungsversprechen (§ 518 BGB),

– Sorgeerklärungen (§ 1626d Abs. 1 BGB),

– Erklärungen der Unterwerfung unter die sofortige Zwangsvollstreckung aus der notariellen Urkunden (sog. vollstreckbare Urkunden, §§ 794 Abs. 1 Nr. 5, 800 ZPO),

– eidesstattliche Versicherungen (vgl. § 38 BeurkG), z.b. zur Erlangung eines Erbscheins (siehe § 352 Abs. 3 FamFG = § 2356 Abs. 2 BGB a.F.).

Ist durch Gesetz die notarielle Beurkundung eines Vertrags vorgeschrieben, genügt es nach § 128 BGB, wenn Antrag und Annahme **nacheinander** – also insbesondere an verschiedenen Orten durch verschiedene Notare zu unterschiedlicher Zeit – notariell beurkundet werden (sog. **Sukzessivbeurkundung**). Darin liegt eine **Erleichterung** für den Rechtsverkehr, insbesondere wenn die Vertragsparteien einen weit voneinander entfernten Wohn- oder Geschäftssitz haben. Vorbehaltlich abweichender Vereinbarungen kommt ein Vertrag in den Fällen des § 128 BGB **schon mit der Beurkundung der Annahme zustande**; auf deren Zugang beim Anbietenden gem. § 130 BGB kommt es nicht an (§ 152 Satz 1 BGB).

Beachte zu den **Grenzen der Sukzessivbeurkundung**:

– Ihr **Anwendungsbereich beschränkt** sich auf Verträge, bei denen der gesamte Vertrag der notariellen Form bedarf und nicht bloß die Willenserklärung eines – des besonders schützenswerten – Vertragsteils. Ein Beispiel hierfür ist das Schenkungsversprechen (§ 518 BGB).

– Sie kann **materiell-rechtlich ausgeschlossen** sein, nämlich dort, wo das Gesetz die „gleichzeitige Anwesenheit" beider Vertragsteile verlangt, z.b. bei der Auflassung (§ 925 Abs. 1 Satz 1 BGB), beim Ehevertrag (§ 1410 BGB) und beim Erbvertrag (§ 2276 Abs. 1 Satz 1 BGB). Eine sukzessive Beurkundung solcher Verträge zöge die Nichtigkeit gem. § 125 Satz 1 BGB nach sich. **Beachte** aber: Bei ordnungsgemäßer Vertretung einer Partei ist diese „gleichzeitig anwesend", da es insoweit auf die Person des Vertreters ankommt (Repräsentationsprinzip der Stellvertretung).

– Sie kann darüber hinaus **standesrechtlich unzulässig** sein, nämlich dann, wenn der Notar unter Verletzung seiner Amtspflichten Verträge **systematisch** in Angebot und Annahme ohne sachlichen Grund aufspaltet (siehe Abschnitt II. Ziffer 1. Buchst. d) der Richtlinien-Empfehlungen der BNotK und die gleichlautenden Richtlinien der 21 Notarkammern, zu ihnen allg. oben § 1 Abschnitt IV.).

Für Beurkundungen ist grundsätzlich **nur noch der Notar** zuständig (vgl. §§ 1 Abs. 1, 56 BeurkG, § 20 Abs. 1 Satz 1 BNotO). Wie bei der öffentlichen Beglaubigung (oben Punkt e)) gibt es aber neben dem Notar noch **andere Urkundspersonen** oder sonstige Stellen, die in bestimmten Fällen für öffentliche Beurkundungen zuständig sind.

Beispiele

– **Konsularbeamte** (§ 10 Abs. 1 Nr. 1 KonsG),

– **Urkundspersonen bei den Jugendämtern** im Rahmen von § 59 Abs. 1 SGB VIII, etwa bei Vaterschaftsanerkennungen (§ 1597 Abs. 1 BG) oder Sorgeerklärungen (§§ 1626a Nr. 1, 1626d Abs. 1 BGB),

– **Rechtspfleger** bei den Amtsgerichten für die Abnahme einer eidesstattlichen Versicherung zur Erlangung eines Erbscheins (§ 352 Abs. 3 Satz 3 FamFG, §§ 3 Nr. 2 Buchst. c), 16 RPflG) oder Europäischen Nachlasszeugnisses (§ 36 Abs. 2 IntErbRVG, §§ 3 Nr. 2 Buchst. i), 16 RPflG; siehe dazu unten § 15 Abschnitt X. Ziffer 2., 4 und 6.), oder zur Beurkundung einer Erbausschlagung gem. § 1945 Abs. 1 zweiter Halbsatz, Abs. 2 BGB (siehe dazu unten § 15 Abschnitt XI. Ziffer 5. Buchst. a)). Bis zum 17.08.2015 stellte § 56 Abs. 3 Satz 2 BeurkG a.F. ausdrücklich klar, dass die Zuständigkeit der Amtsgerichte zur Entgegennahme von Erbscheinsanträgen durch das BeurkG unberührt bleibt. Diese Vorbehalt konnte nach Übertragung des § 2356 BGB in § 352 FamFG (siehe unten § 15 Abschnitt X. Ziffer 1.) als gegenstandslos entfallen, ohne dass sich in der Sache etwas geändert hätte.

Soweit solchen Personen bzw. Stellen eine spezialgesetzliche Beurkundungskompetenz zukommt, ordnet § 1 Abs. 2 BeurkG an, dass das darin geregelte **Beurkundungsverfahren** auch für derartige Beurkundungen gilt (vgl. für Konsularbeamte § 10 Abs. 3 BeurkG); Ausnahmen: Beurkundungen nach dem PStG, siehe § 58 BeurkG, und teilweise für Konsularbeamte, siehe § 10 Abs. 4 KonsG.

Bestimmte Vorschriften des BeurkG sind auch bei **Nottestamenten** zu beachten, da der zuständige Bürgermeister (§ 2249 Abs. 1 Satz 4 BGB) oder die drei Zeugen (§§ 2250 Abs. 3 Satz 2, 2251 BGB) eine Niederschrift über die Errichtung des Nottestaments zu leisten haben.

3.   Verhältnis der Formerfordernisse zueinander

Für die Formerfordernisse gilt im Grundsatz, dass die **stärkere Form** die **schwächere wahrt**. So ersetzt die öffentliche Beurkundung die öffentliche Beglaubigung (§ 129 Abs. 2 BGB) und die Schriftform (§ 126 Abs. 4 BGB), die für die Schriftform erforderliche Namensunterschrift kann auch öffentlich beglaubigt werden (bei Handzeichen muss dies erfolgen, vgl. §§ 129 Abs. 1 Satz 2, 126 Abs. 1 BGB), die Schriftform wiederum wahrt die Textform und die formlose Erklärung.

II. Arten notarieller Urkunden

Wie bereits die Unterscheidung zwischen notariellen Beurkundungen einerseits und notariellen (öffentlichen) Beglaubigungen andererseits zeigt, gibt es **verschiedene Arten von notariellen Urkunden**, deren Errichtung jeweils eigenen (= unterschiedlichen) beurkundungsrechtlichen Anforderungen unterliegt.

Das BeurkG unterscheidet grundlegend zwischen zwei Arten von notariellen Urkunden, notarielle Niederschriften und einfache notarielle Zeugnisse.

1. Notarielle Niederschriften

Notarielle Niederschriften haben in der Praxis regelmäßig die Beurkundung von **Willenserklärungen** zum Gegenstand, für deren Errichtung die streng(st)en Vorgaben der §§ 6 ff. BeurkG gelten.

Beispiele

– Grundstückskaufverträge,

– Testamente,

– Erbverträge,

– Eheverträge.

In notariellen Niederschriften können seltener auch **Tatsachen, Vorgänge oder sonstige Erklärungen**, die keine Willenserklärungen sind, beurkundet werden. Die Errichtung dieser Niederschriften richtet sich dann nach dem – im Vergleich zu den Vorgaben der §§ 6 ff. BeurkG – weniger strengen Verfahren der **§§ 36 f. BeurkG**.

Beispiele

– Beurkundung von Verlosungen,

– Versteigerungen,

– Wissenserklärungen (z.B. Zeugenaussagen) und

– Aufnahme eines Vermögens- oder Nachlassverzeichnisses.

2.   Einfache notarielle Zeugnisse

Den **geringsten** beurkundungsrechtlichen Anforderungen unterliegen schließlich die einfachen notariellen Zeugnisse, für deren Errichtung anstelle einer notariellen Niederschrift ein **Vermerk** gem. § 39 BeurkG genügt.

Wichtige Beispiele in der notariellen Praxis betreffen die in §§ 39, 40, 42 BeurkG genannten Unterschriftsbeglaubigungen (siehe ausf. unten Abschnitt III.) sowie Abschriftsbeglaubigungen („beglaubigte Kopien").

Die in §§ 39–43 BeurkG genannten Beispiele sind allerdings nicht abschließend zu verstehen. Ein sonstiges einfaches Zeugnis ist z.B. auch die Vertretungsbescheinigung (§ 21 Abs. 1 BNotO, siehe ausführlich unten Abschnitt IV.) oder die Satzungsbescheinigung des Notars gem. § 54 Abs. 1 Satz 2 zweiter Halbsatz GmbHG und § 181 Abs. 1 Satz 2 zweiter Halbsatz AktG.

Das BeurkG gilt als notarielles Verfahrensrecht für alle diese Arten notarieller Urkunden. Es verwendet hierfür ganz allgemein den Begriff Beurkundung, auch wenn damit im Einzelfall eine Beglaubigung gemeint ist (siehe Überschrift Dritter Abschnitt vor § 36 BeurkG).

III.   Beglaubigung einer Unterschrift (§ 40 BeurkG)

1.   Zweck und Abgrenzung

Beurkundungszweck der Beglaubigung ist es, den Nachweis durch öffentliche Urkunde (§ 415 ZPO) zu ermöglichen und zu sichern,

– dass eine bestimmte Person eine bestimmte Unterschrift **tatsächlich geleistet** hat, und

– dass und wie sich der Notar von der **Identität dieser Person** überzeugt hat.

Die Tätigkeit des Notars als Urkundsperson **beschränkt** sich also auf diese beiden Aufgaben. Stets bleibt die unterschriebene Erklärung Privaturkunde, lediglich der Beglaubigungsvermerk ist öffentliche Urkunde (siehe bereits oben Abschnitt I. Ziffer 2. Buchst. e). Die unterschriftsbeglaubigte Urkunde erscheint damit als Hybrid aus privatrechtlicher Erklärung und angefügter öffentlich-rechtlicher Unterschriftsbeglaubigung. Hierin liegt der wichtigste Unterschied zu den notariellen Niederschriften gem. §§ 6 ff., 36 f. BeurkG, in der sich das Zeugnis des Notars auch auf die von ihm wahrgenommenen Erklärungen, Tatsachen und Vorgänge selbst erstreckt (allerdings nicht deren inhaltliche Richtigkeit, siehe am Beispiel des Schwarzkaufs oben Abschnitt I. Ziffer 2. Buchst. f).

2. Inhalt des Beglaubigungsvermerks

Die notarielle Unterschriftsbeglaubigung wird in **Vermerkform** errichtet. Sie hat den durch § 40 BeurkG vorgegebenen Inhalt.

Der Beglaubigungsvermerk **muss** demnach

a) inhaltlich die **Echtheit der Unterschrift** bezeugen,

also die **Person** bezeichnen, die die Unterschrift **vollzogen oder anerkannt** hat, unter Angabe, wie sich der Notar von der **Identität dieser Person überzeugt** hat.

Die Feststellung der **Identität** des Unterzeichnenden erfolgt nach den für die notariellen Niederschriften geltenden Bestimmungen des § 10 BeurkG (vgl. § 40 Abs. 4 BeurkG), also durch persönliche Kenntnis, Vorlage eines Ausweispapiers oder durch Vermittlung eines Erkennungszeugen (siehe dazu unten Ziffer 4.).

Vollzug einer Unterschrift bedeutet, dass die Person in Gegenwart des Notars die Unterschrift leistet. Hat der Erklärende die Unterschrift bereits vorab geleistet, muss er sie dem Notar gegenüber **anerkennen**, d.h. bestätigen, dass die Unterschrift auf der Urkunde seine eigene Unterschrift sei. Die einschlägige Alternative ist im Beglaubigungsvermerk anzugeben (§ 40 Abs. 3 Satz 2 BeurkG). Fehlt der Vollzug vor oder die Anerkennung gegenüber dem Notar, darf der Notar eine Unterschrift nicht beglaubigen. Tut er dies trotzdem, liegt eine unzulässige (sogar strafbare, siehe OLG Frankfurt, DNotZ 1986, 421) Fernbeglaubigung vor.

Handelt jemand (nur oder auch als Vertreter) **im fremden Namen**, so muss das in der Erklärung selbst hinreichend deutlich zum Ausdruck gebracht werden. Der Notar kann nicht im Beglaubigungsvermerk feststellen, dass der Unterzeichner die Erklärung im Namen eines anderen abgegeben hat. In den Fällen **organschaftlicher Vertretung** kann der Notar im Beglaubigungsvermerk allerdings die (Existenz des Vertretenen und) Vertretungsbefugnis des Vertreters gem. § 21 Abs. 1, 2 BNotO bescheinigen, siehe hierzu unten Abschnitt IV. Ziffer 1.

Eine solche Bescheinigung über das Bestehen von Vertretungsmacht ist seit Einführung des § 21 Abs. 3 BNotO auch für die **rechtsgeschäftlich begrün-**

dete **Vollmacht** möglich. Alternativ bleibt dort das bisher gehandhabte Verfahren möglich, im Beglaubigungsvermerk (lediglich) zu bescheinigen, dass eine rechtsgeschäftliche Vollmachtsurkunde in Urschrift oder Ausfertigung bei Unterzeichnung der Erklärung vorgelegen hat, und eine beglaubigte Abschrift dieser Urkunde der Unterschriftsbeglaubigung beizufügen (siehe ausf. Abschnitt IV. Ziffer 2.).

b)   **Unterschrift und Siegel** des Notars enthalten.

Die Unterschrift des **Notars** darf **erst nach Vollzug oder Anerkennung** der Unterschrift erfolgen. Die Blankounterschrift des Notars ist unzulässig. Umgekehrt ist es zulässig, dass der Erklärende seine **Blankounterschrift beglaubigen** lässt. Voraussetzung ist allerdings, dass ein berechtigtes Interesse an einer solchen Beglaubigung dargelegt werden kann (§ 40 Abs. 5 Satz 1 BeurkG). Im Beglaubigungstext hat der Notar auf den Umstand der Blankounterschrift hinzuweisen (§ 40 Abs. 5 Satz 2 BeurkG). Es empfiehlt sich, dort auch die Gründe anzugeben, die der Beteiligte für die Notwendigkeit seiner Blankounterschrift vorgetragen hat. Ebenso ist zu verfahren, wenn der Notar eine Unterschrift unter einem nur lückenhaften Text beglaubigt (z.B. eine Vollmacht ohne den Namen des Bevollmächtigten).

Der Beglaubigungsvermerk darf auch **mittels eines Stempels** angefertigt werden (§ 29 Abs. 3 DONot) – eine Erleichterung der notariellen Praxis, die im Zeitalter des Computers an Bedeutung verloren hat.

3.   Sonstige Vorgaben

Nach § 40 Abs. 2 BeurkG braucht der Notar die Urkunde nur (oberflächlich) darauf zu **prüfen**, ob Gründe bestehen, seine Amtstätigkeit zu versagen. § 40 Abs. 2 BeurkG verweist auf §§ 3, 4 BeurkG. Dort sind die Mitwirkungsverbote des Notars allgemein, d.h. für alle Arten notarieller Urkunden, geregelt. Er hat die Beglaubigung abzulehnen, wenn ein Mitwirkungsverbot i.S.d. § 3 BeurkG besteht oder wenn seine Mitwirkung nach § 4 BeurkG mit seinen Amtspflichten nicht vereinbar wäre.

Jedenfalls im Bereich des **Anwaltsnotariats** ist auch im Vermerk über die Unterschriftsbeglaubigung ein Vorbefassungsvermerk gem. § 3 Abs. 1 Nr. 7 Satz 2 BeurkG aufzunehmen (siehe oben § 1 Abschnitt IX. Ziffer 4. mit Formulierungsbeispielen in Ziffer 5.).

Da es eine Vorbefassung i.S.d. § 3 Abs. 1 Nr. 7 BeurkG im Bereich des **Nur-Notariats** nicht geben kann, entspricht es dort gelebter Praxis, den Vorbefassungsvermerk wegzulassen (es sei denn, der Notar wird durch einen Notarvertreter vertreten, der hauptberuflich Rechtsanwalt ist).

Der Notar hat demgegenüber **nicht zu prüfen**, ob die unterschriebene Erklärung materiell wirksam ist (solange sie nicht offensichtlich unwirksam ist), und er hat auch nicht über ihre rechtliche Tragweite zu belehren. Dies ist vor dem Hintergrund der viel strengeren Anforderungen der §§ 8 ff. BeurkG bei Errichtung einer notariellen Niederschrift zu verstehen, die dem Notar umfangreiche Amtspflichten auferlegen (vgl. nur § 17 BeurkG, siehe oben § 1 Abschnitt IX. Ziffer 6.–8.). Diesen Anforderungen unterliegt der Notar bei der Unterschriftsbeglaubigung nicht. Übernimmt es der Notar allerdings, die Urkunde zu entwerfen, die er anschließend unterschriftsbeglaubigt – was häufig bei Registeranmeldungen oder isolierten Grundbuchbewilligungen der Fall ist –, dann gelten für die Entwurfsfertigung grundsätzlich dieselben Prüf- und Belehrungspflichten wie bei der Beurkundung einer Niederschrift.

Zeichnungen, Pläne und Karten können zum Bestandteil einer öffentlich beglaubigten Erklärung gemacht werden. Zum Beispiel kann bei der Bewilligung von Dienstbarkeiten ein Lageplan zum Bestandteil der Erklärung werden, um den Ausübungsbereich (synonym: die Ausübungsstelle) der Dienstbarkeit zu bestimmen (etwa den Verlauf eines Wegs oder von Leitungen; zu Dienstbarkeiten siehe unten § 3 Abschnitt V. Ziffer 2.).

Da die Ausübungsstelle zum Inhalt der rechtsgeschäftlichen Erklärung gehört, deren Unterschrift der Notar beglaubigt, muss in diesen Fällen im Text der Bestellungsurkunde auf den Lageplan und die darauf erfolgte Einzeichnung **Bezug genommen** werden. Die bloße Verbindung der Bewilligungserklärung mit dem Lageplan über Schnur und Siegel und ein entsprechender notarieller Vermerk auf der Skizze (die Skizze sei „Anlage der notariellen Urkunde") genügen nicht (BGH, NJW 1981, 1781 = DNotZ 1982, 228 unter Verweis auf den Rechtsgedanken in § 9 Abs. 1 Satz 3 BeurkG).

Will der Beteiligte **Änderungen an der Erklärung** vornehmen, **nachdem** der Notar den Beglaubigungsvermerk angebracht hat, so ist dies zulässig, da der Erklärungsinhalt von vornherein nicht Bestandteil der öffentlichen Urkunde ist (siehe oben Ziffer 1.). Das bedeutet nach inzwischen h.M., dass eine nachträgliche Änderung die Vermerkurkunde des Notars nicht ungültig macht. Sie beseitigt aber für den nachträglich geänderten Textteil die Vermutung der Echtheit der Erklärung (vgl. § 440 Abs. 5 ZPO), so dass der Beteiligte damit rechnen muss, dass die Erklärung von der Stelle, für die sie bestimmt ist (z.B. Grundbuchamt), zurückgewiesen wird. Hier ist also **Vorsicht** geboten. Der sicherste Weg besteht in der erneuten Unterschriftsbeglaubigung unter dem geänderten Text, was freilich erneut die Notarkosten auslöst.

4.   Muster für Unterschriftsbeglaubigungen

Muster: Unterschriftsbeglaubigung – vollzogen, persönlich bekannt

Urkundenrolle Nr. 1001/2019

Vorstehende, vor mir vollzogene Unterschrift des mir persönlich bekannten Herrn Hans Hansen, geboren am 10.12.1970, wohnhaft Fichtestraße 13, 12345 Musterstadt, beglaubige ich hiermit.

(Die Frage des Notars an den Beteiligten vor der Beurkundung nach einer Vorbefassung gem. § 3 Abs. 1 Satz 1 Nr. 7 BeurkG wurde von dem Beteiligten verneint.)

Musterstadt, den 17.05.2019

...

Siegel, (Unterschrift) Notar

Muster: Unterschriftsbeglaubigung – anerkannt, ausgewiesen durch Bundespersonalausweis

Urkundenrolle Nr. 1002/2019

Vorstehende, vor mir anerkannte Unterschriften der Eheleute Hans-Peter Schüler, geboren 01.12.1969, und Frau Ellen Schüler geb. Fender, geboren 12.05.1970, beide wohnhaft Amselweg 15, 12345 Musterstadt, beglaubige ich hiermit ...

Die Eheleute Schüler wiesen sich aus durch Vorlage ihrer Bundespersonalausweise.

(Der Notar fragte vorab nach einer Vorbefassung i.S.v. § 3 Abs. 1 Satz 1 Nr. 7 BeurkG. Sie wurde von den Beteiligten verneint.)

Musterstadt, den 17.05.2019

...

Siegel, (Unterschrift) Notar

Muster: Unterschriftsbeglaubigung – Vertretungsbescheinigung Aktiengesellschaft

Urkundenrolle Nr. 1003/2019

Vorstehende, vor mir anerkannte Unterschriften nachstehender Vertretungsberechtigter der

Deutsche Risiko Kredit-Aktiengesellschaft in Musterstadt

nämlich

des Vorstandsmitglieds Herrn Balduin Pfennig,
geboren 12.05.1965,

des Prokuristen Herrn Emil Schreiber,
geboren 08.10.1970,

beide geschäftsansässig Rhönring 20, 12345 Musterstadt,

beide von Person bekannt,

beglaubige ich hiermit.

Weiter bescheinige ich aufgrund der von mir heute vorgenommenen Einsicht in das elektronisch geführte Handelsregister des Amtsgerichts Musterstadt zu HRB 1230, dass die vorbezeichneten Herren in ihrer genannten Eigenschaft als Vorstandsmitglied bzw. Prokurist gemeinsam zur Vertretung der Deutsche Risiko Kredit-Aktiengesellschaft mit Sitz in Musterstadt berechtigt sind.
(Der Notar fragte vorab nach einer Vorbefassung i.S.v. § 3 Abs. 1 Satz 1 Nr. 7 BeurkG. Sie wurde von den Beteiligten verneint.)

Musterstadt, den 17.05.2019

...

Siegel, (Unterschrift) Notar

Anmerkungen

Zur Vertretungsbescheinigung siehe ausführlich unten Abschnitt IV.

Bei natürlichen Personen ist neben dem Namen und dem Geburtsdatum grundsätzlich auch die **Privatanschrift** anzugeben. Handeln allerdings – wie im vorliegenden Muster – Vertreter einer juristischen Person, so genügt anstelle der Wohnanschrift die **Dienst- oder Geschäftsanschrift** der vertretenen Person (§ 26 Abs. 2 Satz 3 Buchst. a) DONot). Im Beglaubigungsvermerk heißt es dann „dienstansässig" bzw. „geschäftsansässig" anstatt „wohnhaft".

Die Praxis lässt in derartigen Fällen bisweilen **auch das Geburtsdatum** der Erklärenden weg. Dem Erfordernis einer zweifelsfreien Bezeichnung der Beteiligten gem. §§ 40 Abs. 4, 10 Abs. 1 BeurkG ist damit i.d.R. Genüge getan, da es zum Zeitpunkt der Unterschrift kaum je zwei organschaftliche oder rechtsgeschäftliche Vertreter geben wird, die den identischen Namen haben, in gleicher Weise vertretungsberechtigt sind und sich nur durch ihr unterschiedliches Geburtsdatum unterscheiden. Da die Geburtsdaten dieser Personen aber regelmäßig in dem öffentlichen Register veröffentlicht sind, in dem das vertretene Unternehmen eingetragen ist (vor allem Handelsregister), spielt die Vertraulichkeit i.d.R. keine Rolle (siehe auch § 26 Abs. 2 Satz 2, 3 DONot, die nur von der ausnahmsweisen Entbehrlichkeit der Angabe der Wohnung oder des Wohnorts sprechen, nicht aber auch des Geburtsdatums). Ein anerkennenswertes Geheimhaltungsinteresse mag für kommunale Bedienstete bestehen, die ihre Kommune in notariellen Grundstücksgeschäften vollmachtlos vertreten. Ihre Geburtsdaten dürften nicht schon anderweitig bekannt sein.

Weicht bei natürlichen Personen der zur Zeit der Beurkundung geführte **Familienname** von dem Geburtsnamen ab, ist auch der Geburtsname anzugeben, § 26 Abs. 2 Satz 1 zweiter Halbsatz DONot. Eine solche Abweichung von Familien- und Geburtsnamen lässt sich aus dem Personalausweis bzw. Reisepass ablesen, den die Beteiligten zur Identifizierung vorlegen.

Muster: Unterschriftsbeglaubigung – zur Person vorgestellt durch Erkennungszeugen, Vertretungsbescheinigung GmbH & Co. KG

Urkundenrolle Nr. 1004/2019

Vorstehende, vor mir vollzogene Unterschrift der Frau Kunigunde Duftwasser, geboren 14.04.1963, wohnhaft Alicestraße 13, 12345 Musterstadt, beglaubige ich hiermit.

Frau Kunigunde Duftwasser wurde mir zur Person vorgestellt von dem mir bekannten Herrn Norbert Ehrlich, Bürovorsteher an meiner Notarstelle, Bismarckstraße 12, 12345 Musterstadt.

Aufgrund mir vorliegender, öffentlich beglaubigter Handelsregisterauszüge vom 16.05.2019 (oder: Aufgrund meiner heutigen Einsichtnahme in die nachgenannten, elektronisch geführten Handelsregister) bescheinige ich,

a)   dass die „Kunigunde Duftwasser GmbH" mit dem Sitz in Musterstadt im Handelsregister von Musterstadt unter HRB 1796 eingetragen und die vorgenannte Frau Kunigunde Duftwasser deren alleinige Geschäftsführerin ist;

b) dass die vorgenannte GmbH alleinige persönlich haftende Gesellschafterin der im Handelsregister von Musterstadt unter HRA 1119 eingetragenen „Kunigunde Duftwasser GmbH & Co. Fertigbau Kommanditgesellschaft" mit dem Sitz in Musterstadt ist.

(Der Notar fragte vorab nach einer Vorbefassung i.S.d. § 3 Abs. 1 Satz 1 Nr. 7 BeurkG. Sie wurde von der Beteiligten verneint.)

Musterstadt, den 17.05.2019

...

Siegel, (Unterschrift) Notar

Anmerkung

Die Feststellung der Identität einer dem Notar unbekannten Person geschieht i.d.R. durch Vorlage eines amtlichen Lichtbildausweises. Kann sich eine Person nicht auf diese Art ausweisen, hat sie bei der Unterschriftsbeglaubigung – anders als bei Niederschriften (§ 10 Abs. 3 Satz 2 BeurkG) – auch nicht die Möglichkeit, die notarielle Urkundstätigkeit gleichwohl zu verlangen (vgl. § 40 Abs. 4 BeurkG, der nicht auf die vorgenannte Bestimmung verweist). Diese Person muss dann zu einem späteren Zeitpunkt mit einem geeigneten Ausweispapier zurückkommen und die Unterschrift dann leisten (oder anerkennen).

In **Ausnahmefällen** kann jedoch mit Hilfe eines sogenannten **Erkennungszeugen** die Identität dieser Person sofort festgestellt werden. Der Erkennungszeuge vermittelt dem Notar die Kenntnis von der Identität einer Person, die der Notar selbst nicht kennt. Nach Sinn und Zweck der notariellen Identitätsfeststellung setzt dieses Verfahren aber voraus, dass der Notar den **Erkennungszeugen** selbst **als zuverlässig kennt** (und im Bereich der notariellen Niederschrift dieser auch weder urkundsbeteiligt ist noch zu einem der Urkundsbeteiligten in enger Beziehung i.S.d. §§ 6 f. BeurkG steht). In der Praxis kommen damit **letztlich nur die Notariatsmitarbeiter** und nicht etwa auch ein behandelnder Arzt im Krankenhaus als Erkennungszeugen in Betracht.

Die Hinzuziehung eines Erkennungszeugen ist vor allem praxisrelevant in Vertretungsfällen (**Beispiel:** der Notarvertreter kennt die Stammkunden des Notars nicht, gerade diese vergessen aber häufig einen Ausweis, da sie bekannt sind). Im Anwendungsbereich des Geldwäschegesetzes (unten Abschnitt VI. Ziffer 3. Buchst. c)) setzt die Einschaltung eines Erkennungszeugen zudem voraus, dass der Notar die notwendige Identitätsfeststellung des Beteiligten anhand eines amtlichen Lichtbildausweises zuvor einmal durchgeführt hat.

Im vorstehenden Formulierungsbeispiel tritt der Bürovorsteher des Notars als Erkennungszeuge auf.

 Muster: Unterschriftsbeglaubigung – auf Englisch und Französisch

Register of Instruments No. 1006/2019

Certificate verifying signature

I hereby certify that the signature hereinbefore subscribed (Alternative bei Anerkennung: acknowledged) before me is the true and original signature of

Dr. Peter Müller, born on May 18, 1960,
residing at 12345 Musterstadt (Germany), Kaiserstr. 72,

personally known to me (Alternative bei Vorlage des Ausweises: identified by his valid German passport oder identity card).

Musterstadt, Germany, this 17th day of May 2019

...

Siegel, (Unterschrift)

(Civil Law Notary)

Minutier N° 1005/2019

Certification de la signature

J'atteste per la présente l'authenticité de la signature précédente, apposée en ma présence (Alternative bei Anerkennung: reconnue en ma présence), de

Madame Bérénice Thans,

née le 20 avril 1971,

demeurant à 12345 Musterstadt (Allemagne), Eifelstr. 24,

identifiée par sa carte d'identité (Alternative bei persönlicher Kenntnis: que je connais personnellement).

Musterstadt, Allemagne, le 17 mai 2019

...

Siegel, (Unterschrift)

(Notaire)

Anmerkungen

Der Beglaubigungsvermerk kann auch in einer **anderen als der deutschen Sprache** gefertigt werden. Dies setzt aber voraus, dass der Notar dieser Sprache hinreichend mächtig ist (§ 5 Abs. 2 BeurkG).

Weitere Übersetzungen finden sich z.B. bei RÖLL, DNotZ 1974, 423 (16 Sprachen).

Für die Fertigung eines Beglaubigungsvermerks in fremder Sprache erhält der Notar eine **zusätzliche Gebühr.** Sie beträgt gem. KV Nr. 26001 GNotKG 30 % der Gebühr, die für die Unterschriftsbeglaubigung angefallen ist.

 Muster: Unterschriftsbeglaubigung unter eine Erklärung in fremder Sprache

Urkundenrolle Nr. 1007/2019

Unterschriftsbeglaubigung unter eine Erklärung in fremder Sprache

Vorstehende, vor mir vollzogene Unterschrift des Herrn Ahmed Aktekins, geboren am 10.09.1965, wohnhaft Kaiserstraße 113 in 12345 Musterstadt, beglaubige ich hiermit.

Herr Aktekins wies sich aus durch Vorlage seines türkischen Reisepasses.

Das vorstehende Dokument ist in einer mir nicht bekannten Sprache verfasst, bei der es sich nach Angabe des Beteiligten um die türkische Sprache handelt.

(Die Frage des Notars an den Beteiligten vor der Beurkundung nach einer Vorbefassung gem. § 3 Abs. 1 Satz 1 Nr. 7 BeurkG wurde von dem Beteiligten verneint.)

Musterstadt, den 17.05.2019

...

Siegel, (Unterschrift) Notar

Anmerkungen

Im vorliegenden Fall fertigt der Notar die Unterschriftsbeglaubigung unter eine Erklärung, die in einer **Fremdsprache abgefasst** ist, derer er **nicht kundig** ist (im Beispielsfall türkisch). Ein solches Vorgehen ist zulässig, da der vom Notar herrührende öffentliche Urkundsteil nur die Unterschriftsbeglaubigung selbst ist (siehe oben Ziffer 1.) und dieser auf Deutsch abgefasst ist. Bei der öffentlich zu beglaubigenden Erklärung handelt es sich dann aber zwingend um einen Fremdentwurf, da

43

der Notar sonst seine Entwurfstätigkeit zu versagen hätte (§ 5 Abs. 2 BeurkG). In der Regel haben die Beteiligten das Dokument direkt ins Notariat mitgebracht und nehmen es wieder mit, nachdem der Beglaubigungsvermerk angebracht worden ist.

Um klarzustellen, dass dem Notar selbst eine rudimentäre Prüfung des Erklärungsinhalts anhand von § 5 BeurkG nicht möglich war, empfiehlt es sich, die Tatsache der fremden Erklärungssprache **in den Beglaubigungsvermerk aufzunehmen**.

5. Kostenhinweis Unterschriftsbeglaubigung

Es ist danach zu **unterscheiden**, ob der Notar den Text der zu beglaubigenden Erklärung entworfen hat oder ein Fremdentwurf vorliegt:

Entwirft der Notar auftragsgemäß den **vollständigen** Text i.S.d. § 92 Abs. 2 GNotKG, ist der **Gebührensatz** maßgeblich, der im Fall eines Beurkundungsverfahrens zu erheben wäre (Nr. 24100–24102 KV GNotKG). Ein vollständiger Entwurf liegt vor, wenn der Notar alle ihm vorliegenden Informationen des Auftraggebers in den Entwurf eingearbeitet hat; Unterschriftsreife ist dafür nicht zwingend erforderlich.

Fertigt der Notar (ausnahmsweise) **nicht den gesamten Entwurf**, sondern nur einen Teil, bestimmt er die Gebühr im Einzelfall unter Berücksichtigung des Umfangs der erbrachten Leistung nach billigem Ermessen (§ 92 Abs. 1 GNotKG). Die Gebühr ist dann festzulegen aus dem Rahmen, den die einschlägige Nummer der Nr. 24100–24102 KV GNotKG festlegt:

– **Ohne** jegliche Entwurfstätigkeit des Notars fällt in bestimmten Fällen (nur) eine wertunabhängige **Festgebühr** an. Insbesondere bei Unterschriftsbeglaubigungen unter die **Zustimmungserklärung** eines Eigentümers zur Löschung einer Grundschuld gem. § 27 GBO (aber keine Festgebühr für die Löschungsbewilligung selbst) und Verwalterbestellungsprotokollen gem. § 26 Abs. 3 WEG (aber keine Festgebühr für die Zustimmungserklärung des Verwalters selbst; vgl. Nr. 25101 KV GNotKG), fällt eine wertunabhängige Festgebühr an.

– **Im Übrigen** eine 0,2-Gebühr gem. KV Nr. 25100 GNotKG an, jedoch mindestens 20 € und höchstens 70 €.

Versendet der Notar auftragsgemäß die Urschrift der fremdentworfenen Urkunde an einen Dritten (z.B. an den Notar, der den Kaufvertrag vollzieht, zu dem der versendende Notar die Verwalterzustimmung beglaubigt hat), erhält er dafür eine Vollzugs(fest)gebühr i.h.v. 20 € gem. Nr. 22124 KV GNotKG.

Der **Geschäftswert** bei der Unterschriftsbeglaubigung richtet sich stets nach den für die Beurkundung geltenden Vorschriften (§ 119 bzw. § 121 GNotKG).

Für **Serienentwürfe** vgl. Nr. 21302–21304 KV GNotKG.

Beachte zudem:

Die „neue" Eintragungsfähigkeitsprüfung nach § 15 Abs. 3 GBO und § 378 Abs. 3 FamFG (siehe Abschnitt IV. Ziffer 3.) löst dann keine zusätzliche Pauschalgebühr von 20 € nach Nr. 22124 Nr. 2 KV GNotKG aus, wenn der Notar in die Unterschriftsbeglaubigung des Anmeldetextes eingebunden war (siehe Nr. 22124 Abs. 2 KV GNotKG). Für den Ausschluss der Pauschalgebühr ist es egal, ob der Notar die Unterschrift(en) auf einem Fremdentwurf fertigt oder auf einem selbst gefertigten Entwurf; im letztgenannten Fall folgt der Ausschluss aus Vorbem. 2.2.1.2 Nr. 1 KV GNotKG.

6. Die Abwicklung notarieller Unterschriftsbeglaubigungen

Die Behandlung notarieller Unterschriftsbeglaubigungen folgt zunächst den allgemeinen Regeln, die unten im Abschnitt VII. erläutert sind.

Die **Urschrift** einer notariellen Urkunde, die in Vermerkform errichtet ist, **verbleibt** jedoch häufig **nicht** bei dem Notar, der die Urkunde errichtet hat (vgl. § 45 Abs. 3 BeurkG). So werden viele Unterschriftsbeglaubigungen – insbesondere Löschungsbewilligungen, WEG-Verwalterzustimmungen bei fremdbeurkundeten Kaufverträgen und Erbausschlagungen – entweder den Urkundsbeteiligten direkt in Urschrift zur weiteren Verwendung ausgehändigt (häufig bei Erbausschlagungen) oder bestimmungsgemäß an Dritte versandt (andere Notare, Grundbuchämter etc.).

Händigt der Notar eine solche Urschrift an den Beteiligten aus oder übersendet er sie auftragsgemäß, hat er für die Zwecke seiner Urkundensammlung wie folgt zu verfahren:

– Hat der Notar den **Urkundsentwurf** selbst gefertigt, so **muss** er eine Abschrift der Urkunde für seine Urkundensammlung zurückbehalten (§ 19 Abs. 1 DONot).

– Hat der Notar den **Urkundsentwurf** nicht gefertigt, hat er die Wahl, ob er eine **Abschrift der Urkunde** (in Altfällen einschließlich der Kostenberechnung nach

§ 154 Abs. 3 KostO) **oder** ein Vermerkblatt zu der Urkundensammlung bringt (§ 19 Abs. 2 DONot). Die notarielle Praxis entscheidet sich aus vielfältigen Gründen wohl ganz überwiegend für die erste Alternative, so etwa zu Dokumentationszwecken – weil z.B. nur aus der Abschrift ein etwa aufgenommener Vorbefassungsvermerk (§ 3 Abs. 1 Satz 1 Nr. 7 BeurkG) ersichtlich ist –, und um später, falls notwendig, noch einmal eine beglaubigte Abschrift von der zur Urkundensammlung genommenen (i.d.R. ebenfalls beglaubigten) Abschrift erteilen zu können. Dies ist z.B. dann hilfreich, wenn die ausgehändigte Urschrift bei den Beteiligten verloren gegangen ist.

– Sofern nicht nach anderen Vorschriften erforderlich, müssen die zurückzubehaltenden Abschriften **nicht beglaubigt** sein (§ 19 Abs. 3 DONot). Eine beglaubigte Abschrift ist natürlich gleichwohl zulässig und üblich (siehe soeben).

Entscheidet sich der Notar für die Erstellung eines **Vermerkblatts** (§ 19 Abs. 2 DONot), muss dieses folgende Angaben enthalten:

1. den Namen, Geburtsnamen, Vornamen, Wohnort/Sitz der Beteiligten (= bei Unterschriftsbeglaubigungen diejenigen, welche die Unterschrift vollzogen oder anerkannt haben); in gesellschaftsrechtlichen Angelegenheiten ist auch die Gesellschaft anzugeben;

2. die Nummer der Urkundenrolle;

3. in Altfällen: die nach § 154 Abs. 3 KostO zurückbehaltene Abschrift der Kostenberechnung;

4. den Gegenstand des Geschäfts in Stichworten. Speziell bei Unterschriftsbeglaubigungen ist anzugeben, ob der Notar den Entwurf der Urkunde gefertigt hat. Bei Beglaubigungen mit Entwurf muss der Gegenstand der entworfenen Urkunde aufgeführt werden und bei Beglaubigungen ohne Entwurf kann er aufgeführt werden;

5. ob die Unterschrift vor dem Notar geleistet oder anerkannt worden ist.

Das Vermerkblatt ist vom Notar zu unterschreiben.

Muster: Vermerk über eine Unterschriftsbeglaubigung

Urkundenrolle Nr. 1001/2019

Vermerk über eine Unterschriftsbeglaubigung

Die vor mir vollzogene Unterschrift

des Herrn Hans Hansen, geboren 10.12.1970,

wohnhaft Fichtestraße 13, 12345 Musterstadt – persönlich bekannt –

unter einem Löschungsantrag

Grundbuch von Weiterstadt (Amtsgericht Musterstadt) Blatt 2301

habe ich heute beglaubigt.

Der Geschäftswert in der Urkunde war mit 80.000 € angegeben.

Musterstadt, den 17.05.2019

...

Siegel, (Unterschrift) Notar

IV.   Notarielle Bescheinigungen

Bescheinigung, die der Notar nach Prüfung der Rechts- und Sachlage erstellt, können den Rechtsverkehr erheblich vereinfachen. Aus Sicht der beteiligten Bürger und Unternehmen kann die Vereinfachung darin liegen, dass sie durch Vorlage einer solchen Bescheinigung Umstände nachweisen können, die auf anderem Wege nur mit (erheblich) mehr Aufwand nachgewiesen werden könnten. Zu dieser Kategorie gehören die Register- und Vollmachtsbescheinigungen des § 21 BNotO (siehe unten Ziffern 1. und 2.). Auf Seiten der Grundbuchämter und Handels- bzw. Vereinsregister kann eine notarielle Bescheinigung belegen, dass eine qualifizierte Vorprüfung der zur Eintragung angemeldeten bzw. beantragten Tatsachen erfolgt ist. Zu dieser Kategorie zählen die neuen Bescheinigungen nach § 15 Abs. 3 GBO und § 378 Abs. 3 FamFG betreffend die Eintragungsfähigkeitsprüfung (siehe unten Ziffer 3.).

1.   Registerbescheinigungen (§ 21 Abs. 1 BNotO)

a)   Zweck, Inhalt, Voraussetzungen

Zur Erleichterung und Beschleunigung des Geschäftsverkehrs gibt § 21 Abs. 1 BNotO dem Notar die Möglichkeit, **Bescheinigungen über vorhandene Eintragungen** im Handelsregister oder in einem ähnlichen Register (insb. Vereins-, Genossenschafts- und Partnerschaftsregister) auszustellen.

Beispiele

– Bescheinigungen über die Vertretungsberechtigung (**Vertretungsbescheinigungen**, § 21 Abs. 1 Satz 1 Nr. 1 BNotO) und

– Bescheinigungen „über das Bestehen oder den Sitz einer juristischen Person oder Handelsgesellschaft, die Firmenänderung, eine Umwandlung oder sonstige rechtserhebliche Umstände" (hier sog. **Existenzbescheinigungen**, § 21 Abs. 1 Satz 1 Nr. 2 BNotO).

Die Vertretungsberechtigung i.S.d. § 21 Abs. 1 Satz 1 Nr. 1 BNotO muss auf **organschaftlicher Vertretungsmacht** beruhen. Die rechtsgeschäftlich erteilte oder auf gerichtlicher Bestellung beruhende Vertretungsmacht (z.B. des Betreuers) genügt nicht, sofern sie nicht ausnahmsweise in einer Registereintragung mündet, z.B. der im Handelsregister eingetragene Prokurist (§ 49 HGB), oder gerichtlich bestellte Notgeschäftsführer (§ 29 BGB analog).

§ 21 Abs. 2 BNotO stellt klar, dass der Notar sich die auf **Einsichtnahme** in das Register beruhende Gewissheit über die betreffenden Eintragungen verschaffen muss. Er muss das Register dazu jedoch nicht persönlich einsehen, sondern kann sich geeigneter Hilfspersonen bedienen, auf deren Sorgfalt er vertrauen kann. Für eine fehlerhafte Bescheinigung aufgrund fehlerhafter Einsicht des Mitarbeiters haftet der Notar wie bei der Grundbucheinsicht nach § 278 BGB analog.

Für die **Ausstellung der Bescheinigung** gilt § 39 BeurkG. Es genügt anstelle einer Niederschrift eine Urkunde, die das Zeugnis, die Unterschrift und das Präge- oder Farbdrucksiegel des Notars enthalten muss und Ort und Tag der Ausstellung angeben soll (**Vermerkurkunde**).

Nach § 21 Abs. 2 BNotO hat der Notar den **Tag der Einsichtnahme** in das Register anzugeben. Beruht die Bescheinigung auf einer beglaubigten Abschrift des Registers, hat der Notar den Tag der Ausstellung der Abschrift in der Bescheinigung anzugeben (für ein Beispiel siehe oben Abschnitt III. Ziffer 4.).

Die Bescheinigung des Notars hat die gleiche **Beweiskraft** wie ein Zeugnis des Registergerichts (§ 21 Abs. 1 Satz 2 BNotO). Sie steht im Grundbuchverfahren dem Nachweis der Vertretungsbefugnis durch ein Zeugnis des Gerichts gleich (§ 32 GBO).

Ein **höchstzulässiges Alter** der Bescheinigung gibt es nicht. Eine Vertretungsbescheinigung dürfte aber nur dann noch beweiskräftig sein, wenn die Einsicht nicht länger als vier Wochen zurückliegt (vgl. hierzu OLG Frankfurt, Rpfleger 1995, 248; SCHÖNER/STÖBER, Grundbuchrecht, 15. Aufl. 2012, Rdnr. 3638).

b)   Muster für Registerbescheinigungen

 Muster: Vertretungsbescheinigung

**Bescheinigung
nach § 21 Abs. 1 Satz 1 Nr. 1 BNotO**

Aufgrund heutiger Einsicht in das elektronisch geführte Handelsregister des Amtsgerichts Musterstadt unter HRB 2300 bescheinige ich, dass die Herren Hans Behrendsen, geboren 18.02.1967, und Christian Behrendsen, geboren 20.10.1975, als Geschäftsführer je einzeln und von den Beschränkungen des § 181 BGB befreit zur Vertretung der Gesellschaft mit beschränkter Haftung unter der Firma Taxi Behrendsen GmbH mit Sitz in Musterstadt berechtigt sind.

Musterstadt, den 17.05.2019

...

Siegel, (Unterschrift) Notar

 Muster: Existenzbescheinigung

**Bescheinigung
nach § 21 Abs. 1 Satz 1 Nr. 2 BNotO**

Aufgrund Einsicht in das elektronisch geführte Handelsregister des Amtsgerichts Musterstadt vom heutigen Tag bescheinige ich, dass unter HRB 1796 die Gesellschaft mit beschränkter Haftung unter der Firma XYZ Feinkost GmbH mit Sitz in Musterstadt eingetragen ist.

Weiterhin bescheinige ich aufgrund vorgenannter Einsicht, dass die genannte Gesellschaft seit dem 01.03.2010 besteht (erstmalige Eintragung in das Handelsregister unter der früheren Firma XYZ Delikatessen GmbH). Die Firma der Gesellschaft ist durch Gesellschafterbeschluss vom 10.02.2012 in XYZ Feinkost GmbH geändert; dies ist am 17.02.2012 in das vorgenannte Handelsregister der Gesellschaft eingetragen worden.

Musterstadt, den 17.05.2019

...

Siegel, (Unterschrift) Notar

c)   Kostenhinweis

Für die Erteilung einer Bescheinigung nach § 21 Abs. 1 BNotO entsteht gem. Nr. 25200 KV GNotKG eine **Festgebühr von 15 €** für jedes Registerblatt, dessen Einsicht zur Erteilung erforderlich ist.

Jeder Gesellschaft ist **ein** Registerblatt zugeordnet (§ 13 HRV), mag dieses auch aus mehreren Seiten/Blättern bestehen. Die Festgebühr nach Nr. 25200 KV GNotKG entsteht daher z.B. nur dann doppelt, wenn der Notar für die Vertretungsbescheinigung einer GmbH & Co. KG neben dem Registerblatt der KG auch das der Komplementär-GmbH einsieht.

Erteilt der Notar – bezogen auf ein und dieselbe Gesellschaft – in einer Urkunde **beide** in § 21 Abs. 1 BNotO genannten Bescheinigungen, entsteht gleichwohl die Festgebühr nur einmal. Gleiches gilt, wenn die Gesamtvertretungsbefugnis mehrerer Personen in einem Vermerk bescheinigt wird.

Die **Kosten** des Notars für den **Abruf** aus dem Register (z.B. 4,50 € pro Registerauszug beim Handelsregister gem. Nr. 1140 KV JVKostG) werden natürlich zusätzlich an die Beteiligten weitergegeben (vgl. Nr. 32011 KV GNotKG).

d)   Alternativen

Für den **Grundbuchverkehr** ist zu beachten, dass eine **Bezugnahme auf die Registerakten** die kostengünstigere Alternative zu einer Bescheinigung nach § 21 Abs. 1 BNotO sein kann, wenn das maßgebliche Register (wie z.B. das Handelsregister) elektronisch geführt wird. In diesem Fall kann nämlich nach **§ 32 Abs. 2 GBO** die Bezugnahme auf das Register unter Angabe von Registergericht und Registerblatt eine notarielle Bescheinigung nach § 21 Abs. 1 BNotO als gleichwertige Nachweisform ersetzen. Die vom Grundbuchamt sodann vorgenommene Einsicht in das elektronische Register löst keine Kosten aus. Ein solches Vorgehen kommt vor allem in Betracht, wenn das betroffene Amtsgericht zugleich Grundbuchamt und Registergericht ist. Nach einer auch in der obergerichtlichen Rechtsprechung vertretenen Auffassung ist das Grundbuchamt zur entsprechenden Einsichtnahme und Prüfung verpflichtet, und zwar auch dann, wenn das elektronische Register bei einem auswärtigen (deutschen) Registergericht geführt wird (OLG Frankfurt, DNotZ 2012, 141 = FGPrax 2011, 272). Umgekehrt wird man eine Verpflichtung des Notars, diesen kostengünstigeren Weg zu wählen, nicht bejahen können, da die notarielle Vertretungsbescheinigung zusätzlichen Mehrwert schafft.

Ergeben sich die in § 21 Abs. 1 BNotO genannten Rechtsverhältnisse nicht aus einem dem (deutschen) Handelsregister vergleichbaren Register – was z.b. bei der Vertretung von Körperschaften und Stiftungen oder bei Eintragungen in ausländischen Registern häufig der Fall sein kann –, bedeutet das zunächst nur, dass der Notar keine Bescheinigung i.S.d. § 21 Abs. 1 BNotO ausstellen kann. Es ist ihm aber nicht verwehrt, eine **gutachterliche Bestätigung** über derartige Rechtsverhältnisse auf Basis der ihm verfügbaren Erkenntnisquellen zu verfassen („gutachterliche Stellungnahme"). Derartige Bestätigungen beruhen dann auf § 24 BNotO (Gebühr nach Nr. 25203 KV GNotKG) und genießen im Rechtsverkehr einen Stellenwert, der je nach Einzelfall mit dem des § 21 Abs. 1 Satz 2 BNotO vergleichbar sein kann.

2. Vollmachtsbescheinigungen (§ 21 Abs. 3 BNotO)

Angelehnt an die Registerbescheinigungen gem. § 21 Abs. 1, 2 BNotO besteht seit dem Jahr 2013 auch eine Zuständigkeit der Notare für die Ausstellung von **Vollmachtsbescheinigungen** gem. § 21 Abs. 3 BNotO.

a) Zweck

§ 21 Abs. 3 BNotO ermöglicht es dem Notar, Bescheinigungen über eine durch **Rechtsgeschäft** begründete Vertretungsmacht auszustellen (= Unterschied zur organschaftlichen Vertretung, die § 21 Abs. 1 Satz 1 Nr. 1 BNotO meint!).

Erteilt der Notar eine Vollmachtsbescheinigung gem. § 21 Abs. 3 BNotO, erbringt diese im Grundbuch- und Handelsregisterverfahren den Beweis für das Bestehen der in ihr bescheinigten Vertretungsmacht (§ 34 GBO, § 12 Abs. 1 Satz 3 HGB). Die Bescheinigung macht also die separate Einreichung der Vollmacht(en) bei Grundbuchamt bzw. Handelsregister überflüssig. Darin liegt eine **Erleichterung für** den Rechtsverkehr v.a. dort, wo eine **Vielzahl von Vollmachtsurkunden** für einfache Registeranmeldungen oder Grundbuchbewilligungen dem eigentlichen Erklärungstext beizufügen wären (z.b. weil viele Gesellschafter oder Eigentümer betroffen sind). Anstelle der (vielen) Vollmachtsurkunden braucht dann nur noch eine notarielle Bescheinigung zum Nachweis der in Vertretung Handelnden beigefügt zu werden. Letztlich werden dadurch die Grundakten sowie die Handelsregisterakten insbesondere bei langen Vertretungsketten **entlastet**. Die Schaffung dieser neuen notariellen Befugnis ist von daher zu begrüßen; sie schafft aber auch praktische Probleme (siehe unten Buchst. f).

Bislang behalf sich die Notarpraxis in derartigen Fällen oftmals mit der (untechnischen, d.h. formlosen) **Hinterlegung** der (Register- bzw. Grundbuch-)Vollmachten bei Grundbuchamt oder Registergericht. Der Notar bzw. die Beteiligten übergaben dazu die Papier-Originale der Vollmachten dem Grundbuchamt oder Handelsregister und nahmen bei späteren Anmeldungen einfach auf diese Vollmachten Bezug. Die hinterlegten Vollmachten bleiben im Rahmen des § 172 BGB wirksam.

Alternativ konnte bislang der **Notar** die Papier-Originale bzw. -Ausfertigungen der Vollmachtsurkunden für die Bevollmächtigten bzw. die betroffene(n) Gesellschaft(en) auch bei sich in Verwahrung nehmen. Diese können selbstverständlich jederzeit die Rückgabe an sich verlangen; eine Verwahrung nach § 57 BeurkG liegt nicht vor. Bei der ersten Anmeldung unter Verwendung dieser Vollmachten übermittelt der Notar dem Registergericht oder Grundbuchamt beglaubigte Abschriften der Vollmachtsurkunden; insoweit stellt sich noch keine Erleichterung ein. Bei allen **Folgeanmeldungen** könnte der Notar dann aber per Eigenurkunde bescheinigen, dass ihm die schon eingereichten Vollmachten noch im Original bzw. in Ausfertigung vorliegen; ein erneutes Übermitteln aller Vollmachten ist dann nicht mehr erforderlich.

Durch § 21 Abs. 3 BNotO n.F. werden diese bislang praktizierten Verfahren der untechnischen „Hinterlegung" von Original-Vollmachten in Papierform nach richtiger Ansicht **nicht unzulässig**.

b)   Voraussetzungen

Der Notar darf die Bescheinigung gem. § 21 Abs. 3 Satz 2 BNotO nur ausstellen, wenn er sich zuvor durch Einsichtnahme in eine **öffentliche oder öffentlich beglaubigte Vollmachtsurkunde** über die Begründung der Vertretungsmacht vergewissert hat. Eine notarielle Bescheinigung über eine **nur mündlich oder privatschriftlich** erteilte Vollmacht ist also nicht möglich! In der Bescheinigung hat der

Notar anzugeben, **in welcher Form und an welchem Tag** ihm die Vollmachtsurkunde vorgelegen hat (§ 21 Abs. 3 Satz 3 BNotO). Als Vollmachtsurkunde kommt nur **entweder das Original (die Urschrift) oder eine Ausfertigung** davon in Betracht. Eine (auch beglaubigte) Abschrift der Vollmachtsurkunde genügt nach allgemeinen Grundsätzen nicht, da sie keinen Beweis über (den Fortbestand der) Bevollmächtigung erbringt (siehe ausf. unten Abschnitt VII. Ziffer 3. Buchst. f)).

c)   Inhalt und Formulierungsvorschlag

Die Bescheinigung nach § 21 Abs. 3 BNotO **bestätigt das Bestehen** einer ordnungsgemäßen Bevollmächtigung. Eine erteilte Befreiung von § 181 BGB kann ebenfalls bescheinigt werden.

Natürlich bedarf es **nicht zusätzlich der Vorlage** beim Handelsregister oder Grundbuchamt derjenigen Urkunden, auf deren Grundlage der Notar die Bescheinigung nach § 21 Abs. 3 BNotO ausgestellt hat. Die wohl überwiegende Registerpraxis macht hiervon eine Ausnahme für den Fall, dass dem Grundbuchamt ausnahmsweise konkrete Tatsachen bekannt sind, die auf eine Unrichtigkeit der Bescheinigung hindeuten.

Eine Vollmachtsbescheinigung gem. § 21 Abs. 3 BNotO könnte wie folgt lauten:

 Muster: Vollmachtsbescheinigung gem. § 21 Abs. 3 BNotO

**Bescheinigung
nach § 21 Abs. 3 BNotO**

Aufgrund der mir heute in Ausfertigung vorgelegter notarieller Vollmachtsurkunde vom 10.05.2019 (UR-Nr. 546/2019 des Notars Dr. Bernd Kluge in Musterdorf) bestätige ich, dass Herr Heinrich Meyer, geboren 15.09.1987, bevollmächtigt ist, die ABZ-Handelsgesellschaft mbH mit Sitz in Musterdorf (Postanschrift: Konsumweg 7–9, 54321 Musterdorf), eingetragen im Handelsregister des Amtsgerichts Musterdorf unter HRB 19289, bei Abgabe der vorstehenden Löschungsbewilligung und aller weiterer in dieser Urkunde enthaltenen Erklärungen zu vertreten.

Musterstadt, den 17.05.2019

...

Siegel, (Unterschrift) Notar

Kostenhinweis

Die Gebühr für eine Vollmachtsbescheinigung gem. § 21 Abs. 3 BNotO beträgt ebenfalls 15 € (Nr. 25214 KV GNotKG). Sie fällt einmal je Vollmachtsurkunde an, auf die sich die Notarbescheinigung bezieht, demnach in einer einheitlichen Bescheinigung ggf. auch mehrfach.

d)   Grenzen

Die neue Handlungsmöglichkeit nach § 21 Abs. 3 BNotO hat einen in mehrfacher Hinsicht **nur beschränkten Anwendungsbereich**.

Der Notar muss **Einschränkungen und Bedingungen** oder Befristungen der Vollmacht in seiner Bescheinigung angeben.

Die Möglichkeit einer notariellen Vertretungsbescheinigung gem. § 21 Abs. 3 BNotO entbindet den Notar nicht von der Notwendigkeit, dem Registergericht bzw. Grundbuchamt **sämtliche Glieder der Legitimationskette** nachzuweisen, die auf die im Registerblatt bzw. Grundbuchblatt eingetragene Person zurückführen (vgl. BGH, DNotI-Report 2017, 5).

Beispiel

In der X-GmbH muss eine Registeranmeldung durchgeführt werden. Der Geschäftsführer G hat der Person P eine notarielle Registervollmacht erteilt. Mit einer Bescheinigung nach § 21 Abs. 3 BNotO kann dann **nur die Vollmacht G an P** nachgewiesen werden. Ob G seinerseits wirksam für die X gehandelt hatte (Vertretungsmacht G für X), als er die notarielle Vollmacht erteilte (und z.B. nicht bereits abberufen war oder nur zusammen mit einem anderen Geschäftsführer hätte handeln können), kann sich aus einer Bescheinigung nach § 21 Abs. 3 BNotO nicht ergeben; vielmehr bedarf es hier zusätzlich einer Registerbescheinigung nach § 21 Abs. 1, 2 BNotO, die der Notar natürlich zusammen in einem Vermerk erteilen kann.

Eine notarielle Bescheinigung mit dem Inhalts, dass die Vollmacht nicht widerrufen wurde, ist nicht vom Wortlaut der Befugnisnorm des § 21 Abs. 3 BNotO gedeckt und daher als Bescheinigungsinhalt i.R.d. § 21 Abs. 3 BNotO unzulässig.

e)   Rechtswirkungen der Vollmachtsbescheinigung

Eine wirksame Vollmachtsbescheinigung gem. § 21 Abs. 3 BNotO erbringt im Grundbuch- und Handelsregisterverfahren **den vollen Beweis** für das Bestehen der in ihr bescheinigten Vertretungsmacht (§ 34 GBO, § 12 Abs. 1 Satz 3 HGB). Die Bescheinigung macht also die separate Einreichung der Vollmacht(en) bei Grundbuchamt bzw. Handelsregister überflüssig.

f) Praktische Probleme des § 21 Abs. 3 BNotO

Die praktische Handhabung von § 21 Abs. 3 BNotO bereitet teilweise Schwierigkeiten, die im Folgenden dargestellt werden:

aa) Text der Vollmachtsbescheinigung?

Die genaue Formulierung einer Bescheinigung nach § 21 Abs. 3 BNotO ist je nach notariellem Geschäft, für das sie erstellt werden soll, **bisweilen schwierig**. Zu einem Formulierungsvorschlag siehe oben Buchstabe c)).

bb) Verhältnis zu § 12 Satz 1 BeurkG?

Problematisch ist auch das Verhältnis von § 21 Abs. 3 BNotO zu § 12 Satz 1 BeurkG. Nach § 12 Satz 1 BeurkG „sollen" (d.h. müssen) vorgelegte Vollmachten der notariellen Niederschrift in Urschrift oder in beglaubigter Abschrift **beigefügt** werden. Erteilt der Notar eine Vertretungsbescheinigung nach § 21 Abs. 3 BNotO, läge es nahe, dass er die ihm vorgelegten Vollmachtsurkunden entgegen § 12 Satz 1 BeurkG nicht noch zusätzlich seiner Niederschrift beifügt. Das Weglassen der Vollmachtskopien wäre aber unzulässig, denn: **Ist § 12 BeurkG einschlägig, muss er vom Notar beachtet werden!**

§ 12 Satz 1 BeurkG ist von vornherein nur anzuwenden bei beurkundeten Rechtsgeschäften (= Niederschriften gem. §§ 8 ff. BeurkG) und Eiden bzw. eidesstattlichen Versicherungen (§ 38 BeurkG), also nicht bei bloß unterschriftsbeglaubigten Registeranmeldungen (§§ 39 f. BeurkG). Der hier geschilderte Vorrang kommt also **innerhalb des Anwendungsbereichs von § 12 Satz 1 BeurkG** zum Tragen. Eine weitere wichtige Einschränkung gilt für § 12 BeurkG, wenn die Vollmacht in einer vorangegangenen Urkunde **desselben Notars** (oder des Notars, dessen Akten er verwahrt) enthalten ist (denn dann wird keine Vollmacht „vorgelegt", wie § 12 Satz 1 BeurkG verlangt!).

Der Berufsrechtsausschuss der Bundesnotarkammer empfiehlt zur Auflösung des Spannungsverhältnisses im Anwendungsbereich von § 12 Satz 1 BeurkG folgendes Vorgehen:

- Der notariellen Urschrift wird eine beglaubigte Abschrift der Vollmacht beigefügt, um § 12 Satz 1 BeurkG zu genügen.

- Zusätzlich nimmt der Notar aber in die Niederschrift eine Bescheinigung nach § 21 Abs. 3 BNotO mit auf.

- Die Niederschrift wird dann stets nur auszugsweise ohne die beigefügten Vollmachtskopien ausgefertigt (zulässig entsprechend § 42 Abs. 3 BeurkG).

Kostenhinweis

Bei dieser Verfahrensweise entsteht keine Gebühr für die beglaubigte Abschrift der Vollmacht, die zur Urschrift genommen wird (Nr. 25102 Abs. 2 Nr. 2 KV GNotKG), dafür aber eine Gebühr nach Nr. 25214 KV GNotKG in Höhe von 15 € für die Bescheinigung nach § 21 Abs. 3 BNotO (plus Dokumentenpauschale).

Dieses Verfahren ist auch **kostenrechtlich zulässig** und stellt keine unrichtige Sachbehandlung i.S.d. § 21 GNotKG dar. Die Gebühr für die Vollmachtsbescheinigung nach § 21 Abs. 3 BNotO ließe sich zwar sparen, wenn der Notar auf die Bescheinigung verzichten würde; dennoch ist das Vorgehen des Notars vor dem Hintergrund des Zwecks von § 21 Abs. 3 BNotO nicht zu beanstanden.

cc)   Beweiswert nur im Grundbuch- und Handelsregisterverfahren

Die besonderen Beweis- und damit Rechtswirkungen der notariellen Vollmachtsbescheinigung gelten nur für das Grundbuch- und Handelsregisterverfahren. Hierauf beschränken sich die ausdrücklichen Anordnungen der §§ 34 GBO, 12 Abs. 1 Satz 3 HGB. Wenig konsequent hat der Gesetzgeber damit die besonderen Beweiswirkungen der Vollmachtsbescheinigung **insbesondere nicht** auf das Schiffs- und Vereinsregister sowie das Klauselerteilungsverfahren erstreckt.

3.   Eintragungsfähigkeitsbescheinigung (§ 15 Abs. 3 GBO; § 378 Abs. 3 FamFG)

a)   Allgemeines

Die notariellen Prüfungspflichten im Register- und Grundbuchverfahren wurden mit dem neuen **§ 378 Abs. 3 FamFG** bzw. **§ 15 Abs. 3 GBO** (beide i.d.F. des Urkundenarchivgesetzes v. 1.6.2017) nunmehr gesetzlich festgeschrieben und präzisiert.

Im Kern besagen diese Bestimmungen, dass

– Anmeldungen zum Grundbuchamt sowie Handels-, Vereins- und Güterrechtsregister **vor ihrer Einreichung für das jeweils zuständige Gericht** durch einen (deutschen) Notar auf ihre Eintragungsfähigkeit zu prüfen sind (jeweils Satz 1 – Eintragungsfähigkeitsprüfung; ausgenommen von der Prüfung sind Erklärungen zum Grundbuchamt, die von einer öffentlichen Behörde abgegeben werden, § 15 Abs. 3 Satz 3 GBO) und

– Handelsregisteranmeldungen bei einem (deutschen) Notar **zur Weiterleitung an das zuständige Registergericht einzureichen** sind (§ 378 Abs. 3 Satz 2 FamFG – Notar als „Kommunikationsmittler" bzw. „externe Rechtsantragsstelle des Gerichts").

Durch § 378 Abs. 3 FamFG und § 15 Abs. 3 GBO wird eine **bereits gelebte Praxis** für alle Notare einheitlich kodifiziert und präzisiert. Die inhaltliche Prüfung soll im **Interesse eines effizienten, zügigen Verfahrens** gewährleisten, dass ausschließlich sachgerecht formulierte Erklärungen eingereicht werden. Hiermit einher geht eine gestärkte materielle Richtigkeitsgewähr als Grundlage der Publizitätsfunktion von Grundbuch und Handelsregister. Zudem werden die für eine effiziente Justizarbeit erforderlichen XML-Daten notarseits zur Verfügung gestellt werden (müssen).

Parallel dazu wurde mit Nr. 22124 Nr. 2 KV GNotKG ein **neuer Gebührentatbestand** geschaffen in den sehr seltenen Fällen, in denen die Eintragungsfähigkeitsprüfung isoliert (also ohne Bezug zu einem sonstigen gebührenpflichtigen Geschäft; siehe oben Abschnitt III. Ziffer 5. und unten Buchst. e)) erfolgt.

b) Adressat der Prüfungspflicht

Adressat der Verpflichtung aus § 378 FamFG bzw. § 15 GBO ist „der Notar" und zwar nur der **deutsche Notar**. Im Regelfall bereit dies keine Probleme, da nur ein Notar mit der Registersache betraut ist.

Sind **mehrere Notare** mit der zur Eintragung erforderlichen Anmeldung befasst, ist häufig nur bei einem, nämlich den die Anmeldung beglaubigenden Notar die Vorprüfung erforderlich, und bei den übrigen nicht, weil sie beispielsweise „nur" die erforderliche Vollmacht oder Genehmigungserklärung beglaubigt haben.

In den übrigen Fällen der Beteiligung mehrere Notare entscheidet **vorrangig** der Antrag der Beteiligten, welcher Notar die Vorprüfung vorzunehmen hat, ersatzweise hilft folgende **Faustregel**: Bei einem notariell gefertigten Entwurf ist i.d.R.

der Entwurfsnotar für die Vorprüfung zuständig, hingegen bei Beglaubigung einer Erklärung, die erkennbar von keinem Notar entworfen worden ist, der Beglaubigungsnotar.

c)   Gegenstand

Der Gegenstand der notariellen Prüfpflicht beschränkt sich auf **die zu beglaubigende Anmeldung** an das Handels-, Vereins- oder Güterrechtsregister bzw. **den zu beglaubigenden Antrag** an das Grundbuchamt.

Dokumente, die einer solchen Anmeldung bzw. einem solchen Antrag lediglich „**beizufügen**" oder die unabhängig davon lediglich zum Register „einzureichen" sind (vgl. für den Handelsregisterverkehr § 12 Abs. 2 HGB), fallen demgegenüber nicht in den sachlichen Anwendungsbereich der Prüfungspflicht. Nicht erfasst sind daher insbesondere **Genehmigungen und Vollmachten**, ebenso wenig die für den „Erfolg" der Anmeldung bzw. des Antrags erforderlichen, aber außerhalb davon liegenden Umstände wie insbesondere die zugrundeliegenden Beschlüsse (wie etwa die Bestellung des GmbH-Geschäftsführers).

Merke also:

Die notarielle Eintragungsfähigkeitsprüfung erstreckt sich nicht automatisch auf alle registerrelevanten Dokumente!

d)   Begünstigter

Die Prüfung erfolgt „für das Registergericht" (§ 78 Abs. 3 Satz 1 FamFG) bzw. „für das Grundbuchamt" (§ 15 Abs. 3 Satz 1 GBO). Dies ist in mehrfacher Hinsicht bedeutsam:

–   Die Prüfpflicht ist **keine Amtspflicht** i.S.d. § 19 BNotO. Ihre Verletzung löst keine Amtshaftung aus.

–   Der Notar erhält in den praktisch relevanten Fällen **keine Gebühr** von den Beteiligten (siehe oben Buchst. a).

–   Die Prüfung ist **nicht von einem entsprechenden Auftrag** der Beteiligten abhängig.

–   Zumindest bei Fremdentwürfen ist die **Dokumentation** der erfolgten Prüfung durch den Notar nötig.

Beachte in der Praxis:

Wenn – wie i.d.R. – gegen die Eintragungsfähigkeit des zu beglaubigenden Textes **keine Bedenken** bestehen, kann wie folgt formuliert werden:

Muster: Positive Eintragungsfähigkeitsprüfung gem. § 378 FamFG/ § 15 GBO

Handels- und Vereinsregister:

Die vorstehende Anmeldung habe ich gem. § 378 Abs. 3 Satz 1 FamFG auf Eintragungsfähigkeit geprüft.

Grundbuchamt:

Die vorstehende Erklärung habe ich gem. § 15 Abs. 3 Satz 1 GBO auf Eintragungsfähigkeit geprüft.

Musterstadt, den 17.05.2019

...

Siegel, (Unterschrift) Notar

Muster: Negative Eintragungsfähigkeitsprüfung gem. § 378 FamFG/ § 15 GBO

Handels- und Vereinsregister:

Gegen die Eintragungsfähigkeit der vorstehenden Erklärungen bestehen aufgrund einer von mir durchgeführten Prüfung für das Registergericht gem. § 378 Abs. 3 FamFG die folgenden Bedenken: ...

Grundbuchamt:

Gegen die Eintragungsfähigkeit der vorstehenden Anmeldung bestehen aufgrund einer von mir durchgeführten Prüfung für das Grundbuchamt gem. § 15 Abs. 3 GBO die folgenden Bedenken: ...

Musterstadt, den 17.05.2019

...

Siegel, (Unterschrift) Notar

Kostenhinweis

Der Notar ist im Kontext von Registeranmeldungen oder Eintragungsanträgen i.d.R. **nicht nur in Form der Eintragungsfähigkeitsprüfung beteiligt.** Er entwirft häufig den einzureichenden Text oder beglaubigt zumindest die Unterschrift unter die entsprechende Anmeldeerklärung. Dann fällt nicht zusätzlich noch die extra Gebühr für die Prüfung der Eintragungsfähigkeit bzw. die Erstellung eines Prüfvermerks an:

– Bei der **Unterschriftsbeglaubigung ohne Entwurf** (Beglaubigungsgebühr nach Nr. 25100 oder Nr. 25101 KV GNotKG) folgt der Ausschluss aus der Anmerkung Abs. 2 zu Nr. 22124 KV GNotKG.

– Wird die Registeranmeldung oder der Grundbuchantrag beurkundet oder fertigt der Notar den zu beglaubigenden Text selbst (**Unterschriftsbeglaubigung mit Entwurf**), folgt der Ausschluss aus der Vorbemerkung 2.2.1.2 Nr. 1 KV GNotKG

– Ferner fällt die Gebühr für den Prüfvermerk nicht an, wenn eine **besondere Vollzugsgebühr** nach Nrn. 22120 bis 22123 KV GNotKG angefallen ist. das folgt aus Anmerkung Abs. 1 zu Nr. 22124 KV GNotKG.

Beschränkt sich – ausnahmsweise – die notarielle Tätigkeit auf die Prüfung der Eintragungsfähigkeit nach § 378 Abs. 3 FamFG bzw. § 15 Abs. 3 GBO, entsteht die bereits erwähnte Pauschalgebühr i.H.v. 20 € nach Nr. 22124 Nr. 2 KV GNotKG.

Übernimmt der Notar neben der Eintragungsfähigkeitsprüfung auch die Übermittlung des Antrags, fällt die Gebühr aus Nr. 22124 KV GNotKG nur einmal an. Das stellt die Anmerkung Abs. 3 zu Nr. 22124 KV GNotKG klar.

Merke also:

Die Gebühr für eine Unterschriftsbeglaubigung deckt also immer den notariellen Prüfvermerk über die Eintragungsfähigkeit mit ab.

Vergleiche zum Thema „Notarielle Prüf- und Einreichungspflichten im Grundbuch- und Registerverkehr" auch: Bundesnotarkammer Rundschreiben 5/2017 vom 23.05.2017.

V. Elektronischer Rechtsverkehr (ELRV)

1. Einführung

a) Begriff

Elektronischer Rechtsverkehr (ELRV) meint – im Unterschied zum klassischen papiergebundenen Rechtsverkehr – den sicheren, rechtswirksamen Austausch **elektronischer Dokumente** zwischen Bürgern, Behörden und Gerichten.

Zu den Teilnehmern des elektronischen Rechtsverkehrs gehört damit **auch der Notar.** Speziell für das Notariat kennzeichnet den Begriff des elektronischen Rechtsverkehrs vor allem

– die sichere **elektronische Kommunikation** (über das Elektronische Gerichts- und Verwaltungspostfach – **EGVP**) und

– die elektronische **Abwicklung** der Urkundsgeschäfte des Notars gegenüber Gerichten und Behörden.

Vergleiche zum Thema „Elektronischer Rechtsverkehr" auch:

– BÜTTNER/FROHN/SEEBACH, Elektronischer Rechtsverkehr und Informationstechnologie im Notariat, 2019.

– BÜTTNER, in: KERSTEN/BÜHLING, Formularbuch und Praxis der Freiwilligen Gerichtsbarkeit Elektronischer Rechtsverkehr und Informationstechnologie im Notariat, 26. Aufl. 2019, § 12a.

b) Bestehende Verfahren

Im Bereich des **Handelsregisters** bilden elektronische notarielle Urkunden eine bereits seit Jahren gelebte Praxis („**elektronischer Registerverkehr**"). Für den Austausch sogenannter strukturierter Daten, die eine sofortige automatisierte Weiterverarbeitung ermöglichen, wird das international gebräuchliche Datenformat **XML** (Extensible Markup Language) verwendet; die dazu nötige Aufbereitung der zunächst papiergebundenen Daten erfolgt mit Hilfe der (in fast allen Notariaten eingesetzten) Software XNotar, die inzwischen auch eine EGVP-Versandfunktion beinhaltet.

Auch der elektronische Rechtsverkehr mit dem **Grundbuchamt** ist bereits in vielen Gerichtsbezirken eingeführt, z.b. flächendeckend in den Ländern Baden-Württemberg, Sachsen, Schleswig-Holstein sowie zuletzt Rheinland-Pfalz. Weitere Bundesländer haben Pilotbezirke zu Testzwecken eingesetzt oder planen, einen Testbetrieb aufzunehmen. Elektronischer Rechtsverkehr in Grundbuchsachen bedeutet, dass die Anträge an das Grundbuchamt nicht mehr papiergebunden gestellt und per Briefpost oder Bote übermittelt werden, sondern auf elektronischem Wege (siehe § 137 GBO). Der **praktische Ablauf** des Einreichungsverfahrens von Anträgen entspricht damit praktisch weitgehend dem in Handelsregistersachen. Der „Einstieg" in den elektronischen Rechtsverkehr in Grundbuchsachen sollte also Notariatsmitarbeitern, die bereits Einreichungen zum Handelsregister vornehmen, denkbar leicht fallen. Die dazu notwendige Einreichesoftware ist z.b. bereits heute für alle betroffenen Grundbuchämter in der Einreichungssoftware XNotar enthalten (zu den verbleibenden Besonderheiten siehe unten § 5 3 Abschnitt VIII. Ziffer 4.). Weiterführende Informationen bieten die eingangs zu diesem Abschnitt V. angegebenen Literaturstellen.

Der elektronische Rechtsverkehr im Notariat ist schließlich auch mit Blick auf die Register der Bundesnotarkammer gelebte Praxis: So können General- und Vorsorgevollmachten elektronisch im **Zentralen Vorsorgeregister (ZVR)** registriert werden (siehe unten § 14 Abschnitt VI. Ziffer 3.). Für die verpflichtende Übermittlung der Verwahrangaben zu erbfolgerelevanten Urkunden an das **Zentrale Testamentsregister (ZTR)** ist die elektronische Form sogar zwingend vorgeschrieben (siehe ausf. unten § 15 Abschnitt VIII.).

c) Ausblick

Die Bedeutung des elektronischen Rechtsverkehrs im Notariat wird **in Zukunft weiter zunehmen**. Einige markante Beispiele, die voraussichtlich in den kommenden Jahren eingeführt werden, sollen hier kurz erwähnt werden. Es bleibt aber Folgeauflagen dieses Buches vorbehalten, sie detaillierter darzustellen, sobald ihre Einführung bevorsteht:

–   § 22a GrEStG sieht zur Vereinfachung des Besteuerungsverfahrens die Möglichkeit einer **elektronischen Veräußerungsanzeige** vor – über deren Einführung mithilfe eines Mustersatzes strukturierter Daten wird konkret nachgedacht.

–   Die EU-Kommission hat in ihrem sogenannten **Company Law Package** den Einsatz digitaler Werkzeuge und Verfahren im Gesellschaftsrecht vorgeschlagen (COM(2018) 239). Eine für das Notariat bedeutsame Ausprägung dieses Vorschlags beinhaltet die **Online-Gründung einer GmbH** unter Beachtung bestimmter Anforderungen an das hierbei zu beachten Gründungsverfahren. Mit der Einführung einer Online-Gründung unter notarieller Beteiligung wäre das notarielle Berufsrecht auf entsprechenden Anpassungsbedarf hin zu prüfen.

– Ein weiteres „Jahrhundert"-Projekt besteht in dem **elektronischen Urkunden-archiv**, dessen schrittweise weitere Einführung zum 01.01.2020 und 01.01.2022 grundlegende Umwälzungen für den EDV-Einsatz im Notariat nach sich ziehen wird. Eine erste Einführung

Einen guten Überblick über die verschiedenen aktuellen und geplanten Projekte des elektronischen Rechtsverkehrs im Notariat bieten z.B. GASSEN, in: WEINGÄRTNER/ GASSEN/SOMMERFELDT, Dienstordnung für Notare, 13. Aufl. 2016, Abschnitt „Elektronischer Rechtsverkehr in der Praxis"; BÜTTNER/FROHN/SEEBACH, Elektronischer Rechtsverkehr und Informationstechnologie im Notariat, 2019.

2. Urkundenarchivgesetz

Das Gesetz zur Neuordnung der Aufbewahrung von Notariatsunterlagen und zur Einrichtung des Elektronischen Urkundenarchivs bei der Bundesnotarkammer (kurz: **Urkundenarchivgesetz**) wurde am 01.06.2017 verabschiedet und am 08.06.2017 im Bundesgesetzblatt Jahrgang 2017 Teil I veröffentlicht (S. 1396) und ist in Teilen bereits am nächsten Tag (09.06.2017) in Kraft getreten.

Das Urkundenarchivgesetz bildet die **rechtliche Grundlage für eine weitgehende Digitalisierung des Notariats**. Das Gesetz wird die Art, wie und wie lange Notariatsunterlagen verwahrt werden, grundlegend umstellen, hierbei Regelungen aus der DONot in das BeurkG überführen und neue Verzeichnisse des Notars einführen und nicht zuletzt elektronische Urschriften notarieller Urkunden und ihre Verwahrung in einem speziellen Urkundenarchiv ermöglichen. Es ist nicht übertrieben, wenn man diesem Gesetz bescheinigt, dass es zwar erheblichen Umstellungsaufwand auslösen, aber für Notare und die Justiz ganz wesentliche Mehrwerte schaffen wird.

Die Inhalte des Urkundenarchivgesetzes und damit die Neuerungen für das Notariat **treten schrittweise in Kraft**:

Mit Wirkung **seit dem 09.06.2017**:

– **Notarielle Prüfungspflichten** nach § 378 Abs. 3 FamFG und § 15 Abs. 3 GBO (siehe ausf. oben Abschnitt IV. Ziffer 3.);

– Einfügung von **§ 33 BNotO** (Elektronische Signatur) und **§ 34 BNotO** (Meldepflichten);

– Neufassung der §§ 78–78o BNotO (Aufgaben der Bundesnotarkammer, Zentrales Vorsorgeregister, Zentrales Testamentsregister, Elektronisches Urkundenarchiv, Notaraktenspeicher, Notarverzeichnis, besonderes elektronisches Notarpostfach);

– **Verordnungsermächtigungen** zur Vorbereitung des Urkundenarchivs und weiterer neuer Aufgaben

Mit Wirkung **seit dem 01.01.2018:**

– Einrichtung eines **besonderen elektronischen Notarpostfachs (beN)** für jeden Notar durch die Bundesnotarkammer nach § 78n Abs. 1 BNotO. Dies ist praktisch gewährleistet durch die Empfangseinrichtung in XNotar. Künftig lässt sich beN als Plattform zur sicheren Beteiligtenkommunikation losgelöst von der klassischen E-Mail denken.

Mit Wirkung **zum 01.01.2020:**

– Elektronische Führung des **Urkundenverzeichnisses** nach § 76 Abs. 1 bis 4 i.V.m. § 55 Abs. 1 und 2 BeurkG-2020 als Ersatz für und anstelle von Urkundenrolle mit Namensverzeichnis (aktuell v.a. §§ 5, 8, 13 DONot);

– Elektronische Führung des **Verwahrungsverzeichnisses** nach § 76 Abs. 1 bis 4 i.V.m. § 59a BeurkG-2020 als Ersatz für und anstelle der Masse- und Verwahrungsbücher nebst Anderkontenliste und Namensverzeichnis (aktuell v.a. §§ 5, 9 ff. DONot);

– Fakultative Führung **elektronischer Notarakten** (General- und Nebenakten) nach § 35 BNotO-2020 auf technischen Geräten in den Räumen des Notars (§ 35 Abs. 4 BNotO-2020) oder im elektronischen Notaraktenspeicher der Bundesnotarkammer (§ 78k BNotO).

Mit Wirkung **zum 01.01.2022:**

– Führung der **elektronischen Urkundensammlung** (§ 55 Abs. 2 BeurkG-2022), zunächst parallel zu der Papier-Urkundensammlung und der (ebenfalls weiterhin papiergebundenen) Erbvertragssammlung (§ 55 Abs. 3 BeurkG-2022);

– **Pflicht zur Überführung** der papiergeführten Urschriften in die elektronische Form nach § 56 BeurkG-2022. Dies gilt nicht für Verfügungen von Todes wegen (§ 34 Abs. 4 BeurkG-2022), für die es also auch über 2022 hinaus weiterhin nur papiergebundene Urschriften geben wird. Auch die verpflichtende Verwahrung der notariell beurkundeten Testamente bei Gericht (siehe ausf. unten § 15 Abschnitt VIII. Ziffer 2.) wird unverändert bestehen bleiben.

Hinweis zu den Umsetzungsstufen des Urkundenarchivgesetzes

Von den Veränderungen, die das Urkundenarchivgesetz im Notariat bewirken wird, sind die bereits in Kraft getretenen verhältnismäßig überschaubar und von der Praxis ohne Schwierigkeiten umgesetzt worden. Die **weitaus größeren Herausforderungen** werden in den für 01.01.2020 und für 01.01.2022 vorgesehenen Stufen warten. Da noch nicht alle Details der Umsetzung absehbar sind, muss sich die vorliegende 13. Auflage unseres Werks darauf beschränken, auf die kommenden Änderungen hinzuweisen.

Beachte zudem:

Es läuft derzeit ein **Gesetzgebungsvorhaben auf Bundesebene**, wonach die zweistufige Einführung des Urkundenarchivs zu Gunsten eines **einheitlichen Starttermins 01.01.2022** für beide Stufen aufgegeben würde (vgl. Art. 12–14 des Entwurfs eines Gesetzes zur Änderung von Vorschriften über die außergerichtliche Streitbeilegung in Verbrauchersachen und zur Änderung weiterer Gesetze v. 20.5.2019, BT-Drucks. 19/10348, S. 15 f., 42 f.). Die ursprünglich geplante **schrittweise** Inbetriebnahme führt demnach zu zusätzlichen Anforderungen an das technische System und in der Folge zu einer Steigerung der Komplexität, die offenbar politisch nicht gewünscht sind. Deshalb verschiebt das Gesetz, wenn es so verabschiedet wird, die Einführung des elektronischen Urkundenverzeichnisses und des elektronischen Verwahrungsverzeichnisses vom 01.01.2020 auf den 01.01.2022; die Einführung des elektronischen Urkundenarchivs zum 01.01.2022 selbst wird durch diese Verschiebung aber ausdrücklich **nicht in Frage** gestellt.

Beachte zuletzt:

Alle gesetzlichen Neuerungen haben **keine Auswirkung** auf die **Durchführung** der Beurkundung von Willenserklärungen nach §§ 6 ff. BeurkG, von Wahrnehmungsurkunden des Notars nach §§ 36 f. BeurkG oder von Vermerkurkunden nach §§ 39 ff. BeurkG. Das heißt, der Weg hin zur notariellen Urschrift bleibt unverändert. Lediglich die sich daran anschließende Behandlung notarieller Urschriften wird grundlegend (mit Ausnahme von letztwilligen Verfügungen) geändert.

Vergleiche zum Thema „Urkundenarchivgesetz" auch Damm, „Die Digitalisierung des Notariats", DNotZ 2017, 426.

3. Bedeutung des Elektronischen Rechtsverkehrs für Notariatsmitarbeiter

Für den **Notariatsmitarbeiter** ist in der **derzeitigen alltäglichen Praxis** in erster Linie wichtig, zu wissen, ob der elektronische Rechtsverkehr mit der betroffenen Abteilung eines Amtsgerichts – Handelsregister, Vereinsregister, Partnerschaftsregister, Genossenschaftsregister, Grundbuch – schon eröffnet ist oder (noch) nicht. Von der Antwort auf diese Frage hängt es ab, ob die Eintragungsanträge dorthin (schon) rein elektronisch oder (noch) in Papierform eingereicht werden müssen. Auch eine etwaige Zuständigkeitskonzentration bei einem oder mehreren Gerichten innerhalb eines Bundeslands ist denkbar. Beispielsweise wird das elektronisch geführte Partnerschaftsregister in Nordrhein-Westfalen ausschließlich beim Amtsgericht Essen geführt, siehe § 1 Abs. 2 RegisterVO NW.

Nach heutigem Stand gilt hierbei die folgende Übersicht (Quelle: NotarNet GmbH; abrufbar im Internet unter *www.elrv.info*; hier „Übersicht zu den Bestimmungen der Bundesländer": *www.elrv.info/de/elektronischer-rechtsverkehr/rechtsgrundlagen/ElRv_Uebersicht_BL.html*):

– **Handels-, Genossenschafts-, Partnerschaftsregister**: Anmeldungen sind bundesweit nur noch elektronisch möglich, siehe § 12 HGB und die Verordnungen der Bundesländer über den elektronischen Rechtsverkehr, die die Art und Weise der Einreichung näher bestimmen (§ 8a Abs. 2 HGB), soweit nicht § 12 HGB als Bundesgesetz vorrangige Regelungen trifft. Diese landesrechtlichen Bestimmungen können z.B. auf der ständig aktualisierten Internetseite der NotarNet GmbH unter dem o.g. Link abgerufen werden.

– **Vereinsregister**: Alle Bundesländer bis auf Niedersachsen haben von der Möglichkeit des § 55a BGB Gebrauch gemacht und die Führung des Vereinsregisters in elektronischer Form ermöglicht. Elektronische Registeranmeldungen sind grundsätzlich in Bayern, Berlin, Brandenburg, Bremen, Niedersachen, Nordrhein-Westfalen, Rheinland-Pfalz, Sachsen, Sachsen-Anhalt, Schleswig-Holstein möglich. Aber je nach Vereinsregister werden praktisch auch weiterhin Papieranmeldungen bevorzugt oder akzeptiert. Es empfiehlt sich, hier die Praxis des jeweils „heimischen" Vereinsregisters zu kennen oder – bei auswärtigen Gerichten – zu erfragen.

– **Elektronische Grundbucheinsicht**: Sie ist bundesweit möglich (§ 133 Abs. 2 GBO), jedoch bedarf es derzeit einer separaten Freischaltung in jedem Bundesland. Zuständig für die Freischaltung ist überwiegend die Justiz-IT-Stelle in dem Bundesland, die i.d.R. bei dem Präsidenten eines (oder des) Oberlandesgerichts dieses Bundeslands angesiedelt ist. Diese aus Notarsicht ohnehin schon mühselige Kleinteiligkeit wurde vollends ad absurdum geführt durch die Entscheidung des Bundesgerichtshofs vom 21.6.2017 – IV ARZ(VZ) 3/16 (DNotZ 2018, 431), wonach die Freischaltung in einem Bundesland von völlig praxisfremden Maßstäben, die keine gesetzliche Grundlage haben, aus vermeintlichen Datenschutzgründen abhängig gemacht wird. Hier ist dringend eine gesetzgeberische Klarstellung geboten (siehe BÜTTNER/SEEBACH, DNHotZ 2018, 435).

- Elektronischer Rechtsverkehr in Grundbuchsachen: Der Echtbetrieb ist an sämtlichen Grundbuchämtern der Länder **Baden-Württemberg, Rheinland-Pfalz, Sachsen** und **Schleswig-Holstein** eingeführt. Daneben haben einige Bundesländer einen Testbetrieb gestartet.

Die jeweiligen landesrechtlichen Besonderheiten sind in der (in fast allen Notariaten eingesetzten) Einreichungssoftware XNotar berücksichtigt.

4. Signaturverfahren, qualifizierte elektronische Signaturen

a) Hintergrund

Im elektronischen Rechtsverkehr müssen die übersandten Erklärungen und Anträge an Registergericht und Grundbuchamt mit **vergleichbar hoher Sicherheit** wie im konventionellen Rechtsverkehr den Verantwortlichen für den elektronischen Antrag bzw. die elektronische Anmeldung, die Integrität der übersandten elektronischen Urkunde etc. erkennen lassen.

Dies wird gewährleistet durch den Einsatz von **Signaturverfahren,** die die höchsten gesetzlichen und technischen Sicherungsanforderungen erfüllen. Hierzu verwendet der Teilnehmer eine dauerhaft überprüfbare **qualifizierte elektronische Signatur (qeS),** die mit dem zu übermittelnden elektronischen Dokument in manipulationssicherer Weise verknüpft ist.

Die **Notareigenschaft des Verwenders** wird dabei entweder als in die Signatur eingebetteten Teil oder durch ein im Signaturgesetz vorgesehenes Attribut nachgewiesen, wie dies konventionell durch die Verwendung des Notarsiegels geschieht (sog. **Notarattribut).** Im Hinblick auf den auch für elektronische Vermerkurkunden geltenden **Urkundsgewährungsanspruch** (siehe § 33 BNotO) muss ein Notar über eine Einrichtung verfügen, die ihm die Erstellung solcher Urkunden nach den §§ 39a, 42 Abs. 4 BeurkG erlaubt. Eine dazu in Notariaten weit verbreitete Spezialsoftware ist die Anwendung **SigNotar,** die in der Einreichungssoftware XNotar eingebettet ist. Die Bundesnotarkammer ist staatlich zertifizierte Zertifizierungsstelle und kann den Notaren sowohl eine Signaturkarte als auch die entsprechende Signatursoftware (über die Tochtergesellschaft NotarNet GmbH) nebst Signaturschlüssel zur Verfügung stellen.

Zum Nachweis der „Notareigenschaft" des **Notarvertreters** siehe Rundschreiben 25/2006 der Bundesnotarkammer vom 07.12.2006.

b)   Rechtsgrundlagen

Bislang waren die entsprechenden Dienst- und Signaturrechtlichen Vorgaben in § 2a DONot und dem Signaturgesetz (SigG) sowie der entsprechenden Durchführungsverordnung (SigV) enthalten. Seit Geltung der **eIDAS-Verordnung (EU) Nr. 910/2014** ist im nationalen Recht an die Stelle von SigG und SigV das Vertrauensdienstegesetz (VDG) getreten. Die berufsrechtlich überholten Inhalte in § 2a DONot und § 39a BeurkG wurden aktualisiert.

Der Notar muss darüber hinaus nach § 33 Abs. 1 BNotO über ein auf Dauer prüfbares qualifiziertes Zertifikat eines qualifizierten Vertrauensdiensteanbieters und über die technischen Mittel für die Erzeugung und Validierung qualifizierter elektronischer Signaturen verfügen. Das bei einem Erstantrag nur durch notariell beglaubigten Antrag erhältliche qualifizierte Zertifikat (§ 33 Abs. 2 BNotO) muss mit einem Attribut nach § 12 VDG versehen sein, welches den Inhaber als Notar ausweist und daneben seinen Amtssitz sowie das Land und die Notarkammer enthält, in deren Bezirk er seinen Amtssitz hat (§ 33 Abs. 3 BNotO). Der Notar darf sein qualifiziertes Zertifikat nur von einem qualifizierten Vertrauensanbieter beziehen, der gewährleistet, dass das Zertifikat unverzüglich gesperrt wird, sobald das Erlöschen des Amtes des Notars oder eine vorläufige Amtsenthebung im Notarverzeichnis eingetragen wird (vgl. §§ 14, 16 VDG).

Der Notar hat die Aufsichtsbehörde und seine zuständige Notarkammer zu informieren, wenn feststeht oder er begründeten Anlass zu der Annahme hat, dass sein Amtssiegel dauerhaft oder zeitweise abhandengekommen ist oder missbraucht wurde oder eine Fälschung seines Amtssiegels im Umlauf ist (§ 34 Satz 1 Nr. 1 BNotO). Die aus § 2a Abs. 3 Satz 2 DONot übernommene Regelung ermöglicht die Kraftloserklärung von Siegeln und die Warnung des Rechtsverkehrs. Bei Verlust, Missbrauch oder Manipulation der Notar-Signaturkarte nebst Wissensdaten (= die selbst gewählte PIN) oder der notariellen Zugangsdaten zu den zentralen Systemen der Bundesnotarkammer (Register, Urkundenarchiv, Notaraktenspeicher) gilt dasselbe (§ 34 Satz 1 Nr. 2, Satz 3 BNotO).

c)   Pflicht zur persönlichen Amtsausübung beim Signieren

Gemäß § 39a Abs. 1 Satz 2 BeurkG muss die elektronische Datei eine qualifizierte elektronische Signatur tragen. Die **qualifizierte elektronische Signatur** ist das **Äquivalent der eigenhändigen Unterschrift** des Notars.

Gemäß § 39a Abs. 2 Satz 1 BeurkG wird das einfache elektronische Zeugnis nur durch den Nachweis der Notareigenschaft zu einer **notariellen** elektronischen Urkunde. Vergleichbar einem notariellen Siegel soll damit dauerhaft nachprüfbar sein, dass die Urkunde von einem Notar stammt und somit hoheitlichen Charakter aufweist. Das **Notarattribut** ist damit das elektronische **Pendant des notariellen Siegels.**

Wegen dieser funktionalen Vergleichbarkeit steht Folgendes fest: Die **Weitergabe** der Signatureinheit ist **unzulässig.** Sie wäre mit der persönlichen **Amtsausübung** des Notars nicht vereinbar. Es besteht daher eine **Amtspflicht** des Notars, die Signaturkarte sorgfältig zu verwahren, den Zugangscode und die Wissensdaten (= seine PIN) geheim zu halten und ferner die Signatureinheit keinem Dritten zur Nutzung zu überlassen. Diese Pflicht ist inzwischen in § 39a Abs. 1 Satz 4 BeurkG geregelt. Wird gegen sie verstoßen und ein Dritter (z.B. ein Notariatsmitarbeiter) signiert die elektronische Vermerkurkunde, ist diese materiell unwirksam.

5. Erzeugung einfacher elektronischer Zeugnisse

Grundsätzlich kann eine Vermerkurkunde i.S.d. § 39 BeurkG statt papiergebunden auch in elektronischer Form errichtet werden; diese Wahlfreiheit stellt § 39a Abs. 1 Satz 1 BeurkG klar.

Der Inhalt dieses **einfachen elektronischen Zeugnisses (§ 39a BeurkG)** unterliegt denselben beurkundungsrechtlichen Anforderungen wie sein papiergebundenes Pendant. Lediglich bei Aufbau und Ausgestaltung der elektronischen Urkunde zwingen die anders gearteten technischen Umstände, insbesondere das andere Trägermedium, zu Abweichungen gegenüber der papiergebundenen Form (§ 39a Abs. 1 Satz 2–4, Abs. 2 Satz 1, Abs. 3 BeurkG, siehe soeben Ziffer 4.).

Der Notar hat also im sachlichen Anwendungsbereich des § 39 BeurkG grundsätzlich die **Wahl,** ob er einfache Zeugnisse in Papierform oder rein elektronisch errichten möchte. Im Bereich des Gesellschaftsrecht kommt das einfache elektronische Zeugnis insbesondere für Satzungsbescheinigungen (§ 54 Abs. 1 GmbHG; §§ 181 Abs. 1, 248 Abs. 2 AktG) und Bescheinigungen zu Gesellschafterlisten (§ 40 Abs. 2 Satz 2 GmbHG) in Betracht. Entscheidet der Notar sich für die elektronische Errichtung, braucht die Datei mangels Papierfassung keinen gesonderten elektronischen Beglaubigungsvermerk (sog. Transfervermerk) mehr zu tragen. Es genügt dann die qualifiziert elektronische Signatur.

Diese Wahlmöglichkeit besteht jedoch **nicht** für

- Unterschriftsbeglaubigungen (obwohl es sich um Vermerkurkunden nach § 39 BeurkG handelt), und erst recht nicht für

- notarielle Urkunden in Niederschriftsformen (§§ 6 ff. BeurkG oder §§ 36 f. BeurkG).

Diese notariellen Urkunden können nach derzeitigem Beurkundungsrecht ausschließlich papiergebunden errichtet werden.

Beachte zudem:

Von der Frage, ob und ggf. nach welchem besonderen Verfahren eine notarielle Urkunde auf elektronischem Wege **errichtet** werden kann, ist die nachgelagerte Frage zu unterscheiden, in welcher Form eine notarielle Urkunde (ob elektronisch oder in Papierform errichtet) zum Handelsregister einzureichen ist. Nur diese letzte Frage ist in § 12 HGB geregelt, siehe dazu näher § 13 Abschnitt III. – instruktiv zum Ganzen auch BETTENDORF/MÖDL, DNotZ 2010, 795.

VI.   Notarielle Niederschriften (Protokolle) und notwendiger Inhalt der Urkunden mit Willenserklärungen (§§ 6 ff. BeurkG)

1.   Zweck der notariellen Beurkundung

a)   Schutzanliegen

Die notarielle Beurkundung von Willenserklärungen **vereinigt alle Schutzanliegen** klassischer Formvorschriften (zu ihnen bereits oben Abschnitt I. Ziffer 1.) in geradezu idealtypischer Weise. Sie soll dazu dienen,

– die Beteiligten vor übereilter Abgabe einer Erklärung zu bewahren und ihnen reifliche Überlegungsfreiheit sowie sachkundige und unparteiische Beratung durch den Notar zu gewähren (**Warn- und Schutzfunktion**),

– den Abschluss und Inhalt eines Rechtsgeschäfts sicherzustellen (**Beweisfunktion**),

– durch die Mitwirkung des Notars zu gewährleisten, dass die Beteiligten ihre Entscheidung nur in vollem Wissen um die rechtlichen Folgen der Gestaltung treffen (**Belehrungs- und Beratungsfunktion**).

Zur Absicherung dieser Anliegen obliegen dem Notar vor allem die in §§ 17 ff. BeurkG normierten **Prüfungs- und Belehrungspflichten**, gerade auch gegenüber geschäftlich unerfahrenen Beteiligten (**Verbraucherschutz**). Dem dient die durch § 8 BeurkG vorgegebene „Verhandlung", in der der Notar die Urkunde zur Richtigkeitskontrolle verliest (§ 13 Abs. 1 Satz 1 BeurkG).

b)   Schutz der Unparteilichkeit (Ausschließungsgründe gem. §§ 6, 7 BeurkG)

Um die Unparteilichkeit des Notars bei der Beurkundung von Willenserklärungen zu gewährleisten und jeden Anschein der Parteilichkeit zu vermeiden, hat der Gesetzgeber neben den allgemeinen, für jede Urkundstätigkeit des Notars geltenden Mitwirkungsverboten (§§ 3, 4 BeurkG, dazu bereits oben § 1 Abschnitt IX. Ziffer 3.) besondere sogenannte **Ausschließungsgründe** normiert. Diese sind in §§ 6, 7 BeurkG enthalten, so dass sie nur für die Beurkundung von Willenserklärungen gelten. Sie zielen darauf ab, dass der Notar sein Amt nicht zur Beurkundung „in eigenen Angelegenheiten" nutzt. Im Einzelnen ist es dem Notar in folgenden Fällen verboten, eine Willenserklärung zu beurkunden:

– Es ist dem Notar verboten, eine Willenserklärung zu beurkunden, wenn der Notar selbst (Nr. 1), sein Ehegatte bzw. eingetragener Lebenspartner (Nr. 2, 2a), eine Person, die mit dem Notar in gerader Linie verwandt ist oder war (Nr. 3; zum Rechtsbegriff der Verwandtschaft siehe § 14 Abschnitt III. Ziffer 1.) oder ein Vertreter, der für eine dieser Personen handelt (Nr. 3), **an der Beurkundung beteiligt** ist. An der Beurkundung beteiligt in diesem Sinne sind alle Erschienenen, deren Willenserklärungen beurkundet werden sollen (§ 6 Abs. 2 BeurkG; beachte, dass auch der Vertreter eine eigene Willenserklärung abgibt und deshalb in § 6 BeurkG erfasst ist).

Beispiel für einen Verstoß gegen § 6 Abs. 1 Nr. 2 BeurkG: Der Notar beurkundet einen Immobilienkaufvertrag, bei dem seine Ehefrau als Verkäuferin der Immobilie beteiligt ist.

Rechtsfolge eines Verstoßes gegen § 6 BeurkG: Soweit das fragliche Rechtsgeschäft einem gesetzlichen Beurkundungszwang unterlag (im Beispielsfall des Grundstückskaufs = § 311b Abs. 1 BGB), ist die gegen § 6 BeurkG verstoßende notarielle Urkunde gem. § 125 Satz 1 BGB nichtig. Andernfalls kann die Erklärung trotz Nichtigkeit des Beurkundungsakts als Privaturkunde bestehen bleiben.

– Es ist dem Notar ferner verboten, eine Willenserklärung zu beurkunden, wenn die Willenserklärung darauf gerichtet ist, dem Notar selbst (Nr. 1), seinem aktuellen oder früheren Ehegatten bzw. eingetragenen Lebenspartner (Nr. 2, 2a), oder einer Person, die mit dem Notar in gerader Linie verwandt oder verschwägert oder in der Seitenlinie bis zum dritten Grad verwandt oder bis zum zweiten Grad verschwägert ist oder war (Nr. 3), einen (unmittelbaren) **rechtlichen Vorteil** zu verschaffen. Von Nr. 3 werden damit Onkel, Tanten, Neffen und Nichten des Notars erfasst, ferner Geschwister des Ehegatten/Lebenspartners des Notars und die Ehegatten/Lebenspartner der Geschwister des Notars (zum Rechtsbegriff der Verwandtschaft siehe noch § 14 Abschnitt III. Ziffer 1.).

Beispiel für § 7 Nr. 1 BeurkG: Die Benennung des Notars als Testamentsvollstrecker ist über die Verweisung des § 27 BeurkG unwirksam. Ob die Testamentsvollstreckung entgeltlich oder unentgeltlich erfolgen soll, ist dabei unerheblich.

Rechtsfolge eines Verstoßes gegen § 7 BeurkG ist: Die Beurkundung ist insoweit nichtig, als dem Notar bzw. dem erfassten Personenkreis ein rechtlicher Vorteil verschafft wird. Im Beispiel ist also die beurkundete Bestimmung des Notars als Testamentsvollstrecker unwirksam. Im Übrigen bleibt die Beurkundung wirksam. Ob die Teilnichtigkeit des betroffenen Beurkundungsakts auch zur Teilnichtigkeit des Rechtsgeschäfts führt, ist nach materiellem Recht zu beurteilen, insbesondere bzgl. der Frage, ob für das beurkundete Rechtsgeschäft ein gesetzlicher Formzwang besteht. Ist dies der Fall, ist auch von materiellrechtlicher Teilnichtigkeit des Rechtsgeschäfts auszugehen, was nach h.M. im Zweifel zur Gesamtnichtigkeit führt (§ 139 BGB; nicht jedoch im Beispielsfall, arg. § 2085 BGB: im Zweifel für Teilwirksamkeit).

Beachte zudem:

Auch wenn sie auf den ersten Blick gleichlauten, bestehen im Detail mehrere wichtige **Unterschiede im Anwendungsbereich** von § 6 BeurkG und § 7 BeurkG. Findet ein Ausschließungsgrund nach § 6 oder § 7 BeurkG Anwendung, muss sich der Notar der begehrten Amtstätigkeit enthalten. Die Pflicht zur Amtsausübung (siehe oben § 1 Abschnitt IX. Ziffer 2.) gilt dann also nicht. Zum Beteiligtenbegriff siehe noch unten Ziffer 3.

Daneben stellen das BeurkG und weitere Regelungen in anderen Rechtsbestimmungen **Formalien für das Beurkundungsverfahren** auf, die die inhaltsbezogenen Amtspflichten des Notars in verfahrensrechtlicher Hinsicht absichern und ergänzen. Hierauf wird in diesem Abschnitt näher eingegangen.

c)   Bedeutung von Muss- und Sollvorschriften

Das BeurkG bestimmt an mancher Stelle, dass einzelne Vorgaben vom Notar eingehalten werden „müssen" und an anderer Stelle, dass andere Vorgaben vom Notar eingehalten werden „sollen". Ein Beispiel hierfür ist § 9 BeurkG: Die Vorgaben nach § 9 Abs. 1 müssen eingehalten werden, die nach § 9 Abs. 2 sollen eingehalten werden. Beide Formulierungen bezeichnen unbedingte Amtspflichten des Notars. Auch die **Soll-Vorschriften** stehen damit nicht etwa zur Disposition des Notars oder der Urkundsbeteiligten. Die sprachliche Unterscheidung zieht aber eine unterschiedliche Fehlerfolge nach sich: Während ein Verstoß gegen „Muss"-Bestimmungen zur Unwirksamkeit der notariellen Niederschrift führt, stellt die Verletzung von „Soll"-Vorschriften „nur" ein Dienstvergehen dar, das die Wirksamkeit der Urkunde unberührt lässt, gleichwohl aber zu sehr negativen Konsequenzen für den Notar führen kann.

Beispiel

Zum Schutz des Verbrauchers bei Verbraucherverträgen (§ 310 Abs. 3 BGB) soll dem Verbraucher der beabsichtigte Text des Rechtsgeschäfts vom beurkundenden Notar (oder seinem Sozius) „im Regelfall" zwei Wochen vor der Beurkundung zur Verfügung gestellt werden (§ 17 Abs. 2a Satz 2 Nr. 2 BeurkG). Ein Verstoß gegen diese Pflicht (sog. Mitternachtsbeurkundungen) macht die notarielle Urkunde nicht unwirksam. Sie löst aber ggf. eine Haftung des Notars gegenüber dem Verbraucher aus (§ 19 BNotO) und führt bei wiederholten groben Verstößen zwingend zur Amtsenthebung (§ 50 Abs. 1 Nr. 9 Buchst. b) BNotO).

2.   Aufnahme der Niederschrift – allgemeine Bestimmungen

Das folgende Muster zeigt den typischen **Eingang und Schluss** einer in Niederschriftsform (synonym: Protokollform) errichteten Notarurkunde.

Hinweis zum nachfolgenden Muster

Die einschlägigen Bestimmungen (am rechten Rand zitiert) gehören natürlich nicht zum Inhalt einer notariellen Urkunde, sie sollen lediglich die eigene Vertiefung in die Materie erleichtern.

 Muster: Notarurkunde

Formulierungsbeispiel	Einschlägige Norm
Urkundenrolle Nr. 1056/2019 (Grundstückskaufvertrag mit Auflassung)	§ 8 Abs. 1 Nr. 1 DONot
Verhandelt	§ 8 BeurkG
zu Musterstadt, am 03.08.2019	§ 9 Abs. 2 BeurkG, §§ 10–11a BNotO
Vor mir, dem unterzeichnenden **Notar Max Mustermann** mit dem Amtssitz in Musterstadt,	§ 9 Abs. 1 Nr. 1 BeurkG

Formulierungsbeispiel   **Einschlägige Norm**

erschienen heute:

1. als **Verkäufer**:

   Eheleute Herr Felix Peter – genannt Fritz – **Krüger**,   §§ 9 Abs. 1 Nr. 1, 10
   geboren 24.12.1942, und Frau Susanne **Krüger**   BeurkG
   geb. Müller, geboren 25.12.1943,
   beide wohnhaft Amselweg 3, 12345 Musterstadt,   § 26 DONot

2. als **Käufer**:

   Herr Rudolph Peter Hans **Fröhlich**,   §§ 9 Abs. 1 Nr. 1, 10
   geboren 26.12.1945,   BeurkG
   wohnhaft Rheinstraße 12, 12345 Musterstadt.   § 26 DONot

Die Eheleute Fritz und Susanne Krüger sind dem Notar von   § 10 Abs. 2 Satz 1
Person bekannt und zu ihrer Identität i.S.d. Geldwäsche-   BeurkG,
gesetzes bereits ausgewiesen zu UR-Nr. 376/2018 des   §§ 2, 10 ff. GwG
amtierenden Notars vom 12.03.2018.

Herr Hans Fröhlich hat sich dem Notar ausgewiesen durch
Vorlage seines Bundespersonalausweises Nr. 123456789,
ausgestellt am 04.02.2017 vom Oberbürgermeister der
Stadt Musterstadt. (Der Notar darf eine Kopie dieses Ausweispapiers zu seinen Akten nehmen.)

Der Notar fragte vor Beurkundung die Beteiligten, ob er   § 3 Abs. 1 Satz 1
oder eine Person, mit der sich der Notar zur gemeinsamen   Nr. 7, Satz 2
Berufsausübung verbunden hat, in Angelegenheiten, die   BeurkG
Gegenstand der Beurkundung sind, außerhalb seiner
Amtstätigkeit bereits tätig war oder ist. Die Beteiligten er-
klärten, dass dies nicht der Fall ist.

Die Erschienenen erklärten: § 9 Abs. 1 Nr. 2

(... es folgen die vom Notar aufgenommenen Erklärungen   BeurkG
der Beteiligten ...)

Diese Niederschrift wurde den Erschienenen von dem Notar   § 13 Abs. 1 Satz 1, 3,
vorgelesen, der Lageplan gem. Anlage 1 zur Durchsicht vor-   Abs. 3 Satz 1 BeurkG
gelegt, alles von den Erschienenen genehmigt und von ihnen
und dem Notar eigenhändig wie folgt unterschrieben:

Anmerkungen

Eine knappe **Urkundenüberschrift**, die auf den ersten Blick den groben Inhalt der Urkunde erkennen lässt (hier: Grundstückskaufvertrag mit Auflassung), ist zweckmäßig und weit verbreitet.

Der **Ort der Verhandlung** (§ 9 Abs. 2 BeurkG) ist die politische Gemeinde, in der die Urkunde errichtet wird. Sie ist nicht notwendig identisch mit dem zugewiesenen **Amtssitz** des Notars, also der politischen Gemeinde – bei Städten mit mehr als 100.000 Einwohnern ggf. auch nur ein Stadtteil bei sogenannten Stadtteilzuweisungen gem. § 10 Abs. 1 Satz 2 BNotO (z.B. Köln-Mülheim), in der sich die **Geschäftsstelle** des Notars befindet (§ 10 Abs. 2 Satz 1 BNotO).

Die Soll-Angabe zum Ort der Verhandlung in § 9 Abs. 2 BeurkG dient der (Selbst-) Kontrolle des Notars, ob die Amtspflicht zur Wahrung der **örtlichen Zuständigkeit** eingehalten wurde. Diese ist durch §§ 10, 10a, 11 BNotO näher ausgestaltet und folgt dabei dem Grundgedanken, dass der Notar seine Beurkundungstätigkeit grundsätzlich nur innerhalb eines bestimmten Gebiets ausüben darf, da nur so das übergeordnete Ziel einer flächendeckenden Versorgung von Bürgern und Unternehmen mit möglichst ortsnahen notariellen Dienstleistungen gewährleistet werden kann. Daraus folgt eine abgestufte Zulässigkeitsregelung für die Urkundstätigkeit des Notars (i.S.d. §§ 20–22 BNotO) außerhalb der eigenen Geschäftsstelle. Verstößt der Notar gegen diese Vorgaben zur örtlichen Zuständigkeit, führt dies nicht zur Unwirksamkeit der Urkunde, solange der Notar nicht im Ausland beurkundet hat (z.B. im grenznahen Gebiet in den Niederlanden oder Belgien; vgl. §§ 11 Abs. 3, 11a BNotO und ausführlich § 1 Abschnitt VIII).

Nimmt der Notar einen **Auswärtstermin** wahr, wird dies üblicherweise wie folgt im Urkundeingang der Niederschrift vermerkt.

Formulierungsbeispiel – Auswärtstermin

> *Verhandelt zu Musterstadt, im Städtischen Krankenhaus, Poller Landstraße 187–189, wohin sich der Notar auf Ersuchen der Beteiligten begeben hat, am (Datum).*

Findet die Verhandlung an **mehreren Tagen** statt, was grundsätzlich zulässig ist, sind alle Tage anzugeben.

In der Verhandlung treten die **Beteiligten** als Redende auf, deren Erklärungen der Notar beurkundet (vgl. § 8 BeurkG). Es geht dabei nicht um die wörtliche Wiedergabe, vielmehr ist es gerade Aufgabe des Notars, den oft nur laienhaft bekundeten Willen der Beteiligten in dem (materiell-)rechtlich notwendigen Umfang auf Papier zu fixieren (siehe ausführlich unten Ziffer 4.).

Siehe zu weiteren Bestandteilen des Musters die nachfolgenden Abschnitte.

3. Die Beteiligten

a) Bezeichnung der Beteiligten

Die Niederschrift muss die Bezeichnung der Beteiligten enthalten. Der Notar soll sich dazu Gewissheit über die Person der Beteiligten verschaffen (§ 10 Abs. 1 BeurkG). Die Beteiligten sollen so genau bezeichnet werden, dass Zweifel und Verwechslungen ausgeschlossen sind (§ 10 Abs. 2 BeurkG).

Dazu müssen angegeben werden (vgl. § 26 Abs. 2 DONot):

– Bei **natürlichen Personen** der Name und Vorname, ein vom Nachnamen abweichender Geburtsname, das Geburtsdatum sowie die postalische Anschrift („der Wohnort und die Wohnung"). Von der Angabe der Wohnung (nicht des Wohnorts) ist abzusehen, wenn dies in besonders gelagerten Ausnahmefällen zum Schutz gefährdeter Beteiligter oder ihrer Haushaltsangehörigen erforderlich ist. Zur Angabe des Geburtsdatums siehe bereits oben Abschnitt III. Ziffer 4.

– In **Vertretungsfällen**, in denen ein organschaftlicher oder rechtsgeschäftlicher Vertreter für eine juristischen Person des öffentlichen Rechts (z.B. Gemeinde) oder des Privatrechts (z.B. GmbH) auftritt, genügt anstelle der Privatanschrift die Angabe der Dienst- oder Geschäftsanschrift der vertretenen Organisation. Der Begriff der juristischen Person ist hier weit zu verstehen, so dass auf diese Weise z.B. auch bei der Vertretung von Personenhandelsgesellschaften (OHG, KG) verfahren werden darf.

– Vertreten demgegenüber **Mitarbeiter des Notars** einen Beteiligten, ist die Anschrift der Geschäftsstelle des Notars zu verwenden.

Die **Berufsangabe** ist nicht mehr vorgeschrieben, wenngleich sie in manchen Fällen durchaus sinnvoll sein kann, z.B. bei einem gesetzlich bestellten Vertreter (z.B. Betreuer) oder einer Partei kraft Amtes (z.B. Insolvenzverwalter).

Bei **ausländischen Staatsangehörigen** kann es zweckmäßig sein, zusätzlich die Staatsangehörigkeit anzugeben, etwa (elegant) dadurch, dass das Ausstellerland dem Ausweisdokument vorangestellt wird („ausgewiesen durch peruanischen Reisepass"). Regelmäßig ist diese Angabe aber notwendig, wenn durch die Beurkundung die Bestimmungen des Geldwäschegesetzes berührt werden (siehe sogleich Buchst. c)).

b) Personenfeststellung

Gemäß § 10 Abs. 2 BeurkG soll sich aus der Niederschrift ergeben, ob der Notar die Beteiligten kennt oder wie er sich Gewissheit über ihre Person verschafft hat. Auf die Identitätsfeststellung hat er nach § 26 Abs. 1 DONot **besondere Sorgfalt** zu verwenden.

Der Notar hat sich i.d.R. einen **amtlichen, mit Lichtbild versehenen Ausweis** vorlegen zu lassen, etwa Bundespersonalausweis, Reisepass oder Führerschein. In jedem Fall muss das Ausweispapier ein Lichtbild enthalten.

Zur Anfertigung einer **Kopie** des vorgelegten Ausweises durch die Notarin oder den Notar ist nach inzwischen h.M. eine Einwilligung des Ausweisinhabers nicht erforderlich. Ein solches Einverständnis kann natürlich (trotzdem vorsorglich) in den Urkundseingang aufgenommen werden; das vorstehende Muster enthält dazu einen Formulierungsvorschlag.

Die **Gültigkeit des Ausweises** (Ablaufdatum) soll der Notar prüfen. Ist der Ausweis erst vor kurzem abgelaufen, so steht dies außerhalb des Geldwäschegesetzes einer ausreichenden Identitätsfeststellung aber nicht per se entgegen.

Zur Identitätsfeststellung genügt auch die **Vorstellung durch Personen**, die der Notar selbst als zuverlässig kennt und die nicht an der den Gegenstand der Amtshandlung bildenden Angelegenheit beteiligt sind oder zu einem Beteiligten in näherer verwandtschaftlicher oder sonstiger, dem Notar bekannten Beziehung stehen (sog. **Erkennungszeugen**, siehe oben Abschnitt III. Ziffer 4.). Auch hier müssen aber die Anforderungen des Geldwäschegesetzes berücksichtigt werden.

c) Verschärfungen zur Geldwäscheprävention

aa) Einführung

Geldwäsche dient dem Zweck, die wahre Herkunft von illegal erwirtschafteten Geldern oder Gegenständen (Sachen, Rechte oder sonstige verkörperte Werte) durch Transport, Transformierung, Überweisung, Konvertierung oder Vermischung mit legalen Geschäften zu verschleiern oder zu verheimlichen.

Bei der **Erkennung von Geldwäscheverdachtsfällen** gilt der Grundsatz: Je ungewöhnlicher und sinnloser ein Geschäft erscheint, desto höher ist das Geldwäscherisiko. Ein Beispiel aus den Anwendungsempfehlungen der Bundesnotarkammer kann dies verdeutlichen: Ein Notar nimmt Überweisungen auf einem Anderkonto von einem Käufer für einen Kauf entgegen. Nachdem der Kauf aus nicht näher genannten Gründen scheitert, soll der Notar die eingezahlten Mittel an einen Dritten zurückzahlen, der in einem risikobehafteten Staat in Osteuropa wohnhaft ist. Das Beispiel zeigt auch, dass ein Geldwäscheverdacht letztlich immer nur aus einem Bündel von Indikatoren (bezogen auf die beteiligten Personen, das fragliche Kaufgeschäft oder die konkrete Gesellschaft) abgeleitet werden kann.

Der **Bekämpfung der Geldwäsche** haben sich nationale Stellen wie z.B. der deutsche Zoll, aber auch internationale Stellen und Gremien verschrieben. Doch auch die die sonstigen wichtigen Akteure im Wirtschaftsleben wie z.B. Banken oder Notare sind zur Mitwirkung an der Geldwäscheprävention berufen. Entsprechende Mitwirkungspflichten sind im **Geldwäschegesetz (GwG)** geregelt, das auch europäische Vorgaben in den sog. Geldwäsche-Richtlinien umsetzt.

Das GwG verpflichtet den **Notar** zur Beachtung **besonderer** und über die Anforderungen in § 10 BeurkG, § 26 DONot hinausgehender **Sorgfaltspflichten** bei der Feststellung und Überprüfung der Identität der Beteiligten sowie zum Ergreifen **spezieller organisatorischer Maßnahmen** zur Erkennung von Geldwäscheverdachtsfällen.

Vergleiche zum Thema „Verschärfungen zur Geldwäscheprävention" auch: Anwendungsempfehlungen der Bundesnotarkammer, Stand: März 2018 (abrufbar im Internet unter *www.bnotk.de*; hier: „Aufgaben und Tätigkeiten/Geldwäschebekämpfung": *http://www.bnotk.de/Bundesnotarkammer/Aufgaben-und-Taetigkeiten/ Geldwaeschebekaempfung.php*).

bb)   Notarrelevanter Anwendungsbereich des Geldwäschegesetzes

Dies gilt bei **allen Amtshandlungen des Notars** in den Bereichen, die in § 2 Abs. 1 Nr. 7 GwG genannt sind, also insbesondere:

–   beim **Kauf und Verkauf von Immobilien** einschließlich Sondereigentum und Erbbaurechten oder Gewerbebetrieben;

–   bei sämtlichen Vorgängen im Zusammenhang mit der Gründung und „Verwaltung" von **Gesellschaften einschließlich Handelsregisteranmeldungen**, auch Umwandlungsvorgänge nach dem UmwG, die zum Entstehen eines neuen

Rechtsträgers führen. Neben der Gründung vor dem Notar sind damit auch der entgeltliche Erwerb von Anteilen an einer Gesellschaft und zudem sämtliche weiteren gesellschaftsrechtlichen Vorgänge erfasst, die in Zusammenhang mit Geldwäsche und Terrorismusfinanzierung stehen könnten (z.b. die Abberufung eines Geschäftsführers).

– auch bei entsprechenden **(Spezial-)Vollmachten**, die auf den Abschluss eines der von § 2 Abs. 1 Nr. 10 GwG genannten Geschäfte gerichtet sind (nicht aber allgemeine General- und Vorsorgevollmachten);

– Auch **Unterschriftsbeglaubigungen** können Amtshandlungen i.s.d. § 2 Abs. 1 Nr. 10 GwG sein. Die Pflichten des Notars sind dann aber beschränkt auf die vor ihm unterschreibenden Personen.

Dem GwG unterfallen dagegen nicht:

– Schenkungen und **Übergabeverträge**,

– sämtliche Vorgänge, die auf die Begründung, Änderung oder Löschung sonstiger Rechte an einem Grundstück gerichtet sind (insb. **Grundpfandrechte),**

– **familienrechtliche** Angelegenheiten,

– **erbrechtliche** Angelegenheiten.

– **Generalvollmachten.**

cc) Vorgangsspezifische Sorgfaltspflichten

Bereits das **Beurkundungsverfahren** selbst trägt wesentlich dazu bei, dass notarielle Tätigkeiten für die Zwecke der Geldwäsche nicht missbraucht werden (können). Die Präsenz- und Identifizierungspflicht (§ 10 BeurkG) verhindert beispielsweise eine Geschäftsabwicklung im Verborgenen, die Pflicht zur Prüfung der Verfügungsberechtigung und Vertretungsmacht (§ 12 BeurkG) erschwert Strohmanngeschäfte. Auch das Verbot der Aufbewahrung und Ablieferung von Bargeld an Dritte (§ 57 Abs. 1 BeurkG) ist hier zu nennen, ferner der Umstand, dass diese gesetzlichen Vorgaben von den Notaren streng eingehalten und die Einhaltung überprüft. All das macht Notare weniger anfällig für die Gefahren der Geldwäsche.

Dennoch ist jeder geldwäscherelevante Vorgang auf ein **konkretes Geldwäscherisiko** hin zu überprüfen.

Die geldwäscherechtlichen Verhaltenspflichten des Notars werden in diesen Fällen durch die in § 10 Abs. 3 GwG genannten Sachverhalte ausgelöst. Davon ist insbesondere die **Begründung einer Geschäftsbeziehung** i.S.d. § 10 Abs. 3 Satz 1

Nr. 1 GwG praktisch relevant. **Geschäftsbeziehung** ist nach § 1 Abs. 4 GwG jede geschäftliche oder berufliche Beziehung, die unmittelbar in Verbindung mit den geschäftlichen oder beruflichen Aktivitäten der geldwäscherechtlich Verpflichteten (d.h. des Notars) unterhalten wird und bei der beim Zustandekommen des Kontakts davon ausgegangen wird, dass sie von gewisser Dauer sein wird. Der Begriff ist weit zu fassen. Er kann bereits durch die einmalige Vornahme eines der vorgenannten Notargeschäfte durch den Notar erfüllt sein (z.B. Beurkundung eines Kaufvertrags zwischen Privaten), da i.d.R. der Notar neben der Erledigung des Amtsgeschäfts selbst auch Entwurfs-, Beratungs- oder Vollzugtätigkeiten übernommen hat. Diese Hürde mag bei bloß auftragsgemäßer Weiterleitung eines Entwurfs eines Dritten, den der Notar öffentlich beglaubigt hat, nicht überschritten sein.

Bei begründeter Geschäftsbeziehung und Vornahme eines der oben genannten notariellen Geschäfte hat der Notar als sogenannte **allgemeine Sorgfaltspflicht** (vgl. § 10 Abs. 1 Nr. 1 GwG) gem. § 11 Abs. 4 GwG die Identität der Parteien festzustellen, indem er folgende **Angaben** (Daten) **erhebt:**

– bei einer **natürlichen Person:** Name, Geburtsort, Geburtsdatum, Staatsangehörigkeit und Anschrift,

– bei einer **juristischen Person** oder einer **Personengesellschaft** (dieser Begriff ist weit auszulegen und erfasst z.B. auch die BGB-Gesellschaft): Firma, Name oder Bezeichnung, Rechtsform, Registernummer (soweit vorhanden), Anschrift des Sitzes oder der Hauptniederlassung und Namen der Mitglieder des Vertretungsorgans oder der gesetzlichen Vertreter; das Mitglied des Vertretungsorgans oder der gesetzliche Vertreter eine juristische Person, so sind deren Firma, Name oder Bezeichnung, Rechtsform, Registernummer (soweit vorhanden) und Anschrift des Sitzes oder der Hauptniederlassung zu erheben.

Zu diesem Zweck **hat der Notar** anhand folgender **Dokumente zu prüfen**, ob die von ihm erhobenen Angaben richtig sind (§ 12 Abs. 1 bzw. Abs. 2 GwG):

– Bei natürlichen Personen überprüft der Notar die erhobenen Angaben anhand eines **gültigen amtlichen Lichtbildausweis**, mit dem die Pass- und Ausweispflicht im Inland erfüllt wird. Dies ist im Allgemeinen bei deutschen Staatsangehörigen der Bundespersonalausweis, daneben der inländische oder nach ausländerrechtlichen Bestimmungen anerkannte oder zugelassene Pass, und Pass- oder Ausweisersatzpapiere (z.B. ein vorläufiger Bundespersonalausweis).

Beachte:

– Führerscheine sind **keine** amtlichen Lichtbildausweise i.S.d. GwG, da sie nicht die inländische Ausweispflicht erfüllen! Auch der **Ankunftsausweis für Flüchtlinge** genügt der Pass- bzw. Ausweispflicht nicht (vgl. § 63a Abs. 1 Nr. 19 AsylG).

– Daneben sind weitere **elektronische Identifizierungsmöglichkeiten** für natürliche Personen vorgesehen (s. § 12 Abs. 1 Satz 1 Nrn. 2-4 GwG).

– Bei **juristischen Personen oder Personengesellschaften** überprüft der Notar die erhobenen Angaben anhand eines Auszugs aus dem Handels- oder Genossenschaftsregister oder einem vergleichbaren amtlichen Register oder Verzeichnis, anhand der Gründungsdokumente oder gleichwertiger beweiskräftiger Dokumente oder durch Einsichtnahme in die Register- oder Verzeichnisdaten.

Die Prüfungspflicht nach § 12 Abs. 1 GwG bezieht sich von den insgesamt zu erhebenden Angaben aber nur auf diejenigen, die in dem zu prüfenden Dokument überhaupt enthalten sind.

Beispiel

Ein Reisepass ist ein gültiger amtlicher Lichtbildausweis für die Zwecke des GwG. Die Anschrift seines Inhabers enthält er aber nicht. Die ihm mitgeteilte Wohnanschrift eines durch Reisepass ausgewiesenen Beteiligten darf der Notar folglich ohne gesonderte Prüfungspflicht übernehmen.

dd) Aufzeichnungs- und Aufbewahrungspflicht

Die im Rahmen der Erfüllung der Sorgfaltspflichten festgestellten Daten sind gem. § 8 Abs. 1 GwG vom Notar aufzuzeichnen, wenn auch nicht notwendig in der notariellen Urkunde selbst. Da die getroffenen Feststellungen aber **nachweisbar** sein müssen, erscheint es sinnvoll, eine Kopie der Ausweispapiere, Registerauszüge etc. zu den Nebenakten zu nehmen und für mindestens fünf Jahre **aufzubewahren** (vgl. § 8 Abs. 4 Satz 1 GwG). Das ausdrückliche Einverständnis der Beteiligten ist dazu nicht erforderlich, allgemeine datenschutzrechtliche Bestimmungen stehen zurück (siehe oben Buchst. b)).

Bei **Folgebeurkundungen** kann auf die frühere Dokumentation Bezug genommen werden; sie muss nicht in dem erweiterten strengen Umfang des GwG bei jeder Beurkundung wiederholt werden. Die Bezugnahme kann etwa wie folgt lauten:

Formulierungsbeispiel – Geldwäscheidentifikation

*Der erschienene Herr Peter Müller wurde durch den Notar bereits bei
früherer Gelegenheit i.S.d. Geldwäschegesetzes identifiziert.*

Wird allerdings nach der Ersterhebung zweifelhaft, ob die Angaben noch zutreffen,
hat der Notar die allgemeinen Sorgfaltspflichten **erneut zu erfüllen** (§ 10 Abs. 3
Satz 1 Nr. 4 GwG).

ee)   Wirtschaftlich Berechtigte

Als weitere allgemeine Sorgfaltspflicht macht es § 10 Abs. 1 Nr. 2 GwG dem Notar zur Pflicht, abzuklären, ob der Vertragspartner für einen (anderen) **wirtschaftlich Berechtigten** handelt. Wenn dies der Fall ist, muss auch dieser wirtschaftlich
Berechtigte nach Maßgabe von § 11 Abs. 5 GwG identifiziert werden. Wirtschaftlich Berechtigte sind die in § 3 GwG genannten Personen, auf deren Veranlassung
das notarielle Geschäft letztlich durchgeführt wird. Ein solcher Fall liegt immer
vor, wenn ein Beteiligter **nicht für eigene Rechnung** handelt. Der Notar wird die
Urkundsbeteiligten hierzu aber nicht in jedem Fall gezielt befragen müssen, zumal
dann nicht, wenn es für ihn nach den Umständen offensichtlich ist, dass die Beteiligten auf eigene Rechnung handeln.

Beispiel

– Ein junges Ehepaar mit Kind kauft ein Einfamilienhaus oder eine Eigentumswohnung, um diese selbst zu bewohnen.

Einige Notare nehmen aber anlassbezogen oder routinemäßig eine entsprechende
Erklärung der Beteiligten in den Urkundseingang auf:

Formulierungsbeispiel – Handeln auf eigene Rechnung

*Auf Befragen des Notars erklärten die Beteiligten vorab, dass ein jeder
Beteiligter in dieser Urkunde auf eigene Rechnung [bei in der Urkunde
vermerkter Stellvertretung durch einen Erschienenen ist zu ergänzen:
bzw. wie angegeben] handelt.*

oder kürzer

Formulierungsbeispiel – Handeln auf eigene Rechnung (Kurzform)

Verkäufer und Käufer erklärten zunächst, jeder für eigene Rechnung zu handeln, und baten sodann um Beurkundung ihrer nachstehenden weiteren Erklärungen: ...

ff) Vereinfachte und verstärkte Sorgfaltspflichten

Die allgemeinen Sorgfaltspflichten werden in besonderen Einzelfällen gem. §§ 14, 15 GwG modifiziert. Hierzu unterscheidet das Gesetz zwischen **vereinfachten Sorgfaltspflichten**, in denen von der Erfüllung der allgemeinen Sorgfaltspflichten abgesehen werden kann, und verstärkten Sorgfaltspflichten, die erhöhte Anforderungen nach sich ziehen.

gg) Zeitpunkt der geldwäscherechtlichen Identifizierung – Identifizierungshindernisse

Die Identifizierung der Beteiligten muss der geldwäscherechtlich Verpflichtete grundsätzlich erledigt haben, bevor er seine Dienstleistung erbringt (vgl. § 10 Abs. 9 Satz 1 GwG). Eine Ausnahme gilt jedoch gem. § 10 Abs. 9 Satz 3 GwG für Notare, da sie „Rechtsberatung" in diesem Sinne leisten. Damit trägt das GwG v.a. der notariellen Urkundsgewährungspflicht (§ 15 BNotO) Rechnung. Der Notar sollte aber in diesen Fällen auf die **nachträgliche Erfüllung** der allgemeinen Sorgfaltspflichten hinwirken, indem er notfalls – nach eigenem Ermessen – Abschriften, Ausfertigungen oder Entwürfe so lange zurückhält bzw. weitere Vollzugshandlungen unterlässt, bis die erforderliche Identifizierung des Vertragspartners oder wirtschaftlich Berechtigten nach dem GwG nachgeholt worden ist.

Ein **Identifizierungshindernis** besteht auch bei Menschen, die von der allgemeinen Ausweispflicht befreit worden sind (z.B. weil die Person sich dauerhaft in einer Pflegeeinrichtung aufhält, siehe § 1 Abs. 3 Nr. 2 PAuswG). Hier kann im Einzelfall ein Verzicht auf die Identifizierung angemessen sein, wenn und weil von der älteren Person keine Risiken der Geldwäsche ausgehen. Vorstellbar ist aber z.B. auch, dass der Notar eine Geburts- oder Heiratsurkunde oder ein (womöglich erst vor kurzem abgelaufenes früheres) Ausweispapier zur Überprüfung der Identität heranzieht.

hh)   Besonderheiten beim Notaranderkonto

Da Anderkonten dazu dienen können, die wahre Herkunft käuferseitiger Mittel zu verschleiern, muss der Notar besondere Sensibilität für Anhaltspunkte auf Geldwäsche im Zusammenhang mit der Verwahrung entwickeln.

Bei der Verwahrung von Geld ist der Notar „Vertragspartner" der Bank im Sinne des GwG. Die wirtschaftlich Berechtigten aus Sicht der Bank sind die formell Beteiligten des notariellen Verfahrens (oder deren wirtschaftlich Berechtigte). Bei der Eröffnung eines Notaranderkontos reicht es daher zur Erfüllung der geldwäscherechtlichen Pflichten grundsätzlich aus, dass der Notar der Bank – über die Angaben zur eigenen Person hinaus – den Namen dieser aus Sicht der Bank wirtschaftlich Berechtigten mitteilt.

ii)   Organisatorische Maßnahmen

§ 5 GwG verpflichtet Notare über die einzelfallbezogenen Maßnahmen hinaus auch dazu, eine Risikoanalyse im Hinblick auf die von ihnen allgemein betriebenen Geschäfte durchzuführen und diese zu dokumentieren, regelmäßig zu überprüfen und ggf. zu aktualisieren sowie den Aufsichtsbehörden auf Verlangen zur Verfügung stellen.

Die Bundesnotarkammer hat ihren Anwendungsempfehlungen vom März 2018 eine Anlage beigefügt, die zur Dokumentation der Risikoanalyse verwendet werden kann. Diese Dokumentation kann in der Generalakte aufbewahrt werden und sollte regelmäßig einmal jährlich überprüft werden (Regierungsentwurf GwG, BT-Drucks. 18/11555, S. 109).

d)   Geschäftsfähigkeit

Nach § 11 Abs. 1 Satz 1 BeurkG hat der Notar die Beurkundung abzulehnen, wenn nach seiner Überzeugung einem der Beteiligten die erforderliche Geschäftsfähigkeit fehlt. Der Notar soll ganz allgemein an der Errichtung unwirksamer Urkunden nicht mitwirken (vgl. § 4 BeurkG).

Ob ein Urkundsbeteiligter **geschäftsfähig** ist, bestimmt sich nach materiellem Recht. Zu den einschlägigen Bestimmungen zählen bei deutschen Staatsangehörigen insbesondere die §§ 104 ff. BGB, bei Ausländern das jeweilige Heimatrecht (Art. 7 Abs. 1 EGBGB). Der Begriff der „**erforderlichen Geschäftsfähigkeit**" in § 11 Abs. 1 BeurkG verweist auf das konkret zu beurkundende Geschäft. So ist z.b. ein 16-Jähriger zwar nicht voll geschäftsfähig (§ 106 BGB). Er besitzt aber die zur Errichtung eines notariellen Testaments erforderliche Testierfähigkeit (§§ 2229 Abs. 1, 2, 2233 Abs. 1 BGB).

Der Notar hat nicht in jedem Fall die (erforderliche) Geschäftsfähigkeit der Beteiligten konkret zu prüfen. Es gilt der Grundsatz, dass erwachsene Beteiligte auch geschäftsfähig sind. Eine besondere **Prüfung** und diesbezügliche Feststellungen in der Urkunde sind aber dann erforderlich, wenn das äußere Erscheinungsbild oder das Auftreten eines Beteiligten Zweifel an seiner Volljährigkeit (selten denkbar wegen der Identifizierungspflicht des Notars) oder seiner Geschäftsfähigkeit wecken (OLG Frankfurt, DNotZ 1978, 565) oder ein Beteiligter schwer krank ist (§ 11 Abs. 2 BeurkG).

Der Notar wird seinen **Zweifeln an der erforderlichen Geschäftsfähigkeit** eines Beteiligten zweckmäßigerweise zunächst näher nachgehen, um sie entweder zu beseitigen oder sich von der Geschäftsunfähigkeit des Beteiligten (endgültig) zu überzeugen. Dazu wird sich der Notar – je nach Einzelfall – noch einmal länger mit dem Beteiligten unterhalten, mit dem behandelnden Hausarzt in Verbindung setzen und/oder sich zum Beurkundungstermin ein (aktuelles) ärztliches Attest vorlegen lassen. Nicht jeder Mediziner vermag aber gleichermaßen gut die medizinischen Anknüpfungstatsachen der Geschäftsfähigkeit festzustellen (vgl. zu den Anforderungen z.B. BayObLG, NJW 1992, 2100). Daher sollte wenn möglich, ein Neurologe oder ein Psychiater zu Rate gezogen werden. (Verbleibende) Zweifel an der erforderlichen Geschäftsfähigkeit hat der Notar in der **Niederschrift** festzuhalten (§ 11 Abs. 1 Satz 2 BeurkG); sie hindern ihn also nicht, die Beurkundung durchzuführen, es gilt vielmehr der Urkundsgewährungsanspruch (§ 15 BNotO). Umgekehrt binden die in einer Urkunde vermerkten Feststellungen des Notars zur erforderlichen Geschäftsfähigkeit der Beteiligten die **Gerichte** später nicht (siehe OLG Düsseldorf, DNotZ 2013, 620 für das Erbscheinsverfahren).

Ist ein Beteiligter **schwer krank**, was z.B. bei einer Beurkundung auf der Intensivstation im Krankenhaus nahe liegt, ist dies in der Niederschrift zu vermerken und anzugeben, welche Feststellungen der Notar bezüglich der Auswirkungen auf die Geschäftsfähigkeit getroffen hat (§ 11 Abs. 2 BeurkG; instruktiv OLG Düsseldorf, DNotZ 2013, 620). Ein entsprechender Vermerk gem. § 11 Abs. 2 BeurkG kann z.B. wie folgt lauten:

Formulierungsbeispiel – Vermerk Geschäftsfähigkeit

Der Notar überzeugte sich in einem längeren Besprechungstermin am gestrigen Tag sowie durch die heutige Vorbesprechung und Verhandlung von der Geschäfts- und Testierfähigkeit des Erschienenen. Herr Muster ist schwer erkrankt. Er war jedoch jederzeit bei vollem Bewusstsein, konnte auf alle Fragen zu seiner Person und seiner familiären Situation präzise Antworten geben und zeigte sich stets – auch zeitlich – klar orientiert, insbesondere wusste er genaue Auskunft über seinen derzeitigen Aufenthaltsort und die Dauer seiner stationären Behandlung zu geben. Schließlich konnte Herr Muster seinen letzten Willen klar und verständlich zum Ausdruck bringen und Rückfragen in gleicher Weise beantworten. Auch hat eine neurologische Begutachtung durch die im Krankenhaus tätige Frau Dr. med. Christiane Chefärztin keine Zweifel an der Geschäftsfähigkeit von Herrn Muster ergeben. An seiner Geschäfts- und Testierfähigkeit bestand nach Überzeugung des Notars deshalb trotz seiner schweren Krankheit kein Zweifel.

Ein vorgelegtes ärztliches Attest kann der Notar zweckmäßigerweise als (untechnische Anlage) zusammen mit der Urschrift der notariellen Urkunde verwahren (§ 18 DONot, siehe dazu unten Abschnitt VIII. Ziffer 7. Buchst. a)).

Bei **letztwilligen Verfügungen** (Testament, Erbvertrag) ist **immer** in die Niederschrift die Feststellung über die „erforderliche" Geschäftsfähigkeit aufzunehmen (§ 28 BeurkG), zumeist wird dann nur formuliert:

Formulierungsbeispiel – Vermerk Geschäftsfähigkeit (Kurzform)

Der Notar überzeugte durch die heutige Verhandlung von der Geschäfts- und Testierfähigkeit des/der Erschienenen.

Siehe dazu näher unten § 15 Abschnitt II. Ziffer 7. und Abschnitt IV. Ziffer 3. Ein ärztliches Attest kann auch dem Testamentsumschlag (§ 34 Abs. 1 Satz 1 BeurkG) beigelegt werden.

e)   Verfügungsbefugnis und Verfügungsbeschränkungen

Der Notar hat sich grundsätzlich von der **Verfügungsbefugnis** der Beteiligten zu überzeugen, also zu prüfen, ob der Inhaber des Rechts (z.B. der Eigentümer) auch befugt ist, hierüber selbst zu verfügen (z.B. das Eigentum auf den Käufer zu übertragen). Die Verfügungsbefugnis kann dem Inhaber des Rechts entzogen und auf einen Dritten übergegangen sein (sog. Partei kraft Amtes, z.b. **Insolvenzverwalter, Testamentsvollstrecker**). In diesen Fällen kann ohne den verfügungsberechtigten Dritten eine wirksame notarielle Urkunde nicht errichtet werden. Um die Befugnis des Dritten vor gutgläubigem Erwerb zu schützen, können die genannten Beschränkungen der Verfügungsbefugnis im **Grundbuch eingetragen** werden (siehe für den Testamentsvollstrecker §§ 2211 Abs. 2, 891 Abs. 1 Satz 2 BGB). Zur Behandlung dieser Personen in der notariellen Niederschrift siehe sogleich Buchst. f).

Ein besonderes Problem in der notariellen Praxis bildet die nicht eintragungsfähige absolute Verfügungsbeschränkung des Ehegatten, die im Güterstand der **Zugewinngemeinschaft gem. § 1365 BGB leben.** Hier ist ein gutgläubiger Erwerb ausgeschlossen. Es tritt auch keine Heilung durch Umschreibung des Eigentums im Grundbuch ein. Jedoch nimmt die h.M. zum Schutz des Rechtsverkehrs ein ungeschriebenes subjektives Tatbestandsmerkmal an (siehe näher unten § 14 Abschnitt II. Ziffer 1.).

f)   Vertretungsfälle

aa)   Allgemeines

An der Errichtung einer notariellen Urkunde, deren Wirkungen eine Person treffen sollen, muss diese Person **nicht persönlich** mitwirken. Handelt es sich um eine juristische Person oder Personengesellschaft, kann sie dies auch gar nicht. In beiden Fällen kommt es zur Vertretung durch eine andere Person. Eine Mitwirkung in eigener Person scheidet ebenfalls aus, wenn die betroffene Person die Verfügungsbefugnis über den Gegenstand der Beurkundung verloren hat (siehe vorstehend Buchst. e)).

Es lassen sich deshalb **zwei Arten von Beteiligten** unterscheiden:

– diejenigen natürlichen Personen, die an der Errichtung der notariellen Urkunde als unmittelbar Anwesende **mitwirken** und eigene Willenserklärungen abgeben, auch in Vertretung für eine andere Person (§ 6 Abs. 2 BeurkG). Die Erschienenen sind die **formell Urkundsbeteiligten;**

– diejenigen (natürlichen oder juristischen) Personen, die die Wirkungen der notariellen Urkunde rechtlich **treffen** sollen. Diese – nicht notwendig ebenfalls anwesenden – Personen sind die **materiell Urkundsbeteiligten.**

In den Vertretungsfällen und bei Handeln einer Partei kraft Amtes fallen die Person des formell und die des materiell Urkundsbeteiligten auseinander. Die **Feststel-**

lungspflichten des Notars gem. §§ 9 Abs. 1 Nr. 2, 10 Abs. 1 BeurkG erstrecken sich aber ihrem Sinn und Zweck nach auch auf die materiell Urkundsbeteiligten.

bb)   Behandlung der Vollmachtsurkunden

§ 12 Satz 1 BeurkG besagt, dass **vorgelegte Vollmachten** (bei rechtsgeschäftlicher Vertretung) **und Ausweise** über die Berechtigung eines gesetzlichen Vertreters (gemeint ist z.B. die Bestallungsurkunde des Betreuers) der Niederschrift in Urschrift oder beglaubigter Abschrift beigefügt werden sollen.

Ergibt sich die Vertretungsberechtigung aus einer Eintragung im **Handelsregister** oder in einem ähnlichen Register, so genügt eine **Registerbescheinigung** des Notars nach § 21 Abs. 1 BNotO (§ 12 Satz 2 BeurkG). Bei **Vollmachtsbescheinigungen** gem. § 21 Abs. 3 BNotO n.F. muss allerdings weiterhin die vorgelegte Urkunde zumindest in beglaubigter Abschrift dem notariellen Protokoll beigefügt werden (siehe oben Abschnitt IV. Ziffer 2.).

Es besteht eine **Pflicht des Notars**, die **Vertretungsmacht** eines Beteiligten daraufhin zu überprüfen, ob

- eine Vertretung rechtlich **überhaupt zulässig** ist; die Antwort hierauf ergibt sich aus dem materiellen Recht. Nur bei sogenannten höchstpersönlichen Geschäften scheidet eine Vertretung aus (Musterbeispiel: Errichtung einer letztwilligen Verfügung, siehe §§ 2247, 2274 BGB);

- die Vollmacht **formgültig** erteilt worden ist (siehe hierzu sogleich ausführlich Buchst. cc));

- die Erteilung der Vollmacht in der gehörigen Form **nachgewiesen** ist, d.h., die Vollmachtsurkunde in Urschrift oder Ausfertigung vorgelegt werden kann;

- die Vollmacht sachlich ausreichend ist, also alle vom Bevollmächtigten abzugebenden Erklärungen **erfasst**;

- die **Ausübung** der Vollmacht auf Erklärungen vor einem bestimmten Notar **beschränkt** ist (regelmäßig der Fall bei der Belastungsvollmacht in Grundstückskaufverträgen);

- bei **In-sich-Geschäften** der Bevollmächtigte von den Beschränkungen des § 181 BGB befreit ist;

- beim Handeln eines **Unterbevollmächtigten** die Erteilung der **Untervollmacht** im nötigen Umfang dem Bevollmächtigten gestattet ist;

– ausnahmsweise besondere **Anforderungen an die Person des Vertreters** gestellt werden. Hauptbeispiel ist die Vertretung des Verbrauchers in Verbraucherverträgen (§ 310 BGB). Hier soll der Notar gem. § 17 Abs. 2a Satz 2 Nr. 1 BeurkG) auf die persönliche Anwesenheit des Verbrauchers hinwirken oder (zumindest) auf die Vertretung durch eine Vertrauensperson des Verbrauchers (z.B. Ehegatte, Familienangehöriger).

Der Notar muss sodann trotz vertretungsbedingter Abwesenheit einer Partei **sicherstellen**, dass auch die vertretene Partei die **notwendigen Belehrungen** über die rechtliche Tragweite des gewünschten Geschäfts erhält. Das kann z.b. durch die Vorbesprechung und eine rechtzeitige Übersendung des Entwurfs mit entsprechenden Hinweisen erfolgen. Bei Verbraucherverträgen i.S.d. § 17 Abs. 2a BeurkG wird der Notar allerdings i.d.R. darauf achten, dass der Verbraucher bei der Beurkundung persönlich anwesend ist (siehe soeben).

Vollmachten müssen **in Urschrift oder Ausfertigung** vorgelegt werden. Die Vorlage in beglaubigter Abschrift genügt nicht, weil nur der Besitz der Urschrift oder einer Ausfertigung den – widerlegbaren – Bestand der Vollmacht nachweist und nur die Urschrift oder Ausfertigung als Rechtsscheinträger i.S.d. § 172 BGB in Betracht kommen.

 Checkliste: Prüfung einer Vollmacht

1.	Ist Stellvertretung zulässig? Sie ist ausgeschlossen bei bestimmten persönlichen Rechtsgeschäften im Familien- und Erbrecht, z.B. Einwilligung zur Adoption, Testamentserrichtung, Rücknahme eines Testaments aus der amtlichen Verwahrung, bei Abschluss und Aufhebung eines Erbvertrags, beim Rücktritt vom Erbvertrag oder Widerruf des gemeinschaftlichen Testaments. Beim Erbverzicht kann der Erblasser nicht vertreten werden, wohl aber der Verzichtende (§ 2347 Abs. 2 BGB).	☐
2.	Ist die Vollmacht formgültig?	☐
3.	Umfang der Vertretungsmacht: Deckt die Vollmacht alle für den Vertretenen in der Urkunde abzugebenden Erklärungen ab?	☐
4.	Ist der Bevollmächtigte von den Beschränkungen des § 181 BGB befreit? Ist er berechtigt, Untervollmacht zu erteilen?	☐

5.	Ist die Ausübung der Vollmacht an einen bestimmten Notar gebunden?	☐
6.	Die Frage, ob die Vollmacht widerrufen ist, braucht der Notar nicht zu prüfen, solange die Vollmacht in Urschrift oder in Ausfertigung vorgelegt wird (§ 172 Abs. 2 BGB).	☐
7.	Vollmachten müssen in Urschrift oder Ausfertigung vorgelegt werden. Der Besitz einer beglaubigten Abschrift einer Vollmachtsurkunde genügt nicht, weil damit nicht nachgewiesen werden kann, dass die Vollmacht noch fortbesteht.	☐

Vorgelegte Vollmachten sind der Niederschrift in Urschrift oder, wenn die Beteiligten diese noch anderweitig benötigen, in beglaubigter Abschrift beizufügen.

Formulierungsbeispiele

Herr Martin Müller, geboren 13.05.1970, wohnhaft Am Waldesrand 4, 12345 Musterstadt, ausgewiesen durch Vorlage seinen gültigen Bundespersonalausweises, hier handelnd nicht in eigenem Namen, sondern aufgrund privatschriftlich erteilter Vollmacht für seine Schwester, Frau Petra Paulsen geb. Müller, geboren 28.10.1967, wohnhaft Auf dem Berlich 19, 54321 Musterdorf, die in Urschrift vorgelegt wurde und die dieser Niederschrift beigefügt ist.

Alternative

... aufgrund notarieller Vollmacht vom 17.05.2019 (UR-Nr. 478/2019 des Notars Peter Lustig in Musterdorf), die in Ausfertigung bei der heutigen Verhandlung vorgelegt wurde und von der eine hiermit beglaubigte Abschrift dieser Urkunde beigefügt ist.

Keiner „Vorlage" einer Vollmachtsurkunde i.S.d. § 12 Satz 1 BeurkG bedarf es, wenn in einem notariellen Vertrag auf eine **von dem beurkundenden Notar selbst aufgenommene** Vollmacht Bezug genommen wird und diese bei dem Notar jederzeit zugänglich ist (BGH, DNotZ 1980, 352). Eine solche Vollmachtsurkunde muss dem Vertretergeschäft nicht mehr beigefügt werden. Auf diese Weise wird häufig bei der Beurkundung von Finanzierungsgrundschulden verfahren, bei deren Bestellung der Käufer der Immobilie die Verkäuferseite aufgrund einer im Kaufvertrag enthaltenen Finanzierungsvollmacht vertritt.

Formulierungsbeispiel – Vorgelegte notarielle Vollmacht

... aufgrund notarieller Vollmacht, die enthalten ist in der Urkunde des amtierenden Notars vom 17.05.2019, UR-Nr. 498/2019, die in Urschrift bei der heutigen Verhandlung vorlag und nicht widerrufen ist.

Hat der Notar festgestellt, dass die Urschrift oder Ausfertigung der Vollmacht vorgelegen hat, und fügt er eine beglaubigte Abschrift bei, so genießt diese Feststellung öffentlichen Glauben; es genügt dann die Vorlage der Urkunde zum Nachweis der Vertretungsmacht.

Ausweise über die Berechtigung eines gesetzlichen Vertreters bzw. einer Partei kraft Amtes i.S.d. § 12 Satz 1 BeurkG sind

– die **Bestallungsurkunden** von Vormund, Pfleger und Beistand (§§ 1791, 1897, 1915 BGB),

– das **Testamentsvollstreckerzeugnis** (§ 2368 BGB),

– die Ernennungsbescheinigung für **Insolvenzverwalter** (§ 56 Abs. 2 InsO),

– für den Verwalter von **Wohnungseigentum** die Niederschrift des Beschlusses über seine Bestellung mit der Beglaubigung der Unterschriften der in § 24 Abs. 6 WEG bezeichneten Personen.

Mit diesen Ausweisen ist wie bei Vollmachtsurkunden zu verfahren.

Formulierungsbeispiel – Vorgelegtes Testamentsvollstreckerzeugnis

Herr Jon Müller, geboren 10.04.1976, geschäftsansässig Hermann-weg 19, 12345 Musterstadt, hier handelnd nicht in eigenem Namen, sondern als Testamentsvollstrecker über den Nachlass des am 20.12.2018 in Musterstadt verstorbenen Herrn Peter Müller, aufgrund Testamentsvollstreckerzeugnisses des Amtsgerichts – Nachlassgericht – Musterstadt vom 10.01.2019, Geschäfts-Nr. 4 VI 28/19, das in Ausfertigung vorgelegt wurde und von dem eine beglaubigte Abschrift dieser Niederschrift beigefügt ist.

cc)   Nachgenehmigung, Vollmachtsbestätigung

Die Vollmacht bedarf grundsätzlich **nicht** der **Form** des beurkundungsbedürftigen Rechtsgeschäfts (§ 167 Abs. 2 BGB). Ausnahmen werden diskutiert, wenn die Vollmacht bereits dieselbe Bindung entfaltet wie das formbedürftige Hauptgeschäft, insbesondere wenn sie unwiderruflich erteilt ist.

Wenn eine Bevollmächtigung damit z.b. auch mündlich möglich ist, erscheint es kaum denkbar, dass die vertretene Partei in einer notariellen Urkunde nicht zumindest auf diese Weise vorab (wirksam) bevollmächtigt worden ist.

Tatsächlich ist jedoch in einer Vielzahl besonders notarrelevanter Geschäfte eine **besondere Form der Vollmacht** entweder materiell-rechtlich vorgegeben (z.B. § 2 Abs. 2 GmbHG: mindestens notariell beglaubigte Gründungsvollmacht) oder, häufiger noch, verfahrensrechtlich nachzuweisen. Insbesondere Vollmachten bei Immobilienkaufverträgen (wegen § 29 Abs. 1 Satz 1 GBO) und zur Vornahme von Registeranmeldungen (sog. Registervollmachten, wegen § 12 Abs. 1 Satz 4 HGB) werden daher in der Praxis **öffentlich beglaubigt oder beurkundet**.

Steht in solchen Fällen fest, dass eine Partei vertreten werden soll oder muss, lässt sich im Vorfeld der Beurkundung nicht immer eine Vollmachtserteilung in der erforderlichen Form sicherstellen. Das schließt die Vornahme der geplanten Beurkundung jedoch nicht aus. Für die betroffene Partei tritt dann entweder ein **vollmachtloser Vertreter** oder ein **Vertreter ohne formgültig nachgewiesene Vollmacht** auf.

Formulierungsbeispiel – Vertreter ohne Vertretungsmacht

Herr Martin Müller, geboren 13.05.1970, wohnhaft Am Waldesrand 4, 12345 Musterstadt, ausgewiesen durch Vorlage seines gültigen Bundespersonalausweises, hier handelnd nicht in eigenem Namen, sondern als Vertreter ohne Vertretungsmacht für seine Schwester, Frau Petra Paulsen geb. Müller, geboren 28.10.1967, wohnhaft Auf dem Berlich 19, 54321 Musterstadt, deren Genehmigung ausdrücklich vorbehaltend, die mit ihrem Eingang beim amtierenden Notar allen Beteiligten gegenüber wirksam werden soll.

Formulierungsbeispiel – Bevollmächtigter ohne formgültig nachgewiesene Vollmacht

Herr Martin Müller, geboren 13.05.1970, wohnhaft Am Waldesrand 4, 12345 Musterstadt, ausgewiesen durch Vorlage seinen gültigen Bundespersonalausweises, hier handelnd nicht in eigenem Namen, sondern aufgrund mündlich/privatschriftlich erteilter Vollmacht für seine Schwester, Frau Petra Paulsen geb. Müller, geboren 28.10.1967, wohnhaft Auf dem Berlich 19, 54321 Musterstadt, mit der Verpflichtung, eine Vollmachtsbestätigung in öffentlich beglaubigter Form unverzüglich nachzureichen, die mit ihrem Eingang beim amtierenden Notar allen Beteiligten gegenüber wirksam sein soll.

Die **Unterscheidung** zwischen einem Vertreter ohne Vertretungsmacht und einem Bevollmächtigten ohne formgültig nachgewiesene Vollmacht ist bedeutsam

– aus Sicht der Beteiligten wegen der schon bei Beurkundung eingetretenen materiellen Wirksamkeit des Geschäfts, wenn die Vollmacht wegen § 167 Abs. 2 BGB keiner Form bedurfte und lediglich aus verfahrensrechtlichen Gründen formgültig bestätigt werden muss,

– im Einzelfall aus Sicht des Notars wegen der Kostenhaftung des Vertretenen.

Eine vollmachtlos vertretene Person muss **im Nachgang zur Beurkundung** förmlich bestätigen, dass sie die Erklärungen in der notariellen Urkunde für und gegen sich gelten lässt. Bei dieser Bestätigung handelt es sich rechtlich um eine **Genehmigung** i.S.d. § 184 BGB, die auch Nachgenehmigung genannt wird, da die theoretisch ebenfalls mögliche vorherige Zustimmung (Einwilligung, § 183 Abs. 1 BGB) aus den gleich zu schildernden Gründen kaum praktische Bedeutung hat. Auch die Nachgenehmigung unterliegt grundsätzlich keiner Form. Sie muss aber in vielen notarrelevanten Fällen zumindest öffentlich beglaubigt werden.

Bei nicht nachgewiesener Vollmachtserteilung ist nachträglich eine **Vollmachtsbestätigung** der vertretenen Partei notwendig, die ebenfalls in öffentlich beglaubigter Form erteilt werden muss.

Das beschriebene Vorgehen gehört zur **alltäglichen notariellen Praxis** und kommt nicht etwa nur in den Fällen einer akuten Verhinderung vor.

Beispiele

– Gemeinden werden in ihren notariellen Geschäften fast immer vollmachtlos vertreten.

– Ein weit entfernt wohnender Beteiligter (z.B. bei Verkauf in Erbengemeinschaft) möchte den zeitlichen Aufwand einer eigenen Anreise ersparen und genehmigt an seinem Wohnort nach.

Nachgenehmigung bzw. Vollmachtsbestätigung haben den Vorteil, dass der **Inhalt** des zu bestätigenden Geschäfts **bereits feststeht**, während eine vorab erteilte Zustimmung – ebenso wie die vorab erteilte Vollmacht – immer der Gefahr unterliegt, dass der tatsächlich beurkundete Inhalt von dem vorgegebenen Rahmen abweicht und dann trotzdem noch eine Nachgenehmigung erforderlich macht.

Ohne formgültige Nachgenehmigung bzw. Vollmachtsbestätigung kann die notarielle Urkunde nicht **vollzogen** werden, da es an einer wirksamen vertraglichen Einigung bzw. einer formgültig nachgewiesenen Vollmacht mangelt. Gesetzliche Anzeigepflichten des Notars werden dadurch aber nicht aufgeschoben, soweit die **Anzeigepflicht** – wie regelmäßig – auf das Errichten der notariellen Urkunde abstellt und nicht auf den späteren Zeitpunkt der materiellen Wirksamkeit. Dieser ist ggf. nachzumelden (siehe zur Veräußerungsanzeige gem. § 18 GrEStG, unten § 5 Abschnitt VIII. Ziffer 1.). Nachgenehmigung oder Vollmachtsbestätigung sind im Original zur Urschrift der notariellen Urkunde zu nehmen, auf die sie sich beziehen. Für den weiteren Vollzug genügt es, wenn sie der Ausfertigung der notariellen Urkunde in beglaubigter Abschrift beigefügt sind.

Genehmigung und Vollmachtsbestätigung sind gleichermaßen **empfangsbedürftige Willenserklärungen**. Sie müssen also dem anderen Vertragsteil zugehen, um wirksam zu werden. Es sollte daher der **Notar ermächtigt** werden, die Genehmigung bzw. Bestätigung (anzufordern und) entgegenzunehmen. Fehlt es daran, droht nicht nur eine zeitliche Verzögerung, es besteht dann vor allem auch ein Nachweisproblem gegenüber dem Grundbuchamt, da der Zugang der Erklärung ebenfalls mittels öffentlicher Urkunde nachzuweisen wäre.

Formulierungsbeispiel – Nachgenehmigung

In der Urkunde des Notars Max Muster mit dem Amtssitz in Musterstadt vom 02.05.2019 (Urkundenrollen-Nummer 745/2019) hat Herr Martin Müller in meinem Namen Erklärungen abgegeben und für mich entgegengenommen.

Ich habe Kenntnis vom gesamten Inhalt der genannten Urkunde erhalten und genehmige diese hiermit, insbesondere alle Erklärungen, die in dieser Urkunde für mich abgegeben oder entgegengenommen worden sind. Erteilte Vollmachten werden bestätigt.

Musterdorf, den ...

...

(Unterschrift; Beglaubigungsvermerk)

Formulierungsbeispiel – Vollmachtsbestätigung

In der Urkunde des Notars Max Muster mit dem Amtssitz in Musterstadt vom 02.05.2019 (Urkundenrollen-Nummer 745/2019) hat Herr Martin Müller in meinem Namen Erklärungen abgegeben und für mich entgegengenommen.

Ich habe Kenntnis vom gesamten Inhalt der genannten Urkunde und bestätige hiermit, den Bevollmächtigten zur Abgabe und Entgegennahme aller Erklärungen, die er in dieser Urkunde für mich abgegeben und entgegengenommen hat, bevollmächtigt zu haben. Erteilte Vollmachten werden vorsorglich bestätigt.

Musterdorf, den ...

...

(Unterschrift; Beglaubigungsvermerk)

dd)   Vertretung minderjähriger Vertragsbeteiligter

Minderjährige Vertragsbeteiligte, denen die erforderliche Geschäftsfähigkeit zur Vornahme des zu beurkundenden Geschäfts fehlt, müssen ordnungsgemäß vertreten werden. Die Person des gesetzlichen Vertreters hängt von den Umständen des Einzelfalls ab, insbesondere davon, ob die Eltern miteinander verheiratet sind (siehe ausführlich § 14 Abschnitt IV.).

Sofern ein Minderjähriger an einem Grundstückskaufvertrag als Verkäufer oder Käufer beteiligt ist, bedarf der Vertrag der familiengerichtlichen Genehmigung (§§ 1643 Abs. 1, 1821 Abs. 1 BGB; siehe auch hierzu § 14 Abschnitt IV.).

ee)   Vertretung juristischer Personen und Personengesellschaften

Juristische Personen (z.B. GmbH, AG, eingetragene Vereine) und **Personenhandelsgesellschaften** (OHG, KG) werden durch ihre Organe vertreten (z.B. Geschäftsführer, Vorstände, geschäftsführender Gesellschafter). Die konkrete **Vertretungsbefugnis** der organschaftlichen Vertreter ergibt sich aus dem Handels-, Genossenschafts-, Partnerschafts- oder Vereinsregister. Nach Einsicht in dieses Register kann der Notar für die Zwecke seiner notariellen Niederschrift die Vertretungsbefugnis der organschaftlichen Vertreter gem. § 21 Abs. 1 BNotO mit derselben Beweiskraft bescheinigen, die ein beglaubigter Registerauszug hat (siehe oben Abschnitt IV. Ziffer 1.).

Besonderheiten bestehen bei der **Gesellschaft bürgerlichen Rechts** (auch kurz GbR oder BGB-Gesellschaft genannt). Die BGB-Gesellschaft wird gem. §§ 709, 710, 714 BGB von allen Gesellschaftern oder, sofern der Gesellschaftsvertrag dies vorsieht, von dem oder den geschäftsführenden Gesellschaftern vertreten. Wer diese vertretungsbefugten Gesellschafter sind, ist aber nicht mit letzter Sicherheit feststellbar, weil es an einem mit gutem Glauben ausgestatteten **Register für die GbR** fehlt.

Der BGH hat seit 2001 in einer Folge von Entscheidungen die Rechtsfähigkeit der GbR für einzelne wichtige Rechtsbereiche festgestellt (ohne sie als juristische Person einzustufen) und konsequenterweise gefordert, dass im **Grundbuch** lediglich die Gesellschaft – ggf. unter ihrem von den Gesellschaftern gewählten Namen – einzutragen sei, also nicht die Gesellschafter mit ihren bürgerlichen Namen als Rechtsinhaber. Daraufhin hat der Gesetzgeber im Jahr 2009 **§ 47 GBO** dahingehend abgeändert, dass bei einer GbR auch die Gesellschafter mit ihrem Namen im Grundbuch einzutragen seien. Gleichzeitig wurde mit der Einfügung des § 899a in das BGB die gesetzliche (aber widerlegbare) Vermutung eingeführt, dass nur diejenigen Personen die Gesellschafter der GbR sind, die im Grundbuch als solche eingetragen sind, und dass sich der gute Glaube des Grundbuchs auch auf diesen Tatbestand erstrecke (§ 899a Satz 2, § 892 BGB). Damit ist für die im Grundbuch eingetragenen BGB-Gesellschaften und deren Vertragspartner ein gewisses Maß an Rechtssicherheit trotz des fehlenden GbR-Registers geschaffen worden.

Für die **Grundbesitz erwerbende BGB-Gesellschaft** hat der BGH im Jahr 2011 (BGH, DNotZ 2011, 711) eine weit auseinandergehende Rechtsprechung der Oberlandesgerichte beendet und die dadurch ausgelöste Rechtsunsicherheit pragmatisch durch folgenden Leitsatz weitgehend beseitigt:

„Erwirbt eine Gesellschaft bürgerlichen Rechts (GbR) Grundstücks- oder Wohnungseigentum, reicht es für die Eintragung des Eigentumswechsels in das Grundbuch aus, wenn die GbR und ihre Gesellschafter in der notariellen Auflassungsverhandlung benannt sind und die für die GbR Handelnden erklären, dass sie deren alleinige Gesellschafter sind; weitere Nachweise der Existenz, der Identität und der Vertretungsverhältnisse dieser GbR bedarf es gegenüber dem Grundbuchamt nicht."

Seit dieser Grundsatzentscheidung läuft der Grundbuchverkehr unter Beteiligung von GbR-Gesellschaften wieder reibungsloser. In einzelnen praktischen Fragen empfiehlt es sich aber nach wie vor, die ausführliche Literatur zu Rate zu ziehen, z.B. SCHÖNER/STÖBER, Grundbuchrecht, 15. Aufl. 2012, Rdnr. 4250 ff.

4.   Die Erklärungen der Beteiligten

Die Niederschrift muss die Erklärungen der Beteiligten enthalten (§ 9 Abs. 1 Nr. 2 BeurkG). Der Inhalt der Erklärungen richtet sich nach dem materiellen Recht; danach ist alles aufzunehmen, was zur Herbeiführung des gewünschten rechtlichen Erfolgs notwendig oder zweckmäßig ist. Inhalt, Umfang und äußere Gestaltung der Niederschrift hängen damit immer von den Umständen des Einzelfalls ab. Die Formulierungsbeispiele in diesem Buch und in anderen Formularbüchern erlauben aber einen guten Einstieg in die jeweilige Sachmaterie. An dieser Stelle soll es zunächst nur um die allgemeinen Grundlagen gehen, die der Notar bei jeder Errichtung einer Niederschrift zu beachten hat.

a)   Prüfungs- und Belehrungspflichten des Notars

Besonders wichtig ist die **Einhaltung der notariellen Prüfungs- und Belehrungspflichten**, die in § 17 BeurkG, aber auch an anderer Stelle (§§ 18–21 BeurkG und öfter) geregelt sind.

Da Beteiligte des Urkundsgeschäfts zumeist juristische Laien sind, ist es vornehmste Aufgabe des Notars, im Gespräch mit ihnen den **wahren Willen** zu ermitteln, also sich umfassend über ihre Vorstellungen zu unterrichten. Hinzu kommt die **Klärung des Sachverhalts**. Beides zusammen ist die unersetzbare Voraussetzung für die **rechtlich richtige Beratung und Belehrung**. Der Notar soll darauf achten, dass Irrtümer und Zweifel vermieden sowie unerfahrene und ungewandte Beteiligte nicht benachteiligt werden.

Beispiel

– In der Alltagssprache hat der Begriff „Besitzer" häufig die gleiche Bedeutung wie „Eigentümer". Zivilrechtlich bestehen zwischen Besitz und Eigentum grundlegende Unterschiede (vgl. nur §§ 854, 303, 1006 BGB).

Daneben trifft den Notar die **Formulierungspflicht**. Er hat die Erklärungen der Beteiligten klar und unzweideutig in der Niederschrift wiederzugeben.

Inhaltlich hat der Notar auf eine Ausgewogenheit der Vertragsgestaltung zu achten, worunter nicht die wirtschaftliche, sondern die **rechtliche Ausgewogenheit** zu verstehen ist.

Der Notar ist als Rechtsberater gefordert, die erkennbaren (rechtlichen) **Risiken** durch entsprechende Vorkehrungen auszuschließen oder zu mildern bzw. über diese Risiken zu belehren (Transparenzgebot).

Ziel der Vertragsgestaltung ist vor allem auch die Vermeidung von Streit (**Streitvermeidung**).

Die Erklärungen der Beteiligten müssen **vollständig** in die Urkunde aufgenommen werden.

Diese programmartigen, übergreifenden Amtspflichten des Notars werden je nach Geschäftsart durch weitere Einzelpflichten ergänzt. Zum Beispiel soll der Notar unter Vermerk in der Niederschrift

– auf die (möglicherweise) erforderlichen **gerichtlichen Genehmigungen** (z.B. nach § 1821 BGB bei Grundstückskaufverträgen mit Minderjährigen, Mündeln oder Betreuten) oder **behördlichen Genehmigungen** (z.B. nach § 2 GrdstVG) oder Bestätigungen hinweisen (§ 18 BeurkG);

– auf die Möglichkeit **gesetzlicher Vorkaufsrechte** im Rahmen von Grundstückskaufverträgen hinweisen (§ 20 BeurkG; gemeint ist nicht nur das Vorkaufsrecht nach § 24 BauGB, sondern auch etwaige landesrechtliche Vorkaufsrechte; eine Übersicht zu Letzteren findet sich auf der Homepage des DNotI, *www.dnoti.de*; hier: Arbeitshilfen/Immobilienrecht: *https://www.dnoti.de/ arbeitshilfen/immobilienrecht/*);

– auf die Bedeutung der **grunderwerbsteuerlichen Unbedenklichkeitsbescheinigung** für die Umschreibung des Eigentums auf den Käufer im Grundbuch hinweisen (§ 19 BeurkG);

– bei einer Vorsorgevollmacht auf die Möglichkeit der Registrierung beim **Zentralen Vorsorgeregister** (ZVR) hinweisen (§ 20a BeurkG, siehe dazu unten § 14 Abschnitt VI. Ziffer 3.).

b)   Ausgestaltung des Beurkundungsverfahrens

Im Verwaltungsrecht ist anerkannt, dass der Rechtsschutz des Bürgers nicht nur durch inhaltliche Vorgaben des Gesetzgebers an die Verwaltung verwirklicht werden kann, sondern (ergänzend) auch durch Vorgaben zum einzuhaltenden Verwaltungsverfahren.

Dieser Gedanke – Rechtsschutz durch Verfahren – lässt sich auch im Beurkundungsverfahren fruchtbar machen. Der Notar hat das Beurkundungsverfahren bei Errichtung einer Niederschrift so auszugestalten, dass dessen wichtige Schutzanliegen – die Belehrung der Beteiligten im Rahmen einer Verhandlung vor dem Notar – nicht unterlaufen werden (§ 17 Abs. 2a Satz 1 BeurkG). Das ist besonders wichtig im Hinblick auf den Schutz der Verbraucher. Zur Vermeidung von Wiederholungen kann für die Einzelheiten auf § 1 Abschnitt IX. Ziffer 7. und 8. verwiesen werden.

c) Anlagen zur Niederschrift; Verweisungen; Bezugnahmen

aa) Zweck

Die Erklärungen der Beteiligten sind in der Niederschrift selbst aufzunehmen (§ 9 Abs. 1 Satz 1 Nr. 2 BeurkG). Die Beteiligten können sich aber auch Erklärungen zu eigen machen, die in einem **separaten Schriftstück** enthalten sind. Dazu müssen die Beteiligten in der Niederschrift auf das Schriftstück verweisen und der Notar das Schriftstück als Anlage seiner Niederschrift beifügen. Eine solche **Verweisung** führt dazu, dass die in dem Schriftstück enthaltenen Erklärungen ebenso beurkundet sind wie die Erklärungen in der Niederschrift selbst (§ 9 Abs. 1 Satz 2 BeurkG). Die Verbindung hat mittels Schnur und Prägesiegel zu erfolgen (§ 44 Satz 2 BeurkG, § 30 Abs. 2 DONot).

Verweisungen in notariellen Urkunden **dienen** oft dazu, die Kerninhalte der notariellen Vereinbarung von den sie nur ergänzenden Punkten abzuschichten. So wird der Blick auf das Wesentliche geschärft. Typische **Beispiele** für Verweisungen sind Baubeschreibungen, Vermögensaufstellungen bei Eheverträgen und Bilanzen (siehe dazu auch noch unten). Es werden aber z.B. auch der Text des Kaufvertrags bei einem Vertragsangebot und der Gesellschaftsvertrag bei Gründung einer GmbH als Anlage beurkundet.

Manche Notare lagern auch die Erklärungen zum Eigentumsübergang (Auflassung, Grundbuchbewilligung) in eine Anlage zum Kaufvertrag aus. In diesen Fällen liegt der Zweck der Anlage nicht darin, wichtige von weniger wichtigen Inhalten zu trennen, sondern bestimmte Teile der Erklärungen für ihre **spätere „Weiterverwendung"** klar von dem übrigen Inhalt der notariellen Urkunde zu trennen. So soll beim Kaufvertragsangebot der Angebotsteil von dem Inhalt des angebotenen Vertrags leicht erkennbar sein, desgleichen der Gesellschaftsvertrag vom Gründungsmantel (siehe zur GmbH-Gründung noch unten § 13 Abschnitt I.).

Verweisungen haben dagegen nie den Zweck, den Arbeitsaufwand des Notars zu reduzieren. Sämtliche **Verfahrensvorschriften und Amtspflichten** des Notars gelten in gleicher Weise für das zur Anlage genommene Schriftstück, das also insbesondere vollständig vorgelesen werden muss. Die Beteiligten können auf das Vorlesen ebenso wenig verzichten wie bei der notariellen Niederschrift selbst (Ausnahmen §§ 13a, 14 BeurkG, siehe sogleich).

Eine wirksame Verweisung in der notariellen Urkunde auf das Schriftstück muss das **Wort** „verweisen" nicht explizit enthalten. Es muss nur zum Ausdruck kommen, dass der rechtsgeschäftliche Inhalt des Schriftstücks den Willen der Beteiligten enthält.

Die Anlage, auf die verwiesen wird, muss von den Beteiligten grundsätzlich nicht (zusätzlich) unterschrieben werden; es genügt die **Unterschrift** unter dem Schlussvermerk auf der letzten Seite der notariellen Niederschrift. Der Schlussvermerk lautet dann zweckmäßigerweise wie folgt:

Formulierungsbeispiel – Schlussvermerk bei Anlagen

Diese Niederschrift einschließlich der Anlage wurde den Erschienen von dem Notar vorgelesen, von ihnen genehmigt und von ihnen und dem Notar wie folgt eigenhändig unterschrieben.

Die zusätzliche **Unterzeichnung der Anlage** kann sich aber in bestimmten Fällen empfehlen, so etwa bei dem zur Anlage genommenen Gesellschaftsvertrag (vgl. auch § 2 Abs. 1 GmbHG). In der notariellen Praxis sind unterzeichnete Anlagen häufig anzutreffen, da dies für zusätzliche Transparenz über den beurkundeten Inhalt sorgt. Wird die Anlage unterzeichnet, findet sich häufig ein entsprechender Vermerk am Anfang oder Ende der Anlage oder in einem separaten (vor- oder nachgehefteten) Vermerkblatt. Der Text kann etwa wie im folgenden Formulierungsbeispiel lauten:

Formulierungsbeispiel – Vorblatt bei Anlage

Als Anlage zur Urkunde des Notars Max Mustermann in Musterstadt vom 13.05.2019 – UR-Nr. 205/2019 – genommen.

Bei **mehreren Anlagen** ist es ratsam, die Anlagen in der Reihenfolge zu nummerieren, wie in der Niederschrift auf sie verwiesen wird.

Werden von den mehreren Anlagen **nur einzelne verlesen**, die anderen aber (zulässigerweise, siehe sogleich) nicht, so bietet es sich an, die verlesenen Anlagen genau zu bezeichnen.

Formulierungsbeispiel – Schlussvermerk bei teilverlesungspflichtigen Anlagen

Diese Niederschrift nebst den verlesungspflichtigen Anlagen bzw. verlesungspflichtigen Teilen der Anlagen 1, 2, 5 und 9 wurde den Erschienenen vom Notar vorgelesen, die Anlagen 3, 4, 6 bis 8 zur Durchsicht vorgelegt, alles von ihnen genehmigt und von ihnen und dem Notar eigenhändig wie folgt unterschrieben.

bb)   Karten, Zeichnungen, Abbildungen

Statt auf Erklärungen in anderen Schriftstücken zu verweisen, können die Beteiligten auch Erklärungen unter Verwendung von **Karten (auch Plänen), Zeichnungen oder Abbildungen** abgeben. Es ist dann in gleicher Weise zu verfahren (§ 9 Abs. 1 Satz 3 BeurkG), die Karte, der Plan usw. also **als Anlage zu behandeln:** Die Beteiligten müssen in der notariellen Niederschrift darauf verweisen und der Notar die Karte, den Plan usw. als Anlage zu seiner notariellen Niederschrift nehmen.

Da diesen Dokumenten gemeinsam ist, dass sie keinen leicht zu verbalisierenden Inhalt haben, müssen sie im Unterschied zu Schriftstücken **nicht mit verlesen** werden. Stattdessen müssen sie aber den Beteiligten **zur Durchsicht vorgelegt** werden (§ 13 Abs. 1 Satz 1 zweiter Halbsatz BeurkG). Dies ist Voraussetzung für die Formwirksamkeit der Verweisung. In der Niederschrift muss festgestellt werden, dass dies geschehen ist (§ 13 Abs. 1 Satz 2 BeurkG).

Eine besondere **Unterzeichnung** ist ebenfalls nicht erforderlich, vor allem bei Karten und Plänen aber praxisüblich.

Im praktischen Anwendungsfall des Verkaufs einer noch unvermessenen Teilfläche kann z.B. wie folgt formuliert werden:

Formulierungsbeispiel – Verlesungsvermerk

Der Verkäufer verkauft dem dies annehmenden Käufer aus dem vorbezeichneten Grundbesitz eine noch zu vermessende Teilfläche in einer Größe von ca. 520 m². Die Teilfläche ist in dem dieser Niederschrift als Anlage beigefügten Lageplan schraffiert dargestellt und mit den Buchstaben A-B-C-D-A gekennzeichnet.

Der Lageplan wurde den Beteiligten zur Durchsicht vorgelegt und genehmigt.

Der Vorlegungsvermerk kann auch in den Schlussvermerk integriert werden, wie beispielsweise nachfolgend formuliert:

Formulierungsbeispiel – Verlesungsvermerk in Schlussvermerk

Diese Niederschrift wurde den Erschienenen von dem Notar vorgelesen, der Lageplan in der Anlage zur Durchsicht vorgelegt, alles von den Erschienenen genehmigt und von ihnen und dem Notar wie folgt eigenhändig unterschrieben.

cc)   Eingeschränkte Beifügungs- und Verlesungspflichten (§§ 13a, 14 BeurkG)

Wie gesehen, bietet die in § 9 Abs. 1 Satz 2 BeurkG vorgesehene Möglichkeit, auf separate Schriftstücke zu verweisen, keine Verfahrenserleichterung gegenüber der Beurkundung sämtlicher in dem Schriftstück enthaltenen Erklärungen in der notariellen Niederschrift selbst.

Eine **erleichterte Verweisung** ist jedoch im Anwendungsbereich der §§ 13a und 14 BeurkG möglich:

Verweisung nach § 14 BeurkG

§ 14 Abs. 1 Satz 1 BeurkG erlaubt es den Beteiligten, auf das **Verlesen** von Bilanzen, Inventaren, Nachlassverzeichnissen oder von sonstigen **Bestandsverzeichnissen** über Sachen, Rechte und Rechtsverhältnisse, auf die in der Niederschrift verwiesen und die der Niederschrift als Anlage beigefügt werden, zu **verzichten**.

§ 14 BeurkG verlangt also wie § 9 Abs. 1 Satz 2 BeurkG die ausdrückliche Verweisung auf das Bestandsverzeichnis. Die Parteien können aber anders als bei § 9 Abs. 1 Satz 2 BeurkG auf das Verlesen des Bestandsverzeichnisses verzichten.

Die Verweisung nach § 14 BeurkG ist nur wirksam, wenn der Verzicht auf das Verlesen in der Niederschrift **festgestellt** wird (§ 14 Abs. 3 erster Halbsatz BeurkG). Anstelle des Verlesens soll die Anlage den Beteiligten dann zur **Kenntnisnahme vorgelegt** und von ihnen allen (!) auf jeder Seite (!) **unterschrieben** werden (§ 14 Abs. 2 Satz 1 BeurkG; eine bloße Paraphierung der Seiten genügt nach wohl h.M. nicht, wobei es nach ebenfalls h.M. zulässig ist, wenn die Beteiligten auf der letzten Seite der Anlage unterschreiben und die übrigen Seite nur paraphieren). In der Niederschrift soll auch vermerkt werden, dass die Anlage zur Kenntnisnahme vorgelegt worden ist.

Der **Anwendungsbereich** von § 14 BeurkG ist gegenüber dem des § 9 Abs. 1 Satz 2 BeurkG auf **Bestandsverzeichnisse** der genannten Art beschränkt. Hierbei kann es sich aber im Einzelfall, vor allem beim Unternehmenskauf, um viele Seiten umfassende Dokumente handeln, deren Verlesung für die Beteiligten zudem wenig zusätzlichen Erkenntnisgewinn brächte. Es wären ja letztlich nur Zahlenkolonnen vorzulesen! Bestandsverzeichnisse i.S.d. § 14 BeurkG sind z.b. auch Listen mitverkaufter beweglicher Gegenstände oder von Mietern, Miethöhen, geleisteten Kautionen etc. im Rahmen eines Grundstückskaufvertrags. Kein Bestandsverzeichnis ist die Baubeschreibung; für ihre Beurkundung steht das erleichterte Verfahren nach § 14 BeurkG nicht zur Verfügung. Ebenfalls nicht vom Anwendungsbereich des § 14 BeurkG erfasst sind Verzeichnisse von erst noch herzustellenden oder zu beschaffenden Gegenständen, etwa im Rahmen eines Liefer- oder Bezugsvertrags; die zu liefernden Gegenstände geben gerade keinen aktuellen oder vergangenen Bestand wieder.

Formulierungsbeispiel – Verzicht auf Verlesen von Bestandsverzeichnissen

Auf die Anlage 1 wird verwiesen. Sie wurde mit verlesen. Auf das Vorlesen der Anlagen 2 und 3 wurde allseits gem. § 14 BeurkG verzichtet. Diese Anlagen wurden den Beteiligten zur Kenntnisnahme vorgelegt, von ihnen genehmigt und von ihnen auf jeder Seite unterschrieben.

Unter den gleichen Voraussetzungen wie bei Bestandsverzeichnissen können die Beteiligten gem. § 14 Abs. 1 Satz 2 BeurkG auch auf das **Verlesen von nicht eintragungspflichtigen Vereinbarungen** bei der **Bestellung von Grundschuld oder Hypothek** (und der anderen in § 14 Abs. 1 Satz 2 BeurkG genannten Grundpfandrechte) verzichten. Zu den nicht eintragungspflichtigen Vereinbarungen zählen etwa der Rangrücktritt und die Erklärungen, die durch die Bezugnahme auf die Eintragungsbewilligung im Grundbuch zum Inhalt des Rechts werden oder rein schuldrechtliche Nebenbestimmungen sind, wie z.B. Abtretung des Anspruchs auf Briefherausgabe, Abtretung der Rückgewähransprüche und die Bestellung von Zustellungsbevollmächtigten. Nicht dazu zählt die Zwangsvollstreckungsunterwerfung nach §§ 794, 800 ZPO (§ 14 Abs. 1 Satz 3 BeurkG). Die Grundschuldbestellungsformulare der allermeisten Banken sehen allerdings diese Beurkundungserleichterung nicht vor, so dass der praktische Anwendungsbereich von § 14 Abs. 1 Satz 2 BeurkG nicht allzu groß sein dürfte.

**Formulierungsbeispiel – Verzicht auf das Verlesen bei Grundpfandrechts-
bestellung**

*Für den weiteren Inhalt des bestellten Grundpfandrechts und die sonsti-
gen Vereinbarungen der Beteiligten im Zusammenhang hiermit gelten
die als Anlage zu dieser Niederschrift genommenen Bestimmungen. Ihr
Inhalt wurde mit den Beteiligten erörtert. Auf Verlesen wurde allseits
verzichtet. Die Anlage wurde den Beteiligten zur Kenntnisnahme vorgelegt und von ihnen auf jeder Seite unterschrieben.*

In keinem Fall darf die erleichterte Verweisung nach § 14 BeurkG dazu führen,
dass der Notar seinen **Prüfungs- und Belehrungspflichten** nach § 17 BeurkG nicht
in der gebotenen Weise nachkommt. Das stellt § 14 Abs. 2 Satz 2 BeurkG klar.

Verweisung nach § 13a BeurkG

Gemäß § 13a BeurkG kann auf das **Verlesen und/oder Beifügen** zu beurkunden-
der Erklärungen verzichtet werden, wenn

– diese Erklärungen in einer **anderen notariellen Niederschrift**, die nach §§ 8 ff.
  BeurkG errichtet worden ist, enthalten sind (sog. Verweisungs- oder auch **Bezugsurkunde**),

– die Beteiligten auf diese Niederschrift **verweisen,**

– alle Beteiligten erklären, dass ihnen der Inhalt der anderen Niederschrift **bekannt** ist, und

– alle Beteiligten auf das Verlesen und/oder Beifügen dieser Niederschrift zu der
  heutigen Niederschrift **verzichten.**

In der Niederschrift, die die Verweisung enthält, soll der **Verzicht** auf das Verlesen
und/oder Beifügen **vermerkt** werden (§ 13a Abs. 1 Satz 2, Abs. 2 Satz 2 BeurkG).

Der Notar soll die Verweisung nur beurkunden, wenn die andere Niederschrift
zumindest **in beglaubigter Abschrift** bei der Beurkundung vorliegt (§ 13a Abs. 1
Satz 3 BeurkG).

Die Verweisungsmöglichkeit nach § 13a BeurkG **scheidet aus**, wenn auf andere als
notarielle Urkunden (z.B. Gerichtsurteile) oder **bloße notarielle Vermerkurkunden**
gem. §§ 39 ff. BeurkG (z.B. Versammlungsprotokolle; nur unterschriftsbeglaubigte
Teilungserklärungen) verwiesen werden soll. Urkunden eines **ausländischen Notars** sind ebenfalls nicht verweisungsfähig i.S.d. § 13a BeurkG, da sie nicht nach

den §§ 8 ff. BeurkG errichtet werden, sondern nach dem für den ausländischen Notar geltenden Beurkundungsverfahrensrecht.

Der Verweis auf die andere notarielle Niederschrift muss diese **unmissverständlich** bezeichnen. Dazu sind

– die Urkundenrollennummer,

– das Errichtungsdatum und

– der vollständige Name sowie der Amtssitz des Notars anzugeben.

Die andere Niederschrift kann natürlich **auch von dem Notar selbst** stammen, der die Verweisung beurkundet. Es muss sich bei § 13a BeurkG um eine andere Niederschrift, nicht zwingend auch um einen anderen Notar handeln!

Formulierungsbeispiel – Verweisung nach § 13a BeurkG

Der genannte Übertragungsvertrag des Notars Max Muster in Musterstadt vom 18.03.2019 (UR-Nr. 1265/2019) lag bei der heutigen Beurkundung in Ausfertigung vor. Die Beteiligten verweisen auf dessen Inhalt, der allen heute Anwesenden bekannt ist, auch soweit sie nicht selbst Vertragsbeteiligte waren. Auf erneutes Verlesen und Beifügen einer Abschrift zur heutigen Urkunde wird jeweils allseits verzichtet. Der Notar hat die Erschienenen darüber belehrt, dass der Inhalt des genannten Übertragungsvertrags damit Bestandteil ihrer heutigen Vereinbarungen und mit Abschluss dieses Vertrags für sie verbindlich ist.

Die **Prüfungs- und Belehrungspflicht** des Notars umfasst auch den Inhalt der notariellen Niederschrift, auf die nach §13a BeurkG verwiesen wird! Der Notar soll darüber hinaus über die Bedeutung der Verweisung belehren (§ 13a Abs. 3 Satz 2 BeurkG).

Beachte zudem:

Bei einem Verbrauchervertrag (§ 310 BGB) gilt die Zweiwochenfrist des § 17 Abs. 2a Satz 2 Nr. 2 BeurkG auch für eine Bezugsurkunde (z.B. Baubeschreibung), so dass auch diese dem Verbraucher rechtzeitig und vollständig vorliegen muss.

Wie bei § 14 BeurkG ist auch bei § 13a BeurkG ein **zweiter Anwendungsfall** geregelt. Gemäß § 13a Abs. 4 BeurkG kann unter den gleichen Voraussetzungen wie bei Bezugsurkunden nach **§ 13a Abs. 1–3 BeurkG** auch auf **behördliche Karten und Zeichnungen verwiesen** werden. Diese müssen dann weder zur Durchsicht vorgelegt (§ 13a Abs. 1 Satz 4 BeurkG) noch der Niederschrift als Anlage beigefügt werden (§ 13a Abs. 2 BeurkG), wenn die Beteiligten hierauf jeweils verzichten.

Praxisrelevante Beispiele für behördliche Karten und Zeichnungen i.S.d. § 13a Abs. 4 BeurkG sind

– der amtliche Aufteilungsplan, der Bestandteil einer Abgeschlossenheitsbescheinigung gem. § 7 Abs. 4 Satz 1 WEG ist,

– der amtliche Fortführungsnachweis des Katasteramts nach Grundstücksteilung und

– die Bebauungspläne der Gemeinde (§ 8 BauGB).

Formulierungsbeispiel – Verweis auf Teilungserklärung

Wegen der Teilungserklärung und der Aufteilungspläne, die Gegenstand dieses Vertrags sind, verweisen die Beteiligten auf die Urkunde des amtierenden Notars vom 05.01.2019 (UR-Nr. 10/2019), die in Urschrift bei der heutigen Beurkundung vorlag.

Der Käufer hat bereits vor der heutigen Verhandlung vom Notar eine Abschrift dieser Urkunde (ohne Aufteilungspläne) erhalten.

Der Notar hat die Beteiligten darüber belehrt, dass der Inhalt der genannten Urkunde vom 05.01.2019 als Teil ihrer Vereinbarungen mit Abschluss dieses Vertrags für sie verbindlich ist.

Alle Beteiligten erklärten, dass ihnen der Inhalt dieser Urkunde vollständig bekannt ist und sie auf das Vorlesen verzichten. Sie verzichteten auch auf das Beifügen einer Abschrift dieser Urkunde zur heutigen Niederschrift.

Die Aufteilungspläne wurden den Beteiligten zur Durchsicht vorgelegt.

Beachte zudem:

Liegen die tatbestandlichen Voraussetzungen einer vereinfachten Verweisung nach §§ 13a oder 14 BeurkG nicht vor, kann der Notar auf andere Schriftstücke, Bestandsverzeichnisse und Pläne nur nach Maßgabe des § 9 Abs. 1 Satz 2 und Satz 3 BeurkG verweisen. Die Beurkundungserleichterungen kommen dann nicht in Betracht. Eine Auslagerung von Urkundsinhalten in Anlagen ist aber trotzdem möglich.

dd)   Förmliche Verweisungen und bloße Bezugnahmen

Zusammenfassend bedeutet „verweisen" im beurkundungsrechtlichen Sinne also, dass die zu beurkundenden Erklärungen (Bestandsverzeichnisse, Pläne) der Beteiligten nicht in der Niederschrift selbst aufgenommen werden, sondern in einem separaten Dokument enthalten sind, auf das entsprechend den Vorschriften nach § 9 Abs. 1, nach § 13a oder nach § 14 BeurkG verwiesen wird, weil es Erklärungscharakter für die Beteiligten hat. In allen drei Fällen (§§ 9, 13a, 14 BeurkG) sind die Erklärungen in diesem Dokument Inhalt der notariellen Niederschrift und damit nach den für Willenserklärungen geltenden Formvorschriften der §§ 8 ff. BeurkG förmlich mit beurkundet.

Von diesen drei Möglichkeiten der förmlichen Verweisung sind die Fälle der sogenannten **unechten Verweisung oder Bezugnahme** zu trennen. „Bezugnehmen" meint, dass in der notariellen Niederschrift auf Erklärungen, Rechtsverhältnisse oder tatsächliche Umstände hingewiesen wird, die **gerade nicht** zum beurkundungsbedürftigen Inhalt des Rechtsgeschäfts selbst gehören, also auch nicht beurkundet werden, sondern lediglich zur Verdeutlichung, Erläuterung oder Dokumentation des beurkundeten Inhalts bestimmt sind.

Wann auf eine Erklärung förmlich verwiesen werden muss und wann eine bloße Bezugnahme genügt, richtet sich nicht nach dem Verfahrensrecht des Notars (das nur das „Wie" der Beurkundung regelt), sondern nach dem **materiellen Recht** (welches das „Ob" der Beurkundung regelt). Denn nur bei förmlicher Verweisung ist eine Erklärung „mitbeurkundet" im Sinne materiell-rechtlicher Formvorschriften.

Die **Abgrenzung** ist im Einzelfall schwierig. Im Hintergrund steht dabei stets die Reichweite der notariellen Beurkundungspflicht. Weniger erfahrene Mitarbeiter im Notariat tendieren dazu, schematisch alle Verweisungen als förmliche Verweisungen auszugestalten, obwohl dies in der notariellen Praxis wohl nur in der Minderzahl der Fälle tatsächlich notwendig sein dürfte. Als Faustregel für die tägliche Praxis mögen die beiden folgenden Aussagen hilfreich sein:

–   Eine Bezugnahme reicht aus, wenn die notariell beurkundete Vereinbarungen von denselben Beteiligten geändert, ergänzt oder aufgehoben werden sollen, solange sich der Inhalt der Änderung, Ergänzung oder Aufhebung aus der jetzt zu errichtenden Niederschrift ergibt.

–   Macht sich hingegen ein Beteiligter die in dem anderen Schriftstück enthaltenen Erklärungen zu eigen, um neue Rechtswirkungen zu erzeugen, muss auf das Schriftstück förmlich verwiesen werden.

Praktische Beispiele, in denen **unechte Verweisungen genügen**, betreffen u.a. (vgl. STAUF, RNotZ 2001, 129, 130 f.):

- Nachgenehmigung bzw. Vollmachtsbestätigung und zu genehmigenden bzw. bestätigenden Vertrag;

- Vertragsannahme und das angenommene Angebot;

- WEG-Kaufvertrag und bereits grundbuchlich vollzogene Teilungserklärung, da diese mit dem grundbuchlichen Vollzug einen sachenrechtlich verbindlichen Inhalt erlangt hat;

- Kaufvertrag und übernommenes Mietverhältnis, da die Übernahme bereits kraft Gesetzes eintritt (§ 566 BGB).

In verbleibenden **Zweifelsfällen** ist freilich eine echte Verweisung vorzunehmen, um die Gefahr einer formnichtigen Erklärung auszuschließen.

5.   Verlesen, Unterschriften

Nach § 13 Abs. 1 Satz 1 erster Halbsatz BeurkG muss die Niederschrift einschließlich der förmlich zu beurkundenden (und verlesungsfähigen, § 13 Abs. 1 Satz 1 zweiter Halbsatz BeurkG) Anlagen den Beteiligten **vollständig vorgelesen** werden. Dies soll in der Niederschrift festgestellt werden. Der Notar braucht allerdings nicht selbst zu lesen, er kann das Verlesen einer anderen Person, z.B. einem Notariatsmitarbeiter, überlassen. Er muss aber während der gesamten Verhandlung **anwesend** sein und ihr mit ungeteilter Aufmerksamkeit folgen. Während der Notar sich für das Vorlesen einer dritten Person bedienen darf, muss er die **Belehrung stets selbst** erteilen.

Die Niederschrift muss anschließend von den Beteiligten **genehmigt** und von ihnen eigenhändig **unterschrieben** werden. Auch der Notar muss die Niederschrift eigenhändig unterschreiben; er soll seine Amtsbezeichnung („Notar" bzw. in den Vertretungsfällen „Notarvertreter", bei Verwaltungen „Notariatsverwalter" etc.) beifügen (§ 13 Abs. 3 BeurkG).

Eine **praktische Erleichterung** bietet § 13 Abs. 1 Satz 3 BeurkG. Haben die Beteiligten die Niederschrift eigenhändig unterschrieben, so wird vermutet, dass sie in Gegenwart des Notars vorgelesen oder, soweit erforderlich, zur Durchsicht vorgelegt und von den Beteiligten genehmigt worden ist.

Wurde versehentlich eine **Unterschrift vergessen**, fehlt ihr eine Wirksamkeitsvoraussetzung (vgl. § 13 Abs. 1 Satz 1, Abs. 3 Satz 1 BeurkG). Eine Nachholung ist grundsätzlich möglich, doch ist Folgendes zu beachten:

–   Hat ein **Urkundsbeteiligter** seine Unterschrift vergessen, bedarf es zur Nachholung einer **Nachtragsverhandlung**, also der Errichtung einer weiteren förmlichen Urkunde des Notars unter derselben Nummer der Urkundenrolle. Keinesfalls ausreichend ist eine Eigenurkunde des Notars, selbst wenn der Beteiligte anwesend ist und ihrer Errichtung zustimmt. In der Nachtragsbeurkundung muss zum Ausdruck gebracht werden, dass die Unterschrift versehentlich unterlassen wurde und der Beteiligte bestätigt, dass ihm die Niederschrift am Tag der Errichtung vorgelesen worden ist und dass er sie in Gegenwart des Notars und der übrigen Beteiligten genehmigt hat (OLG Düsseldorf, DNotZ 2000, 299). Waren an der Urkunde noch weitere Personen beteiligt, die bereits ordnungsgemäß unterschrieben haben, müssen sie an der Nachtragsbeurkundung grundsätzlich nicht mitwirken; es ist auch unerheblich, ob sie das beurkundete Geschäft zum Zeitpunkt der Nachholung noch weiterhin wollen. Etwas anderes gilt allerdings, wenn das materielle Recht ausnahmsweise die gleichzeitige Anwesenheit beider Teile vor dem Notar vorschreibt (z.B. beim Erbvertrag, § 2276 Abs. 1 Satz 1 BGB); dann müssen alle anderen Beteiligten an der Nachtragsverhandlung mitwirken.

–   Hat der beurkundende **Notar** seine Unterschrift vergessen, kann er sie nach wohl h.M. nur bis zur Erteilung von Ausfertigungen und beglaubigten Abschriften formlos nachholen. Dazu genügt es, wenn er am Verhandlungstag die Unterschrift einfach leistet. Fällt die fehlende Unterschrift erst an einem späteren Tag auf, muss der Notar zusätzlich zu seiner Unterschrift sein Siegel mit einem die verspätete Unterzeichnung klarstellenden Vermerk beidrücken. Sind schon Ausfertigungen und beglaubigte Abschriften der Urkunde erteilt, ist nach zum Teil vertretener Auffassung eine Nachtragsverhandlung unter Mitwirkung der Beteiligten erforderlich; richtigerweise kann der Notar auch in diesem Fällen die fehlende Unterschrift alleine nachholen, ohne Nachtragsverhandlung. Nur der Notar höchstpersönlich kann die vergessene Unterschrift nachholen, was voraussetzt, dass er sein Notaramt noch innehat (sei es auch an einem anderen Amtssitz). Eine Unterschrift durch den Notarvertreter oder Amtsnachfolger in „Vertretung" für den Notarkommt nicht in Betracht.

6.   Beurkundung bei Beteiligung von behinderten Personen

Mit den Details der Beurkundung bei einer Beteiligung von behinderten Personen beschäftigt sich § 15 Abschnitt II. Ziffer 7. ausführlich.

7.   Abnahme und Aufnahme von Eiden und von eidesstattlichen Versicherungen

Die **Beurkundung** eines Eides und einer eidesstattlichen Versicherung erfolgt gem. § 38 Abs. 1 BeurkG entsprechend der für die Beurkundung von Willenserklärungen geltenden Niederschriftsform (§§ 8 ff. BeurkG). Die nur entsprechende Anwendung dieser Bestimmungen erklärt sich daraus, dass keine Willens-, sondern Wissenserklärungen protokolliert werden.

Eine **bloße Unterschriftsbeglaubigung** unter einem dem Notar vorgelegten Schriftstück, das einen Eid oder eine eidesstattliche Versicherung enthält, genügt diesen Vorgaben **nicht** und ist vom Notar daher abzulehnen. Für den Sonderfall eines sogenannten **Affidavit** nach US-amerikanischem Recht vgl. DNotI-Report 1996, 4; hier ist nach überwiegender Auffassung die bloße Unterschriftsbeglaubigung zulässig, da es sich nicht um einen Eid i.S.d. § 38 BeurkG handelt. Gemäß § 38 Abs. 2 BeurkG erstreckt sich die Belehrungspflicht des Notars auf die Bedeutung des Eides oder der eidesstattlichen Versicherung, was der Notar in der Niederschrift vermerken soll.

Während das BeurkG nur das Verfahren regelt, ergibt sich die **Zuständigkeit des Notars** für derartige Beurkundungen aus **§ 22 BNotO**. Hierbei ist zu beachten, dass Notare keineswegs in allen denkbaren Fällen Eide und eidesstattliche Versicherungen beurkunden dürfen.

Der Notar ist in den in der Praxis eher seltenen Fällen des § 22 Abs. 1 BNotO für die **Abnahme** von **Eiden** und die Aufnahme eidlicher Vernehmungen zuständig. Ebenso auch zur **Vereidigung von Dolmetschern** im Rahmen einer anderweiten notariellen Beurkundung (§ 16 Abs. 3 Satz 3 BeurkG, § 189 Abs. 1 GVG), sofern nicht alle Beteiligten auf die Vereidigung verzichten.

Zur **Abnahme** einer **eidesstattlichen Versicherung**, also zur inhaltlichen Entgegennahme der Erklärung mit den entsprechenden Rechtswirkungen, und notwendigerweise dann auch anschließend zu ihrer **Aufnahme**, also der auch hier erforderlichen **Beurkundung** dieses Vorgangs, ist der Notar (nur) zuständig, wenn die eidesstattliche Versicherung nach gesetzlicher Vorschrift „vor einem Notar" abzugeben ist, wie dies im Zusammenhang mit der Aufnahme von Erbscheinsanträgen

(§ 2356 Abs. 2 BGB), Zeugnissen über eine fortgesetzte Gütergemeinschaft (§ 1507 BGB) und Testamentsvollstreckerzeugnissen (§ 2368 Abs. 3 BGB) der Fall ist.

In vielen anderen Fällen ist der Notar lediglich für die **Aufnahme** der eidesstattlichen Versicherung zuständig (siehe § 22 Abs. 2 BNotO), d.h. ihre Beurkundung, nicht zu ihrer **Abnahme**. § 22 Abs. 2 BNotO setzt ferner voraus, dass die eidesstattliche Versicherung zur Glaubhaftmachung einer tatsächlichen Behauptung oder Aussage **gegenüber einer Behörde oder sonstigen Dienststelle** bestimmt ist. Zeitungsredaktionen und Banken sind keine Behörden i.S.d. § 22 BNotO. Es empfiehlt sich, die Angabe, welcher Behörde gegenüber die Glaubhaftmachung erfolgen soll (Zweckangabe), in die Niederschrift aufzunehmen.

Formulierungsbeispiele – Aufnahme von eidesstattlichen Versicherungen

Zur Glaubhaftmachung im Verfahren auf Ersetzung der Geburtsurkunde für ...

oder

Gegenüber dem Standesamt ...

oder

Zur Glaubhaftmachung gegenüber dem Landgericht in ... in dem Verfahren ...

oder

versichere ich Folgendes an Eides statt: ...
Ich bin darüber vom Notar belehrt, dass eine vorsätzlich oder fahrlässig falsche oder unvollständige Abgabe einer eidesstattlichen Versicherung mit Strafe bedroht ist.

Kostenhinweis

Gebührensatz: 1,0-Gebühr (Nr. 23300 KV GNotKG), sofern die eidesstattliche Versicherung nicht Teil eines anderen Geschäfts ist (wie z.B. nach Nr. 23500 KV GNotKG das Verfahren zur Aufnahme eines Vermögensverzeichnisses).

Geschäftswert: § 36 Abs. 1 GNotKG bei Glaubhaftmachung vermögensrechtlicher Tatsachen, ansonsten zu schätzen gem. § 36 Abs. 2 GNotKG (bei Glaubhaftmachung im Zusammenhang mit verlorenen Dokumenten kann als Richtwert der Aufwand für die Wiederbeschaffung herangezogen werden).

Zu den Kosten der eidesstattlichen Versicherung im Zusammenhang mit einem Erbscheinsantrag siehe unten § 15 Abschnitt VIII.

8.   Beurkundung unter Hinzuziehung von Dolmetschern

a)   Verhandlungs- und Urkundensprache

Das BeurkG geht für den Normalfall davon aus, dass die **Verhandlungs- und Urkundssprache Deutsch** ist. Für die Urkundssprache stellt dies § 5 Abs. 1 BeurkG klar. Das bedeutet freilich nicht, dass der Notar nicht auch in anderer Sprache verhandeln und beurkunden darf. § 5 Abs. 2 Satz 2 BeurkG verlangt dafür aber ein entsprechendes Verlangen der Beteiligten und, wichtiger noch, dass der Notar diese fremde Sprache so gut beherrscht, dass er in ihr eine notarielle Urkunde errichten kann.

b)   Übersetzungen in eine fremde Sprache

Wie ist aber das Vorgehen, wenn einer der **Urkundsbeteiligten kein Deutsch sprechen** kann? Dann muss dieser Person die notarielle Niederschrift übersetzt werden. Die Übersetzung tritt an die Stelle der Verlesung (§ 16 Abs. 2 Satz 1 BeurkG), die bloße Förmelei wäre, wenn die Beteiligten den Sinn der deutschen Worte ohnehin nicht erfassen könnten. Der Sprachunkundige hat zur eigenen Kontrolle auch das Recht, eine schriftliche Übersetzung zu verlangen (§ 16 Abs. 2 Satz 2 BeurkG).

Die Sprache, in die die Niederschrift übersetzt wird, braucht **nicht zwingend die Muttersprache** des Beteiligten zu sein; sofern er seinerseits eine Fremdsprache sicher beherrscht, kann auch in diese (Dritt-)Sprache übersetzt werden. Das kann etwa von Bedeutung sein, wenn für die Muttersprache des Beteiligten kein Übersetzer verfügbar ist, z.B. weil sie nur von wenigen Menschen gesprochen wird, der Beteiligte dafür aber eine verbreitete Drittsprache (Englisch, Französisch, Spanisch, Russisch etc.) beherrscht.

c)   Person des Übersetzers

Üblicherweise erfolgt die Übersetzung durch einen **Dolmetscher**, der vom Notar hinzugezogen wird und dessen Aufgabe in der gewissenhaften Übersetzung besteht. Dazu ist nach dem Gesetz sogar die Vereidigung des Dolmetschers durch den Notar vorgesehen (§ 16 Abs. 3 Satz 3 BeurkG), sofern dieser nicht ohnehin als öffentlich bestellter und beeidigter Dolmetscher bereits allgemein vereidigt ist. In der Praxis wird aber üblicherweise von den Beteiligten auf die **Vereidigung verzichtet**. Dieser Verzicht muss von **allen** Urkundsbeteiligten erklärt werden und nicht nur von dem Sprachunkundigen!

Dolmetscher kann nicht sein, wenn in seiner Person ein **Ausschließungsgrund** vorliegt, der, würde er beim Notar vorliegen, zu dessen Ausschluss von der Beurkundung nach §§ 6, 7 BeurkG führen würde. Dies stellt die Verweisungsnorm in § 16 Abs. 3 Satz 2 BeurkG klar. Damit sind insbesondere Kinder oder Ehegatten des Sprachunkundigen von dem Dolmetscheramt ausgeschlossen (siehe zum Anwendungsbereich der §§ 6, 7 BeurkG bereits oben Ziffer 1. Buchst. b)). Die Ausschließungsgründe der §§ 6, 7 BeurkG spielen in der Praxis eine **wichtige Rolle**. Nicht selten stellen die Beteiligten einen Dolmetscher, um die Kosten eines öffentlich bestellten und beeidigten Dolmetschers zu sparen. Es liegt dann nahe, dass die Beteiligten auf einen nahen Verwandten des sprachunkundigen Beteiligten zurückgreifen möchten. Um zu vermeiden, dass der Termin wegen eines ausgeschlossenen Dolmetschers „platzt", sollte den Beteiligten im Vorfeld der Beurkundung klar kommuniziert werden, dass bestimmte Nahbereichspersonen nicht als Übersetzer in Betracht kommen.

Der **Notar** kann die Übersetzung auch anstelle eines Dolmetschers selbst übernehmen, wenn er die Sprache, in die übersetzt wird, hinreichend beherrscht (§ 16 Abs. 3 Satz 1 BeurkG). Eine Pflicht zur Übersetzung besteht nicht.

Kostenhinweis

Übersetzt der Notar die Niederschrift in eine Fremdsprache, bekommt er hierfür eine Fremdsprachengebühr nach Nr. 26001 KV GNotKG. Sie beträgt 30 % der für das Beurkundungsverfahren zu erhebenden Gebühr, höchstens aber 5.000 €.

Eine hier in Deutschland lebende Person wird nur in den seltensten Fällen überhaupt kein Deutsch sprechen. Es kann sich dann die praktische Frage stellen, ob das **gebrochene Deutsch**, das die Person spricht, ausreichend ist. Sprachunkenntnis i.S.d. § 16 BeurkG liegt vor, wenn die Person dem Verlesen der Niederschrift in deutscher Sprache nicht folgen kann. Fraglich und in der Literatur umstritten ist, ob die Sprachunkenntnis auch dann besteht, wenn der Beteiligte zwar der Niederschrift folgen kann (sog. **passive Sprachkenntnis**), sich aber selbst auf Deutsch nicht ausdrücken kann (sog. **aktive Sprachkenntnis**). Richtigerweise wird man wohl ein Mindestmaß an aktiver Sprachfähigkeit verlangen müssen, ohne die es dem Notar gar nicht möglich wäre, sich von der passiven Sprachfähigkeit zu überzeugen. Anerkannt ist immerhin, dass es für das gebotene Maß an Sprachkenntnis auf den **konkreten Inhalt der Urkunde** ankommt: Ein Erbscheinsantrag oder ein einfaches Testament erfordern andere (geringere) Sprachkenntnisse als ein umfangreicher Kauf- oder Gesellschaftsvertrag. In Zweifelsfällen sollte freilich immer ein Dolmetscher hinzugezogen werden.

Beachte in der Praxis:

Erklärt ein Beteiligter **von sich aus**, der deutschen Sprache nicht mächtig zu sein, löst **allein** diese Erklärung die Übersetzungspflicht aus. Für eine Überprüfung oder eigene Meinungsbildung durch den Notar ist dann kein Raum mehr.

d)   Zu beachtendes Verfahren

Ist eine – nach diesen Maßstäben – sprachunkundige Person an der Beurkundung beteiligt, bestimmt § 16 BeurkG einige **Besonderheiten des Beurkundungsverfahrens**, die vom Notar zwingend eingehalten werden müssen und deren Verletzung zum Teil sogar zur Unwirksamkeit der Urkunde führt. Letztlich zielen alle diese Maßnahmen darauf ab, eine ordnungsgemäße Beteiligung des Sprachunkundigen zu gewährleisten. Diese Vorkehrungen finden dann auch Eingang in die notarielle Niederschrift selbst. Es sind folgende **besondere Feststellungen in der notariellen Niederschrift** zu treffen, und zwar über:

— den Umstand der fehlenden deutschen Sprachkenntnis des Beteiligten, der entweder auf dessen eigener Angabe oder der Überzeugung des Notars beruhen muss (§ 16 Abs. 1 BeurkG);

— den Umstand, dass die Niederschrift übersetzt worden ist (durch den Dolmetscher oder den Notar selbst);

— den Umstand, dass der Notar den Beteiligten darauf hingewiesen hat, dass er eine schriftliche Übersetzung verlangen könne und die Entscheidung des Beteiligten hierüber (§ 16 Abs. 2 Satz 4 BeurkG);

— den Umstand, dass Ausschließungsgründe in der Person des Dolmetschers nicht vorliegen;

– die Vereidigung des Dolmetschers oder den Verzicht aller Urkundsbeteiligten auf diese Vereidigung.

Hinweis zu Besonderheiten bei Sprachunkundigen

Geht es um die Beurkundung eines **Testaments oder Erbvertrags**, stellt § 32 **BeurkG** besondere Regeln mit Blick auf Sprachunkundige auf. Danach muss die Niederschrift nicht nur mündlich, sondern grundsätzlich auch schriftlich übersetzt und die Übersetzung der Niederschrift beigefügt werden, sofern der Erblasser nicht darauf verzichtet. Der Verzicht ist zwingend in der Niederschrift zu vermerken. Selbstverständlich gilt § 16 BeurkG – mangels Verlesung – auch nicht bei reinen Unterschriftsbeglaubigungen des Notars.

e)   Formulierungsbeispiel

Das nachstehende Formulierungsbeispiel fasst diese Besonderheiten beispielhaft zusammen:

Formulierungsbeispiel – Hinzuziehung eines Dolmetschers

Der Beteiligte zu 1) erklärte, der deutschen Sprache nicht hinreichend mächtig zu sein. Er spreche nur Italienisch.

Daher wurde Herr Giovanni Trappete, geboren am 10.02.1965, wohnhaft Am Rathaus 3, 12345 Musterstadt, ausgewiesen durch Reisepass der Republik Italien Nr. 123456789, als Dolmetscher hinzugezogen. In der Person des Dolmetschers waren keine Ausschließungsgründe nach §§ 6, 7 BeurkG, deren Inhalt der Notar umschrieben hat, ersichtlich.

Der Dolmetscher erklärte, als solcher nicht allgemein vereidigt zu sein. Alle Beteiligten verzichteten übereinstimmend auf eine Vereidigung durch den Notar.

[alternativ: Auf Wunsch der Beteiligten wurde der Dolmetscher vom Notar vereidigt, indem er dem Notar die Worte nachsprach: „Ich schwöre, treu und gewissenhaft zu übersetzen." Der Notar hat den Dolmetscher über die Bedeutung eines Eides belehrt.]

Der Notar wies darauf hin, dass der Beteiligte zu 1) eine schriftliche Übersetzung verlangen könne; darauf verzichtete dieser jedoch.

[alternativ: Eine schriftliche Übersetzung der Urkunde wurde vom Dolmetscher gefertigt, dem Beteiligten zu 1) zur Durchsicht vorgelegt, von diesem genehmigt und dieser Urkunde als Anlage beigefügt.]

Der Dolmetscher soll die Niederschrift mit **unterschreiben** (§ 16 Abs. 3 Satz 5 BeurkG). Der Schlussvermerk lautet dann (am Beispiel des obigen Formulierungsbeispiels) wie folgt:

Formulierungsbeispiel – Schlussvermerk bei Hinzuziehung eines Dolmetschers

Diese Niederschrift wurde den Erschienenen in Gegenwart des Notars in deutscher Sprache vorgelesen und sodann [alternativ: abschnittsweise] vom Dolmetscher in die italienische Sprache übersetzt [ggf.: ... und die schriftliche Übersetzung als Anlage zu dieser Urkunde genommen]. Die Niederschrift wurde genehmigt und von den Erschienenen, dem Dolmetscher und dem Notar eigenhändig wie folgt unterschrieben:

Hinweis zu Besonderheiten bei Sprachunkundigen

Es bleibt dem Notar unbenommen, auch ohne Beteiligung eines Sprachunkundigen der Niederschrift in deutscher Sprache eine schriftliche Übersetzung z.B. in die englische Sprache beizufügen. Diese Übersetzung dient dann i.d.R. dem Zweck, einem nicht an der Beurkundung beteiligten Dritten die Kenntnisnahme vom Inhalt der Urkunde zu erleichtert (sog. **Convenience Translation**). Dies ist z.B. vorteilhaft für Gesellschaften mit ausländischem Hauptgesellschafter. Das Verfahren richtet sich dann nicht nach § 16 BeurkG, d.h., die Niederschrift wird nur in deutscher Sprache ohne mündliche Übersetzung verlesen. In der Praxis wird die Übersetzung dann direkt in einer rechten Spalte neben den deutschsprachigen Text der Niederschrift gesetzt (sog. **zweispaltige Urkunde**).

VII.   Urschrift, Ausfertigung, beglaubigte Abschrift und einfache Abschrift

Urschriften, Ausfertigungen und beglaubigte Abschriften notarieller Urkunden sind so herzustellen, dass sie **gut lesbar, dauerhaft und fälschungssicher** sind. Hierfür ist festes holzfreies weißes oder gelbliches Papier in DIN-Format zu verwenden (§ 29 Abs. 1, Abs. 2 Satz 1 DONot).

1.   Urschrift

Der Begriff **Urschrift** meint das Original der Urkunde so, wie sie am Ende des Beurkundungsverfahrens besteht. Von einer notariellen Niederschrift (§§ 6 ff., 36 f.

BeurkG) bleibt die Urschrift i.d.R. **in der Verwahrung des Notars** (vgl. § 45 Abs. 1 BeurkG), der sie zu den Notariatsakten (hier der Urkundensammlung, § 18 Abs. 1 DONot) nimmt. Dadurch ist gewährleistet, dass der Notar oder sein Amtsnachfolger, dem die Verwahrung der Akten übertragen worden ist, zu einem späteren Zeitpunkt beliebige weitere Abschriften von der Urkunde erteilen kann.

Die Urschrift ist – wie jede Ausfertigung oder beglaubigte Abschrift auch –, wenn sie mehr als einen Bogen oder ein Blatt umfasst, zu heften und der **Heftfaden anzusiegeln** (vgl. § 44 BeurkG, § 30 Satz 1 DONot). Dabei sollen Heftfäden in den Landesfarben verwendet werden (§ 30 Satz 2 DONot). Mit der Niederschrift in gleicher Weise zu verbinden sind die förmlich nach § 9 Abs. 1 Satz 2, 3, §§ 14, 37 Abs. 1 Satz 2, 3 BeurkG mit beurkundeten **Schriftstücke, Karten, Zeichnungen oder Abbildungen** (siehe oben Abschnitt VI. Ziffer 4. Buchst. c)).

Nur wenn dargelegt wird, dass die **Urschrift einer Niederschrift im Ausland** verwendet werden soll und alle Personen zustimmen, die eine Ausfertigung verlangen können (siehe hierzu sogleich Ziffer 2. Buchst. f)), händigt der Notar die Urschrift aus, nachdem er sie mit dem Prägesiegel versehen hat (§ 45 Abs. 2 BeurkG).

Regelmäßig ausgehändigt werden dagegen die Urschriften von Urkunden mit einfachen Zeugnissen, die in Form eines Vermerks verfasst sind (**Vermerkurkunden,** § 45 Abs. 3 BeurkG; zur Unterscheidung siehe bereits oben Abschnitt II. Ziffer 2.). Für sie wird ein **Vermerkblatt oder eine Abschrift** (in Altfällen einschließlich der Kostenrechnung gem. § 154 Abs. 3 KostO a.F.) in die Urkundensammlung gebracht (zu diesem Vermerkblatt siehe bereits oben Abschnitt III. Ziffer 6.).

Wenn die Urschrift einer vom Notar aufgenommenen **Niederschrift** ganz oder teilweise **zerstört oder abhandengekommen** ist, so kann er sie, wenn eine Ausfertigung oder beglaubigte Abschrift vorliegt, ersetzen (§ 46 BeurkG). Vor der Ersetzung der Urschrift soll der Schuldner gehört werden, wenn er sich in der Niederschrift der sofortigen Zwangsvollstreckung unterworfen hat. Von der Ersetzung der Urschrift sollen die Personen, die eine Ausfertigung verlangen können, verständigt werden, soweit sie sich ohne erhebliche Schwierigkeiten ermitteln lassen (§ 46 Abs. 3 BeurkG). Dies dient dem Schutz der Beteiligten.

2.   Ausfertigungen

a)   Bedeutung

Die Ausfertigung der Niederschrift **vertritt die Urschrift im Rechtsverkehr** (§ 47 BeurkG). Die Vorlage der Ausfertigung kommt der Vorlage der Urschrift gleich, da diese i.d.R. (siehe soeben Ziffer 1.) beim Notar verbleibt und deshalb im Rechtsverkehr nicht vorgelegt werden kann. Die Ausfertigung ist insbesondere wichtig, wenn es nach materiellem Recht

- auf den **Besitz der Urkunde** ankommt, namentlich bei **Vollmachtsurkunden** (§§ 172, 175 BGB), bei denen nur der Besitz der (Urschrift oder einer) Ausfertigung (nicht einer beglaubigten Abschrift!) für den Fortbestand der Vollmacht zeugt,

- auf den **Zugang der notariell beurkundeten Erklärung** ankommt, z.B. beim Widerruf eines gemeinschaftlichen Testaments oder dem Rücktritt vom Erbvertrag.

b)   Zulässigkeit

Ausfertigungen können **nur von notariellen Niederschriften** erteilt werden, nicht von einfachen notariellen Vermerkurkunden (vgl. Wortlaut §§ 47, 49 BeurkG).

c)   Zuständigkeit

Die Ausfertigung einer Urschrift kann darüber hinaus **nur von dem Notar** erteilt werden, der die **Urschrift verwahrt** (vgl. § 48 BeurkG). Das ist regelmäßig der Notar, der die Urkunde errichtet hat. Ein anderer Notar kann nur dadurch zu ständig werden, dass ihm die Verwahrung der Urkunden (als Amtsnachfolger) amtlich übertragen worden ist (§§ 51 Abs. 1 Satz 3, 45 Abs. 2 BNotO). Geht die Verwahrung auf das Amtsgericht über (vgl. § 51 Abs. 1 Satz 1 BNotO), wird dieses zuständig für die Erteilung von Ausfertigungen der verwahrten Notarurkunden. Gleiches gilt, wenn die Verwahrung faktisch von dem für das Amtsgericht zuständigen Landesarchiv durchgeführt wird (arg. § 51 Abs. 5 Satz 1 BNotO).

d)   Einfache Ausfertigung

Die Ausfertigung besteht in einer Abschrift der Urschrift, die mit dem Ausfertigungsvermerk versehen und in der **Überschrift** „**Ausfertigung**" bezeichnet ist (§ 49 Abs. 1 BeurkG).

Zum **Inhalt** des **Ausfertigungsvermerks** gehören

- die Angabe von **Tag und Ort** der Erteilung

- die Bezeichnung der **Person**, der die Ausfertigung erteilt wird, und

– die Bestätigung, dass die Ausfertigung mit der Urschrift **übereinstimmt.**

Der Ausfertigungsvermerk muss vom Notar **unterschrieben** und mit seinem **Siegel** versehen sein (§ 49 Abs. 2 BeurkG).

 Muster: Ausfertigungsvermerk

> **Ausfertigung**
>
> Diese Ausfertigung stimmt mit der Urschrift überein und wird Herrn/Frau … (Name) …, geboren …, in … (Wohnort) … erteilt.
>
> Ort, Datum …
>
> …
>
> Siegel, (Unterschrift) Notar

Zur Unterscheidung von vollstreckbaren Ausfertigungen (siehe dazu sogleich Buchst. f)) wird eine solche Ausfertigung auch **einfache Ausfertigung** genannt. Wie bei beglaubigten Abschriften kann auch eine Ausfertigung **nur auszugsweise,** d.h. nur über Teile einer notariellen Niederschrift, erteilt werden (siehe unten Ziffer 3. Buchst. b)).

Gehören **Anlagen** zur notariellen Niederschrift – egal ob förmlich mit beurkundet oder nur zu Dokumentationszwecken beigelegt –, sind sie mit auszufertigen. Sollen sonstige Anlagen, die nicht Bestandteil der Niederschrift sind, mit ausgefertigt werden, genügt der Ausfertigungsvermerk zur Beglaubigung dieser Anlagen, wenn sie mit der Ausfertigung durch Schnur und Prägesiegel verbunden werden (§ 49 Abs. 3 BeurkG). Dies ist eine Arbeitserleichterung z.B. bei Erteilung der vollstreckbaren Ausfertigung einer Grundschuldbestellungsurkunde, nachdem auf Gläubigerseite eine Rechtsnachfolge stattgefunden hat (z.B. Abtretung) und die notarielle Abtretungserklärung in Kopie beigefügt werden soll.

Auf der **Urschrift vermerkt** der Notar, wem und an welchem Tag er eine Ausfertigung erteilt hat (§ 49 Abs. 4 BeurkG).

Werden einem Berechtigten **mehrere Ausfertigungen** ein und derselben Notarurkunde erteilt, ist es üblich, die Reihenfolge der erteilten Ausfertigungen (z.B. „zweite Ausfertigung") anzugeben. Anders als bei vollstreckbaren Ausfertigungen (siehe Buchst. f)) besteht keine Pflicht hierzu, weil sich die Zahl der erteilten einfachen Ausfertigungen durch die Vermerke auf der Urschrift nachvollziehen lassen. Gleichwohl kann dies zweckmäßig sein, um anzuzeigen, dass mehrere Ausfertigungen erteilt wurden und auf diese Weise auch wieder mehrere eingezogen werden müssen, wenn sie außer Kraft gesetzt werden sollen (z.B. bei Ausfertigungen von Vorsorgevollmachten).

Kostenhinweis

Für die Fertigung des Ausfertigungsvermerks (= Erteilung einer Ausfertigung) erhält der Notar keine gesonderte (Geschäfts-)Gebühr. Ihm steht aber die Dokumentenpauschale für die Herstellung und Überlassung der Ausfertigung zu. Deren Höhe richtet sich nach der Seitenzahl der auszufertigenden Niederschrift (steht der Ausfertigungsvermerk wie üblich auf einem separaten Blatt, darf dieses mitgezählt werden), dem Format (bis DIN A3 oder größer), der Farbe (schwarz-weiß oder farbig) und vor allem danach, ob die Ausfertigung innerhalb eines Beurkundungsverfahrens oder außerhalb (z.B. nachträglich) erteilt wird (vgl. näher Nr. 32000, 32001, 32003 KV GNotKG).

Beispiele

– Der Notar sendet dem Vollmachtgeber nach Beurkundung einer Vorsorgevollmacht (vier Seiten) eine auf den Bevollmächtigten lautende Ausfertigung zu. Für diese Ausfertigung fällt eine Dokumentenpauschale von 0,60 € an (4 x 0,15 € gem. Nr. 32001 Nr. 2 KV GNotKG).

– Im Beispielsfall verlangt der Vollmachtgeber vier Wochen nach Beurkundung eine weitere Ausfertigung für den Bevollmächtigten. Gebühr: 2 € gem. Nr. 32000 KV GNotKG.

e)   Anspruch auf Erteilung von Ausfertigungen

Anspruch auf Erteilung einer Ausfertigung hat nach § 51 Abs. 1 BeurkG **jeder**, der

– bei Niederschriften über **Willenserklärungen** eine Erklärung im eigenen Namen abgegeben hat oder in dessen Namen eine Erklärung abgegeben worden ist,

– bei **anderen Niederschriften** jeder, der die Aufnahme (= Errichtung) der Urkunde beantragt hat.

Die **Rechtsnachfolger** dieser Berechtigten können ebenfalls eine Ausfertigung verlangen, müssen dann aber die Erbfolge nachweisen (Erbschein; eröffnetes notarielles Testament!).

Wer danach Ausfertigungen verlangen kann, ist **auch berechtigt, einfache oder beglaubigte Abschriften** zu verlangen (und die Urschrift einzusehen, § 51 Abs. 3 BeurkG).

Andere Personen als die Berechtigten (und deren Rechtsnachfolger) haben nur Anspruch auf Erteilung einer Ausfertigung, wenn **alle Beteiligten** dies gemeinsam in der Niederschrift oder nachträglich gegenüber dem Notar bestimmen. Kommt eine solche einvernehmliche Bestimmung nicht zustande, scheidet die Erteilung einer auf Dritte lautenden Ausfertigung aus.

Das gilt **nicht für** solche Abschriften, die der Notar in Erfüllung seiner gesetzlichen **Mitteilungspflichten** versendet (§ 51 Abs. 4 BeurkG); hierzu muss er sich von den Berechtigten nicht ermächtigen lassen.

Beispiele

– Anzeigen beim Finanzamt gem. §§ 7, 8 ErbStDV und gem. § 54 EStDV. Derartige Mitteilungen sind aber ebenfalls auf der Urschrift zu vermerken, so neben den genannten Anzeigen auch die an die Grunderwerbsteuerstelle nach § 18 GrEStG.

– Für den Anspruch auf Erteilung einer vollstreckbaren Ausfertigung einer **Grundschuldbestellungsurkunde** ist folgende Besonderheit zu beachten: Die Gläubigerin der Grundschuld (i.d.R. eine Bank) hat einerseits zwar einen Rechtsanspruch auf Erteilung der Vollstreckungsklausel, da diese notwendige Voraussetzung und Grundlage für die Zwangsvollstreckung ist (vgl. §§ 795, 750 ZPO). Andererseits ist die Gläubigerin der Grundschuld aber bei der Grundschuldbestellung (als einseitige Schulderklärung, siehe § 4 Abschnitt IV.) nicht Urkundsbeteiligte i.S.d. § 51 Abs. 1 BeurkG, so dass ihr beurkundungsverfahrensrechtlich keine Ausfertigung erteilt werden könnte. Dass die Urkunde (zumindest auch) im Interesse der Gläubigerin errichtet wurde, genügt insoweit nicht. Damit der Bank dennoch die vollstreckbare Ausfertigung der Grundschuldbestellungsurkunde erteilt werden kann, enthalten die Bankformulare eine entsprechende Bestimmung, wie beispielhaft im Folgenden formuliert:

Formulierungsbeispiel – Anspruch auf Erteilung von Ausfertigungen

Die Gläubigerin ist berechtigt, sich auf ihren einseitigen Antrag hin jederzeit eine vollstreckbare Ausfertigung dieser Urkunde auf Kosten des Darlehensnehmers erteilen zu lassen. Es wird auf den Nachweis der Tatsachen verzichtet, die das Entstehen und die Fälligkeit der Grundschuld (Kapital, Zinsen, Nebenleistungen) oder ihrer schuldrechtlichen Ansprüche bedingen. Der Darlehensnehmer verzichtet zudem auf den Nachweis des Eigentumswechsels.

Beurkundungsrechtlich handelt es sich um eine andere Bestimmung i.S.d. § 51 Abs. 2 BeurkG.

Beachte ferner:

Der gesetzliche **Vertreter eines Berechtigten** kann nur dann die Ausfertigung einer Urkunde, an der der Berechtigte mitgewirkt hat, verlangen, wenn sich seine Vertretung auf den Gegenstand der Beurkundung erstreckt.

Beispiel

– Der Betreuer eines geschäftsfähigen Betreuten möchte eine Abschrift des von dem Betreuten errichteten Testaments erhalten. Diese Bitte kann der Notar ohne Zustimmung des Betreuten nicht nachkommen, da sich die Betreuung niemals auf die Errichtung letztwilliger Verfügungen des Betreuten erstreckt (vgl. § 1903 Abs. 2 BGB).

f)   Vollstreckbare Ausfertigungen

Aus notariellen Urkunden findet gem. **§ 794 Abs. 1 Nr. 5 ZPO** die Zwangsvollstreckung statt, wenn die Urkunde über einen Anspruch errichtet ist, der einer vergleichsweisen Regelung zugänglich, nicht auf Abgabe einer Willenserklärung gerichtet ist und nicht den Bestand eines Mietverhältnisses über Wohnraum betrifft, und der Schuldner sich in der Urkunde wegen des zu bezeichnenden Anspruchs der sofortigen Zwangsvollstreckung unterworfen hat.

Beispiele

Die praktisch häufigsten Fälle der Vollstreckungsunterwerfung betreffen

– die Unterwerfung wegen des **Kaufpreiszahlungsanspruchs** des Verkäufers in Grundstückskaufverträgen gegen den Käufer,

– in Bestellungsurkunden bei **Finanzierungsgrundschulden** den Anspruch des Grundstückseigentümers wegen des dinglichen Anspruchs (§§ 1147, 1192 Abs. 1 BGB, 794 Abs. 2 ZPO) und des Käufers/Darlehensnehmers wegen des persönlichen Anspruchs (§ 780 BGB), siehe dazu ausf. unten § 4 Abschnitt IV.,

– diejenige des **Unterhaltsschuldners** bei Unterhaltsvereinbarungen (Ehegattenunterhalt, Kindesunterhalt).

Bei Vorliegen einer solchen Vollstreckungsunterwerfung kann die eigentliche **Zwangsvollstreckung** dann aufgrund einer mit der Vollstreckungsklausel versehenen Ausfertigung der notariellen Urkunde – der sogenannten **vollstreckbaren Ausfertigung** – durchgeführt werden, die die Vollstreckungsunterwerfung enthält

(§§ 795, 724 Abs. 1 ZPO). Der Inhaber des Anspruchs muss also nicht erst ein Klageverfahren vor Gericht durchführen, um ein gerichtliches Urteil zu erstreiten, das dann als Grundlage der Zwangsvollstreckung (sog. **Vollstreckungstitel**) dienen kann. Er kann direkt aus der notariellen Urkunde als Vollstreckungstitel gegen den Schuldner vorgehen. Deshalb wird auch von der Unterwerfung des Schuldners unter die **sofortige Zwangsvollstreckung** gesprochen. In dieser Beschleunigung und dem ggf. schnellen Zugriff auf Vermögenswerte des Schuldners liegt der besondere (aber auch einzige) Vorteil einer notariellen Vollstreckungsunterwerfung für den Gläubiger.

Beachte zudem:

Der Schuldner, der sich z.B. in der notariellen Kaufvertragsurkunde der sofortigen Zwangsvollstreckung wegen der Kaufpreisforderung aus § 433 Abs. 2 BGB unterwirft, **verzichtet** durch die Unterwerfungserklärung **nicht** auf seine etwaigen Einwendungen gegen die Forderung. Er kann also z.B. jederzeit gegen eine Zwangsvollstreckung aus der notariellen Urkunde wegen des Kaufpreisanspruchs geltend machen, er sei vom Kaufvertrag wegen Mangelhaftigkeit der Kaufsache zurückgetreten. Derartige Einwendungen werden dann aber nicht in einem gerichtlichen Erkenntnisverfahren im Vorfeld der Zwangsvollstreckung, sondern in einem solchen aus Anlass der laufenden Zwangsvollstreckung geklärt (vgl. § 767 ZPO). **Merkposten** also: Die Vollstreckungsunterwerfung ist kein Freibrief für den Gläubiger!

Aus einer vollstreckbaren notariellen Urkunde darf die Zwangsvollstreckung nur beginnen, wenn der Schuldtitel mindestens zwei Wochen vorher zugestellt ist (§ 798 ZPO). Bei **Grundschulden** ist die sechsmonatige Kündigungsfrist zu beachten (§ 1193 Abs. 1 Satz 3 BGB), die bei Sicherungsgrundschulden nicht verkürzt werden kann (§ 1193 Abs. 2 Satz 2 BGB), siehe dazu § 4 Abschnitt III. Ziffer 2.

Die vollstreckbare Ausfertigung besteht also aus einer einfachen Ausfertigung, die nach §§ 795, 797, 724, 725 ff. ZPO mit der **Vollstreckungsklausel** versehen ist.

 Muster: Einfache vollstreckbare Ausfertigung

Vollstreckbare Ausfertigung

Nachstehende Ausfertigung stimmt mit der Urschrift überein. Sie wird (Name/ Firma, Geschäftsanschrift oder Sitz des Gläubigers, ggf. auch Registerangaben) zum Zwecke der Zwangsvollstreckung erteilt.

Musterstadt, den 17.05.2019

...

Siegel, (Unterschrift) Notar

Der in der Überschrift der Abschrift gem. § 49 Abs. 1 Satz 2 BeurkG anzubringende Vermerk lautet hier: „Vollstreckbare Ausfertigung".

Zuständig für die Erteilung der vollstreckbaren Ausfertigung ist nach § 797 Abs. 2 Satz 1 ZPO der Notar, der die Urkunde verwahrt, die die Vollstreckungsunterwerfung enthält. Dies gilt gem. § 797 Abs. 3 Satz 2 ZPO unabhängig davon, ob die Erteilung einer ersten oder einer weiteren vollstreckbaren Ausfertigung begehrt wird. Die frühere Genehmigung durch das Amtsgericht im Rahmen der Erteilung einer weiteren vollstreckbaren Ausfertigung ist zum 01.09.2013 entfallen.

Die **Vollstreckungsklausel** kann sich in einfachen Fällen auf die Wiedergabe des § 725 ZPO beschränken, der nur die Wiederholung des Gläubigers aus der Unterwerfungserklärung verlangt, nicht jedoch die Wiederholung der Angabe des Schuldners sowie des vollstreckbaren Anspruchs. Diese Informationen ergeben sich aus der notariellen Urkunde selbst.

Auf der **ersten vollstreckbaren Ausfertigung** braucht keine Ordnungsziffer angegeben zu werden (etwa: „1. vollstreckbare Ausfertigung", auch wenn dies etwa bei Gerichten praxisüblich ist). Bei der (späteren) Erteilung einer **weiteren** (z.B. zweiten) **vollstreckbaren Ausfertigung** ist diese aber ausdrücklich als solche zu bezeichnen (§§ 797 Abs. 3 Satz 2, 733 Abs. 3 ZPO).

Wie bei der Erteilung einer einfachen Ausfertigung ist auch bei einer vollstreckbaren Ausfertigung auf der Urschrift der Urkunde der in § 49 Abs. 4 BeurkG vorgeschriebene Erteilungsvermerk anzubringen.

Kostenhinweise

Die erste vollstreckbare Ausfertigung löst keine Gebühr aus, wenn sie als **einfache vollstreckbare Ausfertigung** erteilt wird, d.h. gegen den in der Urkunde genannten Schuldner zugunsten des dort genannten Gläubigers. In diesem Fall besteht nur Anspruch auf Auslagenersatz nach den oben unter Buchst. c) genannten Bestimmungen.

Muss aber der Notar zur Erteilung der vollstreckbaren Ausfertigung den **Eintritt von Tatsachen** (z.B. Eintritt des kalendermäßig bestimmten Fälligkeitstermins) **oder einer Rechtsnachfolge** auf Schuldner- und/oder Gläubigerseite (z.B. nach Veräußerung des belasteten Grundbesitzes und/oder Abtretung der Grundschuld) i.S.d. §§ 726–729 ZPO prüfen, erhält er für die daraufhin erteilte vollstreckbare Ausfertigung – neben dem Auslagenersatz – eine 0,5-Gebühr (Nr. 23803 KV GNotKG).

Der **Geschäftswert** bestimmt sich gem. § 118 GNotKG nach dem oder den Ansprüchen, die Gegenstand der vollstreckbaren Ausfertigung sind.

Die gem. §§ 726–729 ZPO erteilte Vollstreckungsklausel wird wegen der besonderen Voraussetzungen, unter denen sie nur erteilt werden darf, auch **qualifizierte Vollstreckungsklausel** genannt. Die notwendigen **Nachweise** dafür, dass die besonderen Voraussetzungen eingetreten sind, müssen dem Notar gem. § 726 Abs. 1 ZPO in öffentlicher oder öffentlich beglaubigter Form vorliegen, wenn kein **Nachweisverzicht** des Schuldners davon dispensiert (siehe sogleich). In dem **Ausfertigungsvermerk** gibt der Notar an, wie der Nachweis im konkreten Fall erbracht worden ist. Darüber hinaus sind bei einem Wechsel in der Person des Schuldners und/oder Gläubigers die nunmehr berechtigten oder verpflichteten Personen in der Vollstreckungsklausel namentlich aufzuführen. Am Beispiel einer abgetretenen Grundschuld kann etwa wie folgt formuliert werden:

Muster: Vollstreckbare Ausfertigung bei Rechtsnachfolge auf Gläubigerseite

Vollstreckbare Ausfertigung

Nachstehende Ausfertigung stimmt mit der Urschrift wörtlich überein und wird hiermit unter Zurückziehung der am … (Datum der erstmals erteilten Klausel) erteilten Vollstreckungsklausel der … (Bezeichnung der neuen Gläubigerin) … sowohl wegen des persönlichen als auch wegen des dinglichen Anspruchs zum Zwecke der Zwangsvollstreckung erteilt.

Die Rechtsnachfolge auf Gläubigerseite ergibt sich aus der mir in Urschrift vorgelegten Abtretungserklärung vom … (UR-Nr. … des Notars … in …), von der eine hiermit beglaubigte Abschrift beigeheftet ist, und der Eintragung der Abtretung in das Grundbuch des Amtsgerichts … von … Blatt … in Abteilung III unter lfd. Nr. 1 am … .

Musterstadt, den 17.05.2016

…

Siegel, (Unterschrift) Notar

Beachte zum vorstehenden Muster:

Bei dem Muster handelt es sich nicht etwa um eine **weitere Ausfertigung** i.S.d. § 733 ZPO! Eine solche würde voraussetzen, dass demselben Gläubiger wegen desselben Anspruchs gegen denselben Schuldner bereits eine vollstreckbare Ausfertigung erteilt worden ist. Das ist hier wegen der Rechtsnachfolge der neuen Bank auf Gläubigerseite nicht der Fall.

Um den Gläubiger vor schwierigen Nachweisproblemen über den Eintritt der Vollstreckungsreife zu schützen, finden sich in notariellen Vollstreckungsunterwerfungen häufig **Nachweisverzichte**, insbesondere in den Grundschuldbestellungsformularen der Banken:

Formulierungsbeispiel – Nachweisverzicht

Es wird auf den Nachweis der Tatsachen verzichtet, die das Entstehen und die Fälligkeit der Grundschuld (Kapital, Zinsen, Nebenleistungen) oder ihrer schuldrechtlichen Ansprüche bedingen. Der Darlehensnehmer verzichtet zudem auf den Nachweis des Eigentumswechsels.

3. Beglaubigte und einfache Abschrift

a) Allgemeines

Die **beglaubigte Abschrift** ist eine Abschrift (Kopie) der Urschrift mit dem **Vermerk** des Notars, dass sie mit einer Hauptschrift übereinstimmt.

Der **Beglaubigungsvermerk** hat Ort und Tag der Ausstellung anzugeben und ist mit Unterschrift und Siegel oder Stempel des Notars zu versehen (siehe nachstehende Muster).

Wer Ausfertigungen verlangen kann, ist auch **berechtigt**, beglaubigte und einfache Abschriften zu verlangen (§ 51 Abs. 3 BeurkG, siehe soeben Ziffer 2. Buchst. e)).

Die Erteilung beglaubigter und unbeglaubigter, d.h. einfacher Abschriften, muss nicht zwingend auf der **Urschrift** der Urkunde vermerkt werden; es gibt aber (viele) Notare, die (zumindest) beglaubigte Abschriften trotzdem vermerken.

Einfache und auch beglaubigte Abschriften ersetzen weder die Urschrift, noch lassen sie eine Vermutung für den Fortbestand der beurkundeten Rechtswirkungen entstehen. Dies ist wichtig zu wissen im Kontext von General- und Vorsorgevollmachten (siehe dazu ausf. § 14 Abschnitt VI.).

b)   Beglaubigung einer Abschrift

Bei der Beglaubigung der Abschrift einer Urkunde soll gem. § 42 Abs. 1 BeurkG festgestellt werden, ob die Urkunde eine Urschrift, eine Ausfertigung oder eine beglaubigte oder einfache Abschrift ist.

Finden sich in einer dem Notar vorgelegten Urkunde Lücken, Durchstreichungen, Einschaltungen, Änderungen oder unleserliche Worte, zeigen sich Spuren der Beseitigung von Schriftzeichen, insbesondere Radierungen, ist der Zusammenhang einer aus mehreren Blättern bestehenden Urkunde aufgehoben oder sprechen andere Umstände dafür, dass der ursprüngliche Inhalt der Urkunde geändert worden ist, so soll dies in dem Beglaubigungsvermerk festgestellt werden, sofern es sich nicht schon aus der Abschrift (Ablichtung) ergibt (§ 42 Abs. 2 BeurkG).

Formulierungsbeispiel – Abschriftsbeglaubigung

Die Übereinstimmung der vorstehenden Abschrift – Ablichtung – mit der Urschrift beglaubige ich.

Musterstadt, den 17.05.2019

...

Siegel, (Unterschrift) Notar

Die Übereinstimmung der vorstehenden Abschrift – Ablichtung – mit der mir vorgelegten Urschrift – Ausfertigung – beglaubigten Abschrift – einfachen Abschrift – beglaubige ich.

Musterstadt, den 17.05.2019

...

Siegel, (Unterschrift) Notar

Enthält die Abschrift nur den **Auszug** aus einer Urkunde, soll in dem Beglaubigungsvermerk der Gegenstand des Auszugs angegeben und bezeugt werden, dass die Urkunde über diesen Gegenstand keine weiteren Bestimmungen enthält (§ 42 Abs. 3 BeurkG).

Formulierungsbeispiel – Auszugsweise Abschriftsbeglaubigung

Die vorstehende auszugsweise Abschrift der mir vorgelegten Urschrift – Ausfertigung – beglaubigten Abschrift – unbeglaubigten Abschrift – beglaubige ich.

Der Auszug aus der Urkunde umfasst … . Weitere Bestimmungen über diesen Gegenstand enthält die Urkunde nicht.

Musterstadt, den 17.05.2019

…

Siegel, (Unterschrift) Notar

Die **Möglichkeit** einer nur auszugsweisen beglaubigten Abschrift (Gleiches gilt bei der nur auszugsweisen vollstreckbaren Ausfertigung) erlaubt es dem Notar, vertrauliche(re) Teile einer notariellen Urkunde von ihren **zum weiteren Vollzug** bei Grundbuch bzw. Handelsregister oder allgemein zur Verwendung im Rechtsverkehr bestimmten Inhalten zu „trennen".

Beispiele

– Wollen sich getrennte Ehegatten in einer Scheidungsfolgenvereinbarung auch über den gemeinsamen Grundbesitz auseinandersetzen, genügt es für den grundbuchlichen Vollzug, wenn der Übertragungsvertrag als auszugsweise Abschrift oder Ausfertigung vorgelegt wird. Die Scheidungsfolgenvereinbarung im engeren Sinne wird nicht mit ausgefertigt.

– Manche Notare erteilen aus diesem Grund bei General- und Vorsorgevollmachten zusätzlich auszugsweise Ausfertigungen nur über den eigentlichen Vollmachtsteil, also insbesondere ohne Patientenverfügung.

– Ein weiteres Praxisbeispiel betrifft die nur auszugsweise Ausfertigung eines notariellen Kaufvertrags zum Zweck der Umschreibungsüberwachung. Sie enthält den vollständigen Kaufvertrag ohne die Auflassung (siehe nachf. § 5 Abschnitt VIII. Ziffer 3.).

Gemäß § 29 Abs. 3 DONot ist bei Unterschriftsbeglaubigungen, für Abschlussvermerke in Niederschriften, für Vermerke über die Beglaubigung von Abschriften sowie für Ausfertigungsvermerke der **Gebrauch von Stempeln** unter Verwendung von haltbarer schwarzer oder dunkelblauer Stempelfarbe zulässig.

c)   Verfahrenserleichterung (§ 49 Abs. 3 BeurkG)

Eine Verfahrenserleichterung besteht für die Herstellung von beglaubigten Abschriften, die **mit der Ausfertigung einer anderen Urkunde** zu verbinden sind, aber keine Anlagen dieser auszufertigenden Urkunde darstellen (sonst wären diese Abschriften ohnehin mit auszufertigen).

Werden solche Abschriften, ohne Anlagen zu sein, mit der Ausfertigung **durch Schnur und Prägesiegel verbunden**, genügt für ihre Beglaubigung gem. § 49 Abs. 3 erster Halbsatz BeurkG der Ausfertigungsvermerk selbst. Es entfällt also aufgrund des vorhandenen Ausfertigungsvermerks die Notwendigkeit einer zusätzlichen Abschriftsbeglaubigung!

Praktisch **relevant** wird diese Verfahrenserleichterung z.B. für Vollmachten, Genehmigungen, Vertretungsnachweise, Erbscheine oder Nachweise über die Verfügungsberechtigung, die einer notariellen Niederschrift gem. § 12 Satz 1 BeurkG beizufügen sind. Bereits der Ausfertigungsvermerk verleiht der Urkundenabschrift dann die Eigenschaft als öffentlich beglaubigte Abschrift (instruktiv OLG Karlsruhe, NJW-RR 1998, 903). Es müssen lediglich die sonstigen Anforderungen nach § 42 Abs. 1–3 BeurkG beachtet werden (§ 49 Abs. 3 zweiter Halbsatz BeurkG).

Praxistipp

Dass man von der Erleichterung des § 49 Abs. 3 BeurkG Gebrauch macht, kann man im Text der auszufertigenden Urkunde etwa durch die Formulierung „... von der eine **hiermit beglaubigte Abschrift** zu der vorliegenden Urkunde genommen wird ..." verdeutlichen (siehe dazu z.B. das Muster oben bei Ziffer 2. Buchst. f) am Ende).

Kostenhinweis

Für die Beglaubigung von Dokumenten fällt grundsätzlich eine **Beglaubigungsgebühr** an (Nr. 25102 KV GNotKG). Sie beträgt pauschal 1 € für jede angefangene Seite, mindestens aber 10 €. Neben dieser Gebühr wird dann keine Dokumentenpauschale (Nr. 32000 ff. KV GNotKG) erhoben, siehe Nr. 25102 Abs. 1 KV GNotKG.

In den in Nr. 25102 Abs. 2 KV GNotKG genannten Fällen fällt jedoch keine Beglaubigungsgebühr an. Diese Fälle sind in der Praxis am häufigsten:

–　beglaubigte Kopien oder Ausdrucke der vom **Notar selbst aufgenommenen** oder in Urschrift in seiner dauernden Verwahrung befindlichen Urkunde, sowie

–　beglaubigte Kopien vorgelegter **Vollmachten** und Ausweise über die Berechtigung eines gesetzlichen Vertreters, die der vom Notar gefertigten Niederschrift gem. **§ 12 BeurkG** beizulegen sind (siehe oben Abschnitt VI. Ziffer 3. Buchst. f)).

Soweit hier keine Beglaubigungsgebühr anfällt, steht dem Notar die Dokumentenpauschale (Nr. 32000 KV GNotKG) zu.

VIII.   Bücher, Verzeichnisse und Akten der Notarinnen und Notare

1.   Führung der Unterlagen, Dauer der Aufbewahrung

Eine geordnete, systematische Aktenführung ist für den Notar unerlässlich, um die ihm zugedachten Aufgaben wahrnehmen zu können.

Die **Unterlagen** im Notariat lassen sich unterteilen in Bücher, Verzeichnisse, Akten und Übersichten des Notars.

Notare führen die folgenden **Bücher und Verzeichnisse** (§ 5 Abs. 1 Satz 1 DONot):

–　die Urkundenrolle,

–　das Verwahrungsbuch,

–　das Massenbuch,

–　das Erbvertragsverzeichnis,

–　die Anderkontenliste,

–　die Namensverzeichnisse zur Urkundenrolle und zum Massenbuch,

–　Dokumentationen zur Einhaltung von Mitwirkungsverboten,

–　im Bereich der Notarkasse in München und der Ländernotarkasse in Leipzig das Kostenregister.

Notare führen folgende **Akten** (§ 5 Abs. 1 Satz 2 DONot):

– die Urkundensammlung,

– Sammelbände für Wechsel- und Scheckproteste,

– die Nebenakten,

– die Generalakten.

Daneben haben Notare jährlich **Übersichten** über ihre Urkunds- und Verwahrungsgeschäfte zu erstellen (§ 5 Abs. 2 DONot).

Bücher und Akten dürfen nur in der **Geschäftsstelle** des Notars und nur durch Mitarbeiterinnen und Mitarbeiter geführt werden, die in einem Beschäftigungsverhältnis zu dem Notar stehen; nicht jedoch durch beauftragte Dritte, z.B. einen externen Servicedienstleister (§ 5 Abs. 3 DONot). Mit Einführung des **Urkundenverzeichnisses**, des **Verwahrungsverzeichnisses** und des elektronischen Notaraktenspeichers bei der Bundesnotarkammer zum 01.01.2020 (siehe oben Abschnitt V. Ziffer 2.) wird allerdings eine Führung auf den Systemen der Bundesnotarkammer zulässig werden.

Wie diese Unterlagen genau zu führen sind, ist für alle Bücher und Verzeichnisse in §§ 6 und 7 DONot und für einzelne noch einmal genauer in den §§ 8–17 DONot und für die Akten des Notars in §§ 18–23 DONot geregelt (siehe dazu jeweils unten). Für einzelne dieser Unterlagen liegen auch amtliche (= verbindliche) Muster bereit, die als gesetzliche Anlagen zur DONot gehören.

2. Dauer der Aufbewahrung

Für die **Dauer der Aufbewahrung** der Unterlagen gilt gem. § 5 Abs. 4 DONot:

– Urkundenrolle, Erbvertragsverzeichnis, Namensverzeichnis zur Urkundenrolle und Urkundensammlung einschließlich der gesondert aufbewahrten Erbverträge (§ 18 Abs. 4 DONot): **100 Jahre;**

– Verwahrungsbuch, Massenbuch, Namensverzeichnis zum Massenbuch, Anderkontenliste, Generalakten: **30 Jahre;**

– Nebenakten: **sieben Jahre;**

– Sammelbände für Wechsel- und Scheckproteste: **fünf Jahre.**

Nach Ablauf der jeweiligen Verwahrungsfrist müssen die Unterlagen **vernichtet** werden.

Für eine **Nebenakte** kann der Notar spätestens bei der letzten inhaltlichen Bearbeitung schriftlich eine **längere Aufbewahrungsfrist** bestimmen, z.b. im Fall der Regressgefahr. Die Verlängerung der Aufbewahrungsfrist für Nebenakten kann auch für einzelne Arten von Urkundsgeschäften generell angeordnet werden, also z.b. für jedes Testament und jeden Erbvertrag. Letzteres ist durchaus praxisüblich. Eine entsprechende Verfügung könnte z.b. wie folgt lauten:

Formulierungsbeispiel – Verfügung zu den Aufbewahrungsfristen

Für Handakten wird eine dreißigjährige Aufbewahrungszeit bestimmt für alle

– Verfügungen von Todes wegen,

– Eheverträge und Scheidungsfolgenvereinbarungen und

– Grundpfandrechte, bezüglich derer Rangbescheinigungen erteilt wurden.

Musterstadt, den 17.05.2019

...

Siegel, (Unterschrift) Notar

Eine solche generelle Verlängerung der Aufbewahrungsfrist für Nebenakten ist zur Generalakte zu nehmen (siehe unten Ziffer 7. Buchst. d)).

Vor ihrer Vernichtung sind die Nebenakten auf Schriftstücke **durchzusehen**, die länger als die Regelfrist von sieben Jahren aufzubewahren sind, so z.b. steuerlich relevante Unterlagen, die nach den Bestimmungen der Abgabenordnung zehn Jahre aufzubewahren sind.

3. Führung der Bücher und Verzeichnisse – Allgemeine Vorgaben

Die Führung der Bücher und Verzeichnisse erfolgt auf **dauerhaftem Papier**; andere Datenträger sind lediglich Hilfsmittel (§§ 6 Abs. 1, 17 DONot). Das bedeutet, dass beim üblichen Einsatz einer **Notariatssoftware** erst mit dem Ausdruck auf Papier die maßgebliche Unterlage (z.b. Urkundenrolle) vorliegt; das ist wichtig vor allem auch im Hinblick auf einzuhaltende Bearbeitungsfristen. So müssen die Eintragungen in die Urkundenrolle gem. § 8 Abs. 3 DONot zeitnah, spätestens 14 Tage nach der Beurkundung vorgenommen werden. Das setzt den Ausdruck der am Computer erstellten und elektronisch gespeicherten Datei voraus.

Mit Einführung des **Urkundenverzeichnisses**, des **Verwahrungsverzeichnisses** und des elektronischen Notaraktenspeichers bei der Bundesnotarkammer zum 01.01.2020 sowie des elektronischen Urkundenarchivs zum 01.01.2022 (siehe oben Abschnitt V. Ziffer 2.) wird allerdings eine genuine elektronische Buch-, Akten- und Verzeichnisführung zulässig werden.

Bücher und Verzeichnisse können in **gebundener Form oder in Loseblattform** geführt werden (§ 6 Abs. 2 DONot). Entscheidet sich der Notar für die **gebundene Form**, sind Bücher gem. § 7 Abs. 1 DONot in festem Einband herzustellen, mit einem Titelblatt zu versehen und von Seite zu Seite fortlaufend zu nummerieren. Darüber hinaus sind sie unabhängig vom Ablauf eines Kalenderjahres weiterzuverwenden, bis sie voll sind. Auf dem Titelblatt sind der Name des Notars und der Amtssitz anzugeben. Bevor die Urkundenrolle und das Verwahrungsbuch in Gebrauch genommen werden, hat der Notar auf dem Titelblatt unter Beifügung von Datum, Unterschrift und Farbdrucksiegel die Seitenzahl des Buchs festzustellen. Zur Führung der Urkundenrolle mittels Loseblattsammlung vgl. § 14 DONot.

Zusätze und sonstige Änderungen der Bücher des Notars sind nur zulässig unter den in § 7 Abs. 2 DONot genannten Voraussetzungen:

— die ursprüngliche Eintragung muss **lesbar bleiben**;

— die Änderung ist durch einen von dem Notar zu datierenden und zu unterschreibenden **Vermerk** auf der Seite, auf der die Änderung eingetragen ist, zu **bestätigen**. An welcher Stelle dieser Vermerk aufgebracht wird, ist nicht vorgegeben. Werden die Bücher automationsgestützt geführt, braucht der Vermerk erst bei Ausdruck der abgeschlossenen Seite datiert und unterschrieben zu werden (§ 17 Abs. 3 DONot).

Muster, welche durch die DONot vorgeschrieben sind (z.B. zur Urkundenrolle Muster 2), dürfen im Format (z.B. Hoch- oder Querformat, Breite der Spalten) geändert werden, Abweichungen von der Gestaltung bedürfen der Genehmigung der Aufsichtsbehörde (§ 6 Abs. 3 DONot).

4.   Führung der Urkundenrolle (§ 8 DONot)

In die Urkundenrolle sind die wesentlichen Angaben zu den **Niederschriften und Vermerke**, die in § 8 Abs. 1 DONot im Einzelnen genannt sind, und damit zu der Urkundtätigkeit des Notars eines Kalenderjahres einzutragen. Die Urkundenrolle ist damit gewissermaßen das Inhaltsverzeichnis zur Urkundensammlung und erleichtert die Erstellung der jährlichen Übersichten i.S.d. § 5 Abs. 2 DONot.

Die Eintragungen müssen in ununterbrochener Reihenfolge und mit fortlaufenden Nummern versehen sein. Es werden aber **nicht alle Urkunden**, vor allem nicht alle Vermerkurkunden des Notars, in die Urkundenrolle eingetragen. Beglaubigte Abschriften und die Erteilung (vollstreckbarer) Ausfertigungen sind Beispiele für Urkunden, die nicht in die Urkundenrolle eingetragen werden. Ebenfalls nicht einzutragen sind Eigenurkunden des Notars (zu ihnen unten Abschnitt IX. Ziffer 4.), z.B. Identitätserklärungen bei Teilflächenkaufverträgen (dazu § 5 Abschnitt XVIII.). Ferner entspricht es einer z.B. in Teilen des Nur-Notariats (etwa in Nordrhein-Westfalen) geübten Praxis, Satzungsbescheinigungen und Gesellschafterlisten nicht mit einer Urkundenrolle-Nummer zu versehen und entsprechend auch nicht in die Urkundenrolle einzutragen. Die Eintragungspflicht entfällt nicht, wenn eine eintragungspflichtige Vermerkurkunde nicht in Papierform, sondern elektronisch errichtet worden ist (dazu oben Abschnitt V. Ziffer 4.). Maßgeblich für die Urkundenrolle ist also nicht das Medium, sondern der Inhalt der Urkunde.

Die Urkundenrolle muss **tabellarisch** nach dem Muster 2 (Anlage zur DONot) geführt werden (§ 8 Abs. 2 DONot). Das (nur beispielhaft, nicht im Sinne einer inhaltlich verbindlichen Vorgabe) ausgefüllte Muster einer Urkundenrolle in der für das Land Nordrhein-Westfalen geltenden Fassung der DONot findet sich im Internet unter *www.justiz.nrw.de/jvv/jvv_pdf/JVV_Alt/3830_20111025_2.pdf*.

Die Urkundenrolle hat demnach **sechs Spalten** (Spalten 1, 2, 2a, 3–5).

Die Eintragungen in die Urkundenrolle sind zeitnah, **spätestens 14 Tage** nach der Beurkundung, in **ununterbrochener** Reihenfolge vorzunehmen und für jedes Kalenderjahr mit **fortlaufenden Nummern** – den Urkundenrolle-Nummern – zu versehen (§ 8 Abs. 3 DONot). Diese Eintragungen erfolgen in Spalte **1**. Die Urkunden eines Kalendertags brauchen nicht in der zeitlichen Reihenfolge ihrer Beurkundung eingetragen werden.

Haben sich **mehrere Notare** zur gemeinsamen Berufsausübung soziiert, darf die Urkundennummer jedes Notars noch um eine weitere Ziffer oder einen (seltener: zwei) Buchstaben ergänzt werden, um jede Urkunde sofort einem der Notare zuordnen zu können. Üblich ist, den Anfangsbuchstaben des jeweiligen Nachnamens zu verwenden („UR-Nr. 139/2016 S"), bei Notariatsverwaltern im Übrigen der Zusatz „V".

Hin und wieder unterlaufen **Fehler bei der Vergabe der Urkundenrolle-Nummern**. Diese sind dann wie folgt zu beheben (vgl. auch Püls, in: Beck'sches Notar-Handbuch, 7. Aufl. 2019, Kap. M Rdnr. 110):

—   **Doppelt vergebene Nummer:** Wurde eine Urkundennummer mehrfach vergeben, ist für die weitere Behandlung wichtig, wie viele der betroffenen Urkunden bereits im Umlauf (= in Abschrift oder Ausfertigung oder bei Vermerkurkunden in Urschrift herausgegeben worden) sind. Befindet sich höchstens eine
Urkunde im Umlauf, wird die Dopplung dadurch beseitigt, dass die andere Urschrift mit einer **Unternummer** belegt wird, z.B. „UR-Nr. 17a/2016". Die Unternummer muss dann in die Urkundenrolle als Ergänzung (§ 7 Abs. 2
DONot) aufgenommen werden, etwa: „Unternummer 17a wegen doppelter
Belegung von Nr. 17/2016 vergeben (Datum, Unterschrift)".

Sind demgegenüber beide Urkunden bereits in Umlauf geraten, kann nach
überwiegender Auffassung ebenso (also Vergabe einer Unternummer) verfahren werden. Um den Rechtsverkehr nicht zu verwirren, dürfte es aber auch zulässig sein, auf die Vergabe einer Unternummer zu verzichten, zumal die Verwechslungsgefahr typischerweise gering sein dürfte.

Die Mehrfachbelegung ist in Spalte 5 (Bemerkungen) der Urkunde, die die zunächst doppelt belegte Nummer erhalten hat, kenntlich zu machen, etwa:
„Nr. 17/2016 wurde doppelt vergeben".

—   **Nicht belegte Nummer:** Sie dürfen nicht mit einer Urkunde eines späteren Tags
belegt werden, sondern **bleiben frei.**

In der Urkundenrolle ist dies kenntlich zu machen. Denkbar ist dabei der
Hinweis in einer Leerzeile, etwa: „Nr. 17/2016 wurde versehentlich nicht vergeben (Datum, Unterschrift)". Denkbar ist aber auch, in Spalte 5 (Bemerkungen) bei der letzten vorhergehenden und bei der ersten nachfolgenden Urkunde
zu vermerken, dass die nachfolgende bzw. vorhergehende Nummer nicht vergeben wurde.

—   **Übersehene Urkunde:** Kann eine Urkunde nicht mehr unter dem Tag ihrer
Errichtung eingetragen werden, erhält sie die nächste freie Urkundennummer.
Allerdings wird in Spalte 2 (Tag der Ausstellung, siehe unten) das zutreffende
Errichtungsdatum eingetragen. Der nachträgliche Einschub einer Unternum-
mer vom Tag der Errichtung ist nach überwiegender Auffassung nicht zulässig.

In der Urkundenrolle ist ein Hinweis angezeigt, etwa „zeitlich vor Nr. 17/2016
errichtet".

—   **Beachte ferner:** Bei nicht oder doppelt belegter Urkundennummer stimmt die
Gesamtzahl der eingetragenen Urkunden nicht mit der letzten laufenden Urkundennummer des Jahres überein. Dies ist in der jährlichen Übersicht über

die Urkundsgeschäfte des Notars (§ 24 DONot) zu beachten und durch eine Bemerkung in der Übersicht über die Urkundsgeschäfte klarzustellen.

Spalte 2

Spalte 2 enthält die Angabe, an welchem **Datum** die Urkunde errichtet wurde. Erstreckt sich die Errichtung über mehrere Tage, ist der Tag einzutragen, an dem die Urkunde **abgeschlossen** wurde.

In Spalte **2a** ist gem. § 8 Abs. 4 DONot aufzuführen, an welchem Ort das notarielle Amtsgeschäft vorgenommen worden ist. Die genaue Bezeichnung und postalische Anschrift (mangels Verwechslungsgefahr häufig ohne Postleitzahl) ist nur bei Auswärtsterminen notwendig (zur erleichterten Kontrolle, ob die örtliche Zuständigkeit eingehalten worden ist), ansonsten genügt der Vermerk „Geschäftsstelle".

Spalte 3

In Spalte **3** sind die **Urkundsbeteiligten** aufzuführen, insbesondere (§ 8 Abs. 5 DONot):

– bei notariellen **Niederschriften** nach §§ 8 und 38 BeurkG die Erschienenen, deren Erklärungen beurkundet worden sind,

– bei **Beglaubigungen** (§§ 39, 40, 41 BeurkG) diejenigen, welche die Unterschrift, das Handzeichen oder die Zeichnung vollzogen oder anerkannt haben,

– bei allen **übrigen Beurkundungen** (§§ 36, 39, 43 BeurkG) diejenigen, welche die Beurkundung veranlasst haben.

Soweit ein Beteiligter aufzuführen ist, sind – ähnlich §§ 9, 10 BeurkG – anzugeben der Familienname, bei Abweichungen vom Familiennamen auch der Geburtsname, der Wohnort oder der Sitz und bei häufig vorkommenden Familiennamen weitere, der Unterscheidung dienende Angaben. In **Vertretungsfällen** sind die Vertreter sowie die Vertretenen aufzuführen; bei Beurkundungen in gesellschaftsrechtlichen Angelegenheiten ist auch die Gesellschaft aufzuführen. Sind in einer Sache mehr als zehn Personen aufzuführen, genügt eine zusammenfassende Bezeichnung (z.B. Erbengemeinschaft nach Heinz Müller, gestorben am 12.03.2016).

Spalte 4

In Spalte **4** ist der **Gegenstand** des Geschäfts in Stichworten so genau zu bezeichnen, dass dieses deutlich unterscheidbar beschrieben wird (§ 8 Abs. 6 DONot). Bei Beglaubigungen ist anzugeben, ob der Notar den **Entwurf der Urkunde** gefertigt hat oder nicht. Bei Beglaubigungen mit Entwurf ist der Gegenstand der entworfenen Urkunde aufzuführen, bei Beglaubigungen ohne Entwurf kann der Gegenstand der Urkunde aufgeführt werden. **Gebräuchliche Abkürzungen** können verwendet werden (z.B. UBegl., LöschBew. m. Entw.).

Der Gegenstand soll **möglichst kurz und treffend** angegeben werden, jedoch muss die Eintragung immer den Inhalt des Geschäfts erkennen lassen. Bezeichnungen wie Vertrag, Erklärung, Angebot, Anmeldung genügen also nicht. Es muss stattdessen genauer heißen: Kaufvertrag mit Auflassung, GmbH-Gründung, Erbvertrag, Erbauseinandersetzungsvertrag oder Löschungsbewilligung, Zustimmung zum Kaufvertrag, Testament, Grundschuldbestellung (auch Schuldurkunde genannt), Angebot zum Kauf, Anmeldung zum Handelsregister oder Anmeldung zum Vereinsregister.

Der Bezeichnung „Unterschriftsbeglaubigung" darf also nur dann in Spalte 4 stehen, wenn der Notar lediglich die Unterschrift beglaubigt und nicht auch den davorstehenden Text entworfen hat.

Spalte 5

Spalte 5 ist für **ergänzende Bemerkungen** vorgesehen. Als einzige Spalte der Urkundenrolle muss sie nicht für jede einzutragende Urkunde ausgefüllt werden (sondern bleibt häufig leer). Ihr kommt dennoch eine wichtige **Informationsfunktion** zu:

— So ist im Eintrag über die **Nachgenehmigung** des vollmachtlos Vertretenen in Spalte 5 auf den nachgenehmigten Vertrag zu verweisen, sofern er von demselben Notar beurkundet wurde (z.B. „Siehe Nr. 187/2019")

— In Spalte 5 kann eine Klarstellung zu einem korrigierten Fehler aufgenommen werden (siehe oben zu Spalte 1).

Zwei weitere **Anwendungsbeispiele** nennt § 8 Abs. 7 DONot:

— Urkunden, in denen der Inhalt einer in der Urkundenrolle eingetragenen Urkunde (= Haupturkunde) **berichtigt, geändert, ergänzt oder aufgehoben** wird (= Berichtigungsurkunde), erhalten eine neue Nummer in der Urkundenrolle; um aber kenntlich zu machen, dass sie in wichtigem **Zusammenhang mit der Haupturkunde** steht, ist in Spalte 5 auf die Haupturkunde hinzuweisen (z.B. durch den Vermerk: „Vergleiche Nr. 121/2019"). Im UR-Eintrag der Haupturkunde ist umgekehrt auf die spätere Änderungsurkunde zu verweisen (z.B. durch den Vermerk „geändert durch Nr. 378/2019" oder „Nachtrag siehe Nr. 378/2019"). Nur durch wechselseitigen Hinweis ist gewährleistet, dass bei einem späteren Heraussuchen der Haupturkunde anhand der Urkundenrolle nicht übersehen wird, dass der Inhalt der Urkunde ganz oder teilweise verändert worden ist. Darüber hinaus ist es gestattet, die spätere Urkunde (Berichtigungsurkunde) bei der früheren (Haupturkunde) aufzubewahren (siehe sogleich Ziffer 7.).

Ist die Urkundenrolle zum Zeitpunkt des Nachtrags bei der Haupturkunde bereits wegen Ablaufs der Zweiwochenfrist (§ 8 Abs. 3 DONot) ausgedruckt worden (siehe oben), wird der Vermerk in Spalte 5 auf dem Ausdruck handschriftlich ergänzt.

– Wird eine **Urkunde bei einer anderen verwahrt** (was gem. § 18 Abs. 2 DONot zulässig ist, siehe unten Ziffer 7.), so ist in Spalte 5 bei der späteren Urkunde auf die frühere zu verweisen (z.B. mit den Worten „Verwahrt bei Nr. 2316/2019"). In der **Urkundensammlung** entsteht hierdurch eine Lücke an der Stelle, an der die bei der Haupturkunde verwahrte Urkunde einsortiert sein müsste; die Lücke ist durch ein Hinweisblatt oder eine Abschrift, auf der ein Hinweis auf die Haupturkunde anzubringen ist, zu schließen (§ 18 Abs. 2 Satz 3 DONot).

Der amtlich bestellte **Notarvertreter** führt die Urkundenrolle des vertretenen Notars in der üblichen Weise weiter. Lediglich der Beginn und das Ende der Vertretung sind in der Urkundenrolle einzutragen (§ 33 Abs. 5 DONot). Der Vermerk ist auch erforderlich, wenn der Vertreter keine eintragungspflichtigen Beurkundungen vorgenommen hat. Der Vermerk muss **nicht datiert und nicht unterschrieben** sein. Er kann wie im folgenden Formulierungsbeispiel lauten:

Formulierungsbeispiel – Beginn und Ende der Notarvertretung

Am 01.05.2019 hat Herr Rechtsanwalt Felix Müller die Amtsgeschäfte des Notars Dr. Peter Fröhlich als dessen Vertreter übernommen.

(… es folgen dann wie üblich die Einträge der durch Herrn Müller beurkundeten Geschäfte …)

Am 16.05.2019 hat Herr Notar Dr. Peter Fröhlich die Amtsgeschäfte wieder selbst übernommen.

5.   Erbvertragsverzeichnis

Der Notar hat über die Erbverträge, die er in eigene Verwahrung nimmt (§ 34 Abs. 2 BeurkG), ein Verzeichnis zu führen.

Siehe hierzu ausführlich § 15 Abschnitt XI. Ziffer 3. Buchst. b).

6.   Verwahrungsbuch und Massenbuch (§§ 10–14 DONot)

a)   Zweck

Verwahrungsmassen, welche Notare nach § 23 BNotO, §§ 57 ff. BeurkG entgegennehmen, sind in das Verwahrungsbuch und in das Massenbuch einzutragen (§ 10 Abs. 1 Satz 1 DONot). **Nicht eingetragen** werden müssen die in § 10 Abs. 1 Satz 2 DONot genannten Gegenstände. Häufigster Fall der notariellen Verwahrung von Geld ist die Kaufpreishinterlegung auf ein Notaranderkonto, wenn diese aus besonderen Gründen notwendig sein sollte (vgl. hierzu ausf. § 6 DONot).

Der Begriff der Masse bezeichnet dabei alle in einer **bestimmten Angelegenheit** verwahrten Gegenstände (Gelder). Jeder auf ein Notaranderkonto hinterlegte Kaufpreis bildet daher eine eigene „Masse". Folglich unterscheiden sich Massen- und Verwahrungsbuch dahingehend, dass

– im **Massenbuch** über **jede Masse** ein **gesondertes Blatt** geführt und auf diesem Blatt massenzugehörig gebucht wird, d.h., dort werden (nur) diejenigen Zahlungseingänge und Zahlungsausgänge verzeichnet, die dieser Masse zugeordnet sind;

– im **Verwahrungsbuch** alle Zahlungseingänge und alle Zahlungsausgänge, die unabhängig von ihrer jeweiligen Massezugehörigkeit ausschließlich nach dem Kriterium des **Buchungstags** gebucht werden.

Die Pflicht des Notars, Massen- und Verwahrungsbuch zu führen, bewirkt damit eine **doppelte Buchung** und erfordert – um Buchungsfehler zu vermeiden – **wechselseitige Verweise** auf die entsprechende Buchung im jeweils anderen Buch.

Jede Einnahme und **jede Ausgabe** sind damit sowohl im Verwahrungsbuch als auch im Massenbuch noch am Tag der Einnahme oder der Ausgabe unter diesem **Datum** einzutragen (§ 10 Abs. 2 DONot). Bei **bargeldlosem Zahlungsverkehr** sind die Eintragungen unter dem Datum des Eingangs der Kontoauszüge oder der Mitteilung über Zinsgutschriften oder Spesenabrechnungen noch an dem Tag vorzunehmen, an dem diese bei dem Notar eingehen. Kontoauszüge oder Mitteilungen sind mit dem Eingangsdatum zu versehen (§ 10 Abs. 3 DONot).

In **Vertretungsfällen** sind Verwahrungs- und Massenbuch in der üblichen Weise weiterzuführen. Ein Vertretervermerk ist anders als bei der Urkundenrolle nicht erforderlich.

Beachte in der Praxis:

Mit Einführung des **Verwahrungsverzeichnisses** zum 01.01.2020 (siehe oben Abschnitt V. Ziffer 2.) werden Masse- und Verwahrungsbuch zusammengeführt und zusammen mit der Anderkontenliste elektronisch geführt werden.

b)   Eintragungen im Verwahrungsbuch

Das Verwahrungsbuch ist nach dem **Muster 3** zu führen (Anlage zur DONot, § 11 Abs. 1 DONot).

Die Eintragungen sind unter einer durch das Kalenderjahr **fortlaufenden Nummer** vorzunehmen.

Geldbeträge sind in Ziffern einzutragen und aufzurechnen (also zu summieren), sobald die Seite vollgeschrieben ist. Das Ergebnis einer Seite ist sogleich auf die folgende Seite zu übertragen (§ 11 Abs. 3 DONot).

Bei jeder Eintragung in das Verwahrungsbuch ist auf die entsprechende Eintragung im Massenbuch zu verweisen (§ 11 Abs. 4 DONot).

Das Verwahrungsbuch ist am Schluss des Kalenderjahres abzuschließen und der Abschluss ist von dem Notar unter Angabe von Ort, Tag und Amtsbezeichnung zu unterschreiben. Der Überschuss der Einnahmen über die Ausgaben ist in das nächste Jahr zu übertragen.

c)   Eintragungen im Massenbuch; Anderkontenliste

Das Massenbuch ist nach dem **Muster 5** zu führen (Anlage zur DONot, § 12 Abs. 1 DONot).

In das Massenbuch ist jede Verwahrungsmasse mit den zugehörigen Einnahmen und Ausgaben gesondert unter einer **jährlich laufenden Nummer** einzutragen; **Name und Anderkontonummer** sowie ggf. Festgeldanderkontonummer des beauftragten Kreditinstituts sind zu vermerken. Den Eintragungen, welche dieselbe Verwahrungsmasse betreffen, sind die Bezeichnung der Masse, der laufenden Nummer und die Nummer der Urkundenrolle voranzustellen.

Geldbeträge sind **für die einzelnen Massen gesondert aufzurechnen.**

Am **Schluss des Kalenderjahres** ist für jede nicht erledigte Masse der Saldo von Einnahmen und Ausgaben zu bilden und die Summe der Salden ist dem Abschluss im Verwahrungsbuch gegenüberzustellen und entsprechend § 11 Abs. 5 Satz 1 DONot zu unterschreiben.

Notare haben gem. § 12 Abs. 5 DONot ein Verzeichnis der Kreditinstitute zu führen, bei denen Anderkonten oder Anderdepots eingerichtet sind (**Anderkontenliste**). Bei Anlegung der Masse sind in das Verzeichnis einzutragen:

– die Anschrift des Kreditinstituts,

– die Nummer des Anderkontos bzw. des Anderdepots,

– die Nummer der Masse,

– der Zeitpunkt des Beginns des Verwahrungsgeschäfts.

Einzutragen sind ferner die Nummer eines Festgeldkontos und der Zeitpunkt der Beendigung des Verwahrungsgeschäfts.

Ist eine Masse **abgewickelt**, sind die zu ihr gehörenden Eintragungen im Massenbuch und der Anderkontenliste zu röten oder auf andere eindeutige Weise zu kennzeichnen.

7. Akten

a) Urkundensammlung

Die Urkundensammlung des Notars ist die Sammlung der von diesem Notar **verwahrten Urkunden** in der Reihenfolge der hierfür vergebenen Urkundennummern.

Sie bildet damit den Kern des notariellen Archivs (neben den Handakten, deren Aufbewahrungsfrist noch nicht abgelaufen ist). Ein Notar verwahrt neben den vor ihm selbst errichteten Urkunden ggf. auch solche Urkunden (z.B. seines Amtsvorgängers), deren Verwahrung ihm von amtlicher Stelle übertragen wurde (vgl. § 51 BNotO). Damit ist der verwahrende Notar auch für die Erteilung von Ausfertigungen der verwahrten Urkunden (als Urkundenverwahrer) zuständig (vgl. § 48 Satz 1 BeurkG).

Wie der Notar seine Urkundensammlung – eine Akte i.S.d. Dienstordnung (§ 5 Abs. 1 Satz 2 Nr. 1 DONot) – **zu führen** hat, ist in §§ 18–20 DONot näher ausgestaltet. § 18 Abs. 1 DONot bestimmt, **welche Urkunden** der Notar in die Urkundensammlung aufzunehmen hat. Die Bezugnahme auf die Nummernfolge der Urkundenrolle (§ 18 Abs. 1 Satz 2 DONot) macht deutlich, dass es sich hierbei in erster Linie um diejenigen notariellen Urkunden handelt, die in die Urkundenrolle eingetragen wurden.

Von notariellen Urkunden, deren Urschrift nicht bei dem Notar verbleibt, muss eine Abschrift zur Urkundensammlung genommen werden (§ 19 Abs. 1 DONot); diese „vertritt" dann die fehlende Urschrift in der Urkundensammlung, um Leerstellen zu vermeiden (vgl. auch § 46 BeurkG zur Ersetzung verlorengegangener oder beschädigter Urschriften). Bei Urkunden, deren Entwurf der Notar nicht gefertigt hat, kann statt einer **Abschrift** der Urkunde ein **Vermerkblatt** zur Urkundensammlung genommen werden (§ 19 Abs. 2 DONot). Die Wahlmöglichkeit, von der die Praxis wenig Gebrauch macht, besteht vor allem bei Vermerkurkunden wie z.B. Unterschriftsbeglaubigungen, siehe dazu ausführlich oben Abschnitt III. Ziffer 6. Die Abschrift gem. § 19 DONot braucht keine beglaubigte zu sein, ist es in der Praxis aber regelmäßig (Stempel: „Beglaubigte Abschrift für die Urkundensammlung").

Besonderheiten bestehen bei Urkunden, die **letztwillige Verfügungen** enthalten (§§ 18 Abs. 4, 20 DONot). Diese Besonderheiten sind in § 15 Abschnitt XI. ausführlich dargestellt.

Die Dienstordnung geht davon aus, dass der Notar die Urkunden in seiner **Geschäftsstelle** oder einem zugehörigen Kellerraum verwahrt und nicht z.B. in einem Lagerhaus am Ortsrand, wo die Mieten für Lagerflächen niedriger sind. Die Urkundensammlung muss auch innerhalb der Geschäftsstelle vor dem Zugriff **unbefugter Dritter** geschützt werden. Dritte in diesem Sinne sind auch die Klienten selbst, die sich befugt in den Räumlichkeiten des Notariats aufhalten, z.B. zur Wahrnehmung eines Beurkundungstermins. Grund ist die notarielle Verschwiegenheitspflicht (§ 18 BNotO).

Der Notar entscheidet selbst, in welcher **Form** er die Urkunden aufbewahrt. Gebräuchlich sind kleine Urkundskästen, die rund 100 fortlaufende Urkunden auf nehmen können, ohne dass dazu eine (ohnehin unzulässige) Lochung oder ein anderer Substanzeingriff nötig würde. Ein weiterer Vorteil z.B. gegenüber der gebundenen Form ist, dass einzelne Urschriften z.B. für spätere Ausfertigungen leichter herausgeholt werden können.

§ 18 Abs. 2 DONot bietet dem Notar eine – in der Praxis vielfach genutzte – **Möglichkeit** (keine Pflicht), die Aufbewahrung der Urkunden nach der Reihenfolge ihrer Urkundsnummern im Einzelfall zu durchbrechen. Nach dieser Vorschrift kann eine Urkunde statt an der eigentlichen Stelle bei einer anderen Urkunde (der sog. Haupturkunde) verwahrt werden, wenn einer der drei in § 18 Abs. 2 Satz 1 DONot genannten Fälle vorliegt:

1. Bei einem **engem inhaltlichen Zusammenhang**, der so beschaffen sein muss, dass die andere Urkunde ohne die Haupturkunde von den Beteiligten **in zweckdienlicher Weise nicht verwendet** werden kann. Die Dienstordnung nennt als Beispiele die Erklärung über die Vertragsannahme (die dann bei dem Vertragsangebot verwahrt wird), die Auflassung (die bei dem schuldrechtlichen Grundgeschäft verwahrt wird) oder die Genehmigung (die bei der zu genehmigenden Urkunde verwahrt wird).

2. Die andere Urkunde ist für die **Rechtswirksamkeit** oder die **Durchführung** des in der Haupturkunde beurkundeten Rechtsvorgangs **bedeutsam** (nicht zwingend rechtliche Voraussetzung im eigentlichen Sinne). Hierzu zählt die Dienstordnung, z.B. Genehmigungen, behördliche Beschlüsse und Bescheinigungen, Erbscheine und Eintragungsmitteilungen.

3. In der anderen Urkunde wird der **Inhalt** der in der Sammlung befindlichen Haupturkunde **berichtigt, geändert, ergänzt oder aufgehoben** (vgl. dazu § 8 Abs. 7 DONot und bereits oben Ziffer 4.). Wird die Änderungsurkunde nicht mit der Haupturkunde verbunden, bestimmt § 18 Abs. 2 Satz 1 a.E., dass bei der Haupturkunde durch einen Vermerk auf die Änderungsurkunde zu verweisen und der Vermerk in die späteren Ausfertigungen und Abschriften der Haupturkunde zu übernehmen ist.

Die drei geregelten Fallgruppen sind **abschließend**; eine Erweiterung beinhaltet lediglich § 50 Abs. 3 Satz 2 BeurkG: Danach sollen die dort genannten Übersetzungen einer in fremder Sprache errichteten Niederschrift (derer der Notar mächtig sein muss, siehe § 5 Abs. 2 BeurkG) mit der Urschrift verwahrt werden.

Macht der Notar von der Möglichkeit des Beifügens Gebrauch, muss er sicherstellen, dass an der Stelle der Urkunde, die der Haupturkunde beigefügt wurde, **keine unbeabsichtigte Lücke** (Leerstelle) entsteht. Daher bestimmt § 18 Abs. 2 Satz 3 DONot, dass in die Urkundensammlung an der Stelle der bei der Haupturkunde verwahrten Urkunde ein Hinweisblatt oder eine Abschrift, auf der ein Hinweis auf die Haupturkunde anzubringen ist, aufgenommen werden muss.

Erteilt der Notar daraufhin eine Ausfertigung oder Abschrift der Haupturkunde, kann die **verbundene Urkunde mit ausgefertigt** werden. Wie der Notar im Einzelfall sein Wahlrecht ausgeübt hat, muss er im Erteilungsvermerk nach überwiegender Auffassung nicht gesondert vermerken.

Kein Wahlrecht, sondern eine **Pflicht zum Beifügen** zur Haupturkunde besteht nach § 18 Abs. 2 Satz 2 DONot, soweit es um den **Nachweis der Vertretungsbe-**

rechtigung geht, die gem. § 12 BeurkG einer Niederschrift beigefügt werden soll (dazu siehe oben Abschnitt VI. Ziffer 3. Buchst. f)).

Zu beachten ist, dass gem. § 18 Abs. 2 Satz 1 DONot mit der Haupturkunde nicht nur andere Urkunden, sondern **auch sonstige Unterlagen** verbunden werden können. Vor dem Hintergrund, dass die zu einem Vorgang (Geschäftsgang) gehörende Nebenakte bereits nach sieben Jahren vernichtet werden muss, kann dieses Verfahren Sinn machen, um z.B. (meist haftungsrelevante) Umstände über die Vernichtungsfrist hinaus dokumentierbar zu erhalten. Dadurch darf die Urkundensammlung aber nicht zu einer überfrachteten zweiten Blattsammlung neben der eigentlichen Nebenakte werden. Ein anderes Beispiel aus der Praxis ist die (dann auch i.d.R. mit ausgefertigte, vgl. § 18 Abs. 3 DONot) Flurkarte bei einem Grundstückskaufvertrag. Ein weiteres Praxisbeispiel betrifft die Beiheftung von ärztlichen Attesten, insbesondere bei letztwilligen Verfügungen (siehe oben Abschnitt VI. Ziffer 3. Buchst. d)).

Das **Beifügen** i.S.d. § 18 Abs. 2 DONot hat dadurch zu erfolgen, dass der Haupturkunde die andere Urkunde oder die anderen Unterlagen **angeklebt oder angeheftet** (§ 30 Abs. 1 DONot), also dauerhaft mit ihr verbunden werden.

Beachte abschließend:

Mit Einführung des elektronischen Urkundenarchivs zum 01.01.2022 (siehe oben Abschnitt V. Ziffer 2.) wird zunächst parallel zur papiergebundenen Urkundensammlung eine **elektronische Urkundensammlung** eingeführt.

b)   Protestsammlung (§ 21 DONot)

Aufbewahrt werden die beglaubigten Abschriften der **Wechselproteste** zusammen mit den Vermerken über den Inhalt der protestierten Wechsel und den Kostenrechnungen.

Zu nummerieren sind die Proteste in zeitlicher Reihenfolge den ganzen Band hindurch. Nach fünf Jahren können die Bände vernichtet werden. Zum Wechselprotest in der notariellen Praxis siehe ausführlich BECKER, notar 2015, 387.

c)   Nebenakten (§§ 5, 22 DONot)

Der Notar führt zu den einzelnen Geschäften (Beurkundungen, Beratungen, Entwürfen, Verwahrungen) **Handakten**, die von der DONot Nebenakten oder Blattsammlungen genannt werden. Die Nebenakten dienen dazu, den geordneten Geschäftsgang zu gewährleisten, und müssen daher sorgfältig geführt und so geordnet werden, dass sie jederzeit auch nach Abschluss des Geschäfts ohne Mühe wiedergefunden werden.

Zu den Handakten (Nebenakten) sind **alle Schriftstücke** zu nehmen, die mit dem Geschäft in Zusammenhang stehen, z.b. Schriftwechsel mit den Beteiligten, mit Gerichten und Behörden, Grundbuchauszüge, Grundbuchnachrichten. Sofern bei einer Beurkundung auch Verwahrungsgeschäfte entstehen, sind für Letztere gesonderte Blattsammlungen zu führen, und zwar für jedes **Verwahrungsgeschäft** gesondert (§ 22 Abs. 2 Satz 2 DONot). Während die Führung der Nebenakten für den Beurkundungsvorgang dem Notar nach Inhalt und Form freigestellt ist, ist er zur Führung der Nebenakten für die Verwahrungsgeschäfte verpflichtet. Zum Inhalt dieser Nebenakten siehe § 22 Abs. 2 Satz 2 Nr. 1–8 DONot.

Die Nebenakten müssen grundsätzlich **nach sieben Jahren vernichtet** werden, sofern der Notar keine längere Aufbewahrungsfrist bestimmt hat (§ 5 Abs. 4 DONot, siehe oben Ziffer 2.).

d) Generalakten (§ 23 DONot)

Die Mitteilungen der Aufsichtsbehörden, Prüfungsberichte und andere, die Amtstätigkeit im Allgemeinen betreffende Vorgänge (wie z.b. die Dokumentation der Risikoanalyse gem. GwG und zur DSGVO) sind zu Akten zusammenzufassen und vom Notar 30 Jahre (§ 5 Abs. 4 Nr. 2 DONot) aufzuheben. Hierin sind auch die Niederschriften über die Verpflichtung der Angestellten (§ 26 BNotO) und der Dienstleister (§ 26a BNotO) aufzubewahren.

IX. Ergänzung, Änderung und Nachbesserung fehlerhafter oder unvollständiger notarieller Urkunden

1. Ausgangslage

Wenn Menschen anspruchsvollen Tätigkeiten in einem dynamischen Arbeitsumfeld nachgehen, unterlaufen ihnen Fehler. Diese Binsenweisheit gilt auch im Notariat. Der Fehler kann Eingang in eine notarielle Urkunde finden und muss dann beseitigt werden. Für die **Fehlerbeseitigung gelten drei Leitgedanken:**

– Sie muss den Fehler **vollständig** beseitigen,

– sie sollte **möglichst rasch** erfolgen und

– für alle Beteiligten mit dem **geringstmöglichen Aufwand** an Zeit und Kosten verbunden sein.

Wird ein Fehler entdeckt, neigt die Mandantschaft dazu, die alleinige **Verantwortlichkeit** dafür beim Notar (bzw. seinen Mitarbeitern) zu suchen. Das mag im Einzelfall menschlich verständlich sein, entspricht aber keineswegs immer den Tatsachen. Die Ursache des Fehlers i.S.d. Verantwortlichkeitsfrage soll in diesem Abschnitt nicht weiter thematisiert werden, nur so viel sei erwähnt: Liegt ein Fehler des Notars vor, können die Kosten der Fehlerbeseitigung (insbesondere die Verfahrensgebühr für die Beurkundung einer Nachtragsurkunde) i.d.R. gem. § 21 Abs. 1 Satz 1 GNotKG niedergeschlagen werden.

Nicht immer beruht die Notwendigkeit, eine notarielle Urkunde zu ändern oder zu ergänzen, auf einem Versehen. Insbesondere bei **Teilflächenkaufverträgen** wird nach der katasteramtlichen Fortschreibung des Grundbuchs – je nach Ergebnis – die Identität der neu vermessenen Teilfläche mit der verkauften festgestellt (Identitätserklärung) oder aber – bei Abweichungen – eine Messungsanerkennung erklärt und die Auflassung wiederholt (siehe unten § 5 Abschnitt XVIII. Ziffer 6.). Dies alles geschieht völlig planmäßig, aber eben im Nachgang zu der eigentlichen Beurkundung.

Die **verschiedenen Instrumente**, die dem Notar (und damit den Beteiligten) in solchen Situationen zur Verfügung stehen, werden nachfolgend beschrieben. Die Darstellung folgt dabei in aufsteigender Reihenfolge. Damit ist gemeint: Je gravierender der zu beseitigende inhaltliche Mangel ist, desto intensiver muss die Mangelbeseitigung ausfallen und desto eher scheiden die einfacheren Instrumente auf niedrigerer Stufe aus.

2.   Änderungen vor Abschluss der Niederschrift (§ 44a Abs. 1 BeurkG)

Nur der Vollständigkeit halber sei zunächst erwähnt, dass Änderungen **während der Beurkundungsverhandlung** natürlich umfassend möglich sind, auch im Kontext von Verbraucherverträgen (§ 17 Abs. 2a BeurkG). Es ist gerade der Zweck des Beurkundungsverfahrens, zu überprüfen, ob der vorhandene Entwurfstext mit dem wahren Willen der Beteiligten übereinstimmt, und ihn dort, wo dies nicht der Fall ist, in der Verhandlung zu korrigieren.

§ 44a Abs. 1 BeurkG regelt nicht diesen Grundsatz, sondern das Verfahren der Änderung der Urkunde während der Beurkundungsverhandlung und vor ihrem Abschluss. Nach dieser Vorschrift sollen Zusätze und sonstige, **nicht nur geringfü-**

gige Änderungen am Schluss vor den Unterschriften oder am Rand vermerkt und im letzteren Fall von dem Notar besonders unterzeichnet werden.

Notare lassen bisweilen vor Unterzeichnung der Urkunde eine **Reinschrift durch Schreibkräfte** im Notariat erstellen. Die Änderungen sind dann nicht wie in § 44a Abs. 1 BeurkG vorgesehen auf der Urschrift vermerkt. Gleichwohl ist diese Praxis beurkundungsrechtlich nicht zu beanstanden, soweit die Urkunde insgesamt als schriftlich niedergelegter Text vorgelesen wurde. Sie bietet den Vorteil, dass sie spätere Übertragungsfehler im Zusammenhang mit handschriftlichen Änderungen weitgehend vermeidet.

Bei diesem Vorgehen läuft der Notar aber Gefahr, auf eine **beweiskräftige Dokumentation** inhaltlicher Abweichungen von dem von ihm vorgeschlagenen Vertragsinhalt auf Wunsch der Beteiligten (z.B. Verzicht des Erwerbers auf Eintragung einer Vormerkung als Voraussetzung für die Kaufpreiszahlung, wie dies der Notar vorgesehen hatte) zu verzichten und ebenso den Nachweis zu erschweren, dass eine Vertragsbestimmung zwischen den Beteiligten „im Einzelnen ausgehandelt" und deshalb keine Allgemeine Geschäftsbedingung ist (vgl. § 305 Abs. 1 Satz 3 BGB), weil sich das Aushandeln regelmäßig in Änderungen des vorformulierten Vertragsentwurfs niederschlägt. Lediglich bei Beurkundung von Testamenten und Erbverträgen vermeiden die meisten Notare handschriftliche Änderungen.

§ 44a Abs. 1 BeurkG gilt nur für Änderungen, die „nicht geringfügig" sind. Die **Abgrenzung zu den „geringfügigen" Änderungen**, die formlos durch Streichung oder Textkorrektur vorgenommen werden können, ist im Einzelfall schwierig. Die BNotK (DNotZ 1976, 262) stellt auf das Gewicht der betroffenen Vertragsbestimmung innerhalb des gesamten Vertragswerks ab. Sie muss **sachlich geringfügig** sein, auf den Umfang kommt es nicht an. Bei der ersatzlosen Streichung ganzer Absätze (etwa der Beleihungsvollmacht, weil der Käufer den Kaufpreis bar zahlt) bedarf es keines Rand- oder zusätzlichen Schlussvermerks, es genügt die Streichung. Dies gilt auch, wenn der vorbereitete Urkundstext eine Lücke lässt, weil dem Notar die erforderlichen Angaben fehlen (z.B. die Kontoverbindung eines Beteiligten). Die Lücke kann ohne weitere Formalitäten handschriftlich ausgefüllt werden. Nicht nur geringfügige Änderungen betreffen z.B. eine Änderung des Kaufpreises.

Werden die Zusätze i.S.d. § 44a Abs. 1 BeurkG „**am Schluss vor den Unterschriften**" vermerkt, erfolgen sie typischerweise handschriftlich nach dem bereits ausgedruckten Schlussvermerk (§ 13 Abs. 1 Satz 2 BeurkG). Dann ist nach den handschriftlichen Zusätzen ein weiterer Schlussvermerk in Kurzform anzufügen.

Formulierungsbeispiel – Zusatzvermerk

Zusätze mitverlesen, genehmigt und unterschrieben.

Änderungen in Anlagen nach §§ 9 Abs. 1 Satz 2, 14, 37 Abs. 1 Satz 2 BeurkG brauchen nicht unterzeichnet zu werden, „wenn aus der Niederschrift hervorgeht, dass sie genehmigt worden sind", etwa durch die im nachfolgenden Beispiel formulierte Wendung:

Formulierungsbeispiel – Genehmigungsvermerk

Die Niederschrift ist mit der Anlage vorgelesen, mit den in der Anlage enthaltenen Änderungen genehmigt und wie folgt unterschrieben worden.

3.   Nachtragsvermerk (§ 44a Abs. 2 BeurkG)

Nach § 44a Abs. 2 BeurkG kann der Notar **„offensichtliche Unrichtigkeiten"** auch **nach Abschluss der Niederschrift** durch einen von ihm zu unterschreibenden sogenannten Nachtragsvermerk (synonym: Unrichtigkeitsvermerk, besser: Richtigstellungsvermerk) richtigstellen.

Offensichtliche Unrichtigkeiten können z.B. die falsche Schreibweise eines Namens (z.B. „Mayer" statt „Maier"), Begriffsdreher (z.B. Käufer/Verkäufer, Vertreter/Vertretener), Zahlendreher (z.B. „Blatt 987" statt „Blatt 978"), die falsche Wiedergabe einer Zahl in Wortform (z.B. „500.000 € – in Worten: fünfhundert Euro –") und die Bezeichnung des Grundstücks nach Blatt, Flur und Flurstück sein.

Es dürfen gem. § 44a Abs. 2 BeurkG auch solche Fehler berichtigt werden, die sich erst **aus dem Gesamtzusammenhang** der Urkunde (z.B. bei versehentlichem Vertauschen von Verkäufer/Käufer in einem Abschnitt) oder aus **außerhalb der Urkunde liegender Umstände** ergeben (z.B. versehentliche Falschbezeichnung des Grundstücks, was sich (nur) durch das Grundbuchblatt als offensichtlich unrichtig herausstellt. Es genügt, dass die Unrichtigkeit für den an der Beurkundungsverhandlung beteiligten Notar offensichtlich ist (vgl. näher DNotI-Report 2014, 9, auch zur Frage, unter welchen Voraussetzungen der Amtsnachfolger zur Berichtigung berechtigt ist).

Der vorgeschriebene **Nachtragsvermerk** darf nicht mehr als Randvermerk an der Seite angebracht werden, auf der die offensichtliche Unrichtigkeit beurkundet ist, sondern muss **am Schluss** nach den Unterschriften oder auf einem besonderen, mit der Urkunde zu verbindenden Blatt niedergelegt, mit dem Datum der Richtigstellung versehen und von dem Notar unterschrieben werden (§ 44a Abs. 2 Satz 2 BeurkG). Die Beifügung des Siegels ist nicht vorgesehen (kommt in der Praxis aber durchaus vor). Die notarielle Praxis bringt zudem den Richtigstellungsvermerk – an sich gegen den klaren Wortlaut des BeurkG – auch auf der Seite der Urschrift an, die den offensichtlichen Fehler enthält, um jede Gefahr der versehentlichen Ausfertigung der Urkunde mit unkorrigiertem Inhalt auszuschließen.

Formulierungsbeispiel – Offensichtliche Unrichtigkeit

> *Als offensichtliche Unrichtigkeit stelle ich gem. § 44a Abs. 2 BeurkG richtig,*
>
> a) *dass auf Seite 3 der Urschrift in § 3 Abs. 1 der Kaufpreis in Wortform nicht „fünftausend Euro" lautet, sondern „fünfhunderttausend Euro";*
>
> b) *die Erklärung der Auflassung auf Seite 9 der Urschrift in § 10 Abs. 1 in der Weise erklärt ist, dass das Eigentum an dem verkauften Grundbesitz „auf den Käufer" (nicht „auf den Verkäufer") übergehen soll.*
>
> *Musterstadt, den 17.05.2019*
>
> *…*
>
> *(Unterschrift) Notar (ggf. Siegel)*

Wurde die Urschrift gem. § 44a Abs. 2 BeurkG berichtigt, können Abschriften und **Ausfertigungen** sogleich **mit dem korrigierten Wortlaut** erteilt werden. Es müssen also nicht der ursprüngliche Inhalt (mit offensichtlichem Fehler) und Berichtigungsvermerk ausgefertigt werden.

Beachte in der Praxis:

Eine **nicht offensichtliche Unrichtigkeit** kann nur durch eine neue Beurkundung in Form der Niederschrift, für die die §§ 8 ff. BeurkG gelten, behoben werden (siehe § 44a Abs. 2 Satz 3 BeurkG, siehe unten Ziffer 5. und 6.). Auch mit Zustimmung aller Beteiligter ist der Notar **nicht berechtigt**, solche Änderungen durch einen Nachtragsvermerk vorzunehmen.

Der Richtigstellungsvermerk bekommt **keine Nummer in der Urkundenrolle** des Notars.

§ 44a Abs. 2 BeurkG findet auch auf **Urkunden in Vermerkform** Anwendung. Hat der Notar eine Unterschrift beglaubigt, ist aber **nur der Beglaubigungsvermerk** öffentliche Urkunde; nur bei ihm kann – und darf – eine offensichtliche Unrichtigkeit gem. § 44a Abs. 2 BeurkG richtiggestellt werden. Der durch die Unterschrift gedeckte Text bleibt Privaturkunde, die von dem Aussteller vor **Unterschriftsbeglaubigung** beliebig geändert werden kann. Erfolgt die Änderung durch den Aussteller dagegen erst **nach der Beglaubigung** der Unterschrift, gilt die Vermutung der Echtheit des Textes nach § 440 Abs. 2 ZPO nicht mehr (BayObLG, DNotZ 1985, 220, siehe schon oben Abschnitt III. Ziffer 3.). Die so geänderte Urkunde genügt dann womöglich nicht mehr der Form des § 29 GBO. Bei unterschriftsbeglaubigten verfahrensrechtlichen Erklärungen (z.B. gegenüber Handelsregister oder Grundbuchamt) liegt der richtige und sicherste Weg darin, dass der Aussteller dann, wenn eine Änderungsnotwendigkeit möglich erscheint, den Notar in der Erklärung dazu bevollmächtigt, durch Eigenurkunde die verfahrensrechtliche Erklärung zu berichtigen und zu ergänzen (siehe sogleich Ziffer 4.).

Formulierungsbeispiel – Änderungsvollmacht bei verfahrensrechtlichen Erklärungen

Herr Notar Max Mustermann in Musterstadt, sein amtlich bestellter Vertreter oder Amtsnachfolger werden bevollmächtigt, Anträge aus dieser Registeranmeldung getrennt und einzeln zu stellen und zurückzuziehen sowie Änderungen und Ergänzungen, die vom Registergericht als Voraussetzung für die Eintragung gefordert werden, einschließlich der Aufnahme neuer Anmeldetatbestände vorzunehmen.

4.   Eigenurkunde des Notars aufgrund Vollzugsvollmacht

Die **Verfahrensordnungen** z.B. des **Grundbuchamts** und des **Handelsregisters** sehen übereinstimmend vor, dass der Notar, der die zu einer Eintragung erforderliche Erklärung beurkundet oder beglaubigt hat, als ermächtigt gilt, im Namen eines Antragsberechtigten die Eintragung zu beantragen (siehe § 15 Abs. 2 GBO; § 378 Abs. 2 FamFG für das Handelsregister). Demnach kommt es zur Erleichterung des Verkehrs mit den Registergerichten nicht darauf an, ob der Notar tatsächlich bevollmächtigt ist, was natürlich zulässig (§ 24 Abs. 1 Satz 2 BNotO), grundsätzlich möglich (§ 10 Abs. 2 Satz 2 Nr. 3 FamFG) und auch üblich ist. Zudem geht die Vermutungswirkung auch dahin, dass der Notar nicht lediglich als Bote der Beteiligten auftritt. Voraussetzung einer Vertretung ist freilich, dass eine Bevollmächtigung überhaupt möglich ist (nicht bei höchstpersönlichen Erklärungen im Handelsregister, z.b. Geschäftsführerversicherung gem. § 8 Abs. 2, 3 GmbHG; negative Abfindungsversicherung bei rechtsgeschäftlicher Nachfolge in einen Kommanditanteil).

§ 24 Abs. 3 BNotO knüpft an diese verfahrensrechtlichen Vorschriften an und bestimmt, dass eine danach vermutete Vollmacht des Notars zur Antragstellung auch die Rücknahme des Antrags umfasst. Darüber hinaus bestimmt § 24 Abs. 3 Satz 2 BNotO, dass die Rücknahmeerklärung zu ihrer Wirksamkeit lediglich mit der Unterschrift und dem Amtssiegel des Notars versehen sein muss, also eine **Beglaubigung der Unterschrift des Notars** (die nach § 31 GBO erforderlich wäre und nur durch einen **anderen** Notar erfolgen könnte, §§ 3 Abs. 1 Satz 1 Nr. 1, 6 Abs. 1 Nr. 1 BeurkG) **nicht erforderlich** ist.

Die Vorschrift des § 24 Abs. 3 BNotO wird allgemein so verstanden, als habe der Gesetzgeber damit die im allgemeinen Urkundenrecht entwickelte **notarielle Eigenurkunde** anerkannt. Von einer notariellen Eigenurkunde spricht man, wenn der Notar eine verfahrensrechtliche Erklärung aufgrund ausdrücklicher Vollmacht im Namen eines Beteiligten zur Ergänzung oder Abänderung einer Erklärung abgibt, die er selbst vorher bereits beurkundet oder beglaubigt hat, insbesondere zum Zwecke ihrer inhaltlichen Anpassung an grundbuch- oder registergerichtliche Erfordernisse. Für derartige Eigenurkunden des Notars **genügt** die Errichtung in der in § 24 Abs. 3 Satz 2 BNotO vorgesehenen **Form**.

Die Eigenurkunde ist **keine notarielle Urkunde i.S.d. BeurkG**. Es gilt dann z.B. auch nicht § 44 BeurkG, wonach eine aus mehreren Blättern bestehende Urkunde mit Schnur und Prägesiegel zu heften ist. Dies ist nicht allen Grundbuchämtern bekannt; bei Problemen empfiehlt es sich, die Eigenurkunde auf eine Seite (notfalls Vorder- und Rückseite) zu beschränken, was i.d.R. problemlos möglich sein wird.

Die Eigenurkunde wird auch **nicht in die Urkundenrolle eingetragen** und erhält dementsprechend keine Urkundennummer. Es empfiehlt sich aber, zu Dokumentationszwecken eine Kopie der Urschrift anzufügen, auf die sich die Eigen urkunde bezieht (zulässig gem. § 18 Abs. 2 DONot).

Die Eigenurkunde ist aber eine bewirkende öffentliche Urkunden i.S.d. § 415 ZPO (grundlegend BGH, DNotZ 1981, 118) und genügt damit den **Anforderungen** der §§ 29 GBO, 12 Abs. 1 Satz 1 HGB.

Die Anerkennung einer notariellen Eigenurkunde als öffentliche Urkunde ist jedoch an **mehrere Voraussetzungen gebunden:**

– Der Errichtung muss eine **Beurkundung dieses Notars** entweder in der Form der Niederschrift oder in der Form der Unterschriftsbeglaubigung vorausgegangen sein.

– In dieser Niederschrift oder in der notariell beglaubigten Erklärung hat der Beteiligte, dessen verfahrensrechtliche Erklärung in Rede steht, dem Notar **ausdrücklich Vollmacht** erteilt, seine Erklärung nachträglich zu berichtigen, zu ergänzen oder verfahrensrechtlichen Erfordernissen inhaltlich anzupassen (für ein Formulierungsbeispiel siehe unten).

– **Gegenstand** der Eigenurkunde ist (nur) die Ergänzung, Berichtigung oder Anpassung **verfahrensrechtlicher Erklärungen**, also von Anträgen und Eintragungsbewilligungen (§ 19 GBO). Die Errichtung einer Eigenurkunde kommt also nicht in Betracht, wenn materiell-rechtlich für das Rechtsgeschäft die Beurkundung vorgeschrieben ist. In diesem Fällen ist zwingend auf eine Nachtragsurkunde auszuweichen (zu ihr siehe sogleich Ziffer 5. und 6.).

– Die Eigenurkunde muss vom Notar entsprechend § 24 Abs. 3 Satz 2 BNotO **unterzeichnet und gesiegelt** sein.

Praktische Anwendungsfälle für notarielle Eigenurkunden betreffen z.B.:

– Die **Rücknahmeerklärung**, wenn der Antrag von dem Beteiligten persönlich gestellt worden ist, soweit dem Notar entsprechende Vollmacht erteilt wurde (hat der Notar den Antrag beglaubigt, gilt § 24 Abs. 3 Satz 1 BNotO, siehe oben).

– Ist dem Notar in der notariellen Urkunde „Vollzugsauftrag" erteilt, so gilt er auch als ermächtigt, eine **fehlende Grundstücksbezeichnung** i.S.d. § 28 Satz 1 GBO nachzuholen (BayObLG, DNotZ 1983, 434).

– Haben die Beteiligten beim **Verkauf einer Teilfläche** den Notar bevollmächtigt, die sogenannte **Identitätserklärung** (ohne Auflassung) abzugeben, also die katasteramtliche Bezeichnung gegenüber dem Grundbuchamt, so genügt die notarielle Eigenurkunde.

– Eine notarielle Eigenurkunde liegt auch vor, wenn der Notar aufgrund ihm erteilter **Doppelvollmacht** bestätigt, dass er eine familiengerichtliche Genehmigung entgegengenommen, dem anderen Vertragsteil mitgeteilt und die Mitteilung wiederum für diesen entgegengenommen hat (siehe ausf. § 14 Abschnitt IV. Ziffer 4. Buchst. c)).

Die Bevollmächtigung des Notars, ggf. durch notarielle Eigenurkunde Eintragungshindernisse bei Grundbuchamt, Handelsregister etc. zu beseitigen, ist dem

Verfahren der Bevollmächtigung von Mitarbeitern des Notars vorzuziehen. Geht es aber bei der gewünschten Ergänzung oder Änderung darum, den **materiell-rechtlichen Inhalt des Rechtsgeschäfts** zu bereinigen, scheidet die Eigenurkunde zwingend aus und es muss ggf. auf eine Mitarbeitervollmacht zurückgegriffen werden.

Formulierungsbeispiel – Vollzugsvollmacht Notar

> *Der Notar wird ohne Beschränkung auf die gesetzliche Vollmacht nach § 15 GBO ermächtigt, Anträge aus dieser Urkunde getrennt und eingeschränkt zu stellen und sie in gleicher Weise zurückzunehmen. Die Beteiligten bevollmächtigen den Notar darüber hinaus, soweit erforderlich, Bewilligungen und Anträge gegenüber dem Grundbuchamt zu ändern und zu ergänzen, überhaupt alles zu tun, was verfahrensrechtlich zur Durchführung dieses Vertrags erforderlich sein sollte. Der Notar ist ermächtigt, die Beteiligten im Grundbuchverfahren uneingeschränkt zu vertreten.*

Mit der vorstehenden Vollzugsvollmacht können z.B. auch die nachstehend aufgeführten **Vollzugsschwierigkeiten und Unklarheiten überwunden** werden:

– Die vereinbarte Freistellung des verkauften Grundstücks von einer Belastung verzögert sich. Das Eigentum soll schon zuvor auf den Käufer umgeschrieben werden. Das Grundbuchamt sieht Eigentumsumschreibung und Vollzug der bedungenen Lastenfreistellung als von den Beteiligten (stillschweigend) **verbundene Anträge** i.S.d. § 16 Abs. 2 GBO an. – Mithilfe der Vollzugsvollmacht kann der Notar den einen Antrag (Löschung der Belastung) wieder zurücknehmen.

– Der Notar hat einen Kaufvertrag und eine Grundschuld zur Finanzierung des Kaufpreises beurkundet. Er hat beide Urkunden mit gleicher Post zur Eintragung der Eigentumsvormerkung und der Grundschuld dem Grundbuchamt vorgelegt. In der Grundschuldurkunde ist über den Rang der Grundschuld nichts gesagt. Der Rechtspfleger beim Grundbuchamt will Eigentumsvormerkung und Grundschuld gem. §§ 17, 45 GBO im Gleichrang eintragen. – Der Notar kann mithilfe der Vollzugsvollmacht die **Anträge in die gewünschte Reihenfolge** bringen.

– Im Kaufvertrag sind ein dingliches Vorkaufsrecht und eine Dienstbarkeit für den Verkäufer bestellt worden. Die **Eintragungsbewilligungen** hierfür sollten am Schluss der Kaufvertragsurkunde aufgenommen werden, wurden dann aber **vergessen**. – Ist die Vollzugsvollmacht aufgenommen, kann die Bewilligung mit ihrer Hilfe erklärt werden.

– Die Grundschuldbestellung enthält eine präzise Rangbestimmung. Die Einholung der zur Rangbeschaffung erforderlichen Unterlagen verzögert sich. Die Eintragung der Grundschuld an zunächst **rangbereiter** Stelle ist möglich. In der Praxis wird dieses Problem meist dadurch vermieden, dass in der Grundschuldbestellungsurkunde klargestellt ist, dass Rangbestimmungen nur schuldrechtliche Bedeutung haben (im Sinne einer Rangverschaffungspflicht des Bestellers gegenüber der Bank), siehe unten § 4 Abschnitt III. Ziffer 2. a.E.

Beispiel aus der Praxis

Das zuständige Grundbuchamt erteilt eine Zwischenverfügung mit nachstehendem Inhalt:

 Muster: Zwischenverfügung

Sehr geehrter Herr Notar,

der Kaufgegenstand ist falsch bezeichnet. Nach der Eintragung im Grundbuch bezeichnet sich das Grundstück als Flur 13 Nr. 2511/2, Hof- und Gebäudefläche, Schildergasse 18 = 430 m^2. Um Vorlage einer Nachtragsurkunde der Vertragsparteien wird gebeten.

Rechtspfleger

Amtsgericht

– Grundbuchamt –

Daraufhin reagiert der Notar wie folgt:

 Muster: Ausübung Vollzugsvollmacht nach Beanstandung

Betreff:
Kaufvertrag vom ... – Urkunde .../... –
Grundbuch von ... Blatt 1736

                                                                    Musterstadt, den ...

Sehr geehrte Damen und Herren,

in Erledigung der Zwischenverfügung vom ... stelle ich aufgrund der mir von den Beteiligten in der vorbezeichneten Urkunde erteilten Vollmacht fest, dass sich das verkaufte Grundstück, wie nachstehend aufgeführt, richtig bezeichnet:

Grundbuch von ... Blatt 1736

Flur 13 Flurstück 2511/2, Hof- und Gebäudefläche, Schildergasse 18 = 430 m².

Namens meiner Vollmachtgeber wird bewilligt und beantragt, die Vormerkung zur Sicherung des Anspruchs des Käufers auf Eigentumsübertragung zu Lasten dieses Grundstücks einzutragen und nach Stellung des entsprechenden Antrags später die Auflassung hinsichtlich dieses Grundstücks im Grundbuch zu vollziehen.

Mit freundlichen Grüßen

...

Siegel, (Unterschrift) Notar

Zur notariellen Eigenurkunde siehe instruktiv MILZER, Notar 2013, 35.

5. Nachtragsurkunde durch Mitarbeiter des Notars

Die Beteiligten können anstelle des Notars (oder zusammen mit ihm) auch die Mitarbeiter an der Notarstelle bevollmächtigen, sie im weiteren Vollzug der Urkunde zu vertreten (sog. **Mitarbeitervollmacht**).

Der Unterschied einer Mitarbeitervollmacht gegenüber der Vollzugsvollmacht an den Notar (siehe oben Ziffer 3.) liegt darin, dass die Vollmacht nicht auf die Abgabe verfahrensrechtlicher Erklärungen beschränkt ist. Aufgrund einer Mitarbeitervollmacht können insbesondere auch materiell-rechtliche Erklärungen mit Wirkung für die Beteiligten abgegeben werden.

Beispiele betreffen etwa:

– die Erklärung der **Auflassung** (nach Vermessung der verkauften Teilfläche, siehe unten § 5 Abschnitt XVIII. Ziffer 6.);

– die Bestellung von **dinglichen Rechten** (etwa Grunddienstbarkeiten bei großen Bauvorhaben, Zuweisung von Kellerräumen bei großen Wohneinheiten);

– die **Änderung** des Gründungsprotokolls einschließlich Satzung bei einer GmbH-Gründung.

Im letztgenannten Beispiel kann eine entsprechende **Mitarbeitervollmacht** etwa wie folgt lauten.

Muster: Mitarbeitervollmacht

Mitarbeitervollmacht

Die Beteiligten bevollmächtigen die Mitarbeiter des Notars, Frau ..., Frau ... und Herrn ..., und zwar jeden von ihnen allein und unter Ausschluss jeglicher Haftung sowie von den Beschränkungen des § 181 BGB befreit, allerdings ohne eine Verpflichtung zum Handeln, zur Erklärung und Anmeldung etwaiger auf Verlangen von Gerichten oder Behörden erforderlich werdender Änderungen des Gesellschaftsvertrags oder der Anmeldung bis zur Eintragung der Gesellschaft in das Handelsregister. Die Vollmacht ist auf die Abgabe von Erklärungen beschränkt, die von dem amtierenden Notar, seinem amtlich bestellten Vertreter oder Amtsnachfolger beurkundet oder hinsichtlich der Unterschrift beglaubigt werden, sofern die vorgenannten Mitarbeiter von der Vollmacht Gebrauch machen.

Anmerkung

Die Haftungsbefreiung gilt nur für die genannten Mitarbeiter, nicht für den Notar selbst. Dieser haftet – wie sonst auch – nach § 19 BNotO.

Die **Mitarbeiter**, denen Vollmacht erteilt wird, sind **namentlich zu benennen**. Notare, die dies nicht wünschen (z.B. weil ein Mitarbeiterwechsel stets möglich ist), sollten sich zumindest in der Vollmacht zur namentlichen Benennung der Mitarbeiter ermächtigen lassen, z.B. mit folgender Formulierung:

Formulierungsbeispiel – Benennungsrecht des Notars

Alle Beteiligten bevollmächtigen den amtierenden Notar, seinen Vertreter im Amt oder Amtsnachfolger unter Befreiung von den Beschränkungen des § 181 BGB, durch Eigenerklärung oder Nachtragsverhandlung durch einen von ihm bestimmten Notariatsmitarbeiter, ...

Allerdings bestehen auch **Grenzen und Risiken** der (Ausübung der) Mitarbeitervollmacht:

– die Vollmacht darf **nur zur Durchführung der Haupturkunde**, in der sie enthalten ist, verwendet werden. Unzulässig wäre demnach die Bestellung einer Finanzierungsgrundschuld auf Basis der Mitarbeitervollmacht, die im Kaufvertrag enthalten ist. Denn die Grundschuldbestellungsurkunde ist ein eigenständiges Rechtsgeschäft neben dem Kaufvertrag und von einer dort erteilten Vollmacht sachlich nicht umfasst.

– Bei Ausübung der Vollmacht bestehen bisweilen **mehrere Möglichkeiten,** wie ein aufgetretenes Problem materiell-rechtlich beseitigt werden soll und/oder ob die Beteiligten mit dem vorgesehenen Lösungsweg des Notars in der Nachtragsurkunde **überhaupt einverstanden** sind. Die Gefahr ist hier ungleich größer als bei der verfahrensrechtlichen Vollzugsvollmacht an den Notar, da den Beteiligten häufig egal ist, auf welchem Weg eine bestimmte Regelung in das Register oder Grundbuch eingetragen wird, nicht aber, welchen Inhalt diese Regelung hat. In Zweifelsfällen kann sich der Notar damit behelfen, den Beteiligten den Entwurf der Nachtragsurkunde zukommen zu lassen mit der Bitte um Rückmeldung innerhalb einer bestimmten Frist. Dann ist allerdings der Schritt zu einer Nachtragsbeurkundung mit den Beteiligten selbst (siehe unten Ziffer 6.) nicht mehr weit und womöglich auch das zweckmäßigere Mittel zur Erforschung des Willens der Beteiligten.

Die Nachtragsurkunde ist eine normale Urkunde i.S.d. BeurkG. Der Notar hat sie einschließlich etwaiger Anlagen gem. §§ 8 ff. BeurkG **förmlich zu beurkunden.** Sie erhält eine **Urkundennummer** und wird in die **Urkundenrolle** eingetragen. In Spalte 5 bietet sich dort ein **Verweis** auf die Haupturkunde an (siehe oben Abschnitt VIII. Ziffer 4.).

6.   Nachtragsurkunde durch alle Beteiligte

Scheiden die vorbeschriebenen Möglichkeiten der Nachbesserung aus, **muss** eine Nachtragsbeurkundung mit allen (!) an der Haupturkunde beteiligten Personen erfolgen. Dieses Verfahren ist das aufwendigste, aber auch **sicherste Mittel** zur endgültigen Behebung von inhaltlichen Mängeln der Haupturkunde.

§ 3 Liegenschafts- und Grundbuchrecht

Das Grundstücksrecht besteht aus zwei grundlegend verschiedenen Inhalten, einerseits aus dem materiellen Liegenschaftsrecht, welches u.a. die Rechte und Pflichten der an einem Grundstück beteiligten Personen regelt, und andererseits aus dem formellen Grundbuchrecht, bei dem Verfahrensfragen rund um Eintragungen im Grundbuch im Vordergrund stehen.

I. Die Rechtsquellen des Grundstücksrechts

1. Rechtsquellen des materiellen Liegenschaftsrechts

Das materielle Liegenschaftsrecht ist in erster Linie im **Bürgerlichen Gesetzbuch (BGB)** geregelt, und zwar in seinem dritten Buch (Sachenrecht), genauer in den Abschnitten 2–7 (§§ 873–1203 BGB). Dabei enthalten die **Abschnitte 2 und 3 (§§ 873 ff. BGB)** Vorschriften dazu,

– wie Rechte an Grundstücken erworben, übertragen, aufgehoben oder geändert werden (§§ 873–877 BGB),

– welchen Rang mehrere, dasselbe Grundstück belastende Rechte untereinander einnehmen und wie dieses Rangverhältnis nachträglich geändert werden kann (§§ 879 f. BGB),

– wie Ansprüche auf eine Eintragung durch eine vorläufige Eintragung (Vormerkung) gesichert werden können (§§ 883–888 BGB),

– wie Grundstücke miteinander verbunden werden können (§ 890 BGB),

– welche Wirkungen eine Eintragung im Grundbuch hat, nämlich Rechtsvermutung (§ 891 BGB) oder öffentlicher Glaube (§§ 892 f. BGB),

– wann und wie das Grundbuch berichtigt wird (§§ 894–899 BGB) und

– wie der Erwerb und Verlust des Eigentums an Grundstücken erfolgt (§§ 925–928 BGB).

Die **Abschnitte 4–7** (§§ 1018 ff. BGB) enthalten die sogenannten beschränkten dinglichen Rechte an Grundstücken, namentlich:

– Dienstbarkeiten (Abschnitt 4, §§ 1018 ff. BGB),

– dingliche Vorkaufsrechte (Abschnitt 5, §§ 1094 ff. BGB),

– Reallasten (Abschnitt 6, §§ 1105 ff. BGB), sowie

- Grundpfandrechte wie Hypotheken, Grundschulden und Rentenschulden (Abschnitt 7, §§ 1113 ff. BGB).

Neben den Vorschriften des BGB ist das materielle Liegenschaftsrecht zusätzlich im **Erbbaurechtsgesetz** (ErbbauRG, vormals Verordnung über das Erbbaurecht, v. 15.01.1919), und in dem **Wohnungseigentumsgesetz** (WEG, Gesetz über das Wohnungseigentum und das Dauerwohnrecht v. 15.03.1951) enthalten.

Ferner bestehen für bestimmte landwirtschaftliche Höfe materiell-rechtliche Abweichungen vom Grundstücksrecht des BGB, die sich aus der **Höfeordnung** ergeben (Höfeordnung, zuletzt geändert durch Gesetz v. 20.11.2015, BGBl I, 2010).

Das **Heimstättengesetz** vom 15.11.1937 ist heute von untergeordneter Bedeutung, da es im Jahr 1993 aufgehoben wurde.

2. Rechtsquellen des formellen Grundbuchrechts

Der verfahrensrechtliche Teil des Grundstücksrechts ist, wie bereits erwähnt, maßgeblich in der **Grundbuchordnung** (GBO) enthalten. Detailfragen, die in der GBO nicht geregelt sind, befinden sich in ergänzenden Bestimmungen, namentlich

- in der allgemeinen Verfügung über die Einrichtung und Führung des Grundbuchs (**Grundbuchverfügung**, GBV),

- in der Verordnung zur Ausführung der Grundbuchordnung (GBOAV), sowie

- in der allgemeinen Verfügung über die geschäftliche Behandlung der Grundbuchsachen.

Da das Grundbuchverfahrensrecht zur freiwilligen Gerichtsbarkeit gehört, kann in der Praxis darüber hinaus das **FamFG** (Gesetz über das Verfahren in Familiensachen und in den Angelegenheiten der freiwilligen Gerichtsbarkeit v. 17.12.2008) relevant werden.

II. Zweck, Entwicklung, Führung und Struktur der Grundbücher sowie Grundbucheinsicht

1. Sinn und Zweck des Grundbuchs

Grundbücher sind zunächst dazu bestimmt, Grundstücke zu erfassen und an diesen Grundstücken bestehende Rechte offenkundig zu machen (**Informationsfunktion**). Obwohl das Grundbuch daher eine der Haupterkenntnisquellen für Informationen über ein Grundstück ist, enthält es jedoch nicht alle Informationen, die einen möglichen Erwerber interessieren. Dies folgt bereits daraus, dass im Grundbuch überhaupt nur privatrechtliche Rechte eingetragen werden, nicht hingegen im öffentlichen Interesse bestehende Baulasten und sonstige öffentliche Lasten (z.B. denkmalschutzrechtliche Baubeschränkungen, naturschutzrechtliche Ausgleichsmaßnahmen, rückständige Erschließungsbeiträge, Steuerschulden). Von den privatrechtlichen Rechten enthält das Grundbuch zudem nur solche mit dinglicher, absoluter Wirkung (siehe dazu im Einzelnen unten Abschnitt IV.). Für den Erwerber von Grundbesitz bietet es sich daher an, für zusätzliche, aus dem Grundbuch nicht ersichtliche Informationen bei den jeweils zuständigen Stellen (vor allem Gemeinden) nachzufragen.

Der zweite, noch bedeutendere Zweck der Grundbücher besteht in der **Sicherung des Grundstücksverkehrs** und **Erleichterung der Bodenbeleihung**. Das Vertrauen des Rechtsverkehrs auf die Angaben im Grundbuch, der sogenannte öffentliche Glaube an die Richtigkeit des Grundbuchs soll geschützt werden. Dies ist ein vom Gesetzgeber (zu Recht) hochgeschätztes Gut, für das die Richtigkeit des Grundbuchs mit großen Anstrengungen erreicht werden muss. Diese Zielsetzung wird in vielen Aspekten des Grundbuchverfahrens deutlich. Ein Beispiel ist das Prinzip der konstitutiven Eintragung. Hiernach entstehen Rechte an einem Grundstück erst mit ihrer Eintragung im Grundbuch, wodurch zu jeder Zeit eine möglichst hohe Richtigkeitsgewähr des Grundbuchs erreicht wird. Der Nutzen, den der Rechtsverkehr aus den großen Anstrengungen zieht, die um die Richtigkeit des Grundbuchs gemacht werden, zeigt sich z.B. in der Möglichkeit des gutgläubigen Erwerbs (siehe dazu auch den nachfolgenden Abschnitt II. Ziffer 2.). Gutgläubiger Erwerb meint, dass ein Erwerber eines Grundstücks grundsätzlich auf die Richtigkeit des Grundbuchs – also z.B. die Eigentümerstellung des als Eigentümer eingetragenen – vertrauen darf und dadurch wirksam das Eigentum erlangen kann, selbst wenn die Voreintragung des Veräußerers unrichtig war.

2.   Exkurs zum öffentlichen Glauben an die Richtigkeit des Grundbuchs und gutgläubiger Erwerb

In den §§ 892 f. BGB kommt zum Ausdruck, dass der öffentliche Glaube des Grundbuchs geschützt werden soll. Der Grundstücks- und Hypothekenverkehr soll gegen die Gefahren geschützt werden, die daraus erwachsen, dass der Inhalt des Grundbuchs nicht immer richtig und vollständig ist.

Trotz der oben unter Ziffer 1. erwähnten Anstrengungen kann der **Inhalt des Grundbuchs aus einer Vielzahl von Gründen unrichtig** sein, etwa weil:

- die als Eigentümer eingetragene Person (Bucheigentümer) tatsächlich gar nicht **Eigentümer** des betreffenden Grundstücks ist, z.b. weil er aufgrund eines falschen Erbscheins eingetragen wurde, oder weil eine Gesellschaft bürgerlichen Rechts (GbR) als Eigentümerin (z.b. die „AB Gesellschaft bürgerlichen Rechts bestehend aus den Gesellschaftern A und B") eingetragen ist, obwohl der A seinen Gesellschaftsanteil zwischenzeitlich außerhalb des Grundbuchs an C übertragen hat;

- der Eigentümer eines Grundstücks in der **Verfügungsbefugnis** über sein Eigentumsrecht oder der Inhaber eines sonstigen Rechts in der Verfügung über dieses Recht **beschränkt** ist, dies aber aus dem Grundbuch nicht ersichtlich ist (z.b. wenn ein Insolvenzvermerk nicht in das Grundbuch eingetragen worden ist);

- ein darin eingetragenes **Recht nicht rechtswirksam entstanden** ist, z.b. weil die zur Entstehung des Rechts zusätzlich noch erforderliche (lediglich dem Grundbuchamt nicht nachweispflichtige) Einigung der Beteiligten nichtig ist oder

- bei der Hypothek eine Valutierung (Beleihung) gar nicht erfolgt ist und daher das Recht in Wirklichkeit (als Eigentümergrundschuld) dem Grundstückseigentümer zusteht, der aber nicht als Gläubiger im Grundbuch eingetragen ist.

Trotz der Unrichtigkeit der Eintragung kann der Rechtsverkehr in solchen und ähnlichen Fällen grundsätzlich auf den Inhalt des Grundbuchs vertrauen. § 892 BGB bestimmt hierzu grundlegend: Zugunsten desjenigen, welcher ein Recht an einem Grundstück oder ein Recht an einem solchen Recht durch Rechtsgeschäft erwirbt, gilt der Inhalt des Grundbuchs als richtig, es sei denn, dass ein Widerspruch gegen seine Richtigkeit eingetragen oder die Unrichtigkeit dem Erwerber bekannt ist.

Geschützt wird dabei nur derjenige, der ein Grundstücksrecht (z.B. das Eigentum oder eine Hypothek) oder seltener ein Recht an einem solchen Recht (z.B. das Pfandrecht an einer Hypothek) durch ein Verkehrsgeschäft erwirbt. Ein solcher **gutgläubiger Erwerb** scheidet demnach aus, wenn der Erwerb kraft Gesetzes erfolgt (wie z.B. bei Erbfolge gem. § 1922 BGB). Ebensowenig ist gutgläubiger Erwerb möglich bei nicht eintragungsfähigen Rechtsverhältnissen, bei vorheriger Eintragung eines Widerspruchs im Grundbuch oder wenn der Erwerber selbst „bösgläubig" ist, also von der Unrichtigkeit des Grundbuchs Kenntnis hat.

3.   Entwicklung der Grundbücher vom Buch zur Datenbank

Grundbücher gibt es seit mehreren Jahrhunderten. Seit 1935 wurden sie in festen Bücherbänden geführt und 1961 in eine Loseblatt-Sammlung umgestellt. Eine grundlegende Veränderung dessen, was heute unter „dem Grundbuch" verstanden wird, brachte das Registerverfahrensbeschleunigungsgesetz aus dem Jahr 1993, wodurch das EDV-Grundbuch eingeführt wurde. Seitdem ist der online einsehbare, eingescannte elektronische Datensatz, also die Datei als „das Grundbuchblatt" anzusehen. Diese Umwandlung in eine elektronische Form brachte eine ganze Reihe von Vorteilen mit sich. Seit der vollständigen Digitalisierung sind sämtliche Grundbücher jederzeit online einsehbar.

Die nächste „Revolution" des Grundbuchs ist bereits in den Startlöchern, nämlich die Umstellung des Grundbuchs von einem EDV-Grundbuch mit eingescannten Bildern, die als PDF-Datei abrufbar sind, in ein echtes **Datenbank-Grundbuch**. Hierdurch wird es aus elektronischen Daten bestehen, die am Computer korrigiert, kopiert, sortiert, durchsucht und weiterverarbeitet werden können. Maßgeblich für die Vorbereitung dieser Neuerung sind das Gesetz zur Einführung des elektronischen Rechtsverkehrs und der elektronischen Akte im Grundbuchverfahren aus dem Jahr 2009 sowie das Gesetz zur Einführung eines Datenbankgrundbuchs vom 01.10.2013 (BGBl I, 3719).

Diese Umstellung des Grundbuchs auf eine Datenbank geht einher mit der vollständigen Umstellung des Grundbuchswesens auf den elektronischen Datenverkehr, die noch immer regional unterschiedlich stark umgesetzt ist (zum Teil Pilotversuche, zum Teil bereits Echtbetrieb). An diejenigen Grundbuchämter, bei denen der rechtsverbindliche elektronische Rechtsverkehr bereits eröffnet ist (z.B. in Baden-Württemberg, Sachsen, Schleswig-Holstein sowie zuletzt Rheinland-Pfalz), können Notare schon heute die einzureichenden Dokumente mit den zugehörigen XML-Daten nur noch elektronisch übermitteln. Vergleiche für weitere Details nicht nur die Webseite *www.elrv.info* (hier: „Übersicht zu den Bestimmungen der Bundesländer": *www.elrv.info/de/elektronischer-rechtsverkehr/rechtsgrundlagen/ElRv_Uebersicht_BL.html*), sondern namentlich oben § 2 Abschnitt V. Ziffer 1. Buchst. b) und Ziffer 3.

4.   Führung der Grundbücher, Grundakten

Die Grundbücher werden in fast allen Bereichen Deutschlands durch die bei den Amtsgerichten eingerichteten **Grundbuchämter** geführt. Lediglich in Baden-Württemberg existieren derzeit noch gemeindliche Grundbuchämter, denen Amtsnotare vorstehen (vgl. § 143 Abs. 1 GBO sowie oben § 1 Abschnitt IV. Ziffer 3.–5.). Die Zuständigkeit eines Grundbuchamts erstreckt sich auf alle im jeweiligen Amtsgerichtsbezirk gelegenen Grundstücke.

Für jeden Grundbuchbezirk (Gemeindebezirk) wird ein Grundbuch geführt, das alle im jeweiligen Bezirk vorhandenen Grundstücke erfasst. Mit der folgenden Angabe ist eine Grundbuchstelle eindeutig bezeichnet: Grundbuch des Amtsgerichts Musterstadt von Musterstadt, Blatt 1000. Seit der Führung als Loseblatt-Sammlung ist insbesondere eine Bandangabe nicht mehr erforderlich.

Die Grundbuchämter legen grundsätzlich für jedes Grundstück ein besonderes Grundbuchblatt an. Ausnahmen sind dann möglich, wenn mehrere Grundstücke wirtschaftlich zusammengehören (z.b. Hausgrundstück und nebenan gelegenes Garagengrundstück) oder wenn dieselbe Person Eigentümer einer Vielzahl kleiner, ähnlicher Grundstücke (z.b. Ackerlandflächen) ist.

Grundlage des Grundbuchs ist das Kartenwerk, das die Vermessung und amtliche Bezeichnung der Grundstücke enthält. Die Bezeichnung und Führung ist in den einzelnen Ländern verschieden, möglich sind insoweit die Bezeichnungen Flurbuch, Kataster, Sachregister, Grund- und Gebäudesteuerbuch und Lagebuch.

Alle den Eintragungen im Grundbuch zugrundeliegenden Urkunden werden beim Grundbuchamt gesammelt und ergeben die sogenannten **Grundakten** (§ 10 GBO, § 24 GBVfg). Die weiterhin von den Grundbuchämtern geführten Eigentümerregister sind heute aufgrund der Recherchemöglichkeit im Internet obsolet geworden.

5. Grundbuchauszug, Inhalt und Struktur des Grundbuchs

Jedes Grundbuchblatt besteht aus einem Deckblatt, dem Bestandsverzeichnis und drei Abteilungen. Dies verdeutlicht der folgende, beispielhafte Grundbuchauszug:

Muster: Grundbuchauszug

Amtsgericht Musterstadt

Grundbuch vor Musterstadt

Blatt 662

Dieses Blatt ist zur Fortführung auf EDV umgestellt worden und dabei an die Stelle des bisherigen Blattes getreten. In dem Blatt enthaltene Rötungen sind schwarz sichtbar.

Freigegeben am 24.07.2002, (Name des Rechtspflegers)

Musterstadt Musterstadt 662 · letzte Änderung 12.07.2013 · Abdruck vom 31.08.2014

Amtsgericht Musterstadt   **Grundbuch von Musterstadt**   **Blatt 662**   **Bestandsverzeichnis**

Lfd. Nr. der Grund- stücke	Bishe- rige lfd. Nr. der Grund- stücke	Bezeichnung der Grundstücke und der mit dem Eigentum verbundenen Rechte					Größe		
		Gemarkung	Flur	Flurstück	Liegen- schaftsbuch	Wirtschaftsart und Lage	ha	a	qm
		a	b	c/d		e			
1	2	3					4		
1		Musterstadt	1	189		Gartenland, Die Krautäcker von Muster- land		11	
2		Musterstadt	1	170/1		Hof- und Gebäudefläche, ~~Schulstraße 9~~ Schlossstraße 9		14	
3		Musterstadt	1	188		Hof- und Gebäudefläche, Hausgarten, Schlossstraße 5		4	

Musterstadt Musterstadt 662 · letzte Änderung 12.07.2013 · Abdruck vom 31.08.2014

III. Grundstücksbegriffe

§ 3

Amtsgericht Musterstadt	Grundbuch von Musterstadt	Blatt 662	**Bestandsverzeichnis**
Bestand und Zuschreibungen		Abschreibungen	
Zur lfd. Nr. der Grundstücke		Zur lfd. Nr. der Grundstücke	
5	6	7	8
1, 2	Von Blatt 538 hierher übertragen am 05.04.1996. (Name des Rechtspflegers)		
3	Von Blatt 508 hierher übertragen am 23.05.1999. (Name des Rechtspflegers)		
2	Lagebezeichnung geändert am 12.07.2013. (Name des Rechtspflegers)		

Musterstadt Musterstadt 662 · letzte Änderung 12.07.2013 · Abdruck vom 31.08.2014

Amtsgericht Musterstadt	Grundbuch von Musterstadt	Blatt 662	**Abteilung I**
Lfd. Nr. der Eintragungen	Eigentümer	Lfd. Nr. der Grundstücke im Bestandsverzeichnis	Grundlage der Eintragung
1	2	3	4
1	Viktor Vogel, geboren 10.04.1953	1, 2	Aufgelassen am 13.12.1995 und eingetragen am 05.04.1996. (Name des Rechtspflegers) Unterschrift
		3	Aufgelassen am 23.02.1999 und eingetragen am 23.05.1999. (Name des Rechtspflegers)

Musterstadt Musterstadt 662 · letzte Änderung 12.07.2013 · Abdruck vom 31.08.2014

Amtsgericht Musterstadt		Grundbuch von Musterstadt	Blatt 662	Abteilung II
Lfd. Nr. der Eintragungen	Lfd. Nr. der betroffenen Grundstücke im Bestandsverzeichnis	Lasten und Beschränkungen		
1	2	3		
1	2	Lebenslängliches Wohnungsrecht an sämtlichen Räumlichkeiten des aufstehenden Wohnhauses nach Inhalt der Bewilligung vom 21.01.1989 für die Eheleute Valentin Vogel und Valentina geb. Voldemort. Zur Löschung genügt der Nachweis des Todes der Berechtigten. Eingetragen in Blatt 538 am 20.11.1969 und mit dem belasteten Grundstück hierher übertragen am 05.04.1996. (Name des Rechtspflegers)		

Musterstadt Musterstadt 662 · letzte Änderung 12.07.2013 · Abdruck vom 31.08.2014

Amtsgericht Musterstadt		Grundbuch von Musterstadt	Blatt 662	Abteilung II
Veränderungen			Löschungen	
Lfd. Nr. der Spalte 1			Lfd. Nr. der Spalte 1	
4	5		6	7

Musterstadt Musterstadt 662 · letzte Änderung 12.07.2013 · Abdruck vom 31.08.2014

Amtsgericht Musterstadt		Grundbuch von Musterstadt	Blatt 662	Abteilung III
Lfd. Nr. der Eintra- gungen	Lfd. Nr. der betroffenen Grundstücke im Bestands- verzeichnis	Betrag	Hypotheken, Grundschulden, Rentenschulden	
1	2	3	4	
1	1, 2	60.000,– €	Sechzigtausend Euro mit 15 vom Hundert Jahreszinsen und einer einmaligen Neben- leistung von 5 vom Hundert des Grundschuldbetrags Grundschuld für die Volksbank Mus- terstadt eG. Vollstreckbar nach § 800 ZPO. Gemäß Bewilligung vom 13.12.1994 eingetra- gen in Blatt 538 am 08.01.1995 und mit den belasteten Grundstücken hierher übertragen am 05.04.1996. (Name des Rechtspflegers)	
2	1, 2	50.000,– €	Fünfzigtausend Euro mit 14 vom Hundert Jahreszinsen und einer einmaligen Nebenleistung von 5 vom Hundert des Grundschuldbetrags Grundschuld für die Volksbank Musterstadt eG. Vollstreckbar nach § 800 ZPO. Gemäß Bewilligung vom 13.12.1994 eingetragen in Blatt 538 am 08.01.1995 und mit den belasteten Grundstücken hierher übertragen am 05.04.1996. (Name des Rechtspflegers)	
3	1, 2	25.000,– €	Fünfundzwanzigtausend Euro mit 14 vom Hundert Jahreszinsen und einer einmaligen Nebenleistung von 5 vom Hundert des Grundschuldbetrags Grundschuld für die Volksbank Musterstadt eG. Vollstreckbar nach § 800 ZPO. Eingetragen gemäß Bewilligung vom 30.05.1996 am 22.04.1996. (Name des Rechtspflegers)	
4	1, 2	200.000,– €	Zweihunderttausend Euro mit 14 vom Hundert Jahreszinsen und einer einmaligen Nebenleistung von 5 vom Hundert des Grundschuldbetrags Grundschuld für die Volksbank Musterstadt eG. Vollstreckbar nach § 800 ZPO. Eingetragen gemäß Bewilligung vom 15.11.1997 am 30.11.1997. (Name des Rechtspflegers)	

Musterstadt Musterstadt 662 · letzte Änderung 12.07.2013 · Abdruck vom 31.08.2014

Amtsgericht Musterstadt	Grundbuch von Musterstadt		Blatt 662	Abteilung III	
Veränderungen			Löschungen		
Lfd. Nr. der Spalte 1	Betrag		Lfd. Nr. der Spalte 1	Betrag	
5	6	7	8	9	10

Musterstadt Musterstadt 662 · letzte Änderung 12.07.2013 · Abdruck vom 31.08.2014

Wie aus dem obigen Musterauszug zum Teil ersichtlich, sind in den einzelnen Bestandteilen des Grundbuchs jeweils die folgenden Inhalte vermerkt:

Titelblatt

Auf dem Deckblatt eines Grundbuchblatts (**Aufschrift** genannt) sind der Name des Amtsgerichts, der Grundbuchbezirk und die Nummer des Grundbuchblatts angegeben. Bei einigen, speziellen Grundbuchblättern sind zudem Besonderheiten hinsichtlich der Art des Grundbuchblatts hervorgehoben, wenn es sich nämlich um ein Wohnungs- und/oder Teileigentumsgrundbuch oder ein Erbbaugrundbuch handelt (oder um eine Kombination von beidem, also ein Wohnungs- und/oder Teilerbbaugrundbuch). Ebenso kann die Aufschrift einen Hofvermerk ("Hof/Ehegattenhof i.S.d. Höfeordnung") enthalten, wodurch die Anwendbarkeit der Höfeordnung klargestellt wird. Die Höfeordnung enthält besondere Vorschriften, die hinsichtlich der Vererbung eines Hofs und seiner lebzeitigen Übertragung zur vorweggenommenen Erbfolge von den Regeln des BGB abweichen.

Bestandsverzeichnis

Das sich anschließende **Bestandsverzeichnis** gibt Auskunft über den Bestand an Grundstücken oder grundstücksgleichen Rechten und ist in acht Spalten gegliedert. Diese geben jeweils an:

– **Spalte 1**: die laufende Nummer des Grundstücks (alle unter einer laufenden Nummer genannten Flächen bilden zusammen ein Grundstück im Rechtssinne);

– **Spalte 2**: die frühere laufende Nummer (die z.B. infolge Teilung, Vereinigung oder Zuschreibung zu einem anderen Grundstück überholt ist);

– **Spalte 3**: die Bezeichnung der Gemarkung, die Nummer der Flur und des Flurstücks sowie (aus notarieller Sicht unwichtigere) zusätzliche Angaben wie Nummer des Liegenschafts- und Gebäudebuchs, wie auch die Wirtschafts-(Kultur-)art und -lage;

– **Spalte 4**: die Grundstücksgröße nach Hektar, Ar und Quadratmeter;

– **Spalten 5 und 6**: Bestand bei Anlegung des Blatts samt nachträglicher Zuschreibungen sowie

– **Spalten 7 und 8**: Abschreibungen, bei denen das Grundstück aus dem Grundbuchblatt ausscheidet, wenn etwa infolge Verkaufs die Eintragungen auf ein anderes Grundbuchblatt übertragen werden. Dabei werden zugleich die Eintragungen zum Grundstück in den Spalten 1–6 "gerötet" d.h. rot (heutzutage: schwarz) unterstrichen, wodurch die erfolgte Löschung für den ungeübten

„Laienleser" des Grundbuchs zusätzlich verdeutlicht wird (**verbindlich** erfolgt ist eine Löschung jedoch nicht durch diese Rötung, sondern allein nur durch Eintragung des Löschungsvermerks gem. § 46 Abs. 1 GBO, oder aber bei Abschreibung eines Grundstücks in ein anderes Grundbuchblatt, soweit Rechte dann schlicht nicht mitübertragen werden, vgl. § 46 Abs. 2 GBO).

Erste Abteilung

Abteilung I des Grundbuchs dient der Eintragung des Eigentümers. Die verschiedenen Spalten geben jeweils an:

– **Spalte 1**: die laufende Nummer der Eintragung;

– **Spalte 2**: den Eigentümer und bei mehreren Miteigentümern das zwischen ihnen bestehende Anteilsverhältnis, z.B. Eheleute je zur Hälfte oder zum Gesamtgut einer Gütergemeinschaft, Geschwister je zur Hälfte usw. Dabei werden natürliche Personen mit Vor- und Familiennamen, Geburtsdatum und Wohnort, juristische Personen und Handelsgesellschaften hingegen mit ihrer Firma unter Angabe des Sitzes eingetragen;

– **Spalte 3**: die laufende Nummer der Grundstücke im Bestandsverzeichnis, auf welche sich die jeweilige Eintragung bezieht;

– **Spalte 4**: den Rechtsvorgang, auf dem die Eintragung beruht, also z.B. „Auflassung vom ..., aufgrund Kaufvertrag vom ..." oder „Erbfolge vom ...".

Zweite Abteilung

Abteilung II des Grundbuchs enthält sämtliche Belastungen des Grundstücks mit Ausnahme von Hypotheken, Grundschulden und Rentenschulden (einschließlich der sich auf diese Belastungen beziehenden Vormerkungen und Widersprüche). Diesen Grundpfandrechten ist wegen ihrer Häufigkeit und besonderen wirtschaftlichen Bedeutung eine eigene Abteilung (nämlich Abteilung III) gewidmet. Aus Abteilung II des Grundbuchs sind demnach ersichtlich:

– Dienstbarkeiten (Grunddienstbarkeiten, beschränkte persönliche Dienstbarkeiten),

– Nießbrauch,

– (dingliche) Vorkaufsrechte und

– Reallasten; ferner

– Beschränkungen des Verfügungsrechts des Eigentümers (soweit diese eintragungsfähig sind), wie z.b. Insolvenzvermerke, Zwangsversteigerungsvermerke, Sanierungsvermerke usw.,

– Vormerkungen und Widersprüche, soweit sie sich auf ein in Abteilung II eingetragenes Recht beziehen, sowie

– Auflassungsvormerkungen, also jeweils die Vormerkungen, die sich auf den Eigentumsverschaffungsanspruch des Käufers beziehen (systematisch gehörten diese eigentlich zur Abteilung I, diese soll aber wegen ihrer grundlegenden Bedeutung übersichtlich bleiben. Dadurch wird die zweite Abteilung zu einer Art „Sammelbecken" für sämtliche Eintragungen, die weder in Abteilung I noch in Abteilung III erfolgen).

Dritte Abteilung

In **Abteilung III** werden schließlich die Grundpfandrechte, also Hypotheken, Grundschulden und Rentenschulden, einschließlich der sich auf diese Rechte beziehenden Vormerkungen und Widersprüche eingetragen.

6.   Grundbucheinsicht

Eine Einsicht in das Grundbuch steht nicht jedermann zu, anders als etwa beim Handelsregister, bei dem die Einsichtnahme „jedem zu Informationszwecken gestattet" ist (§ 9 Abs. 1 Satz 1 HGB). Erforderlich ist für die Grundbucheinsicht vielmehr ein „**berechtigtes Interesse**" (§ 12 GBO). Damit wird u.a. datenschutz- und persönlichkeitsrechtlichen Gründen Genüge getan. Wann ein solches berechtigtes Interesse nach dem Gesetz und der Rechtsprechung vorliegt, wird am besten anhand der in der Praxis häufigsten **Beispiele** deutlich:

– Der Eigentümer selbst hat stets ein berechtigtes Interesse, „sein" Grundbuchblatt einzusehen; weiterhin

– jeder, für den ein Recht im betreffenden Grundbuch eingetragen ist,

– jeder, dem der Eigentümer eine (formlose) Vollmacht erteilt hat, das Grundbuch einzusehen, sowie

– der potentielle Käufer eines Grundstücks, allerdings erst dann, wenn er in Kaufvertragshandlungen mit dem Verkäufer/Eigentümer steht (da dies schwer zu ermitteln bzw. nachzuweisen ist, wird der vorsichtige Notar z.B. eine Vollmacht des Eigentümers/Verkäufers verlangen).

Zu beachten ist, dass auch Notare, genauso wie Gerichte und einige andere zuständige Stellen für die Grundbucheinsicht stets ein berechtigtes Interesse benötigen. Der Unterschied zur Einsicht durch jedermann besteht jedoch darin, dass Notare mit besonderen Zugängen zu den Online-Portalen der Grundbuchämter privilegiert sind, mit der Folge, dass sie ihr berechtigtes Interesse nicht bei jeder Einsicht darlegen und beweisen müssen.

Bislang konnten Beteiligte beim Notar einen Grundbuchauszug nur erhalten, wenn dies im Zusammenhang mit einer (beabsichtigten) Beurkundung erfolgte. Eine isolierte, also von anderen notariellen Geschäften losgelöste Grundbucheinsicht war nur bei den Grundbuchämtern möglich. Seit der Neufassung von § 133a GBO und §§ 85 f. GBV durch das am 01.09.2013 in Kraft getretene Gesetz zur Übertragung von Aufgaben im Bereich der freiwilligen Gerichtsbarkeit auf Notare **können auch Notare eine isolierte Grundbucheinsicht vornehmen** und Dritten entsprechende Grundbuchauszüge erteilen (vgl. dazu BÖHRINGER, DNotZ 2014, 16).

Dabei kann der Notar zwei verschiedene Arten von Grundbuchauszügen erteilen:

– **einfache Grundbuchauszüge**, bei denen auf dem Abdruck lediglich zu vermerken ist:

Formulierungsbeispiel – Einfacher Abdruck des Grundbuchs

Der (unbeglaubigte) Abdruck des Grundbuchs wurde von Notar Gustav Gründlich mit Amtssitz in Musterstadt am 01.09.2019 erstellt.

– **beglaubigte Grundbuchauszüge**, bei denen der Auszug als „beglaubigter Ausdruck" bezeichnet wird und mit folgendem, vom Notar unterschriebenen und gesiegelten Beglaubigungsvermerk zu versehen ist:

Formulierungsbeispiel – Beglaubigter Ausdruck des Grundbuchs

Aufgrund meiner Einsicht in das Grundbuch bescheinige ich, dass der nachfolgend angesiegelte Ausdruck mit dem heute von mir eingesehenen Grundbuchstand übereinstimmt.

Musterstadt, den 01.09.2019

...

Siegel, (Unterschrift) Notar

Der Notar hat jede einzelne isolierte Grundbuchauskunft genau zu dokumentieren und hierüber ein Protokoll anzufertigen. In der Praxis kann hierfür das nachfolgende Muster verwendet werden.

 Muster: Protokoll isolierte Grundbucheinsicht

Protokoll über die Mitteilung des Inhalts eines Grundbuchs

(**Hinweis**: nur erforderlich bei isolierter Einsicht und nur, wenn der Auftraggeber weder Eigentümer noch Inhaber eines grundstücksgleichen Rechts – Erbbaurecht, Gebäudeeigentümer – ist)

Ich habe

Herrn/Frau/Firma ...

Name, Vorname: ...

Anschrift: ...

handelnd für sich im eigenen Namen,/handelnd für: ...

von dem Grundbuch des Amtsgerichts Musterstadt/...   von ...

Blatt/Blätter ...

☐ den gesamten Inhalt

☐ teilweise den Inhalt, nämlich

   ☐ Bestandsverzeichnis

   ☐ Abteilung I

   ☐ Abteilung II

   ☐ Abteilung III

mitgeteilt.

(**Hinweis**: 15 €, KV Nr. 25209 Einsicht in Bildschirminhalt und ggf. mündliche Erläuterung, **zusätzlich**: 8 €, KV Nr. 32011 Auslagenersatz für Grundbucheinsicht)

Dem Empfänger der Mitteilung wurde erteilt:

☐ ein einfacher Grundbuchabdruck (**Hinweis**: 10 €, KV Nr. 25210)

☐ ein besonders gekennzeichneter und vom Notar mit dem Amtsiegel versehener und unterschriebener Ausdruck (**Hinweis**: 15 €, KV Nr. 25211)

☐ eine elektronische Datei (**Hinweis**: 5 €, KV 25212).

Die Mitteilung habe ich

☐ heute

☐ am ...

gemacht.

Der Auftraggeber hat sein berechtigtes Interesse wie folgt dargelegt:

Musterstadt, den ...

...

(Unterschrift) Notar

Dieses Formular ist zu vernichten am Ende des Jahres: 20..

(**Hinweis**: Hier ist das auf die Protokollerstellung folgende Jahr einzutragen, also z.B. bei Protokoll-erstellung im Jahr 2014 Vernichtung Ende 2015.)

III.   Grundstücksbegriffe

Unter **Grundstück** versteht man im „natürlichen Sinne" (also im allgemeinen Sprachgebrauch) einen Teil der Erdoberfläche, der äußerlich erkennbar abgegrenzt ist und in irgendeiner Weise genutzt oder bewirtschaftet werden kann.

Zu einem **Grundstück im katastertechnischen Sinne** wird ein solches, wenn es eine Flurstücksnummer (auch Parzellennummer, Plannummer oder Lagebuchnummer genannt) erhält. Für die Zuteilung von Flurstücksnummern sind die Katasterämter zuständig, in deren Ermessen die Organisation der Flurkarten mit Flurnummern und Flurstücksnummern liegt.

Das Grundbuchamt nimmt auf die Vermessung und Bezeichnung der Grundstücke im Kataster Bezug und ergänzt diese durch die Aufzeichnung der Rechtsverhältnisse an den Grundstücken. Grundbuch und Kataster zusammen geben Auskunft über Größe, Begrenzung, Eigentum und sonstige Rechtsverhältnisse an Grundstücken.

Rechtlich relevant wird ein Grundstück jedoch nicht schon durch seine kataster-technische Bezeichnung, sondern erst dann, wenn es unter einer laufenden Nummer im Grundbuch eingetragen wird. Alles, was im Grundbuch unter einer laufenden Nummer gebucht ist, gehört nämlich zu einem **Grundbuch im Rechtssinne**.

Sind also im Grundbuch mehrere Flurstücksnummern desselben Eigentümers als einheitliches Grundstück, d.h. als nur ein Grundstück gebucht, so ist nicht jede dieser Flurstücksnummern, sondern nur das Ganze als ein Grundstück im Rechtssinne anzusehen. Die einzelnen Flurstücksnummern sind in diesem Fall nur Teile dieses einen Grundstücks, auch wenn sie in Wirklichkeit – bei natürlicher Betrachtung bzw. also im allgemeinen Sprachgebrauch – selbständige Flächen darstellen und verschiedenartig bewirtschaftet werden (können).

Zusammenfassen lassen sich die Grundstücksbegriffe also wie folgt:

— Grundstück im **natürlichen Sinne** = allgemeine Anschauung (im Notariat nicht relevant),

— Grundstück im **katastertechnischen Sinne** = Flurstücksnummer (rein technischer Hilfsbegriff),

— Grundstück im **Rechtssinne** = laufende Nummer im Grundbuch (rechtliche Relevanz).

Infolgedessen können Rechte nur an einem Grundstück im Rechtssinne bestellt werden, nicht aber an den anderen Untereinheiten bzw. an bloßen Teilflächen (davon unabhängig kann aber z.B. für Dienstbarkeiten die sog. Ausübungsstelle auf einen kleinen Teil des Grundstücks beschränkt werden, dazu unter Abschnitt V. Ziffer 2.).

IV.   Rechte an Grundstücken

Rechte an Grundstücken sind dingliche Rechte, d.h. Berechtigungen, welche ein Grundstück („Ding") unmittelbar erfassen. Sie sind im dritten Buch des BGB (Sachenrecht) abschließend geregelt (Numerus clausus = geschlossene Anzahl [dinglicher Rechte]).

1.   Unterscheidung zwischen absoluten und relativen Rechten

Das Besondere an **dinglichen Rechten** ist, dass sie ihrem Inhaber ein Recht verleihen, das er gegenüber jedermann, d.h. dem gesamten Rechtsverkehr geltend machen kann; hieraus resultiert auch der vergleichbare Begriff der „absoluten" Rechte. Den Gegensatz dazu bilden **rein schuldrechtliche Forderungsrechte**, geregelt im zweiten Buch des BGB (Schuldrecht). Diese geben weitaus schwächeren Schutz, da sie ihrem Inhaber lediglich einen persönlichen Anspruch auf Vermögensleistung durch einen anderen gewähren, also nur in dem jeweiligen Schuldverhältnis (Vertrag). Sie gelten nur zwischen den zwei Vertragsparteien – Schuldner und Gläubiger.

Beispiel zum Unterschied zwischen dinglichen Rechten und schuldrechtlichen Ansprüchen

– Der Eigentümer eines Grundstücks hat an diesem Grundstück ein dingliches, absolutes Recht. Der Käufer eines Grundstücks hat dagegen, solange das Eigentum daran noch nicht im Grundbuch auf seinen Namen eingetragen ist, lediglich aus dem Kaufvertrag einen – im Prozess einklagbaren – persönlichen, schuldrecht lichen Anspruch gegen den Verkäufer auf Übertragung des Eigentums gegen Zahlung des Kaufpreises. Diesen Anspruch kann er aber dann nicht verwirklichen, wenn der Eigentümer des Grundstücks dieses inzwischen an einen Dritten verkauft hat und das Eigentum auf diesen Dritten im Grundbuch bereits umgeschrieben worden ist. Das Eigentum des Dritten ist nämlich wieder ein dingliches Recht, welches dieser gegenüber allen geltend machen kann, auch gegenüber dem ursprünglichen Käufer. An dieser Stelle hilft dem ursprünglichen Käufer die typischerweise einzutragende Vormerkung (siehe dazu unten Abschnitt V. Ziffer 5.).

2. Unterscheidung zwischen Eigentum und beschränkten dinglichen Rechten

Das Gesetz unterscheidet zwischen dem Eigentum und den beschränkten dinglichen Rechten an einem Grundstück:

Das **Eigentum** ist sogenanntes dingliches Vollrecht, gemessen an Nutzungen und Verwertung. Der Eigentümer eines Grundstücks kann mit ihm nämlich grundsätzlich nach Belieben verfahren und andere von jeder Einwirkung ausschließen (§ 903 BGB). Die beschränkten dinglichen Rechte dagegen sind im Ergebnis nichts anderes als Abspaltungen des Eigentums, also ein „Weniger" im Vergleich zu den umfassenden Nutzungs- und Verwertungsrechten des Eigentümers.

3. Übersicht über Nutzungs-, Verwertungs-, Erwerbs- und sonstige dingliche Rechte

Betrachtet man verschiedene **Nutzungsrechte**, können diese nach dem Grad und der Dauer des Nutzungsrechts unterschieden werden:

– inhaltlich volle, aber zeitlich beschränkte Nutzungen gewährt der Nießbrauch (§§ 1030 ff. BGB),

– inhaltlich beschränkte, aber zeitlich unbeschränkte Nutzungen gewährt die Grunddienstbarkeit (§§ 1018 ff. BGB),

– inhaltlich sowie zeitlich beschränkte Nutzungen gewähren z.B. die beschränkte persönliche Dienstbarkeit und das dingliche Wohnungsrecht (§§ 1090 ff. BGB).

Als dingliche **Verwertungs- und Sicherungsrechte** gibt es die Hypothek (§§ 1113 ff. BGB), die Grundschuld (§§ 1191 ff. BGB) und die Rentenschuld (§§ 1199 ff. BGB).

Ein **Erwerbsrecht** mit dinglicher Wirkung ist das Vorkaufsrecht gem. §§ 1094 ff. BGB. Eine ähnliche Wirkung hat die Vormerkung (§ 883 BGB), die den Anspruch aus einem schuldrechtlichen Vertrag auf Einräumung oder Aufhebung eines dinglichen Rechts an einem Grundstück in quasidinglicher Weise schützt.

Als weiteres, umfassendes dingliches Recht kann ein **Erbbaurecht** bestellt werden, wodurch dem Erbbauberechtigten ein veräußerliches und vererbliches Recht zusteht, auf oder unter der Oberfläche des Grundstücks ein Bauwerk zu errichten und zu haben. Anders ausgedrückt fallen dann ausnahmsweise das Eigentum an dem Grundstück (= Eigentümer) und an den aufstehenden Bauwerk (= Erbbauberechtigter) auseinander.

Eine besondere Form des Eigentums ist schließlich das **Wohnungs- bzw. Teileigentum** nach dem Wohnungseigentumsgesetz, welches grundsätzlich dem Eigentum gleichsteht, für das aber nach dem WEG einige besondere Regeln gelten.

V. Rechte an Grundstücken im Einzelnen

Im Einzelnen gilt für die zuvor genannten Rechte an Grundstücken Folgendes:

1. Eigentum (§§ 903 ff. BGB)

Das **Eigentum ist das stärkste dingliche Recht** an einer Sache, nämlich die Befugnis, über die Sache nach Belieben zu verfügen und andere von der Einwirkung auszuschließen, soweit nicht das Gesetz oder Rechte Dritter diese Befugnis einschränken (§ 903 BGB).

Das **Eigentum kann mehreren gemeinsam zustehen,** und zwar auf zwei verschiedene Arten:

– als **Miteigentum nach Bruchteilen** (je zu 1/2, im Verhältnis 3:1 usw.) sowie

– als ungeteiltes Eigentum für eine Personenmehrheit, sogenanntes Eigentum zur gesamten Hand (**Gesamthandseigentum**).

Bei einem solchen Gesamthandseigentum gehört ein Grundstück zu einer Vermögensmasse, die mehreren Personen gemeinsam zusteht, z.b. einer Gesellschaft bürgerlichen Rechts (§§ 705 ff. BGB). Weitere Beispiele sind die Erbmasse einer Erbengemeinschaft oder das gemeinschaftliche Vermögen von Eheleuten in Gütergemeinschaft (sog. Gesamthandsgemeinschaften). Dann steht jedem Teilnehmer der Gesamthandsgemeinschaft nur ein Anteil an dem gemeinschaftlichen Gesamtvermögen zu, nicht aber an der einzelnen dazugehörigen Sache selbst, die vielmehr (ungeteilt) allein der jeweiligen Gemeinschaft zusteht.

Der Unterschied zwischen Gesamthands- und Bruchteilseigentum zeigt sich etwa bei der Frage, inwieweit jeder Einzelne über seinen Anteil verfügen kann:

– Über ihren Anteil an den einzelnen Gegenständen des Vermögens (d.h. z.b. an dem Grundstück) können die **Gesamthänder nicht verfügen**, so auch nicht über ihre Gesamthandsberechtigung am gesamten Vermögen (Ausnahme bei der Erbengemeinschaft nach § 2033 BGB). Will ein Gesamthänder seinen Anteil verwerten, so muss er grundsätzlich die Auflösung (Liquidation) betreiben;

– Bei Miteigentum hingegen gehört jedem Miteigentümer ein echter, aber ideeller **Anteil an der Sache, über den er frei verfügen kann**, ohne dass grundsätzlich die Mitwirkung des oder der anderen Miteigentümer erforderlich ist. Zudem kann jeder Miteigentümer die Ansprüche aus dem Eigentum Dritten gegenüber geltend machen.

2. Dienstbarkeiten (§§ 1018 ff. BGB)

Grundlegend zu unterscheiden sind zwei Arten von Dienstbarkeiten, Grunddienstbarkeiten (§§ 1018–1029 BGB) und beschränkte persönliche Dienstbarkeiten (§§ 1090–1093 BGB).

Die **Grunddienstbarkeit** ist eine Grundstücksbelastung, nach deren Inhalt das belastete Grundstück einem anderen Grundstück (und zwar in der Hand des jeweiligen Eigentümers, nicht nur des derzeitigen Eigentümers) „dienstbar" gemacht wird.

Bei ihr darf z.B.

– der jeweilige Eigentümer des berechtigten (sog. herrschenden) Grundstücks das belastete (sog. dienende) Grundstück in bestimmter Weise benutzen (**Beispiele:** Wegerecht; Überfahrtsrecht; Brunnenbenutzungsrecht);

- der Verpflichtete auf seinem Grundstück bestimmte Handlungen **nicht** vornehmen (**Beispiele:** Er darf Bauten nur bis zu einer bestimmten Höhe vornehmen; er darf einen Bau auf einer bestimmten Seite nicht mit Fenstern versehen; auf dem Grundstück darf ein bestimmtes Gewerbe nicht ausgeübt werden) oder

- der Verpflichtete gegen den Eigentümer des herrschenden Grundstücks Rechte nicht ausüben, die ihm an sich zustehen würden, § 903 BGB (**Beispiele:** Er darf nicht auf Unterlassung klagen, obwohl von dem berechtigten Grundstück aus Ruß, Schmutzwasser oder dergleichen in erheblichem Umfang zugeführt wird).

Eine **beschränkte persönliche Dienstbarkeit** kommt in Betracht, wenn eines der hier genannten Rechte nicht dem jeweiligen Eigentümer eines anderen Grundstücks, sondern einer bestimmten – natürlichen oder juristischen – Person zustehen soll. Da die beschränkte persönliche Dienstbarkeit nicht veräußerlich und nicht vererblich ist, erlischt sie zwingend mit dem Tod der berechtigten natürlichen Person bzw. dem Erlöschen der berechtigten juristischen Person.

Als beschränkte persönliche Dienstbarkeit kann z.B. ein **Wohnungsrecht** bestellt werden, d.h. das Recht, ein Gebäude oder einen bestimmten Gebäudeteil unter Ausschluss des Grundstückseigentümers als Wohnung zu benutzen.

Beispiel

- Der Wohnungsberechtigte darf bestimmte, näher bezeichnete Wohnräume des auf dem Grundstück aufstehenden Hauses lebenslang unentgeltlich zu Wohnzwecken nutzen; er darf dazu auch seine Familie sowie die zur standesgemäßen Bedienung und Pflege erforderlichen Personen in der Wohnung aufnehmen (so § 1093 BGB).

3.   Nießbrauch (§§ 1030 ff. BGB)

Kraft **Nießbrauchs** steht dem Berechtigten das inhaltlich volle, zeitlich aber begrenzte Recht zu, die Nutzungen eines Grundstücks in ihrer Gesamtheit zu ziehen (§§ 1030–1087 BGB).

Eine Sonderform ist der sogenannte Quotennießbrauch, der zwar das ganze Grundstück belastet, aber dem Nießbraucher nur einen Anteil aus den Nutzungen (die Quote) gewährt.

Der Nießbrauch hat eine gewisse Nähe zur beschränkten persönlichen Dienstbarkeit: Berechtigter eines Nießbrauchs kann eine natürliche oder eine bestimmte juristische Person sein, nicht dagegen der jeweilige Eigentümer eines Grundstücks.

Das Nießbrauchsrecht ist grundsätzlich zwar nicht übertragbar (**Ausnahme:** der Nießbrauchsberechtigte ist eine juristische Person, also z.b. eine GmbH oder AG), zulässig ist es jedoch, dass der Nießbraucher die Ausübung des Nießbrauchs ganz oder teilweise einem anderen überlässt. Einer besonderen Form bedarf diese Überlassung nicht, sie ist im Grundbuch nicht eintragungsfähig.

Der Nießbrauch erlischt spätestens mit dem Tod des Nießbrauchers bzw. bei juristischen Personen als Nießbrauchsberechtigem mit deren Erlöschen. Es kann jedoch eine abweichende, kürzere Dauer des Nießbrauchs vereinbart werden.

Der Nießbrauch ist hinsichtlich der Nutzungen im Grundsatz unbeschränkt, kann aber durch den Ausschluss einzelner Nutzungen beschränkt werden.

Im Gegenzug ist der Nießbraucher dem Eigentümer gegenüber verpflichtet, für die Dauer des Nießbrauchs bestimmte Lasten zu tragen, und zwar gem. § 1047 BGB die auf der Sache ruhenden öffentlichen Lasten mit Ausschluss der außerordentlichen Lasten, die als auf den Stammwert der Sache gelegt anzusehen sind, sowie diejenigen privatrechtlichen Lasten zu tragen, welche schon zur Zeit der Bestellung des Nießbrauchs auf der Sache ruhten, insbesondere die Zinsen aus Hypothekenforderungen und Grundschulden (anders wieder beim sog. Bruttonießbrauch, bei dem der Nießbraucher von allen Lasten und Pflichten befreit ist).

4. Vorkaufsrecht (§§ 1094 ff. bzw. §§ 463 ff. BGB)

Ein Vorkaufsrecht ist das einem anderen eingeräumte, nicht vererbliche dingliche Recht zum Vorkauf bei einem Verkauf des mit dem Vorkaufsrecht belasteten Grundstücks (§§ 1094–1104 und 463–473 BGB). Es kann für den ersten oder für alle Verkaufsfälle bestellt werden.

Wird ein Vorkaufsrecht ausgeübt, muss der Vorkaufsberechtigte einen Kaufpreis in gleicher Höher wie der Dritte – und zu denselben Bedingungen wie im ursprünglichen Kaufvertrag vereinbart – bezahlen. Das **dingliche Vorkaufsrecht** wirkt gegenüber jedem, der das Grundstück erwerben will. Das Vorkaufsrecht kann auch zugunsten des jeweiligen Eigentümers eines anderen Grundstücks bestellt werden.

Von dieser dinglichen Variante des Vorkaufsrechts ist das rein persönliche, **schuldrechtliche Vorkaufsrecht** gem. §§ 463 ff. BGB zu unterscheiden, das auch zu einem bestimmten Kaufpreis festgelegt werden kann.

Darin offenbart sich nochmals (siehe schon oben Abschnitt IV. Ziffer 1.) der grundsätzliche Unterschied zwischen dinglichen Rechten und rein schuldrechtlichen Ansprüchen: Veräußert bei Vereinbarung eines nur schuldrechtlichen Vorkaufsrechts der Grundstückseigentümer das betreffende Grundstück an einen Dritten, so kann der Vorkaufsberechtigte diese Veräußerung und ihren grundbuchlichen Vollzug nicht verhindern, und zwar selbst dann nicht, wenn der Dritte von dem nur schuldrechtlichen Vorkaufsrecht Kenntnis hatte. Der Berechtigte kann höchstens vom bisherigen Grundstückseigentümer Schadensersatz wegen Vertragsbruchs verlangen, das Grundstück aber geht ihm verloren. Das persönliche Vorkaufsrecht kann allenfalls durch Eintragung einer Vormerkung (dazu sogleich) im Grundbuch gesichert werden und schützt den Berechtigten im Endergebnis dann doch vor einer Veräußerung an einen Dritten.

5. Vormerkung (§§ 883 ff. BGB)

Eintragungsfähig sind auch sogenannte **Vormerkungen**, die dazu bestimmt sind, einen persönlichen Anspruch auf Einräumung, Inhalts- oder Rangänderung eines Rechts an einem Grundstück oder an einer Grundstücksbelastung sicherzustellen (§§ 883–888 BGB).

Beispiel

– Sicherung des Anspruchs auf Verschaffung des Eigentums an einem Grundstücks. Da dies durch Auflassung gem. § 925 BGB und Eintragung ins Grundbuch erfolgt, wird dieser Standardfall einer Vormerkung auch verkürzt „Auflassungsvormerkung" oder im Notariat „AV" genannt, obwohl es sich eigentlich um eine „Eigentumsverschaffungsvormerkung" handelt.

Die Absicherung durch eine Vormerkung funktioniert dabei wie folgt: Die Vormerkung hat Sicherungs- und Rangwirkung und führt zu einer sogenannten relativen Unwirksamkeit späterer Verfügungen. Dies bedeutet, dass der Eigentümer (Verkäufer) trotz ihrer Eintragung in seinen Verfügungsmöglichkeiten zwar grundsätzlich nicht behindert wird. Seine späteren Verfügungen sind aber gegenüber dem aus der Vormerkung Berechtigten (Käufer) relativ unwirksam. Die durch solche späteren Verfügungen Begünstigten müssen daher auf Verlangen des aus der Vormerkung Berechtigten ihre der Vormerkung im Range nachstehenden Belastungen löschen lassen.

Beispiel

– Ist eine Vormerkung für eine erstrangige Hypothek eingetragen und lässt der Grundstückseigentümer sodann vertragswidrig eine erstrangige Hypothek für einen anderen Gläubiger eintragen, so tritt diese Hypothek zurück, sobald die durch die Vormerkung gesicherte Hypothek eingetragen ist; denn der Rang des durch die Vormerkung gesicherten Rechts bestimmt sich nach der Eintragung der Vormerkung. Der Grundstückseigentümer und der inzwischen eingetragene andere Hypothekengläubiger sind dann verpflichtet, der endgültigen Eintragung zuzustimmen (§ 888 BGB).

Die Eintragung einer Vormerkung erfolgt auf Antrag der Beteiligten, in bestimmten Ausnahmefällen auch von Amts wegen (vgl. § 885 Abs. 1 Satz 1 erste Alternative BGB).

6. Verfügungsbeschränkungen (§§ 135 ff. BGB)

Verfügungsbeschränkungen sind rechtlich auf zwei Arten möglich, durch privatrechtliche Vereinbarung der Beteiligten (also z.b. in der Weise, dass der Grundstückseigentümer sein Grundstück nicht einem Dritten übereignen darf) oder aufgrund behördlicher – insbesondere gerichtlicher – Anordnung (z.b. durch Erlass einer einstweiligen Verfügung).

Im Grundbuch **eintragungsfähig** sind jedoch ausschließlich letztere, also **nur behördliche und gerichtliche Verfügungsbeschränkungen**. Dies ergibt sich aus den nicht ganz leicht verständlichen §§ 136 f. BGB.

Beispiele für eintragungsfähige Verfügungsbeschränkungen

- Die im Zwangsversteigerungs- oder Zwangsverwaltungsverfahren vom Vollstreckungsgericht ausgesprochene Beschlagnahme.

- Die in einem Strafverfahren vom Gericht oder in einem Steuerstrafverfahren von der Steuerbehörde ausgesprochene Vermögensbeschlagnahme.

Daneben gibt es eine dritte Kategorie von Verfügungsbeschränkungen, nämlich **gesetzliche Verfügungsbeschränkungen**, die ebenfalls grundsätzlich **nicht** eintragungsfähig sind, allerdings mit folgende Ausnahmen:

Eintragungsfähig sind die durch **Insolvenzeröffnung** und durch Anordnung einer **Nachlassverwaltung** den Insolvenzschuldner bzw. die Erben betreffenden Verfügungsbeschränkungen zugunsten der Insolvenz- bzw. Nachlassgläubiger.

Eintragungsfähig sind weiterhin das Recht eines Nacherben, durch welches die Verfügungsbefugnis des als Berechtigten eingetragenen Vorerben beschränkt wird (sog. **Nacherbenvermerk**), sowie die Ernennung eines Testamentsvollstreckers durch den Erblasser (sog. **Testamentsvollstreckervermerk**).

7.   Erbbaurecht (ErbbauRG)

Ein Grundstück kann mit einem Erbbaurecht belastet werden, und zwar dergestalt, dass demjenigen, zu dessen Gunsten die Belastung erfolgt, das veräußerliche und vererbliche Recht zusteht, auf oder unter der Oberfläche des Grundstücks ein Bauwerk zu haben (§ 1 Abs. 1 ErbbauRG).

Mit anderen Worten: Der Grundstückseigentümer gewährt beim Erbbaurecht einem Bauwilligen die Möglichkeit, ein in seinem Eigentum stehendes (und bleibendes) Grundstück in der Weise zu überbauen, dass der Bauwillige Eigentümer des Bauwerks wird. Das im Rahmen des Erbbaurechts erstellte Bauwerk ist wesentlicher Bestandteil des Erbbaurechts, nicht also, wie sonst im Sachenrecht (vgl. § 94 BGB), wesentlicher Bestandteil des Grundstücks, auf dem es erstellt wurde. Eigentum an Grund und Boden einerseits und Eigentum an dem darauf erstellten Gebäude andererseits sind dann rechtlich vollkommen voneinander getrennt. Das Bauwerk bleibt daher auch dann ausnahmsweise von den auf dem Grundstück selbst ruhenden Lasten frei.

Allerdings kann der Erbbauberechtigte das Bauwerk selbst ebenfalls mit Grundpfandrechten belasten. Die Zwangsvollstreckung in ein Erbbaurecht richtet sich dann nach denselben Vorschriften des ZVG, die auch für die Zwangsvollstreckung in ein Grundstück gelten.

Die Ausgabe eines Erbbaurechts erfolgt i.d.R. auf bestimmte Zeit, und zwar vielfach auf 99 Jahre. Das Erbbaurecht kann nicht auflösend bedingt vereinbart werden, auch ungewisse Endtermine (etwa Tod der Berechtigten) können nicht festgelegt werden. Möglich (aber in der Praxis selten) ist dagegen eine Bestellung auf unbestimmte Zeit.

Das Erbbaurecht entsteht durch rechtsgeschäftliche Bestellung. Diese erfolgt durch Einigung zwischen Grundstückseigentümer und Erbbauberechtigtem mit anschließender Eintragung des Erbbaurechts in das Grundbuch (§ 873 BGB). Das Erbbaurecht erhält dabei ein eigenes, besonderes Grundbuchblatt, ist daneben aber zugleich als Belastung in Abteilung II des Grundbuchs des Grundstückseigentümers einzutragen, und zwar an absolut erster Rangstelle. Dieser Rang kann auch nicht nachträglich geändert werden; ein Verstoß hiergegen macht die Eintragung des Erbbaurechts inhaltlich unzulässig. Diese doppelte Eintragung verdeutlicht die **Doppelnatur des Erbbaurechts** einerseits als Grundstücksbelastung (eingetragen in Abteilung II des Grundbuchblatts des Grundstücks) und andererseits als eigentumsgleiches Recht (eingetragen in einem eigenen Erbbaugrundbuch).

Der Vertrag, durch den sich der Grundstückseigentümer zur Bestellung eines Erbbaurechts verpflichtet, bedarf der notariellen Beurkundung (§ 11 Abs. 2 ErbbauRG i.V.m. § 311b BGB). In diesen Vertrag wird in aller Regel auch die vorerwähnte dingliche Einigung der Parteien aufgenommen.

Das zu errichtende Bauwerk ist eine durch Verwendung von Arbeit und Material i.V.m. dem Erdboden hergestellte Sache, also vor allem ein Gebäude. Das Bauwerk, das der Berechtigte infolge des Erbbaurechts auf dem belasteten Grundstück haben darf, muss sich aber nicht auf der Oberfläche des Grundstücks befinden, es kann auch darunter liegen. Möglich ist daher z.b. auch ein selbständiger Keller oder eine Tiefgarage. Weitere Beispiele für Bauwerke sind: Brückenpfeiler, Leitungsmasten, Gleisanlagen, Denkmäler oder Sportanlagen mit Tribünen, nicht aber lediglich festgeschraubte Maschinen.

Als vertraglicher Inhalt des Erbbaurechts kann insbesondere vereinbart werden, dass der Erbbauberechtigte zu bestimmten Handlungen der Zustimmung des Grundstückseigentümers bedarf. In der Praxis häufige Fälle sind dabei die Veräußerung des Erbbaurechts und die Belastung des Erbbaurechts mit einem Grundpfandrecht oder mit einer Reallast.

Dadurch kann der Grundstückseigentümer zweckwidrige Veräußerungen und übermäßige Belastungen des Erbbaurechts verhindern. Derartige Vereinbarungen bedürfen der Eintragung in das Grundbuch.

In der Praxis ist es üblich, dass der Erbbauberechtigte einen wiederkehrenden Erbbauzins zu zahlen hat, wobei dieser Zins heute häufig dinglich durch eine Erbbauzinsreallast abgesichert wird. Der Erbbauzins muss nach Zeit und Höhe grundsätzlich für die gesamte Erbbauzeit im Voraus bestimmt sein. Erhöhungen der anfänglich bezahlten Zinsbeträge sind grundsätzlich nur zulässig, wenn und soweit sie von vornherein vertraglich und ihrer Höhe nach ziffernmäßig genau bestimmt sind. Heutzutage ist es rechtlich möglich (und üblich), eine Änderung der Erbbauzinsreallast mit Wertsicherungsvereinbarung dergestalt zu vereinbaren, dass als dinglicher Erbbauzins eine automatische Anpassung an einen amtlichen Verbraucherpreisindex erfolgt.

Das Erbbaurecht endet durch Aufhebung oder durch Zeitablauf:

– **Aufgehoben** werden kann ein Erbbaurecht nur mit Zustimmung des Grundstückseigentümers, die dem Grundbuchamt oder dem Erbbauberechtigten gegenüber zu erklären ist und unwiderruflich ist. Ist das Erbbaurecht mit Rechten Dritter belastet, so ist zu seiner Aufhebung auch deren Zustimmung erforderlich. Demnach erlischt das Erbbaurecht z.B. nicht automatisch dann, wenn der Erbbauberechtigte Eigentümer des belasteten Grundstücks wird.

– Oftmals erlischt ein Erbbaurecht durch **Ablauf der im Erbbaurechtsvertrag bestimmten Zeit**, sofern nicht rechtzeitig eine Erneuerung vereinbart wird. Erlischt das Erbbaurecht durch Zeitablauf, so hat der Grundstückseigentümer dem Erbbauberechtigten eine Entschädigung für das Bauwerk zu leisten; über die Höhe dieser Entschädigung und über die Art ihrer Ausschließung werden in aller Regel im Erbbaurechtsvertrag nähere Bestimmungen getroffen.

8.   Wohnungseigentum und Dauerwohnrecht (WEG)

Wohnungseigentum ist das Sondereigentum an einer Wohnung i.V.m. einem Miteigentumsanteil an dem gemeinschaftlichen Eigentum, zu dem es gehört (§ 1 Abs. 2 WEG).

Was nicht vom Sondereigentum erfasst wird, ist gemeinschaftliches Eigentum, nämlich das Grundstück sowie die Teile, Anlagen und Einrichtungen des Gebäudes, die gerade nicht im Sondereigentum oder im Eigentum Dritter stehen.

Die **Begründung von Wohnungseigentum** ist auf zwei Arten möglich (siehe im Einzelnen unten § 12):

– durch vertragliche Einräumung von Sondereigentum an einem bereits in Miteigentum stehenden Grundstück (§§ 3–7 WEG) oder

– durch Teilung eines Grundstücks in mehrere Miteigentumsanteile seitens des Grundstückseigentümers (§ 8 WEG).

Das Sondereigentum kann nicht ohne den Miteigentumsanteil, zu dem es gehört, veräußert oder belastet werden; Rechte an dem Miteigentumsanteil erstrecken sich auf das zu ihm gehörende Sondereigentum.

Über das Verhältnis, das zwischen der Gemeinschaft der Wohnungseigentümer besteht, enthält das Gesetz eingehende Vorschriften (§§ 10 ff. WEG), ebenso über die Verwaltung des gemeinschaftlichen Eigentums (§§ 20 ff. WEG). Hiervon abweichende oder diese Regeln ergänzende Bestimmungen werden i.d.R. in der Teilungserklärung bestimmt (siehe unten § 12 Abschnitt I.).

Falls Wohnungseigentum an nicht zu Wohnzwecken dienenden Räumen eines Gebäudes, also z.B. an Garagen, Geschäftsräumen oder Pkw-Abstellplätzen in Tiefgaragen begründet werden soll, wird dies Teileigentum genannt. Für Teileigentum gelten die für das Wohnungseigentum bestehenden Vorschriften entsprechend.

Weiterhin im WEG geregelt ist das in der Praxis seltenere **Dauerwohnrecht**, gewissermaßen als eine Art „Verdinglichung" der Miete. Es ist die Belastung eines Grundstücks dergestalt, dass dem Begünstigten das Recht zusteht, unter Ausschluss des Eigentümers eine bestimmte Wohnung in einem auf dem Grundstück bereits errichteten oder noch zu errichtenden Gebäude oder auch das ganze Grundstück zu bewohnen oder in anderer Weise zu benutzen (§§ 31 ff. WEG).

Das Dauerwohnrecht kann auf einen außerhalb des Gebäudes liegenden Teil des Grundstücks erstreckt werden, sofern die Wohnung wirtschaftlich die Hauptsache bildet. Der Berechtigte kann die zum gemeinschaftlichen Gebrauch bestimmten Teile, Anlagen und Einrichtungen des Gebäudes des Grundstücks benutzen, soweit nichts anderes vereinbart ist.

Das Dauerwohnrecht ist veräußerlich und vererblich. Es kann auch vereinbart werden, dass der Berechtigte zur Veräußerung des Dauerwohnrechts der Zustimmung des Eigentümers oder eines Dritten bedarf. Betrifft das Dauerwohnrecht wiederum nicht zu Wohnzwecken dienende Räume, wird es **Dauernutzungsrecht** genannt. Die Bestellung eines Dauerwohnrechts erfolgt in der Form, die allgemein für die Belastung eines Grundstücks gilt, nämlich formell durch öffentliche oder öffentlich beglaubigte Urkunde, ohne Nachweis der Einigung gegenüber dem Grundbuchamt (siehe allgemein zu diesen Voraussetzungen unten Abschnitt VIII. Ziffer 2.).

VI. Grundpfandrechte im Besonderen

Den Grundpfandrechten, also den dinglichen Verwertungsrechten an Grundstücken, kommt in der notariellen Praxis eine besondere Funktion zu.

1. Rechtliche Grundlagen der Hypothek

Was unter einer Hypothek zu verstehen ist, definiert § 1113 Abs. 1 BGB wie folgt: „Ein Grundstück kann in der Weise belastet werden, dass an denjenigen, zu dessen Gunsten die Belastung erfolgt, eine bestimmte Geldsumme zur Befriedigung wegen einer ihm zustehenden Forderung aus dem Grundstück zu zahlen ist (Hypothek)".

Mit anderen Worten: Soll für die Forderung eines Gläubigers (z.B. für eine Darlehens- oder Kaufpreisforderung) mit einem Grundstück Sicherheit geleistet werden, so ist dazu z.B. die Eintragung einer Hypothek im Grundbuch erforderlich. Das mit der Hypothek belastete Grundstück kann dann vom Hypothekengläubiger bei

Zahlungssäumigkeit des Schuldners zur Zwangsvollstreckung gebracht werden. § 1147 BGB bestimmt dazu: Die Befriedigung des Gläubigers aus dem Grundstück erfolgt im Wege der Zwangsvollstreckung. In den meisten Fällen wird es der Schuldner (Grundstückseigentümer) aber nicht zu dieser Zwangsvollstreckung, durch die er sein Grundstück verliert, kommen lassen, sondern die Forderung des Gläubigers nach eingetretener Fälligkeit freiwillig zahlen. Die Möglichkeit zur Zwangsvollstreckung gibt dem Gläubiger aber ein effektives Druckmittel, mit dem er erreichen kann, was er möchte (nämlich oftmals: Rückzahlung des ausgegebenen Darlehens).

Wird eine Forderung durch Hypothek gesichert, so ändert sich dadurch an der Forderung selbst nichts. Insbesondere ist die Hypothek rechtlich nicht etwa ein besonderes Vermögensrecht des Gläubigers, das an die Stelle seiner Forderung tritt, sondern sie hat nur den Zweck, die Forderung des Gläubigers zu sichern. Die Forderung ist und bleibt die Hauptsache. Die Hypothek ist ein Nebenrecht der Forderung, genauso wie etwa die Bürgschaft, bei der sich ein Dritter (der Bürge) persönlich dafür verbürgt, dass eine Forderung zurückgezahlt wird. Der Unterschied zwischen Hypothek und Bürgschaft besteht für den Gläubiger also im Wesentlichen darin, was er als Sicherheit bekommt, d.h., worauf er zugreifen kann, wenn der Schuldner die Forderung nicht zurückzahlt: einmal das Vermögen des Bürgen und einmal den Versteigerungserlös des hypothekarisch belasteten Grundstücks. Die jeweilige Sicherheit hängt als untrennbares Nebenrecht („akzessorisch") an der Forderung – man spricht deshalb z.B. von einer hypothekarisch gesicherten Forderung. Wirtschaftlich betrachtet kommt allerdings dem Sicherungsrecht selbst vielfach die größere Bedeutung zu als der durch sie gesicherten Forderung.

2.   Hypothekenarten: Brief-, Buch- und Sicherungshypothek

Es gibt drei Hauptarten von Hypotheken:

– Briefhypothek,

– Buchhypothek,

– Sicherungshypothek.

In der Praxis werden allerdings auch andere Bezeichnungen verwendet, so z.B. Verkehrshypothek (= Brief- und Buchhypothek im Gegensatz zur Sicherungshypothek), Höchstbetragshypothek, Zwangs- und Arresthypothek (die nur eine besondere Art von Sicherungshypothek ist), des Weiteren Gesamthypothek, die auf mehreren Grundstücken ruht und in jeder der o.g. Hauptarten vorkommen kann. Auch die Bezeichnung Tilgungs- und Abzahlungs-/Amortisationshypothek ist gebräuchlich. Ihre Tilgung richtet sich nach besonderen Vorschriften (bei der Tilgungshypothek sind gleichbleibende Jahresleistungen zu entrichten; durch die fortschreitenden Kapitalzahlungen werden Zinsen erspart, die der Tilgung zuwachsen; bei der Abzahlungshypothek werden regelmäßig gleich hohe Raten getilgt, daneben werden die entsprechend der Tilgung sinkenden Zinsen bezahlt).

Die **Briefhypothek** ist die im Gesetz vorgesehene Regelform (vgl. § 1116 Abs. 1 und 2 BGB). Wird eine Hypothek daher im Grundbuch nur als „Hypothek" bezeichnet, so handelt es sich stets um eine Briefhypothek. Bei ihr wird über die im Grundbuch eingetragene Hypothek ein Hypothekenbrief erteilt und dem Gläubiger ausgehändigt.

Diesem Hypothekenbrief kommt im Rechtsverkehr besondere Bedeutung zu. Der Gläubiger einer Briefhypothek kann diese an einen anderen abtreten oder verpfänden, ohne dass dazu eine Eintragung im Grundbuch erforderlich ist. Der Hypothekenbrief muss sorgfältig aufgehoben werden, denn eine Verfügung über die Hypothek ist nur bei Vorhandensein des Briefs möglich. Geht der Brief verloren, so muss er in einem umständlichen und kostspieligen **Aufgebotsverfahren** durch das Amtsgericht für kraftlos erklärt werden. Auch die für den Gläubiger grundsätzlich bestehende Verpflichtung, bei Geltendmachung seines Anspruchs (also z.B. bei Mahnung, Kündigung oder Klage) den Brief vorzulegen, ist für den Gläubiger lästig. Der Grundstückseigentümer kann, wenn er den Gläubiger des hypothekarischen Rechts voll befriedigt, Zug um Zug gegen diese Befriedigung die Rückgabe des Hypothekenbriefs verlangen und tut gut daran, auf diesem Verlangen zu bestehen, da dann missbräuchliche Verfügungen durch den noch im Grundbuch eingetragenen Gläubiger ohne weiteres ausgeschlossen sind.

Die **Buchhypothek** unterscheidet sich von der Briefhypothek dadurch, dass bei ihr kein Brief erteilt wird. Alle Veränderungen bei einer Buchhypothek müssen daher, damit sie rechtswirksam oder doch gegen Dritte wirksam sind, im Grundbuch eingetragen werden. Auch der Ausschluss des Hypothekenbriefs muss sich aus dem Grundbuch selbst ergeben. Dort wird dann üblicherweise entweder eingetragen „Hypothek ohne Brief", „Die Erteilung eines Hypothekenbriefs ist ausgeschlossen" oder „Buchhypothek".

Wenn auch alle Hypotheken der Sicherung einer Forderung dienen, so hat die Bezeichnung **Sicherungshypothek** gleichwohl besondere Bedeutung. Ihre Unterscheidung gegenüber der Brief- oder Buchhypothek liegt nach § 1184 BGB darin, dass sich bei der Sicherungshypothek das Recht des Gläubigers aus der Hypothek nur nach der Forderung bestimmt und der Gläubiger sich zum Beweis der Forderung nicht auf die Grundbucheintragung berufen kann. Ein Brief kann über die Sicherungshypothek, die im Grundbuch ausdrücklich als solche zu bezeichnen ist, nicht ausgestellt werden. Demnach bedarf auch jede Verfügung über eine Sicherungshypothek der Eintragung im Grundbuch.

3.   Die Grundschuld

Die Definition der Grundschuld im Gesetz („Ein Grundstück kann in der Weise belastet werden, dass an denjenigen, zu dessen Gunsten die Belastung erfolgt, eine bestimmte Geldsumme aus dem Grundstück zu zahlen ist", vgl. § 1191 BGB) ist nur im Vergleich zur o.g. Definition der Hypothek verständlich (siehe oben Ziffer 1. und § 1113 Abs. 1 BGB). Bei der Grundschuld fehlt nämlich der Zusatz „... zur Befriedigung wegen einer ihm zustehenden Forderung".

Der **Unterschied zwischen Hypothek und Grundschuld** besteht zunächst darin, dass bei der Errichtung einer Hypothek die durch sie zu sichernde Forderung des Gläubigers angegeben und im Grundbuch eingetragen werden muss, während bei der Eintragung einer Grundschuld diese Forderung nicht genannt wird und auch nicht genannt werden darf.

Tatsächlich braucht bei der Grundschuld überhaupt keine persönliche Forderung zu bestehen. Die Bestellung einer Grundschuld kann z.B. auch schenkweise erfolgen oder ebenso ist der Grundstückseigentümer selbst befugt, für sich eine Grundschuld eintragen zu lassen (sog. Eigentümergrundschuld). Besteht keine persönliche Forderung, so haftet der Grundstückseigentümer bei der Grundschuld nur mit dem belasteten Grundstück.

Soll die Grundschuld zur Sicherung einer persönlichen Forderung dienen, was wohl der Regelfall ist, so können alle näheren Einzelheiten über die zu sichernde Forderung in einer nur für den Gläubiger und den Grundstückseigentümer bestimmten Privaturkunde festgehalten werden.

Die Grundschuld selbst braucht sich dabei nicht an die Bedingungen der persönlichen Forderung – z.B. deren Zinssatz oder Fälligkeit – zu halten, d.h., der Grundschuldeintragung können andere Bedingungen beigelegt werden. Der Anfangszeitpunkt der Verzinsung kann bei einer Grundschuld auch bereits vor Eintragung der Grundschuld liegen.

Im Ergebnis könnte also auch gesagt werden: Ein Grundpfandrecht ohne persönliche Forderung des Gläubigers oder ein nach dem Willen der Beteiligten von der persönlichen Forderung des Gläubigers nach außen hin unabhängiges Grundpfandrecht heißt Grundschuld.

Auf die Grundschuld finden nach § 1192 Abs. 1 BGB die Vorschriften über die Hypothek entsprechende Anwendung, soweit sich nicht daraus ein anderes ergibt, dass die Grundschuld keine Forderung voraussetzt. Die Grundschuld kann demnach auch als **Brief- oder Buchgrundschuld** bestellt werden; dazu gilt im Wesentlichen das oben zur Hypothek Gesagte (siehe oben Ziffer 2.).

Bestellt der Grundstückseigentümer eine Eigentümergrundschuld in der Variante der Briefgrundschuld, so kann er sie durch schriftliche Abtretung oder Verpfändung verwerten, ohne dass es hierbei einer Eintragung im Grundbuch bedarf. Nach außen hin tritt eine solche Abtretung oder Verpfändung dann gar nicht in Erscheinung (was dem Grundstückseigentümer vielfach willkommen ist).

Für die Grundschuld gilt gem. § 1193 Abs. 1 BGB, dass das Kapital der Grundschuld erst nach vorheriger Kündigung fällig wird und die Kündigungsfrist sechs Monate beträgt. Seit der Neufassung des § 1193 Abs. 2 Satz 2 BGB im Jahr 2008 durch das **Forderungssicherungsgesetz** kann von dieser Kündigungsfrist für Grundschulden, die der Sicherung einer Geldforderung dienen (also z.b. Kaufpreisfinanzierungsgrundschulden), nicht abgewichen werden.

Zu den Einzelheiten der Grundschuldbestellung siehe den nachfolgenden § 4.

4. Vor- und Nachteile der Grundschuld und ihre Bedeutung in der Praxis

Eine Grundschuld birgt – aus Sicht eines Grundstückseigentümers – die folgenden **Risiken:**

Dient die Grundschuld zur Sicherung einer persönlichen Forderung des Grundschuldgläubigers, so steht ihm die Grundschuld zwar nicht zu beliebigen Zwecken, sondern nur zu treuen Händen zur Sicherung seiner Forderung zu. Er kann sie aber gleichwohl missbräuchlich auch dann verwerten, wenn die durch die Grundschuld gesicherte Forderung nicht mehr oder nicht mehr in voller Höhe besteht. Dem gutgläubigen Erwerber der Grundschuld gegenüber ist der Grundstückseigentümer sodann verpflichtet, den vollen Grundschuldbetrag zu zahlen, wenn er die Zwangsversteigerung des belasteten Grundstücks vermeiden will.

Die **Vorteile**, die eine Grundschuld aufgrund der vorstehenden Ausführungen bietet, sind insbesondere folgende:

— Bei ihrer Eintragung braucht auf die näheren **Einzelheiten des Forderungsverhältnisses** nicht eingegangen zu werden. Diese Tatsache kann besonders dann von Vorteil sein, wenn die Ansprüche des Gläubigers sich aus verschiedenen, in

Verzinsung und Fälligkeit ungleichen oder der Höhe nach wechselnden Einzelforderungen zusammensetzen.

– **Änderungen im Forderungsverhältnis** brauchen zwischen Gläubiger und Grundstückseigentümer nur formlos vereinbart, aber nicht in das Grundbuch eingetragen zu werden. Insbesondere gilt dies für Änderungen im Rechtsgrund, Zinssatz oder Fälligkeitstermin der durch die Grundschuld gesicherten Forderungen. Dies ist zugleich der entscheidende Grund, warum sich heute **in der notariellen und kreditgebenden Praxis die Grundschuld durchgesetzt** hat. Da sie nicht – wie oben bei der Hypothek beschrieben – „akzessorisch" ist, also nicht automatisch an der zu sichernden Forderung hängt, sondern als Sicherungsmittel „abstrakt" ist, kann eine Grundschuld wiederverwendet, also neu aufgeladen werden (neu „valutieren"). Auf diese Weise erzielen kreditgebende Banken zugleich eine gewisse Bindung der Eigentümer an das eigene Kreditinstitut (mögliches Verkaufsargument: „Bei uns bekommen Sie den nächsten Kredit ohne zusätzliche Kosten, denn die zur Sicherung erforderliche Grundschuld besteht für unser Kreditinstitut ja bereits").

5.   Die Rentenschuld

Der Vollständigkeit halber sei die Rentenschuld – als eine Unterart der Grundschuld – genannt. Sie ist eine Belastung des Grundstücks dergestalt, dass dem eingetragenen Berechtigten regelmäßig **wiederkehrende, jeweils gleich hohe Beträge aus dem Grundstück zu zahlen** sind. Aufgrund dieser engen Vorgaben hat sich die Rentenschuld in der Praxis – gerade im Vergleich zu Reallasten – nicht durchgesetzt.

VII.   Die Entstehung eines dinglichen Rechts am Beispiel eines Grundpfandrechts

§ 873 Abs. 1 BGB bestimmt, dass zur Belastung eines Grundstücks mit einem Recht die Einigung des Berechtigten und des anderen Teils und die Eintragung im Grundbuch erforderlich ist. Wie nach dieser Grundregel des allgemeinen, materiellen Grundstücksrechts ein dingliches Recht, also eine Belastung des Grundstücks, zur Entstehung gelangt, wird im Folgenden beschrieben.

Danach muss Folgendes geschehen:

– Zunächst muss eine **Einigung** der Beteiligten vorliegen, insbesondere muss der Gläubiger mit der Bestellung des Grundpfandrechts, wie dieses vom Schuldner und Grundstückseigentümer zur Eintragung beabsichtigt ist, einverstanden sein. Er muss also dem Schuldner und Grundstückseigentümer gegenüber erklären: „Was Du in Bezug auf die für mich einzutragende Hypothek/Grundschuld im Sinn hast, findet mein Einverständnis."

In welcher Form dieses Einverständnis erklärt wird, ist zunächst unerheblich. Der Gläubiger braucht sich also weder schriftlich zu erklären, noch braucht er sein Einverständnis in beurkundeter oder beglaubigter Form abzugeben. Ebensowenig muss dem die Hypothek eintragenden Grundbuchamt gegenüber nachgewiesen zu werden, dass der Gläubiger sein Einverständnis mit der Hypotheken-/Grundschuldbestellung erklärt hat. Die Hypothek/Grundschuld entsteht selbst dann wirksam, wenn der Gläubiger sein Einverständnis mit ihr erst nach Eintragung zur Belastung im Grundbuch – stillschweigend – erklärt hat.

Das Grundbuchamt braucht also in keinem Fall zu untersuchen, ob die Einigung zwischen Gläubiger und Schuldner über die Eintragung der Hypothek/Grundschuld tatsächlich zustande gekommen ist.

–   Die **Eintragung** der Hypothek/Grundschuld selbst muss im Grundbuch erfolgen.

Die Eintragung muss durch den Grundstückseigentümer bewilligt und beantragt werden. Der Gläubiger kann sich dem Antrag anschließen, braucht dies aber nicht zu tun.

Die Eintragungsbewilligung bedarf der öffentlichen oder öffentlich beglaubigten Urkunde (§ 29 GBO). Der Eintragungsantrag als solcher ist formlos (§§ 13, 30 GBO). Da aber Eintragungsbewilligung und -antrag meist in derselben Urkunde abgegeben werden, muss darauf zumindest die Unterschrift des Antragstellers öffentlich beglaubigt sein.

Manch versierter Praktiker wird sich die Frage stellen, warum vor diesem Hintergrund überhaupt regelmäßig eine Beurkundung (nicht nur Beglaubigung der Unterschrift unter) der Grundschuldbestellung erfolgt. Grund hierfür ist, dass sich der Grundstückseigentümer wegen der Ansprüche des Gläubigers aus der Hypothek/Grundschuld regelmäßig der sofortigen Zwangsvollstreckung unterwirft. Letztlich wäre nur für diese zusätzliche Erklärung eine notarielle Beurkundung erforderlich (vgl. § 794 Abs. 1 Nr. 5 ZPO).

VIII.   Grundzüge des Grundbuchverfahrens

Zur Entstehung eines Rechts sind materiell-rechtlich wie gesehen eine darauf bezogene Einigung der Beteiligten und die Eintragung des Rechts ins Grundbuch erforderlich. Fehlt die erforderliche Einigung, ist das Recht – ggf. trotz seiner Eintragung im Grundbuch – nicht wirksam entstanden.

1.   Materielles Konsensprinzip (für bestimmte Ausnahmefälle)

Vor diesem Hintergrund könnte man meinen, dass das Grundbuchamt das Vorliegen der Einigung vor jeder Eintragung stets zu prüfen hätte. Tatsächlich erfolgt diese Prüfung jedoch nur in zwei, im Gesetz in § 20 GBO abschließend genannten Fällen (sog. materielles Konsensprinzip), namentlich:

– im Fall der **Auflassung eines Grundstücks** oder eines Wohnungseigentumsrechts, d.h. der Eigentumsübertragung an diesem, sowie

– im Fall der Bestellung, der Änderung des Inhalts oder der Übertragung eines **Erbbaurechts**, eines Wohnungserbbaurechts oder der Bildung von **Wohnungseigentum.**

2.   Formelles Konsensprinzip (als Grundsatz)

Bei allen übrigen Eintragungen erstreckt sich die Prüfung durch das Grundbuchamt lediglich auf das **Vorliegen der förmlichen Voraussetzungen** (sog. formelles Konsensprinzip oder auch Bewilligungsgrundsatz, § 19 GBO). Diese sind:

– Antrag auf Eintragung (§ 13 Abs. 1 GBO),

– Bewilligung der Eintragung durch den von ihr Betroffenen (§ 19 GBO),

– Voreintragung des Berechtigten, soweit diese noch nicht erfolgt ist (§ 39 Abs. 1 GBO).

Diese drei Voraussetzungen werden zum Teil auch als die drei Eintragungsgrundsätze des Grundbuchverfahrens bezeichnet. Fehlt eine dieser **drei förmlichen Eintragungsvoraussetzungen,** so lehnt das Grundbuchamt die Eintragung entweder ab (Antragszurückweisung) oder stellt stattdessen dem Antragsteller eine angemessene Frist zur Nachholung der fehlenden Voraussetzungen (Beanstandung).

Es ist beachtenswert, dass der Gesetzgeber insoweit zwischen materiellem Liegenschaftsrecht (§ 873 BGB) und formellem Grundbuchrecht (§§ 13, 19, 39 GBO) unterscheidet: Während für die Entstehung eines Rechts materiell-rechtlich gem. § 873 Abs. 1 BGB eine (zweiseitige) Einigung beider Vertragsteile erforderlich ist, genügt grundbuch- bzw. verfahrensrechtlich gem. §19 GBO die Vorlage einer (einseitigen) Bewilligung des von der Eintragung Betroffenen (also desjenigen, der durch die Eintragung einen Nachteil erleidet).

Das Risiko falscher Grundbucheintragungen nimmt der Gesetzgeber hierbei ausdrücklich in Kauf. Denkbar ist z.b., dass eine Einigung materiell-rechtlich unwirksam ist, aber dennoch eine gültige Bewilligung des von der Eintragung Betroffenen gem. § 19 GBO vorliegt. Hintergrund dieser gesetzgeberischen Entscheidung sind die immensen Vorteile des formellen Konsensprinzips, namentlich die Vereinfachung und Beschleunigung des Grundbuchverfahrens. Dies wird deutlich anhand folgender Überlegung: Gäbe es im Grundbuchverfahren nicht die Erleichterung, dass die Vorlage einer Bewilligung gem. § 19 GBO (anstelle eines Nachweises über die Einigung gem. § 873 BGB) genügt, dann müsste andernfalls das Grundbuchamt stets überprüfen, ob eine Einigung wirksam war. Dazu müssten etwaige Nichtigkeitsgründe wie z.b. Geschäftsunfähigkeit beurteilt werden oder z.b. die Frage, ob bei einer aufschiebend bedingten Einigung die Bedingung tatsächlich eingetreten ist. Hierbei stießen die Rechtspfleger im Grundbuchamt sehr schnell an ihre Erkenntnisgrenzen, wodurch Eintragungen im Grundbuch jedenfalls deutlich verzögert, wenn nicht gar in Einzelfällen unmöglich würden.

Das formalisierte Verfahren des Grundbuchrechts weicht also aus gutem Grund vom materiellen Recht des BGB zugunsten eines schnellen, funktionierenden Eintragungsverfahrens ab. Das Risiko falscher Eintragungen im Grundbuch wird im Gegenzug durch mehrere Mechanismen möglichst gering gehalten, z.b. durch das Prinzip der konstitutiven Eintragung (siehe dazu oben Abschnitt II. Ziffer 1.) sowie durch die ausnahmsweise Geltung des materiellen Konsensprinzips in bedeutenden Fällen der Eigentumsübertragung.

3. Unrichtigkeitsnachweis (als Formerleichterung)

Neben dem ausnahmsweise geltenden materiellen Konsensprinzip (siehe dazu oben Ziffer 1.) als eine Art „Verschärfung" des Bewilligungsgrundsatzes gibt es auch eine Erleichterung, nämlich die Möglichkeit der Grundbuchberichtigung aufgrund eines Unrichtigkeitsnachweises (§ 22 Abs. 1 Satz 1 GBO).

Wenn nämlich die Unrichtigkeit des Grundbuchs zuverlässig nachgewiesen werden kann, wäre es übertrieben bzw. unnötiger Formalismus, in diesen Fällen zusätzlich eine Bewilligung des Betroffenen gem. § 19 GBO zu verlangen.

Diese Erleichterung ist aber nur möglich, wenn die Unrichtigkeit des Grundbuchs selbst mit hinreichender Richtigkeitsgewähr bewiesen werden kann. Dieser Nachweis ist daher nur selbst durch Urkunden in der Form des § 29 Abs. 1 GBO möglich. Die Hauptfälle des Unrichtigkeitsnachweises sind in der notariellen Praxis die Grundbuchberichtigung durch Vorlage einer Sterbeurkunde oder eines Erbscheins.

Dabei ist stets zu beachten, inwiefern genau die Unrichtigkeit des Grundbuchs bewiesen werden muss: So genügt z.B. nicht die Einreichung einer Sterbeurkunde, um den Übergang des Eigentums vom verstorbenen Ehemann auf die Ehefrau als Alleinerbin zu beweisen. Hierfür ist vielmehr ein Erbschein erforderlich, weil durch die Sterbeurkunde allein der Todesfall nachgewiesen werden kann.

Ein Unrichtigkeitsnachweis ist wiederum gem. §§ 23 f. GBO dann nicht möglich, wenn Lebenszeitrechte und andere zeitlich beschränkte Rechte gelöscht werden sollen, bei denen Rückstände möglich sind. Dann bleibt es bei dem Grundsatz des formellen Konsensprinzips, wonach eine Bewilligung erforderlich ist.

4.   Einzelheiten zum Eintragungsantrag (§ 13 GBO)

Eine Eintragung im Grundbuch (wozu auch eine Löschung gehört) erfolgt grundsätzlich nur auf Antrag.

Für den reinen Antrag gibt es keine Formvorschrift, er muss also weder beurkundet noch beglaubigt sein. Der Antrag bedarf aber dann mindestens der öffentlichen Beglaubigung, wenn er gleichzeitig eine Bewilligung oder Zustimmung enthält. Dies ist z.B. der Fall, wenn der Gläubiger die Löschung einer Hypothek bewilligt und der Grundstückseigentümer sie beantragt, denn der Antrag ersetzt hier die zur Löschung erforderliche Zustimmung des Eigentümers (vgl. auch §§ 27, 30 GBO).

Antragsberechtigt ist gem. §§ 13 Abs. 1 Satz 2 GBO zunächst jeder,

– zu dessen Gunsten die Eintragung erfolgen soll und

– dessen Recht durch die Eintragung betroffen wird.

Der Notar als solcher hat zwar kein eigenes Antragsrecht. Allerdings gilt der Notar, der die zur Eintragung erforderlichen Erklärungen beurkundet oder beglaubigt hat, als ermächtigt, im Namen der Antragsberechtigten die Eintragung zu beantragen (§ 15 Abs. 2 GBO).

Der Antrag darf an keinen Vorbehalt und an keine Bedingung geknüpft sein. Er kann nur von demjenigen, der ihn gestellt hat, wieder zurückgenommen werden, solange die Eintragung im Grundbuch nicht vollzogen ist. Haben sowohl die Betroffenen als auch die Begünstigten den Antrag gestellt, so können sie ihn daher nur gemeinsam zurücknehmen. Anders als die Antragstellung ist die Zurücknahme des Antrags nicht formlos möglich, sondern sie bedarf ausnahmsweise zumindest der öffentlich beglaubigten Form. Hierdurch soll eine größere Richtigkeitsgewähr erreicht werden. Für den Notar, der selbst einen gestellten Antrag zurücknimmt, bedeutet diese Formerschwerung, dass er einer Zurücknahme eines Antrags sein Siegel beidrücken muss, um so die öffentliche Form zu schaffen.

Mit der Neuschaffung des § 15 Abs. 3 GBO zum 01.06.2017 (Urkundenarchivgesetz, BGBl I, 1396) wurde eine gesetzliche **Vorprüfungspflicht** des Notars für Anmeldungen zum Grundbuchamt geschaffen. Hierdurch ist der Notar nunmehr auch gesetzlich zu dem verpflichtet, was schon zuvor übliche Praxis war: Der Notar hat alle zu einer Eintragung im Grundbuch erforderlichen Erklärungen vor ihrer Einreichung beim Grundbuchamt auf Eintragungsfähigkeit zu überprüfen und dies zu vermerken. Die Vorprüfung ist eine echte, formelle Verfahrensvoraussetzung; fehlt sie, kann einem Grundbuchantrag nicht stattgegeben werden. Das Grundbuchamt hat nur zu prüfen, ob zu jeder unterschriftsbeglaubigten Grundbucherklärung ein Prüfungsvermerk vorliegt; anschließend prüft es selbst. Im Ausnahmefall der vergessenen (Dokumentation der) Prüfung ergeht eine Zwischenverfügung nach § 18 GBO. Der Notar trifft jedoch keine abschließende Entscheidung, sondern gibt nur ein für das Grundbuchamt nicht bindendes Votum ab. Vergleiche für alle Einzelheiten, namentlich den Umfang der Pflicht, Musterformulierungen und Abgrenzungsfragen bei Tätigwerden mehrerer Notare ausführlich unten § 2 Abschnitt IV. Ziffer 3. sowie beispielhaft ATTENBERGER, MittBayNot 2017, 341.

5. Einzelheiten zur Eintragungsbewilligung (§ 19 GBO)

Eine Eintragung darf grundsätzlich nur erfolgen, wenn derjenige, dessen Recht von ihr betroffen wird, sie bewilligt. Der Kreis derjenigen Personen, die eine Bewilligung abgeben können, ist also enger als der Kreis der antragsberechtigten Personen. Einfach ausgedrückt ist nur derjenige bewilligungsberechtigt, der durch die jeweilige Eintragung einen Nachteil erleidet.

Beispiele

– Die Eintragung einer Belastung setzt die Bewilligung des jeweiligen Grundstückseigentümers voraus.

– Die Löschung eines eingetragenen Rechts setzt die Bewilligung des jeweils aus dem Recht Berechtigten voraus.

Von der Eintragung können auch mehrere Personen betroffen werden, dann ist die Bewilligung sämtlicher Betroffener erforderlich.

Die Bewilligung muss durch öffentliche oder öffentlich beglaubigte Urkunden nachgewiesen werden (§ 29 GBO).

Anders als beim Eintragungsantrag ist bei der Eintragungsbewilligung eine Rücknahme nicht möglich. Allerdings kann durch Rücknahme des Antrags der Bewilligung die Grundlage entzogen werden (jedenfalls sofern alle Antragsteller ihre entsprechenden Anträge zurückziehen).

6.   Einzelheiten zur Voreintragung (§ 39 GBO)

Auch das Erfordernis einer Voreintragung dient dazu, langwierige und schwierige Prüfungen durch das Grundbuchamt zu vermeiden und das Grundbuchverfahren dadurch schnell und unkompliziert zu halten. Zusätzlich soll dadurch der jeweils eingetragene Berechtigte vor dem ungewollten Verlust seiner Rechtsposition geschützt werden.

Die §§ 39 Abs. 2, 40 GBO enthalten bestimmte Erleichterungen von dem Grundsatz der Voreintragung, namentlich für Grundpfandrechte (§ 39 Abs. 2 GBO), bei Tod des Berechtigten (§ 40 Abs. 1 GBO) und bei Vorhandensein eines Testamentsvollstreckers oder Nachlasspflegers (§ 40 Abs. 1 und 2 GBO).

7.   Rang und Rangverhältnis

Zwischen den auf einem Grundstück lastenden Rechten besteht kraft Gesetzes ein bestimmtes Rangverhältnis. Maßgeblich für den Rang eines Rechts ist in erster Linie der (minutengenaue) Zeitpunkt des Eingangs von Anträgen beim Grundbuchamt.

Der besonderen Bedeutung des Rangs sowie den Möglichkeiten, wie dieser durch Vereinbarung verändert werden kann, ist ein gesamtes Kapitel dieses Buchs gewidmet (siehe § 11).

§ 4   Die Grundschuld (§§ 1191–1198 BGB)

I.   Die Sicherungsgrundschuld als Kreditmittel der Immobilienpraxis

In der **Rechtspraxis** hat die Grundschuld die früher vorherrschende Verkehrshypothek fast völlig verdrängt. Auch die Hypothekenbanken bedienen sich zur Sicherung der Kredite heute fast ausschließlich der Grundschuld. Die Grundschuld unterscheidet sich von der Hypothek (§ 1113 BGB) dadurch, dass sie in Entstehung und Fortbestand unabhängig von einer persönlichen Forderung (**abstrakt**; Gegensatzbegriff: akzessorisch) ist, vgl. § 1192 Abs. 1 BGB.

Die Abstraktheit der Grundschuld gilt auch dann, wenn sie gerade dazu eingesetzt wird, eine Forderung, i.d.R. eine Geldforderung (z.b. auf Rückzahlung eines Darlehens, § 488 Abs. 1 Satz 2 BGB), zu sichern (sog. **Sicherungsgrundschuld**, vgl. § 1192 Abs. 1a Satz 1 BGB). Die Verknüpfung zwischen Kredit (Darlehen) und Kreditsicherheit (Grundschuld) erfolgt dann nicht über die gesetzliche Akzessorietät, sondern über eine schuldrechtliche Vereinbarung (Vertrag), der sogenannten **Zweckerklärung** (synonym: **Sicherungsabrede; Sicherungszweckvereinbarung**). In der Zweckerklärung regeln der Sicherungsgeber (das ist immer der Grundstückseigentümer, der bei der Besicherung eines fremden Kredits nicht identisch ist mit dem Darlehensnehmer!) und die kreditgebende Bank als Sicherungsnehmer, zu welchem Zweck die Grundschuld der Bank als Sicherheit zur Verfügung gestellt wird. Dies kann nur der eine (einmalige) Kredit sein, der den Anlass für die Grundschuldbestellung bildet, oder es kann auch jeder aktuelle und künftige Kredit zwischen den Parteien sein (laufende Kreditbeziehung). Aus Sicht des Grundstückseigentümers begründet die Zweckerklärung daneben ein **Treuhandverhältnis**, indem er die Bank dazu verpflichtet, die Grundschuld nur im Rahmen dieses Sicherungszwecks zu behalten und zu verwerten sowie insgesamt bei ihrer Rechtsausübung Rücksicht auf die Interessen des Grundstückseigentümers zu nehmen. Die Zweckerklärung ist damit nicht der eigentliche Darlehensvertrag, sondern ein davon losgelöster, **formlos gültiger Vertrag**.

Die Grundschuld hat sich aus diesem Grund in der Praxis von Banken und Immobilienfinanzierern als **gängiges Sicherungsmittel** durchgesetzt. Wegen ihrer Unabhängigkeit von einer bestimmten Forderung ist die Grundschuld daneben aber auch z.B. zur Sicherung von Kontokorrentkrediten geeignet.

Die Abstraktheit der Grundschuld erlaubt es auch, die Grundschuld wieder zu verwenden, nachdem die ursprünglich gesicherte Forderung vollständig getilgt worden ist (sog. **Revalutierung**). Die Grundschuld kann also – im Gegensatz zur Hypothek – als Sicherheit für mehrere, auch nacheinander und in unterschiedlicher Höhe entstehende Forderungen dienen, da sie nach Erfüllung der Forderung nicht automatisch erlischt.

Wie die Hypothek wird die Grundschuld durch **Zwangsvollstreckung** in den belasteten Grundbesitz verwertet. Die Zwangsvollstreckung erfolgt i.d.R. durch Zwangsversteigerung. Es besteht eine Pflicht des Eigentümers, diese zu dulden, nicht aber, die besicherte Forderung aktiv abzulösen (§§ 1192 Abs. 1, 1147 BGB). **Merke also:** Die Grundschuld gewährt ihrem Inhaber – wie die Hypothek – nur ein **dingliches Verwertungsrecht** an dem Grundstück, nicht hingegen einen Anspruch auf Geldzahlung! Darin liegt nicht nur rechtlich, sondern auch wirtschaftlich ein großer Unterschied. Das wird deutlich, wenn man sich klarmacht, dass bei einer Zwangsversteigerung praktisch nie der volle Wert des Objekts erlöst wird und manchmal eben auch nicht die gesamte Darlehensforderung der Bank. Zur systematischen Einordnung der Verwertungsrechte an einem Grundstück siehe oben § 3 Abschnitt IV. Ziffer 3.

Die **gesetzliche Kündigungsfrist** beträgt bei der Grundschuld sechs Monate (§ 1193 Abs. 1 Satz 3 BGB). Handelt es sich um eine Sicherungsgrundschuld, so ist eine hiervon abweichende Bestimmung unwirksam (§ 1193 Abs. 2 Satz 2 BGB). Dies soll dem Grundstückseigentümer Zeit verschaffen, um doch noch eine gütliche Einigung mit dem Grundschuldgläubiger herbeizuführen. Zum Umgang der Bankenpraxis mit dieser Vorgabe des Gesetzgebers siehe unten im Fallbeispiel (Abschnitt III. Ziffer 2.).

Zur Einordnung der Grundschuld im Liegenschafts- und Grundbuchrecht und zu ihren spezifischen **Vor- und Nachteilen** siehe ausf. § 3 Abschnitt VI. Ziffer 3.

Mit Beginn der **weltweiten Finanzkrise** im Jahr 2007 empfand die deutsche Öffentlichkeit und Politik es zunehmend als problematisch, dass Banken verstärkt dazu übergegangen waren, **grundschuldbesicherte Kredite** weiter zu verkaufen und teilweise mit „faulen Krediten" zu undurchsichtigen Finanzprodukten zu kombinieren (sog. asset backed securities). An sich müsste der Grundstückseigentümer auch dem Käufer eines solchen Kredits die zwischen ihm und seiner Bank (der Geschäftspartnerin des Kreditkäufers) getroffenen Vereinbarungen aus der Sicherungsabrede entgegenhalten können. In der Regel kannte der Kreditkäufer jedoch diese Sicherungsabrede gar nicht, da er nicht wusste (und wohl oft auch nicht so genau wissen wollte), dass er eine Sicherungsgrundschuld erwarb. Dann war bei einem Erwerbsakt bis einschließlich 19.08.2008 ein **gutgläubiger einredefreier Erwerb der Sicherungsgrundschuld** möglich. Dies bedeutet den Erwerb der Grundschuld ohne die beschränkenden Bindungen aus der Sicherungsabrede, die der Grundstückseigentümer mit der ursprünglichen Bank getroffen hatte (vgl. §§ 1192 Abs. 1, 1157 Satz 2 BGB). Seit dem 20.08.2008 ist diese Gefahr für die Eigentümer deutscher Grundstücke durch den mit dem sogenannten **Risikobegrenzungsgesetz** eingefügten § 1192 Abs. 1a Satz 1 BGB ausgeschlossen (zum Stichtag vgl. Art. 229 § 18 Abs. 2 EGBGB).

II. Checkliste für Grundpfandrechtsbestellungen

Der Notar wird häufig mit der Vorbereitung und Beurkundung von Grundschuldbestellungsurkunden beauftragt. Für den **Mandanten** (z.b. den Käufer eines Grundstücks) steht zumeist das Interesse am raschen wirtschaftlichen Erfolg, d.h. der reibungslosen Auszahlung des Darlehens, im Vordergrund. Der **finanzierenden Bank** ist an einer wirksamen Absicherung für den Fall gelegen, dass der Darlehensnehmer mit der Rückzahlung des Darlehens ausfällt (sog. **Sicherungsfall**). Deshalb wird die Bank i.d.R. darauf bestehen, dass die Grundschuld mithilfe eines von ihr vorgegebenen **Musterformulars** bestellt wird. Wird die Grundschuld dann anhand des Musterformulars beurkundet, hat die Bank die Gewähr dafür, dass die notarielle Grundschuldbestellungsurkunde alle ihr wichtigen Aspekte enthält. Für den Notar bedeuten diese Vorgaben der Bankenpraxis, dass er dem Grundschuldbesteller „die Konditionen der Bank" vorzulesen hat. Deshalb und wegen des ohnehin schon sehr technischen Inhalts einer Grundschuldbestellungsurkunde (siehe das Muster unter Abschnitt II. Ziffer 2.) bedarf es einer besonders gründlichen Belehrung des Bestellers. Denn die Verwendung von Fremd¬mustern entbindet den Notar – wie auch sonst – gerade nicht von seiner eigenen Prüfungs- und Belehrungspflicht (§ 17 BeurkG).

In formeller Hinsicht ist darauf zu achten, dass das **Bankformular** keine auf den Urheber des Vordrucks hinweisenden individuellen Gestaltungsmerkmale wie etwa Namensschriftzug, **Firmenlogo**, Signet, Fußzeile mit Firmendaten und Ähnlichem aufweist und der Urheber des Vordrucks (z.b. der jeweilige Bankendachverband) am Rand des Vordrucks angegeben wird, § 29 Abs. 4 Satz 1 zweiter Halbsatz DONot.

Basis für die sachgerechte Bearbeitung einer Grundschuldbestellung ist, wie auch beim Grundstückskaufvertrag, die umfassende Sachverhaltsaufklärung. Hierzu kann die nachstehende **Checkliste** dienen.

Checkliste: Grundpfandrechtsbestellung

1.	Dient die Grundschuld der **Kaufpreisfinanzierung**? Dann zusätzliche Inhalte erforderlich (siehe § 5 Abschnitt VIII. Ziffer 9.)	☐
	Wünscht die Bank eine Kopie des Kaufvertrags? (Zumindest der Käufer wird damit wohl immer einverstanden sein)	☐
2.	Bewilligungsbescheide, Darlehenszusagen und Auszahlungsbedingungen der Banken, Sparkassen, Bausparkassen und Versicherungen, in vielen Fällen auch **„Merkblatt für Notare"**. Häufig auch nur kurzer **Auftrag per Fax.**	☐
	Welche **Fertigungen** der Urkunde verlangt der Gläubiger sofort nach Beurkundung und in Zukunft, z.B.:	
	a) eine vollstreckbare Ausfertigung oder	☐
	b) eine vollstreckbare Ausfertigung und eine einfache Ausfertigung oder	☐
	c) eine vollstreckbare Ausfertigung und eine beglaubigte oder einfache Abschrift?	☐
	Soll die vollstreckbare Ausfertigung der Bank sofort zur Verfügung gestellt werden? Dann ist ein **Nachweisverzicht** des Eigentümers erforderlich (siehe § 2 Abschnitt VII. Ziffer 2. Buchst. f)).	☐
3.	Notwendige **Form** beachten (notariell beurkundet oder nur unterschriftsbeglaubigt? Dies ist wichtig im Hinblick auf die entstehenden Notargebühren). **Bei Vollstreckungsunterwerfung ist notarielle Beurkundung zwingend erforderlich!**	☐
4.	Separate Schuldurkunden und Zweckerklärungen – ist **Unterschriftsbeglaubigung** erforderlich? (In der Regel nicht nötig)	☐
5.	**Grundbuchstand** (Eigentümer, Darlehensnehmer?)	☐
6.	**Rangfolge der Eintragungen**:	
	a) Rangrücktritt erforderlich?	☐
	b) Löschungsreife Rechte?	☐

	c) Ausnutzung von Rangvorbehalten?	☐
	d) Rangvorbehalt aufnehmen?	☐
7.	**Mehrere Grundpfandrechte:**	
	a) Rangbestimmung?	☐
	b) zeitliche Reihenfolge beim Eintragungsantrag?	☐
8.	Auftrag der Bank zur **Entgegennahme** der Grundschuldbestellungs-urkunde zur Herbeiführung der Bindungswirkung gem. § 873 Abs. 2 BGB? Dies ist auch relevant im Hinblick auf die anfallenden Notargebühren (siehe unten Abschnitt III. Ziffer 3.).	☐

Bei Grundschulden, die der Finanzierung des Kaufpreises aus einem Grundstücks- oder Wohnungseigentumskaufvertrag dienen, wünschen Banken häufig auch eine **Kopie dieses Kaufvertrags**, zumal darin die Belastungsvollmacht enthalten ist (siehe dazu den Musterkaufvertrag in § 5 Abschnitt V., dort Abschnitt XIII.). Da die Bank nicht an diesem Kaufvertrag beteiligt ist, sollte sich der Notar im Kaufvertrag zu einer entsprechenden Kopieübersendung anweisen lassen (§ 51 Abs. 2 BeurkG; siehe oben § 2 Abschnitt VII. Ziffer 2. Buchst. d)).

III. Grundschuldbestellungsurkunde – Sicherung eines Baudarlehens

1. Fallbeispiel

Die Eheleute Niels Bayer, geboren 05.05.1982, und Sonja Bayer geb. Frisch, geboren 08.05.1984, beide wohnhaft Rheinstraße 12, 12345 Musterstadt, sind seit dem 03.01.2019 Eigentümer zu je 1/2 Anteil des Grundstücks in der Gemarkung Westfeldern (AG Musterstadt), Flur 12 Nr. 301, Bauplatz, In den Erlen = 420 m².

Der Bauplatz liegt in einem Neubaugebiet. Das Ehepaar will diesen Grundbesitz mit einem Wohnhaus bebauen. Hierzu haben sie der Gemeinde gegenüber eine Bauverpflichtung bei Ankauf des Bauplatzes übernommen.

Der amtierende Notar hat einen elektronischen Grundbuchauszug einholen lassen und ihn eingesehen. Wie sich daraus ergibt, ist der Bauplatz wie folgt belastet:

In Abteilung II:

lfd. Nr. 1:   Vormerkung zur Sicherung des bedingten Anspruchs auf Rückübertragung des Eigentums für die Gemeinde Musterstadt.

                 Vorbehalten bleibt der Vorrang für noch zu bestellende Grundpfandrechte von insgesamt 400.000 € mit bis zu 20 % Zinsen jährlich und einmaligen Nebenleistungen bis zu 10 % jährlich.

In Abteilung III:

lfd. Nr. 1:   Buchgrundschuld zu 25.000 € nebst 12 % Zinsen für BHW Bausparkasse AG, Hameln.

                 Eingetragen am 03.01.2019 im Rang vor dem Recht Abt. II lfd. Nr. 1 unter teilweiser Ausnutzung des dort verzeichneten Rangvorbehalts.

Weitere Rechte bestehen nicht.

Die dingliche Sicherung der **Bauverpflichtung** erfolgt in aller Regel im Grundbuch durch Eintragung einer **Rückauflassungsvormerkung** für die Gemeinde (§ 883 Abs. 1 BGB). Der Anspruch auf Rückübertragung des Bauplatzes entsteht nur, wenn die im Kaufvertrag näher definierten Nachweise, aus denen die Einhaltung der Bauverpflichtung hervorgeht (z.B. Nachweis der Einmessung des Wohnhauses innerhalb von x Jahren), nicht fristgerecht beigebracht werden. Mit dem Instrument der Bauverpflichtung will die Gemeinde die Bodenspekulation im Bereich von Neubaugebieten verhindern.

Da die Belastung des Bauplatzes mit Finanzierungsgrundpfandrechten nur nach Eigentumsumschreibung auf die Käufer möglich ist – dies ist eine Besonderheit beim Erwerb von gemeindeeigenen Grundstücken –, zu diesem Zeitpunkt aber die Rückauflassungsvormerkung bereits eingetragen ist, erklärt sich die Gemeinde bereits vorab mit der späterer Eintragung von rangbesseren Finanzierungsrechten in Abteilung III einverstanden. Dem dient der eingetragene **Rangvorbehalt** beim Recht Abteilung II lfd. Nr. 1. Zu Rangverhältnissen im Grundbuch, insbesondere auch Rangvorbehalten, siehe ausf. § 11.

Auf Nachfrage erfährt der Notar, dass die Grundschuld der BHW Abteilung III lfd. Nr. 1 zur **Absicherung eines Bauspardarlehens dient**, welches die Eheleuten Bayer zur teilweisen Finanzierung des Kaufpreises für das Baugrundstück genutzt haben.

Da der Erwerb des Baugrundstücks praktisch das gesamte Eigenkapital (das „Ersparte") der Eheleute aufgezehrt hat, möchten sie nun ein weiteres Baudarlehen bei der Sparkasse Musterstadt aufnehmen.

Aus der Darlehenszusage und dem von der Bank bereits per Fax an das Notariat übermittelten Auftrag ergibt sich, dass eine Buchgrundschuld i.H.v. 150.000 € nebst 15 % Jahreszinsen an ausschließlich erster Rangstelle im Grundbuch eingetragen werden soll.

2. Grundschuldbestellung

Die Grundschuldbestellungsurkunde kann, in Anlehnung an das bei Sparkassen gebräuchliche Bestellungsformular, für unser Fallbeispiel wie folgt aussehen:

 Muster: Grundschuldbestellungsurkunde

Urkundenrolle Nr. 503/2019

(Grundschuldbestellung)

Verhandelt in Musterstadt, am 05.05.2019

Vor mir, dem unterzeichnenden

Notar Max Mustermann

mit dem Amtssitz in Musterstadt, erschienen heute die Eheleute

Herr Niels **B a y e r**, geboren 05.05.1952,

Frau Sonja **B a y e r** geb. Frisch, geboren 08.05.1954,

beide wohnhaft Rheinstraße 12, 12345 Musterstadt,

– nachstehend „Sicherungsgeber" und „Darlehensnehmer" genannt, ~~auch wenn es sich um mehrere Personen handelt~~ –.

Die Erschienenen sind dem amtierenden Notar persönlich bekannt.

(Der Notar fragte nach einer Vorbefassung i.S.v. § 3 Abs. 1 Nr. 7 BeurkG. Sie wurde von den Beteiligten verneint.)

Die Erschienenen erklärten:

1. Grundschuldbestellung

Der Sicherungsgeber ist Eigentümer des im Grundbuch von Westfeldern – Amtsgericht Musterstadt – Blatt 2038 als Flur 12 Nr. 301, Bauplatz, In den Erlen = 420 m², verzeichneten Grundbesitzes,

– nachstehend das Pfandobjekt genannt, auch wenn es sich um mehrere handelt –.

Der Sicherungsgeber bestellt hiermit zugunsten der Sparkasse Musterstadt in Musterstadt,

– nachstehend Gläubigerin genannt –

auf dem Pfandobjekt eine Grundschuld i.H.v. 150.000,00 €

(in Worten: einhundertfünfzigtausend Euro).

Die Erteilung eines Grundschuldbriefs wird ausgeschlossen.

Die Grundschuld ist vom heutigen Tag an mit 15 % jährlich zu verzinsen. Die Zinsen sind jeweils nachträglich am ersten Werktag des folgenden Kalenderjahres fällig.

Die Grundschuld soll die erste Rangstelle haben. Sie kann zunächst an rangbereitester Stelle eingetragen werden.

Der amtierende Notar, sein Vertreter oder Amtsnachfolger ist ermächtigt, die Anträge aus dieser Urkunde einzeln, inhaltlich eingeschränkt zu stellen, zum grundbuchlichen Vollzug abzuändern, zu ergänzen und auch ganz oder teilweise zurückzunehmen. Getrennter grundbuchlicher Vollzug dieser Urkunde ist in allen Richtungen zulässig.

Es wird bewilligt und beantragt, die vorstehend bestellte Grundschuld nebst Zinsen unter teilweiser Ausnutzung des bei dem Recht Abteilung II lfd. Nr. 1 verzeichneten Rangvorbehalts einzutragen.

Es wird beantragt, die vorstehend bestellte Grundschuld im Rang vor dem Recht Abteilung III lfd. Nr. 1 einzutragen.

2. Dingliche Zwangsvollstreckungsunterwerfung

Wegen des Grundschuldkapitals nebst Zinsen unterwerfen sich der Sicherungsgeber und der Darlehensnehmer der sofortigen Zwangsvollstreckung aus dieser Urkunde in das belastete Pfandobjekt in der Weise, dass die sofortige Zwangsvollstreckung bei einem Grundeigentum auch gegen den jeweiligen Eigentümer ~~und bei einem Erbbaurecht auch gegen den jeweiligen Erbbauberechtigten~~ zulässig sein soll.

3. Persönliche Haftungsübernahme und Zwangsvollstreckungsunterwerfung

Für die Zahlung eines Geldbetrags, dessen Höhe der bewilligten Grundschuld (Kapital, Zinsen) entspricht, übernimmt der Darlehensnehmer

– Eheleute Niels und Sonja B a y e r, vorbenannt –,

mehrere Personen als Gesamtschuldner, die persönliche Haftung, aus der er ohne vorherige Zwangsvollstreckung in das belastete Pfandobjekt sofort in Anspruch genommen werden kann. Er unterwirft sich wegen dieser persönlichen Haftung der Gläubigerin gegenüber der sofortigen Zwangsvollstreckung aus dieser Urkunde in das gesamte Vermögen. Die Gläubigerin kann die persönliche Haftung unabhängig von der Eintragung der Grundschuld und ohne vorherige Zwangsvollstreckung in das belastete Pfandobjekt geltend machen.

4. Anträge

4.1

4.1.1 Es wird bewilligt und beantragt, im Grundbuch einzutragen:

die vorstehend bestellte Grundschuld nebst Zinsen mit dem unter Ziffer 1 angegebenen Inhalt und an der dort bestimmten Rangstelle einschließlich der unter Ziffer 2 erklärten Unterwerfung unter die sofortige Zwangsvollstreckung.

4.1.2 Falls der Grundbesitz aus mehreren Pfandobjekten besteht und die gleichzeitige Eintragung nicht möglich ist, wird getrennte Eintragung bewilligt und beantragt. Jede weitere Eintragung soll eine Einbeziehung in die Mithaft für die bereits eingetragene Grundschuld darstellen, so dass dadurch eine Gesamtgrundschuld entsteht.

4.2 Der Sicherungsgeber beantragt gegenüber dem Grundbuchamt:

der Gläubigerin nach Erledigung der Eintragungsanträge eine vollständige unbeglaubigte Grundbuchabschrift zu erteilen.

4.3 Der Notar wird beauftragt:

– der Gläubigerin sofort eine vollstreckbare Ausfertigung gem. Ziffer 6 dieser Urkunde zu erteilen;

– dem Sicherungsgeber eine einfache Abschrift dieser Urkunde zu erteilen;

– dem Grundbuchamt eine Ausfertigung dieser Urkunde zu erteilen.

5. Zustimmung des Ehegatten

5.1 Der Sicherungsgeber erklärt,

dass er nicht verheiratet ist,

dass er im Güterstand der Gütertrennung lebt.

5.2 Jeder Ehegatte stimmt, soweit erforderlich, den Erklärungen des anderen Ehegatten zu. Jeder Ehegatte duldet und bewilligt, soweit erforderlich, die sofortige Zwangsvollstreckung aus dieser Urkunde in das Vermögen des anderen Ehegatten. Er erklärt sich mit der jederzeitigen Erteilung einer vollstreckbaren Ausfertigung einverstanden.

6. Vollstreckbare Ausfertigung

Die Gläubigerin ist berechtigt, sich auf ihren einseitigen Antrag eine vollstreckbare Ausfertigung dieser Urkunde sowohl wegen des Kapitals als auch wegen eines Teils desselben und wegen einzelner Zinsraten auf Kosten des Darlehensnehmers erteilen zu lassen. Es wird auf den Nachweis der Tatsachen verzichtet, die das Entstehen und die Fälligkeit der Grundschuld nebst Zinsen und sonstigen Nebenleistung oder ihrer schuldrechtlichen Ansprüche bedingen. ~~Der Darlehensnehmer verzichtet zudem auf den Nachweis des Eigentumswechsels.~~

7. Schluss

Die mit dieser Urkunde verbundenen Kosten trägt der Darlehensnehmer.

Der Grundbuchstand wurde anhand eines elektronischen Grundbuchauszugs vom heutigen Tag festgestellt.

Die in der Urkunde vorgenommenen Streichungen werden bestätigt.

Es wird allseits bewilligt und beantragt, alle Löschungen und Rangänderungen gemäß den Gläubigerbewilligungen bzw. den Bewilligungen der Berechtigten – auch sofern Selbstberechtigung vorliegt – in das Grundbuch einzutragen. Der Notar wird mit dem Vollzug dieser Urkunde beauftragt, er soll insbesondere die Rangrücktrittserklärung des Gläubigers des Rechts Abteilung III lfd. Nr. 1 einholen.

In dieser Urkunde getroffene Rangbestimmungen haben rein schuldrechtliche Bedeutung.

Diese Niederschrift wurde von dem amtierenden Notar den Erschienenen vorgelesen, von diesen genehmigt und eigenhändig wie folgt unterschrieben:

(Unterschriften von Niels und Sonja Bayer und des beurkundenden Notars)

Anmerkungen

Bitte beachten Sie zunächst oben § 3 Abschnitt VII.

An der notariellen Grundschuldbestellungsurkunde ist die Bank, zu deren Gunsten die Grundschuld bestellt wird, nicht beteiligt. Der Notar beurkundet nur die Erklärungen des **Bestellers** (also des Eigentümers, dessen Grundstück, Eigentumswohnung, Erbbaurecht belastet wird) und – falls es sich (anders im Beispielsfall) um verschiedene Personen handelt – des **Darlehensnehmers** betreffend die über die Grundschuldsicherheit hinaus zu gewährende Sicherheit in Form eines abstrakten Schuldanerkenntnisses nebst Zwangsvollstreckungsunterwerfung (siehe im Muster

Abschnitt 3; dazu sogleich). Trotzdem **entsteht die Grundschuld** nicht etwa durch einseitige Erklärung des Bestellers, sondern gem. § 873 BGB durch Einigung zwischen ihm und dem Grundschuldgläubiger (Bank) und Eintragung des Rechts im Grundbuch. Die materiell-rechtliche Einigung gem. § 873 BGB unterliegt **keiner** besonderen Form (häufiges Missverständnis!). Auch aus § 925 BGB ergibt sich nichts anderes: Diese Vorschrift betrifft nur den Sonderfall einer Einigung, nämlich die Auflassung, und statuiert ebenfalls kein Formerfordernis nach materiellem Recht! – siehe zur Auflassung unten § 5 Abschnitt VI. Ziffer 5.). **Formbedürftig** sind aber die Eintragungsbewilligung des Bestellers gem. §§ 19, 29 GBO und die Zwangsvollstreckungsunterwerfung gem. § 794 Abs. 1 Nr. 5 ZPO. Während für die Bewilligung die öffentlich beglaubigte Form (= Unterschriftsbeglaubigung, vgl. § 29 Abs. 1 Satz 1 GBO) genügt, bedarf die Zwangsvollstreckungsunterwerfung der notariellen Beurkundung gem. §§ 6 ff. BeurkG. **Merke also:** Grundschuldbestellungsurkunden, bei denen eine Zwangsvollstreckungsunterwerfung ausnahmsweise entbehrlich ist, brauchen nur unterschriftsbeglaubigt werden!

Die im Beispielsfall bestellte Grundschuld ist eine **Buchgrundschuld,** d.h., ein Grundschuldbrief wird nicht gebildet. Die Buchgrundschuld ist in der Bankenpraxis der absolute Regelfall. Zur Unterscheidung zwischen Brief- und Buchrechten siehe oben § 3 Abschnitt VI. Ziffer 2.

Grundschulden müssen auf einen bestimmten **Geldbetrag** (sog. Grundschuldkapital, Kapital- oder Nennbetrag der Grundschuld) lauten, in der Praxis auf volle Euro. Es finden sich noch immer DM-Grundschulden in den Grundbüchern, die von Amts wegen auf Euro umgestellt werden können und dann meist auch Centbeträge ausweisen. Bei **Sicherungsgrundschulden** (zum Begriff siehe oben Abschnitt I.) entspricht der Nennbetrag der Grundschuld oft der Darlehenssumme. Rechtlich zwingend ist dies nicht. Auch wenn der mit der Grundschuld besicherte Kredit im Laufe der Zeit schrittweise zurückbezahlt wird, ändert sich an dem im Grundbuch eingetragenen Kapitalbetrag nichts. Teillöschungen sind möglich, werden aber wegen der Notar- und Gerichtskosten nur in besonderen Fällen vorgenommen.

Bei der Passage zu den **Grundschuldzinsen** (siehe **Ziffer 1. des Musters**) werden die Beteiligten meist hellhörig. Sie entgegnen dem Notar nicht selten empört:

„15 % Jahreszinsen?! Herr Notar, das muss ein Fehler sein!". Es ist kein Fehler:

–   **Rechtlich ist es kein Fehler,** weil die Grundschuld – anders als die Hypothek – nicht akzessorisch ist und daher als dingliches Verwertungsrecht am Grundstück eben auch anders verzinslich gestellt sein kann als die gesicherte Forderung. Grundlage für die Vereinbarung von Grundschuldzinsen ist § 1191 Abs. 2 BGB.

– **Wirtschaftlich ist es kein Fehler,** weil in der Bankenpraxis der Grundschuldzins immer erheblich über dem Darlehenszins liegt. Derzeit sind Jahreszinsen zwischen 12 % und 20 % üblich, wobei Niedrigzinsphasen tendenziell niedrige Grundschuldzinsen bedingen und Hochzinsphasen hohe Grundschuldzinsen. Es gibt für die Bank (mindestens) zwei **gute Gründe,** warum Grundschuldzinsen erheblich über den Darlehenszinsen liegen: Erstens gelingt dann auch eine spätere Revalutierung der Grundschuld in einer Hochzinsphase. Zweitens erweitert die Zinsabrede den **Umfang der Grundschuldsicherheit.** Fällt ein Schuldner relativ früh mit der Rückzahlung aus, können sich seine Schulden bei der Bank durchaus auf einen Betrag summieren, der den ursprünglichen Darlehensbetrag und damit den Kapitalbetrag der Grundschuld übersteigt. Die Grundschuldzinsen dienen damit als Puffer für diesen möglichen Differenzbetrag und berücksichtigen auch die Kosten für die Mahnungen beim Schuldner, die Darlehensverzugszinsen und das Zwangsversteigerungsverfahren.

Möglich (und bei einzelnen Banken auch praxisüblich) ist es, die dingliche Sicherheit, die die Grundschuld gewährt, über die Grundschuldzinsen hinaus noch durch eine **einmalige Nebenleistung** zu erweitern. Diese beträgt üblicherweise 5 % oder 10 % des Grundschuldbetrags und ist sofort fällig. Auch diese erhöht die Sicherheit für die finanzierende Bank.

Beachte zudem:

Losgelöst von der vereinbarten Höhe des Grundschuldkapitals, der Grundschuldzinsen und einer etwaigen Nebenleistung steht der Bank immer nur ein Betrag in Höhe der **offenen Darlehensschuld** ggf. zzgl. Verzugs- und Verwertungskosten zu. Ein etwaiger Restbetrag aus dem Versteigerungserlös ist für nachrangige Gläubiger und schließlich für den Grundstückseigentümer reserviert.

Ohne die (dingliche) **Zwangsvollstreckungsunterwerfung** der Grundstückseigentümer in **Ziffer 2. des Musters** müsste sie die Bank im Sicherungsfall (zum Begriff oben Abschnitt II.) auf Duldung der Zwangsvollstreckung verklagen; erst mit einem entsprechenden Gerichtsurteil könnte die Bank die Zwangsversteigerung in das Grundstücks betreiben. Während der Dauer des gerichtlichen Verfahrens wird sich die Kreditsituation aber nicht verbessern, sondern weiter verschlechtern, da mit keinen Zahlungen des Darlehensschuldners mehr zu rechnen ist. Deshalb hat die Bank ein legitimes Interesse daran, im Ernstfall die Zwangsversteigerung ohne den Umweg über ein gerichtliches Klageverfahren einleiten zu können. Diese Möglichkeit schafft die Zwangsvollstreckungsunterwerfung, indem sie die notarielle Urkunde zum Vollstreckungstitel macht: Die Zwangsvollstreckung ist dann auf Grundlage einer **vollstreckbaren Ausfertigung** dieser notariellen Urkunde möglich (siehe dazu bereits oben § 2 Abschnitt VII. Ziffer 2. Buchst. f)). Den Auftrag an den Notar zur sofortigen Erteilung einer volltreckbaren Ausfertigung enthält **Ziffer 4. des Musters.** Bei den in der Praxis fast ausschließlich vorkommenden **Sicherungsgrundschulden** ist die sofortige Erteilung jedoch nur zulässig, wenn der Besteller dies ausdrücklich autorisiert hat.

Das geschieht durch einen sogenannten **Nachweisverzicht** (siehe dazu **Abschnitt 6. des Musters** und sogleich).

Vor Eintritt der Fälligkeit des Grundschuldkapitals darf der Notar grundsätzlich keine vollstreckbare Ausfertigung der Grundschuldbestellungsurkunde erteilen. Denn der Fälligkeitseintritt (sog. **Verwertungsreife**) ist Voraussetzung der Zwangsvollstreckung aus der Grundschuld und muss deshalb dem Notar gem. §§ 797 Abs. 2, 794 Abs. 1 Nr. 5, 726 Abs. 1 ZPO nachgewiesen werden. Dies wäre nur durch die öffentliche Urkunde des Gerichtsvollziehers über die Zustellung der Kündigungserklärung möglich, da das Grundschuldkapital nur durch empfangsbedürftige Kündigungserklärung fällig gestellt werden kann. Um dem Grundstückseigentümer genügend Zeit für einen (letzten) Sanierungsversuch zu geben, beträgt die **Kündigungsfrist** bei einer Sicherungsgrundschuld sechs Monate; eine Verkürzung ist unzulässig (§ 1193 Abs. 2 Satz 2 BGB). Aus Sicht der Bank als Grundschuldgläubiger ist dies ein schwerfälliges Verfahren. Daher hat die Bankenpraxis eine **Erleichterung** in ihren Formularen vorgesehen: Durch den in **Ziffer 6. des Musters** beispielhaft wiedergegebenen Nachweisverzicht verzichtet der Besteller auf den Nachweis, dass die Grundschuld fällig ist. Dann darf der Notar die vollstreckbare Ausfertigung **sofort nach Beurkundung erteilen.**

Eine **weitere Vollstreckungserleichterung** hat der Gesetzgeber selbst ermöglicht: Eine Zwangsvollstreckungsunterwerfung i.S.d. § 794 Abs. 1 Nr. 5 ZPO bindet zunächst einmal nur diejenige Person, die sie erklärt hat. Rechtsnachfolger des Schuldners sind dem privilegierten Vollstreckungszugriffs des Gläubigers erst dann ausgesetzt, wenn die Vollstreckungsklausel auf ihren Namen umgeschrieben worden ist. Dazu muss dem Notar gem. §§ 797, 727 Abs. 1 ZPO die Rechtsnachfolge auf Schuldnerseite durch öffentliche oder öffentlich beglaubigte Urkunden nachgewiesen werden (siehe bereits oben § 2 Abschnitt VII. Ziffer 2. Buchst. f)). Wird die Zwangsvollstreckung aus der Grundschuld zu einem Zeitpunkt betrieben, zu dem der ursprüngliche Besteller gar nicht mehr der Eigentümer des Grundstücks ist, muss die Bank dem Notar also förmliche Dokumente über den Rechtsübergang auf den neuen Eigentümer vorlegen. Das ist durch einen öffentlich beglaubigten Grundbuchauszug möglich, sobald der neue Eigentümer im Grundbuch eingetragen ist. Dieser urkundliche Nachweis des Eigentumswechsels müsste dem Schuldner aber auch zugestellt werden, damit die Zwangsvollstreckung beginnen kann (§§ 795, 750 Abs. 2 ZPO). Die Zustellung dient dem Zweck der Nachprüfbarkeit vorgelegter Nachweise. Als **Erleichterung** hierzu bestimmt § 800 Abs. 2 ZPO, dass es der Zustellung dieser Nachweisurkunde an den Schuldner unter **zwei Voraussetzungen** nicht bedarf:

– Zum einen muss gem. § 800 Abs. 1 Satz 1 ZPO der ursprüngliche Besteller in seiner Unterwerfungserklärung **ausdrücklich** die Zwangsvollstreckung auch gegen den jeweiligen Eigentümer des Grundstück für zulässig erklärt haben (siehe im Muster in Abschnitt 2.).

– Zum anderen muss gem. § 800 Abs. 1 Satz 2 ZPO diese (erweiterte) Vollstreckungsunterwerfung ins Grundbuch **eingetragen** werden. Dort heißt es dann bei der Grundschuld: „Vollstreckbar nach § 800 ZPO". Diese Publizität soll potentielle Erwerber des belasteten Grundstücks warnen.

Die Bankenpraxis macht von dieser Vollstreckungserleichterung durchweg Gebrauch (siehe **Ziffer 2.**), zumal nicht ganz zweifelsfrei ist, ob für den Nachweis des Eigentumswechsels bei Fehlen einer Vollstreckungsunterwerfung nach § 800 ZPO die Vorlage der öffentlichen oder öffentlich beglaubigten Erwerbsurkunde erforderlich ist oder ob § 727 ZPO die Vorlage eines der neuen Eigentümer ausweisenden Grundbuchauszugs genügen lässt.

Ziffer 3. des Musters enthält eine weitere Vollstreckungsunterwerfung („persönliche Zwangsvollstreckungsunterwerfung"). Sie hat rechtlich nichts mit der eigentlichen Grundschuldbestellung zu tun, sondern wird nur aus Anlass der Grundschuldbestellung mit beurkundet, da auch für diese weitere Vollstreckungsunterwerfung selbstverständlich das notarielle Formerfordernis aus § 794 Abs. 1 Nr. 5 ZPO gilt. Diese sogenannte **persönliche Vollstreckungsunterwerfung** ist eine durch die Bankenpraxis entwickelte selbständige Sicherheit für die Bank, die über die Grundschuld hinaus von dem Darlehensnehmer übernommen wird. Rechtstechnisch handelt es sich um ein abstraktes Schuldversprechen gem. §§ 780 ff. BGB in Höhe des Grundschuldbetrages nebst Zinsen und etwaiger Nebenleistungen. Der Zweck besteht darin, die Absicherung für die Bank zu erhöhen, indem weitere Vermögensgegenstände für die Rückzahlung des Kredits haften: Während die Grundschuld als dingliche Sicherheit nur auf dem Vermögensgegenstand „Grundstück" lastet, erlaubt das abstrakte Schuldversprechen den Zugriff auf sämtliche (weiteren) Vermögensgegenstände des Darlehensnehmers wie etwa Geld, Kontoguthaben, Schmuck, Wertpapiere etc. Im Ernstfall kann die Bank dann darauf Zugriff nehmen, ohne vorher klagen zu müssen – dies ist die Gemeinsamkeit zur dinglichen Vollstreckungsunterwerfung – und vor allem ohne Bestand und Höhe der Darlehensforderung nachweisen zu müssen.

Beachte zudem:

Die persönliche Vollstreckungsunterwerfung muss von dem **Darlehensnehmer** des durch die Grundschuld gesicherten Kredits erklärt werden. Handelt es sich beim **Darlehensnehmer nicht** um den **Grundstückseigentümer** – was z.b. der Fall ist, wenn das Haus der Eltern einen Kredit des Kindes absichert –, müssen die unterschiedlichen Rollen der Beteiligten klar in der notariellen Urkunde zum Ausdruck kommen: Nur der Grundstückseigentümer ist der „Besteller" der Grundschuld und damit „Sicherungsgeber". Er ist hingegen nicht der persönliche „Schuldner" und auch nicht der „Darlehensnehmer".

Eine vorsorgliche **Zustimmung des Ehegatten** bei verheirateten Grundschuldbestellern ist im Hinblick auf die Verfügungsbeschränkung aus § 1365 BGB üblich (siehe dazu unten § 14 Abschnitt II. Ziffer 1.). Ist der Besteller nicht oder nicht im Güterstand der Zugewinngemeinschaft verheiratet, ist dies zu erklären (siehe die durchgestrichenen Passagen in **Ziffer 5. des Musters**).

Die Bank hat i.d.R. ganz genaue Vorstellungen darüber, an welchem Rang die zu bestellende Grundschuld im Grundbuch eingetragen wird. Der Rang bestimmt letztlich die **„Qualität" der bestellten Sicherheit** und hat damit unmittelbaren Einfluss auf die Konditionen des besicherten Kredits: ein an bester Rangstelle besicherter Kredit hat einen niedrigeren Zinssatz als ein mit nachrangiger Grundschuld besicherter Kredit. Deshalb geben die Beurkundungsaufträge von Banken klar vor, an welcher **Rangstelle** die Grundschuld eingetragen werden soll. Dieses Ziel wird für gewöhnlich auch in der Grundschuldbestellungsurkunde wiedergegeben. Doch ist Vorsicht vor einer unbedarften Rangbestimmung geboten: Denn wenn die gewünschte Rangstelle derzeit (noch) nicht frei ist, weil – wie im Beispielsfall – erst noch ein anderer Gläubiger auf dieser Rangstelle abgelöst werden muss – im Beispielsfalls die BHW an erster Rangstelle in Abteilung III –, würde eine dingliche Rangbestimmung zu einem Vollzugshindernis führen. Deshalb wird den **Rangbestimmungen** in einer Grundschuldbestellungsurkunde üblicherweise nur schuldrechtliche Bedeutung im Sinne einer Verschaffungspflicht des Bestellers beigemessen, so auch in **Ziffer 7. des Musters**. Um jedes Missverständnis zu vermeiden, wird bei der Rangbestimmung ergänzend erwähnt, dass die Grundschuld „zunächst an rangbereiter Stelle" eingetragen werden könne, so in **Ziffer 1. des Musters**. Zum Rang eines dinglichen Rechts siehe ausführlich § 11.

3.   Kostenhinweis

Geschäftswert ist gem. § 53 Abs. 1 GNotKG der Nennbetrag der Grundschuld, hier also 150.000 €.

Gegenstandsgleich sind

– das Schuldanerkenntnis gem. Ziffer 3 der Urkunde (§ 109 Abs. 2 Satz 1 Nr. 3 GNotKG),

– der Antrag des Eigentümers auf Eintragung des Vorrangs der Grundschuld vor dem Recht der BHW Abteilung III lfd. Nr. 1 (§ 109 Abs. 1 Satz 4 Nr. 3 GNotKG),

– die beiden Vollstreckungsunterwerfungen in Ziffer 2. und 3. der Urkunde (§ 109 Abs. 1 Satz 4 Nr. 4 GNotKG).

Die Ausübung des Rangvorbehalts beim Recht Abteilung II lfd. Nr. 1 wird nicht gesondert bewertet, solange nicht zugleich die Löschung des nicht ausgenutzten Rangvorbehaltsrestes (hier 400.000 € – 25.000 € (BHW) – 150.000 € (jetzige Grundschuld) = 275.000 €) zur Löschung bewilligt und beantragt wird.

Gebührensatz: Es fällt eine **1,0-Gebühr** an (Nr. 21200 KV GNotKG), 354 €.

Die formelle Bewilligung der Grundschuld ohne Vollstreckungsunterwerfung würde (bei voller Entwurfsfertigung) nur eine 0,5-Gebühr auslösen, es sei denn, es werden zusätzliche Erklärungen abgegeben wie z.b. die Übernahmeerklärung betreffend die persönliche Haftung (dann 1,0-Gebühr). Einzelne Bausparkassen begnügen sich mit bloß unterschriftsbeglaubigten Grundschuldbestellungsurkunden.

Daneben erhält der Notar eine **0,3-Vollzugsgebühr** (Nr. 22111 KV GNotKG) aus dem vollen Geschäftswert (§ 112 Satz 1 GNotKG) dafür, dass er die Rangrücktrittserklärung (synonym: Vorrangeinräumungserklärung) der BHW einholt (Vorbem. Nr. 2.2.1.1 Abs. 1 Satz 2 Nr. 9 KV GNotKG).

Ist der Notar von der Bank zudem beauftragt, die Ausfertigung der Grundschuldbestellung für sie entgegenzunehmen, um so die Bindungswirkung gem. § 873 Abs. 2 BGB herbeizuführen, fiele zusätzlich eine **0,5-Betreuungsgebühr** an (Nr. 22200 Nr. 7 KV GNotKG). Erteilt die im Rang zurücktretende Bank ihren Rangrücktritt hinter die hier bestellte Grundschuld nur gegen Auflage (z.B. Sonderzahlung der Darlehensnehmer), erhält der Notar ferner eine **0,5-Treuhandgebühr** (Nr. 22201 KV GNotKG). Geschäftswert wäre jeweils 150.000 € (§ 113 Abs. 1 GNotKG).

4.   Vollzugsschritte

Das Schreiben des Notars an die BHW zur **Einholung** der **Rangrücktrittserklärung** kann wie folgt lauten:

Muster: Einholen einer Rangrücktrittserklärung

BHW Bausparkasse AG
Lubahnstraße 2
31789 Hameln

Ihr Zeichen	Datum	Unsere Zeichen
	06.05.2019	503/2019

Bauspardarlehen der Eheleute Niels Bayer und Sonja Bayer geb. Frisch,
Rheinstraße 12, 12345 Musterstadt,
Bauspar-Nr. 403 206 00/1

Sehr geehrte Damen und Herren,

im Grundbuch von Westfeldern (Amtsgericht Musterstadt) Blatt 2038 ist zu Ihren Gunsten in Abteilung III lfd. Nr. 1 eine Buchgrundschuld i.H.v. 25.000 € nebst Zinsen eingetragen.

Die Grundstückseigentümer erhalten zur Finanzierung ihres Bauvorhabens ein weiteres Darlehen, das mit einer Grundschuld i.H.v. 150.000 € nebst 15 % Zinsen erstrangig, d.h. im Rang vor Ihrem Recht Abteilung III lfd. Nr. 1, im Grundbuch gesichert werden soll.

Eine Kopie der Darlehenszusage ist beigefügt.

Im Auftrag der Grundstückseigentümer bitte ich um Erteilung einer Rangrücktrittserklärung.

Einen Entwurf der Rangrücktrittserklärung füge ich zu Ihrer geflissentlichen Bedienung bei.

Für baldige Erledigung wäre ich sehr dankbar.

Mit freundlichen Grüßen

...
Notar

Anlage

Parallel dazu können Fertigungen der Grundschuldbestellungsurkunden an die finanzierende Bank (vollstreckbare Ausfertigung, vgl. Ziffer 4.3 der Grundschuldbestellungsurkunde) und die Grundstückseigentümer (einfache Abschrift) verschickt werden:

Muster: Versand vollstreckbare Ausfertigung an die finanzierende Bank

Einwurf-Einschreiben

Sparkasse Musterstadt
Rheinstraße 10–12
12345 Musterstadt

Ihr Zeichen	Datum	Unsere Zeichen
989-876248K/142	06.05.2019	503/2019

Grundschuldbestellungsurkunde der Eheleute Niels und Sonja Bayer
– UR. Nr. 503/2019 –

Sehr geehrte Damen und Herren,

in der Anlage erhalten Sie eine vollstreckbare Ausfertigung der vorgenannten Urkunde.

Die zur rangrichtigen Eintragung der Grundschuld im Grundbuch erforderlichen Erklärungen habe ich mit gleicher Post angefordert. Alsdann werde ich den Antrag auf Eintragung der Grundschuld beim Amtsgericht – Grundbuchamt – soweit zulässig, auch in Ihrem Namen stellen.

Nach Vollzug der Eintragungsanträge erhalten Sie von mir weitere Nachricht.

Mit freundlichen Grüßen

...
Notar

Anlage

Alternativ könnte der Notar auch zuerst die Eintragung der Grundschuld an rangbereiter Stelle (hier: Abt. III lfd. Nr. 2) und nach Vorliegen der Rangrücktrittserklärung die Eintragung der Vorrangeinräumung beantragen. Da im Beispielsfall keine Eilbedürftigkeit besteht und die separate Eintragung eines Rangvorbehalts Grundbuchkosten auslöst, soll zuerst der Eingang der Rangrücktrittserklärung abgewartet werden.

Muster: Grundschuldbestellungsurkunde an die Grundstückseigentümer

Eheleute
Niels und Sonja Bayer
Rheinstraße 12
12345 Musterstadt

Grundschuldbestellungsurkunde vom 05.05.2019
– meine UR-Nr. 503/2019 –

Musterstadt, den 06.05.2019

Sehr geehrte Frau Bayer,
sehr geehrter Herr Bayer,

in der Anlage erhalten Sie die Kopie der Grundschuldbestellungsurkunde für Ihre Akten.

Die zur rangrichtigen Eintragung der Grundschuld im Grundbuch erforderlichen Erklärungen habe ich mit gleicher Post angefordert. Alsdann werde ich den Antrag auf Eintragung der Grundschuld beim Amtsgericht – Grundbuchamt – stellen.

Nach Vollzug der Eintragungsanträge erhalten Sie von mir weitere Nachricht.

Meine Kostenrechnung füge ich ebenfalls mit der Bitte um Begleichung bei.

Mit freundlichem Gruß

...
Notar

Anlage

Die vom BHW zu erteilende **Vorrangeinräumungs-** bzw. Rangrücktrittserklärung kann wie folgt abgefasst sein:

Muster: Vorrangeinräumungserklärung

Vorrangeinräumungserklärung

Im Grundbuch des Amtsgerichts Musterstadt von Westfeldern Blatt 2038,

(Eigentümer: Niels Bayer und Sonja Bayer geb. Frisch, Musterstadt),

ist in Abteilung III lfd. Nr. 1 eine Buchgrundschuld i.h.v. 25.000 € nebst 9 % Zinsen zugunsten der BHW Bausparkasse AG, Musterstadt eingetragen.

Die Gläubigerin dieses Rechts räumt hiermit einer Grundschuld i.h.v. 150.000 € (in Worten: einhundertfünfzigtausend Euro) nebst 15 % Zinsen jährlich zugunsten der Sparkasse Musterstadt den Vorrang vor dem vorgenannten Recht ein und bewilligt die Eintragung der Rangänderung im Grundbuch.

Kosten werden nicht übernommen.

Musterstadt, den 13.05.2019

...

(Unterschriften der Vertretungsberechtigten)

...

(Beglaubigungsvermerk eines Notars)

Kostenhinweis

Der Entwurf der Rangrücktrittserklärung löst keine Entwurfsgebühr bei Notar Mustermann aus, da er bereits die Vollzugsgebühr vereinnahmt (Vorbem. 2.2 Abs. 2 KV GNotKG). Den Eigentümern entstehen nur die Kosten der Unterschriftsbeglaubigung bei dem Notar, den die BHW zur Erteilung der Rangrücktrittserklärung einschaltet. Die BHW oder der beglaubigende Notar werden üblicherweise diese Kostenrechnung zusammen mit dem Original der Rangrücktrittserklärung an den vollziehenden Notar versenden, verbunden mit der Treuhandauflage, darüber nur zu verfügen, wenn die Kosten beglichen sind.

Der **Geschäftswert** bei Vorrangeinräumungen bestimmt sich ganz allgemein durch einen Wertvergleich nach § 45 Abs. 1 GNotKG.

Dem Grundbuchamt können sodann Grundschuld und Rangrücktritt zur Eintragung vorgelegt werden.

 Muster: Antrag auf Eintragung von Grundschuld und Rangrücktritt

Einwurf-Einschreiben

Amtsgericht
Grundbuchamt
12345 Musterstadt

Ihr Zeichen	Datum	Unsere Zeichen
	16.05.2019	503/2019

Grundschuldbestellung der Eheleute Niels und Sonja Bayer vom 05.05.2019
– Urkunde 503/2016 –
Grundakten: Westfeldern 2038

In der Anlage übersende ich

1. Ausfertigung meiner Grundschuldbestellungsurkunde vom 05.05.2019 (UR-Nr. 503/2019),

2. Rangrücktrittserklärung der Gläubigerin des Rechts Abteilung III lfd. Nr. 1,

und beantrage, auch namens der Gläubigerin, die Eintragung der Grundschuld nebst Zinsen und der Unterwerfung unter die sofortige Zwangsvollstreckung gem. § 800 ZPO, mit Rang vor dem Recht Abteilung II lfd. Nr. 1 unter teilweiser Ausnutzung des dort vermerkten Rangvorbehalts sowie mit Rang vor dem Recht Abteilung III lfd. Nr. 1.

Nach durchgeführter Eintragung bitte ich um Erteilung eines auf den neuesten Stand gebrachten Grundbuchauszugs.

Die Kosten trägt der Grundstückseigentümer.

...
Notar

Beachte in der Praxis:

Urschriften wie hier der Rangrücktritt versenden manche Notare nur per Einwurfeinschreiben, um den Zugang dokumentieren zu können. Zusätzlich – oder bei Übermittlung per Boten auch alternativ – kann man sich vom Grundbuchamt auf einer Kopie des Schreibens den Empfang dieser Unterlagen bestätigen lassen.

Nach Eintragung im Grundbuch werden dem Notar üblicherweise **sämtliche Eintragungsnachrichten** für alle Beteiligten übersandt. Diese sollten kurz auf Richtigkeit überprüft und anschließend an die Beteiligten verschickt werden.

Die **erteilten Fertigungen** der Grundschuldbestellungsurkunde vermerkt der Notar auf der Urschrift (siehe oben § 2 Abschnitt VII. Ziffer 2. und § 49 Abs. 4 BeurkG).

IV.   Grundschuldbestellung zur Kaufpreisfinanzierung

Siehe hierzu § 5 Abschnitt VIII. Ziffer 9. und Abschnitt X.

V.   Notarbestätigungen

1.   Ausgangspunkt: zeitliche Abfolge von Grundschuldbestellung und Darlehensauszahlung

Banken zahlen ein **Darlehen**, das durch eine Grundschuld zu besichern ist, i.d.R. **erst aus**, nachdem das Grundpfandrecht im Grundbuch **eingetragen** st und – falls es sich (ausnahmsweise) um ein Briefrecht handelt – die Gläubigerin den Brief besitzt. Denn erst dann ist gewährleistet, dass das Grundpfandrecht zu ihren Gunsten rechtswirksam entstanden ist (vgl. §§ 873, 1113, 1117, 1192 BGB).

Bis dahin vergeht eine gewisse Zeit. Um den **Käufer** davor zu schützen, dass die **Kaufpreisfälligkeit vor Eintragung der Grundschuld** eintritt, empfiehlt ihm der Notar, die Finanzierung bei seiner Bank rechtzeitig vor Kaufvertragsschluss zu klären. Idealerweise kann dann direkt im Anschluss an die Beurkundung des Kaufvertrags die Finanzierungsgrundschuld bestellt werden (siehe § 5 Abschnitt VIII. Ziffer 9.). Durch die Antragstellung beim Grundbuchamt lässt sich dann erreichen, dass die Auflassungsvormerkung erst mit der Finanzierungsgrundschuld eingetragen wird und, da die Eintragung der Auflassungsvormerkung typischerweise Fälligkeitsvoraussetzung ist, der Notar den Eintritt der Kaufpreisfälligkeit erst nach Eintragung der Grundschuld mitteilen muss.

2. Notarbestätigung als Möglichkeit zur beschleunigten Auszahlung

Es kommt aber immer wieder vor, dass dieses zeitlich „unproblematische" Verfahren nicht durchgeführt wird, der Darlehensnehmer also auf das Geld nicht länger warten kann. Man denke etwa an die Fälle, dass

– der Käufer die Finanzierungsverhandlung noch nicht abgeschlossen hat, sich aber sicher ist, bei seiner Hausbank die Finanzierung durchzuführen. Sein Verkäufer möchte das Haus „jetzt schon" verkaufen und der Käufer fürchtet, später nicht mehr zum Zuge zu kommen, oder, dass

– einzelne Grundbuchämter überlange Bearbeitungszeiten haben und der Darlehensnehmer schnell Geld benötigt (z.b. um nach einem Wasserschaden sein Haus umfangreich zu renovieren).

Hier verhilft dem Grundstückseigentümer (bzw. dem Käufer in Ausübung einer von diesem erteilten Finanzierungsvollmacht) eine sogenannte **Rangbescheinigung** des Notars (daher synonym: **Notarbestätigung**) dazu, schneller – d.h. nach Bestellung, aber vor Eintragung des Grundpfandrechts – an das Darlehen der Bank zu kommen. Diese Möglichkeit besteht natürlich nicht nur in Finanzierungsfällen bei Immobilienkaufverträgen, hat dort aber eine praktisch wichtige Bedeutung.

Durch eine Rangbescheinigung **bestätigt der Notar der Bank**, dass er den Antrag auf Eintragung des Grundpfandrechts beim Grundbuchamt auch im Namen der Bank eingereicht hat und dass dieses Grundpfandrecht – aufgrund der ihm bekannten Umstände – die gewünschte Rangstelle im Grundbuch erhalten wird. Es handelt sich also um eine **gutachterliche Stellungnahme** des Notars i.S.d. § 24 Abs. 1 BNotO. In der Regel valutieren Banken das Darlehen bereits aufgrund einer solchen Bescheinigung, ohne dass zusätzlich die Grundschuld im Grundbuch eingetragen sein muss. Dies sollte der Darlehensnehmer natürlich vorab mit der betroffenen Bank abklären, da sonst nur zusätzliche Kosten entstehen.

3. Risiken im Zusammenhang mit einer Notarbestätigung

Bevor der Notar eine Rangbescheinigung erteilt, muss er sich über die Tatsachenbasis hinreichend **informiert** haben. Dies bedeutet, dass der Notar anhand der **aktuellen Grundbuchlage**, wie sie sich ihm anhand des EDV-Grundbuchs oder auch durch Einsicht in die Grundakten bei Gericht darstellt, prüft, ob das Grundpfandrecht mit dem gewünschten Rang in das Grundbuch eingetragen werden kann. Dabei ist nicht nur auf eine äußerst sorgfältige **Tatsachenermittlung** zu achten, sondern vor allem auch darauf, dass keine rechtlichen Schlussfolgerungen gezogen werden, die anzugeben der Notar nicht in der Lage ist. Nicht die Erwartungshaltung von Mandanten und Bank bestimmen den Inhalt der Notarbestätigung, sondern das Ergebnis seiner Feststellungen.

So kann der Notar schlichtweg **nicht dafür einstehen**, dass eine bestimmte Eintragung, die von vielfältigen Voraussetzungen auch außerhalb des Einflussbereichs des Notars abhängt, erfolgen wird. Dem steht nicht nur der gesunde Menschenverstand entgegen, sondern auch das **berufsrechtliche Verbot der Garantieübernahme** durch den Notar (§ 14 Abs. 4 BNotO). Es kann auch nicht Gegenstand der notariellen Tätigkeit sein, die vielfältigen Risiken einer nach dem klassischen Verständnis des Grundpfanddarlehens (oben Ziffer 1.) vorzeitigen Valutierung vollständig zu übernehmen. Dieses Risiko muss beim Darlehensgeber (also der Bank) verbleiben. Im Hintergrund steht immer auch die **Haftung des Notars** für die Richtigkeit seiner Bescheinigung.

Zum Verständnis seien einige denkbare **Gefahrenquellen** genannt (BNotK, DNotZ 1999, 369, 373):

–   Widerruf der dinglichen Einigung, soweit keine Bindung nach § 873 Abs. 2 BGB besteht,

–   vorgehende Eintragungsanträge, die aus den Grundakten bzw. der Markentabelle nicht ersichtlich sind,

–   nicht ersichtliche Mängel der Verfügungsbefugnis des Bestellers (z.B. vorherige Insolvenzeröffnung wird erst nach Antragstellung, aber vor Eintragung bekannt),

–   nicht erkennbare öffentlich-rechtliche Genehmigungserfordernisse.

Muss dem einzutragenden Grundpfandrecht der gewünschte **Rang** erst noch durch eine Löschung, einen Rangrücktritt oder eine Grundbuchberichtigung verschafft werden, entstehen **weitere Gefahrenquellen**, z.B.:

–   Widerruf einer dinglichen Einigung oder der Löschungsbewilligung,

–   Abtretung oder Pfändung vorgehender Rechte,

–   Abtretung oder Pfändung von Eigentümerrechten an vorgehenden Rechten,

–   Widerruf von Eintragungsanträgen, die wie im Fall der Löschung vorrangiger Rechte nicht vom Kreditinstitut selbst gestellt werden können.

4. Notarbestätigung – Formulierungsvorschlag

Vor dieser Gemengelage hat die **Bundesnotarkammer** mit Rundschreiben Nr. 05/1999 vom 17.02.1999 neue Formulierungsvorschläge für Notarbestätigungen und Treuhandaufträge veröffentlicht (abgedruckt in DNotZ 1999, 369). Hiernach lautet der **Formulierungsvorschlag** für eine Notarbestätigung wie folgt:

 Muster: Notarbestätigung

Ihr Zeichen: ...
Darlehensnehmer: ...
Pfandobjekt: ...
Eigentümer/Erbbauberechtigter: ...
Grundbuch des Amtsgerichts ... von ..., Blatt ...

Notarbestätigung

Meine Urkunde vom ..., UR-Nr. ... –, übersende ich Ihnen/habe ich Ihnen bereits übersandt in

☐ einfacher Ausfertigung[*]

☐ vollstreckbarer Ausfertigung[*]

☐ beglaubigter Abschrift[*]

In meiner Eigenschaft als Notar bestätige ich Ihnen gegenüber:

1. Am ... habe ich dem Grundbuchamt ... die vorgenannte Urkunde vorgelegt; die Eintragungsanträge habe ich im zulässigen Umfang auch in Ihrem Namen gestellt. Hierbei habe ich für das Pfandobjekt festgestellt:

   a) Als Eigentümer/Erbbauberechtigter ist/sind eingetragen ...

   b) Folgende Belastungen und Beschränkungen sind eingetragen:

   Abteilung II:

   Abteilung III:

2. Auf der Grundlage meiner Akten und der Einsicht[**] in

---

[*] Zutreffendes ankreuzen. Unzutreffendes sollte gestrichen werden!

[**] Zu den für Hypothekenbanken geltenden Mindestfristen zwischen Antragseingang und Einsicht siehe Erläuterungen Ziffer 2. Buchst. c) *[Anm. des Verf.: Es muss eine notarielle Bestätigung vorliegen, die auf einer mindestens sieben Tage seit Eingang der Anträge zum Grundbuchamt durchgeführten Akteneinsicht beim Grundbuchamt beruht, vgl. BNotK, DNotZ 1999, 369, 374].*

☐   das Grundbuch am ...*

☐   die Grundakten (ohne Geschäftseingang) am ...*

☐   die Markentabelle am ...*

sind mir keine Umstände bekannt, die der Eintragung des Grundpfandrechts im Rang nach bzw. im Gleichrang mit folgenden Belastungen entgegenstehen:

Abteilung II:

Abteilung III:

Musterstadt, den 17.05.2019

...

(Unterschrift des Notars)

Kostenhinweis

Geschäftswert ist der Nominalbetrag der Grundschuld, auf die sich die Rangbescheinigung bezieht (§ 122 GNotKG).

Gebührensatz: 0,3-Gebühr gem. Nr. 25201 KV GNotKG.

Zum besseren Verständnis des Formulierungsvorschlags hat die BNotK in ihren ergänzenden Erläuterungen u.a. ausgeführt (ebenfalls abgedruckt in DNotZ 1999, 369, 374 f.):

Übersandte Urkunden

Der Formulierungsvorschlag lässt offen, ob der Notar dem Grundpfandrechtsgläubiger die Bestellungsurkunde in einfacher Ausfertigung, vollstreckbarer Ausfertigung oder beglaubigter Abschrift übersendet. Dabei ist zu beachten, dass nur in den ersten beiden Fällen die dingliche Einigung gem. § 873 Abs. 2 BGB **bindend** wird und damit nach Antragstellung der Schutz des § 878 BGB greift.

Antragstellung

Wird die Grundschuld nicht an rangbereiter Stelle eingetragen, werden gleichzeitig zumeist die zur Verschaffung des Rangs erforderlichen Anträge gestellt. Aus der Angabe des Grundbuchstands bei Antragstellung werden die vorrangigen Rechte ersichtlich.

Um zu verhindern, dass der Grundschuldbesteller oder andere Berechtigte nach Einreichung der Bewilligung durch Widerruf eines Eintragungsantrags die Entstehung der Grundschuld noch vereiteln können, ist ein **Antrag stets auch im Namen des Gläubigers** zu stellen. Dies ist jedoch nicht möglich, soweit dem Grundschuldgläubiger kein Antragsrecht gem. § 13 Abs. 1 Satz 2 GBO zusteht, wie es bei Eintragungsanträgen zur Löschung vorrangiger Rechte der Fall ist.

Bezeichnung der Tatsachengrundlage

Die Notarbestätigung muss als gutachterliche Äußerung die zugrundeliegenden **Tatsachenfeststellungen genau bezeichnen.** Hierfür kommen neben den eigenen Akten des Notars das Grundbuch sowie die Grundakten bzw. die Markentabelle beim elektronisch geführten Grundbuch in Betracht.

Auf eine ausdrückliche Angabe, welche Grundbuchstellen bzw. Grundakten eingesehen wurden, verzichtet die Formulierung. Daraus ist jedoch nicht zu folgern, dass außer an der Grundbuchstelle, an der das Pfandobjekt eingetragen ist, samt zugehöriger Akten weitere Einsichten erforderlich sind.

Für das Datum der Einsicht wird keine Mindestfrist empfohlen, die nach Stellung der Anträge einzuhalten ist. Besonderheiten gelten für Hypothekenbanken und verwandte Institute *[Anm. des Verf.: siehe Fußnote ** im Formulierungsvorschlag].*

Sowohl die Einsicht in die Grundakten als auch in die Markentabelle des maschinell geführten Grundbuchs dient dazu, vorrangige Eintragungsanträge zu erkennen. Die **Markentabelle** ist ein Hilfsverzeichnis i.S.d. § 12a Abs. 1 GBO, in der grundbuchblattbezogene Eintragungsanträge vermerkt sind, die dem Grundbuchamt vorliegen und noch in Bearbeitung sind. Damit entfällt beim elektronisch geführten Grundbuch die Notwendigkeit einer Einsicht in die Grundakten. Die Einsicht entweder in die Markentabelle oder in die Grundakten genügt also.

5. Exkurs: Treuhandauftrag

Eine **ähnliche Ausgangslage** wie bei Notarbestätigungen, die zum Zwecke der vorzeitigen Auszahlung von Grundschulddarlehen erteilt werden, besteht bei **Treuhandaufträgen** der Banken, deren Erfüllung nicht den Vollzug einer Grundpfandrechtsbestellung, sondern lediglich den Eintritt eines als gesichert angesehenen Vorstadiums voraussetzt („**Sicherstellung**").

Relevant wird dies bei Kaufverträgen mit der Kaufpreishinterlegung auf ein **Notaranderkonto:** Über den auf ein Anderkonto eingezahlten Kaufpreis soll nämlich häufig schon verfügt werden, bevor das bestellte Grundpfandrecht im Grundbuch eingetragen ist. Die dafür notwendigen Voraussetzungen bestimmt, wie bei jedem Treuhandauftrag, nicht der Notar, sondern die beteiligte Gläubigerin (i.d.R. die Bank) selbst. Dabei kann es zu Schwierigkeiten kommen, wenn der Treuhandauftrag nicht auf die notarielle Hinterlegungsvereinbarung abgestimmt ist.

Das eingangs genannte Rundschreiben Nr. 05/1999 der BNotK enthält auch einen Vorschlag, wie Banken ihren Treuhandauftrag formulieren können, um seine „Vereinbarkeit" mit der Hinterlegungsvereinbarung zu gewährleisten. Dies ist für eine reibungslose Abwicklung des Kaufvertrags zwingend notwendig (vgl. BGH, NJW 1997, 2104). Auf den **Formulierungsvorschlag** und die ergänzenden Erläuterungen der BNotK sei verwiesen (abgedr. DNotZ 1999, 369, 370 f., 375 ff.).

VI.   Eigentümergrundschuld (§ 1196 BGB)

Der Grundstückseigentümer kann auch **für sich selbst** eine Grundschuld als sogenannte **Eigentümergrundschuld** eintragen lassen (§ 1196 BGB). Diese Grundschuld ist mit der Fremdgrundschuld, also der für einen anderen als den Grundstückseigentümer bestellten Grundschuld, identisch, soweit nicht die Besonderheiten des § 1197 BGB greifen.

1.   Zweck

Die Eigentümergrundschuld ist wirtschaftlich nutzlos, solange sie der Grundstückseigentümer innehat. Er benötigt keine Absicherung „gegen sich selbst". Die Eigentümergrundschuld macht daher erst Sinn, wenn sie an einen Dritten abgetreten, d.h. **von der Eigentümer- zur Fremdgrundschuld wird.** Steht dieser Dritte von Anfang an fest und soll die Grundschuld dauerhaft bei ihm verbleiben, sollte die Grundschuld allerdings gleich als Fremdgrundschuld bestellt werden. Dann spart sich der Eigentümer die Kosten der Abtretung.

Demgemäß hat die Eigentümergrundschuld die Funktion eines Platzhalters für spätere Kreditunterlagen und damit einen eigenen Einsatzbereich, wenn dem Eigentümer an einer Kreditsicherheit am Grundstück gelegen ist,

– die schnell, einfach und **häufiger abgetreten** werden kann,

– bei der die jeweilige Person des **Gläubigers derzeit noch unbekannt** ist,

–   deren spätere Gläubiger im Grundbuch **nicht eingetragen** werden, also für den
    Rechtsverkehr anonym bleiben sollen (was bedingt, dass die Eigentümergrund-
    schuld in der Praxis immer eine **Briefgrundschuld** ist, da nur bei ihr eine
    außergrundbuchliche Abtretung möglich ist, vgl. §§ 1192 Abs. 1, 1154 Abs. 1
    BGB), und/oder

–   die bereits jetzt eine in Zukunft möglicherweise nicht mehr verfügbare **Rang-
    stelle** im Grundbuch **sichert**.

2.   Rechtliche Ausgestaltung

Wie bereits erwähnt, ist die Eigentümergrundschuld eine **Briefgrundschuld**. Möglich ist, dass sich der Eigentümer dem zukünftigen Gläubiger gegenüber sowohl
der **sofortigen Zwangsvollstreckung** in das belastete Grundstück (§ 800 ZPO) als
auch persönlich in sein sonstiges Vermögen im Wege des abstrakten Schuldanerkenntnisses unterwirft. Rechtlich kommt Letzteres erst mit der Annahme des darin
liegenden Vertragsangebots von Seiten des Grundstückseigentümers durch den
Abtretungsempfänger zustande (zur Annahme vgl. § 151 BGB).

Es ist jedoch ausgeschlossen, dass der Eigentümer die **Zwangsvollstreckung gegen
sich selbst** betreibt (§ 1197 Abs. 1 BGB).

Sinn der dinglichen (und persönlichen) Unterwerfung ist es damit – wie bei der Eigentümergrundschuld selbst –, dass ein späterer Gläubiger, der die Grundschuld
nach deren Abtretung erwirbt, bereits ohne vor Gericht klagen zu müssen, einen
Titel besitzt, um die Zwangsvollstreckung in den verpfändeten Grundbesitz (und
das persönliche Vermögen des Eigentümers) betreiben zu können.

Im Schrifttum wird jedoch die Meinung vertreten, dass es, abgesehen von rechtlichen Zweifeln, im Allgemeinen wenig sinnvoll sei, einer Eigentümergrundschuld
eine **persönliche Zwangsvollstreckungsunterwerfung** beizufügen. Aus Sicht des Eigentümers birgt sie zudem die Gefahr, bei mehrfacher Abtretung auch eine entsprechende Zahl ehemaliger Abtretungsgläubiger zu schaffen, die alle im Besitz
von vollstreckbaren Titeln wegen des persönlichen Anspruchs waren. Die hierbei
diskutierten Sicherungsmechanismen, z.B. das persönliche Schuldanerkenntnis in
der Bestellungsurkunde auf den ersten Abtretungsgläubiger zu beschränken, lösen
diese spezifische Problematik der Eigentümergrundschuld nicht.

Erfahrungsgemäß **verzichten** Gläubiger, die die außergrundbuchliche Abtretung
einer Eigentümergrundschuld akzeptieren, ohnehin auf eine persönliche Zwangsvollstreckungsunterwerfung des Grundstückseigentümers. Aus diesem Grund

wurde im nachstehend aufgeführten Muster auf die Aufnahme einer solchen Unterwerfungserklärung verzichtet.

3.   Fallbeispiel

Das Unternehmerehepaar Maus möchte auf seinem bereits belasteten Grundbesitz eine Eigentümergrundschuld im Nachrang eintragen lassen, um sie von Fall zu Fall an Lieferanten abzutreten, die aber im Grundbuch aus Diskretionsgründen „nicht erscheinen sollen". Sie bitten darum die Urkunde so zu gestalten, dass ihnen die Gläubiger „keine größeren Schwierigkeiten machen" können.

a)   Bestellungsurkunde

 Muster: Bestellung einer Eigentümergrundschuld

Urkundenrolle Nr. 201/2019

(Bestellung einer Eigentümerschuld)

Verhandelt zu Musterstadt am 15.02.2019.

Vor mir, dem unterzeichnenden Notar

Max Mustermann

mit dem Amtssitz in Musterstadt,

erschienen heute, dem Notar von Person bekannt und bereits früher i.S.d. GwG identifiziert:

Die Eheleute Anton Werner Maus, geboren 02.06.1966, und Ingeborg Maus geb. Scholz, geboren 07.07.1961, beide wohnhaft Elisabethenstraße 100, 12345 Musterstadt.

(Der Notar fragte vor Beurkundung die Beteiligten, ob er oder eine Person, mit der sich der Notar zur gemeinsamen Berufsausübung verbunden hat, in der Angelegenheit, die Gegenstand der Beurkundung ist, außerhalb seiner Amtstätigkeit bereits tätig war oder ist. Die Beteiligten erklärten, dass dies nicht der Fall ist.)

Die Erschienenen erklärten zu notariellem Protokoll folgende

Bestellung einer Eigentümergrundschuld

Wir bestellen hiermit zu unseren Gunsten – und zwar als Gesamtberechtigte gem. § 428 BGB – an dem uns gehörenden, im Grundbuch von Musterstadt Blatt 4910 verzeichneten Grundstücks der Gemarkung Musterstadt-Land, Flur 21 Flurstück 10/2, Hof- und Gebäudefläche, Mozartweg 3, groß 871 m², eine Eigentümergrundschuld i.H.v. 100.000 €

(in Worten: einhunderttausend Euro).

Das Kapital der Grundschuld ist vom Tag der Eintragung der Grundschuld im Grundbuch an mit 15 % jährlich zu verzinsen.

Das Kapital der Grundschuld wird nach Kündigung mit einer Frist von sechs Monaten fällig, wobei die Kündigung sowohl vom Eigentümer als auch vom Gläubiger erklärt werden kann (§ 1193 BGB).

Zinszahlungen haben am Ende eines jeden Kalendervierteljahres zu erfolgen. Für den Fall der Mahnung, Kündigung oder Geltendmachung der Grundschuld verzichten wir – zugleich für unsere Rechtsnachfolger – auf das Recht, die Vorlegung des Grundschuldbriefs und, falls die Grundschuld ohne Umschreibung im Grundbuch abgetreten oder verpfändet ist, die Vorlegung öffentlich beglaubigter Abtretungs- und Verpfändungserklärungen zu verlangen, und beantragen, diesen Verzicht im Grundbuch einzutragen.

Wegen des Grundschuldkapitals nebst Zinsen unterwerfen wir uns hiermit der sofortigen Zwangsvollstreckung in den belasteten Grundbesitz, und zwar in der Weise, dass die Zwangsvollstreckung auch gegen den jeweiligen Eigentümer des belasteten Grundbesitzes zulässig sein soll.

Wir bewilligen und beantragen die Eintragung der Grundschuld nebst Zinsen sowie der vorstehenden Bestimmung einschließlich der Unterwerfung unter die sofortige Zwangsvollstreckung in das Grundbuch.

Als Inhalt dieser Grundschuld wird vereinbart, dass der gesetzliche Löschungsanspruch bzgl. der vorstehenden Grundschuld und der evtl. vorgehenden und gleichrangigen Grundpfandrechte ausgeschlossen wird.

Die Eintragung dieses Ausschlusses in das Grundbuch wird bewilligt und beantragt.

Der Grundschuldbrief soll uns vom Grundbuchamt über den amtierenden Notar ausgehändigt werden.

Die Kosten dieser Verhandlung tragen wir.

Wir beantragen die Erteilung einer einfachen Abschrift dieser Urkunde für uns.

Bei Nachweis der Abtretung in öffentlich beglaubigter Form ist dem jeweiligen Gläubiger auf Verlangen jederzeit – ohne weitere Nachweise – eine vollstreckbare Ausfertigung zu erteilen.

Das Grundbuch wurde am heutigen Tag eingesehen.

Diese Niederschrift wurde den Erschienenen von dem amtierenden Notar vorgelesen, von diesen genehmigt und eigenhändig wie folgt unterschrieben:

...

(Unterschriften von Anton Werner, Ingeborg Maus und des beurkundenden Notars)

Anmerkung

Die Bestellung der Eigentümergrundschuld zugunsten der Eheleute Maus, denen das Grundstück je zur Hälfte gehört, ist rechtlich gesehen teils Eigentümergrundschuld, teils Fremdgrundschuld. Gleichwohl wird die hier vorgesehen Bestellung im Gemeinschaftsverhältnis der **Gesamtberechtigung § 428 BGB** als zulässig angesehen.

Kostenhinweis

Zu den Kosten der Grundschuldbestellung siehe die Ausführungen oben in Abschnitt III. Ziffer 3.

b)   Abtretungserklärung

Die Grundschuld soll sodann noch vor ihrer Eintragung im Grundbuch an einen ersten Gläubiger, den Lieferanten Peter Lutter, abgetreten werden. Lutter fordert für eine umfangreiche Lieerung an die Eheleute Maus eine Sicherheit. Der Notar fertigt den Entwurf und beglaubigt die Unterschriften der Eheleute Maus.

 Muster: Abtretungserklärung einer noch nicht eingetragenen Eigentümergrundschuld

Abtretung
einer noch nicht eingetragenen Eigentümergrundschuld

Durch notarielle Urkunde UR-Nr. 201/2019 des Notars Max Mustermann in Musterstadt vom heutigen Tag haben wir, die unterzeichnenden Grundstückseigentümer, als Gesamtberechtigte gem. § 428 BGB eine Eigentümergrundschuld i.H.v. 100.000 € nebst Zinsen an unserem im Grundbuch von Musterstadt Blatt 4910 verzeichneten Grundbesitz der Gemarkung Musterstadt-Land, Flur 21 Flurstück 10/2, Hof- und Gebäudefläche, Mozartweg 3, groß 871 m² bestellt.

Wir treten hiermit vom heutigen Tag an diese Grundschuld nebst Zinsen (vom Tag der Eintragung der Grundschuld im Grundbuch)

an

Herrn Peter Lutter, geboren 10.07.1966,
geschäftsansässig Am Markt 18, 12345 Musterstadt, ab.

Die Eintragung der Abtretung im Grundbuch wird bewilligt und beantragt.

Unseren Anspruch auf Aushändigung des Grundschuldbriefs treten wir an den vorgenannten Gläubiger ab.

Musterstadt, den 15.05.2019

...
(Unterschrift Anton Werner Maus)

...
(Unterschrift Ingeborg Maus)

(Beglaubigungsvermerk des Notars, siehe dazu § 2 Abschnitt III. Ziffer 4.)

Kostenhinweis

Abgetreten wird eine Briefgrundschuld zu 100.000 € mit Antrag auf Eintragung im Grundbuch.

Geschäftswert: (§§ 119, 53 Abs. 1 GNotKG): 100.000 €

Gebührensatz: 1,0-Gebühr gem. Nr. 24101 KV GNotKG

Hier sind gem. §§ 1154, 1192 BGB zur Wirksamkeit der Abtretung die schriftliche Form und Übergabe des Briefs notwendig. Die Abtretungserklärung hat daher materiell-rechtlichen Inhalt mit der Folge, dass der Ansatz einer 0,5-Gebühr nach Nr. 24102 KV GNotKG ausscheidet.

Anmerkung

Die Abtretung ist **schon vor Eintragung** der Grundschuld möglich. Soll dem ersten Abtretungsgläubiger gegenüber ein abstraktes Schuldanerkenntnis abgegeben werden und ist dieses, wie im vorstehenden Muster, **nicht** in der Grundschuldbestellungsurkunde enthalten, kann das **Schuldanerkenntnis** auch noch in der Abtretungserklärung erklärt werden. Aufgrund der zusätzlich notwendigen Vollstreckungsunterwerfung wegen des persönlichen Anspruchs müsste die Abtretungserklärung dann aber notariell beurkundet werden; eine bloße Unterschriftsbeglaubigung würde nicht genügen.

§ 5 Der Grundstückskaufvertrag und seine Abwicklung

I. Vorbemerkung

Der Grundstückskaufvertrag, i.d.R. eine Grundstücksveräußerung unter Fremden, hat für die Beteiligten große wirtschaftliche Bedeutung. Oft werden auf beiden Seiten die Ersparnisse eines gesamten Berufslebens eingesetzt. Daher ist sowohl in rechtlicher Hinsicht als auch aus wirtschaftlichen Gründen die Absicherung beider Vertragsteile besonders wichtig.

Vor diesem Hintergrund hat der Gesetzgeber in § 311b BGB vorgesehen, dass ein Vertrag, durch den sich ein Vertragsteil zur Übertragung oder zum Erwerb von Grundbesitz verpflichtet, der notariellen Beurkundung bedarf. § 311b BGB gilt für Geschäfte über das Eigentum an Grundstücken (somit auch über Grundstücksmit-eigentumsanteile und Wohnungs- oder Teileigentum). Nach Art. 11 ErbbauRG sind insoweit Erbbaurechte gleichgestellt.

Das folgende Kapitel erläutert nicht nur, wie diese Absicherung beider Vertragsparteien bei einem Grundstückskaufvertrag funktioniert und wie der Vertrag notariell zu vollziehen ist (dazu unten Abschnitt VIII.). Es erläutert vielmehr auch, wie ein Kaufvertrag vorbereitet (Abschnitt II.–IV.) und formuliert werden kann (Abschnitt V.), welche Bestandteile ein Standardkaufvertrag enthalten sollte (Abschnitt VI.) und welche Kosten abzurechnen sind (Abschnitt VII.).

Der zweite Teil des Kapitels widmet sich sodann einigen besonderen Fällen des Kaufvertrags als Fallabwandlungen (Abschnitt IX.–XII.), den steuerlichen Mitteilungs- und Anzeigepflichten des Notars (Abschnitt XIII.), der Grunderwerbsteuer (Abschnitt XIV.) und sonstigen Steuern (Abschnitt XV.), gesetzlichen Vorkaufsrechten (Abschnitt XVI.) sowie Genehmigungserfordernissen (Abschnitt XVII.) und schließt mit den Besonderheiten beim Teilflächenkaufvertrag (Abschnitt XVIII.).

II. Vorbesprechung und Vorbereitung eines Grundstückskaufvertrags

Basis für einen durchführbaren und wirtschaftlich erfolgreichen Vertrag ist eine sorgfältige Sachverhaltsaufklärung im Vorfeld, die im Notariat regelmäßig durch Vorbereitungsformulare und/oder durch Besprechungen mit den Beteiligten erfolgt.

1. Sachverhaltsermittlung durch Vorbereitungsformulare

Ein Einheitsformular für alle Grundstückskaufverträge wäre in der Praxis wenig brauchbar. Sinnvoller erscheint es, mehrere typische, auf den jeweiligen Kaufgegenstand abgestimmte Vertragsmuster zu verwenden, und zwar jeweils in zwei Varianten: einmal mit unmittelbarer Kaufpreiszahlung, einmal mit Abwicklung über Notaranderkonto.

Dabei bietet es sich an, für folgende Konstellationen gesonderte Vorbereitungsformulare zu verwenden:

- Kaufvertrag über ein **unbebautes** Grundstück,

- Kaufvertrag über ein mit einem **Einfamilienhaus** bebautes Grundstück,

- Kaufvertrag über ein mit einem **Mehrfamilienhaus** bebautes Grundstück,

- Kaufvertrag über Wohnungseigentum/Teileigentum,

- Kaufvertrag über eine noch zu vermessende **Teilfläche.**

2. Checkliste zur Vorbesprechung eines Grundstückskaufvertrags

1.	Verkäufer: Geburtsdaten, Berufe, Anschriften und Telefon, Güterstand (§ 1365 BGB)	
2.	Käufer: Geburtsdaten, Berufe, Anschriften und Telefon, Güterstand (dafür ggf. Staatsangehörigkeit, Datum und Ort der Eheschließung, erstehelicher Wohnsitz), Anteilsverhältnis	
3.	Kaufgegenstand (präzise bezeichnen, wenn möglich mit Baujahr): Wenn möglich, Grundbuchblattnummer, Grundstücksbezeichnung (alte Kaufunterlagen oder Grundbuchnachrichten helfen)	

4.	Kaufpreis: Fälligkeitsdatum, Voraussetzungen für Fälligkeit bei Direktzahlung bzw. für Hinterlegung/Auszahlung bei Notaranderkonto, Konto des/der Verkäufer(s), Finanzierung		
5.	Löschung, Ablösung oder Übernahme von Grundpfandrechten		
6.	Übergang von Besitz, Nutzungen und Lasten		
7.	Mietverhältnisse		
8.	Besonderheiten bzgl. Rechts- und Sachmängel, Erschließungskosten und Anliegerbeiträge		
9.	Wohnungsbindung	☐ ja	☐ nein
10.	Baulasten	☐ ja	☐ nein
11.	Bei Verkauf von Wohnungseigentum: a) Teilungserklärung und Gemeinschaftsordnung (einschließlich ergangener Beschlüsse in Versammlungen der Wohnungseigentümer) b) Zustimmung des Verwalters erforderlich? Wenn ja, Name und Anschrift des Verwalters **Wichtig**: Nachweis § 26 Abs. 3 WEG	 ☐ ja ☐ ja	 ☐ nein ☐ nein
12.	Bei Erbbaurechten: Erbbaurechtsvertrag und Nachträge für Käufer		

Für eine ausführliche Beratungscheckliste siehe z.B. BRAMBRING, in: Beck'sches Notar-Handbuch, 7. Aufl. 2019, A I 2 ff.

III.   Beispielfall

Die Fragen und Probleme, die sich bei der Vorbereitung und Abwicklung eines Grundstückskaufvertrags ergeben, werden im Folgenden anhand eines Beispiels aus der täglichen notariellen Praxis dargestellt.

Fallbeispiel

Am 20.08.2019 erscheinen im Büro des Notars Gustav Gründlich mit dem Amtssitz in Musterstadt:

– das Ehepaar Viktor Vogel, Elektromeister, geboren 10.04.1933, und Veronika Vogel geb. Vorherig, Hausfrau, geboren 07.07.1956, beide wohnhaft Schlossstraße 9, 12345 Musterstadt und

– das Ehepaar Karl Kaufbold, Ingenieur, geboren 20.01.1946, und Karin Kaufbold geb. Kentenich, Lehrerin, geboren 01.07.1948, beide wohnhaft Bismarckstraße 5, 12345 Musterstadt.

Sie werden vom Notariatsbürovorsteher zu einer ersten Vorbesprechung empfangen. Die Eheleute Kaufbold haben die Absicht, von Herrn Viktor Vogel das Anwesen Schlossstraße 9, Musterstadt, nebst dem angrenzenden Gartenland zu kaufen.

Der Grundbesitz ist eingetragen im Grundbuch des Amtsgerichts Musterstadt Blatt 662 (siehe im Einzelnen den oben in § 3 Abschnitt II. Ziffer 5. abgedruckten Grundbuchauszug). Der Kaufpreis soll 400.000 € betragen. Es handelt sich um ein Zweifamilienhaus. Der Grundbesitz ist sowohl in Abteilung II als auch in Abteilung III des Grundbuchs belastet, und zwar wie folgt:

In Abteilung II ist unter lfd. Nr. 1 ein lebenslängliches Wohnungsrecht für die Eheleute Valentin Vogel und Valentina Vogel, geb. Voldemort, eingetragen. Der Verkäufer erklärt, dass sein Vater Valentin Vogel bereits verstorben ist. Seine Mutter Valentina Vogel, geb. Voldemort, wohnt nicht mehr in dem belasteten Anwesen.

In Abteilung III sind unter den lfd. Nr. 1–4 vier Grundschulden für die Volksbank Musterstadt eG eingetragen, die gelöscht werden sollen. Hierzu soll die Volksbank Musterstadt eG mitteilen, wie viel Geld sie noch – aus dem Kaufpreis – bekommt.

Verkäufer und Käufer stellen eine Reihe von Fragen (deren Beantwortung dem aufmerksamen Leser spätestens nach der Lektüre dieses Kapitels möglich ist).

Den **Verkäufer** interessiert:

– Wie erhalte ich möglichst rasch den Kaufpreis? (Siehe unten Abschnitt VI. Ziffer 3.)

– Wie bekomme ich das Grundstück lastenfrei? (Siehe unten Abschnitt VI. Ziffer 1. und Abschnitt VIII. Ziffer 3.)

–   Muss meine Ehefrau beim Abschluss des Vertrags mitwirken?
(Siehe unten Abschnitt VI. Ziffer 2.)

–   Wie wird sichergestellt, dass ich den Kaufpreis erhalte und mein Eigentum erst Zug um Zug mit der Kaufpreiszahlung übertragen wird?
(Siehe unten Abschnitt VIII. Ziffer 11.)

Die **Käufer** interessiert:

–   Wie kann die Kaufpreiszahlung möglichst elegant und sicher organisiert werden (100.000 € stehen zur freien Verfügung, der Rest von 300.000 € wird über ein Darlehen durch die Sparkasse Musterstadt finanziert)?
(Siehe schon oben Abschnitt I. Ziffer 3. sowie unten Abschnitt VI. Ziffer 3.)

–   Wie werden wir Eigentümer eines lastenfreien Grundstücks?
(Siehe unten Abschnitt VI. Ziffer 1.)

–   Wann können wir über das Darlehen der Sparkasse verfügen?
(Siehe unten Abschnitt VIII. Ziffer 9.)

–   Wie wird sichergestellt, dass wir nach Zahlung des Kaufpreises auch tatsächlich als Eigentümer ins Grundbuch eingetragen werden?
(Siehe unten Abschnitt VI. Ziffer 7. und schon oben § 3 Abschnitt V. Ziffer 5.)

–   Welche Steuern kommen auf uns zu?
(Siehe unten Abschnitte XIV. und XV.)

–   Wie hoch ist die Steuer?
(Siehe unten Abschnitte VI. Ziffer 9. und XIV. Ziffer 1.)

–   Können wir ganz oder teilweise von der Steuer befreit werden?
(Siehe unten Abschnitt XIV. Ziffer 3.)

–   Mit welchen Kosten müssen wir rechnen?
(Siehe unten Abschnitt VII.)

–   Sind behördliche Genehmigungen zu dem Kaufvertrag erforderlich?
(Siehe unten Abschnitt XVII.)

–   Besteht ein Vorkaufsrecht?
(Siehe unten Abschnitt XVI.)

–   Zu welchen Anteilen erwerben wir den Grundbesitz?
(Siehe unten Abschnitt VI. Ziffer 2.)

Als Beurkundungstermin wird der 01.09.2019 vereinbart. Der Notariatsbürovorsteher verspricht, bis zu diesem Zeitpunkt den Vertragsentwurf zu erstellen.

Frau Kaufbold fällt ein, dass an diesem Tag eine wichtige Lehrerkonferenz stattfindet, der sie auf keinen Fall fernbleiben kann. Sie fragt, in welcher Form sie vertreten werden kann. Nebenbei erwähnt sie, dass ihr Ehegatte zwar ihr uneingeschränktes Vertrauen genieße, sie jedoch eine vorbehaltlose Vollmacht nicht erteilen wolle.

Exkurs: Einhaltung der notariellen Pflichten nach § 17 Abs. 2a BeurkG

Nach § 17 Abs. 2a BeurkG soll der Notar das Beurkundungsverfahren so gestalten, dass die Einhaltung der Pflichten nach § 17 Abs. 1 und 2 BeurkG gewährleistet ist (dazu oben in § 1 Abschnitt IX. Ziffer 7.). Der Gesetzgeber hat damit Forderungen der Bundesnotarkammer und der Länder-Notarkammern Rechnung getragen. Insbesondere muss der Notar dafür sorgen, dass keiner der Vertragsteile, vor allem kein unerfahrener Beteiligter, systematisch von der Beurkundungsverhandlung ausgeschlossen wird. Andernfalls verliert er den Schutz der Beratung und Belehrung durch den Notar und ihm wird zugleich jede Chance von Verhandlungen mit dem anderen Vertragsteil genommen.

Um den Vorwurf einer Verletzung der Pflicht aus § 17 Abs. 2a BeurkG in diesen Fällen auszuschließen, sollte der Notar vor der Beurkundung dem vertretenen Vertragsteil den Vertragsentwurf übersenden mit der Aufforderung, gewünschte Änderungen mitzuteilen. Außerdem sollte er ihm eine telefonische Beratung anbieten und vorsichtshalber die **schriftliche Bestätigung anfordern,** dass er mit dem Inhalt des Vertrags und seiner vollmachtlosen Vertretung bei der Beurkundungsverhandlung einverstanden ist (siehe zu § 17 Abs. 2a BeurkG ausführlich oben § 1 Abschnitt IX. Ziffer 7.).

 Muster: Zusendung des Vertragsentwurfs an die Käufer

Notar Gründlich
12345 Musterstadt   Musterstadt, den 22.08.2019

Eheleute
Karl und Karin Kaufbold
Bismarckstraße 5
12345 Musterstadt

Betr.: Kaufvertrag mit Herrn Viktor Vogel

Sehr geehrte Frau Kaufbold,
sehr geehrter Herr Kaufbold,

aufgrund der gemeinsamen Besprechung und nach Grundbucheinsicht erhalten Sie in der Anlage den von Ihnen gewünschten Entwurf des abzuschließenden Kaufvertrags, den Sie bitte auf Richtigkeit und Vollständigkeit durchsehen wollen.

Als Termin für die Beurkundung haben wir bereits

den 01.09.2019

vereinbart.

Sollten Sie Fragen haben oder sollten Änderungen im Vertragsentwurf aus Ihrer Sicht notwendig sein, wollen Sie sich bitte mit mir fernmündlich in Verbindung setzen. Bitte haben Sie Verständnis, dass Änderungswünsche an dem Vertragsentwurf grundsätzlich nur dann Berücksichtigung finden können, wenn alle Vertragsparteien damit einverstanden sind. Vor diesem Hintergrund bitte ich Sie, etwaige Änderungswünsche nach Möglichkeit vorab mit Ihrem Vertragspartner zu besprechen.

Auf ausdrücklichen Wunsch von Frau Kaufbold soll sie im Beurkundungstermin vollmachtlos vertreten werden. Zu einer telefonischen Beratung stehe ich Frau Kaufbold jederzeit zur Verfügung.

Frau Kaufbold bitte ich, mir kurz schriftlich zu bestätigen, dass sie mit dem Inhalt des Vertrags und ihrer vollmachtlosen Vertretung bei der Beurkundungsverhandlung einverstanden ist.

Mit freundlichen Grüßen

...

Anlage

In die Niederschrift kann in diesem Fall der nachfolgende Vermerk aufgenommen werden.

Formulierungsbeispiel – Vermerk bei vollmachtloser Vertretung

Frau ... wird auf ihren ausdrücklichen Wunsch bei der heutigen Beurkundung vollmachtlos vertreten. Sie bestätigt, von dem Notar vor der heutigen Beurkundung den Vertragsentwurf erhalten zu haben mit dem Angebot telefonischer Beratung durch den Notar. Frau ... hat mit Schreiben vom ... bestätigt, dass sie mit dem Inhalt des Vertrags und ihrer vollmachtlosen Vertretung bei der Beurkundungsverhandlung einverstanden ist.

IV. Grundbuchauszug als Grundlage zur Erstellung und Abwicklung notarieller Urkunden

Gemäß § 21 BeurkG ist der Notar verpflichtet, bei Geschäften, die im Grundbuch eingetragene oder einzutragende Rechte zum Gegenstand haben, sich über den Grundbuchinhalt zu unterrichten.

Dies geschieht entweder, indem der Notar selbst oder Hilfskräfte, die sein uneingeschränktes Vertrauen besitzen, das Grundbuch einsehen. Früher erfolgte die Grundbucheinsicht häufig durch persönliche Einsicht beim Grundbuchamt, wobei alle wesentlichen Angaben handschriftlich in einem Formular erfasst wurden. Seit der Umstellung des auf Papier geführten Grundbuchs auf ein elektronisches Grundbuch besteht in jedem Bundesland die Möglichkeit, die Grundbücher online einzusehen. Der Notar wird sich zweckmäßigerweise einen Onlinezugang jedenfalls zum Grundbuchportal des eigenen Bundeslandes verschaffen. Für die Einsicht in die Grundbücher anderer Bundesländer wird er entweder ebenfalls Online-Zugänge vorhalten oder aber den Grundbuchauszug postalisch beim Grundbuchamt oder unter Mithilfe eines dort ansässigen Notars anfordern.

Hilfreiche Informationen zum Zulassungsverfahren und alle erforderlichen Internetadressen zur Einsicht in den einzelnen Bundesländern finden sich im Internet im Justizportal des Bundes und der Länder (Webadresse: *www.grundbuch-portal.de*).

Seit einiger Zeit sind darüber hinaus die gesetzlichen Grundlagen für die Umstellung des Grundbuchs in eine Datenbankstruktur geschaffen. In der näheren Zukunft ist daher mit der vollständigen Umstellung des Grundbuchwesens auf elektronischen Datenverkehr zu rechnen (siehe dazu und zu heutigen Pilotprojekten schon oben § 3 Abschnitt II. Ziffer 3.).

Der zu dem obigen Fallbeispiel zugehörige Grundbuchauszug wurde bereits oben, im allgemeinen Kapitel zum Grundbuchrecht (§ 3) unter Abschnitt II. Ziffer 5. abgedruckt und erläutert; darauf wird verwiesen.

V. Kaufvertragsentwurf

Auf der Grundlage der von den Beteiligten zur Verfügung gestellten Informationen und des oben in § 3 Abschnitt II. Ziffer 5. abgedruckten Grundbuchauszugs hat der Notar den folgenden Entwurf eines Kaufvertrags erstellt. Erläuterungen zu den einzelnen Klauseln des Vertragsentwurfs folgen in dem darauffolgenden Abschnitt VI.

Es versteht sich dabei von selbst, dass die vorgeschlagenen Formulierungen nur jeweils eine von zahlreichen Gestaltungsmöglichkeiten aufzeigen, dass jedoch in der Praxis stets eine individuelle Anpassung erforderlich ist.

 Muster: Kaufvertrag

Urkundenrolle Nr. 1001/2019

KAUFVERTRAG

Verhandelt zu Musterstadt, am 01.09.2019

Vor mir, dem unterzeichnenden Notar

Gustav G r ü n d l i c h

mit dem Amtssitz in Musterstadt, erschienen heute:

1. Herr Viktor **Vogel** , Elektromeister,
    geboren 10.04.1933,

    – nachfolgend „der Verkäufer" genannt –

2. dessen Ehefrau Veronika **Vogel** geb. Vorherig, Hausfrau,
    geboren 07.07.1956,

    beide wohnhaft Schlossstraße 9, 12345 Musterstadt,

3. Herr Karl **Kaufbold**, Ingenieur,
    geboren 20.01.1946,
    wohnhaft Bismarckstraße 5, 12345 Musterstadt,

    handelnd für sich im eigenen Namen und zugleich als Vertreter ohne Ver-
    tretungsmacht für seine Ehefrau Karin **Kaufbold** geb. Kentenich, Lehrerin,
    geboren 01.07.1948, wohnhaft daselbst,

    – deren Genehmigung ausdrücklich vorbehaltend, die mit ihrem Eingang
    beim amtierenden Notar allen Beteiligten gegenüber wirksam wird –

    – nachfolgend „der Käufer" genannt –.

Die Erschienenen zu 1. und 2. sind dem amtierenden Notar persönlich bekannt. Der Erschienene zu 3. wies sich aus durch Vorlage seines mit Lichtbild versehenen Reisepasses.

Der Notar fragte vor Beurkundung die Beteiligten, ob er oder eine Person, mit der sich der Notar zur gemeinsamen Berufsausübung verbunden hat, in der Angelegenheit, die Gegenstand der Beurkundung ist, außerhalb seiner Amtstätigkeit bereits tätig war oder ist.

Die Beteiligten erklärten, dass dies nicht der Fall ist.

Darüber hinaus fragte der Notar die Vertragsbeteiligten, ob der nachfolgende Kaufvertrag ihrer gewerblichen oder selbständigen beruflichen Tätigkeit zuzurechnen ist. Auch diese Frage wurde von den Vertragsbeteiligten verneint.

Die Erschienenen erklären, der Erschienene zu 3. zugleich für seine Ehefrau:

I.
Grundbuchstand und Kaufgegenstand

Der Grundbuchstand wurde anhand eines elektronischen Grundbuchauszugs vom 01.09.2019 festgestellt:

Im **Grundbuch von Musterstadt Blatt 662** ist Herr Viktor Vogel, Elektromeister in Musterstadt, eingetragener Alleineigentümer des Grundbesitzes

Gemarkung Musterstadt
lfd. Nr. 1
Flur 1 Nr. 189 Gartenland,
Die Krautäcker von Musterland = 1.171 m²

lfd. Nr. 2
Flur 1 Nr. 170/1 Hof- und Gebäudefläche,
Schlossstraße 9 = 1.452 m²

Das Grundbuch weist folgende Belastungen aus:

Abteilung II: lfd. Nr. 1 Lebenslängliches Wohnungsrecht für die Eheleute Valentin Vogel und Valentina geb. Voldemort in Zell. Zur Löschung genügt der Nachweis des Todes der Berechtigten.

Abteilung III: lfd. Nr. 1 Grundschuld i.H.v. 60.000 € nebst Zinsen und Nebenleistungen für die Volksbank Musterstadt eG,

lfd. Nr. 2 Grundschuld i.H.v. 50.000 € nebst Zinsen und Nebenleistungen für die Volksbank Musterstadt eG,

lfd. Nr. 3 Grundschuld i.H.v. 25.000 € nebst Zinsen und Nebenleistungen für die Volksbank Musterstadt eG,

lfd. Nr. 4 Grundschuld i.H.v. 200.000 € nebst Zinsen und Nebenleistungen für die Volksbank Musterstadt eG.

Diese vorgenannten Rechte werden vom nachgenannten Käufer nicht übernommen. Eine bestehende Restforderung ist aus dem Kaufpreis abzulösen.

Der Verkäufer beantragt bereits jetzt die Löschung dieser Rechte so, wie die Berechtigten und Gläubigerin dies bewilligen werden.

Der amtierende Notar wird beauftragt, unter Übersendung einer Abschrift des Kaufvertrags bei der Gläubigerin die Löschungsunterlagen nebst Forderungsaufstellung zu treuen Händen einzuholen.

II.
Verkauf

Herr Viktor Vogel verkauft mit Zustimmung seiner Ehefrau, Veronika Vogel geb. Vorherig, hiermit an die Eheleute Karl Kaufbold und Karin Kaufbold geb. Kentenich – zum Miteigentum zu gleichen Bruchteilen – den unter Abschnitt I. vorbezeichneten Grundbesitz mit allen Rechten, Pflichten, Bestandteilen und Zubehör. Bei dem Kaufgegenstand handelt es sich um einen nicht modernisierten und renovierten Altbau aus dem Jahr 1979.

Mitverkauft und mit Zahlung des Kaufpreises aufschiebend bedingt übereignet sind die Einbauküche mit allen elektrischen Geräten und drei Kellerregale im gebrauchten Zustand.

III.
Kaufpreis und Kaufpreisfälligkeit

1. Der Kaufpreis beträgt

400.000 €

(in Worten: Vierhunderttausend Euro).

Davon entfällt auf die mitverkauften Gegenstände ein Kaufpreisteilbetrag i.H.v. ... €, der in dem vorgenannten Kaufpreis enthalten ist.

2. Eine Berichtigung des im Grundbuch angegebenen Flächenmaßes hat keinen Einfluss auf die Höhe des Kaufpreises.

3. Mehrere Käufer haften als Gesamtschuldner.

Wegen der Verpflichtung zur Zahlung des Kaufpreises sowie etwaiger Zinsen unterwirft sich der Käufer – mehrere als Gesamtschuldner – dem Verkäufer gegenüber der sofortigen Zwangsvollstreckung aus dieser Urkunde in sein gesamtes Vermögen. Der beurkundende Notar wird ermächtigt, dem Verkäufer jederzeit ohne besonderen Nachweis vollstreckbare Ausfertigung dieser Urkunde zu erteilen, nicht jedoch vor Eintritt der Fälligkeit.

4. Der gesamte Kaufpreis ist fällig am 15.10.2019, jedoch nicht vor Ablauf von zehn Tagen nach Zugang einer schriftlichen Mitteilung des Notars an den Käufer, dass folgende Voraussetzungen erfüllt sind:

    a) Zur Sicherung des Anspruchs des Käufers auf Eigentumsübertragung ist eine Vormerkung im Grundbuch eingetragen, und zwar mit Rang nur nach den in Abschnitt I aufgeführten Belastungen bzw. mit Rang nach Grundpfandrechten, bei deren Bestellung der Käufer mitgewirkt hat,

b) die zuständige Gemeinde Musterstadt hat bestätigt, dass ein gesetzliches Vorkaufsrecht nicht besteht oder nicht ausgeübt wird,

c) die Löschungsunterlagen für die nicht übernommenen Belastungen liegen dem Notar entweder auflagenfrei oder aber mit der Maßgabe vor, hiervon gegen Zahlung eines Betrags, der insgesamt nicht höher als der vereinbarte Kaufpreis ist, Gebrauch zu machen.

5. Der Notar wird mit der Einholung der Löschungsunterlagen beauftragt.

Käufer und Notar brauchen nicht nachzuprüfen, ob Auflagen, von denen die Lastenfreistellung abhängt, berechtigt sind. Soweit solche Auflagen reichen, kann der Kaufpreis nur durch deren Erfüllung bezahlt werden, nicht durch sonstige Leistung an den Verkäufer oder Dritte. Der Notar wird bevollmächtigt, die Unterlagen zur Lastenfreistellung für Verkäufer, Käufer und dessen Finanzierungsinstitute entgegenzunehmen und zu verwenden. Alle Rechte und Ansprüche, die mit den zu beseitigenden Belastungen zu tun haben, werden schon jetzt auf den Käufer übertragen; diese Übertragung wirkt, sobald der Kaufpreis bezahlt ist, und erlischt, sobald die Lastenfreistellung durchgeführt ist.

6. Bei Fälligkeit hat der Käufer aus dem Kaufpreis zunächst die nicht übernommenen Belastungen in der von der Gläubigerin angeforderten Höhe abzulösen und den Restbetrag an den Verkäufer zu überweisen auf dessen Konto mit der IBAN DE 12 3456 0000 1234 5678 90 bei der Volksbank Musterstadt eG (BIC VOMUDE12).

7. Für die Rechtzeitigkeit der Zahlung des Kaufpreises kommt es auf den Eingang auf dem Konto des Empfängers an. Im Fall nicht rechtzeitiger Zahlung des Kaufpreises tritt auch ohne Mahnung Verzug ein, welcher insbesondere zur Zahlung der gesetzlichen Verzugszinsen, über deren Höhe der Notar belehrt hat, verpflichtet.

8. Zahlt der Käufer den Kaufpreis bei Fälligkeit nicht, kann der Verkäufer vom Kaufvertrag zurücktreten, wenn er dem Käufer erfolglos eine Frist von 14 Tagen zur Zahlung bestimmt hat. Fristsetzung und Rücktritt bedürfen der Schriftform. Der Notar hat den Käufer darauf hingewiesen, dass der Verkäufer Schadensersatz verlangen kann.

IV.
Besitz, Nutzungen, Lasten

1. Der Besitz und die Nutzungen, die Gefahr und die Lasten einschließlich aller Verpflichtungen aus den den Grundbesitz betreffenden Versicherungen sowie die allgemeinen Verkehrssicherungspflichten gehen auf den Käufer über mit Wirkung vom Tag der Kaufpreiszahlung, jedoch nicht vor dem 15.10.2019.

2. Miet- und Pachtverhältnisse bestehen nicht.

Der Verkäufer verpflichtet sich, das von ihm zzt. genutzte Haus bis spätestens zum 15.10.2019 vollständig zu räumen. Wegen seiner Verpflichtung zur Räumung unterwirft sich der Verkäufer gegenüber dem Käufer der sofortigen Zwangsvollstreckung mit der Maßgabe, dass eine Einweisung in den Besitz nicht stattfinden darf.

Der Käufer kann vom Kaufvertrag zurücktreten, wenn er dem Verkäufer erfolglos eine Frist von 14 Tagen zur Räumung bestimmt hat. Der Verkäufer hat an den Käufer ab dem 15.10.2019 bis zur vollständigen Räumung für jeden Tag eine Schadenspauschale i.H.v. ... € zu zahlen; die Geltendmachung eines weitergehenden, nachgewiesenen Schadens bleibt dem Käufer vorbehalten. Der Notar hat den Verkäufer darauf hingewiesen, dass der Käufer auch nach Rücktritt Schadensersatz verlangen kann.

Alternativ:

2. Miet- und Pachtverhältnisse bestehen und werden vom Käufer übernommen.

Der Inhalt der Verträge ist dem Käufer bekannt. Der Verkäufer garantiert, dass z.Zt. keine Mietrückstände bestehen, keine Mietstreitigkeiten außergerichtlich oder gerichtlich geführt werden und kein Mieter derzeit eine Mietminderung oder einen Mieteinbehalt nicht geltend macht.

Der Verkäufer garantiert, dass die dieser Niederschrift als Anlage beigefügte Aufstellung über die Mietverhältnisse richtig und vollständig ist.

Die Beteiligten vereinbaren, dass im Innenverhältnis der Käufer bereits mit Besitzübergang in die Mietverhältnisse eintritt. Der Verkäufer garantiert, dass die Mieter nur die in den Mietverträgen verzeichneten Sicherheiten geleistet haben. Der Verkäufer hat dem Käufer bei Besitzübergang die von den Mietern geleisteten Sicherheiten einschließlich Zinsen zu übertragen.

Der Notar hat den Verkäufer darauf hingewiesen, dass er zur Rückgewähr der Sicherheiten verpflichtet bleibt, wenn die Mieter diese bei Beendigung des Mietverhältnisses vom Käufer nicht erlangen können, es sei denn, sie stimmen der Übertragung der Sicherheiten zu. Der Verkäufer wird die Mieter vom Verkauf unterrichten und ihre Zustimmung zur Übertragung der Sicherheiten einholen.

V.

Rechts- und Sachmängel

1. Ansprüche und Rechte des Käufers wegen eines Sachmangels des Grundstücks, des Gebäudes und der mitverkauften beweglichen Sachen sind ausgeschlossen. Dies gilt auch für alle Ansprüche auf Schadensersatz, es sei denn, der Verkäufer handelt vorsätzlich. Der Verkäufer versichert, dass ihm versteckte Sachmängel nicht bekannt sind. Der Käufer hat das Kaufobjekt besichtigt; er kauft es im gegenwärtigen altersbedingten Zustand bei Besichtigung.

2. Der Verkäufer ist verpflichtet, den verkauften Grundbesitz frei von im Grundbuch in Abteilung II und III eingetragenen Belastungen und Beschränkungen zu verschaffen, soweit sie nicht vom Käufer übernommen worden sind.

Der Verkäufer garantiert, dass Wohnungsbindung nach dem Wohnungsbindungsgesetz nicht besteht.

3. Im Grundbuch nicht eingetragene Dienstbarkeiten, nachbarrechtliche Beschränkungen sowie Baulasten werden von dem Käufer übernommen; solche sind dem Verkäufer jedoch nicht bekannt. Die Beteiligten wurden auf die Möglichkeit hingewiesen, das Baulastenverzeichnis selbst einzusehen.

VI.
Auflassung

Verkäufer und Käufer sind sich darüber einig, dass das Eigentum an dem Kaufgegenstand von dem Verkäufer auf den Käufer – im angegebenen Beteiligungsverhältnis – übergehen soll, und bewilligen und beantragen die Eintragung der Eigentumsänderung im Grundbuch.

VII.
Vormerkung zur Sicherung des Eigentumsverschaffungsanspruchs

Zur Sicherung des dem Käufer zustehenden Anspruchs auf Übertragung des Eigentums aus diesem Vertrag bewilligt der Verkäufer und beantragt der Käufer die Eintragung einer Vormerkung zugunsten des Käufers im angegebenen Beteiligungsverhältnis zu Lasten des in Abschnitt I genannten Kaufgegenstands.

Der Käufer bewilligt und beantragt schon jetzt die Löschung dieser Vormerkung gleichzeitig mit der Eigentumsumschreibung, vorausgesetzt, dass ohne seine Zustimmung keine Zwischenanträge gestellt und keine Zwischeneintragungen erfolgt sind.

VIII.
Löschungen

Der Verkäufer stimmt der Löschung aller etwa bestehenden, vom Käufer nicht übernommenen Belastungen im Grundbuch mit dem Antrag auf Vollzug zu.

Hier handelt es sich um die Rechte:

Abteilung II lfd. Nr. 1, Abteilung III lfd. Nr. 1, 2, 3 und 4.

IX.
Kosten und Steuern

Die Grunderwerbsteuer sowie die Kosten dieser Urkunde und ihres Vollzugs trägt der Käufer, mit Ausnahme etwaiger Kosten für Treuhandauflagen und Grundbuchkosten wegen der Lastenfreistellung, die der Verkäufer trägt. Die durch das Nichterscheinen eines Beteiligten zusätzlich entstehenden Kosten trägt dieser selbst.

X.
Erschließungskosten

Erschließungs- und sonstige Anliegerbeiträge für Erschließungsanlagen, die endgültig hergestellt sind oder für die die Beitragspflicht entstanden ist, trägt der Verkäufer, unabhängig davon, ob sie bereits durch Zustellung eines Beitragsbescheids festgesetzt worden sind. Im Übrigen gehen solche Beiträge zu Lasten des Käufers.

XI.
Vorkaufsrechte, Genehmigungen und Vollzug

1. Nach Hinweis auf gesetzliche Vorkaufsrechte wird der Notar beauftragt und ermächtigt, den Verkauf der zuständigen Gemeinde anzuzeigen und deren Erklärung wegen gesetzlicher Vorkaufsrechte entgegenzunehmen.

   Wenn und soweit bei der Ausübung eines gesetzlichen Vorkaufsrechts der Käufer Kosten gemäß Abschnitt IX und den Kaufpreis bereits ganz oder teilweise gezahlt hat, tritt der Verkäufer seine Zahlungs- und Erstattungsansprüche gegen den Vorkaufsberechtigten an den Käufer hiermit ab, der die Abtretung annimmt.

2. Die Vertragsbeteiligten beantragen die Erteilung aller zum Vollzug dieses Vertrags erforderlichen Genehmigungen. Der Notar wird beauftragt und bevollmächtigt, diese einzuholen.

   Alle etwa erforderlichen Genehmigungen sollen mit dem Eingang beim Notar als allen Beteiligten mitgeteilt gelten und wirksam sein. Der amtierende Notar wird ermächtigt, die Genehmigungserklärung der Frau Karin Kaufbold mit Wirkung für und gegen sämtliche Vertragsbeteiligten entgegenzunehmen.

3. Der Notar wird von den Beteiligten unwiderruflich angewiesen, die Eintragung des Eigentumswechsels erst zu veranlassen, nachdem ihm die Zahlung des Kaufpreises vom Verkäufer bestätigt oder vom Käufer nachgewiesen ist.

   Vorher soll der Notar keine Ausfertigungen oder beglaubigten Abschriften dieser Urkunde erteilen, die die Auflassung enthalten.

4. Der Notar wird ohne Beschränkung auf die gesetzliche Vollmacht nach § 15 GBO ermächtigt, Anträge aus dieser Urkunde getrennt und eingeschränkt zu stellen und sie in gleicher Weise zurückzunehmen. Die Beteiligten bevollmächtigen den Notar, soweit erforderlich, Bewilligungen und Anträge gegenüber dem Grundbuchamt zu ändern und zu ergänzen, überhaupt alles zu tun, was verfahrensrechtlich zur Durchführung dieses Vertrags erforderlich sein sollte. Der Notar ist ermächtigt, die Beteiligten im Grundbuchverfahren uneingeschränkt zu vertreten.

XII.
Hinweise und Belehrungen

Der Notar hat die Vertragsbeteiligten durch mündliche Erläuterungen insbesondere auf Folgendes hingewiesen:

1. Das Eigentum geht erst mit der Umschreibung im Grundbuch auf den Käufer über. Die Umschreibung kann erst erfolgen, wenn insbesondere die steuerliche Unbedenklichkeitsbescheinigung wegen der Grunderwerbsteuer, das Negativzeugnis oder die Verzichtserklärung der Stadt Ober-Ramstadt wegen gesetzlicher Vorkaufsrechte, Genehmigungen und Freistellungserklärungen vorliegen.

2. Der Kaufgegenstand haftet für rückständige öffentliche Lasten, und beide Vertragsteile haften kraft Gesetzes als Gesamtschuldner für die Grunderwerbsteuer und die Kosten bei Notar und Grundbuchamt.

3. Nebenabreden außerhalb dieser Urkunde können zur Unwirksamkeit des gesamten Kaufvertrags führen; die Beteiligten erklären, dass alle Kaufvertragsvereinbarungen in dieser Urkunde richtig und vollständig niedergelegt sind.

4. Der schuldrechtliche Vertrag ist solange schwebend unwirksam, bis erforderliche Genehmigungen erteilt sind.

5. Sofern die Käufer als Miteigentümer erwerben, wird auf die Möglichkeit der Einräumung wechselseitiger Rechte und Beschränkungen hingewiesen; solche werden jedoch nicht gewünscht.

XIII.
Kaufpreisfinanzierung und Belastungsvollmacht

1. Um dem Käufer die Finanzierung des Kaufpreises zu erleichtern, verpflichtet sich der Verkäufer, bei der Bestellung vollstreckbarer (§ 800 ZPO) Grundschulden in beliebiger Höhe mit Zinsen und Nebenleistungen zugunsten deutscher Kreditinstitute als derzeitiger Eigentümer mitzuwirken. Diese Mitwirkungspflicht besteht nur, wenn in der Grundschuldbestellungsurkunde folgende von den Beteiligten bereits jetzt getroffenen Bestimmungen wiedergegeben werden:

   a) Sicherungsabrede

   Die Gläubiger dürfen die Grundschuld nur insoweit als Sicherheit verwerten oder behalten, als sie tatsächlich Zahlungen mit Tilgungswirkung auf die Kaufpreisschuld des Käufers geleistet haben. Alle weiteren Zweckerklärungen, Sicherungs- und Verwertungsvereinbarungen innerhalb oder außerhalb dieser Urkunde gelten erst, nachdem der Kaufpreis vollständig gezahlt ist, in jedem Fall ab Eigentumsumschreibung. Ab dann gelten sie für und gegen den Käufer als neuen Sicherungsgeber.

b) **Zahlungsanweisung**

Soweit der Kaufpreis nicht anderweitig zur Freistellung des verkauften Grundbesitzes von eingetragenen Belastungen zu verwenden ist, sind Zahlungen gem. a) zu leisten auf das in Abschnitt III genannte Konto des Verkäufers.

c) **Persönliche Zahlungspflichten, Kosten**

Der Verkäufer übernimmt im Zusammenhang mit der Grundschuldbestellung keine persönlichen Zahlungsverpflichtungen. Der Käufer hat den Verkäufer von allen Kosten und sonstigen Folgen der Grundschuldbestellung freizustellen.

d) **Fortbestand der Grundschuld**

Die bestellte Grundschuld darf auch nach Eigentumsumschreibung auf den Käufer bestehen bleiben. Alle Eigentümerrechte und Rückgewähransprüche, die mit ihr zu tun haben, werden hiermit mit Wirkung ab Bezahlung des Kaufpreises, in jedem Fall ab Eigentumsumschreibung auf den Käufer übertragen. Entsprechende Grundbucheintragung wird bewilligt.

2. Der Verkäufer erteilt dem Käufer Vollmacht, ihn bei allen vorstehenden Rechtshandlungen zu vertreten. Er ist berechtigt, Untervollmacht zu erteilen, und befreit von den Beschränkungen des § 181 BGB.

   Diese Vollmacht gilt nur dann, wenn in der Grundschuldbestellungsurkunde die vorstehend unter 1. a), b), c) und d) getroffenen Bestimmungen wiedergegeben werden. Von der vorstehenden Vollmacht kann – soweit notarielle Beurkundung oder Beglaubigung erforderlich ist – nur durch Erklärung vor dem amtierenden Notar oder seinem amtlich bestellten Vertreter Gebrauch gemacht werden. Sie erlischt mit Vollzug der Auflassung nach dieser Urkunde im Grundbuch und ist jederzeit widerruflich.

   Die Vollmacht kann ausgeübt werden, bevor erforderliche behördliche Genehmigungen (bei Wohnungs- und Teileigentum einschließlich der etwa erforderlichen Verwalterzustimmung) erteilt sind.

3. Der amtierende Notar wird angewiesen, die Eintragung der Grundschuld im Grundbuch erst dann zu veranlassen, wenn ihm die Grundschuldgläubiger bestätigt haben, dass die Grundschuld bis zur vollständigen Zahlung des Kaufpreises und der Eigentumsumschreibung des Kaufgegenstands auf den Käufer nur als Sicherheit für diese Zahlungen dienen.

XIV.
Löschung der Vormerkung
zur Sicherung des Eigentumsverschaffungsanspruchs

Der Käufer bevollmächtigt den Notariatsvorsteher ..., dienstansässig: Bismarck-straße 12, 12345 Musterstadt, die Löschung der zu seinen Gunsten einzutragenden Vormerkung zu bewilligen und zu beantragen.

Von der Vollmacht kann nur durch Erklärung vor dem amtierenden Notar Gebrauch gemacht werden. Die Beteiligten weisen den Notar übereinstimmend an, die Löschungsbewilligung für die Vormerkung dem Grundbuchamt erst zum Vollzug vorzulegen, wenn folgende Voraussetzungen erfüllt sind:

a) Der Notar hat die Bestätigung über die Fälligkeit des Kaufpreises an den Käufer zu der im Urkundeneingang aufgeführten Anschrift versandt;

b) der Verkäufer hat dem Notar schriftlich mitgeteilt, dass er wegen nicht rechtzeitiger Zahlung des Kaufpreises vom Kaufvertrag zurückgetreten ist bzw. die Erfüllung des Vertrags abgelehnt hat und

c) der Käufer hat dem Notar auf schriftliche Aufforderung hin nicht innerhalb von 14 Tagen nachgewiesen, dass der Kaufpreis gezahlt ist.

Weist der Käufer nach, dass ein Teil des Kaufpreises gezahlt ist, darf die Löschung der Vormerkung nur Zug um Zug gegen Erstattung des bereits gezahlten Betrags erfolgen.

Der Notar ist nicht verpflichtet, die Löschung der Vormerkung zu veranlassen, wenn der Käufer dafür Gründe vorträgt, wonach ihm eine Einrede gegen den Kaufpreisanspruch zusteht.

XV.
Ausschluss der Abtretung

Rechte und Ansprüche des Käufers aus diesem Vertrag können vor Zahlung des gesamten Kaufpreises nur mit schriftlicher Zustimmung des Verkäufers an dritte Personen abgetreten oder verpfändet werden. Dies gilt insbesondere für den Auflassungsanspruch.

XVI.
Vollmachtlose Vertretung

Frau Karin Kaufbold wird auf ihren ausdrücklichen Wunsch bei der heutigen Beurkundung vollmachtlos vertreten. Sie bestätigt, von dem Notar vor der heutigen Beurkundung den Vertragsentwurf erhalten zu haben mit der Aufforderung, von ihr gewünschte Änderungen mitzuteilen und eine telefonische Beratung des Notars in Anspruch zu nehmen.

Frau Kaufbold hat mit Schreiben vom ... bestätigt, dass sie mit dem Inhalt des Vertrags und ihrer vollmachtlosen Vertretung bei der Beurkundungsverhandlung einverstanden ist.

XVII.
Vertragsvermittlung

Dieser Vertrag ist durch die Vermittlung der Makler-sucht-Käufer GmbH in Musterstadt zustande gekommen.

XVIII.
Salvatorische Klausel

Sollten einzelne Bestimmungen dieses Vertrags unwirksam sein oder werden, so behalten die übrigen Bestimmungen dieses Vertrags ihre Wirksamkeit.

In diesem Fall verpflichten sich die Beteiligten vielmehr, für die unwirksame Bestimmung eine neue wirksame Vereinbarung zu treffen, die wirtschaftlich der unwirksamen Bestimmung am nächsten kommt.

Diese Niederschrift wurde den Erschienenen von dem amtierenden Notar vorgelesen, von diesen genehmigt und von ihnen und dem Notar eigenhändig, wie folgt, unterschrieben:

...

(Unterschriften von Viktor Vogel; Veronika Vogel geb. Vorherig; Klaus Kaufbold und des beurkundenden Notars)

Der obige Kaufvertrag ist bis zur **Genehmigung durch die vollmachtlos vertretene Ehefrau** des Käufers schwebend unwirksam, d.h., seine Wirksamkeit hängt gewissermaßen „in der Schwebe".

Ungeachtet der schwebenden Unwirksamkeit des Vertrags muss die Urkunde nach der Beurkundung – wie üblich – unverzüglich in die Urkundenrolle eingetragen werden. Hierzu sind die Ausführungen in dem obigen § 2 Abschnitt VIII. („Bücher, Verzeichnisse und Akten der Notarinnen und Notare") sowie die §§ 7 ff. DONot zu beachten.

Wird später die Genehmigung eines vollmachtlos Vertretenen erteilt, dann wirkt sie auf den Zeitpunkt der Beurkundung des Vertrags zurück, § 184 BGB. Es wird also nachträglich der Rechtszustand geschaffen, der bestanden hätte, wenn der Vertretene den Vertrag von Anfang an selbst geschlossen hätte, im Beurkundungstermin also anwesend gewesen wäre.

Eigentlich wird eine solche Genehmigung, weil sie ja für den Vertragspartner bestimmt ist, erst wirksam, wenn sie diesem zugeht (§ 130 BGB). Da der Eintritt der Wirksamkeit dem Grundbuchamt zudem in öffentlich beglaubigter Form nachgewiesen werden muss, wäre auch noch ein öffentlich beglaubigtes Empfangsbekenntnis des Vertragspartners erforderlich. Allerdings wird der aufmerksame Leser des Kaufvertrags bereits erkannt haben, dass hier der Eintritt der Wirksamkeit leicht nachweisbar anderweitig festgelegt wurde. Laut Vertrag wird die Genehmigung schon mit ihrem Eingang beim Notar wirksam (und dass dies erfolgt ist, ergibt sich ohne weiteres daraus, dass der Notar sie dem Grundbuchamt einreicht). Die öffentliche Form ist durch die Beglaubigung der Unterschrift des vollmachtlos Vertretenen durch den Notar gewahrt.

In unserem Fallbeispiel erscheint die vollmachtlos vertretene Frau Kaufbold am 03.09. im Büro des Notars, um die **Genehmigungserklärung** zu dem Kaufvertrag 1001/2019 abzugeben. Diese Genehmigungserklärung kann dabei z.B. wie im folgenden Muster aussehen.

 Muster: Genehmigungserklärung

Urkundenrolle Nr. 1003/2019

Genehmigungserklärung

Vom Inhalt der Urkunde des Notars

Gustav G r ü n d l i c h

mit dem Amtssitz in Musterstadt
vom 01.09.2019, Urkundenrollen-Nr. 1001/2019
wurde Kenntnis genommen.

Die Urkunde wird vorbehaltlos genehmigt. Erteilte Vollmachten werden bestätigt.
Der Wert dieser Urkunde beträgt 200.000 €.

Musterstadt, den 03.09.2019
...
(Karin Kaufbold geb. Kentenich)

(Beglaubigungsvermerk des Notars, siehe oben § 2 Abschnitt III. Ziffer 4.)

Hätte Herr Kaufbold beim Abschluss des Kaufvertrags nicht als vollmachtloser Vertreter, sondern stattdessen aufgrund mündlicher oder privatschriftlicher Vollmacht gehandelt, so bedürfte es anschließend anstelle einer Genehmigungserklärung einer sogenannten Vollmachtsbestätigung.

Muster: Vollmachtsbestätigung

Urkundenrolle Nr. 1007/2019

Vollmachtsbestätigung

Ich bestätige, dass

Herr Karl K a u f b o l d
von mir bevollmächtigt war, alle Erklärungen abzugeben, die enthalten sind in der
Urkunde des Notars

Gustav G r ü n d l i c h

mit dem Amtssitz in Musterstadt
vom 01.09.2019, Urkundenrollen-Nr. 1001/2019

Vom Inhalt dieser Urkunde habe ich Kenntnis genommen und genehmige hiermit
vorsorglich alle Erklärungen, die in dieser Urkunde für mich abgegeben worden
sind

Der Wert dieser Urkunde beträgt 200.000 €.

Musterstadt, den 03.09.2019

...

(Karin Kaufbold geb. Kentenich)

(Beglaubigungsvermerk des Notars, siehe oben § 2 Abschnitt III. Ziffer 4.)

**Kostenhinweis: Kosten der Genehmigungserklärung bzw. Vollmachts-
bestätigung**

Die Kosten betragen 0,2 Beglaubigungsgebühr gem. Nr. 25100 KV aus einem Geschäftswert von 100.000 € (§§ 121, 98 Abs. 1, Abs. 2 Satz 1), nämlich aus der
Hälfte des dem Anteil der Ehefrau entsprechenden Bruchteilswerts (= 1/4 vom Geschäftswert des Kaufvertrags) = 54,60 € (zzgl. der gesetzlichen Mehrwertsteuer).

VI.   Anmerkungen und Rechtsquellen zum vorstehenden Grundstückskaufvertrag

Die folgenden Anmerkungen zu dem vorstehenden Kaufvertrag, geordnet nach der Reihenfolge der einzelnen Vertragsabschnitte, dienen dem besseren Verständnis seiner Inhalte.

1.   Grundbuchstand und Kaufgegenstand (Abschnitt I. des Vertrags)

Durch die genaue Wiedergabe der grundbuchlichen Daten in Abschnitt I. des Vertrags erfüllt der Notar seine Verpflichtung aus § 21 BeurkG, sich über den Grundbuchinhalt zu informieren. Die genaue Aufnahme des Grundbuchstands im Vertrag erleichtert zugleich die Beurkundungsverhandlung und dient der Sachaufklärung für die Beteiligten sowie der Beweissicherung. Im Fall des Scheiterns der Abwicklung beugt sie zudem Vorwürfen gegen den Notar vor, er hätte nicht darüber belehrt, was genau zur Lastenfreistellung erforderlich sei.

Eine vollständige wörtliche Wiedergabe des Grundbuchtextes ist hier nicht erforderlich; sie wirkte in der mündlichen Verhandlung sogar eher umständlich. Es genügt vielmehr, wenn der Notar stichwortartig alle wesentlichen Inhalte der Eintragungen wiedergibt. Hierzu gehört z.B. bei Grundpfandrechten jedenfalls der Nennbetrag, der Gläubiger sowie die Angabe, ob ein Buch- oder Briefrecht vorliegt (fehlt dazu eine Angabe im Grundbuch, handelt es sich um den gesetzlichen Regelfall eines Briefrechts, vgl. § 1116 Abs. 1 BGB). Auch sollten etwaige Mithaftstellen von Grundpfandrechten und bei befristeten Rechten die entsprechenden Daten angegeben werden.

Nach der Darstellung des Grundbuchstands empfiehlt es sich – wie im vorstehenden Kaufvertragsentwurf – genau festzuhalten, welche Rechte der Käufer (mit oder ohne die etwa zugrundeliegenden schuldrechtlichen Verpflichtungen) übernimmt und welche Rechte (von Amts wegen oder mit Löschungsbewilligung des Gläubigers) gelöscht werden sollen. Ist eine Löschung beabsichtigt, sollte zudem genannt werden,

– ob die Löschungsunterlagen dem Notar bereits vorliegen oder ob er mit deren Einholung beauftragt wird und

– ob die Löschung auflagenfrei erfolgen kann oder eine Ablösung des jeweiligen Gläubigers erforderlich ist.

2.   Verkauf zwischen den Beteiligten (Abschnitt II. des Vertrags)

Auf Seiten des Verkäufers musste im vorstehenden Fallbeispiel seine Ehefrau dem Vertrag zustimmen. Der Grund hierfür liegt in § 1365 BGB. Danach kann nämlich bei Eheleuten, die im gesetzlichen Güterstand der Zugewinngemeinschaft leben, einer der Ehegatten nur mit **Einwilligung des anderen Ehegatten über sein Vermögen im Ganzen verfügen.** Zwar darf das Grundbuchamt die Verfügungsbefugnis des hier allein verkaufenden Ehemannes nur anzweifeln, wenn konkrete Anhaltspunkte dafür vorliegen, dass er mit dem Verkauf des Grundbesitzes über sein (nahezu) gesamtes Vermögen verfügt (bestätigt durch BGH, DNotI-Report 2013, 86). Wenn aber dem Notar entsprechende Hinweise vorliegen, muss er darauf hinwirken, dass die Ehefrau (in grundbuchmäßiger Form, § 29 GBO) dem Vertrag zustimmt. Alternativ kann der Verkäufer bei Zweifeln (wahrheitsgemäß) versichern, dass die Voraussetzungen des § 1365 BGB nicht vorliegen, dass er also über ausreichend weiteres Vermögen verfügt.

Falls der Notar § 1365 BGB „sehenden Auges" übergeht, kann hieraus ein Haftungsfall entstehen (grundlegend DNotZ 1986, 244). Dies verleitet einige Notare dazu, formularmäßig in jeden Kaufvertrag Feststellungen darüber aufzunehmen, ob die Voraussetzungen des § 1365 BGB vorliegen oder nicht. Allerdings muss der Notar von sich aus keine Nachforschungen hierüber anstellen (DNotZ 1975, 628); dies kann mitunter sogar schädlich sein, weil dann der Notar selbst den Vertragspartner „bösgläubig" macht und damit die Voraussetzungen des 1365 BGB schafft.

Eine Zustimmung des Ehegatten des Verkäufers ist auch dann erforderlich, wenn die Ehegatten im Güterstand der Gütergemeinschaft leben (oft liegt dann nämlich kein sog. Vorbehaltsgut vor). Gleiches gilt oftmals bei Ausländern, deren eheliche Verhältnisse sich nach ausländischem Ehegüterrecht richten, weil dann die Zustimmung des Ehegatten oft materiell erforderlich ist. Dies sollte jeweils von Fall zu Fall geprüft werden. Lebt der Verkäufer hingegen im (deutschen) Güterstand der Gütertrennung, ist die Zustimmung des Ehegatten entbehrlich, da dann § 1365 BGB nicht anwendbar ist.

Treten auf Käuferseite mehrere Personen auf, muss im Vorfeld das **Anteilsverhältnis**, in dem sie den Grundbesitz erwerben, geklärt werden (§ 47 GBO). Eheleute erwerben häufig als Bruchteilseigentümer zu gleichen Teilen. Sind auf Käuferseite ausländische Staatsbürger (auch nur einer von beiden Ehegatten) beteiligt, dann muss sorgfältig geprüft werden, ob ein Erwerb eines Ehegatten alleine oder beider zusammen in Bruchteilsgemeinschaft **überhaupt** möglich ist. Hilfreich sind hierzu die in den einschlägigen Notarhandbüchern enthaltenen Länderlisten (vgl. etwa ZIMMERMANN, in: Beck'sches Notar-Handbuch, 7. Aufl. 2019, Kap. H. Abschnitt VI 2. h) oder HERTEL, in: Würzburger Notarhandbuch, 5. Aufl. 2018, Teil 7 Kap. 2 Abschnitt C. III.).

Werden bewegliche Sachen mitverkauft, ist es empfehlenswert, sie gesondert zu benennen und den auf sie entfallenden Kaufpreis auszuweisen, um so Missverständnisse hinsichtlich der Grunderwerbsteuer zu vermeiden. Aufgrund des sachenrechtlichen Bestimmtheitsgrundsatzes ist dann eine präzise Bezeichnung der Gegenstände erforderlich. Sinnvoll und von den Beteiligten gewollt ist i.d.r., dass der Eigentumsübergang aufschiebend bedingt auf die (vollständige) Kaufpreiszahlung erfolgt. Dem Käufer sollte bereits in einer Vorbesprechung nahegelegt werden, den Mitkauf beweglicher Gegenstände vorab mit seiner finanzierenden Bank zu besprechen.

3. Kaufpreis und Kaufpreisfälligkeit (Abschnitt III. des Vertrags)

Gemäß § 433 Abs. 2 BGB ist der Käufer verpflichtet, dem Verkäufer den vereinbarten Kaufpreis zu zahlen und die gekaufte Sache abzunehmen.

Der **Kaufpreis** wird im Vertrag eindeutig bestimmt. Später entdeckte Flächendifferenzen sollten grundsätzlich keine Änderungsmöglichkeit bieten. Bei unvermessener Fläche steht i.d.R. bereits im Vorfeld fest, ob ein Festpreis oder ein Quadratmeterpreis gewollt ist (siehe im Einzelnen den unten stehenden Abschnitt XVIII.). Grundstücksgeschäfte sind prinzipiell umsatzsteuerfrei; für mitverkaufte bewegliche Sachen kann jedoch in Ausnahmefällen (wenn ein Unternehmer verkauft) Umsatzsteuer anfallen.

Zu den entscheidenden Regelungen eines notariellen Grundstückskaufvertrags gehört die Frage der **Kaufpreisfälligkeit**. Hierzu schlägt der Notar Regelungen vor, die verhindern, dass eine der Vertragsparteien zu Schaden kommt. Ein Schaden droht immer dann, wenn eine Partei bereits leistet, ohne dass sichergestellt ist, dass sie die Gegenleistung erhält (wenn sie also in Vorleistung tritt). Zum Beispiel ist das Vermögen des Käufers gefährdet, wenn er den Kaufpreis bezahlt, bevor sein vertragsgemäßer Erwerb sichergestellt ist.

Erfahrungsgemäß sind die Beteiligten oftmals erstaunt, dass bei „ihrem" Kaufvertrag heute **kein Notaranderkonto** mehr zum Einsatz kommt, sondern der Kaufvertrag regelmäßig mittels direkter Zahlung abgewickelt wird. Der Grund hierfür liegt in den engen Voraussetzungen der §§ 54a ff. BeurkG, nach denen für die

Verwendung eines Notaranderkontos namentlich ein berechtigtes Sicherungsinteresse bestehen muss (vgl. § 54a Abs. 2 Nr. 1 BeurkG).

Ein (besonderes) **berechtigtes Sicherungsinteresse** an einer Verwahrungstätigkeit des Notars besteht bei den folgenden typischen Fallgestaltungen grundsätzlich **nicht**:

– Das Kaufobjekt ist in Abteilung II und in Abteilung III des Grundbuchs lastenfrei oder es wird vom Verkäufer noch vor Kaufpreisfälligkeit mit eigenen Mitteln lastenfrei gemacht;

– die in Abteilung II und Abteilung III des Grundbuchs eingetragenen Belastungen können auflagenfrei gelöscht werden;

– das Kaufobjekt ist in Abteilung III des Grundbuchs unbelastet, die in Abteilung II eingetragenen Belastungen (Dienstbarkeiten etc.) werden vom Käufer übernommen oder können auflagenfrei gelöscht werden;

– der Käufer übernimmt im Wege der Schuldübernahme die durch das Grundpfandrecht (die Grundpfandrechte) gesicherten Verbindlichkeiten unter Anrechnung auf den Kaufpreis;

– der Käufer übernimmt die einzig eingetragene Grundschuld als dingliches Recht, um über ein Darlehen desselben Grundschuldgläubigers die Verbindlichkeiten des Verkäufers aus der Grundschuld abzulösen;

– das Grundstück ist mit einem oder mehreren Grundpfandrechten nur eines Gläubigers belastet und die finanzierende Bank löst direkt beim Gläubiger ab;

– der Käufer finanziert den Kaufpreis mit dem Darlehen einer einzigen Bank oder

– der Käufer bringt den Kaufpreis ausschließlich aus eigenen Mitteln auf bzw. finanziert den Kaufpreis, ohne dass die Eintragung eines Grundpfandrechts auf dem Kaufobjekt erforderlich ist.

In solchen (und weiteren, ähnlich gelagerten) Fällen muss daher die Verwendung eines Notaranderkontos im Rahmen der Vertragsabwicklung grundsätzlich unterbleiben. Stattdessen kann häufig das sogenannte **Direktzahlungsmodell** Anwendung finden. Dieses funktioniert folgendermaßen:

Sobald die vertraglich vereinbarten Fälligkeitsvoraussetzungen (dazu später) eingetreten sind, teilt der Notar dies dem Käufer und ggf. der Bank, die den Kaufpreis finanziert, mit. Sollen zugleich nicht übernommene Grundpfandrechte aus dem Kaufpreis abgelöst werden, übersendet der Notar als Anhang zu seiner Fälligkeitsmitteilung die Treuhandaufträge der abzulösenden Grundpfandrechtsgläubiger, verbunden mit der Bestätigung, dass ihm die ordnungsgemäßen Löschungsunterlagen zu treuen Händen vorliegen. Der Käufer (bzw. die finanzierende Bank auf Veranlassung des Käufers) zahlt daraufhin die Ablösebeträge und den Restbetrag an den Verkäufer, ggf. auch unter Verwendung der ihr zur Verfügung stehenden Eigenmittel des Käufers. Durch diese Konstruktion ist regelmäßig eine effiziente und kostengünstige Vertragsabwicklung gewährleistet, die zugleich beide Vertragsparteien jederzeit absichert und vor Vorleistungen schützt.

Für Beispiele komplizierterer Fallkonstellationen, in denen ein Notaranderkonto Verwendung finden kann und sollte, sowie für die näheren Einzelheiten zur Abwicklung eines Kaufvertrags über Notaranderkonto siehe unten § 6.

Bei der Frage, welche typischen Fälligkeitsvoraussetzungen der Notar im Rahmen des Direktzahlungsmodells immer bedenken sollte, hilft die nachfolgende Beratungscheckliste.

 Checkliste: Typische Kaufpreisfälligkeitsvoraussetzungen

1.	Die Eintragung einer **Eigentumsübertragungsvormerkung** (Auflassungsvormerkung) für den Käufer im Grundbuch ist grundsätzlich unverzichtbar.	☐

Ausnahmsweise kann auf die Eintragung einer Vormerkung bei Verträgen unter Familienangehörigen (aber auch hier unter Vorsicht und mit Belehrung) und beim Kauf von einer Gemeinde, Bank, Versicherung etc. verzichtet werden.

a) Für die Fälligkeit des Kaufpreises ist grundsätzlich auf die **Eintragung** der Vormerkung abstellen, nicht auf den Zeitpunkt der Antragstellung (bei der sich der Notar davon zu überzeugen hat, dass die Vormerkung die bedungene Rangstelle erhält). Zwar greifen auch in letzterem Fall einige der Schutzmechanismen (Prioritätsgrundsatz gem. § 17 GBO, Gutglaubensschutz gem. § 892 BGB und Schutz vor nachträglichen Verfügungsbeschränkungen gem. § 878 BGB), allerdings schützt das Abwarten bis zur Eintragung der Vormerkung **zusätzlich** vor einer Insolvenz des Verkäufers, vor einem Amtswiderspruch und vor dem Risiko der sofortigen Zurückweisung eines Antrags.

Für einen Bauträgervertrag verlangt § 3 MaBV zwingend die Eintragung der Vormerkung; eine bloße Antragstellung genügt hier in keinem Fall.

b) Die Vormerkung muss im Grundbuch die richtige **Rangstelle** haben. Beim Verkauf eines unbelasteten Grundstücks bzw. unter Übernahme von Belastungen ist daher Fälligkeitsvoraussetzung die Eintragung der Vormerkung an erster Rangstelle bzw. mit Rang unmittelbar nach den übernommenen Belastungen. Beim Verkauf eines Grundstücks, dessen Belastungen nicht übernommen werden, ist Fälligkeitsvoraussetzung die Eintragung der Vormerkung mit Rang nach diesen bekannten Belastungen (und zusätzlich die Sicherstellung der Lastenfreistellung). Daher ist die Fälligkeitsvoraussetzung so zu formulieren, dass die Eintragung und der Rang der Eigentumsvormerkung maßgeblich sind.

2. **Rechtswirksamkeit** des Vertrags, d.h. Eingang aller erforderlichen **Genehmigungen**, insbesondere   ☐

  a) Genehmigungen nach öffentlichem Recht, bei Grundstücken in den neuen Bundesländern auch die Genehmigung nach der Grundstücksverkehrsordnung;

  c) Genehmigung eines vollmachtlos vertretenen Vertragsteils;

  d) sonstige erforderliche Genehmigungen, insbesondere

    aa) des Verwalters beim Verkauf von Wohnungseigentum,

    bb) des Grundstückseigentümers beim Verkauf eines Erbbaurechts;

    cc) des Familiengerichts beim Verkauf durch Eltern/Vormund/ Pfleger/Betreuer.

Die **Unbedenklichkeitsbescheinigung** des Finanzamts ist keine zur Rechtswirksamkeit des Vertrags erforderliche Genehmigung. Von ihrem Eingang darf die Kaufpreisfälligkeit nicht abhängig gemacht werden, da es der Käufer ansonsten in der Hand hätte, bei Nichtzahlung der Grunderwerbsteuer die Fälligkeit hinauszuschieben.

3. Nachweis des Nichtbestehens oder der Nichtausübung eines **Vorkaufsrechts**   ☐

  – nach §§ 24 ff. BauGB durch Zeugnis der Gemeinde;

  – bei dinglichem Vorkaufsrecht nach § 1094 BGB durch Verzicht des Berechtigten oder Ablauf der Frist;

  – Verzicht/Nichtausübung des Vorkaufsrechts nach § 2b WoBindG oder § 570b BGB (Verkauf von Wohnungseigentum) sowie

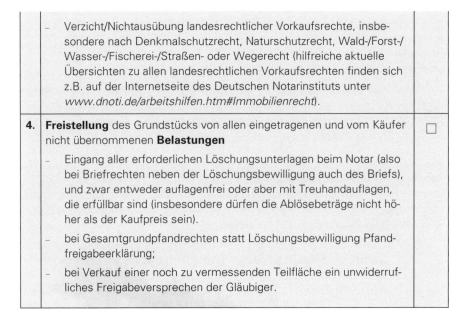

– Verzicht/Nichtausübung landesrechtlicher Vorkaufsrechte, insbesondere nach Denkmalschutzrecht, Naturschutzrecht, Wald-/Forst-/Wasser-/Fischerei-/Straßen- oder Wegerecht (hilfreiche aktuelle Übersichten zu allen landesrechtlichen Vorkaufsrechten finden sich z.B. auf der Internetseite des Deutschen Notarinstituts unter *www.dnoti.de/arbeitshilfen.htm#Immobilienrecht*).

4. **Freistellung** des Grundstücks von allen eingetragenen und vom Käufer nicht übernommenen **Belastungen**

– Eingang aller erforderlichen Löschungsunterlagen beim Notar (also bei Briefrechten neben der Löschungsbewilligung auch des Briefs), und zwar entweder auflagenfrei oder aber mit Treuhandauflagen, die erfüllbar sind (insbesondere dürfen die Ablösebeträge nicht höher als der Kaufpreis sein).

– bei Gesamtgrundpfandrechten statt Löschungsbewilligung Pfandfreigabeerklärung;

– bei Verkauf einer noch zu vermessenden Teilfläche ein unwiderrufliches Freigabeversprechen der Gläubiger.

Für eine ausführliche Beratungscheckliste zum Kaufvertrag siehe BRAMBRING, in: Beck'sches Notar-Handbuch, 7. Aufl. 2019, Abschnitt A I.

4. Übergang von Besitz, Nutzungen, Lasten (Abschnitt IV. des Vertrags)

Nach § 433 Abs. 1 BGB ist der Verkäufer einer Sache verpflichtet, dem Käufer die Sache zu übergeben und das Eigentum an der Sache zu verschaffen.

Der **Gefahr- und Lastenübergang** ist zwar gesetzlich geregelt, § 446 BGB. Es ist jedoch regelmäßig sinnvoll, den Zeitpunkt im Vertrag präzise festzusetzen, selbst wenn dies nur zu Klarstellungszwecken erfolgt. Hierbei empfiehlt es sich, nach der Art des Objekts und der Interessenlage zu unterscheiden:

Für ein vom Verkäufer selbst bewohntes Hausgrundstück, in das der Käufer einziehen will, bietet sich ein Übergang nach Räumung durch den Verkäufer und Kaufpreiszahlung durch den Käufer an (so im vorbezeichneten Kaufvertrag). Bei einem Baugrundstück hat der Verkäufer hingegen wenig Nutzen, sondern vor allem Lasten. Deshalb kann ihm an einem sofortigen Übergang gelegen sein, ggf. auch vor Erhalt des Kaufpreises (allerdings müssen klare Regelungen für einen etwaigen Baubeginn des Käufers usw. bestehen). Bei einem Acker hingegen kann der Übergang mit Ende des Wirtschaftsjahres (November) gewollt sein, weil dies in Anbetracht der Ernte oder Pacht ein sinnvoller Einschnitt ist. Bei Renditeobjekten hingegen bietet sich eine Kopplung an die Kaufpreiszahlung an.

Für **Miet- und Pachtverhältnisse** ist der Grundsatz des § 566 BGB zu beachten, dass also der Käufer grundsätzlich laufende Mietverhältnisse übernehmen muss. Eine Aufklärung über bestehende Verträge und Regelung der Einzelheiten sind unerlässlich, da Miet- und Pachtverhältnisse wirtschaftlich sehr belastend sein können.

Für eine etwaige **Wohnungsbindung**, die auch einen Rechtsmangel bzw. eine belastende Eigenschaft darstellt (BGH, DNotZ 1984, 689), ist hingegen keine Regelung möglich, sondern nur Aufklärung und Haftung des Verkäufers und/oder Rücktrittsrechte des Käufers bei Unklarheit.

5.   Sach- und Rechtsmängel (Abschnitt V. des Vertrags)

Die im vorstehenden Kaufvertrag enthaltene Regelung zu Sach- und Rechtsmängeln weicht von den Gewährleistungsvorschriften des BGB ab.

Bezüglich **Rechtsmängeln** (vgl. § 435 BGB) ist es sinnvoll, für jedes einzelne der eingetragenen Rechte festzulegen, ob es übernommen wird oder gelöscht werden soll. Grundpfandrechte sind in der Praxis häufig zu löschen. Ihre Übernahme durch den Käufer kommt z.b. dann in Betracht, wenn eine Schuld oder nicht mehr valutierende Grundpfandrechte übernommen werden sollen, um die Kosten für eine Neubestellung zu sparen. Eigentümerrechte und Rückgewähransprüche sind typischerweise an den Käufer zu übertragen; Grunddienstbarkeiten müssen zumeist übernommen werden. In einigen Bundesländern (z.B. in Bayern und Hessen) können zudem noch altrechtliche Dienstbarkeiten bestehen.

Ganz anders die typische Regelung für **Sachmängel** (vgl. § 434 BGB): Bei gebrauchten Immobilien und bei unbebauten Grundstücken wird in der Praxis häufig ein möglichst weitgehender Ausschluss von Gewährleistungsrechten vereinbart. Diese Praxis hat sich u.a. zum Schutz des Rechtsfriedens durchgesetzt. Nicht möglich ist der vollständige Ausschluss in Verträgen zwischen einem Verbraucher und einem Unternehmer sowie in Bauträgerverträgen (vgl. dort für das zu errichtende Bauwerk §§ 633 ff. BGB); stets zu berücksichtigen ist die genaue Formulierung von § 309 Nr. 7 BGB.

Wichtig ist weiterhin, dass für arglistig verschwiegene Mängel kein Gewährleistungsausschluss möglich ist (vgl. § 444 BGB). Dementsprechend wird der Verkäufer in der Praxis (wie im vorstehenden Kaufvertragsentwurf) stets versichern, dass ihm versteckte Sachmängel nicht bekannt sind.

6. Auflassung (Abschnitt VI. des Vertrags)

Zum Übergang des Eigentums an einem Grundstück muss neben der Auflassung – als Einigung über den Eigentumsübergang (§ 925 BGB) – der Eigentumsübergang in das Grundbuch eingetragen werden (§ 873 Abs. 1 BGB).

Das dingliche Rechtsgeschäft der Auflassung ist dementsprechend nicht nur bei Standardkaufverträgen erforderlich. Einer Auflassung bedarf es vielmehr z.b. auch zur Übereignung eines Grundstücks an einen Vermächtnisnehmer (§ 2174 BGB), zur Umwandlung von Bruchteilseigentum in Gesamthandseigentum und umgekehrt, zur Auseinandersetzung von gütergemeinschaftlichem Gesamtgut oder zur Einbringung von Grundstücken in eine GbR, in eine OHG, KG, AG oder GmbH.

In anderen Fällen erfolgt der Eigentumsübergang bereits kraft Gesetzes, also ohne Auflassung, außerhalb des Grundbuchs. Dies ist z.b. der Fall bei der Erbfolge (§ 1922 BGB), bei Vereinbarung von Gütergemeinschaft oder im Zwangsversteigerungsverfahren mit Erteilung des Zuschlags.

Die Auflassung muss gem. § 925 Satz 1 BGB „bei gleichzeitiger Anwesenheit beider Teile" vor einem deutschen Notar erklärt werden. Eine Trennung von Angebot und Annahme, wie es § 128 BGB sonst gestattet, ist nicht zulässig. Allerdings erfordert der Wortlaut des Gesetzes keine **persönliche** Anwesenheit (anders z.b. beim Erbvertrag gem. §§ 2274, 2276 Abs. 1 BGB). Daher kann ein Bevollmächtigter die Auflassung erklären, und zwar mit entsprechender Vollmacht sogar gleichzeitig für beide Teile.

Auch die Genehmigung der Erklärung des in fremdem Namen handelnden Vertreters ohne Vertretungsmacht nach § 177 BGB – wie in vorstehendem Vertragsmuster – macht die Auflassung wirksam. Allerdings ist wie auch sonst bei Grundstücksgeschäften stets zu beachten, dass alle Einigungserklärungen, die das Grundbuchamt für die Eintragung prüfen muss, der Form des § 29 GBO bedürfen, also auch Vollmachten und Genehmigungen.

Bedingungen und Zeitbestimmungen machen eine Auflassung unwirksam (§ 925 Abs. 2 BGB); nicht möglich ist daher z.b. eine Auflassung „unter der Bedingung der pünktlichen Zahlung des vereinbarten Kaufpreises", obwohl dies in der Praxis vor allem von unbedarften Beteiligten hin und wieder gewünscht wird. Stattdessen erfolgt die Sicherung aller Beteiligten über die vom Notar übernommene Fälligkeits- und Umschreibungsüberwachung.

7.   Vormerkung zur Sicherung des Eigentumsverschaffungsanspruchs (Abschnitt VII. des Vertrags)

Der Vormerkung (§§ 883 ff. BGB) kommt gerade beim Grundstückskaufvertrag als Sicherungsinstrument für den Käufer große Bedeutung zu. Sie sichert den im Kaufvertrag enthaltenen schuldrechtlichen Anspruch des Käufers auf Verschaffung des Eigentums in quasidinglicher Weise ab.

Wie die Absicherung durch eine Vormerkung im Einzelnen funktioniert, wurde bereits oben unter § 3 Abschnitt V. Ziffer 5. beschrieben.

Die Vormerkung bietet dem Käufer umfassenden Schutz. Durch sie ist er sogar für den Fall geschützt, dass der Verkäufer zahlungsunfähig wird (Insolvenzfestigkeit der Vormerkung, vgl. § 106 Abs. 1 Satz 1 InsO).

8.   Löschungen (Abschnitt VIII. des Vertrags)

Zur Löschung von Grundpfandrechten ist nach den Vorschriften der §§ 27 ff. GBO die Zustimmung des Eigentümers in öffentlich beglaubigter Form erforderlich. Anträge sind präzise – wie im vorstehenden Kaufvertrag geschehen – zu stellen.

9.   Kosten und Steuern (Abschnitt IX. des Vertrags)

§ 448 BGB regelt in seinem Absatz 2, dass der Käufer eines Grundstücks die **Kosten der Beurkundung** des Kaufvertrags und der Auflassung, der Eintragung ins Grundbuch und der zu der Eintragung erforderlichen Erklärungen trägt. Es ist demnach ratsam – jedenfalls zur Klarstellung –, eine umfassende Regelung der Kostentragung im Kaufvertrag zu treffen, auch um die in der Praxis übliche Tragung der Grunderwerbsteuer durch den Käufer (im Innenverhältnis zwischen den Beteiligten) zu vereinbaren.

Die Kosten einer etwa erforderlichen **Vermessung** trägt gem. § 448 Abs. 1 BGB der Verkäufer (dies sind nämlich Kosten der „Übergabe der Sache", weil ein Grundstück nur „übergeben" werden kann, wenn es vermessen ist). In der Praxis weichen die Beteiligten gelegentlich hiervon ab, dann sind die Kosten ausdrücklich dem Käufer aufzuerlegen. Zu beachten ist, dass dies auch kostenrechtliche Bedeutung für den Notar hat: Die Vermessungskosten erhöhen dann den Geschäftswert des Vertrags.

Obwohl der Notar kein Steuerberater ist und ihn insoweit auch keine besondere Belehrungspflicht trifft, verlangt § 19 BeurkG einen Hinweis auf die **Grunder-**

werbsteuer. Die Befreiung von der Grunderwerbsteuer ist heute nur noch in seltenen Fällen möglich; Anträge auf Befreiung sind insoweit nicht mehr nötig.

Der Steuersatz und/oder die absolute Höhe der Grunderwerbsteuer muss im Kaufvertrag nicht genannt werden. Der Steuersatz variiert in den einzelnen Bundesländern mittlerweile von 3,5 % des Kaufpreises (z.b. in Bayern und Sachsen) bis zu 6,5 % (mittlerweile mit Stand 01.01.2019 in Brandenburg, Nordrhein-Westfalen, Saarland und Schleswig-Holstein und Thüringen), beträgt in den meisten Bundesländern jedoch ca. 5 %. Eine Übersicht über die jeweils aktuellen Steuersätze kann online beim Deutschen Notarinstitut (*www.dnoti.de*) in der Rubrik „Arbeitshilfen" eingesehen werden.

Siehe zur Grunderwerbsteuer im Einzelnen den unten stehenden Abschnitt XIV.

10.   Erschließungskosten (Abschnitt X. des Vertrags)

Zur Vermeidung von Unklarheiten sollte der Kaufvertrag eine präzise Regelung zu den Erschließungskosten enthalten.

Nach der im vorstehenden Kaufvertrag aufgenommenen sogenannten **Herstellungslösung** ist der Zeitpunkt der Fertigstellung einer Erschließungsmaßnahme entscheidend. Hierfür spricht, dass die Beteiligten alle bis zum Zeitpunkt der Beurkundung fertiggestellten (und ggf. bekannten, für die Zukunft geplanten Erschließungskosten) in den Kaufpreis mit einpreisen konnten.

Als Alternative dazu kommt die sogenannte **Bescheidlösung** in Betracht, welche wie folgt formuliert werden kann:

Formulierungsbeispiel – Erschließungskosten (Bescheidlösung)

> *Die Vertragsbeteiligten wurden vom amtierenden Notar auf die Erschließungskosten nach dem Kommunalabgabengesetz für den Vertragsgegenstand hingewiesen. Die Vertragsbeteiligten vereinbaren, dass der Tag der Besitzübergabe der Stichtag für die Tragung dieser Kosten sein soll. Alle Beiträge aufgrund von Bescheiden, die bis zum Tag der Besitzübergabe ergangen sind, hat daher der Verkäufer, diejenigen für später ergehende Bescheide der Käufer zu tragen.*

11.   Vorkaufsrechte, Genehmigungen und Vollzug (Abschnitt XI. des Vertrags)

Auf etwa erforderliche gerichtliche oder behördliche Genehmigungen bzw. Bestätigungen oder etwa darüber bestehende Zweifel soll der Notar die Beteiligten hinweisen und dies in der Niederschrift vermerken, § 18 BeurkG.

Gleiches gilt gem. § 20 BeurkG für gesetzliche Vorkaufsrechte, zu denen insbesondere das Vorkaufsrecht der jeweiligen Gemeinde gem. § 24 ff. BauGB gehört.

Siehe hierzu im Einzelnen die unten stehenden Abschnitte XVI. (Gesetzliche Vorkaufsrechte) und XVII. (Genehmigungen).

12.   Hinweise und Belehrungen (Abschnitt XII. des Vertrags)

Maßgebliche Hinweise und Belehrungen durch den Notar ergeben sich u.a. aus den §§ 17–20 BeurkG. Der vorstehende Kaufvertrag enthält eine Auswahl gängiger Hinweise und Belehrungen. Ob und inwieweit der Notar darüber hinaus Belehrungen und Hinweise bloß mündlich vornimmt oder zusätzlich in der Niederschrift vermerkt, unterliegt grundsätzlich seiner persönlichen Entscheidung, es sei denn, eine Pflicht zum Vermerk in der Niederschrift ist gesetzlich festgeschrieben.

13.   Maklerklauseln (Abschnitt XVII. des Vertrags)

Der Notar begegnet in der Praxis hin und wieder dem geäußerten Wunsch, dass in einem Grundstückskaufvertrag eine Maklerklausel aufgenommen werden möge. Inhaltlich können solche Klauseln unterschiedlich ausgestaltet sein:

Mit rein **deklaratorischen Maklerklauseln** werden vor allem tatsachenbezogene Angaben der Vertragsparteien dokumentiert, also z.B. dass und durch wen ein Vertrag vermittelt wurde sowie ggf. einschließlich wesentlicher Bestandteile (vor allem die geschuldete Provisionshöhe) des jeweiligen Maklervertrags.

Konstitutive Maklerklauseln hingegen begründen regelmäßig einen materiell-rechtlichen Anspruch einer Vertragspartei oder des Maklers. Dabei kann mit der Klausel ein eigenständiger neuer Schuldgrund begründet oder eine bestehende Provisionspflicht abgewälzt werden. Rechtlich sind hier viele Varianten möglich, z.B. ein abstraktes Schuldanerkenntnis oder Schuldversprechen (§ 780 f. BGB), ein echter Vertrag zugunsten Dritter (§ 328 BGB) oder eine Schuld- oder Vertragsübernahme (§§ 414 f. bzw. 311 Abs. 1 BGB). Alternativ möglich ist auch eine reine Erfüllungsübernahme im Innenverhältnis (§ 329 BGB).

Der BGH hat sich vor einigen Jahren mit den **Amtspflichten des Notars bei der Beurkundung von Maklerklauseln** genauer befasst und dabei insgesamt einen sorgsamen Umgang mit derartigen Klauseln angemahnt (BGH, DNotZ 2015, 461).

So hat der Notar speziell bezogen auf die Maklerklauseln in jedem Einzelfall sorgfältig den Willen der Kaufvertragsparteien zu erforschen – sowohl hinsichtlich des „Ob" der Aufnahme einer Maklerklausel als auch hinsichtlich ihres konkreten Inhalts. Dabei dürften deklaratorische Maklerklauseln regelmäßig unproblematisch zulässig sein, jedenfalls dann, wenn mit ihnen nicht eine Umkehr der Beweislast verbunden ist. Als Teil der Sachverhaltsermittlung und -darstellung tragen sie nicht zuletzt das Potential zur späteren Streitvermeidung in sich. Je größer aber die inhaltliche Tragweite einer konstitutiven Klausel ist, desto sorgfältiger ist die beabsichtigte Regelung an den Willen der Vertragsparteien rückzukoppeln. Dabei sind konstitutive Maklerklauseln nicht per se ausgeschlossen, sie dürften aber vor allem bei besonderen Umständen erforderlich werden.

Konstitutive Maklerklauseln bieten sich daher in der Praxis z.B. bei einer konkret drohenden Vorkaufsrechtsausübung an und dürften sogar erforderlich sein, wenn die Vertragsparteien eine Abwälzung der von einer Vertragspartei geschuldeten Maklercourtage auf die andere Partei als Teil der Leistung oder Gegenleistung wünschen. Dann können Maklerklauseln auch gem. § 311b Abs. 1 BGB oder § 139 BGB beurkundungsbedürftig sein.

Vergleiche zu diesem Themenkomplex neben der zitierten Rechtsprechung weiterhin das Rundschreiben Nr. 3/2015 der Bundesnotarkammer vom 25.06.2015 sowie umfassend zum Diskussionsstand der Literatur LERCH, ZfIR 2015, 817.

14.   Energieeinsparverordnung (ohne Regelung im Kaufvertrag)

Die Energieeinsparverordnung (EnEV) sieht neben einer Reihe anderer Vorschriften (u.a. zur Nachrüstungspflicht bei Bestandsgebäuden) Regelungen zum sogenannten Energieausweis vor, der seit 2008 auf Verlangen beim Immobilienverkauf vorzulegen ist.

Dass der Verkäufer dem Käufer einen Energieausweis vorlegt, ist jedoch weder Voraussetzung der Wirksamkeit des Kaufvertrags noch der Auflassung oder des grundbuchlichen Vollzugs.

Eine Pflicht des Notars, den Käufer darauf hinzuweisen, dass er nach § 16 Abs. 2 EnEV einen Energieausweis vom Verkäufer verlangen kann, und/oder eine Belehrungspflicht über die Folgen, wenn ein Energieausweis fehlt, besteht nach überwiegender Ansicht ebenfalls nicht. Der Notar darf aber den Energieausweis ansprechen, ohne damit gegen seine Neutralitätspflicht zu verstoßen.

Die wichtigsten Änderungen hinsichtlich des Energieausweises gelten für alle seit dem 01.05.2014 geschlossenen Kaufverträge. Seitdem hat die **Übergabe des Energieausweises spätestens unverzüglich nach Abschluss des Kaufvertrags** (im Original oder in Kopie) zu erfolgen, § 16 Abs. 2 Satz 3 EnEV. Anders als bisher ist nunmehr ein **Verzicht des Käufers** auf die öffentlich-rechtliche Pflicht des Verkäufers zur Vorlage des Energieausweises beim Verkauf **nicht mehr möglich**; ein solcher Verzicht wäre vielmehr gem. § 134 BGB nichtig. Dementsprechend erübrigen sich nunmehr die in der Literatur verschiedentlich vorgeschlagenen Formulierungsvorschläge für einen solchen Verzicht; sie sollten nicht mehr in Kaufverträge aufgenommen werden.

Am 01.01.2016 trat die vorerst letzte Überarbeitungsstufe der EnEV in Kraft („EnEV 2016"); seitdem müssen Neubauten (Wohnhäuser) höhere energetische Anforderungen erfüllen.

VII.   Notarkosten für einen Grundstückskaufvertrag

Durch das GNotKG wurde das notarielle Kostenrecht auch im Bereich des Grundstückskaufvertrags umfassend neu gestaltet.

Im Ergebnis gleich geblieben ist zunächst, dass für die Beurkundung eines Kaufvertrags eine 2,0-Gebühr (bis 2013 nach der KostO „20/10-Gebühr" genannt) zu erheben ist. Dies steht nunmehr in KV 21100.

1.   Geschäftswert eines Kaufvertrags

Weitgehend unverändert sind auch die Grundsätze der Geschäftswertermittlung. Der gem. § 97 Abs. 1 GNotKG bei der Beurkundung von Verträgen maßgebliche Geschäftswert bestimmt sich nach dem Wert des Rechtsverhältnisses. Beim Kaufvertrag wird der Wert der Sache gem. § 47 Satz 1 GNotKG durch den Kaufpreis bestimmt. Dies gilt jedenfalls, soweit der Käufer sich zu keinen zusätzlichen Leistungen verpflichtet und auch der Verkäufer keine Nutzungen zurückbehält oder vom Käufer eingeräumt bekommt (vgl. § 47 Satz 2 GNotKG). Ist schließlich der Verkehrswert des verkauften Grundstücks höher als der Wert der Leistungen des Käufers, so ist der höhere Grundstückswert als Geschäftswert anzusetzen (§ 47 Satz 3 GNotKG).

2. Leistungen und Verpflichtungen des Käufers, die dem Kaufpreis zuzurechnen sind

Zu dem Kaufpreis sind u.U. bestimmte Leistungen und Nutzungen, die der Käufer übernimmt oder eingeht, zu addieren. Hierzu gehören z.b.:

- bereits bestehende Lasten und Verpflichtungen, insbesondere Schulden, die einem Grundpfandrecht zugrunde liegen, Vermessungskosten, fällige Erschließungskosten oder Nutzungsrechte (wie z.b. Wohnungsrecht, Nießbrauchsrecht oder Altenteil);

- eine durch den Verkäufer geschuldete Maklerprovision;

- eine Bauverpflichtung (dazu § 50 Nr. 3 GNotKG) bzw. eine Investitionsverpflichtung (dazu § 50 Nr. 4 GNotKG) sowie

- eine Verfügungsbeschränkung (z.b. Veräußerungs- und/oder Belastungsverbot (vgl. § 50 Nr. 1 GNotKG).

Weitere Beispiele finden sich in den einschlägigen Kommentaren zu § 47 GNotKG, etwa BORMANN/DIEHN/SOMMERFELDT, GNotKG, 3. Aufl. 2019, § 47; KORINTENBERG, Gerichts- und Notarkostengesetz, 20. Aufl. 2017, § 47, und FACKELMANN/HEINEMANN, GNotKG, 1. Aufl. 2013, § 47.

3. Leistungen und Verpflichtungen des Käufers, die dem Kaufpreis nicht hinzugerechnet werden dürfen

Andere Verpflichtungen, die der Käufer im Kaufvertrag eingeht oder übernimmt, sind dem Kaufpreis nicht hinzuzurechnen, z.b.:

- bei Verkauf eines Erbbaurechts: der Erbbauzins sowie das am Erbbaurecht lastende Vorkaufsrecht für den Eigentümer des Erbbaurechts,

- bei Verkauf einer Eigentumswohnung: das Wohngeld sowie

- stets: bereits bestehende, nicht ablösbare Dauerlasten, z.b. Dienstbarkeiten (anders wiederum je nach Fallgestaltung bei der Neubestellung einer Dienstbarkeit im Rahmen des Kaufvertrags).

4.   Gegenstandsgleiche und gegenstandsverschiedene Erklärungen (§§ 86, 109 ff. GNotKG)

In jedem Kaufvertrag wird eine Vielzahl verschiedener Erklärungen mit beurkundet. Mit der Beurkundungsgebühr sind alle Erklärungen und Vereinbarungen abgegolten, die denselben Gegenstand mit dem beurkundeten Vertrag gemeinsam haben (= gegenstandsgleiche Erklärungen). Dagegen sind alle Erklärungen, die einen verschiedenen Gegenstand haben, getrennt zu bewerten (= gegenstandsverschiedene Erklärungen). Dementsprechend muss für jede in dem Vertrag enthaltene Erklärung (zumindest gedanklich) geprüft werden, wie diese jeweils einzuordnen ist.

Das Grundsatz-Ausnahme-Verhältnis ist in § 86 Abs. 2 GNotKG wie folgt geregelt: Die Vorschrift geht davon aus, dass mehrere Rechtsverhältnisse, Tatsachen oder Vorgänge **im Grundsatz verschiedene Beurkundungsgegenstände** sind, solange § 109 GNotKG dies nicht anders definiert.

Daraus folgt, dass die Bestimmungen der §§ 109–111 GNotKG zentral für die Bestimmung der Gegenstandsgleichheit sind. Wie schon nach der KostO ist – bei abstrakter Betrachtung – immer maßgeblich, ob zwischen zwei Rechtsverhältnissen ein Abhängigkeitsverhältnis (§ 109 Abs. 1 Satz 1 GNotKG) besteht. Dieses ist nur dann gegeben, wenn ein Rechtsverhältnis „der Erfüllung, Sicherung oder sonstigen Durchführung" des anderen dient. Für die Anwendung in der Praxis empfiehlt sich somit stets ein Blick in die zahlreichen in § 109 Abs. 1 Satz 4 GNotKG aufgeführten Beispiele (vgl. für den Kaufvertrag vor allem § 109 Abs. 1 Satz 4 Nr. 1 GNotKG).

Beispiele für gegenstandsgleiche Erklärungen

– Kaufvertrag und Erklärung der Auflassung (sie dient der „Erfüllung" des Kaufvertrags);

– dingliche Sicherstellung der eingegangenen Verpflichtungen des Käufers („Sicherung");

– Anträge des Verkäufers zur Löschung der nach dem Kaufvertrag zu löschenden Grundpfandrechte („Erfüllung", vgl. zudem § 109 Abs. 1 Satz 4 Nr. 1b GNotKG);

– Bewilligung einer Auflassungsvormerkung und Löschungsantrag („Sicherung");

– Unterwerfung unter die sofortige Zwangsvollstreckung durch den Käufer hinsichtlich der von ihm eingegangenen und übernommenen Zahlungsverpflichtungen (vgl. § 109 Abs. 1 Satz 4 Nr. 4 GNotKG);

– Übernahme einer Bürgschaft durch einen Dritten zur Sicherung des Anspruchs auf Kaufpreiszahlung, einschließlich der Unterwerfung des Bürgen unter die sofortige Zwangsvollstreckung („Sicherung" und vgl. § 109 Abs. 1 Satz 4 Nr. 1b GNotKG);

– Zustimmung des Ehegatten gem. § 1365 BGB („Durchführung");

– die zur Lastenfreistellung erfolgende Abtretung des Kaufpreises durch den Verkäufer an seinen Gläubiger („Durchführung") sowie

– Finanzierungsvollmacht, also die Verpflichtung des Verkäufers, bei der Belastung des Kaufgrundstücks auf Rechnung des Käufers mitzuwirken zwecks Kaufpreisbeschaffung noch vor dem Eigentumsübergang auf den Käufer (vgl. § 109 Abs. 1 Satz 4 Nr. 1c erster Halbsatz GNotKG).

Bei all diesen Beispielen für gegenstandsgleiche Erklärungen bestimmt sich der Geschäftswert nach dem Hauptgeschäft, hier also dem Kaufvertrag selbst (vgl. § 109 Abs. 1 Satz 5 GNotKG).

Beispiele für gegenstandsverschiedene Erklärungen

– beim Kauf eines Grundstücks durch mehrere Personen eine etwaige Gemeinschaftsregelung unter den Käufern, gegenseitige Einräumung von Vorkaufsrechten und sonstigen Erwerbsrechten unter den Käufern (jeweils nicht bloß „Erfüllung, Sicherung oder Durchführung");

– Kaufvertrag und Vereinbarung des Kaufobjekts als Vorbehaltsgut eines Ehegatten (vgl. § 111 Nr. 2 GNotKG);

– Kauf mit Löschungsantrag über eine Gesamthypothek, die auch auf anderen als den Kaufgrundstücken lastet (vgl. § 109 Abs. 1 Satz 4 Nr. 1b GNotKG, dort Gegenstandsgleichheit nur für „Grundpfandrechte am Kaufgegenstand"); sowie

– Sicherungsgeschäft (Hypothek, Bürgschaft, Grundschuld) des Erwerbers für denjenigen, der dem Käufer das Geld zur Kaufpreistilgung leiht (vgl. § 110 Nr. 2a GNotKG).

Bei den vorgenannten Beispielen bleibt es bei der einmaligen Erhebung der Beurkundungsgebühr gem. § 93 GNotKG, allerdings wird die Gebühr aus dem gem. § 35 GNotKG **zusammengerechneten Geschäftswert** ermittelt.

Hier ist, ähnlich wie schon im Rahmen von § 44 KostO, eine letzte Besonderheit zu beachten: Sofern unterschiedliche Gebührensätze auf die verschiedenen Erklärungen anzuwenden sind, muss gem. § 94 Abs. 1 GNotKG stets geprüft werden, ob eine Einzelberechnung für jeden Gegenstand günstiger ist als die Gebühr nach dem höchsten Gebührensatz aus dem Gesamtgeschäftswert.

Für weitere Beispiele siehe KORINTENBERG, GNotKG, 20. Aufl. 2017, zu §§ 109, 110 und 111.

5.   Weitere Gebühren und Auslagen beim Kaufvertrag

Das System der Vollzugs- bzw. Nebengebühren ist hingegen durch das GNotKG im Vergleich zu der bis 2013 geltenden KostO grundlegend neu gestaltet worden.

Vollzugsgebühr

Für die Abwicklung des Vertrags entsteht zunächst eine **Vollzugsgebühr** (beim Kaufvertrag: 0,5-Gebühr nach Nr. 22110 KV), und zwar im Ergebnis gem. § 93 Abs. 1 GNotKG nur einmal, selbst wenn der Notar mehrere Vollzugstätigkeiten vornimmt. Allerdings bestimmt sich der Geschäftswert für die Vollzugsgebühr gem. § 112 GNotKG nach dem (vollen) Wert des zugrundeliegenden Geschäftswerts für das Beurkundungsverfahren, also des Kaufvertrags.

Welche Tätigkeiten des Notars eine Vollzugsgebühr auslösen, ist in Vorbemerkung 2.2.1.1 KV im Einzelnen bestimmt.

Bei einigen dieser Vollzugstätigkeiten muss beachtet werden, dass die Vollzugsgebühr auf höchstens 50,00 € beschränkt ist. Für Kaufverträge betrifft dies insbesondere die Einholung einer gemeindlichen Vorkaufsrechtsverzichtserklärung und/oder Genehmigung wegen eines grundbuchlich eingetragenen Sanierungsvermerks.

Darüber hinaus kommen bei Kaufverträgen eine Vielzahl der Vollzugstätigkeiten aus der Vorbemerkung 2.2.1.1 KV in Betracht, die nicht in dieser Weise privilegiert sind. Oftmals sind dies:

–   Anfordern und Prüfen einer familien-, betreuungs- oder nachlassgerichtlichen Genehmigung (jeweils Nr. 4 der Vorbemerkung 2.2.1.1 Abs. 1 Satz 2 KV) oder einer privatrechtlichen Vollmachtsbestätigung bzw. Zustimmungserklärung (Nr. 5),

–   Anfordern und Prüfen von Zustimmungen zu einer Schuldübernahme oder einer Schuldhaftentlassung (Nr. 8),

– Anfordern und Prüfen von Löschungs- und Freigabebewilligungen oder Nichtvalutierungserklärungen (Nr. 9).

Bei solchen Vollzugstätigkeiten entspricht die Vollzugsgebühr also einer 0,5-Gebühr aus dem vollen Geschäftswert – ohne Deckelung auf 50 €.

Betreuungsgebühr

Daneben fällt bei üblichen Kaufverträgen immer eine **Betreuungsgebühr** (stets: 0,5-Gebühr, Nr. 22200 KV) an, und zwar bereits dafür, dass der Notar prüft, ob die Voraussetzungen für die Kaufpreisfälligkeit vorliegen und dies mitteilt sowie dafür, dass er die Eigentumsumschreibung überwacht. Auch die Betreuungsgebühr fällt stets nur einmal an (vgl. § 93 Abs. 1 GNotKG); der Geschäftswert bestimmt sich dabei ebenfalls nach dem (vollen) Wert des Kaufvertrags (vgl. § 113 Abs. 1 GNotKG).

Treuhandgebühr

Schließlich fällt im Rahmen der Lastenfreistellung eine **Treuhandgebühr** (0,5-Gebühr, Nr. 22201 KV) an, falls z.B. ein abzulösender Gläubiger dem Notar die Löschungsunterlagen treuhänderisch übergibt, also i.d.R. verbunden mit der Treuhandauflage, die Unterlagen erst zu verwenden, wenn die geforderte Summe aus dem Kaufpreis abgelöst wurde. Die Treuhandgebühr kann theoretisch bei jedem Kaufvertrag mehrfach anfallen, je nachdem, wie viele Treuhandaufträge der Notar annehmen muss, um die vereinbarte Lastenfreistellung zu erreichen. Der Geschäftswert für die Treuhandgebühr richtet sich hingegen nicht nach dem vollen Geschäftswert des Kaufvertrags, sondern gem. § 113 Abs. 2 GNotKG nach dem jeweiligen Betrag des Sicherungsinteresses.

Keine weiteren Nebengebühren

Anders als unter Geltung der KostO bis 2013 fallen neben den eben genannten Gebühren grundsätzlich **keine weiteren Nebengebühren** an. Dies folgt auch daraus, dass das GNotKG im Gegensatz zur damaligen KostO (vgl. damals § 147 Abs. 1 und 2 KostO) keine Auffangregelung mehr kennt, nach der durch die Praxis und/oder Rechtsprechung weitere Gebührentatbestände geschaffen werden konnten. Der Notar kann vielmehr nur diejenigen Gebühren erheben, die ausdrücklich im Gesetz genannt sind; neue Gebühren kann allein der Gesetzgeber kreieren. Für die Beteiligten bringt diese Neuerung den Vorteil der größeren Überschaubarkeit der Gebühren mit sich. Der Notar hingegen trägt das Risiko, dass ihm gesetzlich zwingende Aufgaben auferlegt werden, für die er so lange keine Gebühr erhält, bis der Gesetzgeber einen neuen Gebührentatbestand schafft.

Verwahrungsgebühr

Nur bei Abwicklung des Kaufvertrags über Notaranderkonto (siehe dazu unten § 7) fällt zudem aus jedem Auszahlungsbetrag eine Verwahrungsgebühr an (1,0-Gebühr, Nr. 25300 KV).

Zusatzgebühren

Weiterhin entstehen – wie auch bei jeder anderen Beurkundung – möglicherweise **Zusatzgebühren** für eine Tätigkeit abends und am Wochenende (Nr. 26000 KV) oder außerhalb der Geschäftsstelle (Nr. 26002 KV).

Auslagen

Von den bei jedem Kaufvertrag anfallenden **Auslagen** können folgende Positionen an die Beteiligten weitergereicht werden:

– Dokumentenpauschale (Schreibauslagen) gem. Nr. 32000 ff. KV,

– Entgelte für Post- und Telekommunikationsdienstleistungen gem. Nr. 32004 f. KV,

– Umsatzsteuer auf die Kosten in voller Höhe als Auslagen gem. Nr. 32014 KV.

6.   Kostenberechnung zum vorstehenden Kaufvertrag

Für den obigen Grundstückskaufvertrag sind die Notarkosten wie folgt zu berechnen:

– **2,0-Verfahrensgebühr** gem. Nr. 21100 KV aus einem Geschäftswert von 400.000 € (Kaufpreis, §§ 97, 47 Satz 1 GNotKG) = 1.570 €.

Gegenstandsgleich (und damit nach den oben dargestellten Grundsätzen bei der Geschäftswertermittlung ohne Auswirkung) sind insoweit: Löschungsantrag des Verkäufers, Auflassung, Antrag auf Eintragung der Auflassungsvormerkung, Abtretung der Kaufpreisansprüche, Belastungsvollmacht (jeweils wie vorstehend beschrieben).

Mit dieser Verfahrensgebühr sind abgegolten: Vorbesprechung, Grundbucheinsicht, Entwurf der Niederschrift, Beurkundungsverhandlung, Anzeigeverpflichtungen gegenüber dem Finanzamt und dem Gutachterausschuss.

– **0,5-Vollzugsgebühr** gem. Nr. 22110 KV aus einem Geschäftswert von 400.000 € (Kaufpreis, §§ 112, 47 Satz 1 GNotKG) = 392,50 €.

Mit dieser Vollzugsgebühr sind abgegolten: Einholung des Zeugnisses über das gemeindliche Vorkaufsrecht gem. § 24 BauGB (siehe Abschnitt XI. Ziffer 1. des Kaufvertrags), Einholung von Löschungsunterlagen (siehe Abschnitt III. Ziffer 5. des Kaufvertrags).

- **0,5-Betreuungsgebühr** gem. Nr. 22200 KV aus einem Geschäftswert von 400.000 € (Kaufpreis, § 113 Abs. 1 GNotKG) = 392,50 €.

Mit dieser Betreuungsgebühr sind abgegolten: Prüfung und Mitteilung der Fälligkeitsvoraussetzungen (siehe Abschnitt III. Ziffer 4. des Kaufvertrags), Umschreibungsüberwachung (siehe Abschnitt XI. Ziffer 3. des Kaufvertrags).

- **0,5-Treuhandgebühr** gem. Nr. 22201 KV aus einem Geschäftswert von 200.000 € (§ 113 Abs. 2 GNotKG) = 217,50 €.

Bei dem Geschäftswert für die Treuhandgebühr wird die Höhe des vollen Sicherungsinteresses zugrunde gelegt, d.h. die Summe, von deren Zahlung die Grundpfandrechtsgläubigerin die Verwendung der Löschungsbewilligungen abhängig macht.

Mit dieser Treuhandgebühr sind abgegolten: Prüfung der Vereinbarkeit der Treuhandauflagen mit den Bestimmungen des Kaufvertrags, Annahme des Treuhandauftrags gegenüber dem Dritten, Überwachung der Treuhandauflagen, Bewirken der Entlassung aus dem Treuhandauftrag.

- **Dokumentenpauschale** (Schreibauslagen) gem. Nr. 32001 KV anhand der jeweiligen Anzahl der Seiten (hier: elf Seiten) und der entsprechenden Anzahl an Ausfertigungen/beglaubigten Abschriften (hier: acht Exemplare) = 88 Seiten à 0,15 € = 13,20 €.

Mit diesen Auslagen sind die Kosten abgegolten für die Erstellung von Ausfertigungen sowie beglaubigten und einfachen Abschriften, die im Auftrag der Beteiligten gefertigt wurden.

- **Entgelte für Post- und Telekommunikationsdienstleistungen** können entweder gem. Nr. 32004 KV in der tatsächlich angefallenen Höhe oder gem. Nr. 32005 KV als Pauschale von 20 % der Gebühren (höchstens aber mit 20 €) als Auslagen geltend gemacht werden.

- **Auslagen für die Einsicht in das elektronische Grundbuch** gem. Nr. 32011 KV in voller Höhe der entstandenen Kosten (8 € je Grundbuchauszug), hier für einen Grundbuchauszug = 8 €.

- **Umsatzsteuer** auf die Kosten in voller Höhe als Auslagen gem. Nr. 32014 KV.

Im Beispielfall fallen zusätzlich Gebühren für die Genehmigung durch Frau Vogel (siehe schon oben Abschnitt V.) sowie für die Löschungsbewilligung hinsichtlich des Wohnungsrechts (siehe unten Abschnitt VIII. Ziffer 5.) an:

–   Für die **Genehmigung** erhebt der Notar eine **0,2-Beglaubigungsgebühr** gem. Nr. 25100 KV aus einem Geschäftswert von 100.000 € (§§ 121, 98 Abs. 1, Abs. 2 Satz 1 GNotKG, nämlich aus der Hälfte des dem Anteil der Ehefrau entsprechenden Bruchteilswerts, also 1/4 vom Geschäftswert des Kaufvertrags) = 54,60 €.

–   Für die **Löschungsbewilligung** erhebt der Notar eine **0,5-Gebühr** gem. Nr. 21201 KV aus einem Geschäftswert von 25.000 € (zur genauen Bestimmung des Geschäftswerts siehe unten Abschnitt VIII. Ziffer 5.) = 57,50 €.

7.   Literaturempfehlungen zur Handhabung der Kostenberechnung in der Praxis

Empfehlenswert für die tägliche Praxis der Kostenberechnung sind:

–   Bücher mit **Musterberechnungen**, z.B. Streifzug durch das GNotKG, 12. Aufl. 2017, hrsg. von der Notarkasse München, oder DIEHN, Notarkostenberechnungen, 5. Aufl. 2017,

–   **Gebührentabellen**, z.B. BÄUERLE-Kostentabelle für Notare, 33. Aufl. 2018, hrsg. von der Notarkasse München, oder DRUMMEN/WUDY, Gebührentabelle für Notare, 10. Aufl. 2018,

–   **Kommentare** zum GNotKG, z.B. BORMANN/DIEHN/SOMMERFELDT, GNotKG, 3. Aufl. 2019, oder KORINTENBERG, GNotKG, 20. Aufl. 2017.

8.   Muster einer Kostenrechnung

Die nach den obigen Grundsätzen berechnete und erstellte Kostenberechnung kann wie folgt aussehen:

Muster: Kostenrechnung

Kostenrechnung

(Die nachstehenden Paragrafen betreffen das Gerichts- und Notarkostengesetz GNotKG)

Betr. Kaufvertrag Vogel/Kaufbold vom 01.09.2019   Urk.R.Nr. 1001/2019

Gebührentatbestand	Geschäftswert	KV-Nr.	Satz	Gebühr
Beurkundungsverfahren Kaufvertrag §§ 97 Abs. 1, 47	400.000,00 €	21100	2,0	1.570,00 €
Vollzugsgebühr § 112	400.000,00 €	22110	0,5	392,50 €
Betreuungsgebühr § 113 Abs. 1	400.000,00 €	22200 Nr. 2, 3	0,5	392,50 €
Treuhandgebühr § 113 Abs. 2	200.000,00 €	22201	0,5	217,50 €
Dokumentenpauschale (88 Seiten)	–	32001 Nr. 1, 2	–	3,20 €
Auslagenpauschale (Post- und Tele- kommunikationsdienstleistungen)	–	32005	–	20,00 €
Einsicht in das elektronische Grund- buch (1 Einsicht je 8,00 €)	–	32011	–	8,00 €
Zwischensumme				2.613,70 €
Umsatzsteuer 19 %		32014		496,60 €
Rechnungsbetrag				**3.110,30 €**

...

Gründlich

Notar

Neben den obigen inhaltlichen Angaben darf auf einer notariellen Kostenrechnung Folgendes nicht fehlen:

– Unterschrift des Notars (vgl. § 19 Abs. 1 GNotKG),

– Rechtsbehelfsbelehrung (vgl. § 7a GNotKG).

Formulierungsbeispiel – Rechtsbehelfsbelehrung

Gegen diese Kostenberechnung kann die Entscheidung des Landgerichts ... (Landgericht, in dessen Bezirk der Amtssitz des Notars liegt) beantragt werden. Der Antrag ist ohne Frist schriftlich oder zur Niederschrift der dortigen Geschäftsstelle zu stellen.

VIII.   Vollzug des Kaufvertrags

Der Notar kann jetzt den Vollzug des vorstehend beschriebenen Grundstückskaufvertrags in Angriff nehmen. Hierzu kommt der Notar seinen Anzeigeverpflichtungen nach, erteilt sodann Ausfertigungen und Abschriften, beschafft im Auftrag der Vertragsparteien behördliche Genehmigungen, Verzichtserklärungen und Löschungsunterlagen und stellt die jeweils erforderlichen Eintragungsanträge beim Grundbuchamt.

Dies geschieht in der Praxis meist wie nachstehend aufgeführt.

1.   Übersendung einer Veräußerungsanzeige an das Finanzamt (Grunderwerbsteuerstelle)

 Muster: Übersendung einer Veräußerungsanzeige

Finanzamt
– Grunderwerbsteuerstelle –
Teuresteuern-Straße 5
12345 Musterstadt

04.09.2019

Betreff:
Vertrag vom 01.09.2019 – Urk.R.Nr. 1001/2019
Vertragsparteien Vogel/Kaufbold

Sehr geehrte Damen und Herren,

im Namen der Vertragsparteien wird eine einfache Kopie des o.g. Vertrags überreicht

gem. § 18 Abs. 1 GrEStG mit der Bitte, die Unbedenklichkeitsbescheinigung gem. § 22 GrEStG zu erteilen.

Eine Veräußerungsanzeige ist beigefügt.

Mit freundlichen Grüßen

...
Notar

Beachte in der Praxis:

In einigen Bundesländern besteht keine Pflicht zur Übersendung des amtlichen Vordrucks für die Veräußerungsanzeige gem. GrEStG. Stattdessen kann der Notar eine bestimmte Anzahl an Kopien des Kaufvertrags übersenden; dies obliegt seiner freien Entscheidung. Siehe zu den Einzelheiten der Anzeigepflichten unten Abschnitt XIII. Ziffer 3.

2. Einreichung zur Kaufpreissammlung des Gutachterausschusses

Ferner muss der Notar gem. § 195 BGB eine einfache Kopie des Kaufvertrags für die Kaufpreissammlung der Geschäftsstelle des Gutachterausschusses einreichen.

 Muster: Einreichung zur Kaufpreissammlung des Gutachterausschusses

Gutachterausschuss
für den Bereich des Kreises Musterstadt
– Geschäftsstelle –
Sammelstraße 195
12345 Musterstadt

04.09.2019

Betreff:
Vertrag vom 01.09.2019 – Urk.R.Nr. 1001/2019
Vertragsparteien Vogel/Kaufbold

Sehr geehrte Damen und Herren,

im Namen der Vertragsparteien wird eine einfache Kopie des o.g. Vertrags überreicht

> für die Kaufpreissammlung der Geschäftsstelle des Gutachterausschusses gem. § 195 BauGB.

Mit freundlichen Grüßen

...

Notar

Jeder Vertrag, durch den sich jemand verpflichtet, das Eigentum an einem Grundstück gegen Entgelt oder im Wege des Tauschs zu übertragen oder ein Erbbaurecht zu begründen, muss dem Gutachterausschuss angezeigt werden (§ 195 Abs. 1 BauGB). Durch die Anzeige soll dem Gutachterausschuss eine Übersicht über die Entwicklung der Kaufpreise ermöglicht werden, die ihn in die Lage versetzt, Wertgutachten über andere vergleichbare Grundstücke abzugeben.

3. Erstellung von Ausfertigungen und beglaubigten Abschriften

Dem Verkäufer wird eine (vollständige) Ausfertigung erteilt. Der Ausfertigungsvermerk hierzu kann wie folgt lauten:

Formulierungsbeispiel – Ausfertigungsvermerk

> *Vorstehende, mit der Urschrift übereinstimmende Ausfertigung wird Herrn Viktor Vogel, Elektromeister, Schlossstraße 9, 12345 Musterstadt erteilt.*
>
> *Musterstadt, den 04.09.2019*
>
> *... (L.S.)*
>
> *gez. Gründlich*
>
> *Notar*

Der Käufer erhält hingegen zunächst nur eine auszugsweise Ausfertigung (alternativ: eine einfache Abschrift), in welcher die Auflassung noch nicht enthalten ist. Andernfalls könnte der Käufer nämlich bereits vor Zahlung des Kaufpreises selbst beim Grundbuchamt den Antrag auf Eigentumsumschreibung stellen. Der Ausfertigungsvermerk auf der auszugsweisen Ausfertigung, die den Eheleuten Kaufbold erteilt wird, kann etwa wie folgt lauten:

Formulierungsbeispiel – Vermerk für auszugsweise Ausfertigung

Diese auszugsweise gleichlautende Ausfertigung, die nur den Kaufvertrag enthält (nicht die Auflassung), wird den Eheleuten Karl Kaufbold, Ingenieur, und Karin Kaufbold geb. Kentenich, Lehrerin, Bismarckstraße 5, 12345 Musterstadt erteilt.

Zugleich wird bescheinigt, dass die Urkunde keine weiteren Bestimmungen über den Kaufvertrag enthält.

Musterstadt, den 04.09.2019

... (L.S.)

gez. Gründlich

Notar

Für beglaubigte Abschriften des Kaufvertrags kann der Vermerk wie folgt lauten:

Formulierungsbeispiel (Vermerk für beglaubigte auszugsweise Abschriften)

Die Übereinstimmung der vorstehenden Abschrift mit der mir vorliegenden Urschrift beglaubige ich.

Musterstadt, den 04.09.2019

... (L.S.)

gez. Gründlich

Notar

Der Vollständigkeit halber sei bereits an dieser Stelle der dritte für die Abwicklung erforderliche Vermerktext erwähnt, nämlich derjenige für eine Vollstreckungsklausel. Im Rahmen der Abwicklung des Kaufvertrags wird dieser Text für die Erteilung einer vollstreckbaren Ausfertigung der Finanzierungsgrundschuld an die finanzierende Bank des Käufers relevant (siehe dazu sowie für den Text der Vollstreckungsklausel unten Ziffer 9.).

Nähere Einzelheiten zu beglaubigten Abschriften und Ausfertigungen sind in den §§ 42, 47–49 BeurkG geregelt.

4.   Anfragen bei der Gemeinde bzgl. Vorkaufsrecht und ggf. Sanierungsgenehmigung

Im Kaufvertrag kann der Notar je nach Fallgestaltung weitere Aufträge erhalten. Dazu gehört jedenfalls der Auftrag, bei der zuständigen Gemeinde ein Zeugnis über die Nichtausübung oder das Nichtbestehen eines Vorkaufsrechts einzuholen bzw. eine Anfrage wegen sanierungsrechtlicher Genehmigung zu stellen.

Bei der formalen Gestaltung seiner Schreiben ist der Notar weitgehend frei. Zum Teil werden Schreiben auch automatisiert von der Notarsoftware erstellt. Alternativ zu jeweils gesondert formulierten Schreiben kann der Notar ein standardisiertes Formular für mehrere Angelegenheiten verwenden, mit dem der jeweilige Inhalt des Schreibens durch Ankreuzen zusammengestellt wird. Ein Beispiel hierfür bietet das nachfolgende Muster:

Muster: Standardisiertes Formular Vorkaufsrechtsanfrage bei der Gemeinde

Stadt Musterstadt
Bürgermeisterstraße 1
12345 Musterstadt

            04.09.2019

Betreff:
Vertrag vom 01.09.2019 – Urk.R.Nr 1001/2019
Vertragsparteien Vogel/Kaufbold

Sehr geehrte Damen und Herren,

im Namen der Vertragsparteien wird eine einfache Kopie des o.g. Vertrags überreicht

    ☐   gem. § 18 Abs. 1 GrEStG mit der Bitte, die Unbedenklichkeitsbescheinigung gem. § 22 GrEStG zu erteilen; Veräußerungsanzeige ist beigefügt;

    ☒   mit dem Antrag, gem. § 28 Abs. 1 BauGB ein Zeugnis über die Nichtausübung oder das Nichtbestehen eines Vorkaufsrechts gem. §§ 24 ff. BauGB auszustellen;

☐ für die Kaufpreissammlung der Geschäftsstelle des Gutachterausschusses gem. § 195 BauGB;

☒ mit dem Antrag, im förmlich festgelegten Sanierungsgebiet das Rechtsgeschäft nach § 144 Abs. 1 BauGB zu genehmigen und den Genehmi-
gungsbescheid oder ein Negativzeugnis zu erteilen.

Mit freundlichen Grüßen

...

Notar

5. Übersendung einer Ausfertigung an den Verkäufer samt Entwurf einer Löschungsbewilligung

Der Notar übersendet dem Verkäufer eine Ausfertigung (alternativ: eine einfache oder beglaubigte Abschrift) des Kaufvertrags. In unserem Fallbeispiel fügt er dem Schreiben zugleich den Entwurf einer Löschungsbewilligung für das in Abteilung II unter lfd. Nr. 1 noch eingetragene lebenslängliche Wohnungsrecht bei.

 Muster: Übersendung einer Ausfertigung an den Verkäufer

Herrn
Viktor Vogel
Schlossstraße 9
12345 Musterstadt

04.09.2019

Betreff:
Kaufvertrag mit den Eheleuten Kaufbold vom 01.09.2019
– Urk.R.Nr. 1001/2019

Sehr geehrter Herr Vogel,

nachdem Frau Kaufbold am 03.09.2019 den Kaufvertrag genehmigt hat, erhalten Sie eine Ausfertigung der vorgenannten Urkunde für Ihre Akten.

Um die steuerliche Unbedenklichkeitsbescheinigung und die Verzichtserklärung der Stadt Musterstadt wegen der gesetzlichen Vorkaufsrechte habe ich nachgesucht.

Die Eintragung der Eigentumsvormerkung zugunsten der Käufer im Grundbuch wurde beantragt. Die Löschungsunterlagen der Volksbank Musterstadt eG habe ich angefordert.

Die von Ihrer Mutter, Frau Valtentina Vogel geb. Voldemort, zu unterzeichnende Löschungsbewilligung füge ich im Entwurf bei. Ich darf Sie bitten, diese Löschungs-bewilligung von Frau Vogel unterzeichnen zu lassen und nach Beglaubigung der Un-terschrift durch einen Notar ihrer Wahl wieder an mich zurückzugeben. Selbstver-ständlich stehe auch ich für eine Beglaubigung gerne zur Verfügung. Die Sterbeur-kunde von Herrn Valentin Vogel bitte ich, mir noch zu überlassen.

Sobald die Fälligkeitsvoraussetzungen zur Zahlung des Kaufpreises gemäß Ab-schnitt III. des Kaufvertrags eingetreten sind, werde ich Sie hierüber gesondert in-formieren.

Mit freundlichen Grüßen

...

Notar

Anlagen

Der Entwurf der genannten Löschungsbewilligung sieht dabei wie folgt aus:

 Muster: Löschungsbewilligung

Urkundenrolle Nr. 1050/2019

Löschungsbewilligung

Im Grundbuch von Musterstadt, Band 21, Blatt 662

Eigentümer: Viktor Vogel

ist in Abteilung II lfd. Nr. 1 ein lebenslängliches Wohnungsrecht für Frau Valentina Vogel geb. Voldemort eingetragen.

Die unterzeichnende Berechtigte bewilligt hiermit die Löschung dieses Rechts im Grundbuch an allen Stellen auf Kosten des Eigentümers.

Musterstadt, den 10.09.2019

...

(Unterschrift Valentina Vogel geb. Voldemort)

(Beglaubigungsvermerk des Notars, siehe oben § 2 Abschnitt III. Ziffer 4.)

Kostenhinweis: Kosten der Löschungsbewilligung

Gemäß Nr. 21201 KV fällt für eine Bewilligung nach der Grundbuchordnung eine 0,5-Gebühr an. Dieselbe Gebührenhöhe gilt für den Entwurf dieser Bewilligung gem. Nr. 24102 KV i.V.m. § 92 Abs. 2 GNotKG.

Der **Geschäftswert** für die Löschung eines Wohnungsrechts (als Nutzungsrecht gem. § 52 GNotKG) bestimmt sich gem. § 52 Abs. 6 Satz 2 GNotKG nach dem Restwert zum Zeitpunkt, zu dem die Löschungsbewilligung erteilt wurde. Für die Höhe des Geschäftswerts sind demnach die Umstände des Falls von Bedeutung: Die Berechtigte in unserem Fallbeispiel, Valentina Vogel geb. Voldemort, ist 81 Jahre alt. Der jährliche Wert des Rechts beträgt 5.000 €. Da das Wohnungsrecht auf die Lebensdauer der Berechtigten bestellt ist und diese über 70 Jahre alt ist, entspricht der Geschäftswert gem. § 52 Abs. 4 Satz 1 GNotKG dem fünffachen Jahreswert = 25.000 €.

Im Ergebnis erhebt der Notar daher eine 0,5-Gebühr aus einem Geschäftswert von 25.000 €, also 57,50 €.

Gemäß Nr. 21201 KV fällt für eine Bewilligung nach der Grundbuchordnung eine 0,5-Gebühr an. Dieselbe Gebührenhöhe gilt für den Entwurf dieser Bewilligung gem. Nr. 24102 KV i.V.m. § 92 Abs. 2 GNotKG.

Der **Geschäftswert** für die Löschung eines Wohnungsrechts (als Nutzungsrecht gem. § 52 GNotKG) bestimmt sich gem. § 52 Abs. 6 Satz 2 GNotKG nach dem Restwert zum Zeitpunkt, zu dem die Löschungsbewilligung erteilt wurde. Für die Höhe des Geschäftswerts sind demnach die Umstände des Falls von Bedeutung: Die Berechtigte in unserem Fallbeispiel, Valentina Vogel geb. Voldemort, ist 81 Jahre alt. Der jährliche Wert des Rechts beträgt 5.000 €. Da das Wohnungsrecht auf die Lebensdauer der Berechtigten bestellt ist und diese über 70 Jahre alt ist, entspricht der Geschäftswert gem. § 52 Abs. 4 Satz 1 GNotKG dem fünffachen Jahreswert = 25.000 €. Im Ergebnis erhebt der Notar daher eine 0,5-Gebühr aus einem **Geschäftswert** von 25.000 €, also 57,50 €.

6.   Übersendung einer auszugsweisen Ausfertigung an den Käufer

 Muster: Übersendung einer auszugsweisen Ausfertigung an den Käufer

Herrn
Viktor Vogel
Schlossstraße 9
12345 Musterstadt

04.09.2019

Betreff:
Kaufvertrag mit den Eheleuten Kaufbold vom 01.09.2019
– UR-Nr. 1001/2019

Sehr geehrter Herr Vogel,

nachdem Frau Kaufbold am 03.09.2019 den Kaufvertrag genehmigt hat, erhalten Sie eine Ausfertigung der vorgenannten Urkunde für Ihre Akten.

Um die steuerliche Unbedenklichkeitsbescheinigung und die Verzichtserklärung der Stadt Musterstadt wegen der gesetzlichen Vorkaufsrechte habe ich nachgesucht.

Die Eintragung der Eigentumsvormerkung zugunsten der Käufer im Grundbuch wurde beantragt. Die Löschungsunterlagen der Volksbank Musterstadt eG habe ich angefordert.

Die von Ihrer Mutter, Frau Valentina Vogel geb. Voldemort, zu unterzeichnende Löschungsbewilligung füge ich im Entwurf bei. Ich darf Sie bitten, diese Löschungsbewilligung von Frau Vogel unterzeichnen zu lassen und nach Beglaubigung der Unterschrift durch einen Notar ihrer Wahl wieder an mich zurückzugeben. Alternativ stehe auch ich für eine Beglaubigung gerne zur Verfügung. Die Sterbeurkunde von Herrn Valentin Vogel bitte ich, mir noch zu überlassen.

Sobald die Fälligkeitsvoraussetzungen zur Zahlung des Kaufpreises gemäß Abschnitt III. des Kaufvertrags eingetreten sind, werde ich Sie hierüber gesondert informieren.

Mit freundlichen Grüßen

...
Notar
Anlagen

7. **Antrag auf Eintragung der Vormerkung beim Grundbuchamt**

Muster: Antrag auf Eintragung der Vormerkung

Amtsgericht Musterstadt
– Grundbuchamt –
12345 Musterstadt
1001/2019

04.09.2019

Betreff:
Kaufvertrag Vogel/Kaufbold vom 01.09.2019
– Urk.R.Nr. 1001/2019 –

Grundakten: Musterstadt 662

In der Anlage übersende ich eine **auszugsweise Ausfertigung** des vorgenannten Vertrags und beantrage die Eintragung der Eigentumsverschaffungsvormerkung im Grundbuch.

Nach Eintragung bitte ich um Erteilung eines auf den neuesten Stand gebrachten Grundbuchauszugs.

...

Notar

Anlage

8. **Einholung der Löschungsunterlagen bei der abzulösenden Gläubigerin**

Muster: Einholung der Löschungsunterlagen bei der abzulösenden Gläubigerin

Volksbank Musterstadt eG
Tresorstraße 99
12345 Musterstadt

04.09.2019

Betreff:
Darlehen des Herrn Viktor Vogel,
Elektromeister in Musterstadt, Schlossstraße 9

Aktenzeichen: 100 236

Sehr geehrte Damen und Herren,

im Grundbuch von Musterstadt Blatt 662 sind in Abteilung lll lfd Nr. 1, 2, 3 und 4 Grundschulden i.h.v. 60.000 €, 50.000 €, 25.000 € und 200.000 € zu Ihren Gunsten eingetragen.

Der Grundstückseigentümer hat den belasteten Grundbesitz verkauft. Aus dem Kaufpreis soll Ihre bestehende Restforderung zum 15.10.20.. abgelöst werden. Ich bitte im Auftrag des Eigentümers um Übersendung der Löschungsbewilligung in grundbuchmäßiger Form und der Grundschuldbriefe **zu treuen Händen**.

Ferner bitte ich, mir den Ablösungsbetrag zum Stichtag 15.10.20.. möglichst in einer Summe mitzuteilen und in diesen Betrag auch sämtliche Nebenkosten, wie Beglaubigungskosten und Bearbeitungsgebühren, hineinzurechnen. Zusätzlich bitte ich auch die Tageszinsen anzugeben, die anfallen, wenn die Ablösung nicht zum genannten Stichtag erfolgen kann, und um Angabe des Kontos, auf das gezahlt werden soll.

Dem Eigentümer bitte ich eine Kopie Ihres Treuhandschreibens zuzuleiten.

Ich übernehme die amtliche Haftung dafür, dass ich die von Ihnen übersandten Unterlagen nur dann dem Grundbuchamt zum Vollzug einreichen werde, sobald Sie mir bestätigt haben, dass die von Ihnen verlangten Zahlungen geleistet wurden.

Abschließend bitte ich Sie, mich ausdrücklich **schriftlich aus dem Treuhandauftrag zu entlassen**, wenn Sie den Ablösungsbetrag erhalten haben und damit Ihre Forderung erledigt ist.

Mit freundlichem Gruß

...
Notar

Anlagen

Der Notar kann i.d.R. davon ausgehen, dass Banken die erforderlichen Löschungsbewilligungen selbst fertigen und dem Notar mit beglaubigten Unterschriften zusenden. Sofern ausnahmsweise, z.B. bei geschäftlich nicht versierten Kreditgebern, gewünscht ist, dass der Notar den Entwurf einer Löschungsbewilligung übersendet, kann dieser wie folgt aussehen:

Muster: Löschungsbewilligung und Beglaubigungsvermerk

Urkundenrolle Nr. 1080/2019

Löschungsbewilligung

Im Grundbuch von Musterstadt Band 21, Blatt 662

Eigentümer: Viktor Vogel

sind in Abteilung III lfd. Nr. 1, 2, 3 und 4 Grundschulden i.H.v. 60.000 €, 50.000 €, 25.000 € und 200.000 € nebst Zinsen und Nebenleistungen zugunsten der Volksbank Musterstadt eG eingetragen.

Die Gläubigerin bewilligt hiermit die Löschung dieser Rechte im Grundbuch an allen Stellen auf Kosten des Eigentümers.

Musterstadt, den 15.09.2019

...

Volksbank Musterstadt eG

((Unterschriften der vertretungsberechtigten Personen)

(Beglaubigungsvermerk des Notars, siehe oben § 2 Abschnitt III. Ziffer 4., je nach Lage des Sachverhalts ergänzt durch eine Vertretungsbescheinigung, siehe dazu § 2 Abschnitt IV.)

Beglaubigungsvermerk
Nr. 1080/2019 der Urkundenrolle

Es wird hiermit beglaubigt, dass die mir persönlich bekannten Herren

a)   Volkmar Vorne, Vorstandsmitglied zu Musterstadt, geboren 11.11.1951,

b)   Volker Volz, Vorstandsmitglied zu Musterstadt, geboren 12.12.1952,

die vorstehenden Unterschriften als von ihnen vollzogen vor mir anerkannt haben.

Aufgrund heutiger Einsicht in das Genossenschaftsregister Nr. 605 beim Amtsgericht Musterstadt bescheinige ich, dass die vorgenannten Herren gemeinschaftlich berechtigt sind, die Volksbank Musterstadt eG zu vertreten.

Der Notar fragte nach einer Vorbefassung i.S.v. § 3 Abs. 1 Nr. 7 BeurkG. Sie wurde von den Beteiligten verneint.

Musterstadt, den 15.09.2019

L.S. ...

Notar

9.   Grundschuldbestellung zur Kaufpreisfinanzierung

Erweiterung des Fallbeispiels

Das Ehepaar Kaufbold hatte bereits vor Unterzeichnung des Kaufvertrags mit der Sparkasse Musterstadt wegen der Gewährung eines Darlehens zum Erwerb des Grundbesitzes verhandelt. Nachdem die Sparkasse die Beleihungsfähigkeit des Kaufobjekts und die Bonität der Käufer überprüft hatte, wurde diesen vor der Beurkundung eine Darlehenszusage ausgehändigt.

Die Sparkasse macht die Gewährung des Darlehens danach u.a. davon abhängig, dass zu Lasten des erworbenen Grundbesitzes eine Grundschuld i.H.v. 300.000 € (in Worten: dreihunderttausend Euro) bestellt wird. Der vereinbarte Zinssatz beträgt 3,0 % jährlich. Sonstige Nebenleistungen werden nicht gefordert. Im Grundbuch soll ein Zinssatz von 15 % jährlich eingetragen werden. Die Sparkasse verlangt die ausschließlich erste Rangstelle im Grundbuch. Es soll eine Buchgrundschuld bestellt werden.

Bestellung der Grundschuld

Unter Verwendung eines Formulars des Deutschen Sparkassenverlags bereitet der Notar die Grundschuldbestellungsurkunde vor.

Nach den Bestimmungen des Abschnitts XIII. (Kaufpreisfinanzierung und Belastungsvollmacht) in dem vorstehend abgedruckten Kaufvertragsentwurf können alle hierfür erforderlichen Erklärungen von dem dazu bevollmächtigten Käufer abgegeben werden, ohne dass der Verkäufer erneut vor dem Notar erscheinen muss. Die Grundschuldbestellungsurkunde – hier basierend auf einem Muster der Sparkasse Musterstadt – sieht wie folgt aus:

 Muster: Grundschuldbestellungsurkunde

Urkundenrolle Nr. 1220/2019

GRUNDSCHULDBESTELLUNGSURKUNDE

Verhandelt zu Musterstadt, am 20.09.2019

Vor mir, dem unterzeichnenden Notar

Gustav G r ü n d l i c h

mit dem Amtssitz in Musterstadt, erschienen heute:

1. Herr Karl **Kaufbold** , Ingenieur, geboren 20.01.1946,
2. dessen Ehefrau Karin **Kaufbold** geb. Kentenich, Lehrerin, geboren 01.07.1948,

beide wohnhaft Bismarckstraße 5, 12345 Musterstadt,

– nachstehend „Darlehensnehmer" genannt und künftige Eigentümer –

beide handelnd für sich persönlich und zugleich für

Herrn Viktor **Vogel**, Elektromeister, geboren 10.04.1933, wohnhaft Schlossstraße 9, 12345 Musterstadt,

– nachstehend „Sicherungsgeber" genannt –

– bezugnehmend auf die ihnen in der Urkunde vom 01.09.2019 – Urk.R.N. 1001/2019 – des amtierenden Notars erteilte Vollmacht, die in Urschrift unwiderrufen am heutigen Tag hier vorlag.

Die Erschienenen sind dem amtierenden Notar von Person bekannt.

Der Notar fragte vor Beurkundung die Beteiligten, ob er oder eine Person, mit der sich der Notar zur gemeinsamen Berufsausübung verbunden hat, in der Angelegenheit, die Gegenstand der Beurkundung ist, außerhalb seiner Amtstätigkeit bereits tätig war oder ist.

Die Beteiligten erklärten, dass dies nicht der Fall ist.

Die Erschienenen erklären für sich und zugleich namens ihres Vollmachtgebers:

Buchgrundschuld

Geschäftszeichen: 515/S/go

1. Grundschuldbestellung

Der Sicherungsgeber ist Eigentümer ~~Erbbauberechtigter des~~/der im Grundbuch von Musterstadt – Amtsgericht Musterstadt – Blatt 662 als

Flur 1 Nr. 189	Gartenland, die Krautäcker von Musterstadt	= 1.171 m²
Flur 1 Nr. 170/1	Hof- und Gebäudefläche, Schlossstraße 9	= 1.452 m²

verzeichneten ~~Pfandobjekts~~/ Pfandobjekte

– nachstehend das Pfandobjekt genannt, auch wenn es sich um mehrere handelt –.

Der Sicherungsgeber bestellt hiermit zugunsten der

Sparkasse Musterstadt in Musterstadt
– nachstehend Gläubigerin genannt –

auf dem Pfandobjekt eine Grundschuld i.H.v. 300.000 €
(in Worten: dreihunderttausend Euro).

Die Erteilung eines Grundschuldbriefs wird ausgeschlossen.

Die Grundschuld ist vom heutigen Tag an mit 15 % jährlich zu verzinsen. Die Zinsen sind jeweils nachträglich am ersten Werktag des folgenden Kalenderjahres fällig.

~~Zusätzlich ist eine einmalige sonstige Nebenleistung von~~ _____ ~~zu zahlen.~~

Die Grundschuld soll zunächst an rangbereiter Stelle eingetragen werden~~, die erste Rangstelle haben, Rang nach folgenden Vereinbarungen haben~~.

2. Dingliche Zwangsvollstreckungsunterwerfung

Wegen des Grundschuldkapitals nebst Zinsen und sonstigen Nebenleistungen unterwerfen sich der Sicherungsgeber und der Darlehensnehmer – Karl **Kaufbold**, geboren 20.01.1946 und dessen Ehefrau Karin **Kaufbold** geb. Kentenich, geboren 01.07.1948 – der sofortigen Zwangsvollstreckung aus dieser Urkunde in das belastete Pfandobjekt in der Weise, dass die sofortige Zwangsvollstreckung bei einem Grundeigentum auch gegen den jeweiligen Eigentümer und bei einem Erbbaurecht auch gegen den jeweiligen Erbbauberechtigten zulässig sein soll.

3. Persönliche Haftungsübernahme und Zwangsvollstreckungsunterwerfung

Für die Zahlung eines Geldbetrags, dessen Höhe der bewilligten Grundschuld (Kapital, Zinsen und die sonstigen Nebenleistungen) entspricht, ~~übernimmt~~/übernehmen die Darlehensnehmer – Karl **Kaufbold**, geboren 20.01.1946 und dessen Ehefrau Karin **Kaufbold** geb. Kentenich, geboren 01.07.1948, – mehrere Personen als Gesamtschuldner – die **persönliche Haftung**, aus der sie ohne vorherige Zwangsvollstreckung in das belastete Pfandobjekt sofort in Anspruch genommen werden ~~kann~~/können. ~~Er unterwirft~~/Sie unterwerfen sich wegen dieser persönlichen Haftung der Gläubigerin gegenüber der **sofortigen Zwangsvollstreckung** aus dieser Urkunde in das **gesamte Vermögen**. Die Gläubigerin kann die persönliche Haftung unabhängig von der Eintragung der Grundschuld und ohne vorherige Zwangsvollstreckung in das belastete Pfandobjekt geltend machen.

4. Anträge

4.1

4.1.1 Es wird **bewilligt** und **beantragt**, im Grundbuch einzutragen:

die vorstehend bestellte Grundschuld nebst Zinsen und sonstiger Nebenleistung mit dem unter Ziffer 1 angegebenen Inhalt und an der dort bestimmten Rangstelle einschließlich der unter Ziffer 2 erklärten Unterwerfung unter die sofortige Zwangsvollstreckung.

4.1.2 Falls der Grundbesitz aus mehreren Pfandobjekten besteht und die gleichzeitige Eintragung nicht möglich ist, wird getrennte Eintragung bewilligt und beantragt. Jede weitere Eintragung soll eine Einbeziehung in die Mithaft für die bereits eingetragene Grundschuld darstellen, so dass dadurch eine Gesamtgrundschuld entsteht.

4.2 Der Sicherungsgeber **beantragt gegenüber** dem **Grundbuchamt**:

der Gläubigerin nach Erledigung der Eintragungsanträge eine vollständige unbeglaubigte Grundbuchabschrift zu erteilen.

4.3 Der Notar wird beauftragt:

der Gläubigerin sofort eine vollstreckbare Ausfertigung gemäß Ziffer 6 dieser Urkunde zu erteilen;

dem Sicherungsgeber eine einfache Abschrift dieser Urkunde zu erteilen;

dem Grundbuchamt eine Ausfertigung dieser Urkunde zu erteilen.

5. Zustimmung des Ehegatten

Jeder Ehegatte stimmt, soweit erforderlich, den Erklärungen des anderen Ehegatten zu. Jeder Ehegatte duldet und bewilligt, soweit erforderlich, die sofortige Zwangsvollstreckung aus dieser Urkunde in das Vermögen des anderen Ehegatten. Er erklärt sich mit der jederzeitigen Erteilung einer vollstreckbaren Ausfertigung einverstanden.

6. Vollstreckbare Ausfertigung

Die Gläubigerin ist berechtigt, auf ihren einseitigen Antrag sich eine vollstreckbare Ausfertigung dieser Urkunde sowohl wegen des Kapitals als auch wegen eines Teils desselben und wegen einzelner Zinsraten auf Kosten des Darlehensnehmers erteilen zu lassen. Es wird auf den Nachweis der Tatsachen verzichtet, die das Entstehen und die Fälligkeit der Grundschuld nebst Zinsen und sonstigen Nebenleistungen oder ihrer schuldrechtlichen Ansprüche bedingen.

Der Grundbuchstand wurde anhand eines elektronischen Grundbuchauszugs vom ... festgestellt.

Die Anlage I ist Bestandteil dieser Niederschrift, auf die hiermit verwiesen wird.

Der Notar wird ohne Beschränkung auf die gesetzliche Vollmacht nach § 15 GBO ermächtigt, Anträge aus dieser Urkunde getrennt und eingeschränkt zu stellen und sie in gleicher Weise zurückzunehmen. Die Beteiligten bevollmächtigen den Notar, soweit erforderlich, Bewilligungen und Anträge gegenüber dem Grundbuchamt zu ändern und zu ergänzen, überhaupt alles zu tun, was verfahrensrechtlich zur Durchführung dieses Vertrags erforderlich sein sollte. Der Notar ist ermächtigt, die Beteiligten im Grundbuchverfahren uneingeschränkt zu vertreten.

Diese Niederschrift nebst Anlage wurde den Erschienenen vom Notar vorgelesen, von diesen genehmigt und von ihnen und dem Notar eigenhändig, wie folgt, unterschrieben:

ANLAGE I
ZUR GRUNDSCHULDBESTELLUNGSURKUNDE VOM 20.09.2019

Der Pfandbesitz ist derzeit noch eingetragen im Eigentum von

Herrn Viktor V o g e l , Elektromeister, geboren 10.04.1933,
wohnhaft Schlossstraße 9, 12345 Musterstadt,

– nachfolgend auch „der Verkäufer" genannt –.

Herr Karl K a u f b o l d , Ingenieur, geboren 20.01.1946,
dessen Ehefrau Karin K a u f b o l d geb. Kentenich, Lehrerin,
geboren 01.07.1948,

beide wohnhaft Bismarckstraße 5, 12345 Musterstadt,

– nachfolgend auch „der Käufer" genannt –

hat den Pfandbesitz mit Urkunde vom 01.09.2019 des amtierenden Notars
Urk.-Rolle-Nr. 1001/2019

– nachfolgend auch „Kaufvertrag" genannt –

vom Verkäufer gekauft.

Der Käufer tritt mit der im Kaufvertrag für ihn bewilligten Eigentumsvormerkung hinter die vorstehend bestellte Grundschuld samt Zinsen und Nebenleistungen im Rang zurück. Er bewilligt und beantragt, diesen Rücktritt im Grundbuch einzutragen.

Der Verkäufer wirkt bei dieser Grundschuldbestellung nur als derzeitiger Grundstückseigentümer mit. Die Beteiligten haben daher folgende Vereinbarungen getroffen:

a) Sicherungsabrede

Die Gläubiger dürfen die Grundschuld nur insoweit als Sicherheit verwerten oder behalten, als sie tatsächlich Zahlungen mit Tilgungswirkung auf die Kaufpreisschuld des Käufers geleistet haben. Alle weiteren Zweckerklärungen, Sicherungs- und Verwertungsvereinbarungen innerhalb oder außerhalb dieser Urkunde gelten erst, nachdem der Kaufpreis vollständig gezahlt ist, in jedem Fall ab Eigentumsumschreibung. Ab dann gelten sie für und gegen den Käufer als neuen Sicherungsgeber.

b) Zahlungsanweisung

Soweit der Kaufpreis nicht anderweitig zur Freistellung des verkauften Grundbesitzes von eingetragenen Belastungen zu verwenden ist, sind Zahlungen gemäß a) zu leisten auf das in Abschnitt III des Kaufvertrags genannte Konto des Verkäufers.

c) Persönliche Zahlungspflichten, Kosten

Der Verkäufer übernimmt im Zusammenhang mit der Grundschuldbestellung keine persönlichen Zahlungsverpflichtungen. Der Käufer hat den Verkäufer von allen Kosten und sonstigen Folgen der Grundschuldbestellung freizustellen.

d) Fortbestand der Grundschuld

Die bestellte Grundschuld darf auch nach Eigentumsumschreibung auf den Käufer bestehen bleiben. Alle Eigentümerrechte und Rückgewähransprüche, die mit ihr zu tun haben, werden hiermit mit Wirkung ab Bezahlung des Kaufpreises, in jedem Fall ab Eigentumsumschreibung auf den Käufer übertragen. Die entsprechende Grundbucheintragung wird bewilligt.

Der Käufer stimmt dem gesamten Inhalt dieser Urkunde zu und wiederholt die Zwangsvollstreckungsunterwerfung in das Pfandobjekt wegen der Grundschuld samt Grundschuldnebenleistungen hiermit auch im eigenen Namen.

Im Anschluss an die Beurkundung erteilt der Notar der Grundschuldgläubigerin (hier: der Sparkasse Musterstadt) – so wie in der Grundschuldbestellungsurkunde in Ziffer 4.3 und 6 bestimmt – eine vollstreckbare Ausfertigung der Grundschuldbestellungsurkunde.

Formulierungsbeispiel – Vollstreckbare Ausfertigung

Die vorstehende Ausfertigung, die eine vollständige Wiedergabe der Urschrift ist, wird hiermit der ...-Bank in ... zum Zwecke der Zwangsvollstreckung erteilt.

Musterstadt, den 20.09.2019

... L.S.

gez. Gründlich

Notar

Anschließend übersendet der Notar die vollstreckbare Ausfertigung samt Kopie des Kaufvertrags an die Sparkasse Musterstadt, etwa mit dem folgenden Schreiben:

Muster: Übersendung der vollstreckbaren Ausfertigung

Sparkasse Musterstadt
Rheinstraße 10–12
12345 Musterstadt

23.09.2019

Betreff:
Darlehen Eheleute Karl Kaufbold und Karin Kaufbold geb. Kentenich,
Bismarckstraße 5, 12345 Musterstadt, Ihr Zeichen 515//S/go
Grundschuldbestellung über 300.000 € vom 20.09.2019
– Urk.R.Nr. 1220/2019 –

Sehr geehrte Damen und Herren,

in der Anlage erhalten Sie

a)　die vollstreckbare Ausfertigung der vorgenannten Urkunde,

b)　die Fotokopie des in der Anlage zur Grundschuldbestellung bezeichneten Kaufvertrags.

Ich verweise ausdrücklich auf die zwischen Ihrem Darlehensnehmer und dem Verkäufer im Kaufvertrag und in der Anlage I zur Grundschuldbestellung getroffenen Vereinbarungen, insbesondere auf die Sicherungsabrede und Zahlungsanweisung.

Die rangrichtige Eintragung Ihres Grundpfandrechts im Grundbuch werde ich beantragen, sobald mir eine Bestätigung Ihrerseits vorliegt, aus der hervorgeht, dass Sie vom Inhalt der Anlage I der Grundschuldbestellungsurkunde Kenntnis genommen haben und entsprechend verfahren werden. Zum Zwecke der Arbeitserleichterung füge ich eine Kopie dieses Schreibens mit der Bitte um Unterzeichnung und Rückgabe bei.

Ich darf Sie bitten, die Darlehensvaluta auf das im Kaufvertrag angegebene Konto des Verkäufers zu überweisen, jedoch **erst nach Erhalt meiner Fälligkeitsmitteilung und in Absprache mit dem Käufer.**

Mit freundlichen Grüßen

...

Notar

Anlagen

Nachdem die im vorstehenden Schreiben erwähnte Bestätigung der Sparkasse beim Notar vorliegt, wird die Eintragung der Grundschuld beim Amtsgericht beantragt. Dies kann z.b. mit folgendem Schreiben erfolgen:

 Muster: Antrag auf Eintragung der Grundschuld

Amtsgericht Musterstadt
– Grundbuchamt –
12345 Musterstadt

23.09.2019

Betr.:
Grundschuldbestellungsurkunde Eheleute Karl und Karin Kaufbold
vom 20.09.20..
– Urk.R.Nr. 1220/2019 –
Grundakten: Musterstadt 662

Sehr geehrte Damen und Herren,

in der Anlage übersende ich eine Ausfertigung der o.a. Grundschuldbestellungsurkunde und beantrage namens des Eigentümers und der Gläubigerin die Eintragung der Grundschuld im Grundbuch im Rang vor der Eigentumsverschaffungsvormerkung zugunsten der Eheleute Karl Kaufbold und Karin Kaufbold geb. Kentenich und im Übrigen an zunächst rangbereitester Stelle.

Eine Eintragungsnachricht bitte ich mir zuzusenden.

...
Notar

Anlage

10. Mitteilung über den Eintritt der Fälligkeitsvoraussetzungen

Nachdem sich der Notar davon überzeugt hat, dass keine Zwischeneintragungen erfolgt sind oder beantragt wurden, die Grundschuld also den Rang unmittelbar nach den Rechten in Abteilung II lfd. Nr. 1 und Abteilung III lfd. Nr. 1, 2, 3 und 4 erhält, und die übrigen Voraussetzungen gem. den Bestimmungen in Abschnitt III. des Kaufvertrags eingetreten sind, kann er nach sorgfältiger Prüfung den Eintritt der Fälligkeitsvoraussetzungen bestätigen (Fälligkeitsmitteilung).

Muster: Mitteilung über den Eintritt der Fälligkeitsvoraussetzungen an den Käufer

Eheleute
Karl und Karin Kaufbold
Bismarckstraße 5
12345 Musterstadt

23.09.2019

Betreff:
Kaufvertrag mit Herrn Viktor Vogel vom 01.09.2019
– Urk.R.Nr. 1001/2019 –

Sehr geehrte Frau Kaufbold,
sehr geehrter Herr Kaufbold,

unter Hinweis auf Abschnitt III. des Ihnen vorliegenden Kaufvertrags teile ich mit, dass folgende Fälligkeitsvoraussetzungen vorliegen:

a) Zur Sicherung des Anspruchs auf Eigentumsübertragung ist zu Ihren Gunsten eine Vormerkung im Grundbuch eingetragen;

b) die zuständige Stadt Musterstadt hat bestätigt, dass ein gesetzliches Vorkaufsrecht nicht besteht;

c) die Löschungsunterlagen bzgl. des Rechts Abteilung II lfd. Nr. 1 liegen mir auflagenfrei vor;

d) die Löschungsbewilligung und Grundschuldbriefe der Volksbank Musterstadt eG liegen mir zu treuen Händen vor.

Die Voraussetzungen, unter denen ich davon Gebrauch machen kann, ergeben sich aus der beigefügten Kopie des Treuhandauftrags. Die Lastenfreistellung ist nur sichergestellt, wenn Zahlungen ausschließlich zu diesem Zweck auf das von der Gläubigerin genannte Konto erfolgen. Der Restkaufpreis ist an den Verkäufer auf das in Abschnitt III genannte Konto zu zahlen.

Damit sind die Fälligkeitsvoraussetzungen gemäß Abschnitt III des Kaufvertrags eingetreten.

Abschrift dieses Schreibens samt Anlagen erhalten der Verkäufer und die Stadt- und Kreissparkasse Musterstadt. Der Verkäufer wird gebeten, mir zu gegebener Zeit den Eingang des Kaufpreises zu bestätigen.

Mit freundlichen Grüßen

...
Notar

11.   Beantragung der Löschungen und der Eigentums-umschreibung

Sobald auch

– die steuerliche Unbedenklichkeitsbescheinigung vorliegt und

– dem Notar nachgewiesen oder bestätigt wurde, dass die Forderung der Volksbank Musterstadt eG abgelöst und der Restkaufpreis gezahlt ist,

stellt der Notar den nachstehend formulierten Eintragungsantrag:

 Muster: Eintragungsantrag

per Einschreiben:
Amtsgericht
– Grundbuchamt –
12345 Musterstadt

20.09....

Betreff:
Kaufvertrag Vogel/Kaufbold vom 01.09.2019 – Urk.R.Nr. 1001/2019 – sowie Grundschuldbestellungsurkunde vom 20.09.2019 – Urk.R.Nr. 1220/2019 – Grundakten: Musterstadt 662

In der Anlage übersende ich
1. Ausfertigung des Kaufvertrags – Urkunde .../... (mit Auflassung) –,
2. Unbedenklichkeitsbescheinigung,
3. Verzichtserklärung der Gemeinde Musterstadt,
4. Löschungsbewilligung der Berechtigten des Rechts Abteilung II lfd. Nr. 1,
5. Sterbeurkunde des Valentin Vogel,
6. Löschungsbewilligung der Volksbank Musterstadt eG und Grundschuldbriefe zu Abteilung III lfd. Nr. 1, 2, 3 und 4 über 60.000 €, 50.000 €, 25.000 € und 200.000 €

und **beantrage**
   a) Löschung der Rechte in Abteilung II lfd. Nr. 1 und Abteilung III lfd. Nr. 1–4 des Grundbuchs,
   b) Eigentumsumschreibung,
   c) Löschung der Auflassungsvormerkung.

Letzteres nur dann, wenn – außer von mir – keine Zwischeneintragungen beantragt wurden.

Nach Erledigung der Anträge bitte ich um Erteilung eines auf den neuesten Stand gebrachten unbeglaubigten Grundbuchauszugs.

Den Empfang der Grundschuldbriefe bitte ich mir auf der beigefügten Durchschrift dieses Schreibens zu bestätigen.

...

Notar

Anlagen

12.   Abschlussschreiben an den Käufer

Nach erfolgter Eintragung im Grundbuch versendet der Notar Schreiben, mit denen er über die erfolgten Vollzugsschritte berichtet und damit die Angelegenheit aus notarieller Sicht zum Abschluss bringt.

 Muster: Abschlussschreiben an den Käufer

Eheleute
Karl und Karin Kaufbold
Bismarckstraße 5
12345 Musterstadt

20.09.2019

Betreff:
Kaufvertrag mit Herrn Viktor Vogel vom 01.09.2019
– Urk.R.Nr. 1001/2019 –

Sehr geehrte Frau Kaufbold,
sehr geehrter Herr Kaufbold,

in der Anlage erhalten Sie einen auf den neuesten Stand gebrachten Grundbuchauszug. Wie Sie daraus entnehmen können, sind Sie jetzt als Eigentümer des erworbenen Objekts im Grundbuch eingetragen.

Ferner erhalten Sie für Ihre Unterlagen noch eine Ausfertigung des Kaufvertrags einschließlich der darin enthaltenen Auflassung.

Soweit Grundpfandrechte zur Finanzierung des Kaufpreises zur Eintragung gekommen sind, haben diese die erforderlichen Rangstellen im Grundbuch erhalten. Ihre Darlehensgeber wurden von mir unterrichtet.

Diese Angelegenheit ist damit notariell und grundbuchlich zum Abschluss gebracht. Ich bedanke mich für Ihr Vertrauen und die Begleichung meiner Kostenrechnung.

Mit freundlichen Grüßen

...
Notar

Anlage

13. Abschlussschreiben an die Gläubigerin

Muster: Abschlussschreiben an die Gläubigerin (Sparkasse Musterstadt)

Sparkasse Musterstadt
Rheinstraße 10–12
12345 Musterstadt

Ihr Zeichen	Ihre Nachricht vom	Unsere Zeichen	Datum
		Urk.R.Nr. 1220/2019	20.09.2019

Betreff:
Darlehen Eheleute Karl Kaufbold und Karin Kaufbold geb. Kentenich,
Musterstadt, Bismarckstraße 5
N 203 Kto. 567 32

Sehr geehrte Damen und Herren,

im Nachgang zu dem seither geführten Schriftwechsel erhalten Sie noch einen auf den neuesten Stand gebrachten **Grundbuchauszug**, aus dem Sie bitte entnehmen wollen, dass Ihr Darlehensnehmer inzwischen als Eigentümer des erworbenen Objekts im Grundbuch eingetragen ist.

Ihr Grundpfandrecht hat die von Ihnen geforderte Rangstelle erhalten.

Ich betrachte die Angelegenheit damit als abgeschlossen.

Mit freundlichen Grüßen

...
Notar

Anlage

IX.   Fallabwandlung: Schuldübernahme im Kaufvertrag

Als Fallabwandlung wird im Folgenden angenommen, dass der zwischen Herrn Viktor Vogel und den Eheleuten Karl und Karin Kaufbold vereinbarte Kaufpreis i.H.v. 400.000 € teilweise auch durch (dingliche und persönliche) Übernahme der Grundstücksbelastungen auszugleichen wäre. In diesem – in der Praxis nicht allzu häufigen – Fall könnte im Kaufvertrag zusätzlich wie folgt formuliert werden:

 Muster: Zusatzklausel im Kaufvertrag bei Schuldübernahme

...

In Anrechnung auf den Kaufpreis übernehmen die Käufer als Gesamtschuldner ab dem Tag der Übergabe zur weiteren Verzinsung und Tilgung die Darlehensforderung der Volksbank Musterstadt eG zu den an die Darlehensgewährung geknüpften Bedingungen sowie die in Abteilung III des Grundbuchs eingetragenen Grundpfandrechte, die zur Sicherung der Darlehensforderung bestehen:

lfd. Nr. 1	Grundschuld i.H.v. 60.000 € nebst Zinsen und Nebenleistungen für die Volksbank Musterstadt eG gemäß Bewilligung vom 13.12.1994;
lfd. Nr. 2	Grundschuld i.H.v. 50.000 € nebst Zinsen und Nebenleistungen für die Volksbank Musterstadt eG gemäß Bewilligung vom 13.12.1994;
lfd. Nr. 3	Grundschuld i.H.v. 25.000 € nebst Zinsen und Nebenleistungen für die Volksbank Musterstadt eG gemäß Bewilligung vom 30.03.1996;
lfd. Nr. 4	Grundschuld i.H.v. 200.000 € nebst Zinsen und Nebenleistungen für die Volksbank Musterstadt eG gemäß Bewilligung vom 15.11.1997.

Nach Angaben des Verkäufers valutiert die Darlehensforderung noch mit insgesamt 200.000 €. Der Notar wird beauftragt, die Höhe der zum 01.11.2019 bestehenden Restforderung bei der Gläubigerin zu erfragen.

Die Schuldübernahme geschieht mit befreiender Wirkung für den seitherigen Schuldner, gleichgültig ob die Gläubigerin diesen aus der Schuldhaft freigibt oder nicht.

Der Verkäufer verpflichtet sich, alsbald nach Eintragung der Eigentumsänderung im Grundbuch der Gläubigerin die Schuldübernahme mitzuteilen und die Käufer von der Erteilung oder Verweigerung der Genehmigung zu benachrichtigen.

Eigentümergrundschulden, die durch Teilrückzahlungen auf die Grundschulden entstanden sind, werden an die Käufer abgetreten. Die Käufer unterwerfen sich als Gesamtschuldner wegen dieser Zahlungsverpflichtungen gegenüber der Gläubigerin der sofortigen Zwangsvollstreckung aus dieser Urkunde.

Für den Eingang des Grundschuldkapitals nebst Zinsen und Nebenleistungen vom Besitzübergang an übernehmen sie als Gesamtschuldner auch die persönliche Haftung, aus der sie schon vor Vollstreckung in den Grundbesitz in Anspruch genommen werden können. Sie unterwerfen sich wegen dieser persönlichen Haftung der Gläubigerin gegenüber der sofortigen Zwangsvollstreckung aus dieser Urkunde in ihr gesamtes Vermögen. Eine vollstreckbare Ausfertigung kann jederzeit erteilt werden.

Sämtliche mit der Schuldübernahme verbundenen Kosten trägt der Käufer.

Im Übrigen wird für die Freiheit des verkauften Grundbesitzes von Rechten Dritter gehaftet, nicht dagegen für die Freiheit von Grunddienstbarkeiten und Reallasten, die im Grundbuch nicht verzeichnet sind. Solche sind auch nicht bekannt.

...

X. Fallabwandlung: Übernahme von Grundschulden ohne Darlehensverbindlichkeiten des Verkäufers

Häufiger als die in Abschnitt IX. besprochene Schuldübernahme wird in der Praxis gewünscht, dass der Käufer zwar nicht die Darlehensschuld des Verkäufers übernimmt, aber die bereits eingetragenen Grundschulden erneut als Sicherungsmittel für die eigene Finanzierung verwenden können soll, weil er dies so bereits mit der Gläubigerbank vereinbart hat. In diesem Fall erteilt die Bank keine Löschungsbewilligung mit Treuhandauflage, sondern eine aufschiebend bedingte Nichtvalutierungserklärung mit dem Inhalt, dass nach Zahlung bestimmter Beträge die Grundschuld nur noch zur Sicherung von Ansprüchen gegen den Käufer verwendet wird.

1. Ergänzung im Kaufvertrag

Hierzu muss der Kaufvertrag in den Abschnitten I. und III. wie im Folgenden dargestellt ergänzt werden.

In Abschnitt I. (Kaufgegenstand) sollte unter Ziffer 3. formuliert werden:

**Muster: Zusatzklausel im Kaufvertrag zur Übernahme von Grund-
schulden ohne Darlehensverbindlichkeiten – Abschnitt I. Ziffer 3.**

...

3. Der Käufer übernimmt die in Abteilung III lfd. Nr. 1, 2, 3 und 4 eingetragenen
Grundschulden i.h.v. 60.000 €, 50.000 €, 25.000 € und 200.000 € mit Zinsen und
Nebenleistungen, jedoch ohne die gesicherten Darlehensverbindlichkeiten des
Verkäufers.

Der Käufer wird den Kaufpreis teilweise über ein Darlehen der Volksbank Musterstadt eG finanzieren.

Er erkennt an, der Gläubigerin jeweils einen Betrag in Höhe der Grundschuld-
summe nebst 15 % Jahreszinsen und einer einmaligen Nebenleistung von 5 %
des Grundschuldkapitals zu schulden, und unterwirft sich insoweit der sofortigen
Zwangsvollstreckung aus dieser Urkunde in sein gesamtes Vermögen.

Der Gläubigerin soll sofort eine vollstreckbare Ausfertigung dieser Urkunde erteilt
werden.

Der Notar wird beauftragt, bei der Gläubigerin eine Bestätigung einzuholen, dass
nach Ablösung der Verbindlichkeit des Verkäufers die vorbezeichneten Grundschulden ausschließlich der Sicherung von Forderungen der Gläubigerin gegen
den Käufer dienen.

...

Zusätzlich ist in Abschnitt III. Ziffer 4. (Kaufpreis) bei den Voraussetzungen für
die Kaufpreisfälligkeit eine weitere Ergänzung aufzunehmen:

**Muster: Zusatzklausel im Kaufvertrag zur Übernahme von Grund-
schulden ohne Darlehensverbindlichkeiten – Abschnitt III. Ziffer 4.**

...

d) Die Volksbank Musterstadt eG hat bestätigt, dass nach Ablösung der Darlehensverbindlichkeit des Verkäufers die Grundschulden in Abteilung III lfd. Nr. 1, 2, 3
und 4 ausschließlich der Sicherung von Forderungen gegen den Käufer dienen und
die Ablösebeträge insgesamt nicht höher als der vereinbarte Kaufpreis sind.

...

Muster: Zusatzklausel im Kaufvertrag zur Übernahme von Grundschulden ohne Darlehensverbindlichkeiten – Abschnitt III. Ziffer 4.

...

d) Die Volksbank Musterstadt eG hat bestätigt, dass nach Ablösung der Darlehensverbindlichkeit des Verkäufers die Grundschulden in Abteilung III lfd. Nr. 1, 2, 3 und 4 ausschließlich der Sicherung von Forderungen gegen den Käufer dienen und die Ablösebeträge insgesamt nicht höher als der vereinbarte Kaufpreis sind.

...

2. Anforderung einer Nichtvalutierungserklärung bei der Gläubigerin

Muster: Anforderung einer Nichtvalutierungserklärung

Volksbank Musterstadt eG
Tresorstraße 99
12345 Musterstadt

Ihr Zeichen	Ihre Nachricht vom	Unsere Zeichen	Musterstadt
		Urk.R.Nr. 1001/2019	20.09.2019

Betreff
Darlehen des Viktor Vogel, Elektromeister, Schlossstraße 9, Musterstadt

Sehr geehrte Damen und Herren,

im Grundbuch von Musterstadt, Band 21, Blatt 662 sind in Abteilung III lfd. Nr. 1, 2, 3 und 4 Grundschulden i.H.v. 60.000 €, 50.000 €, 25.000 € und 200.000 € zu Ihren Gunsten eingetragen.

Der Grundstückseigentümer hat den belasteten Grundbesitz verkauft. Aus dem hier zu hinterlegenden Kaufpreis soll Ihre bestehende Restforderung zum 31.10.20. abgelöst werden. Ich bitte um Mitteilung des Ablösungsbetrags zum 31.10.2019 in einer Summe und um Einrechnung aller Nebenkosten, wie Bearbeitungsgebühren und Beglaubigungskosten. Zusätzlich bitte ich die Tageszinsen anzugeben, die anfallen, wenn die Ablösung nicht zum genannten Stichtag erfolgt, sowie um Angabe des Kontos, auf das gezahlt werden soll.

Gleichzeitig bitte ich zu erklären, dass nach Zahlung des Ablösungsbetrags und der etwa anfallenden Tageszinsen auf das von Ihnen angegebene Konto die Grundschulden nur noch zur Sicherung von Forderungen gegen den Käufer, nicht aber gegen den jetzigen Eigentümer und Verkäufer oder gegen Dritte dienen.

Mit freundlichen Grüßen

...

Notar

XI. Fallabwandlung: Stundung des (Rest-)Kaufpreises auf längere Zeit

Falls die Beteiligten eine Stundung für Teile des Kaufpreises vereinbaren, etwa bei monatlicher Ratenzahlung oder Hinausschieben der Zahlung des nicht finanzierten Teils des Kaufpreises, so kann der Verkäufer dadurch gesichert werden, dass zur Sicherung des Restkaufpreises eine Sicherungshypothek im Grundbuch eingetragen wird. Im Kaufvertrag muss diese Sicherungshypothek dazu bewilligt und beantragt werden, etwa wie folgt:

Muster: Zusatzklausel im Kaufvertrag bei Stundung des (Rest-)Kaufpreises

Zur Sicherung des Anspruchs des Verkäufers auf Restkaufpreiszahlung i.H.v. 100.000 € (in Worten: einhunderttausend Euro) nebst ... % Zinsen jährlich ab dem 31.10.2019 bewilligen und beantragen die Beteiligten die Eintragung einer Sicherungshypothek zugunsten des Verkäufers in das Grundbuch zu Lasten des hier verkauften Grundbesitzes an ... Rangstelle.

Der Antrag soll sofort, also vor Umschreibung, gestellt werden.

Der Eigentümer und der Erwerber als zukünftige Eigentümer unterwerfen den Grundbesitz in Ansehung der vorstehend genannten Hypothek der sofortigen Zwangsvollstreckung in der Weise, dass die sofortige Zwangsvollstreckung gegen den jeweiligen Eigentümer des Grundbesitzes zulässig sein soll. Die Eintragung dieser Zwangsvollstreckungsunterwerfung in das Grundbuch wird bewilligt und beantragt. Dem Verkäufer darf jederzeit ohne weitere Nachweise eine vollstreckbare Ausfertigung dieser Urkunde erteilt werden.

XII.   Fallabwandlung: Erben als Verkäufer

Ist ein Grundstückseigentümer verstorben und soll der Grundbesitz durch seine Erben verkauft werden, so kann dies **unter bestimmten Voraussetzungen ohne eine vorherige Grundbuchberichtigung** erfolgen. Im Kaufvertrag sollte diese Besonderheit in den Abschnitten I. und II. deutlich gemacht werden.

Muster: Zusatzklausel im Kaufvertrag bei Verkauf durch Erben – Abschnitt I

Der im Grundbuch von Musterstadt Bezirk V, Band 21, Blatt 903 eingetragene Eigentümer Thomas Totmann, Kaufmann in Musterstadt, ist am 05.12.2019 verstorben. Er wurde ausweislich des Erbscheins des Amtsgerichts Musterstadt 4 Sch VI 1203/2019 gesetzlich beerbt von den Erschienenen zu 1.–3. zu je 1/3.

Erbscheinsausfertigung wird vorgelegt.

Im Abschnitt II. (Verkauf) kann wie folgt formuliert werden:

Muster: Zusatzklausel im Kaufvertrag bei Verkauf durch Erben – Abschnitt II

Die vorgenannten Erben – nachstehend „Verkäufer" genannt – verkaufen an … .

1.   Nur eingeschränkte Ausnahmen vom Grundsatz der Voreintragung des Veräußerers

Die Ausnahmen vom Grundsatz der Voreintragung (vgl. § 39 Abs. 1 GBO) für Erben gelten jedoch nur für die Umschreibung des Eigentums und die Eintragung einer Vormerkung. Eine Voreintragung des oder der Erben ist hingegen grundbuchrechtlich weiterhin zwingend erforderlich, wenn z.B. vor Eigentumsumschreibung auf den Käufer dessen Finanzierungsgrundpfandrecht eingetragen werden soll.

2.   Risiken bei fehlender Voreintragung

Auch im Übrigen ist zu beachten, dass der Verzicht auf eine Voreintragung des oder der Erben Risiken birgt:

Ergibt sich die Erbfolge aus einem notariellen Testament/Erbvertrag, genügt es nach § 35 Abs. 1 Satz 2 GBO, wenn diese Verfügung von Todes wegen und die Niederschrift über die Eröffnung dem Grundbuchamt vorgelegt werden. Wird dann auf die Voreintragung des oder der Erben verzichtet, scheidet hier ein gutgläubiger Erwerb aus, da weder die Voraussetzungen des § 892 BGB (gutgläubiger Erwerb durch Voreintragung) noch des § 2366 BGB (gutgläubiger Erwerb aufgrund Erbscheins) vorliegen.

Selbst wenn ein Rechtsscheinträger vorliegt, weil ein Erbschein erteilt wurde, bleibt ein Restrisiko, da nämlich der Käufer gem. § 2366 BGB für die Möglichkeit eines gutgläubigen Erwerbs auch noch **zum Zeitpunkt der Eigentumsumschreibung** gutgläubig sein muss, während nach § 892 Abs. 2 BGB für die Kenntnis des Käufers der Zeitpunkt maßgeblich ist, zu dem die Eintragung einer Vormerkung beantragt wurde.

Der Notar sollte die Beteiligten daher eingehend beraten und ihnen im Zweifelsfall grundsätzlich raten, auf die Voreintragung des oder der Erben nicht zu verzichten, zumal die Grundbuchberichtigung binnen zwei Jahren seit dem Erbfall beim Grundbuchamt gebührenfrei ist (Nr. 14110 Abs. 1 KV).

XIII.   Steuerliche Anzeigepflichten des Notars

Das Gebot der Amtsverschwiegenheit wird durchbrochen von verschiedenen Mitteilungspflichten des Notars. Speziell für die Abwicklung von Grundstücksveräußerungsverträgen bestehen neben der Mitteilungspflicht nach dem Baugesetzbuch (BauGB), also der Pflicht zur Anzeige an den Gutachterausschuss gem. § 195 BauGB (dazu oben Abschnitt VIII. Ziffer 2.), eine Reihe steuerlicher Anzeigepflichten, insbesondere auf dem Gebiet der Grunderwerbsteuer (und nur in Ausnahmefällen auf dem Gebiet der Erbschaftsteuer/Schenkungsteuer).

1.   Allgemeines zu den steuerlichen Anzeigepflichten

Notare unterliegen einer Reihe von steuerlichen Beistandspflichten, über die nachstehend ein kurzer Überblick gegeben wird. Für den Vollzug eines Kaufvertrags ist in erster Linie die Anzeigepflicht auf dem Gebiet der Grunderwerbsteuer relevant (siehe dazu unten Ziffer 2.).

Für Detailfragen, die über diese Übersicht hinausgehen, sollten zusätzlich die gesonderten Merkblätter der jeweiligen Oberfinanzdirektionen zur Hand genommen werden, die i.d.R. online verfügbar sind. Zum Beispiel haben für NRW die Oberfinanzdirektionen Rheinland und Münster ein Merkblatt (Stand weiterhin Mai 2015) herausgegeben, das unter *www.finanzverwaltung.nrw.de* heruntergeladen werden kann.

Im Einzelnen bestehen Anzeigepflichten in dreierlei Hinsicht:

– **Grunderwerbsteuer** gem. §§ 18, 20, 21, 22a GrEStG und § 102 Abs. 4 AO (siehe dazu unten Ziffer 2.),

– **Erbschaft-/Schenkungsteuer** gem. § 34 ErbStG, §§ 7–8 ErbStDV und § 102 Abs. 4 AO (siehe dazu unten Ziffer 3.),

– **Ertragsteuern** gem. § 54 EStDV (siehe dazu unten Ziffer 4.).

Die jeweils erforderliche Anzeige ist unter Beachtung der Formvorschriften an das zuständige Finanzamt zu richten. Welches Finanzamt zuständig ist, kann über die Webseiten der jeweiligen Länder (z.B. *www.finanzamt.nrw.de*) oder bundesweit unter *www.bzst.de* unter dem Stichpunkt „Online Dienste/Finanzamtsuche" (*https://www.bzst.de/SharedDocs/GEMFA/gemfa2.html*) ermittelt werden.

Allgemein muss beachtet werden, dass eine Anzeigepflicht der Notare auch dann besteht, wenn der Notar sicher weiß, dass im Ergebnis keine Steuer anfällt, etwa weil schon kein steuerbarer Tatbestand erfüllt ist oder eine Ausnahme von der Besteuerung eingreift. Die rechtlich verbindliche Entscheidung hierüber trifft nämlich allein das zuständige Finanzamt.

Sofern ein notarieller Vorgang mehrere der folgenden Anzeigepflichten erfüllt, treffen den Notar auch mehrfache Anzeigepflichten, und zwar an jede der jeweils zuständigen Stellen. Beispiele für solche **mehrfachen Anzeigepflichten** sind z.B.

– Erbauseinandersetzung über Grundstücke (Grunderwerbsteuer und Erbschaft-/Schenkungsteuer),

– Grundstücksschenkungen mit Auflage oder teilweiser Gegenleistung (Grunderwerbsteuer und Erbschaft-/Schenkungsteuer),

– Umwandlung einer Personen- oder Kapitalgesellschaft (Ertragsteuern und ggf. Grunderwerbsteuer).

Hintergrund dieser mehrfachen Anzeigepflichten ist, dass zwischen mehreren Steuerarten häufig ein Ausschließlichkeitsverhältnis besteht, wie z.B. zwischen der Grunderwerbsteuer und der Erbschaft-/Schenkungsteuer. § 3 Nr. 2 GrEStG bestimmt dazu, dass der Grundstückserwerb von Todes wegen und Grundstücksschenkungen unter Lebenden nicht der Grunderwerbsteuer unterliegen. Auf diese Weise vermeidet das Gesetz, dass ein und derselbe Vorgang doppelt besteuert wird.

Im Gegenzug muss der Notar den Finanzämtern – durch Erfüllung der mehrfachen Anzeigepflicht – alle Informationen zur Verfügung stellen, damit sie prüfen können, welche Steuer in welcher Höhe zu erheben ist. Hat der Notar Zweifel, ob ihn mehrfache Anzeigepflichten treffen, so sollte er ggf. mit dem zuständigen Finanzamt Rücksprache halten bzw. bei Unklarheiten rein vorsorglich den Vorgang anzeigen.

2.   Steuerliche Anzeigepflichten betreffend die Grunderwerbsteuer

Dem Finanzamt – Grunderwerbsteuerstelle – muss der Notar alle Rechtsvorgänge anzeigen, die unmittelbar oder mittelbar das Eigentum an einem inländischen Grundstück betreffen.

Hierbei ist der Begriff des „Grundstücks" denkbar weit zu verstehen. Er umfasst z.B. auch unvermessene Teilflächen, Miteigentumsanteile, Wohnungseigentum und Teileigentum (§ 2 Abs. 1 GrEStG) sowie Erbbaurechte, Gebäude auf fremdem Boden und dinglich gesicherte Sondernutzungsrechte i.S.v. § 15 WEG oder § 1010 BGB.

Typische **Beispiele** für notarielle Verträge, die der Anzeigepflicht unterliegen, sind:

- Grundstückskaufverträge aller Art,

- alle Verträge, die den Anspruch auf Übereignung eines Grundstücks begründen, ohne im engeren Sinne ein Kaufvertrag zu sein, also z.B. Tauschverträge, Auseinandersetzungsverträge, Einbringungsverträge, Übergabeverträge,

- die Aufspaltung eines Vertrags in Kauf-/Verkaufsangebot und Annahme, ebenso Wiederkaufs- und Optionsrechte etc.,

- Vorgänge nach dem Umwandlungsgesetz (vor allem Verschmelzungen, Spaltungen),

- isolierte Auflassungen,

- Verträge, die wirtschaftlich eine eigentumsähnliche Verwertungsmöglichkeit eines Grundstücks vorsehen (z.B. Treuhandverhältnisse, Verkaufsvollmachten, Geschäftsbesorgungsverträge etc.),

- Verträge über die Abtretung von Gesellschaftsanteilen, wenn zum Vermögen der Gesellschaft ein Grundstück gehört, sowie

- Erbteilsübertragungen, wenn zum Nachlass ein Grundstück gehört.

Zusätzlich erstreckt sich die Anzeigepflicht auf Änderungen oder Berichtigungen der vorgenannten Verträge sowie auf Grundbuchberichtigungsanträge, wenn sich die Berichtigung darauf bezieht, dass der Grundstückseigentümer gewechselt hat.

Örtlich zuständig ist gem. § 17 Abs. 1 Satz 1 GrEStG grundsätzlich das Finanzamt, in dessen Bezirk das Grundstück oder der wertvollste Teil des Grundstücks liegt. Liegt das Grundstück in den Bezirken von Finanzämtern verschiedener Länder, so ist jedes dieser Finanzämter für die Besteuerung des Erwerbs insoweit zuständig, als der Grundstücksteil in seinem Bezirk liegt.

Für die Anzeige muss der Notar den amtlichen bundeseinheitlichen Vordruck („Veräußerungsanzeige") verwenden, den er zumeist kostenfrei vom jeweiligen Finanzamt erhält. Alternativ kann eine ausfüllbare Version von einigen Länderwebseiten heruntergeladen werden (z.B. für Nordrhein-Westfalen: *www.fm.nrw.de/go/notare*). Zudem ist in mancher Notariatssoftware die Veräußerungsanzeige bereits integriert und wird automatisiert erstellt, sofern alle Vorgangsdaten sorgfältig in das Programm eingepflegt werden.

Je nach regionaler Handhabung bestehen Ausnahmen von der Pflicht, die amtlichen Veräußerungsanzeigen zu verwenden: Dann können alternativ zwei Vertragsabschriften übersendet werden. Vorreiter war insoweit das Bundesland Hessen, in dem dies seit einem Schreiben des hessischen Finanzministers vom 21.09.1987 möglich ist. Im Gesetz (§ 22a GrEStG) ist zudem die Möglichkeit für eine elektronische Übermittlung der Veräußerungsanzeige vorgesehen; allerdings hat das Bundesfinanzministerium die hierzu notwendige Verordnung noch nicht erlassen.

Die Anzeige muss der Notar innerhalb von zwei Wochen ab Beurkundung vornehmen (§ 18 Abs. 3 Satz 1 GrEStG). Zumeist wird dies jedoch früher, i.d.R. unmittelbar nach Beurkundung, geschehen. Bevor die Anzeigepflicht nicht erfüllt ist, darf der Notar nämlich keine Ausfertigungen oder beglaubigte Abschriften der Urkunde erteilen. Daher muss der Notar auch die Absendung der Anzeige auf der Urschrift der Urkunde vermerken, und zwar inklusive Absendetag und Finanzamt (§ 18 Abs. 4 GrEStG).

3.   Steuerliche Anzeigepflichten betreffend die Erbschaftsteuer (Schenkungsteuer)

Für die Abwicklung eines „normalen" Standard-Grundstückskaufvertrags zum Verkehrswert sind die erbschaftsteuerlichen Anzeigepflichten des Notars ohne Bedeutung. Der Notar muss vielmehr nur diejenigen Beurkundungen anzeigen, die für die Festsetzung der Erbschaftsteuer (Schenkungsteuer) von Bedeutung sein können. Zu den häufigsten **Beispielen** zählen:

–   Erbauseinandersetzungen,

–   Schenkungen und Schenkungsversprechen und

–   Zweckzuwendungen.

Allerdings besteht die Pflicht auch bei allen Rechtsgeschäften, bei denen nicht auszuschließen ist, dass es sich um eine Teilschenkung handelt. Sie gilt also grundsätzlich auch bei Grundstücksübertragungsverträgen, bei denen die Gegenleistung niedriger als der Verkehrswert ist oder bei denen als Gegenleistung z.B. ein Wohnungsrecht o.Ä. eingeräumt wird.

Örtlich zuständig ist gem. § 35 ErbStG das Finanzamt, in dessen Bezirk der jeweilige Erblasser oder Schenker seinen Wohnsitz (hilfsweise: gewöhnlichen Aufenthalt) hatte bzw. hat.

Für die Anzeige muss der Notar eine beglaubigte Abschrift der Urkunde (bzw. des Entwurfs, auf dem er eine Unterschrift beglaubigt hat) übersenden. Zusätzlich hat er die amtlichen Vordrucke für Erbfälle (Muster 5 zu § 7 ErbStDV) bzw. für Schenkungen und Zweckzuwendungen unter Lebenden (Muster 6 zu § 8 ErbStDV) zu verwenden, die ebenfalls über die Finanzämter oder online erhältlich sind.

4.   Steuerliche Anzeigepflichten betreffend Ertragsteuern

Für die Abwicklung reiner Grundstückskaufverträge ist auch die Anzeigepflicht betreffend Ertragsteuern gem. § 54 EStDV ohne Bedeutung. Denn danach muss der Notar eine beglaubigte Abschrift aller aufgrund gesetzlicher Vorschrift aufgenommenen oder beglaubigten Urkunden übersenden, die die Gründung, Kapitalerhöhung oder -herabsetzung, Umwandlung oder Auflösung von Kapitalgesellschaften oder die Verfügung über Anteile an Kapitalgesellschaften zum Gegenstand haben. Das ist bei einem reinen Grundstückskaufvertrag nicht der Fall.

XIV. Exkurs: Grunderwerbsteuerrecht

Die Grunderwerbsteuer wird seit 1983 aufgrund des **Grunderwerbsteuergesetzes** (GrEStG; zuletzt geändert durch Gesetz v. 25.03.2019, BGBl I, 357) erhoben. Durch die Neuschaffung des GrEStG sind zahlreiche vorherige landesrechtliche Bestimmungen außer Kraft getreten; seitdem ist das Grunderwerbsteuerrecht einheitlich strukturiert und einfacher zu handhaben.

1. Höhe und Bemessungsgrundlage der Steuer

Der Steuersatz für die Grunderwerbsteuer beträgt heute je nach Bundesland **zwischen 3,5 %** (z.B. in Bayern) **und 6,5 %** (z.B. in NRW), vgl. für die jeweils aktuellen Steuersätze die Übersicht auf der Website des Deutschen Notarinstituts, *www.dnoti.de*, unter der Rubrik „Arbeitshilfen". Maßgeblich für die Berechnung ist der Wert der Gegenleistung (vgl. § 8 Abs. 1 GrEStG), beim Kauf also der Kaufpreis. Ist die Gegenleistung der Höhe nach nicht zu ermitteln, wird die Steuer vom Einheitswert des Grundstücks erhoben (§ 8 Abs. 2 GrEStG). Was genau alles zur Gegenleistung zählt, ist in § 9 GrEStG im Einzelnen aufgeführt.

2. Grundlagen der Grunderwerbsteuer (§§ 1 und 2 GrEStG)

Die Grunderwerbsteuer ist eine sogenannte **Verkehrsteuer**, d.h., die Besteuerung knüpft – einfach gesagt – an entgeltliche Vorgänge an, die auf die Übertragung des (wirtschaftlichen) Eigentums an einem Grundstück abzielen. Anders ausgedrückt: Allein das Innehaben des Eigentums oder des Besitzes an einem Grundstück löst keine Grunderwerbsteuer aus. Die häufigsten Fälle, die eine Steuerpflicht auslösen, sind Kaufverträge über ein inländisches Grundstück oder ein anderes Rechtsgeschäft, das den Anspruch auf Übereignung begründet (§ 1 Abs. 1 Nr. 1 GrEStG). Sofern kein schuldrechtlicher Vertrag vorausgegangen ist, knüpft die Steuerpflicht alternativ unmittelbar an die Auflassung an (§ 1 Abs. 1 Nr. 2 GrEStG).

Die Einzelheiten zur sogenannten Steuerbarkeit, also die Festlegung, auf welche Arten von grundstücksbezogenen Erwerbsvorgängen das GrEStG anwendbar ist, sind in § 1 GrEStG zu finden (vgl. hierzu schon oben Abschnitt XIII.). Für Detailfragen zu § 1 GrEStG sollte einschlägige Fachliteratur zu Rate gezogen werden, also z.B. Handbücher (z.B. GOTTWALD/BEHRENS, Grunderwerbsteuer: Handbuch für die Beratungs- und Gestaltungspraxis, 5. Aufl. 2019) und Kommentare (z.B. BORUTTAU, Grunderwerbsteuergesetz, 19. Aufl. 2019).

§ 2 GrEStG regelt ergänzend, wie der Begriff des „Grundstücks" im GrEStG zu verstehen ist, nämlich als Grundstücke i.S.d. bürgerlichen Rechts, also unter Verweis auf die §§ 91 ff. BGB.

Der Steueranspruch entsteht, nachdem der Kaufvertrag wirksam geworden ist. Sind hierzu behördliche Genehmigungen erforderlich, entsteht die Steuer erst nach deren Erteilung.

Steuerschuldner sind der Verkäufer und der Käufer, und zwar als Gesamtschuldner. Für die Verteilung im Innenverhältnis kommt es auf die Bestimmungen im Kaufvertrag an, wonach in der Praxis typischerweise der Käufer die Grunderwerbsteuer trägt.

3.   Steuerbefreiungen (§§ 3–7 GrEStG)

Für die tägliche Beratung im Notariat ist vor allem der zweite Abschnitt des Gesetzes (§§ 3–7 GrEStG) von Bedeutung, welcher Steuervergünstigungen beinhaltet. Dabei geht es um sogenannte Befreiungsvorschriften, die einen an sich steuerbaren Erwerbsvorgang betreffen und diesen ausnahmsweise für steuerfrei erklären.

Von der Besteuerung sind zunächst gem. § 3 GrEStG bestimmte personenbezogene Fälle ausgenommen (sog. persönliche Steuerbefreiungen). Der Inhalt des Gesetzes ist hierbei weitgehend selbsterklärend:

– der Erwerb eines Grundstücks, wenn der für die Berechnung der Steuer maßgebende Wert 2.500 € nicht übersteigt (sog. Bagatellfälle);

– der Grundstückserwerb von Todes wegen und Grundstücksschenkungen unter Lebenden i.S.d. Erbschaftsteuer- und Schenkungsteuergesetzes. Schenkungen unter einer Auflage sind nur insoweit von der Besteuerung ausgenommen, als der Wert des Grundstücks den Wert der Auflage übersteigt;

– der Erwerb eines zum Nachlass gehörenden Grundstücks durch Miterben zur Teilung des Nachlasses. Den Miterben steht der überlebende Ehegatte gleich, wenn er mit den Erben des verstorbenen Ehegatten gütergemeinschaftliches Vermögen zu teilen hat oder wenn ihm in Anrechnung auf eine Ausgleichsforderung am Zugewinn des verstorbenen Ehegatten ein zum Nachlass gehörendes Grundstück übertragen wird. Den Miterben stehen außerdem deren Ehegatten gleich;

– der Grundstückserwerb durch den Ehegatten oder den eingetragenen Lebenspartner des Veräußerers;

– der Grundstückserwerb durch den früheren Ehegatten des Veräußerers im Rahmen der Vermögensauseinandersetzung nach der Scheidung;

– der Erwerb eines Grundstücks durch Personen, die mit dem Veräußerer in gerader Linie verwandt sind. Den Abkömmlingen stehen die Stiefkinder gleich. Den Verwandten in gerader Linie sowie den Stiefkindern stehen deren Ehegatten gleich;

– der Erwerb eines zum Gesamtgut gehörenden Grundstücks durch Teilnehmer an einer fortgesetzten Gütergemeinschaft zur Teilung des Gesamtguts. Den Teilnehmern an der fortgesetzten Gütergemeinschaft stehen deren Ehegatten gleich;

– der Rückerwerb eines Grundstücks durch den Treugeber bei Auflösung des Treuhandverhältnisses. Voraussetzung ist, dass für den Rechtsvorgang, durch den der Treuhänder den Anspruch auf Übereignung des Grundstücks oder das Eigentum an dem Grundstück erlangt hatte, die Steuer entrichtet worden ist. Die Anwendung der Vorschrift des § 16 GrEStG bleibt unberührt.

Zwar müssen heutzutage keine Befreiungsanträge mehr zwingend gestellt werden, sie können aber die Bearbeitung in der Praxis beschleunigen. Daher empfiehlt es sich nach wie vor, etwaige Befreiungsanträge in der Vertragsgestaltung präzise zu formulieren.

Überträgt z.B. der Ehemann auf die Ehefrau einen ideellen 1/2-Miteigentumsanteil an einem Grundstück, kann im Vertrag vorsorglich formuliert werden:

Formulierungsbeispiel – Befreiungsantrag Grunderwerbsteuer (§ 3 Nr. 4 GrEStG)

Befreiung von der Grunderwerbsteuer wird gem. § 3 Nr. 4 GrEStG beantragt.

Überträgt der Vater auf seine Tochter und den Schwiegersohn ein Hausgrundstück kann es z.B. heißen:

Formulierungsbeispiel – Befreiungsantrag Grunderwerbsteuer (§ 3 Nr. 6 GrEStG)

Befreiung von der Grunderwerbsteuer wird gem. § 3 Nr. 6 GrEStG beantragt.

Weitere für die Praxis bedeutende Steuerbefreiungen enthalten die §§ 5 und 6 GrEStG hinsichtlich des Übergang eines Grundstücks von einer bzw. auf eine Gesamthand, wobei hiermit in erster Linie Personengesellschaften (GbR, OHG, KG) und Partnerschaften nach dem PartGG, Erben- und Gütergemeinschaften gemeint sind. Nicht anwendbar sind die Vorschriften auf juristische Personen, namentlich auf Kapitalgesellschaften (z.b. AG oder GmbH).

§ 5 Abs. 1 GrEStG lautet z.b.: „Geht ein Grundstück von mehreren Eigentümern auf eine Gesamthand (Gemeinschaft zur gesamten Hand) über, so wird die Steuer nicht erhoben, soweit der Anteil des Einzelnen am Vermögen der Gesamthandbeteiligten seinem Bruchteil am Grundstück entspricht." Daran wird das Prinzip der Vorschriften deutlich: Obwohl es sich eigentlich um voll steuerbare Erwerbsvorgänge gem. § 1 GrEStG handelt, ist das Geschäft insoweit von der GrEStG befreit, als sich die wirtschaftliche Berechtigung einer Person vor und nach der Übertragung anteilig fortsetzt. Einfach ausgedrückt erfolgt eine Besteuerung also nur hinsichtlich des „Mehr" an dem Grundstück der Gesamthand; soweit die Beteiligung hingegen gleich geblieben ist, bleibt der Vorgang grundsätzlich grunderwerbsteuerfrei.

Derselbe Grundgedanke liegt auch dem Spezialfall des § 7 GrEStG zugrunde, der die Umwandlung von gemeinschaftlichem Eigentum in Flächeneigentum regelt. Wird danach ein Grundstück, das mehreren Miteigentümern bereits zu Miteigentum (Abs. 1) oder Gesamthandseigentum (Abs. 2) gehört, von diesen Miteigentümern flächenweise geteilt, dann kann die Teilung steuerbefreit sein. Mit Teilung ist hier übrigens sowohl die reale Teilung in Teilflächen als auch die Teilung in Wohnungs- oder Teileigentumseinheiten gemeint.

In allen Fällen der §§ 5–7 GrEStG muss die geschützte, d.h. von der Steuer befreite Beteiligung jedoch bereits mindestens fünf Jahre bestanden haben bzw. noch fünf Jahre bestehen (vgl. die jeweiligen dritten Absätze der Vorschriften).

4.   Rückabwicklung eines Erwerbsvorgangs

Von dem Grundsatz, dass ein einmal erfolgter Erwerbsvorgang die Steuer auslöst – und zwar unabhängig von der nachträglichen Veränderung der Umstände –, sieht § 16 GrEStG einige Ausnahmen vor. Die Vorschrift wird in der notariellen Praxis vor allem dann relevant, wenn die Beteiligten den Vertragsschluss (aus welchen Gründen auch immer) bereuen und eine Vertragsaufhebung wünschen. Absatz 1 der Vorschrift regelt die Rückabwicklung eines Erwerbsvorgangs, **bevor** das Eigentum an dem Grundstück auf den Erwerber übergegangen ist, Absatz 2 hingegen den Fall des echten Rückerwerbs des Eigentums.

5. Anzeigepflicht der Notare

Siehe zu der in § 18 GrEStG festgeschriebenen grunderwerbsteuerlichen Anzeigepflicht der Gerichte, Behörden und – vor allem – Notare schon den obigen Abschnitt XIII. Ziffer 3.

6. Unbedenklichkeitsbescheinigung bzw. ihre Entbehrlichkeit

Nach wie vor darf der Erwerber eines Grundstücks in das Grundbuch erst dann eingetragen werden, wenn eine Bescheinigung des für die Besteuerung zuständigen Finanzamts vorgelegt wird (sog. Unbedenklichkeitsbescheinigung oder in der Praxis kurz „UB" genannt). Dies gilt gem. § 22 Abs. 1 Satz 2 GrEStG jedenfalls, soweit nicht nach Landesrecht Ausnahmen vorgesehen sind.

Tatsächlich sind die Finanzverwaltungen fast aller Bundesländer dazu übergegangen, zur Vereinfachung des Verfahrens die Grundbucheintragung in bestimmten Fällen auch ohne Vorlage einer Unbedenklichkeitsbescheinigung zuzulassen. Dies betrifft jedoch stets nur eng begrenzte Ausnahmefälle, in denen eine Grunderwerbsteuerpflicht von vornherein nicht in Betracht kommt.

Zum Beispiel bestehen in Hessen (Hessischer Staatsanzeiger 1997, 2518 f.) derzeit folgende **Ausnahmeregelungen:**

Keine Unbedenklichkeitsbescheinigung ist erforderlich

– bei einem Grundstückserwerb von Todes wegen,

– beim Erwerb eines Grundstücks, wenn die Gegenleistung 2.500 € nicht übersteigt,

– bei einem Grundstückserwerb durch Ehegatten, Verwandte in gerader Linie und deren Ehegatten,

– beim Grundstückserwerb durch den Bund, ein Land, eine Gemeinde oder einen Gemeindeverband,

– bei Rechtsvorgängen, die über die Gründung der Deutschen Bahn AG steuerfrei sind,

– bei Umwandlungen der Post – kein Sondervermögen in die Post-Aktiengesellschaft,

– bei einem Eigentumsübergang von einer Gebietskörperschaft auf eine andere anlässlich der Übertragung der Straßenbaulast.

Vergleichbare Ausnahmeregelungen bestehen in folgenden Bundesländern:

– Baden-Württemberg (Justiz 1984, 180)

– Bayern (Schreiben des Bayerischen Staatsministeriums der Finanzen v. 29.04.1999)

– Brandenburg (allgemeine Verfügung des Ministers der Justiz und für Europaangelegenheiten v. 02.02.2000)

– Bremen (Erlass des Senators für Finanzen v. 22.11.2000)

– Hamburg (Schreiben der Finanzbehörde v. 05.10.1999)

– Mecklenburg-Vorpommern (Erlass des Finanzministeriums v. 31.07.2000)

– Niedersachsen (Erlass des Finanzministeriums v. 14.01.2000)

– Nordrhein-Westfalen (NJW 2000, 125)

– Rheinland-Pfalz (Rundschreiben des Ministeriums der Justiz v. 27.08.1999)

– Saarland (Allgemeine Verfügung des Ministeriums der Justiz v. 19.05.2000)

– Sachsen (Sächsisches JMBl 1999, 85)

– Sachsen-Anhalt (MF-Erlass v. 30.03.1993)

– Schleswig-Holstein (Schreiben des Ministeriums für Finanzen und Energie v. 28.01.2000)

– Thüringen (Thüringer JMBl 1996, 65)

In Berlin ist eine Unbedenklichkeitsbescheinigung stets erforderlich.

In der Praxis muss im Einzelfall immer geprüft werden, ob für das jeweilige Bundesland tatsächlich eine entsprechende Verwaltungsanweisung vorliegt und ob der jeweilige Fall davon umfasst ist.

XV.   Sonstige Steuern beim Grundstückskauf

Neben der Grunderwerbsteuer sollte der Notar stets eine Reihe anderer Steuern im Hinterkopf behalten, allein schon, um in der mündlichen Verhandlung häufig auftretende Fragen beantworten zu können.

1. Grundsteuer

Die Grundsteuer ruht auf jedem Grundstück und ist eine wiederkehrende Steuer, die vom Eigentümer an die Gemeinde zu entrichten ist. Beim Verkauf eines Grundstücks haftet der Käufer neben dem Verkäufer als Gesamtschuldner für die auf das Grundstück entfallende, an die zuständige Gemeinde zu zahlende Grundsteuer. Der Käufer haftet nicht nur mit dem Grundstück, sondern auch persönlich mit seinem gesamten Vermögen für diese Steuer, allerdings nur für das laufende und das vorangegangene Kalenderjahr (§ 11 Abs. 2 GrStG).

Durch die typischerweise im Kaufvertrag enthaltene Regelung zum Übergang von Besitz, Nutzen und Lasten (Letztere einschließlich der Grundsteuer als öffentliche Last des Grundstücks), die auch im obigen Kaufvertrag in Abschnitt IV. Ziffer 1. enthalten ist, wird eine Regelung für das Innenverhältnis der Beteiligten vereinbart: Die Lasten gehen auf den Käufer über mit Wirkung vom Tag der Kaufpreiszahlung. In der Praxis erfolgt ein interner Ausgleich zwischen Käufer und Verkäufer, indem anteilig vom Verkäufer zu viel bezahlte Grundsteuern durch den Käufer erstattet werden.

2. Einkommensteuer

Einkommensteuer fällt beim Verkauf eines Grundstücks i.d.R. nicht an, weil kein Einkommen erzielt, sondern lediglich das Vermögen umgeschichtet wird (Grund und Boden gegen Geld).

Nur bei sogenannten **Spekulationsgeschäften**, d.h., wenn das Grundstück innerhalb von zehn Jahren nach Anschaffung veräußert wird (§ 23 EStG) oder wenn das verkaufte Grundstück zum Betriebsvermögen gehört, d.h. bilanziert ist, fällt Einkommensteuer an: Beim Spekulationsgeschäft ist grundsätzlich der Unterschied zwischen den Anschaffungskosten und dem Veräußerungspreis zu versteuern, bei Grundstücken im Betriebsvermögen grundsätzlich der Unterschied zwischen Buchwert und Kaufpreis.

3. Schenkungsteuer

Schenkungsteuer kann bei einem „normalen" Grundstückskaufvertrag nicht anfallen, da üblicherweise keine Schenkung i.S.d. Erbschaftsteuergesetzes vorliegt. Siehe zu Teilschenkungen bzw. gemischten Schenkungen bereits oben Abschnitt XIII. Ziffer 4.

XVI.   Gesetzliche Vorkaufsrechte

Gemäß § 20 BeurkG hat der Notar die Pflicht zu prüfen, ob gesetzliche Vorkaufsrechte in Betracht kommen, auf diese Möglichkeit hinzuweisen und dies in der Niederschrift des Kaufvertrags zu vermerken.

Tatsächlich gibt es eine Reihe von Vorkaufsrechten, die der Notar zu beachten hat, sei es bei der Beratung der Beteiligten, beim Entwurf des Kaufvertrags oder für dessen Vollzug. Die Vorkaufsrechte sind über die gesamte Rechtsordnung verstreut:

1.   Baugesetzbuch: Vorkaufsrecht der Gemeinde (§§ 24 ff. BauGB)

In den §§ 24 ff. BauGB ist das allgemeine Vorkaufsrecht der Gemeinden beim Verkauf von Grundstücken geregelt. Es besteht insbesondere, wenn das verkaufte Grundstück in einem der folgenden Gebiete liegt:

– im Geltungsbereich eines Bebauungsplans, soweit es sich um Flächen zur Nutzung für öffentliche Zwecke oder für bestimmte Ausgleichsmaßnahmen handelt,

– in einem Umlegungsgebiet,

– in einem förmlich festgelegten Sanierungsgebiet und städtebaulichen Entwicklungsbereich,

– im Geltungsbereich einer Satzung zur Sicherung von Durchführungsmaßnahmen des Stadtumbaus und einer Erhaltungssatzung,

– im Geltungsbereich eines Flächennutzungsplans, soweit es sich um unbebaute Flächen im Außenbereich handelt, für die eine Nutzung als Wohnbaufläche oder Wohngebiet dargestellt ist,

– in Gebieten, die nach §§ 30, 33 oder 34 Abs. 2 vorwiegend mit Wohngebäuden bebaut werden können, soweit die Grundstücke unbebaut sind, sowie

– in Gebieten, die zum Zweck des vorbeugenden Hochwasserschutzes von Bebauung frei zu halten sind, insbesondere in Überschwemmungsgebieten.

Ferner kann unter bestimmten Voraussetzungen ein Vorkaufsrecht aufgrund gemeindlicher Satzung gem. § 25 BauGB bestehen.

Die Prüfung, ob im Einzelnen ein Vorkaufsrecht besteht oder nicht, obliegt jedoch nicht dem Notar, sondern der jeweiligen Gemeinde. **Aufgabe des Notars** ist es nur, auf die Möglichkeit des Bestehens und der Ausübung des gemeindlichen Vorkaufsrechts hinzuweisen und bei der Gemeinde die Anfrage zu stellen, ob ein Vorkaufsrecht besteht und ausgeübt wird.

Entbehrlich ist eine Vorkaufsrechtsanfrage nach §§ 24 ff. BauGB beim Verkauf von Wohnungseigentum und von Erbbaurechten; in diesen Fällen ist nämlich gem. § 24 Abs. 2 BauGB ein Vorkaufsrecht ausgeschlossen.

Nach § 28 Abs. 1 Satz 2 BauGB ist das Negativzeugnis oder die Verzichtserklärung der Gemeinde Vollzugsvoraussetzung. Der Käufer kann auf die Erteilung keinen Einfluss nehmen – im Gegensatz etwa zur Unbedenklichkeitsbescheinigung, für die er bloß die Grunderwerbsteuer bezahlen muss. Deshalb sollte das Vorliegen von Negativzeugnis oder Verzichtserklärung immer zur Fälligkeitsvoraussetzung für den Kaufpreis erhoben werden (so wie im obigen Kaufvertragsmuster).

2. Bürgerliches Gesetzbuch: Vorkaufsrecht des Mieters (§ 577 BGB)

Gemäß § 577 BGB hat der Mieter eines verkauften Wohnungseigentums unter bestimmten Voraussetzungen ein Vorkaufsrecht. Dieses dient dem Schutz des Mieters, z.B. vor einer Kündigung wegen Eigenbedarfs.

Das Vorkaufsrecht besteht, wenn das Wohnungseigentum erst nach der Überlassung der Wohnung an den Mieter begründet worden ist und nunmehr an einen Dritten verkauft wird. Ausnahmen gelten beim Verkauf an Familien- oder Haushaltsangehörige.

Früher bestand zusätzlich ein Vorkaufsrecht nach dem Wohnungsbindungsgesetz. Weil das Vorkaufsrecht des Mieters nach § 577 BGB heute umfassend – auch für öffentlich geförderte Wohnungen – gilt, wurde § 2b Wohnungsbindungsgesetz zum 01.01.2002 abgeschafft.

Zu den Einzelheiten des Vorkaufsrechts nach § 577 BGB, insbesondere zu seiner Einbettung in einen Kaufvertrag über Wohnungseigentum und den Vollzug eines solchen Vertrags, siehe unten § 8 Abschnitt II.

3.   Reichssiedlungsgesetz: Vorkaufsrecht eines Siedlungsunternehmens (§§ 4 ff. RSG)

Wird ein landwirtschaftliches Grundstück oder Moor-/Ödland, das in landwirtschaftliche Kultur gebracht werden kann, in einer Größe von 2 ha (20.000 m^2) oder mehr durch Kaufvertrag veräußert, dann kann vom Siedlungsunternehmen (ein von der zuständigen Landesbehörde gegründetes gemeinnütziges Unternehmen zur Entwicklung des ländlichen Raums) das Vorkaufsrecht nach dem RSG zum beurkundeten Entgelt ausgeübt werden (§ 4 Abs. 1 RSG). Dies gilt aber nur dann, wenn der Kaufvertrag nach dem Grundstücksverkehrsgesetz genehmigt werden muss (siehe zu der letztgenannten Genehmigung unten Abschnitt XVII. Ziffer 4.).

Das Vorkaufsrecht besteht nicht, wenn das Grundstück an eine Körperschaft des öffentlichen Rechts, an den Ehegatten oder an eine Person, die mit dem Veräußerer in dem in § 4 Abs. 2 RSG genannten Grad verwandt oder verschwägert ist, veräußert wird.

Von besonderer Bedeutung für die Vollzugstätigkeit des Notars ist das genannte Vorkaufsrecht nicht. Eine Vorkaufsrechtsverzichterklärung braucht dem Grundbuchamt nämlich nicht vorgelegt zu werden, weil die Umschreibung erst möglich ist, wenn ihm die rechtskräftig erteilte Genehmigung nach dem Grundstücksverkehrsgesetz vorgelegt wird. Ist aber diese Genehmigung erteilt, ist die Ausübung des Vorkaufsrechts nach dem RSG wiederum ausgeschlossen.

4.   Landesdenkmal- und Naturschutzgesetze: Vorkaufsrechte des Landes oder Gemeinden

Im Bereich des Denkmal- und Naturschutzes bestehen vielfach landesgesetzliche Vorkaufsrechte. In den einzelnen Ländern ist unterschiedlich geregelt, ob solche Vorkaufsrechte eine Grundbuchsperre bewirken, d.h., ob das Grundbuchamt eine Eigentumsänderung nur dann vornehmen darf, wenn ihm die Nichtausübung des jeweiligen Vorkaufsrechts nachgewiesen worden ist. Zu beachten ist zusätzlich, dass nach einigen Denkmalschutzgesetzen nicht nur den jeweiligen Gemeinden, sondern ggf. auch dem Land ein Vorkaufsrecht zustehen kann, nämlich wenn das betreffende Denkmal überörtliche Bedeutung hat.

Für die Einzelheiten kann auf die hilfreiche, stets aktuell gehaltene Übersicht des Deutschen Notarinstituts verwiesen werden, die auf der Website des Instituts unter „Arbeitshilfen" im Bereich des Immobilienrechts heruntergeladen werden kann: *www.dnoti.de/arbeitshilfen.Immobilienrecht* (Stand derzeit: 09.04.2019). Dort können ebenfalls die jeweiligen landesrechtlichen Gesetzestexte eingesehen werden.

5. Bundesnaturschutzgesetz: Vorkaufsrecht des Landes (§ 66 BNatSchG)

Nach § 66 BNatSchG stehen den Ländern unter gewissen Voraussetzungen Vorkaufsrechte an Grundstücken zu, die in Nationalparks oder in Naturschutzgebieten liegen oder auf denen sich oberirdische Gewässer (Flüsse, Seen) befinden.

Diese Vorkaufsrechte gehen allen privatrechtlich bestellten und einigen gesetzlichen Vorkaufsrechten vor. Zum genauen Verhältnis von § 66 BNatSchG zu den obigen landesrechtlichen Regelungen vgl. DNotI-Report 2010, 64 ff.

In einigen Ländern haben die zuständigen Ministerien jedoch mitgeteilt, dass sie (zeitlich begrenzt) auf die Ausübung des Vorkaufsrechts nach § 66 BNatSchG verzichten (vgl. z.B. für Hessen den Staatsanzeiger für das Land Hessen v. 01.03.2010, Nr. 9, 450).

6. Weitere landesrechtliche Vorkaufsrechte

Darüber hinaus hat der Notar – ebenfalls gem. § 20 BeurkG – auf weitere Vorkaufsrechte aus den unterschiedlichsten, z.T. regional besonderen Rechtsgebieten hinzuweisen, z.B.: Wald-/Forstrecht, Wasser-/Fischereirecht, Straßen-/Wegerecht, Belegungsbindung (bei Mietwohnungen) sowie z.B. in Bayern gem. Art. 3 Bayerisches Almgesetz.

Auch für diese Vielzahl möglicher Vorkaufsrechte sollte die bereits zuvor genannte Übersicht des Deutschen Notarinstituts konsultiert werden, die auf der Website unter „Arbeitshilfen" im Bereich des Immobilienrechts heruntergeladen werden kann: *www.dnoti.de/arbeitshilfen.Immobilienrecht* (Stand derzeit: 09.04.2019).

Dort können ebenfalls die jeweiligen landesrechtlichen Gesetzestexte eingesehen werden.

7. Vermögensgesetz: Vorkaufsrecht in den neuen Bundesländern (§§ 20, 20a VermG)

In den neuen Bundesländern können Mieter und Nutzungsberechtigte unter bestimmten Umständen auf Antrag ein Vorkaufsrecht bekommen, welches im Grundbuch eingetragen wird. Relevant wird dieses Vorkaufsrecht nur bei Ein- und

Zweifamilienhäusern und bei Grundstücken für Erholungszwecke, die staatlich verwaltet sind oder hinsichtlich derer ein Anspruch auf Rückübertragung besteht. Zu den Einzelheiten hierzu vgl. das Registerverfahrensbeschleunigungsgesetz vom 26.11.1993 (DNotI-Report 1/1994, 8).

XVII. Erforderliche Genehmigungen beim Grundstückskaufvertrag

Ähnlich wie bei Vorkaufsrechten regelt das Beurkundungsgesetz auch, dass der Notar die Beteiligten auf alle möglicherweise erforderlichen gerichtlichen oder behördlichen Genehmigungen hinweisen und dies in der Niederschrift vermerken soll (§ 18 BeurkG).

Der Notar muss den Beteiligten insbesondere vor Augen führen, was das Fehlen einer erforderlichen Genehmigung bedeutet: nämlich dass der Vertrag bis zur Erteilung der Genehmigung schwebend unwirksam ist. Dementsprechend ist der Kaufpreis auch nicht fällig zu stellen, bevor nicht alle erforderlichen Genehmigungen vorliegen.

1.   Das Einholen der Genehmigung

Das Einholen der Genehmigung bzw. des Negativattests – also der Erklärung, dass im Einzelfall gerade keine Genehmigung erforderlich ist – übernimmt i.d.R. der Notar für die Beteiligten. Zu diesem Zweck schickt er üblicherweise eine (einfache) Abschrift des beurkundeten Vertrags zu der Genehmigungsbehörde, verbunden mit dem Antrag, in erster Linie ein Negativattest und in zweiter Linie (also falls erforderlich) die jeweilige Genehmigung zu erteilen. Eine Ausnahme besteht in der Praxis für aufsichtsbehördliche Genehmigungen für Gemeinden und Gemeindeverbände (siehe dazu unten Ziffer 8.), die diese i.d.R. selbst einholen.

Der Notar ist aber kraft Gesetzes nur ausnahmsweise (z.B. in § 3 Abs. 2 GrdstVG) ermächtigt, den Genehmigungsantrag zu stellen. Daher ist es regelmäßig sinnvoll, dass die Beteiligten den Notar im Vertrag ausdrücklich mit der Einholung der Genehmigung beauftragen und ihn entsprechend bevollmächtigen.

Um zusätzlich sicherzustellen, dass die Beteiligten einerseits rechtzeitig von einer etwaigen Versagung der Genehmigung bzw. ihrer Einschränkung durch Auflagen oder Bedingungen erfahren, andererseits aber der Notar nicht unnötig die alleinige Verantwortung für die Wahrung der Rechtsmittelfrist (die regelmäßig mit der Zustellung des ablehnenden Bescheids beginnt) trägt, sollte der folgende Passus in den Vertrag aufgenommen werden:

Formulierungsbeispiel — Bevollmächtigung des Notars zur Einholung und Entgegennahme von Genehmigungen

> *Die Vertragsbeteiligten beantragen die Erteilung aller zum Vollzug dieses Vertrags erforderlichen Genehmigungen. Der Notar wird beauftragt und bevollmächtigt, diese einzuholen. Anfechtbare Bescheide sind den Beteiligten selbst zuzustellen. Von ihnen wird eine Abschrift an den Notar erbeten. Alle übrigen Genehmigungen werden wirksam mit ihrem Eingang beim Notar.*

Für Grundstückskaufverträge kommen grundsätzlich drei verschiedene Arten von Genehmigungen in Betracht, deren Erforderlichkeit der Notar immer vorsorglich prüfen sollte: neben Genehmigungen durch Privatleute (dazu im Folgenden unter Ziffer 2.) und gerichtlichen Genehmigungen (dazu Ziffer 3.) eine ganze Reihe öffentlich-rechtlicher Genehmigungen (dazu Ziffer 4.–8.).

2.   Genehmigungen eines Nichterschienenen

Genehmigungen durch Privatpersonen können bei Nichterscheinen eines Beteiligten im Termin erforderlich sein, z.B. wenn dieser vollmachtlos vertreten wird (so wie dies im vorstehenden Kaufvertrag durch das Nichterscheinen von Frau Karin Kaufbold der Fall war).

3.   Genehmigungen des Familien- und des Nachlassgerichts

Zu Rechtsgeschäften für ein Kind benötigen seine Eltern eine Genehmigung des Familiengerichts in den Fällen, in denen nach § 1821 BGB und nach § 1822 Nr. 1, 3, 5, 8–11 BGB ein Vormund der Genehmigung bedarf (§ 1643 Abs. 1 BGB).

Vormund, Pfleger und Betreuer benötigen zu Rechtsgeschäften nach §§ 1821, 1822 BGB eine Genehmigung des Familien- oder des Betreuungsgerichts.

Die Veräußerung und der entgeltliche Erwerb eines Grundstücks, Erbbaurechts oder einer Eigentumswohnung durch Minderjährige bedürfen stets der familiengerichtlichen Genehmigung.

Für den Nachlasspfleger erteilt das Nachlassgericht anstelle des Familiengerichts die erforderliche Genehmigung (§ 1962 BGB). Bei Grundstückskaufverträgen übernimmt es regelmäßig der Notar, die familiengerichtliche Genehmigung zu beantragen. Wird – wie in der Praxis üblich – die Genehmigung nach Abschluss des

Vertrags eingeholt (§ 1829 Abs. 1 Satz 1 BGB), so wird der Vertrag erst wirksam, wenn die Genehmigung wiederum vom Vormund (Eltern, Pfleger, Betreuer) dem anderen Vertragsteil mitgeteilt worden ist. Die Tatsache, dass die erforderlichen Mitteilungen erfolgt sind, muss dem Grundbuchamt gegenüber durch öffentliche Urkunde nachgewiesen werden (§ 29 GBO).

Formulierungsbeispiel – Bevollmächtigung des Notars zur Entgegennahme einer familiengerichtlichen Genehmigung

Der Notar hat die Beteiligten darüber belehrt, dass der Vertrag der Geneh-migung durch das Familiengericht bedarf und die familiengerichtliche Ge-nehmigung erst wirksam wird, wenn sie dem Käufer vom Vormund (den Eltern, dem Pfleger oder dem Betreuer) mitgeteilt worden ist. Der Vor-mund (Eltern, Pfleger, Betreuer), der die Erteilung der vormundschaftsge-richtlichen/familiengerichtlichen Genehmigung beantragt, bevollmächtigt den Notar, diese Genehmigung für ihn in Empfang zu nehmen und sie dem Käufer mitzuteilen. Dieser bevollmächtigt den Notar zur Entgegennahme der Mitteilung.

Nach Eingang der familien-/vormundschaftsgerichtlichen Genehmigung setzt der Notar entweder auf die Beschlussausfertigung (die der Niederschrift beizuheften ist) oder auf ein zusätzliches Blatt (mit dem ebenso verfahren wird) vorsorglich ei-nen Vermerk.

Formulierungsbeispiel – Vermerk über Entgegennahme einer Genehmigung

Diese mir als Bevollmächtigtem des Vormunds (der Eltern, des Pflegers, des Betreuers) zugegangene Genehmigung habe ich heute mir selbst als gleichzeitigem Bevollmächtigten des anderen Vertragsteils mitgeteilt und für diesen in Empfang genommen.

...

Siegel, (Unterschrift) Notar

4.   Genehmigung nach dem Grundstücksverkehrsgesetz

Wird ein land- oder forstwirtschaftlich nutzbares (nicht notwendigerweise tatsäch-lich so genutztes) Grundstück veräußert, ist regelmäßig eine Genehmigung nach dem Grundstücksverkehrsgesetz (§§ 1, 2 GrdstVG) erforderlich. Dabei genügt die bloße Nutzbarkeit, so dass auch Bauland sowie Moor- und Ödland grundsätzlich der Genehmigungspflicht unterliegen.

Zweck der Kontrolle ist es gem. § 9 GrdstVG, dass

– land- und forstwirtschaftlich nutzbare Grundstücke möglichst in der Hand von Hauptberufslandwirten bleiben oder an sie gelangen,

– Grundstücke nicht in zu kleine Parzellen zerschnitten,

– lebensfähige Betriebe nicht zerteilt und

– für Land keine Überpreise bezahlt werden.

Die Abgrenzung des Begriffs „Landwirtschaft" kann im Einzelfall schwierig sein, jedenfalls ist dieser sehr weit zu verstehen. Zum Beispiel fallen darunter nicht nur Ackerbau und Viehzucht, sondern auch der Anbau von Wein, Obst, Flachs, Hopfen, Tabak, Schilfrohr usw., der Gartenbau, die Binnenfischerei und die Imkerei.

Ob ein Grundstück als land- oder forstwirtschaftliches infrage kommt, lässt sich bloß mit den Grundbucheintragungen und der Katasterbezeichnung allenfalls in Großstädten zuverlässig beurteilen. Dass z.B. an der Kölner Schildergasse oder der Düsseldorfer Königsallee keine land- oder forstwirtschaftlichen Grundstücke liegen, ist offensichtlich. Aber auf dem Land und bereits im Außenbereich einer Stadt kann theoretisch jedes Grundstück land- oder forstwirtschaftlich nutzbar sein.

Diese Unsicherheiten führen dazu, dass die Grundbuchämter regelmäßig eine Genehmigung oder ein sogenanntes Negativattest verlangen.

Eine Erleichterung bieten insoweit bestimmte Fälle, die nach dem Gesetz genehmigungsfrei sind:

Nach § 4 GrdstVG sind Verträge u.a. **genehmigungsfrei,**

– in denen die Kirche Grundstücke erwirbt,

– der Bund oder ein Land Grundstücke veräußert oder erwirbt,

– wenn das Grundstück in einem Bebauungsplan als nicht landwirtschaftliches ausgewiesen ist (Gegenausnahme: Hofstelle).

Zusätzlich enthalten landesrechtliche Bestimmungen bestimmte Freigrenzen mit Grundstücksgrößenangaben, bis zu denen eine Genehmigung entbehrlich ist. Oftmals sind diese Regelungen in den landesrechtliche Ausführungsgesetzen zum Grundstücksverkehrsgesetz enthalten. Die Freigrenzen sind sehr unterschiedlich ausgestaltet: von 0,15 ha (so z.B. im Saarland) über 0,25 ha (so in Bremen, Hessen und Thüringen) bis hin zu 2 ha (so in Bayern, Brandenburg, Mecklenburg-Vorpommern, Sachsen-Anhalt und Schleswig-Holstein). Eine stets recht aktuelle Übersicht über die jeweiligen Freigrenzen, die weiteren rechtlichen Voraussetzungen der Genehmigungsfreiheit und die aktuellen Gesetzestexte der Länder können online auf der Website des Deutschen Notarinstituts unter „Arbeitshilfen" heruntergeladen werden: *www.dnoti.de/arbeitshilfen.Immobilienrecht* (Stand derzeit: 01.01.2019).

Die Genehmigung ist erforderlich bei jeder rechtsgeschäftlichen Veräußerung eines Grundstücks und bei vergleichbaren Geschäften wie z.B. die Veräußerung eines Teils eines Grundstücks, der Einräumung oder Veräußerung eines Miteigentumsanteils, der Veräußerung eines Erbteils an einen Nichterben, wenn der Nachlass im Wesentlichen aus einem land- oder forstwirtschaftlichen Betrieb besteht, und der Bestellung eines Nießbrauchs (vgl. §§ 1, 2 GrdstVG). Besteht kein Veräußerungsvertrag, ist auch die Auflassung genehmigungsbedürftig. In einigen Bundesländern, wie z.B. Nordrhein-Westfalen, bedarf auch die Veräußerung eines grundstücksgleichen Rechts, das die land- oder forstwirtschaftliche Nutzung eines Grundstücks zum Gegenstand hat, einer Genehmigung.

In bestimmten Konstellationen muss die Genehmigung erteilt werden, vgl. im Einzelnen § 8 Nr. 2 GrdstVG. Für die Praxis relevant ist der Fall, dass ein Betrieb geschlossen, veräußert oder zum Zwecke der Vorwegnahme der Erbfolge übertragen wird und der Erwerber mit dem Veräußerer nah verwandt oder verschwägert ist.

Eine Genehmigungserteilung unter Auflagen oder Bedingungen ist möglich (§§ 10, 11 GrdstVG). Versagt werden darf die Genehmigung nur in den in § 9 GrdstVG im Einzelnen beschriebenen Fällen. Liegt einer der Versagungsgründe vor und handelt es sich zugleich um eine Gesamtfläche von mehr als 2 ha, kann eine vorkaufsberechtigte Stelle das sogenannte siedlungsrechtliche Vorkaufsrecht ausüben (§§ 6, 12 GrdstVG, § 4 RSG).

Wird die Genehmigung gänzlich versagt, nur unter einer Auflage oder Bedingung erteilt oder das siedlungsrechtliche Vorkaufsrecht ausgeübt, dann können die Beteiligten innerhalb von zwei Wochen seit der Zustellung des Bescheids eine gerichtliche Entscheidung des Landwirtschaftsgerichts beantragen. Weitere anschließende Beschwerdemöglichkeiten gibt es zum Oberlandesgericht und zum Bundesgerichtshof.

Für die tägliche Praxis wird auf Folgendes hingewiesen: Erfolgt die Entscheidung über die Genehmigung nicht innerhalb eines Monats, so gilt sie als erteilt (§ 6 Abs. 2 GrdstVG). Im Fall eines Zwischenbescheids wird diese Frist auf zwei Monate, und falls eine Erklärung über die Ausübung des siedlungsrechtlichen Vorkaufsrechts erforderlich ist, auf drei Monate (§ 6 Abs. 1 GrdstVG) erweitert.

Zuständig für die Erteilung der Genehmigung bzw. des Negativattests ist die jeweilige Genehmigungsbehörde, in deren Bezirk die Hofstelle liegt bzw. (bei Fehlen einer Hofstelle) in deren Bezirk die veräußerten Grundstücke ganz oder zum größeren Teil liegen (§ 18 Abs. 1 GrdstVG). Die in einzelnen Bundesländern jeweils zuständigen Behörden sind z.b. ersichtlich aus dem im SCHÖNFELDER abgedruckten Gesetzestext, GrdstVG, Fn. zu §§ 2, 3 und 4, oder bei HAGEMANN, in: Beck'sches Notar-Handbuch, 7. Aufl. 2019, Kap. A. I. Rdnr. 61.

5. Genehmigung nach der Grundstücksverkehrsordnung (GVO) in den neuen Bundesländern

Mit der obigen Genehmigung nach dem Grundstücksverkehrsgesetz nicht verwechselt werden darf die evtl. zusätzlich notwendige Genehmigung nach der Grundstücksverkehrsordnung (GVO). Die Namensähnlichkeit ist rein zufällig, beide Genehmigungserfordernisse gelten für vollkommen unterschiedliche Sachverhalte.

Die Genehmigungspflicht nach der GVO trifft nur im Bereich der „neuen" Bundesländer gelegene Grundstücke. Sie dient in erster Linie dem Schutz desjenigen, der Restitutionsansprüche nach dem Vermögensgesetz angemeldet hat, vor einem Untergang seines (vermeintlichen) Restitutionsanspruchs durch Veräußerung des betroffenen Grundstücks. Spiegelbildlich dient sie zugleich dem Schutz des Erwerbers davor, an rechtsgeschäftlichen Transaktionen über restitutionsbelasteten Grundbesitz teilzunehmen.

Das zentrale Abgrenzungskriterium für die Frage, ob eine Genehmigung erforderlich ist oder nicht, ist die Auflassung. Der Genehmigungspflicht unterliegen daher jedenfalls alle Arten von Kauf- und Überlassungsverträgen, die Auseinandersetzung von Erben- und Gütergemeinschaften, die vertragliche Begründung von Wohnungseigentum (§ 3 WEG) und die Einbringung eines Grundstücks in eine Kapital- oder Personengesellschaft.

Beachtenswert sind die folgenden Fälle, in denen gem. § 2 Abs. 1 GVO ausnahmsweise keine Genehmigung erforderlich ist, nämlich wenn

— im Grundbuch bereits ein Rechtserwerb des Veräußerers aufgrund einer nach dem 28.09.1990 erteilten GVO-Genehmigung oder gleichwertiger Alternative vollzogen ist,

— der Veräußerer entweder selbst ununterbrochen seit dem 29.01.1933 als Eigentümer eingetragen ist oder seine Berechtigung sich ausschließlich durch Rechtsnachfolgen von Todes wegen von einem solchen Eigentümer ableitet, sowie wenn

– der Veräußerer den Vertragsbesitz selbst gem. §§ 31 Abs. 5 Satz 2 bzw. 33 Abs. 3 VermG restituiert erhalten hat.

Zuständig für die Erteilung der Genehmigung sind grundsätzlich die Landkreise bzw. kreisfreien Städte (§ 8 Satz 1 GVO).

Im Rahmen der Vertragsgestaltung sollte der Notar die Genehmigung zur Fälligkeitsvoraussetzung erheben oder aber auf die Möglichkeiten einer Hinterlegung oder Rückzahlungsbürgschaft hinweisen.

6.   Genehmigungen bei der Teilung eines Grundstücks

Für die Teilung eines Grundstücks ist heute keine Genehmigung gem. § 19 BauGB mehr erforderlich. Dementsprechend muss dem Grundbuchamt auch keine solche Genehmigung und kein entsprechendes Negativattest mehr vorgelegt werden.

Unverändert besteht jedoch nach § 22 BauGB die Möglichkeit, dass eine Genehmigungspflicht für Grundstücksteilungen eingeführt werden kann, soweit es sich um Gebiete mit Fremdenverkehrsfunktion handelt.

Eine ähnliche Möglichkeit zur Genehmigungspflicht besteht gem. § 172 Abs. 1 Satz 4 BauGB für die Aufteilung in Wohnungseigentum. Allerdings besteht sie nur unter zwei (kumulativen) Voraussetzungen, nämlich wenn

– einerseits das Grundstück in einem Gebiet liegt, für das die jeweilige Gemeinde per Bebauungsplan oder Satzung festgelegt hat, dass der Rückbau, die Änderung oder die Nutzungsänderung baulicher Anlagen einer Genehmigung bedürfen, um die Zusammensetzung der Wohnbevölkerung zu erhalten (vgl. § 172 Abs. 1 Satz 1 Nr. 2 BauGB),

– und andererseits die jeweilige Landesregierung eine Rechtsverordnung erlassen hat, nach der für die Begründung von Wohnungseigentum oder Teileigentum eine Genehmigung erforderlich ist.

Die Regelung ist nur in vereinzelten Gebieten für die notarielle Praxis relevant. Zum Beispiel hat Hamburg zeitweilig von der Ermächtigung Gebrauch gemacht (vgl. VO v. 09.12.2008, GVBl 2008, 426); in Bayern gilt nach der am 01.03.2015 in Kraft getretenen Verordnung zur Stärkung des städtebaulichen Milieuschutzes ebenfalls eine Genehmigungspflicht in Gebieten, für die eine Erhaltungssatzung gilt (u.a. München, Erding, Regensburg und Erlangen), ebenso wie in Berlin nach der am 14.03.2015 in Kraft getretenen Umwandlungsverordnung. Problematisch ist bisweilen, dass das Grundbuchamt nicht unbedingt wissen kann, für welche Gebiete Erhaltungssatzungen gem. § 172 Abs. 1 Satz 1 Nr. 2 BauGB bestehen; insofern muss stets damit gerechnet werden, dass ein Negativattest verlangt wird.

Unberührt bleiben bei einer Grundstücksteilung weiterhin die Genehmigungspflichten, sofern das zu teilende Grundstück in einem **Umlegungsverfahren** (§ 51 BauGB) oder einem **Sanierungsgebiet** (§ 144 Abs. 2 Nr. 5 BauGB) liegt (siehe dazu unten Ziffer 7.).

Zusätzlich können **landesrechtliche Genehmigungspflichten** bestehen, etwa nach der Landesbauordnung von Nordrhein-Westfalen (§ 8 BauO NRW) sowie für Waldgrundstücke nach den landesrechtlichen Bestimmungen in Baden-Württemberg, Hessen, Schleswig-Holstein und Thüringen. Einzelheiten zu den erforderlichen Genehmigungen sowie die jeweils neueste Fassung der Landesgesetze ergeben sich aus der stets aktuellen Übersicht, die auf der Website des Deutschen Notarinstitut heruntergeladen werden kann: *https://www.dnoti.de/arbeitshilfen/immobilienrecht/* (Stand derzeit: 01.02.2019).

Bei einer Teilung muss ferner stets beachtet werden, dass nach § 19 Abs. 2 BauGB durch die Teilung eines Grundstücks im Geltungsbereich eines Bebauungsplans keine Verhältnisse entstehen dürfen, die den Festsetzungen des Bebauungsplans widersprechen. Ob dies der Fall ist, kann der Notar allerdings in aller Regel weder selbst beurteilen noch leicht in Erfahrung bringen; auch besteht keine notarielle Pflicht hierzu. Für die Vertragsgestaltung ist jedoch zu berücksichtigen, dass ein durch Teilung entstandener baurechtswidriger Zustand einen Sachmangel gem. § 434 Abs. 1 BGB darstellen dürfte, wobei allerdings in den Grenzen des § 444 BGB ein Gewährleistungsausschluss zulässig ist (vgl. im Einzelnen zu den vertraglichen Regelungsmöglichkeiten VOSS/STEINKEMER, ZfIR 2004, 797).

In einem Kaufvertrag über eine Teilfläche sollte der Notar auf den Inhalt des § 19 Abs. 2 BauGB hinweisen und dies in der Niederschrift vermerken:

Formulierungsbeispiel – Belehrung über § 19 BauGB bei Teilung

Der Notar hat die Beteiligten darauf hingewiesen, dass durch die Teilung die Bebaubarkeit der Teilgrundstücke ausgeschlossen oder eingeschränkt sein kann und dass durch die Teilung des Grundstücks im Geltungsbereich eines Bebauungsplans keine Verhältnisse entstehen dürfen, die den Festsetzungen des Bebauungsplans widersprechen.

Als Gestaltungsvariante bietet es sich in Einzelfällen ferner an, den Kaufvertrag unter der aufschiebenden Bedingung zu schließen, dass innerhalb einer bestimmten Frist ein bestandskräftiger Bauvorbescheid der Baugenehmigungsbehörde vorliegt.

7.   Genehmigungen bei Umlegungsverfahren und Sanierungsgebieten (§§ 51, 144 BauGB)

Wird ein **Umlegungsverfahren** durchgeführt, so ist eine Genehmigung der Umlegungsstelle nicht nur für die Teilung eines im Umlegungsgebiet liegenden Grundstücks notwendig, sondern auch bei bestimmten anderen Vorgängen wie z.B. Veräußerung, Einräumung von Nutzungsrechten, Begründung von Baulasten etc. Die genauen Voraussetzungen und die Liste der zustimmungspflichtigen Geschäfte ergeben sich aus § 51 BauGB.

Eine Genehmigung kann in ähnlicher Weise erforderlich sein, wenn ein Grundstück in einem förmlich festgelegten **Sanierungsgebiet** liegt. Dies gilt insbesondere für die Veräußerung, die Bestellung eines das Grundstück belastenden Rechts sowie Verträge über die Nutzung des Grundstücks oder des darauf stehenden Gebäudes (§ 144 BauGB).

8.   Aufsichtsbehördliche Genehmigungen

Unter bestimmten Umständen bedürfen **Gebietskörperschaften** einer Genehmigung durch ihre Aufsichtsbehörde:

Nach den Gemeindeordnungen und Kreisordnungen der einzelnen Bundesländer benötigen die **Gemeinden, Ämter, Kreise, Bezirke und Zweckverbände** zur Veräußerung und zur Belastung von Grundstücken ab einer bestimmten, von der Einwohnerzahl der Gebietskörperschaft abhängigen Wertgrenze die Genehmigung ihrer jeweiligen Aufsichtsbehörden. Manche Geschäfte sind hingegen genehmigungs- und anzeigefrei.

Einige Bundesländer haben durch landesrechtliche Verordnungen Ausnahmen von der Genehmigungspflicht für Rechtsgeschäfte der Gemeinden geschaffen. Zwar können an dieser Stelle nicht die Einzelheiten für alle Länder dargestellt werden. Die Verordnungen enthalten in den meisten Bundesländern jedoch folgende (typische) Regelungen:

–   Der Verkauf und der Tausch von Grundstücken oder grundstücksgleichen Rechten ist genehmigungsfrei, wenn ihr Wert in Gemeinden bis zu 10.000 Einwohnern 37.500 € nicht übersteigt.

– Diese Wertgrenze verschiebt sich schrittweise nach oben. Sie liegt bei Gemeinden mit mehr als 300.000 Einwohnern bei 500.000 €.

– Die Übernahme der persönlichen Schuld aus Hypotheken ist beim Erwerb von Grundstücken und grundstücksgleichen Rechten genehmigungsfrei, wenn sie die o.g. Wertgrenzen nicht übersteigt.

– Geschäfte der vorgenannten Art sind ohne Rücksicht auf den Wert genehmigungsfrei, wenn sie zur „Durchführung" des öffentlich geförderten Wohnungsbaus oder zur Vermeidung eines Umlegungsverfahrens bzw. einer Enteignung dienen.

– Die Genehmigungsfreiheit gilt nicht bei Verträgen mit Ratsmitgliedern, Gemeindebediensteten und mit Bediensteten von Unternehmen, an denen die Gemeinde mit mehr als 50 % beteiligt ist.

– Dem Antrag auf Eintragung des Eigentumswechsels in das Grundbuch muss der Notar entweder die Genehmigung der Aufsichtsbehörde oder aber eine Erklärung der Gemeinde beifügen, wonach der Abschluss des Vertrags genehmigungsfrei ist.

– Einige Bundesländer haben die Genehmigungspflicht aufgeweicht. Zum Beispiel sieht die Gemeindeordnung für den Freistaat Sachen (SächsGemO) seit dem 01.01.2014 vor, dass nur noch solche Veräußerungsgeschäfte genehmigungspflichtig sind, bei denen die Veräußerung unentgeltlich oder unter Wert erfolgt.

Formulierungsbeispiel – Versicherung der Genehmigungsfreiheit durch Gemeinde

Die Gemeinde ... versichert, dass dieser Vertrag gem. § 1 der Verordnung über die Genehmigungsfreiheit von Rechtsgeschäften der Gemeinden vom ... genehmigungsfrei ist.

In ähnlicher Weise benötigen die Kirchen für bestimmte Rechtsgeschäfte die Genehmigung der kirchlichen Aufsichtsbehörde:

Das Vermögen der Kirchen gehört größtenteils den einzelnen Pfarreien. Für die Veräußerung, den Erwerb und die Belastung von Grundstücken oder grundstücksgleichen Rechten und für die Verfügung über Rechte an Grundstücken gilt überall eine mehr oder weniger umfassende Notwendigkeit der kirchenaufsichtsbehördlichen Genehmigung.

Sie wird in der katholischen Kirche vom bischöflichen Ordinariat des jeweiligen Bistums erteilt, in der evangelischen Kirche vom jeweils örtlich zuständigen Landeskirchenamt.

9. Keine Genehmigungspflicht für Wertsicherungs-/ Preisklauseln

Das Preisangaben- und Preisklauselgesetz (PrKG) wurde mit dem Zweiten Gesetz zum Abbau bürokratischer Hemmnisse vom 14.09.2007 (BGBl I, 2246) dergestalt geändert, dass keine Genehmigungen mehr für Wertsicherungs- bzw. Preisklauseln erforderlich sind. Gleichzeitig wurde die Preisklauselverordnung aufgehoben.

Materiellrechtlich ändert sich jedoch denkbar wenig: Das grundsätzliche Verbot von Preisklauseln gem. § 1 PrKG besteht fort. Danach darf der Betrag von Geldschulden grundsätzlich nicht durch den Preis oder Wert von anderen Gütern oder Leistungen bestimmt werden, die nicht vergleichbar sind. Allerdings bestehen weiterhin zahlreiche Ausnahmen, die nunmehr in den §§ 2 ff. PrKG selbst enthalten sind. Die Neuerung besteht also vor allem darin, dass bei Eingreifen eines der Ausnahmetatbestände die Klausel sofort wirksam ist, ohne dass es einer zusätzlichen Genehmigung bedarf.

Inhaltlich ist für die Wirksamkeit einer Preisklausel weiterhin erforderlich, dass die Klausel hinreichend bestimmt ist. Das ist nicht der Fall, wenn ein geschuldeter Betrag allgemein von der künftigen Preisentwicklung oder einem anderen Maßstab abhängen soll, der nicht erkennen lässt, welche Preise oder Werte bestimmend sein sollen. Im Vertrag ist also darauf zu achten, dass ein konkreter Index oder eine konkrete Bezugsgröße genannt wird (§ 2 Abs. 1 und 2 PrKG). Zudem dürfen die Klauseln keine Vertragspartei unangemessen benachteiligen (§ 2 Abs. 3 PrKG).

Nach § 3 PrKG sind Klauseln weiterhin zulässig, wenn Zahlungen langfristig zu erbringen sind und wenn der geschuldete Betrag durch die Änderung eines näher bestimmten, amtlichen Preisindex berechnet werden soll. Zu den Einzelheiten, wann genau ein Vertrag über langfristige Zahlungen zulässig ist, vgl. § 3 PrKG.

Außer z.B. bei Kaufverträgen auf Rentenbasis besteht in der notariellen Praxis ein Bedürfnis zur Wertsicherung z.B. beim Abschluss von Unterhaltsvereinbarungen zwischen Eheleuten im Ehevertrag oder in einer Scheidungsfolgenvereinbarung sowie bei anderen Rentenzahlungen.

Formulierungsbeispiel – Wertsicherung einer Rente (Variante 1)

Der Betrag soll wertgesichert sein: Verändert sich der vom Statistischen Bundesamt ermittelte Verbraucherpreisindex für Deutschland auf der Basis 2010 = 100 gegenüber dem Indexstand für den Monat der Beurkundung, so erhöht oder vermindert sich im gleichen prozentualen Verhältnis die Höhe des zu zahlenden Geldbetrags.

Formulierungsbeispiel – Wertsicherung einer Rente (Variante 2)

Eine Indexänderung hat eine Änderung der Höhe des Geldbetrags nur dann zur Folge, wenn die Änderung gegenüber dem Ausgangsstand oder dem Stand bei der vorherigen Änderung 5 % (nicht: Punkte) oder mehr erreicht hat.

Weitere Formulierungsbeispiele zur Wertsicherung bei einer dauernden Last, einer Kaufpreisrente, eines Geldvermächtnisses und des Erbbauzinses sind z.b. zu finden bei LIMMER, ZNotP 1999, 158.

XVIII. Kaufvertrag über eine Grundstücksteilfläche

Wird nur die Teilfläche eines Grundstücks verkauft, sind die folgenden Besonderheiten zu beachten:

1. Genaue Beschreibung der verkauften Teilfläche

Soll eine erst noch zu vermessende Teilfläche aus einem oder mehreren Grundstücken Kaufgegenstand sein, verlangt § 311b BGB eine so genaue Beschreibung des Grundstücksteils in der Niederschrift, dass auch außenstehende Dritte Lage und Grenzen eindeutig feststellen können. Um eine Formnichtigkeit zu vermeiden, müssen die Umgrenzungslinien, etwa Verbindungslinien zwischen Markierungspunkten, die im Gelände vorhanden sind, oder die Flächengröße und geometrische Form (BGH, DNotZ 1969, 286; BGH, NJW 1988, 1262) angegeben werden.

Da dies allein durch Erklärungen der Beteiligten, also durch eine Beschreibung in Worten, regelmäßig nicht möglich ist, wird ein Katasterplan, in dem die Grenzen der verkauften Teilfläche eingezeichnet sind, als Anlage zur Niederschrift genommen; er wird mit der Niederschrift mit Schnur und Prägesiegel verbunden.

Dabei sollte möglichst ein maßstabsgerechter, amtlicher Katasterplan verwendet werden.

2.   Erfordernis der Teilungsgenehmigung

Das Erfordernis der Teilungsgenehmigung nach § 19 BauGB ist seit dem 20.07.2004 entfallen, kann sich aber z.B. aus der jeweiligen Landesbauordnung ergeben. Die Einzelheiten zu Genehmigungen, die bei einer Grundstücksteilung erforderlich sein können, sind aus dem obigen Abschnitt XVII. Ziffer 6. ersichtlich.

3.   Entwurf eines Kaufvertrags über eine noch zu vermessende Teilfläche bei bestehender Belastung

Das folgende Vertragsmuster beschränkt sich auf die Änderungen, die bei einer solchen Art von Kaufvertrag im Vergleich zu dem Grundmuster eines Kaufvertrags (siehe dazu oben Abschnitt V.) erforderlich sind. Insbesondere sind also in dem Grundmuster die hier neu formulierten Abschnitte II., III., VI. und VII. auszutauschen:

Muster: Kaufvertrag über eine noch zu vermessende Teilfläche bei bestehender Belastung

...

II.
Verkauf

1. Der Verkäufer verkauft dem dies annehmenden Käufer im Beteiligungsverhältnis zu je 1/2 Anteil aus dem Grundstück Flur 2 Nr. 604 = 1.200 m² eine noch zu vermessende unbebaute Teilfläche in einer Größe von ca. 340 m².

   Die Teilfläche ist in dem dieser Niederschrift als Anlage beigefügten Katasterplan rotumrandet eingezeichnet. Der Katasterplan wurde den Beteiligten zur Durchsicht vorgelegt.

2. Der Verkäufer wird die Vermessung des Grundstücks unverzüglich in Auftrag geben. Die Kosten der Vermessung und Teilung im Grundbuch trägt der Verkäufer.

3. Der Notar hat die Beteiligten darauf hingewiesen, dass durch die Teilung die Bebaubarkeit der Teilgrundstücke ausgeschlossen oder eingeschränkt sein kann und dass durch die Teilung des Grundstücks im Geltungsbereich eines Bebauungsplans keine Verhältnisse entstehen dürfen, die den Festsetzungen des Bebauungsplans widersprechen.

III.
Kaufpreis und Kaufpreisfälligkeit

1. Der Kaufpreis beträgt 100 € pro m².

   Das ergibt bei einer angenommenen Grundstücksgröße von 340 m² einen vorläufig berechneten Kaufpreis von 34.000 € (in Worten: vierunddreißigtausend Euro).

2. Sollte das Ergebnis der Vermessung und Fortschreibung des Liegenschaftskatasters eine Mehr- oder Mindergröße gegenüber dem angenommenen Flächenwert ergeben, ist die Differenz nach Vorlage des Veränderungsnachweises auf der Basis von 100 € pro m² zwischen den Beteiligten unmittelbar auszugleichen, jedoch nicht vor Eintritt der nachstehend vereinbarten Fälligkeitsvoraussetzungen.

3. Der vorläufige Kaufpreis ist fällig am ..., jedoch nicht vor Ablauf einer Woche nach Zugang einer schriftlichen Mitteilung des Notars an den Käufer, dass folgende Voraussetzungen erfüllt sind:

   a) Das neu vermessene Grundstück ist als ein Grundstück im Rechtssinne im Grundbuch eingetragen,

   b) Zur Sicherung des Anspruchs des Käufers auf Übertragung des Eigentums ist eine Vormerkung im Grundbuch eingetragen, und zwar mit Rang nur nach dem Recht Abteilung III lfd. Nr. 1 bzw. mit Rang nach Grundpfandrechten, bei deren Bestellung der Käufer mitgewirkt hat,

   c) Die zuständige Gemeinde Musterstadt hat bestätigt, dass ein gesetzliches Vorkaufsrecht nicht besteht oder nicht ausgeübt wird,

   d) Die Löschungs- bzw. Freistellungsunterlagen – ersatzweise unwiderrufliche Freigabebereitschaftserklärungen – für die nicht übernommenen Belastungen liegen dem Notar entweder auflagenfrei oder aber mit der Maßgabe vor, hiervon gegen Zahlung eines Betrags, der insgesamt nicht höher als der vereinbarte Kaufpreis ist, Gebrauch zu machen.

VI.
Auflassung, Vormerkung, Grundbuchanträge und Vollmacht

1. Die Beteiligten sind sich darüber einig, dass das Eigentum an dem Kaufgegenstand von dem Verkäufer auf den Käufer – im angegebenen Beteiligungsverhältnis – übergehen soll.

2. Die Beteiligten bevollmächtigen ... und ..., sämtlich Notarfachangestellte/Notarfachassistenten bei dem amtierenden Notar, und zwar jeden einzeln und unter Befreiung von den Beschränkungen des § 181 BGB, nach Vorliegen des katasteramtlichen Veränderungsnachweises, die verkaufte Teilfläche gegenüber dem Grundbuchamt genau zu bezeichnen, Teilungsanträge zu stellen,

die Auflassung vorsorglich zu wiederholen und entgegenzunehmen, die Eintragung des Eigentumswechsels zu bewilligen und zu beantragen, Pfandfreigaben und Rangänderungen zu bewilligen und diese zu beantragen, die Löschung der Vormerkung auf der nicht verkauften Teilfläche zu bewilligen und zu beantragen sowie überhaupt alles zu tun, was zur Eigentumsumschreibung auf den Käufer erforderlich und zweckmäßig ist.

VII.
Teilungsgenehmigung, Rücktrittsrecht

1. Der Notar hat die Beteiligten auf das Erfordernis der behördlichen Genehmigung bei Teilung bebauter Grundstücke gem. ... (z.B. § 8 BauO NW) hingewiesen.

2. Sollte die Teilungsgenehmigung bzw. das Negativattest nicht innerhalb von zwei Monaten ab der heutigen Beurkundung auflagenfrei erteilt sein, können alle Beteiligten von diesem Vertrag zurücktreten. Weitere Ansprüche sind ausgeschlossen. Der Verkäufer hat jedoch etwaige Auflagen der Teilungsgenehmigung zu erfüllen; hierzu findet das allgemeine Gewährleistungsrecht Anwendung.

...

4.   Anmerkungen zur Gestaltung des Teilflächenkaufvertrags

Die **Besonderheiten der Vertragsgestaltung** in dem vorstehenden Musterbeispiel eines Teilflächenkaufvertrags, insbesondere hinsichtlich der genauen Bestimmung des Kaufgegenstandes (dazu II.) und des Kaufpreises (dazu III.) sowie der Ausgestaltung der Fälligkeitsvoraussetzungen (dazu ebenfalls III.), sind weitgehend selbsterklärend.

Für die **Kaufpreishöhe** wird zwischen den Beteiligten i.d.R. entweder ein Preis pro m^2 mit anschließend möglicher Preisanpassung nach Vermessung (also so wie im Beispiel) oder aber ein Festpreis vereinbart. In Ausnahmefällen ist jedoch keine der genannten Regelungen sachgerecht: Wenn es dem Käufer z.B. entscheidend auf eine bestimmte Mindestgröße der verkauften Teilfläche ankommt, etwa weil er diese für sein Bauvorhaben benötigt, kann es zielführender sein, dem Käufer ein vertragliches Rücktrittsrecht für den Fall einzuräumen, dass die erforderliche Fläche bei der Vermessung unterschritten wird. Als weitere Alternativ kann auch die Flächengröße als geschuldete Beschaffenheit (oder sogar als verschuldensunabhängige Garantie) vereinbart werden, mit der Folge, dass dem Käufer die gesetzlichen Gewährleistungsrechte (also u.a. auch ein Rücktrittsrecht) zustehen.

5. Vermessung und katastertechnische Behandlung des Teilflächenkaufvertrags

In katastertechnischer Hinsicht weist der Vollzug des Teilflächenkaufvertrags folgende Besonderheiten auf:

— Ist die verkaufte Teilfläche (wie im Beispiel) **noch nicht vermessen**, erfolgt zunächst eine Vermessung, und zwar typischerweise durch einen öffentlich bestellten Vermessungsingenieur. Anschließend zerlegt das Katasteramt das Grundstück (in NRW allerdings z.b. erst dann, sobald dem Katasteramt die Teilungsgenehmigung gem. § 8 BauO NRW vorliegt). Sodann übersendet das Katasteramt nach Grundstückszerlegung dem Grundbuchamt einen entsprechenden Veränderungsnachweis. Das Grundbuchamt trägt daraufhin die neuen Flurstückbezeichnungen als neues Flurstück (= als neues Grundstück im **katastertechnischen** Sinne) ins Grundbuch ein, allerdings noch unter derselben laufenden Nummer (d.h. noch nicht als neues Grundstück im Rechtssinne). Letzteres erfolgt erst, wenn der Notar anschließend beim Grundbuchamt die Auflassung beantragt; daraufhin erhält die Teilfläche eine eigene laufende Nummer im Bestandsverzeichnis bzw. wird in ein neues Grundstücksblatt übertragen.

— Ist die verkaufte **Teilfläche bereits vermessen** und als eigenes Flurstück – also als Grundstück im katastertechnischen Sinne – im Grundbuch vermerkt, verkürzt sich die vorstehend genannte Vorgehensweise. Weder Vermesser noch Katasteramt sind involviert; es genügt vielmehr die „übliche" Korrespondenz zwischen Notar und Grundbuchamt (und in NRW greift in diesem Fall die Besonderheit, dass die Teilungsgenehmigung gem. § 8 BauO NRW nicht dem Katasteramt, sondern unmittelbar dem Grundbuch vorzulegen ist, sog. Grundbuchsperre).

6. Besonderheiten beim Vollzug des Teilflächenkaufvertrags

Wird der vorstehende Teilflächenkaufvertrags vollzogen, sind folgende Besonderheiten zu berücksichtigen:

— Beim Einholen von Genehmigungen sind die evtl. erforderlichen zusätzlichen **Genehmigungen** zur Teilung (siehe dazu oben Abschnitt XVII. Ziffer 6.) zu beachten.

— Geprüft werden muss, ob Rechte, die vom Käufer nicht übernommen werden, vollständig gelöscht werden sollen oder ob nur die verkaufte Teilfläche mittels einer **Freigabeerklärung** aus der Haftung freizugeben ist.

– Die (rechtlich noch nicht selbständige) Teilfläche kann nicht mit einer **Vormerkung** belastet werden. Stattdessen kann nur vorsorglich auf dem gesamten Grundstück eine Vormerkung eingetragen werden; nach Vermessen und katastertechnischer Fortschreibung können die bevollmächtigten Notariatsmitarbeiter sodann die Vormerkung auf der nicht verkauften Teilfläche zur Löschung bringen.

Formulierungsbeispiel – Eintragung der Vormerkung beim Teilflächenkauf

Eigentumsverschaffungsvormerkung für eine Teilfläche A-B-C-D-A in der Größe von ca. 340 m² gemäß Kaufvertragsurkunde des Notars Gustav Gründlich, Musterstadt, vom 01.10.2019, UR-Nr. 1123/2019

*Ähnlich ist bei **Finanzierungsgrundpfandrechten** vorzugehen: Auch hier wird das Grundpfandrecht zunächst an dem gesamten Grundstück bestellt, d.h., die finanzierende Bank erhält zunächst mehr Sicherheit als ihr eigentlich schuldrechtlich zusteht. Daher ist in die Finanzierungsvollmacht ein Versprechen der Bank aufzunehmen, dass sie die nicht verkaufte Teilfläche aus der Haftung entlassen wird, sobald der Fortführungsnachweis vorliegt.*

Formulierungsbeispiel – Zusatz für Finanzierungsvollmacht beim Teilflächenkauf

Der Notar soll den Antrag auf Eintragung des Grundpfandrechts erst dann stellen, wenn sich der Gläubiger dem Verkäufer gegenüber unwiderruflich verpflichtet hat, nach katasteramtlicher Fortschreibung die nicht verkaufte Teilfläche auflagenfrei aus der Mithaft zu entlassen.

*Für die Eigentumsumschreibung muss der Notar, nachdem die Größe und genaue Bezeichnung der vermessenen Teilfläche feststehen, entweder durch eine in der Praxis **Identitätserklärung** genannte Eigen-/ Nachtragsurkunde die Identität der vermessenen mit der verkauften Teilfläche feststellen oder aber (jedenfalls bei Abweichungen in Form oder Größe) die Auflassung wiederholen.*

Für den hier nicht behandelten Fall, dass ein Grundstück isoliert (d.h. nicht im Zusammenhang mit einem Kaufvertrag über eine noch zu vermessende Teilfläche) geteilt, vereinigt oder zugeschrieben werden soll, siehe den unten stehenden § 10 (Grundstückteilung, -vereinigung und -zuschreibung.

§ 6 Verwahrungstätigkeit des Notars

Aufgrund seiner hervorgehobenen Stellung als unparteiischer Träger eines öffentlichen Amts bringen Beteiligte dem Notar besonderes Vertrauen entgegen und beauftragen ihn daher u.a. mit Verwahrungsgeschäften. Wie stets ist Gegenstück des besonderen Vertrauens eine besondere Verantwortung. Daher ist auch nach der Rechtsprechung gerade bei Verwahrungsgeschäften „peinliche Genauigkeit für den Notar eine grundlegende Pflicht" (vgl. z.b. BGH, DNotZ 1987, 556).

Der wohl häufigste Fall notarieller Verwahrungstätigkeit ist die Abwicklung eines Kaufvertrags über Notaranderkonto, siehe dazu den folgenden § 7 dieses Buchs zum Grundstückskaufvertrag (Abwicklung über Notaranderkonto). Da eine Verwahrung aber auch ohne den Anlass eines Kaufvertrags erfolgen kann, enthalten die folgenden Ausführungen zunächst einige grundsätzliche Anforderungen an die Verwahrungstätigkeit des Notars.

I. Maßgebliche Vorschriften über die Verwahrung

Die Vorschriften über die notarielle Verwahrung ergeben sich maßgeblich aus dem fünften Abschnitt des Beurkundungsgesetzes (§§ 54a–54e BeurkG). Seit der Übernahme dieser Vorschriften von § 11 DONot in das BeurkG haben die Vorgaben für Verwahrungsgeschäfte eine andere Qualität erhalten: Es handelt sich nicht mehr nur um Dienstpflichten (deren Beachtung Gegenstand der Notarprüfung ist), sondern um echte **Amtspflichten**, deren Verletzung als Amtspflichtverletzung zu Schadensersatzansprüchen gegen den Notar führen kann.

Weitere Vorschriften, die bei Verwahrung durch den Notar eine Rolle spielen können, sind die §§ 1, 14, 16, 23 i.V.m. §§ 19 und 28 BNotO, §§ 2 und 4 GwG sowie §§ 10, 11, 12, 22, 25 und 27 DONot.

II. Berechtigtes Sicherungsinteresse (§ 54a BeurkG)

Seit dieser gesetzlichen Neuregelung darf der Notar nur dann Geld zur Verwahrung entgegennehmen – also auch nur dann eine Abwicklung der Kaufpreiszahlung über Notaranderkonto vorsehen –, wenn hierfür ein **berechtigtes Sicherungsinteresse** der am Verwahrungsgeschäft beteiligten Personen besteht.

Was darunter genau zu verstehen ist, ist im Einzelnen umstritten. Ob z.B. allein der „dringende Wunsch der Beteiligten" für die Verwendung eines Notaranderkontos ausreicht, ist zweifelhaft. Einige sehen ein berechtigtes Sicherungsinteresse bereits dann als gegeben an, wenn das Notaranderkonto gegenüber dem Direktzahlungsmodell eine Abwicklungserleichterung, also höhere Praktikabilität bietet. Der vorsichtige Notar sollte jedoch auf diese weite Auffassung nicht vertrauen, zumal die Rechtsprechung z.T. eine restriktivere Handhabung anmahnt (vgl. beispielhaft OLG Schleswig, SchlHA 2010, 88 f.). Danach ist die **Abwicklung eines Kaufvertrags über Notaranderkonto nur in Ausnahmefällen zulässig.**

In der Praxis wird die individuelle Handhabung von Notaranderkonten durch den jeweiligen Notar in den Geschäftsprüfungen überprüft. Erfahrungsgemäß neigen Geschäftsprüfer zu einer intensiveren Prüfung, wenn mehr als 1/3 der Kaufverträge – oder jedenfalls deutlich mehr Verträge als bei umliegenden Notaren – über Notaranderkonto abgewickelt werden. Allerdings sollte der Notar nicht blind auf derartige Erfahrungswerte vertrauen, sondern er muss stets im Einzelfall das berechtigte Sicherungsinteresse überprüfen.

Nachstehend sind einige beispielhafte **Fallgestaltungen** aufgeführt, bei denen ein berechtigtes Sicherungsinteresse für eine Abwicklung der Kaufpreiszahlung über Notaranderkonto bestehen kann:

Beispiele für Fälle mit berechtigtem Sicherungsinteresse beim Kaufvertrag

– Die Löschung eines Grundpfandrechts ist wegen Verlusts des Briefs nicht möglich (das hierfür mögliche **Aufgebotsverfahren** nimmt Zeit in Anspruch);

– Hinterlegung des Kaufpreises, um einen **frühzeitigen Besitzübergang** – vor Eintritt der üblichen Kaufpreisfälligkeitsvoraussetzungen – zu ermöglichen; ähnlich, wenn der Verkäufer den Auszug aus dem von ihm bewohnten Haus zu einem bestimmten Termin verspricht, dies jedoch von der vollständigen Kaufpreiszahlung abhängig macht;

– der verkaufte Grundbesitz ist mit **mehreren Grundpfandrechten Dritter** belastet, die aus dem Kaufpreis abzulösen sind (insb. z.B., wenn die **Verkäuferverbindlichkeiten höher als der Kaufpreis** sind);

– der **Verkäufer** ist nach dem Vertrag verpflichtet, nach Fälligkeit des Kaufpreises bestimmte Renovierungsarbeiten am Objekt auszuführen oder andere **Leistungspflichten** zu erfüllen;

– der Käufer finanziert den Kaufpreis mit **Darlehen mehrerer Kreditgeber**, die auf dem Kaufobjekt dinglich zu sichern sind (insb., falls die Kreditgeber dann die Verwahrung verlangen);

– Hinterlegung eines Kaufpreisteils als **Sicherheitseinbehalt** für den Käufer bei Abwicklung des Vertrags im Übrigen;

– Kaufpreisabwicklung über Notaranderkonto während eines **Zwangsversteigerungsverfahrens;**

– **als Verkäufer tritt ein Insolvenzverwalter oder ein Testamentsvollstrecker auf** (denn dann besteht stets das Risiko, dass dieser jeweilige Amtswalter zum Zeitpunkt der Eigentumsumschreibung verstorben oder aus sonstigen Gründen nicht mehr im Amt ist); sowie

– Beteiligung **ausländischer Personen an der Beurkundung,** vgl. § 4 GwG (insb., wenn z.b. auf Erwerberseite ausländische juristische Personen auftreten oder auf andere Weise die Vertretungsverhältnisse unklar sind, wie z.b. auch bei einer GbR auf Erwerberseite).

Hinweis zu den vorstehenden Beispielen

Die obige Aufzählung ist nur beispielhaft und bei weitem nicht abschließend. **Maßgeblich** für die Entscheidung, ob eine Kaufvertragsabwicklung über Notaranderkonto gerechtfertigt ist, ist stets die Frage, ob in der konkreten Fallkonstellation **ein berechtigtes (also: ein besonderes) Sicherungsinteresse** der Beteiligten besteht.

Siehe für einfache Fallgestaltungen, in denen ein berechtigtes Sicherungsinteresse fehlt, schon den § 5 Abschnitt VI. Ziffer 3.

III.   Weitere Voraussetzungen einer notariellen Verwahrungstätigkeit

§ 54a BeurkG enthält neben dem Erfordernis des **berechtigten Sicherungsinteresses** weitere teils formale, teils materielle Voraussetzungen, die erfüllt sein müssen, bevor der Notar einen Verwahrungsantrag annimmt.

§ 54a Abs. 2 Nr. 2 BeurkG legt fest, dass sowohl ein **Verwahrungsantrag** als auch eine **Verwahrungsanweisung** erforderlich sind, wobei näher bestimmte Mindestinhalte in der Anweisung enthalten sein müssen.

Zwar ist der Notar grundsätzlich berechtigt, Geldbeträge schon vor Vorliegen der Verwahrungsanweisung entgegenzunehmen; dann muss er aber anschließend die näheren Bedingungen des Verwahrungsgeschäfts klären und darauf hinwirken, dass ihm rasch eine schriftliche Verwahrungsanweisung eingereicht wird.

§ 54a Abs. 3 BeurkG bestimmt die weitergehende Pflicht des Notars, vor Annahme des Verwahrungsantrags zusätzlich genau zu prüfen, ob die Verwahrungsanweisung

– den Bedürfnissen einer ordnungsgemäßen Geschäftsabwicklung und

– eines ordnungsgemäßen Vollzugs der Verwahrung sowie

– dem Sicherungsinteresse aller am Verwahrungsgeschäft beteiligten Personen genügt.

Nach § 54a Abs. 3 BeurkG obliegt dem Notar also eine **inhaltliche** Prüfung der Verwahrungsanweisung. Für den Kaufvertrag bedeutet dies, dass sowohl die Hinterlegungsvoraussetzungen als auch die Auszahlungsvoraussetzungen sorgfältig anhand der genannten Kriterien zu überprüfen sind.

Dies ist **z.B. nicht** der Fall, wenn

– der Notar angewiesen werden soll, über den hinterlegten Betrag vorab teilweise zu verfügen, etwa einen Grundpfandgläubiger bereits abzulösen, bevor nicht die Löschungsunterlagen aller abzulösenden Gläubiger unter erfüllbaren Auflagen vorliegen;

– Zahlungen an den Verkäufer zu einem Zeitpunkt erfolgen sollen, zu dem die Ablösung dinglich gesicherter Gläubiger noch nicht sichergestellt ist;

– die Auszahlungsvoraussetzungen im Vertrag nicht im Einzelnen festgelegt sind, sondern darauf abgestellt wird, dass „die Eigentumsumschreibung auf den Käufer sichergestellt ist";

– der Notar Auszahlungen vornehmen soll aufgrund einer Bestätigung einer Vertragspartei, deren Richtigkeit der Notar nicht prüfen kann und die der jeweils bestätigenden Partei Missbrauchsmöglichkeiten eröffnet (z.B. Bestätigung des Verkäufers über den Auszug des Mieters aus dem verkauften Objekt, der wiederum Auszahlungsvoraussetzung ist); ähnlich ist z.B. der Fall zu bewerten, dass die Auszahlung erst bei Vorlage der grunderwerbsteuerlichen Unbedenklichkeitsbescheinigung oder nach Bezahlung der vom Grundbuchamt erhobenen Kosten erfolgen soll, dann hinge die Auszahlung nämlich jeweils allein vom Verhalten des Käufers ab.

IV.   Prüfliste zur Verwahrung von Geld

Der Notar darf Geld zur Verwahrung nur in den in der nachfolgenden Checkliste dargestellten Fällen entgegennehmen.

Checkliste: Verwahrung von Geld

Der Notar darf Geld zur Verwahrung nur entgegennehmen, wenn alle folgenden Voraussetzungen erfüllt sind:	
a) Es besteht hierfür ein **berechtigtes Sicherungsinteresse** der am Verwahrungsgeschäft beteiligten Personen (§ 54a Abs. 2 Nr. 1 BeurkG).	☐
b) Ihm liegt ein **Antrag** auf Verwahrung verbunden mit einer **Verwahrungsanweisung** vor (§ 54a Abs. 2 Nr. 2 BeurkG).	☐
c) Die Verwahrungsanweisung enthält als **Mindestinhalte**: • die Person des oder der Anweisenden (beim Kaufvertrag sind Verkäufer und Käufer Anweisende, vgl. § 54c Abs. 2 BeurkG: „mehrere" Anweisende), • den oder die Empfangsberechtigten, also die Personen, an die der hinterlegte Betrag ausgezahlt werden soll, z.B. abzulösende Gläubiger, den Verkäufer oder sonstige Dritte, an die die Kaufpreisforderung ganz oder teilweise abgetreten worden ist, • die zeitlichen und sachlichen Bedingungen der Verwahrung, insbesondere eine etwaige Festgeldanlage, • die Bestimmung, wem die Erträge (Zinsen) zustehen, sowie • die genauen **Auszahlungsvoraussetzungen** (§ 54a Abs. 2 Nr. 2 BeurkG).	☐
d) Der Inhalt der von den Beteiligten getroffenen Verwahrungsanweisung genügt sowohl • den Bedürfnissen einer ordnungsgemäßen Geschäftsabwicklung und eines ordnungsgemäßen Vollzugs der Verwahrung als auch • dem Sicherungsinteresse aller am Verwahrungsgeschäft beteiligten Personen (§ 54a Abs. 3 BeurkG):	☐
e) Die Verwahrungsanweisung – sowie etwaige Änderungen, Ergänzungen oder deren (Teil-)widerruf – liegen in Schriftform vor (§ 54a Abs. 4 BeurkG).	☐
f) Der Notar hat auf der Verwahrungsanweisung die Annahme mit Datum und Unterschrift vermerkt; dies ist entbehrlich, wenn die Verwahrungsanweisung sowieso Gegenstand einer Niederschrift ist, die er selbst oder sein amtlich bestellter Vertreter aufgenommen hat (§ 54a Abs. 5 BeurkG).	☐

V.   Treuhandaufträge Dritter beim Vollzug des Verwahrungsgeschäfts

§ 54a Abs. 6 BeurkG regelt – richtigerweise in einer eigenen Vorschrift – die Pflichten des Notars bei der Annahme eines Treuhandauftrags, der ihm im Zusammenhang mit dem Vollzug des der Verwahrung zugrundeliegenden Geschäfts von einer Person erteilt wird, die an diesem nicht beteiligt ist.

Mit „nicht beteiligt" sind alle Personen gemeint, die nicht die ursprüngliche Verwahrungsanweisung (z.B. Verkäufer und Käufer im Kaufvertrag) erteilt haben, also insbesondere die abzulösenden Grundpfandgläubiger und die den Kaufpreis finanzierende Bank, die also erst beim Vollzug des der Verwahrung zugrundeliegenden Geschäfts an der Verwahrungstätigkeit des Notars „beteiligt" werden.

Der Begriff **Treuhand„auftrag"** ist insoweit irreführend, weil die Betreuungstätigkeit des Notars, die er insbesondere für die abzulösenden Grundpfandgläubiger und die kaufpreisfinanzierende Bank übernimmt, kein privatrechtliches Rechtsverhältnis begründet (zwischen Notar und Bank wird weder ein Geschäftsbesorgungsvertrag i.S.v. § 675 BGB geschlossen noch ein Auftragsvertrag i.S.v. § 662 BGB); auch insoweit handelt es sich vielmehr ausschließlich um eine Amtstätigkeit.

Vor der Annahme des Treuhandauftrags eines Dritten hat der Notar die Verwahrungsanweisung in formeller und materieller Hinsicht zu prüfen. Bei einem Grundstückskaufvertrag gilt dies sowohl für den Treuhandauftrag des abzulösenden Grundpfandrechtsgläubigers, der dem Notar treuhänderisch die Löschungsunterlagen unter Aufgabe des Ablösebetrags übersendet. Dies gilt auch für einen Treuhandauftrag der kaufpreisfinanzierenden Bank hinsichtlich des überwiesenen Betrags und der Auflagen, die erfüllt sein müssen, bevor der Notar über den hinterlegten Betrag verfügen darf. Auch vor Annahme eines Treuhandauftrags hat der Notar inhaltlich die oben dargestellten Voraussetzungen des § 54a Abs. 3 BeurkG genau zu prüfen.

Der Treuhandauftrag bedarf der **Schriftform** (in eiligen Fällen wird in der Praxis eine unterschriebene Fax-Mitteilung vorab erfolgen). Der Notar hat auf dem Treuhandauftrag die Annahme mit Datum und Unterschrift zu vermerken.

Für die Einzelheiten hinsichtlich einer korrekten Formulierung von Treuhandaufträgen kann das Rundschreiben der Bundesnotarkammer vom 17.02.1999 hilfreich sein.

Beispiele für unzulässige Treuhandaufträge

Danach darf der Notar den Treuhandauftrag z.b. nicht annehmen, wenn folgende Fallgestaltungen vorliegen:

– wenn der Notar gegen seine Amtspflichten aus § 14 BNotO verstoßen würde, insbesondere wenn er selbst eine Bürgschaft oder eine sonstige Gewährleistung übernehmen soll, vgl. § 14 Abs. 4 BNotO (Treuhandaufträge der Banken verlangen nicht selten die Übernahme einer Garantie, etwa für die rangrichtige Eintragung des Finanzierungsgrundpfandrechts);

– wenn der Treuhandauftrag zu kurz befristet oder jederzeit widerruflich ist (dann muss der Notar die Dritten um eine Verlängerung oder Unwiderruflichkeit des Treuhandauftrags ersuchen);

– wenn der Treuhandauftrag nicht in Einklang zu bringen ist mit den Hinterlegungs- und Auszahlungsvereinbarungen der Vertragsbeteiligten oder einem anderen, dem Notar bereits vorliegenden Treuhandauftrag eines Dritten. **Beispiele aus der Praxis** gibt es hierfür zahlreiche: Wenn z.b. die finanzierende Bank die Auszahlung des hinterlegten Betrags davon abhängig macht, dass das Finanzierungsgrundpfandrecht „erstrangig im Grundbuch eingetragen ist", obwohl aus dem hinterlegten Kaufpreis durch Grundpfandrechte gesicherte Verbindlichkeiten des Verkäufers abzulösen sind, bevor die Grundpfandrechte gelöscht werden dürfen. Ebensowenig ist eine Treuhandauflage der finanzierenden Bank möglich, die Auszahlung dürfe nur nach Sicherstellung der Eigentumsumschreibung erfolgen, obgleich das Grundpfandrecht unabhängig von der Eigentumsumschreibung zur Eintragung in das Grundbuch gelangt.

Werden dem Notar Treuhandaufträge mit unzulässigen Treuhandauflagen vorgelegt, ist der Notar **verpflichtet, auf deren Korrektur hinzuwirken**; von der Rechtsprechung wird zudem verlangt, dass er die Vertragsbeteiligten unterrichtet, damit diese bei ihrer Bank auf die Erteilung ordnungsgemäßer Treuhandaufträge hinwirken können (BGH, DNotZ 1995, 489).

Gelingt es trotz mehrfacher Versuche nicht, auf die Erteilung vertragsgemäßer Auflagen hinzuwirken, bleibt dem Notar nichts anderes übrig, als das Geld zurückzüberweisen bzw. eine Löschungsbewilligung zurückzuschicken.

VI.   Durchführung der Verwahrung (§ 54b BeurkG)

Zur Durchführung der Verwahrung hat der Notar namentlich § 54b BeurkG und die schon zuvor geltenden Regelungen in § 12 Abs. 2–4 DONot zu beachten.

Checkliste: Durchführung der Verwahrung

a)	**Bargeld** darf der Notar zur Aufbewahrung oder zur Ablieferung an Dritte nicht entgegennehmen (§ 54a Abs. 1 BeurkG). Das Verbot der Bargeldannahme soll den Notar vor missbräuchlicher Inanspruchnahme für Geldwäschezwecke bewahren und die Vertraulichkeit der Amtsführung des Notars im Hinblick auf die durch das Geldwäschegesetz eingeführten Dokumentations-, Mitteilungs- und Offenbarungspflichten bei Bargeldgeschäften weitgehend erhalten (so die amtliche Begründung des Gesetzgebers). **Schecks** darf der Notar entgegennehmen; er hat sie unverzüglich zur Gutschrift auf das Anderkonto zu bringen. Grundsätzlich gilt, dass die Einzahlung unmittelbar auf das Anderkonto zu erfolgen hat. Da die Kreditinstitute bereit sind, Anderkonten „auf Vorrat" zu vergeben, wird der Notar stets eine Reihe solcher Anderkonten vorrätig halten und kann dadurch bereits in der notariellen Urkunde Anderkonto-Nr. und Kreditinstitut (bzw. IBAN und BIC) angeben.
b)	Das **Notaranderkonto** muss bei einem im Inland zum Geschäftsbetrieb befugten Kreditinstitut oder der Deutschen Bundesbank eingerichtet sein. Die Anderkonten sollen grundsätzlich bei Kreditinstituten in dem Amtsbereich des Notars (Bezirk des Amtsgerichts, in dem er seinen Amtssitz hat, § 10a BNotO) oder den unmittelbar angrenzenden Amtsgerichtsbezirken desselben Oberlandesgerichtsbezirks eingerichtet werden. Ausnahmen sind einerseits möglich, wenn in der Anweisung ausdrücklich etwas anderes vorgesehen ist (also bei übereinstimmender Weisung der Vertragsbeteiligten), und andererseits, wenn eine andere Handhabung sachlich geboten ist (§ 54b Abs. 2 BeurkG). Mit der zweiten Variante ist beispielsweise der Fall gemeint, dass der Käufer über eine Bank finanziert, die im Revier des Notars keine Zweigstelle hat, aber auf Hinterlegung in ihrem Hause besteht.
c)	**Für jede Verwahrungsmasse** muss ein gesondertes Anderkonto geführt werden; Sammelanderkonten sind wie bisher nicht zulässig (§ 54b Abs. 3 BeurkG).
d)	Der Notar ist zu einer **bestimmten Art der Anlage** nur bei einer entsprechenden Anweisung der Beteiligten verpflichtet. Er darf den hinterlegten Betrag z.B. nicht in Aktien, Schuldverschreibungen etc. anlegen. Ohne Weisung der Beteiligten darf der Notar den hinterlegten Betrag auch nicht als Festgeld anlegen. Fremdgelder sowie deren Erträge dürfen auch nicht vorübergehend auf einem sonstigen Konto des Notars oder eines Dritten geführt werden (§ 54b Abs. 1 BeurkG).

e)	Über das Notaranderkonto darf **nur der Notar persönlich**, dessen amtlich bestellter Vertreter oder der Notariatsverwalter (§ 56 BNotO) verfügen. Durch Rechtsverordnung kann bestimmt werden, dass Verfügungen auch durch einen entsprechend bevollmächtigten anderen Notar (Notarsozius) erfolgen dürfen (§ 54b Abs. 3 Satz 1–3 BeurkG); derzeit besteht eine solche Rechtsverordnung nur in Hamburg.
	Verfügungen dürfen nur erfolgen, um Beträge unverzüglich dem Empfangsberechtigten oder einem von diesem schriftlich benannten Dritten zuzuführen. Sie sind grundsätzlich im bargeldlosen Zahlungsverkehr durchzuführen. Nur bei einem „besonderen berechtigten Interesse der Beteiligten" darf die Auszahlung in bar oder mittels Bar- oder Verrechnungsscheck erfolgen. Die Gründe hierfür hat der Notar zu vermerken (§ 54b Abs. 3 Satz 4–6 BeurkG).
f)	**Verfügungen zugunsten Privat- oder Geschäftskonten des Notars** sind lediglich zur Bezahlung von **Kostenforderungen aus dem zugrundeliegenden Amtsgeschäft** unter Angabe des Verwendungszwecks und nur dann zulässig, wenn hierfür eine notarielle Kostenrechnung erteilt und dem Kostenschuldner zugegangen ist und Auszahlungsreife des verwahrten Betrags zugunsten des Kostenschuldners vorliegt (§ 54b Abs. 3 Satz 8 BeurkG). Bis 1998 wurde zum Teil zugelassen, dass der Notar auch wegen sonstiger Kostenforderungen gegen den Verkäufer hinterlegte Beträge an sich auszahlen durfte. Durch die o.g. Neufassung ist dies nicht mehr möglich, es sei denn, der Kostenschuldner hat den Notar ausdrücklich angewiesen, aus dem hinterlegten Betrag offene Kostenforderungen aus anderen Amtsgeschäften auszugleichen.
	Vor Erteilung der Kostenrechnung und deren Zugang beim Kostenschuldner und (vor allem!) vor **Auszahlungsreife** darf der Notar keine Überweisungen auf das eigene Konto vornehmen. Auszahlungsreife liegt vor, wenn alle vertraglich vereinbarten Auszahlungsvoraussetzungen vorliegen, also der hinterlegte Betrag (oder ein Teil des hinterlegten Betrags) an den Verkäufer ausgezahlt werden kann.
	Handelt der Notarvertreter, ist zum Nachweis seiner Verfügungsbefugnis eine Kopie der Vertreterbestellung des Landgerichtspräsidenten dem Überweisungsauftrag an die Bank beizufügen. Erfahrungsgemäß verlangen einige (wenige) Banken darüber hinaus die Vorlage einer Kopie des Personalausweises des Notarvertreters.
g)	Eine Verwahrung soll regelmäßig über **ein einziges Anderkonto** durchgeführt werden; über mehrere Anderkonten darf eine Verwahrung nur durchgeführt werden, wenn dies sachlich geboten und in der Anweisung ausdrücklich bestimmt ist (§ 54b Abs. 4 BeurkG).
h)	**Für jedes Verwahrungsgeschäft** ist weiterhin eine **gesonderte Blattsammlung** zu führen, zu der auch die Hinterlegungsanweisung oder eine beglaubigte Abschrift derselben zu nehmen ist (§ 22 Abs. 2 DONot).

Neben den Bestimmungen der §§ 54a ff. BeurkG hat der Notar weitere gesetzliche Bestimmungen zu beachten. Demnach hat er z.b. ein Verzeichnis der Kreditinstitute, bei denen **Anderkonten** eingerichtet sind (sog. Anderkontenliste), zu führen und bestimmte Eintragungen in das von ihm jeweils geführte Verwahrungs- und Massenbuch (auch Massenkartei genannt) vorzunehmen (vgl. §§ 11 und 12 DONot).

Eine zukünftige elektronische Führung von Notaranderkonten ist durch ein entsprechendes **Pilotprojekt Elektronische Notaranderkontenführung (ENA)** in Vorbereitung. Die Tests erfolgen im Echtbetrieb in ausgewählten Notariaten mittels spezieller Online-Banking-Software auf der Grundlage eines Dispenses von den derzeit geltenden Regelungen der DONot.

Hinweis zur Einführung der elektronischen Führung des Verwahrverzeichnisses

Durch das Urkundenarchivgesetz (siehe ausführlich bereits oben § 2 Abschnitt V. Ziffer 2.) wird mit Wirkung zum 01.01.2020 nunmehr die elektronische Führung des Verwahrungsverzeichnisses nach § 76 Abs. 1–4 i.V.m. § 59a BeurkG-2020 eingeführt. Damit können die Masse- und Verwahrungsbücher nebst Anderkontenliste und Namensverzeichnis ersetzt werden.

§ 7   Grundstückskaufvertrag (Abwicklung über Notaranderkonto)

Die Abwicklung eines Grundstückskaufvertrags über ein Notaranderkonto ist im Notariat der häufigste Anwendungsfall von Verwahrungsgeschäften. Dementsprechend gelten hierfür zunächst sämtliche allgemeinen Erläuterungen zu Verwahrungsgeschäften aus § 6 dieses Buchs.

Dass die Abwicklung eines Grundstückskaufvertrags über Notaranderkonto erfolgt, ist zwar heute noch immer in den Köpfen vieler Vertragsparteien verwurzelt. Tatsächlich findet ein Notaranderkonto heute bei der Abwicklung eines Kaufvertrags jedoch nur noch in Ausnahmefällen Anwendung.

Zahlreiche Beispiele von „einfachen" Kaufverträgen, in denen die Verwendung eines Notaranderkontos nicht erforderlich (und demnach sogar sachwidrig) wäre, sind schon oben in § 5 Abschnitt VI. Ziffer 3. aufgeführt.

Beispiele für (i.d.R. kompliziertere) Fallgestaltungen, in denen hingegen ein Notaranderkonto den Beteiligten die erforderliche Sicherheit bietet und daher sachgerecht ist, finden sich in § 6 Abschnitt II. Ähnlich gelagert ist der folgende Beispielfall.

I.   Beispielfall

Die Daten der Beteiligten und des Grundbesitzes sowie der Kaufpreis sind identisch zum Beispielfall in § 5 Abschnitt III. Zur Erinnerung:

Am 20.08.2016 erscheinen im Büro des Notars Gustav Gründlich mit dem Amtssitz in Musterstadt:

das Ehepaar Viktor Vogel, Elektromeister, geboren 10.04.1983, und Veronika Vogel geb. Vorherig, Hausfrau, geboren 07.07.1986, beide wohnhaft Schlossstraße 9, 12345 Musterstadt und

das Ehepaar Karl Kaufbold, Ingenieur, geboren 20.01.1976, und Karin Kaufbold geb. Kentenich, Lehrerin, geboren 01.07.1978, beide wohnhaft Bismarckstraße 5, 12345 Musterstadt.

Die Eheleute Kaufbold haben die Absicht, von Herrn Viktor Vogel das Zweifamilienhaus, Schlossstraße 9, Musterstadt, nebst dem angrenzenden Gartenland zu einem Kaufpreis von 500.000 € zu kaufen.

Der vorgelegte Grundbuchauszug zeigt, dass der Grundbesitz sowohl in Abteilung II als auch in Abteilung III des Grundbuchs wie folgt belastet ist:

– In Abteilung II ist unter lfd. Nr. 1 ein lebenslängliches Wohnungsrecht für die Eheleute Valentin Vogel und Valentina Vogel, geb. Voldemort, eingetragen. Der Verkäufer erklärt, dass der Berechtigte Valentin Vogel bereits verstorben ist. Frau Valentina Vogel, geb. Voldemort, wohnt nicht mehr in dem belasteten Anwesen.

– In Abteilung III sind unter den lfd. Nr. 1–4 vier Grundschulden für die Volksbank Musterstadt eG eingetragen, die gelöscht werden sollen. Hierzu soll die Volksbank Musterstadt eG noch mitteilen, wie viel Geld sie noch – aus dem Kaufpreis – bekommt.

Darüber hinaus enthält die Besprechungsnotiz jedoch folgende Abweichungen vom Beispielfall in § 5:

Besprechungsnotiz

Aus dem Recht Abteilung III lfd. Nr. 4 ist ein Teilbetrag von 100.000 € nebst Zinsen und Nebenleistung an eine **zweite Gläubigerin** abgetreten, nämlich an die Bausparkasse Musterstadt AG. Der Verkäufer erklärt, dass er mit seinen Zins- und Tilgungsleistungen in Rückstand geraten ist. Die Bausparkasse Musterstadt AG hat Antrag auf Zwangsversteigerung des Grundbesitzes gestellt. Der Zwangsversteigerungsvermerk ist bereits im Grundbuch eingetragen, nämlich in Abteilung II unter lfd. Nr. 3 mit der Eintragung: **Die Zwangsversteigerung ist angeordnet** (Amtsgericht Musterstadt, Az. 61 K 15/14), eingetragen am 20.07.2018.

Nach dem Kenntnisstand des Verkäufers sind weder die erstrangige Gläubigerin noch sonstige Gläubiger aus nicht dinglich gesicherten Verbindlichkeiten dem Zwangsversteigerungsverfahren beigetreten. Die Käufer erklären, dass die Finanzierung des Kaufpreises sichergestellt ist, weil sie über **mehrere Finanzierungsquellen** verfügen: Sie erhalten namentlich von der Sparkasse Musterstadt ein grundbuchlich zu sicherndes Darlehen i.H.v. 300.000 €; sie verfügen ferner über Eigenmittel und über einen zuteilungsreifen Bausparvertrag bei der Bausparkasse Gemeinschaft der Freunde Musterstadt Gemeinnützige Gesellschaft mit beschränkter Haftung in Musterstadt. Zur Sicherung des Bauspardarlehens soll eine Grundschuld über 50.000 € nebst Zinsen für die Bausparkasse Gemeinschaft der Freunde Musterstadt im Rang nach der noch einzutragenden Grundschuld der Sparkasse Musterstadt zur Eintragung gelangen. Die Ehefrau des Käufers verfügt des Weiteren über einen kleineren Bausparvertrag bei der Landesbausparkasse Musterland. Eine dingliche Sicherung des geringen Bauspardarlehens verlangt diese Bausparkasse nicht.

Der Kaufgegenstand steht leer. Die Käufer legen Wert auf einen **schnellstmöglichen Besitzübergang.**

II.   Berechtigtes Sicherungsinteresse im Beispielfall

Bei dieser Fallgestaltung besteht ohne Zweifel ein berechtigtes Sicherungsinteresse für eine Abwicklung der Kaufpreiszahlung über Notaranderkonto, namentlich wegen

- des gewünschten vorzeitigen Besitzübergangs,

- der komplexeren Finanzierung des Kaufpreises,

- der Mehrzahl der Gläubiger bei der Lastenfreistellung und

- des laufenden Zwangsversteigerungsverfahrens.

Siehe zur Auslegung des Begriffs des „berechtigten Sicherungsinteresses" (§ 54a Abs. 2 Nr. 1 BeurkG) schon oben § 6 Abschnitt II.

III.   Kaufvertragsentwurf (Abwicklung über Notaranderkonto)

 Muster: Kaufvertrag

Urkundenrolle Nr. 2132/2019

Kaufvertrag

Verhandelt zu Musterstadt, am 01.09.2019

Vor mir, dem unterzeichnenden Notar

Gustav G r ü n d l i c h

mit dem Amtssitz in Musterstadt, erschienen heute:

1. Herr Viktor **Vogel**, Elektromeister,
   geboren 10.04.1983,
   – nachfolgend „der Verkäufer" genannt –

2. dessen Ehefrau Veronika **Vogel** geb. Vorherig, Hausfrau,
   geboren 07.07.1986,
   beide wohnhaft Schlossstraße 9, 12345 Musterstadt,

3. Herr Karl **Kaufbold**, Ingenieur,

    geboren 20.01.1976,
    wohnhaft Bismarckstraße 5, 64293 Musterstadt,

    –   handelnd für sich im eigenen Namen und zugleich als Vertreter ohne Vertretungsmacht für seine Ehefrau Karin **Kaufbold** geb. Kentenich, Lehrerin, geboren 01.07.1978, wohnhaft daselbst –

    –   deren Genehmigung ausdrücklich vorbehaltend, die mit ihrem Eingang beim amtierenden Notar allen Beteiligten gegenüber wirksam wird –

    – **nachfolgend „der Käufer" genannt –**.

Die Erschienenen zu 1. und 2. sind dem amtierenden Notar persönlich bekannt. Der Erschienene zu 3. wies sich aus durch Vorlage seines mit Lichtbild versehenen Reisepasses.

Der Notar fragte vor Beurkundung die Beteiligten, ob er oder eine Person, mit der sich der Notar zur gemeinsamen Berufsausübung verbunden hat, in der Angelegenheit, die Gegenstand der Beurkundung ist, außerhalb seiner Amtstätigkeit, soweit sie nicht im Auftrag aller Beteiligten ausgeübt wurde, bereits tätig war oder ist. Die Beteiligten erklärten, dass dies nicht der Fall ist.

Darüber hinaus fragte der Notar die Vertragsbeteiligten, ob der nachfolgende Kaufvertrag ihrer gewerblichen oder selbständigen beruflichen Tätigkeit zuzurechnen ist. Auch diese Frage wurde von den Vertragsbeteiligten verneint.

Die Erschienenen erklären sodann, der Erschienene zu 3. zugleich für seine Ehefrau:

I.
Grundbuchstand und Kaufgegenstand

Durch elektronische Grundbucheinsicht vom heutigen Tag hat der amtierende Notar Folgendes feststellen lassen:

Im **Grundbuch von Musterstadt Blatt 662** ist Herr Viktor Vogel, Elektromeister in Musterstadt, eingetragener Alleineigentümer des Grundbesitzes Gemarkung Musterstadt

lfd. Nr. 1
Flur 1 Nr. 189   Gartenland,
                    Die Krautäcker von Musterland   =   1.171 m^2

lfd. Nr. 2
Flur 1 Nr. 170/1   Hof- und Gebäudefläche,
                    Schlossstraße 9   =   1.452 m^2.

Das Grundbuch weist folgende Belastungen aus:

Abteilung II:	lfd. Nr. 1	Lebenslängliches Wohnungsrecht für die Eheleute Valentin Vogel und Valentina Vogel geb. Voldemort in Zell. Zur Löschung genügt der Nachweis des Todes der Berechtigten.
	lfd. Nr. 3	Zu Lasten der Grundstücke lfd. Nr. 1 und 2: Die Zwangsversteigerung ist angeordnet. (Amtsgericht Musterstadt, Aktenzeichen 61 K 15/14) Eingetragen am 20.07.2018.
Abteilung III:	lfd. Nr. 1	Grundschuld i.H.v. 60.000 € nebst Zinsen und Nebenleistungen für die Volksbank Musterstadt eG;
	lfd. Nr. 2	Grundschuld i.H.v. 50.000 € nebst Zinsen und Nebenleistungen für die Volksbank Musterstadt eG;
	lfd. Nr. 3	Grundschuld i.H.v. 25.000 € nebst Zinsen und Nebenleistungen für die Volksbank Musterstadt eG;
	lfd. Nr. 4	Grundschuld i.H.v. 100.000 € nebst Zinsen und Nebenleistungen für die Volksbank Musterstadt eG;
	lfd. Nr. 4a	Grundschuld i.H.v. 100.000 € nebst Zinsen und Nebenleistungen für die Bausparkasse Musterstadt AG in Musterstadt.

Diese vorgenannten Belastungen werden vom Käufer nicht übernommen. Die den Grundpfandrechten zugrundeliegenden Forderungen und ggf. weitere Forderungen aus dem Zwangsversteigerungsverfahren sind aus dem zu hinterlegenden Kaufpreis abzulösen.

Der Verkäufer beantragt bereits jetzt die Löschung dieser Rechte so, wie die Berechtigten und Gläubigerin dies bewilligen werden.

Der amtierende Notar wird beauftragt, unter Übersendung einer Abschrift des Kaufvertrags bei der Gläubigerin die Löschungsunterlagen nebst Forderungsaufstellung zu treuen Händen einzuholen.

II.
Verkauf

Herr Viktor Vogel verkauft mit Zustimmung seiner Ehefrau, Veronika Vogel geb. Vorherig, hiermit an die Eheleute Karl Kaufbold und Karin Kaufbold geb. Kentenich – zum Miteigentum zu gleichen Bruchteilen – den unter Abschnitt I vorbezeichneten Grundbesitz mit allen Rechten, Pflichten, Bestandteilen und Zubehör. Beim Kaufgegenstand handelt es sich um einen Altbau aus dem Jahre 1989.

III.
Kaufpreis und Kaufpreisfälligkeit

1. Der Kaufpreis beträgt

500.000 €

(in Worten: Fünfhunderttausend Euro).

2. Eine Berichtigung des im Grundbuch angegebenen Flächenmaßes hat keinen Einfluss auf die Höhe des Kaufpreises.

3. Mehrere Käufer haften als Gesamtschuldner.

   Wegen der Verpflichtung zur Zahlung des Kaufpreises sowie etwaiger Zinsen unterwirft sich der Käufer – mehrere als Gesamtschuldner – dem Verkäufer gegenüber der sofortigen Zwangsvollstreckung aus dieser Urkunde in sein gesamtes Vermögen. Der Notar wird angewiesen, eine vollstreckbare Ausfertigung erst zu erteilen, wenn der Kaufpreis nicht innerhalb zwei Wochen nach Fälligkeit auf dem Anderkonto des Notars hinterlegt ist. Ist der Kaufpreis nicht vertragsgerecht hinterlegt, darf eine vollstreckbare Ausfertigung nur mit der Maßgabe erteilt werden, dass die gepfändeten Beträge auf das Anderkonto des Notars hinterlegt werden.

4. Verkäufer und Käufer beantragen gegenüber dem amtierenden Notar und vereinbaren die **Hinterlegung des Kaufpreises** beim Notar auf einem von diesem einzurichtenden Notaranderkonto bei der Sparkasse Musterstadt.

   Die Zahlung des Kaufpreises auf dieses Notaranderkonto hat bis spätestens 01.10.2019 zu erfolgen.

   Der Notar weist darauf hin, dass mit Eingang des Kaufpreises auf dem Notaranderkonto der Anspruch des Verkäufers auf Kaufpreiszahlung noch nicht erfüllt ist, sondern dass Erfüllung vielmehr erst mit Auszahlungsreife eintritt.

   Zu einer Festgeldanlage ist der Notar nur dann verpflichtet, wenn ihm hierzu eine vom Verkäufer und Käufer unterzeichnete schriftliche Anweisung vorliegt.

5. Verkäufer und Käufer erteilen hiermit dem Notar gemeinsam die Weisung, über den hinterlegten Geldbetrag erst zu verfügen, wenn folgende **Auszahlungsvoraussetzungen** erfüllt sind:

   a) Zur Sicherung des Anspruchs des Käufers auf Eigentumsübertragung ist eine Vormerkung im Grundbuch eingetragen, und zwar mit Rang nur nach den in Abschnitt I aufgeführten Belastungen bzw. mit Rang nach Grundpfandrechten, bei deren Bestellung der Käufer mitgewirkt hat,

   b) die zuständige Gemeinde Musterstadt hat bestätigt, dass ein gesetzliches Vorkaufsrecht nicht besteht oder nicht ausgeübt wird,

   c) die für die Wirksamkeit oder den Vollzug des Vertrags erforderlichen Genehmigungen liegen dem Notar auflagenfrei und in grundbuchmäßiger Form vor,

d) die Löschungsunterlagen für die nicht übernommenen Belastungen liegen dem Notar entweder auflagenfrei oder aber mit der Maßgabe vor, hiervon gegen Zahlung eines Betrags, der insgesamt nicht höher als der vereinbarte Kaufpreis ist, Gebrauch zu machen,

e) die Aufhebung des Zwangsversteigerungsverfahrens und die Löschung des Zwangsversteigerungsvermerks im Grundbuch sind sichergestellt,

f) der Kaufpreis wurde vollständig – allerdings ohne Verzugszinsen – hinterlegt und

g) das finanzierende Kreditinstitut des Käufers hat als Treuhandauflagen keine weiteren Auflagen als die folgenden verlangt:

– dass die ranggerechte Eintragung seines Finanzierungsgrundpfandrechts sichergestellt ist, d.h., dass die Urkunde zur Bestellung des Grundpfandrechts dem Grundbuchamt vorgelegt wurde und der Eintragungsantrag auch im Namen des Kreditinstituts gestellt wurde,

– dass alle zur Bereitstellung des von der finanzierenden Bank verlangten Rangs erforderlichen Unterlagen zur Verfügung stehen und der Gebrauch dieser Unterlagen gegen Zahlung von aus dem hinterlegten Betrag erfüllbaren Ablösebeträgen möglich ist und

– dass aus den Akten des Notars und der Einsichtnahme in das Grundbuch und die Grundakten bei Antragstellung keine Eintragungshindernisse erkennbar sind (Zahlung der Eintragungsgebühren vorausgesetzt).

Ferner kann die Bank verlangen, dass der vereinbarte Kaufpreis vollständig hinterlegt ist. An seine diesbezüglichen Treuhandauflagen muss sich das Kreditinstitut für eine Frist von mindestens zwei Monaten gebunden halten; danach kann es sich einen Widerruf vorbehalten. Sobald diese Treuhandauflagen erfüllt sind, ist ein Widerruf oder eine Änderung des Treuhandauftrags ohne Zustimmung der Kaufvertragsparteien unzulässig. Darüber hinaus kann das finanzierende Kreditinstitut verlangen, dass die kaufvertraglichen Auszahlungsvoraussetzungen eingehalten und nicht ohne seine Mitwirkung abgeändert werden.

6. Der Notar wird mit der Einholung der Löschungsunterlagen und Rücknahmeerklärungen zum Zwangsversteigerungsverfahren beauftragt.

7. Der Notar wird angewiesen, aus dem hinterlegten Geldbetrag zunächst die nicht übernommenen Belastungen in der von den Gläubigern angeforderten Höhe abzulösen. Hierzu gehören auch die Forderungen etwaiger dem Zwangsversteigerungsverfahren beigetretener und nicht dinglich berechtigter Gläubiger.

Der Notar wird ferner angewiesen, den verbleibenden Restbetrag einschließlich etwaiger inzwischen angelaufener Zinsen und abzgl. entstandener Bankspesen an den Verkäufer auf dessen Konto mit der IBAN DE 12 3456 0000 1234 5678 90 bei der Volksbank Musterstadt eG (BIC VOMUDE12) auszuzahlen, sofern die vorgenannten Voraussetzungen erfüllt sind.

8. Der Käufer kommt in Verzug, wenn er den Kaufpreis nicht bis zum 01.10.2019 auf dem Notaranderkonto hinterlegt. Dies gilt auch, falls die Auszahlung des hinterlegten Kaufpreises an den Verkäufer aus Gründen nicht erfolgen kann, die der Käufer zu vertreten hat. Der Notar hat die Beteiligten darauf hingewiesen, dass der gesetzliche Verzugszinssatz für das Jahr fünf Prozentpunkte über dem jeweiligen Basiszinssatz beträgt.

   Verzugszinsen wegen nicht fristgerechter Hinterlegung des Kaufpreises oder nicht fristgerechter Auszahlung des Kaufpreises berühren allerdings die Hinterlegungsvereinbarung nicht; sie sind vom Verkäufer gesondert geltend zu machen.

9. Zahlt der Käufer den Kaufpreis bei Fälligkeit nicht auf das Notaranderkonto, kann der Verkäufer vom Kaufvertrag zurücktreten, wenn er dem Käufer erfolglos eine Frist von 14 Tagen zur Zahlung bestimmt hat. Fristsetzung und Rücktritt bedürfen der Schriftform. Der Notar hat den Käufer darauf hingewiesen, dass der Verkäufer Schadensersatz verlangen kann.

IV.
Besitz, Nutzungen, Lasten

1. Die Besitzübergabe erfolgt am 01.10.2019, jedoch nicht vor Eingang des Kaufpreises auf dem Notaranderkonto.

   Gleichzeitig gehen Nutzungen, die Gefahr des zufälligen Untergangs und der zufälligen Verschlechterung und die mit dem Kaufgegenstand verbundene Haftung auf den Käufer über. Die Grundsteuer und sonstige laufende Lasten einschließlich aller Verpflichtungen aus den den Kaufgegenstand betreffenden Versicherungen sowie die allgemeinen Verkehrssicherungspflichten trägt der Käufer ebenfalls ab dem Tag der Besitzübergabe.

2. Der Kaufgegenstand ist weder vermietet noch verpachtet und steht derzeit leer.

V.
Rechts- und Sachmängel

1. Ansprüche und Rechte des Käufers wegen eines Sachmangels des Grundstücks, des Gebäudes und der mitverkauften beweglichen Sachen sind ausgeschlossen. Dies gilt auch für alle Ansprüche auf Schadensersatz, es sei denn, der Verkäufer handelt vorsätzlich. Der Verkäufer versichert, dass versteckte Sachmängel nicht bekannt sind. Der Käufer hat das Kaufobjekt besichtigt; er kauft es im gegenwärtigen altersbedingten Zustand bei Besichtigung.

2. Der Verkäufer ist verpflichtet, den verkauften Grundbesitz frei von im Grundbuch in Abteilung II und III eingetragenen Belastungen und Beschränkungen zu verschaffen, soweit sie nicht vom Käufer übernommen worden sind.

   Der Verkäufer garantiert, dass Wohnungsbindung nach dem Wohnungsbindungsgesetz nicht besteht.

3. Im Grundbuch nicht eingetragene Dienstbarkeiten, nachbarrechtliche Beschränkungen sowie Baulasten werden von dem Käufer übernommen; solche sind dem Verkäufer jedoch nicht bekannt. Die Beteiligten wurden auf die Möglichkeit hingewiesen, das Baulastenverzeichnis selbst einzusehen.

4. Soweit dem Verkäufer aus der Errichtung oder Renovierung des Kaufgegenstands noch Ansprüche gegen Dritte zustehen, tritt er diese hiermit an den Käufer ab. Der Käufer nimmt die Abtretung an.

VI.
Auflassung

Verkäufer und Käufer sind sich darüber einig, dass das Eigentum an dem Kaufgegenstand von dem Verkäufer auf den Käufer – im angegebenen Beteiligungsverhältnis – übergehen soll, und bewilligen und beantragen die Eintragung der Eigentumsänderung im Grundbuch.

VII.
Vormerkung zur Sicherung des Eigentumsverschaffungsanspruchs

Zur Sicherung des dem Käufer zustehenden Anspruchs auf Übertragung des Eigentums aus diesem Vertrag bewilligt der Verkäufer und beantragt der Käufer die Eintragung einer Vormerkung zugunsten des Käufers im angegebenen Beteiligungsverhältnis zu Lasten des in Abschnitt I genannten Kaufgegenstands.

Der Käufer bewilligt und beantragt schon jetzt die Löschung dieser Vormerkung gleichzeitig mit der Eigentumsumschreibung, vorausgesetzt, dass ohne seine Zustimmung keine Zwischenanträge gestellt und keine Zwischeneintragungen erfolgt sind.

VIII.
Löschungen

Der Verkäufer stimmt der Löschung aller etwa bestehenden, vom Käufer nicht übernommenen Belastungen im Grundbuch mit dem Antrag auf Vollzug zu.

Hier handelt es sich um die Rechte:

Abteilung II lfd. Nr. 1 und Abteilung III lfd. Nr. 1–4 und 4a.

IX.
Löschung der Vormerkung zur Sicherung des Eigentumsverschaffungsanspruchs

Der Käufer bevollmächtigt den Notariatsvorsteher ..., dienstansässig: Bismarckstraße 12, 12345 Musterstadt, die Löschung der zu seinen Gunsten einzutragenden Vormerkung zu bewilligen und zu beantragen.

Von der Vollmacht kann nur durch Erklärung vor dem amtierenden Notar Gebrauch gemacht werden. Die Beteiligten weisen den Notar übereinstimmend an, die Löschungsbewilligung für die Vormerkung im Grundbuch erst zum Vollzug vorzulegen, wenn

a) der Kaufpreis nicht bis spätestens einen Monat nach Fälligkeit auf dem Notaranderkonto hinterlegt ist und

b) der Verkäufer dem Notar schriftlich mitgeteilt hat, dass er wegen nicht rechtzeitiger Zahlung des Kaufpreises vom Kaufvertrag zurückgetreten ist bzw. die Erfüllung des Vertrags abgelehnt hat.

Die Abtretung des Anspruchs auf Übereignung wird ausgeschlossen.

X.
Kosten und Steuern

Die Grunderwerbsteuer sowie die Kosten dieser Urkunde und ihres Vollzugs trägt der Käufer, mit Ausnahme etwaiger Kosten für Treuhandauflagen und Grundbuchkosten wegen der Lastenfreistellung, die der Verkäufer trägt. Die durch das Nichterscheinen eines Beteiligten zusätzlich entstehenden Kosten trägt dieser selbst.

Die durch die Hinterlegung des Kaufpreises zusätzlich entstehenden Gebühren tragen Verkäufer und Käufer je zur Hälfte.

XI.
Erschließungskosten

Erschließungs- und sonstige Anliegerbeiträge für Erschließungsanlagen, die endgültig hergestellt sind oder für die die Beitragspflicht entstanden ist, trägt der Verkäufer, unabhängig davon, ob sie bereits durch Zustellung eines Beitragsbescheids festgesetzt worden sind. Im Übrigen gehen solche Beiträge zu Lasten des Käufers.

XII.
Vorkaufsrechte, Genehmigungen und Vollzug

1. Nach Hinweis auf gesetzliche Vorkaufsrechte wird der Notar beauftragt und ermächtigt, den Verkauf der zuständigen Gemeinde anzuzeigen und deren Erklärung wegen gesetzlicher Vorkaufsrechte entgegenzunehmen.

   Wenn und soweit bei der Ausübung eines gesetzlichen Vorkaufsrechts der Käufer Kosten gemäß Abschnitt X und den Kaufpreis bereits ganz oder teilweise gezahlt hat, tritt der Verkäufer seine Zahlungs- und Erstattungsansprüche gegen den Vorkaufsberechtigten an den Käufer hiermit ab, der die Abtretung annimmt.

2. Die Vertragsbeteiligten beantragen die Erteilung aller zum Vollzug dieses Vertrags erforderlichen Genehmigungen. Der Notar wird beauftragt und bevollmächtigt, diese einzuholen.

Alle etwa erforderlichen Genehmigungen sollen mit dem Eingang beim Notar als allen Beteiligten mitgeteilt gelten und wirksam sein. Der amtierende Notar wird ermächtigt, die Genehmigungserklärung mit Wirkung für und gegen sämtliche Vertragsbeteiligten entgegenzunehmen.

3. Der Notar wird von den Beteiligten unwiderruflich angewiesen, die Eintragung des Eigentumswechsels erst zu veranlassen, nachdem der Gesamtkaufpreis zu seiner Verfügung auf seinem Notaranderkonto hinterlegt ist oder ihm die Zahlung des Kaufpreises anderweitig nachgewiesen wird.

   Vorher soll der Notar keine Ausfertigungen oder beglaubigten Abschriften dieser Urkunde erteilen, die die Auflassungserklärung enthalten.

4. Der Notar wird ohne Beschränkung auf die gesetzliche Vollmacht nach § 15 GBO ermächtigt, Anträge aus dieser Urkunde getrennt und eingeschränkt zu stellen und sie in gleicher Weise zurückzunehmen. Die Beteiligten bevollmächtigen den Notar, soweit erforderlich, Bewilligungen und Anträge gegenüber dem Grundbuchamt zu ändern und zu ergänzen, überhaupt alles zu tun, was verfahrensrechtlich zur Durchführung dieses Vertrags erforderlich sein sollte. Der Notar ist ermächtigt, die Beteiligten im Grundbuchverfahren uneingeschränkt zu vertreten.

XIII.
Hinweise und Belehrungen

Der Notar hat die Vertragsbeteiligten durch mündliche Erläuterungen insbesondere auf Folgendes hingewiesen:

1. Das Eigentum geht erst mit der Umschreibung im Grundbuch auf den Käufer über. Die Umschreibung kann erst erfolgen, wenn insbesondere die steuerliche Unbedenklichkeitsbescheinigung wegen der Grunderwerbsteuer, das Negativzeugnis oder die Verzichtserklärung der Stadt Ober-Ramstadt wegen gesetzlicher Vorkaufsrechte, Genehmigungen und Freistellungserklärungen vorliegen.

2. Der Kaufgegenstand haftet für rückständige öffentliche Lasten und beide Vertragsteile haften kraft Gesetzes als Gesamtschuldner für die Grunderwerbsteuer und die Kosten bei Notar und Grundbuchamt.

3. Nebenabreden außerhalb dieser Urkunde können zur Unwirksamkeit des gesamten Kaufvertrags führen; die Beteiligten erklären, dass alle Kaufvertragsvereinbarungen in dieser Urkunde richtig und vollständig niedergelegt sind.

4. Der schuldrechtliche Vertrag ist solange schwebend unwirksam, bis erforderliche Genehmigungen erteilt sind.

5. Sofern die Käufer als Miteigentümer erwerben, wird auf die Möglichkeit der Einräumung wechselseitiger Rechte und Beschränkungen hingewiesen; solche werden jedoch nicht gewünscht.

XIV.
Kaufpreisfinanzierung und Belastungsvollmacht

1. Um dem Käufer die Finanzierung des Kaufpreises zu erleichtern, verpflichtet sich der Verkäufer, bei der Bestellung vollstreckbarer (§ 800 ZPO) Grundschulden oder Hypotheken in beliebiger Höhe mit Zinsen und Nebenleistungen zugunsten deutscher Geldinstitute als derzeitiger Eigentümer mitzuwirken. Diese Mitwirkungspflicht besteht nur, wenn in den Grundpfandrechtsbestellungsurkunden folgende von den Beteiligten bereits jetzt getroffenen Bestimmungen wiedergegeben werden:

   a) Sicherungsabrede

   Die Gläubiger dürfen die Grundpfandrechte nur insoweit als Sicherheit verwerten oder behalten, als sie tatsächlich Zahlungen mit Tilgungswirkung auf die Kaufpreisschuld des Käufers geleistet haben. Alle weiteren Zweckbestimmungserklärungen, Sicherungs- und Verwertungsvereinbarungen innerhalb oder außerhalb dieser Urkunde gelten erst, nachdem der Kaufpreis vollständig gezahlt ist, in jedem Fall ab Eigentumsumschreibung. Ab dann gelten sie für und gegen den Käufer als neuen Sicherungsgeber.

   b) Zahlungsanweisung

   Zahlungsansprüche, durch die sie erstmals valutiert werden, werden mit der Maßgabe, dass sie zur Bezahlung des Kaufpreises gemäß den Regelungen in Abschnitt III zu verwenden sind, bereits jetzt an den Verkäufer abgetreten, soweit der Kaufpreis nicht anderweitig zur Freistellung des verkauften Grundbesitzes von eingetragenen Belastungen zu verwenden ist. Sofern eine Abtretung ausgeschlossen ist, wird hierdurch ein unwiderruflicher Zahlungsauftrag erteilt.

   c) Persönliche Zahlungspflichten, Kosten

   Der Verkäufer übernimmt im Zusammenhang mit den Grundpfandrechtsbestellungen keinerlei persönliche Zahlungsverpflichtungen. Der Käufer verpflichtet sich, den Verkäufer von allen Kosten und sonstigen Folgen der Grundpfandrechtsbestellung freizustellen.

   d) Fortbestand der Grundpfandrechte

   Die bestellten Grundpfandrechte dürfen auch nach der Eigentumsumschreibung auf den Käufer bestehen bleiben. Alle Eigentümerrechte und Rückgewähransprüche, die mit ihr zu tun haben, werden hiermit mit Wirkung ab Bezahlung des Kaufpreises, in jedem Fall ab Eigentumsumschreibung, auf den Käufer übertragen. Entsprechende Grundbucheintragung wird bewilligt.

2. Der Verkäufer erteilt dem Käufer Vollmacht, ihn bei allen vorstehenden Rechtshandlungen zu vertreten. Er ist berechtigt, Untervollmacht zu erteilen, und befreit von den Beschränkungen des § 181 BGB.

Diese Vollmacht gilt nur dann, wenn in der Grundpfandrechtsbestellungsurkunde die vorstehend unter 1a), b), c) und d) getroffenen Bestimmungen wiedergegeben werden. Von der vorstehenden Vollmacht kann – soweit notarielle Beurkundung oder Beglaubigung erforderlich ist – nur durch Erklärung vor dem amtierenden Notar oder seinem amtlich bestellten Vertreter Gebrauch gemacht werden. Sie erlischt mit Vollzug der Auflassung nach dieser Urkunde im Grundbuch und ist jederzeit widerruflich.

3. Der amtierende Notar wird angewiesen, die Eintragung der Grundpfandrechte im Grundbuch erst dann zu veranlassen, wenn ihm die Grundpfandrechtsgläubiger bestätigt haben, dass die Grundpfandrechte bis zur vollständigen Zahlung des Kaufpreises und der Eigentumsumschreibung des Kaufgegenstands auf den Käufer nur als Sicherheit für diese Zahlungen dienen.

XV.
Ausschluss der Abtretung

Rechte und Ansprüche des Käufers aus diesem Vertrag können vor Zahlung des gesamten Kaufpreises nur mit schriftlicher Zustimmung des Verkäufers an dritte Personen abgetreten oder verpfändet werden. Dies gilt insbesondere für den Auflassungsanspruch.

XVI.
Salvatorische Klausel

Sollten einzelne Bestimmungen dieses Vertrags unwirksam sein oder werden, so behalten die übrigen Bestimmungen dieses Vertrags ihre Wirksamkeit.

In diesem Fall verpflichten sich die Beteiligten vielmehr, für die unwirksame Bestimmung eine neue wirksame Vereinbarung zu treffen, die wirtschaftlich der unwirksamen Bestimmung am nächsten kommt.

Diese Niederschrift wurde den Erschienenen von dem amtierenden Notar vorgelesen, von diesen genehmigt und von ihnen und dem Notar eigenhändig, wie folgt, unterschrieben:

...

(Unterschriften von Viktor Vogel; Veronika Vogel geb. Vorherig; Klaus Kaufbold und des beurkundenden Notars)

IV.   Anmerkungen zum vorstehenden Kaufvertragsentwurf (Abwicklung über Notaranderkonto)

Wie aus dem vorstehenden Mustervertrag ersichtlich, sind bei der inhaltlichen Gestaltung eines Grundstückskaufvertrags mehrere Besonderheiten zu beachten, wenn die Abwicklung des Vertrags über ein Notaranderkonto erfolgen soll.

So sind z.b. Bestimmungen dazu aufzunehmen, wem etwaige auf dem Anderkonto anfallende Zinsen zustehen und wer die durch die Verwendung des Anderkontos entstehenden zusätzlichen Kosten zu tragen hat. Auch sind einige Bestimmungen des Kaufvertrags in sachgerechter Weise anzupassen, z.b. erfolgt der Übergang von Besitz, Nutzungen und Lasten dann regelmäßig mit Einzahlung auf dem Notaranderkonto.

Achtung: Die zentralen Bestimmungen bei Verwendung eines Notaranderkontos sind Regelungen dazu, wann genau ein (Teil-)Kaufpreis durch wen auf dem Notaranderkonto einzuzahlen ist und wann und unter welchen Voraussetzungen dieser (Teil-)Kaufpreis (an wen genau) ausgezahlt werden soll.

Im eigenen Interesse und zur Erfüllung seiner Amtspflichten sollte der Notar insoweit **sorgfältig durchdachte und unzweideutige Regelungen** treffen. Dabei sollte nach dem Zweck, der mit der Verwendung des Notaranderkontos jeweils verfolgt wird, unterschieden werden (siehe nochmals die Beispielfälle für Anderkontenverwendung oben § 6 Abschnitt II.).

Beispiele für Einzahlungs- und Auszahlungsvoraussetzungen

–   Für vorzeitigen Besitzübergang sollte die Einzahlung jedenfalls zuvor erfolgt sein.

–   Bei zusätzlichen Leistungspflichten des Verkäufers und/oder bei Aufgebotsverfahren genügt eine relative späte Einzahlung, z.b. bei Vorliegen der üblichen Fälligkeitsvoraussetzungen.

–   Bei lediglich komplexer Lastenfreistellung können Ein- und Auszahlungstermin rasch aufeinanderfolgen, denn das Anderkonto dient hier vor allem der Koordinierung der Zahlungen.

V. Vollzug des Kaufvertrags (Abwicklung über Notaranderkonto)

Die folgende Darstellung der typischen Abwicklung eines Kaufvertrags mit Verwendung eines Notaranderkontos konzentriert sich wiederum auf die Besonderheiten und Unterschiede zum Normalfall. Insoweit wird für alles Gleichbleibende auf den obigen Teil zum Vollzug des (Standard-)Kaufvertrags verwiesen, siehe dazu § 5 Abschnitt VIII.

1. Übersendung von Ausfertigungen/beglaubigten Abschriften an Verkäufer und Käufer

Zunächst geht der Notar wie folgt vor:

- Übersendung der Veräußerungsanzeige an das zuständige Finanzamt (siehe oben § 5 Abschnitt VIII. Ziffer 1.),

- Einreichung des Kaufvertrags zur Kaufpreissammlung des Gutachterausschusses (siehe oben § 5 Abschnitt VIII. Ziffer 2.),

- Erteilung von Ausfertigungen und beglaubigten Abschriften (siehe oben § 5 Abschnitt VIII. Ziffer 3.),

- Anfrage bei der zuständigen Gemeinde wegen des gemeindlichen Vorkaufsrechts (siehe oben § 5 Abschnitt VIII. Ziffer 4.) und

- Übersendung von Ausfertigungen bzw. beglaubigten Abschriften an die Beteiligten.

 Muster: Übersendung einer Ausfertigung an den Verkäufer

Herrn
Viktor Vogel
Schlossstraße 9
12345 Musterstadt

02.09.2019

Betreff:
Kaufvertrag mit den Eheleuten Kaufbold vom 01.09.2019
– UR-Nr. 2132/2019 –

Sehr geehrter Herr Vogel,

nachdem Frau Kaufbold am 03.09.2019 die von ihrem Ehemann für sie im Kaufvertrag abgegebenen Erklärungen genehmigt hat, erhalten Sie beiliegend eine Ausfertigung der vorgenannten Urkunde für Ihre Akten.

Um die steuerliche Unbedenklichkeitsbescheinigung und die Verzichtserklärung wegen gesetzlicher Vorkaufsrechte habe ich nachgesucht.

Die Löschungsunterlagen der Volksbank Musterstadt eG und der Bausparkasse Musterstadt AG sowie deren Rücknahmeantrag zum Zwangsversteigerungsverfahren habe ich angefordert.

Die Eintragung der Eigentumsvormerkung zugunsten der Käufer im Grundbuch wurde beantragt.

Die von Ihrer Mutter, Frau Valentina Vogel geb. Voldemort, zu unterzeichnende Löschungsbewilligung füge ich im Entwurf bei. Ich darf Sie bitten, diese Löschungsbewilligung von Frau Vogel unterzeichnen zu lassen und nach Beglaubigung der Unterschrift durch einen Notar ihrer Wahl wieder an mich zurückzugeben. Alternativ stehe auch ich für eine Beglaubigung gerne zur Verfügung. Die Sterbeurkunde von Herrn Valentin Vogel bitte ich, mir noch zu überlassen.

Sobald sämtliche Unterlagen hier vorliegen, der Gesamtkaufpreis i.H.v. 500.000 € auf meinem Notaranderkonto hinterlegt ist und die Auszahlungsvoraussetzungen eingetreten sind, werde ich die Zahlungen vornehmen und Sie hierüber gesondert informieren.

Mit freundlichen Grüßen

...

Notar

Anlagen

 Muster: Übersendung einer auszugsweisen Ausfertigungen an den Käufer

Eheleute
Karl und Karin Kaufbold
Bismarckstraße 5
12345 Musterstadt

04.09.2019

Betreff:
Kaufvertrag mit Herrn Viktor Vogel vom 01.09.2019
– UR-Nr. 2132/2019 –

Sehr geehrte Frau Kaufbold,
sehr geehrter Herr Kaufbold,

in der Anlage erhalten Sie eine auszugsweise Ausfertigung und drei Kopien der oben genannten Urkunde. Je eine Kopie ist für Ihre Darlehensgeber bestimmt.

Die Eintragung der Eigentumsvormerkung zu Ihren Gunsten im Grundbuch habe ich beantragt. Die zur Lastenfreistellung erforderlichen Löschungsunterlagen sowie den Rücknahmeantrag der die Zwangsversteigerung betreibenden Gläubigerin, ferner behördliche Bescheinigungen und die steuerliche Unbedenklichkeitsbescheinigung habe ich beantragt.

Ich darf Sie bitten, Ihre Darlehensgeber zu veranlassen, die zu finanzierenden Kaufpreisteile und Bausparguthaben zum Fälligkeitstermin auf mein Notaranderkonto mit der IBAN DE 65 4321 0000 9876 5432 10 bei der Sparkasse Musterstadt (BIC SPMUDE21) zu überweisen. Dies gilt auch für Ihre Eigenmittel.

Sobald dies geschehen ist und die Voraussetzungen zur Auszahlung eingetreten sind, werde ich die erforderlichen Überweisungen veranlassen und Sie hierüber gesondert informieren.

Meine Kostenrechnung füge ich ebenfalls mit der Bitte um Begleichung bei.

Mit freundlichen Grüßen

...
Notar

Anlagen

2. Eintragung der Eigentumsverschaffungsvormerkung im Grundbuch

Die anschließende Beantragung der Vormerkung beim Grundbuchamt ist wieder identisch zum Normalfall (siehe oben § 5 Abschnitt VIII. Ziffer 7.).

3. Einholung der Löschungsunterlagen bei den abzulösenden Gläubigern

Die Einholung der Löschungsunterlagen bei den abzulösenden Gläubigern erfolgt in geänderter Form, etwa wie folgt:

Muster: Einholung der Löschungsunterlagen bei den abzulösenden Gläubigern – Volksbank Musterstadt

Volksbank Musterstadt eG

Tresorstraße 99

12345 Musterstadt

04.09.2019

Betreff:

Darlehen des Herrn Viktor Vogel,

Elektromeister, Schlossstraße 9, 12345 Musterstadt

Aktenzeichen: 100 236

Sehr geehrte Damen und Herren,

im Grundbuch von Musterstadt Blatt 662 sind in Abteilung III lfd. Nr. 1, 2, 3 und 4 Grundschulden i.H.v. 60.000 €, 50.000 €, 25.000 € und 100.000 € zu Ihren Gunsten eingetragen.

Der Grundstückseigentümer hat den belasteten Grundbesitz verkauft. Aus dem zu hinterlegenden Kaufpreis soll Ihre bestehende Restforderung zum 01.10.2019 abgelöst werden. Ich bitte im Auftrag des Eigentümers um Übersendung der Löschungsbewilligung in grundbuchmäßiger Form und der Grundschuldbriefe **zu treuen Händen.**

Ferner bitte ich, mir den Ablösungsbetrag zum Stichtag 01.10.2019 möglichst in einer Summe mitzuteilen und in diesen auch sämtliche Nebenkosten, wie Beglaubigungskosten und Bearbeitungsgebühren, hineinzurechnen. Zusätzlich bitte ich auch, die Tageszinsen anzugeben, die anfallen, wenn die Ablösung nicht zum genannten Stichtag erfolgen kann, und um Angabe des Kontos, auf das gezahlt werden soll.

Dem Eigentümer bitte ich eine Kopie Ihres Treuhandschreibens zuzuleiten.

Ich übernehme die amtliche Haftung dafür, dass ich die von Ihnen zu übersendenden Unterlagen nur dann dem Grundbuchamt zum Vollzug einreichen werde, wenn sichergestellt ist, dass die von Ihnen verlangten Zahlungen geleistet werden.

Abschließend bitte ich Sie, mich ausdrücklich **schriftlich aus dem Treuhandauftrag zu entlassen,** wenn Sie den Ablösebetrag erhalten haben und damit Ihre Forderung erledigt ist.

Mit freundlichen Grüßen

...

Notar

Muster: Einholung der Löschungsunterlagen bei den abzulösenden Gläubigern – Bausparkasse Musterstadt

Bausparkasse Musterstadt AG
Postfach 11 36
12345 Musterstadt

04.09.2019

Betreff:
Bauspardarlehen Viktor Vogel

Elektromeister, Schlossstraße 9, 12345 Musterstadt
Bausparnummer: B 738 694/1

Sehr geehrte Damen und Herren,

im Grundbuch von Musterstadt Blatt 662 ist in Abteilung III lfd. Nr. 4a zugunsten der Bausparkasse Musterstadt AG eine Grundschuld i.H.v. 100.000 DM nebst Zinsen und Nebenleistungen eingetragen. Der Grundstückseigentümer hat den belasteten Grundbesitz verkauft.

Aus dem hier zu hinterlegenden Kaufpreis soll Ihre bestehende Restforderung zum 01.10.2019 abgelöst werden. Ich bitte im Auftrag des Eigentümers um Übersendung der Löschungsbewilligung in grundbuchmäßiger Form und des Grundschuldbriefs **zu treuen Händen**.

Nach meinen Feststellungen betreiben Sie die Zwangsversteigerung in den belasteten Grundbesitz. Ich darf Sie deshalb bitten, mir ebenfalls **zu treuen Händen** zur Vorlage beim Amtsgericht – Vollstreckungsgericht – Musterstadt Ihren Rücknahmeantrag zum Zwangsversteigerungsverfahren zu überlassen.

Ferner bitte ich, mir den Ablösungsbetrag zum Stichtag 01.10.2019 möglichst in einer Summe mitzuteilen und in diesen auch sämtliche Nebenkosten, wie Beglaubigungskosten und Bearbeitungsgebühren, hineinzurechnen. Zusätzlich bitte ich auch, die Tageszinsen anzugeben, die anfallen, wenn die Ablösung nicht zum genannten Stichtag erfolgen kann, und um Angabe des Kontos, auf das gezahlt werden soll.

Dem Eigentümer bitte ich eine Kopie Ihres Treuhandschreibens zuzuleiten.

Ich übernehme die amtliche Haftung dafür, dass ich die von Ihnen zu übersendenden Unterlagen nur dann verwenden werde, wenn sichergestellt ist, dass die von Ihnen verlangten Zahlungen geleistet werden.

Abschließend bitte ich Sie, mich ausdrücklich **schriftlich aus dem Treuhandauftrag zu entlassen**, wenn Sie den Ablösebetrag erhalten haben und damit Ihre Forderung erledigt ist.

Mit freundlichen Grüßen

...
Notar

4.   Schreiben an die den Kaufpreis finanzierende Bank

Nach der zwischenzeitlichen Beurkundung der Grundschuldbestellungsurkunde übersendet der Notar wiederum eine vollstreckbare Ausfertigung dieser Urkunde an die den Kaufpreis finanzierende Bank (siehe schon oben § 5 Abschnitt VIII. Ziffer 9.), allerdings mit geändertem Schreiben, da er auf die Besonderheiten des Notaranderkontos hinweisen sollte:

 Muster: Schreiben an die den Kaufpreis finanzierende Bank

Sparkasse Musterstadt
Rheinstraße 10–12
12345 Musterstadt

23.09.2019

Betreff:
Darlehen Eheleute Karl Kaufbold und Karin Kaufbold geb. Kentenich,
Bismarckstraße 5, 12345 Musterstadt, Ihr Zeichen 515//S/go
Grundschuldbestellung über 300.000 € vom 20.09.2019.
– UR-Nr. 2132/2019 –

Sehr geehrte Damen und Herren,

in der Anlage erhalten Sie eine

a)   vollstreckbare Ausfertigung der vorgenannten Urkunde,

b)   Fotokopie des in der Anlage zur Grundschuldbestellung bezeichneten Kaufvertrags.

Ich verweise ausdrücklich auf die zwischen Ihrem Darlehensnehmer und dem Verkäufer im Kaufvertrag und in der Anlage I zur Grundschuldbestellung getroffenen Vereinbarungen, insbesondere auf die Sicherungsabrede und Zahlungsanweisung.

Die rangrichtige Eintragung Ihres Grundpfandrechts im Grundbuch werde ich beantragen, sobald mir eine Bestätigung Ihrerseits vorliegt, aus der hervorgeht, dass Sie vom Inhalt der Anlage I der Grundschuldbestellungsurkunde Kenntnis genommen haben und entsprechend verfahren werden. Zum Zweck der Arbeitserleichterung füge ich eine Kopie dieses Schreibens mit der Bitte um Unterzeichnung und Rückgabe bei.

Ich darf Sie bitten, die Darlehensvaluta per 01.10.2019 zu treuen Händen auf mein Notaranderkonto mit der IBAN DE 65 4321 0000 9876 5432 10 in Ihrem Hause umzubuchen.

Ich darf ausdrücklich auf die zwischen den Vertragsparteien in Abschnitt III. Ziffer 4–7 des Kaufvertrags getroffenen Vereinbarungen hinweisen. Über den Darlehensbetrag werde ich nur dann verfügen, wenn die dort festgelegten Auszahlungsvoraussetzungen erfüllt sind. Im Interesse einer reibungslosen Abwicklung bitte ich Sie, den Treuhandauftrag so zu fassen, dass ich berechtigt bin, über den auf dem Notaranderkonto zu hinterlegenden Betrag zu verfügen, wenn sichergestellt ist, dass die Voraussetzungen gemäß Abschnitt III. Ziffer 5a–5g des Kaufvertrags erfüllt werden.

Schließlich darf ich Sie bitten, wie im Vertrag vorgesehen, den Treuhandauftrag auf zwei Monate zu befristen.

Mit freundlichen Grüßen

...
Notar

Anlagen

Hinsichtlich der weiteren Darlehensgeberin des Käufers, der Bausparkasse Gemeinschaft der Freunde Musterstadt gGmbH, verfährt der Notar in gleicher Weise wie gegenüber der Sparkasse Musterstadt.

5.   Checkliste: Weitere Abwicklung über Notaranderkonto

1.	Nachdem die Bestätigungen der beiden Darlehensgeber vorliegen, ist jeweils rasch die **Eintragung der jeweiligen Grundschuld** beim zuständigen Grundbuchamt zu beantragen (vgl. oben § 5 Abschnitt VIII. Ziffer 9.).	☐
2.	Dabei sind die **Rangstellen sorgfältig zu prüfen**: – Die Grundschuld der Sparkasse muss Rang erhalten zunächst unmittelbar nach den in Abschnitt I. des Kaufvertrags genannten Rechten; – im Range danach die Grundschuld über 50.000 € nebst Zinsen und Nebenleistungen für die Bausparkasse, – beide Grundschulden jedoch im Rang **vor** der Auflassungsvormerkung.	☐

3.	Die **Treuhandaufträge** der abzulösenden Grundpfandrechtsgläubiger und der finanzierenden Banken hat der Notar genau zu prüfen. Die jeweilige Annahme muss er durch Datum und Unterschrift dokumentieren und die Annahmevermerke sodann in die gesonderte Belegsammlung für die betreffende Masse aufnehmen.	☐
4.	Die **eingereichten Löschungsunterlagen** der abzulösenden Gläubiger sind sorgfältig zu überprüfen: – Enthalten sie eindeutige, fehlerfreie Angaben? – Wurde vollständig die Form des § 29 GBO eingehalten (ggf. inkl. Vertretungsnachweisen)?	☐
5.	Prüfung, ob die **Treuhandaufträge** der abzulösenden Gläubiger in Einklang zu bringen sind mit – den Treuhandaufträgen der jeweils anderen abzulösenden Gläubiger, – den Treuhandaufträgen der Finanzierungsgläubiger und – den Vereinbarungen der Beteiligten im Kaufvertrag.	☐
6.	Sobald der Kaufpreis in voller Höhe auf dem Notaranderkonto hinterlegt ist und alle übrigen Voraussetzungen mit Ausnahme von Abschnitt III. Ziffer 5. Buchst. e) (= Aufhebung ZV-Verfahren und Löschung ZV-Vermerk) eingetreten sind: a) **Rücknahmeantrag für das Zwangsversteigerungsverfahren** der Bausparkasse Musterstadt AG beim Amtsgericht (Vollstreckungsgericht) einreichen, z.B. vor Ort persönlich abgeben; b) möglichst vorher zusammen mit dem zuständigen Rechtspfleger prüfen, ob keine weiteren Gläubiger – auch nicht dinglich berechtigte – dem Verfahren beigetreten sind und c) den Rechtspfleger veranlassen, das Verfahren aufzuheben und das Ersuchen zur Löschung des Zwangsversteigerungsvermerks für das Grundbuchamt auszuhändigen (NB: die Praxis zeigt, dass die Rechtspfleger der Vollstreckungsgerichte i.d.R. sehr kooperativ sind, wenn das Verfahren vorzeitig beendet wird).	☐

6. Auszahlungsanordnung und Schließung des Notaranderkontos

Mit der sodann eingetretenen Auszahlungsreife kann über den hinterlegten Kaufpreis verfügt werden. Zu empfehlen ist ein schriftlicher Auftrag an die Sparkasse Musterstadt, bei der das Notaranderkonto geführt wird:

Muster: Auszahlungsanordnung und Schließung des Notaranderkontos

Sparkasse Musterstadt
Rheinstraße 10–12
12345 Musterstadt

01.11.2019

Notaranderkonto Vogel/Kaufbold – Nr. 73950
Guthaben: ... €

Sehr geehrte Damen und Herren,

in obiger Sache beauftrage ich Sie, das Anderkonto abzurechnen und folgende Überweisungen vorzunehmen:

a)   ... € (in Worten: ... Euro)
    an die Volksbank Musterstadt eG auf das Konto IBAN ... BIC ...
    Verwendungszweck: Darlehen Viktor Vogel, Darlehens-Nr. ...
    Forderungsaufstellung vom ...,

b)   ... € (in Worten: ... Euro)
    an die Bausparkasse Musterstadt AG auf das Konto IBAN ... BIC ...,
    Verwendungszweck: Darlehen Viktor Vogel, Bausparvertragsnummer ...,
    Forderungsaufstellung vom ...,

c)   den sodann verbleibenden Restbetrag nebst eventuell aufgelaufener Zinsen
    abzgl. etwaiger Bankspesen an Herrn Viktor Vogel, Schlossstraße 9, Muster-
    stadt, auf dessen Konto IBAN DE 12 3456 0000 1234 5678 90 bei der Volks-
    bank Musterstadt eG (BIC VOMUDE12), Verwendungszweck: Restkaufpreis
    und Zinsen Kaufvertrag Vogel/Kaufbold – Urkunde .../... .

Bitte bestätigen Sie mir die durchgeführten Überweisungen auf beiliegender Briefkopie.

Alsdann bitte ich, das Anderkonto zu schließen.

Mit freundlichen Grüßen

...
Notar

7.   Beantragung der Löschungen und der Eigentumsumschreibung

Nach durchgeführter Überweisung sollte, sofern die steuerliche Unbedenklichkeitsbescheinigung noch nicht vorliegt, zunächst die Löschung der Vorlasten beantragt werden. Sobald auch die steuerliche Unbedenklichkeitsbescheinigung eingegangen ist, stellt der Notar den nachstehend formulierten Eintragungsantrag:

 Muster: Beantragung der Löschungen und der Eigentumsumschreibung

per Einschreiben

Amtsgericht Musterstadt
– Grundbuchamt –
12345 Musterstadt

01.11.2019

Betreff:
Kaufvertrag Vogel/Kaufbold vom 01.09.2019 – UR-Nr. 2132/2019
und Grundschuldbestellung vom 20.09.2019 – UR-Nr. 2241/2019 –
Grundakten: **Musterstadt 662**

In der Anlage übersende ich

1. Ausfertigung des Kaufvertrags – UR-Nr. 2132/2019,

2. Unbedenklichkeitsbescheinigung,

3. Verzichtserklärung der Gemeinde Musterstadt,

4. Löschungsbewilligung der Berechtigten des Rechts Abteilung II lfd. Nr. 1,

5. Sterbeurkunde des Valentin Vogel,

6. Löschungsbewilligung der Volksbank Musterstadt eG und Grundschuldbriefe zu Abteilung III lfd. Nr. 1, 2, 3 und 4 über 60.000 €, 50.000 €, 25.000 € und 100.000 €,

7. Löschungsbewilligung der Bausparkasse Musterstadt AG bzgl. des Rechts Abteilung III lfd. Nr. 4a über 100.000 € und Grundschuldbrief über 100.000 €

und **beantrage**

a) Löschung der Rechte Abteilung II lfd. Nr. 1 und Abteilung III lfd. Nr. 1–4 und 4a des Grundbuchs,

b) Eigentumsumschreibung,

c) Löschung der Auflassungsvormerkung.

Letzteres nur dann, wenn keine Zwischeneintragungen ohne Zustimmung des Käufers erfolgt sind.

Nach Erledigung der Anträge bitte ich um Erteilung eines auf den neuesten Stand gebrachten unbeglaubigten Grundbuchauszugs.

Den Empfang der Grundschuldbriefe bitte ich mir auf der beigefügten Kopie dieses Schreibens zu bestätigen.

...

Notar

Anlagen

8. Abschlussschreiben an den Käufer

Das Abschlussschreiben an die Käufer kann wiederum in identischer Form zum Normalfall versendet werden (siehe oben § 5 Abschnitt VIII. Ziffer 12.).

9. Abschlussschreiben an die Gläubigerinnen

Das Abschlussschreiben an die finanzierende Sparkasse Musterstadt, deren Grundschuld nunmehr (wie im Normalfall) an absolut erster Rangstelle eingetragen ist, kann ebenfalls in gleicher Form wie im Normalfall erfolgen (siehe oben § 5 Abschnitt VIII. Ziffer 13.).

Zu ändern ist jedoch das Abschlussschreiben an die weitere finanzierende Gläubigerin, nämlich die Bausparkasse Gemeinschaft der Freunde Musterstadt gemeinnützige GmbH:

Muster: Abschlussschreiben an nachrangige Gläubiger

Bausparkasse
Gemeinschaft der Freunde Musterstadt gemeinnützige GmbH
Wüstenrot-Haus
71630 Ludwigsburg

Betreff:
Kaufvertrag Vogel/Kaufbold vom 01.09.2019 – Urkunde 2132/2019 und
Grundschuldbestellung vom 20.09.2019 – UR-Nr. 2241/2019 –
Bausparvertrag Nr. ...

Sehr geehrte Damen und Herren,

im Nachgang zu dem seither geführten Schriftwechsel erhalten Sie noch einen auf
den neuesten Stand gebrachten **Grundbuchauszug**, aus dem Sie bitte entnehmen wollen, dass Ihre Darlehensnehmer inzwischen als Eigentümer des erworbenen Objekts im Grundbuch eingetragen sind.

Ihr Grundpfandrecht hat die geforderte Rangstelle unmittelbar im Rang nach einer
Grundschuld über 300.000 € für die Sparkasse Musterstadt erhalten.

Ich betrachte die Angelegenheit damit als abgeschlossen. Ich darf Sie bitten, mich
noch aus dem Treuhandauftrag vom ... zu entlassen.

Mit freundlichen Grüßen

...
Notar
Anlage

§ 8 Kaufvertrag über ein Wohnungseigentum

Wird anstelle eines Grundstücks Wohnungseigentum verkauft, so bleibt für die Vertragsgestaltung vieles identisch. Im Grundsatz kann daher auf die Ausführungen in § 5 dieses Buchs zurückgegriffen werden.

I. Besonderheiten bei der Vertragsgestaltung beim Verkauf von Wohnungseigentum

Allerdings sind für die Vertragsgestaltung einige Besonderheiten zu beachten, denen bei der Lektüre des nachfolgenden Mustervertragsentwurfs (dazu unten III.) besondere Aufmerksamkeit geschenkt werden sollte, namentlich:

– die genaue **Bezeichnung des Kaufgegenstands**,

– der **Eintritt des Käufers in die Gemeinschaft der Eigentümer** und deren Auswirkungen,

– eine evtl. erforderliche **Verwalterzustimmung** und ggf. **Vorkaufsrechtsverzichtserklärung** des Mieters als zusätzliche Kaufpreisfälligkeitsvoraussetzungen sowie

– Regelungen zur **Instandhaltungsrücklage** und zum **Lastenübergang**.

II. Beispielfall

Dem nachfolgenden Mustervertragsentwurf liegt dabei folgende beispielhafte Fallgestaltung zugrunde:

Frau Verwohnerich verkauft ihre im Grundbuch von Musterstadt, Blatt 1793 eingetragene Eigentumswohnung an Frau Kaufmitt zum Preis von 72.500 €.

Die Genehmigung des Verwalters ist erforderlich; Verwalter ist die Hausbau-Musterstadt GmbH, Dürener Straße 12, 12345 Musterstadt.

Die eingetragene Grundschuld der Deutschen Bank über 90.000 € wird aus dem Kaufpreis abgelöst (Darlehnsnr. 54321/13).

Der Kaufpreis soll am 30.09. fällig sein, jedoch nicht vor Vorliegen aller üblichen Fälligkeitsvoraussetzungen. Der Restkaufpreis ist zu überweisen an den Verkäufer, dieser weiß seine IBAN jedoch nicht auswendig.

Die Wohnung ist derzeit noch vermietet; Frau Verwohnerich erklärt, das Mietverhältnis sei zum 31.08. gekündigt. Dem Mieter steht kein Vorkaufsrecht nach § 577 BGB zu. Der Käufer soll zum Rücktritt berechtigt sein, falls die Wohnung nicht fristgerecht geräumt wird.

Der Käufer finanziert den Kaufpreis über Darlehen der Sparkasse Musterstadt und der Bausparkasse Musterstadt. Die Darlehenszusagen sind erteilt.

III.   Kaufvertragsentwurf für Wohnungseigentum

Bei der Lektüre des nachstehenden Kaufvertragsentwurfs sollte besonderes Augenmerk auf die Abschnitte I. Ziffer 1., Abschnitt II. Ziffer 2., Abschnitt III. Ziffer 3. und Abschnitt IV. Ziffer 1. sowie auf zahlreiche angepasste Formulierungen gelegt werden.

 Muster: Kaufvertragsentwurf für Wohnungseigentum

Urkundenrolle 987/2019

Verhandelt zu Musterstadt, am 10.08.2019

Vor mir,

Gustav   G r ü n d l i c h ,

Notar in Musterstadt,

erschienen:

1. Frau Vanessa **Verwohnerich** , Hausfrau, geboren 03.04.1947,
   wohnhaft Mietshausstraße 20, 12345 Musterstadt,
   – nachstehend „Verkäufer" genannt –,
2. Frau Kamilla **Kaufmitt** , Sekretärin, geboren 13.09.1957,
   wohnhaft Kaufinteressentenstr. 13, 12345 Musterstadt,
   – nachstehend „Käufer" genannt –.

Frau Verwohnerich ist dem Notar persönlich bekannt; Frau Kaufmitt wies sich aus durch Vorlage ihres Bundespersonalausweises.

Der Notar fragte nach einer Vorbefassung i.S.v. § 3 Abs. 1 Nr. 7 BeurkG. Sie wurde von den Beteiligten verneint.

Die Beteiligten erklärten:

Wir schließen folgenden

Kaufvertrag

I.
Grundbuchstand und Kaufgegenstand

1. Der Verkäufer ist eingetragener Eigentümer des im Wohnungsgrundbuch des Amtsgerichts Musterstadt von Musterstadt, Blatt 1793 verzeichneten Wohnungseigentums,

135/10.000   Miteigentumsanteil an dem Grundstück Gemarkung Musterstadt, Flur 13, Flurstück 97, Gebäude- und Freifläche, Dürener Straße 14–16, 782 m²,

verbunden mit dem Sondereigentum an der Wohnung im dritten Obergeschoss rechts und einem Kellerraum, im Aufteilungsplan mit der Nummer 27 bezeichnet. Die Eigentumswohnung wurde im Jahr 1992 errichtet.

2. Das Grundbuch weist folgende Belastungen aus:

Abteilung II: keine

Abteilung III: Nr. 4: 90.000 € Grundschuld für die Deutsche Bank AG, Musterstadt.

Diesen Grundbuchinhalt hat der Notar am heutigen Tag feststellen lassen.

3. Die vorgenannte Grundschuld wird vom Käufer nicht übernommen. Die durch sie gesicherte Verbindlichkeit des Verkäufers soll aus dem Kaufpreis Zug um Zug gegen Löschung der Grundschuld im Grundbuch abgelöst werden.

II.
Verkauf

1. Der Verkäufer verkauft dem dies annehmenden Käufer das vorbezeichnete Wohnungseigentum mit allen wesentlichen Bestandteilen und Zubehör.

2. Der Verkäufer hat dem Käufer vor der heutigen Verhandlung ein Exemplar der Teilungserklärung vom 12.10.1992 – UR-Nr. 324 für 1992 des beurkundenden Notars –, die auch die Gemeinschaftsordnung enthält, ausgehändigt. Der Käufer erklärte, dass ihm der Inhalt der Teilungserklärung bekannt ist.

Soweit Bestimmungen dieser Teilungserklärung nicht Inhalt des Wohnungseigentums geworden sind, übernimmt der Käufer alle hierin enthaltenen Verpflichtungen und verpflichtet sich seinerseits, diese Verpflichtungen auch seinen Rechtsnachfolgern – wiederum mit Weitergabeverpflichtung – aufzuerlegen.

Der Notar hat den Käufer darauf hingewiesen, dass etwaige Beschlüsse der Wohnungseigentümer für ihn verbindlich sind. Der Verkäufer hat dem Käufer den geltenden Wirtschaftsplan ausgehändigt. Er versichert, dass Beschlüsse der Eigentümergemeinschaft über Sonderumlagen nicht gefasst worden sind und dass keine Wohngeldrückstände bestehen.

Das Wohngeld beträgt zurzeit monatlich 110 €.

Der Anteil des Verkäufers an den gemeinschaftlichen Geldern (Vorschüsse, Instandhaltungsrücklage usw.) geht ohne Erstattung auf den Käufer über. Die anteilige Instandhaltungsrücklage beträgt nach Angabe des Verkäufers derzeit 1.120 € und wird mit dem Kaufpreis abgegolten.

Der Verkäufer erteilt dem Käufer Vollmacht, für ihn in der Wohnungseigentümerversammlung das Stimmrecht auszuüben.

Der Käufer verpflichtet sich, in den derzeit gültigen Verwaltervertrag einzutreten bzw. einen entsprechenden Verwaltervertrag abzuschließen und die üblichen Verwaltervollmachten zu erteilen.

3. Der Vertrag bedarf der Genehmigung des Verwalters. Verwalter ist die Hausbau-Musterstadt GmbH, Dürener Str. 12, 12345 Musterstadt.

Die Verwaltereigenschaft ist durch die Vorlage einer Niederschrift über den Bestellungsbeschluss nachzuweisen, bei der die Unterschriften des Vorsitzenden und eines Wohnungseigentümers und, falls ein Verwaltungsbeirat bestellt ist, auch des Vorsitzenden oder seines Vertreters beglaubigt sind.

Der Notar wird beauftragt, die nach der vorgenannten Teilungserklärung erforderliche Genehmigung des Verwalters einzuholen.

III.
Kaufpreis und Kaufpreisfälligkeit

1. Der Kaufpreis beträgt

72.500 €

(in Worten: zweiundsiebzigtausendfünfhundert Euro).

2. Wegen der Verpflichtung zur Zahlung des Kaufpreises sowie etwaiger Zinsen unterwirft sich der Käufer – mehrere als Gesamtschuldner – dem Verkäufer gegenüber der sofortigen Zwangsvollstreckung aus dieser Urkunde in sein gesamtes Vermögen. Der beurkundende Notar wird ermächtigt, dem Verkäufer jederzeit ohne besonderen Nachweis vollstreckbare Ausfertigung dieser Urkunde zu erteilen, nicht jedoch vor Eintritt der Fälligkeit.

3. Der gesamte Kaufpreis ist fällig am 30.09. ..., jedoch nicht vor Ablauf einer Woche nach Zugang einer schriftlichen Mitteilung des Notars an den Käufer, dass folgende Voraussetzungen erfüllt sind:

a) dass zur Sicherung des Anspruchs des Käufers auf Eigentumsübertragung eine Vormerkung im Grundbuch eingetragen ist, und zwar mit Rang nur nach den in Abschnitt I aufgeführten Belastungen bzw. mit Rang nach Grundpfandrechten, bei deren Bestellung der Käufer mitgewirkt hat,

b) die zu diesem Vertrag erforderlichen Genehmigungen liegen dem Notar vor, insbesondere die des Verwalters der Wohnungseigentumsanlage, und zwar nebst ordnungsgemäßem Verwalternachweis in grundbuchmäßiger Form,

c) die Löschungsunterlagen für die nicht übernommenen Belastungen liegen dem Notar entweder auflagenfrei oder aber mit der Maßgabe vor, hiervon gegen Zahlung eines Betrags, der insgesamt nicht höher als der vereinbarte Kaufpreis ist, Gebrauch zu machen.

4. Der Notar wird mit der Einholung der Löschungsunterlagen beauftragt. Käufer und Notar sind weder berechtigt noch verpflichtet nachzuprüfen, ob Auflagen, von denen die Lastenfreistellung abhängt, berechtigt sind. Soweit solche Auflagen reichen, kann der Kaufpreis nur durch deren Erfüllung bezahlt werden, nicht durch sonstige Leistung an den Verkäufer oder Dritte. Der Notar wird bevollmächtigt, die Unterlagen zur Lastenfreistellung für Verkäufer, Käufer und dessen Finanzierungsinstitute entgegenzunehmen und zu verwenden. Alle Rechte und Ansprüche, die mit den zu beseitigenden Belastungen zu tun haben, werden schon jetzt auf den Käufer übertragen; diese Übertragung wirkt, sobald der Kaufpreis bezahlt ist, und erlischt, sobald die Lastenfreistellung durchgeführt ist.

5. Bei Fälligkeit hat der Käufer aus dem Kaufpreis zunächst die nicht übernommenen Belastungen in der von den Gläubigern angeforderten Höhe abzulösen und den Restbetrag an den Verkäufer auf ein von diesem noch anzugebendes Konto zu überweisen.

6. Für die Rechtzeitigkeit der Zahlung des Kaufpreises kommt es auf den Eingang auf dem Konto des Empfängers an. Im Fall nicht rechtzeitiger Zahlung des Kaufpreises tritt auch ohne Mahnung Verzug ein, welcher insbesondere zur Zahlung der gesetzlichen Verzugszinsen, über deren Höhe der Notar belehrt hat, verpflichtet.

7. Zahlt der Käufer den Kaufpreis bei Fälligkeit nicht, kann der Verkäufer vom Kaufvertrag zurücktreten, wenn er dem Käufer erfolglos eine Frist von 14 Tagen zur Zahlung bestimmt hat. Fristsetzung und Rücktritt bedürfen der Schriftform. Der Notar hat den Käufer darauf hingewiesen, dass der Verkäufer Schadensersatz verlangen kann.

IV.
Besitz, Nutzungen, Lasten

1. Der Besitz und die Nutzungen, die Gefahr und die Lasten einschließlich aller Verpflichtungen aus den den Grundbesitz betreffenden Versicherungen sowie die allgemeinen Verkehrssicherungspflichten und die Verpflichtung zur Zahlung des Wohngeldes gehen auf den Käufer über mit Wirkung vom Tag der Kaufpreiszahlung, jedoch nicht vor dem 20.09.2019.

   Etwaige Rückstände an Wohngeldzahlungen bis zum Besitzübergang gehen im Innenverhältnis zwischen den Beteiligten zu Lasten des Verkäufers.

   Der Verkäufer versichert, dass außergewöhnliche, nicht durch die Instandhaltungsrücklage gedeckte Kosten (Sonderumlagen etc.) im laufenden Wirtschaftsjahr bislang nicht angefallen sind. Ihm ist auch nicht bekannt, dass solche Kosten bevorstehen. Die Beteiligten wurden vom Notar darauf hingewiesen, dass aufgrund gesetzlicher Vorschriften der Verkäufer bis zur Eigentumsumschreibung für Lasten und Kosten mithaftet.

2. Die Eigentumswohnung ist zurzeit noch vermietet. Der Verkäufer erklärt, dass der Mieter das Mietverhältnis zum 31.08.2019 gekündigt hat. Das Mietverhältnis wird vom Käufer nicht übernommen.

   Nach Hinweis des Notars auf das Vorkaufsrecht des Mieters nach § 577 BGB erklärt der Verkäufer, dass die Voraussetzungen hierfür nicht vorliegen, da bereits vor Abschluss des Mietvertrags Wohnungseigentum begründet war.

3. Der Verkäufer verpflichtet sich, das Kaufobjekt bis zum ... vollständig zu räumen. Wegen seiner Verpflichtung zur Räumung unterwirft sich der Verkäufer gegenüber dem Käufer der sofortigen Zwangsvollstreckung mit der Maßgabe, dass eine Einweisung in den Besitz nicht stattfinden darf.

   Der Käufer kann vom Kaufvertrag zurücktreten, wenn er dem Verkäufer erfolglos eine Frist von 14 Tagen zur Räumung bestimmt hat. Der Verkäufer hat an den Käufer für die Zeit ab dem ... bis zur vollständigen Räumung für jeden angefangenen Monat eine Schadenspauschale von ... € zu zahlen; Geltendmachung eines weitergehenden, nachgewiesenen Schadens bleibt dem Käufer vorbehalten. Der Notar hat den Verkäufer darauf hingewiesen, dass der Käufer auch nach Rücktritt Schadensersatz verlangen kann.

V.
Weitere Vereinbarungen

1. Ansprüche und Rechte des Käufers wegen eines Sachmangels des Grundstücks sowie der im Sondereigentum und im gemeinschaftlichen Eigentum stehenden Räume und Gebäudeteile sind ausgeschlossen. Dies gilt auch für

alle Ansprüche auf Schadensersatz, es sei denn, der Verkäufer handelt vorsätzlich. Der Verkäufer versichert, dass ihm versteckte Sachmängel nicht bekannt sind. Der Käufer hat das Kaufobjekt besichtigt; er kauft es im gegenwärtigen altersbedingten Zustand bei Besichtigung.

2. Der Verkäufer ist verpflichtet, das verkaufte Wohnungseigentum frei von im Wohnungsgrundbuch in Abteilung II und III eingetragenen Belastungen und Beschränkungen zu verschaffen, soweit sie nicht vom Käufer übernommen worden sind. Der Verkäufer garantiert, dass Wohnungsbindung nach dem Wohnungsbindungsgesetz nicht besteht.

3. Soweit dem Verkäufer aus der Errichtung oder Renovierung des Kaufgegenstands noch Ansprüche gegen Dritte zustehen, tritt er diese hiermit an den Käufer ab. Der Käufer nimmt die Abtretung an.

4. Erschließungs- und sonstige Anliegerbeiträge für Erschließungsanlagen, die endgültig hergestellt sind oder für die die Beitragspflicht entstanden ist, trägt der Verkäufer unabhängig davon, ob sie bereits durch Zustellung eines Beitragsbescheids festgesetzt worden sind. Im Übrigen gehen solche Beiträge zu Lasten des Käufers.

5. Sämtliche mit dieser Urkunde und ihrer Durchführung verbundenen Notar- und Gerichtskosten einschließlich der Kosten für die Genehmigung des Verwalters, die Katasterfortführungsgebühr sowie die Grunderwerbsteuer trägt der Käufer. Die Kosten für Treuhandauflagen und Grundbuchkosten wegen der Lastenfreistellung trägt jedoch der Verkäufer.

VI.
Auflassung und Grundbuchanträge

1. Die Beteiligten sind darüber einig, dass das Eigentum an dem verkauften Wohnungseigentum auf den Käufer übergeht.

    Sie bewilligen die Eintragung des Eigentumswechsels in das Grundbuch.

2. Die Beteiligten stimmen der Löschung aller nicht übernommenen Rechte in Abteilung II und III des Grundbuchs zu und bewilligen die Löschung auch, soweit sie selbst berechtigt sind.

3. Der Notar hat die Beteiligten darauf hingewiesen, dass das Eigentum erst mit der Umschreibung im Grundbuch übergeht und vorher alle erforderlichen Genehmigungen und die Unbedenklichkeitsbescheinigung des Finanzamts vorliegen müssen, die nach Zahlung der Grunderwerbsteuer erteilt wird.

    Der Verkäufer bewilligt und der Käufer beantragt die Eintragung einer Vormerkung zur Sicherung des Anspruchs des Käufers auf Eigentumsübertragung im Grundbuch.

Der Käufer bewilligt schon jetzt die Löschung dieser Vormerkung gleichzeitig mit der Eigentumsumschreibung, vorausgesetzt, dass ohne seine Zustimmung keine Zwischenanträge gestellt und keine Zwischeneintragungen erfolgt sind.

4. Der Käufer bevollmächtigt ... und ..., beide Notarfachangestellte bei dem amtierenden Notar, und zwar jeden einzeln und unter Befreiung von § 181 BGB, die Löschung der zu seinen Gunsten einzutragenden Vormerkung zu bewilligen und zu beantragen. Von der Vollmacht kann nur durch Erklärung vor dem amtierenden Notar oder seinem Vertreter oder Amtsnachfolger Gebrauch gemacht werden.

Die Beteiligten weisen den Notar übereinstimmend an, die Löschungsbewilligung für die Vormerkung dem Grundbuchamt erst zum Vollzug vorzulegen, wenn ihm die Rücktrittserklärung des Käufers aufgrund des ihm nach Abschnitt IV. Ziffer 3. vorbehaltenen Rücktrittsrechts in Abschrift vorliegt.

5. Der Notar ist berechtigt, Anträge aus dieser Urkunde getrennt und eingeschränkt zu stellen und sie in gleicher Weise zurückzunehmen.

Die Beteiligten bevollmächtigen den Notar, für sie alle verfahrensrechtlichen Erklärungen abzugeben, die zur Durchführung des Vertrags noch erforderlich sind.

6. Der Notar wird von den Beteiligten unwiderruflich angewiesen, die Eintragung des Eigentumswechsels erst zu veranlassen, nachdem ihm die Zahlung des Kaufpreises vom Verkäufer bestätigt oder vom Käufer nachgewiesen ist. Vorher soll der Notar keine Ausfertigungen oder beglaubigten Abschriften dieser Urkunde erteilen, die die Auflassung enthält.

VII.
Genehmigungen, Hinweise

1. Der Notar hat die Beteiligten auf die erforderlichen gerichtlichen und behördlichen Genehmigungen hingewiesen, die von ihm herbeigeführt und mit ihrem Eingang bei ihm wirksam werden sollen.

2. Die Beteiligten wurden darauf hingewiesen, dass alle Vertragsvereinbarungen beurkundungspflichtig sind. Nebenabreden außerhalb dieser Urkunde können zur Nichtigkeit des gesamten Rechtsgeschäfts führen.

VIII.
Kaufpreisfinanzierung und Belastungsvollmacht

1. Der Verkäufer bevollmächtigt den Käufer, auch bereits vor Eigentumsumschreibung Hypotheken oder Grundschulden in beliebiger Höhe mit Zinsen und Nebenleistungen zur Eintragung in das Grundbuch vor dem beurkundenden Notar oder dessen Sozius zu bewilligen und zu beantragen und dabei in

Ansehung der Grundpfandrechte den jeweiligen Eigentümer der sofortigen Zwangsvollstreckung zu unterwerfen.

Die Vollmacht wird insoweit eingeschränkt, als der Verkäufer keine persönliche Haftung gegenüber den Gläubigern übernimmt und die Grundpfandrechte bis zur vollständigen Kaufpreiszahlung nur zur Sicherung des finanzierten und tatsächlich an den Verkäufer ausgezahlten Kaufpreises dienen. Die Beachtung dieser Einschränkung ist dem Grundbuchamt nicht nachzuweisen. Der Käufer ist bevollmächtigt, Rangänderungen im Grundbuch zu bewilligen und zu beantragen.

2. Der Käufer tritt seine Ansprüche auf Auszahlung der Darlehen bereits jetzt bis zur Höhe des Kaufpreises an den Verkäufer unwiderruflich ab und weist die Gläubiger hiermit unwiderruflich an, aus dem Darlehen die Verbindlichkeiten des Verkäufers abzulösen und den Restbetrag an den Verkäufer auf das vorstehend bezeichnete Konto zu überweisen.

3. Der Notar wird angewiesen, den Antrag auf Eintragung der Grundpfandrechte erst zu stellen, wenn ihm der Käufer bestätigt hat, dass der derzeitige Mieter aus der Wohnung ausgezogen ist.

Diese Niederschrift wurde den Erschienenen von dem Notar vorgelesen, von ihnen genehmigt und von ihnen und dem Notar wie folgt eigenhändig unterschrieben:

...

(Unterschriften von Vanessa Verwohnerich, Kamilla Kaufmitt und des beurkundenden Notars)

IV.   Anmerkungen zum vorstehenden Kaufvertragsentwurf für Wohnungseigentum

Im Vergleich zu dem in § 5 besprochenen „Standard"-Grundstückskaufvertrag weist der vorstehende Beispielkaufvertrag über Wohnungseigentum die im Folgenden erläuterten Besonderheiten auf.

1.   Eintritt des Käufers in die Wohnungseigentümergemeinschaft (Abschnitt II. Ziffer 2. des Vertrags)

Während der Käufer eines Einfamilienhauses mit seinem Grundeigentum nach eigenem Gutdünken verfahren darf (§ 903 Satz 1 BGB), ist der Käufer einer Eigentumswohnung insoweit durch den **Eintritt in die Wohnungseigentümergemein-**

schaft eingeschränkt. Für ihn gelten sämtliche Rechte und Pflichten eines Wohnungseigentümers der jeweiligen Wohnungseigentümergemeinschaft. Dementsprechend sind alle Bestimmungen der Teilungserklärung inkl. etwaiger Änderungen, der Gemeinschafts- und einer etwaigen Hausordnung sowie alle von den Wohnungseigentümern gefassten Beschlüsse für ihn bindend. Daher enthält der vorstehende Kaufvertragsentwurf hierzu einige (weitgehend selbsterklärende) Regelungen.

2.   Übergang von Lasten, Instandhaltungsrücklage (Abschnitt IV. Ziffer 1. des Vertrags)

In ähnlicher Weise bedarf auch der **Übergang von Lasten auf den Käufer** einer umfangreicheren Regelung, siehe dazu die Bestimmungen im vorstehenden Vertrag u.a. zum Wohngeld und zur **Instandhaltungsrücklage**.

3.   Zusätzliche Fälligkeitsvoraussetzungen (Abschnitt III. Ziffer 3. des Vertrags)

Weitere Besonderheiten ergeben sich für die Fälligkeitsvoraussetzungen aus der (je nach den Einzelheiten der Teilungserklärung) erforderlichen Genehmigung des Kaufvertrags durch den Wohnungseigentumsverwalter (**Verwaltergenehmigung**). Ebenfalls zu beachten ist ein mögliches **Vorkaufsrecht des Mieters** gem. § 577 BGB (ohne Regelung im obigen Mustervertrag, siehe nur Abschnitt IV. Ziffer 2. des Vertrags). Vergleiche für Details zum Vorkaufsrecht des Mieters nachfolgend Abschnitt V. Ziffer 2.

V.   Abwicklung eines Kaufvertrags über Wohnungseigentum

Auch für die Abwicklung des vorstehenden Vertrags gilt grundsätzlich das im Kapitel zum allgemeinen Grundstückskaufvertrag Gesagte (siehe § 5 Abschnitt VII.).

1.   Besonderheiten des Vollzugs

Es sind jedoch die folgenden Besonderheiten zu beachten:

Ein **Vorkaufsrecht** der Gemeinde kommt wegen des Ausschlusses in § 24 Abs. 2 BauGB bei Wohnungseigentum schon kraft Gesetzes **nicht in Betracht**; Verzichtserklärung oder Negativattest der zuständigen Gemeinde müssen demnach nicht eingeholt werden.

Zur lastenfreien Eigentumsumschreibung sind daher im vorstehenden Fall erforderlich:

– die Genehmigung des Wohnungseigentumsverwalters,

– die Löschungsunterlagen der Deutschen Bank AG in Musterstadt bzgl. des Rechts Abteilung III lfd. Nr. 4 über 90.000 € sowie

– die steuerliche Unbedenklichkeitsbescheinigung.

Um Wiederholungen zu vermeiden, sind nachfolgend nur diejenigen Formschreiben abgedruckt, die erst durch die Besonderheiten des Verkaufs von Wohnungseigentum erforderlich werden:

2.   Einholung der Verwaltergenehmigung

 Muster: Einholung der Verwaltergenehmigung

Hausbau-Musterstadt GmbH
Dürener Straße 12
12345 Musterstadt

Betreff:
Eigentumswohnanlage Musterstadt, Grünkohlstraße 19
– hier: Wohnungseigentumseinheit Nr. 27 –
Eigentümerin Frau Vanessa Verwohnerich,
Mietshausstraße 20, 12345 Musterstadt

Sehr geehrte Damen und Herren,

in der Anlage erhalten Sie eine Kopie des Kaufvertrags Verwohnerich/Kaufmitt vom 10.08.2019, UR.-Nr. 987/2019.

Nach den Bestimmungen der Teilungserklärung ist beim Verkauf des Wohnungseigentums die Zustimmung des Verwalters erforderlich.

Ich bitte um Abgabe der Zustimmungserklärung in öffentlich beglaubigter Form nebst Vertretungsbescheinigung. Gleichzeitig bitte ich, Ihre Verwaltereigenschaft in geeigneter Form nachzuweisen.

Den Entwurf einer Verwalterzustimmungserklärung füge ich bei.

Mit freundlichen Grüßen

...
Notar

Anlage

Muster: Verwalterzustimmungserklärung

Verwalterzustimmungserklärung

Zu

UR.-Nr.   987/2019

Notar: Gustav Gründlich

Wert: 72.500 €

Zu der bezeichneten Veräußerung von Wohnungs-/Teileigentum wird hiermit die Verwalterzustimmung erteilt.

☐ Die Verwaltereigenschaft ergibt sich aus der Teilungserklärung.

☐ Die Verwaltereigenschaft wird durch die beiliegende notariell beglaubigte Bestellungsniederschrift nachgewiesen.

Musterstadt, den 18.08.2019

...

Hausbau-Musterstadt GmbH

Dürener Str. 12, 12345 Musterstadt

...

(Unterschriften der vertretungsberechtigten Personen)

(Beglaubigungsvermerk des Notars, siehe oben § 2 Abschnitt III. Ziffer 4., je nach Lage des Sachverhalts ergänzt durch eine Vertretungsbescheinigung, siehe dazu § 2 Abschnitt IV.)

 Checkliste: Ordnungsgemäße Bestellung eines Wohnungseigentums-verwalters

1.	Über die Bestellung und Abberufung des Verwalters beschließen die **Wohnungseigentümer mit Stimmenmehrheit** (§ 26 Abs. 1 Satz 1 WEG).
2.	Die Bestellung darf auf **höchstens fünf Jahre**, die erste Bestellung nach der Begründung des Wohnungseigentums auf höchstens drei Jahre erfolgen (§ 26 Abs. 1 Satz 2 WEG). Der Verwalter kann wiederholt bestellt werden. Allerdings kann die wiederholte Bestellung frühestens ein Jahr vor Ablauf der Bestellungszeit gefasst werden (§ 26 Abs. 2 WEG).

3.	Gegenüber dem Grundbuchamt ist die Verwaltereigenschaft immer in öffentlich beglaubigter Urkunde nachzuweisen. Es genügt die Vorlage einer Niederschrift über den **Bestellungsbeschluss**, bei der die Unterschriften der in § 24 Abs. 6 WEG bezeichneten Personen **öffentlich beglaubigt** sind. Die Niederschrift ist daher von – dem Vorsitzenden und – einem Wohnungseigentümer – sowie, falls ein Verwaltungsbeirat bestellt ist, auch von dessen Vorsitzendem oder seinem Vertreter zu unterschreiben.
4.	Der **Notar** sollte sich nicht auf die Angaben des Verwalters verlassen, sondern **stets selbst prüfen**, ob die gesetzlichen Formvorschriften eingehalten wurden. [In der notariellen Praxis kommt es beispielsweise vor, dass ein Wohnungseigentumsverwalter behauptet, die Verwaltereigenschaft sei bereits dadurch nachgewiesen, dass eine notariell beglaubigte Bestellungsniederschrift zu einer bestimmten Grundakte eingereicht worden sei. Tatsächlich wurde bei den Grundakten jedoch lediglich z.B. ein Verwaltervertrag hinterlegt.]
5.	Ist **Verwalter eine Gesellschaft**, so ist stets eine **Vertretungsbescheinigung** für die Person, die die Genehmigung für die Gesellschaft abgibt, erforderlich.

3. Vorkaufsrecht des Mieters

Gemäß § 577 BGB steht dem Mieter eines verkauften Wohnungseigentums möglicherweise ein Vorkaufsrecht zu, weil er vor einer Kündigung wegen Eigenbedarfs geschützt werden soll. Das Vorkaufsrecht besteht nur dann, wenn die folgende **zeitliche Reihenfolge** vorliegt:

– Zuerst wurde die Wohnung an den Mieter überlassen (NB: maßgeblich ist allein diese tatsächliche Besitzüberlassung, nicht Datum oder Beginn des Mietvertrags),

– anschließend wurde an den Räumlichkeiten Wohnungseigentum begründet (NB: die Begründung erfolgt erst mit Eintragung im Grundbuch) und

– nunmehr wird das Wohnungseigentum an einen Dritten verkauft.

Ausnahmsweise besteht kein Vorkaufsrecht, wenn die Veräußerung nicht an Dritte, sondern an Familien- oder Haushaltsangehörige des Verkäufers erfolgt.

Im obigen Fallbeispiel stand dem Mieter kein Vorkaufsrecht gem. § 577 BGB zu. Daher reichte die Formulierung in Abschnitt IV. Ziffer 2. des vorstehenden Kaufvertragsentwurfs aus. Steht dem Mieter doch einmal ein Vorkaufsrecht zu, kann das folgende Muster verwendet werden:

Muster: Vorkaufsrecht des Mieters

IX.
Vorkaufsrecht des Mieters

1. Der Notar hat die Beteiligten darauf hingewiesen, dass dem Mieter nach § 577 BGB ein Vorkaufsrecht zusteht. Wird das Vorkaufsrecht ausgeübt, kommt der Kaufvertrag mit dem hier vereinbarten Inhalt mit dem Mieter zustande.

   Das Vorkaufsrecht kann bis zum Ablauf von zwei Monaten nach Mitteilung über die Rechtswirksamkeit dieses Vertrags ausgeübt werden.

2. Der Notar wird beauftragt und bevollmächtigt, dem Mieter nach Rechtswirksamkeit des Vertrags eine auszugsweise Ausfertigung (ohne Auflassung) dieser Urkunde zu übersenden mit der Aufforderung, innerhalb der gesetzlichen Frist zu erklären, ob er das Vorkaufsrecht ausübt oder nicht.

3. Der Kaufvertrag wird daher unter der auflösenden Bedingung geschlossen, dass er unwirksam wird, wenn der Mieter das Vorkaufsrecht ausübt.

   Der Verkäufer haftet nicht dafür, dass das Vorkaufsrecht nicht ausgeübt wird; jeglicher Schadensersatz des Käufers ist für den Fall der Ausübung des Vorkaufsrechts ausgeschlossen.

   Der Verkäufer verpflichtet sich, den Notar unverzüglich schriftlich zu unterrichten, sobald der Mieter sein Vorkaufsrecht ausgeübt oder auf die Ausübung seines Vorkaufsrechts verzichtet hat.

   Der Vertrag wird endgültig wirksam, sobald der Verkäufer dem Käufer und dem Notar schriftlich mitgeteilt hat, der Mieter habe auf die Ausübung des Vorkaufsrechts verzichtet oder innerhalb der Frist das Vorkaufsrecht nicht ausgeübt. Der Käufer und der Notar sind nicht verpflichtet, die Richtigkeit dieser Mitteilung zu prüfen.

4. Die Beteiligten weisen den Notar an, den Antrag auf Eintragung der Vormerkung und der Finanzierungsgrundpfandrechte erst zu stellen, wenn ihm die Mitteilung des Verkäufers zugegangen ist, der Mieter habe auf die Ausübung des Vorkaufsrechts verzichtet oder das Vorkaufsrecht innerhalb der Frist nicht ausgeübt.

Es ist sachgerecht, wenn – wie in dem vorstehenden Muster – für die endgültige Wirksamkeit des Kaufvertrags auf die entsprechende **Mitteilung des Verkäufers** abgestellt wird, der Mieter habe auf das Vorkaufsrecht verzichtet oder innerhalb der Frist das Vorkaufsrecht nicht ausgeübt. Ist die Erklärung des Verkäufers unrichtig, bleibt er demnach verpflichtet, dem Käufer das Eigentum zu verschaffen.

Alternativ zu der obigen Herangehensweise könnte für den Käufer auch **sofort eine Vormerkung** eingetragen werden. Dann muss allerdings die Löschung der Vormerkung für den Fall der Ausübung des Vorkaufsrechts durch den Mieter sichergestellt werden (z.B. durch Bevollmächtigung der Mitarbeiter des Notars zur Löschung). Fehlt diese Löschungsmöglichkeit, machte sich der Notar möglicherweise schadensersatzpflichtig gegenüber dem vorkaufsrechtsausübenden Mieter, weil es der ursprüngliche Käufer ab Eintragung der Vormerkung für ihn selbst in der Hand hätte, durch Kaufpreiszahlung seinen Eigentumserwerb durchsetzen.

Soll der Kaufpreis bereits ganz oder teilweise gezahlt werden, bevor feststeht, ob der Mieter das Vorkaufsrecht ausübt, hat der Verkäufer seinen Kaufpreisanspruch gegen den Mieter in gleicher Höhe an den Erstkäufer abzutreten.

Das **Schreiben an den vorkaufsberechtigten Mieter**, welches der Notar unmittelbar nach Eintritt der Rechtswirksamkeit des Kaufvertrags absendet, kann wie folgt aussehen:

Muster: Aufforderung des Mieters zur Erklärung über das Vorkaufsrecht

Sehr geehrter Herr ...,

beigefügt übersende ich Ihnen im Namen des Verkäufers und Ihres Vermieters aufgrund der mir im Kaufvertrag erteilten Vollmacht eine auszugsweise Ausfertigung (ohne Auflassung) des Kaufvertrags vom ... .

Nach § 577 BGB steht Ihnen ein Vorkaufsrecht zu, bei dessen Ausübung der Kaufvertrag über die Wohnung zwischen dem Verkäufer und Ihnen mit dem Inhalt zustande kommt, wie er bislang zwischen Verkäufer und Käufer vereinbart ist.

Die Frist zur Ausübung des Vorkaufsrechts beträgt zwei Monate. Alle zur Wirksamkeit des Kaufvertrags erforderlichen Genehmigungen sind erteilt.

Wollen Sie das Vorkaufsrecht ausüben, teilen Sie dies bitte Ihrem Vermieter bzw. dem Wohnungseigentümer mit. Ich darf Sie bitten, zur Wahrung Ihrer Interessen mir eine Abschrift der Mitteilung zu übersenden. Sollten Sie nicht daran interessiert sein, die Wohnung zu kaufen, so können Sie auf Ihr Vorkaufsrecht gegenüber

Ihrem Vermieter bzw. dem Wohnungseigentümer mittels der beigefügten Verzichtsverklärung schriftlich verzichten. Auch von dieser Verzichtserklärung erbitte ich eine Durchschrift an mich.

Ich bitte zu beachten, dass bei Ausübung des Vorkaufsrechts alle Vereinbarungen des Kaufvertrags für Sie verbindlich gelten, insbesondere auch die Vereinbarungen zur Fälligkeit des Kaufpreises. Der Kaufpreis ist jedoch erst fällig, wenn die vom Verkäufer zu bewilligende Vormerkung zur Sicherung Ihres Anspruchs auf Eigentumsübertragung im Grundbuch eingetragen ist und alle zu dem Kaufvertrag erforderlichen Genehmigungen erteilt sind.

Mit freundlichen Grüßen

...

Notar

Dem vorgenannten Schreiben fügt der Notar das Muster einer Verzichtserklärung bei:

 Muster: Vorkaufsrechtsverzichtserklärung

Vorkaufsrechtsverzichtserklärung

Ich bin/Wir sind Mieter der Wohnung, die der Eigentümer ... mit Kaufvertrag vom ... (UR.Nr. .../... des Notars ... in ...) verkauft hat.

Ich habe/Wir haben eine Abschrift des Kaufvertrags erhalten. Ich bin/Wir sind darauf hingewiesen worden, dass mir/uns nach § 577 BGB ein Vorkaufsrecht zusteht/zusteht. Übe ich/Üben wir das Vorkaufsrecht aus, kommt der Kaufvertrag mit dem vereinbarten Inhalt mit mir/uns zustande. Das Vorkaufsrecht kann bis zum Ablauf von zwei Monaten nach Mitteilung über die Rechtswirksamkeit des Kaufvertrags ausgeübt werden.

Ich verzichte/Wir verzichten jedoch hiermit auf die Ausübung des Vorkaufsrechts.

..., den ...

Für den (in der Praxis seltenen) Fall, dass der Mieter sein Vorkaufsrecht ausübt, bedarf es einer **Vereinbarung zwischen Verkäufer und Mieter,** der sein Vorkaufsrecht ausgeübt hat. Darin sollte Folgendes geregelt werden:

Muster: Vereinbarung zwischen Verkäufer und Mieter nach ausgeübtem Vorkaufsrecht

... (Rubrum)

Die Erschienenen erklärten:

I.
Vorbemerkungen

1. Der Verkäufer hat mit Kaufvertrag vom ... (UR. Nr. .../... des amtierenden Notars) das im Wohnungsgrundbuch von ..., Blatt ... verzeichnete Wohnungseigentum ... an den Käufer, Herrn/Frau/Eheleute/Firma ... zu einem Kaufpreis von ... € verkauft.

   Eine Vormerkung zur Sicherung des Anspruchs auf Eigentumsübertragung ist bislang im Grundbuch nicht eingetragen.

2. Der Mieter der Wohnung, der Beteiligte zu 2., hat mit Schreiben vom ... an den Verkäufer sein Vorkaufsrecht nach § 577 BGB ausgeübt. Er hat vom Notar eine Ausfertigung (auszugsweise ohne Auflassung) des vorgenannten Kaufvertrags erhalten und erklärt, dass ihm der Inhalt des Kaufvertrags bekannt ist. Die Urschrift des Kaufvertrags lag bei der heutigen Beurkundung vor. Die Beteiligten verweisen auf den vorgenannten Kaufvertrag und verzichten auf ein Beifügen als Anlage zu dieser Niederschrift.

3. Der Notar hat den Mieter darauf hingewiesen, dass alle Vereinbarungen des vorgenannten Kaufvertrags auch für den Kaufvertrag gelten, der infolge Ausübung des Vorkaufsrechts zwischen dem Verkäufer und dem Mieter – nachfolgend einheitlich „Käufer" genannt – zustande gekommen ist.

II.
Ergänzende Vereinbarungen

1. Aufgrund des ausgeübten Vorkaufsrechts ist das vorbezeichnete Wohnungseigentum mit allen wesentlichen Bestandteilen und Zubehör an den dies annehmenden Käufer – bei mehreren zu gleichen Anteilen – verkauft.

2. Der Verkäufer hat dem Käufer vor der heutigen Verhandlung ein Exemplar der Teilungserklärung ausgehändigt. Der Käufer erklärte, dass ihm der Inhalt der Teilungserklärung bekannt ist.

3. Der Kaufpreis ist fällig innerhalb einer Woche nach einer schriftlichen Mitteilung des Notars an den Käufer, dass die im vorgenannten Kaufvertrag vereinbarten Voraussetzungen erfüllt sind mit der Maßgabe, dass zur Sicherung des Anspruchs des Käufers auf Eigentumsübertragung eine Vormerkung im Grundbuch an der vereinbarten Rangstelle eingetragen ist und die zum heutigen Vertrag erforderlichen Genehmigungen vorliegen, insbesondere die des Verwalters der Wohnungseigentumsanlage.

4. Der Verkäufer erteilt dem Käufer Vollmacht zur Belastung des Grundbesitzes gemäß dem Inhalt und den weiteren Bestimmungen des vorgenannten Kaufvertrags, auf den insoweit verwiesen wird.

5. Der Käufer unterwirft sich wegen der Zahlung des Kaufpreises dem Verkäufer gegenüber der sofortigen Zwangsvollstreckung aus dieser Urkunde. Dem Verkäufer kann jederzeit ohne Nachweis der die Fälligkeit der Forderung begründenden Tatsachen vollstreckbare Ausfertigung dieser Urkunde erteilt werden. Mehrere Käufer haften als Gesamtschuldner.

6. Mit dem Tag des Besitzübergangs (dem Tag der Kaufpreiszahlung), jedoch nicht vor Eintritt der vom Notar zu überwachenden Fälligkeitsvoraussetzungen, endet das mit dem Käufer bestehende Mietverhältnis.

7. Die Notargebühren für den vorgenannten Kaufvertrag sowie alle mit der heutigen Urkunde und ihrer Durchführung verbundenen Notar- und Gerichtskosten einschließlich der Kosten für die Genehmigung des Verwalters sowie die Grunderwerbssteuer trägt der Käufer. Die Kosten für Treuhandauflagen und Grundbuchkosten wegen der Lastenfreistellung trägt jedoch der Verkäufer.

III.
Auflassung und Grundbuchanträge

1. Die Beteiligten sind sich darüber einig, dass das Eigentum an dem verkauften Wohnungseigentum auf den Käufer – im angegebenen Beteiligungsverhältnis – übergeht.

   Sie bewilligen die Eintragung des Eigentumswechsels in das Grundbuch.

2. Der Verkäufer bewilligt und der Käufer beantragt die Eintragung einer Vormerkung zur Sicherung des Anspruchs des Käufers auf Eigentumsübertragung im Grundbuch im angegebenen Beteiligungsverhältnis.

   Der Käufer bewilligt die Löschung dieser Vormerkung gleichzeitig mit der Eigentumsumschreibung, vorausgesetzt, dass ohne seine Zustimmung keine Zwischenanträge gestellt und keine Zwischeneintragungen erfolgt sind.

3. Der Notar wird von den Beteiligten unwiderruflich angewiesen, die Eintragung des Eigentumswechsels erst zu veranlassen, nachdem ihm die Zahlung des Kaufpreises nachgewiesen oder der Kaufpreis bei ihm hinterlegt worden ist. Vorher darf er dem Käufer und dem Grundbuchamt keine Ausfertigung oder beglaubigte Abschrift dieser Urkunde erteilen, die die Auflassung enthält.

Diese Niederschrift wurde den Erschienenen von dem Notar vorgelesen, von ihnen genehmigt und von ihnen und dem Notar wie folgt eigenhändig unterschrieben:

...

§ 9   Wohnungsrecht (§ 1093 BGB)

I.   Einleitung

Hinweis: Für das Verständnis des Wohnungsrechts empfiehlt es sich, zunächst § 3 Abschnitt IV. Ziffer 3. und Abschnitt V. Ziffer 2. zu lesen.

Das BGB unterscheidet zwischen **beschränkten persönlichen Dienstbarkeiten** (§§ 1090 ff. BGB) und Grunddienstbarkeiten (§§ 1018 ff. BGB). Es gibt jedoch Gemeinsamkeiten: Beide Erscheinungsformen einer **Dienstbarkeit** gewähren ein dingliches Nutzungsrecht an einem fremden Grundstück. Beide verpflichten den Eigentümer des betroffenen – des „belasteten" oder „dienenden" – Grundstücks dazu, dessen Benutzung in einzelnen tatsächlichen Angelegenheiten zu unterlassen, die entsprechende Nutzung durch den Begünstigten zu dulden oder einzelne Eigentümerrechte nicht auszuüben (vgl. § 1018 BGB). Als dingliche Grundstücksrechte entstehen beide erst mit Einigung und Eintragung im Grundbuch (§ 873 BGB).

Anders als bei der Grunddienstbarkeit ist der **Berechtigte der beschränkten persönlichen Dienstbarkeit** aber nicht der jeweilige Eigentümer eines anderen – des „herrschenden" – Grundstücks, sondern **eine bestimmte** – natürliche oder juristische – **Person**. Da die beschränkte persönliche Dienstbarkeit nicht veräußerlich und nicht vererblich ist (§ 1092 BGB), erlischt sie zwingend mit dem Tod der berechtigten natürlichen Person bzw. dem Erlöschen der berechtigten juristischen Person. Sie ist daher nicht nur inhaltlich auf einzelne Nutzungen des dienenden Grundstücks (Abgrenzung zum Nießbrauch), sondern auch **zeitlich beschränkt** (Abgrenzung zur Grunddienstbarkeit, siehe oben § 3 Abschnitt IV. Ziffer 3.). Ein weiteres Unterscheidungsmerkmal beinhaltet § 1019 Satz 1 BGB, wonach die Grunddienstbarkeit nur insoweit bestehen kann, als sie für die Benutzung des herrschenden Grundstücks einen **Vorteil** bietet. Diese Einschränkung gilt bei der beschränkten persönlichen Dienstbarkeit nicht, da der Berechtigte nicht zwingend zugleich Grundstückseigentümer ist.

Das **Wohnungsrecht gem. § 1093 BGB** ist ein **Sonderfall** der beschränkten persönlichen Dienstbarkeit. Es gewährt dem Berechtigten das **Recht**, ein **Gebäude** oder einen bestimmten Teil davon **unter Ausschluss des Eigentümers** und unter Mitbenutzung etwaiger Gemeinschaftsanlagen (§ 1093 Abs. 3 BGB) **als Wohnung** zu benutzen. Der vorliegende Abschnitt behandelt das Wohnungsrecht, das im Kontext von Übertragungsverträgen (siehe dazu § 15 Abschnitt XIII.) für die **notarielle Praxis** den wohl wichtigsten Anwendungsfall der beschränkten persönlichen Dienstbarkeit darstellt.

II. Arten dinglicher Wohnrechte

Ein **Wohnrecht** kann, muss aber nicht als Wohnungsrecht i.S.d. § 1093 BGB bestellt werden. Denkbar ist alternativ eine Bestellung

– als beschränkte persönliche Dienstbarkeit nach §§ 1090–1092 BGB (sog. **Mitbenutzungsdienstbarkeit**), wenn nur die **Mitbenutzung** zum Wohnen **ohne Ausschluss** des Eigentümers gewollt ist (der Ausschluss ist bei einem Wohnungsrecht nach § 1093 Abs. 1 Satz 1 BGB zwingend),

– in Sonderfällen als Reallast nach § 1105 BGB (sog. **Wohnungsreallast**), wenn der Eigentümer nicht nur – wie im gesetzlichen Regelfall bei Dienstbarkeiten – dazu verpflichtet sein soll, das Bewohnen durch Dritte **ohne aktive Leistungspflicht zu dulden**, sondern den Wohnraum durch eigene, wiederkehrende Leistungen zur Verfügung zu stellen und in gebrauchsfähigem Zustand zu erhalten, oder

– als veräußerliches und vererbliches **Dauerwohnrecht** nach Maßgabe der §§ 31 ff. WEG (zum Wohnungseigentum siehe bereits oben § 8).

Ein Wohnrecht kann ferner **nicht** als Recht i.S.d. § 1093 BGB bestellt werden, wenn

– **nicht der Wohnzweck** im Vordergrund steht, sondern eine andere Nutzungsart, z.B. das Arbeiten bei einer Bürofläche. Ist die andere Nutzungsart aber nur Nebenzweck, bleibt ein Wohnungsrecht i.S.d. § 1093 BGB zulässig;

– das Recht nicht die Nutzung eines Gebäudes oder Gebäudeteils zum Gegenstand hat, sondern **unbebaute Grundstücksflächen** (z.B. Garten) und/oder nicht zum Wohnen bestimmte Gebäudeteile (z.B. Garage, Keller).

In beiden Fällen liegt schon rein sprachlich kein Recht zum „Wohnen" vor.

Welche Art der Nutzungseinräumung im Einzelfall tatsächlich gewollt ist, muss mit den Beteiligten besprochen werden. Das Gewünschte ist dann in die dafür passendste (sachen-)rechtliche Form zu gießen (sog. **Numerus clausus** der Sachenrechte!).

III. Wohnungsrecht gem. § 1093 BGB

Zur Veranschaulichung soll der folgende Beispielfall dienen.

Fallgestaltung

Wir erinnern uns an den Musterkaufvertrag Vogel/Kaufbold (oben § 5 ab Abschnitt III.) Zur lastenfreien Übertragung des Grundstücks war die Erteilung einer Löschungsbewilligung der Frau Valentina Vogel geborene Voldemort, der Mutter des Verkäufers, für das zu Lasten des verkauften Grundstücks eingetragene Wohnungsrecht in Abteilung II unter lfd. Nr. 1 erforderlich. Sie hat damit ein dingliches Recht am Grundstück Schlossstraße 9 aufgegeben.

Nehmen wir an, dass Mutter Vogel von ihrem Sohn, dem Verkäufer Vogel, als Gegenleistung für die Aufgabe ihres Wohnungsrechts in der Schlossstraße 9 verlangt, dass ihr an einer Wohnung in der Nachbarschaft ein neues Wohnungsrecht bestellt und im Grundbuch eingetragen wird. Herr Vogel hat zufällig noch in dem Objekt Schlossstraße 5 „etwas frei".

Die zur Bestellung des Wohnungsrechts im Grundbuch erforderliche Eintragungsbewilligung kann wie im folgenden Muster formuliert werden:

 Muster: Bewilligung der Eintragung eines Wohnungsrechts gem. § 1093 BGB

Urkundenrolle-Nr. 980/2019

Antrag auf Eintragung eines Wohnungsrechts als beschränkte persönliche Dienstbarkeit

Im Grundbuch von Musterstadt Blatt 662 ist Herr Viktor Vogel, geboren 10.04.1953, als Alleineigentümer des Grundstücks der Gemarkung Musterstadt

Flur 1 Nr. 188,   Hof- und Gebäudefläche,
                      Hausgarten, Schlossstraße 5 = 498 m²

eingetragen.
Der unterzeichnende Grundstückseigentümer räumt hiermit seiner Mutter, Frau Valentina Vogel geb. Voldemort, derzeit wohnhaft Schlossstraße 9, 12345 Musterstadt, an dem vorgenannten Grundbesitz auf Lebenszeit der Berechtigten folgendes Recht unter Ausschluss des Eigentümers ein:

Wohnungsrecht im gesamten ersten Stock des Hauses, bestehend aus zwei Zimmern, Küche, Bad und WC, unter Mitbenutzung des Kellers, des Speichers und der Waschküche sowie aller sonstigen Einrichtungen des Hauses und des Hofs, soweit dies durch das gemeinsame Beisammensein bedingt ist, insbesondere freien Ein- und Ausgang in Haus, Hof und Garten zu jeder Tages- und Nachtzeit und das Recht, sich jederzeit dort aufzuhalten.

Die Kosten für Wasser, Strom und der sonstigen, durch die Benutzung verursachten Nebenkosten trägt die Berechtigte selbst.

Das Recht kann Dritten nicht zur Benutzung überlassen werden.

Die Berechtigte ist am 01.02.1930 geboren.

Der jährliche Wert des Rechts beträgt 3.600 €.

Ich, der unterzeichnende Grundstückseigentümer, bewillige und beantrage die Eintragung des vorstehend bestellten Wohnungsrechts zugunsten von Frau Valentina Vogel geb. Voldemort, geboren 01.02.1930, als beschränkte persönliche Dienstbarkeit in das Grundbuch.

Musterstadt, den 18.08.2019

...

(Unterschrift Viktor Vogel)

(Beglaubigungsvermerk des Notars, siehe dazu § 2 Abschnitt III. Ziffer 4)

Anmerkungen

Der künftige Wohnungsberechtigte muss an der Bestellung nicht mitwirken. Außerhalb des Anwendungsbereichs des § 20 GBO, der hier nicht einschlägig ist, genügt für die Eintragung die **Bewilligung des Berechtigten**, hier also von Herrn Vogel als Grundstückseigentümer (§ 19 GBO, formelles Konsensprinzip, siehe oben § 3 Abschnitt VIII. Ziffer 2.).

Damit das Wohnungsrecht **auch materiell-rechtlich** entsteht, bedarf es zusätzlich zur Eintragung im Grundbuch der **Einigung** zwischen Frau Vogel (Wohnungsberechtigte) und ihrem Sohn (Grundstückseigentümer; § 873 BGB). Diese Einigung ist formlos möglich und wird im Beispielsfall bereits im Vorfeld erzielt worden sein; denkbar ist aber auch eine spätere Einigung z.B. dadurch, dass Herr Vogel seiner Mutter den Schlüssel für die Wohnung übergibt und sie dort einzieht. Zur Entstehung von dinglichen Rechten an Grundstücken siehe bereits § 3 Abschnitt VII.

Zur **näheren Ausgestaltung des Wohnungsrechts** und der Kosten- und Lastenverteilung zwischen Eigentümer und Wohnungsberechtigten kann es sinnvoll sein, wenn der Notar darauf hinwirkt, das Recht vertraglich zu bestellen. Dieser Weg ist ohnehin immer vorgegeben, wenn das Wohnungsrecht – wie häufig – im Rahmen eines Übertragungsvertrags bestellt wird (siehe dazu unten § 15 Abschnitt XIII.).

Das Muster enthält auch eine kurze Regelung zu den laufenden **Unterhaltungskos-**
ten, die mit der Ausübung des Wohnungsrechts zusammenhängen. Die Beteiligten
(keineswegs nur der Wohnungsberechtigte!) wünschen häufig, hierzu klare Zuständigkeiten festzuhalten. Damit dies gelingt, sollte man sich immer auch den gesetzlichen Maßstab vor Augen führen und fragen, welche Abweichungen hiervon mit
dinglicher Wirkung (d.h. nicht nur rein schuldrechtlich) überhaupt zulässig sind:

– Nach der **gesetzlichen Lastenverteilung** ist der Grundstückseigentümer nicht
  zur Gebäudeunterhaltung (insbesondere Ausbesserungen oder Erneuerungen)
  verpflichtet. Vielmehr ist dies hinsichtlich der **gewöhnlichen** Maßnahmen (z.b.
  Verschleißreparaturen) Sache des Wohnungsberechtigten gem. §§ 1093 Abs. 1
  Satz 2, 1041 Satz 2 BGB. Zu **außergewöhnlichen** Reparaturmaßnahmen ist
  aber auch er nicht verpflichtet. Die durch die Benutzung verursachten **Neben-**
  kosten (Müll, Wasser, Heizung, Strom etc.) muss der Berechtigte selbst tragen.

– Es ist möglich, hiervon **abweichend** zu vereinbaren, dass der Wohnungsberechtigte vom Grundstückseigentümer im Sinne eines aktiven Tuns verlangen kann,
  das Gebäude bzw. die Anlagen i.S.d. § 1093 Abs. 3 BGB instand zu halten, die
  Kosten der Ver- und Entsorgung zu tragen oder nach Beschädigung/Zerstörung
  als außergewöhnliche Maßnahme wieder herzurichten. Durch eine solche Abrede wird das Wohnungsrecht nicht automatisch zur Wohnungsreallast.

– Ob diese abweichenden Abreden dazu führen, dass sie mit Eintragung des
  Wohnungsrechts zum **dinglichen Inhalt** des Rechts werden und damit auch einen Rechtsnachfolger des Grundstückseigentümers binden, lässt sich nur für
  jeden Einzelfall anhand der dazu ergangenen Rechtsprechung beantworten.
  Nicht zum dinglichen Rechtsinhalt, sondern nur als schuldrechtliche Vereinbarung zählen aber nach überwiegender Auffassung z.B. die Pflicht des Eigentümers, außergewöhnliche Unterhaltungsmaßnahmen vorzunehmen, und etwaige Abreden über Gegenleistungen des Wohnungsberechtigten.

Die genaue Ausgestaltung des Wohnungsrechts und seines dinglichen Inhalts in
diesen Fragen hat auch Auswirkungen auf die **Löschung des Rechts** nach dem Tod
des Berechtigten, speziell die Frage, ob bei Lebenszeitrechten die Vorlage der Sterbeurkunde des Berechtigten zur Löschung genügt:

– Im vorliegenden Fallbeispiel verteilen sich die Lasten- und Kosten des Wohnungsrechts wie im Gesetz vorgesehen. Damit sind **rückständige Leistungs-**
  pflichten des Eigentümers, die aus dem dinglichen Recht selbst entspringen
  (und nicht nur einen schuldrechtlichen Ursprung haben), ausgeschlossen. Dann
  genügt zur Löschung des Wohnungsrechts der Nachweis des Todes der Berechtigten (= **Unrichtigkeitsnachweis**, § 22 GBO). Nach dem Ableben seiner Mut-

ter kann Herr Vogel daher unter Vorlage der Sterbeurkunde im Original formlos den Antrag auf Löschung des Rechts im Grundbuch stellen.

– Bei dem Wohnungsrecht i.S.d. § 1093 BGB handelt es sich aber **nicht in jedem denkbaren Fall** um ein Lebenszeitrecht, bei dem rückständige Leistungspflichten des Eigentümers ausgeschlossen sind. Es kommt vielmehr auf den konkreten Einzelfall an. Wie bereits erwähnt, kann z.b. der Eigentümer zur Unterhaltung des Grundbesitzes verpflichtet und dies zum dinglichen Inhalt des Rechts gemacht werden. In einem solchen Fall sind Rückstände möglich und der Anwendungsbereich der §§ 23, 24 GBO eröffnet. Das bedeutet, dass der Unrichtigkeitsnachweis nur dann ausreicht, wenn ein **Löschungserleichterungsvermerk** (auch: **Vorlöschungsklausel**, §§ 23 Abs. 2, 24 GBO) im Grundbuch bei dem Recht eingetragen ist. **Fehlt ein solcher Vermerk**, bedarf es zur Löschung entweder der Bewilligung der Erben der verstorbenen Berechtigten in grundbuchmäßiger Form (plus Nachweis der Erbschaft, z.B. Erbschein) oder des Ablaufs von einem Jahr nach dem Tod des Berechtigten (siehe bereits oben § 3 Abschnitt VIII. Ziffer 3.). **Zweck** dieser Löschungserschwerung ist es, den Rechtsnachfolgern des Berechtigten den Anspruch auf Erfüllung rückständiger Leistungen nicht dadurch zu gefährden, dass das Recht unmittelbar nach dem Tod im Grundbuch gelöscht wird. Die fortbestehende Eintragung im Grundbuch wirkt hier also wie ein wirtschaftliches Druckmittel.

– Denkbar wäre nun, **regelmäßig** eine Löschungserleichterung mit zur Eintragung beim Wohnungsrecht zu beantragen. Allerdings sind viele Grundbuchämter (und die juristische Fachliteratur) bei der Frage, ob ein Löschungserleichterungsvermerk bei einem Wohnungsrecht **überhaupt eingetragen werden darf**, (noch immer) eher zurückhaltend. Sie lehnen eine solche Eintragung teilweise sogar generell ab.

– Vorsichtige Notare können hilfsweise mit einer Löschungsvollmacht auf den Todesfall arbeiten, z.B. wie folgt:

Formulierungsbeispiel – Löschungsvollmacht

Das vorbestellte Wohnungsrecht soll mit dem Vermerk eingetragen werden, dass zur Löschung des Rechts der Nachweis des Todes des Berechtigten genügen soll. Sollte das Grundbuchamt die Auffassung vertreten, dass die Löschungserleichterung bei einem Wohnungsrecht nicht eingetragen werden könne, so wird beantragt, die Eintragung ohne die Vorlöschungsklausel vorzunehmen. Der Berechtigte erteilt dem Eigentümer schon jetzt unwiderruflich Vollmacht, nach seinem Tod unter Vorlage der Sterbeurkunde die Löschung des Wohnungsrechts und der vorgenannten Vormerkung zu bewilligen.

Das Wohnungsrecht braucht **nicht** auf die gesamte **Lebzeit des Berechtigten** zu laufen. Denkbar ist auch, dass das Wohnungsrecht bei endgültigem Auszug des Berechtigten (z.b. nach eingetretener Pflegebedürftigkeit) erlischt.

Formulierungsbeispiel – Erlöschen bei dauerhaftem Auszug

> *Das Wohnungsrecht erlischt, wenn der Berechtigte die Wohnung – gleich aus welchem Grund – nicht nur vorübergehend, mindestens aber für die Dauer von sechs Monaten, verlassen hat. In diesem Fall hat er, soweit rechtlich zulässig, keinen Anspruch auf Geldersatz für die von ihm vorzeitig aufgegebenen Räume. Für den Fall des Erlöschens des Wohnungsrechts ist der Berechtigte verpflichtet, in die Löschung des Wohnungsrechts einzuwilligen.*

Die Bestellung eines **Wohnungsrechts für mehrere Personen** (meist Eheleute) ist möglich. Das zeigt der Beispielsfall Vogel/Kaufbold. Das erforderliche (§ 47 GBO) **Gemeinschaftsverhältnis** – also die Angabe dazu, wie die mehreren Berechtigten das Recht ausüben – ist hier in der Praxis meist die „Gesamtberechtigung gem. § 428 BGB". Sie ist dadurch gekennzeichnet, dass zu Lebzeiten beider Eheleute diese auch nur gemeinschaftlich das Wohnungsrecht ausüben können und dass nach dem Tod des einen Ehegatten dem überlebenden Ehegatten das Wohnungsrecht alleine zusteht. Der entsprechende Antrag in der Eintragungsbewilligung kann dann wie folgt lauten:

 Muster: Gesamtberechtigung gem. § 428 BGB

Der Grundstückseigentümer räumt den Eheleuten Peter Müller, geboren 12.04.1976, und Petra Müller geb. Mayer, geboren 19.05.1980 – als Gesamtberechtigten gem. § 428 BGB – an dem vorgenannten Grundbesitz auf Lebenszeit ein Wohnungsrecht mit folgendem Inhalt ein:

(es folgt die Ausgestaltung des Rechts)

Stirbt einer der Berechtigten, so sollen die vorstehend bestellten Rechte dem Überlebenden unverkürzt weiter zustehen.

Die Eintragung des vorstehend bestellten Wohnungsrechts in das Grundbuch als beschränkte persönliche Dienstbarkeit zugunsten der Eheleute Peter Müller, geboren 12.04.1976, und Petra Müller geb. Mayer, geboren 19.05.1980, als Gesamtberechtigte gem. § 428 BGB wird hiermit bewilligt und beantragt.

(Es folgen die Schlussbestimmungen und der Beglaubigungsvermerk des Notars)

IV.   Kostenhinweise

Gebührensatz: 0,5-Gebühr gem. Nr. 24102 KV GNotKG bei isolierter Bewilligung (Unterschriftsbeglaubigung) unter einen vom Notar entworfenen Text.

Gebührensatz: 2,0-Gebühr bei vertraglicher, vom Notar beurkundeter Bestellung gem. Nr. 21100 KV GNotKG.

Geschäftswert: Der **Geschäftswert** richtet sich gem. § 52 GNotKG nach dem Wert des Wohnungsrechts für den Berechtigten. Hierfür ist zunächst der Jahreswert des Rechts wichtig (im Beispielfall 3.600 €). Soweit – wie i.d.R. – das Recht auf die Lebensdauer des Berechtigten (bei mehreren des Längstlebenden, § 52 Abs. 4 Satz 2 Nr. 1 GNotKG) beschränkt ist, ergibt sich der Geschäftswert gem. § 52 Abs. 4 Satz 1 GNotKG aus einem Vielfachen des maßgeblichen Jahreswerts (im Beispielfall: der fünffache Jahreswert, da die Mutter von Herrn Vogel bei Bestellung schon über 70 Jahre alt ist).

§ 10 Grundstücksteilung, -vereinigung und -zuschreibung

In § 5 Abschnitt XVIII. ist bereits der Verkauf einer noch unvermessenen Grundstücksteilfläche beispielhaft behandelt worden. Die Hintergründe der Teilung, Vereinigung und Zuschreibung eines Grundstücks als Bestandteil sind Gegenstand dieses zehnten Kapitels.

I. Teilung eines Grundstücks

Als **Grundstücksteilung** bezeichnet man den Vorgang, durch den von einem im Grundbuch eingetragenen Grundstück im Rechtssinne (also von der Fläche, die unter einer laufenden Nummer im Grundbuchblatt geführt wird) eine bislang unselbständige Teilfläche abgeschrieben und anschließend als selbständiges Grundstück im Rechtssinne (also unter einer eigenen laufenden Nummer im Grundbuchblatt) eingetragen wird. Ob die Neueintragung dabei auf demselben oder einem neuen Grundbuchblatt erfolgt, ist hierfür unerheblich.

Eine Grundstücksteilung erfolgt i.d.R. zur Vorbereitung einer Veräußerung oder aber auf Vorrat, wenn also zu einem späteren Zeitpunkt eine Veräußerung oder Belastung der abgeschriebenen Teilfläche (z.B. mit einem Grundpfandrecht oder Erbbaurecht) gewollt ist. Eine isolierte Teilung vorab bietet u.a. den Vorteil, dass erforderliche Genehmigungen unabhängig von den Verpflichtungen eines bereits geschlossenen Kaufvertrags eingeholt werden können und der anschließende Kaufvertrag nicht unnötig mit der Teilung verkompliziert wird. Rechtlich möglich ist jedoch beides, u.U. ist die Zusammenfassung in einem notariellen Vorgang sogar kostenrechtlich privilegiert.

Da dingliche Rechte, die an dem Ausgangsgrundstück bestehen, sich nach der Teilung an allen neu geschaffenen Grundstücken fortsetzen, hat die Teilung grundsätzlich keine Auswirkungen auf die Rechtsstellung etwaiger Gläubiger. Ihre Zustimmung ist daher für die Teilung nicht erforderlich.

II. Verbindung mehrerer Grundstücke

Das Gegenstück zur Teilung ist die Verbindung von Grundstücken, die rechtlich auf zwei Arten möglich ist, nämlich als Vereinigung (dazu unten Ziffer 1.) und als **Bestandteilszuschreibung** (dazu unten Ziffer 2.). Der zuweilen anzutreffende Begriff der „Verschmelzung" von Grundstücken ist rechtlich keine dritte Kategorie, sondern bezeichnet nur den rein katastertechnischen Vorgang (als Gegenstück zur katastertechnischen „Zerlegung" eines Grundstücks).

Zweck einer Grundstücksverbindung ist es regelmäßig, anschließend aus dem Gesamtgrundstück Wohnungseigentum zu bilden. In anderen Fällen soll erst durch eine Verbindung die rechtliche Zulässigkeit eines Bauvorhabens bewirkt werden.

1. Vereinigung mehrerer Grundstücke (§ 890 Abs. 1 BGB, § 5 GBO)

Zweck einer Grundstücksverbindung ist es regelmäßig, anschließend aus dem Gesamtgrundstück Wohnungseigentum zu bilden. In anderen Fällen soll erst durch eine Verbindung die rechtliche Zulässigkeit eines Bauvorhabens bewirkt werden.

Nach Vereinigung bilden die bisher selbständigen Grundstücke nur noch Bestandteile des neuen Grundstücks. Die vor der Vereinigung auf den einzelnen Grundstücken lastenden Rechte bleiben in ihren bisherigen räumlichen Grenzen bestehen. Eine erhebliche Verschiedenheit der Rechte kann aber zur Verwirrung führen und deshalb die Vereinigung verhindern. In der Praxis wird deshalb meist versucht, eines der zwei Grundstücke vorab lastenfrei zu machen.

Sollen die Belastungen eines Grundstücks sich auf das andere Grundstück (bzw. auf das neue Gesamtgrundstück) erstrecken, bedarf es eines Erstreckungsantrags und häufig auch der Zwangsvollstreckungsunterwerfung bezüglich des Nebengrundstücks. Alternativ dazu kommt in diesem Fall eine Bestandteilszuschreibung in Betracht (dazu sogleich).

2. Zuschreibung als Bestandteil (§§ 890 Abs. 2, 1131 BGB, § 6 GBO)

Bei der Zuschreibung eines Grundstücks (Nebengrundstück) als Bestandteil zu einem anderen Grundstück (Hauptgrundstück) geht Ersteres durch Einverleibung in dem Letzteren auf. Das Hauptgrundstück braucht nicht notwendig das tatsächlich größere oder wirtschaftlich bedeutendere zu sein; welches Grundstück auf welches andere in dieser Weise zugeschrieben wird, obliegt vielmehr allein der Entscheidung des Eigentümers. Im Unterschied zur Vereinigung gehen bei einer Bestandteilszuschreibung die Belastungen des Hauptgrundstücks in Abteilung III auf das zugeschriebene Grundstück über.

Die Zuschreibung wird deshalb der Vereinigung dann meist vorgezogen, wenn die Grundpfandrechte des Hauptgrundstücks ausgedehnt werden sollen (§ 1131 BGB).

III.   Beispielfall

Anhand der nachstehend abgedruckten Unterlagen (Auszug aus dem Veränderungs- bzw. Fortführungsnachweis, Schenkungsvertrag mit entsprechenden Anträgen) soll beispielhaft dargestellt werden, wie Grundstücksteilung, lastenfreie Abschreibung des Trenngrundstücks und Zuschreibung notariell begleitet werden können.

1.   Vorhaben der Beteiligten

Im Notariat erscheint Herr Sebastian Schenker zur Vorbesprechung eines Schenkungsvertrags. Er möchte seinen beiden Töchtern, Dagmar Dankbar geb. Schenker und Gerda Glücklich geb. Schenker, eine Teilfläche seines Grundstücks (Flurstück Nr. 644) schenkweise übertragen. Den beiden Töchtern gehört bereits je zur Hälfte das Nachbargrundstück (Flurstück Nr. 645), allerdings benötigen sie die zu übertragende Teilfläche des Vaters, um das geplante Bauvorhaben zu realisieren.

2.   Auszug aus der Flurkarte

Zur Verdeutlichung der Lage der betroffenen Grundstücke mit den Flurstücksnummern 644 und 645 (bzw. nach Veränderung 644/1, 644/2 und 645) dient der folgende, beispielhafte Auszug aus der Flurkarte (z.T. auch Liegenschaftskarte oder Katasterkarte genannt), also eine maßstabsgetreue Darstellung von Flurstücken, Grundstücken und Gebäuden:

Auszug aus der Flurkarte

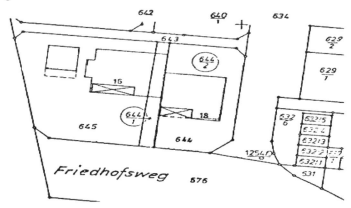

3.   Fortführungsnachweis

Im Beispielfall ist das zu übertragende Grundstück bereits vermessen, und vom zuständigen Katasteramt liegt bereits der Fortführungsnachweis (früher auch „Veränderungsnachweis" genannt) vor.

 Muster: Fortführungsnachweis

KATASTERAMT MUSTERKREIS	**Auszug aus dem**
Joseph-Musterknabe-Str. 1	**Liegenschaftskataster**
12345 Musterstadt	
	Fortführungsmitteilung an Eigentümer

Antragskennzeichen: A103895
Gemarkung: Musterstadt
Fortführungsnachweis NRW: 23
Fortführungsfallnummer: 1   31.08.2019

Zerlegung oder Sonderung

Amtsgericht		**Musterstadt**
Grundbuchbezirk/Buchungsblattbezirk		**Musterstadt**
Blattart		**Grundbuchblatt**
Buchungsart		**Grundstück**
Grundbuchblatt/Buchungsblatt	**5048**	Laufende Nummer **1**

Vor der Fortführung		Nach der Fortführung	
Gemarkung	Musterstadt	Gemarkung	Musterstadt
Flur	3	Flur	3
Flurstück	644	Flurstück	644/2
Lage	053649400138	Lage	053649400138
	Friedhofsweg		Friedhofsweg 18
Fläche	497 m^2	Fläche	422 m^2
Gesamtfläche	497 m^2	Flur	3
Anzahl der	1	Flurstück	644/1
Flurstücke:		Lage	053649400138
			Friedhofsweg 16
		Fläche	75 m^2
		Gesamtfläche	497 m^2
		Flächendifferenz	0 m^2
		Anzahl der	
		Flurstücke	2

4.   Vertragsentwurf des Notars

Um den Wünschen der Beteiligten nachzukommen, fertigt der Notar den folgenden Vertragsentwurf:

 Muster: Schenkungs- und Übertragungsvertrag

Urkundenrolle Nr. 1027/2019

**Schenkungs- und Übertragungsvertrag
mit Teilungsantrag, Zuschreibungsantrag (§ 890 Abs. 2 BGB)
und Erstreckungsantrag**

Verhandelt zu Musterstadt am 03.09.2019

Vor mir, dem unterzeichnenden Notar Gustav G r ü n d l i c h mit dem Amtssitz in Musterstadt, erschienen heute:

1. Herr Sebastian **Schenker**, geboren 23.03.1955,

  – nachstehend „Schenker" und/oder „Übergeber" genannt –

2. dessen Töchter

    a) Frau Dagmar **Dankbar** geb. Schenker, geboren 26.10.1989,

    b) Frau Gerda **Glücklich** geb. Schenker, geboren 08.02.1981,

      – zu a) und b) nachstehend „Beschenkte" und/oder „Übernehmer" genannt –,

    alle wohnhaft Friedhofsweg 16, 12345 Musterstadt.

Die Erschienenen sind dem amtierenden Notar persönlich bekannt.

Der Notar fragte nach einer Vorbefassung i.S.v. § 3 Abs. 1 Nr. 7 BeurkG. Sie wurde von den Beteiligten verneint.

Die Erschienenen erklärten:

I.
Vorbemerkung und Teilungsantrag

Im **Grundbuch von Musterstadt, Blatt 5048** ist Herr Sebastian Schenker als Alleineigentümer des Grundbesitzes
Gemarkung Musterstadt

lfd. Nr. 1   Flur 3 Nr. 644, Bauplatz, Friedhofsweg = 497 m²

eingetragen.

Der Notar hat das Grundbuch am ... 20.. einsehen lassen. Das Grundbuch weist folgende Belastungen aus:

Abteilung II:	lfd. Nr. 1	Auflassungsvormerkung zugunsten der Gemeinde Musterstadt
Abteilung III:	lfd. Nr. 1	Grundschuld i.H.v. 60.000 € nebst Zinsen und Nebenleistungen für die Volksbank Musterstadt eG,
	lfd. Nr. 2	Grundschuld i.H.v. 150.000 € nebst 15 % Zinsen und Nebenleistungen für die Volksbank Musterstadt eG.

Aufgrund des Fortführungsnachweises des Katasteramts Musterkreis vom 31.08.2019, Antragskennzeichen A103895, wird der vorgenannte Grundbesitz im Wege der Flurstückszerlegung und Flächenberichtigung unter **einer** laufenden Nummer wie folgt im Grundbuch eingetragen:

Flur 3 Nr. 644/2,	Hof- und Gebäudefläche, Friedhofsweg 18	=	421 m²
Flur 3 Nr. 644/1,	Hof- und Gebäudefläche, Friedhofsweg 16	=	75 m².

Der Grundstückseigentümer beantragt hiermit die Teilung und Eintragung der vorgenannten Flurstücke unter jeweils einer gesonderten laufenden Nummer im Grundbuch.

II.
Schenkung

Herr Sebastian Schenker, geboren 23.03.1955, übergibt schenkweise an seine Töchter, Dagmar Dankbar geb. Schenker, geboren 26.10.1989, und Gerda Glücklich geb. Schenker, geboren 08.02.1981, je zur Hälfte das neugebildete Grundstück

Flur 3 Nr. 644/1,   Hof- und Gebäudefläche, 2
                Friedhofsweg 16   =   75 m².

Die schenkweise Übergabe erfolgt unter den nachstehenden Bedingungen:

1. Die Veräußerung erstreckt sich auf das Zubehör.

2. Die Übergabe erfolgt heute.

   Das Eigentum geht mit der Eintragung im Grundbuch, die Gefahr mit dem Tag der Übergabe auf die Übernehmer über.

3. Für den angegebenen Flächeninhalt soll ausschließlich der vorgenannte Veränderungsnachweis maßgebend sein. Die Übernehmer sind nicht verpflichtet, einen etwaigen Mehrgehalt herauszugeben oder wegen desselben eine Herauszahlung zu leisten.

4. Die Löschung der in Abteilung II lfd. Nr. 1 eingetragenen Auflassungsvormerkung im Grundbuch von Musterstadt, Blatt 5048 zugunsten der Gemeinde Musterstadt wird bezüglich des veräußerten Grundbesitzes beantragt.

   Ferner wird die Löschung der in Abteilung III lfd. Nr. 1 eingetragenen Grundschuld i.H.v. 150.000 € nebst Zinsen bezüglich des übertragenen Grundbesitzes beantragt.

   Freigabeerklärung bzw. Pfandfreigabeerklärungen der Berechtigten und Gläubiger oder Unschädlichkeitszeugnis des Katasteramts werden nachgereicht.

   Ansprüche und Rechte des Übernehmers wegen eines Sachmangels des Grundstücks sind ausgeschlossen. Die Übernehmer haben den Vertragsgegenstand besichtigt. Sie übernehmen ihn im gegenwärtigen Zustand. Der Übergeber verpflichtet sich, den übergebenen Grundbesitz frei von im Grundbuch in Abteilung II und III eingetragenen Belastungen und Beschränkungen zu verschaffen, soweit sie nicht von den Übernehmern übernommen worden sind.

5. Die auf dem übergebenen Grundbesitz ruhenden öffentlichen Abgaben und Lasten, ebenso die Nutzungen, gehen mit dem Tag der Übergabe auf die Übernehmer über.

6. Die Kosten dieses Vertrags und seiner Durchführung tragen die Übernehmer je zur Hälfte. Befreiung von der Grunderwerbsteuer wird gem. § 3 Nr. 2 des Grunderwerbsteuergesetzes beantragt. Auf die gesamtschuldnerische Haftung für die Kosten wurden die Beteiligten hingewiesen.

7. Die Beschenkten nehmen die Schenkung jeweils an.

III.
Auflassung

Die Vertragsparteien sind sich darüber einig, dass das Eigentum an dem mit dieser Urkunde übertragenen Grundbesitz von dem Übergeber auf die Übernehmer – je zur Hälfte – übergehen soll, und bewilligen und beantragen die Eintragung der Eigentumsänderung im Grundbuch.

IV.
Zuschreibungsantrag gem. § 890 Abs. 2 BGB

Im **Grundbuch von Musterstadt, Blatt 5055** sind Dagmar Dankbar geb. Schenker und Gerda Glücklich geb. Schenker je zur Hälfte als Eigentümer des Grundstücks

Flur 3 Nr. 645,	Bauplatz,		
	Friedhofsweg	=	672 m²

eingetragen.

Die Grundstückseigentümer beantragen, das mit diesem Vertrag erworbene Grundstück

Flur 3 Nr. 644/1,	Hof- und Gebäudefläche,		
	Friedhofsweg 16	=	75 m²

dem Grundstück

Flur 3 Nr. 645	gem. § 890 Abs. 2 BGB als Bestandteil zuzuschreiben.	

V.
Erstreckungsantrag

Im **Grundbuch von Musterstadt, Blatt 5055** sind in Abteilung II zu Lasten des Grundstücks

Flur 3 Nr. 645 folgende Rechte eingetragen:

lfd. Nr. 1	Grunddienstbarkeit (Hochspannungsfreileitungsrecht für die Stadtwerke Musterstadt AG);
lfd. Nr. 2	Auflassungsvormerkung (Wiederkaufsrecht) für die Gemeinde Musterstadt.

Wir, die Eigentümer des Grundstücks Flur 3 Nr. 645, bewilligen und beantragen, diese vorgenannten Rechte auf das erworbene Grundstück

Flur 3 Nr. 644/1,   Hof- und Gebäudefläche,
                     Friedhofsweg 16   =   75 m²

zu erstrecken.

VI.
Hinweise

Eine behördliche Genehmigung zur Grundstücksteilung ist nicht erforderlich.

Den Beteiligten wurde mitgeteilt, dass die Eintragung der Rechtsänderungen aus diesem Vertrag erst nach Vorliegen der Unbedenklichkeitsbescheinigung des Finanzamts sowie nach Zahlung der Gerichtskosten erfolgen kann.

Diese Niederschrift wurde den Erschienenen von dem amtierenden Notar vorgelesen, von diesen genehmigt und von ihnen und dem Notar eigenhändig wie folgt unterschrieben:

...

(Unterschriften von Sebastian Schenker, Dagmar Dankbar, Gerda Glücklich und des beurkundenden Notars)

§ 11 Rangverhältnis, Rangbestimmung, Rangänderung, Rangvorbehalt

Jedes im Grundbuch eingetragene Recht bekommt mit seiner Eintragung automatisch eine bestimmte Rangstelle. In diesem Kapitel werden die Bedeutung dieses Rangs, das gesetzliche Rangverhältnis, die Möglichkeiten der Bestimmung und Änderung des Rangs sowie die Figur des Rangvorbehalts erläutert.

I. Bedeutung der Rangstelle im Zwangsversteigerungsverfahren

Der Rang eines im Grundbuch eingetragenen Rechts ist von entscheidender Bedeutung; er bestimmt nämlich die **Qualität der Sicherheit**, die von dem eingetragenen Recht ausgeht. Gerade im Fall der Zwangsversteigerung entscheidet in erster Linie der Rang eines Rechts über dessen Wertigkeit.

Können nämlich in einer Zwangsversteigerung von Grundbesitz nicht alle Gläubiger befriedigt werden, wird der **Versteigerungserlös** grundsätzlich nach der Rangfolge der eingetragenen Rechte verteilt.

Zusätzlich kann der Rang eines Rechts für den **Erfolg der Versteigerung** insgesamt entscheiden. Der Ersteigerer eines Grundstücks muss nämlich diejenigen Rechte übernehmen, die dem Recht, aus welchem die Zwangsversteigerung betrieben wird, vorgehen. Sie fallen in das sogenannte geringste Gebot (vgl. § 44 Abs. 1 ZVG).

Demnach kann es in einer Zwangsversteigerung vorkommen, dass der Wert des Grundstücks geringer ist als die in das geringste Gebot fallenden Rechte, dann wird sich i.d.R. kein Interessent finden und die Zwangsversteigerung endet ergebnislos.

II. Rangverhältnis, Rangbestimmung

Gemäß § 879 Abs. 1 BGB bestimmt sich das Rangverhältnis zwischen mehreren Rechten innerhalb derselben Abteilung des Grundbuchs nach der Reihenfolge der Eintragungen. Bei Rechten in verschiedenen Abteilungen ist grundsätzlich das Datum der Eintragung maßgeblich (bei Datumsgleichheit: grundsätzlich Gleichrang).

Beachte hierzu:

Zu beachten ist jedoch die verfahrensrechtliche Ergänzung des § 879 Abs. 1 BGB durch § 45 GBO: Das **Rangverhältnis** unter mehreren dinglichen Rechten an einem Grundstück bestimmt sich dadurch nach dem (**minutengenauen!**) **Zeitpunkt** des Eingangs des Antrags im Grundbuchamt.

Der Zeitpunkt des Eingangs eines Eintragungsantrags beim Grundbuchamt kann für die Wertigkeit eines einzutragenden Rechts daher entscheidend sein. Dabei ist **vor allem zu beachten,**

–   dass ein Antrag nicht bereits dann beim Grundbuchamt eingegangen ist, wenn er in dessen Briefschalter gelegt oder irgendjemandem beim Grundbuchamt übergeben worden ist;

–   der Antrag ist vielmehr erst beim Grundbuchamt eingegangen, wenn er einem zur Entgegennahme zuständigen Mitarbeiter vorliegt;

–   dass, wenn Anträge gleichzeitig gestellt sind, im Grundbuch zu vermerken ist, dass die Eintragungen gleichen Rang haben (§ 45 Abs. 1 GBO).

III. Gestaltung des Rangverhältnisses durch Antragstellung und/oder Rangbestimmung

Die eventuelle Zufälligkeit des Eingangs mehrerer Anträge beim Grundbuchamt kann der Notar auf geschickte Weise beeinflussen. Einerseits kann er Anträge zeitlich nachfolgend stellen. Andererseits kann er – bei gleichzeitiger Antragstellung – mehrere Anträge fortlaufend nummerieren („Antrag 1", dahinter geheftet „Antrag 2" usw.).

Zwar ist das Grundbuchamt bei gleichzeitigem Eingang mehrerer Anträge streng genommen nicht verpflichtet, entsprechend der Nummerierung der Anträge vorzugehen. Theoretisch wäre es daher erforderlich, die Anträge persönlich und nacheinander (in nachfolgenden Minuten) im Grundbuchamt abzugeben. Praktisch halten sich jedoch fast alle Grundbuchämter an die Nummerierungspraxis der Notare. Will der Notar auf „Nummer sicher gehen", kann er darauf zurückgreifen, dass die Rangverhältnisse auch in einer Vereinbarung zwischen allen Betroffenen (mit dinglicher Wirkung, § 879 Abs. 3 BGB) vereinbart werden können (**Rangbestimmung**). Eine solche Rangbestimmung ist für das Grundbuchamt bindend.

Eine Rangbestimmung ist häufig in einer Grundschuldbestellungsurkunde enthalten. Sollte sie einmal irrtümlich fehlen, so kann sie vom Notar bei Antragstellung nur dann nachgeholt werden, wenn dem Notar eine entsprechende Vollmacht erteilt wird, etwa wie das folgende Formulierungsbeispiel zeigt.

Formulierungsbeispiel – Vollmacht an den Notar zur Rangbestimmung

Der Notar wird bevollmächtigt, alle verfahrensrechtlichen Erklärungen abzugeben, die zur ranggerechten Eintragung des Grundpfandrechts noch erforderlich sind.

Dies erlaubt es dem Notar, im Antrag durch Eigenurkunde die Rangbestimmung nachzuholen. Die einzige Besonderheit gegenüber einem „normalen" Antragschreiben ist dann, dass das Schreiben (als Formerfordernis für eine Eigenurkunde) zu siegeln ist, d.h. in der Praxis, dass der Notar seiner Unterschrift sein Amtssiegel beidrückt.

IV.   Nachträgliche Rangänderung

Entspricht die tatsächlich bestehende Rangordnung in einem Fall nicht dem von allen beteiligten Rechteinhabern Gewollten, kann sie nachträglich geändert werden. Dies kommt in der Praxis z.B. in Betracht, wenn Grundpfandrechtsgläubiger (wie stets) die Eintragung des Grundpfandrechts mit Rang vor der bereits für den Käufer eingetragenen Eigentumsverschaffungsvormerkung verlangen.

Nach § 880 Abs. 2 BGB erfordert die Rangänderung die Einigung des zurücktretenden und des vortretenden Berechtigten sowie die Eintragung der Änderung in das Grundbuch. Zur Eintragung der Rangänderung bedarf es einer Bewilligung (§ 19 GBO) des zurücktretenden Berechtigten und des Antrags eines der Beteiligten (§ 13 GBO).

V.   Rangvorbehalt und Wirksamkeitsvermerk

Als Alternative zur nachträglichen Rangänderung kann schon vorab, also bei Eintragung des ersten Rechts, welches aber im Ergebnis nachrangig zu einem später einzutragenden Recht sein soll, ein sogenannter **Rangvorbehalt** eingetragen werden (§ 881 BGB). Danach kann sich der Eigentümer bei der Belastung des Grundstücks mit einem Recht die Befugnis vorbehalten, ein anderes, dem Umfang nach bereits bestimmtes Recht mit dem Rang vor jenem Recht eintragen zu lassen (Rangvorbehalt).

Da eine Bewilligung immer durch denjenigen abzugeben ist, dessen Recht von der Eintragung betroffen wird (§ 19 GBO), kommt es bei Eintragung eines Rangvorbehalts auf den Zeitpunkt seiner Bewilligung an: Wird der Rangvorbehalt gleichzeitig mit dem bei seiner Ausübung später zurücktretenden Recht eingetragen, bedarf es nur der Bewilligung des Grundstückseigentümers; bei nachträglicher Eintragung ist die Bewilligung des Gläubigers des Rechts, bei dem der Vorbehalt eingetragen werden soll, erforderlich (neben der Zustimmung des Eigentümers, § 880 Abs. 2 BGB).

Formulierungsbeispiel: Rangvorbehalt

> *Der Eigentümer behält sich das Recht vor, im Rang vor der vorbestellten Grundschuld ein Grundpfandrecht bis zu 500.000 € nebst bis zu 20 % Zinsen jährlich ab dem Tag der Bestellung des Grundpfandrechts und einer einmaligen Nebenleistung von bis zu 10 % der Grundpfandrechtssumme auf dem Grundstück eintragen zu lassen. Der Rangvorbehalt kann einmal ausgenutzt werden.*
>
> *Die Ausnutzung des Rangvorbehalts darf nur für solche Grundpfandrechte erfolgen, deren Bestellung oder Bewilligung der amtierende Notar oder sein Vertreter oder Nachfolger im Amt beurkundet oder beglaubigt haben.*
>
> *Der Eigentümer bewilligt und beantragt die Eintragung dieses Rangvorbehalts im Grundbuch.*

Die in der Praxis bis ins Jahr 2013 häufige Verwendung von Rangvorbehalten in Grundstückskaufverträgen hatte einen **kostenrechtlichen Hintergrund:** Nach der bis 2013 geltenden KostO fiel für die Eintragung einer Rangänderung bei der Eigentumsverschaffungsvormerkung des Käufers eine 5/10-Gebühr an. Diese „unnötige" Gebühr zu vermeiden bot Anlass zu einer ganzen Reihe an Gestaltungsüberlegungen. Dazu gehörten Rangvorbehalte, deren Ausnutzung bei der Eintragung eines Rechts nach der KostO (als gebührenfreies Nebengeschäft gem. § 62 Abs. 3 KostO) gebührenfrei war.

Nach dem seit 01.08.2013 geltenden GNotKG werden für **Rangänderung und Löschung einer Eigentumsverschaffungsvormerkung** bei den Grundbuchämtern **keine Gebühren mehr** erhoben. Dies folgt bei einem Blick ins Kostenverzeichnis des GNotKG aus der Gesamtschau der Vorbemerkung 1.4.1.2 mit den Nummern 14130 und 14150 des KV; hieraus ergibt sich nämlich, dass für diese Fälle gerade kein Gebührentatbestand geschaffen wurde und dies auch vom Gesetzgeber nicht gewollt war.

Diese Änderung des Kostenrechts auf Seiten des Grundbuchamts hat in der notariellen Praxis zu einer selteneren Verwendung von Rangvorbehalten geführt.

Soweit dennoch in bestimmten Fällen auch in Zukunft ein Rangvorbehalt verwendet wird, ist weiterhin zu beachten, dass der **Umfang des Vorbehalts** genau bestimmt sein muss. Anzugeben ist jedenfalls die Angabe des Höchstbetrags von Kapital, Zinsen und sonstigen Nebenleistungen und der Anfangszeitpunkt der Verzinsung. Da die Ausübung des Vorbehalts dem jeweiligen Eigentümer zusteht, muss der Käufer insoweit geschützt werden, etwa durch eine Bedingung des Vorbehalts oder die Regelung, dass nur der Notar selbst oder sein Vertreter oder Amtsnachfolger die Rechtebestellung beurkunden bzw. beglaubigen kann (siehe das obige Formulierungsbeispiel).

Nur der Vollständigkeit halber erwähnt seien an dieser Stelle in der Literatur vielfach diskutierte sogenannte **Wirksamkeitsvermerke**. Dabei handelt es sich um ein Instrument speziell für den Fall, dass ein Finanzierungsgrundpfandrecht Rang vor der Eigentumsverschaffungsvormerkung des Käufers erhalten soll. Die Figur des Wirksamkeitsvermerks beruht auf der Überlegung, dass eine Eigentumsverschaffungsvormerkung an sich „ranglos" sei, so dass weder Rangvorbehalt noch Rangänderung möglich seien. Da solche Wirksamkeitsvermerke aber von vielen Banken nicht akzeptiert werden, finden sie insgesamt nur selten und nur in vereinzelten Regionen Deutschlands tatsächlich Verwendung.

§ 12 Begründung von Wohnungseigentum mit Sondernutzungsregelungen

In § 8 ist bereits dargestellt worden, welche Besonderheiten bei einem Kaufvertrag über Wohnungseigentum nach dem Wohnungseigentumsgesetz (WEG) zu beachten sind. Das folgende Kapitel setzt zeitlich vorher an; es enthält Einzelheiten dazu, wie solches Wohnungseigentum geschaffen wird.

I. Vorüberlegungen zur Gestaltung einer Teilungserklärung

Zur Aufteilung eines bestehenden oder noch zu errichtenden Gebäudes in Wohnungs- oder Teileigentum ist zivilrechtlich eine sogenannte **Teilungserklärung** erforderlich. Dabei handelt es sich um eine notarielle Urkunde, die aufgrund ihrer besonderen Individualisierung, d.h. ihres Zuschnitts auf ein bestimmtes Objekt, hier nur eingeschränkt dargestellt werden kann. Die folgenden grundlegenden Überlegungen gelten jedoch für (fast) alle Arten von Teilungserklärungen.

1. Motive der Beteiligten für eine Aufteilung nach WEG

Die Gründe für eine Aufteilung bestehenden Eigentums in Wohnungs- und/oder Teileigentum können vielgestaltig sein. Hierzu zählen:

- **wirtschaftlich motiviert:** Teilung durch einen Bauträger zum Zwecke des Weiterverkaufs (häufigster Fall);

- **erb-/schenkungsrechtlich motiviert:** Teilung durch Eltern mit anschließender Zuwendung an ihre Kinder; denkbar ist auch eine Aufteilung durch eine Erbengemeinschaft z.b. vor späterem getrennten Weiterverkauf oder Aufteilung nach in einer Teilungsanordnung im Testament festgelegten Modalitäten;

- **faktisch motiviert:** Aufteilung im Zuge des Um- oder Anbaus eines Hauses, auch weil etwa eine Realteilung des Grundstücks nicht realisierbar ist (Gründe hierfür können u.a. sein: Mindestgröße, Geschossflächenzahl, Mindestabstände, große Zahl erforderlicher Dienstbarkeiten etc.);

- **steuerlich motiviert:** z.B. Trennung von privatem und gewerblichem Teil für Schuldzinsenabzug;

- **vorkaufsrechtlich motiviert:** Umgehung eines ansonsten bestehenden gemeindlichen Vorkaufsrechts (vgl. § 24 Abs. 2 BauGB).

Da der Hintergrund einer Aufteilung demnach sehr unterschiedlich sein kann, sieht „keine Teilungserklärung aus wie die andere". Dies ergibt sich umso mehr daraus, dass jede Aufteilung aufgrund der Vielgestaltigkeit der beabsichtigten Bauvorhaben (Nutzungsweise, Doppel-/Reihenhaus/Mehrhausanlage, besondere Vorhaben wie betreutes Wohnen oder Hotelanlage etc.) und der örtlichen Gegebenheiten ohnehin individuell gestaltet ist.

2.   Alternativen zur Aufteilung in Wohnungs- bzw. Teileigentum

Als Alternative zu einer Aufteilung in Wohnungs- bzw. Teileigentum bietet sich eine **Nutzungsvereinbarung** gem. § 1010 BGB an, bei der auch der Ausschluss der Aufhebung der Bruchteilsgemeinschaft vereinbart werden kann. Eine solche Regelung kann zwar mit dinglicher Wirkung vereinbart und dementsprechend im Grundbuch vermerkt werden. Allerdings kann eine Bruchteilsgemeinschaft dennoch aus wichtigem Grund aufgelöst werden (§ 749 BGB); auch ist trotz des Ausschlusses der Aufhebung der Gemeinschaft eine Pfändung möglich (§ 751 BGB), und in einer Insolvenz hat eine Ausschlussvereinbarung keine Wirkung (§ 84 Abs. 2 InsO). Anders im WEG-Recht: Dort hat ein (Pfändungs-/Insolvenz-)Gläubiger gerade nicht das Recht, die Aufhebung der Wohnungseigentümergemeinschaft zu verlangen (§ 11 Abs. 2 WEG). Auch aus diesen Schwächen heraus werden derartige Vereinbarungen von finanzierenden Banken regelmäßig als nicht ausreichend akzeptiert.

Denkbar ist weiterhin ein Halten des Eigentums durch eine Gesellschaft bürgerlichen Rechts, bei der nicht nur gesellschaftsvertragliche Details, sondern auch Regelungen zur Nutzung intern vereinbart werden können. Ein wesentlicher Nachteil dieser Lösung ist jedoch die solidarische Haftung aller beteiligten GbR-Gesellschafter.

3.   Teilung nach § 3 WEG oder nach § 8 WEG

Das Gesetz sieht grundsätzlich zwei Möglichkeiten der Aufteilung in Wohnungseigentum vor, namentlich durch Vertrag mehrerer Eigentümer (§ 3 WEG) oder durch einseitige Teilungserklärung des Alleineigentümers (§ 8 WEG):

– Bei der ersten Variante verpflichten sich nach **§ 3 WEG** die Eigentümer zu einer Übertragung von Miteigentumsanteilen, daher ist diese Teilungserklärung zwingend gem. § 311b BGB zu beurkunden.

– Bei der zweiten Variante nach § 8 WEG ist die Vorschrift des § 311b BGB dagegen nicht anwendbar; theoretisch genügt hier also eine öffentliche Beglaubigung der Unterschrift des Alleineigentümers. In der Praxis wird dies jedoch selten vorkommen, nicht nur weil regelmäßig ohnehin gewünscht ist, dass der Notar die Urkunde entwirft und sie im Einzelnen mit dem Alleineigentümer bespricht. Auch soll häufig bei den späteren Kaufverträgen über das noch zu schaffende Wohnungseigentum auf die Teilungserklärung verwiesen werden, um die Kaufverträge nicht unnötig kompliziert zu gestalten. Eine solche Verweisung ist – unter dem regelmäßig gewollten Verzicht auf erneutes Verlesen – aber nur möglich auf andere notarielle Niederschriften, die nach den Vorschriften über die Beurkundung von Willenserklärungen errichtet worden sind (§ 13a Abs. 1 BeurkG).

II. Beispielfall

Besprechungsnotiz

Frau Thea Teiler geb. Eigenheimer, geboren 20.01.1949, wohnhaft Rheinstraße 10, 12345 Musterstadt, ist Eigentümerin der im Grundbuch von Musterstadt, Blatt 2385 verzeichneten Grundstücke lfd. Nr. 1 Flur 1 Nr. 203/5, Bauplatz, Forststraße = 550 m², und lfd. Nr. 2 Flur 1 Nr. 203/6, Bauplatz, daselbst = 289 m².

Der Grundbesitz ist weder in Abteilung II noch in Abteilung III des Grundbuchs belastet.

Die Grundstückseigentümerin beabsichtigt, auf dem vorgenannten Grundbesitz zwei Häuser (Doppelhaushälften) zu errichten. Nach Fertigstellung sollen die Doppelhaushälften an zwei Kaufinteressenten verkauft werden. Wegen der unterschiedlichen Größe und des Zuschnitts der einzelnen Flurstücke ist deren Bebauung in der beabsichtigten Form nicht möglich.

Ursprünglich hatte Frau Teiler den Plan, die beiden Grundstücke nach § 890 Abs. 1 BGB zunächst zu vereinigen (siehe dazu § 10 Abschnitt II. Ziffer 1.) und anschließend in zwei etwa gleich große Flurstücke wieder teilen zu lassen.

Auf Vorschlag des Notars möchte Frau Teiler nun wie folgt vorgehen:

Begründung von WEG mit der Vereinbarung von Sondernutzungsregelungen. Jeder Wohnungseigentümer soll die seine Doppelhaushälfte umgebende Grundstücksfläche und die tragenden Bauteile seiner Haushälfte (Außenmauern, Dach) insgesamt und ausschließlich nutzen dürfen und auch zu baulichen Änderungen befugt sein.

Zu vorstehendem Fall bietet sich die Teilung „auf Vorrat" nach § 8 WEG an, wie sie auch häufig von Bauträgern gewählt wird, die anschließend die einzelnen Einheiten separat veräußern.

III.   Muster einer Teilungserklärung nach § 8 WEG samt Aufteilungsplan

Muster: Entwurf einer Teilungserklärung nach § 8 WEG samt Aufteilungsplan

Urkundenrolle Nr. 857/2019

Begründung von Wohnungs-/Teileigentum gem. § 8 WEG

Verhandelt zu Musterstadt, am 16.07.2019

Vor mir, dem unterzeichnenden Notar

Gustav G r ü n d l i c h

mit dem Amtssitz in Musterstadt, erschien heute:

Frau Thea T e i l e r geb. Eigenheimer, geboren 20.01.1949, wohnhaft Rheinstraße 10, 12345 Musterstadt.

Die Erschienene ist dem amtierenden Notar persönlich bekannt.

Der Notar fragte vor Beurkundung die Beteiligte, ob er oder eine Person, mit der sich der Notar zur gemeinsamen Berufsausübung verbunden hat, in der Angelegenheit, die Gegenstand der Beurkundung ist, außerhalb seiner Amtstätigkeit bereits tätig war oder ist.

Die Beteiligte erklärte, dass dies nicht der Fall ist.

Die Erschienene erklärt:

I.
Grundbuchstand und Vereinigungsantrag

Der amtierende Notar hat das Grundbuch am 10.07.2019 einsehen lassen.

Im Grundbuch von Musterstadt, Blatt 2385 ist Frau Thea Teiler geb. Eigenheimer eingetragene Alleineigentümerin des Grundbesitzes Gemarkung Musterstadt

Flur 1 Nr. 203/5,	Bauplatz, Forststraße	=	550 m²,
Flur 1 Nr. 203/6,	Bauplatz, daselbst	=	289 m².

Der Grundbesitz ist weder in Abteilung II noch in Abteilung III des Grundbuchs belastet.

Auf diesem Grundbesitz soll gemäß den der Abgeschlossenheitsbescheinigung der zuständigen Baubehörde vom 01.07.2014 beigefügten Plänen ein Doppelhaus errichtet werden.

Die Grundstückseigentümerin beantragt, die vorgenannten Grundstücke gem. § 890 Abs. 1 BGB zu vereinigen und unter einer laufenden Nummer im Grundbuch einzutragen.

II.
Abgeschlossenheit, Aufteilung in Miteigentumsanteile

Die Grundstückseigentümerin teilt das Eigentum an dem vorbezeichneten Grundbesitz gem. § 8 WEG in Miteigentumsanteile in der Weise, dass mit jedem Miteigentumsanteil das Sondereigentum an einer in sich abgeschlossenen Wohnung (Wohnungseigentum) bzw. das Sondereigentum an nicht zu Wohnzwecken bestimmten Räumlichkeiten (Teileigentum) verbunden ist, wie folgt:

1. 416/839 Miteigentumsanteil an dem vorgenannten (vereinigten) Grundbesitz verbunden mit dem Sondereigentum an den im Aufteilungsplan mit Nr. 1 bezeichneten Räumen (Doppelhaushälfte und Garage);

2. 423/839 Miteigentumsanteil von an dem vorgenannten (vereinigten) Grundbesitz, verbunden mit dem Sondereigentum an den im Aufteilungsplan mit Nr. 2 bezeichneten Räumen (Doppelhaushälfte).

Die dem Sondereigentum unterliegenden Räume sind in sich abgeschlossen. Auf die Abgeschlossenheitsbescheinigung der Stadt Musterstadt vom ... AZ ... wird Bezug genommen. Im Einzelnen erfolgt die Aufteilung gemäß dieser Abgeschlossenheitsbescheinigung in Verbindung mit den dieser beigefügten und von der Stadt Wuppertal genehmigten und mit Prüfvermerk versehenen Aufteilungsplänen – Anlage, bestehend aus ... Seiten einschließlich einem Lageplan.

III.
Gemeinschaftsordnung

Das Verhältnis der Wohnungseigentümer untereinander bestimmt sich grundsätzlich nach den Vorschriften der §§ 10 ff. WEG, soweit im Folgenden nichts anderes bestimmt ist.

1. Jeder Wohnungseigentümer hat das Recht der alleinigen Nutzung seines Sondereigentums, soweit sich nicht Beschränkungen aus dem Gesetz oder dieser Erklärung ergeben.

2. Jeder Wohnungseigentümer hat sein Nutzungsrecht so auszuüben, dass dadurch keinem anderen Wohnungseigentümer oder Hausbewohner über das bei einem geordneten Zusammenleben unvermeidliche Maß hinaus ein Nachteil entsteht.

3. Die Wohnungen und die dazugehörenden Nebenräume dürfen grundsätzlich nur zu Wohnzwecken benutzt werden.

Die Ausübung eines Berufs oder Gewerbes in der Wohnung ist nur zulässig, wenn mit der Ausübung des Berufs oder Gewerbes eine Belästigung des anderen Wohnungseigentümers oder eine erhöhte Abnutzung der im gemeinschaftlichen Eigentum stehenden Gebäudeteile nicht verbunden oder nicht zu befürchten ist. Entsprechendes gilt bei Vermietung oder Verpachtung einer Wohnung.

4. Das Wohnungseigentum ist veräußerlich und vererblich. Zustimmungen für die Veräußerung, Belastung, Gebrauchsüberlassung und Nutzungsüberlassung des anderen Wohnungseigentümers oder des Verwalters sind nicht erforderlich.

Ein Verwalter wird vorerst nicht bestellt.

5. Beschlüsse, die das gemeinschaftliche Eigentum betreffen, werden von der Eigentümerversammlung getroffen.

In der Eigentümerversammlung hat jeder Miteigentümer gleiches Stimmrecht.

Kommt in einer Eigentümerversammlung mit Rücksicht darauf, dass jedem Miteigentümer ein gleiches Stimmrecht zusteht, eine Einigung nicht zustande, so entscheidet auf Anrufung eines Miteigentümers das Amtsgericht Musterstadt endgültig.

IV.
Sondernutzungsrechte; weitere Bestimmungen

1. Dem jeweiligen Eigentümer des Wohnungseigentums – im Aufteilungsplan mit Nr. 1 bezeichnet – steht das Sondernutzungsrecht (ausschließliche Benutzung) an der in dem dieser Urkunde beigefügten Plan schraffierten Grundstücksteilfläche zu.

Dem jeweiligen Eigentümer des Wohnungseigentums – im Aufteilungsplan mit Nr. 2 bezeichnet – steht das Sondernutzungsrecht (ausschließliche Benutzung) an der in dem dieser Urkunde beigefügten Plan gestreiften Grundstücksfläche zu.

Bei den einzelnen, dem Sondernutzungsrecht unterliegenden Grundstücksflächen handelt es sich jeweils um die Gesamtfläche ohne Ausscheiden der überbauten Fläche.

2. Dem jeweiligen Eigentümer eines Wohnungseigentums steht ferner das Sondernutzungsrecht an den Gebäuden und Gebäudeteilen auf den jeweiligen Sondernutzungsflächen mit allen darin befindlichen Räumen zu, einschließlich insbesondere des Dachs, der Fassaden, der Außenwände, der Umfassungsmauern, der Fenster, Türen und Glasscheiben, soweit nicht ohnehin Sondereigentum besteht.

Jeder Wohnungseigentümer ist berechtigt, auf der ihm zur Nutzung überlassenen Grundstücksfläche Bauwerke entsprechend den Vorschriften der Baubehörden zu errichten, an welchen den jeweiligen Nutzungsberechtigten ebenfalls die alleinige Nutzung zusteht.

Damit kann jeder Wohnungseigentümer sein tatsächlich genutztes Grundstück samt Gebäuden und allen darin befindlichen Räumen im Wege des Sondernutzungsrechts so nutzen, als ob er deren Sondereigentümer wäre.

3. Alle Sondernutzungsrechte wirken dinglich i.S.d. §§ 10 und 15 WEG.

4. Für alle Sondernutzungsrechte gilt, soweit nicht zwingend gesetzliche Vorschriften etwas anderes vorsehen, das Gleiche entsprechend, als ob es sich um Sondereigentum handeln würde.

5. Die einzelnen Wohnungseigentumseinheiten bilden je wirtschaftlich getrennte Einheiten, als ob sie Alleineigentum wären, so dass wirtschaftlich gesehen gemeinschaftliches Eigentum nicht vorhanden ist.

Wohnungseigentum wurde begründet, weil die Realteilung des in Abschnitt I dieser Urkunde näher bezeichneten Grundbesitzes in absehbarer Zeit nicht möglich ist. Soweit tatsächlich ausscheidbar und gesetzlich zulässig, sind daher die einzelnen Sondereigentumseinheiten samt Sondernutzungsrechten als selbständige Einheiten anzusehen und so zu behandeln, als ob es sich um entsprechendes Alleineigentum handeln würde.

Es bestehen daher im Verhältnis der Wohnungseigentümer zueinander keinerlei Verpflichtungen zum Wiederaufbau, zur Versicherung, zur Instandsetzung und Instandhaltung, zur Ansammlung einer Instandhaltungsrücklage, zur Aufstellung eines Wirtschaftsplans und dergleichen, was wirtschaftlich das Bestehen eines gemeinschaftlichen Eigentums voraussetzt.

Daher kann die Aufhebung der Gemeinschaft auch dann nicht verlangt werden, wenn die Gebäude ganz oder teilweise zerstört werden, obwohl eine Verpflichtung zum Wiederaufbau nicht besteht. Ebenso wenig bedarf es zu baulichen Veränderungen und Aufwendungen aller Art auf dem jeweiligen Anwesen der Zustimmung des jeweiligen Sondereigentümers des anderen Anwesens, weil dessen Rechte dadurch nicht beeinträchtigt werden.

V.
Grundbucherklärungen

Die Grundstückseigentümerin bewilligt und beantragt, dass im Grundbuch bzgl. des vorbezeichneten Grundbesitzes Folgendes eingetragen wird:

a) die Teilung des vorgenannten Grundbesitzes gemäß Abschnitt II dieser Urkunde; es wird beantragt, Wohnungsgrundbücher anzulegen;

b) die Bestimmungen in Abschnitt III und IV dieser Urkunde als Inhalt des Wohnungseigentums, insbesondere die Sondernutzungsrechte als Gebrauchsregelung gemäß Abschnitt IV. Ziffer 1.–4. der Teilungserklärung.

Die Kosten dieser Urkunde trägt die Eigentümerin.

Die Abgeschlossenheitsbescheinigung der zuständigen Baubehörde nebst Aufteilungsplänen wird dem Grundbuchamt vorgelegt.

VI.
Vollmacht

Die Eigentümerin erteilt hiermit dem Notariatsbürovorsteher ..., und der Notarfachangestellten ..., Dienstanschrift jeweils: Bismarckstraße 10, 12345 Musterstadt,

Vollmacht,

evtl. erforderliche Nachtragserklärungen zu dieser Urkunde in ihrem Namen abzugeben sowie überhaupt alle Erklärungen abzugeben und entgegenzunehmen, die zur Eintragung dieser Urkunde im Grundbuch erforderlich sind.

Der Bevollmächtigte kann Untervollmacht erteilen. Von den Beschränkungen des § 181 BGB wird Befreiung erteilt.

Der Wert der zu errichtenden Gebäude einschließlich des Grund und Bodens wird mit 480.000 € angegeben.

Die Niederschrift wurde von dem amtierenden Notar der Erschienenen vorgelesen, der dieser Urkunde beigefügte Aufteilungsplan wurde zur Durchsicht vorgelegt, alles von der Erschienenen genehmigt und von ihr und dem Notar eigenhändig, wie folgt, unterschrieben:

...
(Unterschriften von Thea Teiler und des beurkundenden Notars)

Anlage zur Teilungserklärung: Aufteilungsplan

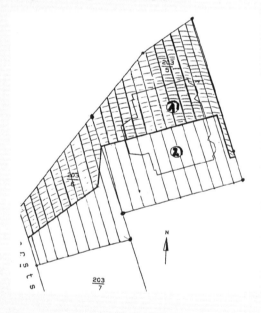

...
(Unterschriften von Thea Teiler und des beurkundenden Notars)

IV. Anmerkungen und Rechtsquellen zum vorstehenden Grundstückskaufvertrag

Während der Kerngehalt einer Teilungserklärung die Aufteilung in Miteigentumsanteile ist, enthält sie typischerweise eine ganze Reihe weiterer Erklärungen, die über die Aufteilung der Räumlichkeiten in Sonder- und Gemeinschaftseigentum hinausgehen.

Möglich sind daneben nicht nur Regelungen etwa zur Einräumung von **Sondernutzungsrechten**, sondern auch zu den Rechten und Pflichten der späteren Wohnungseigentümer untereinander. Um ein friedliches Miteinander aller (zukünftigen) Wohnungs- und Teileigentümer zu gewährleisten, werden i.d.R. die Rechte und Pflichten der Mitglieder der Eigentümergemeinschaft in einer **Gemeinschaftsordnung** festgehalten, die regelmäßig – der Einfachheit halber – in die Teilungserklärung integriert wird. Ohne diese Gemeinschaftsordnung würde nur das Gesetz, namentlich die §§ 10–29 WEG, gelten, welche allerdings viele Detailfragen nur rudimentär regeln.

Die folgenden Anmerkungen zu der vorstehenden Teilungserklärung, geordnet nach der Reihenfolge der einzelnen Vertragsabschnitte, dienen dem besseren Verständnis ihrer Inhalte.

1. Anmerkung zum Grundbuchstand und Vereinigungsantrag (Abschnitt I. des Musters)

Weil Wohnungseigentum gem. § 1 Abs. 4 WEG nur an einem Grundstück im Rechtssinn (siehe dazu oben § 3 Abschnitt III.) gebildet werden kann, sind mitunter rechtliche Vorarbeiten notwendig, um diese Grundvoraussetzung zu erreichen. Namentlich müssen mitunter Grundstücke zu einem Grundstück vereinigt werden (§ 890 Abs. 1 BGB), oder es hat eine Bestandteilszuschreibung zu erfolgen (siehe für Einzelheiten § 10 Abschnitt II.).

Die Frage, ob auch eingetragene Grundstücksgläubiger einer Aufteilung stets zustimmen müssen, ist mittlerweile weitgehend geklärt:

Im Fall einer Aufteilung gem. § 3 WEG und vorliegender selbständiger Belastung der Miteigentumsanteile ist zu einer Aufteilung gem. §§ 876, 877 BGB die Zustimmung eingetragener Grundpfandrechtsgläubiger und anderer Berechtigter erforderlich, wenn diese von einer Änderung an einem Recht betroffen sind.

421

Anders ist dies zum Teil bei einer (Vorrats-)Aufteilung gem. § 8 WEG: Zwar können diese Gläubiger dann nach erfolgter Aufteilung im Fall einer Zwangsversteigerung ihre Möglichkeit zum (i.d.R. bei erstrangiger Absicherung) allerersten Zugriff auf den Versteigerungserlös verlieren, weil ihr zumindest Hausgeldansprüche der Wohnungseigentumsgemeinschaft im Rang vorgehen (§ 10 Abs. 1 Nr. 2 ZVG). Dennoch ist eine Zustimmungspflicht der Gläubiger nicht in jedem Fall erforderlich, jedenfalls nicht für den Fall einer Aufteilung gem. § 8 WEG und vor einem etwaigen Weiterverkauf, weil dann noch keine rechtsfähige WEG entsteht (vgl. BGH, DNotZ 2012, 531).

2.   Anmerkung zur Aufteilung in Miteigentumsanteile (Abschnitt II. des Musters)

In der **Teilungserklärung** wird einerseits definiert, welche der bereits bestehenden oder noch zu schaffenden Räume zu einer rechtlich verselbständigten Raumeinheit (= Sondereigentum) zusammengefasst werden und mit welchem Miteigentumsanteil dieses Sondereigentum jeweils verknüpft werden soll.

Für jede der zu schaffenden Sondereigentumseinheiten ist anzugeben, wie groß der mit ihr verbundene Miteigentumsanteil am Grundstück ist. Der Bemessung der Anteile kommt nicht unerhebliche Bedeutung zu, namentlich für die Verteilung der Nutzungen, Kosten und Lasten gem. § 16 Abs. 1 Satz 1 WEG und praktisch nahezu immer auch für das spätere Stimmrecht des jeweiligen Sondereigentümers in der Eigentümerversammlung (weil i.d.R. von § 25 Abs. 2 WEG abgewichen wird) sowie für die anteilige Haftung für Verbindlichkeiten der Gemeinschaft (§ 10 Abs. 8 WEG).

Die Aufteilung der Miteigentumsanteile ist grundsätzlich frei wählbar, in der Praxis hat sich jedoch durchgesetzt, dass diese häufig nach dem Verhältnis der Wohn- oder Nutzflächen der einzelnen Einheiten berechnet werden, weil dies einem Abbild der wirtschaftlichen Bedeutung der jeweiligen Einheit entspricht. Es besteht keine Verpflichtung des Notars, die Miteigentumsanteile selbst zu berechnen. Allerdings empfiehlt sich zumindest eine Überprüfung mitgeteilter Anteile u.a. durch Summierung zu 100 %.

Zusätzlich ist im Rahmen der Aufteilung zwingend anzugeben, ob eine Einheit Wohnungseigentum (§ 1 Abs. 2 WEG) oder Teileigentum (§ 1 Abs. 3 WEG) wird sowie eine grundbuchliche Beschreibung der jeweiligen Einheit.

3.   Anmerkung zur Abgeschlossenheit (Abschnitt II. des Musters)

Die Raumeinheiten, die zu Sondereigentum werden sollen, müssen eindeutig bezeichnet werden, wozu **Aufteilungspläne** erforderlich sind. Typischerweise werden dazu diejenigen Aufteilungspläne der Teilungserklärung als Anlage beigefügt, die bereits im Vorfeld zur Einholung der ebenfalls notwendigen **Abgeschlossenheitsbescheinigung** der Bauaufsichtsbehörde verwendet wurden. Zwingend ist ein Beifügen als Anlage zur Teilungserklärung indes nicht. Alternativ wird in der Teilungserklärung auf diese Aufteilungspläne – ohne erneutes Beifügen – Bezug genommen. Hintergrund dieser weiteren, zur Eintragung im Grundbuch erforderlichen Bescheinigung ist, dass die Begründung von Sondereigentum nur erfolgen darf, wenn die Wohnungen in sich abgeschlossen sind.

Die Teilungserklärung kann auch bereits beurkundet werden, wenn die Abgeschlossenheitsbescheinigung noch nicht vorliegt, sondern auf der Grundlage vorläufiger Pläne. Dann kann an entsprechender Stelle in der Teilungserklärung beispielsweise wie folgt formuliert werden:

Formulierungsbeispiel – Teilungserklärung ohne Abgeschlossenheitsbescheinigung anhand vorläufiger Pläne

> *Die dem Sondereigentum unterliegenden Räume sind in sich abgeschlossen. Die Abgeschlossenheitsbescheinigung der Stadt Musterstadt ist zzt. noch nicht erteilt; die Aufteilung erfolgt aufgrund vorläufiger Aufteilungspläne.*

Sobald in einem solchen Fall die Abgeschlossenheitsbescheinigung samt den zugehörigen, mit Unterschrift und Siegel versehenen Aufteilungsplänen vorliegt, muss in einem Nachtrag zu der Urkunde festgestellt werden, dass für die Aufteilung diese offiziellen Pläne maßgeblich sind; mit dieser Maßgabe ist sodann die grundbuchliche Eintragung zu bewilligen und zu beantragen.

Abgeschlossen muss eine Sondereigentumseinheit sein, weil § 5 Abs. 1 WEG – in Abweichung zum Grundsatz des § 93 Abs. 1 BGB – fordert, dass Gegenstand des Sondereigentums bestimmte Räume sein können, die aber „in sich abgeschlossen" sein müssen. Zu den Einzelheiten lohnt sich ein Blick in die zu §§ 7 Abs. 4 Nr. 2 und 32 Abs. 2 Nr. 2 WEG erlassene Allgemeine Verwaltungsvorschrift für die Aufstellung von Bescheinigungen vom 19.03.1974 (diese kann in einschlägigen Gesetzestexten/Kommentaren oder im Internet eingesehen werden). Hiernach sind Wohnungen vor allem solche, die

– baulich vollkommen von fremden Wohnungen und Räumen abgeschlossen sind, etwa durch Decken und Wände, und

– einen eigenen abschließbaren Zugang unmittelbar vom Freien, von einem Treppenhaus oder einem Vorraum haben.

Maßgeblich ist für die Abgeschlossenheit in erster Linie die äußere Umgrenzung der gesamten Einheit, d.h., die innere Aufteilung einer Wohnung ist grundsätzlich nicht maßgeblich. Nach der Rechtsprechung genügt es sogar, wenn zwei Einheiten sich einen Raum tatsächlich teilen, d.h., wenn die geplante Grenze zwischen ihnen innerhalb eines einheitlichen Raums verläuft („Luftschranke", vgl. bereits BGH, DNotZ 2009, 50). Maßgeblich für die Abgeschlossenheit sind ausschließlich die Pläne und nicht ein etwaig später tatsächlich davon abweichender Bau.

Besonderheiten bestehen bei Tiefgaragenstellplätzen; bei ihnen wird die bauliche Abgeschlossenheit gem. § 3 Abs. 2 Satz 2 WEG gesetzlich fingiert, wenn nämlich ihre Flächen durch dauerhafte Markierungen ersichtlich sind.

Räume, die „gemeinschaftsnotwendig" sind (z.B. Heizraum) sind grundsätzlich nicht sondereigentumsfähig. Es darf nämlich nicht sein, dass der Zugang zu diesen Räumlichkeiten oder Flächen eigenmächtig durch einen Sondereigentümer verwehrt wird. Ausnahmen sind jedoch – auch nach der Rechtsprechung – denkbar, wenn die jeweiligen Räume auch noch (z.B. häufiger) zu anderen Zwecken genutzt werden und eine Duldungspflicht z.B. im Hinblick auf die Heizungsanlage vorgesehen wird.

Soweit die Aufteilungspläne später nicht genau so realisiert werden, also die tatsächlich Bauausführung von ihnen abweicht, kann Sondereigentum nach der Rechtsprechung trotzdem nur in den Grenzen entstehen, die sich aus Teilungserklärung und Plänen ergeben (BGH, DNotZ 2016, 278). Wird ein Bauvorhaben anders als nach dem ursprünglichen Aufteilungsplan gebaut, ist bei wesentlichen Abweichungen eine Änderung der Teilungserklärung notwendig; sinnvoll ist es regelmäßig, diese so frühzeitig wie möglich vorzunehmen, insbesondere vor Eigentumsumschreibung auf die Erwerber, weil in diesem Stadium regelmäßig noch Änderungsvollmachten für den aufteilenden Bauträger bestehen. Nach Erlöschen einer solchen Vollmacht, regelmäßig nach Abverkauf aller Wohnungen, sind Abänderungen der Teilungserklärung regelmäßig nur sehr schwierig erreichbar, wenn nicht gar – in sehr großen Wohnungseigentümergemeinschaften – faktisch undenkbar.

4.   Anmerkung zur Gemeinschaftsordnung (Abschnitt III. des Musters)

Die Aufnahme von Regelungen betreffend das Verhältnis der Wohnungseigentümer untereinander und die Verwaltung in die Teilungserklärung ist nicht zwingend erforderlich, wird aber i.d.R. gemacht, auch weil die sonst geltenden Vorschriften des WEG und gem. § 10 Abs. 2 WEG die subsidiären Vorschriften des BGB insoweit ergänzungsbedürftig sind.

Soweit Regelungen für eine Gemeinschaftsordnung getroffen werden, sind diese als Inhalt des Sondereigentums im Grundbuch einzutragen, damit sie auch gegen jeden Rechtsnachfolger/Erwerber einer Wohnungseigentums- bzw. Teileigentumseinheit gelten.

Hinsichtlich der Nutzung als Wohnung oder Nicht-Wohnung muss zwar, wie im vorherigen Abschnitt gesehen, eine klare Zuordnung bei der Aufteilung erfolgen, ob also eine Einheit Wohnungseigentum (§ 1 Abs. 2 WEG) oder Teileigentum (§ 1 Abs. 3 WEG) wird. Eine Nutzung ist in diesem Sinne ist auch zwingend entweder Wohnen oder Nicht-Wohnen, wobei die Details eine Frage des Einzelfalls sind (z.b. Heimunterbringung von Flüchtlingen ist keine Wohnnutzung, vgl. BGH, DNotZ 2018, 521). Es ist aber möglich, in der Gemeinschaftsordnung neben der Widmung z.b. als Wohnung eine gleichzeitige Öffnung für andere Nutzungsdetails vorzusehen, etwa dergestalt, dass nicht störende, untergeordnete Büronutzung gestattet ist.

Formulierungsbeispiel – Wohnnutzung mit untergeordneter gewerblicher Nutzung

Das Wohnungseigentum darf nur zu Wohnzwecken benutzt werden. Jedoch ist eine lediglich untergeordnete (Mit-)Nutzung einer Wohnung zu beruflichen oder gewerblichen Zwecken im Sinne einer Büronutzung ohne weiteres erlaubt, soweit dadurch der Grundcharakter der Einheit als Wohnung nicht verändert wird und bei dieser beruflichen Mitbenutzung keine weitergehende Störung für die übrigen Wohnungseigentümer entsteht bzw. zu erwarten ist als bei einer Nutzung als Wohnung und soweit diese Mitbenutzung zu gewerblichen oder beruflichen Zwecken auch nicht nach außen erkennbar ist, etwa durch Hinweisschilder oder dergleichen (ausgenommen die Beschriftung des Klingel- und Briefkastenschilds).

Zur Ausübung eines Gewerbes oder Berufs in einer Wohnung, die über eine solche untergeordnete (Mit-)Nutzung hinausgeht, ist ein Wohnungseigentümer nur mit Zustimmung aller anderen Wohnungseigentümer (Vereinbarung) aufgrund eines Mehrheitsbeschlusses der Wohnungseigentümerversammlung berechtigt. Der Beschluss kann die Gestattung mit Auflagen zur Erhaltung des Wohncharakters versehen. Dies gilt auch für eine nur teilweise, nicht Wohnzwecken dienende Nutzung.

Eine spätere Umwandlung von einer zur anderen Art ist eine Inhaltsänderung gem. § 5 Abs. 4 WEG und bedarf daher der Zustimmung aller Eigentümer. Nicht nur deshalb sollte auf diesen Punkt bei Gestaltung einer Teilungserklärung hinreichend sorgfältig geachtet werden, zumal betroffenen Bauträgern die genaue Umschreibung der zulässigen Nutzung häufig egal sein wird. Möglich sind auch Öffnungsklauseln dergestalt, dass der jeweilige Eigentümer einer Einheit jeweils berechtigt sein soll, Teileigentumseinheiten in Wohnungseigenheiten umzuwandeln oder umgekehrt, und dass es hierzu dann keiner Zustimmung der anderen Sondereigentümer bedarf.

5.   Anmerkung zu Verwalterbestellung

Während bei der Aufteilung eines kleinen Objekts wie die Doppelhaushälften im Muster eine Verwalterbestellung häufig entbehrlich erscheint, ist dies bei größeren Anlagen anders. Eine Verwalterbestellung erfolgt zwar grundsätzlich durch Mehrheitsbeschluss der Wohnungseigentümer. Es ist jedoch zulässig und wird oftmals für zweckmäßig erachtet, dass bereits in der Teilungserklärung der erste Verwalter durch den aufteilenden Eigentümer bestellt wird, etwa wie folgt:

Formulierungsbeispiel – Verwalterbestellung in der Teilungserklärung

Zum ersten Verwalter der Wohnanlage wird bestellt: Herr Volker Vielwalter, Reparaturstraße 1, 12345 Musterstadt

Die Bestellung erfolgt für die Dauer von drei Jahren ab dem Tag des grundbuchlichen Vollzugs dieser Aufteilung.

Die Bestellung eines Verwalters darf per Beschluss für maximal fünf Jahre erfolgen; bei der ersten Verwalterbestellung nach der Aufteilung in Wohnungseigentum ist die Höchstdauer jedoch auf drei Jahre beschränkt (§ 26 Abs. 1 Satz 2 WEG).

Für die Einzelheiten hinsichtlich einer ordnungsgemäßen Verwalterbestellung und ihres Nachweises in grundbuchtauglicher Form wird auf die entsprechende Checkliste oben in § 8 Abschnitt V. Ziffer 2. verwiesen. Dort sind auch Musterschreiben zur Einholung der Verwalterzustimmung und der Zustimmungserklärung selbst einzusehen.

6.   Anmerkung zu Sondernutzungsrechten (Abschnitt IV. des Musters)

Durch die Schaffung von Sondernutzungsrechten können unbebaute Grundstücksflächen (z.B. Kfz-Stellplätze, Terrassen- oder Gartenflächen) und in sich nicht abgeschlossene Gebäudeteile, die also jeweils nicht sondereigentumsfähig sind, dennoch dauerhaft einzelnen Sondereigentumseinheiten zugewiesen werden. Diese Berechtigung geht automatisch auf Rechtsnachfolger über, weil sie dauerhaft mit der jeweiligen Einheit verbunden ist.

Auf eine Definition von Sondernutzungsrechten hat der Gesetzgeber verzichtet. Klar ist, dass ihre Begründung durch Vereinbarung erfolgt und dass ihrer Bestimmtheit und Eindeutigkeit besondere Bedeutung zukommt. Daher sollte die jeweils betroffene Fläche eindeutig mittels eines als Anlage zur Urkunde beigefügten Plans gekennzeichnet sein. Möglich sind insoweit unterschiedliche Schraffierungen, farbliche Kennzeichnungen und/oder textliche Beschreibung etwa mittels Buchstaben wie A-B-C-D-A.

Nicht zwingend erforderlich, aber ggf. sinnvoll ist auch eine genaue Beschreibung der Zweckbestimmung und der zulässigen Nutzungsarten. Dies kann entweder schlagwortartig wie im folgenden Muster erfolgen:

Formulerungsbeispiel – Sondernutzungsrecht: Begründung

Dem jeweiligen Eigentümer des Sondereigentums Nr. 1 steht das alleinige und ausschließliche Sondernutzungsrecht an der in dem dieser Urkunde als Anlage 2 beigefügten Lageplan farblich rot umrandeten, mit „SNR 1" und den Buchstaben A-B-C-D-A bezeichneten Terrassen- und Gartenfläche zu.

Alternativ kann diese Formulierung durch weitere Spezifizierungen ergänzt werden, die je nach Art der Sondernutzungsfläche etwa wie folgt aussehen kann:

Formulierungsbeispiel – Sondernutzungsrecht: nähere Beschreibung

Bei Gartenfläche z.B.

Der jeweilige Sondernutzungsberechtigte ist befugt, die Fläche unter Ausschluss der anderen Miteigentümer als Zier- und/oder Nutzgarten zu nutzen. Bei Bepflanzungen z.B. mit Bäumen sind nachbarrechtliche Grenzabstände einzuhalten. Gestalterisch muss sich der Garten in das Gesamtbild der Wohnanlage einfügen. Einzäunungen sowie bauliche Maßnahmen wie z.B. Gartenhäuschen dürften nur nach Zustimmung des Verwalters erfolgen.

Bei Stellplatzfläche z.B.

Der jeweilige Eigentümer, dem ein Sondernutzungsrecht als Stellplatz zugewiesen wurde, darf diese Fläche als Stellplatz für Fahrzeuge aller Art nutzen, außer für nicht zugelassene Fahrzeuge.

Sondernutzungsrechte können auch aufschiebend bedingt begründet werden. Häufig wird sich ein Bauträger etwa die Möglichkeit der Zuweisung von Stellplätzen zu einzelnen Wohnungen vorbehalten, um größtmögliche Freiheit im Rahmen späterer Verkaufsverhandlungen zu haben und die Zuordnung sodann im Rahmen des Abverkaufs im Kaufvertrag zu erklären.

Formulierungsbeispiel – Sondernutzungsrecht aufschiebend bedingt: Vorbehalt späterer Zuweisung

Die Zuordnung des Sondernutzungsrechts erfolgt unter der aufschiebenden Bedingung, dass in notariell beglaubigter Erklärung dem jeweiligen Eigentümer einer Wohnung das Sondernutzungsrecht an einem Stellplatz ganz oder in Teilen zugewiesen wird. Die Erklärung wird mit Zugang der Erklärung gegenüber dem Grundbuchamt wirksam.

Die Zuweisung kann ausschließlich durch den teilenden Eigentümer erfolgen; die Zuweisungsbefugnis ist nicht übertragbar. Sie erlischt mit dem Ausscheiden des teilenden Eigentümers aus der Gemeinschaft. Bis zur Abgabe der Zuordnungserklärung können die Flächen von der Gemeinschaft genutzt werden (oder aber z.B.: ... ist der teilende Eigentümer abweichend von § 16 Abs. 1 WEG zur alleinigen Ziehung etwaiger Früchte (z.B. Miete) berechtigt).

Das Recht zur Zuweisung von Sondernutzungsrechten endet mit Eigentumsumschreibung der letzten, durch die heutige Urkunde gebildeten Wohnungs- bzw. Teileigentumseinheit durch den teilenden Eigentümer auf einen Dritten.

Im Rahmen des später abzuschließenden Kaufvertrags erfolgt sodann die tatsächliche Zuweisung, etwa wie folgt:

Formulierungsbeispiel – Sondernutzungsrecht aufschiebend bedingt: Zuweisung im Kaufvertrag

In der Teilungserklärung vom ..., UR. Nr. ... des beurkundenden Notars wurde der heute verkauften Wohneinheit kein Sondernutzungsrecht an einem Stellplatz zugewiesen.

Stattdessen weisen die Beteiligten – unter Ausnutzung des Zuweisungsrecht aus der vorgenannten Teilungserklärung – der hier verkauften Wohnung das Sondernutzungsrecht an der in dem als Anlage zu dieser Urkunde genommenen Lageplan blau gekennzeichneten und mit A-B-C-D-A beschriebenen Fläche als Stellplatz zu.

Die Beteiligten sind mit der Zuweisung des Sondernutzungsrechts einverstanden und bewilligen und beantragen deren Vollzug im Grundbuch.

V.   Tausch von Kellerräumen

An späteren Änderungen an einer bestehenden Teilungserklärung müssen grundsätzlich sämtliche Eigentümer von Sondereigentumseinheiten mitwirken. Deshalb wirkt gerade bei sehr großen Einheiten die Teilungserklärung faktisch als starre Regelung, die praktisch unabänderlich ist, wenn z.b. bei mehreren hundert Eigentümern niemals der Zeitpunkt erreicht ist, in dem sämtliche aktuellen Eigentümer in grundbuchtauglicher Form einer Urkunde zugestimmt haben.

Ein häufiger auftretendes Beispiel für eine spätere Änderung der Aufteilung, bei der nicht alle Eigentümer, sondern nur die unmittelbar Beteiligten mitwirken müssen, ist der Tausch einzelner Räumlichkeiten. In diesem Fall ist von dem Tausch weder das Gemeinschaftseigentum betroffen noch das jeweilige Sondereigentum anderer Miteigentümer. Soweit sich auch die Räume selbst nicht verändern bedarf es auch keiner neuen Pläne (und vor allem keiner neuen geänderten Abgeschlossenheitsbescheinigung) und keiner Veränderung der Miteigentumsanteile. Ein solcher einfacher Fall eines Kellertauschs kann mit folgendem Muster erreicht werden:

 Muster: **Kellertausch**

(Urkundseingang)

1. Im Wohnungsgrundbuch des Amtsgerichts Musterstadt für Musterstadt ist in Blatt ... als Eigentümer des dort verzeichneten .../... Miteigentumsanteils an dem Grundstück ..., verbunden mit dem Sondereigentum an der im Aufteilungsplan mit Nr. ... bezeichneten Wohnung nebst ... Herr Adam Adamczyk eingetragen.

    Als Eigentümer des in Blatt ... verzeichneten .../... Miteigentumsanteils an dem vorgenannten Grundstück, verbunden mit dem Sondereigentum an der im Aufteilungsplan mit Nr. ... bezeichneten Wohnung nebst ... ist Herr Bertram Bertoniok eingetragen.

    Als Belastungen sind in Abteilung III eingetragen in Blatt ... eingetragen: ... und in Blatt ... keine.

2. Die Erschienenen tauschen hiermit die Abstellräume im Kellergeschoss, die jeweils Bestandteil der vorstehend genannten Wohnungseigentumsrechte sind, und zwar wird übertragen

    a) das Sondereigentum an dem im Aufteilungsplan mit Nr. ... gekennzeichneten Abstellraum an Herrn Bertram Bertoniok und

   b) das Sondereigentum an dem im Aufteilungsplan mit Nr. ... gekennzeichneten Abstellraum an Herrn Adam Adamczyk und

3. Die Erschienenen sind sich jeweils über den Eigentumsübergang einig und bewilligen und beantragen dessen Eintragung in das Grundbuch. Über die Bedeutung der Unbedenklichkeitsbescheinigung hat der Notar belehrt. Sicherungen wünschen die Vertragsteile nicht, und zwar

   (entweder) unter Beibehaltung der bestehenden Nummerierung der nunmehr getauschten Kellerräume

   (oder) unter Verweis auf den Aufteilungsplan, der dieser Niederschrift als Anlage beigefügt ist, in dem die Kellerräume dergestalt umnummeriert wurden, dass jeder Kellerraum die Nummer der neuen Sondereigentumseinheit trägt, mit der er nunmehr verbunden wird. Der Plan wurde den Beteiligten zur Durchsicht vorgelegt und von ihnen vorbehaltlos genehmigt.

4. Da die Erschienenen die getauschten Räume als gleichwertig ansehen soll keine Herauszahlung erfolgen; auch sollen die Miteigentumsanteile unverändert bleiben.

Herr Adam Adamczyk erstreckt hiermit die auf seinem Wohnungseigentum eingetragene fällige Buchgrundschuld in Höhe von 150.000,00 € auf den erworbenen Kellerraum. In Ansehung dieses zusätzlichen Kellerraumes unterwirft er sich der sofortigen Zwangsvollstreckung aus dieser Urkunde wegen der Grundschuld samt Zinsen in der Weise, dass die Zwangsvollstreckung gegen den jeweiligen Wohnungseigentümer zulässig ist (§ 800 ZPO). Es wird bewilligt und beantragt, die Pfanderstreckung nebst Unterwerfung in das Grundbuch einzutragen.

Der Wert jedes Kellerraums wird mit 5.000,00 € angegeben.

... (Durchführungsvollmacht, Kosten/Steuern, Schlussbestimmungen etc.)

VI.   Übertragung eines Sondernutzungsrechts (Kfz-Stellplatz)

Ein weiterer, häufig auftretender Fall einer späteren Änderung innerhalb einer Wohnungseigentumsanlage ist der Verkauf eines Sondernutzungsrechts an einem Kfz-Stellplatz. Eine Übertragung ist nur innerhalb der Gemeinschaft, d.h. an andere Miteigentümer, möglich, weil ein Sondernutzungsrecht stets mit einer Sondereigentumseinheit verbunden ist. Materiell-rechtlich ist dies formfrei möglich. Allerdings bedarf es der Form des § 29 GBO, wenn die Übertragung des Sondernutzungsrechts – wie stets zu empfehlen – im Grundbuch gebucht werden soll. Eine Beurkundung empfiehlt sich ferner schon allein wegen der regelmäßig erforderlichen Pfanderstreckung gem. § 800 ZPO sowie bei Vollstreckungsunterwerfung hinsichtlich der Kaufpreiszahlung.

Muster: Übertragung eines Sondernutzungsrechts (Kfz-Stellplatz)

(Urkundseingang)

1. Vorbemerkung

    Im Wohnungsgrundbuch des Amtsgerichts Musterstadt für Musterstadt ist in Blatt ... als Eigentümer des dort verzeichneten .../... Miteigentumsanteils an dem Grundstück ..., verbunden mit dem Sondereigentum an der im Aufteilungsplan mit Nr. ... bezeichneten Wohnung nebst ... Herr Adam Adamczyk eingetragen.

    Mit dieser Einheit verbunden ist nach Eintragung im Bestandsverzeichnis des Grundbuchs das Sondernutzungsrecht an dem Kfz-Stellplatz Nr. ... Die dieser Zuweisung zugrunde liegende Bewilligung ergibt sich auszugsweise aus der Anlage zu dieser Urkunde.

    Als Eigentümer des in Blatt ... verzeichneten .../... Miteigentumsanteils an dem vorgenannten Grundstück, verbunden mit dem Sondereigentum an der im Aufteilungsplan mit Nr. ... bezeichneten Wohnung nebst ... ist Herr Bertram Bertoniok eingetragen.

    Als Belastungen sind in Abteilung III eingetragen in Blatt ... eingetragen: ... und in Blatt ... keine.

2. Übertragung

    Herr Adam Adamxcyk überträgt hiermit mit sofortiger Wirkung das Sondernutzungsrecht an dem Kfz-Stellplatz Nr. ... an den jeweiligen Eigentümer der Einheit Nr. ..., Herrn Bertram Bertoniok.

    Der Kaufpreis beträgt ... € und ist sofort zur Zahlung fällig, und zwar auf das Konto der Stadtsparkasse Musterstadt, IBAN DE12 3456 7890 000 1234 56, Kontoinhaber: Bertram Bertoniok.

    Die Beteiligten bewilligen und beantragen die Eintragung dieser Rechtsänderung in die Grundbücher.

3. Pfandentlassung/Pfanderstreckung

    Herr Adam Adamczyk beantrag hiermit ferner die pfandfreie Abschreibung des Sondernutzungsrechts. Herr Bertam Bertoniok erstreckt hiermit die auf seinem Wohnungseigentum lastende Buchgrundschuld Abs. III lfd. Nr. ... auf das erworbene Sondernutzungsrecht (Kfz-Stellplatz Nr. ...). Er unterwirft sich auch in Ansehung des erworbenen Sondernutzungsrechts der sofortigen Zwangsvollstreckung aus dieser Urkunde wegen der Grundschuld samt Zinsen in der Weise, dass die Zwangsvollstreckung gegen den jeweiligen Wohnungseigentümer zulässig ist (§ 800 ZPO). Es wird bewilligt und beantragt, die Pfandentlastung bzw. die Pfanderstreckung in das Grundbuch einzutragen.

... (Durchführungsvollmacht, Kosten/Steuern, Schlussbestimmungen etc.)

Während die Abschreibung des Sondernutzungsrechts von der bisherigen Sondereigentumseinheit der Zustimmung der eingetragenen Gläubiger bedarf (vgl. § 5 Abs. 4 Satz 2 WEG i.V.m. § 875 f. BGB), ist streng genommen keine ausdrückliche Pfandunterstellung zu der neuen Sondereigentumseinheit erforderlich, weil das Sondernutzungsrecht automatisch das Schicksal der Sondereigentumseinheit als Hauptsache teilt. Empfehlenswert ist die Pfandunterstellung aber dennoch, um Vollzugsprobleme wie Rückfragen des Grundbuchamts z.B. im Hinblick auf § 800 ZPO zu vermeiden.

Auch für die Veräußerung von Sondernutzungsrechten fällt Grunderwerbsteuer auf den Kaufpreis an (vgl. § 2 Abs. 2 Nr. 3 GrEStG), jedenfalls sofern kein Ausnahmetatbestand greift und die Freigrenzen überschritten werden (siehe dazu schon oben § 5 Abschnitt XIV. Ziffer 6.).

§ 13 Handels- und Gesellschaftsrecht

I. Einleitung

1. Begrifflichkeiten

Das Gesellschaftsrecht ist das **Recht der Personenvereinigungen** (des Privatrechts). Daneben gibt es auch öffentlich-rechtlich organisierte Vereinigungen wie z.b. Körperschaften des öffentlichen Rechts (etwa der Rundfunksender „Deutschlandradio"); sie werden hier nicht näher behandelt.

Häufig wird der **Begriff** „Unternehmen" synonym verwendet zur Gesellschaft selbst (z.b. das Unternehmen „Ford"). Streng genommen sind beide Begriff aber zu trennen: Jedes Unternehmen wird von einer Person oder Personenvereinigung getragen, die rechtlich Zuordnungssubjekt für die aus der unternehmerischen Aktivität fließenden Rechtsbeziehungen ist. Diese unternehmenstragende Person kann eine Gesellschaft des Privatrechts sein (und ist es in unserer Wirtschaftsordnung auch häufig). Die Gesellschaft ist in dieser Perspektive der Rechtsträger des Unternehmens und betreibt dieses (daher die Formulierung „das Unternehmen der Gesellschaft").

Der Begriff des „**Handelsrechts**" bezeichnet die Gesamtheit der für den kaufmännischen Rechtsverkehr geltenden Bestimmungen. Das im Handelsgesetzbuch (HGB) kodifizierte Handelsrecht ist also das **Sonderprivatrecht der Kaufleute**, im Gegensatz zu dem für alle Personen geltenden allgemeinen Privatrecht des BGB.

2. Arten von Gesellschaften

Das Gesellschaftsrecht unterscheidet zwischen **zwei Grundtypen** von Gesellschaften:

- den Personengesellschaften auf der einen Seite und
- den Kapitalgesellschaften auf der anderen Seite.

a) Personengesellschaften

Personengesellschaften sind vor allem

- die BGB-Gesellschaft (auch: Gesellschaft bürgerlichen Rechts oder kurz **GbR**, §§ 705 ff. BGB),

- die Offene Handelsgesellschaft (**OHG**, §§ 105 ff. HGB) und

- die Kommanditgesellschaft (**KG**, §§ 161 ff. HGB).

Es gibt daneben noch **Sonderformen** wie z.b. die Partnerschaft (auch Partnerschaftsgesellschaft) nach dem PartGG.

OHG und KG werden auch als **Personenhandelsgesellschaften** bezeichnet, weil sie – im Gegensatz zur GbR und Partnerschaft – Kaufleute i.S.d. § 6 Abs. 1 HGB sind.

Wesentliche Merkmale von Personengesellschaften

Die Bezeichnung als „Personengesellschaft" beruht auf der – im Prototyp – **engen persönlichen Verbindung der Gesellschafter untereinander** („personalistische Struktur").

Gesellschaften sind, soweit sie am Rechtsverkehr teilnehmen (Abgrenzung: reine Innengesellschaften wie z.B. die stille Gesellschaft, § 230 HGB),

- **rechts- und parteifähig** (vgl. § 124 HGB),

- aber **keine juristischen Personen** in dem Sinne, dass sie vollkommen losgelöst von ihrem jeweiligen Gesellschafterbestand denkbar sind.

Am sinnfälligsten wird dies durch **§ 727 Abs. 1 BGB**: Nach dieser Vorschrift bewirkt der Tod eines GbR-Gesellschafters die Auflösung der Gesellschaft. Das wäre etwa bei einem eingetragenen Verein, dem „Grundmodell" einer juristischen Person des Privatrechts, geradezu unvorstellbar!

Ein weiteres wesentliches Merkmal ist die **persönliche Haftung** aller Gesellschafter (bei GbR, OHG) oder zumindest eines der Gesellschafter (bei KG) für die Verbindlichkeiten der Gesellschaft (sog. **Vollhafter**, vgl. §§ 128 f. HGB). Das bedeutet z.b., dass ein Vertragspartner der OHG (etwa ein Lieferant) Zahlung seiner offenen Rechnung nicht nur von der OHG selbst, sondern auch von allen Gesellschaftern dieser OHG verlangen kann!

Unterschiede zwischen den Personengesellschaften

Innerhalb der Gruppe der Personengesellschaften bildet die **GbR das „Grundmodell" aller Personengesellschaften**. Das zeigt sich z.B. daran, dass das GbR-Recht gem. § 105 Abs. 3 HGB hilfsweise auch für die OHG und KG gilt, soweit die §§ 105 ff. HGB keine von den §§ 705 ff. BGB abweichenden Bestimmungen trifft (was jedoch nicht selten der Fall ist).

Die **GbR unterscheidet sich von OHG und KG** dadurch, dass bei OHG und KG der Gesellschaftszweck auf den Betrieb eines **Handelsgewerbes** i.S.d. §§ 1 Abs. 2, 2 HGB gerichtet sein muss, bei der GbR ist hingegen jeder (rechtlich zulässige) Zweck erlaubt. Daher gibt es z.b. BGB-Gesellschaften, deren Zweck in dem gemeinsamen Lottospielen oder der Anschaffung und Nutzung eines Segelboots besteht. Seit der großen Handelsrechtsreform im Jahr 1998 gibt es allerdings auch rein vermögensverwaltende Personenhandelsgesellschaften (§ 105 Abs. 2 Fall 2 HGB) und einer Entscheidung des BGH aus dem Jahre 2014 zufolge auch Steuerberater- oder Wirtschaftsprüfungs-KGs.

Die **Partnerschaftsgesellschaft** ist wie die OHG/KG und GbR eine Personengesellschaft. Sie steht aber nur Freiberuflern, z.b. Rechtsanwälten, offen (§ 1 Abs. 2 PartGG definiert, was alles freier Beruf sein kann!). Die Partnerschaft übt also gerade kein Handelsgewerbe aus (§ 1 Abs. 1 Satz 2 PartGG), folglich ist sie auch keine Sonderform einer OHG oder KG, sondern die Sonderform einer GbR, deren Recht subsidiär anwendbar ist (§ 1 Abs. 4 PartGG). Anders als die GbR gibt es aber ein öffentliches Register, in dem die Partnerschaften geführt werden, das **Partnerschaftsregister**.

Eine **Sonderform** der Partnerschaft ist die seit 2013 mögliche **Partnerschaft mit beschränkter Berufshaftung** („mbB"), die aber nur Angehörigen bestimmter Berufsgruppen (darunter den Rechtsanwälten), offensteht und eine bessere Haftungsbeschränkung bietet als die normale Partnerschaft, sofern die Berufsträger im Gegenzug eine qualifizierte Berufshaftpflichtversicherung abschließen (vgl. § 8 Abs. 4 PartGG).

b)   Kapitalgesellschaften

Zu den Kapitalgesellschaften zählen vor allem

– die **Gesellschaft mit beschränkter Haftung (GmbH)** und

– die **Aktiengesellschaft (AG)**.

Grundmodell aller juristischen Personen ist der **eingetragene Verein** (§§ 55 ff. BGB), der aber keine Kapitalgesellschaft ist, weil die Mitglieder des Vereins kein Stammkapital leisten.

Daneben gilt es noch **besondere Erscheinungsformen** wie z.b. die Genossenschaft, in der sich z.b. Erzeugergemeinschaften oder Volks- und Raiffeisenbanken organisieren.

Wesentliche Merkmale von Kapitalgesellschaften

Die Bezeichnung als „Kapitalgesellschaft" verweist auf den Umstand, dass die rechtliche Existenz solcher Gesellschaften **untrennbar mit einem speziellen Haftkapital verknüpft** ist, dem sogenannten Stamm- (GmbH) oder Grundkapital (AG), das von den Gesellschaftern als Einlage effektiv geleistet werden muss und nicht mehr an sie zurückgezahlt werden darf. Diese Einlage ist, wenn man so will, die **„Eintrittskarte" für die Haftungsbefreiung der Gesellschafter.** Denn diese Ausstattung mit dem Stamm- oder Grundkapital ist die wichtigste rechtliche Voraussetzung dafür, dass die Gesellschafter nicht persönlich für die Verbindlichkeiten der Kapitalgesellschaft haften (Haftungsbeschränkung – daher auch Gesellschaft mit beschränkter Haftung!).

Die Kapitalgesellschaft ist ein selbständiges Rechtssubjekt (sog. **juristische Person,** vgl. z.B. § 13 Abs. 1 GmbHG für die GmbH).

Unterschiede zwischen GmbH und AG

Die GmbH wird – oft im internationalen Vergleich – auch als **kleine Kapitalgesellschaft** bezeichnet. Dieser Begriff dient zur Abgrenzung von der großen Kapitalgesellschaft, nämlich der Aktiengesellschaft (AG). Dieses Begriffspaar soll darauf hinweisen, dass die GmbH rechtlich und oft auch faktisch

– ein **geringeres Mindestkapital** aufweist als die AG (dort Grundkapital genannt, §§ 6, 7 AktG),

– einen **kleineren Gesellschafterkreis** als die AG besitzt und

– in ihrer rechtlichen Struktur **mehr Flexibilität** und für die Gesellschafter **mehr Einflussmöglichkeiten** auf das Management bietet als die AG.

3.　　Wesentliche Strukturunterschiede zwischen Kapital- und Personengesellschaften

a)　　Rechtsformvergleich

Auch wenn die Gründerberatung nicht zu den typischen Aufgaben des Notars zählt, ist ein Grundverständnis von den **wichtigsten strukturellen Unterschieden** zwischen den juristischen Personen bzw. Personengesellschaften des Handelsrechts hilfreich, vor allem der Vergleich zwischen

– kleiner Kapitalgesellschaft (= GmbH) und

– den Personen(handels-)Gesellschaften (= vor allem GbR, OHG und KG).

Die Unterschiede verdeutlichen **zentrale Strukturprinzipien**, deren Verständnis auch die notariellen Tätigkeitsbereiche erleichtert.

Die einzelnen Punkte sind in den vier nachfolgenden Übersichten zusammengefasst:

 Übersicht: Vertragsprinzip vs. Verbandsprinzip

	Personengesellschaften (vor allem GbR, OHG, KG)	Kapitalgesellschaften (vor allem GmbH)
„Gepräge"	**Vertragsprinzip** (§ 705 BGB, „besonderes Schuldverhältnis"); stärker abhängig von den (konkreten) Gesellschaftern (= **personalistisch**)	Juristische Person (§ 13 Abs. 1 GmbHG), von ihren Gesellschaftern losgelöst („**Verband**")
Gründung	Grds. **formfrei**	**Formbedürftig** (§ 2 GmbHG)
Kapitalaufbringung und Kapitalerhaltung	**Kein geschütztes Kapital** (s. aber §§ 171 f. HGB zur Haftung des Kommanditisten)	Streng reguliertes und **geschütztes Kapital** (Haftungsfonds) Faktische Aufweichung: UG (haftungsbeschränkt)
Haftungsverfassung, insbesondere Gesellschafterhaftung	**Persönliche Haftung** als Regelfall (Ausnahme: Kommanditist), daher mindestens ein (KG) oder zwei (GbR, OHG) Vollhafter mit akzessorischer Haftung (§ 128 HGB) Nachhaftung austretender und Haftung eintretender Gesellschafter	Grds. **keine persönliche Haftung** der Gesellschafter; Beschränkung auf Gesellschaftsvermögen (§ 13 GmbHG)
Anteilsübertragung unter Lebenden; Ausscheiden	**Formfrei**, aber nur mit Einverständnis aller formfreies Ausscheiden möglich (sog. Anwachsung)	Bei GmbH **formbedürftig** (§ 15 Abs. 3, 4 GmbHG) formloses Ausscheiden nur per Einziehung/Kaduzierung

	Personengesellschaften (vor allem GbR, OHG, KG)	Kapitalgesellschaften (vor allem GmbH)
Sitz / Niederlassung	**Tatsächlicher** Verwaltungssitz maßgeblich; kein davon abweichender „Satzungssitz"	**Satzungssitz** maßgeblich; Verwaltungssitz kann seit MoMiG abweichen
Registerpublizität	Grds. **geringe(re) Publizität** bei OHG/KG: Firma, Vertretung, Haftsummen (Kommanditist) stärkere Publizität: Gesellschafter sind unmittelbarer Registerinhalt bei GbR überhaupt keine Publizität	**erweiterte Publizität:** Gesellschaftsvertrag, Unternehmensgegenstand (siehe aber § 24 Abs. 4 HRV für Handelsgesellschaften) geringere Publizität: Gesellschafterbestand (Gesellschafterliste kein Registerinhalt i.e.S.)
Registerkontrolle	**Gering(er)**; primär formeller Art; keine Unterlagen (Ausnahme v.a.: Nachweise zur Erbfolge und Vollmachten, s. § 12 Abs. 1 Satz 2, 4 HGB) (sog. **Anmeldeprinzip**)	**Intensiv(er)**; z.T. auch materieller Art, vgl. z.B. § 9c GmbHG (sog. **Nachweisprinzip**)

 Übersicht: Personalistisches Gepräge vs. juristische Person

	Personengesellschaften (vor allem GbR, OHG, KG)	Kapitalgesellschaften (vor allem GmbH)
Einpersonengesellschaft	Bei Gründung **unmöglich**, später grdsl. unmöglich (Ausnahmen diskutiert bei nachträglichem Erwerb eines mit einem Drittrecht belasteten Anteils)	Schon bei Gründung **möglich** (§ 1 GmbHG)
Mehrfachbeteiligung	Grds. **unmöglich** (Einheitlichkeit der Beteiligung)	**Möglich** (§ 5 Abs. Satz 2 GmbHG)

	Personengesellschaften (vor allem GbR, OHG, KG)	Kapitalgesellschaften (vor allem GmbH)
Erwerb eigener Anteile	Unmöglich	Möglich (§ 33 GmbHG)
Vererblichkeit der Beteiligung	Unvererblich (§ 727 BGB, § 131 HGB); Ausnahme: Kommanditbeteiligung (§ 177 HGB) aber dispositiv	Vererblich (arg. aus § 15 Abs. 5 GmbHG) nicht dispositiv
Willensbildung	Grundsatz der **Einstimmigkeit** (aber dispositiv)	Grundsatz der **Mehrheitsentscheidung** (selbst bei Strukturentscheidungen)
Beschlussmängel	Rechtswidrige Beschlüsse sind grds. **nichtig** (aber dispositiv)	Rechtswidrige Beschlüsse sind grds. **wirksam** (§§ 241 ff. AktG)
Organschaftliche Vertretung	Durch einen oder mehrere persönlich haftende Gesellschafter (**Selbstorganschaft**)	Durch **besonderes Vertretungsorgan** (Geschäftsführer), Fremdorganschaft zulässig

 Übersicht:Übersicht: Unterschiede beim Registervollzug

	Personengesellschaften (vor allem GbR, OHG, KG)	Kapitalgesellschaften (vor allem GmbH)
Registeranmeldungen	Grdsl. durch **alle Gesellschafter** (§ 108 Satz 1 HGB)	Durch **Geschäftsleiter in vertretungsberechtigter Zahl**; nur ausnahmsweise durch gesamte Geschäftsleitung (§ 78 GmbHG), **nicht:** durch Eigentümer
Wirkung	Registervollzug i.d.R. **deklaratorisch** (Ausnahme: § 105 Abs. 2 HGB)	Registereintragung i.d.R. **konstitutiv** (z. B. §§ 11 Abs. 1, 54 Abs. 3 GmbHG)

Übersicht:Übersicht: Sonstige Strukturunterschiede

	Personengesellschaften (vor allem GbR, OHG, KG)	Kapitalgesellschaften (vor allem GmbH)
Buchführung	Verpflichtend (§ 238 HGB)	Verpflichtend (§ 238 HGB)
Jahresabschluss / Prüfung / Offenlegung	Verpflichtend (§ 242 HGB), aber weniger streng (Ausnahme: keine natürliche Person haftet voll, §§ 264a ff. HGB)	Verpflichtend (§ 242 HGB), aber mit größenabhängigen Erleichterungen (zuletzt MicroBilG) (§§ 267, 267a HGB)
Mitbestimmung	Grds. mitbestimmungsfrei (s. aber §§ 4, 5 MitbestG, wenn keine natürliche Person voll haftet)	Abbestimmter Größe mitbestimmt (§ 1 MitbestG, § 1 DrittelbG)
Konzernierung / Vertragskonzern	Auch als beherrschtes Unternehmen (i.E. umstr.) ertragsteuerliche Organschaft nunmehr möglich bei unternehmerischen Töchtern	Auch als beherrschtes Unternehmen ertragsteuerliche Organschaft möglich (§§ 14, 17 KStG)
Steuerrecht	Gesellschaft ist steuerlich „transparent", ESt-Subjekt sind die „Mitunternehmer" (§ 15 EStG)	Gesellschaft ist steuerlich „intransparent", da selbst Steuerrechtssubjekt (§ 1 KStG)

b)   Vorteile von Personengesellschaften

Die (aus Gründersicht) **typischen Vorteile** der Wahl einer Personengesellschaft lassen sich wie folgt zusammenfassen:

– Flexibilität bei Nachfolgeregelung

– Vorteile bei der (Vermeidung von) Mitbestimmung

– Vorzüge bei der (Vermeidung von) Grunderwerbsteuer

– Vorteile bei der (Vermeidung von) Register- und Abschlusspublizität

– größere Gestaltungsspielräume bei Vertragsgestaltung

– größere Gestaltungsspielräume bei der Aufbringung des übernommenen Haft-
kapitals (KG)

– Kostenvorteile bei Gründung und laufendem Betrieb

– BGB-Außengesellschaft als alternatives Beteiligungsverhältnis zur Bruchteilsgemeinschaft bei Immobilienerwerb durch Familienmitglieder/Ehegatten? (str.)

c) Vorteile von (kleinen) Kapitalgesellschaften

Die (kleine) Kapitalgesellschaft bietet demgegenüber (aus Gründersicht) folgende
typischen Vorteile:

– GmbH als Konzerntochter einsetzbar (wegen § 14 KStG)

– freiberuflicher Unternehmensgegenstand möglich

– rechtssichere einfachere Struktur (im Vergleich zur KG)

4. Bedeutung des Gesellschaftsrechts für die notarielle Praxis

a) Überblick

Das Gesellschaftsrecht ist nicht nur eine sehr anspruchsvolle Rechtsmaterie mit
zahlreichen Teildisziplinen, sondern auch ein **bedeutsames Betätigungsfeld für
deutsche Notare** und damit auch für ihre Mitarbeiter. Das mag der nachfolgende
Überblick verdeutlichen:

Viele grundlegende Rechtsvorgänge bei **Kapitalgesellschaften** lassen sich nur unter
Einschaltung eines Notars durchführen. Dies wird besonders deutlich bei der
GmbH, für die ein notarielles Beurkundungserfordernis bei Gründung (§ 2
GmbHG), Satzungsänderung (§ 53 GmbHG) und Anteilsübertragungen (§ 15
GmbHG) besteht. Mit Ausnahme der Anteilsübertragung gilt dies auch für die AG
(§§ 23, 179 ff. AktG).

Bei den **Personengesellschaften** gilt hingegen der materiell-rechtliche **Grundsatz der
Formfreiheit** bei Gründung, Anteilsübertragung und Strukturänderung. Aus diesem
Grund wird der Notar nur seltener, aber eben auch immer wieder, bei der Gestaltung dieser Rechtsvorgänge herangezogen. Denn nicht selten kommt den zu lösen-
den Rechtsfragen eine große Komplexität und praktische Tragweite zu, etwa bei
der **Verzahnung des Gesellschafts- mit dem Erbrecht** (z.B. im Rahmen der Nach-

folgeplanung oder bei Übertragung von Gesellschaftsbeteiligungen in vorwegge-nommener Erbfolge). Seltener als bei den Kapitalgesellschaften ist auch im Perso-nengesellschaft die Beteiligung des Notars zwingend vorgeschrieben, etwa dann, wenn der Zweck der zu gründenden Gesellschaft auf den Erwerb ganz bestimmter Immobilien gerichtet sein soll (Folge: Beurkundungserfordernis des Gesellschafts-vertrags nach § 311b Abs. 1 Satz 1 BGB).

Im **Konzernrecht**, dem Recht der verbundenen Unternehmen, kommen dem Notar vor allem Aufgaben bei den sogenannten Vertragskonzernen zu, die auf Grundlage eines Unternehmensvertrags nach §§ 291 ff. AktG entstehen.

Eine weitere wichtige Domäne des gesellschaftsrechtlichen Notariats bildet das **Umwandlungsrecht** nach dem UmwG; nach dieser – hier nicht näher darstellbaren – Spezialmaterie können Gesellschaften unter vereinfachten Bedingungen reorga-nisiert werden.

Ein weiteres, eigenständiges Aufgabenfeld für Notare besteht in der rechtlichen **Betreuung von eingetragenen Vereinen** (e.V.). Bei ihnen handelt es sich um eine Personenvereinigung nach BGB (§§ 21 ff., 55 ff. BGB) und eine juristische Person (§ 21 BGB), aber nicht um eine Kapitalgesellschaft (siehe bereits oben). Wesentli-cher Bestandteil der notariellen Tätigkeit im Vereinsrecht ist der Entwurf und die Beglaubigung von **Vereinsregisteranmeldungen**.

Mit Ausnahme der GbR ist in allen Gesellschaftsformen die notarielle Betreuung bei **Vorbereitung und Vollzug von (Handels-)Registeranmeldungen** von hoher praktischer Bedeutung, wie z.B. bei der Gesellschaftsgründung, der Erteilung von Prokuren, Gründung inländischer Zweigniederlassungen oder der Liquidation der Gesellschaft. Der Notar beglaubigt hier nicht nur die Unterschriften unter die Re-gisteranmeldungen oder den Vollmachten zu solchen Anmeldungen (vgl. § 12 Abs. 1 Satz 1, 2 HGB). Durch seine Entwurfs- und Prüfungstätigkeit wird zugleich gewährleistet, dass die registerrelevanten Tatsachen strukturiert aufbereitet und möglichst schnell, vollständig sowie in sich widerspruchsfrei übermittelt werden und dass der Anmeldeerklärung alle zur Eintragung erforderlichen Nachweise bei-liegen. Insoweit übernimmt der Notar eine **Filterfunktion**, die die Registergerichte entlastet. Diese unverzichtbare Rolle des Notars an der **Schnittstelle zwischen Ge-sellschafts- und Registerrecht** hat der Gesetzgeber nun auch durch **§ 378 Abs. 3 FamFG** (für alle Register mit Ausnahme der Vereins-, Partnerschafts- und Genos-senschaftsregister) und § 15 Abs. 3 GBO (für den Grundbuchverkehr) klargestellt und gesetzlich kodifiziert (siehe oben § 2 Abschnitt IV. Ziffer 3.).

Schließlich muss sich jeder Notar und Mitarbeiter, ob leidenschaftlicher Gesell-schaftsrechtler oder nicht, mit allen Gesellschaftsformen beschäftigen, wenn es darum geht, für die Errichtung einer notariellen Niederschrift die **Vertretungsverhältnisse einer beteiligten Gesellschaft** zu prüfen und rechtssicher zu dokumentieren (vgl. § 12 Satz 1 BeurkG, § 21 BNotO). Hier gewinnt auch die notarielle Existenz- und Vertretungsbescheinigung nach § 21 Abs. 1 und Abs. 3 BNotO Bedeutung (zu den Notarbescheinigungen nach § 21 BNotO siehe bereits oben § 2 Abschnitt IV.).

b) Besondere notarielle Aufgaben bei der Gesellschaft mit beschränkter Haftung (GmbH)

Der Notar ist in vielfältiger Weise **bei fast allen wichtigen Angelegenheiten** „im Leben" einer GmbH eingebunden. Dies und der Umstand, dass die GmbH die häufigste Erscheinungsform einer Kapitalgesellschaft in Deutschland ist, führen dazu, dass GmbH-rechtliche Fragen in jedem Notariat an der Tagesordnung sind:

Notarielle Beteiligung bei der Gründung

Im Rahmen der Gründung einer GmbH muss der Notar folgende Aufgaben **zwingend erledigen:**

– Der Notar **beurkundet** die **Satzung** (§ 2 Abs. 1 GmbHG), also das Gründungsgeschäft.

– Er **beglaubigt** etwaige **Gründungsvollmachten** (§ 2 Abs. 2 GmbHG), ebenso die **Anmeldung** der Ersteintragung der Gesellschaft zum Handelsregister (§§ 7, 8 GmbHG, § 12 Abs. 1 HGB).

– Ferner **belehrt** er **Geschäftsführer** (§ 8 Abs. 3 Satz 2 GmbHG) und Gründer.

– Er **erstattet Anzeige an das Körperschaftsteuerfinanzamt** (§ 54 EStDV).

– Bringt ein Gesellschafter ein Grundstück in die GmbH ein, reicht der Notar zusätzlich eine Anzeige an das **Grunderwerbsteuerfinanzamt** ein. Nach dem **Geldwäschegesetz** erhebt der Notar bestimmte, über das BeurkG hinausgehende Daten (Identifizierungspflicht; Feststellung des wirtschaftlich Berechtigten; Beurteilung des Geldwäscherisikos, siehe dazu bereits § 2 Abschnitt VI. Ziffer 3. Buchst. c)).

Darüber hinaus „erledigt" der Notar **typischerweise** folgende weitere Aufgaben im Gründungsstadium:

– er berät bei der **Satzungsgestaltung;**

– er klärt die **firmenrechtliche Zulässigkeit** mit der zuständigen IHK ab, ggf. erledigt er eine Markenrecherche im Internet (hier auf: *www.dpma.de*);

– er **koordiniert den Registervollzug**, indem er auf eine schnelle Einzahlung der Einlagen hinwirkt, indem er sich für die Eintragungskosten gegenüber dem Handelsregister starksagt;

– er fertigt i.d.R. die **erste Gesellschafterliste** (§ 8 Abs. 1 Nr. 3 GmbHG), die alle Geschäftsführer zu unterschreiben haben (kein Fall des § 40 Abs. 2 GmbHG!).

Bei vereinbarten **Sacheinlagen** kann er den Sachgründungsbericht entwerfen, ebenso die (ggf. nicht beurkundungspflichtigen) Einbringungsverträge (z.B. bei Einbringung von Pkw oder Lkw).

Er kann ggf. den **Geschäftsführer-Anstellungsvertrag** entwerfen.

Notarielle Beteiligung im Leben der GmbH

Auch nach Gründung führt häufig „kein Weg" an der Beteiligung eines Notars vorbei. Zu denken ist insbesondere an folgende Angelegenheiten:

– **Spätere Registeranmeldungen** (z.B. Geschäftsführerbestellungen, § 39 GmbHG, Erteilung von Prokura, § 53 HGB, oder Änderungen der inländischen Geschäftsanschrift) sind beglaubigungspflichtig (§ 12 Abs. 1 Satz 1 HGB).

– **Satzungsänderungen** sind beurkundungs- (§ 53 Abs. 2 GmbHG) und ebenfalls anmeldungspflichtig (§ 54 GmbHG).

– Die Übernahmeerklärung im Rahmen einer effektiven **Kapitalerhöhung** ist beglaubigungsbedürftig (§ 55 Abs. 1 GmbHG).

– Gesellschafterwechsel durch **Anteilsabtretungen** sind beurkundungspflichtig (§ 15 Abs. 3 GmbHG für die Abtretung, § 15 Abs. 4 Satz 1 GmbHG für das sog. Verpflichtungsgeschäft), Treuhandverträge bedürfen meist aus demselben Grund der notariellen Beurkundung, weil sie (Rück-)Übertragungspflichten enthalten.

– Anzeigen an das **Körperschaftsteuerfinanzamt** sind zu fertigen, wenn Anteile übertragen oder Kapitalmaßnahmen beschlossen werden (§ 54 EStDV). Hält die Gesellschaft Grundstücke, so führt die Beurkundung einer Anteilsabtretung ebenfalls zu einer Anzeige an das **Grunderwerbsteuerfinanzamt**.

Der Notar ist zudem verpflichtet, **Gesellschafterlisten** zu fertigen, wenn er an der Veränderung im Gesellschafterbestand mitgewirkt hat (§ 40 Abs. 2 GmbHG). Auch hier wird der Notar **i.d.R. mehr Leistungen** erbringen, insbesondere:

– Vorprüfung anhand der zuletzt beim Register eingereichten Dokumente (Gesellschafterliste und Satzungsbescheinigung), ob die „richtigen" Gesellschafter beschließen und ob auf Basis der letzten gültigen Satzung beschlossen wird.

– Koordination etwaiger **Zustimmungserfordernisse** für die Verfügung über Anteile (oftmals sind die Anteile **vinkuliert**, siehe § 15 Abs. 5 GmbHG).

– Einholen von **Nachweisen über den Bedingungseintritt** bei aufschiebend bedingten Verfügungen über Geschäftsanteile (z.B. Anteilsübertragung unter der aufschiebenden Bedingung der Kaufpreiszahlung; das Verfügungsgeschäft ist nicht bedingungsfeindlich, da § 925 Abs. 2 BGB nicht gilt!).

Bei nicht einstimmigen Beschlüssen wird der Notar die nach Gesetz und Gesellschaftsvertrag erforderlichen **Beschlussmehrheiten** prüfen.

Der Notar kann **Vollmachtsentwürfe** für nicht teilnehmende Gesellschafter fertigen.

Er liefert **Beschlussentwürfe** selbst bei nicht beurkundungspflichtigen Angelegenheiten (oft Bestellung eines neuen Geschäftsführers).

Er übernimmt die **inhaltliche Beratung** über neue Satzungsgestaltungen und erteilt Empfehlungen zu zweckmäßigen Änderungen der Satzung (z.B. Zulässigkeit der schriftlichen Beschlussfassung).

Notarielle Beteiligung beim Ende einer GmbH

Soll die GmbH ohne zwingende äußere Umstände (Insolvenz!) beendet werden, vollzieht sich auch dies nicht ohne **Beteiligung des Notars**:

– Der **Beschluss der Gesellschafter** über die Auflösung der GmbH ist zwar nicht beurkundungspflichtig. Er wird aber häufig beim Notar beauftragt und führt unabhängig davon dazu, dass anstelle der Geschäftsführer die Liquidatoren für die GmbH i.L. (= in Liquidation) tätig werden, §§ 66 ff. GmbHG. Die ersten Liquidatoren und alle späteren Änderungen müssen dementsprechend **zum Handelsregister angemeldet** werden (§ 67 GmbHG).

– Ist das sogenannte **Sperrjahr** – vor dessen Ablauf kein Vermögen an die Gesellschafter verteilt werden darf, § 73 GmbHG – abgelaufen, und ist die Liquidation beendet (d.h. das Aktivvermögen soweit erforderlich zur Tilgung der Schulden verwendet), so ist der **Schluss der Liquidation anzumelden** (§ 74 Abs. 1 GmbHG, sog. **Vollbeendigung**).

Auch hier kann und wird der Notar i.d.R. **mehr tun**, z.B.:

— Information über die und Unterstützung bei der **Bekanntmachung der Auflösung** durch die Gesellschaft im elektronischen Bundesanzeiger (§ 65 Abs. 2 GmbHG, elektronisch: *www.ebundesanzeiger.de*),

— Prüfung, ob eine **vereinfachte** ("schnelle") **Löschung ohne Sperrjahr** möglich ist (dann darf kein Aktivvermögen vorhanden sein, siehe ausf. unten Abschnitt II. Ziffer 2. Buchst. e)),

— Entwurf des Auflösungsbeschlusses (siehe soeben).

5.   Gang der Darstellung

In diesem Kapitel werden **einige typische Bereiche** und Fallgestaltungen der notariellen Tätigkeit im Gesellschaftsrecht näher dargestellt, soweit sie für Mitarbeiterinnen und Mitarbeiter im Notariat ohne gesellschaftsrechtlichen Schwerpunkt relevant werden können:

— Gründung einer **GmbH**, Satzungsänderungen, Anteilsabtretungen, Geschäftsführerwechsel (nachfolgend Abschnitt II.),

— Errichtung einer **Unternehmergesellschaft (haftungsbeschränkt)** per Musterprotokoll und Folgeänderungen (nachfolgend Abschnitt III.),

— **Registeranmeldungen** im Allgemeinen sowie Handelsregisteranmeldungen und typische Anmeldefälle aus dem Bereich der Personenhandelsgesellschaften im Besonderen (nachfolgend Abschnitt IV.),

— Erstanmeldung eines **eingetragenen Vereins**, Anmeldung späterer Änderungen im Vorstand und bei der Satzung nebst Grundlagen zum Vereinsregister (nachfolgend Abschnitt V.),

— Grundlagen zum **Genossenschafts- und Partnerschaftsregister** (nachfolgend Abschnitt VI.).

Sonderkonstellationen und rechtlich komplexe Vorgänge wie z.B. Umwandlungen sind häufig "Chefsache" und können hier nicht vertieft werden.

II.   Gesellschaft mit beschränkter Haftung (GmbH)

1.   Begriff und Merkmale der GmbH

Die Gesellschaft mit beschränkter Haftung (= GmbH) ist der praktisch häufigste Typus der Kapitalgesellschaft in Deutschland. Ihre Zahl beträgt weit mehr als eine halbe Million.

Zur Erinnerung (siehe schon Abschnitt I. Ziffer 2. Buchst. b)) werden hier einige wesentliche Merkmale der GmbH aufgezählt:

–   Die GmbH hat eine eigene Rechtspersönlichkeit, ist also eine **juristische Person** (§ 13 Abs. 1 GmbHG).

–   Die Mitglieder der Gesellschaft (= die Eigentümer) heißen **Gesellschafter** und halten Anteile an der Gesellschaft (= die **Geschäftsanteile**).

–   Die Summe aller gehaltenen Anteile ergibt das **Stammkapital** der Gesellschaft; es beträgt mindestens 25.000 € (§ 5 Abs. 1 GmbHG), außer es handelt sich um eine Unternehmergesellschaft (haftungsbeschränkt) nach § 5a GmbHG (zu ihr unten Abschnitt III.).

–   Die Anteile sind **vererblich**. Die Vererblichkeit kann – anders als bei der Personengesellschaft – nicht per se im Gesellschaftsvertrag der GmbH ausgeschlossen werden (§ 15 Abs. 5 GmbHG gilt nicht für die Vererblichkeit!), sondern kann (und wird i.d.R.) über den gestalterischen „Umweg" der Einziehung begrenzt: dann kann der Anteil eines „unliebsamen" Erben auch gegen dessen Willen eingezogen werden.

–   Die Willensbildung zwischen den Gesellschaftern erfolgt nicht nach dem Einstimmigkeitsprinzip wie in den Personengesellschaften, sondern nach dem gesetzlichen Grundsatz des **Mehrheitsprinzips**.

–   Der Anteilseigner haftet nur dafür, dass er und seine Mitgesellschafter das Kapital ordentlich aufbringen und sich nicht wieder unerlaubt auskehren. Solange dies sichergestellt ist, haftet der Gesellschaft **nicht persönlich mit seinem Vermögen** für Verbindlichkeiten der Gesellschaft (§ 13 Abs. 2 GmbHG).

–   Anders als bei Personengesellschaften müssen die Geschäftsführer nicht dem Gesellschafterkreis angehören (**Grundsatz der Fremdgeschäftsführung**). Alle Gesellschafter können sich also auf die Rolle des Kapitalgebers (Investors) beschränken.

– Einkommensteuerlich ist die GmbH eigenes Steuersubjekt. Es unterliegt der Körperschaftsteuer. Der Anteilseigner versteuert also nicht den Gewinn der Gesellschaft, sondern nur die Ausschüttungen an ihn (= Dividenden).

2.　„Lebensphasen" einer GmbH

a)　Vorgründungsgesellschaft

In der Phase vor der notariellen Beurkundung der Gründung reift die Entscheidung, dass und von wem eine GmbH gegründet werden und womit diese ihr Geld verdienen soll. Diese Phase nennt man **Vorgründungsphase**.

Wenn sich die Gesellschafter in diesem Stadium überhaupt schon zur Gründung einer Gesellschaft verpflichtet haben (dies wäre als sog. Vorvertrag beurkundungsbedürftig!), handelt es sich bei dem Zusammenschluss um eine sogenannte Vorgründungsgesellschaft. Sie ist **noch keine GmbH**, sondern eine BGB-Gesellschaft oder, abhängig vom Zweck, eine OHG.

Wird die Vorgründungsgesellschaft **unternehmerisch tätig** (übernimmt sie also nach außen hin bereits Verpflichtungen), treffen diese Verpflichtungen nur die Vorgründungsgesellschaft selbst. Die Gesellschafter (Gründer) haften also für die Verbindlichkeiten der Vorgründungsgesellschaft **persönlich und unbeschränkt**. Bekommt man im Notariat von derartigen Plänen etwas mit, sollten die Gründer entsprechend gewarnt werden!

Die so begründeten Verbindlichkeiten gehen auch **nicht automatisch** auf die dann später entstandene GmbH über.

b)　Vorgesellschaft

Sobald der Notarvertrag wirksam abgeschlossen ist, ist die GmbH gegründet („errichtet"). Als vollwertige GmbH existiert sie aber erst ab der Eintragung in das Handelsregister, § 11 Abs. 1 GmbH.

In dem Zeitraum von der Unterzeichnung des Gründungsakts **bis zur Eintragung der Gesellschaft im Handelsregister** liegt eine sogenannte **Vorgesellschaft** („GmbH in Gründung = i. Gr.") vor. Diese ist schon weitgehend rechtsfähig (sie kann also im Grundbuch eingetragen werden, sie kann auch schon als Komplementärin einer GmbH & Co. KG fungieren), die Haftungsbeschränkung (§ 13 Abs. 2 GmbH) gewährt das Gesetz aber nur und erst dann, wenn die Gesellschaft anschließend auch wirklich eingetragen wird.

Beachte hierzu:

„Anteile" an einer Vorgesellschaft, über die nach § 15 GmbHG verfügt werden könnte, gibt es noch nicht! Soll der Gesellschafterkreis noch vor Eintragung der GmbH im Handelsregister anders zusammengesetzt werden, so ist dies eine Vertragsänderung, an der alle Gründer wieder (beurkundungspflichtig!) mitwirken müssen. Gleiches gilt übrigens für Satzungsänderungen vor Eintragung, die sich nicht nach §§ 53 f. GmbHG richten. Abgetreten werden können im Stadium der Vorgesellschaft allerdings die künftigen, in ihrer Entstehung durch die Eintragung ins Handelsregister bedingten Geschäftsanteile.

Vermögen der Vorgesellschaft ist mit Eintragung der GmbH automatisch Vermögen der GmbH. Merkposten: Aus der Raupe (Vorgesellschaft) wird der Schmetterling (GmbH).

Verknüpfung zum Immobilienrecht

Die bereits gegründete, aber noch nicht im Handelsregister eingetragene GmbH kann bereits Grundstücke erwerben und im Grundbuch als Berechtigte einer Auflassungsvormerkung eingetragen werden. Im notariellen Kaufvertrag sollte dann die UR-Nr. des notariellen Gründungsvertrags angegeben werden.

Zu beachten ist aber, dass die Gründungsgesellschafter ihre Gründungsgeschäftsführung zum Abschluss des beabsichtigten Kaufvertrags vor Eintragung der GmbH ausdrücklich **bevollmächtigt** haben. Denn der Erwerb eines Grundstücks ist i.d.R. nicht gründungsnotwendig, und nur für solche (gründungsnotwendigen) Geschäfte besteht die umfassende Vertretungsmacht der Gründungsgeschäftsführer. – Auch wenn dies wegen der kurzen Eintragungszeiten im Handelsregister kaum je relevant werden wird: Man hat rechtlich einen Anspruch darauf, dass das Grundbuchamt die „GmbH i. Gr." als Vormerkungsberechtigte in Abt. II einträgt.

Wird die GmbH alsdann eingetragen, ist keine erneute Auflassung des Grundstücks mehr erforderlich und auch keine Genehmigung der Schuldübernahme (Kaufpreiszahlungsverpflichtung) durch den Geschäftsführer der dann eingetragenen GmbH.

Beachte zum Thema Vorbelastung:

Hat die Vorgesellschaft zum Zeitpunkt der Eintragung bereits Ausgaben getätigt oder Verträge geschlossen, so ist dies aber zumindest bei einer Bargründung riskant: Zum Zeitpunkt der Eintragung muss ein Reinvermögen der GmbH (= Aktiva minus Schulden) vorhanden sein, welches die satzungsmäßige Stammkapitalziffer erreicht. Abgezogen werden darf nur der Gründungsaufwand, wenn er – wie üblich – in der Satzung auf die Gesellschaft abgewälzt wurde. Das Vermögen der

Gesellschaft wird aber durch Ausgaben ohne korrespondierende Einnahmen und Verpflichtungen ohne entsprechenden Gegenwert gemindert.

c) Existente (= sog. werbende) Gesellschaft

Mit Eintragung der GmbH entsteht sie und kann „**ganz normal**" wirtschaften.

Organe sind die Geschäftsführung und die Gesellschafterversammlung, sofern der Gesellschaftsvertrag nicht noch weitere Organe vorsieht (wie z.B. einen Beirat, siehe dazu § 52 GmbHG, der in Praxis häufig ausgeschlossen wird, da kein „vollwertiger" Aufsichtsrat mit Befugnissen wie in der AG gewünscht ist).

d) Aufgelöste Gesellschaft (= GmbH i.L.)

Wenn sich die Erwartungen der Gesellschafter an ihre Gesellschaft nicht (mehr) erfüllen, besteht häufig der Wunsch, sie zu beenden. Mit dem entsprechenden Auflösungsbeschluss ändert sich der Gesellschaftszweck. Merkposten: Aus der „werbenden" wird **die „sterbende" Gesellschaft**!

Die Gesellschaft in dieser sogenannten **Liquidationsphase** wird durch Liquidatoren vertreten. Das sind gewissermaßen Geschäftsführer mit besonderer Aufgabenstellung (nämlich die Abwicklung des Unternehmens). Sogenannte **geborene Liquidatoren** sind die bisherigen Geschäftsführer, wenn nicht die Liquidation durch den Gesellschaftsvertrag oder durch Beschluss der Gesellschaft anderen Personen (das sind dann „gekorene" Liquidatoren) übertragen wird (§ 66 Abs. 1 GmbHG).

Die GmbH i.L. (= in Liquidation) bleibt aber weiterhin eine vollwertige GmbH. Sie verabschiedet sich aus dem Rechtsleben erst mit ihrer Löschung (Austragung) aus dem Handelsregister durch Schließung des Registerblatts.

e) Löschung

Die Löschung setzt das **Ende der Liquidation** (Abwicklung aller Geschäfte und Auskehrung des Restvermögens an die Gesellschaft) und (grundsätzlich) den Ablauf des Sperrjahres voraus. Dann ist die Gesellschaft (auf entsprechende Anmeldung der Liquidatoren hin) zu löschen (§ 74 Abs. 1 GmbHG).

Das **Sperrjahr** ist typisch für die Liquidation von Körperschaften, vgl. zum Verein §§ 50, 51 BGB, zur Aktiengesellschaft § 272 AktG, zur Genossenschaft § 90 GenG. Zweck des Sperrjahres ist es, den Gläubigern Gelegenheit zu geben, vor

Auskehrung von Vermögen an die Gesellschafter die Erfüllung oder Sicherstellung ihrer Ansprüche zu verlangen.

Die Löschung wird erst wirksam, wenn sie im Handelsregister vollzogen ist (durch Schließung des Registerblatts der GmbHG; dadurch **Lehre vom Doppeltatbestand:** Erlöschen erst durch Vermögenslosigkeit und Registervollzug)

3. Errichtung einer GmbH

Die Errichtung (Gründung) einer GmbH soll an folgendem Fallbeispiel verdeutlicht werden:

Fallgestaltung

Im Notariat erscheinen Herr Hartmut Behrendsen und sein Sohn Christoph. Sie wollen in Musterstadt ein Taxigewerbe in der Rechtsform einer GmbH betreiben. Die GmbH muss aber erst noch gegründet werden, sie soll mit dem Mindeststammkapital ausgestattet sein. Der Notar soll „das Nötige veranlassen". Weitere Mitstreiter seien bis auf weiteres nicht Sicht.

Nach einer ausführlichen Vorbesprechung werden die folgenden Schritte durchgeführt:

a) Gründungsprotokoll

Die Gründung einer GmbH (in § 1 GmbHG „Errichtung" genannt) erfolgt mittels notariell zu beurkundendem Gesellschaftsvertrag (§ 2 Abs. 1 GmbHG).

Es empfiehlt sich, v.a. im Hinblick auf spätere Änderungen, den Gesellschaftsvertrag im engeren Sinne (= auch: Satzung) als eine (förmlich mit zu beurkundende) Anlage zur Gründungsurkunde (= auch: Gründungsmantel) aufzunehmen. Das nachfolgende Muster kann als Formulierungshilfe für ein notarielles Gründungsprotokoll dienen:

Muster: Gründungsprotokoll einer GmbH

Urkundenrollen-Nummer 1876/2018

(GmbH-Gründung)

Verhandelt zu Musterstadt am 17.08.2018

Vor mir, dem unterzeichnenden Notar Max Mustermann mit dem Amtssitz in Musterstadt, erschienen heute:

1. Herr Hartmut Behrendsen, geboren 18.10.1954,
   wohnhaft Frankfurter Straße 10, 12345 Musterstadt,

2. der Sohn des Erschienenen zu 1.
   Herr Christoph Behrendsen, geboren 06.05.1979,
   wohnhaft Helenenstraße 12, 12345 Musterstadt.

Der Erschienene zu 1. ist dem Notar von Person bekannt und bereits früher i.S.d. GwG identifiziert. Der Erschienene zu 2. wies sich aus durch Vorlage seines gültigen Bundespersonalausweises.

(Der Notar fragte nach einer Vorbefassung i.S.v. § 3 Abs. 1 Nr. 7 BeurkG. Sie wurde von den Beteiligten verneint.)

Die Erschienenen erklärten mit der Bitte um Beurkundung:

I.

Wir errichten hiermit eine **Gesellschaft mit beschränkter Haftung** unter der Firma

Taxi Behrendsen GmbH

mit dem Sitz in 12345 Musterstadt.

Wir schließen den dieser Niederschrift als **Anlage** beigefügten Gesellschaftsvertrag.

II.

Wir bestellen zu Geschäftsführern:

a) Herrn Hartmut Behrendsen, vorbenannt,

b) Herrn Christoph Behrendsen, vorbenannt.

Jeder der beiden Geschäftsführer ist stets allein vertretungsberechtigt und von den Beschränkungen des § 181 BGB befreit.

III.

Wir **bevollmächtigen** hiermit unter Befreiung von den Beschränkungen des § 181 BGB die Notariatsangestellten

Anna Treu und
Frieda Redlich
beide dienstansässig bei dem beurkundenden Notar (Bismarckstraße 12, 12345 Musterstadt),

und zwar jede für sich allein, alle Erklärungen Privaten und Behörden gegenüber abzugeben, die zur Eintragung der Gesellschaft in das Handelsregister etwa noch erforderlich sind. Die Vollmacht schließt auch das Stimmrecht in abzuhaltenden Gesellschafterversammlungen ein, in denen aufgrund etwaiger Verfügungen der Industrie- und Handelskammer oder des Registergerichts Satzungsänderungen beschlossen werden müssen. Die Vollmacht berechtigt auch zur Anmeldung zum Handelsregister und erlischt, sobald die Gesellschaft im Handelsregister eingetragen ist.

IV.

Der Notar wies die Erschienenen darauf hin,

– dass ein Gesellschafter und die Personen, für deren Rechnung er Geschäftsanteile übernommen hat, der Gesellschaft als Gesamtschuldner haften, falls zum Zwecke der Errichtung der Gesellschaft falsche Angaben gemacht worden sind oder die Gesellschaft durch Einlagen oder Gründungsaufwand vorsätzlich oder grob fahrlässig geschädigt worden ist,

– dass ein Gesellschafter oder Geschäftsführer, der zum Zwecke der Errichtung der Gesellschaft falsche Angaben gemacht hat, mit Freiheitsstrafe bis zu drei Jahren oder mit Geldstrafe bestraft werden kann,

– dass bei Eintragung der Gesellschaft im Handelsregister der Wert des Gesellschaftsvermögens (zzgl. des Gründungsaufwands) nicht niedriger sein darf als das Stammkapital und die Gesellschafter für einen insoweit bestehenden Fehlbetrag haften,

– dass ferner jeder Gesellschafter für die Leistung der von den anderen Gesellschaftern übernommenen, aber nicht geleisteten Stammeinlagen haftet,

– dass die Gesellschaft vor ihrer Eintragung in das Handelsregister nicht als Gesellschaft mit beschränkter Haftung besteht und dass persönlich haftet, wer vor der Eintragung im Namen der Gesellschaft handelt.

Die Niederschrift nebst Anlage wurde den Erschienenen von dem Notar vorgelesen, von den Erschienenen genehmigt und von ihnen und dem Notar eigenhändig wie folgt unterschrieben:

...

gez. Behrendsen

...

gez. Behrendsen

...

L.S. gez. Mustermann, Notar

Anmerkung

Zum Gesellschaftsvertrag siehe unten Buchst. b).

Gesellschafter

Als Gesellschafter einer GmbH sind alle natürlichen und juristischen Personen geeignet, auch ausländische juristische Personen, soweit deren Rechtsfähigkeit im Inland anerkannt wird; ferner insbesondere Personenhandelsgesellschaften (OHG, KG). Zulässig ist auch die Ein-Personen-Gesellschaft, d.h. die Gründung einer GmbH durch nur einen Gesellschafter (§ 1 GmbHG). Beachte aber, dass die Gründung einer Ein-Personen-GmbH durch einen vollmachtlosen Vertreter unzulässig ist (wegen § 180 Satz 1 BGB).

Ausländische juristische Personen und rechtsfähige Personenvereinigungen können sich selbstverständlich als Gesellschafter an einer deutschen GmbH beteiligen. Dann sind aber entsprechende Unterlagen vorzulegen, aus denen sich ergibt, dass es diese ausländische Gesellschaft gibt und wie sie vertreten wird. Diese Unterlagen müssen grundsätzlich auf Deutsch vorgelegt werden, ggf. also in amtlicher Übersetzung, und häufig mit Apostille versehen sein.

Merke:

Die Apostille ist eine **Arbeitserleichterung** für den internationalen Urkundenverkehr. Sie formalisiert und erleichtert die Prüfung, unter welchen Voraussetzungen eine ausländische öffentliche Urkunde in Deutschland – oder umgekehrt eine deutsche öffentliche Urkunde im Ausland – als „echt" anerkannt wird. Grundlage ist ein völkerrechtlicher Vertrag (nämlich die **Haager Übereinkommen** über die Befreiung ausländischer öffentlicher Urkunden von der Legalisation v. 05.10.1961), an dem viele, aber bei weitem nicht alle Staaten der Erde und nicht alle wirtschaftlich bedeutsamen Staaten beteiligt sind. Daher ist immer der konkrete Einzelfall zu prüfen. Das **DNotI bietet eine Arbeitshilfe** an, wann eine Apostille erforderlich ist, wann nicht, und wann eine Apostille nicht genügt, sondern eine Legalisation notwendig ist. Die Internetadresse lautet: Arbeitshilfen > IPR und ausländisches Recht = *https://www.dnoti.de/arbeitshilfen/ipr-und-auslaendisches-recht/*.

Achtung:

Häufig sind bei ausländischen Gesellschaften komplexe IPR-Rechtsfragen betroffen. Es geht i.d.R. um

– die Rechtsfähigkeit der ausländischen Gesellschaft,

– ihre ordnungsgemäße Vertretung im konkreten Gründungsgeschäft sowie

– den formgültigen Nachweis dieser Rechtsfragen gegenüber dem deutschen Handelsregister.

Vergleiche als erste Hilfestellung die Länderübersicht von HEGGEN, in: Würzburger Notarhandbuch, 5. Aufl. 2018, Teil 7 Kapitel 6.

Firma

Die Firma kann **Sach- oder Personenfirma**, eine Kombination beider Bereiche oder eine **Phantasiebezeichnung** sein (§§ 18 ff. HGB). In jedem Fall muss sie die Gesellschaftsform, also „GmbH" enthalten (§ 4 GmbHG), sofern nicht eine Unternehmergesellschaft (haftungsbeschränkt) vorliegt (siehe dazu unten Abschnitt II.).

Besondere Vorsicht ist geboten bei **geschützten Bezeichnungen** (insbesondere „Partner" wegen § 11 PartGG) und bei möglicherweise irreführenden Begriffen (wie z.B. „Institut" bei nichtuniversitären Einrichtungen). Zur firmenrechtlichen Voranfrage bei der örtlichen IHK bzw. Handwerkskammer siehe sogleich.

Gegenstand des Unternehmens

Das Unternehmen der Gesellschaft im Formulierungsbeispiel hat die gewerbliche Personenbeförderung zum Gegenstand. Denkbar sind aber alle anderen Zwecke, die allgemein sowie speziell in der Rechtsform der GmbH betrieben werden dürfen. Notwendige Genehmigungen (hier nach §§ 2, 46 ff. PBefG; **andere Beispiele:** §§ 34c ff. GewO, §§ 6 ff. HandwO) müssen dem Registergericht nicht mehr zum Zweck der Eintragung vorgelegt werden (wichtige Ausnahme: § 43 KWG). Davon unabhängig darf die Geschäftstätigkeit natürlich erst aufgenommen werden, wenn alle erforderlichen Genehmigungen vorliegen.

Geschäftsführer

Die GmbH muss mindestens einen Geschäftsführer haben, der jedoch kein Gesellschafter sein muss (Grundsatz der Fremdorganschaft, siehe oben Abschnitt I. Ziffer 2.). Es ist üblich, im notariellen Gründungsprotokoll (siehe im vorstehenden Beispiel in Teil II.) den oder die ersten Geschäftsführer zu bestellen.

Stammkapital

Das Stammkapital der GmbH beträgt mindestens 25.000 € (§ 5 Abs. 1 GmbHG), sofern keine Unternehmergesellschaft (haftungsbeschränkt) vorliegt (siehe zu ihr unten Abschnitt III. Ziffer 2.).

Geschäftsanteile, Bar- oder Sachgründung

Das Stammkapital einer GmbH ist in **Geschäftsanteile unterteilt** (bei der AG heißen die Anteile Aktien). Die Summe ihrer Nennbeträge ergibt die Stammkapitalziffer (§ 5 Abs. 3 Satz 2 GmbHG). Überwiegend üblich ist eine Bargründung, d.h., die Leistungen auf die übernommenen Geschäftsanteile erfolgen in Geld und nicht als Sacheinlagen.

Nach § 5 Abs. 4 GmbHG können Geschäftsanteile aber auch durch **Sacheinlagen** geleistet werden. Sollen (anstelle eines Geldbetrags = „Bargründung") als Einlageverpflichtung Sacheinlagen geleistet werden (= „Sachgründung"), gelten folgende Besonderheiten:

Es müssen nach § 5 Abs. 4 Satz 1 GmbHG (vgl. auch § 19 Abs. 4 GmbHG) der **Gegenstand der Sacheinlage** und der Nennbetrag des Geschäftsanteils (in Euro), auf die sich die Sacheinlage bezieht, **im Gesellschaftsvertrag** ausdrücklich festgesetzt werden.

Bei jeder Sachgründung gem. § 5 Abs. 4 Satz 2 GmbHG haben die Gesellschafter in einem **Sachgründungsbericht** die für die Angemessenheit der Leistung für Sacheinlagen wesentlichen Umstände (d.h. eine angemessene Bewertung der Sacheinlagen) darzulegen. Damit sind die Grundlagen der Sacheinlage für eine Bewertung in Höhe (mindestens) des bezifferten Einlagewerts plausibel darzulegen; das kann beispielsweise durch einen Verweis auf **Markt- oder Börsenpreise** bzw. eine Sachverständigenbewertung z.B. durch den Steuerberater oder Kfz-Händler erfolgen. Soll ein Unternehmen in die GmbH eingebracht werden, sind die Jahresergebnisse der beiden letzten Geschäftsjahre anzugeben (§ 5 Abs. 4 Satz 2 GmbHG am Ende).

Zu beachten ist noch, dass der Sachgründungsbericht von allen Gründungsgesellschaftern **persönlich** (!) zu unterschreiben ist. Gesetzliche Vertretung ist zulässig, nicht jedoch rechtsgeschäftliche Vollmacht (wie z.B. durch eine General- und Vorsorgevollmacht).

Vor Anmeldung müssen die **Sacheinlagen** bewirkt werden (Einlageverträge).

Beachte ferner:

Wie der fragliche Vermögenswert in das Vermögen der gegründeten GmbH eingebracht wird, d.h., wie der GmbH das Eigentum z.b. an dem einzubringenden Grundstück übertragen wird, ist (natürlich) nicht im GmbH-Recht geregelt, sondern richtet sich nach dem anwendbaren Sachenrecht. So muss **beispielsweise** ein Grundstück der GmbH aufgelassen und der Eigentumswechsel im Grundbuch eingetragen werden (§§ 873, 925 BGB).

Im Bereich der Sacheinlagen tauchen gelegentlich auch **verwandte Erscheinungsformen** auf, die unterschiedliche Fallgestaltungen ansprechen können:

Eine **gemischte Sacheinlage** (zum Teil auch gemischte Einlage genannt) liegt vor, wenn der Wert der vorgesehenen Sachleistung den Anrechnungsbetrag der nach dem Nennwert des Geschäftsanteils zu bestimmenden Einlage übersteigt und der Gesellschafter für die Differenz von der Gesellschaft eine Vergütung in Geld, dann oft Gutschrift als Darlehen des Gesellschafters, oder in anderen Werten erhält.

Möglich ist auch eine Verbindung von Geld- und Sachleistungen auf den Geschäftsanteil in Gestalt einer sogenannten **Mischeinlage** (auch diese wird zum Teil als gemischte Einlage bezeichnet), auf die § 5 Abs. 3 GmbHG entsprechend anzuwenden ist.

Geschäftsanteile

Seit Inkrafttreten des MoMiG kann ein Gesellschafter bereits bei Gründung **mehrere (selbständige) Geschäftsanteile übernehmen.** Diese Möglichkeit besteht allerdings nicht bei der Gesellschaftsgründung mittels Musterprotokoll (siehe unten Abschnitt III. Ziffer 2.). Der **Nennbetrag** jedes Geschäftsanteils muss auf volle Euro lauten (§ 5 Abs. 2 GmbHG). Die Anzahl der Anteile ist in diesen Grenzen frei bestimmbar, mehrere Anteile müssen auch nicht gleich hohe Nennbeträge aufweisen (§ 5 Abs. 3 GmbHG). Zulässig sind also z.B. folgende Stückelungen des Mindeststammkapitals:

–   25.000 Geschäftsanteile im Nennbetrag von je 1 € oder

–   ein Geschäftsanteil im Nennbetrag von 25.000 € oder

–   vier Geschäftsanteile im Nennbetrag von 4.000 €, 5.000 €, 6.000 € und 10.000 €.

Eine kleinere Stückelung bei den Nennbeträgen kann sich empfehlen, wenn schon bei Gründung absehbar ist, dass weitere Gesellschafter in die Gesellschaft einsteigen werden und dieser Beitritt über eine Anteilsabtretung erfolgen soll. Denn je größer ein einzelner Geschäftsanteil bemessen ist (hier: 49 % für Herrn Behrendsen senior und 51 % für Herrn Behrendsen junior), desto schwieriger wird später eine prozentgenaue Anteilsabtretung, so dass der Abtretung erst die Teilung eines Geschäftsanteils vorangehen muss. Genau dies wird hier aus didaktischen Gründen der Fall sein (siehe unten Ziffer 3.).

Jeder Geschäftsanteil muss in der dem Registergericht einzureichenden Gesellschafterliste (zweckmäßigerweise auch bereits in der Gründungssatzung) **eine laufende Nummer** haben (§ 8 Abs. 1 Nr. 3 GmbHG).

Belehrungen des Notars

Die Belehrungen des Notars im Muster geben die gesetzlichen Bestimmungen der §§ 9a, 13, 24, 82 GmbHG wieder. Weitere Belehrungen sind natürlich möglich.

Beteiligung berufsständischer Organe

Es empfiehlt sich, nach Absprache mit den Gründungsgesellschaftern, **die geplante Firma und den geplanten Unternehmensgegenstand** vor Beurkundung mit den berufsständischen Organen, die für die Gesellschaft künftig zuständig sein werden, vorab abzustimmen. Das Registergericht wird i.d.R. eine solche Stellungnahme ebenfalls einholen (vgl. § 380 FamFG).

Die vorherige Absprache **vermeidet daher Verzögerungen** bei der Eintragung und wirkt etwaigen Beanstandungen des Registergerichts entgegen. In den meisten praktischen Fällen ist berufsständisches Organ in diesem Sinne die örtlich zuständige Industrie- und Handelskammer, je nach Unternehmensgegenstand auch (ggf. zusätzlich) die örtlich zuständige Handwerkskammer.

Bei einigen Kammern ist vor Beurkundung nur eine telefonische Auskunft möglich. Viele andere hingegen bieten ihren Unternehmensgründern (und den sie bei dem Gründungsvorgang betreuenden Notaren) eine förmlichere Vorabklärung an, inzwischen auch **per E-Mail.** Um der berufsständischen Einrichtung eine Prüfung zu ermöglichen, sollte die Anfrage folgende Angaben enthalten:

–   geplante Firmenbezeichnung (bei Personenfirmen ggf. die Namen der Gesellschafter),

–   Rechtsform,

–   geplanter Gegenstand des Unternehmens (Tätigkeit) und

–   Sitz.

Eine entsprechende Voranfrage des die GmbH-Gründung betreuenden Notars nebst E-Mail-Antwort der IHK kann für den Beispielfall wie folgt lauten:

Muster: Anfrage IHK

Von: Johanna Dooh (IHK Musterstadt)
Gesendet: Freitag, 12.08.2018 10:42
An: Notar Max Mustermann
Betreff: Antwort: Taxi Behrendsen GmbH

Sehr geehrte Frau Müller,

unter Bezugnahme auf Ihre heutige Anfrage teile ich mit, dass gegen die Eintragung der Taxi Behrendsen GmbH mit Sitz in Musterstadt seitens der IHK Musterstadt keine firmenrechtlichen Bedenken bestehen.

Mit freundlichen Grüßen

Industrie- und Handelskammer zu Musterstadt

Im Auftrag

Johanna Dooh

Geschäftsbereich Recht und Steuern

Postanschrift: 12340 Musterstadt
Hausanschrift: Börsenplatz 10-26, 12345 Musterstadt
Tel. +49 123 456-789
Fax +49 123 456-777
E-Mail: johanna.dooh@musterstadt.ihk.de
Internet: *www.ihk-musterstadt.de*

– ursprüngliche Nachricht –

Von: Sandra Müller (Notar Max Mustermann)
Gesendet: Freitag, 12.08.2018 09:25
An: Johanna Dooh (IHK Musterstadt Firmenservice)
Betreff: Taxi Behrendsen GmbH

Sehr geehrte Frau Dooh,

es ist geplant, folgende Gesellschaft zu gründen:

– Rechtsform: GmbH

– Firma: Taxi Behrendsen GmbH

– Sitz: Musterstadt

– Gegenstand: Taxi-, Miet- und Kurierfahrten

– Gesellschafter: Hartmut Behrendsen (geboren 18.10.1954) und Christoph Behrendsen (geboren 06.05.1979)

Im Auftrag der Gründungsgesellschafter darf ich Sie um Mitteilung bitten, ob Ih-rerseits firmenrechtliche Bedenken bestehen, und zu gegebener Zeit um Bestäti-gung gegenüber dem Registergericht.

Mit freundlichen Grüßen

i.A. Martina Müller, Notarfachangestellte

...

Notar Max Mustermann

Bismarckstraße 12
12345 Musterstadt
Tel.: 0123/554433-0
Fax: 0123/554433-99
E-Mail: info@notar-mustermann.de

b)   Gesellschaftsvertrag als Anlage

Der Gesellschaftsvertrag als Anlage zu der Gründungsverhandlung kann z.B. wie folgt lauten:

 Muster: Gesellschaftsvertrag (zwei Gesellschafter)

Gesellschaftsvertrag
der Firma Taxi Behrendsen GmbH

§ 1
Firma, Sitz

1. Die Firma der Gesellschaft lautet:

   Taxi Behrendsen GmbH.

2. Sitz der Gesellschaft ist 12345 Musterstadt.

§ 2
Gegenstand des Unternehmens

1. Gegenstand des Unternehmens sind Taxi-, Miet- und Kurierfahrten.

2. Die Gesellschaft darf auch sonstige Geschäfte betreiben, sofern diese dem Gesellschaftszweck (mittelbar oder unmittelbar) dienlich sind.

3. Die Gesellschaft darf andere Unternehmen gleicher oder ähnlicher Art über-nehmen, vertreten oder sich an solchen Unternehmen beteiligen. Sie darf auch Zweigniederlassungen errichten.

§ 3
Stammkapital, Stammeinlagen

1. Das Stammkapital der Gesellschaft beträgt 25.000 € (in Worten: fünfundzwanzigtausend Euro).

2. Auf das Stammkapital haben übernommen:

   a) der Gesellschafter Hartmut Behrendsen, geboren 18.10.1954, Musterstadt,
   einen Geschäftsanteil (lfd. Nr. 1) im Nennbetrag von 12.250 €,

   b) der Gesellschafter Christoph Behrendsen, geboren 06.05.1979, Musterstadt,
   einen Geschäftsanteil (lfd. Nr. 2) im Nennbetrag von 12.750 €.

3. Die Leistungen auf die übernommenen Geschäftsanteile eines jeden Gesellschafters sind in Geld zu erbringen und sofort in voller Höhe fällig.

§ 4
Dauer und Geschäftsjahr

1. Die Gesellschaft wird auf unbeschränkte Zeit errichtet.

2. Das Geschäftsjahr ist das Kalenderjahr.
   Das erste Geschäftsjahr beginnt mit der Eintragung der Gesellschaft in das Handelsregister und endet mit dem darauffolgenden 31.12.

§ 5
Geschäftsführung, Vertretung

1. Die Gesellschaft hat einen oder mehrere Geschäftsführer. Ist nur ein Geschäftsführer bestellt, so vertritt er die Gesellschaft allein. Sind mehrere Geschäftsführer bestellt, so wird die Gesellschaft von zwei Geschäftsführern oder einem Geschäftsführer in Gemeinschaft mit einem Prokuristen vertreten.

2. Die Gesellschafter können einem oder mehreren Geschäftsführern Einzelvertretungsbefugnis und Befreiung von den Beschränkungen des § 181 BGB erteilen.

3. In der Liquidation der Gesellschaft gelten die vorstehenden Bestimmungen entsprechend für die Liquidatoren.

4. Die Gesellschaft kann durch einfachen Gesellschafterbeschluss Gesellschaftern und/oder Geschäftsführern Konkurrenzgeschäfte gestatten, jedoch nur gegen Entgelt, soweit steuerliche Vorschriften dies gebieten.

§ 6
Gesellschafterbeschlüsse

1. Die von den Gesellschaftern in den Angelegenheiten der Gesellschaft zu treffenden Bestimmungen erfolgen durch Beschlussfassung.

2. Soweit in zwingenden gesetzlichen Bestimmungen oder diesem Gesellschaftsvertrag nicht ausdrücklich etwas anderes bestimmt ist, bedürfen Ge-
   sellschafterbeschlüsse, durch die der Gesellschaftsvertrag geändert oder ergänzt oder die Gesellschaft aufgelöst wird, der Einstimmigkeit, sonstige Ge-
   sellschafterbeschlüsse der Mehrheit aller nach dem Gesellschaftsvertrag vorhandenen Stimmen.

3. Jeder Euro eines Geschäftsanteils gewährt eine Stimme.

4. Der Gesellschafter kann sich bei der Beschlussfassung durch einen anderen
   Gesellschafter vertreten lassen.

§ 7
Geschäftsjahr, Jahresabschluss, Gewinnverwendung

1. Die Geschäftsführer haben innerhalb der gesetzlichen Fristen den Jahresabschluss nebst Lagebericht für das vorangegangene Geschäftsjahr unter Beachtung der ertragsteuerlichen Regeln aufzustellen, soweit nicht zwingende han-
   delsrechtliche Bestimmungen oder dieser Gesellschaftsvertrag etwas anderes
   bestimmen, und unverzüglich den Gesellschaftern zur Beschlussfassung vorzulegen.

2. Den Gesellschaftern obliegt die Feststellung des Jahresabschlusses und die
   Beschlussfassung über die Verwendung des Jahresüberschusses und/oder
   des Bilanzgewinns.

3. Die Gesellschafter haben Anspruch auf den Jahresüberschuss zzgl. eines Ge-
   winnvortrags und abzgl. eines Verlustvortrags, soweit der sich ergebende Betrag nicht durch Beschluss von der Verteilung ausgeschlossen ist. Die Gesellschafter können im Beschluss über die Verwendung des Ergebnisses Beträge
   in Gewinnrücklagen einstellen oder als Gewinn vortragen.

§ 8
Rechtsgeschäftliche Verfügungen über Geschäftsanteile

1. Rechtsgeschäftliche Verfügungen eines Gesellschafters über seinen Geschäftsanteil oder eines Teils eines Geschäftsanteils bedürfen der schriftlichen Zustimmung sämtlicher Gesellschafter.

2. Am Geschäftsanteil eines jeden Gesellschafters steht den übrigen Gesellschaftern einzeln ein Vorkaufsrecht zu, und zwar im Verhältnis ihrer Beteiligung. Macht
   ein Gesellschafter davon nicht innerhalb eines Monats durch schriftliche Erklärung

   Gebrauch, geht das Recht anteilig auf die verbleibenden Gesellschafter und letztlich auf die Gesellschaft über. Etwaige unverteilbare Spitzenbeträge stehen den
   Erwerbern im Verhältnis ihrer Beteiligung zu. Der Erwerb durch einen Vorkaufsberechtigten bedarf nicht der Zustimmung nach Absatz 1.

§ 9
Teilung und Zusammenlegung von Geschäftsanteilen

Die Teilung von Geschäftsanteilen ist jederzeit zulässig. Sie erfolgt durch Beschluss der Gesellschafterversammlung mit der in § 6 Abs. 2 dieses Vertrages bestimmten Mehrheit. Der Gesellschafter, dem der zu teilende Geschäftsanteil zusteht, darf an dem Beschluss mitwirken. Die Teilung bedarf darüber hinaus der Zustimmung dieses Gesellschafters. Die vorstehenden Bestimmungen gelten für die Zusammenlegung von Geschäftsanteilen sinngemäß.

§ 10
Kündigung

1. Jeder Gesellschafter kann das Gesellschaftsverhältnis mit einer Frist von zwölf Monaten zum Ende eines Geschäftsjahres kündigen. Die Kündigung hat durch eingeschriebenen Brief zu erfolgen; sie ist an die Gesellschaft zu richten.

2. Die Kündigung hat nicht die Auflösung der Gesellschaft, sondern nur das Ausscheiden des kündigenden Gesellschafters zum Ende des betreffenden Geschäftsjahres zur Folge. Von diesem Zeitpunkt an ruhen die Gesellschaftsrechte des ausscheidenden Gesellschafters.

   Der ausscheidende Gesellschafter ist verpflichtet, seine Geschäftsanteile auf die übrigen Gesellschafter im Verhältnis ihrer Beteiligung oder – nach Wahl der Gesellschaft – auf diese oder auf einen von der Gesellschaft zu benennenden Dritten zu übertragen oder die Einziehung zu dulden. Bei der anteiligen Übertragung auf die Gesellschafter entstehende unteilbare Spitzenbeträge sind den Gesellschaftern zu Bruchteilen entsprechend ihrer Beteiligung zu übertragen.

4. Der ausscheidende Gesellschafter erhält ein Entgelt, das gem. § 13 dieses Vertrags zu berechnen und auszuzahlen ist.

§ 11
Einziehung von Geschäftsanteilen

1. Die Gesellschafter können die Einziehung von Geschäftsanteilen beschließen, wenn der betroffene Gesellschafter zustimmt.

2. Die Gesellschafter können die Einziehung von Geschäftsanteilen beschließen, ohne dass es der Zustimmung des betroffenen Gesellschafters bedarf,

   a) wenn über das Vermögen des betroffenen Gesellschafters das Insolvenzverfahren eröffnet worden ist;

   b) wenn Zwangsvollstreckungsmaßnahmen in den Geschäftsanteil eines Gesellschafters unternommen und von ihm auf schriftliches Verlangen eines Gesellschafters nicht unverzüglich beseitigt worden sind;

   c) wenn er die Gesellschaft gekündigt hat.

Statt der Einziehung können die Gesellschafter beschließen, dass die Geschäftsanteile des betroffenen Gesellschafters ganz oder teilweise auf die Gesellschaft oder eine im Beschluss zu benennende, zur Übernahme bereite Person übertragen werden.

3. Ein Geschäftsanteil, der mehreren Inhabern zur gesamten Hand oder nach Bruchteilen zusteht, kann eingezogen werden, wenn die Voraussetzungen nach Absatz 2 auch nur für einen Mitberechtigten vorliegen.

4. Die Einziehung erfolgt durch die Geschäftsführer aufgrund des Beschlusses der Gesellschafter. Bei der Beschlussfassung nach Absatz 2 und Absatz 3 hat der betroffene Gesellschafter kein Stimmrecht.

§ 12
Erbfolge

1. Ist ein Gesellschafter nicht ausschließlich von anderen Gesellschaftern, seinem Ehegatten oder seinem Abkömmling beerbt worden, können die Geschäftsanteile des verstorbenen Gesellschafters eingezogen werden.

2. Statt der Einziehung kann die Gesellschaft verlangen, dass die Anteile ganz oder geteilt an die Gesellschaft selbst, an einen oder mehrere Gesellschafter oder einen Dritten abgetreten werden.

3. Mehrere Rechtsnachfolger können ihre Rechte und Pflichten gegenüber der Gesellschaft nur durch einen gemeinschaftlichen Vertreter ausüben. Bis zu dessen Bestimmung ruhen die Rechte aus den Geschäftsanteilen.

§ 13
Entgelt

1. In den Fällen der Einziehung eines Geschäftsanteils oder der statt ihrer beschlossenen Übertragung gem. § 10 Abs. 2 steht dem betroffenen Gesellschafter ein Entgelt zu. Schuldner des Entgelts ist im Fall der Einziehung die Gesellschaft, ansonsten der Erwerber des Geschäftsanteils und die Gesellschaft als Gesamtschuldner.

2. Das Entgelt bemisst sich nach dem Wert des Geschäftsanteils, der sich für den Zeitpunkt aus den Büchern der Gesellschaft ergibt (Buchwert), auf den die Einziehung bzw. Übertragung beschlossen wurde (Tag des Ausscheidens). Fällt der Tag des Ausscheidens nicht auf das Ende eines Geschäftsjahres, so ist der Wert maßgebend, der sich für das Ende des vorausgegangenen Geschäftsjahres aus den Büchern der Gesellschaft ergibt. In diesem Fall ist das Entgelt um die Beträge zu vermindern, die der betroffene Gesellschafter zwischen dem Bilanzstichtag und dem Tag des Ausscheidens auf seine Beteiligung als Gewinnanteile ausgeschüttet erhalten hat.

Das Entgelt ist in fünf gleichen Jahresraten zu bezahlen. Die erste Rate wird sechs Monate nach dem Tag des Ausscheidens fällig. Steht zu diesem Zeitpunkt die Höhe des Entgelts noch nicht fest, so ist eine von der Gesellschaft zu bestimmende angemessene Abschlagszahlung zu leisten. Das Entgelt ist ab dem Tag des Ausscheidens mit 3 % über dem jeweiligen Basiszinssatz zu verzinsen. Die angelaufenen Zinsen sind mit jeder Rate zu bezahlen.

Die Gesellschaft und der Erwerber sind berechtigt, das Entgelt ganz oder teilweise früher zu bezahlen.

4. Ändert sich der für das Entgelt maßgebende Jahresabschluss infolge einer steuerlichen Außenprüfung der Gesellschaft oder durch anderweitig veranlasste Änderungen der Veranlagungen, so ist das Entgelt der Änderung entsprechend anzupassen.

§ 14
Bekanntmachungen

Die Bekanntmachungen der Gesellschaft erfolgen im elektronischen Bundesanzeiger.

§ 15
Sonstiges

1. Im Übrigen gelten die gesetzlichen Bestimmungen.

2. Sollten sich einzelne Bestimmungen dieses Gesellschaftsvertrags im Ganzen oder teilweise als ungültig erweisen, so soll dadurch die Gültigkeit des übrigen Inhalts dieses Vertrags nicht berührt werden. Soweit es sich um Bestimmungen handelt, die wesentlich sind und sonst ohne Gefährdung des Zwecks des Vertrags nicht wegfallen können, ist der Vertrag so auszulegen, zu berichtigen oder zu ergänzen, dass der wirtschaftliche und rechtliche Zweck dieses Vertrags möglichst erreicht wird.

§ 16
Gründungsaufwand

Die Gesellschaft trägt die mit ihrer Gründung verbundenen Kosten (Notargebühren, Handelsregistergebühren, Veröffentlichungskosten) bis zu einem Betrag von 1.500 €.

Als Anlage zur Urkunde des Notars Max Mustermann in Musterstadt vom 17.08.2018 (UR-Nr. 1876/2018) genommen.

...

(Unterschriften von Hartmut und Christoph Behrendsen und des beurkundenden Notars)

Anmerkungen

Es handelt sich um einen relativ **ausführlichen Gesellschaftsvertrag.** Bei der hier vorliegenden Gründung durch Vater und Sohn kann dies z.B. auch dann Sinn machen, wenn in absehbarer Zeit der Gesellschafterkreis – v.a. auch durch familienfremde Dritte – erweitert werden soll.

Der **Mindestinhalt einer GmbH-Satzung** ergibt sich aus § 3 Abs. 1 GmbHG. Darüber hinaus werden i.d.R. zumindest folgende Bestimmungen ergänzt:

– Falls zunächst **nur die Hälfte der übernommenen Einlagen geleistet** werden soll, was zulässig ist (§ 7 Abs. 2 Satz 2 GmbHG) und häufig gewünscht wird, die entsprechende Bestimmung im Abschnitt zu den Einlagen (hier § 3, die Gesellschafter im Fallbeispiel vereinbaren jedoch sofortige Volleinzahlung).

– **Abänderung der Gesamtvertretung** i.S.d. § 35 Abs. 2 Satz 1 GmbHG (hier § 5 der Satzung).

– Nähere **Ausgestaltung zu den Gesellschafterbeschlüssen** (hier § 6 der Satzung).

– **Vinkulierung von Geschäftsanteilen** i.S.d. § 15 Abs. 5 GmbHG (hier § 8 der Satzung).

– **Abwälzung des Gründungsaufwands** auf die Gesellschaft, üblicherweise begrenzt auf höchstens 10 % des Stammkapitals (hier § 14 der Satzung und begrenzt auf 6 %).

– **Einziehung von Geschäftsanteilen** auch gegen den Willen des betroffenen Gesellschafters (hier § 11 Abs. 2 der Satzung).

c)   Gesellschafterliste

Die erste Gesellschafterliste ist von den (allen) anmeldenden Geschäftsführern gem. § 8 Abs. 1 Nr. 3 GmbHG zu unterzeichnen. Zum Inhalt der Liste siehe die soeben genannte Bestimmung; § 40 Abs. 1 GmbHG und § 1 GesLV.

Das Muster einer ersten Gesellschafterliste findet sich unten im Abschnitt, Ziffer 7. zur Gesellschafterliste, Buchst. d).

d)   Handelsregisteranmeldung

Die gem. § 7 Abs. 1 GmbHG notwendige Registeranmeldung kann folgenden Inhalt haben:

Muster: Handelsregisteranmeldung

UR-Nr. 1877/2018

Amtsgericht Musterstadt
– Handelsregister B –
12345 Musterstadt

In der neu anzulegenden Handelsregistersache

Taxi Behrendsen GmbH

mit dem Sitz in 12345 Musterstadt

überreichen wir, die unterzeichnenden Geschäftsführer:

1. notarielle Niederschrift vom 17.08.2018 Urkundenrollen-Nr. 1876/2018 des Notars Max Mustermann in Musterstadt, enthaltend den Gesellschaftsvertrag und unsere Bestellung zu Geschäftsführern;

2. Liste der Gesellschafter.

Wir melden die Gesellschaft und uns als deren Geschäftsführer zur Eintragung in das Handelsregister an.

Zur Vertretungsberechtigung melden wir an:

Die Gesellschaft hat einen oder mehrere Geschäftsführer. Ist nur ein Geschäftsführer bestellt, so vertritt er die Gesellschaft allein. Sind mehrere Geschäftsführer bestellt, so wird die Gesellschaft von zwei Geschäftsführern oder einem Geschäftsführer in Gemeinschaft mit einem Prokuristen vertreten. Die Gesellschafter können einem oder mehreren Geschäftsführern Einzelvertretungsbefugnis und Befreiung von den Beschränkungen des § 181 BGB erteilen.

Der Geschäftsführer Hartmut Behrendsen vertritt die Gesellschaft allein, und zwar auch dann, wenn mehrere Geschäftsführer bestellt sind. Er ist von den Beschränkungen des § 181 BGB befreit.

Der Geschäftsführer Christoph Behrendsen vertritt die Gesellschaft allein, und zwar auch dann, wenn mehrere Geschäftsführer bestellt sind. Er ist von den Beschränkungen des § 181 BGB befreit.

Die inländische Geschäftsanschrift der Gesellschaft lautet:

Frankfurter Straße 10, 12345 Musterstadt.

Wir versichern, dass der Gesellschafter Hartmut Behrendsen auf seine Stammeinlage i.H.v. 12.250 € den Betrag von 12.250 € und der Gesellschafter Christoph Behrendsen auf seine Stammeinlage von 12.750 € den Betrag von 12.750 € in bar bezahlt haben und sich die eingezahlten Beträge endgültig zu unserer freien Verfügung als Geschäftsführer befinden.

Wir versichern ferner, dass das Vermögen der Gesellschaft – abgesehen von den mit der Gründung verbundenen Kosten bis zu einem Betrag von 1.500 € – durch keinerlei Verbindlichkeiten vorbelastet ist.

Ein jeder von uns versichert ferner:

–   Es liegen keine Umstände vor, die meiner Bestellung zum Geschäftsführer nach § 6 GmbHG entgegenstehen. Ich darf weder aufgrund eines gerichtlichen Urteils noch aufgrund einer Entscheidung einer Verwaltungsbehörde einen Beruf, einen Berufszweig, ein Gewerbe oder einen Gewerbezweig nicht ausüben.

–   Ich versichere insbesondere, dass ich nicht wegen einer Insolvenzstraftat (Bankrott, Verletzung der Buchführungspflicht, Gläubigerbegünstigung, Schuldnerbegünstigung) nach den §§ 283–283d oder den §§ 263–264a oder den §§ 265b–266a StGB, oder wegen Insolvenzverschleppung, oder wegen falscher Angaben nach § 82 GmbHG oder nach § 399 AktG oder wegen unrichtiger Darstellung nach § 400 AktG, § 331 HGB, § 313 UmwG, § 17 PublizitätsG oder im Ausland wegen einer vergleichbaren Tat verurteilt worden bin und dass mir auch nicht die Ausübung eines Gewerbes bzw. Gewerbezweigs oder Berufs bzw. Berufszweigs, das/der mit dem Unternehmensgegenstand der Gesellschaft ganz oder teilweise übereinstimmt, durch ein Gericht oder eine Behörde untersagt worden ist.

–   Der beglaubigende Notar hat mich über mein uneingeschränkte Auskunftspflicht gegenüber dem Registergericht gem. § 53 Abs. 2 des Bundeszentralregistergesetzes, über die Strafbarkeit falscher Angaben im Rahmen dieser Handelsregisteranmeldung (§ 82 GmbHG) und auch darüber belehrt, dass das Registergericht zur Überprüfung dieser Angaben einen Auszug aus dem Bundeszentralregister über strafrechtliche Verurteilungen und andere Eintragungen (z.B. über die Untersagung der Ausübung eines Berufes oder Gewerbes) einholen kann.

–   Ich unterliege bei der Besorgung meiner Vermögensangelegenheiten weder ganz noch teilweise einem Einwilligungsvorbehalt (Betreuung).

Der beglaubigende Notar, sein Vertreter oder Amtsnachfolger ist bevollmächtigt, die vorstehende Handelsregisteranmeldung einzuschränken und in gleicher Weise zurückzuziehen, sowie zweckdienliche Änderungen und Ergänzungen vorzunehmen.

Musterstadt, den 17.08.2018

...   ...

(Hartmut Behrendsen)   (Christoph Behrendsen)

(Es folgt die Unterschriftsbeglaubigung des Notars nach üblichem Muster, siehe oben § 2 Abschnitt III.)

Anmerkungen

Zum zwingenden Inhalt der Registeranmeldung vgl. § 8 GmbHG. Zu Registeranmeldungen zum Handelsregister allgemein siehe noch unten Abschnitt IV.

Die Erstanmeldung ist von **sämtlichen** Geschäftsführern zu unterzeichnen (§ 78 GmbHG).

Die **Geschäftsführer versichern** in der Anmeldung, dass die versprochenen Einlagen erbracht worden sind und sich die eingezahlten Beträge endgültig zu ihrer freien Verfügung als Geschäftsführer befinden (vgl. § 8 Abs. 2 GmbHG). Diese Versicherung ist bei Unterzeichnung der Registeranmeldung, wenn sie – wie üblich – direkt im Anschluss an die Gründung erfolgt, unrichtig, zumal Einzahlungen vor Gründung grundsätzlich nicht von der Einlageverpflichtung befreien und daher zu vermeiden sind. Es ist aber anerkannt, dass es für die Rechtswirkungen dieser Versicherung (und damit für die Frage ihrer inhaltlichen Richtigkeit) auf den Zeitpunkt des Eingangs beim Registergericht ankommt.

Vor diesem Hintergrund lässt sich der Notar i.d.R. die **Einzahlung der Einlagen auf das Gesellschaftskonto** nach Gründung und Kontoeröffnung bestätigen (z.B. durch Vorlage eines entsprechenden Kontoauszugs; ein solcher Nachweis ist aber rechtlich nicht zwingend vorzulegen oder gar dem Registergericht einzureichen). Erst danach, dann aber unverzüglich, **versendet er die Handelsregisteranmeldung elektronisch** an das Registergericht. Wird er zu dieser Überwachungstätigkeit förmlich angewiesen, erhält er dafür eine 0,5-**Betreuungsgebühr** gem. Nr. 22200 Nr. 3 KV GNotKG im Rahmen der Handelsregisteranmeldung (siehe unten Buchst. f)).

Bei einer **Sachgründung** sind der Anmeldung **zusätzlich** noch beizufügen:

– **Einbringungsverträge** (§ 8 Abs. 1 Nr. 4 GmbHG): Das sind die Verträge, die den Festsetzungen zur Stammeinlage zugrunde liegen oder zu ihrer Ausführung geschlossen worden sind. Beispiel: Auflassung eines Grundstücks auf die Gesellschaft, wenn als Sacheinlage vereinbart war, dass ein Gesellschafter das Betriebsgrundstück einbringt.

– **Sachgründungsbericht** (§ 8 Abs. 1 Nr. 4 GmbHG): Er ist von den Gesellschaftern zu erstellen. Darin haben sie die für die Angemessenheit der Leistungen für Sacheinlagen wesentlichen Umstände darzulegen und beim Übergang eines Unternehmens auf die Gesellschaft die Jahresergebnisse der beiden letzten Geschäftsjahre anzugeben (§ 5 Abs. 4 Satz 2 GmbHG).

– **Unterlagen über die Werthaltigkeit der Sacheinlagen** (§ 8 Abs. 1 Nr. 5 GmbHG), z.B. Rechnungen, Bilanz, Sachverständigengutachten (z.B. Steuerberater der Gesellschaft oder bei einem Pkw als Einbringungsgegenstand eine Bescheinigung des Fachhändlers). – Prüfung durch das Gericht: §§ 9 Abs. 1, 9c Abs. 1 Satz 2 GmbHG.

Der **Einzahlung** der Stammeinlage entspricht funktional bei der Sacheinlage die Übertragung des einzubringenden Vermögensgegenstands auf die GmbH. Sacheinlagen sind vor der Anmeldung so zu bewirken, dass sie endgültig zur freien Verfügung der Geschäftsführer stehen (§ 7 Abs. 3 GmbHG); eine Halbeinzahlung wie in § 7 Abs. 2 GmbHG kann es insoweit nicht geben. Die vollständige Leistung der Sacheinlage ist in der Anmeldung zu versichern.

Der Notar bespricht i.d.R. bei Gründung das weitere Vorgehen mit den Beteiligten. Zur **eigenen Dokumentation** kann auch ein Schreiben an die Geschäftsführung verfasst werden, das z.B. folgenden Inhalt haben kann:

 Muster: Anschreiben wegen Registeranmeldung

Geschäftsführung der Firma
Taxi Behrendsen GmbH i.G.
Frankfurter Straße 10
12345 Musterstadt

Ihr Zeichen	Datum	Unser Zeichen
	20.08.2018	1876/2018

Betreff:
Gründung der Firma Taxi Behrendsen GmbH

Sehr geehrte Damen und Herren,

in der Anlage übersende ich Ihnen für die Akten der Gesellschaft

- eine Ausfertigung der Gründungsverhandlung nebst Gesellschaftsvertrag, meine UR-Nr. 1876/2018,

- eine beglaubigte Kopie der Anmeldung zum Handelsregister, meine UR-Nr. 1877/2018,

- die Liste der Gesellschafter

sowie meine Kostenrechnung mit der Bitte um Ausgleich über eines meiner Konten.

Der Mitteilung über die Einzahlung der Stammeinlage von 25.000 € durch die Gesellschafter sehe ich entgegen, damit ich die Einreichung bei dem Amtsgericht Musterstadt vornehmen kann.

Sobald die Eintragung erfolgt ist, berichte ich weiter.

Mit freundlichen Grüßen

...

gez. Max Mustermann
Notar

Anlagen

Die Anmeldung selbst ist elektronisch in öffentlich beglaubigter Form einzureichen (§ 12 Abs. 1 Satz 1 HGB). Die Aufbereitung der Anmeldedaten und ihre elektronische Übermittlung per EGVP erfolgt durch das Programm „XNotar" (siehe oben § 2 Abschnitt V. und unten Abschnitt IV. Ziffer 3.).

Der Anmeldung kann über XNotar ein Anschreiben des Notars an das Registergericht (elektronisch) beigefügt werden, das z.B. wie folgt lauten kann:

 Muster: Anschreiben zur Registeranmeldung

Amtsgericht Musterstadt
– Handelsregister B –
12345 Musterstadt

22.08.2018

Gründung Taxi Behrendsen GmbH, Musterstadt

Sehr geehrte Damen und Herren,

in der neu anzulegenden Handelsregistersache Taxi Behrendsen GmbH mit dem Sitz in Musterstadt überreiche ich

– die Ausfertigung der Gründungsverhandlung nebst Satzung und Bestellung der Geschäftsführer,

– die Anmeldung in beglaubigter Form nebst Liste der Gesellschafter,

Ich beantrage die Eintragung und Erteilung einer Eintragungsnachricht auch zu meinen Händen.

Im Interesse der Beschleunigung erkläre ich, dass ich für die Kosten einstehe.

...

Notar

Anlagen

Anmerkung

Der letzte Satz beinhaltet die sogenannte Starksagung des Notars für die anfallenden Gerichtskosten (siehe zu ihnen unten Buchst. f)). Fehlt es an einer solchen Starksagung, fordert die Gerichtskasse einen Kostenvorschuss bei der Gesellschaft an, bevor der Eintragungsantrag bearbeitet wird.

e)   Urkundsvollzug; gesetzliche Anzeigepflichten

Nach § 54 EStDV ist die Gründung einer GmbH (auch einer UG [haftungsbeschränkt]) dem nach § 20 AO für diese Gesellschaft örtlich zuständigen Finanzamt anzuzeigen.

Hierbei sind zahlreiche Besonderheiten zu beachten, teilweise auch im Unterschied zur Anzeige bei Grundstücksgeschäften wegen der Grunderwerbsteuer nach § 18 GrEStG (siehe oben § 5 Abschnitt XIII. Ziffer 3.):

Ein **amtlicher Vordruck existiert nicht.**

Der Anzeige ist eine **beglaubigte Abschrift** der Gründungsurkunde und der Handelsregisteranmeldung beizufügen. Eine einfache Abschrift genügt nicht.

Die **Frist** für den Notar zur Anzeige beträgt nach § 54 Abs. 2 Satz 1 EStDV zwei Wochen, gemessen ab Vollendung der Urkundstätigkeit des Notars. Das bedeutet, dass ein **erst späterer Eintritt der Wirksamkeit** der Gründung (z.B. wegen der erforderlichen Nachgenehmigung eines vertretenen Gründungsgesellschafters) die Frist für die Anzeige **nicht verlängert!**

Auf der Urschrift der Urkunde bzw. auf einer zurückbehaltenen Abschrift ist die Absendung zu vermerken. Eine **Empfangsbestätigung** erteilt das Finanzamt nicht.

Zu beachten ist auch die **Aushändigungssperre** gem. § 54 Abs. 3 EStDV: Danach dürfen v.a. Ausfertigungen und beglaubigte Abschriften erst dann an die Beteiligten ausgehändigt werden, wenn die Mitteilung an das Finanzamt versandt ist. **Gleichzeitiger Versand** ist aber zulässig.

Zu beachten ist, dass **nicht nur die Gründung**, sondern auch alle weiteren, in § 54 EStDV genannten gesellschaftsrechtlichen Vorgänge, an denen der Notar beteiligt ist, eine Anzeigepflicht auslösen.

Die Anzeige an das Finanzamt kann im Fallbeispiel wie folgt lauten:

Muster: Anzeigepflicht nach der Einkommensteuer-Durchführungs-verordnung

Finanzamt Musterstadt-Innenstadt
– Körperschaftssteuerstelle –
Geldberg 30
12350 Musterstadt

Ihr Zeichen	Datum	Unser Zeichen
	20.08.2018	1876/2018; 1877/2018

Anzeigepflicht nach der Einkommensteuer-Durchführungsverordnung

hier: Gründung der Firma Taxi Behrendsen GmbH mit dem Sitz in Musterstadt

Sehr geehrte Damen und Herren,

gem. § 54 EStDV übersende ich Ihnen anbei beglaubigte Abschriften der oben genannten Urkunden zu Ihrer geflissentlichen Bedienung.

Mit freundlichen Grüßen

...
Notar

f)   Kostenhinweise

Die Kostenberechnung des Notars lautet im Beispielfall wie folgt:

Muster: Kostenberechnung GmbH-Gründung (mit Geschäftsführer-bestellung)

Notar Max Mustermann
Münsterstraße 20
12345 Musterstadt

Firma
Taxi Behrendsen GmbH i.G.
Frankfurter Straße 10
12345 Musterstadt

Kostenberechnung
(gem. § 19 GNotKG)

Rechnungs-Nr. 20181876 – am *(Bitte bei allen Zahlungen angeben!)*
UR-Nr. 1876/2018 vom 17.08.2018   GmbH-Gründung

Nr. 21100	Beurkundungsverfahren		384,00 €
	Summe nach § 35 Abs. 1	60.000,00 €	
	Geschäftswert nach §§ 97 Abs. 1, 107	30.000,00 €	
	Geschäftswert nach §§ 97, 105, 108	30.000,00 €	
Nr. 22110	Vollzugsgebühr (Nr. 22112, 22113)		146,00 €
	Geschäftswert nach § 112	60.000,00 €	
	Auslagen		
Nr. 32001	Dokumentenpauschale – Papier (s/w)		5,55 €
	37 Seiten		
Nr. 32005	Auslagenpauschale Post und Telekommunikation		20,00 €
	Nettogesamtsumme		**555,55 €**
Nr. 32014	19 % Umsatzsteuer		105,55 €
	Steuernummer: 1234 5678 9010		
	Rechnungsbetrag:		**661,10 €**

Rechtliche Hinweise/Rechtsbehelfsbelehrung:

Notarkosten sind bundeseinheitlich gesetzlich festgelegt. Jeder Notar ist verpflichtet, die nach Gesetz entstehenden Kosten zu erheben. Die Erhebung von Notarkosten und deren Einziehung durch den Notar unterliegen einer regelmäßigen Prüfung durch das zuständige Landgericht.

Einwendungen gegen diese Kostenberechnung können beim Notar ohne Einhaltung einer Form oder Frist direkt erhoben werden. Es kann aber auch die Entscheidung des Landgerichts Musterstadt, Anschrift: Gerichtsplatz 2, 12345 Musterstadt, beantragt werden. Der Antrag auf Entscheidung des Gerichts ist schriftlich oder zur Niederschrift der Geschäftsstelle des Landgerichts einzureichen und unterliegt keiner Frist.

Eine Überprüfung der Kostenberechnung kann zu einer Korrektur sowohl nach unten als auch nach oben führen.

Kostenrechnungen für Amtshandlungen mit Immobilienbezug müssen auch im nichtunternehmerischen Bereich für zwei Jahre aufbewahrt werden.

Bankverbindungen:
Musterbank IBAN: DE 11 1000 2000 1100 0252 99 BIC: BYLACDS99

Mit freundlichen Grüßen

...

Notar

Anmerkungen

Gründungsmantel

Für die Beurkundung des **Gesellschaftsvertrags** gilt der (Mindest-)Geschäftswert 30.000 € (§ 107 Abs. 1 Satz 1 GNotKG), so dass das (hier) niedrigere Stammkapital als Geschäftswert (§ 97 Abs. 1 GNotKG) insoweit außer Betracht bleibt.

Erfolgt die **Geschäftsführerbestellung** im Gründungsmantel, was nicht zwingend ist, wirkt sie gebührenerhöhend. Es gilt wiederum der Mindestgeschäftswert von 30.000 € (§§ 108 Abs. 1 Satz 1, 105 Abs. 4 Nr. 1 GNotKG). Die Bestellung des zweiten Geschäftsführers wird nicht gesondert bewertet (vgl. § 109 Abs. 2 Satz 1 Nr. 4d GNotKG). Gründungserklärung und Beschluss sind **gegenstandsverschieden** (§ 110 Nr. 1 GNotKG), die Geschäftswerte werden zusammengerechnet (§ 35 Abs. 1 GNotKG) und daraus eine 2,0-Gebühr gem. Nr. 21100 KV GNotKG erhoben.

Erstellt der Notar wie hier die **Gesellschafterliste,** handelt es sich um eine Vollzugstätigkeit zum Gründungsvorgang (KV Vorbem. 2.2.1.1 Abs. 1 Satz 2 Nr. 3 GNotKG). Der Geschäftswert entspricht dem Beurkundungsverfahren, auf das sich die Vollzugstätigkeit bezieht (§ 112 GNotKG). Die Gebühr ist begrenzt auf 250 € (KV Nr. 22113 GNotKG), hier beträgt sie 96 € (0,5-Gebühr gem. KV Nr. 22110 GNotKG aus 60.000 €).

Die **Einholung der IHK-Stellungnahme** ist ebenfalls Vollzugstätigkeit zum Gründungsvorgang, und zwar nach KV Vorbem. 2.2.1.1 Abs. 1 Satz 2 Nr. 1 GNotKG, sofern der Notar sich ausnahmsweise nicht auf das schlichte Anfordern und Prüfen der IHK-Stellungnahme beschränkt (dann Vollzugstätigkeit nach KV Vorbem. 2.2.1.1 Abs. 1 Satz 2 Nr. 11 GNotKG). Die Gebühr ist beschränkt auf 50 € (KV Nr. 22112 GNotKG), fällt aber wegen der tätigkeitsbezogenen Betrachtungsweise in KV Nrn. 22112, 22113 GNotKG („für jede Tätigkeit") zusätzlich zu der Vollzugsgebühr für die Gesellschafterliste (siehe oben) an (§ 112 GNotKG steht also nicht entgegen): 96 € + 50 € = 146 €.

Rechtsbehelfsbelehrung

Eine Rechtsbehelfsbelehrung ist seit dem 01.01.2014 bei jeder Kostenberechnung erforderlich. Zum Inhalt vgl. § 7a GNotKG.

Handelsregisteranmeldung

Für die Handelsregisteranmeldung ist eine separate Abrechnung erforderlich, da es sich um ein **eigenständiges notarielles Geschäft** handelt. Die Kostennote sieht für den Beispielsfall wie folgt aus:

 Muster: Kostenberechnung Registeranmeldung der GmbH-Gründung

Notar Max Mustermann
Münsterstraße 20
12345 Musterstadt

Firma
Taxi Behrendsen GmbH i.G.
Frankfurter Straße 10
12345 Musterstadt

Kostenberechnung
(gem. § 19 GNotKG)

Rechnungs-Nr. 20181877 – am (*Bitte bei allen Zahlungen angeben!*)
UR-Nr. 1877/2018 vom 17.08.2018   Handelsregister-Anmeldung

Nr. 24102	Unterschriftsbeglaubigung mit Entwurf		62,50 €
	Geschäftswert nach §§ 119, 105, 106	30.000,00 €	
Nr. 22114	Elektronischer Vollzug; XML-Strukturdaten		37,50 €
	Geschäftswert nach § 112	30.000,00 €	
	Auslagen		
Nr. 32001	Dokumentenpauschale – Papier (s/w)		0,30 €
	2 Seiten		
Nr. 32002	Dokumentenpauschale – elektronische Dateien		8,00 €
	4 Dateien, 16 Seiten		
Nr. 32004	Porto		1,45 €
	Nettogesamtsumme		109,75 €
Nr. 32014	19 % Umsatzsteuer		20,85 €
	Steuernummer: 1234 5678 9010		
	Rechnungsbetrag:		**130,60 €**

Rechtliche Hinweise/Rechtsbehelfsbelehrung:

...

Notar

Anmerkungen

Der **Geschäftswert** der Handelsregisteranmeldung der GmbH beträgt erneut 30.000 € (Mindestwert, § 105 Abs. 1 Satz 2 GNotKG), so dass auch für die Registeranmeldung das niedrigere Stammkapital unberücksichtigt bleibt. Anders als im Gründungsmantel ist die Anmeldung des oder der ersten Geschäftsführer (hier beide Herren Behrendsen) nicht gesondert zu bewerten, da die Erstanmeldung einer GmbH ohne erste Geschäftsführer nicht denkbar ist (sog. notwendiger Erklärungsinhalt, vgl. § 86 Abs. 1 GNotKG). Es entsteht eine 0,5-Gebühr gem. Nr. 24102 KV GNotKG.

Der **elektronische Vollzug** (Aufbereitung XML-Dateien) ist als besondere Vollzugstätigkeit zur Handelsregisteranmeldung gesondert abzurechnen. Geschäftswert: 30.000 € (§ 112 GNotKG), 0,3-Gebühr (Nr. 22114 KV GNotKG), Gebühr 37,50 €.

Wird der Notar angewiesen, die Registeranmeldung erst dann dem Registergericht zum Vollzug vorzulegen, wenn ihm die ordnungsgemäße **Leistung der Stammeinlagen nachgewiesen** worden ist (siehe oben Buchst. d)), löst diese Tätigkeit (zusätzlich) eine 0,5-Betreuungsgebühr gem. Nr. 22200 Nr. 3 KV GNotKG aus (Geschäftswert: 30.000 €, § 113 Abs. 1 GNotKG; Gebühr: 67,50 €).

Daneben ist für die Erstellung der elektronisch zu übermittelnden Dateien (Gründungsmantel, Satzung, Handelsregisteranmeldung, Gesellschafterliste) eine **Dokumentenpauschale** zu erheben (Nr. 32002 KV GNotKG). Es handelt sich zwar nur um vier Dateien, so dass eigentlich nur 6 € abzurechnen wären. Da aber hier zum Zweck der Überlassung dieser Dateien die Urschriften zuvor auf Antrag von der Papierform in die elektronische Form übertragen werden, beträgt die Dokumentenpauschale Nr. 32002 KV GNotKG nicht weniger, als die Dokumentenpauschale im Fall Nr. 32000 KV GNotKG für eine Schwarz-Weiß-Kopie betragen würde. Bei (hier unterstellten) 16 Seiten à 0,50 € beläuft sich die Pauschale also auf 8 €.

Für die an die Gesellschaft übermittelte **Papierkopie** der Handelsregisteranmeldung (2 Seiten DIN A4) ist eine Dokumentenpauschale nach Nr. 32001 KV GNotKG i.H.v. 0,30 € anzusetzen.

Gerichtsgebühren

Die Gebühren beim Registergericht bemessen sich nach der Handelsregister-Gebührenverordnung (HRegGebV). Danach kostet die Ersteintragung einer GmbH (auch UG) außerhalb eines Umwandlungsvorgangs nach dem UmwG 150 € (Nr. 2100 GV HRegGebV). Bekanntmachungskosten werden keine mehr erhoben.

g)   Abschluss

Nach Durchführung der Eintragung kann ein Schlussschreiben des Notars wie folgt lauten:

Muster: Schlussschreiben

Geschäftsführung der Firma
Taxi Behrendsen GmbH
Frankfurter Straße 10
12345 Musterstadt

Ihr Zeichen   Datum   Unser Zeichen
               29.08.2018   1876/2018

Betreff:
Firma Taxi Behrendsen GmbH

Sehr geehrte Damen und Herren,

anliegend erhalten Sie die Nachricht des Amtsgerichts Musterstadt, der Sie entnehmen wollen, dass die GmbH am 28.08.2018 in das Handelsregister eingetragen worden ist.

Die Geschäftsführung darf ich darauf hinweisen, dass gem. § 35a GmbHG auf allen Geschäftsbriefen, die an einen bestimmten Empfänger gerichtet werden, die folgenden Angaben enthalten sein müssen:

Taxi Behrendsen GmbH, Sitz Musterstadt, Amtsgericht Musterstadt HRB 4791, Geschäftsführer Hartmut Bayer, Christoph Bayer.

Die Angelegenheit ist damit zum Abschluss gebracht. Ich bedanke mich für die Übertragung der Beurkundung und die Begleichung meiner Kostenrechnung.

Mit freundlichen Grüßen

...
Notar

Anlage

4. Satzungsänderungen

Fallgestaltung

Im obigen Beispielsfall (Ziffer 1.) erscheinen die Herren Behrendsen nach geraumer Zeit wieder im Notariat. Die Idee, einen Taxibetrieb in Musterstadt zu etablieren, bezeichnen sie übereinstimmend als „nach drei Monaten redlichen Bemühens gescheitert". Die bestehende GmbH solle aber nach Rücksprache mit dem

Steuerberater nicht liquidiert, sondern zur Vermögensverwaltung verwendet werden. Insbesondere der An- und Verkauf von Immobilien lasse bei der derzeitigen Marktentwicklung mehr Profit erwarten als die Personenbeförderung. Auf Rückfrage erklären sie dem Notar, dass die Gesellschaft dann besser auch nicht mehr Taxi Behrendsen heißen solle.

a)　　　Beschluss

Es wird daher folgende Satzungsänderung beurkundet:

 Muster: Satzungsänderung bei der GmbH

Urkundenrollen Nummer 2113/2018

(GmbH-Satzungsänderung)

Verhandelt zu Musterstadt am 22.11.2018

Vor mir, dem unterzeichnenden Notar Max Mustermann mit dem Amtssitz in Musterstadt, erschienen heute:

1. Herr Hartmut **Behrendsen**, geboren am 18.10.1954, wohnhaft: Frankfurter Straße 10 in 12345 Musterstadt,

2. Herr Christoph **Behrendsen**, geboren am 06.05.1979, wohnhaft: Helenenstraße 12 in 12345 Musterstadt.

Beide Erschienenen sind dem Notar von Person bekannt und bereits früher i.S.d. GwG identifiziert worden.

Die Erschienenen ließen Folgendes beurkunden:

**Niederschrift über eine Gesellschafterversammlung mit
Beschluss über Satzungsänderungen**

I. Vorbemerkung

An der im Handelsregister des Amtsgerichts Musterstadt unter HRB 43677 eingetragenen Gesellschaft mit beschränkter Haftung unter der Firma „Taxi Behrendsen GmbH" mit Sitz in Musterstadt, nachfolgend auch „Gesellschaft" genannt, sind nach Angaben der Erschienenen beteiligt:

1. Herr Hartmut Behrendsen, vorgenannt, mit einem Geschäftsanteil (lfd. Nr. 1) im Nennbetrag von 12.250 €, sowie

2. Herr Christoph Behrendsen, vorgenannt, mit einem Geschäftsanteil (lfd. Nr. 2) im Nennbetrag von 12.750 €.

Diese Angaben stimmen mit der Gesellschafterliste überein, die zuletzt beim Handelsregister hinterlegt wurde (Liste vom 17.08.2018 der Geschäftsführer) und die der Notar heute eingesehen hat.

Das gesamte Stammkapital der Gesellschaft, das 25.000 € beträgt, ist damit vertreten.

Die auf die Geschäftsanteile zu entrichtenden Einlagen sind nach Angaben der Beteiligten jeweils in voller Höhe geleistet.

II. Gesellschafterversammlung

Wir, die Erschienenen, halten hiermit unter Verzicht auf die Beachtung aller im Gesetz und in der Satzung vorgeschriebenen Formen und Fristen der Ankündigung und Einberufung einer Gesellschafterversammlung eine außerordentliche Gesellschafterversammlung der eingangs genannten Gesellschaft ab und beschließen mit allen Stimmen durch Erklärung zu dieser Urkunde:

1. Änderung der Firma

§ 1 Absatz 1 des Gesellschaftsvertrages wird wie folgt neu gefasst:

„1. Die Firma der Gesellschaft lautet:
Behrendsen Vermögensverwaltungs GmbH."

2. Änderung des Gegenstandes des Unternehmens

§ 2 Absatz 1 des Gesellschaftsvertrages wird wie folgt geändert und neu gefasst:

„1. Gegenstand des Unternehmens ist die Verwaltung eigenen Vermögens, insbesondere der Erwerb und die Veräußerung sowie das Halten, Nutzen und Verwalten von Grundstücken und grundstücksgleichen Rechten aller Art."

3. Weitere Beschlüsse

Weitere Beschlüsse werden heute nicht gefasst; damit ist die Gesellschafterversammlung beendet.

III. Hinweise, Sonstiges

Die mit dieser Urkunde und ihrem Vollzug verbundenen Kosten trägt die Gesellschaft.

Der Notar hat darauf hingewiesen, dass die gefassten Beschlüsse die Gesellschafter zwar untereinander binden, die vorstehenden Änderungen aber erst ihrer Eintragung im Handelsregister wirksam werden und das Registergericht die Eintragung von der vorherigen Leistung eines Kostenvorschusses abhängig machen kann.

Diese Niederschrift wurde den Erschienenen in Gegenwart des Notars vorgelesen, von ihnen genehmigt und wie folgt eigenhändig unterschrieben:

...

(Unterschriften von Hartmut und Christoph Behrendsen und des beurkundenden Notars)

Anmerkungen

Änderungen des Gesellschaftsvertrags erfolgen gem. § 53 GmbHG durch **Gesellschafterbeschluss**, für dessen Zustandekommen eine qualifizierte Mehrheit von drei Vierteln der abgegebenen Stimmen nötig ist. Die Satzung kann eine größere Mehrheit festsetzen, sogar Einstimmigkeit wie hier nach § 6 Abs. 2 der Satzung. Der satzungsändernde Beschluss bedarf der notariellen Beurkundung. Wirksam wird die Satzungsänderung erst mit ihrer Eintragung im Handelsregister (konstitutive Eintragung).

Der Gesellschafterbeschluss kann je nach Fallgestaltung einzelne Abschnitte der Satzung ändern (so wie im vorliegenden Beispiel) oder die Satzung insgesamt neu fassen. In diesem Fall kann der Änderungsbeschluss schlicht lauten:

Formulierungsbeispiel – Änderungsbeschluss

Der Gesellschaftsvertrag der Gesellschaft wird insgesamt mit dem aus **Anlage 1** *ersichtlichen Inhalt neu gefasst. Auf* **Anlage 1** *wurde verwiesen, sie wurde mit verlesen.*

Die einzelnen Änderungen selbst ergeben sich dann aus der (mitzuverlesenden!) Anlage, die die vollständige neue Satzung enthält.

Das notarielle Protokoll über die Abhaltung von GmbH-Gesellschafterversammlungen wird, wenn es sich – wie im Beispielsfall – um eine sogenannte Vollversammlung handelt, bei der alle Gesellschafter anwesend oder vertreten sind, i.d.R. in der Form der Beurkundung von **Willenserklärungen** nach §§ 6 f., 8 ff. BeurkG errichtet. Dann wird der eigentlichen Gesellschafterversammlung üblicherweise eine Einleitung zu den Beteiligungsverhältnissen in der Gesellschaft vorangestellt (siehe im Muster Abschnitt I.). Alternativ möglich ist die Beurkundung der Gesellschafterversammlung als **Tatsachenprotokoll** nach §§ 36 f. BeurkG (zu den Unterschieden siehe oben § 2 Abschnitte II. und IV.).

Kostenhinweise

Unabhängig von der Form der Beurkundung ist der Gesellschafterbeschluss gem. Nr. 21100 KV GNotKG mit einer 2,0-Gebühr abzurechnen (vgl. die Überschrift von Abschnitt 1: „Beschlüsse von Organen"). Der Geschäftswert richtet sich nach § 108 Abs. 1 Satz 1 GNotKG, da der satzungsändernde Beschluss im Beispielsfall keinen bestimmten Geldwert hat (anders wäre dies z.b. bei Kapitalmaßnahmen, die ebenfalls einer Satzungsänderung bedürfen). Danach sind bei einer Kapitalgesellschaft ein Prozent des eingetragenen Stammkapitals, mindestens aber 30.000 € in Ansatz zu bringen, da § 108 Abs. 1 Satz 1 GNotKG auf § 105 Abs. 4 Nr. 1 GNotKG verweist.

Die Satzungsbescheinigung gem. § 54 Abs. 1 Satz 2 zweiter Halbsatz GNotKG (zu ihr unten Buchst. c)) ist gebührenfreies Nebengeschäft für den Notar, der den satzungsändernden Beschluss beurkundet hat (Vorbem. 2.1 Abs. 2 Nr. 4 KV GNotKG). Die Gebührenfreiheit gilt nach wohl h.M. selbst dann, wenn der Notar den vollständigen Wortlaut der geänderten Satzung aus der Altfassung und dem satzungsändernden Beschluss zusammengestellt hat (obwohl hierzu keine Amtspflicht des Notars besteht; die Beifügungspflicht aus § 54 Abs. 1 Satz 2 erster Halbsatz GmbHG trifft die anmeldeverpflichtete GmbH).

b) Handelsregisteranmeldung

Die Abänderung des Gesellschaftsvertrags ist zur Eintragung in das Handelsregister anzumelden, § 54 Abs. 1 Satz 1 GmbHG. Für den obigen Beispielsfall könnte die Anmeldung wie folgt aussehen:

 Muster: Handelsregisteranmeldung der GmbH-Satzungsänderung

Urkundenrollen-Nummer 2114/2018

Amtsgericht Musterstadt
– Handelsregister B –
12345 Musterstadt

HRB 43677 – Taxi Behrendsen GmbH in Musterstadt
hier: Satzungsänderung

Wir, die unterzeichnenden Geschäftsführer, überreichen:

1. notarielle Niederschrift vom 22.11.2018, UR-Nr. 2113/2018 des Notars Max Mustermann in Musterstadt, enthaltend den Gesellschafterbeschluss über die Änderung des Gesellschaftsvertrags;

2. vollständiger Wortlaut der geänderten Satzung nebst Bescheinigung des Notars gem. § 54 Abs. 1 Satz 2 GmbHG.

Wir melden zur Eintragung in das Handelsregister der Gesellschaft an:

§ 1 Absatz 1 des Gesellschaftsvertrages (Firma) wurde geändert und wie folgt neu gefasst:

„1. Die Firma der Gesellschaft lautet: Behrendsen Vermögensverwaltungs GmbH."

§ 2 Absatz 1 des Gesellschaftsvertrages (Gegenstand des Unternehmens) wurde geändert und wie folgt neu gefasst:

„1. Gegenstand des Unternehmens ist die Verwaltung eigenen Vermögens, insbesondere der Erwerb und die Veräußerung sowie das Halten, Nutzen und Verwalten von Grundstücken und grundstücksgleichen Rechten aller Art."

Ferner wird mitgeteilt:

Die inländische Geschäftsanschrift lautet unverändert: Frankfurter Straße 10, 12345 Musterstadt.

Der beglaubigende Notar, sein Vertreter oder Amtsnachfolger ist bevollmächtigt, die vorstehende Handelsregisteranmeldung einzuschränken und in gleicher Weise zurückzuziehen, sowie zweckdienliche Änderungen und Ergänzungen vorzunehmen.

Musterstadt, den 22.11.2018

...   ...

(Hartmut Behrendsen)   (Christoph Behrendsen)

(Es folgt die Unterschriftsbeglaubigung des Notars nach üblichem Muster, siehe oben § 2 Abschnitt III.)

Anmerkungen

Zu Registeranmeldungen allgemein siehe noch unten Abschnitt IV.

Anders als bei der Erstanmeldung der Gesellschaft genügt es, wenn die Anmelung von den Geschäftsführern in **vertretungsberechtigter Zahl** vorgenommen wird (arg. § 78 GmbHG). Da hier jedem der beiden Geschäftsführer Einzelvertretungsbefugnis erteilt ist (siehe oben zur Gründung Ziffer 1. Buchst. a)), müssten nicht beide Geschäftsführer mitwirken. Das ist natürlich auch nicht schädlich (und kostenrechtlich nur dann teurer, wenn für jede Unterschrift ein eigener Beglaubigungsvermerk angefertigt werden müsste, was z.b. dann sachgerecht sein kann, wenn die Unterschriften an verschiedenen Tagen geleistet werden).

Die Satzungsänderung wird erst mit ihrer **Eintragung im Handelsregister wirksam** (§ 54 Abs. 3 GmbHG). Aus § 54 Abs. 2 GmbHG lässt sich entnehmen, dass es für diese Eintragung grundsätzlich genügt, wenn das Gericht auf das satzungsändernde Beschlussprotokoll (in der Praxis: den Tag der Beschlussfassung) Bezug nimmt. Diese Vereinfachung gilt aber dann nicht, wenn eine (oder mehrere) **der folgenden Angaben** des § 10 GmbHG, auf den § 54 Abs. 2 GmbHG verweist, geändert wurden:

– Firma,

– Sitz,

– Höhe des Stammkapitals,

– Gegenstand des Unternehmens,

– Vertretungsbefugnis der Geschäftsführer,

– Dauer der Gesellschaft,

– genehmigtes Kapital.

Gleiches gilt, obschon nicht Bestandteil der Satzung, bei Anmeldung einer Änderung bei

– den Personen der Geschäftsführer,

– der inländischen Geschäftsanschrift,

– der Person eines etwa vorhandenen Empfangsbevollmächtigten.

Diese Vorgabe des § 54 Abs. 2 GmbHG erstreckt sich nach h.M. auch **auf die Handelsregisteranmeldung** selbst. Das bedeutet, dass auch in der Handelsregisteranmeldung eine Änderung, soweit sie sich auf die vorstehenden Angaben bezieht, ausdrücklich in der Anmeldeerklärung genannt werden muss. Damit soll die **registerrechtliche Prüfung erleichtert** werden. Es genügt dann also keine allgemeine Formulierung, wie etwa: „Die Satzung ist mit dem in der Anlage beigefügten Wortlaut neugefasst worden". Eine allgemeine Formulierung genügt auch dann nicht, wenn die Satzung insgesamt neu gefasst wurde. Umgekehrt braucht nicht der genaue Wortlaut des Änderungsbeschlusses wiederholt werden. Die h.M. verlangt eine **„schlagwortartige" Kennzeichnung** (BGH, NJW 1987, 3191); diesen Anforderungen genügt das vorstehende Muster.

Der Anmeldung sind **beizufügen**:

- der notarielle **Beschluss** über die Satzungsänderung;

- der **vollständige Wortlaut der Satzung** in der abgeänderten Form;

- eine sogenannte **Satzungsbescheinigung** des Notars gem. § 54 Abs. 1 Satz 2 zweiter Halbsatz GmbHG (siehe dazu sogleich Buchst. c)).

Für gewöhnlich enthält die Handelsregisteranmeldung auch noch die wiederholende Angabe der **inländischen Geschäftsanschrift** der Gesellschaft. Die Registerpublizität der inländischen Geschäftsanschrift bezweckt, eine zustellungsfähige Adresse der Gesellschaft leicht auffindbar zu machen. Eine förmliche Anmeldeerklärung ist nur dann erforderlich, wenn sich die Anschrift geändert hat oder erstmals in das Handelsregister eingetragen werden soll (vgl. § 24 HRV). Gleichwohl sehen viele Praxismuster standardmäßig die Angabe einer Geschäftsanschrift auch dann vor, wenn kein Fall einer Pflichtanmeldung vorliegt. Dies ist unschädlich, wenn auch überflüssig, kann aber jedenfalls nicht den Geschäftswert beim Notar (sonst: 5.000 € gem. § 105 Abs. 5 GNotKG) oder die Eintragungsgebühr bei Gericht (sonst: 30 € gem. Nr. 1504 bzw. 2502 GV HRegGebV: sog. „Tatsache ohne wirtschaftliche Bedeutung") erhöhen.

Kostenhinweise

Der **Geschäftswert** der Handelsregisteranmeldung beträgt 30.000 € (§ 105 Abs. 4 Nr. 1 GNotKG). Obgleich die Satzung an mehreren Stellen geändert worden ist, betrifft die Änderung kostenrechtlich nur eine Tatsache, nämlich die der geänderten Satzung; das gilt auch bei vollständiger Neufassung des Gesellschaftsvertrags.

Der **Gebührensatz** beträgt 0,5 gem. Nr. 24102 KV GNotKG. Es fällt zusätzlich gem. Nr. 22114 KV GNotKG die 0,3-XML-Vollzugsgebühr aus dem Geschäftswert von 30.000 € (§ 112 GNotKG) an, höchstens jedoch 250 € (hier: 67,50 €). Zur **Satzungsbescheinigung** siehe oben Buchst. a) und sogleich Buchst. c).

c)   Satzungsbescheinigung

Die der Handelsregisteranmeldung gem. § 54 Abs. 1 Satz 2 zweiter Halbsatz GmbHG beizufügende Satzungsbescheinigung könnte wie folgt lauten:

Muster: Satzungsbescheinigung gem. § 54 GmbHG

Ich bescheinige hiermit, dass die geänderten Bestimmungen des Gesellschaftsvertrags mit dem Beschluss über die Änderung des Gesellschaftsvertrags – meine UR-Nr. 2113/2018 vom heutigen Tage – und die unveränderten Bestimmungen mit dem zuletzt zum Handelsregister eingereichten vollständigen Wortlaut des Gesellschaftsvertrags übereinstimmen.

Musterstadt, den 22.11.2018

...

Siegel, (Unterschrift) Notar

Anmerkungen

Mit der **Satzungsbescheinigung** hat der Notar also die redaktionelle Richtigkeit des vorgelegten Satzungstexts, auf den sich die Bescheinigung bezieht, zu bescheinigen. Er besagt also sinngemäß: Die beigefügte Satzung stimmt im veränderten Bereich mit dem Inhalt des Änderungsbeschlusses und im unveränderten Bereich mit dem zuletzt eingereichten Satzungswortlaut überein. Der Notar übernimmt damit aber keine Gewähr für die Wirksamkeit der Satzungsänderung.

Die Bescheinigung ist mit dem geänderten (neuen) Text der Satzung zu verbinden und bei mehrseitigen Satzungstexten (was die absolute Regel ist) mit Siegel und Schnur zu **verbinden**. Die Bescheinigung kann entweder vor oder nach dem eigentlichen Satzungstext stehen, auf den sie sich bezieht. Nach Unterschrift werden Satzungstext und notarielle Bescheinigung dann eingescannt und dem Handelsregister zusammen mit der Registeranmeldung übermittelt. Alternativ möglich ist eine rein elektronische Satzungsbescheinigung gem. § 39a BeurkG (siehe dazu unten Abschnitt IV. Ziffer 3. Buchst. b)).

Es entspricht einer verbreiteten, aber nicht überall geübten und in der Literatur z.T. kritisierten Praxis, wonach bei einer **vollständigen Satzungsneufassung** die Notarbescheinigung gem. § 54 GmbHG **entbehrlich** ist (vgl. zuletzt z.B. ablehnend OLG Jena, NotBZ 2015, 458 m. krit. Anm. GRÜNER). Es erscheint ratsam, sich in dieser Frage an der Verfahrensweise des zuständigen Registergerichts zu orientieren oder die Satzungsbescheinigung vorsorglich immer mit zu „liefern".

Regional unterschiedliche Gepflogenheiten bestehen auch bei der Frage, ob die Satzungsbescheinigung eine **Urkundenrollen-Nummer** bekommt oder nicht, siehe oben § 2 Abschnitt VIII. Ziffer 4.

Kostenhinweis

Siehe bereits oben Buchst. a): **gebührenfreies Nebengeschäft**. Es fällt allerdings die **Dokumentenpauschale** an für der Bescheinigung notwendig beizufügende Ablichtung der Satzung an. Nach wohl h.M. richtet sich diese Pauschale nach Nr. 32001 KV GNotKG, nicht nach Nr. 32000 KV GNotKG.

---

5.   Geschäftsanteilsübertragungen

Fallgestaltung

Der obige Beispielsfall von Vater und Sohn Behrendsen (zuletzt Ziffer 2.) entwickelt sich weiter:

Im Frühjahr 2016 erscheinen im Notariat wiederum die beiden Herren Behrendsen und bringen eine gewisse Frau Korn mit. Sie ist eine entferntere Verwandte der Behrendsens und verfügt über ein ansehnliches Privatvermögen. Frau Korn möchte deshalb in die Behrendsen Vermögensverwaltungs GmbH „einsteigen". Den Behrendsens kommt dies gelegen, nachdem die GmbH schon mit ihrem ersten Objekt (An- und schneller Wiederverkauf) erfolgreich war und sie nun einen finanzstarken „Mitstreiter" suchten. Nach Rücksprache mit dem Steuerberater soll sich der Beitritt von Frau Korn nicht über eine Kapitalerhöhung, sondern durch Anteilsübertragung vollziehen. Herr Behrendsen senior ist bereit, dafür seine Beteiligung zu verringern. Am Ende sollen die drei künftigen Gesellschafter wie folgt beteiligt sein:

– Herr Behrendsen junior unverändert mit 51 %

– Frau Korn mit 30 %

– Herr Behrendsen senior mit 19 %

Zudem soll die Gesellschaft umfirmiert werden, da künftig auch Frau Korn beteiligt ist.

a)   Notarielle Urkunde

Der Notar entwirft und beurkundet daraufhin folgende Vereinbarung:

Muster: Geschäftsanteilskauf- und -abtretungsvertrag mit Satzungsänderung

Urkundenrolle-Nr. 1013/2019

(GmbH-Anteilsübertragung nebst Satzungsänderung)

Verhandelt zu Musterstadt am 15.04.2019

Vor mir, dem unterzeichnenden Notar Max Mustermann mit dem Amtssitz in Musterstadt, erschienen heute:

1. **als Verkäufer:**

   Herr Hartmut **Behrendsen**, geboren am 18.10.1954,
   wohnhaft: Frankfurter Straße 10 in 12345 Musterstadt,

2. **als Käuferin:**

   Frau Roswita **Korn** geb. Meier, geboren am 23.12.1950,
   wohnhaft: Rigaer Straße 78a in 12345 Musterstadt,

3. **als Mitgesellschafter:**

   Herr Christoph **Behrendsen**, geboren am 06.05.1979,
   wohnhaft: Helenenstraße 12 in 12345 Musterstadt,

Die Erschienenen zu 1. und 3. sind dem Notar von Person bekannt und bereits früher i.S.d. GwG identifiziert worden, die Erschienene zu 2. wies sich aus durch Vorlage ihres Bundespersonalausweises.

Die Erschienenen ließen Folgendes beurkunden:

Teil 1
Niederschrift über eine Gesellschafterversammlung mit
Beschluss über Satzungsänderungen

I. Vorbemerkung

An der im Handelsregister des Amtsgerichts Musterstadt unter HRB 43677 eingetragenen Gesellschaft mit beschränkter Haftung unter der Firma „Behrendsen Vermögensverwaltungs GmbH" mit Sitz in Musterstadt, nachfolgend auch „Gesellschaft" genannt, sind nach Angaben der Erschienenen beteiligt:

1. Herr Hartmut Behrendsen, vorgenannt, mit einem Geschäftsanteil (lfd. Nr. 1) im Nennbetrag von 12.250 €, sowie

2. Herr Christoph Behrendsen, vorgenannt, mit einem Geschäftsanteil (lfd. Nr. 2) im Nennbetrag von 12.750 €.

Diese Angaben stimmen mit der Gesellschafterliste überein, die zuletzt beim Handelsregister hinterlegt wurde (Liste vom 17.08.2016 der Geschäftsführer).

Das gesamte Stammkapital der Gesellschaft, das 25.000 € beträgt, ist damit vertreten.

Die auf die Geschäftsanteile zu entrichtenden Einlagen sind nach Angaben der Beteiligten jeweils in voller Höhe geleistet.

II. Gesellschafterversammlung

Herr Hartmut Behrendsen und Herr Christoph Behrendsen halten hiermit unter Verzicht auf die Beachtung aller im Gesetz und in der Satzung vorgeschriebenen Formen und Fristen der Ankündigung und Einberufung einer Gesellschafterversammlung eine außerordentliche Gesellschafterversammlung der eingangs genannten Gesellschaft ab und beschließen mit allen Stimmen durch Erklärung zu dieser Urkunde:

1. Teilung von Geschäftsanteilen

Die Teilung des Geschäftsanteils des Herrn Hartmut Behrendsen mit der lfd. Nr. 1 im Nennbetrag von 12.250 € in einen Geschäftsanteil im Nennbetrag von 4.750 € und einen Geschäftsanteil im Nennbetrag von 7.500 € (Geschäftsanteile Nr. 1.1 und 1.2) wird hiermit erklärt und ihr zugestimmt.

Der Gesellschafter Herr Hartmut Behrendsen erklärt zu Protokoll der Versammlung: Ich teile meinen Geschäftsanteil mit der lfd. Nr. 1 im Nennbetrag von 12.250 € in in einen Geschäftsanteil im Nennbetrag von 4.750 € und einen Geschäftsanteil im Nennbetrag von 7.500 € (Geschäftsanteile Nrn. 1.1 und 1.2) entsprechend dem vorstehenden Beschluss und stimme diesem zu.

2. Satzungsänderung

Die Firma der Gesellschaft und mit ihr § 1 Abs. 1 des Gesellschaftsvertrages werden geändert. § 1 Abs. 1 des Gesellschaftsvertrages lautet nunmehr wie folgt:

„1. Die Firma der Gesellschaft lautet: B&K Vermögensverwaltung GmbH".

Weitere Beschlüsse wurden nicht gefasst. Damit ist die Gesellschafterversammlung beendet.

Der Notar hat darauf hingewiesen, dass die gefassten Beschlüsse die Gesellschafter zwar untereinander binden, die vorstehenden Änderungen aber erst ihrer Eintragung im Handelsregister wirksam werden und das Registergericht die Eintragung von der vorherigen Leistung eines Kostenvorschusses abhängig machen kann.

Teil 2
Geschäftsanteilskauf- und -abtretungsvertrag

1. Kauf

Herr Hartmut Behrendsen, vorgenannt, verkauft an Frau Roswita Korn, vorgenannt, den Geschäftsanteile an der vorgenannten Gesellschaft im Nennbetrag von 7.500 € (Geschäftsanteil Nr. 1.2).

Der Kaufpreis für den Geschäftsanteil beträgt 150.000 € – in Worten: einhundertfünfzigtausend Euro –.

Der Kaufpreis ist sofort zur Zahlung fällig. Er hat bis spätestens 22.04.2016 beim Empfänger auf dessen Konto bei der Musterbank AG, IBAN: DE15 2406 0000 2500 1827 54 einzugehen. Vertragliche Verzugszinsen werden nicht vereinbart.

Wegen der vorstehend eingegangenen Zahlungsverpflichtung unterwirft sich die Käuferin der sofortigen Zwangsvollstreckung aus dieser Urkunde in ihr gesamtes Vermögen. Der Verkäufer ist berechtigt, sich jederzeit auf einseitigen Antrag eine vollstreckbare Ausfertigung dieser Urkunde erteilen zu lassen, ohne dass es hierzu des Nachweises der Fälligkeit oder sonstiger die Vollstreckbarkeit begründender Tatsachen bedarf. Eine Beweislastumkehr ist damit nicht verbunden.

Der Verkauf erfolgt mit wirtschaftlicher Wirkung zum heutigen Tage (wirtschaftlicher Übergang). Der im laufenden Geschäftsjahr erwirtschaftete Gewinn steht der Käuferin zu. In den Vorjahren erwirtschaftete Gewinne stehen ebenfalls der Käuferin zu, soweit über diese noch kein Gewinnverwendungsbeschluss gefasst wurde.

2. Abtretung, Vollmachtserteilung

In Erfüllung seiner Pflichten aus Ziffer 1. tritt Herr Hartmut Behrendsen hiermit den verkauften Geschäftsanteil im Nennbetrag von 7.500 € (Geschäftsanteil Nr. 1.2) mit allen Rechten und Pflichten an die dies annehmende Frau Roswita Korn ab.

Die Abtretung erfolgt mit sofortiger dinglicher Wirkung. Eine Abtretung unter der Bedingung der vollständigen Kaufpreiszahlung war nach Belehrung durch den Notar nicht gewünscht.

Den Beteiligten ist bekannt, dass ein Käufer nach § 16 Abs. 1 Satz 1 GmbHG seine Gesellschafterrechte gegenüber der Gesellschaft erst dann wirksam ausüben kann, wenn er in die im Handelsregister aufgenommene Gesellschafterliste (§ 40 GmbHG) eingetragen ist. Wird die Liste aber unverzüglich nach Vornahme der Rechtshandlung in das Handelsregister aufgenommen, gilt sie von Anfang an als wirksam (§ 16 Abs. 1 Satz 2 GmbHG). Zur Einreichung der Liste zum Handelsregister ist anstelle des Geschäftsführers der Notar verpflichtet, und zwar ohne Rücksicht auf etwaige später eintretende Unwirksamkeitsgründe.

Der Verkäufer erteilt der Käuferin bereits heute mit Wirkung über seinen Tod hinaus und unter Befreiung von den Beschränkungen des § 181 BGB unwiderruflich Vollmacht, sämtliche Gesellschafterrechte aus den Geschäftsanteilen an der Gesellschaft in vollem Umfang und uneingeschränkt auszuüben. Die Vollmacht endet mit Aufnahme der neuen Gesellschafterliste im Handelsregister.

3. Verfügungseinschränkung, Vorkaufsrecht

Gemäß § 8 Abs. 1 des Gesellschaftsvertrages der Gesellschaft ist die Veräußerung von Geschäftsanteilen nur mit Zustimmung aller übrigen Gesellschafter zulässig. Herr Christoph Behrends erteilt seine Zustimmung zu der vorliegenden Anteilsabtretung.

Gemäß § 8 Abs. 2 des Gesellschaftsvertrages der Gesellschaft steht einem Gesellschafter an dem Geschäftsanteil eines jeden anderen Gesellschafters ein Vorkaufsrecht zu. Herr Christoph Behrends verzichtet für den vorliegenden Anteilsverkauf hiermit auf sein Vorkaufsrecht.

4. Garantien des Verkäufers, Haftungsausschluss

Der Verkäufer garantiert, dass ihm der verkaufte Geschäftsanteil zusteht, er über den verkauften Geschäftsanteil frei verfügen kann und dieser nicht mit Rechten Dritter belastet ist und die Stammeinlage darauf voll erbracht ist. Ferner garantiert der Verkäufer, dass die Satzung der Gesellschaft in der Fassung vom 22.11.2015 unverändert ist und mit Ausnahme des zu Teil 1 dieser Urkunde gefassten Beschlusses zur Änderung der Satzung kein Beschluss gefasst wurde, der noch nicht im Handelsregister eingetragen ist.

Darüber hinaus gehende Rechte der Käuferin im Hinblick auf den verkauften Geschäftsanteil, das Unternehmen der Gesellschaft oder dessen Vermögensgegenstände werden ausgeschlossen. Der Verkäufer schuldet also nicht die Werthaltigkeit und die Ertragsfähigkeit jedes verkauften Geschäftsanteils oder des Unternehmens, Umfang und Eigenschaften der zum Vermögen der Gesellschaft gehörenden Gegenstände und Rechte, insbesondere nicht deren Freiheit von Sach- und Rechtsmängeln.

Die Käuferin hat keinen Anspruch auf Ersatz von Ansprüchen und Forderungen, die von Dritten gegen die Gesellschaft geltend gemacht werden, auch wenn sie sich auf den Zeitraum bis zum wirtschaftlichen Übergang (oben Ziffer 1.) beziehen. Sie hat insbesondere keinen Anspruch auf Erstattung von Steuern oder Steuernachzahlungen, die bei der Gesellschaft oder der Käuferin als neuem Gesellschafter im Hinblick auf deren Gesellschafterstellung anfallen, auch wenn sie sich auf den Zeitraum bis zum wirtschaftlichen Übergang beziehen. Entsprechendes gilt für von der Gesellschaft abzuführende Sozialversicherungsbeiträge (Arbeitslosen-, Renten- und Krankenversicherung).

Zum vorstehenden Ausschluss der Rechte der Käuferin erklären die Beteiligten übereinstimmend: Der Käuferin ist die Gesellschaft und das von ihr betriebene Unternehmen bekannt. Der der Käuferin bekannte Zustand wurde bei der Kaufpreisbemessung berücksichtigt. Spätere Änderungen des Kaufpreises sind also ausgeschlossen.

5. Sonstiges

Der Notar hat auf § 40 GmbHG hingewiesen und auf seine Anzeigepflichten gegenüber dem Registergericht und dem Finanzamt.

Die Erschienenen erklären daraufhin: Die Gesellschaft hält derzeit keinen Grundbesitz.

Der Notar hat die Beteiligten ferner auf Folgendes hingewiesen:

a) Nach § 16 Abs. 3 GmbHG kann ein Käufer einen Geschäftsanteil oder ein Recht daran durch Rechtsgeschäft wirksam vom Nichtberechtigten erwerben, wenn der Verkäufer als Inhaber des Geschäftsanteils in der im Handelsregister aufgenommenen Gesellschafterliste eingetragen ist.

b) Nach den Bestimmungen der §§ 16 Abs. 2, 22, 24 und 31 GmbHG haften unter Umständen alle Gesellschafter - auch die Käuferin - und deren Rechtsvorgänger mit ihrem gesamten Vermögen für noch ausstehende Einlagen auf das Stammkapital oder auch überhöhte Auszahlungen, durch die das Stammkapital angegriffen wird.

Teil 3
Schlussbestimmungen

Die mit der Gesellschafterversammlung zu Teil 1 dieser Urkunde verbundenen Kosten bei Notar und Gericht trägt die Gesellschaft. Die mit dem Abschluss und der Durchführung des Anteilskauf- und -abtretungsvertrags zu Teil 2 dieser Urkunde verbundenen Kosten trägt die Käuferin.

Der amtierende Notar, sein amtlich bestellter Vertreter oder Amtsnachfolger sind ermächtigt, Änderungen und Ergänzungen dieser Urkunde vorzunehmen, die vom Registergericht als Voraussetzung für die Eintragung im Handelsregister gefordert werden.

Diese Niederschrift

wurde den Erschienenen von dem Notar vorgelesen, von ihnen genehmigt und eigenhändig, wie folgt, unterschrieben:

...
(Unterschriften von Hartmut und Christoph Behrendsen, Roswita Korn und des beurkundenden Notars)

Anmerkungen

Beurkundungserfordernis

Die Übertragung von GmbH-Geschäftsanteilen erfolgt durch einen **Abtretungsvertrag** zwischen Herrn Behrendsen senior und Frau Korn (§§ 398, 413 BGB), der gem. § 15 Abs. 3 GmbHG der **notariellen Beurkundung** bedarf. Gleiches gilt gem. § 15 Abs. 4 Satz 1 GmbHG für den Kaufvertrag; ein Formmangel wird hier allerdings durch einen formgültigen Abtretungsvertrag geheilt (§ 15 Abs. 4 Satz 2 GmbHG).

Der **satzungsändernde Gesellschafterbeschluss** ist nach § 53 GmbHG beurkundungsbedürftig, siehe oben Ziffer 2. Buchst. a). Zur formfreien Teilung des Geschäftsanteils siehe sogleich.

Teilung eines Geschäftsanteils

Siehe zur Aufteilung des Stammkapitals in Geschäftsanteile und zur zweckmäßigen Stückelung oben Ziffer 1. Buchst. a).

Im Fallbeispiel besteht die Schwierigkeit darin, dass Frau Korn als neue Gesellschafterin mit 30 % am Stammkapital der GmbH beteiligt werden soll. Dies entspricht einem oder mehreren Geschäftsanteilen im Nennbetrag von (zusammen) 7.500 € (30 % von 25.000 €). Die beiden „verfügbaren" Geschäftsanteile machen jedoch 49 % bzw. 51 % des Stammkapitals aus, sodass eine prozentgenaue Abtretung nicht möglich ist. Deswegen mussten zunächst noch die **Voraussetzungen für die Übertragung** von genau 30 % der Anteile an der GmbH geschaffen werden. Dies geschieht durch die **Teilung des Geschäftsanteils** von Herrn Behrendsen senior in Teil 1 der Urkunde. Indem sein bisheriger einziger Geschäftsanteil im Nennbetrag von 12.250 € in einen neuen Anteil zu 7.500 € und einen weiteren neuen Anteil zu 4.750 € aufgeteilt wird, können ohne weiteres die gewünschten 30 % am Stammkapital der Gesellschaft auf Frau Korn übertragen werden. Eine andere Aufteilung wäre auch denkbar gewesen (z.B. in 12.250 einzelne Geschäftsanteile zu je 1 €).

Mit Wirksamkeit der Teilung entstehen jeweils **selbständige Geschäftsanteile**. Die Rechte und Pflichten aus dem ursprünglichen Geschäftsanteil verteilen sich proportional auf die neu entstehenden Geschäftsanteile. Sind Gesellschafterrecht unteilbar, wie z.B. das Recht zur Teilnahme an Gesellschafterversammlungen oder das Informationsrecht (§ 51a GmbHG), bleiben sie für jeden neu gebildeten Geschäftsanteil bestehen.

Eine solche Geschäftsanteilsteilung bereitete früher **praktische Schwierigkeiten**, da § 17 GmbHG a.F. sie von der Genehmigung der Gesellschaft abhängig machte und sachlich nur bei Veräußerung oder Vererbung zuließ. Durch das MoMiG ist § 17 GmbHG zum 01.11.2008 komplett entfallen, sodass nunmehr eine Teilung, auch die Teilung auf Vorrat (d.h. ohne konkreten Veräußerungs- oder Vererbungskontext), **frei möglich** ist, soweit nur jeder neue Geschäftsanteil auf einen glatten Euro-Betrag lautet (§ 5 Abs. 2 Satz 1 GmbHG). Bei der Frage, wie sich der Teilungsakt vollzieht (und damit, was in die notarielle Urkunde aufzunehmen ist), ist allerdings weiterhin zu unterscheiden:

Vorrangig sind die Regelungen in der **GmbH-Satzung** zu befolgen, soweit sie Bestimmungen zur Teilung enthält. Solche Bestimmungen empfehlen sich, da auch nach Wegfall des § 17 GmbHG a.F. noch nicht alle praktischen Streitfragen geklärt sind. § 9 der GmbH-Satzung im vorliegenden Beispielsfall schreibt die Zuständigkeit der Gesellschafterversammlung für die Teilung fest, unterwirft sie aber Zustimmung des betroffenen Gesellschafters.

Fehlen statuarische Bestimmungen, richtet sich die Teilung nach dem Gesetz. Danach ist für die Teilung von Geschäftsanteilen nunmehr allein die **Gesellschafterversammlung** zuständig (vgl. § 46 Nr. 4 GmbHG), die darüber mit einfacher Stimmenmehrheit beschließt. Der Beschluss bedarf nicht der notariellen Form. Der von der Teilung betroffene Gesellschafter unterliegt keinem Stimmverbot, er darf also mit abstimmen. Eine zusätzliche Zustimmungserklärung der Gesellschaft, vertreten durch ihre Geschäftsführer, ist nicht mehr erforderlich. Umstritten ist, ob der **betroffene Gesellschafter** seinerseits der Teilung zustimmen muss (dass er am Teilungsbeschluss mitwirken kann, verhindert bei einem Minderheitsgesellschafter nicht, dass er überstimmt wird, dass also die Teilung gegen seinen Willen erfolgt). Nach wohl h.M. ist dies nicht der Fall, die Einholung seiner Zustimmung empfiehlt sich gleichwohl vorsorglich.

Die praktisch häufigen Fällen der Anteilsteilung zur Durchführung einer **Geschäftsanteilsveräußerung** ist nach dem BGH noch immer unter erleichterten Bedingungen möglich: Dazu genügt – wie früher nach § 17 Abs. 2 GmbHG a.F. – weiterhin die **einseitige Teilungserklärung** des veräußernden Gesellschafters und **Zustimmung** der übrigen Gesellschafter. Diese Gesellschafterzustimmung kann auch vorab erteilt werden (Einwilligung) und muss sich nicht auf die konkrete Teilung oder Teilanteilsübertragung beziehen, sondern kann für einen bestimmten Kreis von Teilungen erklärt werden. Bei vorab erteilter Zustimmung ist jedoch auf die sachenrechtliche Bestimmtheit des Teilungsaktes zu achten (vgl. näher BGH, DNotZ 2014, 463, 464 mit Anm. SEEBACH, DNotZ 2014, 413, 417 f.).

Steht eine erforderliche Zustimmung der Gesellschafter zur Teilung des Geschäftsanteils noch aus, kann (nicht: muss) die Abtretung unter die auflösende Bedingung gestellt werden, dass die Zustimmung innerhalb einer bestimmten Frist beigebracht wird. Denn eine Teilung ohne die erforderliche Gesellschafterzustimmung ist **schwebend unwirksam**. Die auflösende Bedingung dient dann dazu, innerhalb eines kurzen Zeitraums für Rechtssicherheit zu sorgen. Für den Regelfall bietet es sich freilich an, den Zustimmungsbeschluss bereits vorab zu erteilen, um Vollziehbarkeitsrisiken auszuschließen.

Verkäuferschutz: Anteilsabtretung unter Bedingung

Der Schutz des Verkäufers erfolgt hier dadurch, dass sich die Käuferin in Ansehung des Kaufpreisanspruchs der **sofortigen Zwangsvollstreckung** aus der notariellen Urkunde unterwirft (§ 794 Abs. 1 Nr. 5 ZPO, siehe dazu oben § 2 Abschnitt VII. Ziffer 2. Buchst. f)). Aufgrund des Verwandtschaftsverhältnisses wurde auf einen weitergehenden Schutz verzichtet.

Dankbar – und oftmals auch praktiziert – ist, die dingliche Abtretung der Geschäftsanteile unter die **aufschiebende Bedingung** der vollständigen Kaufpreiszahlung zu stellen. Anders als bei der Auflassung eines Grundstücks (§ 925 Abs. 2 BGB) ist die Abtretung eines GmbH-Geschäftsanteils nicht bedingungsfeindlich.

Manche Notare gestalten den Verkäuferschutz auch über eine **auflösende Bedingung** der Nichtkaufpreiszahlung. Sie hat gegenüber der aufschiebenden Bedingung den Vorteil, dass die Anteilsabtretung sofort wirksam wird (§ 158 Abs. 2 BGB), so dass der Notar die neue Gesellschafterliste (siehe unten Buchst. b)) sofort bei Gericht einreichen. In beiden Spielarten der bedingten Anteilsübertragung ist der Notar in der Feststellung des Eintritts der aufschiebenden bzw. Nichteintritts der auflösenden Bedingung einzubinden. Dieser Zeitpunkt ist bei aufschiebender Bedingung nicht nur materiell-rechtlich wichtig, weil ab dann der Käufer neuer Inhaber der übertragenen Geschäftsanteile wird (vgl. § 16 Abs. 1 GmbHG), sondern auch für den Notar selbst, da er (erst) dann die neue Gesellschafterliste gem. § 40 Abs. 2 GmbHG zum Handelsregister einreichen kann. – Kostenrechtlich löst eine solche Abrede eine Betreuungsgebühr gem. Nr. 22200 Nr. 6 KV GNotKG aus.

Verfügungsbeschränkung: Vorkaufsrecht

Gemäß § 8 Abs. 1 der Satzung bedarf die Veräußerung eines Geschäftsanteils der Zustimmung aller übrigen Gesellschafter. Die von der Satzung vorgeschriebene Schriftform wird durch die notarielle Form gewahrt (§ 126 Abs. 4 BGB). Grundlage einer solchen Verfügungseinschränkung (sog. **Vinkulierung**) ist § 15 Abs. 5 GmbHG, der es zulässt, dass die – ansonsten freie – Übertragbarkeit von Geschäftsanteilen erschwert wird. Solche Verfügungseinschränkungen können bis zum völligen Ausschluss der Übertragbarkeit durch Rechtsgeschäft unter Lebenden reichen. Solche Vonkulierungsklauseln finden sich praktisch in jedem GmbH-Gesellschaftsvertrag. Im Hintergrund steht das legitime Interesse der übrigen Gesellschafter, in der häufig personalistisch organisierten GmbH keinen neuen Gesellschafter ohne oder gar gegen ihre Zustimmung aufgedrängt zu bekommen.

Beachte noch einmal:

Die **Vererblichkeit** eines Geschäftsanteils kann durch eine Regelung nach § 15 Abs. 5 GmbHG nicht beschränkt werden; die Praxis hilft sich hier, falls erforderlich, mit einer Ausschlussklausel nach Muster von § 12 der Satzung (oben Ziffer 1. Buchst. b)).

Ferner steht den übrigen Gesellschaftern gem. § 8 Abs. 2 der Satzung an dem verkauften Geschäftsanteil ein **Vorkaufsrecht** zu. Soweit die berechtigten Gesellschafter ohnehin an der notariellen Urkunde mitwirken müssen (hier wegen der vorausgehenden Gesellschafterversammlung = Satzungsänderung zu Teil 1), wird üblicherweise ihre Zustimmung zur Übertragung und, soweit vorhanden, Verzicht auf das Vorkaufsrecht **direkt mit beurkundet**. Solche Erklärungen sind gegenstandsgleich (§ 109 Abs. 1 Satz 2 GNotKG) und wirken sich deshalb nicht geschäftswerterhöhend aus.

Sonstige Bestimmungen

Das **Gewinnbezugsrecht** gehört zu den mit der Beteiligung an der GmbH ausgelösten Rechten (sog. Mitgliedschaftsrecht). Es geht folglich auf den Erwerber über mit Wirksamkeit der Übertragung. Im Verhältnis zur Gesellschaft ist daher derjenige bezugsberechtigt, der im Zeitpunkt des Ausschüttungsbeschlusses Gesellschafter laut Gesellschafterliste ist (§ 16 Abs. 1 GmbHG). Mangels abweichender Abreden hat der Verkäufer einen schuldrechtlichen Anspruch gegen den Käufer darauf, dass dieser ihm den während seiner Zugehörigkeit zur Gesellschaft entfallenden anteiligen Gewinn auskehrt, sofern dieser später ausgeschüttet wird (§ 101 Nr. 2 zweiter Halbsatz BGB). Dies wird häufig vertraglich abweichend dahin geregelt, dass dem Käufer der laufende und noch nicht verteilte frühere Gewinn zusteht, denn auch dies wird bei der Kaufpreisbemessung berücksichtigt.

Die gesetzliche **Haftung des Verkäufers** richtet sich nach den Regeln des Rechtskaufs (§ 453 BGB). Üblicherweise wird diese wie folgt modifiziert:

Der Verkäufer **garantiert**, er hat also verschuldensunabhängig dafür einzustehen (§ 444 BGB), dass ihm der verkaufte Geschäftsanteil gehört und dieser nicht mit Rechten Dritter belastet ist. Bisweilen hat er auch zu garantieren, dass Strukturmaßnahmen nicht beschlossen aber noch nicht umgesetzt sind.

Der Verkäufer übernimmt für die **Beschaffenheit der Gesellschaft selbst**, also z.B. die Ertragskraft des von der GmbH betriebenen Unternehmens oder den dort gehaltenen Vermögensgegenständen, keine Haftung.

Notarielle Anzeigepflichten

Eine beglaubigte Abschrift des Anteilskauf- und -abtretungsvertrags ist dem für die GmbH zuständigen Finanzamt (**Körperschaftsteuerstelle**) gem. 54 EStDV zu übersenden. Hier genügt eine auf Teile 2 und 3 beschränkte **auszugsweise Abschrift**.

Bei grundbesitzenden Gesellschaften ist darüber hinaus auch an die **Anzeigepflicht gem. § 18 GrEStG** zu denken, da Anteilsübertragungen an solchen Gesellschaften steuerbar sein können (§ 1 Abs. 2a, 3, 3a GrEStG). Eine solche Anzeigepflicht liegt hier wegen der besonderen Ausrichtung der Gesellschaft auf den Immobilienverkehr nahe, kann aber entfallen, da die GmbH angabegemäß keinen Grundbesitz hält. Um in dieser Frage nicht versehentlich eine Anzeigepflicht zu übersehen (was steuerschädliche Wirkungen hätte, vgl. § 16 Abs. 5 GrEStG), findet sich in notariellen Urkunden stets eine Angabe der Beteiligten darüber, ob die Gesellschaft über Grundbesitz verfügt oder nicht verfügt. Der Satz dient dann auch als Merkposten beim Urkundenvollzug durch die Notariatsmitarbeiter.

Kostenhinweise

Der **Geschäftswert** der Urkunde ermittelt sich aus den beiden Teilwerten für Gesellschafterversammlung und Anteilsübertragung (§§ 35 Abs. 1, 86 Abs. 2 GNotKG). Insbesondere sind Teilungsbeschluss und Anteilsabtretung verschiedene Beurkundungsgegenstände (§ 110 Nr. 1 GNotKG).

Auch innerhalb der **Gesellschafterversammlung** bilden der Beschluss über die Satzungsänderung und der Teilungsbeschluss verschiedene Beurkundungsgegenstände. Für die Satzungsänderung sind 30.000 € anzusetzen (Mindestgeschäftswert, §§ 108 Abs. 1 Satz 1, 105 Abs. 4 Nr. 1 GNotKG). Gleiches gilt für die Teilung des Geschäftsanteils von Herrn Behrendsen senior, der ebenfalls keinen bestimmten Geldwert hat (BeckOK KostR/NEIE, GNotKG, § 108 Rdnr. 23). Teilungsbeschluss und Zustimmung von Herrn Behrendsen senior zur Teilung sind allerdings gegenstandsgleich (§ 109 Abs. 1 Satz 2 GNotKG). Das gilt auch für die im Beschluss enthaltene Nummerierung der neu gebildeten Geschäftsanteile.

Da der Verkehrswert des verkauften Anteils feststeht, entspricht der Geschäftswert des **Anteilskaufvertrags** dem vereinbarten Kaufpreis von 150.000 € (§§ 54 Satz 1 erster Halbsatz, 97 Abs. 3 GNotKG). Die Abtretung ist als Erfüllungsgeschäft gem. § 109 Abs. 1 Satz 2 GNotKG gegenstandsgleich, desgleichen die Zustimmungs- und Verzichtserklärung von Herrn Behrendsen junior gem. § 8 der GmbH-Satzung. Der Geschäftswert beträgt demnach 30.000 € + 30.000 € (Gesellschafterversammlung) + 150.000 € (Anteilsübertragung) = 210.000 €.

Der **Gebührensatz** beträgt 2,0 gem. Nr. 21100 KV GNotKG.

Für die Fertigung der **neuen Gesellschafterliste** erhält der Notar eine Vollzugsgebühr nach Nrn. 22110, 22113 KV GNotKG, da die Listenerstellung eine Tätigkeit nach Vorbemerkung 2.2.1.1 Abs. 1 Satz 2 Nr. 3 KV GNotKG ist. Der Geschäftswert entspricht dem vorgenannten Gesamtgeschäftswert (§ 112 GNotKG), die Gebühr ist aber auf 250 € gedeckelt. In dieser Vollzugsgebühr ist die Fertigung der Liste bereits inkludiert (vgl. den Wortlaut der Vorbemerkung 2.2.1.1 Abs. 1 Satz 2 Nr. 3 KV GNotKG: „Fertigung").

Man könnte daran denken, dass zusätzlich eine 0,3-**XML-Gebühr** gem. Nr. 22114 KV GNotKG für die Einreichung der neuen Gesellschafterliste bei Gericht anfällt. Allerdings ist hier wegen der zusätzlich erfolgten Satzungsänderung ohnehin eine Handelsregisteranmeldung vorzunehmen (siehe oben Ziffer 2. Buchst. b)). Die neue Gesellschafterliste kann dann zusammen mit der Anmeldung der Satzungsänderung eingereicht werden, wenn – wie hier – die Abtretung sofortig dinglich wirksam ist. Dann fällt nur bei der Registeranmeldung die XML-Gebühr an (Geschäftswert dann „nur" 30.000 €).

b) Neue Gesellschafterliste mit Notarbescheinigung

§ 40 Abs. 2 Satz 1 GmbHG verpflichtet den Notar, der an einer GmbH-Geschäftsanteilsabtretung mitgewirkt hat, zur **Unterzeichnung** der geänderten Gesellschafterliste (anstelle der Geschäftsführer) und ihrer **Einreichung** beim Handelsregister. Diese Pflicht gilt nach ganz h.M. auch bei einer Übertragung unter aufschiebender Bedingung der Kaufpreiszahlung. Die Gesellschafterliste ist (unverzüglich) einzureichen, **nachdem die Veränderung eingetreten**, also wirksam geworden ist. Der Notar muss in den Bedingungsfällen also von dem Eintritt der Bedingung überzeugt sein.

Die neue Gesellschafterliste muss zudem gem. § 40 Abs. 2 Satz 2 GmbHG mit einer **Bescheinigung** versehen sein, mit der der Notar bestätigt, dass die geänderten Eintragungen den Veränderungen entsprechen, an denen er mitgewirkt hat, und dass die übrigen Eintragungen mit dem Inhalt der zuletzt im Handelsregister aufgenommenen Liste übereinstimmen.

Die Formulierung ist der notariellen **Satzungsbescheinigung** gem. §?54 Abs. 1 Satz 2 zweiter Halbsatz GmbHG nachgebildet. Dementsprechend handelt es sich wie dort um einen Vermerk i.S.d. § 39 BeurkG, der auch genuin elektronisch gem. § 39a BeurkG erstellt werden kann. Die Bescheinigung soll der gestiegenen Bedeutung der Gesellschafterliste seit dem MoMiG Rechnung tragen (vgl. v.a. § 16 Abs. 3 GmbHG).

Schließlich muss der Notar **an die Gesellschaft eine Abschrift** der geänderten Gesellschafterliste übermitteln, damit diese von den Änderungen Kenntnis erlangt. Denn der aktuelle Gesellschafterbestand ist mit dem Stand der zuletzt ins Handelsregister aufgenommenen Liste für die Gesellschaft verbindlich (§ 16 Abs. 1 Satz 1 GmbHG), sodass z.B. Einladungen zu Gesellschafterversammlung an diese (Listen-)Gesellschafter zu bewirken sind und ihnen das Stimmrecht aus dem Geschäftsanteil zusteht.

Im vorliegenden Beispielsfall könnte die neue Gesellschafterliste wie unten in Ziffer 7. Buchst. d) ausgeführt aussehen.

Die **Nummerierung** der neu gebildeten Geschäftsanteile war bereits im Teilungsbeschluss ausgewiesen. Fehlt sie dort, kann der Notar eine zweckmäßige Nummerierung selbst herbeiführen. Die hier vorgesehene Nummerierung 3 und 4 ist durch die inzwischen in Kraft getretene GesLV vorgegeben. Die früher (siehe noch 12. Aufl. 2016) übliche Nummerierung mit Dezimalstellen (1.1., 1.2. etc.), die dokumentieren sollte, dass die neu gebildeten Anteile aus dem früheren Anteil mit der lfd. Nr. 1 hervorgegangen sind, ist nicht mehr zulässig.

Wird die Bescheinigung in Papierform errichtet, ist ihr das **Amtssiegel** des Notars beizudrücken. Es genügt, wenn (wie hier) der Notar **nur einmal** die Liste unterzeichnet. Eine doppelte Unterzeichnung von Liste und Bescheinigung ist nicht erforderlich.

Im vorliegenden **Beispielsfall** könnte die neue Gesellschafterliste wie unten in Ziffer 7. ausgeführt aussehen.

Kostenhinweis

Siehe bereits oben Buchst. a): Es fällt eine **Vollzugsgebühr** nach den Nr. 22110, 22113 KV GNotKG an.

c)   Handelsregisteranmeldung, Satzungsbescheinigung

Die Satzungsänderung (neue Firma) muss zum Handelsregister angemeldet werden. Dazu kann das obige Muster (Ziffer 2. Buchst. b)) verwendet werden (natürlich ohne die Änderung des Unternehmensgegenstands).

Zu Handelsregisteranmeldungen siehe noch unten Abschnitt IV.

Der Anmeldung ist auch eine vollständige Fassung des geänderten Wortlauts der **Satzung nebst Notarbescheinigung** gem. § 54 GmbHG beizufügen. Siehe auch hierzu oben Ziffer 2. Buchst. c).

6.   Geschäftsführerwechsel

Fallgestaltung

Wiederum einige Zeit später ergibt sich folgende weitere Veränderung bei der B-Vermögensverwaltung GmbH: Herr Behrendsen senior ist als Geschäftsführer ausgeschieden. Zugleich wurde Frau Korn zur neuen Geschäftsführerin bestellt. Aus dem privatschriftlichen Gesellschafterbeschluss vom 15.06.2019 ergibt sich, dass Frau Korn die Gesellschaft alleine vertritt und „von § 181 BGB befreit ist".

Daraufhin wird folgende Handelsregisteranmeldung vom Notar vorbereitet und von Frau Korn unterschrieben:

Muster: Handelsregisteranmeldung der GmbH-Satzungsänderung

Urkundenrolle Nr. 1509/2019

Amtsgericht Musterstadt
– Handelsregister B –
12345 Musterstadt

HRB 43677 – B&K Vermögensverwaltung GmbH in Musterstadt
hier: Geschäftsführerwechsel

Als Anlage überreiche ich als einzelvertretungsberechtigte Geschäftsführerin der o.g. Gesellschaft eine beglaubigte Abschrift der Niederschrift über die Gesellschafterversammlung vom gestrigen Tag und melde zur Eintragung in das Handelsregister der Gesellschaft hiermit an:

1. Herr Hartmut Behrendsen, geboren am 19.10.1954, wohnhaft in Musterstadt, ist nicht mehr Geschäftsführer.

2. Zur Geschäftsführerin ist bestellt worden:

Frau Roswita Korn, geboren am 23.12.1950, wohnhaft Rigaer Straße 78a, 12345 Musterstadt.

Die neue Geschäftsführerin vertritt die Gesellschaft wie folgt:

Sie ist stets alleinvertretungsberechtigt.

Die neue Geschäftsführerin ist befugt, die Gesellschaft bei der Vornahme von Rechtsgeschäften mit sich selbst oder als Vertreter eines Dritten uneingeschränkt zu vertreten (Befreiung von den Beschränkungen des § 181 BGB).

Die Anschrift der Gesellschaft lautet unverändert: Frankfurter Straße 10, 12345 Musterstadt.

Die Geschäftsführerin versichert, dass sie weder aufgrund eines gerichtlichen Urteils noch aufgrund einer Entscheidung einer Verwaltungsbehörde einen Beruf, einen Berufszweig, ein Gewerbe oder einen Gewerbezweig nicht ausüben darf.

Sie erklärt insbesondere: Es liegen keine Umstände vor, die meiner Bestellung zum Geschäftsführer nach § 6 GmbHG entgegenstehen. Ich bin nicht wegen einer Insolvenzstraftat (Bankrott, Verletzung der Buchführungspflicht, Gläubigerbegünstigung, Schuldnerbegünstigung) nach §§ 283–283d oder §§ 263–264a oder §§ 265b–266a StGB oder wegen Insolvenzverschleppung oder wegen falscher Angaben nach § 82 GmbHG oder nach § 399 AktG oder wegen unrichtiger Darstellung nach § 400 AktG, § 331 HGB, § 313 UmwG, § 17 PublizitätsG oder im Ausland wegen einer vergleichbaren Tat verurteilt worden und mir ist auch nicht die Ausübung eines Gewerbes bzw. Gewerbezweigs oder Berufs bzw. Berufszweigs, das/der mit dem Unternehmensgegenstand der Gesellschaft ganz oder teilweise übereinstimmt, durch ein Gericht oder eine Behörde untersagt worden.

Der beglaubigende Notar hat mich über meine uneingeschränkte Auskunftspflicht gegenüber dem Registergericht, über die Strafbarkeit falscher Angaben im Rahmen dieser Handelsregisteranmeldung und auch darüber belehrt, dass das Registergericht zur Überprüfung dieser Angaben einen Auszug aus dem Bundeszentralregister über strafrechtliche Verurteilungen und andere Eintragungen (z.B. über die Untersagung der Ausübung eines Berufs oder Gewerbes) einholen kann. Ich unterliege bei der Besorgung meiner Vermögensangelegenheiten weder ganz noch teilweise einem Einwilligungsvorbehalt (Betreuung).

Der beglaubigende Notar, sein Vertreter oder der Amtsnachfolger ist bevollmächtigt, die vorstehende Handelsregisteranmeldung einzuschränken und in gleicher Weise zurückzuziehen sowie zweckdienliche Änderungen und Ergänzungen vorzunehmen.

Die Benachrichtigung des Registergerichts wird an die Gesellschaft unmittelbar, eine weitere zu den Akten des Notars erbeten.

Musterstadt, den 18.08.2018

...

(Unterschrift Roswita Korn)

(Beglaubigungsvermerk des Notars, siehe oben § 2 Abschnitt III. Ziffer 4.)

Anmerkungen

Zuständig für die Bestellung bzw. Abberufung von Geschäftsführern ist die Gesellschafterversammlung (§ 46 Nr. 5 GmbHG), wenn die Satzung diese Befugnis nicht einem anderen Gesellschaftsorgan übertragen hat. Der Beschluss unterliegt nicht der notariellen Form. Soll der Gesellschafterbeschluss (ausnahmsweise) notariell beurkundet werden, kann im Ausgangspunkt auf das Muster im Gründungsmantel (siehe oben Ziffer 1. Buchst. a)) zurückgegriffen werden.

Der **Gesellschafterbeschluss** über die Abberufung bzw. Neubestellung eines Geschäftsführers muss dem Handelsregister in Urschrift oder öffentlich beglaubigter Abschrift **vorgelegt** werden, § 39 Abs. 2 GmbHG. Dies geschieht i.d.R. dadurch, dass die Beteiligten dem Notar das unterschriebene Original einreichen und er davon eine einfache elektronische Kopie gem. § 12 Abs. 2 Satz 2 erster Halbsatz HGB an das Gericht übermittelt. Den Notar trifft insoweit zwar keine Belehrungs- oder Prüfungspflicht. Um Beanstandungen des Registergerichts und damit Zeitverzögerungen zu vermeiden, bietet es sich jedoch an, die von den Gesellschaftern vorgelegte Dokumentation kurz auf Vollständigkeit zu prüfen. Ein häufiges Manko ist z.B. die fehlende Unterschrift eines Gesellschafters oder ein fehlendes Beschlussdatum. In der Registeranmeldung selbst ist das Datum, zu dem die Abberufung bzw. Neubestellung erfolgte, nicht anzugeben. Anmeldungen einer erst künftig eintretenden Veränderung in der Person des Geschäftsführers sind nicht ohne weiteres möglich (s. dazu unten Abschnitt IV. Ziffer 5. Buchst. b)).

Die Eintragung im Handelsregister wirkt nur deklaratorisch. Der Geschäftsführer muss mit seiner Bestellung **einverstanden** sein. Dieses Einverständnis kommt in der Praxis dadurch zum Ausdruck, dass er sich selbst als neuen Geschäftsführer der Gesellschaft zum Handelsregister anmeldet. Da für die Anmeldung eine vertretungsberechtigte Zahl an Geschäftsführern ausreicht, könnte sie im Einzelfall auch ohne Mitwirkung des neuen Geschäftsführers erfolgen. Da der neue Geschäftsführer aber dem Registergericht gegenüber eine **Versicherung abgeben** muss, wonach keine Umstände vorliegen, die seiner Bestellung nach § 6 Abs. 2 Satz 2 Nr. 2 und 3 sowie Satz 3 GmbHG entgegenstehen und dass er über seine unbeschränkte Auskunftspflicht gegenüber dem Gericht belehrt worden ist, erfolgt die Anmeldung in aller Regel unter Mitwirkung des neu bestellten Geschäftsführers.

Kostenhinweise

Der Geschäftswert beträgt gem. §§ 108 Abs. 1 Satz 1, 105 Abs. 4 Nr. 1 GNotKG 30.000 € je Beschluss, hier also 60.000 €. Gegenstandsgleichheit liegt bei Wahlen gem. § 109 Abs. 2 Satz 1 Nr. 4 GNotKG nur dann vor, wenn „nicht einzeln abgestimmt wird", also über alle Personalien „im Paket" abgestimmt wird. Als „Wahl" ist dabei jeder Gesellschafterbeschluss darüber zu verstehen, ob und welche Personen mit bestimmten gesetzlichen oder satzungsmäßigen Funktionen betraut bzw. nicht betraut werden sollen. Es fällt eine **0,5-Gebühr** aus Nr. 24102, 21201 GNotKG an.

7. Die Gesellschafterliste

Gemäß § 8 Abs. 1 Nr. 3 GmbHG ist zusammen mit der Erstanmeldung einer GmbH eine Gesellschafterliste einzureichen, die den Vorgaben des § 40 GmbHG entspricht. Diese gesetzlichen Anforderungen an die erste Gesellschafterliste sind meist unproblematisch einzuhalten; Schwierigkeiten ergeben sich allenfalls in den Folgelisten, also solchen Listen, die nach erfolgten Veränderungen im Gesellschafterbestand eingereicht werden müssen (siehe dazu das Beispiel oben in Ziffer 5.; zu den Mustern siehe unten Buchst. d)).

a)   Gesetzliche Grundlagen

Pflicht zum Vorhalten der Liste

Aus § 40 GmbHG folgt, dass jede GmbH (von Anfang an, § 8 Abs. 1 Nr. 3 GmbHG) eine Gesellschafterliste hat, aus der sich **bestimmte Angaben zu ihren Gesellschaftern** ergeben müssen.

Zu diesen gesellschafterbezogenen Angaben gehören

– **Name, Vorname, Geburtsdatum** des Gesellschafters und

– sein **Wohnort** (nicht aber die vollständige Adresse; Verschwiegenheit!).

Ist ein Gesellschafter selbst eine Gesellschaft, so sind

– bei (in einem Register) eingetragenen Gesellschaften (z.B. AG, GmbH, OHG, KG) in die Liste deren **Firma, Satzungssitz, zuständiges Register und Registernummer** aufzunehmen,

– bei nicht eingetragenen Gesellschaften (z.B. GbR oder eine ausländische Gesellschaft, für die ein Registereintrag fehlt) deren jeweilige Gesellschafter unter einer zusammenfassenden Bezeichnung mit Name, Vorname, Geburtsdatum und Wohnort.

Zusätzlich verlangt § 40 GmbHG eine Angabe zu dem **Umfang der Beteiligung** jedes Gesellschafters an der GmbH. Dazu sind die Nennbeträge und die laufenden Nummern der von einem jeden Gesellschafter übernommenen Geschäftsanteile sowie die durch den jeweiligen Nennbetrag eines Geschäftsanteils vermittelte jeweilige prozentuale Beteiligung am Stammkapital in der Gesellschafterliste auszuweisen.

Hält ein Gesellschafter mehr als einen Geschäftsanteil, ist in der Liste der Gesellschafter zudem der **Gesamtumfang der Beteiligung** am Stammkapital als Prozentsatz **gesondert** (in einer eigenen Spalte) anzugeben.

Verantwortlichkeit zur Erstellung der Liste

Die (zeitlich) **erste Gesellschafterliste** (nach Gründung) ist von der Geschäftsführung der GmbH zu erstellen und von allen Geschäftsführern zu unterschreiben (vgl. § 8 Abs. 1 Nr. 3 GmbHG).

Ergibt sich **nach der Gründung** eine Veränderung in den Variablen der Gesellschafterliste (Personen der Gesellschafter oder Umfang ihrer Beteiligung), insbesondere eine Veränderung im Bestand der Gesellschafter oder der Höhe ihrer Beteiligung, sieht § 40 GmbHG für die Verantwortlichkeit zur Erstellung der Gesellschafterliste eine **Arbeitsteilung zwischen Geschäftsführern und Notar** vor:

Hat ein **Notar** an der Veränderung mitgewirkt, z.b. weil er die Anteilsübertragung beurkundet hat (§ 15 Abs. 3, 4 GmbHG, siehe oben Ziffer 5.), hat er unverzüglich nach deren Wirksamwerden und ohne Rücksicht auf etwaige später eintretende Unwirksamkeitsgründe die Liste anstelle der Geschäftsführer zu unterschreiben, zum Handelsregister einzureichen und eine Abschrift der geänderten Liste an die Gesellschaft zu übermitteln (§ 40 Abs. 2 Satz 1 GmbHG).

Beachte hierzu:

In diesem Fall (Einreichung durch Notar) besteht die Besonderheit, dass die Liste, die der Notar einreicht, mit einer **Bescheinigung des Notars** versehen sein muss, wonach die geänderten Eintragungen den Veränderungen entsprechen, an denen er mitgewirkt hat, und die übrigen Eintragungen mit dem Inhalt der zuletzt im Handelsregister aufgenommenen Liste übereinstimmen (§ 40 Abs. 2 Satz 2 GmbHG – sog. **Konformitätsnachweis**). Dadurch wird das Interesse des Rechtsverkehrs an zeitlich und logisch aufeinander aufbauenden Gesellschafterlisten im Handelsregister (Listenkontinuität) gestärkt. Für ein konkretes Formulierungsbeispiel siehe unten Buchst. d).

In **allen anderen Fällen**, z.b. weil sich der private Wohnort eines Gesellschafters geändert hat, haben die **Geschäftsführer** (in vertretungsberechtigter Zahl) unverzüglich nach Wirksamwerden (und gegen Nachweis) eine von ihnen unterschriebene Liste der Gesellschafter zum Handelsregister einzureichen (§ 40 Abs. 1 Satz 1 GmbHG).

Beachte ferner:

Auch wenn § 40 Abs. 1 GmbHG davon spricht, dass die Geschäftsführer die Liste zum Handelsregister einreichen, wird in der Praxis die von den Geschäftsführern unterschriebene Liste durch einen Notar eingereicht (und oft auch auftragsgemäß entworfen), da die Geschäftsführung i.d.R. nicht über die technischen Voraussetzungen zur eigenen Einreichung verfügt. § 378 Abs. 3 FamFG, der eine verpflichtende Einreichung durch den Notar vorsehen würde, gilt allerdings nicht, da es sich bei der Listeneinreichung nicht um eine Anmeldung i.S.d. § 378 FamFG handelt.

b) Zweck der Gesellschafterliste

Zweck der Gesellschafterliste ist es, für den Rechtsverkehr nachvollziehbar zu machen, wer zum konkreten Zeitpunkt an der GmbH in welcher Höhe beteiligt ist und – über die Historie der Listen – beteiligt war (**Beteiligungstransparenz**).

Darüber hinaus **legitimiert** die Eintragung des Gesellschafters in der Liste diesen gegenüber der Gesellschaft (§ 16 Abs. 1 GmbHG), verpflichtet bei rückständigen

Einlageleistungen (§ 16 Abs. 2 GmbHG) und bildet eine (eingeschränkte) Grundlage für den Rechtsscheinerwerb vom Inhaber des Geschäftsanteils (§ 16 Abs. 3 GmbHG).

c)   Ausgestaltung der Gesellschafterliste

Gesellschafterlistenverordnung (GesLV)

§ 40 Abs. 4 GmbHG enthält eine Ermächtigungsgrundlage zum Erlass einer Verordnung über die Ausgestaltung der Gesellschafterliste. Von dieser Ermächtigungsgrundlage hat das Bundesministerium der Justiz und für Verbraucherschutz (BMJV) Gebrauch gemacht und die **Gesellschafterlistenverordnung (GesLV)** erlassen.

Die GesLV verfolgt das **Ziel**, die GmbH-Gesellschafterlisten in inhaltlicher und struktureller Hinsicht zu vereinheitlichen. Dabei sollen jedoch ausreichende listengestalterische Flexibilität gewährt und unnötiger bürokratischer Aufwand vermieden werden.

Die Verordnung ist **zum 01.07.2018 in Kraft getreten** und erfasst alle Veränderungen ab dem 01.07.2018, wegen derer eine neue Liste einzureichend ist (vgl. §§ 5, 6 GesLV). Zusammen mit den Vorgaben des § 40 Abs. 1 GmbHG gibt die GesLV den rechtlichen Rahmen für die Ausgestaltung von GmbH-Gesellschafterlisten vor.

Vergleiche zur Gesellschafterlistenverordnung DNotI-Report 2018, 105.

Führung in Tabellenform mit Spalten

Die GesLV impliziert, dass die Gesellschafterliste **in Tabellenform** angelegt ist, indem sie bestimmte Spalten (wie z.B. eine Veränderungsspalte in den Fällen des § 2 GesLV) vorschreibt.

Das **konkrete Layout** der Liste ist **gesetzlich nicht** vorgegeben.

Spalte: Fortlaufende Nummerierung (§ 1 Abs. 1 GesLV)

§ 1 Abs. 1 GesLV und § 40 Abs. 1 Satz 1 GmbHG bestimmen, dass der Gesellschafterliste die laufenden Nummern der von einem jeden Gesellschafter übernommenen Geschäftsanteile zu entnehmen sind. Die Nummerierung bringt nicht die Anzahl der Angaben in der Gesellschafterliste zum Ausdruck, sondern gibt jedem Geschäftsanteil eine Individualisierung. Dies ist wichtig, da mehrere Anteile gleiche Nominalbeträge haben können (im „Normalfall": 25.000 Anteile zu je 1 €).

Bei der fortlaufenden Nummerierung der Geschäftsanteile müssen ausschließlich ganze arabische Zahlen als Einzelnummern (Beispiel: 1, 2, 3, ...) oder Abschnittsnummern (Beispiel: 1.1, 1.2, 1.3, ...) verwendet werden.

Merke also:

Unzulässig ist die Gliederung nach Gesellschaftern unter Zuhilfenahme römischer Zahlen für die Anteile (Beispiel: Gesellschafter A mit Geschäftsanteilen I.1 und I.2; Gesellschafter B mit Geschäftsanteilen II.1. und II.2), von Dezimalzahlen (Beispiel: Gesellschafter A hält Anteile 1,1 und 1,2) oder von Buchstaben (Beispiel: Anteil Nr. a, Anteil Nr. b, Anteil Nr. c).

Neben der Gliederung nach Geschäftsanteilen ist es auch möglich, die Gesellschafterliste **nach Gesellschaftern zu sortieren**, sofern die Nummerierung der Anteile insgesamt fortlaufend im Sinne dieser Verordnung bleibt. So bleibt es z.b. zulässig, aus Vereinfachungsgründen mehrere Geschäftsanteile zusammenfassend zu bezeichnen.

Beispiel (nach Begr. GesLV-E, BR-Drucks. 105/18, S. 7)

– Statt insgesamt 20 Spalten in die Gesellschafterliste aufzunehmen, werden nur zwei Spalten aufgenommen, wobei in der ersten Spalte die Geschäftsanteile mit den laufenden Nummern 1 bis 10, die alle dem Gesellschafter A gehören, und in der zweiten Spalte die Geschäftsanteile mit den laufenden Nummern 11 bis 20, die alle dem Gesellschafter B gehören, zusammengefasst aufgeführt werden.

Es ist ferner zulässig, bei der **Gliederung nach Gesellschaftern** sowohl lediglich einzelne (und nicht alle) als auch alle Geschäftsanteile eines Gesellschafters zusammenzufassen.

Ferner können auch Geschäftsanteile eines Gesellschafters, die **nicht den gleichen Nennbetrag** aufweisen, zusammengefasst werden, wobei jedoch die eindeutige Zuordnung der Geschäftsanteile zum Gesellschafter gewahrt sein muss.

Nummerierungskontinuität (§ 1 Abs. 2 GesLV)

§ 1 Abs. 2 GesLV erklärt es (mit Ausnahme von § 1 Abs. 4 GesLV) für **unzulässig**, eine **einmal vergebene Nummer** eines Geschäftsanteils **neu zu vergeben**. Dadurch sollen alle jemals vergebenen Geschäftsanteile zweifelsfrei identifizierbar bleiben.

Beachte hierzu:

Bleibt die alte Nummer frei (Wegfall, z.B. durch Einziehung oder Teilung), ist die Nummerierung zwar nicht mehr „fortlaufend" im strengen Sinn (Beispiel: 2 Anteile Nr. 1 und 2; Anteil 2 wird in die Anteile 3–5 geteilt; laufende Nummern nach Teilung: 1, 3, 4, 5). Allerdings wurden die Nummern im Zeitverlauf fortlaufend vergeben, was für die Zwecke der fortlaufenden Nummerierung i.S.d. GesLV genügt.

Indem eine einmal erfolgte Nummerierung auch in den nachfolgenden Gesellschafterlisten **beibehalten** wird, wird die Zuordnung der einzelnen Geschäftsanteile zu den Gesellschaftern zweifelsfrei ermöglicht.

Es ist es daher auch unzulässig, gewissermaßen „**anlasslos**" **neue Nummerierungen** vorzunehmen. **Beispiel:** Beim Übergang des Geschäftsanteils auf einen anderen Gesellschafter (etwa kraft Rechtsgeschäfts oder durch Gesamtrechtsnachfolge) ist die bisherige Nummer des Geschäftsanteils beizubehalten; nur die Angaben über die Person des Gesellschafters ändern sich, nicht der Geschäftsanteil selbst.

Neuvergabe von Nummern (§ 1 Abs. 3 GesLV)

Gemäß § 1 Abs. 3 GesLV müssen **neue Einzelnummern** dann vergeben werden, wenn Geschäftsanteile geteilt, Geschäftsanteile zusammengelegt oder **neue Geschäftsanteile geschaffen** werden (z.B. infolge einer Kapitalerhöhung). Die Aufstockung eines Geschäftsanteils ist somit nicht erfasst, da hierbei keine neuen Geschäftsanteile geschaffen werden.

Im Fall der **Teilung** und der Schaffung neuer Geschäftsanteile können die neu entstandenen Geschäftsanteile auch nach Abschnittsnummern gegliedert werden, um die Herkunft der Geschäftsanteile zu verdeutlichen (Beispiel von oben: Teilung von Anteil 2 in die Anteile 3.1, 3.2 und 3.3 – aber eben **nicht** in Nummern 2.1, 2.2. und 2.3!). Bei der Vergabe neuer Nummern (Einzel- oder Abschnittsnummern) sollen jeweils die nächsten freien ganzen arabischen Zahlen (bei Abschnittsnummern: in dezimaler Gliederung) vergeben werden, die noch nicht genutzt sind. Für alle neu geschaffenen Geschäftsanteile, d.h. auch den verbleibenden „Restanteil" des ursprünglichen Geschäftsanteils bei Teilung, sind neue Einzel- oder Abschnittsnummern zu vergeben.

Die bisherigen Nummern können oder – im Fall des § 2 Abs. 2 GesLV (siehe unten) – müssen in der **Veränderungsspalte** ausgewiesen werden.

Spalte: Beteiligungsquote (§ 40 Abs. 1 Satz 1 und 3 GmbHG, § 4 GesLV)

Die Pflicht zur Angabe der prozentualen Beteiligung in der Gesellschafterliste ist zunächst **auf den einzelnen Anteil bezogen** (§ 40 Abs. 1 Satz 1 GmbHG). Für den Fall, dass ein Gesellschafter mehr als einen Anteil hält, ist **zusätzlich** (in einer eigenen Spalte, § 4 Abs. 5 GesLV) seine **gesamte prozentuale Beteiligung** am Stammkapital anzugeben (§ 40 Abs. 1 Satz 3 GmbHG).

§ 4 Abs. 1 GesLV ermöglicht die **Rundung einer Prozentangabe** nach dem kaufmännischen Prinzip bis auf eine Dezimalstelle (also 35,4 % anstelle 35,387 %). Die Rundung muss aber nicht erfolgen, sie kann auch auf mehr als eine Nachkommastelle erfolgen (Beispiel: 35,39 %).

Beachte hierzu:

Die geringfügigen rechnerischen Unschärfen, die durch Rundungen und Weglassungen im Sinne einer besseren Listenübersichtlichkeit entstehen, haben genauso wie die Prozentangaben nach § 40 Abs. 1 GmbHG keine rechtlichen Auswirkungen auf die Rechtsstellung der Gesellschafter. Insbesondere wird hierdurch § 16 GmbHG nicht tangiert. Rechtlich bedeutsam sind lediglich die Angaben zu den Geschäftsanteilen.

Eine Darstellung der Nachkommastellen oder der prozentualen Beteiligung als Bruchzahl ist nicht zulässig (**Unzulässig** also: 33 1/3 %).

§ 4 Abs. 2 GesLV erlaubt die **Rundungen auch bei der addierten Prozentzahl** (Gesamtbeteiligungsspalte).

Beachte aber:

Werden bei den Angaben zu den einzelnen Geschäftsanteilen nach § 40 Abs. 1 Satz 1 GmbHG Rundungen vorgenommen oder Nachkommastellen weggelassen, sind für eine ggf. erforderliche Gesamtbeteiligungsangabe nach § 40 Abs. 1 Satz 3 GmbHG aber nicht diese Einzelangaben zu addieren, da dies zu **verstärkten Unschärfen** führen würde. Vielmehr ist die Gesamtbeteiligung vor der Rundung oder dem Weglassen von Nachkommastellen zu errechnen. Der so ermittelte Gesamtumfang kann aber seinerseits wieder gerundet werden, oder es kann nach der ersten Nachkommastelle abgebrochen werden, ohne dass gerundet werden würde. Gegebenenfalls kann ein Hinweis in die Gesellschafterliste aufgenommen werden, ob gerundet wurde oder nicht. Das ist aber nicht zwingend.

§ 4 GesLV geht von einem **Konsistenzgebot** aus. Innerhalb einer Gesellschafterliste muss daher durchweg nach **demselben** kaufmännischen Prinzip gerundet oder nach derselben Anzahl Nachkommastellen die Angabe abgebrochen werden.

Ein Sonderproblem ergibt sich allerdings dann, wenn auf den Wert von **25,0 %** abgerundet oder die Zahlenkette hier abgebrochen würde. Denn damit würde die Gesellschafterliste den falschen Anschein erwecken, der betreffende Gesellschafter sei kein wirtschaftlich Berechtigter i.S.d. GwG (oder habe keine Vetoposition genüber Satzungsänderungen), ist doch hierfür (jeweils) eine Beteiligung von „mehr als 25 %" erforderlich. Ähnlich ist der Fall gelagert, wenn auf 50,0 % abgerundet oder die Zahlenkette dort abgebrochen wird.

Lösung: Liegt ein solcher Sonderfall vor, sollte insgesamt auf eine spätere Nachkommastelle gerundet werden bzw. die Angabe der Nachkommastellen später abbrechen (z.B. 25,01 % oder 25,001 %). Eine Abrundung auf 0,0 %, 25,0 % oder 50,0 % wäre jeweils irreführend und hat zu unterbleiben.

Für die Darstellung von Beteiligungen, die **kleiner als 1 %** sind, erlaubt § 4 Abs. 4 GesLV, statt der genauen oder gerundeten Prozentzahl schlicht „größer 1 %" oder „kleiner 1 %" anzugeben oder eine sinngemäße Angabe in die Gesellschafterliste aufzunehmen. Dies gilt auch, wenn die Gesamtprozentangabe nach § 40 Abs. 1 Satz 3 GmbHG die Erheblichkeitsschwelle nicht übersteigt. § 4 Abs. 4 GesLV soll die Praxis erleichtern und die Übersichtlichkeit der Liste fördern. Eine Pflicht, von dieser Erleichterung Gebrauch zu machen, besteht nicht, so dass z.B. bei 25.000 Geschäftsanteilen à 1 € Nennbetrag weiterhin je Anteil eine prozentuale Beteiligung von 0,004 % ausgewiesen werden kann.

Spalte: Gesellschafterangabe (§ 40 Abs. 1 Satz 1 und 2 GmbHG)

Für die Angabe der **Person des Gesellschafters** ist danach zu unterscheiden, ob es sich um eine natürliche Person handelt oder um eine juristische Person bzw. eine rechtsfähige Personenvereinigung (siehe bereits oben Buchst. a)).

Spalte: Veränderungsspalte (§ 2 GesLV)

§ 2 GesLV bestimmt, dass bestimmte Veränderungen nach § 40 Abs. 1 Satz 1 GmbHG im Vergleich mit der zuletzt im Handelsregister aufgenommenen Liste in eine Veränderungsspalte eingetragen werden sollten. Die Veränderungsspalte macht die **historische Entwicklung der Beteiligung** seit der zuletzt im Handelsregister aufgenommenen Gesellschafterliste deutlich.

Bei den für die Veränderungsspalte relevanten Änderungen handelt es sich in allen Fällen um Veränderungen, die auf den Bestand oder die Nummerierung der Geschäftsanteile Einfluss nehmen oder einen Wechsel der Inhaberschaft zur Folge haben.

§ 2 Abs. 3 GesLV nennt folgende **Beispiele**:

– die Teilung von Geschäftsanteilen,

– die Zusammenlegung von Geschäftsanteilen,

– die Einziehung von Geschäftsanteilen,

– die Kapitalerhöhung mit Ausgabe neuer Geschäftsanteile,

– die Kapitalerhöhung mit Aufstockung der Geschäftsanteile,

– die Kapitalherabsetzung,

– der Anteilsübergang.

Beachte ferner:

Eine zwingende Pflicht zur Aufnahme solcher inhaltlicher Angaben besteht nicht (arg: „sollte", § 2 Abs. 3 GesLV). Allerdings wird dadurch das Ermessen des Listenerstellers in eine bestimmte Richtung gelenkt. Für den praktischen Regelfall empfiehlt sich daher die Aufnahme der Veränderungsspalte, wenn einer der vorgenannten Fälle des § 2 Abs. 3 GesLV vorliegt.

Solange es keinerlei Veränderungen gibt, die in eine Spalte eingetragen werden sollen, besteht natürlich **keine Notwendigkeit, eine leere Veränderungsspalte** anzufügen.

Entwicklungen, die vor den Veränderungen liegen, die in der zuletzt im Handelsregister aufgenommenen Gesellschafterliste verzeichnet sind, sind durch Einsicht in ältere Gesellschafterlisten nachzuvollziehen. Das bedeutet, dass die Veränderungsspalte einer Liste **nur die zuletzt erfolgte Veränderung**, die Anlass für die neue Listenerstellung war, ausweisen sollte.

Die Veränderungsspalte hat **nur informatorische Bedeutung** und ist somit insbesondere nicht Gegenstand der Bescheinigung des Notars nach § 40 Abs. 2 Satz 2 GmbHG.

Wegfall von Altangaben (keine Streichungen, § 3 GesLV)

§ 3 GesLV befasst sich mit der Vorgehensweise, wenn Veränderungen an der Liste eintreten und nunmehr die **historischen Angaben überholt** sind. Dann sind die historischen Angaben vollständig **zu entfernen.** Eine Streichung der bisherigen Angaben oder ein Belassen der historischen Spalte, der historischen Nummer oder weiterer einzelner Angaben, ggf. verbunden mit einem die Aufhebung kennzeichnenden Zusatz wie z.B. „aufgehoben", ist jeweils nicht zulässig. Streichungen oder ein solches unvollständiges Entfernen würden die Liste nach Auffassung des GesLV-Verfassers **weniger leicht lesbar** machen.

d)   Erste Gesellschafterliste (Gründungsliste)

Bereits die erste Gesellschafterliste infolge Gründung hat die Vorgaben des § 40 GmbHG und der GesLV zu beachten. Ihre Erstellung bereitet i.d.R. keine Probleme.

Beachte:

Die Liste ist nicht vom Notar, der die Registeranmeldung beglaubigt oder den Gründungsakt beurkundet hat, sondern von allen (!) Gründungsgeschäftsführern zu unterschreiben. Dies folgt aus dem Wortlaut § 8 Abs. 1 Nr. 3 GmbHG: „von den Anmeldenden unterschriebene Liste".

Die Gesellschafterliste muss i.d.R. bereits zum Gründungstermin vorliegen, da die Geschäftsführer bei der Errichtung der Gründungsurkunde anwesend sind: Entweder weil sie selbst (Mit-)Gründer sind, dann ist ihre Anwesenheit rechtlich zwingend, oder weil sie von den Gründern im Beschleunigungsinteresse „mitgebracht" werden.

Beachte zur Gesellschafterliste:

Da die erste Gesellschafterliste in den Anwendungsbereich des § 40 Abs. 1 GmbHG fällt, trägt sie auch keine Bescheinigung des Notars nach § 40 Abs. 2 Satz 2 GmbHG.

Das nachstehende Muster enthält die erste Gesellschafterliste nach Gründung im Fallbeispiel der Taxi Behrendsen GmbH (oben Ziffer 3. Buchst. c)):

 Muster: Gesellschafterliste gem. § 40 Abs. 1 GmbHG

Liste der Gesellschafter
der Firma Taxi Behrendsen GmbH
mit Sitz Musterstadt (AG Musterstadt)
Stammkapital: 25.000 €

Lfd. Nr. des Geschäftsanteils	Nennbetrag des Anteils	Prozentuale Beteiligung am Stammkapital	Gesamte Beteiligung des Gesellschafters am Stammkapital	Gesellschafter, Wohnort/ Sitz des Gesellschafters
1	12.250 €	49 %	49 %	Behrendsen, Hartmut, geboren 18.10.1954, wohnhaft in 12345 Musterstadt
2	12.750 €	51 %	51 %	Behrendsen, Christoph geboren 06.05.1979, wohnhaft in 12345 Musterstadt

Musterstadt, den 17.08.2018

Die Geschäftsführung:
... (Hartmut Behrendsen, Christoph Behrendsen)

Folgeliste

Im oben in Ziffer 5. gebildeten Beispielsfall sind **zwei neue Gesellschafterlisten** einzureichen, an deren materiell-rechtlichem Zustandekommen jeweils der beurkundende Notar mitgewirkt hat. Daher reicht er zwei Listen nacheinander ein, wobei darauf zu achten ist, dass beispielsweise durch zwei unterschiedliche Daten klar wird, welche Liste auf welcher inhaltlich und zeitlich aufbaut:

– Die **erste** der beiden Listen weist die **Anteilsteilung** gemäß Teil 1 Abschnitt II. der Beispielsurkunde 1013/2019 aus.

– Die **zweite** der beiden Listen weist die **Anteilsübertragung** gemäß Teil 2 der Beispielsurkunde 1013/2019 aus.

Beide Listen könnten wie folgt aussehen:

Muster: Notarielle Gesellschafterliste mit Ausweisung der Anteilseignung (Teil 1 Abschnitt II. der Urkunde)

Liste der Gesellschafter
Behrendsen Vermögensverwaltungs GmbH
mit Sitz Musterstadt (AG Musterstadt HRB 43677)
Stammkapital: 25.000 €

Lfd. Nr. des Geschäftsanteils	Nennbetrag des Anteils	Prozentuale Beteiligung am Stammkapital	Gesellschafter, Wohnort/Sitz des Gesellschafters	Gesamte Beteiligung des Gesellschafters am Stammkapital	Veränderungsspalte bzw. Anmerkungen
2	12.750 €	51 %	Christoph Behrendsen, geboren 06.05.1979, wohnhaft in 12345 Musterstadt	51 %	
3	4.750 €	19 %	Hartmut Behrendsen, geboren 18.10.1954, wohnhaft in 12345 Musterstadt	49 %	Entstanden durch Teilung des Geschäftsanteils lfd. Nr. 1 im Nennbetrag von 12.250 €
4	7.500 €	30 %	Hartmut Behrendsen, geboren 18.10.1954, wohnhaft in 12345 Musterstadt	49 %	Wie vor

Ich, Notar Max Mustermann mit dem Amtssitz in Musterstadt, bescheinige hiermit, dass die geänderten Eintragungen den Veränderungen entsprechen, an denen ich durch Teil 1 Abschnitt II. der Urkunde vom 15.04.2019, UR-Nr. 1013/2019, mitgewirkt habe, und die übrigen Eintragungen mit dem Inhalt der zuletzt im Handelsregister eingereichten Liste vom 17.08.2018 übereinstimmen.

Musterstadt, den 16.04.2019

... (Siegel), Unterschrift Notar

Muster: Notarielle Gesellschafterliste mit Ausweisung der Anteilsübertragung (Teil 2 der Urkunde)

Liste der Gesellschafter
Behrendsen Vermögensverwaltungs GmbH
mit Sitz Musterstadt (AG Musterstadt HRB 43677)
Stammkapital: 25.000 €

Lfd. Nr. des Geschäftsanteils	Nennbetrag des Anteils	Prozentuale Beteiligung am Stammkapital	Gesellschafter, Wohnort/Sitz des Gesellschafters	Gesamte Beteiligung des Gesellschafters am Stammkapital	Veränderungsspalte bzw. Anmerkungen
2	12.750 €	51 %	Christoph Behrendsen, geboren 06.05.1979, wohnhaft in 12345 Musterstadt	51 %	–
3	4.750 €	19 %	Hartmut Behrendsen, geboren 18.10.1954, wohnhaft in 12345 Musterstadt	19 %	–
4	7.500 €	30 %	Roswita Korn geb. Meier, geboren 23.12.1950, wohnhaft in 12345 Musterstadt	30 %	Erwerb durch Urkunde UR-Nr. 1013/2019 des Notars Max Mustermann vom 15.04.2019

Ich, Notar Max Mustermann mit dem Amtssitz in Musterstadt, bescheinige hiermit, dass die geänderten Eintragungen den Veränderungen entsprechen, an denen ich durch Teil 2 der Urkunde vom 15.04.2019, UR-Nr. 1013/2019, mitgewirkt habe, und die übrigen Eintragungen mit dem Inhalt der zuletzt im Handelsregister eingereichten Liste vom 16.04.2019 übereinstimmen.

Musterstadt, den 02.05.2019

... (Siegel), Unterschrift Notar

III. Sonderfall: Unternehmergesellschaft (haftungsbeschränkt)

1. Einführung durch das MoMiG

Die große Reform des GmbH-Rechts durch das MoMiG im Jahr 2008 war auch die Geburtsstunde einer **neuartigen Rechtsfigur** im deutschen Recht – der Unternehmergesellschaft (haftungsbeschränkt). Hierbei handelt es sich nicht um eine eigenständige Gesellschaftsform, sondern um eine GmbH, die mit einem geringeren als dem üblichen **Mindeststammkapital** von 25.000 € (§ 5 Abs. 1 GmbHG) gegründet wird (§ 5a Abs. 1 GmbHG). Das Mindeststammkapital der Unternehmergesellschaft (haftungsbeschränkt) beträgt bei der Ein-Personen-Gründung nur 1 €, bei der Zwei- oder Mehrpersonen-Gründung nur 1 € je Gesellschafter.

Die Unternehmergesellschaft (haftungsbeschränkt) darf nicht als „GmbH" firmieren, sondern die **Firma muss** entweder „UG (haftungsbeschränkt)" oder „Unternehmergesellschaft (haftungsbeschränkt)" lauten. Mehr als diese beiden Alternativen gibt es nicht (§ 5a Abs. 1 GmbHG; siehe dazu noch unten beim **Formulierungsbeispiel** Ziffer 4.).

Ihr sperriger Name, die mit ihr eingeführte „stammkapitallose" Kapitalgesellschaft und nicht zuletzt die wenig gelungene Ausgestaltung des gesetzlichen Musterprotokolls zum Zweck der vergünstigten Gründung einer haftungsbeschränkten Unternehmergesellschaft haben dieser Rechtsformvariante der GmbH von Anfang an eine **kritische Begleitung** in der gesellschaftsrechtlichen Literatur beschert. Als „Mini"-oder „Ein-Euro"-GmbH erfreut sie sich jedoch bei Unternehmensgründern großer Beliebtheit. Zum 01.11.2018, zehn Jahre nach ihrer Einführung, waren über **140.000** Unternehmergesellschaften (haftungsbeschränkt) im Handelsregister eingetragen (Quelle: Forschungsprojekt Unternehmergesellschaft des Instituts für Rechtstatsachenforschung der Universität Jena).

2.　　Gründung per Musterprotokoll

a)　　Allgemeines

Das **gesetzliche Musterprotokoll** gem. der Anlage zu § 2 Abs. 1a GmbHG ist nicht auf die Rechtsformvariante der Unternehmergesellschaft (haftungsbeschränkt) beschränkt. Unternehmergesellschaft (haftungsbeschränkt) und vereinfachtes Gründungsverfahren sind vielmehr **zwei voneinander unabhängige Reformmaßnahmen des MoMiG.**

Eine Unternehmergesellschaft (haftungsbeschränkt) kann daher – wie jede GmbH – in **frei gestalteter Urkunde** gegründet werden, also mit Mantelurkunde, Satzung und Gesellschafterliste wie oben in Abschnitt II. Ziffer 3. beschrieben. Umgekehrt könnte auch eine „normale" GmbH per Musterprotokoll gegründet werden. Beide Fälle dürften aber die ganz große praktische Ausnahme bleiben.

Für die Praxis bleibt damit festzuhalten: Das Musterprotokoll kommt **nur bei Gründung einer Unternehmergesellschaft** (haftungsbeschränkt) zum Einsatz.

Es steht ein Musterprotokoll für die Ein- und ein Musterprotokoll für **Zwei- oder Dreipersonen-Gründung** zur Verfügung. Das – um die individuellen Angaben ergänzte und beurkundete – Musterprotokoll vereint als notarielle Niederschrift (§ 8 BeurkG) mehrere notwendige, aber üblicherweise (so auch im Fallbeispiel der Taxi Behrendsen GmbH, siehe oben Abschnitt II. Ziffer 1.) getrennte Gründungsdokumente: Es ist

–　Errichtungsgeschäft (Gründungsvereinbarung; Gründungsmantel)

–　Gesellschaftsvertrag (s. § 2 Abs. 1a Satz 5 GmbHG),

–　Gesellschafterliste (vgl. § 2 Abs. 1a Satz 4 GmbHG; Ziffer 3 Satz 1 Musterprotokoll) und

–　Beschluss über die Bestellung des ersten Geschäftsführers (vgl. § 6 Abs. 3 Satz 2 erster Fall GmbHG; Ziffer 4 Musterprotokoll)

in einem.

b)   Kostenprivilegierung

Der **Vorteil**, den das vereinfachte Gründungsverfahren per Musterprotokoll für den oder die Gründungsgesellschafter bietet, ist letztlich nur kostenrechtlicher Natur. Das Musterprotokoll erlaubt **mehrere Einsparungen:**

Der Mindestgeschäftswert von 30.000 € gilt weder bei der Beurkundung des Musterprotokolls als Gesellschaftsvertrag (§ 107 Abs. 1 Satz 2 GNotKG) noch bei der Erstanmeldung der Unternehmergesellschaft (haftungsbeschränkt) zum Handelsregister (§ 105 Abs. 6 Satz 1 Nr. 1 GNotKG). Geschäftswert ist jeweils nur das gemäß Ziffer 3 Satz 1 Musterprotokoll festgesetzte **Stammkapital** der Gesellschaft, also im denkbar niedrigsten Fall der Ein-Personen-Gründung 1 €. Das führt dazu, dass jeweils nur die Mindestgebühren ausgelöst werden: bei der Ein-Personen-UG für das beurkundete Musterprotokoll nur 60 € (Nr. 21200 KV GNotKG), bei der Zwei- oder Dreipersonen-UG nur 120 € (Nr. 21100 KV GNotKG) und für die Registeranmeldung stets nur 30 € (Nr. 24102 KV GNotKG).

Da das beurkundete Musterprotokoll zudem als **Gesellschafterliste** gilt (§ 2 Abs. 1a Satz 4 GmbH), entfällt der gesonderte Entwurf der Liste, den üblicherweise der Notar fertigt (und als Vollzugstätigkeit zum Gründungsgeschäft abrechnet, siehe oben Abschnitt II. Ziffer 1. Buchst. f)).

Ein weiteres Element der Kostenersparnis bildet die in Ziffer 4 Satz 1 Musterprotokoll enthaltene **Geschäftsführerbestellung**. Da sie nicht, wie außerhalb des Musterprotokolls üblich, per beurkundetem Beschluss im Gründungsmantel erfolgt, wirkt die Geschäftsführerbestellung im Musterprotokoll nicht geschäftswerterhöhend (siehe § 108 Abs. 1 Satz 1 GNotKG).

Diese Kostenprivilegierung greift auch bei **späteren Veränderungen** in den Variablen des Musterprotokolls (siehe dazu unten Ziffer 3.).

c)   Rechtliche Grenzen der Verwendung des Musterprotokolls

Das vereinfachte Gründungsverfahren per Musterprotokoll ist jedoch **nicht in allen Fällen** der GmbH-Gründung zulässig, sondern nur, wenn

– **höchstens drei Gründungsgesellschafter** vorhanden sind (§ 2 Abs. 1a Satz 1 GmbHG),

- **nur ein Geschäftsführer** bestellt wird, der – wie sonst auch – Fremdgeschäftsführer sein kann (§ 2 Abs. 1a Satz 1 GmbHG), aber zwingend von den Beschränkungen des § 181 BGB befreit ist (Ziffer 4 Satz 2 Musterprotokoll),

- die Gesellschaft **nur mit Bareinlagen** gegründet wird (Verbot der Sachgründung, siehe § 5 Abs. 2 Satz 2 GmbHG, Ziffer 3 Satz 2 Musterprotokoll),

- jeder Gründungsgesellschafter **nur einen Geschäftsanteil** übernimmt (siehe Ziffer 3 Satz 1 Musterprotokoll),

- die Gesellschaft mit **Gründungsaufwand** von nicht mehr als 300 € – oder, wenn ihr Stammkapital niedriger als 300 € ist, nicht mehr als diesen niedrigeren Betrag – belastet wird (siehe Ziffer 5 Satz 1 Musterprotokoll),

- in das Musterprotokoll keine Bestimmungen aufgenommen werden, die von den Vorgaben des Musterprotokolls und des GmbH-Gesetzes abweichen (**Abweichungsverbot**, § 2 Abs. 1a Satz 3 GmbHG).

Das vereinfachte Gründungsverfahren per Musterprotokoll ist außerdem zulässig, sofern – wie im absoluten Regelfall (siehe oben Ziffer 1.) – mit dem Musterprotokoll eine Unternehmergesellschaft (haftungsbeschränkt) gegründet werden soll, wenn darüber hinaus

- die Bareinlagen **sofort in voller Höhe** geleistet werden (Gebot der Volleinzahlung, § 5a Abs. 2 Satz 1 GmbHG, siehe auch Musterprotokoll Fußnote 3) und

- die Gesellschaft, deren Stammkapital weniger als 300 € beträgt, mit **Gründungsaufwand** von nicht mehr als diesem Betrag belastet wird.

Ist auch nur eine dieser Bedingungen nicht erfüllt, liegt eine Gründung im regulären Verfahren vor. Die irrige Verwendung des Musterprotokolls führt also nicht zur Nichtigkeit des Gründungsvorgangs. Das Handelsregister fordert jedoch eine von den Geschäftsführern unterschriebene Gesellschafterliste nach, und für die notariellen Gründungskosten gilt nicht die o.g. Kostenprivilegierung.

Das Abweichungsverbot (§ 2 Abs. 1a Satz 3 GmbHG) beschneidet den Verwendern des Musterprotokolls die Möglichkeit, das Musterprotokoll um die üblichen weiteren Satzungsbestimmungen zu ergänzen, mögen diese auch im GmbH-Gesetz selbst zulässig sein. Insbesondere kann

- keine von der **Gesamtvertretung** des § 35 Abs. 2 GmbHG abweichende Vertretungsregelung geschaffen werden, so dass mehrere Geschäftsführer die Gesellschaft immer nur alle zusammen vertreten können,

–   kein anderer als der **erste Geschäftsführer** von den Beschränkungen des § 181 BGB befreit werden, und dieser erste Geschäftsführer ist zwingend befreit (was bei Fremdgeschäftsführern nicht immer dem Willen der Gesellschafter entspricht); wenig überzeugend nimmt ein Teil der obergerichtlichen Rechtsprechung sogar an, dass die Befreiung von § 181 BGB entfällt, wenn später neben dem ersten Geschäftsführer ein weiterer Geschäftsführer bestellt wird,

–   die **Übertragung von Geschäftsanteilen** unter Lebenden nicht von der Zustimmung der Gesellschafter oder der Gesellschaft abhängig gemacht werden (obwohl § 15 Abs. 5 GmbHG eine solche Vinkulierung ansonsten ausdrücklich gestattet).

Vor allem die letztgenannte Beschränkung führt dazu, dass das **Musterprotokoll für die Mehrpersonen-GmbH i.d.R. ungeeignet** erscheint. Die Übertragung von Geschäftsanteilen an Dritte ist jederzeit möglich, was zu nicht kontrollierbaren Veränderungen in der Gesellschafterstruktur führen kann.

Zusammenfassend liegt der Vorteil des Musterprotokolls in der Ersparnis von Notargebühren. Dem steht als Nachteil der Verlust an Gestaltungsmacht gegenüber, der die Rechtsform der GmbH für Unternehmer attraktiv macht. Dieser Nachteil wiegt vor allem in den Fällen der Mehrpersonengründung besonders schwer, da hier typischerweise das Binnenverhältnis genauer auszugestalten ist als bei der Ein-Personen-GmbH. Eine erwägenswerte Alternative stellt die Unternehmergesellschaft (haftungsbeschränkt) mit Musterprotokoll letztlich nur bei der Ein-Personen-Gründung dar. In aller Regel wird mit der Wahl des Musterprotokolls die Notwendigkeit einer individuellen Organisationsverfassung nicht dauerhaft beseitigt, sondern lediglich aufgeschoben.

3.   Beschränkungen nach Gründung

Nach der Gründung unterliegt die haftungsbeschränkte Unternehmergesellschaft **weiteren Beschränkungen**, und zwar unabhängig davon, ob die Gesellschaft per Musterprotokoll oder mit frei formulierter Gründungsurkunde errichtet worden ist:

Die praktisch wichtigste regelt § 5a Abs. 3 Satz 1 GmbHG: Danach hat die Gesellschaft in ihrer Handelsbilanz jeweils ein Viertel des um einen Verlustvortrag aus dem Vorjahr geminderten Jahresüberschusses in eine gesetzliche Rücklage (sog. **Reservefonds**) einzustellen. Diese Kapitalaufholung schränkt die übliche Kapitalflexibilität in der GmbH erheblich ein. § 5a Abs. 3 soll im Interesse der Gläubiger und als Kompensation für das nach unten frei wählbare Stammkapital zu einer (stetig) anwachsenden Eigenkapitalausstattung führen. Da die Pflicht zur Bildung der gewinnausschüttungsgesperrten Rücklage erst mit Übergang zur regulären GmbH endet (§ 5a Abs. 5 erster Halbsatz GmbHG), soll sie zudem wirtschaftlichen Druck auf die Gesellschafter ausüben, diesen Übergang auch tatsächlich herbeizuführen. Die Rücklage soll und kann demgegenüber nicht die Liquidität der UG stärken.

Die UG (haftungsbeschränkt) muss auch **nach Gründung so firmieren**. Eine Bezeichnung als GmbH kann für den handelnden Geschäftsführer haftungsrechtlich nachteilig sein (vgl. dazu z.b. LG Düsseldorf, Notar 2014, 207 m. Anm. SEEBACH).

(Erst) mit Wirksamkeit einer **Kapitalerhöhung** auf oder über 25.000 € endet gem. § 5a Abs. 5 erster Halbsatz GmbHG das Sonderrecht der UG (§ 5a Abs. 5 erster Halbsatz GmbHG) und findet fortan das allgemeine GmbH-Recht uneingeschränkt Anwendung. Ein solches „Upgrade" ist Voraussetzung für den Übergang in die reguläre GmbH. Wegen der notwendigen Satzungsänderung beschließen die Gesellschafter hierüber mit satzungsändernder Mehrheit (§ 53 GmbHG).

Spätere Satzungsänderungen einer **per Musterprotokoll** gegründeten UG (haftungsbeschränkt) sind weiterhin kostenprivilegiert, wenn sich die Änderungen nur auf die abänderbaren Variablen des Musterprotokolls beschränken, also die Gesellschaft auch mit dem geänderten Gesellschaftsvertrag per Musterprotokoll hätte gegründet werden können (§ 105 Abs. 6 Satz 1 Nr. 2 GNotKG).

Beispiel

– Der Sitz der Gesellschaft wird verlegt, die Firma geändert (frei abänderbar, siehe Ziffer 1 des Musterprotokolls).

Gegenbeispiel

– Es soll eine Abtretungsbeschränkung i.S.d. § 15 Abs. 5 GmbHG eingeführt werden (kein zulässiger Bestandteil des Musterprotokolls). § 105 Abs. 6 Satz 2 GNotKG stellt dabei klar, dass reine sprachliche Abweichungen vom Musterprotokoll oder die spätere Streichung der auf die Gründung verweisenden Formulierungen der Anwendung der Kostenprivilegierung nicht entgegenstehen (vgl. hierzu näher SEEBACH, RNotZ 2013, 261, 280 ff.; notar 2019, XXX).

Veränderungen in der Person des Geschäftsführers

Das Musterprotokoll schweigt zu der Frage, wie bei späteren Änderungen in der Geschäftsführung der oder die neue(n) Geschäftsführer die UG vertreten:

Fraglich ist vor allem, ob die **Berufung weiterer Geschäftsführer** automatisch zum **Verlust der Befreiung von § 181 BGB beim Gründungsgeschäftsführer** führt. Dies vertritt vor allem eine Auffassung in der obergerichtlichen Rechtsprechung! Sie zieht dazu Parallele zur Alleinvertretungsmacht des Gründungsgeschäftsführers, die bei Hinzutreten weiterer Geschäftsführer automatisch entfällt (das ist a.M.!). Indes überzeugt die Parallele nicht, da die Erlaubnis zum In-sich-Geschäft ein eigenständiges Element der Vertretungsbefugnis bildet und eine § 35 Abs. 2 Satz 1 GmbHG vergleichbare Regelung hinsichtlich dieses Elements nicht besteht.

Beachte hierzu:

Die neu bestellten Geschäftsführer sind nach allgemeiner Meinung **nicht** von den Beschränkungen des § 181 BGB befreit und können auf Basis des Musterprotokolls auch nicht von § 181 BGB befreit werden. Ist ein solche Freistellung gewünscht, muss eine Satzungsänderung vorgenommen werden, wodurch das Kostenprivileg aus § 105 Abs. 6 GNotKG entfällt.

Scheidet der erste Geschäftsführer aus, setzt sich die ihm persönlich erteilte Befreiung nicht in dem oder den Folgegeschäftsführer(n) fort. Dies gilt selbst dann, wenn der Geschäftsführer nur ersetzt wird, die Gesellschaft also weiterhin nur einen Geschäftsführer hat, oder wenn der Gründungsgeschäftsführer später erneut zum (Allein-)Geschäftsführer der Gesellschaft bestellt werden sollte.

Gesamtvertretungsbefugnis besteht, wenn **mehrere Geschäftsführer bestellt** sind, und zwar in der Weise, dass nur alle zusammen gemeinschaftlich zur Vertretung befugt sind.

4. Formulierungsbeispiel

Die Gründung einer Unternehmergesellschaft (haftungsbeschränkt) per Musterprotokoll mit einem Gründungsgesellschafter kann wie folgt lauten:

 Muster: Musterprotokoll mit einem Gründungsgesellschafter

Urkundenrolle Nr. 151/2019

(UG-Gründung per Musterprotokoll)

Verhandelt zu Musterstadt, am 16.02.2019.

Vor

Max Mustermann

Notars in Musterstadt

erschien:

Herr **Josef** Peter **Schwind**, geboren 01.10.1955,
wohnhaft Rochenstraße 98, 12345 Musterstadt.

Herr Schwind wies sich aus durch Vorlage seines Bundespersonalausweises.

(Vorbefassungsvermerk)

Der Erschienene ließ Folgendes beurkunden:

1. Der Erschienene errichtet hiermit nach § 2 Abs. 1a GmbHG eine Gesellschaft
   mit beschränkter Haftung unter der Firma **JSw Holding UG (haftungsbeschränkt)** mit Sitz Musterstadt.

2. Gegenstand des Unternehmens ist die Beratung, der Erwerb und die Verwaltung von Beteiligungen an Unternehmen aller Rechtsformen sowie die Übernahme der persönlichen Haftung und Geschäftsführung bei solchen.

3. Das Stammkapital der Gesellschaft beträgt 5.000 € (in Worten: fünftausend Euro)
   und wird vollständig von Herrn Schwind, vorgenannt (Geschäftsanteil Nr. 1), übernommen. Die Einlage ist in Geld zu erbringen, und zwar sofort in voller Höhe.

4. Zum Geschäftsführer der Gesellschaft wird Herr Josef Schwind, geboren
   01.10.1955, wohnhaft Rochenstraße 98, 12345 Musterstadt, bestellt. Der Geschäftsführer ist von den Beschränkungen des § 181 BGB befreit.

5. Die Gesellschaft trägt die mit der Gründung verbundenen Kosten bis zu einem
   Gesamtbetrag von 300 €, höchstens jedoch bis zum Betrag ihres Stammkapitals. Darüber hinausgehende Kosten trägt der Gesellschafter.

6. Von dieser Urkunde erhält eine Ausfertigung der Gesellschafter, beglaubigte
   Ablichtungen die Gesellschaft und das Registergericht (in elektronischer Form)
   sowie eine beglaubigte Abschrift das Finanzamt – Körperschaftsteuerstelle –.

7. Der Erschienene wurde vom Notar insbesondere auf Folgendes hingewiesen:

   a) Die Gesellschaft entsteht als solche erst mit ihrer Eintragung in das Han-
      delsregister. Derjenige, der vor der Eintragung in ihrem Namen handelt,
      haftet u.U. persönlich und gesamtschuldnerisch.

   b) Zahlungen auf die Stammeinlage, die vor der heutigen Beurkundung vor-
      genommen wurden, haben grundsätzlich keine tilgende Wirkung und sind
      daher zu vermeiden.

   c) Die Stammeinlagen müssen sich im Zeitpunkt des Eingangs der Register-
      anmeldung bei Gericht in der freien, uneingeschränkten Verfügung der Ge-
      schäftsführung befinden und dürfen – mit Ausnahme der satzungsmäßigen
      Übernahme der Gründungskosten – auch nicht durch die Eingehung von
      Verbindlichkeiten angetastet sein.

   d) Der Wert des Gesellschaftsvermögens darf im Zeitpunkt der Handelsregis-
      tereintragung der Gesellschaft nicht niedriger sein als das Stammkapital.
      Der Gesellschafter ist verpflichtet, den Fehlbetrag zu erbringen, und zwar
      ohne Beschränkung auf die Höhe der übernommenen Einlage.

e) Die Geldeinlagen können nicht durch Aufrechnung/Verrechnung mit Forderungen gegen die Gesellschaft erfüllt werden.

f) Das zur Erhaltung des Stammkapitals erforderliche Vermögen der Gesellschaft darf an den Gesellschafter grundsätzlich nicht ausbezahlt werden.

g) Sacheinlagen sind bei der UG verboten. Erbringt der Gesellschafter zwar formell eine Geldeinlage, soll die Gesellschaft bei wirtschaftlicher Betrachtung aufgrund einer im Zusammenhang mit der Übernahme der Geldeinlage (vorab) getroffenen Absprache aber einen Sachwert erhalten (sog. verdeckte Sacheinlage), ist der Gesellschafter weiterhin zur Erbringung seiner übernommenen Bareinlage verpflichtet. Dieser Gesellschafter setzt sich also der konkreten Gefahr aus, dass er die versprochene Geldeinlage wirtschaftlich noch einmal leisten muss, ohne den Wert der geleisteten Sache anrechnen zu können.

h) Werden falsche Angaben bei der Errichtung der Gesellschaft gemacht oder wird die Gesellschaft durch Einlagen oder Gründungsaufwand vorsätzlich oder grob fahrlässig geschädigt, haften alle Gesellschafter nach § 9a GmbHG u.a. auf Schadensersatz; falsche Angaben bei der Eintragung der Gesellschaft in das Handelsregister sind nach § 82 GmbHG mit Freiheitsstrafe bis zu drei Jahren oder Geldstrafe bedroht.

i) Soweit es nicht zur Eintragung der Gesellschaft im Handelsregister kommt, greift eine unbeschränkte Verlustdeckungshaftung in Höhe der nicht vom Gesellschaftsvermögen gedeckten Verluste. Der Verlustdeckungsanspruch entsteht mit dem Scheitern der Eintragung, d.h. insbesondere Rücknahme des Eintragungsantrags, Aufgabe des Geschäftsbetriebs und überlanger Eintragungsdauer. Gibt also der Gesellschafter die Eintragung der Gesellschaft in das Handelsregister auf, muss er die aus der aufgenommenen Geschäftätigkeit aufgelaufenen Verlust in vollem Umfang ohne Beschränkung auf die übernommene Stammeinlage ausgleichen.

j) In der Bilanz der Gesellschaft ist eine gesetzliche Rücklage zu bilden, in die 1/4 des um einen Verlustvortrag aus dem Vorjahr geminderten Jahresüberschusses einzustellen ist.

Diese Niederschrift wurde dem Erschienenen durch den Notar vorgelesen, von dem Erschienenen genehmigt und von ihm und dem Notar wie folgt eigenhändig unterschrieben:

...

(Unterschriften von Josef Schwind und des beurkundenden Notars)

Ergänzende Anmerkungen

Urkundseingang

Der beurkundende Notar darf seinen **eigenen Urkundseingang verwenden**; darin liegt keine unzulässige Abweichung vom Musterprotokoll i.S.d. § 2 Abs. 1a Satz 3 GmbHG. Insbesondere darf die – beurkundsrechtlich notwendige – Angabe des Orts der Verhandlung hinzugefügt werden (§ 9 Abs. 2 BeurkG). In jedem Fall hat eine notarielle Identitätsfeststellung zu dem bzw. den Erschienenen zu erfolgen (§ 10 Abs. 2 Satz 1 BeurkG, § 26 DONot). Diese Amtspflicht ist im hier vorliegenden Bereich der Kapitalgesellschaften verstärkt durch die Geldwäscheprävention (§§ 1 Abs. 1 Nr. 7 Buchst. e), 4 Abs. 4, 8 GwG; siehe oben § 2 Abschnitt VI. Ziffer 3. Buchst. c)).

Firma

Die Unternehmergesellschaft (haftungsbeschränkt) ist eine GmbH, die diesen **Rechtsformzusatz** nicht verwenden darf. Der Rechtsformzusatz muss entweder „Unternehmergesellschaft (haftungsbeschränkt)" oder abgekürzt „UG (haftungsbeschränkt)" lauten (§ 5a Abs. 1 GmbHG). Ein darüber hinausgehendes Wahlrecht besteht nicht. Insbesondere darf der Klammerzusatz nicht abgekürzt („h.b.") oder weggelassen werden. Der Firmenkern selbst folgt demgegenüber den allgemeinen Regeln der GmbH (Sach-, Personen-, Phantasiefirma oder Kombinationen hiervon).

Abschriften

Entgegen Ziffer 6 Musterprotokoll darf der beurkundende Notar weiterhin – wie von § 54 Abs. 1 Satz 1 EStDV vorgegeben – eine beglaubigte Abschrift an die Körperschaftsteuerstelle übermitteln.

Gesellschafterliste

Eine solche ist nicht nötig, da Ziffer 3 Satz 1 des beurkundeten Musterprotokolls bereits die Gesellschafterliste darstellt (§ 2 Abs. 1a Satz 4 GmbHG).

Handelsregisteranmeldung

Für die Anmeldung der Gesellschaft zum Handelsregister existiert kein gesetzlich vorgegebenes Muster. Es kann also wie üblich verfahren werden, wobei wegen der Gründung im vereinfachten Verfahren zwei Besonderheiten zu berücksichtigen sind:

Die Angabe der für die Geschäftsführer geltenden Vertretungsbefugnis (§ 8 Abs. 4 Nr. 2 GmbHG) muss den Wortlaut des § 35 Abs. 2 Satz 1 erster Halbsatz GmbHG sinngemäß wiedergeben, da das Musterprotokoll keine abstrakte Vertretungsregelung enthält. Darüber hinaus ist die dem ersten Geschäftsführer (d.h. konkret) erteilte Befreiung von § 181 BGB anzumelden, da dieser Umstand von der allgemeinen Regel (keine Befreiung) abweicht.

Formulierungsbeispiel – Abstrakte und konkrete Vertretungsbefugnis

Die abstrakte Vertretungsbefugnis ist wie folgt geregelt:

Die Gesellschaft hat einen oder mehrere Geschäftsführer. Ist nur ein Geschäftsführer bestellt, so vertritt dieser die Gesellschaft allein. Sind mehrere Geschäftsführer bestellt, wird die Gesellschaft durch sämtliche Geschäftsführer gemeinsam vertreten.

Die konkrete Vertretungsbefugnis lautet:

Ich [= der Gründungsgeschäftsführer] vertrete die Gesellschaft gemäß der abstrakten Vertretungsregelung und bin von den Beschränkungen des § 181 BGB befreit.

Die **Versicherung des Gründungsgeschäftsführers** nach § 8 Abs. 2 Satz 1 GmbHG hat wegen des Volleinzahlungsgebots auf die vollständige Leistung der geschuldeten Bareinlagen zu lauten.

5. Übergang in die „normale" GmbHG

Soll eine UG später in eine „vollwertige" GmbH überführt werden, stehen den Gesellschaftern rechtlich zwei verschiedene Wege offen, die beide eine Kapitalerhöhung beinhalten:

a) Mit Mitteln der gesetzlichen Rücklage

Der **vom Gesetz vorgesehene Weg** für die Überführung einer UG in eine GmbH besteht darin, eine (sog. nominelle) Kapitalerhöhung aus Gesellschaftsmitteln nach §§ 57c ff. GmbHG durchzuführen. Die Praxis begeht diesen Weg allerdings nicht besonders gerne: Es fallen die hohen, jedenfalls erhöhten, Kosten der gem. § 57f Abs. 2 Satz 1 GmbHG für die Kapitalerhöhung aus Gesellschaftsmitteln erforderlichen (durch einen Wirtschaftsprüfer) testierten Bilanz an.

b) Durch Leistung neuer Einlagen

Neben einer Kapitalerhöhung aus Gesellschaftsmitteln steht auch die „normale" Erhöhung des Stammkapitals **gegen Einlage(n)** zur Verfügung (= sog. effektive Kapitalerhöhung), um das Mindeststammkapital einer GmbH gem. § 5 Abs. 1 GmbHG i.H.v. 25.000 € zu erreichen.

Lange Zeit war umstritten, ob die Beschränkungen des § 5a Abs. 2 Satz 1 GmbHG (Gebot der **Volleinzahlung**) und des § 5a Abs. 2 Satz 2 GmbHG (Verbot von **Sacheinlagen**) auch für solche Kapitalerhöhungen bei der Unternehmergesellschaft **Anwendung finden**, aufgrund derer das Mindeststammkapital des § 5 Abs. 1 GmbHG (= 25.000 €) erreicht oder überschritten wird.

Der BGH und ihm folgend einige Oberlandesgerichte haben diese Fragestellungen inzwischen geklärt:

Zur Frage der **Zulässigkeit von Sacheinlagen** entschied der BGH (DNotZ 2011, 705), dass das Sacheinlagenverbot nach § 5a Abs. 2 Satz 2 GmbHG für eine den Betrag des Mindestkapitals erreichende oder übersteigende Erhöhung des Stammkapitals einer Unternehmergesellschaft nicht gilt. Andernfalls würde die Unternehmergesellschaft gegenüber der Neugründung einer normalen GmbH, bei der Sacheinlagen geleistet werden dürfen (§ 5 Abs. 4 GmbHG), benachteiligt.

Infolge dessen entschieden mehrere Oberlandesgerichte für die Frage der **Volleinzahlungspflicht**, dass eine Teileinzahlung für ein „Upgrade" der Unternehmergesellschaft in eine GmbH ausreicht.

Erforderlich für die **Durchführung des „Upgrades"** im letztgenannten Fall ist, dass das erhöhte Stammkapital

- auf nominal mindestens 25.000 € erhöht wird,

- wenigstens i.H.v. 12.500 € eingezahlt ist (§ 7 Abs. 2 Satz 2 GmbHG gilt also in diesen Fällen analog auch für die Kapitalerhöhung, obwohl § 56a GmbHG nicht auf diese Vorschrift verweist, da bei der „normalen" GmbH-Gründung das Halbeinzahlungsgebot bereits bei der Gründung gewahrt wurde),

- wobei mindestens 1/4 des Nennbetrags des neuen Geschäftsanteils (bei Aufstockung: des Aufstockungsbetrags) einbezahlt ist (§§ 56a, 7 Abs. 2 Satz 1 GmbHG), und

- zur freien Verfügung der Geschäftsführer steht.

c)   Folgen der Kapitalerhöhung

Erhöht die UG ihr Stammkapital so, dass es den Betrag des Mindeststammkapitals nach § 5 Abs. 1 GmbHG erreicht oder übersteigt, finden § 5a Abs. 5 erster Halbsatz GmbHG die Absätze 1–4 des § 5a GmbHG keine Anwendung mehr. Die Firma nach Absatz 1 darf (muss jedoch nicht) beibehalten werden (vgl. § 5a Abs. 5 zweiter Halbsatz GmbHG).

IV. Handelsregister und Registeranmeldungen

1. Das Handelsregister

a) Zwecke

Das Handelsregister verfolgt – wie auch das Genossenschafts- und Partnerschaftsregister – drei Hauptzwecke:

Das Handelsregister ist ein öffentliches Register, das besonders bedeutsame Tatsachen und Rechtsverhältnisse von Kaufleuten und Handelsgesellschaften offen legt (**Publizitätsfunktion**). Eintragungen in das Handelsregister haben daher den Zweck, den Rechtsverkehr mit Kaufleuten und Handelsgesellschaften sicher und leicht zu gestalten. Dies betrifft insbesondere die Vertretungs- und Haftungsverhältnisse sowie die Existenz des jeweiligen Rechtsträgers.

Neben diesem Allgemeininteresse dienen die Eintragungen in das Handelsregister auch dem Interesse der einzelnen Kaufleute und Handelsgesellschaften selbst. Die sie betreffenden Eintragungen ersetzen in aller Regel besondere Mitteilungen über eingetretene Veränderungen an die Betroffenen rechts Kreise (**Publikationsfunktion**).

Schließlich hat das Handelsregister auch eine **Prüfungs- und Kontrollfunktion**. Diese ist bei Kapitalgesellschaften besonders ausgeprägt und umfasst dort auch die Prüfung, ob bestimmte materiellrechtliche Vorschriften insbesondere bei Kapitalmaßnahmen und Satzungsänderungen, eingehalten worden sind. Eine vergleichbare Prüfungsintensität bei Kaufleuten und Personenhandelsgesellschaften besteht demgegenüber nicht.

Rechtsgrundlagen des Handelsregisters in Deutschland sind §§ 8, 8a, 9–12 HGB, die Handelsregisterverordnung (HRV) sowie die auf Grundlage von § 8a Abs. 2 HGB ergangenen Rechtsverordnungen der Bundesländer über die elektronische Führung des Handelsregisters (eRegister-Verordnungen).

b) Bedeutung der Eintragungen im Handelsregister

Seine Zwecke kann das Handelsregister nur erfüllen, wenn sichergestellt ist, dass die Beteiligten eine Eintragung zeitnah veranlassen. Nur die wenigsten Eintragung werden von Amts wegen vorgenommen (Beispiele dafür in §§ 384, 393 ff.)

FamFG). Zur **Durchsetzung des Eintragungsinteresses** hat sich der Gesetzgeber mehrerer Regelungstechniken bedient:

aa)   Erzeugung von Rechtswirkungen

Ein wichtiger Ansatzpunkt sind die sogenannten **konstitutiven Eintragungen:**

Darunter versteht man Eintragungen, denen **rechtserzeugende (rechtsbegründende) Wirkung** zukommt. Anders formuliert: Ohne die konstitutive Eintragung einer Tatsache im Handelsregister tritt eine bestimmte Rechtsfolge nicht ein. **Beispiele** hierfür sind die **Ersteintragung einer GmbH** oder AG im Handelsregister (ohne sie entsteht die Gesellschaft nicht, § 11 Abs. 1 GmbHG, 41 Abs. 1 AktG) und die **Eintragung einer Satzungsänderung** bei GmbH und AG im Handelsregister – ohne sie wird die Änderung nicht wirksam (§ 54 Abs. 3 GmbHG, § 181 Abs. 3 AktG).

Auch **andere Register** als das Handelsregister kennen solche konstitutiven Eintragungen. Beispielsweise entsteht eine Genossenschaft erst mit ihrer Eintragung im Genossenschaftsregister, § 13 Abs. 1 GenG. Auch der eingetragene Verein entsteht als solcher erst mit der Eintragung im Vereinsregister (§ 21 BGB). Und im Grundbuch, das seiner Art nach ja ebenfalls ein Register für dingliche Immobiliarrechte ist, sind wegen § 873 BGB fast alle Eintragungen konstitutiv im vorstehenden Sinne.

Die Beteiligten haben ein **eigenes Interesse** daran, dass derartige Eintragungen mit konstitutiver Wirkung möglichst schnell im Register vorgenommen werden, damit sich die gewünschte Rechtsfolge (z.B. Entstehen der GmbH) einstellen kann.

Den Gegensatz zu konstitutiv wirkenden Eintragungen bilden die deklaratorischen **(rechtsbezeugenden) Eintragungen,** die es im Handelsregister (wesentlich häufiger als im Grundbuch) auch gibt. Deklaratorisch ist die Eintragung dann, wenn sie Rechtswirkungen bezeugt, die bereits anderweitig – unabhängig von der Eintragung im Handelsregister – eingetreten sind. **Beispiele:** Die Bestellung zum Geschäftsführer einer GmbH vollzieht sich durch den Bestellungsakt der Gesellschafterversammlung mit Einverständnis des zu Bestellenden. Die Eintragung im Handelsregister bezeugt nur, dass dies geschehen ist, beinhaltet aber nicht den Bestellungsakt. Gleiches gilt für die Erteilung oder das Erlöschen einer Prokura (§ 53 HGB).

Woher weiß man nun, ob eine bestimmte Eintragung konstitutiv oder deklaratorisch wirkt? Hierzu zwei Tipps:

Ein – wenn auch nicht trennscharfer – **Orientierungssatz** lautet: Konstitutive Eintragungen finden sich tendenziell eher bei den Kapitalgesellschaften (also in Abteilung B des Handelsregisters), deklaratorische Eintragungen eher bei den Personenhandelsgesellschaften (Abteilung A des Handelsregisters). Aber Vorsicht: Es gibt (in beide Richtungen) einige Ausnahmen! Man muss also **immer den Einzelfall betrachten.**

Konstitutive Eintragungen erkennt man an Gesetzesformulierungen wie z.B.

– „Die Abänderung hat keine rechtliche Wirkung, bevor sie in das Handelsregister ... eingetragen ist." (§ 54 Abs. 3 GmbHG)

– „Vor der Eintragung in das Handelsregister besteht ... nicht" (§ 11 Abs. 1 GmbHG)

– „Der Vertrag wird erst wirksam, wenn sein Bestehen in das Handelsregister des Sitzes der Gesellschaft eingetragen worden ist." (§ 294 Abs. 2 AktG)

– „Die Eintragung der Verschmelzung in das Register des Sitzes des übernehmenden Rechtsträgers hat folgende Wirkungen: ..." (§ 20 Abs. 1 UmwG)

Beachte in der Praxis:

Nicht jede Tatsache, die ein Unternehmen betrifft, kann im Handelsregister veröffentlicht werden. Es ist vielmehr zwischen solchen Tatsachen zu unterscheiden, die eintragungspflichtig sind, und solchen, die nicht eintragungspflichtig und ggf. nicht einmal eintragungsfähig sind (siehe dazu unten Ziffer 2.).

bb)   Negative und positive Publizität (§ 15 HGB)

Neben den konstitutiven Eintragungen hat der Gesetzgeber durch § 15 HGB ein **Druckmittel und Anreiz** zugleich geschaffen, Eintragungen im Handelsregister vorzunehmen. Erreicht werden diese Wirkungen durch die sogenannte **negative und positive Publizitätswirkung** des Handelsregisters. Hierzu regelt § 15 HGB, welche Rechtswirkungen sich aus dem Registerinhalt und den Registerbekanntmachungen zu Gunsten oder zu Lasten Dritter, nämlich des Rechtsverkehrs, ergeben. Danach brauchen Dritte v.a.

– mit Tatsachen, die trotz Eintragungspflicht nicht eingetragen und bekanntgemacht worden sind, nicht zu rechnen (Vertrauen auf das Schweigen des Handelsregisters, **negative Publizität**) und

– können sich ausnahmsweise sogar voll auf die Richtigkeit der Eintragungen und Bekanntmachungen verlassen (**positive Publizität**; guter Glauben des Handelsregisters).

Die **negative Publizität** fungiert dabei als Druckmittel zur Herbeiführung von Registeranmeldungen, indem sie das **Risiko** einer unterbliebenen oder unrichtigen Eintragung oder Bekanntmachung nicht dem Rechtsverkehr aufbürdet, sondern dem Kaufmann, der die Eintragung zu veranlassen hat:

Gemäß § 15 Abs. 1 HGB kann eine eintragungspflichtige Tatsache, die **nicht im Handelsregister eingetragen und bekanntgemacht** worden ist, einem Dritten nicht entgegengehalten werden, es sei denn, der Dritte kannte diese Tatsache.

Beispiel

–   Die ABC-GmbH hat Geschäftsführer A und Geschäftsführer B. Jeder Geschäftsführer ist einzelvertretungsberechtigt. Nun beruft die Gesellschafterversammlung den Geschäftsführer A ordnungsgemäß ab. Entgegen § 39 Abs. 1 GmbHG unterbleibt aber die Anmeldung dieser Veränderung im Handelsregister. Daraufhin schließt Geschäftsführer A im Namen der ABC-GmbH noch einen Kaufvertrag über einen Gabelstapler mit der G-AG ab. Die G-AG verlangt Bezahlung gegen Lieferung.

Hier muss sich die ABC-GmbH an den geschlossenen Kaufvertrag halten: Zwar war A zum Zeitpunkt des Vertragsschlusses nicht mehr Geschäftsführer der ABC-GmbH (er war zuvor wirksam abberufen worden): Aber dieser Umstand (Beendigung des Geschäftsführeramts des A) kann der G-AG wegen § 15 Abs. 1 HGB nicht entgegengehalten werden.

Das Beispiel zeigt, dass die negative Publizitätswirkung gem. § 15 Abs. 1 HGB v.a. bei **deklaratorischen Eintragungen** praktisch bedeutsam ist.

§ 15 Abs. 3 HGB enthält ein weiteres Element der negativen Publizitätswirkung. Danach kann eine eintragungspflichtige Tatsache einem Dritten nicht entgegengehalten werden, wenn die Tatsache **nicht richtig bekanntgemacht** worden ist, es sei denn, der Dritte kannte die Unrichtigkeit der Bekanntmachung.

Beachte zudem:

Diese negative Publizitätswirkung gilt **selbst dann**, wenn die Tatsache im Handelsregister selbst richtig eingetragen worden ist! Sie gilt natürlich erst recht, wenn die Eintragung falsch oder gar nicht erfolgt ist.

Beispiel

–   Bei der ABC-GmbH ist P zum Prokurist bestellt worden. Diese Veränderung wird zum Handelsregister angemeldet und dort richtig eingetragen. Versehentlich wird im elektronischen Bundesanzeiger nicht der P, sondern der ebenfalls bei der ABC-GmbH beschäftigte Hausmeister K als neuer Prokurist veröffentlicht. (Der eBundesanzeiger ist das Gesellschaftsblatt einer jeden GmbH (§ 12 GmbHG).) K schließt daraufhin im Namen der ABC-GmbH einen Kaufvertrag über einen Gabelstapler mit der G-AG ab. Die G-AG verlangt Bezahlung gegen Lieferung.

Hier muss sich die ABC-GmbH an den geschlossenen Kaufvertrag halten: Zwar hatte K als Hausmeister tatsächlich gar keine Vertretungsmacht für die ABC-GmbH und schon gar keine Prokura, sondern nur P. Aber den Bekanntmachungsfehler kann die ABC-GmbH der G-AG wegen § 15 Abs. 3 HGB nicht entgegenhalten.

Demgegenüber prämiert die positive Publizität die anmeldepflichtige Person, die eine eintragungspflichtige Tatsache umgehend eintragen lässt:

§ 15 Abs. 2 HGB bestimmt dazu, dass im Hinblick auf eine Tatsache, die ordnungsgemäß eingetragen und bekanntgemacht worden ist, ein Dritter nicht mehr einwenden kann, er habe diese Veränderung nicht gekannt. Lediglich innerhalb einer Kulanzfrist von 15 Tagen nach der Bekanntmachung kann der Dritte nachweisen, dass er diese Tatsache nicht kannte und auch nicht kennen musste.

Beispiel

– Die ABC-GmbH hat A zum neuen Geschäftsführer bestellt und B als Geschäftsführer abberufen. Die Veränderungen werden ordnungsgemäß zum Handelsregister angemeldet, dort zutreffend eingetragen und auch bekanntgemacht. Nach 20 Tagen schließt B im Namen der ABC-GmbH einen Kaufvertrag über einen Gabelstapler mit der G-AG ab. Die G-AG verlangt Bezahlung gegen Lieferung.

Hier ist die ABC-GmbH an den geschlossenen Kaufvertrag nicht gebunden! B war zum Zeitpunkt des Vertragsschlusses nicht mehr Geschäftsführer der ABC-GmbH (er war zuvor wirksam abberufen worden). Die G-AG kann sich wegen § 15 Abs. 2 HGB nicht darauf berufen, dass B früher einmal als Geschäftsführer der ABC-GmbH eingetragen war oder dass B als Geschäftsführer aufgetreten ist. (Die G-AG kann sich lediglich gegenüber dem B schadlos halten, da er als sogenannter Vertreter ohne Vertretungsmacht gem. § 179 BGB haftet).

cc)   Öffentlich-rechtliche Anmeldepflicht

Schließlich hat der Gesetzgeber mit § 14 HGB eine **öffentlich-rechtliche Anmeldepflicht** geschaffen, deren Befolgung das Registergericht notfalls mittels Androhung und Festsetzung von Zwangsgeldern durchsetzen kann. Dieses Instrument setzt freilich voraus, dass das Registergericht überhaupt von einer anmeldepflichtigen, aber noch nicht angemeldeten Tatsache Kenntnis erlangt. Dies ist nicht immer der Fall.

c)   Abgrenzung zum Unternehmensregister

Das Unternehmensregister (*www.unternehmensregister.de*) wurde zum 01.01.2007 eingeführt und ist wie das Handelsregister elektronisch geführt. **Rechtsgrundlagen** sind ist §§ 8b, 9 Abs. 6, 9a HGB und die auf Basis von § 9a Abs. 1 HGB erlassene Verordnung des Bundesjustizministeriums (§ 8b Abs. 1 HGB) über die Übertragung der Führung des Unternehmensregisters des BMJV.

Das Unternehmensregister möchte als zentrale Informationsquelle **alle relevanten Informationen zu einem Unternehmen** mit Sitz in Deutschland online verfügbar machen. Dazu enthält das Unternehmensregister überwiegend Unternehmensinformationen, die an anderer Stelle eingereicht und ggf. auch schon publiziert worden sind (Handelsregister, eBundesanzeiger). Im Vordergrund steht also der erleichterte Zugriff durch eine **zentrale Plattform**. Aus diesem Grund kommt den Informationen auf dem Unternehmensregister auch keine Publizitätswirkung vergleichbar § 15 HGB zu. Notarielle Bescheinigung gem. § 21 Abs. 1 BNotO können nicht auf Basis der Veröffentlichungen des Unternehmensregisters erstellt werden. Entsprechend dem Zweck des Registers kann das Unternehmensregister von jedermann online eingesehen werden (§ 9 Abs. 6 HGB).

Die **Inhalte** des Unternehmensregisters ergeben sich aus dem Katalog des § 8b Abs. 2 HGB.

d)   Führung des Handelsregisters

Das **Handelsregister** wird von den Amtsgerichten elektronisch geführt (§ 8 Abs. 1 HGB).

aa)   Sachliche Zuständigkeit

Sachlich zuständig für die Führung des Handelsregisters sind grundsätzlich nur noch die **Amtsgerichte, in deren Bezirk ein Landgericht seinen Sitz hat**, für den Bezirk des jeweiligen Landgerichts (§§ 376 Abs. 1, 374 Nr. 1 und 375 FamFG).

Beispiel aus Nordrhein-Westfalen

Das AG – Handelsregister – in Köln ist sachlich zuständig für den gesamten Bezirk des LG Köln, d.h. einschließlich der Amtsgerichtsbezirke beispielsweise von Bergheim, Leverkusen, Brühl, Bergisch Gladbach oder Wipperfürth.

Die **Landesregierungen** können allerdings die Führung des Handelsregisters daneben auch noch anderen oder zusätzlichen Amtsgerichten übertragen und die Bezirke der Registergerichte abweichend festlegen, wenn dies einer schnelleren und rationelleren Führung des Handelsregisters dient.

Beispiele aus Nordrhein-Westfalen (gemäß Registerverordnung Amtsgerichte – RegisterVO)

Das Genossenschaftsregister ist für alle Amtsgerichtsbezirke dem AG Essen übertragen, ebenso das Partnerschaftsregister; im Landgerichtsbezirk Bonn wird das Handelsregister neben dem AG Bonn auch durch das AG Siegburg geführt, Letzteres für die Amtsgerichtsbezirke Siegburg, Königswinter, Waldbröl.

Praxistipp:

Das für einem konkreten Ort (z.B. Satzungssitz der GmbH) zuständige Handelsregister kann leicht ermittelt werden unter der Internetadresse *www.notar.de* (hier Reiter: „Gerichtssuche").

bb) Örtliche Zuständigkeit

Örtlich zuständig zur Führung des Handelsregisters sind gem. § 377 Abs. 1 FamFG die Amtsgerichte, in deren Bezirk der Einzelkaufmann seine Handelsniederlassung hat (§ 29 HGB) oder die Personenhandels- bzw. Kapitalgesellschaft ihren (Satzungs-)Sitz haben.

cc) Funktionale Zuständigkeit

Funktional zuständig für die Führung des Handelsregisters sind Richter, Rechtspfleger und Urkundsbeamter der Geschäftsstelle (und natürlich auch ihre weiblichen Kollegen).

In den Zuständigkeitsbereich des **Rechtspflegers** fallen alle Entscheidungen über Handelsregisteranmeldungen der Einzelkaufleute, OHG, KG und der juristischen Personen i.S.d. §§ 33 HGB; Kapitalgesellschaften, soweit sie nicht aufgrund ihrer Richtigkeit und Schwierigkeit nach § 17 RPflG dem Richter vorbehalten sind; dies ist der Fall bei Eintragungen von Geschäftsführern, Vorständen und Prokuristen sowie von Zweigniederlassungen inländischer Rechtsträger und Satzungsänderungen, die nur die Fassung betreffen (vgl. §§ 3 Nr. 2 Buchst. d, 17 RPflG). Auch für diese Fälle besteht eine Zuständigkeit der Rechtspfleger nicht, wenn und soweit ein Zusammenhang mit anderen Anmeldungen besteht, deren Bearbeitung dem Richter vorbehalten ist.

Die Zuständigkeit des **Urkundsbeamten** der Geschäftsstelle umfasst folgende Tätigkeiten:

– Ausführung der Eintragungsverfügungen und Durchführung der Bekanntmachung der Eintragungen in das Handelsregister, sofern diese nicht durch den Rechtspfleger oder den Richter selbst vorgenommen werden (§ 27 Abs. 1 HRV);

– Erteilung von Abschriften oder Ausdrucken aus dem Handelsregister;

– elektronische Übermittlung der Eintragungen in das Handelsregister sowie der zum Handelsregister eingereichten Schriftstücke und Dokumente;

– Beglaubigung und Erteilung oder elektronische Übermittlung von Zeugnissen und Bescheinigungen;

– Eintragungen gem. § 32 HGB (Insolvenzeröffnung über das Vermögen des Einzelkaufmanns und weitere insolvenzbedingte Eintragungen);

– Eintragungen der Geschäftsanschriften (§ 29 HRV).

In den übrigen Fällen ist der **Richter** zuständig, also z.b. für die Ersteintragung einer GmbH oder von Vorgängen nach dem UmwG.

dd)   Elektronische Führung

Seit dem 01.01.2007 ist das Handelsregister **ausschließlich in elektronischer Form geführt** (§ 8 Abs. 1 HGB und § 7 Abs. 1 HRV). Elektronische Form meint die Führung als automatisierte Datei (§ 8a HGB, §§ 47–54 HRV). Die maßgeblichen Grundlagen sind neben den genannten Bestimmungen auch in den §§ 9, 10–12 HGB enthalten.

Eintragung in das Handelsregister erfolgen **unter fortlaufenden Nummern** auf Registerblättern, die für jeden Einzelkaufmann, jede Personenhandelsgesellschaft, jede juristische Person i.S.d. § 33 HGB und jede Kapitalgesellschaft gesondert angelegt werden (§ 13 Abs. 1 HRV). Die Registerblätter werden jedoch nicht mehr wie früher in Papierform angelegt, sondern eben in elektronischer Form, wobei sich deren Gestaltung nunmehr nach § 50 HRV iV.m. Anlagen 4–7 HRV richtet. Innerhalb eines Registerblattes erfolgt die Eintragung selbst in der dafür vorgesehenen Registerspalte (§ 40 HRV für Abteilung A, § 43 HRV für Abteilung B).

Neben den Registerblättern werden für jede Registernummer ein Registerordner und die Registerakten angelegt (vgl. hierzu auch die maßgebliche Aktenordnung nach Landesrecht, z.b. § 24 AktenO NW):

Der **Registerordner** ersetzt den früheren Sonderband und wird ebenfalls elektronisch geführt (§ 7 HRV). In dem Register Ordner werden alle zum Handelsregister eingereichten elektronischen Dokumente sowie die vor dem 01.01.2007 zum Handelsregister in Papierform eingereichten Schriftstücke aufbewahrt. Sie unterliegen einer unbeschränkten Einsicht (§ 9 HRV).

In den auch weiterhin in Papierform geführten **Registerakten** werden alle übrigen Schriftstücke verwahrt, also insbesondere Schriftwechsel zwischen dem Registergericht und den Beteiligten, gerichtliche Verfügungen, Kostenrechnungen und Stellungnahmen der IHK bzw. Handwerkskammer und ggf. Steuerbehörden (§ 8 HRV). Die Führung der Registerakten in Papierform gilt so lange, bis die Justizverwaltung eine elektronische Führung anordnet.

e)   Aufbau des Handelsregisters

Das Handelsregister besteht aus zwei Abteilungen, nämlich Abteilung A und Abteilung B (§ 3 HRV). Die Aufteilung erfolgt nach der betroffenen Gesellschaftsform:

– **Abteilung A**
  Einzelkaufmann, OHG, KG, EWIV, juristische Personen mit Gewerbebetrieb (§ 33 HGB): Idealvereine, Wirtschaftsvereine, privatrechtliche Stiftungen, öffentlich-rechtliche Körperschaften, Stiftungen und Anstalten; **auch die Sparkassen.**

– **Abteilung B**
  GmbH, AG, KGaA, VVaG und SE.

f)   Einsichtnahme in das Handelsregister

Es ist zwischen verschiedenen Formen von Ausdrucken aus dem Handelsregister zu unterscheiden. Praxisrelevant sind v.a. die amtlichen Ausdrucke (§ 30a Abs. 1, 3 HRV) als aktueller oder chronologischer Ausdruck:

Der **aktuelle Ausdruck** enthält nur die aktuellen Eintragungen betreffend die Gesellschaft (§ 30a Abs. 4 Satz 3 HRV) und wird statt spaltenweise i.d.R. als fortlaufender Text erstellt (§ 30a Abs. 4 Satz 7 HRV).

Der **chronologische Ausdruck** enthält hingegen alle Eintragungen des elektronischen Handelsregisters (nicht notwendig der gesamten Gesellschaftshistorie, wenn die Gesellschaft vor dem 01.01.2007 gegründet worden ist) (§ 30a Abs. 4 Satz 2 HRV).

Befugnis zur Einsichtnahme

Seiner Zwecksetzung entsprechend ist das Handelsregister für jedermann jederzeit einsehbar. Das Vorliegen eines besonderen rechtlichen Interesses – wie § 12 GBO für die Grundbucheinsicht fordert (dazu oben § 3 Abschnitt II. Ziffer 6.) – bedarf es nicht (§ 9 Abs. 1 HGB). Das vorbehaltlose und anlasslose Recht auf Einsichtnahme erstreckt sich jedoch nur auf die Registerblätter und die zum Handelsregister eingereichten Dokumente, die in dem Registerordner enthalten sind (§ 10 Abs. 1 und 3 HRV).

Beispiel

– GmbH-Gesellschafterliste; Gesellschaftsvertrag der GmbH.

Das **Einsichtnahmerecht** erstreckt sich hingegen nicht auf die in den Registerakten enthaltenen Dokumente und solche Schriftstücke, die auf der Tätigkeit Registergerichts beruhen. Die Einsichtnahme in derartige Schriftstücke setzt gem. § 13 Abs. 2 FamFG zumindest die Glaubhaftmachung eines berechtigten Interesses voraus. Generell dem Zugriff des Rechtsverkehrs entzogen ist die Einsichtnahme in Schriftstücke der Steuerbehörden (§ 379 Abs. 2 FamFG).

Online-Einsicht

Die Einsicht selbst erfolgt nach Maßgabe von § 10 HRV. **Online** eingesehen werden können nur die Eintragungen auf den Registerblättern und die ab dem 01.01.2007 zum Handelsregister eingereichten Dokumente. Ältere Schriftstücke liegen im Regelfall nur in Papierform vor. Die (kostenpflichtige) Überführung solcher Schriftstücke in die elektronische Form kann nur verlangt werden, in die Schriftstücke vor weniger als 10 Jahren zum Handelsregister eingereicht wurden (§ 9 Abs. 2 HGB, § 9 Abs. 2 Satz 2 HRV).

Die Online-Einsicht erfolgt bundesweit über das Registerportal im Internet (hier: *www.handelsregister.de*). Nach einer Registrierung, bei der ein Benutzername und Passwort angelegt und Zahlungsinformationen eingegeben werden, können beliebige Recherchen durchgeführt werden. Die Suchmaske ist selbsterklärend. In der

Trefferliste ist die rechte Spalte den zur gesuchten Gesellschaft verfügbaren Ausdrucken und Dokumenten gewidmet:

„AD" steht dabei für einen **aktuellen Ausdruck** (siehe oben). Beim Klick darauf kann dieser Ausdruck als einfacher Ausdruck (§ 30a Abs. 1 HRV) kostenpflichtig heruntergeladen werden.

„CD" steht dabei für einen **chronologischen Ausdruck** (siehe oben). Beim Klick darauf kann dieser Ausdruck als einfacher Ausdruck (§ 30a Abs. 1 HRV) kostenpflichtig heruntergeladen werden.

Beim Klick auf „DK" öffnet sich eine **Dokumentenübersicht,** die die seit 2007 in den Registerordner eingestellten Dokumente wie z.B. Gesellschafterlisten und Gesellschaftsverträge einstellt. Die Ansicht ist nach Sachgebieten untergliedert und innerhalb der Sachgebiete nach dem Datum. Rechts im Downloadbereich stehen weiterführende Angaben zu der Datei und den Kosten ihres Downloads.

Kosten der Online-Einsicht

Für die Einsichtnahme über das Internet in das elektronische Handelsregister werden die im JVKostG bestimmten Gebühren erhoben:

– je Registerblatt 4,50 €

– je Datei 1,50 €

Die Gebühren für die Erteilung von Papier-Abschriften und -Ausdrucken bzw. elektronischen Dateien durch das Registergericht und von gerichtlichen Bescheinigungen (§ 9 Abs. 5 HGB) s. Nrn. 17000 ff. KV GNotKG.

Zu den Eintragungskosten siehe oben Abschnitt II. Ziffer 1. Buchst. f) zur HregGebV.

g)   Partnerschafts- und Genossenschaftsregister

Für Partnerschaften und Genossenschaften gibt es **Spezialregister.** Ihre Einrichtung und Führung wird durch Spezialverordnungen geregelt (Partnerschaftsregisterverordnung – PRV; Genossenschaftsregisterverordnung – GRV; zu beiden Spezialregistern siehe unten Abschnitt VI.).

2.   Eintragungspflichtige, eintragungsfähige und nicht eintragungsfähige Tatsachen

Die einzelnen Tatbestände der Anmeldepflicht ergeben sich **aus dem Gesetz** (HGB sowie die Spezialgesetze GmbHG, UmwG, etc.). Hierbei gilt im **Grundsatz**: Was das Gesetz zur Eintragung nicht zulässt, darf in das Register nicht eingetragen werden. Es gibt keinen, der Disposition der Betroffenen unterliegenden „Wunschinhalt" des Handelsregisters (zu Durchbrechungen dieses Grundsatzes kraft Richterrecht siehe unten Buchst. d)).

Hinsichtlich ihrer Eignung, Gegenstand einer Eintragung in das Handelsregister zu sein, unterscheidet man **drei Arten von Tatsachen:**

–   eintragungspflichtige Tatsachen (siehe nachfolgend Buchst. a))

–   eintragungsfähige Tatsachen (siehe nachfolgend Buchst. b))

–   nicht eintragungsfähige Tatsachen (siehe nachfolgend Buchst. c))

a)   Eintragungspflichtige Tatsachen

Bei eintragungspflichtigen Tatsachen handelt es sich um Tatsachen und Rechtsverhältnisse, deren Eintragung **durch das Gesetz vorgeschrieben** ist. Das bedeutet, dass das die Verwirklichung des Tatbestandes die Eintragungspflicht bewirkt.

Das Gesetz kennzeichnen eintragungspflichtige Tatsachen häufig durch Begriffe wie „ist ... anzumelden", „ hat ... anzumelden" oder Ähnliches.

Beispiele

–   Neugründung einer OHG/KG (§ 106 HGB)

–   Neugründung einer GmbH (§ 7 Abs. 1 GmbHG)

–   Erteilung oder Erlöschen einer Prokura (§ 53 HGB)

–   Errichtung, Verlegung und Auflösung von Zweigniederlassungen (§ 13 HGB)

b)   Eintragungsfähige Tatsachen

Eintragungsfähige Tatsachen sind solche Tatsachen und Rechtsverhältnisse, die zwar eingetragen werden **können**, deren Eintragung **aber das Gesetz nicht verlangt**. Insoweit besteht also **Wahlfreiheit** des Unternehmens/Kaufmanns, ob es/er an der Registerpublizität teilhaben möchte.

Dass eine Tatsache eintragungsfähig, aber nicht eintragungspflichtig ist, lässt sich an der gesetzlichen Formulierung **nur mittelbar** ablesen. Meist ist der entsprechende Tatbestand so formuliert, dass die Eintragung im Handelsregister Voraussetzung für den Eintritt einer bestimmten Rechtswirkung ist. Dem lässt sich dann entnehmen, dass zum einen diese Tatsache eintragungsfähig sein muss (warum wären sonst an die Eintragung Rechtswirkungen geknüpft?), zum anderen, dass die Eintragung nicht verpflichtend ist, da eine entsprechende Pflicht zur Anmeldung im Unterschied zu den eintragungspflichtige Tatsachen nicht gesetzlich festgeschrieben ist.

Beispiele

– Anmeldung der Firma durch einen Kannkaufmann (§§ 2, 3 bzw. § 105 Abs. 2 HGB).

– Anmeldung der Firmenfortführung unter Ausschluss der Haftung für die in der Vergangenheit entstandenen Verbindlichkeiten (§ 25 Abs. 2 HGB).

c)   Nicht eintragungsfähige Tatsachen

Die große **Mehrzahl** der für Kaufleute relevanten Umstände und Rechtsverhältnisse nimmt **nicht** an der Registerpublizität teil, ist also weder eintragungspflichtig noch überhaupt eintragungsfähig. Diesbezügliche Informationen können ggf. über das Unternehmensregister abgerufen werden (siehe oben Ziffer 1. Buchst. c)).

Beispiele

– Keine Eintragung von güterrechtlichen Beschränkungen;

– keine Eintragung der Erteilung einer Handlungs- oder Generalvollmacht eines Gesellschafters (und die Vertretungsmacht des Bevollmächtigten);

– keine Eintragung der Person des gesetzlichen Vertreters z.B. minderjähriger Gesellschafter oder juristischer Personen.

d)   Eintragungsfähige Tatsachen kraft Richterrecht

Daneben sind einige Tatsachen durch die Entscheidung von Obergerichten eintragungsfähig (nicht: eintragungspflichtig!) „geworden" (Eintragungsfähigkeit kraft Richterrecht).

Beispiele

– Ist über den Nachlass eines Kommanditisten die Dauer- bzw. Verwaltungstestamentsvollstreckung (§ 2209 BGB) angeordnet, so kann ein Testamentsvollstreckervermerk in das Handelsregister eingetragen werden (BGH, NZG 2012, 385 = NJW-RR 2012, 730).

– Der Nießbrauch an einem Kommanditanteil kann in das Handelsregister eingetragen werden (jüngst OLG Oldenburg, NZG 2015, 643; zuvor schon OLG Stuttgart, NZG 2013, 432).

3.   Form der Anmeldung und der einzureichenden Unterlagen

a)   Form der Anmeldung

Handelsregisteranmeldungen erfolgen (seit 2007 nur noch) **elektronisch** in öffentlich beglaubigter Form, § 12 Abs. 1 Satz 1 HGB. Die öffentliche beglaubigte Form ist allerdings nur für „Anmeldungen zur Eintragung" erforderlich. Deshalb besteht ungeachtet von § 12 Abs. 1 HGB kein Beglaubigungserfordernis

– für **zusätzliche Erklärungen** der Beteiligten,

    Beispiel: Zustimmung zu einer Firmenfortführung nach § 22 bzw. 24 HGB;

– für die Einreichung von Erklärungen oder Schriftstücken, die nicht zu einer Eintragung im Handelsregister führen (= sog. **Anmeldungen ohne Eintragung**),

    Beispiele: Gesellschafterliste (§ 40 GmbHG), Liste der Aufsichtsratsmitglieder (§ 37 AktG), Anzeige, wer Vorsitzender des Aufsichtsrats ist (§ 107 Abs. 1 Satz 2 AktG);

– bei sogenannten Änderungen ohne Anmeldung,

    Beispiel: Art. 45 Abs. 1 EGHGB: Umstellung Stammkapital auf Euro.

Die durch § 12 Abs. 1 HGB vorgeschriebenen Form der öffentlichen Beglaubigung wird **ersetzt** durch

– die notarielle Beurkundung (§ 129 Abs. 2 BGB, siehe oben § 2 Abschnitt I. Ziffer 3.),

– den protokollierten gerichtlichen Vergleich (§ 127a BGB),

– öffentliche Urkunden, die von juristischen Personen des öffentlichen Rechts in ihrer Eigenschaft als öffentliche Behörde ausgestellt werden.

Beispiel: Handelsregisteranmeldungen von Sparkassen. Sparkassen sind in Abteilung A des Handelsregisters eingetragen.

b)   Form einzureichender Unterlagen

Dokumente – insbesondere Anlagen zu Handelsregisteranmeldungen – sind dem Registergericht **elektronisch einzureichen** (§ 12 Abs. 2 Satz 1 HGB). Somit scheidet bei Handelsregisteranmeldungen die Einreichung von Papieroriginalen aus.

Zu unterscheiden ist nach § 12 Abs. 2 Satz 2 HGB zwischen der Form, in der das einzureichende Papierdokument (beim Notar) vorliegen (d.h. errichtet sein) muss, und der Form, in der es (durch den Notar) elektronisch übermittelt werden muss.

§ 12 Abs. 2 Satz 2 HGB betrifft (nur) die letztgenannte Frage. Danach gilt:

– Ist ein Dokument **in Urschrift** (z.B. nach § 39 GmbHG), **einfacher Abschrift oder Schriftform vorzulegen**, genügt eine „elektronische Aufzeichnung" (§ 12 Abs. 2 Satz 2 erster Halbsatz HGB). Der Begriff „**elektronische Aufzeichnung**" meint das einfache Einscannen des Papierdokuments, also ein optisches Abbild des Papierdokuments („elektronische Fotokopie").

– Ist ein **beurkundetes Dokument** oder ein **öffentlich beglaubigte Abschrift** vorzulegen, so muss das elektronische Dokument mit einem einfachen elektronischen Zeugnis (= **qualifizierter elektronischer Signatur**, § 39a BeurkG, dazu oben § 2 Abschnitt V. Ziffer 4.) versehen sein (§ 12 Abs. 2 Satz 2 zweiter Halbsatz HGB).

Zu beachten ist, dass die Verordnungen der Länder zum elektronischen Rechtsverkehr (Grundlage: § 8a Abs. 2 HGB, siehe oben Ziffer 1. Buchst. a)) übereinstimmend vorschreiben, dass alle zum Handelsregister einzureichenden Dokumente, für die die Schriftform oder die elektronische Form vorgeschrieben ist und die nicht vom Tatbestand des § 12 Abs. 2 Satz 2 erster Halbsatz HGB erfasst sind, ebenfalls mit einem einfachen elektronischen Zeugnis zu versehen sind (z.B. § 9 Abs. 3 ERegisterVO NRW; § 2 Abs. 3 ThürERVVO).

Der Notar kann im Übrigen freiwillig anstelle des einfachen Scans eine höherwertige Form wählen.

Regeln über die **Errichtung** der einzureichenden Dokumente enthält § 12 Abs. 2 Satz 2 HGB nicht (siehe soeben Buchst. b)). Das ist wenig überraschend, handelt es sich hierbei doch um eine Frage des maßgeblichen materiellen Rechts. Dies können das GmbHG, das AktG sein, aber auch das Beurkundungsrecht (zur Frage, wie der Notar z.b. eine Vermerkurkunde zu errichten hat).

Die Errichtung von Dokumenten erfolgt **i.d.R. in Papierform.** Zwingend ist dies für alle Dokumente, die notariell beurkundet (§ 128 BGB) oder öffentlich beglaubigt werden (§ 129 BGB). Denn das deutsche Recht kennt bisher weder eine originär elektronische Niederschrift („elektronische Urschrift") noch die Form der öffentlichen Beglaubigung einer elektronischen Signatur. Die öffentlich beglaubigte Form der Handelsregisteranmeldung, wie sie § 12 Abs. 1 Satz 1 HGB fordert, kann daher nur durch Beglaubigung der Unterschrift in Papierform gewahrt werden.

c)   Bedeutung der XML-Strukturdatei

Die XML-Datei, die alle (oder einige) Anmeldedaten in strukturierter Form dem Handelsregister zusätzlich zur Übermittlung der elektronischen Dokumente i.S.d. § 12 HGB zur Verfügung stellt, ist im Falle eines inhaltlichen Widerspruchs **nachrangig** gegenüber dem elektronischen Anmeldedokument. Die XML-Daten sind insoweit nur **Hilfstatsachen.** Das ist konsequent, da sich der Zweck der XML-Datei darin erschöpft, die Arbeit der Registergerichte zu erleichtern, da durch die XML-Datei die automatische Übernahme der Daten aus der Handelsregisteranmeldung in den Eintragungsentwurf möglich wird, dadurch Fehler bei der manuellen Übertragung vermieden und das Eintragungsverfahren beschleunigt wird.

4.   Registervollmachten

a)   Praktisches Bedürfnis

Registervollmachten bedürfen gem. § 12 Abs. 1 Satz 2 HGB der **öffentlichen Beglaubigung.** Als solche müssen sie der jeweiligen Anmeldeerklärung, die in Vertretung eines z.B. eines OHG-Gesellschafters abgegeben werden soll, beigefügt, d.h. dem Registergericht vorgelegt werden – und zwar im Original oder als Ausfertigung; beglaubigte Abschrift genügt nach allgemeinen Grundsätzen nicht, da sie keinen Beweis über den Fortbestand der Vollmacht erbringt.

Registervollmachten haben v.a. im Bereich des **Personengesellschaftsrechts** eine große praktische Bedeutung. Das liegt an § 108 Satz 1 HGB. Danach müssen alle Gesellschafter einer OHG oder KG an den dort genannten Handelsregisteranmeldungen mitwirken. Das führt bei Gesellschaften mit großem Gesellschafterkreis (sog. Publikums-Gesellschaften) und vielen Anmeldefällen zu praktischen Probleme, da es mitunter schwierig oder zumindest Zeit raubend sein kann, alle Gesellschafter dazu zu bewegen, eine notariell beglaubigte Registeranmeldung abzugeben. Wenn diese Gesellschafter dann auch noch zu unterschiedlichen Notaren gehen, kommt ein Kostenargument hinzu: die Registeranmeldung wird dann entsprechend teuer.

Beispiel

– Ein Windpark an der Nordseeküste wird in der Rechtsform einer GmbH & Co. KG betrieben wird. Die notwendige Anfangsinvestition für die Errichtung der Windräder über die Ausgabe von Kommanditbeteiligungen eingesammelt, z.B. für 5.000 € je Anteil. Aus dem gesamten Bundesgebiet beteiligten sich Kleinanleger, die die Energiewende unterstützen möchten und gleichzeitig eine renditestarke oder steueroptimierte Anlageform suchen. Von den insgesamt 250 Kommanditisten kommen 136 aus Baden-Württemberg, 56 aus Hessen und 12 aus Mecklenburg-Vorpommern. Sie alle für die Zwecke einzelner Handelsregisteranmeldungen zu koordinieren, ist fast ein Ding der Unmöglichkeit.

Deshalb sehen viele (größere) Gesellschaften vor, dass ein neuer Kommanditist zusammen mit seinem **Beitritt zur KG** eine **notariell beglaubigte Registervollmacht** erteilt. Dann kann die Geschäftsführung in Vertretung für alle diese Kommanditisten bei ihrem Vertrauensnotar die Handelsregisteranmeldungen schnell und zuverlässig veranlassen. Solche Registervollmachten sind typischerweise umfassend erteilt (oft mit Ausnahme der Anmeldung einer Erhöhung der eigenen Kommanditbeteiligung).

Ein **praktischer Nachteil** kann bei diesem Verfahren damit verbunden sein, dass die Vollmachten in beglaubigter Kopie der Registeranmeldung beigefügt werden müssen. Hierzu hat die Notar- und Gerichtspraxis das Verfahren der untechnischen Hinterlegung der Vollmachtsurkunden bei Gericht entwickelt. Dann kann der Notar auf die bei Gericht hinterlegten Originale Bezug nehmen, auf deren Fortbestand sich das Gericht nach § 172 Abs. 2 BGB verlassen darf.

b)   Vollmachtsbescheinigung gem. § 21 Abs. 3 BNotO

Bitte beachten Sie zunächst oben § 2 Abschnitt IV. Ziffer 2.

Einen zu dem geschilderten Hinterlegungsverfahren alternativen – oder eher: konsequent weiterentwickelten – Weg hat der Gesetzgeber durch Einführung notarieller **Vollmachtsbescheinigungen** gem. § 21 Abs. 3 BNotO geschaffen. Diese Bestimmung ermöglicht es dem Notar – angelehnt an die Registerbescheinigungen gem. § 21 Abs. 1, 2 BNotO –, zum Nachweis der Vollmachten der in Vertretung Handelnden anstelle der (vielen) Vollmachtsurkunden (nur) eine notarielle Bescheinigung der elektronisch übermittelten Registeranmeldung beizufügen. Dieser Weg ist auch handelsregisterrechtlich zulässig (vgl. § 12 Abs. 1 Satz 3 HGB). Auf eine erstmalige Übermittlung elektronischer beglaubigter Vollmachtsabschriften kommt es dann nicht mehr an.

Das neue Verfahren bereitet allerdings einige **praktische Schwierigkeiten**:

So kann die **genaue Formulierung** einer solchen Vollmachtsbestätigung je nach notariellem Geschäft, für das sie erstellt werden soll, bisweilen schwierig sein (Muster oben § 2 Abschnitt IV. Ziffer 2.).

Die Vollmachtsbescheinigung wird pauschal mit 15 € vergütet (Nr. 25214 KV GNotKG). Umfasst eine Bescheinigung mehrere **Vollmachtsfälle** (z.B. drei Kommanditisten werden jeweils aufgrund einer eigenen Vollmacht vertreten), fällt die Gebühr als Aktgebühr entsprechend mehrfach an. Die Bescheinigungskosten summieren sich also bei vielen vertretenen Gesellschaftern auf einen z.T. stattlichen Betrag, der bisweilen bei den Beteiligten für Unmut sorgt.

Das Verfahren hat **nur Beweiswert im Grundbuch- und Handelsregisterverfahren** (§ 34 GBO, § 12 Abs. 1 Satz 3 HGB), nicht aber in anderen Registern wie z.B. dem Vereinsregister.

Schließlich müssen im Anwendungsbereich von § 12 Satz 1 BeurkG – also bei beurkundeten Rechtsgeschäften und Eiden (§ 38 BeurkG), nicht aber bei beglaubigten Registeranmeldungen – vorgelegte Vollmachten aus beurkundungsrechtlichen Gründen **weiterhin** zumindest **in beglaubigter Abschrift der Urschrift beigefügt** werden. Dies schränkt den praktischen Nutzen der Vollmachtsbescheinigung im Anwendungsbereich von § 12 BeurkG erheblich ein.

5.   Registerverfahren

a)   Ablauf

Das Anmeldeverfahren läuft beim Notar in mehreren Schritten ab:

1. Schritt

Zunächst ist das Original der Handelsregisteranmeldung in **Papierform** schriftlich zu erstellen. Die Unterschriften werden hierauf durch den Notar **beglaubigt** (§ 129 BGB, § 40 BeurkG).

2. Schritt

Aus der Handelsregisteranmeldung in Papierform ist sodann ein **elektronisches Dokument herzustellen**. Dies kann auf zwei Arten geschehen:

Als **Scan der Vorlage**: Das vollständige Dokument (inklusive Unterschriften und Beglaubigungsvermerk) wird gescannt und sodann auf dem PC des Notars als geeignete Bilddatei (z.b. TIFF- oder PDF/A-Datei) ausgegeben und mit dem Vermerk versehen, dass die Bilddatei mit dem Papierdokument übereinstimmt. Wie bei der normalen Beglaubigung muss auch das einfache elektronische Zeugnis nach § 39a BeurkG Auskunft darüber geben, ob die zu Grunde liegende Urkunde in Urschrift, Ausfertigung, beglaubigte Abschrift oder einfache Abschrift vorgelegen hat (§ 42 Abs. 1 BeurkG).

Als sogenante „**elektronische Leseabschrift**": Die Handelsregisteranmeldung wird hier in ihrer letzten Entwurfsfassung auf dem PC des Notars aufgerufen, jedoch nicht ausgedruckt und eingescannt, sondern an Stelle der fehlenden Unterschriften mit dem Vermerk „gez. (Name jedes Beteiligten)" bzw. „L.S. gez. (Name Notar), Notar" (L.S. für locus sigilli) versehen. Anschließend wird diese Datei in dem Bilddatei-Format gespeichert und mit dem Vermerk versehen dass die Bilddatei mit dem Papierdokument übereinstimmt. Der Unterschied zum Scan der Papiervorlage besteht also darin, dass hier das elektronische Dokument direkt aus dem PC erstellt (= errichtet) wird.

3. Schritt

Anschließend **signiert** der Notar das elektronische Dokument nach § 39a BeurkG. Dazu wird das elektronische Dokument mit einer qualifizierten elektronischen Signatur i.S.d. § 2 Nr. 3 SigG versehen (siehe oben § 2 Abschnitt V. Ziffer 4.). Diese beinhaltet ein auf Dauer prüfbares Zertifikat und die Bestätigung der Notareigenschaft. Zudem sind Ort und Tag der Ausstellung anzugeben. Die elektronische Signatur ist also in der elektronischen Welt das **Pendant zur eigenhändigen Unterschrift** des Notars in der Papierwelt. In gleicher Weise ist das Notarattribut der Signatur das elektronische Pendant des notariellen Siegels.

4. Schritt

Sodann sind die zur Eintragung relevanten Registerdaten **strukturiert** (per **XML-Datei**) für das Handelsregister aufzubereiten, um dort eine nochmalige Erfassung zu vermeiden (weil Fehlerquelle).

5. Schritt

Der Anmeldevorgang ist aus notarieller Sicht **beendet**, wenn alle relevanten Dateien, (Registeranmeldung und Anlagendokumente jeweils mit der entsprechenden Signaturdatei und die XML-Dateien) zusammengestellt und per EGVP an das elektronische Gerichtspostfach verschickt wurden. Über EGVP kann eine Eingangsbestätigung zur Akte ausgedruckt oder die ordnungsgemäße Absendung auf der Akte vermerkt werden.

b) (Frühester) Zeitpunkt der Anmeldung

Zum Handelsregister können grundsätzlich nur bestehende, also bereits in der Lebensrealität eingetretene Tatsachen und Rechtsverhältnisse angemeldet werden. Grund hierfür ist, dass das Handelsregister nur über **gegenwärtige und vergangene Tatsachen** und Rechtsverhältnisse Auskunft geben soll, nicht aber über einen erst künftig geltenden Rechtszustand.

Erst **zukünftig eintretende Tatsachen** und Rechtsverhältnisse können daher nach allgemeiner Meinung nicht in das Handelsregister eingetragen werden.

Umstritten ist allerdings, wie das Handelsregister mit Anmeldungen zu verfahren hat, bei der der Eintritt des angemeldeten Tatbestandes von einem bestimmten, in der Zukunft liegenden Kalenderdatum abhängig ist.

Praxisbeispiel

– Abberufung eines Geschäftsführers zu einem ganz bestimmten zukünftigen Zeitpunkt (z.B. am 15.05. zum 30.06. des Jahres).

Hier empfiehlt es sich, die Praxis des betroffenen Registergerichts zu kennen. Register- und beurkundungsrechtlich nicht zu beanstanden ist, wenn die Unterschrift unter eine erst künftig eintretenden Tatsache direkt eingeholt, die Unterschriftsbeglaubigung aber erst dann durch den Notar vorgenommen wird, wenn der entsprechende Termin eingetreten ist („Vollzugsreife" i.S.d. § 53 BeurkG), und sodann die Anmeldung zum Handelsregister eingereicht wird. Dieses Verfahren macht jedoch eine effektive Fristenkontrolle noch wichtiger als ohnehin.

Ausnahmsweise kann auch eine künftige Tatsache schon angemeldet werden, wenn ihr Eintritt (materiell-rechtlich) nur unter der aufschiebenden Bedingung ihrer Eintragung im Handelsregister steht (sog. **Registerbedingung**). Eine solche Anmeldung ist zulässig und kommt in der Praxis häufig vor.

Hauptbeispiel

– Der Eintritt eines neuen Kommanditisten in eine KG wird i.d.R. auf den Zeitpunkt seiner Eintragung in das Handelsregister aufschiebend bedingt, um die Interimshaftung gem. § 176 Abs. 2 HGB auszuschließen.

c) Prüfung durch das Registergericht – Beschwerdeverfahren

Das Registergericht prüft die Registeranmeldung formell und teilweise auch materiell.

Zur **formellen Prüfung** gehört die Überprüfung der

– Zuständigkeit des Registergerichts,

– Anmeldeberechtigung des Anmeldenden,

– Einhaltung der Form,

– Vorlage aller erforderlichen Unterlagen,

– Eintragungsfähigkeit der angemeldeten Tatsachen.

Zur **materiellen Prüfung** gehört:

– Geprüft wird immer, ob die angemeldeten Tatsachen die begehrte Eintragung **rechtfertigen**.

Eine Nachprüfung der angemeldeten Tatsachen auf ihre inhaltliche Richtigkeit findet nur in begründeten Zweifelsfällen und bei gesetzlicher Anordnung statt. Letztere bestehen insbesondere dann, wenn die Registereintragung konstitutive Wirkung erzeugt und bei den auf das Stamm- oder Grundkapital bezogenen Anmeldungen (d.h. in erster Linie bei Kapitalgesellschaften).

Beispiele

– Prüfung der Satzung einer Kapitalgesellschaft auf die vorgeschriebenen Mindestinhalte (z.B. § 9c Abs. 2 GmbHG, § 36 Abs. 3 AktG). Überprüfung bei Neuanmeldungen bzw. geänderten Stornierungen, ob die gewählte Firma den Vorgaben aus §§ 18 ff. HGB entspricht.

Die weitere Behandlung der Handelsregisteranmeldung hängt bei Gericht davon ab, ob die Prüfung einen Mangel ergeben hat: bei mangelfreien Anmeldungen ist deren Eintragung zu verfügen (§ 25 HRV).

Leidet die Anmeldung unter einem **nicht behebbarem Mangel**, ist die Eintragung unter Angabe der maßgeblichen Gründe abzulehnen (§ 382 Abs. 3 FamFG; Rechtsmittel: befristete Beschwerde, § 58 FamFG).

Behebbare Mängel werden durch Zwischenverfügung beanstandet (§ 382 Abs. 4 FamFG). Erfolgt keine Abhilfe innerhalb der gesetzten Frist, zieht dies die Ablehnung des Eintragungsantrages durch Beschluss nach sich (§ 382 Abs. 3 FamFG; Rechtsmittel: befristete Beschwerde).

Befristeten Beschwerde

Frist: ein Monat nach Bekanntgabe der Entscheidung (§ 63 Abs. 1 und Abs. 3 Satz 1 FamFG).

Adressat: das Ausgangsgericht, also das Registergericht (Amtsgericht), das die Entscheidung erlassen hat, auf die sich die Beschwerde bezieht (§ 64 Abs. 1 FamFG).

Behandlung durch das Registergericht: Hilft es der Beschwerde nicht ab, so hat es diese dem Beschwerdegericht zur Entscheidung vorzulegen; Beschwerdegericht ist das zuständige Oberlandesgericht (vgl. § 119 Abs. 1 Nr. 1b GVG, § 68 Abs. 1 Satz 1 FamFG).

Gegen die Entscheidung des OLG ist **befristete Rechtsbeschwerde** zum BGH möglich (§ 70 FamFG), die aber der Zulassung durch den BGH bedarf.

Eintragungswirkungen

Kommt es trotz der Prüfung des Registergerichts zu einer Eintragung, die an einem materiell-rechtlichen Mangel leidet, hat die Eintragung – von wenigen Ausnahmen insbesondere im Umwandlungsrecht abgesehen – **keine heilende Wirkung**. Das bedeutet, dass das Register in einem solchen Fall unrichtig wird.

Beachte in der Praxis:

Eintragungsnachrichten deshalb auf ihre Richtigkeit hin überprüfen und ggf. Richtigstellung anmahnen!

Die einmal verfügte Eintragung kann aber abgesehen von den Fällen der Schreibfehlerberichtigung (§ 17 HRV) nicht einfach korrigiert oder gar gelöscht werden, hierfür ist zwingend das Verfahren der § 395 ff. FamFG einzuhalten.

6. Kosten von Registeranmeldungen

a) Notarkosten

Die **Grundnorm** zur Bestimmung des Geschäftswerts von Anmeldungen zum Handelsregister, Partnerschaftsregister und Genossenschaftsregister ist § 105 GNotKG. Die Norm regelt in Abs. 1–4 und 6 rechtsformabhängig und in Abs. 5 rechtsformunabhängig folgende Anmeldefälle:

Abs. 1: Erstanmeldung einer Kapitalgesellschaft, KG und eines VVaG; Kapitalmaßnahmen in GmbH und AG; Änderungen in der Person oder bei der Einlage eines Kommanditisten.

Abs. 3: Erstanmeldung eines Einzelkaufmanns, einer OHG, Partnerschaftsgesellschaft, Genossenschaft oder juristischen Person i.S.d. § 33 HGB.

Abs. 4: Folgeanmeldungen bei einer Kapitalgesellschaft, einem VVaG, OHG, KG Partnerschaftsgesellschaft, Genossenschaft oder juristischen Person i.S.d. § 33 HGB soweit nicht vorrangig ein Fall nach Abs. 1 vorliegt (siehe Abs. 2: „bei sonstigen Anmeldungen"!).

Abs. 5: Anmeldung wirtschaftlich unbedeutender Tatsachen (rechtsformunabhängig).

Abs. 6: Erst- und bestimmte Folgeanmeldungen einer per Musterprotokoll gegründeten UG (haftungsbeschränkt).

Hiervon hängt auch der maßgebliche Geschäftswert ab. Es gilt also: Lies den einschlägigen Anmeldefall in § 105 GNotKG ganz genau! – Ganz allgemein bestimmt sich der **Geschäftswert** in § 105 GNotKG entweder nach dem einzutragenden Geldbetrag bzw. dem Unterschiedsbetrag bei Folgeänderungen (§§ 97 Abs. 1, 105 Abs. 1 Satz 1 GNotKG), der Höhe des Stamm- oder Grundkapitals (v.a. Abs. 4 Nr. 1) oder der Zahl der betroffenen Gesellschafter. In den Fällen der Absätze 1–4 beträgt der Geschäftswert aber immer **mindestens 30.000 €** (Mindestgeschäftswert).

Ausnahmen von diesem Mindestgeschäftswert regeln Abs. 5–6:

– Für Anmeldungen einer geänderten **inländischen Geschäftsanschrift** oder ohne wirtschaftliche Bedeutung (z.B. Änderung eines Gesellschafternamens aufgrund Eheschließung) gilt ein ermäßigter Geschäftswert von 5.000 €, § 105 Abs. 5 GNotKG.

– Bei per **Musterprotokoll** gegründeter UG (haftungsbeschränkt) gem. § 105 Abs. 6 GNotKG, siehe oben Abschnitt III.

– Der **Höchstwert** einer Registeranmeldung beträgt gem. § 106 Satz 1 GNotKG **eine Mio. €.** Dies gilt auch dann, wenn mehrere Anmeldeerklärungen in einer Anmeldeerklärung zusammengefasst werden, § 106 Satz 2 GNotKG.

– Der **Gebührensatz** für die Fertigung des Entwurfs der Anmeldung beträgt 0,5, mindestens 30 €, gemäß Nr. 24102 KV GNotKG, da die Beurkundung der Anmeldung eine 0,5-Gebühr auslösen würde (Nr. 21201 Nr. 5 KV GNotKG). Der Gebührenrahmen ist bei einem vollständigem Entwurf des beglaubigenden Notars – dies ist die praktische Regel – voll nach oben auszuschöpfen (§ 92 Abs. 2 GNotKG). In der Entwurfsgebühr ist die Beglaubigung der Unterschrift(en) enthalten (Vorbem. 2.4.1 Abs. 2 KV GNotKG).

Hinzu kommt aufgrund der elektronischen Einreichung eine 0,3-Gebühr für die Erzeugung der **XML-Strukturdaten** (Nr. 22114 KV GNotKG) aus dem Geschäftswert der Anmeldung (§ 112 Satz 1 GNotKG). Die XML-Gebühr ist gedeckelt auf 250 €, fällt aber immer gesondert an, d.h. auch neben einer anderen Vollzugsgebühr (siehe die Anm. Nr. 22114 KV GNotKG!).

Beglaubigt der Notar die Unterschrift(en) unter eine durch Dritte vorbereiteten Anmeldung (sog. **Fremdentwurf**), beträgt der Gebührensatz 0,2, mindestens 20 und höchstens 70 € (Nr. 25100 KV GNotKG). Der Gebührensatz für die Erzeugung der XML-Strukturdaten richtet sich dann allerdings nach Nr. 22125 KV GNotKG; er ist mit 0,6 doppelt so hoch wie bei Nr. 22114 KV GNotKG, wobei die Höchstgebühr auch hier auf 250 € begrenzt ist. Grund für den höheren Gebührensatz in Nr. 22125 KV GNotKG (0,6) gegenüber Nr. 22114 KV GNotKG (0,3) ist, dass der GNotKG-Gesetzgeber für Fremdentwürfe keinen Gebührenvorteil schaffen wollte gegenüber der Entwurfsfertigung durch den Vollzugsnotar selbst.

Die auftragsgemäße Einholung einer **firmenrechtlichen Unbedenklichkeitsbescheinigung** bei IHK oder Handwerkskammer (dazu schon oben Abschnitt II. Ziffer 1. Buchst. a), f)) ist Vollzugstätigkeit zur Handelsregisteranmeldung (Vorbem. 2.2.1.1 Abs. 1 Satz 2 Nr. 1 KV GNotKG). Der Geschäftswert entspricht demjenigen des zugrunde liegenden Beurkundungsverfahrens (§ 112 GNotKG). Es fällt eine 0,3-Gebühr an, höchstens jedoch 50 € (Nr. 22111, 22112 KV GNotKG).

Beachte in der Praxis:

Der Geschäftswert bei Anmeldungen zum **Vereinsregister** bestimmt sich nicht nach § 105 GNotKG, sondern (i.d.R.) nach § 36 GNotKG (siehe unten Abschnitt V. Ziffer 2.).

b) Gerichtskosten

Die gerichtlichen Kosten der Eintragung ins Handelsregister richten sich nach § 58 GNotKG i.V.m. **Handelsregistergebührenverordnung** (HRegGebV). Wie alle Kostengesetze besteht die HRegGebV aus einem Paragrafenteil und einem Gebührenverzeichnis (GV) als gesetzlicher Anlage hierzu (§ 1 HRegGebV). Hierzu ist Folgendes wichtig:

- **Anwendungsbereich:** Die HRegGebV gilt auch für Eintragungen in das Genossenschafts- und Partnerschaftsregister.

- **Pauschale Gebühren:** Aufgrund einer Vorgabe des EuGH dürfen die Registergerichte bei Kapitalgesellschaften nur aufwandsbezogene Eintragungsgebühren berechnen. Die HRegGebV sieht hierzu feste Gebührensätze – d.h. unabhängig vom Wert der Angelegenheit – vor. Die **Ermittlungsmethode** ist jetzt in § 58 Abs. 2 Satz 3 GNotKG näher detailliert. Pauschale Eintragungskosten entstehen auch bei den Personengesellschaften, beispielsweise der Ersteintragung einer Gesellschaft mit bis zu drei einzutragenden Gesellschaftern oder einer Partnerschaft mit bis zu drei einzutragenden Partnern (Nr. 1101 GV HRegGebV: 100 €).

- **Mehrheit von Anmeldetatbeständen:** Enthält nach der Ersteintragung eine spätere Anmeldung mehrere einzutragende Tatsachen, gilt die Grundregel des § 2 Abs. 2 Satz 1 HRegGebV, dass für jede einzutragende, von derselben Anmeldung umfasste Tatsache die im GV bestimmte Gebühr entsteht, und zwar unabhängig von der Anzahl der im Übrigen noch angemeldeten Tatsachen. Speziell für das Eintreten oder Ausscheiden einzutragender Personen stellt § 2 Abs. 2 Satz 2 HRegGebV klar, dass kostenrechtlich hinsichtlich einer jeden Person eine besondere Gebühr erhoben wird. Beispiel: Für die Eintragung des Eintritts von drei neuen Kommanditisten in eine aus 5 Gesellschaftern bestehende KG entstehen einmal die Gebühr 1501 und zwei Mal die Gebühr 1503 GV HRegGebV (Eintragung der zweiten und jeder weiteren Tatsache aufgrund derselben Anmeldung), zusammen also 120 €.

– **Veröffentlichungskosten:** Die früher in Höhe von 1 € zusätzlich erhobenen Veröffentlichungskosten (§ 137 Abs. 1 Nr. 4a KostO) sind entfallen (vgl. Anm. zu Nr. 31004 KV GNotKG).

– **Starksagung:** § 8 Abs. 2 KostO bestimmte früher, dass das Registergericht die Eintragung von der Zahlung eines Vorschusses abhängig machen soll. § 13 Satz 1 GNotKG sieht die Vorauszahlung nunmehr nur noch als Möglichkeit des Gerichts („kann"). Ermessensfehlerhaft ist es daher, wenn Registergerichte Eintragungen im Handelsregister – wie regional durchaus üblich – durchgängig oder immer bei bestimmten Geschäften von der Zahlung des Vorschusses abhängig machen.

Beachte in der Praxis:

Um einen schnellen Vollzug nicht zu gefährden, kann im Einzelfall mit einer Haftungsübernahme durch den einreichenden Notar (sog. Starksagung) nach § 16 Nr. 3 GNotKG gearbeitet werden. Diese ist durchaus praxisüblich, wenn zwischen Notar und anmeldender Person/Gesellschaft eine Geschäftsbeziehung besteht.

7.   Äußere Struktur einer Handelsregisteranmeldung

Es gibt ganz **unterschiedliche Anmeldefälle.** Die Bandbreite reicht z.B. von der erstmaligen Anmeldung eines Einzelkaufmanns über die Kapitalerhöhung bei einer Aktiengesellschaft bis hin zur grenzüberschreitenden Verschmelzung auf eine deutsche Zielgesellschaft. Entsprechend unterschiedlich sind die Anmeldeinhalte. Im „Ernstfall" lohnt es sich, eine der **Mustersammlungen** zu Rate zu ziehen, die in jedem Notariat verfügbar sind.

Gerade dem Berufseinsteiger kann es aber helfen, sich einmal klarzumachen, dass ungeachtet aller Unterschiede im Detail

– die **äußere Struktur** einer Handelsregisteranmeldung ebenso wenig gesetzlich vorgegeben ist wie ihr genauer Inhalt, sofern nicht das Gesetz ausnahmsweise entsprechende Vorgaben macht (z.B. in § 106 Abs. 2 HGB),

– für Registeranmeldungen – ähnlich wie im Immobilienkaufvertrag – gilt, dass die Geschmäcker und **regionalen Gepflogenheiten** unterschiedlich sind,

– im Kern aber **immer vom Ergebnis her zu denken** ist, nämlich von der (den) Änderung(en) im Registerblatt, die mit der Anmeldung begehrt wird (werden). Dem Registergericht sind alle zum Vollzug dieses Antrags erforderlichen Informationen an die Hand zu geben,

– etwas **Service** für das Registergericht nur ganz selten schaden wird.

Aus diesen Überlegungen lässt sich ein **zweckmäßiger Aufbau**, ein äußeres Gerüst „destillieren", das für jede beliebige Registeranmeldung verwendet werden kann. Zur besseren Erkennbarkeit werden einzelne Unterabschnitte gebildet, die natürlich in einer echten Registeranmeldung entfallen können:

 Muster: Äußere Struktur einer Registeranmeldung

Abschnitt	Beispielhafte Formulierung(en)
1. Adressat (Empfänger)	An das Amtsgericht – Handelsregister Abt. A – in Musterstadt
2. Betreffzeile	Neueintragung Max Müller OHG in Musterstadt *oder* HRA 100 – Max Müller OHG in Musterstadt hier: Änderung der inländischen Geschäftsanschrift
3. Anmeldeerklärung(en)	Zur Eintragung in das Handelsregister der vorgenannten Gesellschaft wird angemeldet: 1. Der Gesellschafter Peter Meier, Köln, ist nicht mehr Gesellschafter. 2. Die inländische Geschäftsanschrift lautet nunmehr: Hauptstraße 18, 12345 Musterstadt.
4. Anlage(n)	Es werden folgende Anlagen überreicht: 1. Notarielles Protokoll vom 18.06.2016 (UR-Nr. 1874/2016, Notar Max Mustermann), enthaltend das Protokoll einer Gesellschafterversammlung mit Beschluss über die Kapitalerhöhung, 2. notariell beglaubigte Übernahmeerklärung des Gesellschafters Werner Hintz, Berlin (UR-Nr. 412/2016, Notar Peter Petersen), 3. Liste der Übernehmer der neuen Geschäfts.anteile 4. vollständiger Wortlaut des Gesellschaftsvertrages mit notarieller Bescheinigung gem. § 54 Abs. 1 Satz 2 GmbHG,

Abschnitt	Beispielhafte Formulierung(en)
5. Inländische Geschäftsanschrift	Die inländische Geschäftsanschrift der Gesellschaft lautet unverändert: Hauptstraße 18, 12345 Musterstadt.
	oder
	Zu Informationszwecken wird ohne Anmeldung mitgeteilt: Die inländische Geschäftsanschrift der Gesellschaft lautet unverändert: Hauptstraße 18, 12345 Musterstadt.
	[Hinweis: Gemäß § 24 Abs. 2 HRV ist nur die Änderung der eingetragenen inländischen Geschäftsanschrift anzumelden. Gleichwohl hat es sich teilweise eingebürgert, diese Angabe standardmäßig zu wiederholen. Hat sich die eingetragene Geschäftsanschrift nicht geändert, ist ihre erneute Mitteilung an das Gericht kostenrechtlich irrelevant.]
6. Vollzugsvollmacht an den Notar	Der beglaubigende Notar, sein Vertreter oder der Amtsnachfolger ist bevollmächtigt, die vorstehende Handelsregisteranmeldung einzuschränken und in gleicher Weise zurückzuziehen, sowie zweckdienliche Änderungen und Ergänzungen vorzunehmen.
	[Hinweis: Eine zweckmäßige Vollzugsvollmacht an den Notar kann – gerade in schwierigen Fällen oder bei einer Vielzahl von Beteiligten – hilfreich sein.]
(ggf. Versandhinweise)	Die Benachrichtigung des Registergerichts wird an die Gesellschaft unmittelbar, eine weitere zu den Akten des Notars erbeten.
(ggf. Belehrungen)	Den Beteiligten ist ihre Haftung gem. §§ 171–173, 159 HGB bekannt.

| 7. Ort, Datum,
Unterschriften | *[Hinweis: Es müssen **alle** erforderlichen Unter-
schriften vorliegen. **Beachte:** bei Personenhandels-
gesellschaften müssen i.d.R. sämtliche Gesell-
schafter an der Registeranmeldung mitwirken
(§§ 108 Satz 1, 143 Abs. 1 Satz 1, Abs. 2, 144
Abs. 2, 148 Abs. 1 Satz 1 HGB), bei Kapitalgesell-
schaften genügt grundsätzlich die Anmeldung
durch Geschäftsführer/Vorstände in vertretungsbe-
rechtigter Zahl, es sei denn, das Gesetz verlangt
ausnahmsweise die Anmeldung durch sämtliche
bestellte Geschäftsführer/Vorstände (wie z.B. in
§ 78 zweiter Halbsatz GmbHG, § 36 Abs. 1 AktG)].* |
| 8. Beglaubigungsvermerk
des Notars | *[Hinweis: siehe dazu oben § 2 Abschnitt III.]* |

8. Formulierungsbeispiele aus dem Bereich Einzelkaufmann und Personenhandelsgesellschaften

Im Bereich der Personenhandelsgesellschaften wird der Notar oftmals nur zur Anmeldung der ohne seine Beteiligung (d.h. privatschriftlich) herbeigeführten Veränderung herangezogen (siehe schon oben Abschnitt I. Ziffer 3.). Das Recht von OHG und KG erschließt sich dem Notariatsmitarbeiter daher nicht selten allein durch die **Vorbereitung von Handelsregisteranmeldungen**. Diesem Zweck dienen die nachfolgenden kommentierten Formulierungsbeispiele für einige der besonders praxisrelevanten Fallgruppen:

a) Erstanmeldung Einzelkaufmann

 Muster: Erstanmeldung Einzelkaufmann

Urkundenrolle Nr. .../...

Amtsgericht [Ort]
– Handelsregister A –
[PLZ Ort]

Neuanmeldung – [Firma e.K.] in [Ort]

Zur Eintragung in das Handelsregister melde ich an:

1. Der Unterzeichnete, [Vorname, Name], [Geburtsdatum], [Wohnort] betreibt in [Ort] unter der Firma [Firma e.K.] ein Handelsgewerbe.

2. Gegenstand des Unternehmens ist [Bezeichnung].

3. Die Geschäftsräume befinden sich in [Adresse]; dies entspricht auch der inländischen Geschäftsanschrift gem. § 29 HGB.

[Ort], den ...

...

Unterschrift

[Es folgt die Unterschriftsbeglaubigung des Notars nach üblichem Muster, siehe oben § 2 Abschnitt III., einschließlich Eintragungsfähigkeitsprüfungsvermerk nach § 378 Abs. 3 FamFG]]

Kaufmann ist gem. § 1 HGB jeder, der ein **Handelsgewerbe** betreibt. Dieser Begriff ist gesetzlich nicht definiert. Man versteht darunter aber gemeinhin jede erlaubte, selbständige, planmäßige, auf eine Gewisse Dauer und Gewinnerzielung gerichtete Tätigkeit, die nicht freiberuflich oder land- und forstwirtschaftlich (sog. **Urproduktion**) ist, und die nach Art und Umfang einen in kaufmännischer Weise eingerichteten Gewerbetrieb erfordert. Merke also: Der Freiberufler, z.B. ein Notar, Arzt oder Rechtsanwalt, ist kein Gewerbetreibender!

Sind alle Merkmale eines Handelsgewerbes erfüllt, ist der Inhaber dieses Unternehmens kraft Gesetzes, also automatisch, Kaufmann (sog. **Ist-Kaufmann**). Die Eintragung im Handelsregister wirkt dann nur deklaratorisch (dazu oben Ziffer 1. Buchst. b)).

Daneben gibt es aber auch Geschäfte, die zwar gewerblicher Art sind, aber nach Art und Umfang keinen kaufmännischen Gewerbebetrieb erfordern. Ob das der Fall ist, bestimmt sich danach, ob eine kaufmännische Buchführung notwendig ist, und nach

– der Höhe der Umsätze,

– der Komplexität und Vielfalt der anfallenden Geschäftsvorgänge,

– der Beschäftigtenzahl,

– der Größe des Betriebsstätte.

Maßgeblich sind immer die Umstände des Einzelfalls.

Beispiel

– Ein inhabergeführter kleiner Kiosk ohne Angestellte mit wenig Produkten und geringem Umsatz. Der Inhaber eines solchen Gewerbebetriebs wird gem. § 2 HGB durch (freiwillige) Eintragung im Handelsregister zum Kaufmann (sog. **Kann-Kaufmann**).

Den vorstehenden **Inhalt der Handelsregisteranmeldung** geben § 29 HGB und § 24 HRV vor. Nach der Ersteintragung sind die in § 31 HGB genannten Veränderungen anmeldepflichtig, ferner z.b. die Errichtung einer Zweigniederlassung (§ 13 HGB) sowie die Erteilung einer Prokura (§ 53 Abs. 1 Satz 1 HGB).

Kostenhinweis

Erstanmeldung Geschäftswert: 30.000 € (§ 105 Abs. 3 Nr. 1 GNotKG). 0,5-Gebühr (Nr. 24102 KV GNotKG). XML-Gebühr (Nr. 22114 KV GNotKG).

b)   Gründung einer OHG

 Muster: Gründung einer OHG

Urkundenrolle Nr. .../...

Amtsgericht [Ort]
– Handelsregister A –
[PLZ Ort]

Neuanmeldung – [Firma e.K.] in [Ort]

Zur Eintragung in das Handelsregister am Sitz der Gesellschaft wird angemeldet:

1. Die unterzeichnenden Gesellschafter
   a) Herr [Vorname, Name], geboren am [Datum], wohnhaft in [Ort], und
   b) Frau [Vorname, Name], geboren am [Datum], wohnhaft in [Ort],
   haben eine offene Handelsgesellschaft gegründet.
2. Die Firma der Gesellschaft lautet: [Firma] OHG.
3. Sitz der Gesellschaft ist [Sitz].
4. Die inländische Geschäftsanschrift der Gesellschaft ist [Adresse]. Dort befinden sich auch die Geschäftsräume der Gesellschaft.

5. Vertretungsrecht der persönlich haftenden Gesellschafter:

Jeder Gesellschafter vertritt die Gesellschaft einzeln (allgemeine Vertretungsbefugnis).

Frau [Vorname, Name] vertritt die Gesellschaft einzeln. Sie ist berechtigt, im Namen der Gesellschaft Rechtsgeschäfte mit sich im eigenen Namen oder als Vertreter Dritter vorzunehmen (Befreiung von den Beschränkungen des § 181 BGB). Herr [Vorname, Name] ist von der Vertretung der Gesellschaft ausgeschlossen (besondere Vertretungsbefugnis).

6. Gegenstand des Unternehmens ist: [Gegenstand].

[Ort], den ...

...

[Unterschriften]

[Es folgt die Unterschriftsbeglaubigung des Notars nach üblichem Muster, siehe oben § 2 Abschnitt III., einschließlich Eintragungsfähigkeitsprüfungsvermerk nach § 378 Abs. 3 FamFG]

Anmerkungen

Ziffern 1–5

Die Offene Handelsgesellschaft (OHG, auch oHG) ist eine **Personenhandelsgesellschaft** (siehe oben Abschnitt I. Ziffer 1.), deren Zweck auf den Betrieb eines Handelsgewerbes gerichtet ist. Im Unterschied zur Kommanditgesellschaft (KG) haften in der OHG **sämtliche Gesellschafter** unmittelbar und **persönlich** für die Verbindlichkeiten der Gesellschaft den Gesellschaftsgläubigern gegenüber (§§ 105 Abs. 1, 128, 129 HGB). Die OHG kann am Rechtsverkehr als Rechtssubjekt teilnehmen (§ 125 HGB). Es können also Verträge für die OHG abgeschlossen werden, die OHG kann Vermögensgegenstände erwerben, sie kann als Eigentümerin eines Grundstücks im Grundbuch eingetragen werden usw.

Die hier vorliegende **Erstanmeldung einer OHG** zum Handelsregister hat durch sämtliche Gründungsgesellschafter zu erfolgen (§ 108 Satz 1 HGB). Zuständig ist das Gericht, in dessen Bezirk die Gesellschaft ihren Sitz hat (§ 106 Abs. 1 HGB). Den notwendigen Inhalt der Anmeldung gibt § 106 Abs. 2 HGB vor:

Nr. 1: Name, Vorname, Geburtsdatum und Wohnort jedes Gesellschafters, bei Handelsgesellschaften Firma und Sitz, bei BGB-Gesellschaften alle Gesellschafter (vgl. auch § 161 Abs. 1 Satz 2 HGB für die KG). Soweit der Wohnort anzugeben ist, meint dies – wie bei den Organmitgliedern in der Kapitalgesellschaft und GmbH-Gesellschaftern – nur die **politische Gemeinde**, nicht die genaue Wohnanschrift. Die Aufzählung zeigt, dass Gesellschafter einer OHG sowohl natürliche als auch juristische Personen und auch Personenhandelsgesellschaften sein können. Bei Beteiligung **Minderjähriger** ist an eine ordnungsgemäße Vertretung und die (dem Handelsregister in mit Rechtskraftvermerk versehener Ausfertigung vorzulegende) familiengerichtliche Genehmigung zu denken (siehe unten § 14 Abschnitt IV. Ziffer 4. Buchst. b)).

Nr. 2: Firma der Gesellschaft, Sitz und inländische Geschäftsanschrift (siehe im Muster die Ziffer 2.–4.). Der Sitz einer Personenhandelsgesellschaft wird im Gegensatz zu dem Kapitalgesellschaften nicht durch den Satzungssitz bestimmt, sondern durch den tatsächlichen Verwaltungssitz. Das ist der Ort, an dem die maßgeblichen Verwaltungsentscheidungen getroffen werden. Die bloße Adressänderung innerhalb derselben politischen Gemeinde ist keine Sitzverlegung, sondern erfordert (nur) die Anmeldung einer geänderten inländischen Geschäftsanschrift. Die Registergerichte holen vor Eintragung einer Firma grundsätzlich die Stellungnahme der örtlich zuständigen IHK oder Handwerkskammer im Hinblick auf die Zulässigkeit von Firma und Unternehmensgegenstand ein (vgl. § 380 FamFG und oben Abschnitt II. Ziffer 1. Buchst. a)).

Nr. 3: ist entfallen zum 01.09.2004 und betraf die Anmeldung des Zeitpunkts des Beginns der Gesellschaft. Eine OHG (auch eine KG), die ein Handelsgewerbe i.S.d. § 1 Abs. 2 HGB betreibt (sog. **Ist-Kaufmann**), ist mit Aufnahme des Geschäftsbetriebs entstanden. Die Eintragung im Handelsregister hat in diesem Fall lediglich deklaratorische Bedeutung (zu diesem Begriff bereits oben Ziffer 1. Buchst. b)). Nur dann, wenn der Gewerbebetrieb nicht schon nach Art und Umfang ein Handelsgewerbe darstellt, markiert erst die Eintragung der Gesellschaft im Handelsregister den Beginn der OHG (oder KG, sog. **Kann-Kaufmann**).

Nr. 4: Vertretungsmacht der Gesellschafter: In der Anmeldung ist anzugeben, wie die Gesellschaft vertreten wird. Üblicherweise ist dies für alle Gesellschafter abstrakt im Gesellschaftsvertrag der OHG geregelt (sog. abstrakte oder **allgemeine Vertretungsbefugnis**). Fehlt eine solche Regelung, gilt die gesetzliche Vertretungsregelung des § 125 Abs. 1 HGB: Jeder Gesellschafter ist einzeln vertretungsbefugt. Angaben zur allgemeinen Vertretungsbefugnis sind auch dann in der Anmeldung erforderlich, wenn diese der gesetzlichen Regelung entspricht. Grund ist, dass die Vertretungsverhältnisse in der Gesellschaft aus dem Registerblatt ersichtlich sein sollen. Es ist üblich und empfehlenswert, in der Anmeldung ferner mitzuteilen, wie die konkret angemeldeten Gesellschafter die Gesellschaft vertreten (sog. konkrete oder **besondere Vertretungsbefugnis**); im Handelsregisterblatt zwingend eingetragen werden muss eine solche besondere Vertretungsbefugnis gem. § 40 Nr. 3 Satz 2 HRV jedoch nur dann, wenn sie von der allgemeinen Vertretungsbefugnis abweicht. Daneben kann eine allgemein oder (wie im obigen Muster) dem oder den einzelnen Gesellschafter(n) erteilte Befreiung von § 181 BGB angemeldet und im Handelsregister eingetragen werden, da sie für den Rechtsverkehr von erheblicher Bedeutung ist.

Ziffer 6

Gemäß § 24 Abs. 4 HRV ist auch der Gegenstand des Unternehmens der OHG anzugeben. Dieser wird allerdings – anders als bei den Kapitalgesellschaften in Abteilung B – nicht auf dem Registerblatt eingetragen.

c)   Tod eines OHG-Gesellschafters – der Gesellschaftsvertrag enthält keine einschlägige Regelung

Muster: Tod eines OHG-Gesellschafters (keine Regelung im Gesellschaftsvertrag)

Urkundenrolle Nr. .../...

Amtsgericht [Ort]
– Handelsregister A –
[PLZ Ort]

HRA 15928 – [Firma OHG] in [Ort]

Zur Eintragung in das Handelsregister am Sitz der Gesellschaft wird angemeldet:

1. Der Gesellschafter Herr [Vorname, Name, ggf. Geburtsdatum] ist verstorben. Er ist damit aus der Gesellschaft ausgeschieden.

2. Die Gesellschaft wird unter den bisherigen Gesellschaftern fortgeführt.

3. Die Firma der Gesellschaft bleibt unverändert. Die Erben des verstorbenen Gesellschafters willigen in die Fortführung der Firma ein.

4. Die Geschäftsräume befinden sich unverändert in [Anschrift]; dies ist auch die inländische Geschäftsanschrift i.S.d. § 106 Abs. 2 Nr. 2 HGB.

Als Nachweis über den Eintritt der Erfolge wird vorgelegt: Notarielles Einzeltestament vom [Datum] (UR-Nr. [Nummer/Jahr] des Notars [Name] in [Ort]) nebst Eröffnungsprotokoll des Amtsgerichts – Nachlassgericht – in [Ort] vom [Datum] (Az. [Aktenzeichen]).

[Ort], den ...

...

[Unterschriften aller verbliebenen Gesellschafter **und der Erben!**]

[Beglaubigungsvermerk des Notars, siehe oben § 2 Abschnitt III. Ziffer 4. , einschließlich Eintragungsfähigkeitsprüfungsvermerk nach § 378 Abs. 3 FamFG]

Anmerkungen

Ziffer 1 und 2

Gemäß § 131 Abs. 3 Satz 1 Nr. 1 HGB führt der Tod eines OHG-Gesellschafters zu dessen Ausscheiden aus der Gesellschaft. Der tiefere Sinn dieser Bestimmung lautet:

Die Gesellschaft ist infolge des Todes nicht aufgelöst, sondern **besteht fort** („wird fortgesetzt"). Darin unterscheiden sich OHG und KG von der GbR, bei der der Tod eines Gesellschafters einen Auflösungsgrund darstellt (§ 727 Abs. 1 BGB).

Die Erben des verstorbenen Gesellschafters werden **nicht zu neuen Gesellschaftern,** es findet also keine Nachfolge von Todes wegen in die Gesellschafterstellung statt.

Zu beachten ist, dass diese gesetzlichen Regeln **im Gesellschaftsvertrag abgeändert** werden können, also dispositiv sind. Denkbar und zulässig wäre daher z.b. die Vereinbarung, wonach eine OHG beim Tod eines Gesellschafters abweichend von § 131 Abs. 3 Satz 1 Nr. 1 HGB aufgelöst ist.

Ziffer 3

Gemäß § 24 Abs. 2 HGB bedarf es bei dem (auch todesfallbedingten) Ausscheiden eines Gesellschafters, dessen Name in der Firma enthalten ist, zur Fortführung der Firma der **ausdrücklichen Einwilligung** des Gesellschafters (oder im Todesfall seiner Erben). Diese kann zweckmäßigerweise in der Registeranmeldung aufgenommen werden, da sie von dem ausscheidenden Gesellschafter (bzw. im Todesfall von sämtlichen Erben des Verstorbenen) zu unterschreiben ist (siehe sogleich).

Anlage

Gemäß § 12 Abs. 1 Satz 4 HGB haben die Erben eines Gesellschafters die Rechtsnachfolge durch öffentliche Urkunden nachzuweisen.

Unterschriften

Auch alle auf dem Erbnachweis ausgewiesenen **Erben** des verstorbenen Gesellschafters müssen die Registeranmeldung unterschreiben. Entsprechend muss auch ein zu Lebzeiten aus der Gesellschaft ausgeschiedener Gesellschafter die Registeranmeldung, mit der sein Ausscheiden zur Eintragung ins Handelsregister angemeldet wird, mit unterschreiben. Dass er bzw. die Erben im vorliegenden Fall zum Zeitpunkt der Registeranmeldung nicht mehr bzw. im Fall der Erben niemals Gesellschafter der Gesellschaft waren, spielt für das Handelsregister keine Rolle! Das Anmeldeerfordernis aller Gesellschafter (bzw. ihrer Erben) ergibt sich aus §§ 107, 108 Satz 1 HGB.

Kostenhinweis

Geschäftswert: 30.000 € (§ 105 Abs. 4 Nr. 3 GNotKG). 0,5-Gebühr (Nr. 24102 KV GNotKG). XML-Gebühr (Nr. 22114 KV GNotKG).

d)   Erstanmeldung einer GmbH & Co. KG

 Muster: Neuanmeldung einer GmbH & Co. KG

Urkundenrollen Nr. .../2019

Amtsgericht [Ort]
– Handelsregister A –
[PLZ Ort]

Neuanmeldung – [Firma GmbH & Co. KG] in [Ort]

Zur Eintragung in das Handelsregister am Sitz der Gesellschaft wird angemeldet:

1. Die unterzeichnenden Gesellschafter

    a) Herr [Vorname, Name], geboren am [Datum], wohnhaft in [Ort],

    b) Frau [Vorname, Name], geboren am [Datum], wohnhaft in [Ort], sowie

    c) [Firma Komplementär-] GmbH mit Sitz in [Ort] (AG [Ort] HRB [Nummer])

    haben eine Kommanditgesellschaft gegründet.

2. Die Firma der Gesellschaft lautet: [Firma] GmbH & Co. KG.

3. Sitz der Gesellschaft ist [Ort].

4. Persönlich haftende Gesellschafterin ist [die unter 1.c) genannte] GmbH, vorgenannt.

5. Kommanditisten sind

    – Herr [Vorname, Name], vorgenannt, mit einer Einlage von [Betrag] €, und

    – Frau [Vorname, Name], vorgenannt, mit einer Einlage von [Betrag] €.

6. Die inländische Geschäftsanschrift der Gesellschaft ist [Adresse]. Dort befinden sich auch die Geschäftsräume der Gesellschaft.

7. Jeder persönlich haftende Gesellschafter vertritt die Gesellschaft einzeln. Die persönlich haftende Gesellschafterin [oben unter 1.c) genannte] GmbH, vorgenannt, und ihre jeweiligen Geschäftsführer sind berechtigt, im Namen der Gesellschaft Rechtsgeschäfte mit sich im eigenen Namen oder als Vertreter Dritter vorzunehmen (Befreiung von den Beschränkungen des § 181 BGB).

8. Gegenstand des Unternehmens ist: [Gegenstand].

[Ort], den ...

...

[Unterschriften aller Gesellschafter, für die GmbH handeln die Geschäftsführer oder Prokuristen in vertretungsberechtigter Zahl]

[Es folgt die Unterschriftsbeglaubigung des Notars nach üblichem Muster, siehe oben § 2 Abschnitt III., einschließlich Eintragungsfähigkeitsprüfungsvermerk nach § 378 Abs. 3 FamFG]

Anmerkungen

Ziffer 1

Bei der Kommanditgesellschaft (KG) handelt es sich gem. § 161 Abs. 1 HGB eine Gesellschaft, deren Zweck – wie bei der OHG (siehe oben Buchst. b)) – auf den Betrieb eines Handelsgewerbes gerichtet ist. Bei der KG ist aber – anders als bei der OHG –

– bei mindestens einem Gesellschafter die Haftung gegenüber den Gesellschaftsgläubigern auf den Betrag einer bestimmten Vermögenseinlage (sog. Haftsumme) beschränkt – dies sind die Kommanditisten –,

– während bei mindestens einem anderen Gesellschafter eine Beschränkung der Haftung nicht stattfindet – dies sind die persönlich haftenden Gesellschafter (auch: Komplementäre in Abgrenzung zu den Kommanditisten genannt).

Der grundlegende Unterschied zwischen OHG und KG ist demnach die unterschiedliche Haftung der Gesellschafter in der KG. Die für die KG wesensprägende Haftungsbeschränkung des Kommanditisten funktioniert, vereinfacht gesprochen, wie folgt:

Bis zur Eintragung der KG haftet der Kommanditist den Gesellschaftsgläubigern gegenüber unbeschränkt wie ein vollhaftender Gesellschafter, wenn und solange die Voraussetzungen des § 176 Abs. 1 Satz 1 HGB erfüllt sind:

1. der Kommanditist hat der Aufnahme der Geschäfte durch die KG vor seiner Eintragung zugestimmt und

2. dem Gläubiger war seine Beteiligung als Kommanditist unbekannt.

Beachte in der Praxis:

Liegt ein solcher Fall vor, ist die Ersteintragung der KG besonders schnell zu veranlassen, um die Haftungsgefahren für den Kommanditisten zu reduzieren.

Nach Ersteintragung der KG im Handelsregister – die notwendig auch die Eintragung des (oder der) Gründungskommanditisten mit der (jeweiligen) Haftsumme umfasst – ist die persönliche Haftung des Kommanditisten für die Verbindlichkeiten der Gesellschaft ausgeschlossen, **wenn** der Kommanditist seine Einlage voll geleistet hat (§ 171 Abs. 1 zweiter Halbsatz HGB) und **solange**, wie sie ihm nicht gestundet, erlassen oder zurückgezahlt worden (§ 172 Abs. 3, 4 HGB).

Haftsumme ist dabei ein im Gesellschaftsvertrag vereinbarter und zur Eintragung im Handelsregister bestimmter Geldbetrag (der auch auf Cent-Beträge lauten kann, anders als ein GmbH-Geschäftsanteil, § 5 Abs. 2 Satz 1 GmbHG). Dieser Geldbetrag kann grundsätzlich frei gewählt werden und entspricht nicht zwangsläufig dem tatsächlichen Beitrag, den der Kommanditist zum Gelingen der Gesellschaft intern zu leisten versprochen hat.

Beispiele

– Der Kommanditist kann mit einer Haftsumme von 1.000 € im Handelsregister eingetragen sein, aber im Gesellschaftsvertrag versprochen haben, der Gesellschaft ein Betriebsgrundstück im Wert von 250.000 € zu übertragen. Dann handelt es sich bei dem versprochenen Grundstück um die sogenannte Pflichteinlage des Kommanditisten. Diese kommt im Handelsregister und damit auch in der Handelsregisteranmeldung aber nicht vor! (**Beachte nebenbei:** die Abrede über die Einlage eines bestimmten Grundstücks macht den KG-Vertrag ausnahmsweise wegen § 311b Abs. 1 Satz 1 BGB beurkundungspflichtig.)

– Tritt ein **Kommanditist in eine bestehende KG ein,** haftet er für die zwischen seinem Beitritt und seiner Eintragung im Handelsregister begründeten Gesellschaftsverbindlichkeiten unbeschränkt, wenn dem Gläubiger seine Beteiligung als Kommanditist unbekannt war, § 176 Abs. 2 HGB. Im Übrigen haftet auch der eingetragene Kommanditist wie oben dargestellt nach seiner Leistung der Haftsumme nicht mehr, solange sie ihm nicht gestundet, erlassen oder zurückgezahlt wird. Diese Interimshaftung kann (und wird in der Praxis) dadurch vermieden werden, dass der Eintritt des Kommanditisten unter der aufschiebenden Bedingung seiner Eintragung in das Handelsregister erfolgt (siehe dazu unten Buchst. e)).

Beachte zudem:

Das Registergericht prüft die Höhe der Haftsumme und ihre tatschliche Aufbringung **in keiner Weise!** Es sind weder der Gesellschaftsvertrag noch Einzahlungsbelege oder Ähnliches vorzulegen. Dies wäre ein Verstoß gegen die notarielle **Verschwiegenheitspflicht.** Die anmeldenden oder vertretungsberechtigten Gesellschafter müssen auch keine Versicherungen über die Erbringung der Einlage abgeben. Anders als im GmbH-Recht findet eine Kontrolle der „Kapitalaufbringung" des Kommanditisten nicht statt, da es sich bei seiner Einlage nicht um Stammkapital der Gesellschaft handelt.

Eine besondere und in der Praxis ganz weit verbreitete Erscheinungsform der Kommanditgesellschaft ist die **GmbH & Co. KG.** Dabei handelt es sich um KG, bei der eine GmbH der (i.d.R. einzige) persönlich haftende Gesellschafter der KG ist. Häufig, aber nicht rechtlich notwendig, sind die Eigentümer (Gesellschafter) der GmbH zugleich die Kommanditisten der KG. Dadurch wird mit einfachen Mitteln eine „**haftungsbeschränkte Personengesellschaft**" erzielt, da die GmbH zwar für die Verbindlichkeiten der KG voll haftet, die dahinterstehenden Gesellschafter der GmbH aber gerade nicht und auch die Kommanditisten der KG unter den oben dargestellten Voraussetzungen ebenfalls nicht. Diese am weitesten verbreitete Form der sogenannten Typenvermischung von Kapital- und Personengesellschaft ist allgemein anerkannt und bietet den Vorteil, die Flexibilität der Personengesellschaft mit der Haftungsbeschränkung der Kapitalgesellschaft zu kombinieren.

Ziffern 2–4, 6–8

Da der Unterschied zwischen KG und OHG auf die besondere Stellung der Kommanditisten beschränkt ist, finden auf die KG die **Vorschriften für die OHG Anwendung,** sofern sich keine Abweichungen aus den §§ 162–177a HGB ergeben. Die Generalverweisung auf das Recht der OHG bedeutet auch, dass für die Registeranmeldungen in der KG grundsätzlich dieselben Regeln gelten wie für die OHG. Es sind daher die „ganz normalen" Angaben gem. § 106 HGB (i.V.m. § 161 Abs. 2 HGB) zu machen.

Ziffer 5

Die Anmeldung der Errichtung einer KG hat die **zusätzlichen Angaben** gem. § 162 Abs. 1 HGB zu enthalten:

Enthalten sein muss die **Bezeichnung der Kommanditisten,** also Angaben zu Namen und Vornamen, Geburtsdatum und Wohnort.

Dies impliziert, dass auch anzugeben ist, welcher Gesellschafter der KG als Kommanditist beigetreten ist und welcher als Komplementär.

Beachte ferner:

Ist eine GbR Kommanditist (was zulässig ist), so sind auch deren Gesellschafter und spätere Änderungen in der Zusammensetzung der Gesellschafter zur Eintragung anzumelden (§ 162 Abs. 1 Satz 2).

Enthalten sein muss ferner der **Betrag der Einlage** eines jeden Kommanditisten.

Damit ist die Haftsumme gemeint (siehe oben bei Ziffer 1.)

Ziffer 7

Der Kommanditist ist – nach innen – von der Führung der Geschäfte der KG ausgeschlossen (§ 164 Satz 1 HGB). Zur Vertretung der KG – nach außen – ist der Kommanditist ebensowenig berechtigt, § 170 HGB. Die KG muss also **organschaftlich zwingend** durch den oder die persönlich haftende(n) Gesellschafter vertreten werden. Regelt der Gesellschaftsvertrag nichts Abweichendes, vertritt jeder persönliche haftende Gesellschafter alleine, §§ 161 Abs. 2, 125 Abs. 1 HGB. Eine **rechtsgeschäftliche Vertretung** der Gesellschaft durch den Kommanditisten auf Vollmachtsbasis ist durch § 170 HGB nicht verboten; möglich ist auch die Erteilung von Prokura an den Kommanditisten.

Unterschriften

Die Erstanmeldung der KG zum Handelsregister müssen **alle Gesellschafter** und damit auch alle Kommanditisten unterschreiben, §§ 106, 108 Satz 1, 161 Abs. 2 HGB!

Gleiches gilt für die in §§ 6 Abs. 1 i.V.m. 31 Abs. 2, 107, 143 Abs. 2, 143 Abs. 1, 144 Abs. 2, 148 Abs. 1 und 162 Abs. 3 HGB genannten Folgeanmeldungen (161 Abs. 2 HGB).

Kostenhinweis

Geschäftswert: Gemäß § 105 Abs. 1 Satz 1 Nr. 5 GNotKG ist der Geschäftswert die Summe der Kommanditeinlagen zuzüglich 30.000 € für den ersten und 15.000 € für jeden weiteren persönlich haftenden Gesellschafter. 0,5-Gebühr (Nr. 24102 KV GNotKG). XML-Gebühr (Nr. 22114 KV GNotKG).

e) Eintritt eines Kommanditisten im Wege der Sonderrechtsnachfolge

 Muster: Eintritt eines Kommanditisten (Sonderrechtsnachfolge)

Urkundenrolle Nr. .../...

Amtsgericht [Ort]
– Handelsregister A –
[PLZ Ort]

HRA [Nummer] – [Firma KG] in [Ort]

Zur Eintragung in das Handelsregister der Gesellschaft wird angemeldet:

1. Der Kommanditist Herr [Vorname, Name, ggf. Geburtsort] hat seine Kommanditbeteiligung in voller Höhe ([Betrag] €) **im Wege der Sonderrechtsnachfolge** auf Frau [Vorname, Name], geboren am [Datum], wohnhaft [Ort], übertragen.

2. Herr [Name wie in 1.], vorgenannt, ist damit aus der Gesellschaft ausgeschieden.

3. Frau [Name wie in 1.], vorgenannt, ist damit als Kommanditist mit einer Einlage in Höhe von [wie in 1.] € in die Gesellschaft eingetreten.

4. Die Übertragung des vorgenannten Kommanditanteils erfolgt aufschiebend bedingt auf den Zeitpunkt der Handelsregistereintragung.

5. Sämtliche vertretungsberechtigten Gesellschafter und der ausscheidende Kommanditist versichern, dass der ausgeschiedene Kommanditist keine Abfindung aus dem Gesellschaftsvermögen erhalten hat und ihm eine solche auch nicht versprochen wurde.

6. Die inländische Geschäftsanschrift der Gesellschaft lautet unverändert [Adresse].

Musterstadt, den ...

...
[Unterschriften aller Gesellschafter und des ausgeschiedenen Gesellschafters]

[Es folgt die Unterschriftsbeglaubigung des Notars nach üblichem Muster, siehe oben § 2 Abschnitt III., einschließlich Eintragungsfähigkeitsprüfungsvermerk nach § 378 Abs. 3 FamFG]

Anmerkungen

Ziffer 1 und 5

Ein Gesellschafterwechsel unter Lebenden kann auf rechtstechnisch auf **zwei verschiedene Arten** erfolgen:

- als Abtretung (§§ 398, 413 BGB) der Beteiligung des Altgesellschafters auf den Neugesellschafter (sog. Sonderrechtsnachfolge) oder

- als zeitgleicher Austritt des Alt- und Eintritt des Neugesellschafters (sog. Doppelvertragsmodell, siehe unten Buchst. f)).

Der praktische **Regelfall**, dem auch das vorliegende Muster zugrunde liegt, ist der Gesellschafterwechsel durch **Sonderrechtsnachfolge**. Er hat gegenüber dem Doppelvertragsmodell haftungsrechtliche Vorteile für den ausscheidenden, aber auch für den eintretenden Kommanditisten:

Durch die Abtretung des Kommanditanteils tritt der neue Kommanditist sowohl hinsichtlich der Einlageschuld gegenüber der Gesellschaft (Pflichteinlage) als auch hinsichtlich der Haftung gegenüber den Gesellschaftsgläubigern (Haftsumme) **in diejenige Rechtsposition** ein, die bis zur Abtretung der frühere Kommanditist innegehabt hatte: Hatte dieser seine Einlage in Höhe der Haftsumme voll erbracht und ist sie nicht zurückgewährt worden, sind Alt- und Neugesellschafter von **jeder Haftung für Gesellschaftsverbindlichkeiten befreit**. Die Kommanditeinlage braucht somit im Fall einer Anteilsübertragung nicht, wie beim Aus- und Eintrittsmodell, doppelt, sondern nur noch einmal abgedeckt zu sein. Der eintretende Kommanditist kann sich mit anderen Worten auf die Einlagenerbringung durch den Altgesellschafter berufen; er hat selbst keine neue Einlage zu erbringen.

Sind nur zwei Personen an der Gesellschaft beteiligt, kann der **Gesellschafterwechsel** im Doppelvertragsmodell zur unfreiwilligen Auflösung der Gesellschaft führen, nämlich dann, wenn der bisherige Kommanditist rechtlich auch nur eine logische Sekunde vor dem Eintritt des neuen Kommanditisten ausscheidet. Denn dann verbliebe in der Zwischenzeit nur ein einziger Gesellschafter in der Gesellschaft, was automatisch zu einer liquidationslosen Auflösung der Gesellschaft und dem Anwachsen des Gesellschaftsvermögen bei dem verbleibenden Gesellschafter führt (siehe für ein Beispiel unten Buchst. i)). Diese Gefahr besteht bei der Sonderrechtsnachfolge nicht.

Damit der Gesellschafterwechsel per Sonderrechtsnachfolge im Handelsregister nicht den **unzutreffenden Rechtsschein** erweckt, dass der frühere Kommanditist anlässlich des Ausscheidens seine Kommanditeinlage zurückerhalten hat (und damit seine Haftung wieder aufgelebt ist, §§ 171 Abs. 1, 172 Abs. 4 HGB), wird die

Sonderrechtsnachfolge im Handelsregister ausdrücklich vermerkt (obwohl HGB und HRV keine entsprechende Vorschrift für eine solche Eintragung kennen).

Damit ein solcher Sonderrechtsnachfolge-Vermerk im Handelsregister eingetragen wird, **verlangen** die ständige Rechtsprechung und die Registerpraxis, dass

– in der **Registeranmeldung** ausdrücklich erwähnt wird, dass der neue Kommanditist seine Beteiligung im Wege der Sonderrechtsnachfolge vom früheren Kommanditisten übertragen bekommen hat (siehe dazu den Wortlaut von Ziffer 1. im Muster);

– eine sogenannte **negative Abfindungsversicherung** abgegeben wird (siehe Ziffer 5. im Muster). **Inhalt** dieser Versicherung ist, dass der ausscheidende Kommanditist aus dem Gesellschaftsvermögen nicht abgefunden und ihm auch keine solche (nach einer M.M. sogar keinerlei) Abfindung versprochen worden ist. Nach ganz h.M. genügt für diese Versicherung die **Schriftform**, das Beglaubigungserfordernis nach § 12 Abs. 1 Satz 1 HGB gilt demnach nicht. Abzugeben haben diese Versicherung nach ganz h.M. (nur) **alle persönlich haftenden Gesellschafter sowie der ausscheidenden Kommanditist** (nach einer M.M. sogar sämtliche verbleibenden Gesellschafter). Die überwiegende Registerpraxis verlangt aber, dass die Versicherung von den zu ihrer Abgabe verpflichteten Personen **höchstpersönlich** abgegeben wird, also eine gewillkürte Stellvertretung ausscheidet.

Die negative Abfindungsversicherung hat **keine Verankerung im Gesetz**, sondern ist richterrechtlich entwickelt worden. Der BGH hat sie mehrfach anerkannt.

Eine negative Abfindungsversicherung ist bei Anmeldung der Nachfolge in die Kommanditbeteiligung eines **verstorbenen Gesellschafters** nach ganz h.M. nicht abzugeben (siehe im Beispiel unten Buchst. g)).

Beachte in der Praxis:

Die Versicherung kann natürlich **nur dann** abgegeben werden, wenn aus dem Gesellschaftsvermögen **tatsächlich keine Abfindung** an den ausscheidenden Kommanditisten gewährt wurde. Das wird in aller Regel unproblematisch der Fall sein (der ausscheidende Kommanditist wird typischerweise von dem eintretenden Kommanditisten ausbezahlt). Kam es hingegen zu einer Abfindung aus dem Gesellschaftsvermögen, kann der Kommanditistenwechsel nur als Aus- und Eintritt angemeldet werden (siehe dazu das Muster unten Buchst. f)).

Ziffern 2 und 3

Es genügt nicht, die Übertragung der Kommanditbeteiligung zum Handelsregister anzumelden. Vielmehr müssen auch das **Ausscheiden** des früheren und der Eintritt des neuen Kommanditisten angemeldet werden.

Ziffer 4

Die Übertragung der Kommanditbeteiligung kann bedingt (oder befristet) erfolgen. Häufiger Anwendungsfall der bedingten Abtretung ist die durch die entsprechende Handelsregistereintragung bedingte Übertragung einer Kommanditbeteiligung (sog. **Registerbedingung**), um eine unbeschränkte Haftung des Erwerbers aus § 176 Abs. 2 HGB für die Zeit zwischen seinem Eintritt in die Gesellschaft und seiner Eintragung im Handelsregister als neuer Kommanditist zu vermeiden. In diesem Fall wirkt die Eintragung der Sonderrechtsnachfolge im Handelsregister nicht nur deklaratorisch, sondern kraft Vereinbarung (mittelbar) konstitutiv. Nach der Rechtsprechung des BGH droht die Haftung aus § 176 Abs. 2 HGB nicht im Fall des Eintritts, sondern auch im Fall der Sonderrechtsnachfolge, sodass sich auch in diesem Fall die Anmeldung unter aufschiebender Bedingung der Registereintragung empfiehlt. Die Vereinbarung der Registerbedingung ist hingegen rechtlich nicht unbedingt notwendig, aber durchaus praxisüblich, wenn ein bereits eingetretener Kommanditist seine Kommanditbeteiligung lediglich durch Beteiligungserwerb erhöht (nach ganz h.M. ist § 176 Abs. 2 HGB in diesem Fall von vornherein nicht anwendbar).

Unterschriften

Materiell-rechtlich bedarf die Übertragung der Beteiligung an einer Personengesellschaft der Zustimmung aller übrigen Gesellschafter. Da der Gesellschafterwechsel anmeldepflichtig ist (§§ 107, 161 Abs. 2 HGB) und ohnehin **durch alle verbleibenden, den neuen und den ausscheidenden Gesellschafter** angemeldet werden muss (§§ 108 Satz 1, 161 Abs. 2 HGB), bedarf es auch hier keiner Vorlage des Abtretungsvertrags zwischen Alt- und Neugesellschafter oder der Zustimmungserklärungen der Mitgesellschafter.

Kostenhinweis

Geschäftswert: Gemäß § 105 Abs. 1 Satz 1 Nr. 6 zweiter Halbsatz GNotKG ist der Geschäftswert die (einfache) Kommanditeinlage, die übertragen worden ist, mindestens aber 30.000 € (Satz 2); 0,5-Gebühr (Nr. 24102 KV GNotKG). XML-Gebühr (Nr. 22114 KV GNotKG).

f)   Isolierter Aus- und Eintritt eines Kommanditisten

 Muster: Eintritt eines Kommanditisten (Doppelvertragsmodell)

Urkundenrolle Nr. .../...

Amtsgericht [Ort]
– Handelsregister A –
[PLZ Ort]

HRA [Nummer] – [Firma KG] in [Ort]

Zur Eintragung in das Handelsregister der Gesellschaft wird angemeldet:

1. Der Kommanditist Herr [Vorname, Name, ggf. Geburtsort] ist aus der Gesellschaft ausgeschieden.

2. Frau [Vorname, Name], geboren am [Datum], wohnhaft [Ort], ist mit einer Einlage von [Betrag] € und mit Wirkung auf den Zeitpunkt der Eintragung in das Handelsregister in die Kommanditgesellschaft als Kommanditist eingetreten.

3. Die inländische Geschäftsanschrift der Gesellschaft lautet unverändert [Adresse].

[Ort], den ...

...

[Unterschriften aller Gesellschafter und des ausgeschiedenen Gesellschafters]

[Es folgt die Unterschriftsbeglaubigung des Notars nach üblichem Muster, siehe oben § 2 Abschnitt III., einschließlich Eintragungsfähigkeitsprüfungsvermerk nach § 378 Abs. 3 FamFG]

Anmerkungen

Bitte beachten Sie zunächst oben Buchst. e).

Natürlich kann ein Gesellschafterwechsel nach wie vor durch die Kombination von Ein- und Austritt erfolgen. Dabei sollte in der Gestaltungspraxis darauf geachtet werden, dass der Eintritt nicht später wirksam wird als der Austritt, so dass zu jedem Zeitpunkt die Gesellschaft aus mindestens zwei Gesellschaftern besteht.

Kostenhinweis

Geschäftswert: Gemäß § 105 Abs. 1 Satz 1 Nr. 6 erster Halbsatz GNotKG ist der Geschäftswert die Summe der Kommanditeinlagen des ausscheidenden und des eintretenden Kommanditisten (i.d.R. also der doppelte Einlagebetrag), mindestens aber jeweils 30.000 €, d.h. mindestens 60.000 € (Satz 2), da verschiedene Anmeldungen vorliegen (KORINTENBERG/TIEDTKE, GNotKG, § 105 Rdnr. 36); 0,5-Gebühr (Nr. 24102 KV GNotKG). XML-Gebühr (Nr. 22114 KV GNotKG).

g)   Tod eines Kommanditisten – mehrere Erben

 Muster: Erbfolge in einen Kommanditanteil

Urkundenrolle Nr. .../...

Amtsgericht [Ort]
– Handelsregister A –
[PLZ Ort]

HRA [Nummer] – [Firma KG] in [Ort]

Zur Eintragung in das Handelsregister der Gesellschaft wird angemeldet:

1. Der Kommanditist Herr [Vorname, Name, ggf. Geburtsort] ist gestorben. Er ist damit aus der Gesellschaft ausgeschieden. Seine Kommanditeinlage ist durch Erbfolge auf die nachgenannten Erben übergegangen.

2. Es sind im Wege einer Sondererbfolge mit folgenden Teilbeträgen in die Gesellschaft als Kommanditisten eingetreten:

   a) Frau [Vorname, Name], geboren am [Datum], wohnhaft [Ort], mit einer Kommanditeinlage in Höhe von [Betrag] Euro,

   b) Herr [Vorname, Name], geboren am [Datum], wohnhaft [Ort], mit einer Kommanditeinlage in Höhe von [Betrag] Euro.

Als **Erbnachweis** wird vorgelegt: [Erbschein bzw. eröffnetes(r) notarielle(s) Testament/Erbvertrag]

Die Geschäftsräume befinden sich unverändert in [Adresse]; dies ist auch die inländische Geschäftsanschrift i.S.d. §§ 161 Abs. 2, 106 Abs. 2 Nr. 2 HGB.

Musterstadt, den ...

...

[Unterschriften aller bisherigen Mitgesellschafter und der Erben]

[Es folgt die Unterschriftsbeglaubigung des Notars nach üblichem Muster, siehe oben § 2 Abschnitt III., einschließlich Eintragungsfähigkeitsprüfungsvermerk nach § 378 Abs. 3 FamFG]

Anmerkungen

Der Tod eines Gesellschafters führt zu seinem Ausscheiden aus der Gesellschaft. Bei OHG und KG führt dies aber, anders als in der GbR (§ 727 Abs. 1 BGB), nicht zur Auflösung der Gesellschaft. Die Gesellschaft wird also fortgesetzt, und zwar beim Tod eines Kommanditisten **mit dessen Erben (§ 177 HGB)**, sofern nicht sog. Nachfolgeklausel im Gesellschaftsvertrag bestimmte Anforderungen an die Person des nachfolgeberechtigten Erben stellt. Die Veränderung im Gesellschafterbestand ist anmeldepflichtig nach §§ 107, 161 Abs. 2 HGB.

Wer Erbe des verstorbenen Kommanditisten wird, bestimmt sich nach dem Erbrecht, also entweder durch gewillkürte oder gesetzliche Erbfolge. Ist mehr als ein Erbe vorhanden, steht ihnen der vererbte Anteil nicht ungeteilt in Erbengemeinschaft (d.h. zur gesamten Hand, siehe unten § 15 Abschnitt II. Ziffer 5.) zu. Der Anteil spaltet sich vielmehr – nach den Erbquoten – in so viele Anteile auf, wie Miterben vorhanden sind (die die gesellschaftsvertraglichen Voraussetzungen der Nachfolge von Todes wegen erfüllen), sogenannte **Sondererbfolge** (siehe dazu unten § 15 Abschnitt I.).

Beispiel

– Der Kommanditist K mit einer Einlage von 1.000 € verstirbt. Im Gesellschaftsvertrag der KG, an der K beteiligt war, ist vereinbart, dass Kommanditbeteiligungen vererblich sind, aber nur an Abkömmlinge des Gesellschafters. K hinterlässt eine Ehefrau und zwei Töchter. In diesem Fall werden nur die beiden Töchter neue Kommanditisten der KG, und zwar jede mit einem Kommanditanteil von 500 €.

Zum Erfordernis eines **Erbnachweises** vgl. § 12 Abs. 1 Nr. 4 HGB.

Eine **negative Abfindungsversicherung** (siehe oben Buchst. e)) ist bei Nachfolge in die Kommanditbeteiligung eines verstorbenen Gesellschafters nach ganz h.M. nicht notwendig.

Kostenhinweis

Geschäftswert: Gemäß § 105 Abs. 1 Satz 1 Nr. 6 zweiter Halbsatz GNotKG ist der Geschäftswert die (einfache) Kommanditeinlage, die vererbt worden ist, mindestens aber 30.000 € (Satz 2); 0,5-Gebühr (Nr. 24102 KV GNotKG). XML-Gebühr (Nr. 22114 KV GNotKG).

h)   Änderung der inländischen Geschäftsanschrift

 Muster: Änderung der inländischen Geschäftsanschrift

Urkundenrolle Nr. .../...

Amtsgericht [Ort]
– Handelsregister A –
[PLZ Ort]

HRA [Nummer] – [Firma KG] in [Ort]

Zur Eintragung in das Handelsregister der Gesellschaft wird angemeldet:

1. Die Geschäftsräume befinden sich nunmehr in [Adresse]; dies ist auch die neue inländische Geschäftsanschrift i.S.d. §§ 106 Abs. 2 Nr. 2, 161 Abs. 2 HGB.

    Rein informatorisch wird mitgeteilt, dass der Sitz der Gesellschaft unverändert [Ort] ist.

2. Herrn [Vorname, Name], geboren am [Datum], wohnhaft [Ort], ist Einzelprokura erteilt.

Musterstadt, den ...

...

[Unterschriften der persönlich haftenden Gesellschafter in vertretungsberechtigter Zahl]

[Es folgt die Unterschriftsbeglaubigung des Notars nach üblichem Muster, siehe oben § 2 Abschnitt III., einschließlich Eintragungsfähigkeitsprüfungsvermerk nach § 378 Abs. 3 FamFG]

Anmerkungen

Ziffer 1

Die Änderung der inländischen Geschäftsanschrift ist zwar eine anmeldepflichtige Tatsache (s. § 107 HGB), mit Inkrafttreten von § 108 Satz 2 HGB n.f. (zum 31.12.2015) muss die entsprechende Anmeldeerklärung nicht mehr durch sämtliche Gesellschafter erfolgen, es genügt die Anmeldung durch persönlich haftende Gesellschafter in vertretungsberechtigter Zahl. Die Neuregelung gilt über § 161 Abs. 2 HGB auch für Kommanditgesellschaften.

Ziffer 2

Die Vereinfachung des § 108 Satz 2 HGB gilt schon ihrem Wortlaut nach nur, wenn über die neue inländische Geschäftsanschrift hinaus keine weiteren Anmeldungen i.S.d. 107 HGB erfolgen. Trifft die Anmeldung der neuen inländischen Geschäftsanschrift z.b. mit der Anmeldung eines Gesellschafterwechsels zusammen, müssen im Ergebnis doch wieder alle Gesellschafter unterschreiben. Dies gilt nur dann nicht, wenn die weitere(n) Eintragung(en) ihrerseits auch nur der Anmeldung durch eine vertretungsberechtigte Zahl von Gesellschaftern erfordern. Das ist in dem hier gewählten Beispiel der Anmeldung einer Prokuraerteilung der Fall.

Kostenhinweis

Geschäftswert: 35.000 €, nämlich 5.000 € für die geänderte inländische Geschäftsanschrift (§ 105 Abs. 5 GNotKG) plus 30.000 € für die Prokuraerteilung (§ 105 Abs. 4 Nr. 3 GNotKG); 0,5-Gebühr (Nr. 24102 KV GNotKG). XML-Gebühr (Nr. 22114 KV GNotKG).

i)   Ausscheiden des vorletzten Gesellschafters einer Personenhandelsgesellschaft

 Muster: Ausscheiden des vorletzten Gesellschafters und Fortführung des Geschäfts (Anwachsung)

Urkundenrolle Nr. .../...

Amtsgericht [Ort]
– Handelsregister A –
[PLZ Ort]

HRA [Nummer] – [Firma OHG] in [Ort]

Zur Eintragung in das Handelsregister der Gesellschaft wird angemeldet:

1. Herr [Vorname, Name, ggf. Geburtsdatum], ist aus der Gesellschaft aus-geschieden.

2. Die Gesellschaft ist damit aufgelöst.

3. Das Unternehmen der Gesellschaft wird von dem verbliebenen Gesellschafter, Herrn [Vorname, Name, ggf. Geburtsdatum], ohne Liquidation mit allen Aktiven und Passiven übernommen und unter der Firma [bisherige Firma mit neuem Rechtsformzusatz e.K.] als einzelkaufmännisches Unternehmen fortgeführt.

4. Der ausgeschiedene Gesellschafter [Name wie oben 1.], vorgenannt, willigt in die Fortführung der Firma ein.

5. Gegenstand des Geschäfts ist [Beschreibung].

6. Die inländische Geschäftsanschrift lautet unverändert: [Adresse].

Musterstadt, den ...

...

[Unterschriften des verbliebenen und des ausgeschiedenen Gesellschafters]

[Es folgt die Unterschriftsbeglaubigung des Notars nach üblichem Muster, siehe oben § 2 Abschnitt III., einschließlich Eintragungsfähigkeitsprüfungsvermerk nach § 378 Abs. 3 FamFG]

Anmerkungen

Bleibt nach dem Ausscheiden eines Gesellschafters **nur noch ein Gesellschafter übrig**, ist die Gesellschaft aufgelöst (siehe im Muster Ziffer 2.). Damit gehen alle Aktiva und Passiva im Wege der Gesamtrechtsnachfolge ohne Liquidation der Gesellschaft auf diesen verbleibenden Gesellschafter über (sog. **Anwachsung**). Diese Anwachsung ist dem Handelsregister zur Eintragung anzumelden (siehe im Muster Ziffer 3.).

Anzumelden ist, dass der verbleibende Gesellschafter das Unternehmen **als einzelkaufmännisches Unternehmen** unter unveränderter Firma fortführt (§ 31 Abs. 1 HGB). Scheidet der Gesellschafter aus, dessen Name die Firma bildet, darf diese nur mit seiner Zustimmung fortgeführt werden (§ 24 Abs. 2 HGB).

Da sich die Rechtsform ändert, ist nach § 24 Abs. 4 HRV der **Gegenstand** mit anzugeben, auch wenn er bei der OHG bereits angegeben war und sich nicht geändert hat (siehe im Muster Ziffer 5.).

Anzugeben ist auch die **inländische Geschäftsanschrift** (siehe im Muster Ziffer 6.).

Die Anmeldung unterschreiben müssen **alle Beteiligten**, also auch der ausgeschiedene Gesellschafter (bei Tod seine Erben unter Vorlage eines Erbnachweises (§ 12 Abs. 1 Satz 4 HGB).

Kostenhinweis

Geschäftswert: Es werden zwei Tatsachen angemeldet, nämlich zum einen die Auflösung er Gesellschaft nebst Anwachsung beim letzten verbleibenden Gesellschafter und zum anderen die Fortführung des Geschäfts als einzelkaufmännisches Unternehmen, wozu notwendig auch die Angabe seines Gegenstands und der inländischen Geschäftsanschrift gehören; jede dieser Tatsachen ist mit 30.000 € zu bewerten (§ 105 Abs. 3 Nr. 1, Abs. 4 Nr. 3 GNotKG); 0,5-Gebühr (Nr. 24102 KV GNotKG). XML-Gebühr (Nr. 22114 KV GNotKG).

V. Eingetragener Verein (e.V.)

1. Bedeutung des Vereinsrechts für die notarielle Praxis

Das Vereinsrecht gehört für beinahe jeden Notar zur **täglichen Routine**. Notare werden jedoch – zumeist aus Kostengründen – üblicherweise nicht in die Gestaltung der Vereinssatzung einbezogen oder zur Protokollierung einer Haupt- oder Jahresversammlung herangezogen. Im Normalfall vollzieht der Notar nur die ohne seine Beteiligung vorgenommenen Rechtsänderungen. Demgemäß dominiert in der notariellen Praxis der Entwurf von Vereinsregisteranmeldungen. **Typische Fälle** sind insoweit die Erstanmeldung eines Vereins, eine spätere Satzungsänderung und der Wechsel im vertretungsberechtigten Vorstand. Diese drei Fälle werden anhand von kommentierten Mustern nachfolgend näher dargestellt. Im Einzelfall kann das Vereinsrecht aber schwierige Rechtsfragen aufwerfen; man hüte sich also hier wie auch sonst im Notariat vor „Schema F"!

Wenn im Folgenden von „Vereinen" die Rede ist, so sind damit stets die sogenannten **Idealvereine** gemeint, deren Zweck in Abgrenzung zum sogenannten wirtschaftlichen Verein nicht darin besteht, einen wirtschaftlichen Betrieb zu unterhalten. Diese Idealvereine wie beispielsweise örtliche Kultur- oder Sportvereine oder wissenschaftliche Vereinigungen erlangen **Rechtsfähigkeit** durch Eintragung in das Vereinsregister (§ 21 BGB). Sie tragen dann den Zusatz „e. V." für (im Vereinsregister) eingetragener Verein.

2. Erstanmeldung

 Muster: Erstanmeldung eines Vereins

Urkundenrolle Nr. 507/2019

Amtsgericht Musterstadt
– Vereinsregister –
12345 Musterstadt

Neugründung – Die Tafelhilfe e.V. in Musterstadt

Ich, der einzelvertretungsberechtigte Vorsitzende, überreiche als Anlage
– Abschrift des Protokolls der Gründungsversammlung vom 07.05.2019,
– Abschrift der Satzung,
und melde zur Eintragung in das Vereinsregister an:
1. den Verein,
2. die Mitglieder des vertretungsberechtigten Vorstands i.S.d. § 26 BGB:
   a) Vorsitzender:
      Herr Anton Albig, geboren am 18.05.1975, wohnhaft Luisenstraße 78b, 12345 Musterstadt,
   b) Stellvertretender Vorsitzender:
      Herr Bert Brot, geboren am 19.02.1969, wohnhaft Pestalozzistraße 17, 12345 Musterstadt,

c) Schatzmeister:

Frau Christiane Cronnau, geboren am 28.02.1953, wohnhaft Am Biergarten 8, 12345 Musterstadt.

Jedes Vorstandsmitglied vertritt den Verein einzeln.

Die Vereinsanschrift lautet: Hauptstraße 8, 12345 Musterstadt

Der beglaubigende Notar, sein Vertreter oder Amtsnachfolger ist bevollmächtigt, die vorstehenden Vereinsregisteranmeldungen zu trennen, einzuschränken und in gleicher Weise zurückzuziehen, sowie zweckdienliche Änderungen und Ergänzungen vorzunehmen.

Musterstadt, den 11.05.2019

...

gez. A. Albig

(Es folgt die Unterschriftsbeglaubigung des Notars nach üblichem Muster, siehe oben § 2 Abschnitt III.)

Anmerkungen

Gründung eines Vereins

Zur Gründung eines Vereins ist zunächst die **Satzung** zu beschließen („festzustellen"). Die Satzung ist, wie § 25 BGB feierlich feststellt, die „Verfassung" des Vereins. Ein weiterer Gründungsschritt ist die Bestellung des (ersten) Vorstands, der den Verein gerichtlich wie außergerichtlich vertritt (§ 26 Abs. 1 Satz 2 BGB). Beides – Feststellung der Satzung und Wahl des **Vorstands** – erfolgt i.d.R. in einer Gründungsversammlung. Die Formalien, die für diese Versammlung und ihre Protokollierung gelten, entsprechen dabei bereits denen einer späteren Mitgliederversammlung; etwaige Satzungsregelungen z.B. zur Person des Protokollführers oder -unterzeichners sind also bereits zu beachten. Nach der Gründung muss der Vorstand den Verein zur **Eintragung** in das zuständige Vereinsregister anmelden.

Wer **Mitglied** des Vereins sein kann, bestimmt die Satzung (siehe unten zu den Soll-Vorschriften). Zur Gründung braucht es wegen §§ 56, 60 BGB im praktischen Ergebnis mindestens sieben geschäftsfähige Mitglieder. Auch juristische Personen oder rechtsfähige Personengesellschaften können Mitglied eines Vereins, z.B. eines Dachverbands, sein.

Satzung

§ 57 BGB regelt, was zwingend in eine Vereinssatzung aufgenommen werden muss (sog. **Muss-Vorschriften**). § 58 BGB regelt, welche Bestimmungen in der Satzung enthalten sein sollen (sog. **Soll-Vorschriften**). Diese Unterscheidung darf nicht verwirren: Auch fehlende Soll-Vorschriften haben zur Folge, dass das Vereinsregister den Verein nicht eintragen darf (§ 60 BGB). Der Unterschied liegt darin, dass ein unter Verstoß gegen § 58 BGB eingetragener Verein nicht von Amts wegen gelöscht werden kann, ein unter Verstoß gegen § 57 BGB eingetragener Verein hingegen schon. Im praktischen Ergebnis sind in die Vereinssatzung daher sowohl die Muss- als auch die Soll-Bestimmungen aufzunehmen!

Zu den **Muss-Vorschriften** gehören nach § 57 Abs. 1 BGB solche zum

– **Zweck** des Vereins. Diese Angabe ist erforderlich, damit das Vereinsregister prüfen kann, ob ein nicht eintragungsfähiger wirtschaftlicher Verein vorliegt,

– **Namen** des Vereins. Der Name kann frei gewählt werden. Er muss aber **Kennzeichnungsfunktion** haben, d.h. der vorliegende Verein muss sich durch seinen Namen von anderen Vereinen an demselben Ort unterscheiden lassen (§ 57 Abs. 2 BGB). Zum Namen des Vereins gehört gem. § 65 BGB der **Zusatz „eingetragener Verein"** (oder kurz: „e. V."). Er ist fester Namensbestandteil und muss daher ab dem Zeitpunkt der Eintragung des Vereins im Handelsregister geführt werden.

Deshalb muss sich gem. § 57 Abs. 1 BGB aus der Vereinssatzung auch ergeben, dass der Verein im Vereinsregister eingetragen werden soll (sog. **Eintragungsabsicht**). Die gängigen Satzungsmuster formulieren i.d.R. zutreffend: „Der Verein soll in das Vereinsregister eingetragen werden; mit Eintragung lautet sein Name … e. V."

Sitz des Vereins: Er muss in einem Ort innerhalb Deutschlands liegen.

Zu den **Soll-Bestimmungen** nach § 58 BGB gehören

– Regelungen über den **Ein- und Austritt der Mitglieder** (Nr. 1). Es muss geregelt werden, in welcher Form und auf welchem Weg sich der Eintritt in den Verein und der Austritt aus dem Verein vollziehen (zum Austritt vgl. näher § 39 Abs. 2 BGB).

– Regelungen, ob und welche **Beiträge von Mitgliedern** zu leisten sind (Nr. 2). Häufig wird in der Satzung nur bestimmt, dass Mitgliedsbeiträge erhoben werden dürfen, und für die Details auf eine durch die Mitgliederversammlung, den Vorstand oder ein anderes Vereinsorgan zu beschließende **Beitragsordnung** verwiesen, die nicht Satzungsbestandteil ist. Es braucht also **keiner ziffernmäßigen Festlegung** der Mitgliedsbeiträge in der Satzung selbst. Eine solche Bestimmung wäre auch wenig zweckmäßig, da der Finanzbedarf des Vereins von verschiedenen variablen Faktoren abhängt und eine Anpassung stets der Satzungsänderung bedürfte.

– Regelungen über die **Bildung des Vorstands** zu enthalten (Nr. 3). Damit ist gemeint, dass die Satzung bestimmen muss, wie sich der Vorstand genau zusammensetzt, also wie viele Vorstandsmitglieder bestellt werden können oder müssen. – In der Regel enthält die Satzung auch Bestimmungen zu der **Funktionsbezeichnung** der einzelnen Vorstandsmitglieder (z.B. 1. Vorsitzender, Präsident, Schatzmeister etc.), zu der Amtsdauer (hier empfiehlt sich die Bestimmung, dass die bisherigen Vorstände im Amt bleiben, bis die neuen Mitglieder gewählt sind) und der **Art ihrer Vertretung** (z.B. Einzelvertretungsbefugnis wie im vorliegenden Muster). Auch etwaige **Beschränkungen der Vertretung** des Vereins durch die Vorstandsmitglieder ist gem. § 26 Abs. 1 Satz 3 BGB möglich (z.B. die Untersagung bestimmter Geschäfte) und kann im Vereinsregister eingetragen werden; in diesem Fall und bei Kenntnis des Geschäftspartners ist die gesetzliche Vertretungsmacht des Vorstands nach außen hin entsprechend eingeschränkt (vgl. 70 BGB). Schweigt die Satzung zu diesen Fragen, gilt nach dem (insoweit dispositiven, § 40 BGB) Gesetzesrecht, dass ein mehrgliedriger Vorstand den Verein gem. § 26 Abs. 2 Satz 1 BGB mehrheitlich vertritt (**Beispiel**: durch 3 von 4 Vorstandsmitgliedern). Die Satzung kann auch persönliche Anforderungen an die Vorstandsmitglieder regeln (z.B. auch Nichtmitglieder zulassen oder bestimmte berufliche Voraussetzungen fordern); denkbar ist sogar, dass juristische Personen Vorstandsmitglieder sind.

– Regelungen zu den Voraussetzungen, unter denen die **Mitgliederversammlung** zu berufen ist, sowie zur **Form der Berufung** und der **Beurkundung** von Beschlüssen (Nr. 4). Mit Letzterem ist nicht etwa die notarielle Beurkundung von Beschlüssen vorgeschrieben, sondern nur die Art ihrer Protokollierung gemeint (z.B. durch schriftliches Protokoll, das vom Generalsekretär gefertigt wird und vom Versammlungsleiter zu unterschreiben ist).

Daneben kann (und wird) eine Vereinssatzung **weitere zweckmäßige Bestimmungen** enthalten. Hilfsweise gelten die Vorschriften der §§ 26 bis 39 BGB. Dabei regelt § 40 BGB, welche gesetzlichen Vorschriften dispositiv sind, d.h. in der Vereinssatzung abweichend ausgestaltet werden können.

Steuerlich begünstigte Zwecke

Von den zivilrechtlichen Muss-, Soll- und Kann-Bestimmungen einer Vereinssatzung sind die **steuerrechtlichen Anforderungen** an eine Vereinssatzung zu unterscheiden. Diese spielen für die Gründer eine häufig ebenso wichtige Rolle, da eingetragene Vereine oftmals als **steuerbegünstigte Körperschaft** i.S.d. §§ 52 ff. AO anerkannt werden sollen.

Das setzt u.a. voraus, dass

– der Verein **ausschließlich und unmittelbar steuerbegünstigte Zwecke** verfolgt (§ 51 Abs. 1 AO). Solche sind **gemeinnützige, mildtätige oder kirchliche Zwecke** nach näherer Maßgabe der §§ 52–54 AO;

– sich aus der Vereinssatzung ergibt, **welchen** steuerbegünstigten Zweck der Verein genau verfolgt, und wie genau dieser Zweck verwirklicht wird (vgl. § 59 erster Halbsatz AO). Die diesbezüglichen Festlegungen in der Satzung müssen so konkret sein, dass die Finanzbehörde auf Grundlage der Satzung prüfen kann, ob die Voraussetzungen für die Steuerbegünstigung erfüllt sind (§ 60 Abs. 1 AO);

– in der Satzung der Grundsatz der **Vermögensbindung** i.S.d. § 55 Abs. 1 Nr. 4 AO festgeschrieben ist (§ 61 AO),

– die Vereinssatzung die in der gesetzlichen Anlage 1 zu § 60 AO niedergelegten Bestimmungen der **Mustersatzung des Steuergesetzgebers** enthält (§ 60 Abs. 1 Satz 2 AO), und

– neben den rechtlichen Festlegungen in der Satzung auch die **tatsächliche Geschäftsführung** des Vereins dem Satzungsinhalt und den gesetzlichen Anforderungen für die Steuerbegünstigung entspricht (vgl. § 63 AO).

Beachte in der Praxis:

Anlage 1 zu § 60 AO enthält die aus steuerlichen Gründen notwendigen Satzungsbestimmungen für Vereine und andere Körperschaften. Daneben haben einzelne **Justiz- oder Finanzverwaltungen** der Bundesländer Leitfäden für Vereinsgründungen erstellt, die auf viele praktische Fragen fundierte Antworten bieten.

Zwei **Beispiele** aus dem Internet (Abrufdatum jeweils Februar 2016):

1. **Nordrhein-Westfalen:** *https://www.justiz.nrw.de/* (Weg: Gerichte und Behörden > Freiwillige Gerichtsbarkeit > Registersachen > Das Vereinsregister, hier: *https://www.justiz.nrw.de/Gerichte_Behoerden/ordentliche_gerichte/FGG/Registersachen/Vereinsregister/index.php*)

2. **Berlin:** *https://service.berlin.de/* (Weg: Dienstleistungen > Steuern, Finanzen und Recht > Eintragung eines Vereins ins Vereinsregister, hier: *https://service. berlin.de/dienstleistung/326808/*)

Es bietet sich an, den Vereinsgründern zu empfehlen, sich mit dem für den Sitz des Vereins **zuständigen Finanzamt** vorab abzustimmen. Viele Vereine lassen dort die geplante Satzung bereits nach der Gründung (d.h. noch vor Eintragung im Handelsregister) prüfen und sich einen sog. **Feststellungsbescheid** nach § 60a AO über die Einhaltung der satzungsmäßigen Voraussetzungen für die Anerkennung als steuerbegünstigte Körperschaft ausstellen.

Vertretung des Vereins

Der Verein muss einen Vorstand haben, der ihn gesetzlich vertritt, § 26 BGB. Zu den üblichen Festlegungen über die Zusammensetzung des Vorstands in der Satzung siehe oben bei den Soll-Vorschriften gem. § 58 Nr. 3 BGB.

Beachte hierzu:

Nicht immer werden die Vorstandsmitglieder in der Satzung als solche bezeichnet. **Andere Bezeichnungen** wie z.B. Präsident, Schatzmeister, Schriftführer oder Beisitzer sind üblich. Ferner kann es bisweilen einen sogenannten „**Gesamtvorstand**", „erweiterten Vorstand" oder ein „Präsidium" geben, das sich neben den eigentlichen Vorstandsmitgliedern aus weiteren (oder ganz anderen) Personen zusammensetzt und häufig in die Geschäftsführung oder Meinungsbildung des Vereins eingebunden ist. In diesem Fällen kann es sich empfehlen, in der Satzung diejenigen Personen, die den Verein als gesetzliche Vertreter nach außen hin wirksam vertreten können, als „Vorstand i.S.d. § 26 BGB" zu bezeichnen, um eine klare Zuständigkeitsabgrenzung zu erreichen.

Vereinsregister

Zuständig für die Führung des Vereinsregisters ist das Amtsgericht, in dessen Bezirk der Verein seinen Sitz hat (§ 55 BGB). Zum Vereinsregister siehe noch ausführlich unten Ziffer 5.

Anmeldeverpflichtete – Form – Anlagen

Gemäß § 59 Abs. 1 BGB hat der Vorstand den Verein zum Vereinsregister anzumelden. § 77 Satz 1 BGB bestimmt, dass Vereinsregisteranmeldungen von „Mitgliedern des Vorstands" abzugeben sind. Damit genügt auch für die Erstanmeldung des Vereins eine **vertretungsberechtigte Zahl an Vorstandsmitgliedern.**

Die erforderlichen Unterschriften müssen von einem Notar **beglaubigt** werden (§ 77 Satz 1 BGB).

Eine **rechtsgeschäftliche Vertretung** bei der Vereinsregisteranmeldung ist zulässig, die Vollmacht muss aber in mindestens öffentlich beglaubigter Form erteilt sein (§ 77 Satz 1 BGB gilt entsprechend).

Der Anmeldung sind gem. § 59 Abs. 2 BGB beizufügen:

–   einfache Kopie der von mindestens sieben Gründungsmitgliedern unterschriebenen **Vereinssatzung**, wobei der Tag der Errichtung (das ist die Gründung, also i.d.R. das Datum der Gründungsversammlung) anzugeben sind (§ 59 Abs. 3 BGB);

–   einfache Kopie der Urkunde über die **Bestellung des Vorstands** (i.d.R. also das **Gründungsprotokoll**, das auch die Feststellung der Satzung enthält).

Beachte ferner:

Da nicht mehr zwingend sämtliche Vorstandsmitglieder den Verein zum Vereinsregister anzumelden haben, sollte das Protokoll ausdrücklich auch die jeweilige Annahme der Wahl zum Vorstandsmitglied vermerken. Das Protokoll ist so zu unterzeichnen, wie es die Satzung für Mitgliederversammlungen vorsieht. Eine Unterzeichnung entsprechend der Satzung dürfte nach der überwiegenden Vereinsregisterpraxis weder erforderlich noch ausreichend sein.

Die Anlagen müssen auch bei Papierübermittlung nicht in Urschrift eingereicht werden. Es genügt eine einfache Kopie, bei elektronischer Übermittlung ein einfacher Scan.

Checkliste

Für die Gründung eines eingetragenen Vereins kann folgende Checkliste verwendet werden (Quelle: KATSCHINSKI, in: Würzburger Notarhandbuch, 5. Aufl. 2018, Teil 5 Kapitel 1 Rdnr. 92):

   Checkliste: Gründung eines eingetragenen Vereins

1.	Der eingetragene Verein muss **mindestens sieben Gründungsmitglieder** haben (§ 56 BGB).	☐
2.	Es muss eine **Satzung** erstellt werden („Verfassung" des Vereins, § 25 BGB).	☐

3.	**Mindestinhalte** der Satzung (§§ 57, 58 BGB), damit der Eintragungsantrag nicht zurückgewiesen wird (§ 60 BGB):	
	a) Name und Sitz des Vereins	☐
	b) Bestimmung, dass der Verein in das Vereinsregister eingetragen werden soll	☐
	c) Zweck des Vereins (Achtung: besondere Anforderungen bei steuerbegünstigter Zwecksetzung, §§ 52 ff. AO!)	☐
	d) Mitgliederein- und -austritt	☐
	e) Beitragspflicht der Mitglieder (keine ziffernmäßige Festlegung nötig)	☐
	f) Zusammensetzung (empfehlenswert: Amtsdauer, Vertretungsbefugnis) des Vorstands (Achtung bei „Gesamtvorstand"!)	☐
	g) Form, Frist und Voraussetzungen der Einberufung der Mitgliederversammlung, Beschlussfähigkeit	☐
	h) Protokollierung der Versammlungsniederschrift	☐
4.	**Unterschriften** von mindestens sieben Gründungsmitgliedern auf der Satzung mit Angabe des **Datums** der Gründung (§ 59 Abs. 3 BGB)	☐
5.	**Protokoll der Gründungsversammlung** mit Wahl des ersten Vorstands (empfehlenswert: Annahme der Wahl durch die Vorstandsmitglieder)	☐
6.	**Unterschrift** unter Gründungsprotokoll wie von Satzung für Mitgliederversammlungen vorgesehen	☐
7.	**Registeranmeldung** durch Vorstandsmitglieder in vertretungsberechtigter Zahl. Anlagen gem. § 59 Abs. 2 BGB	☐

Kostenhinweis

Der **Geschäftswert** für die Erstanmeldung beträgt i.d.R. 5.000 € gem. § 36 Abs. 2, 3 GNotKG. Bei hohen Vereinsvermögen kann auch ein Vielfaches dieses Werts (wohl bis zum Zehnfachen) oder ein Teilwert des Vereinsvermögens von z.B. 10–30 % angesetzt werden, höchstens jedoch der Betrag von 1 Mio. € (§ 106 Satz 1 GNotKG).

Fertigt der Notar den **Entwurf** der Anmeldung, so fällt eine 0,5-Gebühr gem. Nr. 24102 KV GNotKG an (§ 119 Abs. 1 GNotKG). Bei elektronischer Einreichung kommt die XML-Gebühr Nr. 22114 KV GNotKG hinzu.

Beglaubigt der Notar nur die Unterschriften unter einen **Fremdentwurf**, fällt eine 0,2-Gebühr nach Nr. 25100 zum o.g. Geschäftswert an (§ 121 GNotKG), mindestens aber 20 € und höchstens 70 €. Die auftragsgemäße Übermittlung an das Vereinsregister fällt dann mit weiteren 20 € ins Gewicht (Nr. 22124 KV GNotKG). Bei elektronischer Einreichung richtet sich dann die XML-Gebühr nach Nr. 22125 KV GNotKG.

3.   Anmeldung einer Satzungsänderung

 Muster: Vereinsregisteranmeldung Änderung Vereinssatzung

Urkundenrolle Nr. 509/2019

Amtsgericht Musterstadt
– Vereinsregister –
12345 Musterstadt

VR 187420 – Förderverein der St.-Petrus-Schule e.V. in Musterstadt
hier: Satzungsänderungen

Zur Eintragung in das Vereinsregister wird angemeldet:

Die Mitgliederversammlung vom 05.05.2019 hat die Änderung der §§ 2 Abs. 4 (Zweck des Vereins), 5 Abs. 1 (Mitgliedschaft), 6 Abs. 3 (Mitgliedsbeiträge) und 11 Abs. 2 (Bankkonto des Vereins) der Satzung beschlossen.

Ich versichere, dass die Mitgliederversammlung satzungsgemäß einberufen wurde, beschlussfähig war und dass die gefassten Beschlüsse ordnungsgemäß zustande kamen.

Der Anmeldung sind beigefügt:

– Abschrift des Protokolls der vorgenannten Mitgliederversammlung,

– Abschrift des Einladungsschreibens,

– vollständiger Wortlaut der geänderten Satzung gem. § 71 Abs. 1 Satz 4 BGB.

Der beglaubigende Notar, sein Vertreter oder Amtsnachfolger ist bevollmächtigt, die vorstehenden Vereinsregisteranmeldungen zu trennen, einzuschränken und in gleicher Weise zurückzuziehen, sowie zweckdienliche Änderungen und Ergänzungen vorzunehmen.

Die Vereinsanschrift lautet unverändert: An der Synagoge 5, 12345 Musterstadt

Musterstadt, den 12.05.2019

...

(Unterschriften von Vorstandsmitgliedern in vertretungsberechtigter Zahl)

[Es folgt die Unterschriftsbeglaubigung des Notars nach üblichem Muster, siehe oben § 2 Abschnitt III., einschließlich Eintragungsfähigkeitsprüfungsvermerk nach § 378 Abs. 3 FamFG)]

Anmerkungen

Zuständig für Satzungsänderungen ist die Mitgliederversammlung des Vereins. Sie entscheidet durch **Beschluss**. Dafür ist eine Mehrheit von drei Vierteln der abgegebenen Stimmen notwendig (§ 33 Abs. 1 Satz 1 BGB). Zur Änderung des Vereinszwecks bedarf es der Zustimmung aller Mitglieder, wobei die auf der Mitgliederversammlung erschienenen Mitglieder schriftlich zustimmen müssen (§ 33 Abs. 1 Satz 2 BGB). Die Satzung kann aber abweichende Mehrheiten regeln (§ 40 BGB). Der Beschluss muss nicht notariell beurkundet werden.

Die Mitgliederversammlung wird i.d.R. durch den Vorstand einberufen. Die **Einberufung** muss die vorgeschlagene Satzungsänderung ordnungsgemäß **ankündigen.** Hierzu ist die zu ändernde Satzungsbestimmung nebst dem Änderungsvorschlag in die der Einberufung beizufügende Tagesordnung aufzunehmen (§ 32 Abs. 1 Satz 2 BGB).

Die Satzungsänderung bedarf zu ihrer Wirksamkeit der **Eintragung in das Vereinsregister** (§ 71 Abs. 1 Satz 1 BGB). Das setzt eine entsprechende **Anmeldung** durch den Vorstand des Vereins (§ 71 Abs. 1 Satz 2 BGB) in vertretungsberechtigter Zahl und unterschriftsbeglaubigter Form (§ 77 Satz 1 BGB) voraus. Bezog sich die Satzungsänderung gerade auf die Zusammensetzung des Vorstands und wurde deshalb ein neuer Vorstand gewählt, muss die Anmeldung wegen der konstitutiven Registereintragung gleichwohl noch durch den nach der alten Satzung gewählten Vorstand erfolgen.

Die Anmeldung muss die **geänderte(n) Satzungsbestimmung(en)** und die **Änderung(en) schlagwortartig** bezeichnen, wenn eine in § 64 BGB genannte Bestimmung (Name, Sitz, Zusammensetzung des Vorstands und seine Vertretungsmacht) betroffen ist (§ 71 Abs. 2 BGB). Es schadet aber nicht, wenn darüber hinaus – wie im vorliegenden Muster – alle geänderten Bestimmungen auf diese Weise umschrieben werden.

Der Anmeldung sind **beizufügen:**

– eine Abschrift des **Beschlusses über die Satzungsänderung;** dies geschieht i.d.R. durch ein (ggf. nur auszugsweises) Versammlungsprotokoll, das entsprechend der Satzungsvorgaben von der oder den zuständigen Person(en) unterzeichnet sein muss;

– der **vollständige neue Wortlaut der Satzung;** dies hat in der Weise zu geschehen, dass die **geänderten** Bestimmungen mit dem Beschluss über die Satzungsänderung, die **unveränderten** Bestimmungen mit dem zuletzt eingereichten vollständigen Wortlaut der Satzung und, wenn die Satzung geändert worden ist, ohne dass ein vollständiger Wortlaut der Satzung eingereicht wurde, auch mit den **zuvor eingetragenen** Änderungen übereinstimmen (§ 71 Abs. 1 Satz 4 BGB).

Auf die richtige redaktionelle Erstellung des neuen Satzungswortlauts ist **besonderes Augenmerk** zu legen; eine der Satzungsbescheinigung nach § 54 GmbHG, § 181 AktG vergleichbare **Notarbescheinigung** verlangt das Vereinsrecht jedoch nicht. Ebenso wenig muss dieser vollständige Satzungswortlaut vom Vorstand oder gar dem Versammlungsleiter oder Protokollführer unterschrieben sein.

§ 71 BGB spricht zwar nicht davon, dass dem Vereinsregister auch die **Einberufung der Mitgliederversammlung** vorzulegen ist. Gleichwohl entspricht dies einer bisweilen anzutreffenden Praxis der Vereinsregister, die damit begründet, dass nur so überprüft werden könne, ob die Mitgliederversammlung ordnungsgemäß (§ 32 Abs. 1 Satz 2 BGB!) einberufen worden ist. Manche Registergerichte begnügen sich aber auch mit einer Versicherung der Anmeldenden, wonach die Mitgliederversammlung ordnungsgemäß einberufen worden sei.

Kostenhinweis

Geschäftswert: Bei späteren Anmeldungen zum Vereinsregister ist i.d.R. von 5.000 € je Änderung auszugehen, § 36 Abs. 2, 3 GNotKG. Demnach beträgt der Geschäftswert z.B. bei der Anmeldung einer (getrennten) Neuwahl von zwei Vorstandsmitgliedern und einer Satzungsänderung 15.000 € (§§ 86 Abs. 2, 109 Abs. 2 Satz 1 Nr. 4 Buchst. d) GNotKG). Allerdings dürften mehrere Satzungsänderungen oder eine Satzungsneufassung – ähnlich wie in der GmbH (oben Abschnitt II. Ziffer 2. Buchst. b)) – nur eine angemeldete Tatsache betreffen (dann Wert: 5.000 €). Bei hohen Vereinsvermögen kann auch ein Vielfaches dieses Werts (wohl bis zum Zehnfachen) oder ggf. ein Teilwert des Vereinsvermögens von z.B. 10–30 % angesetzt werden, höchstens jedoch der Betrag von 1 Mio. € (§ 106 Satz 1 GNotKG). Es fällt eine 0,5-Gebühr gem. Nr. 24102 KV GNotKG an (§ 119 Abs. 1 GNotKG).

Bei elektronischer Einreichung kommt die XML-Gebühr Nr. 22114 KV GNotKG hinzu. Zum Fremdentwurf siehe oben Ziffer 2.

4. Anmeldung der Änderung im vertretungsberechtigten Vorstand

 Muster: Vereinsregisteranmeldung Vorstandswechsel

Urkundenrollen-Nummer 329/2019

Amtsgericht Musterstadt
– Vereinsregister –
12345 Musterstadt

VR 71432 - Prinzengarde Rot-Weiß Heide 1951 e.V. in Musterstadt

Wir, die vertretungsberechtigten Vorstandsmitglieder des o.g. Vereins, überreichen in der Anlage:

– Abschrift des Protokolls der Jahreshauptversammlung vom 13.03.2019,

– Einladungsschreiben,

und melden zur Eintragung in das Vereinsregister an:

Frau Ursula Christel Beweiler und Herr Peter Parßing sind aus dem Vorstand ausgeschieden.

In der Jahreshauptversammlung vom 13.03.2019 sind zu Vorstandsmitgliedern gewählt worden:

– Schatzmeisterin: Frau Sandra Gellert, geboren am 03.07.1980, wohnhaft 12345 Musterstadt, Lortzingstraße 17;

– Geschäftsführer: Herr Pedro Parfumo, geboren am 15.08.1978, wohnhaft 12345 Musterstadt, Am Ministergarten 12.

Sie vertreten jeweils gemeinsam mit einem weiteren Vorstandsmitglied.

Nur informativ wird mitgeteilt, dass es im übrigen keine Veränderungen im vertretungsberechtigten Vorstand gegeben hat, da die weiteren Vorstandsmitglieder in ihren Ämtern bestätigt worden sind.

Wir versichern, dass die Jahreshauptversammlung satzungsgemäß einberufen wurde, beschlussfähig war und dass die gefassten Beschlüsse ordnungsgemäß zustande kamen und die gewählten Vorstandsmitglieder ihre Wahl angenommen haben.

Die Vereinsanschrift lautet: c/o Herr Pedro Parfumo, Am Ministergarten 12, 12345 Musterstadt.

Der beglaubigende Notar, sein Vertreter oder Amtsnachfolger ist bevollmächtigt, die vorstehenden Vereinsregisteranmeldungen zu trennen, einzuschränken und in gleicher Weise zurückzuziehen, sowie zweckdienliche Änderungen und Ergänzungen vorzunehmen.

Musterstadt, den 12.04.2019

...

(Unterschriften von Vorstandsmitgliedern in vertretungsberechtigter Zahl)

(Es folgt die Unterschriftsbeglaubigung des Notars nach üblichem Muster, siehe oben § 2 Abschnitt III.)

Anmerkungen

Zuständig für die **Bestellung** von Vorstandsmitgliedern ist die **Mitgliederversammlung,** sofern kein anderes Vereinsorgan diese Zuständigkeit innehat (§§ 27 Abs. 1, 40 BGB). Die Mitgliederversammlung entscheidet durch (nicht formbedürftigen) Beschluss, wobei ggf. eine **Wahlordnung** des Vereins zu beachten ist. Grundsätzlich genügt eine einfache Mehrheit (§§ 32 Abs. 1 Satz 3, 40 BGB). Zu beachten ist, dass eine **Blockwahl** von Vorstandsmitgliedern (d.h. die einmalige Abstimmung über mehrere Vorstandsämter en bloc) nach wohl überwiegender Auffassung einer ausdrücklichen Gestattung in der Vereinssatzung bedarf.

Entsprechendes gilt für die **Abberufung** von Vorstandsmitgliedern. Grundsätzlich kann eine Abberufung jederzeit erfolgen, jedoch sind Satzungsregelungen zulässig, die eine solche Abberufung an das Vorliegen eines wichtigen Grundes knüpfen (§ 27 Abs. 2 BGB).

Daneben sind **weitere Beendigungsgründe** für ein Vorstandsamt denkbar, insbesondere die **Amtsniederlegung** (die bei ehrenamtlichen Vorständen grundsätzlich jederzeit erfolgen kann) und der **Zeitablauf** (deshalb empfiehlt sich die statuarische Regelung, wonach ausscheidende Vorstandsmitglieder bis zur Wahl eines Nachfolgers im Amt bleiben).

Gemäß § 67 BGB ist **jede Änderung des Vorstands** von diesem zur **Eintragung** in das Vereinsregister anzumelden. Eine anmelde- und eintragungspflichtige „Änderung" i.S.d. § 67 BGB liegt dabei aber nur bei einer echten **Neuwahl** vor, d.h. bei Wahl einer anderen Person zum Vorstandsmitglied, nicht aber die bloße **Wiederwahl** derselben Person. Insoweit kommt eine Anmeldepflicht nur in Betracht, wenn ein bisheriges Vorstandsmitglied in eine andere Vorstandsfunktion gewählt wird (z.B. der bisherige Schriftleiter wird 1. Vorsitzender). Dies folgt schon daraus, dass die Vorstandsmitglieder in ihrer jeweiligen Funktionsbezeichnung im Vereinsregister eingetragen werden und ein Wechsel in diesen Funktionen mit einer Änderung der Vertretungsbefugnis verbunden sein kann. Liegt nur eine Wiederwahl vor, kann dies natürlich trotzdem dem Registergericht informativ mitgeteilt werden.

Ausreichend ist die Anmeldung durch Vorstandsmitglieder in **vertretungsberechtigter Zahl**, deren Unterschriften nach § 77 Satz 1 BGB **notariell beglaubigt** werden müssen. Anders als bei Satzungsänderungen, deren Eintragung im Vereinsregister konstitutiv wirkt (§ 71 Abs. 1 Satz 1 BGB, siehe soeben Ziffer 3.), hat die Eintragung der neuen Vorstände im Vereinsregister **nur deklaratorische Bedeutung**. Daraus folgt auch, dass die Registeranmeldung nach § 67 BGB bereits durch die neuen Vorstände erfolgen kann, auch durch die wiedergewählten Vorstände (gegen Nachweis der Annahme der Wahl durch die neu angemeldeten Vorstände), aber **nicht mehr** durch die mit der Neuwahl wirksam ausgeschiedenen ehemaligen Vorstandsmitglieder.

Der Anmeldung ist eine (einfache) Abschrift der Urkunde über die Änderung des Vorstands beizufügen (§ 67 Abs. 1 Satz 2 BGB). Damit ist das **Versammlungsprotokoll** gemeint, das von den dafür in der Satzung bestimmten Personen zu unterzeichnen ist (i.d.R. Protokollführer und Versammlungsleiter).

Kostenhinweis

Geschäftswert: Haben Einzelwahlen stattgefunden, ist für jedes geänderte Vorstandsmitglied ein Geschäftswert von 5.000 € anzusetzen (§§ 36 Abs. 2, 3 GNotKG). Bei hohen Vereinsvermögen kann auch ein Vielfaches dieses Wertes angesetzt werden (wohl bis zum Zehnfachen). Der Höchstwert ist eine Mio. € (§ 106 Satz 1 GNotKG). Es fällt eine 0,5-Gebühr gem. Nr. 24102 KV GNotKG an (§ 119 Abs. 1 GNotKG). Bei elektronischer Einreichung kommt die XML-Gebühr Nr. 22114 KV GNotKG hinzu. Zum Fremdentwurf siehe oben Ziffer 2.

5.   Das Vereinsregister

a)   Rechtsgrundlagen

Das Vereinsregister besteht auf Grundlage von **§§ 21, 55 BGB**. Die Einrichtung und Führung der Partnerschaftsregister wird durch die **Vereinsregisterverordnung (VRV)** geregelt.

b)   Zuständigkeit

Sachlich zuständig für die Führung des Vereinsregisters sind die Amtsgerichte, § 23a Abs. 1 Satz 1 Nr. 2, Abs. 2 Nr. 3 GVG. Grundsätzlich führt jedes Amtsgericht ein Vereinsregister, die Bundesländer haben aber die Möglichkeit, die Zuständigkeit auf bestimmte Amtsgerichte zu konzentrieren (§ 1 Abs. 1 Satz 2 VRV). Davon haben sie in unterschiedlichem Maß Gebrauch gemacht.

Beispiele

– In Bayern und Nordrhein-Westfalen sind die Gerichte zuständig, die auch ein Handelsregister führen.

– In Sachsen-Anhalt führt das AG Stendal das Vereinsregister für das gesamte Bundesland.

– Thüringen und das Saarland haben keinen Gebrauch von einer Zuständigkeitskonzentration gemacht.

Beachte in der Praxis:

Das für einem konkreten Ort (Sitz des Vereins) zuständige Vereinsregister kann deutschlandweit leicht im Internet ermittelt werden (hier: *www.justizadressen.nrw.de*).

Örtlich zuständig ist das Amtsgericht, in dessen Bezirk der Verein seinen Sitz i.S.d. § 24 BGB hat (§ 55 BGB).

Funktional ist die Führung des Vereinsregisters grundsätzlich dem Rechtspfleger vorbehalten, wobei einige Geschäfte durch den Urkundsbeamten der Geschäftsstelle zustehen (siehe § 1 Abs. 4 VRV).

c)   Führung

Das Vereinsregister **kann elektronisch geführt** werden. Wird es nicht elektronisch geführt, ist es in Karteiform zu führen (§ 2 Abs. 1 Satz 1 VRV).

Rechtsgrundlage für die elektronische Führung ist § 55a BGB. Anders als § 8a HGB für das Handelsregister (und damit auch für das Genossenschafts- und Partnerschaftsregister) überlässt es § 55a Abs. 1 BGB jedem Bundesland, **selbst zu entscheiden**, ob es von der Möglichkeit einer maschinellen Registerführung Gebrauch machen möchte. Für das so ermöglichte elektronische Register werden **Mindeststandards** in § 55a Abs. 1 Satz 2 BGB vorgegeben und die Wirksamkeit vorgenommener Eintragungen in das maschinell geführte Register geregelt (§ 55a Abs. 3

BGB). Ergänzende Vorschriften betreffend die Einrichtung und Führung des maschinell geführten Vereinsregisters enthalten die §§ 18 ff. VRV.

Alle Bundesländer haben inzwischen von der Möglichkeit der elektronischen Vereinsregisterführung Gebrauch gemacht.

d) Aufbau

Die Vereine sind **unter fortlaufenden Nummern** auf einzelnen Registerblättern einzutragen (§ 3 VRV) einzutragen. Die Gestaltung der Vereinsregisterblätter richtet sich nach eigenen Mustern (Anlage 1 zu § 3). Dies gilt auch bei elektronischer Führung (§§ 18, 21 VRV). Auch die Vereinsregisterblätter sind den Handelsregisterblättern ähnlich, vor allem denen in Abteilung HRB, wobei die Spalte „Prokura" fehlt, da der Verein als Nicht-Kaufmann keine Prokura erteilen kann.

Innerhalb eines Registerblatts erfolgt die Eintragung selbst in der dafür **vorgesehenen Registerspalte** (§ 3 VRV).

Das **Aktenzeichen** eingetragener Genossenschaften lautet „VR" (also natürlich nicht „HRA" oder „HRB"!) gefolgt von der jeweiligen Nummer des Registerblatts (§ 4 Abs. 5 AktO).

Für jeden eingetragenen Verein werden **gesonderte Akten** geführt (§ 7 Abs. 1 VRV).

e) Einsichtnahme

Die Einsichtnahme in das Vereinsregister ist **jedermann gestattet** (§ 79 Abs. 1 Satz 1 BGB). Es bedarf also keines rechtlichen Interesses, um das Vereinsregister, die zum Register eingereichten Dokumente (Anmeldungen nebst Anlagen) sowie das Namensverzeichnis (§ 1 Abs. 2 VRV) einzusehen.

Da die Dokumente im elektronischen Abruf über die Webpage *www.handelsregister.de* nicht durchgängig verfügbar sind, kommt der **Einsichtnahme während der Dienststunden** des Registergerichts besondere Bedeutung zu. Sie ist wegen § 16 VRV möglich, und zwar auch, wenn das Vereinsregister elektronisch geführt wird; dann richtet sich die Einsichtnahme nach §§ 31 f. VRV.

Die Einsichtnahme der **sonstigen Unterlagen** (z.B. Zwischenverfügungen und Schriftverkehr) richtet sich nach § 13 FamFG, erfordert also ein besonderes rechtliches Interesse.

Merke zur Einsichtnahme in Vereinsregister:

Zumindest die Einsichtnahme in das Vereinsregister erfolgt praktisch wie beim Handelsregister über eine bundesweite Internetplattform (*www.handelsregister.de*). Auch das elektronische Vereinsregister kennt aktuelle und chronologische Ausdrucke (§§ 31 f. VRV).

f)   Bedeutung der Eintragungen

Das Vereinsregister ist wie das Handelsregister ein **öffentliches Register**. Der Vertrauensschutz, den es für den Rechtsverkehr bewirkt, bleibt aber hinter § 15 HGB zurück.

Maßgeblich ist § 68 BGB. Die Vorschrift regelt ausschließlich die negative Publizität des Vereinsregisters und (anders als § 15 Abs. 3 HGB) nicht auch eine positive Publizität (= den guten Glauben an das im Register Eingetragene).

Nach § 68 Satz 1 BGB muss sich ein Dritter, der mit den bisherigen Mitgliedern des Vereinsvorstands ein Rechtsgeschäft vornimmt, eine Änderung des Vereinsvorstands nicht entgegenhalten lassen, wenn die Änderung nicht eingetragen ist und er sie nicht kannte.

Ist die Veränderung dagegen eingetragen, muss der Dritte sie nach § 68 Satz 2 BGB gegen sich gelten lassen, es sei denn, er hat sie weder gekannt noch hätte er sie kennen müssen.

g)   Tatbestände der Anmeldepflicht

Auch das Vereinsregisterrecht kennt eintragungs und damit anmeldepflichtige und nicht eintragungsfähige Tatsachen. Das Nähere regelt das BGB. Bei der Erstanmeldung der Partnerschaft ergeben sich die anzumeldenden Umstände z.B. aus § 59 BGB.

h)   Anmeldeverpflichtete

Die Anmeldepflicht trifft die vertretungsberechtigten (§ 26 BGB) Vereinsvorstände. Sie agieren **stets in vertretungsberechtigter Zahl** (§ 77 Satz 1 BGB).

Beachte:

In vielen Vereinen gibt es neben den Vorstandsmitgliedern, die i.S.d. § 26 BGB für den Verein vertretungsberechtigt sind (und bisweilen auch Präsidiumsmitglieder o.Ä. heißen), auch viele andere Personen und Ämter wie z.B. einen **Ehrenvorsit-**

zenden, Beiratsmitglieder oder Mitglieder eines erweiterten Vorstands. Diese haben nur beratende oder repräsentative Funktionen oder sind Ehrentitel in Anerkennung geleisteter Dienste, berechtigen aber i.d.R. nicht zur Vertretung des Vereins. Daher gilt: wer den Verein allgemein und konkret vertritt, ergibt sich aus dem Eintrag im Vereinsregister und aus der Satzung.

i)   Form der Registeranmeldung

Die Anmeldungen zum Vereinsregister erfolgen elektronisch in öffentlich beglaubigter Form (§ 77 Satz 1 BGB). Obwohl § 12 Abs. 1 Satz 2 HGB nicht gilt, bedarf die **Anmeldevollmacht** der gleichen Form (wohl a.M.).

Die Anmeldung kann dem Registergericht gem. § 77 Satz 2 BGB entweder in **Urschrift oder in öffentlich beglaubigter Form** eingereicht werden. Damit wollte der Gesetzgeber klarstellen, dass auch die elektronische beglaubigte Abschrift i.S.d. § 39a BeurkG zur Anmeldung ausreicht, auch was die z.B. nach § 59 Abs. 2 BGB mit einzureichenden Dokumente anbetrifft.

Beachte in der Praxis:

Da § 12 Abs. 1 Satz 1, Abs. 2 HGB für Anmeldungen zum Vereinsregister nicht gilt, ist eine elektronische Einreichung zum Vereinsregister (z.B. per EGVP) nicht verpflichtend. Die meisten mir bekannten Vereinsregister wünschen überhaupt keine elektronische Einreichung.

j)   Eintragungskosten

Die HRegGebV gilt nicht für Eintragungen in das Vereinsregister. Vielmehr richten sich die **Gerichtskosten nach Nr. 13000 ff. KV GNotKG.**

VI.   Partnerschaftsregister und Genossenschaftsregistersachen

1.   Das Partnerschaftsregister

a)   Rechtsgrundlagen

Das Partnerschaftsregister ist auf **Grundlage** von §§ 4 Abs. 1, 5 Abs. 2, 11 PartGG einzurichten. Diese Vorschrift verweist u.a. auf §§ 8, 8a und 9 und 12 HGB und damit auf die wesentlichen Rechtsgrundlagen des Handelsregisters.

Die Einrichtung und Führung der Partnerschaftsregister wird durch die **Partnerschaftsregisterverordnung** (PRV) geregelt. Auch sie verweist regelungstechnisch auf die HRV (§ 1 Abs. 1 PRV) und gestaltet nur die partnerschaftlichen Besonderheiten näher aus.

b)   Zuständigkeit und Führung

Das Partnerschaftsregister wird von den **Amtsgerichten** geführt (§ 5 Abs. 2 i.V.m. § 8 HGB und § 23a Abs. 1 Satz 1 Nr. 2, Abs. 2 Nr. 3 GVG).

Die **örtliche Zuständigkeit** richtet sich nach § 4 Abs. 1 Satz 1 PartGG i.V.m. § 106 Abs. 1 HGB. Dieser bestimmt, dass das Amtsgericht zuständig ist, in dessen Bezirk die Partnerschaft ihren Sitz hat.

Wie beim Handelsregister besteht aber auch beim Partnerschaftsregister die Möglichkeit, dass jedes Bundesland die Führung des Partnerschaftsregisters bei bestimmten Amtsgerichten **konzentriert** (§ 376 Abs. 2 Satz 1 FamFG).

Von dieser Möglichkeit haben z.B. die folgenden Länder Gebrauch gemacht wie folgt:

— **Nordrhein Westfalen**: AG Essen für das gesamte Bundesland;

— **Hessen**: AG Frankfurt am Main für das gesamt Bundesland;

— **Niedersachsen**: AG Hannover für das gesamte Bundesland.

Beachte in der Praxis:

Das für einem konkreten Ort (Sitz der Partnerschaft) zuständige Partnerschaftsregister kann deutschlandweit leicht im Internet ermittelt werden (hier: *www.justizadressen.nrw.de*).

Auch das Partnerschaftsregister wird seit 2007 **ausschließlich elektronisch geführt** (§ 1 Abs. 1 PRV i.V.m. § 7 HRV).

Funktional zuständig für die Führung des Partnerschaftsregisters ist der Rechtspfleger (§§ 3 Nr. 2 Buchst. d), 17 RPflG). Daneben besteht eine Zuständigkeit des Urkundsbeamten wie beim Handelsregister.

c)   Aufbau

Die Partnerschaften sind **unter fortlaufenden Nummern** auf einzelnen Registerblättern einzutragen (§ 2 PRV). Die Gestaltung der Partnerschaftsregisterblätter richtet sich nach eigenen Mustern (Anlage 1–4 zu 2 PRV). Sie sind aber den Handelsregisterblättern ähnlich, vor allem in Abteilung A (Personenhandelsgesellschaften).

Das zeigt § 1 Abs. 2 PRV, wenn dort bestimmt ist, dass für die Zwecke der Registerführung die Partnerschaft einer OHG gleichsteht und an die Stelle der persönlich haftenden Gesellschafter der OHG die Partner (Berufsträger, z.b. Rechtsanwälte) treten, an die Stelle der Firma der OHG der Name der Partnerschaft.

Merke:

Da die Partnerschaft kein Kaufmann ist, führt sie **keine Firma** im Rechtsverkehr, sondern trägt einen Namen. Gleiches gilt für übrigens für den eingetragenen Verein.

Innerhalb eines Registerblatts erfolgt die Eintragung selbst in der **dafür vorgesehenen Registerspalte** (§ 5 PRV).

Das **Aktenzeichen** eingetragener Partnerschaften lautet „PR" (also natürlich nicht „HRA" oder „HRB"!) gemeinsam mit der jeweiligen Nummer des Registerblatts.

d) Einbindung der berufsständischen Kammer

Partnerschaften sind Vereinigungen von Personen, die einem freien Beruf nachgehen, nicht notwendig alle dem gleichen (z.b. „Partnerschaft von Rechtsanwälten, Steuerberatern und Wirtschaftsprüfern"). Vor diesem Hintergrund kann es sinnvoll sein, dass die **zuständigen Berufskammern**, die für einzelne freie Berufe eingerichtet sind (z.b. die Rechtsanwalts-, Steuerberater- oder Wirtschaftsprüferkammer), ihre besondere Kenntnis über das Berufsrecht der freien Berufe mit in das Registerverfahren einbringen, falls nötig.

Daher bestimmt § 4 Satz 1 PRV, dass den Berufskammern in zweifelhaften Fällen bei laufenden Verfahren Gelegenheit zur Stellungnahme gegeben wird. Dies gilt insbesondere für zweifelhafte Fragen der Zulässigkeit interprofessioneller Partnerschaften und für die Eingehung einer PartG mbB (§ 8 Abs. 4 PartGG). Zur Absicherung dieser Mitwirkungsmöglichkeit sind die Anmeldenden zur Mitteilung darüber verpflichtet, ob und welche Berufskammern für die in der Partnerschaft ausgeübten Berufe bestehen sowie ggf. deren Anschriften (§ 4 Satz 2 und 3 PRV). Den bestehenden Kammern ist jede Eintragung der betroffenen Partnerschaft mitzuteilen (§ 6 PRV).

e)   Einsichtnahme

Für die Einsichtnahme in das Partnerschaftsregister gelten **dieselben Grundsätze wie bei Einsichtnahme in das Handelsregister** (§ 9 HGB i.V.m. § 10 HRV). Das folgt aus der Verweisung in § 5 Abs. 2 PartGG i.V.m. § 1 PRV. Im Einzelnen gilt:

Die Einsichtnahme in das Register selbst ist **jedermann zu Informationszwecken** gestattet. Das Einsichtnahmerecht umfasst wie beim Handelsregister auch die Dokumente, die Inhalt des Registerordners sind, also z.b. Registeranmeldungen (§ 1 PRV i.V.m. § 9 HRV).

Die Einsichtnahme erfolgt praktisch wie beim Handelsregister über eine **bundesweite Plattform** im Internet (*www.handelsregister.de*).

Auch die **Kosten der Einsichtnahme** sind mit denen des Handelsregisters vergleichbar.

Die Einsicht in den sonstigen Inhalt der Registerakten ist demgegenüber wie beim Handelsregister von der Glaubhaftmachung eines berechtigten Interesses abhängig (§ 13 FamFG).

f)   Bedeutung der Eintragung

Das Partnerschaftsregister ist wie das Handelsregister ein öffentliches Register, welches gem. **§ 5 Abs. 2 PartGG i.V.m. § 15 HGB besonderes Vertrauen** genießt und somit hauptsächlich der Rechtssicherheit des Rechts- und Geschäftsverkehrs dient.

g)   Tatbestände der Anmeldepflicht

Auch das Partnerschaftsregister kennt **eintragungs- und damit anmeldepflichtige** und nicht eintragungsfähige Tatsachen. Das Nähere regelt das PartGG. Bei der Erstanmeldung der Partnerschaft ergeben sich die anzumeldenden Umstände z.B. aus § 4 PartGG.

Eine kleine Besonderheit gegenüber den Handelsgesellschaften regelt § 5 Abs. 2 zweiter Halbsatz PartGG: Danach besteht **keine Pflicht zur Anmeldung einer inländischen Geschäftsanschrift**.

h) Anmeldeverpflichtete

Da die Partnerschaft eine Personengesellschaft ist, sind **alle Partner** (also die Berufsträger wie z.b. Rechtsanwälte oder Steuerberater) anmeldeverpflichtet.

i) Form der Registeranmeldung

Die Anmeldungen zum Partnerschaftsregister erfolgen **elektronisch in öffentlich beglaubigter Form**; § 5 Abs. 2 PartGG verweist insoweit auf § 12 Abs. 1 Satz 1 HGB. Es gelten somit die gleichen Vorgaben wie bei Anmeldungen zum Handelsregister.

j) Eintragungskosten

Die HRegGebV gilt trotz ihrer Kurzbezeichnung („Handelsregistergebührenverordnung") **auch für Eintragungen in das Partnerschaftsregister.**

k) Formulierungsbeispiel

Nachfolgend ist das Beispiel für die Erstanmeldung einer Partnerschaft mit beschränkter Berufshaftung abgedruckt:

Muster: Erstanmeldung einer Partnerschaft mit beschränkter Berufshaftung

Urkundenrolle Nr. .../...

Amtsgericht
– Partnerschaftsregister –
Essen

Betr.: Neueintragung einer Partnerschaft

Zur Eintragung in das Partnerschaftsregister melden alle Partner an:

1. Unter dem Namen „Meyer Müller Rechtsanwälte PartG mbH" wurde eine Partnerschaftsgesellschaft mit Sitz in Duisburg gegründet. Gegenstand der Partnerschaft ist die Ausübung einer rechtsanwaltlichen Tätigkeit.

2. Partner sind:

   a) Rainer Meyer, Duisburg, Rechtsanwalt, geboren am 16.02.1985, und

   b) Dr. Hubert Müller, Duisburg, Rechtsanwalt, geboren am 01.03.1978.

3. Jeder Partner vertritt einzeln.

4. Wir versichern die Zugehörigkeit jedes einzelnen Partners zu der Rechtanwalt-schaft und dass dieser Beruf in der Partnerschaft ausgeübt wird. Als Nachweis legen wir jeweils einen Auszug aus unserer Registrierung bei der Rechtsan-waltskammer Düsseldorf vor. Berufsrechtliche Vorschriften führen weder zu einer Beschränkung noch zu einem Ausschluss unserer Zusammenarbeit in einer Partnerschaftsgesellschaft.

   Beigefügt ist eine Versicherungsbescheinigung gemäß § 113 Abs. 2 VVG.

5. Für den in der Partnerschaft ausgeübten Beruf besteht folgende Berufskam-mer: Rechtsanwaltskammer Düsseldorf, 40479 Düsseldorf, Freiligrathstraße 25.

6. Die Geschäftsräume der Partnerschaft befinden sich in 47139 Duisburg, Hauptstraße 1.

Musterstadt, den ...

...

[Unterschrift]

[Es folgt die Unterschriftsbeglaubigung des Notars nach üblichem Muster, siehe oben § 2 Abschnitt III.]

Vergleiche für alle (notar-)relevanten Fragen rund um die Partnerschaft ZÖBELEY, RNotZ 2017, 341.

2.   Das Genossenschaftsregister

a)   Begriff der Genossenschaft

Genossenschaften sind nach § 1 Abs. 1 Genossenschaftsgesetz (GenG) **Gesellschaf-ten mit offener Mitgliederzahl**, deren Zweck darauf gerichtet ist, den Erwerb oder die Wirtschaft ihrer Mitglieder oder deren soziale oder kulturelle Belange durch gemeinschaftlichen Geschäftsbetrieb zu fördern (sog. „förderwirtschaftlicher Per-sonalverein"). Durch Eintragung in das Genossenschaftsregister erhält die Genos-senschaft den Status einer „eingetragenen Genossenschaft" (= e.G.) (§§ 1 Abs. 1, 10, 13, 17 Abs. 1 GenG).

b)   Rechtsgrundlagen

Das Genossenschaftsregister ist auf Grundlage von **§ 10 Abs. 1 GenG** einzurichten. § 156 Abs. 1 GenG verweist u.a. auf §§ 8, 8a und 9 HGB und damit auf die wesentlichen Rechtsgrundlagen des Handelsregisters.

Die Einrichtung und Führung der Partnerschaftsregister wird durch die **Genossenschaftsregisterverordnung (GenRegV)** geregelt. Sie verweist regelungstechnisch auf die für das Handelsregister geltenden Bestimmungen (§ 1 GenRegV) und gestaltet nur die genossenschaftsrechtlichen Besonderheiten näher aus.

c)   Zuständigkeit und Führung

Das Genossenschaftsregister ist **den für die Führung der Handelsregister zuständigen Amtsgerichten übertragen** (§ 10 Abs. 2 GenG, § 1 GenRegV). Die örtliche Zuständigkeit richtet sich daher danach, wo die Genossenschaft ihren Sitz hat. Es gelten die bereits erwähnten Zuständigkeitskonzentrationen nach § 376 FamFG und den landesrechtlichen Durchführungsbestimmungen (dazu oben ###).

Beachte in der Praxis:

Das für einen konkreten Ort (Sitz der Genossenschaft) zuständige Genossenschaftsregister kann deutschlandweit leicht im Internet ermittelt werden (hier: *www.justizadressen.nrw.de*).

Auch das Genossenschaftsregister wird seit 2007 **ausschließlich elektronisch** geführt (§ 156 Abs. 1 Satz 1 GenG i.V.m. § 8 Abs. 1 HGB; § 1 GenRegV i.V.m. § 7 HRV).

Funktional zuständig für die Führung des Partnerschaftsregisters ist der Rechtspfleger (§§ 3 Nr. 2 Buchst. d), 17 RPflG). Daneben besteht eine Zuständigkeit des Urkundsbeamten wie beim Handelsregister.

d)   Aufbau

Die Genossenschaften sind **unter fortlaufenden Nummern** auf einzelnen Registerblättern einzutragen (§ 1 GenRegV i.V.m. § 13 HRV). Die Gestaltung der Genossenschaftsregisterblätter richtet sich nach eigenen Mustern (Anlage 1–2 zu 25 GenRegV). Sie sind aber den Handelsregisterblättern ähnlich, vor allem denen in Abteilung HRB.

Innerhalb eines Registerblatts erfolgt die Eintragung selbst in der dafür **vorgesehenen Registerspalte** (§ 26 GenRegV).

Das **Aktenzeichen** eingetragener Genossenschaften lautet „GnR" (also natürlich nicht „HRA" oder „HRB"!) gefolgt von der jeweiligen Nummer des Registerblatts.

e)   Einsichtnahme

Für die Einsichtnahme in das Genossenschaftsregister gelten **dieselben Grundsätze wie bei Einsichtnahme in das Handelsregister** (§ 9 HGB i.V.m. § 10 HRV). Das folgt aus der Verweisung in § 156 Abs. 1 GenG i.V.m. § 1 GenRegV. Im Einzelnen gilt:

Die Einsichtnahme in das Register selbst ist **jedermann zu Informationszwecken** gestattet. Das Einsichtnahmerecht umfasst wie beim Handelsregister auch die Dokumente, die Inhalt des Registerordners sind, also z.b. Registeranmeldungen (§ 1 GenRegV i.V.m. § 9 HRV).

Die Einsichtnahme erfolgt praktisch wie beim Handelsregister über eine **bundesweite Plattform** im Internet (hier: *www.handelsregister.de*).

Auch die **Kosten der Einsichtnahme** sind mit denen des Handelsregisters vergleichbar.

Die Einsicht in den sonstigen Inhalt der Registerakten ist demgegenüber wie beim Handelsregister von der Glaubhaftmachung eines berechtigten Interesses abhängig (§ 13 FamFG).

f)   Bedeutung der Eintragung

Das Genossenschaftsregister ist wie das Handelsregister ein **öffentliches Register,** das **besonderes Vertrauen** genießt. Die (Reichweite der) Publizitätswirkung des Genossenschaftsregisters folgt aber nicht aus einer Verweisung auf § 15 HGB, sondern ergibt sich direkt aus § 29 GenG.

g)   Tatbestände der Anmeldepflicht

Auch das Genossenschaftsregister kennt **eintragungs- und damit anmeldepflichtige** und nicht eintragungsfähige Tatsachen. Das Nähere regelt das GenG. Bei der Erstanmeldung der Partnerschaft ergeben sich die anzumeldenden Umstände z.B. aus § 11 GenG.

h)   Anmeldeverpflichtete

Die Anmeldepflicht trifft die Genossenschaft. Sie handelt durch die Vorstände.

Beachte:

Gemäß § 6 Abs. 3 Satz 1 GenRegV ist die Anmeldung zum Genossenschaftsregister **durch einen Bevollmächtigten ausgeschlossen**, also vertretungsfeindlich! (Einzige Ausnahme ist nach § 6 Abs. 3 Satz 1 GenRegV die Anmeldung durch den Notar auf Grundlage von § 378 Abs. 2 FamFG.)

i)   Form der Registeranmeldung

Die Anmeldungen zum Genossenschaftsregister erfolgen **elektronisch in öffentlich beglaubigter Form** (§ 157 GenG i.V.m. § 6 GenRegV). Es gelten somit die gleichen Vorgaben wie bei Anmeldungen zum Handelsregister.

j)   Eintragungskosten

Die HRegGebV gilt trotz ihrer Kurzbezeichnung ("Handelsregistergebührenverordnung") **auch für Eintragungen in das Genossenschaftsregister.**

k)   Formulierungsbeispiel

Nachfolgend ist das Beispiel für die Erstanmeldung einer Genossenschaft abgedruckt:

 Muster: Erstanmeldung einer Genossenschaft

Urkundenrolle Nr. .../...

Amtsgericht
– Genossenschaftsregister –
München

Betr.: Neueintragung einer Genossenschaft

Zur Ersteintragung in das Genossenschaftsregister melden wir die "Spar- und Darlehenskasse für Kleinbetriebe e.G." und uns als die sämtlichen Vorstandsmitglieder an.

Vorstandsmitglieder sind:

1. Albert Amann, geboren 05.05.1965, München, Amsterdamer Straße 8,

2. Balduin Reimann, geboren 03.03.1974, München, Belgradstraße 17,

3. Christian Huber, geboren 29.10.1983, München, Sonnenstraße 28.

Die Mitglieder des Vorstands sind nur gemeinschaftlich zur Vertretung der Genossenschaft befugt.

Der Anmeldung fügen wir bei:

— von den Mitgliedern unterzeichnete Satzung vom 02.12.2019;

— Niederschrift vom 02.12.2016 betreffend Bestellung Vorstand und Aufsichtsrat;

— Bescheinigung des Prüfungsverbands vom 10.12.2019, dass die Genossenschaft zum Beitritt zugelassen ist;

— Gutachterliche Äußerung des Prüfungsverbands vom 15.12.2019, dass nach den persönlichen und wirtschaftlichen Verhältnissen, insbesondere der Vermögenslage der Genossenschaft, eine Gefährdung der Belange der Mitglieder und der Gläubiger nicht zu besorgen ist;

— Erlaubnis der Bundesanstalt für Finanzdienstleistungsaufsicht vom 20.12.2019 gemäß § 32 des Gesetzes über das Kreditwesen.

Die Geschäftsräume der Genossenschaft befinden sich in 86675 München, Prinzregentenstraße 12.

Musterstadt, den ...

...

[Unterschrift]

[Es folgt die Unterschriftsbeglaubigung des Notars nach üblichem Muster, siehe oben § 2 Abschnitt III.]

§ 14 Familienrecht

I. Einleitung

Regelungsgegenstand des Familienrechts im BGB ist die Gesamtheit der status- und vermögensrechtlichen Rechtsverhältnisse, die durch die bürgerliche Ehe (§§ 1297–1588 BGB) und aufgrund der Verwandtschaft (§§ 1589–1773 BGB) begründet sind:

– **Familienrechtliche Statusbestimmungen** sind z.b. solche zum Familiennamen, also dem von möglichst allen Familienmitgliedern geführten Nachnamen (§§ 1355, 1616 ff. BGB), ferner die Voraussetzungen rechtlicher Verwandtschaft (§ 1589 BGB), die Bestimmungen zur gesetzlichen Vertretung Minderjähriger durch ihre Eltern (§§ 1626, 1629 ff. BGB) und das Adoptionsrecht (§§ 1741 ff. BGB).

– Die **vermögensrechtliche Seite** im Familienrecht ist betroffen z.b. bei den Regelungen zur Unterhaltpflicht von Eltern gegenüber ihren Kindern (§§ 1601 ff. BGB) oder zwischen geschiedenen Ehegatten (§§ 1570 ff. BGB); auch der Zugewinnausgleich am Ende des gesetzlichen Güterstands der Zugewinngemeinschaft zählt hierzu (§§ 1371 ff. BGB).

Daneben regelt das Vierte Buch des BGB noch die ebenfalls – in Teilen – notarrelevanten Bereich des Vormundschafts- (§§ 1773–1895 BGB), Betreuungs- (§§ 1896–1908k BGB) und Pflegschaftsrechts (§§ 1909–1921 BGB; siehe dazu unten Abschnitt III. Ziffer 3. Buchst. c)).

Naturgemäß spielen nicht alle Teilbereiche des Familienrechts für die **notarielle Praxis**, zumal für den Berufsalltag des Notariatsmitarbeiters, ein gleich große Rolle. Das Familienrecht zielt jedoch stets auf klare und eindeutige rechtliche Verhältnisse und gibt den Beteiligten deshalb häufig vor, ihre Rechtsverhältnisse in notarieller oder öffentlicher Form zu regeln. Beispiele betreffen den Abschluss eines Ehevertrags (§ 1410 BGB), Vereinbarungen über den nachehelichen Unterhalt (§ 1585c BGB), die Abgabe von Sorgeerklärungen nicht verheirateter Eltern (§ 1626d BGB) und den Adoptionsantrag (§ 1752 BGB). Deshalb bildet das Familienrecht einen wichtigen Schwerpunkt an notarieller Tätigkeit.

In diesem Kapitel sollen einige **Grundlagen für das Verständnis** des Familienrechts in der notariellen Praxis geschaffen und, wo möglich, konkrete Formulierungshilfen für einfachere Fallgestaltungen bereitgestellt werden. Man sollte sich aber auch klar machen, dass gerade bei den vorsorgenden Eheverträgen und notariellen Scheidungsfolgenvereinbarungen maßgeschneiderte Einzelfalllösungen erarbeitet werden müssen, die in vielen Notariaten „Chefsache" sind. Für eine alle Detailfragen hilfreiche Darstellung des Familienrechts findet sich z.b. bei MÜNCH (Hrsg.), Familienrecht in der Notar- und Gestaltungspraxis, 3. Aufl. 2019.

II.   Grundzüge der ehelichen Güterstände

Das eheliche Güterrecht **regelt die rechtlichen Auswirkungen einer Eheschließung auf das Vermögen beider Ehegatten** und deren vermögensrechtliche Beziehungen zueinander (z.b. in Gestalt des Zugewinnausgleichs, auch im Todesfall, siehe § 15 Abschnitt III. Ziffer 3.) sowie zu Dritten. Solche „Außenwirkungen" der Ehe sind zahlreicher anzufinden als man zunächst meinen könnte. Sie lassen sich gedanklich danach einteilen, ob die fragliche Bestimmung dem Schutz beider oder eines Ehegatten, dem Schutz des Rechtsverkehrs oder dessen Vereinfachung dienen sollen:

–   In die erste Kategorie (**Schutz der Ehegatten**) fallen die Bestimmungen der §§ 1365, 1369 BGB (siehe sogleich). Sie schützen jeden Ehegatten vor bestimmten, besonders nachteiligen Handlungen des jeweils anderen.

–   Ein Beispiel für die zweite Normenkategorie (**Schutz des Rechtsverkehrs**) bilden §§ 1362 BGB, 739 ZPO. Diese Bestimmungen erleichtern den Vollstreckungszugriff der Gläubiger eines Ehegatten in Vermögensgegenstände des gemeinsamen ehelichen Hausstands.

–   Mit der dritten Normenkategorie (**Vereinfachung des Rechtsverkehrs**) ist Folgendes gemeint: Eheleute werden bei der Ausgestaltung ihrer Vermögensbeziehung bisweilen dadurch privilegiert, dass ihre Transaktionen untereinander von bestimmten Vorgaben des öffentlichen Rechts, die in der notariellen Praxis bedeutsam sind, ausdrücklich freigestellt werden. So besteht z.b. ein Ehegattenprivileg beim gemeindlichen Vorkaufsrecht (§ 26 Nr. 1 BauGB, siehe dazu § 5 Abschnitt XVI. Ziffer 1.) und **bei der Grunderwerbsteuer** (§ 3 Nr. 4 GrEStG, siehe dazu § 5 Abschnitt XIV.). Derartige Privilegierungen beschränken sich allerdings meist nicht auf Ehegatten, sondern gelten als Verwandtenprivileg auch für (nahe) Angehörige wie z.b. Kinder. Im Einzelfall ist eine genaue Prüfung des Anwendungsbereichs der jeweiligen Vorschrift unerlässlich.

1.   Der gesetzliche Güterstand der Zugewinngemeinschaft

Wer (vom 01.07.1958 an) eine Ehe eingeht und nicht durch Ehevertrag seine güterrechtlichen Verhältnisse anders regelt, lebt mit seinem Ehegatten im gesetzlichen Güterstand der **Zugewinngemeinschaft**.

Das Gleiche gilt vom 01.07.1958 an aber auch für Ehegatten, die schon vor diesem Zeitpunkt verheiratet waren, soweit sie nicht durch Ehevertrag etwas anderes vereinbart haben.

Leben Ehegatten im gesetzlichen Güterstand der Zugewinngemeinschaft, so bleibt das beiderseitige Vermögen der Ehegatten völlig getrennt, und zwar nicht nur das schon bei der Eheschließung vorhandene, sondern auch das während der Ehe erworbene.

Man darf sich durch die Bezeichnung „**Zugewinngemeinschaft**" also nicht irreführen lassen. In Wirklichkeit kommt nämlich durch diesen Güterstand keinerlei **Vermögensgemeinschaft** zustande. Die Zugewinngemeinschaft steht vielmehr während ihres Bestehens – von einigen Einschränkungen abgesehen (siehe sogleich) – durchaus dem Güterstand der Gütertrennung gleich.

Erst nach ihrer **Beendigung** zeigt sich das Wesen der Zugewinngemeinschaft. Denn dann ist der Zugewinn – das ist der Vermögenszuwachs eines Ehegatten während dieses Güterstands (vgl. §§ 1373–1375 BGB) – mit dem des anderen Ehegatten zu vergleichen. Wer den größeren Zuwachs erzielt hat, muss dem anderen Ehegatten die Hälfte des Überschusses als Zugewinnausgleich in Geld zahlen (§ 1378 BGB). Für ein kurzes Beispiel, wie sich der Zugewinnausgleich konkret ermitteln lässt, siehe unten im Kontext von § 1931 Abs. 3 BGB bei § 15 Abschnitt IV. Ziffer 3. Buchst. b) bb).

Durch den Ausgleich des Zugewinns soll erreicht werden, dass der Ehegatte mit dem geringeren Zugewinn am höheren Zugewinn des anderen Ehegatten angemessen teilnimmt. Dieser Ausgleich ist vor allem dann ein Gebot der Fairness, wenn der eine Ehegatte (früher meist die Frau – sog. „**Hausfrauenehe**") sich während der Ehe mit einer Tätigkeit bescheidet, die keinen oder wenig wirtschaftlichen Ertrag abwirft (etwa Haushaltsführung und Kindererziehung), damit der andere Ehegatte ungehindert einer Erwerbstätigkeit nachgehen kann. Der Zugewinnausgleich ist damit Ausdruck der **ehelichen Solidarität** für den konkret gelebten Ehetyp.

Während der Ehe sind das Vermögen des Mannes und das der Frau rechtlich getrennt, und jeder Ehegatte verwaltet den ihm gehörenden Teil selbständig. Insbesondere kann jeder Ehegatte sein Geld so ausgeben, wie er oder sie dies für richtig hält, ohne vorher den jeweils anderen um Erlaubnis bitten zu müssen.

Das BGB sieht jedoch einige **Einschränkungen** dieser vermögensrechtlichen Selbständigkeit während der Ehezeit vor:

– Nur mit Einwilligung des anderen Ehegatten kann ein Ehegatte sich zu einer **Verfügung über sein Vermögen im Ganzen** (sog. Gesamtvermögensgeschäft) sowie zu einer Verfügung über einen ihm gehörenden **Gegenstand des ehelichen Haushalts** verpflichten oder eine solche Verfügung vornehmen (§§ 1365, 1369 BGB).

– Einer Verfügung über das Vermögen eines Ehegatten im Ganzen (§ 1365 BGB) wird aus Schutzgründen eine solche **gleichgestellt**, mit der der Ehegatte den ganz überwiegenden Teil seines Vermögens veräußert (je nach Größe des Vermögens ab ca. 85 %). Nicht erforderlich ist, dass der verfügende Ehegatte ausdrücklich über sein „Gesamtvermögen" verfügt, es genügt, wenn einzelne Gegenstände von der Vereinbarung betroffen sind, die das gesamte Vermögen oder den wesentlichen Teil ausmachen. Dies kann im notariellen Bereich vor allem **bei Grundstücksgeschäften** relevant werden. Da Dritte häufig keinen Einblick in die genauen Vermögensverhältnisse von Eheleuten haben, muss für § 1365 BGB als ungeschriebenes Merkmal hinzukommen, dass der Vertragspartner des Ehegatten weiß, dass es sich bei dem Vertragsgegenstand um das gesamte oder wesentliche Vermögen des Ehegatten handelt oder dass der Vertragspartner die maßgeblichen Umstände hierfür kennt; durch dieses **subjektive Element** wird also dem Verkehrsschutz Vorrang vor den ehelichen Interessen eingeräumt.

Beispiel

– Es ist unzulässig, dass der in Zugewinngemeinschaft lebende Mann, der seine Ehefrau verlassen möchte, ohne ihr Einverständnis sein **gesamtes Hab und Gut auf seine neue Partnerin** überträgt (Verstoß gegen § 1365 BGB), oder dass die Frau, um sich zusätzliche Geldmittel zu verschaffen, ohne Zustimmung des Mannes den ihr allein gehörenden Kühlschrank in der Ehewohnung verpfändet (Verstoß gegen § 1369 BGB). Durch diese Schutzvorschriften werden die wirtschaftlichen Grundlagen und der zum gemeinsamen Leben benötigte Hausstand der Eheleute vor Eingriffen eines **Ehegatten abgeschirmt.**

– Geschieht dies ohne Zustimmung des anderen Ehegatten dennoch, so ist das Rechtsgeschäft zunächst **unwirksam.** Der betroffene Ehegatte kann aber auf seinen Schutz verzichten (§ 1368 BGB) und dem fraglichen Rechtsgeschäft ausdrücklich „aus güterrechtlichen Gründen" zustimmen. In Zweifelsfällen empfiehlt es sich, diese Zustimmungserklärung mit in die notarielle Urkunde (z.B. Kaufvertrag) aufzunehmen. Der zustimmende Ehegatte ist dann formell Urkundsbeteiligter. Die Ehegatten können durch notariellen Vertrag die Geltung der §§ 1365, 1369 BGB für ihre Ehe sogar generell ausschließen; der Ausschluss führt nicht zwingend zu einem Wechsel in die Gütertrennung.

Die Zugewinngemeinschaft **endet unter Lebenden** mit Rechtskraft des Scheidungsbeschlusses oder Aufhebung der Ehe sowie durch Eheverträge, durch die der Ausgleich des Zugewinns für die Zukunft ausgeschlossen wird (z.b. durch Vereinbarung der Gütertrennung). Für die Zwecke des Zugewinnausgleichs im Scheidungsfall ist der Beendigungszeitpunkt auf die Rechtshängigkeit (= gerichtliche Einleitung) des Scheidungsantrags vorverlagert, um Manipulationen am Endvermögen des Ehegatten zu erschweren (§ 1384 BGB).

2. Der Güterstand der Gütertrennung

Den Güterstand der Gütertrennung kennzeichnet die **völlige Trennung des Vermögens der Ehegatten.** Jeder Ehegatte verwaltet sein Vermögen selbständig, jeder Ehegatte kann frei darüber verfügen. Selbst rudimentäre Beschränkungen während des Güterstands wie bei der Zugewinngemeinschaft bestehen nicht, insbesondere die §§ 1365, 1369 BGB gelten also für in Gütertrennung verheiratete Eheleute nicht.

Die Gütertrennung tritt als **vertraglicher Güterstand** immer dann ein, wenn sie durch notariellen Ehevertrag ausdrücklich vereinbart ist. Gütertrennung gilt aber auch dann, wenn die Ehegatten vertraglich den gesetzlichen Güterstand ausschließen oder aufheben (ohne zugleich ausdrücklich zur Gütertrennung zu optieren), wenn sie vertraglich den Ausgleich des Zugewinns ausschließen (ohne zugleich ausdrücklich den Verbleib im gesetzlichen Güterstand zu vereinbaren) oder eine bestehende Gütergemeinschaft aufheben (§ 1414 BGB).

Bei **Beendigung des Güterstands** der Gütertrennung gibt es – dem Wesen der Gütertrennung entsprechend – ebenfalls **keinerlei Vermögensausgleich.**

Die Vereinbarung der Gütertrennung hat Auswirkung auf das gesetzliche Erbrecht des Ehegatten (§ 1931 Abs. 1, 4 BGB) und ist daher dem **Zentralen Testamentsregister** zu melden (siehe dazu unten in § 15 Abschnitt IV. Ziffer 3. und Abschnitt XIII. Ziffer 4.).

3. Der Güterstand der Gütergemeinschaft

Der – bis zur Einführung des deutsch-französischen Wahlgüterstands (siehe unten Ziffer 4.) – einzige Güterstand außer der Gütertrennung, der mittels Ehevertrag durch bloße Bezugnahme auf gesetzliche Vorschriften begründet werden kann, ist die **Gütergemeinschaft.**

Die Gütergemeinschaft kommt, anders als die Gütertrennung, ausschließlich **durch Ehevertrag** zustande (§ 1415 BGB), der notariell zu beurkunden ist.

Durch die Gütergemeinschaft werden das Vermögen des Mannes und das Vermögen der Frau, das sie bei Abschluss des Ehevertrags haben oder das sie während der Dauer der Gemeinschaft erwerben, **gemeinschaftliches Vermögen** beider Ehegatten. Man nennt das gemeinschaftliche Vermögen **Gesamtgut**.

Nicht jeder Vermögensgegenstand der Ehegatten gehört aber zwangsläufig zum Gesamtgut. Es gibt nämlich Gegenstände, die nicht durch Rechtsgeschäft übertragen und daher auch nicht in gemeinschaftliches Eigentum der Ehegatten übergeführt werden können. Hierzu zählen etwa der dem Pfändungsschutz unterliegende Teil des Arbeitseinkommens, eine gesetzliche Unterhaltsforderung, der Nießbrauch (§ 1059 Satz 1 BGB) oder eine persönliche Dienstbarkeit (§ 1092 BGB). Solche Vermögensgegenstände eines Ehegatten sind kraft Gesetzes ohne Vereinbarung sein **Sondergut**.

Schließlich kann jeder Ehegatte noch sogenanntes **Vorbehaltsgut** haben. Das sind die Gegenstände, die durch Ehevertrag ausdrücklich hierzu erklärt sind, oder die ein Ehegatte erbt, vermacht oder geschenkt bekommt und deren Eigenschaft als Vorbehaltsgut von dem Erblasser oder Schenker angeordnet ist.

Das **Gesamtgut** kann entweder vom Mann allein oder von der Frau allein oder von beiden Ehegatten gemeinsam **verwaltet** werden. Ist keine Bestimmung getroffen, so verwalten es die Ehegatten gemeinsam.

Wegen ihres Einflusses auf die gesetzliche Erbfolge ist die Vereinbarung der Gütergemeinschaft – wie die der Gütertrennung, siehe soeben – beim **Zentralen Testamentsregister** zu registrieren.

Nach **Beendigung der Gütergemeinschaft** ist diese auseinanderzusetzen (§ 1471 BGB). Bei ordnungsgemäßer Auseinandersetzung sind zuerst die Gesamtgutverbindlichkeiten zu erfüllen. Das Gesamtgut ist zu diesem Zweck im erforderlichen Ausmaß in Geld umzusetzen. Der Überschuss, der nach Erfüllung der Gesamtgutverbindlichkeiten bleibt, gebührt den Ehegatten je zur Hälfte.

Anstelle ihrer Auflösung bei Tod eines Ehegatten können diese durch Ehevertrag vereinbaren, dass die Gütergemeinschaft nach dem Tod des einen von ihnen zwischen dem überlebenden Ehegatten und den gemeinschaftlichen Abkömmlingen fortgesetzt wird (sog. **fortgesetzte Gütergemeinschaft**, § 1483 BGB).

4. Der deutsch-französische Wahlgüterstand

Der deutsch-französische Güterstand der Wahlzugewinngemeinschaft wurde **mit Wirkung zum 01.05.2013** durch § 1519 BGB n.F. ins deutsche Recht eingeführt. Dieser Güterstand beruht auf einem Abkommen zwischen der Bundesrepublik Deutschland und der französischen Republik vom 04.02.2010 (abgekürzt: WZGA).

Es handelt sich um einen weiteren Güterstand, den Eheleute (in Deutschland auch eingetragene Lebenspartner) durch Ehevertrag (bzw. Lebenspartnerschaftsvertrag) vereinbaren können. Dabei muss nicht zwingend einer der beiden Partner deutscher und der andere französischer Staatsangehöriger sein (sog. binationale Ehe). Gleichwohl zielt der neue Wahlgüterstand auf eben solche Ehen ab, indem er durch **einheitliche materiell-rechtliche Bestimmungen** die praktischen Probleme zu vermeiden versucht, die aus den unterschiedlichen nationalen güterrechtlichen Regelungen erwachsen. Derartige Probleme bestanden aus notarieller Sicht vor allem dann, wenn deutsch-französische Eheleute im gesetzlichen Güterstand französischen Rechts lebten und während der Ehe Grundbesitz in Deutschland erwarben.

Im Ausgangspunkt ist der Güterstand der Wahlzugewinngemeinschaft der **deutschen Zugewinngemeinschaft** nachgebildet, geht jedoch im Detail eigene Wege. So unterfallen z.B. Wertsteigerungen eines privilegierten Grundvermögens überhaupt nicht dem Zugewinnausgleich, abweichend von §§ 1374 Abs. 2, 1375, 1376 Abs. 1, 2 BGB. Die Wahlzugewinngemeinschaft enthält darüber hinaus Besonderheiten, die auf den französischen gesetzlichen Güterstand der Errungenschaftsgemeinschaft zurückzuführen sind. Hervorzuheben ist insbesondere eine Verfügungsbeschränkung hinsichtlich der Familienwohnung gem. Art. 5 WZGA, die sich deutlich von dem Verfügungsverbot des § 1365 BGB unterscheidet.

Es bleibt abzuwarten, ob dieser neue Wahlgüterstand eine größere praktische Verbreitung erfahren wird. Zu erwähnen ist noch, dass andere Staaten dem Abkommen vom 04.02.2010 beitreten und ihren Bürger somit erlauben können, den Güterstand der Wahlzugewinngemeinschaft mit dem vorbeschriebenen Inhalt zu wählen.

Ausführlich zum deutsch-französischen Wahlgüterstand HOISCHEN, RNotZ 2015, 317.

5.　　Zur praktischen Bedeutung der verschiedenen Güterstände

Von den vier Güterständen, die das deutsche Ehegüterrecht anbietet, hat die **Zugewinngemeinschaft die größte praktische Bedeutung.**

Selbst in den Fällen, in denen die Eheleute eine stärkere Trennung ihrer Vermögensmassen wünschen, als dies in einer Zugewinngemeinschaft mit gesetzlichem Inhalt der Fall wäre, ist es häufig angebracht, anstelle der Gütertrennung ehevertraglich „nur" die gesetzliche Ausgestaltung der Zugewinngemeinschaft punktuell – in dem gewünschten Umfang – abzuändern. Eine solche vertragliche Abänderung der Zugewinngemeinschaft ist grundsätzlich zulässig (sog. **modifizierte Zugewinngemeinschaft**), erfordert aber eine notariell zu beurkundende Vereinbarung. Die Modifikation kann z.b. darin bestehen, einzelne Vermögensgegenstände (z.b. ein inhabergeführtes Unternehmen oder eine freiberufliche Praxis) aus dem Zugewinnausgleich herauszunehmen, um dadurch Bewertungsschwierigkeiten zu vermeiden, aber auch, um das Unternehmen im Scheidungsfall vor einem u.U. existenzgefährdenden Liquiditätsabfluss zu schützen. Neben diesem Aspekt sprechen auch steuerliche Überlegungen gegen die Vereinbarung einer Gütertrennung (vgl. § 5 ErbStG).

6.　　Exkurs: Inhaltskontrolle bei Eheverträgen

Zu beachten ist ferner, dass die **Vertragsfreiheit der Eheleute**, ihre ehelichen Angelegenheiten einvernehmlich zu regeln, eingeschränkt ist. Vorsorgende (d.h. für den Fall einer späteren Trennung/Scheidung abgeschlossene) Eheverträge unterliegen nach der Rechtsprechung des BVerfG und des BGH einer **Wirksamkeits- und Ausübungskontrolle** am Maßstab der §§ 138 Abs. 1 und 242, 313 BGB (zusammenfassend z.B. BGH, NJW 2007, 2851, 2852 ff.).

Grundüberlegung für die gerichtliche Kontrolle ist, dass die grundsätzliche Disponibilität von Scheidungsfolgen nicht dazu führen darf, dass der Schutzzweck der gesetzlichen Regelungen durch vertragliche Vereinbarungen beliebig unterlaufen werden kann.

Ein solches „Unterlaufen" liegt vor, wenn durch die Vereinbarungen eine **evident einseitige** und durch die individuelle Gestaltung der ehelichen Lebensverhältnisse nicht gerechtfertigte Lastenverteilung entstünde, die hinzunehmen für den belasteten Ehegatten – bei angemessener Berücksichtigung der Belange des anderen Ehegatten und seines Vertrauens in die Geltung der getroffenen Abrede – bei verständiger Würdigung des Wesens der Ehe im Wege einer Gesamtschau unzumutbar erscheint. Die Belastungen des einen Ehegatten werden dabei umso schwerer wiegen und die Belange des anderen Ehegatten einer umso genauerer Prüfung bedürfen, je unmittelbarer die Vereinbarung der Ehegatten über die Abbedingung gesetzlicher Regelungen in den Kernbereich des Scheidungsfolgenrechts (sog. **Kernbereichslehre**) eingreift. Die bloße Abweichung vom gesetzlichen Ehegüterrecht hat dabei jedoch nur eine geringe Eingriffsintensität, so dass die Vertragsfreiheit der Eheleute in diesem Bereich relativ am größten ist. Zum engsten und damit grundsätzlich nicht disponiblen Kernbereich der Scheidungsfolgen gehört demgegenüber der nacheheliche Unterhalt wegen der Betreuung gemeinsamer Kinder (§ 1570 BGB).

7. Güterstände ausländischen Rechts; EU-Güterrechtsverordnung

a) Das Ehegüterstatut und seine Bedeutung für die notarielle Praxis

Dass sich die vermögensrechtlichen (und sonstigen) Wirkungen einer Ehe nach deutschem Recht richten, ist nicht (mehr) selbstverständlich. In Zeiten der Flüchtlings- und Arbeitsmigration nach Deutschland sowie der europäischen Freizügigkeit stellt es längst keine Besonderheit mehr dar, dass hierzulande miteinander verheiratete Menschen leben, von denen **nur ein Ehegatte oder keiner von ihnen die deutsche Staatsangehörigkeit** hat oder im Zeitpunkt der Eheschließung hatte.

In Fällen **gemischt-nationaler oder ausländischer Ehen** stellt sich die Frage nach dem Güterrecht, das für die betroffenen Ehegatten gilt (sog. **Ehegüterstatut**). Einige der in Frage kommenden Rechtsordnungen erlauben Ehegatten, das auf ihre Ehe anwendbare Recht zu wählen (**Rechtswahl**); die inhaltliche Wahlfreiheit kann dabei voraussetzungslos gewährt sein (eher selten) oder an bestimmte sachliche Voraussetzungen anknüpfen. Dann ist beispielsweise nur entweder das Recht eines Staates wählbar, dem einer der Ehegatten zum Zeitpunkt der Rechtswahl angehört, oder das Recht des Staates, in dem sich die Ehegatten für gewöhnlich aufhalten. Liegt eine Wahl des anwendbaren Güterrechts nicht vor, bestimmt das **internationale Privatrecht** des jeweiligen Landes bzw. vorrangige völker- oder europarechtliche Regelungen, welches Ehegüterrecht anwendbar ist. Zu beachten sein können auch Sonderregelungen für bestimmte Personengruppen, z.B. das Gesetz über den ehelichen Güterstand von Vertriebenen und Flüchtlingen, die im Inland ihren gewöhnlichen Aufenthalt haben (siehe Art. 220 § 47 Abs. 2 Nr. 1 EGBGB).

Auf diese Rechtsfragen ist in der **notariellen Praxis** in erster Linie im Bereich des **Familienrechts** einzugehen, beispielsweise dann, wenn gemischt-nationale Ehegatten einen Ehevertrag schließen möchten. Die Frage des anwendbaren Güterrechts spielt aber auch im **Erb- und Immobilienrecht**, dort namentlich beim Erwerb von Grundbesitz durch ausländische, verheiratete Staatsangehörige, eine Rolle. Dann ist z.b. stets zu prüfen, ob solche Eheleute überhaupt zu je 1/2 Miteigentumsanteil erwerben können oder ihr Gemeinschaftsverhältnis (§ 47 GBO) das des (gesetzlichen) Güterstands eines ausländischen Rechts ist (vgl. dazu allgemein auch DNotI-Report 2007, 91).

Eine gute und kurze Beschreibung vieler ausländischer Güterstände findet sich bei HERTEL/HEGGEN, in: Würzburger Notarhandbuch, 5. Aufl. 2017, Teil 7, Kapitel 4.

Mit Blick auf die **Rechtslage in Deutschland** zu diesem Themenbereich sind v.a. **zwei Zeiträume** zu unterscheiden:

b)   Art. 14, 15 EGBGB a.F. (bis 28.01.2019)

Nach traditionellem deutschen Rechtsverständnis bestimmte sich das eheliche Güterrecht in erster Linie nach dem Recht desjenigen Staates, dem beide Eheleute (ursprünglich nur: dem der Ehemann, vgl. Art. 220 Abs. 3 EGBGB) **zum Zeitpunkt der Eheschließung** angehörte(n) (oder dem die Ehegatten während der Ehe zuletzt angehörten, wenn einer von ihnen diesem Staat noch angehört), Art. 15 Abs. 1 mit Art. 14 Abs. 1 Nr. 1 EGBGB i.d.F. bis 28.01.2019. Hilfsweise knüpfte das deutsche IPR nach Art. 14 Abs. 1 Nr. 2 EGBGB a.F. an das Recht des Staates an, in dem beide Ehegatten ihren gewöhnlichen Aufenthalt haben (oder während der Ehe zuletzt hatten, wenn einer von ihnen dort noch seinen gewöhnlichen Aufenthalt hat), wiederum hilfsweise an das Recht des Staates, mit dem die Ehegatten auf andere Weise gemeinsam am engsten verbunden sind (Nr. 3).

Soweit Art. 15 EGBGB a.F. das Güterrecht eines anderen Staates für anwendbar erklärte, handelte es sich um eine sog. **Gesamtverweisung** (vgl. Art. 4 Abs. I EGBGB), weshalb auch das internationale Privatrecht des Zielstaates zu berücksichtigen war. Nahm dieses Recht die Verweisung an, verblieb es bei der Maßgeblichkeit des ausländischen Ehegüterrechts. Sah das IPR des Landes, auf das nach Art. 15 EGBGB a.F. verwiesen wurde, aber seinerseits eine **Rück- oder Weiterverweisung** vor, war diese zu berücksichtigen. Knüpfte beispielsweise das ausländische IPR-Gesetz an den jeweils gewöhnlichen Aufenthalt der Ehegatten an, und lebten die Ehegatten in Deutschland, führte eine solche Bestimmung zur Rückverweisung ins deutsche Recht, sodass diese Ehegatten dann trotz ihrer ausländischen Staatsangehörigkeit im deutschen Güterstand (der Zugewinngemeinschaft oder in einem deutschen Wahlgüterstand) lebten.

Entscheidend für die güterrechtlichen Wirkungen ihrer Ehe war damit oftmals die **Staatsangehörigkeit** der Ehegatten **zum Zeitpunkt der Eheschließung**. Das führte dazu, dass verheiratete Ausländer selbst dann in einem Guterstand ausländischer Herkunft leben konnten (und häufig auch lebten), wenn beide Ehegatten ihren gewöhnlichen Aufenthalt im Inland hatten und zwischenzeitlich die deutsche Staatsangehörigkeit angenommen hatten (sog. **Unwandelbarkeit** des Ehegüterrechts).

Eine **Rechtswahl** war möglich, aber nur zu Gunsten des Ehegüterrechts des Staates, dem einer der Ehegatten angehört (Art. 15 Abs. 2 Nr. 1 EGBGB a.F.), in dem einer von ihnen seinen gewöhnlichen Aufenthalt hatte (Nr. 2), oder für unbewegliches Vermögen das Recht des Lageorts (Nr. 3). Durch diese letztgenannte Wahlmöglichkeit konnten Ehegatten, unabhängig davon, ob sie nach Art. 15 Abs. 2 Nr. 1 oder 2 EGBGB a.F. deutsches Ehegüterrecht insgesamt wählen konnten, speziell nur für **inländisches Immobilienvermögen** das deutsche Recht wählen. Diese Möglichkeit führte dann, wenn die Ehegatten davon Gebrauch machten und ansonsten nicht im deutschen Güterstand lebten, zu einer Spaltung des Ehegüterstatuts (**Güterrechtsspaltung**).

Beachte zur Rechtswahl:
– Solche Rechtswahlen nach Art. 15 Abs. 2 Nr. 3 EGBGB a.F. finden sich relativ häufig in notariellen Kauf- bzw. Erwerbsverträgen über inländischen Grundbesitz bei miteinander verheirateten ausländischen Käufern.

– Soweit Ehegatten vor dem 29.01.2019 eine gültige Rechtswahl nach Art. 15 EGBGB getroffen haben, auch eine solche nach Art. 15 Abs. 2 Nr. 3 EGBGB, bleibt sie **auch nach Inkrafttreten der EU-Güterrechtsverordnung** (siehe Buchst. c)) wirksam.

– Der **Ort, an dem die Eheschließung** (nach den dort geltenden standesrechtlichen Bestimmungen) erfolgt ist, spielt für die Bestimmung des Ehegüterrechts i.d.R. keine Rolle, selbst wenn die Trauung im Ausland vorgenommen wurde. Das unter Deutschen mitunter beliebte „Heiraten in Las Vegas" führt also nicht etwa dazu, dass sich die Wirkungen der Ehe der beiden deutschen Ehegatten nach dem Recht des US-Staates Nevada richten!

c)   EU-Güterrechtsverordnung (seit 29.01.2019)

Am 28.07.2016 ist die **Europäische Güterrechtsverordnung** (kurz: EuGüVO) vom 24.06.2016 – Verordnung (EU) 2016/1103, ABl. EU Nr. L 183 v. 08.07.2016, S. 1 – in Kraft getreten. Sie ist – ebenso wie die zeitgleich verabschiedete **EuPartVO** für den Bereich gleichgeschlechtlicher Partnerschaften (siehe zu ihnen noch unten Ziffer 8.) – **seit dem 29.01.2019 anwendbar.** Die unmittelbar anwendbaren (Art. 288 Abs. 2 AEUV) Vorgaben von EuGüVO und EuPartVO machten im deutschen Recht zahlreiche Anpassungen notwendig, die durch das Gesetz zum Internationalen Güterrecht und zur Änderung von Vorschriften des Internationalen Privatrechts vom 17.12.2018 (BGBl I, 2573) implementiert wurden.

Literaturempfehlung: DNotI-Report 2019, 1; DÖBEREINER, MittBayNot 2018, 405.

Zeitlicher und örtlicher Anwendungsbereich
Nach Art. 69 Abs. 3 EuGüVO gelten die Kollisionsnormen (erst) für solche Ehegatten, die ab dem 29.01.2019 die Ehe schließen oder eine Rechtswahl treffen.

Zu beachten ist, dass die EuGüVO derzeit nur in 18 der 27 EU-Mitgliedstaaten gilt. Sie gilt nicht für Dänemark, Estland, Großbritannien (unabhängig vom Brexit), Irland, Lettland, Litauen, Polen, Rumänien, die Slowakei und Ungarn.

Möglichkeiten der Rechtswahl
Die EUGüVo erlaubt es den Ehegatten, das für sie anwendbare Ehegüterrecht zu wählen (Art. 22 ff. EuGüVO). Die **Rechtswahl** steht auch schon „künftige Ehegatten" zu, sie kann somit bereits **vor der Eheschließung** erfolgen.

Wählbar sind

– das Recht des Staates, in dem die (künftigen) Ehegatten oder einer von ihnen zum Zeitpunkt der Rechtswahl **seinen gewöhnlichen Aufenthalt** haben (Art. 22 Abs. 1 Buchst. a) EuGüVO) oder

– das Recht des Staates, dessen **Staatsangehörigkeit** einer der (künftigen) Ehegatten zum Zeitpunkt der Rechtswahl besitzt (Art. 22 Abs. 1 Buchst. b) EuGüVO).

Entscheidend ist, welche Staatsangehörigkeit im **Zeitpunkt der Rechtswahl** besteht. Auf den Zeitpunkt der Eheschließung kommt es nicht an. Ebenso wenig sind später eintretende Änderungen der Anknüpfungsmomente, etwa ein Umzug in ein anderes Land nach Rechtswahl.

Anders als in Art. 15 Abs. 2 Nr. 3 EGBGB a.F. (siehe oben Buchst. b) sieht die EuGüVO **keine Möglichkeit** mehr vor, für das **unbewegliche Vermögen** das Recht des Belegenheitsortes zu wählen!

Form der Rechtswahl

Für die Rechtswahl verlangt die **EuGüVO** zunächst nur von den Ehegatten datierte und unterschriebene Vereinbarung (**Schriftform**, Art. 23 Abs. 1 Satz 1 EuGüVO). Diese Schriftform kann sogar durch jede elektronische Übermittlung, die eine dauerhafte Aufzeichnung erlaubt, ersetzt werden (Art. 23 Abs. 1 Satz 2 EuGüVO).

Allerdings werden damit nur die **Mindestanforderungen** an die Form der Rechtswahl festgelegt. Insbesondere regelt Art. 23 Abs. 2 EuGüVO den (praxisrelevanten) Fall, dass beide Ehegatten ihren gemeinsamen gewöhnlichen Aufenthalt in einem Mitgliedstaat (nicht: Drittstaat) haben, der für Eheverträge eine **strengere Form** als die soeben genannte EuGüVO-Schriftform vorsieht, und bestimmt, dass in diesem Fall die strengere Form **zusätzlich zu beachten** ist. Für Ehegatten mit gewöhnlichem Aufenthalt in Deutschland gilt also nach wie vor, dass die **notarielle Beurkundung** (§ 1410 BGB) der Rechtswahl ausreichend aber auch erforderlich ist. Schwierigkeiten können sich ergeben bei der (ohnehin eher seltenen) Einschaltung von Vertretern (vgl. dazu DNotI-Report 2019, 1, 4 f.).

Anknüpfung ohne Rechtswahl

Im Gegensatz zum bisherigen deutschen IPR, das in Art. 14, 15 EGBGB i.d.F. bis 28.01.2019 für das Güterrechtsstatut primär auf die gemeinsame Staatsangehörigkeit abstellte (siehe oben Buchst. b), bestimmt Art. 26 Abs. 1 Buchst. a) EuGüVO, dass mangels Rechtswahl **in erster Linie das am ersten gewöhnlichen Aufenthalt der Ehegatten nach der Eheschließung geltende Güterrecht** Anwendung findet.

Zum **Begriff des gewöhnlichen Aufenthalts** gelten ähnliche Erwägungen wie im Rahmen der EuErbVO (siehe dazu unten § 15 Abschnitt III. Ziffer 4.).

Besteht nach Eheschließung kein gemeinsamer Aufenthalt der Ehegatten, gilt hilfsweise das Recht des Staates, dessen **Staatsangehörigkeit** beide Ehegatten zum Zeitpunkt der Eheschließung besitzen, oder anderenfalls das Recht des Staates, mit dem die Ehegatten unter Berücksichtigung aller Umstände zum Zeitpunkt der Eheschließung gemeinsam **am engsten verbunden** sind (Art. 26 Abs. 1 Buchst. b) und c) EuGüVO). Zu berücksichtigen wären im letztgenannten Fall die Umstände des Einzelfalls, aber nicht in erster Linie der Ort der Heirat (siehe oben; Stichwort: Las Vegas), sondern eher z.B. gescheiterte oder noch nicht verwirklichte Pläne zur Begründung eines gemeinsamen gewöhnlichen Aufenthalts, die Belegenheit des Vermögens sowie Herkunft, gemeinsame soziale Bindungen oder Sprachkenntnisse.

Später eintretende Änderungen der Anknüpfungsmomente, etwa ein Umzug in ein anderes Land, sind unbeachtlich (sog. **Unwandelbarkeit** der Anknüpfung). Dies galt auch schon unter Art. 14, 15 EGBGB a.F.

Beachte abschließend:

Das zur Anwendung berufene Recht kann auch das Recht eines **Nicht-Mitgliedsstaates** der EuGüVO sein (sog. loi uniforme, Art. 20 EuGüVO). Auch ist eine **Güterrechtsspaltung** wie nach Art. 15 Abs. 2 Nr. 3 EGBGB a.F. (siehe oben Buchst. b)) ausgeschlossen, d.h. das Güterrechtsstatut nach EuGüVO erfasst das gesamte Vermögen der Ehegatten (Art. 21 EuGüVO). Die Verweisungen der EuGüVO sind Sachnormverweisungen (Art. 32 EuGüVO); **Rück- und Weiterverweisungen** wie noch unter Geltung von Art. 14, 15 EGBGB a.F. (siehe oben Buchst. b)) sind somit unter Geltung der EuGüVO ausgeschlossen.

8.   Der Güterstand gleichgeschlechtlicher Paare

Lange Zeit fehlte es an einer rechtlichen Tolerierung oder gar Anerkennung gleichgeschlechtlicher Paare in Deutschland. Die sexuelle Betätigung zwischen erwachsenen Männern war sogar bis 1965 unter Strafe gestellt (und ist es noch heute in vielen Ländern der Erde).

Erst unter der ersten rot-grünen Bundesregierung wurden nach der Jahrtausendwende die gesetzlichen Rahmenbedingungen geschaffen, die nach und nach zu einer **weitgehenden Anerkennung** (aber nicht immer nicht vollständigen Gleichstellung) gleichgeschlechtlicher Beziehungen im Recht geführt haben.

Die Rechtsentwicklung hin zu dem heute erreichten Stand lässt sich grob in **zwei Abschnitte** unterteilen:

a)   Lebenspartnerschaftsgesetz (01.08.2001–30.09.2017)

Motor des gesellschaftlichen Wandels war zunächst ein rot-grünes Gesetzespaket, dessen Kernstück das Lebenspartnerschaftsgesetz (LPartG) bildete. Nicht von ungefähr lautete der vollständiger Titel des Gesetzesvorhabens „Gesetz zur Beendigung der Diskriminierung gleichgeschlechtlicher Gemeinschaften: Lebenspartnerschaft". Dieses **Gesamtpaket** sah neben der unmittelbar familienrechtlichen Regelung ursprünglich auch umfangreiche Folgeänderungen im Sozial-, Steuer-, Beamten- und Ausländerrecht vor. Letztere ließen sich allerdings **politisch nicht verwirklichen**, so dass am Ende „nur" das LPartG das parlamentarische Verfahren erfolgreich überstand.

Das LPartG trat am 01.08.2001 in Kraft. Es war und ist gekennzeichnet durch eine weitgehende **Nachbildung des Eherechts.** Eherechtliche Vorschriften werden bisweilen wörtlich übernommen (Beispiele: § 3 LPartG zum Lebenspartnerschaftsnamen entspricht § 1355 BGB; die Regelungen der §§ 13 f. LPartG zum Getrenntleben entsprechen weitgehend §§ 1361a, 1361b BGB) oder durch Verweisung inkorporiert (Beispiele: § 7 LPartG zum Lebenspartnerschaftsvertrag verweist auf die ehevertraglichen Regelungen der §§ 1409 ff. BGB; § 10 Abs. 4 LPartG auf das gemeinschaftliche Ehegattentestament und §§ 2266–2272 BGB).

Das LPartG schuf zunächst auch vom Eherecht abweichende Begrifflichkeiten und andere Eigentümlichkeiten, die durch ein **Überarbeitungsgesetz Ende 2004** weitgehend behoben wurden. Zugleich wurden neue Angleichungen an das Eherecht vorgenommen (z.B. in § 9 Abs. 5–7 LPartG betreffend die Stiefkindadoption und Einbenennung). Diesem Grundgedanken folgten in der Folgezeit weitere **spezialgesetzliche Gleichstellungsschritte.** Auch in **finanzieller Hinsicht** wurden registrierte Lebenspartner zwischenzeitlich – nicht selten auf Grundlage von entsprechenden Urteilen des BVerfG – den Ehegatten gleichgestellt, beispielsweise im Hinblick auf die Zusammenveranlagung in der Einkommensteuer, bei der Grunderwerbsteuer und Erbschaft- und Schenkungsteuer sowie im Versorgungsrecht (z.B. Kindergeld, Hinterbliebenenversorgung).

b) „Ehe für alle" (§ 1353 BGB i.d.F. seit 01.10.2017)

Seit dem 01.10.2017 können eingetragene Lebenspartnerschaften **nicht mehr begründet** werden, da seitdem die **Zivilehe auch gleichgeschlechtlichen Paaren offensteht.** § 1353 Abs. 1 Satz 1 BGB n.F. lautet: „Die Ehe wird von zwei Personen verschiedenen oder gleichen Geschlechts auf Lebenszeit geschlossen." Diese Reform wurde unter dem Begriff der „Ehe für alle" diskutiert. Sie ist ein weiteres zentrales Element der rechtlichen Gleichstellung gleichgeschlechtlicher Paare.

Dementsprechend wurden die bislang in § 1 LPartG geregelten Voraussetzungen der Eingehung einer eingetragenen Lebenspartnerschaft **gestrichen.** Stattdessen bestimmt die Vorschrift nunmehr in Satz 1 ausdrücklich, dass die Neubegründung einer eingetragenen Lebenspartnerschaft nicht mehr möglich ist.

Für zu diesem Zeitpunkt bereits bestehende eingetragene Lebenspartnerschaften regelt § 1 Satz 2 Nr. 1 LPartG, dass für sie das LPartG weitergilt. Der Gesetzgeber hat sich bei Einführung der „Ehe für alle" bewusst dagegen entschieden, bestehende eingetragene Lebenspartnerschaften automatisch in die Ehe zu „überführen". Diese Möglichkeit steht den Lebenspartnern aber offen, wie § 20a LPartG belegt.

c)   Umwandlung der eingetragenen Lebenspartnerschaft in eine Ehe (§ 20a LPartG)

Die Einführung der „Ehe für alle" berührt bereits bestehende eingetragene Lebenspartnerschaften nicht. § 20a LPartG **ermöglicht jedoch deren Umwandlung in eine Ehe** und regelt **Voraussetzungen und Rechtsfolgen** einer solchen Umwandlung.

Gemäß § 20a Abs. 1 LPartG wird eine Lebenspartnerschaft in eine Ehe umgewandelt, wenn beide Lebenspartner **vor dem Standesbeamten** persönlich und bei gleichzeitiger Anwesenheit erklären, miteinander eine Ehe führen zu wollen. Für die Umwandlung gelten die Vorschriften über die Eheschließung und die Eheaufhebung entsprechend. Die Lebenspartnerschaft wird nach der Umwandlung als Ehe fortgeführt.

Was die **Rechtsfolgen der Umwandlung** anbetrifft, tritt an die Stelle des Lebenspartnerschaftsrechts das entsprechende Eherecht. Die Umwandlung tritt rückwirkend ein (siehe § 20a Abs. 5 LPartG): Die Beteiligten werden also so gestellt, **als ob sie von Anfang an eine wirksame Ehe geschlossen hätten.** Insbesondere besteht der einmal nach § 3 LPartG bestimmte Lebenspartnerschaftsname als Ehename fort (§ 20a Abs. 2 LPartG), Lebenspartnerschaftsverträge i.S.d. § 7 LPartG gelten als Eheverträge fort (§ 20a Abs. 3 LPartG), und gemeinschaftliche Testamente der Lebenspartner (§ 10 Abs. 4 LPartG) haben Bestandskraft als Ehegattentestamente (§ 20a Abs. 4 LPartG). Für die Zwecke des Versorgungsausgleichs gilt die Zeit des Bestehens der eingetragenen Lebenspartnerschaft als Ehezeit (§ 20a Abs. 6 LPartG).

d)   Internationales Güterrecht

Zur Ermittlung des Güterstatuts einer eingetragenen Lebenspartnerschaft gilt nun (seit 29.01.2019) die EU-PartVO – Verordnung (EU) 2016/1104 des Rates vom 24.06.2016, ABl. EU Nr. L 183 v. 08.07.2016, S. 30 –, die zusammen mit der EuGüVO (siehe oben Ziffer 7. Buchst. c)) in Kraft trat und in weiten Teilen deren Regelungen übernimmt. Allerdings gilt für den Güterstand einer eingetragenen Partnerschaft ohne Rechtswahl nach Art. 26 Abs. 1 EuPartVO – abweichend von Art. 26 Abs. 1 EuGüVO das Recht des Staates, nach dessen Recht die Partnerschaft **registriert** worden ist.

III. Rechtliche Grundlagen der Verwandtschaft (§§ 1589 ff. BGB)

1. Begriff der Verwandtschaft

Der Gesetzgeber fragt an verschiedenen Stellen – ähnlich wie bei den allgemeinen Ehewirkungen – danach, ob Beteiligte zueinander in einem rechtlich **anerkennenswerten**, familiären **Näheverhältnis** stehen:

- So ist ein Erwerb aufgrund gesetzlicher Erbfolge nur möglich, wenn eine Verwandtschaft zum Erblasser bestand (**Verwandtenerbrecht**, §§ 1924 ff. BGB; Ausnahme: überlebender Ehegatte).

- Als **Pflichtteilsberechtigte** kommen grundsätzlich nur Verwandte in gerade Linie in Betracht (§§ 2303, 2309 BGB; Ausnahme: überlebender Ehegatte).

- Einander **unterhaltspflichtig** sind grundsätzlich nur Eltern für ihre Kinder (und umgekehrt).

- Bei Beteiligung von Verwandten kann der Notar vom **Beurkundungsverfahren** ausgeschlossen sein (§§ 3 Abs. 1 Nr. 3, 6 Abs. 1 Nr. 3, 7 Nr. 3 BeurkG).

Der zentrale rechtliche Begriff ist dabei der der **Verwandtschaft**:

- § 1589 Satz 1 BGB bestimmt schlicht: Personen, deren eine von der anderen abstammt, sind in **gerader Linie** verwandt. **Beispiel:** Das Kind von miteinander verheirateten Eltern stammt von beiden Elternteilen ab. Dieses Kind stammt zugleich von allen vier Großelternteilen ab, also den Eltern des Vaters und den Eltern der Mutter.

- Der Begriff der **Abstammung** ist dabei nicht notwendig biologisch zu verstehen (zur Vaterschaft siehe nachfolgend Ziffer 2.).

- Nach § 1589 Satz 2 BGB sind Personen, die nicht in gerader Linie verwandt sind, aber von derselben dritten Person abstammen, in der **Seitenlinie** verwandt. **Beispiel:** Geschwister, denn sie stammen von derselben Mutter und/oder demselben Vater ab. Auch zu Halbgeschwistern besteht demnach eine Verwandtschaft in der Seitenlinie.

- Wie **nah oder entfernt** ein Verwandtschaftsverhältnis ist, wird durch die Zahl der dazwischen stehenden Personen bestimmt: Zu den eigenen Geschwistern besteht ein engeres Verwandtschaftsverhältnis als zu den Geschwistern der

Eltern (= Onkel/Tante), da der Weg in die Seitenlinie zu den Onkeln und Tanten nur über die die Verwandtschaft vermittelnden Großeltern möglich ist. § 1589 Satz 3 BGB bestimmt daher: Der **Grad der Verwandtschaft** bestimmt sich nach der Zahl der sie vermittelnden Geburten. Nun könnte man meinen, zu seinem Bruder oder zu seiner Schwester besteht eine Verwandtschaft in Seitenlinie ersten Grades. Dem ist aber nicht so: Bei der Zahl der vermittelnden Geburten ist die **Geburt der Zielperson mitzuzählen!** Geschwister sind daher Verwandte in Seitenlinie zweiten Grades.

Zur Verwandtschaft i.S.d. BGB zählt auch die eingeheiratete **Schwägerschaft** (§ 1590 Abs. 1 Satz 1 BGB). Ohne Heirat keine Schwägerschaft.

Beachte hierzu:

– Da kein Ehegatte vom anderen abstammt, sind Eheleute **nicht miteinander verwandt** (und auch nicht verschwägert).

– Der Begriff des (Familien-)**Angehörigen** findet sich im BGB nur an wenigen Stellen, so z.B. in § 530 BGB, der die Rückforderung der Schenkung wegen groben Undanks des Beschenkten gegenüber einem nahen Angehörigen des Schenkers regelt. Der Begriff Familienangehöriger reicht dabei weiter als der der Verwandtschaft i.S.d. § 1589 BGB, da z.B. auch der Ehegatte, Pflegekinder und Lebenspartner (§ 11 Abs. 1 LPartG) zu den Familienangehörigen gezählt werden.

2.   Abstammungsrecht

a)   Mutter- und Vaterschaft

Die **Mutter** im Rechtssinne ist immer die leibliche Mutter (§ 1591 BGB). Die Bestimmung schafft Klarheit. Leihmutterschaften erkennt das deutsche Recht nicht an.

Dagegen ist der **Vater** im abstammungsrechtlichen Sinne nicht in jedem Fall der biologische (genetische) Vater. Vater ist vielmehr derjenige Mann, den § 1592 BGB zum Vater erklärt,

– weil er bei der Geburt mit der Mutter verheiratet ist (Nr. 1),

– weil er die Vaterschaft anerkannt hat (Nr. 2) oder

– weil seine Vaterschaft gerichtlich festgestellt ist (Nr. 3).

Beispiel zu Nr. 1
- E und M heiraten am 01.02.2016. Von einem Seitensprung während der Karnevalssession 2016 am 08.02.2016 wird M schwanger und bringt neun Monate später einen Sohn zur Welt. Das Kind wird dem Ehemann der Mutter rechtlich zugeordnet. Diese Zuordnung der Vaterschaft des § 1592 Nr. 1 BGB kann freilich beseitigt werden, da er das Kind nicht gezeugt hat (siehe nachfolgend).

b)   Anerkennung der Vaterschaft

Die Anerkennung der Vaterschaft gem. §§ 1592 Nr. 2, 1594 ff. BGB bildet häufig den **notwendigen Zwischenschritt** hin zu dem Ziel der gemeinsamen elterlichen Sorge bei nicht verheirateten Eltern (siehe dazu unten Ziffer 3.).

Die Anerkennung kann **schon vor der Geburt des Kindes** erfolgen (§ 1594 Abs. 4 BGB), aber nicht vor Zeugung des Kindes.

Die Anerkennung der Vaterschaft durch einen Mann ist **wirkungslos**, solange die **Vaterschaft eines anderen Mannes** besteht (§ 1594 Abs. 2 BGB). Grund ist, dass das Hinausdrängen eines Mannes aus einer bestehenden Vaterschaft nur im Rahmen des dafür vorgesehenen gerichtlichen Verfahrens mit dem dafür vorgesehenen Rechtsbehelf – der Anfechtung der Vaterschaft eines anderen Mannes – möglich sein soll (§§ 1600 ff. BGB; zu einem Sonderfall siehe das nachfolgende Formulierungsbeispiel unter Buchst. c)).

Die Anerkennung bedarf in jedem Fall der **Zustimmung der Mutter** (§ 1595 Abs. 1 BGB) und nur in seltenen Fällen noch zusätzlich der Zustimmung des Kindes selbst (wenn der Mutter das Sorgerecht für das Kind nicht zusteht, § 1595 Abs. 2 BGB) sowie der Zustimmung des Ehemannes der Mutter.

Anerkennung und Zustimmung bedürfen der **notariellen Beurkundung** (§ 1597 Abs. 1 BGB). Die bloße Unterschriftsbeglaubigung reicht also nicht aus!

Beachte hierzu:
Das Jugendamt ist ebenfalls für die Beurkundung solcher Erklärungen zuständig (§ 59 Abs. 1 Nr. 1 SGB VIII; siehe oben § 2 Abschnitt II. Ziffer 2. Buchst. f)).

Anerkennung und Zustimmung werden grundsätzlich **wirksam** zum Zeitpunkt ihrer notariellen Beurkundung, nie jedoch vor Vorliegen der notwendigen übrigen Erklärungen (z.B. der Zustimmung der Mutter).

Beachte zu Anerkennung und Zustimmung:
- Anerkennung und Zustimmung sind **höchstpersönlich**, die Abgabe durch einen Bevollmächtigten ist unzulässig (§ 1596 Abs. 4 BGB).

- Ist der Vater nur **beschränkt geschäftsfähig**, kann er die Anerkennung selbst erklären, bedarf aber der Zustimmung seines gesetzlichen Vertreters. Ist der Vater **geschäftsunfähig**, kann die Anerkennung der Vaterschaft nur durch den gesetzlichen Vertreter (Betreuer) erklärt werden, der dafür die Zustimmung des Familiengerichts (Betreuungsgerichts) benötigt (§ 1596 Abs. 1 Satz 1–3 BGB). Ist der unter Betreuung stehende Vater voll geschäftsfähig, gibt er die Anerkennungserklärung selbst ab, bedarf aber bei angeordnetem Einwilligungsvorbehalt (§ 1903 BGB) der Zustimmung seines Betreuers (§ 1596 Abs. 3 BGB).

- Ist (ausnahmsweise) die **Zustimmung des Kindes** zur Vaterschaftsanerkennung erforderlich, gibt sein gesetzlicher Vertreter (hier i.d.R. die Kindsmutter) die Zustimmungserklärung ab, wenn das Kind jünger als 14 Jahre ist. Ist es 14 Jahre oder älter, gibt es trotz seiner beschränkten Geschäftsfähigkeit die Zustimmung selbst ab; der gesetzliche Vertreter muss auch nicht zustimmen (§ 1596 Abs. 2 BGB).

Wirkung der Vaterschaftsanerkennung

Die Vaterschaftsanerkennung bewirkt zunächst nur, dass der sie erklärende Mann **zum rechtlichen Vater des Kindes** wird. Er ist dann z.B. dem Kind gegenüber unterhaltsverpflichtet („Zahlvater"), das Kind gesetzlich erbberechtigt nach dem Vater als Erbe erster Ordnung, der Vater umgekehrt nach dem Kind als Erbe zweiter Ordnung. Mit Feststellung der rechtlichen Vaterschaft ist aber noch nichts über die elterliche Sorge ausgesagt! Diese liegt allein bei der Mutter, sofern nicht weitere Voraussetzungen hinzutreten (vgl. § 1626a Abs. 1 BGB und unten Ziffer 3.).

c)   Formulierungsbeispiel

Formulierungsbeispiel – Vaterschaftsanerkennung

(Notarieller Urkundseingang: Es erscheinen die werdende Mutter (Frau F), der die Vaterschaft anerkennende Mann (Herr M), und der Noch-Ehemann der F (Herr X), alle Beteiligten sind voll geschäftsfähig und deutsche Staatsangehörige)

VATERSCHAFTSANERKENNUNG

I.

Vorbemerkung

Frau F erklärt, dass sie schwanger ist. Der errechnete Geburtstermin ist der ... . Frau F lebt in Scheidung von ihrem Mann, Herrn X. Das Scheidungsverfahren ist anhängig beim Amtsgericht ..., Az. ..., aber noch nicht beendet. Frau F hat die deutsche Staatsangehörigkeit.

II.
Vaterschaftsanerkennung und Zustimmungen

Herr M und Frau F leben zusammen. Herr F hat die deutsche Staatsangehörigkeit. Er erklärt, dass er der genetische Vater des Kindes ist, mit dem Frau F schwanger ist. Er erkennt die Vaterschaft für dieses Kind schon jetzt an. Frau F erklärt ihre Zustimmung zu dieser Vaterschaftsanerkennung.

Die elterliche Sorge für das Kind soll beiden Erschienenen gemeinsam zustehen. Beide Erschienenen erklären, dass das Kind den Familiennamen des der Mutter haben soll.

Herr X erklärt, dass er der vorstehenden Vaterschaftsanerkennung durch Herrn M zustimmt.

III.
Schlussbestimmungen

Der Notar hat die Beteiligten auf die verwandtschaftlichen, unterhaltsrechtlichen und erbrechtlichen Folgen der Vaterschaft und der Zustimmungserklärungen hingewiesen.

Der Notar hat ferner darauf hingewiesen, dass die Vaterschaftsanerkennung widerrufen werden kann, wenn sie ein Jahr nach der Beurkundung noch nicht wirksam geworden ist (§ 1597 Abs. 3 BGB), und dass die Anerkennung erst mit der Rechtskraft der Scheidung der Frau F und des Herrn X wirksam wird.

...

(Verlesungsvermerk, Unterschriften)

Anmerkungen

Das Formulierungsbeispiel enthält sowohl die Zustimmung des genetischen Vaters als auch die Zustimmung der Mutter. Es betrifft gleich in mehrfacher Hinsicht einen **lehrreichen Sonderfall:**

– Das Kind ist schon gezeugt, aber noch nicht geboren; die Erklärungen sind schon zulässig (§§ 1594 Abs. 4, 1595 Abs. 3 BGB, siehe oben).

– Die Mutter ist noch mit einem Dritten (Herrn X) verheiratet. Dessen Vaterschaft wird vermutet (§§ 1593 Abs. 1 Satz 1, 1592 Nr. 1 BGB, siehe oben). Herr M kann also nur rechtlicher Vater werden, wenn zuvor die Vaterschaft des X beseitigt ist. Für den vorliegenden Sonderfall (Scheidungsverfahren zwischen F und X ist bereits eingeleitet) ist eine Anfechtung der Vaterschaft des X

(§§ 1600 ff. BGB) **nicht der einzig mögliche Weg**, vielmehr bietet § 1599 Abs. 2 BGB eine Erleichterung: Die Vaterschaftsvermutung zugunsten von Herrn X wird in diesem Sonderfall bereits dadurch beseitigt, dass

1. Herr M die Vaterschaft anerkennt (dafür hat er Zeit bis spätestens ein Jahr nach rechtskräftiger Scheidung der Ehe zwischen F und X) und

2. Herr X der Vaterschaft des M für das Kind zustimmt (§ 1599 Abs. 2 Satz 2 BGB). Das ist hier erfolgt. Der Zustimmung des Ehemannes bedürfte es nicht, wenn X bei Geburt des Kindes bereits rechtskräftig von F geschieden ist. Die Vaterschaftsanerkennung des M wird frühestens mit Rechtskraft der Scheidung F/X wirksam, § 1599 Abs. 2 Satz 3 BGB.

Kostenhinweise

Die Beurkundung ist **gebührenfrei**, siehe Vorbem. 2 Abs. 3 KV GNotKG mit § 62 Abs. 1 Nr. 1 BeurkG.

Dokumentenpauschale, Reisekosten und Auslagen können erhoben werden.

Urkundsabwicklung

Nach der Beurkundung ist dem **Standesamt** eine beglaubigte Abschrift der Anerkennungsurkunde und aller notwendigen Zustimmungserklärungen zu übersenden (§ 1597 Abs. 2 BGB). **Zuständig** ist das Geburtsstandesamt des Kindes.

Grund für die Übersendungspflicht ist, dass das Standesamt den Anerkennenden als abstammungsrechtlichen Vater im Geburtseintrag des Kindes berichtigt (sog. Beischreibung, vgl. § 27 Abs. 1 PStG).

Diese Übermittlung ist aber – anders als die Zustimmungserklärungen (im Fallbeispiel der Mutter Frau F und ihres Noch-Ehemannes Herrn X) – **keine Wirksamkeitsvoraussetzung** der Vaterschaftsanerkennung.

3. Die elterliche Sorge für das Kind

a) Begriff

„Elterliche Sorge" bezeichnet die **Pflicht und das Recht der Eltern, für das minderjährige Kind zu sorgen**. Sie umfasst die Personensorge und die Vermögenssorge. Die elterliche Sorge beinhaltet insbesondere die **gesetzliche Vertretung des Kindes** (§ 1629 Abs. 1 BGB).

Gesetzliche Vertretung meint, dass die Vertretungsmacht (der Eltern) nicht auf Rechtsgeschäft beruht (das Kind erteilt seinen Eltern keine Vollmacht, damit diese es im Rechtsverkehr vertreten!), sondern kraft gesetzlicher Anordnung besteht. Auch der Umfang der Vertretungsmacht der Eltern ist gesetzlich festgelegt.

Fehlt einem Elternteil die elterliche Sorge für das Kind, kann er trotzdem vom anderen Elternteil **regelmäßigen Umgang** mit dem Kind verlangen (§ 1626 Abs. 3 BGB).

b) Inhaber der elterlichen Sorge; Nachweisfragen

Bei der Frage, wie Eltern ihre Kinder vertreten, sind **verschiedene Fallgruppen** zu unterscheiden. Je nach Fallgruppe kann sich der **Notar** entsprechende Nachweise über das Bestehen des elterlichen Sorgerechts vorlegen lassen:

Alternative 1:
Die Eltern waren bei Geburt des Kindes miteinander verheiratet
Dann vertreten beide Elternteile das Kind **gemeinsam** (vgl. § 1629 Abs. 1 Satz 2 erster Halbsatz BGB).

Der Geschäftspartner des Minderjährigen sollte also darauf hinwirken, dass **beide Elternteile** für das Kind handeln. Ausgenommen sind allenfalls alltägliche Fälle, in denen eine wechselseitige Bevollmächtigung der Eltern unterstellt werden darf.

Der **Notar** wird ebenfalls auf die Vertretung des Minderjährigen durch beide Elternteile hinwirken. Treten beide Elternteile auf, braucht er zum Nachweis der Vertretungsmacht aber grundsätzlich keine weiteren Belege (Heiratsurkunden o.Ä.).

Alternative 2:
Die Eltern waren bei Geburt des Kindes nicht miteinander verheiratet
Grundsatz: Dann hat nur **die Mutter allein** die elterliche Sorge für das Kind (§ 1626a Abs. 3 BGB).

Die Mutter kann zum Nachweis ihrer Vertretungsmacht eine Bescheinigung des Jugendamts über ihre Alleinvertretungsmacht (§ 58a Abs. 2 SGB VIII) vorlegen.

Ausnahme: Beide Elternteile haben, obwohl sie bei Geburt des Kindes nicht miteinander verheiratet waren, die elterliche Sorge gemeinsam (§ 1626a Abs. 1 BGB), wenn

1. die Eltern gemeinsam erklären, dass sie die elterliche Sorge gemeinsam übernehmen wollen (= **Sorgeerklärungen**) oder

2. sie einander nach der Geburt heiraten (= **spätere Heirat**) oder

3. ihnen das **Familiengericht** die elterliche Sorge gemeinsam überträgt.

Beachte zudem:

– **Zu 3.**: Diese Möglichkeit ist durch eine Entscheidung des BVerfG geschaffen worden, da nach altem Recht der rechtliche Vater gegen den Willen der Kindsmutter praktisch keine Chance hatte, die (auch nur gemeinsame) Sorge für sein Kind zu erhalten; dieser Ausschluss war nach Ansicht des BVerfG verfassungswidrig.

Nachweis in diesem Fall: Vorlage der rechtskräftigen gerichtlichen Entscheidung (§ 1626a Abs. 2 BGB, § 155a FamFG) in Ausfertigung.

– **Zu 2.**: Wenn die Kindsmutter den **rechtlichen** Vater heiratet, wird durch die Heirat die gemeinsame elterliche Sorge für das gemeinsame Kind begründet. Die rechtliche Vaterschaft resultiert in diesen Fällen dann regelmäßig aus einer vorangegangenen Vaterschaftsanerkennung (§ 1592 Nr. 2 BGB), da für das Bestehen der Vaterschaft nach § 1592 Nr. 1 BGB eine spätere Heirat der Eltern gerade nicht ausreicht!

Nachweis in diesem Fall: Meist wird der Notar gar nicht erfahren, dass die Eheleute erst nach der Geburt des Kindes, für das sie auftreten, geheiratet haben. Erlangt er ausnahmsweise Kenntnis, kann er sich durch Vorlage einer Heiratsurkunde und, falls vorhanden, der Urkunde über Vaterschaftsanerkennung, Gewissheit verschaffen.

– **Zu 1.**: (Sorgeerklärungen) siehe unten Ziffer 4.

Alternative 3:
Die Eltern sind getrennt oder bereits geschieden
Grundsatz: Die einmal begründete gemeinsame elterliche Sorge besteht **auch über die Trennung bzw. Scheidung der Eltern hinaus** fort. Gab es während der Beziehung keine gemeinsame elterliche Sorge (z.B. weil die Eltern nie geheiratet und keine Sorgeerklärungen abgegeben haben), entsteht sie natürlich auch nicht durch die Trennung.

Ausnahme: Ein Elternteil erhält **auf Antrag** (§ 1671 BGB) durch das Familiengericht die alleinige elterliche Sorge zugesprochen. Die Übertragung muss dem Kindeswohl am besten entsprechen.

Nachweis: Bei Übertragung lässt sich der Notar die rechtskräftige gerichtliche Entscheidung vorlegen.

Beachte:
Auch der Scheidungsbeschluss legt fest, welcher Elternteil die elterliche Sorge innehat.

Alternative 4:
Es gibt nur noch ein Elternteil

Stirbt ein sorgeberechtigtes Elternteil, so steht die elterliche Sorge grundsätzlich dem **überlebenden Elternteil allein** zu (§ 1680 Abs. 1 BGB). Die Sterbeurkunde braucht sich der Notar zum Nachweis der Vertretungsmacht nicht vorlegen lassen.

Alternative 5:
Kein Elternteil hat die elterliche Sorge

Stirbt auch der andere Elternteil, wird für den verwaisten Minderjährigen ein **Vormund** bestellt. Es ist Ausfluss der **elterlichen Sorge über den Tod hinaus**, dass ein Elternteil maßgeblichen Einfluss auf die Entscheidung des Familiengerichts nehmen kann, wer Vormund des Kindes werden soll. Gemäß § 1776 BGB ist nämlich als Vormund berufen, wer von dem zuletzt versterbenden Elternteil des Mündels als Vormund benannt ist. Der Benannte darf nur unter engen Voraussetzungen vom Familiengericht übergangen werden (z.b. wenn der Minderjährige, der mindestens 14 Jahre alt ist, der Bestellung der benannten Person zum Vormund widerspricht, § 1778 Abs. 1 Nr. 5 BGB).

Das Benennungsrecht ist in Form einer **letztwilligen Verfügung** auszuüben. Das erscheint konsequent, da ein Benennungsrecht nach § 1776 BGB mit Wirkung schon zu Lebzeiten des Elternteils (z.B. bei schwerem Unfall oder Krankheit) nicht besteht. Diese Beschränkung auf den Todesfall empfinden die beteiligten Eltern bisweilen als ungerecht. Begrenzte Abhilfe können lebzeitige Vollmachtslösungen schaffen (sog. **Sorgerechtsvollmachten**), die widerruflich und möglichst auf konkrete Angelegenheiten (z.B. den Besuch eines Internats) beschränkt (d.h. nicht umfassend im Sinne einer Generalsorgerechtsvollmacht) ausgestaltet sein sollten.

Die Benennung eines Vormunds in einem Testament kann wie folgt lauten:

Formulierungsbeispiel – Vormundbenennung

Soweit meine Tochter Julia Robertz, geboren 18.01.2014, wohnhaft bei mir, bei meinem Tod noch minderjährig sein sollte, und deshalb ein Vormund für sie bestellt werden soll, benenne ich gem. §§ 1776, 1777 BGB für meine Tochter als Vormund Frau Bilona Eckstein geb. Graatz, geboren 17.03.1978, wohnhaft Heinrich-Heine-Straße 37, 12345 Musterstadt. Der benannte Vormund soll von allen Beschränkungen befreit sein, von denen gem. §§ 1852 ff. BGB eine Befreiung erteilt werden kann. Die Bestellung eines Gegenvormunds soll nicht erfolgen.

Der Notar hat mich über die Voraussetzungen und Grenzen des Vormundbenennungsrechts belehrt.

c)   Exkurs: andere Fälle gesetzlicher Vertretung im Familienrecht

Andere Fälle der gesetzlichen Vertretung bestimmter Personen sind ebenfalls im Vierten Buch des BGB (d.h. im Familienrecht) geregelt. Auch solche Vertreter beteiligen sich gelegentlich im Namen der von ihnen gesetzlich Vertretenen an einer notariellen Urkunde, so dass ein **Grundverständnis** für die Erscheinungsformen und den Nachweis der jeweiligen Vertretungsmacht gegenüber dem Notar hilfreich erscheint.

Vormundschaft (§§ 1773 ff. BGB)
Der Vertretene wird hier vom Gesetz als **Mündel** bezeichnet. Es handelt sich meist um elternlose Minderjährige (Vollwaise, siehe oben Buchst. b)) oder solche Minderjährige, bei denen zwar Eltern vorhanden sind, diese aber beide dauerhaft nicht mehr die elterliche Sorge ausüben können (z.B. durch Krankheit oder Unfall).

Gesetzlicher Vertreter des Mündels ist der **Vormund**. Er wird gerichtlich durch das Betreuungsgericht (= eine Abteilung des Amtsgerichts) bestellt und ist grundsätzlich für alle Angelegenheiten des Mündels wie ein allein sorgeberechtigtes Elternteil zuständig.

Für die **Notarpraxis** relevante Besonderheiten bei der Vertretung durch den Vormund ergeben sich aus § 1795 BGB einerseits und aus §§ 1821, 1822 BGB andererseits (zum Parallelproblem bei Vertretung durch die Eltern siehe Abschnitt IV. Ziffer 4.).

Ist ein Vormund an einer notariellen Urkunde beteiligt, wird sich der Notar zum Nachweis seiner Vertretungsmacht die **Bestellungsurkunde** des Vormunds in Ausfertigung (beglaubigte Kopie reicht nicht!) vorlegen lassen.

Betreuung (§§ 1896 ff. BGB)
Bei **Betreuten** handelt es sich i.d.R. um psychisch kranke oder körperlich, geistig oder seelisch behinderte oder beeinträchtigte Erwachsene (vgl. § 1896 Abs. 1 BGB).

Gesetzlicher Vertreter ist der **Betreuer**. Er wird gerichtlich bestellt durch das Betreuungsgericht. Der Betreuer ist grundsätzlich nur zuständig für das, was der Betreute nicht selbst besorgen kann (Prinzip des geringsten Eingriffs, § 1896 Abs. 2 Satz 1 BGB), und dies auch grundsätzlich nur **neben** dem Betreuten. Anders als nach früherem Recht wird der Betreute also nicht mehr automatisch entmündigt, wie § 1903 BGB belegt: Der dort geregelte Einwilligungsvorbehalt ist das gesetzlich vorgesehene Instrument, um sich widersprechende Handlungen von Betreutem und Betreuer zu vermeiden. Das setzt aber voraus, dass die Geschäftsfähigkeit des Betroffenen nicht bereits durch die bloße Anordnung der Betreuung entfällt. Nur soweit (ausnahmsweise) ein Einwilligungsvorbehalt besteht, ist der geschäftsfähige Betreute entmündigt.

Handelt der Betreuer für den Betreuten, wird sich der Notar die **Bestallungsurkunde** des Betreuers in Ausfertigung vorlegen lassen und prüfen, ob der **Aufgabenkreis** des Betreuers gem. Bestallungsurkunde auch wirklich den durch die notarielle Urkunde betroffenen Rechtsbereich (häufig: die Vermögenssorge) auch wirklich abdeckt. Das ist keineswegs immer der Fall!

Das gesetzgeberische Ziel, die **Selbstbestimmung des Betreuten** zu erhalten und zu respektieren, zeigt sich nicht nur während einer laufenden Betreuung (z.b. §§ 1896 Abs. 1a, 1897 Abs. 4, 1901 Abs. 2 Satz 2 BGB). Es zeigt sich auch im rechtlichen Vorfeld durch die **Anerkennung** von – die Betreuung vermeidenden – **Vorsorgevollmachten** (§ 1896 Abs. 2 Satz 2 BGB)! Zu Vorsorgevollmachten siehe ausführlich unten Abschnitt VII.

Ein Betreuter, der geschäftsfähig ist, kann immer ohne Zustimmung des Betreuers ein **Testament** errichten; ein etwaiger Einwilligungsvorbehalt erstreckt sich hierauf nicht (§ 1903 Abs. 2 BGB).

Pflegschaften (§§ 1909 ff. BGB)

Der Pfleger ist in verschiedenen Lebenskonstellationen der rechtliche „Helfer" einer Person bei der Besorgung **einzelner Angelegenheiten** ihres Lebens.

Beispiele

– **Ergänzungspfleger** (§ 1909 BGB), der etwa den Minderjährigen bei Geschäften i.S.v. § 1795 BGB anstelle der von der Vertretung ausgeschlossenen Eltern vertritt,

– **Verfahrenspfleger**, der in dem gerichtlichen Genehmigungsverfahren nach §§ 1821, 1822 BGB die Interessen des Minderjährigen vor Gericht vertritt.

Ein Pfleger kann aber auch zur Besorgung eines bestimmten Kreises von Angelegenheiten bestellt werden:

Beispiele

– **Abwesenheitspfleger** (§ 1911 BGB), bei unbekanntem Aufenthalt einer Person, für die Vermögensangelegenheiten des Abwesenden.

– **Nacherbenpflegschaft** (§ 1913 Satz 2 BGB), bei unbekannten oder ungewissen Nacherben.

Die Person, deren Angelegenheit der Pfleger wahrnimmt, hat keine gesetzliche Bezeichnung erhalten, wird aber wohl überwiegend als Pflegling bezeichnet. Die

Pflegschaft ist ihrem Grundgedanken nach **nicht auf eine allgemeine Vertretung des Betroffenen** ausgerichtet. Das hat – ähnlich wie bei der Betreuung – Auswirkungen auf den Nachweis die Vertretungsmacht des Pflegers im Rechtsverkehr: Der Notar hat anhand der ihm in Ausfertigung vorzulegenden Bestallungsurkunde genau zu prüfen, ob der Pfleger **für die konkrete Angelegenheit** befugt ist, den Betroffenen zu vertreten.

4. Sorgeerklärungen (§§ 1626a ff. BGB)

Durch übereinstimmende Sorgeerklärungen können die **nicht miteinander verheirateten Eltern** eines Kindes die **gemeinsame Sorge** für dieses Kind begründen (§ 1626a Abs. 1 Nr. 1 BGB).

Sorgeerklärungen bedürfen der **öffentlichen Beurkundung** (§ 1626d Abs. 1 BGB). Wie bei der Vaterschaftsanerkennung sind hierfür neben den Notaren auch die Jugendämter zuständig (§ 59 Abs. 1 SGB VIII). Anders als bei der Vaterschaftsanerkennung muss die **Mutter des Kindes** der Erklärung des Kindsvaters nicht zustimmen, sondern (sogar) eine **eigene Sorgeerklärung** abgeben. Dies kann natürlich in ein und derselben (notariellen) Urkunde erfolgen. Eine Verpflichtung der Kindsmutter zur Abgabe der Sorgeerklärung besteht nicht. **Weigert** sie sich, muss der Kindsvater, der die gemeinsame elterliche Sorge für das Kind erreichen möchte, einen Antrag auf gerichtliche Entscheidung stellen (§ 1626a Abs. 1 Nr. 3, Abs. 2 BGB).

Beachte zudem:
Eine **gerichtliche Entscheidung** über die elterliche Sorge (§ 1626a Abs. 1 Nr. 3 bzw. § 1671 BGB nach Scheidung) geht einer Sorgeerklärung vor. Besteht eine solche Entscheidung, kommt die Abgabe einer Sorgeerklärung nicht mehr in Betracht (§ 1626b Abs. 3 BGB).

 Muster: Gemeinsame Sorgeerklärungen; minderjähriger Kindsvater

Urkundenrolle Nummer 1878/2018
(Sorge- und Zustimmungserklärungen)
Verhandelt zu Musterstadt am 17.11.2018
Vor

Max Mustermann
Notar in Musterstadt

erschienen:

1. als Kindsvater:

   Herr Peter **Mayer**, geboren 15.05.2000,
   wohnhaft 12345 Musterstadt, Heussallee 17

2. als Kindsmutter:

   Frau Helmine **Müller**, geboren 27.08.1999,
   wohnhaft 12345 Musterstadt, Heussallee 17

3. als weitere Beteiligte die Eltern des Erschienenen zu 1.:

   Eheleute Hans-Peter **Mayer**, geboren 09.09.1967, und
   Elke **Mayer** geb. Braun, geboren 03.04.1974,
   beide wohnhaft 12345 Musterstadt, Heussallee 17

Die Erschienenen wiesen sich aus durch Vorlage ihrer Bundespersonalausweise.

Die Erschienenen baten um Beurkundung der nachfolgenden

SORGE- UND ZUSTIMMUNGSERKLÄRUNGEN

I.

Kindsvater und Kindsmutter erklärten:

1. Wir sind nicht miteinander verheiratet. Wir sind die Eltern der am
   10.10.2018 in Musterstadt geborenen Pia Marie Müller. Wir haben
   beide ausschließlich die deutsche Staatsangehörigkeit.

2. Der Kindsvater hat die Vaterschaft für Pia Marie mit Zustimmung der Kindsmutter und seiner Eltern am 12.10.2018 anerkannt.

3. Wir erklären hiermit, dass wir die elterliche Sorge für das Kind Pia Marie Müller
   gemeinsam übernehmen wollen.

Der Notar hat uns darüber belehrt, dass wir durch die Abgabe der vorstehenden
Sorgeerklärungen nunmehr die Pflicht und das Recht haben, gemeinsam für die
minderjährige Tochter Pia Marie zu sorgen, und dass wir das Kind künftig nur gemeinsam vertreten können.

II.

Daraufhin erklärten die Erschienenen zu 3.:

Wir stimmen hiermit in unserer Eigenschaft als gemeinsam sorgeberechtigte Eltern
des Kindsvaters der vorstehenden Sorgeerklärung unseres Sohnes Peter Mayer zu.

III.

Der Notar hat darauf hingewiesen, dass die Eltern den derzeitigen Geburtsnamen des
Kindes Pia Marie binnen drei Monaten nach Begründung der gemeinsamen elterlichen
Sorge durch öffentlich beglaubigte Erklärung gegenüber dem Standesamt neu be-
stimmen können. Eine solche Erklärung wollen die Beteiligten heute nicht abgeben.

Der Notar hat darauf hingewiesen, dass eine Sorgeerklärung unter einer Bedingung oder Zeitbestimmung unwirksam ist. Wir wissen ferner, dass die gemeinsame Sorge nur in Ausnahmefällen vom Familiengericht auf Antrag eines Elternteils aufgehoben werden kann, wenn die Eltern nicht nur vorübergehend getrennt leben.

IV.

Von dieser Urkunde erhalten

- je eine Ausfertigung Kindsvater und Kindsmutter
- je eine beglaubigte Kopie die Eltern des Kindsvaters und das für den Geburtsort des Kindes örtlich zuständige Jugendamt in Musterstadt, dieses zum Zwecke der Auskunftserteilung.

...

[Unterschriften]

Anmerkungen

Die übereinstimmende Sorgeerklärung kann auf Seiten des Mannes nur durch den **rechtlichen Vater** des Kindes abgegeben werden. Das bedeutet, dass bei Abgabe der Sorgeerklärung durch den Mann dessen Vaterschaft im Rechtssinne bereits **feststehen** muss, entweder durch Vaterschaftsanerkennung oder gerichtliche Feststellung (§ 1592 Nr. 2 oder 3 BGB, siehe oben Ziffer 2. Buchst. b)). Da die gerichtliche Feststellung der viel seltenere Fall ist, gilt als **Merksatz für die Praxis:** keine Sorgeerklärung ohne (vorherige wirksame) Anerkennung der Vaterschaft! Die bestehende Vaterschaft des Erklärenden kann der Notar in der Urkunde kurz festhalten.

Das Formulierungsbeispiel betrifft den Sonderfall eines noch **minderjährigen Kindsvaters.** Dieser gibt die Sorgeerklärung selbst ab, bedarf hierfür aber der (ebenfalls höchstpersönlichen und ebenfalls öffentlich zu beurkundenden!) Zustimmung seines gesetzlichen Vertreters (§ 1626c Abs. 2 Satz 1, 2 BGB). Bei Weigerung des gesetzlichen Vertreters kann das Familiengericht auf Antrag des minderjährigen Elternteils die Zustimmung ersetzen (d.h. selbst erteilen), wenn die Sorgeerklärung dem Wohl des minderjährigen Elternteils nicht widerspricht (= eher geringe Hürde).

Die Tochter Pia Marie im Fallbeispiel trägt als **Geburtsnamen** den Nachnamen der Mutter, da diese bislang allein sorgeberechtigt war (§ 1617a Abs. 1 BGB). Wird die gemeinsame elterliche Sorge für das Kind erst nachträglich (d.h. nach Geburt) begründet, können die Eltern innerhalb einer Frist von drei Monaten den Geburtsnamen des Kindes durch öffentlich beglaubigte Erklärung gegenüber dem Standesamt neu bestimmen (§ 1617b Abs. 1 i.V.m. § 1617 Abs. 1 BGB). Einzige

Alternative zum Nachnamen der Mutter ist dabei der Nachname des Kindsvaters, eine Kombination aus beiden Nachnamen ist nicht zulässig (§ 1617 Abs. 1 Satz 1 BGB). Diese Bestimmung würde für alle weiteren gemeinsamen Kinder dieser Eltern gelten (§ 1617 Abs. 1 Satz 3 BGB).

Kostenhinweis

Geschäftswert: 5.000 € (Auffangwert bei nichtvermögensrechtlichen Angelegenheiten, § 36 Abs. 3 GNotKG, allerdings kann bei über- oder unterdurchschnittlich wohlhabenden oder verdienenden Erklärenden ein Auf- oder Abschlag gerechtfertigt sein, siehe § 36 Abs. 2 GNotKG).

Gebührensatz: 1,0-Gebühr gem. Nr. 21200 KV GNotKG.

Die Zustimmung der Eltern wird nicht zusätzlich berechnet, sie dient nur der Durchführung der Sorgeerklärungen selbst (§ 109 Abs. 1 Satz 2 GNotKG).

Urkundsabwicklung

Kindsvater und Kindsmutter erhalten je eine Ausfertigung der Sorgeerklärungsurkunde. Dadurch ist der **Nachweis der (gemeinschaftlichen) Vertretungsmacht** beider Elternteile möglich (z.B. gegenüber dem Notar, siehe oben Ziffer 3. Buchst. b)).

Der Notar hat dem zuständigen **Jugendamt** die in § 1626d Abs. 2 BGB genannten personenbezogenen Daten zu übermitteln; dies geschieht am einfachsten durch Versand einer beglaubigten Urkundsabschrift, wozu sich der Notar von den Urkundsbeteiligten aber ermächtigen lassen sollte (siehe § 51 Abs. 2 BeurkG!).

Das Jugendamt benötigt diese Informationen für das von ihm geführte **Sorgeregister** (§ 58a Abs. 1 SGB VIII), in das die Sorgeerklärung zur Erfassung der geänderten Sorgeberechtigung für das Kind eingetragen wird. Liegt im Sorgeregister keine Eintragung zu dem Kind vor, kann der Mutter eine Bescheinigung erteilt werden, dass sie die alleinige Sorgeberechtigte (und damit alleinige gesetzliche Vertreterin) des Kindes ist (§ 58a Abs. 2 SGB VIII). Eine solche Bescheinigung kann z.B. zur Vorlage beim Notar verwendet werden (siehe oben Ziffer 3. Buchst. b)).

IV.   Die Teilnahme von Minderjährigen am Rechtsverkehr (§§ 104 ff. BGB)

1.   Grundlagen

Ausgangspunkt ist § 2 BGB: Die **Volljährigkeit** tritt mit Vollendung des 18. Lebensjahres ein. „Vollendung" meint dabei den Tag des jeweiligen Geburtstags. Wer z.B. seinen 18. Geburtstag am 12.05.2019 feiert, hat an diesem Tag sein 18. Lebensjahr vollendet (und zwar ab 0:00 Uhr, §§ 187 Abs. 2 Satz 2, 188 Abs. 2 BGB).

Der Volljährige ist grundsätzlich unbeschränkt geschäftsfähig.

Wer noch keine 18 Jahre alt ist, ist nicht volljährig, also minderjährig; daher der vom BGB hier verwendete **Begriff des „Minderjährigen"** (anstelle von „Kind", siehe sogleich).

Minderjährige sind entweder gar nicht geschäftsfähig (= geschäftsunfähig) oder beschränkt geschäftsfähig. Sie werden nach ihrem Alter der einen oder anderen Gruppe zugeordnet (sofern diese nicht ausnahmsweise z.B. wegen einer geistigen Behinderung altersunabhängig dauerhaft geschäftsunfähig sind).

Beachte hierzu:
Das BGB kennt und verwendet selbstverständlich auch den **Begriff „Kind".** Dann steht aber die verwandtschaftliche Beziehung (zu den Eltern, Großeltern, Geschwistern etc.) im Vordergrund und nicht, wie in der Geschäftsfähigkeitslehre der §§ 104 ff. BGB, ob das Kind ohne seine Eltern in rechtlich erheblicher Weise handeln kann.

Beispiele
– § 1924 Abs. 4 BGB bestimmt, dass Kinder des Erblassers zu gleichen Teilen erben. Dies gilt natürlich auch für erwachsene Kinder.

– Das Eintrittsrecht der Kinder eines verstorbenen Mieters gem. § 563 Abs. 2 BGB hängt nicht vom Alter der Kinder ab.

2.   Kinder unter sieben Jahren

Kinder unter sieben Jahren sind **geschäftsunfähig**. Das bedeutet, dass sie keine rechtswirksamen Erklärungen im Rechtsverkehr abgeben können. In der Sprache des BGB: Die Willenserklärung eines Geschäftsunfähigen ist nichtig (§§ 104 Nr. 1, 105 Abs. 1 BGB).

Für diese Kinder handelt (ausschließlich) der **gesetzliche Vertreter**, d.h. je nach Fallgestaltung die Mutter, der Vater oder beide zusammen (siehe oben Abschnitt III. Ziffer 3.).

3. Kinder ab sieben Jahren

Minderjährige, die sieben Jahre oder älter sind, sind **beschränkt geschäftsfähig** (§ 106 BGB).

Der Begriff **beschränkte Geschäftsfähigkeit** hat mehrere Bedeutungsebenen (§§ 107 ff. BGB), wobei sich die **gedankliche Prüfung** an der nachstehenden Reihenfolge orientieren sollte:

– In bestimmten Bereichen ist der Minderjährige **unbeschränkt geschäftsfähig**: § 110 BGB (sog. Taschengeldparagraph), § 112 BGB (selbständiges Erwerbsgeschäft des Minderjährigen), § 113 BGB (Dienst- oder Arbeitsverträge des Minderjährigen). Diese Ausnahmen spielen in der notariellen Praxis keine große Rolle (siehe sogleich).

– Andere Rechtsgeschäfte durch den Minderjährigen sind ebenfalls sofort mit ihrer Vornahme wirksam, sofern sie für ihn **lediglich rechtlich vorteilhaft** sind (§ 107 BGB). Der Begriff der rechtlichen Vorteilhaftigkeit spielt in der Praxis eine wichtige Rolle (siehe sogleich).

– Andere Rechtsgeschäfte (d.h. kein Fall der §§ 110, 112, 113 BGB und nicht lediglich rechtlich vorteilhaft), die der Minderjährige vornimmt, sind mit der **vorherigen Zustimmung** (= sog. Einwilligung) des gesetzlichen Vertreters sofort mit ihrer Vornahme wirksam, ganz so, als ob ein unbeschränkt Geschäftsfähiger gehandelt hätte (was ja durch das Einverständnis der Eltern mittelbar der Fall war).

– Liegt eine Einwilligung nicht vor, wird das Rechtsgeschäft des Minderjährigen mit der **nachträglichen Zustimmung** (= sog. Genehmigung) des gesetzlichen Vertreters wirksam, und zwar rückwirkend auf den Zeitpunkt der Vornahme. In der Zwischenzeit sind solche Geschäfte **schwebend unwirksam**. Der andere Vertragsteil kann durch Widerruf (§ 109 BGB) oder durch Aufforderung an den gesetzlichen Vertreter den Schwebezustand beenden (§ 108 Abs. 2 BGB).

Zur **rechtlichen Vorteilhaftigkeit**:

– Erforderlich ist eine rein **rechtliche Betrachtungsweise**. Die wirtschaftliche Vorteilhaftigkeit eines Rechtsgeschäfts („Schnäppchen") spielt im Rahmen von § 107 BGB keine Rolle!

- Konsequenzen für die notarielle Praxis: Ein **Kaufvertrag ist nie lediglich rechtlich vorteilhaft**, da er die Verpflichtung des Minderjährigen zur Eigentumsübertragung (als Verkäufer) oder zur Kaufpreiszahlung (als Käufer) beinhaltet (§ 433 BGB).

- Bei einer **Schenkung** an den Minderjährigen kann das im Einzelfall anders zu beurteilen sein. Aber: Die Schenkung einer Eigentumswohnung ist wegen der Haftung des Sondereigentümers gegenüber der Wohnungseigentümergemeinschaft nie lediglich rechtlich vorteilhaft. Gleiches (nicht lediglich rechtlich vorteilhaft) gilt für die Schenkung eines vermieteten Hausgrundstücks wegen des zwingenden Eintritts in den bestehenden Mietvertrag (§ 566 Abs. 1 BGB).

- Auf die **Wertrelation** des rechtlichen Nachteils im Vergleich zu dem rechtlichen Vorteil kommt es nie an: Auch die Schenkung einer Luxusvilla, bei der nur ein am Grundstücksrand gelegenen Geräteschuppen für 50 € im Monat vermietet ist, ist nicht lediglich rechtlich vorteilhaft.

- Die Schenkung eines **unbebauten Grundstücks** (z.B. Bauland) kann demgegenüber rechtlich vorteilhaft sein.

Beachte in der Praxis:
Neben diesen allgemeinen Grundsätzen, die für alle Arten von Geschäften gelten, gibt es einzelne **Sondervorschriften**, die anordnen, dass ein beschränkt geschäftsfähiger Minderjähriger **stets ohne Zustimmung** seiner Eltern handeln kann. Dann kommt es auf die Frage der rechtlichen Vorteilhaftigkeit nicht an. Es geht in diesen Ausnahmefällen zumeist um höchstpersönliche Entscheidungen, in denen eine Vertretung im Willen nicht möglich erscheint.

Beispiele
- Ein mindestens 16 Jahre altes Kind kann ein **notarielles Testament** ohne Zustimmung der Eltern errichten (§§ 2229 Abs. 1, 2, 2233 Abs. 1, 2247 Abs. 4 BGB).

- Ein mindestens 14 Jahre altes Kind kann der Person eines **Vormunds**, der durch die verstorbenen Eltern zu Lebzeiten benannt worden ist, widersprechen (§ 1778 Abs. 1 Nr. 5 BGB).

4.   Die Vertretung durch die Eltern

Handeln die Eltern (oder das allein sorgeberechtigte Elternteil, siehe oben Ziffer 3. Buchst. b)) als gesetzliche(r) Vertreter für das Kind, ist der Umfang ihrer Vertretungsmacht ebenso wie die elterliche Sorge **grundsätzlich unbeschränkt und unbeschränkbar.** Würden Kinder ihre Eltern in dem gesetzlichen Umfang bevollmächtigen, läge eine Generalvollmacht vor!

Doch besteht die elterliche Vertretungsmacht nicht uneingeschränkt. Auf die praxisrelevanten **Ausnahmefälle** ist besonders zu achten, da ohne wirksame Vertretung des Minderjährigen keine wirksame Urkunde errichtet werden kann.

Zwei Fallgestaltungen müssen unterschieden werden:

– Fälle, in denen die Vertretungsmacht der Eltern ausgeschlossen ist (nachfolgend Buchst. a));

– Fälle, in denen das Rechtsgeschäft eines Minderjährigen der familiengerichtlichen Genehmigung bedarf (nachfolgend Buchst. b)).

Ob ein im Notariat zu bearbeitender Fall in die erste oder die zweite Fallgruppe, in beide Fallgruppen oder in keine fällt, ist immer genau zu prüfen.

a)   Ausschluss der Vertretungsmacht der Eltern

Es gibt bestimmte Rechtsgeschäfte, in denen die Eltern das Kind **überhaupt nicht** vertreten dürfen. In diesen Fällen muss ein **Ergänzungspfleger** bestellt werden (§ 1909 BGB), der das Kind dann anstelle der Eltern bei diesem einen Rechtsgeschäft vertritt.

Diese Fälle sind in §§ 1629 Abs. 2 Satz 1, 1795 BGB geregelt, von denen der Notar vor allem mit § 1795 Abs. 1 Nr. 1 und Abs. 2 BGB zu tun hat:

– Nach **§ 1795 Abs. 1 Nr. 1 BGB** kann ein vertretungsberechtigtes Elternteil sein Kind nicht vertreten bei einem Rechtsgeschäft zwischen seinem Ehegatten, seinem Lebenspartner oder einem seiner Verwandten in gerader Linie einerseits und dem Kind andererseits, es sei denn, dass das Rechtsgeschäft ausschließlich in der Erfüllung einer Verbindlichkeit besteht.

Beispiel

– Der minderjährige M soll von seinem Großvater G eine Eigentumswohnung geschenkt bekommen.

– Nach **§§ 1795 Abs.** 2, 181 BGB kann ein Elternteil kein Rechtsgeschäft vornehmen, bei dem er für das Kind auf der einen Seite handelt und im eigenen Namen oder als Vertreter eines Dritten auf der anderen Seite (sog. Insichgeschäft), es sei denn, dass dieses Rechtsgeschäft ausschließlich in der Erfüllung einer Verbindlichkeit besteht.

Beispiel
– Das vertretungsberechtigte Elternteil E will dem minderjährigen M selbst eine Eigentumswohnung schenken.

– E würde hier im eigenen Namen als Schenker und in fremdem Namen für das Kind als Beschenkter handeln. Das ist wegen **§§ 1795 Abs.** 2, 181 BGB unzulässig

Beachte hierzu:
Eine sehr praxisrelevante Beschränkung des Anwendungsbereichs von § 1795 Abs. 1 Nr. 1 und Abs. 2 BGB gilt für solche Geschäfte, die für den Minderjährigen **lediglich rechtlich vorteilhaft** sind. Bei solchen Geschäften kann der Minderjährige also doch wirksam von seinen Eltern vertreten werden. Dabei darf man sich nicht verwirren lassen: Ein rechtlich lediglich vorteilhaftes Geschäft kann der Minderjährige wirksam auch **selbst** abschließen – dies aber eben nur, wenn er mindestens sieben Jahre alt ist (§ 107 BGB; siehe dazu oben Ziffer 3.). Außerdem beseitigt die Möglichkeit des Minderjährigen, das Geschäft selbst abzuschließen, natürlich nicht die Befugnis der Eltern, es in Vertretung für den Minderjährigen zu tun. Der gesetzliche Vertreter kann also auch bei einem rechtlich lediglich vorteilhaften Geschäft anstelle des Minderjährigen handeln!

b) Familiengerichtliche Genehmigung

Die Fälle der **§§ 1821, 1822 BGB,** auf die § 1643 BGB verweist (auf § 1822 BGB nur Nr. 1, 3, 5, 8–11), betreffen nicht den Ausschluss der Vertretungsmacht der Eltern. Wollen die Eltern ein darin genanntes Rechtsgeschäft für das Kind abschließen, ist die Stellvertretung durch die vertretungsberechtigten Eltern zwar möglich (sofern kein Fall des § 1795 BGB vorliegt, siehe soeben Buchst. a)), das Rechtsgeschäft bedarf zur **Wirksamkeit** aber der familiengerichtlichen Genehmigung.

Für die notarielle Praxis sind insbesondere die in § 1821 Abs. 1 BGB erwähnten **Grundstücksgeschäfte** relevant sowie der von § 1822 Nr. 3 BGB erfasste Abschluss eines **Gesellschaftsvertrags** einer OHG oder KG, der auf den Betrieb eines Handelsgewerbes (dies fällt unter „Erwerbsgeschäft" i.S.d. § 1822 Nr. 3 BGB) gerichtet ist, ferner der ebenfalls § 1822 Nr. 3 BGB unterfallende Beitritt zu einer solchen Gesellschaft.

Daneben ist § 1643 Abs. 2 Satz 1 BGB zu beachten: Die Eltern benötigen grundsätzlich die familiengerichtliche Genehmigung, wenn sie im Namen ihres Kindes eine **Erbschaft des Kindes** ausschlagen möchten (siehe näher § 15 Abschnitt IX. Ziffer 2.).

Beachte ferner:
Der Ausschluss der Vertretung des Kindes durch die Eltern (§ 1795 BGB; Folge: Ein gerichtlich bestellter Ergänzungspfleger vertritt das Kind) und das Erfordernis der familiengerichtlichen Genehmigung (§§ 1821 f. BGB) sind, falls erforderlich, **zusammen zu berücksichtigen** (Folge: Die Willenserklärung des Ergänzungspflegers bedarf der familiengerichtlichen Genehmigung).

Beispiel
– Der Minderjährige M soll ein ihm gehörendes Grundstück an seine Eltern verkaufen.

Ein **häufiges Missverständnis** liegt aber darin, vom Ausschluss der Vertretungsmacht der Eltern automatisch auch auf das Erfordernis einer familiengerichtlichen Genehmigung zu schließen. Dieser Schluss ist aber keineswegs richtig, wie das folgende einfache **Beispiel** belegt: Der 15-jährige M soll eine Armbanduhr von seinem Großvater G erhalten und ihm dafür an den Wochenenden im September und Oktober das Holz für den Kamin hacken. Unterstellt man hier einen Vertragsschluss zwischen M und G, könnten die Eltern den M wegen § 1795 Abs. 1 Nr. 1 BGB nicht vertreten. Gleichwohl bedürfte ein solcher Vertrag keiner familiengerichtlichen Genehmigung, da keiner der Genehmigungstatbestände der §§ 1821 f. BGB einschlägig ist.

Die Beschränkungen aus §§ 1795, 1821 f. BGB gelten **unmittelbar nur für den Vormund**, jedoch kraft ausdrücklicher Verweisungsnorm auch für die **Eltern** (§§ 1629, 1643 BGB), den **Betreuer** (§ 1908i BGB) und den **Pfleger** (§ 1915 Abs. 1 Satz 1 BGB).

c)   Fallbeispiel: Doppelvollmacht

Zur Veranschaulichung dafür, wie die notarielle Praxis üblicherweise bei Kaufverträgen über Grundstücke verfährt, die gem. § 1821 Abs. 1 Nr. 1 BGB der gerichtlichen Genehmigung wegen Beteiligung eines Minderjährigen bedürfen, folgendes Fallbeispiel:

Fallgestaltung

Als Eigentümer eines Erbbaurechts in Musterstadt ist eine aus mehreren Personen bestehende Erbengemeinschaft eingetragen. Ein Miterbe ist Herr Klaus-Peter Weigelt, der sich an einem unbekannten Ort im Ausland aufhält. Zur Wahrung seiner vermögensrechtlichen Belange, die aus der Mitgliedschaft in der Erbengemeinschaft resultieren, ist Rechtsanwalt Dr. Michael Schwesick als Abwesenheitspfleger bestellt worden (§ 1911 BGB). Das Erbbaurecht soll an die Eheleute Beyer verkauft werden.

Die Beteiligten schließen vor Notar Dr. Max Mustermann in Musterstadt folgende notarielle Urkunde:

 Muster: Doppelvollmacht

Urkundenrolle Nummer 366/2019

(Kaufvertrag Erbbaurecht)

Verhandelt zu Musterstadt, am 12.03.2019.

Vor

Dr. Max Mustermann
Notar in Musterstadt

erschienen:

1. als **Verkäufer**:

   a) Herr Markus **Grün**, geboren 07.07.1972,
      wohnhaft Frentzenstraße 59, 12345 Musterstadt;

   b) Herr Rüdiger **Grün**, geboren 10.11.1966,
      wohnhaft Bischofstraße 25, 54321 Musterdorf;

   c) Herr Rechtsanwalt Dr. Michael **Schwesick**,
      geschäftsansässig Deutzer Freiheit 12, 12345 Musterstadt,
      hier handelnd nicht im eigenen Namen, sondern als Abwesenheitspfleger
      für Herrn Klaus-Peter Grün, geboren 12.12.1970, aufgrund der Bestellungsurkunde vom 15.11.2014 – 79 X 34/14 des Amtsgerichts Musterstadt,
      die heute in Ausfertigung vorlag und von der eine hiermit beglaubigte Abschrift zu der heutigen Urkunde genommen wird;

   d) Frau Ute **Meyer** geb. Grün, geboren 12.08.1967,
      wohnhaft Buchenhöhle 45, 12543 Musterhausen,

2. als **Käufer**:

   Eheleute Günter Bayer, geboren 30.09.1980, und
   Erika Bayer geb. Festner, geboren 09.11.1981,
   beide wohnhaft Deutzer Freiheit 142, 12345 Musterstadt.

Die Erschienenen wiesen sich aus durch Vorlage ihrer Bundespersonalausweise.

Die Erschienenen – handelnd wie angegeben – ließen Folgendes beurkunden:

KAUFVERTRAG ÜBER EIN ERBBAURECHT

I.
Grundbuchstand

Die Verkäufer sind in Erbengemeinschaft als Erbbauberechtigte folgenden Erbbaurechts im Erbbaugrundbuch eingetragen:

Amtsgericht Musterstadt Erbbaugrundbuch von Musterstadt-Land Blatt 5419.

(...)

(Es folgen die üblichen Bestimmungen des Kaufvertrags einschließlich des Eintritts des Käufers in den Erbbaurechtsvertrag, siehe dazu oben § 5.)

XII.
Gerichtliche Genehmigung, Doppelvollmacht

Der Notar hat darauf hingewiesen, dass zur Rechtswirksamkeit dieses Vertrags die Genehmigung des Betreuungsgerichts erforderlich ist. Der Abwesenheitspfleger, der diese Genehmigung hiermit beantragt, bevollmächtigt den Notar, die Genehmigung für ihn in Empfang zu nehmen und sie den anderen Beteiligten mitzuteilen. Diese bevollmächtigen den Notar zur Empfangnahme der ebengenannten Mitteilung. Mit der Beifügung des Genehmigungsbeschlusses zur Urkunde soll all dies als geschehen gelten und die Genehmigung gegenüber allen Beteiligten unmittelbar wirksam werden. Der Notar wird angewiesen, dem Betreuungsgericht eine Ausfertigung dieser Urkunde zu erteilen.

Der Notar hat darauf hingewiesen, dass die Bestellung einer Finanzierungsgrundschuld einer weiteren Genehmigung des Betreuungsgerichts bedarf. Der Abwesenheitspfleger bevollmächtigt hiermit den Käufer, die entsprechende Genehmigung im Rahmen der Grundschuldbestellung zu beantragen und alle insoweit sachdienlichen Erklärungen für ihn abzugeben und Handlungen vorzunehmen. Im Übrigen soll entsprechend der Genehmigung des Gerichts zum Kaufvertrag verfahren werden, wobei Grundpfandrechtsgläubiger als Beteiligte gelten sollen.

Verzug tritt nicht ein, soweit sich die Eintragung der Finanzierungspfandrechte aufgrund fehlender Rechtskraft der erforderlichen Genehmigung des Betreuungsgerichts verzögert, vorausgesetzt, dass das Finanzierungspfandrecht innerhalb von vier Wochen ab heute bestellt wird. Sollte die Genehmigung des Finanzierungsgrundpfandrechts durch das Gericht nicht erfolgen, ist der Käufer berechtigt, vom Kaufvertrag zurückzutreten. Das noch nicht ausgeübte Rücktrittsrecht erlischt, wenn die gerichtliche Genehmigung rechtskräftig erteilt wird. Im Fall des Rücktritts fallen die Kosten dieses Vertrags und seiner Rückabwicklung dem Verkäufer zur Last. Weitergehende Schadensersatzansprüche sind ausgeschlossen.

Der Notar hat darauf hingewiesen, dass die Genehmigung durch das Gericht zu Verzögerungen bei der Vertragsabwicklung führen kann. Den Vertragsbeteiligten ist bekannt, dass bei Aufforderung des Abwesenheitspflegers zur Genehmigung diese als verweigert gilt, wenn sie nicht innerhalb von zwei Wochen erteilt wird.

Die Beteiligten vereinbaren, dass dieser Fristlauf gehemmt ist, solange das Gericht das Genehmigungsverfahren noch betreibt, längstens jedoch für drei Monate nach Empfang der Aufforderung zur Genehmigung.

XII.
Finanzierungsvollmacht

(Es folgt die übliche Finanzierungsvollmacht.)

(Es folgt der übliche Schluss der Urkunde.)

Anmerkungen

Die **Genehmigungsbedürftigkeit** folgt hier aus §§ 1911, 1915 Abs. 1 Satz 1, 1821 Abs. 1 Nr. 1 BGB mit § 11 Abs. 1 ErbbauRG. Bei Beteiligung Minderjähriger wäre über § 1643 Abs. 1 BGB entsprechend zu verfahren.

Ganz allgemein dienen die §§ 1821 f. BGB dem **Schutz des Betroffenen** (Minderjähriger, Mündel, Betreuter, Abwesender) durch das Erfordernis eines gerichtsförmigen Genehmigungsverfahrens, das den Inhalt des Rechtsgeschäfts neutral und allein unter dem Gesichtspunkt des Wohls des Betroffenen prüft.

Familien- bzw. Betreuungsgerichte genehmigen derartige Kaufverträge regelmäßig erst **nach der notariellen Beurkundung**. Um die Parteien vor „bösen Überraschungen" (Kosten, Aufwand, etc.) zu schützen, empfiehlt es sich daher, dass der gesetzliche Vertreter **das Gericht anhand eines Vertragsentwurfs vorab informiert** und etwaige Änderungswünsche einfließen lässt.

Zum schnelleren und einfacheren Vollzug eines solchen Grundstücksgeschäfts bedient sich die notarielle Praxis der sogenannten **Doppelvollmacht**. Ein Formulierungsbeispiel ist vorstehend abgedruckt. Der Notar wird darin in doppelter Weise bevollmächtigt, nämlich

– vom gesetzlichen Vertreter (hier dem Abwesenheitspfleger) zur **Entgegennahme** des gerichtlichen Genehmigungsbeschlusses (notwendig wegen § 1828 BGB) und zur **Mitteilung dieser Genehmigung** an die andere Vertragspartei (notwendig wegen § 1829 Abs. 1 Satz 2 BGB) (= Vollmacht 1) und

– von der anderen Vertragspartei (hier den Käufern) zur **Entgegennahme** des auf diese Weise mitgeteilten gerichtlichen Genehmigungsbeschlusses (= Vollmacht 2).

Daraus resultieren **mehrere Vereinfachungen:**

– Der Genehmigungsbeschluss ist mit seiner Bekanntgabe gegenüber dem Notar allen Beteiligten gegenüber **sofort wirksam** (keine weiteren Mitteilungserfordernisse; keine Möglichkeit des Käufers, den anderen Teil zur Genehmigung aufzufordern mit der möglichen Unwirksamkeitsfolge aus § 1829 Abs. 2 zweiter Halbsatz BGB – keine **Unwirksamkeitsproblematik**).

– Es entfällt zudem die Notwendigkeit, dem Grundbuchamt den Zugang des Genehmigungsbeschlusses gegenüber dem gesetzlichen Vertreter (hier dem Abwesenheitspfleger) und der Mitteilung an die andere Vertragspartei (Käufer) in der Form des § 29 GBO (!) nachzuweisen (**keine Nachweisproblematik**).

Der **Genehmigungsbeschluss des Betreuungsgerichts** kann in diesem Fall wie folgt aussehen:

 Muster: Genehmigungsbeschluss des Betreuungsgerichts

Aktenzeichen	Zur Geschäftsstelle gelangt am
– 79Wx 34/10 –	20.03.2019 um 14.00 Uhr

Beschluss ist rechtskräftig
seit 11.04.2014, 12.04.2014
Musterstadt,
(Unterschrift, Siegel)

AMTSGERICHT MUSTERSTADT

BESCHLUSS

In dem betreuungsgerichtlichen Zuweisungsverfahren
für Herrn Rüdiger Grün, geboren 10.11.1966,
wohnhaft unbekannten Aufenthalts.

Abwesenheitspfleger:

Herr Rechtsanwalt Dr. Michael Schwesick, Deutzer Freiheit 12, 12345 Musterstadt, werden die Erklärungen des Abwesenheitspflegers in der notariellen Urkunde vom 12.03.2016 – (Urkundenrolle Nr. 366/2016 des Notars Dr. Max Mustermann in Musterstadt) betreffend die Veräußerung des Erbbaurechts eingetragen beim Amtsgericht Musterstadt im Erbbau-Grundbuch von Musterstadt-Land Blatt 5419 und die Verteilung des Erlöses als Erbauseinandersetzung betreuungsgerichtlich genehmigt.

Dieser Beschluss wird mit seiner Rechtskraft wirksam, § 40 Abs. 2 FamFG.

Gründe:

Als Mitglied der Erbengemeinschaft ist der abwesende Rüdiger Grün zur Mitwirkung an der Erbauseinandersetzung verpflichtet. Es dient auch seinen Interessen, das leerstehende Haus Gartenstraße 15 vor weiterem Wertverlust zu bewahren und einer Verwertung in Form von Veräußerung zu einem bestmöglichen Verkaufspreis zuzuführen. Eine persönliche Nutzung und Instandhaltung durch den Abwesenden oder einen der anderen Miterben scheidet aus. Da auch eine Vermietung aufgrund des baulichen Zustands ausscheidet, bleibt nur ein Werterhalt des Erbanteils des Abwesenden durch Mitwirkung bei der Veräußerung.

Von der Bestellung eines Verfahrenspflegers wurde abgesehen, da die wirtschaftlichen Interessen des Abwesenden durch den Abwesenheitspfleger ausreichend vertreten werden.

Rechtsmittelbelehrung:

Gegen diesen Beschluss ist als Rechtsmittel die Beschwerde gegeben, wenn der Beschwerdewert 600 € übersteigt oder wenn das Gericht des ersten Rechtszugs die Beschwerde zugelassen hat. Die Beschwerde ist innerhalb einer Frist von zwei Wochen beim Amtsgericht Musterstadt, Gerichtsplatz 34, 12345 Musterstadt durch Einreichung einer Beschwerdeschrift in deutscher Sprache oder zur Niederschrift der Geschäftsstelle einzulegen. Während einer Unterbringung kann der Betroffene die Beschwerde fristwahrend auch bei dem am Unterbringungsort zuständigen Amtsgericht einlegen.

Wenn der Beschwerdewert nicht erreicht und die Beschwerde nicht zugelassen ist, so kann der Beschluss nur mit der Erinnerung angefochten werden.

Dieser Rechtsbehelf ist in deutscher Sprache binnen einer Frist von zwei Wochen seit Zugang des Beschlusses einzulegen. Die Frist beginnt mit der schriftlichen Bekanntgabe der Entscheidung an den jeweiligen Beschwerdeführer. Wenn an ihn eine schriftliche Bekanntgabe nicht erfolgen konnte, beginnt die Frist spätestens mit Ablauf von fünf Monaten nach Erlass des Beschlusses.

Die Beschwerdeschrift muss die Erklärung enthalten, dass Beschwerde gegen diesen Beschluss eingelegt wird und sie muss den angefochtenen Beschluss bezeichnen. Auch ist sie vom Beschwerdeführer oder seinem Bevollmächtigten zu unterzeichnen und soll begründet werden.

Musterstadt, 20.03.2019

...

Kempfer, Rechtspfleger
Ausgefertigt

...

Schmitz, Justizbeschäftigter
als Urkundsbeamter der Geschäftsstelle
(Unterschrift, Siegel)

V.   Adoptionsrecht (§§ 1741 ff. BGB)

Die Adoption ermöglicht es, zwischen dem Annehmenden und dem Anzunehmenden ein **Abstammungsverhältnis** zu begründen. Mit Ausspruch der Adoption erlangt der Anzunehmende die **rechtliche Stellung eines Kindes** des Annehmenden (§ 1754 Abs. 2 BGB). Daher spricht das BGB nicht von Adoption, sondern von der „Annahme als Kind".

Das angenommene Kind ist mit den gleichen Rechten und Pflichten ausgestattet wie jedes andere Kind des Annehmenden. Dies gilt vor allem für das Erb- und Pflichtteilsrecht sowie das Unterhaltsrecht.

Die Annahme als Kind setzt voraus, dass die Beteiligten ein **familiengerichtliches Verfahren** durchlaufen. Angestoßen wird ein solches Verfahren durch Stellung des Adoptionsantrags (nebst etwa notwendiger Einwilligungserklärungen, vgl. §§ 1746, 1747, 1749 BGB), der der notariellen Beurkundung bedarf (§ 1752 Abs. 2 Satz 2 BGB).

Der praktisch häufigste Adoptionsfall ist die sogenannte **Stiefkindadoption**. Bei ihr nimmt ein Ehegatte das Kind seines Ehegatten an. Diese Möglichkeit der Adoption steht auch eingetragenen Lebenspartnern offen (§ 9 Abs. 7 LPartG). Zur Verdeutlichung soll das nachfolgende Fallbeispiel gelten.

Fallbeispiel – Stiefkindadoption

Notar Dr. Peter Müller in Bonn hat folgende Besprechungsnotiz gefertigt:

Vermerk/Akte Rauschenberg, Adoption

Es erscheinen heute:

- Eheleute Peter Rauschenberg, geboren 01.01.1970 in München, und Vanessa Rauschenberg geb. Drinnen, geboren 02.12.1970 in Bonn, beide wohnhaft Kaiserstraße 115, 53113 Bonn.

- Sohn von Frau Rauschenberg: Marc Drinnen, geboren 22.10.1990 in Bonn, wohnhaft wie vor; unverheiratet, kinderlos.

Alle ausschließlich deutsche Staatsangehörige.

Sie berichteten:

- Vater von Marc Drinnen ist Herr Georg Hack, geboren 06.12.1964 in Stuttgart. Zu ihm besteht seit Jahrzehnten kein Kontakt mehr, aktuelle Anschrift unbekannt. Er lebte wohl zuletzt in Berlin. Frau Rauschenberg war nicht mit Herrn Hack verheiratet.

- Heirat Eheleute Rauschenberg: 29.11.1992 in Königswinter.

- Geburt einer gemeinsamen Tochter: Catrin Rauschenberg, geboren 04.04.2004.

- Bereits seit dem 26.10.1991 (!) lebt Marc zusammen mit seiner Mutter bei und mit Herrn Rauschenberg; Vater-Sohn-Beziehung besteht.

Anliegen:

- Herr Rauschenberg will Marc „nun endlich" auch rechtlich zum Sohn machen. Daher Adoptionsantrag!

- Auf Rückfrage: Zu dem leiblichen Vater besteht kein Kontakt mehr, es sollen auch keine rechtlichen Bande mehr bestehen.

- Auf Rückfrage: Herr Drinnen ist bereits beruflich erfolgreich. Er ist Inhaber und Betreiber eines großen Campingplatzes bei Bonn und dort unter seinem bisherigen Namen bei allen Geschäftspartnern und Kunden als „Marke" bekannt und etabliert (sein Slogan lautet angeblich: „Nur bei Drinnen ist's draußen am schönsten"). Eine Änderung könnte zu wirtschaftlichen Einbußen, schlimmstenfalls Arbeitsplatzverlusten führen (Herr Drinnen hat vier Festangestellte und weitere Saisonkräfte). Er möchte „irgendwie weiter wie bisher heißen".

– Auf Rückfrage: Herr Rauschenberg ist vermögend. Er hat einen sehr gut bezahlten Job bei der Deutschen Post AG. Die gemeinsame Tochter Catrin ist auch nach einer Adoption ausreichend finanziell abgesichert.

Nach Entwurfsübersendung wird folgender Adoptionsantrag beurkundet:

 Muster: Adoptionsantrag/Stiefkindadoption

Urkundenrolle Nummer 387/2019

(Antrag auf Annahme als Kind und Einwilligungserklärungen)

Verhandelt zu Musterstadt, den 15.02.2019

Vor mir,

Dr. Peter Müller,
Notar mit dem Amtssitz zu Musterstadt,

erschienen:

1. die Eheleute

   a) Herr Peter Rauschenberg, geboren 01.01.1970,

      – nachfolgend auch „Annehmender" genannt –

   b) Frau Vanessa Rauschenberg geb. Drinnen, geboren 02.12.1970,

      – nachfolgend auch „Ehefrau" genannt –

   beide wohnhaft Kaiserstraße 115, 12345 Musterstadt;

2. der Sohn der Ehefrau,

   Herr Marc Drinnen, geboren 22.10.1990,

   wohnhaft Kaiserstraße 115, 12345 Musterstadt,

   – nachfolgend auch „das Kind" oder „Anzunehmender" genannt –.

Die Erschienenen wiesen sich aus durch Vorlage amtlicher Lichtbildausweise und erklärten sich mit der Fertigung einer Kopie derselben für die Akten des Notars einverstanden.

Sodann erklärten die Erschienenen:

Antrag auf Annahme als Kind und Einwilligungserklärung

I.

Vorbemerkungen

1. Der Annehmende und dessen Ehefrau haben am 29.11.1992 vor dem Standesbeamten in Königswinter die Ehe miteinander geschlossen. Sie sind beide in erster Ehe verheiratet und haben beide ausschließlich die deutsche Staatsangehörigkeit.

Aus der Ehe zwischen Herrn und Frau Rauschenberg ist eine Tochter hervorgegangen, Catrin Rauschenberg, geb. 04.04.2004, wohnhaft wie vor.

Der Annehmende hat keine weiteren Kinder.

Die Ehefrau hat ein Kind aus einer nichtehelichen Beziehung mit Herrn Georg Hack, geboren am 06.12.1964 in Stuttgart, nämlich den zu 2. erschienenen Herrn Marc Drinnen. Der Anzunehmende hat ebenfalls ausschließlich die deutsche Staatsangehörigkeit. Die Ehefrau hat neben Catrin keine weiteren Kinder. Herr Hack ist seit vielen Jahren unbekannten Aufenthalts. Den letzten Informationen der Beteiligten zufolge lebte er in oder nahe Berlin. Der Anzunehmende ist nicht verheiratet. Er hat keine Kinder.

2. Der Anzunehmende lebt seit seinem zweiten Lebensjahr in dem gemeinsamen Haushalt der Erschienenen zu 1. Er wuchs dort wie ein gemeinschaftliches Kind der Eheleute Rauschenberg auf. Hierdurch hat sich zwischen dem Annehmenden und dem Anzunehmenden ein enges, auf gegenseitigem Vertrauen fußendes Vater-Sohn-Verhältnis entwickelt.

   Um dem bestehenden Vater-Sohn-Verhältnis auch in rechtlicher Hinsicht Ausdruck zu verleihen und um das Vater-Sohn-Verhältnis weiter zu stärken, wünschen alle Beteiligten, dass der Anzunehmende von dem Annehmenden als Kind angenommen wird und damit die rechtliche Stellung eines gemeinschaftlichen Kindes der Erschienenen zu 1. erlangt (§ 1754 BGB).

3. Die Kindesannahme soll in der Weise erfolgen, dass sich die Wirkungen der Annahme nach den Vorschriften über die Annahme eines Minderjährigen (§§ 1754–1756 BGB) richten. Zur Begründung wird darauf hingewiesen, dass der Anzunehmende bereits als Einjähriger in den gemeinsamen Haushalt der Erschienenen zu 1. aufgenommen wurde und er ein Sohn der Ehefrau des Annehmenden ist (§ 1772 Abs. 1 Buchst. b) und c) BGB).

4. Die Erschienenen zu 1. gehen davon aus, dass die Interessen ihrer gemeinsamen Tochter Catrin Rauschenberg durch die Adoption nicht negativ berührt werden (§ 1769 BGB). Insbesondere bleiben die erbrechtlichen und sonstigen vermögensrechtlichen Interessen von Catrin gewahrt, da der Annehmende über ein weit überdurchschnittliches Einkommen und Vermögen verfügt und die Aufnahme des Anzunehmenden in die Familie des Annehmenden bereits als Kleinkind erfolgte, die Adoption also nur eine schon seit Jahrzehnten gelebte Praxis nachvollziehen würde. Zudem steht der Anzunehmende wirtschaftlich auf eigenen Beinen: Er betreibt einen großen Campingplatz bei Bonn mit vier Festangestellten unter der Firma „Campingplatz Lützerheide Marc Drinnen e.Kfm.".

II.
Einwilligung des Ehegatten

Die Ehefrau erklärt gegenüber dem Amtsgericht – Familiengericht – als Ehefrau des Annehmenden zu der von ihrem Ehemann beabsichtigten Annahme als Kind die Einwilligung unter allen rechtlichen Gesichtspunkten.

Der Notar hat die Ehefrau darauf hingewiesen, dass diese Einwilligungserklärung nach Eingang beim Familiengericht nicht mehr widerrufen werden kann.

III.
Adoptionsanträge

Der Annehmende und der Anzunehmende beantragen hiermit den Ausspruch des Amtsgerichts – Familiengericht – in Musterstadt mit folgendem Inhalt:

Herr Marc Drinnen,
geboren 22.10.1990 in Bonn,
wohnhaft Kaiserstraße 115, 12345 Musterstadt

ist von

Herrn Peter Rauschenberg,
geboren 01.01.1970 in München,
wohnhaft Kaiserstraße 115, 12345 Musterstadt

als Kind in der Weise angenommen, dass sich die Wirkungen dieser Annahme nach den Vorschriften über die Annahme eines Minderjährigen (§§ 1754–1756 BGB) richten und der Anzunehmende die rechtliche Stellung eines gemeinschaftlichen ehelichen Kindes des Annehmenden und dessen Ehefrau, der leiblichen Mutter des Kindes, erlangt.

Der Anzunehmende erhält als Geburtsnamen den Namen „Rauschenberg".

Er beantragt, mit Zustimmung der Erschienenen zu 1., dem neuen Familiennamen seinem bisherigen Familiennamen „Drinnen" voranstellen zu dürfen. Zur Begründung wird darauf hingewiesen, dass der Anzunehmende inzwischen mit dem Namen „Drinnen" überall bekannt und im privaten und öffentlichen, v.a. selbständigen beruflichen Leben in Erscheinung getreten ist. Eine erneute vollständige Namensänderung würde zu erheblicher Verwirrung im Rechtsverkehr führen und ließe erhebliche wirtschaftliche Einbußen einschließlich des Verlusts von Arbeitsplätzen befürchten (§ 1757 Abs. 4 Nr. 2 BGB).

IV.
Vollzugsaufträge, Vollmacht

Der amtierende Notar wird ermächtigt und beauftragt, den Antrag beim Amtsgericht – Familiengericht – in Musterstadt einzureichen. Dem Annehmenden ist bekannt, dass er den Antrag bis zum Ausspruch des Gerichts zurückziehen kann.

Dem Antrag liegen als Nachweise in beglaubigter Abschrift bei:

– Geburtsurkunden des Annehmenden (nebst Tochter Catrin) und des Anzunehmenden

– Heiratsurkunde des Annehmenden

– Meldebescheinigungen für den Annehmenden und den Anzunehmenden

– aktuelle ärztliche Atteste für den Annehmenden und den Anzunehmenden

– polizeiliche Führungszeugnisse über den Annehmenden und den Anzunehmenden

Eine Ausfertigung des Ausspruchs des Gerichts wird auch an den Notar erbeten.

Der Notar wird ferner beauftragt, dem Amtsgericht und den Erschienenen je eine Ausfertigung dieser Urkunde zu erteilen.

Der Annehmende betraut den Notar, für den Fall seines Todes den Antrag auf Annahme als Kind beim zuständigen Familiengericht einzureichen (§ 1753 Abs. 2 BGB).

V.
Hinweise, Schlussbestimmungen

Der Notar hat die Beteiligten darüber belehrt, dass der Beschluss des Gerichts über den Ausspruch der Annahme mit der Zustellung an den Annehmenden wirksam wird und unanfechtbar ist.

Der Notar hat die Beteiligten in der Vorbesprechung und während der Beurkundung ausführlich über die Rechtsfolgen der Annahme als Kind, insbesondere über die verwandtschafts-, erb- und unterhaltsrechtlichen Folgen belehrt.

Die mit dieser Urkunde und ihrer Durchführung verbundenen Kosten gehen zu Lasten des Annehmenden.

Diese Niederschrift wurde den Erschienenen in Gegenwart des Notars vorgelesen, von den Erschienenen genehmigt und sodann von ihnen und dem Notar eigenhändig wie folgt unterschrieben:

...

(Unterschriften von Peter und Vanessa Rauschenberg, Marc Drinnen und des beurkundenden Notars)

Anmerkungen

Das BGB unterscheidet grundlegend nach dem Alter des Anzunehmenden zwischen der **Minderjährigenadoption** und der Volljährigenadoption (auch **Erwachsenenadoption**). Grundvoraussetzung ist in beiden Fällen das **Vorliegen eines Eltern-**

Kind-Verhältnisses zwischen Annehmendem und Anzunehmendem (§ 1741 Abs. 1 Satz 1 BGB).

Beide Varianten unterscheiden sich hinsichtlich einzelner Voraussetzungen (z.b. Zustimmungserfordernisse, Antragsberechtigung), insbesondere aber in ihren **Wirkungen**: Während die Minderjährigenadoption die verwandtschaftlichen Bande zu den bisherigen Eltern erlöschen lässt (§ 1755 BGB), bestehen diese bei der Volljährigenadoption grundsätzlich fort (§ 1770 Abs. 2 BGB). Dies hat die kurios anmutende Folge, dass ein als Erwachsener Adoptierter rechtlich fortan mehr als nur zwei Eltern, mehr als nur vier Großeltern etc. haben kann (nämlich seine leiblichen Eltern und die Adoptiveltern, deren jeweilige Eltern etc.). Auch erstreckt sich die Annahme eines Volljährigen grundsätzlich nur auf den Annehmenden selbst, d.h., der Angenommene wird nicht mit den Verwandten und Verschwägerten seiner Adoptiveltern (hier: seines Adoptivvaters) verwandt bzw. verschwägert (§ 1770 Abs. 1 BGB).

Allerdings ist unter den Voraussetzungen des § 1772 Abs. 1 BGB eine Volljährigenadoption mit den Wirkungen der Minderjährigenadoption möglich (sog. **Adoption mit starken Wirkungen**). Der praktisch wichtigste Fall ist die Stiefkindadoption (§ 1772 Abs. 1 Buchst. c) BGB).

Gerade bei der Erwachsenenadoption empfindet es der Anzunehmende häufig als unbefriedigend, dass er den **Familiennamen** des Annehmenden erhält und damit seinen bisherigen Namen aufgeben muss (§ 1757 Abs. 1 Satz 1 BGB). Wie im Formulierungsbeispiel näher dargelegt (dort Abschnitt III.), lässt sich diese Konsequenz im Einzelfall durch eine Kombination des neuen mit dem bisherigen Nachnamen abmildern, sofern die (gerichtlich meist eher großzügig gehandhabten) Voraussetzungen des § 1757 Abs. 4 Nr. 2 BGB vorliegen, aber nicht ganz ausschließen. Bei **verheirateten Anzunehmenden** gilt die Sondervorschrift des § 1757 Abs. 3 BGB.

Kostenhinweis

Geschäftswert: Er ist bei einer Volljährigenadoption unter Berücksichtigung des Vermögens und der Einkommensverhältnisse des Annehmenden zu bestimmen (§ 36 GNotKG). Vorgeschlagen wird für den Regelfall ein Schätzwert von 30–50 % des Reinvermögens des Annehmenden, begrenzt auf 1 Mio. €.

Gebührensatz: 1,0-Gebühr gem. Nr. 21200 KV GNotKG, mindestens 60 €.

Für die Einwilligungserklärungen von Kind, Eltern oder Ehegatten fällt eine 0,5-Gebühr nach Nr. 21201 Nr. 8 KV GNotKG an, mindestens 30 €.

VI.   General- und Vorsorgevollmachten

1.   Zweck, rechtlicher Hintergrund

Der Gesetzgeber eröffnet erwachsenen, geschäftsfähigen Personen die Möglichkeit, durch Errichtung einer Vorsorgevollmacht eine rechtliche **Betreuung zu vermeiden** für den Fall, dass diese Person in der Zukunft nicht mehr in der Lage sein sollte, ihre Angelegenheiten selbst zu besorgen (§ 1896 Abs. 2 Satz 2 erste Alternative BGB, siehe schon oben Abschnitt III. Ziffer 3. Buchst. c)).

Diese **rechtsgeschäftliche Alternative** zur gerichtlich angeordneten Bestellung eines Betreuers bietet aus Sicht der Betroffenen oftmals **mehrere Vorteile:**

– In der Vorsorgevollmacht kann die **Person** des oder der Bevollmächtigten frei bestimmt werden. Demgegenüber entscheidet das Betreuungsgericht nach pflichtgemäßem Ermessen über die Person des Betreuers. Wird ein Familienfremder zum Betreuer bestellt, empfinden das die Familienangehörigen häufig als einen Akt der Bevormundung.

– Der Bevollmächtigte ist in der Ausübung seiner Vertretungsmacht **freier** (flexibler) als der Betreuer. Insbesondere bestehen die Genehmigungserfordernisse aus § 1821 BGB nicht. Die Genehmigungserfordernisse im Bereich der Personensorge gem. §§ 1904, 1906, 1907 BGB erstrecken sich allerdings auch auf den Bevollmächtigten zum Schutz des Vollmachtgebers vor besonders einschneidenden, seine Person betreffenden Maßnahmen. Ferner kann dem Bevollmächtigten grundsätzlich auch erlaubt werden, In-sich-Geschäfte und Schenkungen vorzunehmen.

– Der Bevollmächtigte ist bei Bedarf **sofort handlungsfähig.** Es bedarf keiner sorgfältigen und deshalb ggf. langwierigen Prüfung, Auswahl und Überwachung durch das Betreuungsgericht. Die Vorsorgevollmacht kann zudem für den Fall erteilt werden (und wird es i.d.R. auch), dass der Vollmachtgeber zwar noch in der Lage ist, für sich selbst zu sorgen, aber dies nicht mehr möchte. Gerade ältere Vollmachtgeber empfinden dies nicht selten als beruhigend, nicht mehr alles selbst erledigen zu müssen. Demgegenüber darf eine rechtliche Betreuung nicht angeordnet werden, wenn die Voraussetzung des § 1896 Abs. 1 BGB nicht vorliegen, also ein Betreuungsfall (noch) nicht eingetreten ist.

Da die Vorsorgevollmacht den Zweck, die Anordnung einer Betreuung zu vermeiden, i.d.R. nur erfüllen kann, wenn sie sich auf alle Lebensbereiche des Vollmachtgebers erstreckt, wird sie auch als Generalvollmacht, oder kombiniert als

General- und Vorsorgevollmacht bezeichnet. Die Überschrift bestimmt aber nicht den Inhalt der Vollmacht, sondern umgekehrt!

Als rechtsgeschäftliche Erklärung und Vorsorgeinstrument kann die Vorsorgevollmacht nur errichten, wer zu diesem Zeitpunkt die erforderliche **Geschäftsfähigkeit** (noch) besitzt (jedenfalls im besonders wichtigen vermögensrechtlichen Bereich). Deren Vorliegen stellt der Notar in den entsprechenden Urkunden daher immer ausdrücklich fest.

2. Form

Die Vorsorgevollmacht kann **grundsätzlich formfrei** erteilt werden (§ 167 Abs. 2 BGB). Sofern die Vorsorgevollmacht – etwa zum Vollzug von Grundstücksgeschäften durch den Bevollmächtigten – dem **Grundbuchamt** vorzulegen ist, muss sie zumindest in öffentlich beglaubigter Form erteilt worden sein (siehe oben § 2 Abschnitt VI. Ziffer 3. Buchst. f) cc)). Gleiches gilt, wenn die Vollmacht – z.B. anlässlich einer Vertretung in unternehmensbezogenen Angelegenheiten – dem **Handelsregister** elektronisch einzureichen ist (siehe oben § 13 Abschnitt IV. Ziffer 4. Buchst. a)). Privatschriftliche Vorsorgevollmachen werden dort nicht anerkannt. Der Abschluss eines Verbraucherkreditvertrags durch einen Bevollmächtigten ist wegen § 492 Abs. 2 BGB sogar nur dann möglich, wenn die Vollmacht beurkundet wurde (arg. § 492 Abs. 4 BGB). Insgesamt gilt daher, dass nur die notarielle Beurkundung alle im Einzelfall für Vorsorgevollmachten sich ergebenden Formerfordernisse wahrt. Gerade im Falle einer potentiellen Verwendung gegenüber Banken und Behörden ist die notarielle Form aus den genannten Gründen aber auch darüber hinaus empfehlenswert. Es finden sich allerdings auch „seriöse" Vordrucke für privatschriftliche Vorsorgevollmachten im Internet (vgl. z.B. die Formulare, die das Bundesministerium der Justiz und für Verbraucherschutz im Internet unter *https://www.bmjv.de* bereitstellt, Weg über: Startseite > Service > Formulare, Muster, Vordrucke, hier zu finden unter: *https://www.bmjv.de/DE/Service/Formulare/Formulare_node.html*).

Losgelöst von der Frage, ob eine Vorsorgevollmacht aus rechtlichen Gründen zwingend zu beurkunden ist, bietet die notarielle Beurkundung **viele objektive Vorteile:**

– Der Notar sorgt für **rechtssichere Formulierungen** und berät über die Tragweite und den Vertrauenscharakter der Vorsorgevollmacht. Er schützt vor inhaltlich fehlerhaften bzw. ungenau abgefassten Vollmachten.

– Die notarielle Urkunde verschafft Gewissheit über die **Identität des Erklärenden.**

– Der Notar trifft in der Urkunde **Feststellungen zur Geschäftsfähigkeit** und verweigert seine Mitwirkung, wenn der Vollmachtgeber bereits geschäftsunfähig sein sollte. Die wirksame Errichtung der Vorsorgeurkunde kann daher später kaum angezweifelt werden.

– Die Urschrift der notariell beurkundeten Vorsorgevollmacht verwahrt der Notar. Er kann auch nach Jahrzehnten **Ausfertigungen** erteilen, falls dies erforderlich sein sollte (siehe dazu oben § 2 Abschnitt VII. Ziffer 2.).

3. Registrierung

Eine Vorsorgevollmacht kann (und sollte) im **Zentralen Vorsorgeregister der Bundesnotarkammer (ZVR)** registriert werden. Dieses Register dient der Information der mit Betreuungsverfahren befassten Stellen (Betreuungsgerichte und Landgerichte als Beschwerdegerichte, § 6 VRegV) darüber, ob für eine Person eine Vorsorgeverfügung im ZVR gespeichert ist. Die Gerichte fragen im konkreten Fall vor Einrichtung einer Betreuung das ZVR ab. Dadurch können pro Jahr ca. 20.000 unnötige Betreuungen vermieden werden. Inzwischen sind fast vier Millionen Vorsorgeurkunden gespeichert. Die Registrierung erfolgt am einfachsten (und kostengünstigsten) online über den Notar, der hierbei für den Vollmachtgeber tätig wird. Jeder Notar verfügt einen Online-Zugang zum ZVR und kann dort bequem die Registrierungen vornehmen. Weitere Informationen zum ZVR finden sich unter *www.vorsorgeregister.de.* Alternativ kann die Registrierung auch über die Einreichesoftware XNotar erfolgen. Auf die **Möglichkeit der Registrierung** im ZVR soll (= muss) der Notar bei Beurkundung einer Vorsorgevollmacht hinweisen (§ 20a BeurkG).

Kostenhinweis

Erfolgt die Registrierung einer notariellen Vorsorgevollmacht – wie i.d.R. – durch den damit beauftragten Notar elektronisch und nimmt der Notar – wie i.d.R. – am Lastschriftverfahren teil, kostet die Registrierung bei einem Bevollmächtigten 8,50 € (vgl. Nr. 20, 21, 35 GV VRegGebS), für jeden weiteren Bevollmächtigten fallen dann nur 2,50 € statt 3,00 € an (vgl. Nr. 32 GV VRegGebS). Erteilen **mehrere Personen** in einer Urkunde je eine Vorsorgevollmacht (z.B. Eheleute, die sich wechselseitig und ihre gemeinsamen Kinder bevollmächtigen), ist die Urkunde entsprechend oft im ZVR zu registrieren. Entsprechend fällt auch eine Registrierungsgebühr für jeden Vollmachtgeber an.

4.   Typische Inhalte, Formulierungsbeispiel

Die typischen Inhalte einer Vorsorgevollmacht sollen an folgendem Formulierungsbeispiel veranschaulicht werden:

 Muster: Vorsorgevollmacht

Urkundenrolle Nr. 197/2019
(Generalvollmacht mit Betreuungs- und Patientenverfügung)

Verhandelt zu Musterstadt, am 15.03.2019.

Vor mir, dem unterzeichnenden Notar

**Max Mustermann
mit dem Amtssitz in Musterstadt,**

erschien heute, von Person bekannt:

Frau Katharina **Sorgter** geb. Mengel, geboren 06.01.1952,
wohnhaft Schillerstraße 10, 12345 Musterstadt.

(Der Notar fragte vor Beurkundung die Beteiligte, ob er oder eine Person, mit der sich der Notar zur gemeinsamen Berufsausübung verbunden hat, in der Angelegenheit, die Gegenstand der Beurkundung ist, außerhalb seiner Amtstätigkeit bereits tätig war oder ist. Die Erschienene erklärte, dass dies nicht der Fall ist.)

Die Erschienene erklärte mündlich zu Protokoll:

General- und Vorsorgevollmacht

§ 1 Vollmachtserteilung
Ich, Katharina Sorgter geb. Mengel, geboren 06.01.1952,
         – nachfolgend auch „die Vollmachtgeberin" genannt –
erteile hiermit als Personen meines besonderen Vertrauens, nämlich meinen Töchtern

1. Petra Gärtner geb. Sorgter, geboren 17.10.1970,
     heute wohnhaft Bächerweg 19, 54321 Musterdorf,
2. Daniela Sonnenschein geb. Sorgter, geboren 04.06.1973,
     heute wohnhaft Schillerplatz 1, 12345 Musterstadt,

         – nachfolgend jede von ihnen „die Bevollmächtigte" genannt –

Generalvollmacht,

mich in allen persönlichen und vermögensrechtlichen Angelegenheiten, bei denen eine Stellvertretung gesetzlich zulässig ist, umfassend zu vertreten.

Jede Bevollmächtigte ist einzeln handlungsbefugt.

Die Vollmacht soll vermeiden, dass für mich Betreuung angeordnet wird. Sie geht der Anordnung einer Betreuung vor und bleibt auch dann gültig, wenn ich geschäftsunfähig werden sollte. Sie soll durch meinen Tod nicht erlöschen.

Die Bevollmächtigte unterliegt nicht den gesetzlichen Beschränkungen eines Betreuers. Wird für Rechtsgeschäfte, für die die Bevollmächtigte keine Vertretungsmacht hat, ein Betreuer bestellt, so bleibt die Vollmacht im Übrigen bestehen.

§ 2 Vollmachtsumfang

Die Vollmacht soll eine Generalvollmacht sein und im Umfang gegenüber Dritten unbeschränkt gelten.

Zur Erläuterung der Bedeutung der Vollmacht sollen nachfolgend einige Angelegenheiten aufgezählt werden, die insbesondere von der Vollmacht erfasst sind, ohne dass durch sie eine Beschränkung der Vollmacht getroffen wird.

Die nachfolgende Aufzählung ist nur beispielhaft und nicht abschließend:

1. Vermögensrechtliche Angelegenheiten

Die Vollmacht umfasst insbesondere die Befugnis,

- mein Vermögen zu verwalten,

- über Vermögensgegenstände zu verfügen, auch unentgeltlich, und Vermögen zu erwerben, jeweils einschließlich Grundbesitz,

- mich der Zwangsvollstreckungsunterwerfung zu unterwerfen,

- mich vor Gerichte, Behörden, Dienststellen und Notaren sowie Versicherungsgesellschaften aller Art im In- und Ausland umfassend zu vertreten,

- Renten, Versorgungsbezüge oder Leistungen der Pflegeversicherung zu beantragen,

- über Bankkonten und Depots sowie über sonstiges Geldvermögen aller Art zu verfügen, Bankkonten und Depots zu eröffnen und aufzulösen; eine jetzt schon erteilte Bankvollmacht bleibt aber wirksam, bis ich sie ausdrücklich widerrufe,

- einen Heimvertrag oder eine ähnliche Vereinbarung abzuschließen,

- die Postangelegenheiten zu regeln.

In vermögensrechtlichen Angelegenheiten ist die Bevollmächtigte auch von den Beschränkungen des § 181 BGB befreit, so dass sie befugt ist, Rechtsgeschäfte in meinem Namen mit sich selbst oder als Vertreter eines Dritten vorzunehmen.

In vermögensrechtlichen Angelegenheiten kann die Bevollmächtigte in einzelnen Angelegenheiten Untervollmacht erteilen.

2. Persönliche Angelegenheiten

Die Bevollmächtigte darf mich insbesondere bei folgenden persönlichen Angelegenheiten vertreten:

a) Erklärungen in Gesundheitsangelegenheiten

Die Vollmacht bezieht sich vor allem auf die Sorge für meine Gesundheit, insbesondere auf die Einwilligung in Untersuchungen, Operationen, Heilbehandlungen oder sonstige ärztliche Behandlungen und Eingriffe – einschließlich ärztlicher Zwangsmaßnahmen i.S.d. § 1906 BGB – sowie zur Nichteinwilligung oder den Widerruf der Einwilligung in eine solche Maßnahme.

Dies gilt auch dann, wenn die begründete Gefahr besteht, dass ich aufgrund der Maßnahme oder des Unterbleibens oder des Abbruchs der Maßnahme sterben oder einen schweren oder länger dauernden gesundheitlichen Schaden erleiden könnte (§ 1904 BGB). Die Bevollmächtigte kann weiterhin über den Einsatz neuer, noch nicht zugelassener Medikamente und Behandlungsmethoden entscheiden.

b) Entscheidungen zur Aufenthaltsbestimmung

Die Bevollmächtigte ist zu Entscheidungen über die häusliche Pflege und die vorübergehende oder dauernde Unterbringung in einem Alten- oder Pflegeheim, in einer geschlossenen Anstalt oder über die Aufnahme in einem Krankenhaus oder einer Reha-Klinik berechtigt (§ 1906 Abs. 1 BGB).

c) Entscheidungen über freiheitsentziehende Maßnahmen

Die Vollmacht gilt für Entscheidungen über Maßnahmen, bei denen mir über einen längeren Zeitraum oder regelmäßig die Freiheit entzogen wird, etwa durch mechanische Vorrichtungen wie Bettgitter oder Gurte, durch Medikamente oder auf andere Weise (§ 1906 BGB).

d) Sonstiges

Die Vollmacht gilt für Entscheidungen über den Fernmeldeverkehr und über die Entgegennahme, das Öffnen und das Anhalten der Post und zur Kündigung eines Mietverhältnisses über Wohnraum der Vollmachtgeberin (§ 1907 BGB).

Alle betroffenen Personen sind der Bevollmächtigten gegenüber von der Verschwiegenheitspflicht befreit. Jede Bevollmächtigte ist insbesondere befugt, Krankenunterlagen einzusehen und alle Informationen durch die mich behandelnden Ärzte einzuholen.

Die Vollmacht in persönlichen Angelegenheiten ist nicht übertragbar. Untervollmacht darf in persönlichen Angelegenheiten nicht erteilt werden.

Der Notar hat darauf hingewiesen, dass und inwieweit bei Wahrnehmung der vorstehenden Angelegenheiten durch die Bevollmächtigte die Einholung einer Genehmigung des Betreuungsgerichts erforderlich werden kann (§§ 1904, 1906 BGB).

§ 3 Betreuungsverfügung

Mit vorstehender Vollmachtserteilung soll die Bestellung eines Betreuers im Fall meiner Geschäftsunfähigkeit oder Betreuungsbedürftigkeit gem. § 1896 BGB vermieden werden.

Für den Fall, dass trotz der Vollmachtserteilung die Bestellung eines Betreuers wider Erwarten notwendig werden sollte, wünsche ich, die Vollmachtgeberin, die Bevollmächtigte als meine Betreuerin.

§ 4 Patientenverfügung

Sollte ich mich in einem unabwendbaren Sterbeprozess befinden und wäre jede künstliche Lebensverlängerung nur eine Verlängerung des Sterbens ohne Aussicht auf eine wesentliche Besserung oder sollte ich ohne Aussicht auf Wiedererlangung des Bewusstseins im Koma liegen, auch wenn der Sterbevorgang noch nicht unmittelbar eingesetzt hat (z.B. wegen schwerer Dauerschädigung des Gehirns oder dauernden Ausfalls lebenswichtiger Körperfunktionen), bestimme ich, von Wiederbelebungsmaßnahmen und lebensverlängernden Maßnahmen, insbesondere Intensivtherapien abzusehen.

Auch Organübertragungen und künstliche Beatmung sollen in solchen Situationen unterbleiben, es sei denn, die Maßnahmen dienten nur der Schmerzlinderung. In derartigen Fällen bitte ich außerdem um Schmerzmittel, Narkotika und erleichternde operative Eingriffe. Dies gilt auch dann, wenn sie lebensverkürzend wirken oder zu einer Bewusstseinsstörung führen können.

Die Bevollmächtigte ist beauftragt und ermächtigt, diesen Wünschen Geltung zu verschaffen. Auch ein evtl. bestellter Betreuer ist an diese Weisung gebunden.

Der Notar hat darauf hingewiesen, dass eine Einwilligung der Bevollmächtigten oder eines Betreuers in eine ärztlicherseits angebotene lebenserhaltende oder -verlängernde Behandlung nur mit Zustimmung des Betreuungsgerichts wirksam verweigert werden kann.

Ferner soll die Bevollmächtigte nach meinem Tod meine Totenfürsorge übernehmen.

§ 5 Innenverhältnis

Im Außenverhältnis ist die Vollmacht unbeschränkt erteilt.

Lediglich im Innenverhältnis, nicht aber im Verhältnis zu Dritten, bestimme ich: Die Vollmacht soll nur verwendet werden, wenn ich nicht in der Lage oder nicht willens ist, meine Angelegenheiten selbst zu regeln. Dann soll primär meine Tochter Daniela handeln. Meine Töchter sollen sich, sofern kein dringender Notfall vorliegt, vor wichtigen Entscheidungen untereinander abstimmen.

§ 6 Schlussbestimmungen

Ich betone ausdrücklich, dass ich diese Generalvollmacht mit Betreuungs- und Patientenverfügung nach sorgfältiger Überlegung und als Ausdruck meines Selbstbestimmungsrechts erteile. Ich wünsche nicht, dass mir in der akuten Situation eine Änderung meines hiermit bekundeten Willens unterstellt wird. Sollte ich meine Meinung ändern, werde ich dafür sorgen, dass mein geänderter Wille erkennbar zum Ausdruck kommt.

Jede Bevollmächtigte ist nur mit Vorlage einer auf ihren Namen lautenden Ausfertigung der Vollmacht handlungsbefugt. Die auf den Namen der Bevollmächtigten ausgestellten Vollmachtsausfertigungen bleiben Eigentum der Vollmachtgeberin.

Ich beantrage die Erteilung einer ersten Ausfertigung dieser Urkunde für jede Bevollmächtigte zu meinen Händen. Jeder Bevollmächtigten können auf Verlangen weitere Ausfertigungen erteilt werden.

Der Notar hat mich ausdrücklich auf die weitreichenden Folgen dieser Vollmacht und die Gefahr eines Missbrauchs hingewiesen. Er hat mit mir besprochen, wie der Missbrauchsgefahr begegnet werden kann (insbesondere, indem die Vollmacht nach außen eingeschränkt wird und/oder Ausfertigungen nur unter nachgewiesenen Voraussetzungen erteilt werden dürfen), ohne dass dadurch die Verwendungsfähigkeit der Vollmacht im Rechtsverkehr eingeschränkt wird. Eine weitere Sicherung halte ich aber nicht für nötig, da mich ein besonderes Vertrauensverhältnis mit jeder Bevollmächtigten verbindet.

Mir ist zudem bekannt, dass die vorstehende Vollmacht von mir jederzeit widerrufen werden kann. Die Wirksamkeit der Vollmacht tritt nicht erst mit Eintritt meiner Betreuungsbedürftigkeit ein; sie ist vielmehr mit Abschluss dieser Urkunde wirksam.

Der Notar hat darauf hingewiesen, dass im Fall des Widerrufs der Vollmacht die Bevollmächtigte solange aufgrund der Vollmacht für mich wirksam handeln kann, bis alle Ausfertigungen der Vollmachtsurkunde an mich zurückgegeben oder für kraftlos erklärt worden sind. Ich weiß, dass ich bei Widerruf der Vollmacht den beurkundenden Notar hiervon in Kenntnis setzen sollte, damit nicht weitere Ausfertigungen der Vollmacht erteilt werden.

Die Kosten dieser Urkunde trage ich als Vollmachtgeberin.

Der Notar soll diese Urkunde einschließlich der in ihr enthaltenen personenbezogenen Daten im Zentralen Register der Bundesnotarkammer für Vorsorgeurkunden registrieren. Dieses Register dient der Information der mit Betreuungsverfahren befassten Stellen.

Diese Niederschrift wurde der Erschienenen vom Notar vorgelesen, von ihr genehmigt und von ihr und dem Notar eigenhändig wie folgt unterschrieben:

Der Notar überzeugte sich durch die Unterredung und den Gang der Verhandlung von der Geschäftsfähigkeit der Erschienenen.

                                                    ...
        (Unterschriften von Katharina Sorgter und des beurkundenden Notars)

Anmerkungen

Bei einer General- und Vorsorgevollmacht lassen sich **zwei große Vollmachtsteilbereiche** unterscheiden (siehe § 2 im Muster), nämlich:

–   die Vermögensorge und

–   die Personensorge.

Die **beispielhafte Aufzählung** einzelner Vollmachtsbereiche innerhalb der Vermögens- oder Personensorge ist dabei durchaus üblich, aber regelungstechnisch nicht notwendig, da eine Generalvollmacht schon begrifflich alle denkbaren Teilbereiche umfasst. Eine Einzelaufzählung kann sogar eine ungewollt einschränkende Wirkung entfalten, wenn der Rechtsverkehr bei verständiger Würdigung davon ausgehen durfte, dass nicht aufgezählte Bereiche auch nicht von der Vollmacht umfasst sein sollen. Es ist also besonders darauf zu achten, den nur beispielhaften Charakter der Aufzählung unmissverständlich zu betonen, oder man lässt ihn ganz weg.

Die Vollmacht im Bereich der Personensorge **muss** allerdings etwas detaillierter ausgestaltet werden. Das hat mit den Vorgaben der §§ 1904, 1906, 1906a BGB zu tun. Sie bestimmen, dass eine Vollmacht Entscheidungen über die dort geregelten ärztlichen Maßnahmen, ärztlichen Zwangsmaßnahmen bzw. die Unterbringung des Betroffenen nur dann umfasst, wenn dies in der Vollmachtsurkunde ausdrücklich schriftlich angeordnet ist (§§ 1904 Abs. 5 Satz 2, 1906 Abs. 5 Satz 1, 1906a Abs. 5 Satz 1 BGB, sog. **Zitiergebot**).

Regelmäßiger Bestandteil einer Vorsorgevollmacht ist auch die sogenannte **Betreuungsverfügung**. Hierbei handelt es sich um eine Erklärung des Betroffenen, in der er mit Blick auf ein betreuungsgerichtliches Verfahren Wünsche zur Person eines etwa zu bestellenden Betreuers äußert oder hinsichtlich der konkreten Durchführung einer Betreuung (vgl. § 1901c Satz 1 BGB). Solche Anordnungen sind dann grundsätzlich für das Betreuungsgericht und bei Wünschen zur Durchführung der Betreuung auch für den Betreuer verbindlich (Vorbehalte: Wohl des Betreuten; Zumutbarkeit für den Betreuer). Die Betreuungsverfügung wirkt also **betreuungsgestaltend.**

Eine derartige Erklärung ist in Vorsorgevollmachten keineswegs überflüssig. Zwar dient die Erteilung einer Vorsorgevollmacht gerade auch dem Ziel, eine Betreuung zu vermeiden, so dass sich die Frage nach einer geeigneten Person des Betreuers eigentlich nicht stellt. Die **Subsidiarität der Betreuung** gegenüber der Vorsorgevollmacht gilt aber **nicht uneingeschränkt.** Es kann Situationen geben, in denen die Anordnung einer Betreuung trotz existierender Vorsorgevollmacht notwendig oder zweckmäßig werden kann. Zwei **Fallgruppen** sind zu unterscheiden:

– Bestimmte rechtliche Erklärungen sind nach der Wertung des Gesetzgebers zwar nicht höchstpersönlich abzugeben, reichen aber in ihrer rechtlichen Bedeutung so weit, dass sie **nur durch den gesetzlichen Vertreter** (= Betreuer) und nicht durch den rechtsgeschäftlichen Vertreter (= Vorsorgebevollmächtigten) erklärt werden können. Ein Beispiel ist die bereits erwähnte Vaterschaftsanerkennung (siehe oben Abschnitt III. Ziffer 2. Buchst. b)).

– Die Vorsorgevollmacht soll den **Rechtskreis** des Vollmachtgebers **erweitern,** indem er eine andere Person dazu beruft, im Notfall oder bei Bedarf in seinem Namen zu handeln. Es gibt aber Situationen, in denen der Rechtskreis einer Person nicht erweitert, sondern umgekehrt **eingeschränkt** werden muss zum Schutz dieser Person vor sich selbst. Denkbar ist dies etwa bei Alkohol- oder Spielsucht. Hier würde es dem Betroffenen nicht helfen, wenn eine andere Person in seinem Namen Alkohol kauft oder am Glücksspiel teilnimmt. Vielmehr muss dem Betroffenen selbst geholfen werden. Dies geschieht durch die Anordnung einer rechtlichen Betreuung mit partiellem Einwilligungsvorbehalt (§ 1903 BGB, siehe oben Abschnitt III. Ziffer 3. Buchst. c)) angeordnet wird. Dies ließe sich nicht ebenso gut durch die Erteilung einer Vorsorgevollmacht erreichen.

Eine Vorsorgevollmacht kann auch eine **Patientenverfügung** enthalten (auch: Patententestament, wobei der Begriff missverständlich ist: die Anweisungen sollen natürlich zu Lebzeiten des Verfügenden beachtet werden und haben deshalb gerade keinen testamentarischen Charakter!). Hierunter ist eine **Handlungsanweisung an die behandelnden Ärzte** für den Fall der eigenen Entscheidungsunfähigkeit zu verstehen (§ 1901a BGB). Grund für die Aufnahme in eine Vorsorgevollmacht ist die Erwartung des Vollmachtgebers, dass der Bevollmächtigte seinem in der Patientenverfügung niedergelegten Willen im Ernstfall gegenüber den Ärzten Geltung verschafft. Da sich die Einstellung des Vollmachtgebers zur Intensivmedizin mit zunehmendem Lebensalter ändern kann (dies ist sogar häufig zu beobachten), vermeiden es zahlreiche Notare, die Patientenverfügung mit einer Generalvollmacht zu beurkunden (diese soll ja typischerweise bis zum Lebensende bestehen bleiben). Bisweilen wird die Patientenverfügung dann als separates Dokument schlicht unterschriftsbeglaubigt, um die Identität des Erklärenden zu dokumentieren.

5.   Vorkehrungen gegen Missbrauch

Eine Generalvollmacht setzt ein **besonderes Vertrauensverhältnis** zwischen Vollmachtgeber und Bevollmächtigtem voraus: Der Bevollmächtigte ist gerade auch für einen Zeitraum bevollmächtigt, in dem der Vollmachtgeber das Vertreterhandeln aufgrund von Alter, Krankheit oder Behinderung nicht mehr selbst kontrollieren kann. In den allermeisten Fällen ist die Vollmacht im Außenverhältnis zudem mit sofortiger Wirkung erteilt, da eine Vorsorgevollmacht, die erst bei Eintritt der Betreuungsbedürftigkeit bzw. Geschäftsunfähigkeit wirksam ist, den Bevollmächtigten damit belasten würde, den Eintritt dieser Bedingung notfalls nachzuweisen. Die Funktionsfähigkeit der Vollmachtsurkunde wäre dadurch stark geschwächt und sogar ganz aufgehoben, wenn der Bevollmächtigte zuvor schon auf ausdrücklichen Wunsch des Betroffenen handeln soll.

Es muss daher zusammen mit dem Vollmachtgeber ein für ihn akzeptables Niveau an **Schutz vor Missbrauch** definiert werden, ohne die Brauchbarkeit der Vollmacht einzuschränken. Dazu sind **mehrere Wege** denkbar, z.B.:

– Es kann schon der sachliche Anwendungsbereich der Vollmacht beschränkt und statt einer General- eine **Spezialvollmacht** erteilt oder nur eine **Betreuungsverfügung** abgefasst werden. Letzteres kommt vor allem dann in Betracht, wenn im persönlichen Umfeld keine Vertrauensperson verfügbar ist, die notfalls als Vorsorgebevollmächtigter auftreten könnte.

– Es kann (wie in § 6 im Muster) bestimmt werden, dass Ausfertigungen der Vollmacht, die auf den Namen des Bevollmächtigten lauten, zunächst nur zu Händen des Vollmachtgebers an dessen Adresse erteilt werden dürfen oder dem Vollmachtgeber vorab anzuzeigen sind. Hat der Bevollmächtigte keine Vollmachtsausfertigung, kann er nämlich im Rechtsverkehr seine Vertretungsmacht nicht nachweisen (sog. **Rückbehalt** der Vollmachtsurkunde). Eine Gestaltungsvariante besteht darin, die (Außen-)Wirksamkeit der Vollmacht davon abhängig zu machen, dass dem Bevollmächtigten eine Ausfertigung auf seinen Namen ausgehändigt wird.

Schon um die Vollmachtgeber in dieser Frage sorgfältig beraten zu können, wird der Notar die Vorsorgevollmacht protokollieren – wenn auch meist nur die Unterschriftsbeglaubigung erforderlich wäre. Bei Verwendung eines vom Notar erstellten Entwurfs löst die Beurkundung auch keine höheren Kosten als die Unterschriftsbeglaubigung aus!

6. Kostenhinweise

Gebührensatz: 1,0-Gebühr nach Nr. 21200 KV GNotKG (bei Beurkundung; bei Unterschriftsbeglaubigung mit Entwurf: Nr. 24101 KV GNotKG i.V.m. §§ 92 Abs. 2, 121 GNotKG).

Geschäftswert: Der Geschäftswert der General- und Vorsorgevollmacht ist nach billigem Ermessen zu bestimmen, § 98 Abs. 3 Satz 1 GNotKG. Maßgebliche Faktoren sind der Umfang der Umfang der Vollmacht und das Vermögen des Vollmachtgebers (§ 98 Abs. 3 Satz 1 GNotKG). Der danach zu bestimmende Geschäftswert darf die Hälfte des Vermögens des Vollmachtgebers und absolut 1 Mio. € nicht übersteigen (§ 98 Abs. 4 GNotKG). Schulden dürfen nicht abgezogen werden. Es wird wohl überwiegend befürwortet, bei **Einschränkungen** (insb. internen Weisungen und/oder Rückbehalten der Vollmachtsurkunde durch den Vollmachtgeber) von diesem Höchstwert einen weiteren Abschlag (z.B. von 20 %) vorzunehmen.

Betreuungsverfügung: Ihr Geschäftswert bestimmt sich ebenfalls nach den Umständen des Einzelfalls. Es ist üblich, von dem Auffangwert von 5.000 € auszugehen (§ 36 Abs. 3 GNotKG) und diesen ggf. wegen besonderer Einkommens- und Vermögensverhältnisse des Erklärenden anzupassen, z.B. auf den doppelten Auffangwert (§ 36 Abs. 2 GNotKG).

Wird die **Patientenverfügung** separat zur Verfügung gestellt und unterschriftbeglaubigt, entsteht zusätzlich eine 1,0-Gebühr (KV Nr. 24101 § 92 Abs. 2 GNotKG) aus dem Auffangwert von 5.000 € (§ 36 Abs. 3 GNotKG, ggf. korrigiert wegen besonderer Einkommens- und Vermögensverhältnisse des Erklärenden, § 36 Abs. 2 GNotKG; wie vor).

Bei **Mitbeurkundungen** in der Generalvollmacht ist die Patientenverfügung demgegenüber **gegenstandsgleich** zur Betreuungsverfügung (§ 109 Abs. 2 Satz 1 Nr. 1 GNotKG) und daher nicht gesondert (zusätzlich) zu bewerten.

Zur **Vorsorgevollmacht** sind Betreuungsverfügung bzw. Patientenverfügung hingegen **gegenstandsverschieden** (§ 110 Nr. 3 GNotKG). Es sind daher beide Geschäftswerte zu addieren (§ 35 Abs. 1 GNotKG) und daraus die 1,0-Gebühr zu ermitteln.

§ 15 Erbrecht

I. Einleitung

Das Erbrecht des BGB regelt den mit dem Tod eines Menschen (**Erbfall**) eintretenden Übergang seines Vermögens (**Erbschaft**) im Ganzen auf eine oder mehrere andere Personen (**Erben**), also den Erwerb von Todes wegen, § 1922 Abs. 1 BGB – Grundsatz der Gesamtrechtsnachfolge (= Universalsukzession).

Die Person, die etwas vererbt hat oder vererben will, bezeichnet das Gesetz als **Erblasser**, den Anteil eines jeden Erben an der Erbschaft als **Erbteil** (§ 1922 Abs. 2 BGB). Erblasser kann je nach Kontext die bereits verstorbene Person (z.B. §§ 1924 ff. BGB) oder eine noch lebende Person sein (z.B. §§ 2064 ff. BGB).

Die Erbrechtsregeln sind im **Fünften Buch des BGB** (§§ 1922–2385 BGB) enthalten.

Der Begriff „Erblasser" kann je nach Sinnzusammenhang die bereits verstorbene Person (z.B. §§ 1924 ff. BGB) oder eine noch lebende Person (z.B. §§ 2064 ff. BGB) meinen.

Beachte aber:

Es gibt (spezialgesetzliche) **Ausnahmen** von dem Grundsatz der Universalsukzession. In diesen Ausnahmefällen erwirbt ein Sonderrechtsnachfolger einen Einzelgegenstand oder eine bestimmte Vermögensmasse aus dem Nachlass, ohne dass es für diesen Erwerb auf die allgemeinen erbrechtlichen Bestimmungen ankäme (sog. Singularsukzession). Für die notarielle Praxis sind insbesondere zwei **Beispiele** relevant:

– In den Bundesländern Hamburg, Niedersachsen, Schleswig-Holstein und Nordrhein-Westfalen gilt die **Höfeordnung** (HöfeO) als Bundesrecht fort (Art. 125 Nr. 1 GG). Ein Hof i.S.d. HöfeO wird mitsamt seiner Bestandteile und dem Hofzubehör nur einer Person, dem **Hoferben**, hinterlassen (§ 4 HöfeO). Die Hofeigenschaft begrenzt dabei die Höhe des **Pflichtteilsanspruchs** weichender Miterben, um die Wirtschaftsfähigkeit des Hoferben (vgl. § 6 Abs. 6 HöfeO) zu erhalten, allerdings ergänzt um einen zeitlich befristeten Nachabfindungsanspruch (§§ 12, 13 HöfeO). Diese Sondererbfolge gilt unabhängig davon, welche Personen zu Erben des übrigen Vermögens des Verstorbenen berufen sind (§ 4 HöfeO). Allerdings kann der Erblasser diese zwingende Sondererbfolge (§ 16 Abs. 1 Satz 1 HöfeO) durch lebzeitige Maßnahmen ausschließen, indem er seinem Hof durch sogenannte **negative Hoferklärung** und **Löschung des Hofvermerks** im Grundbuch die Eigenschaft als Hof i.S.d. HöfeO nimmt (§ 1 Abs. 4 HöfeO). – Insgesamt ist das Höferecht eine komplexe Materie, die hier nicht vertieft werden kann.

– Sondererbfolgen finden sich auch im **Personengesellschaftsrecht**. Ist die Beteiligung an einer Personengesellschaft per Gesellschaftsvertrag oder kraft Gesetzes (§ 177 HGB) vererblich gestellt, steht den Erben des verstorbenen Gesellschafters der vererbte Anteil nicht ungeteilt in Erbengemeinschaft (d.h. zur gesamten Hand, siehe unten Abschnitt II. Ziffer 6.) zu. Der Anteil **spaltet** sich vielmehr – nach den Erbquoten – in so viele Anteile auf, wie Miterben vorhanden sind, die die gesellschaftsvertraglichen Voraussetzungen erfüllen (siehe zur Handelsregisteranmeldung in diesem Fall oben § 13 Abschnitt IV. Ziffer 8. Buchst. g)). Trotz der Sondererbfolge handelt es sich bei der vererbten Gesellschaftsbeteiligung aber um einen Teil des Nachlasses, was z.B. für die Höhe eines etwaigen Pflichtteilsanspruchs relevant werden kann.

II. Grundbegriffe des Erbrechts

1. Erbfall

Nur der Tod einer Person (des Erblassers) löst den Erbfall aus.

Wer rechtlich als **verschollen** gilt, kann für tot erklärt werden. Voraussetzungen und (gerichtliches) Verfahren einer Todeserklärung sind in einem speziellen Gesetz, dem Verschollenheitsgesetz (VerschG), geregelt. Die Todeserklärung eines Menschen begründet danach die widerlegbare Vermutung des Todes dieser Person (§ 9 Abs. 1 Satz 1 VerschG).

Rechtsfolge der Todeserklärung: Es treten die Folgen des Erbfalls ein. Insbesondere kann ein Erbschein erteilt werden.

Kehrt der für tot Erklärte zurück, ist die Vermutung widerlegt und er kann die angefallene Erbschaft wieder herausverlangen.

Ist unklar, ob von mehreren Verstorbenen bzw. für tot Erklärten einer den anderen überlebt hat, wird **gleichzeitiger Tod** vermutet (§ 11 VerschG).

2. Erbschaft

Die Begriffe Erbschaft und Nachlass werden im Gesetz synonym verwendet. Man versteht darunter das **vererbliche Vermögen** des Erblassers.

Zu diesem vererblichen Vermögen gehören alle **Vermögensrechte** des Erblassers, sofern sie nicht mit dem Tod erlöschen, also unvererblich sind.

Unvererblich sind z.b.

– der Nießbrauch,

– die beschränkte persönliche Dienstbarkeit, insbesondere das Wohnungsrecht (siehe oben § 9),

– aber auch der Leichnam des Erblassers,

– die mit dem Körper fest verbundenen künstlichen Körperteile des Erblassers, z.b. Goldzähne.

Zu dem auf die Erben übergehenden „Vermögen" des Erblassers gehören nicht nur die Rechte, sondern auch die Verpflichtungen, die sich aus dem Vermögen ergeben.

Beachte also:

Auch Schulden vererben sich! Übersteigen die Schulden das vorhandene Vermögen, ist der Nachlass **überschuldet**. Dies ist der praktisch häufigste Anwendungsfall der **Erbausschlagung**.

3.   Erblasser

Erblasser kann **nur eine natürliche Person** sein. Eine juristische Person (z.b. GmbH, AG) oder eine Personenhandelsgesellschaft (z.b. OHG) stirbt nicht im erbrechtlichen Sinne; sie wird vielmehr aufgelöst (liquidiert) oder erlischt als Rechtsperson infolge bestimmter Rechtsvorgänge (vor allem des Umwandlungsrechts, vgl. zur Verschmelzung § 20 Abs. 1 UmwG).

4.   Erbe

Erbe kann hingegen jede natürliche oder juristische Person (z.b. ein gemeinnütziger Verein) sein.

Die natürliche Person als Erbe muss zum Zeitpunkt des Todes des Erblassers leben oder zumindest gezeugt sein – sogenannte **Erbfähigkeit** (§ 1923 BGB).

Keine Erben sind:

– der **Vermächtnisnehmer**, d.h. der aus einem Vermächtnis des Erblassers Begünstigte; er hat nur einen schuldrechtlichen Anspruch gegen den Beschwerten (i.d.R. Erben, § 2147 Satz 2 BGB) auf Erfüllung des Vermächtnisses (siehe unten Abschnitt V. Ziffer 5.–8.). Ist also z.b. dem Lieblingsenkel des Verstorbenen dessen goldene Uhr vermacht, kann das Enkelkind von den Erben die Übertragung des Eigentums und Herausgabe der Uhr verlangen (Anspruchsgrundlage: § 2174 BGB). Das Vermächtnis wird dann durch Vertrag unter Lebenden (dem sog. Vermächtniserfüllungsvertrag) erfüllt;

– der aus einer **Auflage** (§ 1940 BGB) Begünstigte; dieser hat im Unterschied zum Vermächtnisnehmer (siehe soeben) keinen eigenen Anspruch auf Erfüllung der Begünstigung;

– der **Pflichtteilsberechtigte**; er ist rechtlich gerade nicht als Erbe, sondern nur wirtschaftlich am Wert des Nachlasses durch seinen sogenannten Pflichtteil beteiligt. Pflichtteilsberechtigte Personen sind zunächst nur die Abkömmlinge des Erblassers und der überlebende Ehegatte (§ 2303 Abs. 1 Satz 1, Abs. 2 Satz 1 BGB), unter den weiteren Voraussetzungen des § 2309 BGB auch die Eltern des Erblassers (§ 2303 Abs. 2 Satz 2 BGB) und entferntere Abkömmlinge. Der Pflichtteil besteht in der Hälfte des Werts des gesetzlichen Erbteils (§ 2303 Abs. 1 Satz 2 BGB). Zum Pflichtteilsrecht siehe noch im Kontext des gesetzlichen **Ehegattenerbrechts** in Abschnitt IV. Ziffer 3. Buchst. b) bb) und zum **Pflichtteilsergänzungsanspruch** § 2325 BGB unten Abschnitt XIV. Ziffer 2.;

– das **nichteheliche Kind** eines männlichen Erblassers, wenn diesem aufgrund des alten Rechts nur der Erbersatzanspruch zusteht; dies ist nur noch in Altfällen denkbar, siehe unten Abschnitt IV. Ziffer 4.

5.   Vonselbsterwerb

Die Erbschaft fällt dem eingesetzten oder kraft Gesetzes berufenen Erben zunächst automatisch mit dem Todesfall an (**Anfallprinzip** oder Vonselbsterwerb, § 1942 Abs. 1 BGB).

Schweigen ist also im Erbrecht gerade **nicht bedeutungslos**!

Jeder Erbe kann sich aber notfalls von dieser Rechtsposition durch die Erklärung, nicht Erbe sein zu wollen, wieder lösen. Diese Erklärung nennt das Gesetz Erbschaftsausschlagung (synonym: **Erbausschlagung**), siehe dazu unten Abschnitt XI.

6. Erbengemeinschaft

a) Zufallsgemeinschaft kraft Erbfolge

Hinterlässt ein Erblasser **mehrere Erben**, wird der gesamte Nachlass ihr gemeinschaftliches Vermögen, das sie **gesamthänderisch** gebunden als Erbengemeinschaft halten. Gesamthänderisch heißt: Alle Miterben sind an allem Nachlassgegenständen zunächst nur gemeinsam berechtigt und verpflichtet, sie stehen ihnen „zur gesamten Hand" zu. Auf die Höhe der Erbquote eines Miterben kommt es nicht an. Das Vermögen des Erblassers wird erst durch die sogenannte Erbauseinandersetzung unter den Miterben aufgeteilt (siehe sogleich).

Eine solche Erbengemeinschaft zwischen mehreren Erben **entsteht unabhängig**

– von der **Größe** der jeweiligen Erbquote;

   Beispiel: Erbe 1 ist zu 99/100stel Anteil eingesetzt, Erbe 2 zu 1/100stel Anteil,

– davon, aus welchem **Grund** die mehreren Erben berufen sind, also aufgrund einer letztwilligen Anordnung oder kraft gesetzlicher Erbfolge,

– von einem gezielten vertraglichen Zusammenschluss, sondern kraft Gesetzes und v.a. im Fall gesetzlicher Erbfolge als eine **Zufalls-** und damit **Zwangsgemeinschaft aller Miterben**. Sie ist deshalb **nicht auf Dauer** angelegt, sondern nur eine Abwicklungsgemeinschaft, die vom Gesetz darauf gerichtet ist, dass die Nachlassverbindlichkeiten bedient und der Nachlass aufgelöst, d.h. zwischen den Miterben aufgeteilt oder an Dritte übertragen werden. In der Praxis kann es aber durchaus seit Langem bestehende Erbengemeinschaften geben, da keine gesetzliche Frist zu ihrer Auflösung besteht. Die Verständigung unter Miterben ist mitunter schwierig, da unterschiedliche Interessen und Charaktere aufeinandertreffen können. Praktische Schwierigkeiten bei der Verteilung des Nachlasses auf die Erben lassen sich rechtlich insbesondere durch **die Anordnung einer Testamentsvollstreckung** vermeiden (siehe unten Abschnitt VII. Ziffer 9. Buchst. ff)).

b) Möglichkeiten zur Auseinandersetzung einer Erbengemeinschaft

Die Auflösung einer Erbengemeinschaft kann **auf verschiedene Weise** erfolgen. **Entscheidend** ist, ob sich die Erben untereinander über die Aufteilung der Erbschaft zwischen ihnen einigen können oder nicht. Im Einzelnen ist Folgendes zu beachten:

aa)   Teilungsanspruch

Jeder Miterbe kann grundsätzlich jederzeit die Auseinandersetzung des Nachlasses verlangen (§ 2042 Abs. 1 BGB). Dieser Anspruch richtet sich auf die Aufteilung des gesamten Nachlasses und soll zu dessen vollständiger Abwicklung führen. Der Auseinandersetzungsanspruch besteht nicht, wenn und soweit der Erblasser die Auseinandersetzung durch letztwillige Verfügung ausgeschlossen oder erschwert (z.B. von einer qualifizierten Mehrheit abhängig gemacht) hat (§ 2044 Abs. 1 BGB).

Einvernehmlich können sich alle Erben aber über ein Auseinandersetzungsverbot des Erblassers hinwegsetzen. Sie können sowohl eine persönlich (d.h. auf einzelne Miterben) als auch eine gegenständlich (d.h. auf einzelne Nachlassgegenstände, etwa ein Grundstück) beschränkte **Teilerbauseinandersetzung** vornehmen. Das führt dann

- entweder zum vollständigen **Ausscheiden einzelner Miterben** und Fortbestand der Gesamthand unter den übrigen Miterben (sofern noch mindestens zwei weitere Erben verbleiben), auch im Wege der formlos möglichen (!) sogenannten **Abschichtungsvereinbarung**, durch die ein Miterbe seine Mitgliedschaftsrechte an der Erbengemeinschaft aufgibt, so dass sein Erbteil den verbleibenden Miterben kraft Gesetzes anwächst (instruktiv dazu OLG München, ZIP 2014, 482),

- oder zum **Ausscheiden einzelner Gegenstände** aus dem Nachlass, wobei für den übrigen Nachlass die Erbengemeinschaft fortbesteht.

Beachte hierzu:

Es ist jedoch **nicht möglich,** dass ein einzelner Miterbe nur hinsichtlich einzelner Nachlassgegenstände, z.B. eines einzelnen Grundstücks, aus der Erbengemeinschaft ausscheidet.

bb)   Erbauseinandersetzungsvertrag

Im Normalfall **einigen** sich die Miterben über die Art und Weise der Teilung und schließen einen Erbauseinandersetzungs- (auch: Erbteilungs-)vertrag. Rechtlich handelt es sich um einen Vertrag unter Lebenden, nämlich den Miterben, durch den sie die Erbschaftsgegenstände unter sich aufteilen.

Dieser Vertrag kann grundsätzlich formfrei geschlossen werden, z.B. über die Verteilung von Hausrat und Geldvermögen. Er muss jedoch **notariell beurkundet** werden, wenn es sich um die Übertragung oder die Änderung des Eigentums an

Grundstücken, Eigentumswohnungen und Erbbaurechten handelt (§§ 311b, 925 BGB, § 11 ErbbauRG). Das Gleiche gilt z.b. für die Übertragung von Anteilen an einer GmbH (§ 15 GmbHG). Für ein praxisrelevantes **Beispiel** siehe unten Abschnitt XII.

cc)   Teilungsklage

Kommt eine gütliche Einigung über die Auseinandersetzung des Nachlasses nicht zustande, kann jeder Miterbe seinen Anspruch auf Auseinandersetzung durch eine Teilungsklage **durchsetzen** (§ 2042 BGB).

Dazu ist es erforderlich, dass er einen **Teilungsplan** vorlegt und seine Miterben auf Zustimmung zu dieser Teilung verklagt.

Das Verfahren mag mühsam erscheinen. Es belegt aber: Ein Miterbe kann von den anderen Miterben **nicht dauerhaft gegen seinen Willen** in einer Erbengemeinschaft gehalten werden. Teilungsanspruch und Teilungsklage sind damit notwendiges Gegenstück zu der nur gemeinschaftlichen, d.h. nur mit Zustimmung aller Erben möglichen Nachlassverwaltung (§ 2038 Abs. 1 Satz 1 BGB).

Wie bereits erwähnt, kann der Erblasser diese Problematik insbesondere durch **Anordnung einer Testamentsvollstreckung vermeiden**.

dd)   Teilungsversteigerung von Grundstücken

Gehören zum Nachlass **Grundstücke, Eigentumswohnungen oder Erbbaurechte**, kann jeder Miterbe deren Versteigerung beantragen (§§ 2042 Abs. 2, 753 Abs. 1 BGB, § 180 ZVG). Dabei übernimmt der Antragsteller (Miterbe) die Rolle des betreibenden Gläubigers. Das Verfahren wird seitens des zuständigen Gerichts auf einfachen Antrag angeordnet.

Zweck der Versteigerung ist die Umwandlung des nicht real teilbaren Grundeigentums in teilbares Geld. Mit dem Zuschlag tritt der Erlös – nach Abzug der Verfahrenskosten und der Beträge, die zur Ablösung bestehender Lasten erforderlich sind – an die Stelle des Nachlassgrundbesitzes. Dann müssen sich die Erben noch über die Verteilung des Geldes einigen.

Die Versteigerung bewirkt also – trotz des üblichen, aber etwas irreführenden Begriffs „Teilungsversteigerung" – nicht die Auseinandersetzung der Erbengemeinschaft, sondern **bereitet sie nur (entscheidend) vor!**

7.   Testierfreiheit

Der Erblasser kann durch letztwillige Verfügung seine Erben nach Belieben aus-
wählen (**Grundsatz der Testierfreiheit**). Macht er von diesem Recht Gebrauch, so
fällt die Erbschaft nicht an die gesetzlichen, sondern an die vom Erblasser eingesetzten Erben (**Vorrang der gewillkürten vor der gesetzlichen Erbfolge**).

Der Erblasser kann die Testierfreiheit nur in eigener Person ausüben. Die Errichtung des Testaments ist ein **höchstpersönlicher Akt** (§ 2064 BGB). Das bedeutet
nicht nur, dass der Erblasser sein Testament nicht durch andere errichten lassen
kann, also eine „Vertretung in der Erklärung" ausgeschlossen ist. Auch eine letztwillige Verfügung, die er so abfasst, dass ein Dritter später die Erben bestimmen
oder sonst über Wirksamkeit oder Unwirksamkeit der Verfügung befinden kann
(**Verbot der „Vertretung im Willen"**, vgl. § 2065 BGB), ist nicht von der Testierfreiheit gedeckt.

Unwirksam wären also die folgenden Bestimmungen:

–   „A soll mein Erbe sein, wenn meine Frau nichts dagegen hat";

–   „B soll mein Erbe sein, wenn meine Frau es will";

–   „Als Erben habe ich A, B und C ins Auge gefasst; mag meine Frau bestimmen,
    wer ihr als mein Erbe genehm ist";

–   „Ich, Frau Ida Müller geb. Schmitz, bestimme hiermit im Namen meines Ehe-
    mannes Alfred Müller, dass der Gastwirt Z sein Erbe sein soll; ich verweise
    dabei auf die anliegende Vollmacht, in welcher mein Mann mir gestattete,
    auch seinem letzten Willen Gestalt zu geben."

Wirksam wären hingegen diese Bestimmungen:

–   „Erbe soll das erste Kind sein, das meine Ehefrau adoptieren wird (dies ent-
    spricht unserem gemeinsam gefassten Entschluss); sollte sie auch ein zweites
    Kind adoptieren, sollen beide Kinder Erben sein."

    Hierzu der BGH, NJW 1966, 662, 663:

    Hier wird die Ehefrau zwar indirekt in die Lage versetzt, durch die Wahl des
    zu adoptierenden Kindes auch den Erben ihres Mannes zu bestimmen; den-
    noch liegt kein Fall des § 2065 BGB vor, da sich das Tun der Ehefrau nicht in
    der Bestimmung des Erben erschöpft, d.h. die Bestimmung des Erben **nicht
    unmittelbar** zum Gegenstand hat.

- „A soll mein Erbe sein, wenn er es will."

Hier wiederholt der Erblasser nur die dem Erben gesetzlich zustehende Möglichkeit, die Erbschaft auszuschlagen (§ 1942 BGB).

- Möglich ist auch, dass der Erblasser **nur einen Teil seines Nachlasses** regelt.

Beispiel: „Mein Lieblingsenkel E soll die Hälfte meines Nachlasses erhalten."

Dann bestimmt sich die Erbfolge für den Rest Nachlasses nach dem Gesetz (§ 2088 Abs. 1 BGB).

- Möglich ist auch, dass der Erblasser umgekehrt eine nach dem Gesetz (möglicherweise) erbberechtigte Person ausdrücklich ausschließt (d.h. **enterbt**, § 1938 BGB).

Beispiel: „Mein Bruder B soll nichts aus meinem Nachlass bekommen."

Oder: „Mein Sohn S soll nur den Pflichtteil erhalten" (vgl. § 2304 BGB), wobei sich insbesondere bei enterbten Abkömmlingen die Klarstellung empfiehlt, ob auch dessen Kinder (z.B. Enkelkinder) enterbt sein sollen oder nicht („Dies gilt auch für seine Abkömmlinge.").

Beachte ferner zur **Reichweite der Testierfreiheit:**

- Der Begriff „Testierfreiheit" darf nicht dahin falsch verstanden werden, dass der Erblasser jede beliebige Anordnung treffen darf, die nur irgendwie nach seinem Tod durchführbar ist. Der Erblasser muss sich bei der Regelung seines Nachlasses vielmehr der **Gestaltungsmittel** bedienen, die das Gesetz ihm hierfür zur Verfügung stellt (**Typenzwang**).

Beispiele

- Ein Erblasser möchte seinen **Nachlass gegenständlich** auf die einzelnen Erben verteilen, was praktisch häufig vorkommt (**z.B.:** „Mein Sohn S soll mein Haus in der Goethestraße bekommen, meine Tochter T mein Haus in der Schillerstraße"). Juristische Laien gehen dabei häufig – rechtlich unzutreffend – davon aus, dass mit ihrem Tod die begünstigte Person dann automatisch Eigentümer dieses konkreten Gegenstands wird. Eine solche **Zuwendung von Einzelgegenständen** aus dem Nachlass mit dinglicher Wirkung (sog. **Singularsukzession**) ist dem **deutschen Erbrecht** aber grundsätzlich **fremd** (zu Ausnahmen siehe oben Abschnitt I.). Sie widerspräche dem Grundprinzip der Gesamtrechtsnachfolge, wonach mehrere Erben an den Nachlassgegenständen bis zur Erbauseinandersetzung eben nur gesamthänderisch berechtigt sind (siehe oben Ziffer 6.). Die Zuwendung von Einzelgegenständen stellt daher nach dem Gesetz im Zweifel keine Erbeinsetzung dar, sondern nur die Anordnung eines **Vermächtnisses** (§ 2087 Abs. 2 BGB). Der Vermächtnisnehmer muss den Gegenstand nach dem Tod des Erblassers erst von dem oder den Erben zu Eigentum übertragen bekommen (= Vermächtniserfüllungsvertrag).

– Die Testierfreiheit findet eine weitere (wirtschaftliche) Grenze in dem **Pflichtteilsrecht** naher Angehöriger des Erblassers und des Ehegatten (§§ 2303, 2309 BGB). Pflichtteil meint dabei eine wirtschaftliche Mindestbeteiligung der pflichtteilsberechtigten Person an dem Nachlass des Erblassers. Wirtschaftlich meint hier: Der Pflichtteilsberechtigte ist nicht Erbe (siehe oben Ziffer 3.), sondern hat **nur einen Geldanspruch gegen die Erben.** Der Pflichtteil beträgt die Hälfte des gesetzlichen Erbteils (§ 2303 Abs. 1 Satz 2 BGB), ist also – entgegen landläufiger Meinung – nicht für jeden Pflichtteilsberechtigten pauschal festgelegt.

8.   Testierfähigkeit

a)   Grundsatz

Testierfähigkeit bedeutet die rechtliche Fähigkeit, eine wirksame letztwillige Verfügung zu errichten. Sie ist ein **Sonderfall der allgemeinen Geschäftsfähigkeit:** Letztwillige Verfügungen sind Rechtsgeschäfte, und zwar entweder einseitige Rechtsgeschäfte (Testament) oder zwei- oder mehrseitige Rechtsgeschäfte (gemeinschaftliches Testament, Erbvertrag).

Daher lautet der **Grundsatz:** Unbeschränkt testierfähig können nur **unbeschränkt geschäftsfähige** Personen sein (§§ 104 ff., 2229 Abs. 4 BGB).

b)   Testierfähigkeit Minderjähriger

Von diesem Grundsatz gibt es aber **Ausnahmen:**

– Bereits mit Vollendung des **16. Lebensjahres** kann ein Minderjähriger, obgleich er nach allgemeinen Grundsätzen noch beschränkt geschäftsfähig ist (§ 106 BGB; siehe oben § 14 Abschnitt IV. Ziffer 3.), ein Testament, auch ein gemeinschaftliches, wirksam errichten, und zwar ohne Mitwirkung seiner gesetzlichen Vertreter (§ 2229 Abs. 2 BGB), aber nur notariell (§ 2232 BGB), und auch dies nur durch Erklärung gegenüber dem Notar oder Übergabe einer unverschlossenen Schrift (§ 2233 Abs. 1 BGB); Zweck der Verschärfung gegenüber § 2232 BGB, der bei volljährigen Testierfähigen auch die Übergabe einer verschlossenen Schrift erlauben würde: Durch die nur offene Schrift soll sichergestellt werden, dass der letzte Wille des Minderjährigen notariell geprüft und dieser durch den Notar belehrt werden kann (§ 30 Satz 4 BeurkG). Das privatschriftliche Testament steht dem Minderjährigen also nicht offen (§§ 2233 Abs. 1, 2247 Abs. 4 BGB), übrigens wegen § 2275 Abs. 1 BGB (trotz Beurkundungspflicht) auch **kein Erbvertrag**, in dem der Minderjährige eine eigene letztwillige Verfügung treffen soll; zu den bis zum 22.07.2017 möglichen Ausnahmen siehe sogleich.

- Bis zum Inkrafttreten des Gesetzes zur Bekämpfung von Kinderehen (BGBl I 2017, 2429) zum 22.07.2017 konnten **Ehegatten** und **Lebenspartner** sowie **Verlobte** auch als beschränkt Geschäftsfähige (vgl. § 106 BGB) **einen Erbvertrag schließen**, bedurften dazu aber der Genehmigung des gesetzlichen Vertreters und, falls der gesetzliche Vertreter ein Vormund ist, der Genehmigung des Familiengerichts (§ 2275 Abs. 2 und 3 BGB a.F.). Diese Möglichkeit wurde inzwischen gestrichen, so dass unter 18-Jährige keinen Erbvertrag schließen können.

- Unter **Betreuung** stehende Personen können unabhängig von einem etwa angeordneten Einwilligungsvorbehalt eigenständig testieren, sofern sie die erforderliche „natürliche" Testierfähigkeit, wie in § 2229 Abs. 4 BGB umschrieben, besitzen (§ 1902 BGB).

c) Beteiligung von Menschen mit Behinderung

Die Besonderheiten bei der Beteiligung behinderter Personen im Rahmen der Errichtung eines öffentlichen Testaments (§ 2232 BGB) oder eines Erbvertrags (§ 2276 Abs. 1 BGB) sind nunmehr – abgesehen von § 2233 Abs. 2 BGB – abschließend in **§§ 22 ff., 27 ff. BeurkG** geregelt.

Hierbei hat der **Notar** stets für den konkreten Fall **zu prüfen**,

- welche **Verfahrenserfordernisse** bestehen,

- ob die Beteiligten darüber **disponieren** können, insbesondere ein Verzicht zulässig ist,

- welche Umstände diesbezüglich in der **Niederschrift** ausdrücklich festzuhalten sind, und

- ob es sich bei diesen in die Urkunde aufzunehmenden Umständen um echte **Wirksamkeitsvoraussetzungen** der Urkunde handelt (oder ob deren Verletzung „nur" eine Amtspflichtverletzung ohne Auswirkung auf die Wirksamkeit darstellt).

Man sollte sich zudem noch einmal **vor Augen führen**, dass

– die Errichtung einer notariellen Verfügung von Todes wegen durch (mündliche) Erklärung zwar der praktische Regelfall, aber nicht die einzige zulässige Errichtungsart ist. Weitere **Errichtungsart** ist die Übergabe einer (nicht notwendig eigenhändig geschriebenen) offenen oder verschlossenen Schrift, verbunden mit der Erklärung, dass diese Schrift den letzten Willen enthalte (§ 2232 BGB). Die Schrift muss der Notar nicht lesen können (Blindenschrift!) oder ihren Inhalt verstehen (Fremdsprache!). Zum dann geltenden Beurkungsverfahren vgl. die Vorgaben in § 30 BeurkG;

Beachte zu minderjährigen Erblassern:

Minderjährigen Erblassern steht die Möglichkeit der Testamentserrichtung durch Übergabe einer Schrift nicht offen (siehe oben Buchst. b)).

– der Gesetzgeber (nach einer Entscheidung des BVerfG v. 19.01.1999) die frühere Vorgabe abgeschafft hat, wonach die Erklärung gegenüber dem Notar mündlich zu erfolgen hatte (sog. Mündlichkeitserfordernis, siehe §§ 2232, 2233 BGB a.F.). Nunmehr sind **auch nonverbale Erklärungen zugelassen**, etwa durch Gebärden, Zeichen oder einen „Wimpernschlag", sofern diese eine hinreichend sichere Verständigung mit dem Notar erlauben. Wo immer möglich, wird der Notar aber auf eine mündliche Erklärung hinwirken;

– es für § 2233 Abs. 2 BGB, §§ 22 ff. BeurkG nicht darauf ankommt, ob der Beteiligte tatsächlich behindert ist, sondern ob er seine Behinderung dem Notar gegenüber **angibt** oder ob der Notar die Behinderung **erkennt**. Nur wenn einer dieser beiden Fälle gegeben ist, greift der verfahrensrechtliche Schutz des behinderten Beteiligten ein.

Der nachstehenden Tabelle können die einschlägigen **Fallgestaltungen** und ihre zutreffende beurkundungsrechtliche Behandlung entnommen werden:

 Übersicht: Beteiligung von Menschen mit Behinderung

Lfd. Nr.	Art der Behinderung des Erblassers	a) Möglichkeit der Errichtung einer letztwilligen Verfügung und b) anwendbare Sondervorschriften	
1.	(Nur) hinsichtlich seiner Unterschrift **Schreibbehinderter**, der lesen kann	a)	alle Verfügungen von Todes wegen
		b)	Zuziehung eines Schreibzeugen oder zweiten Notars (§ 25 BeurkG), wenn nicht bereits ein Zeuge nach § 22 BeurkG zugezogen ist

Lfd. Nr.	Art der Behinderung des Erblassers	a) Möglichkeit der Errichtung einer letztwilligen Verfügung und b) anwendbare Sondervorschriften	
2.	**Schrift- und Lesensunkundiger**		
	a) auch hinsichtlich des Namens (§ 13 Abs. 1 Satz 1 BeurkG)	a)	Verfügungen von Todes wegen nur durch Erklärung (§ 2233 Abs. 2 BGB)
		b)	Zuziehung eines Schreibzeugen oder eines zweiten Notars (§ 25 BeurkG), wenn nicht bereits ein Zeuge nach § 22 BeurkG zugezogen ist
	b) nicht hinsichtlich des Namens	a)	Verfügungen von Todes wegen nur durch Erklärung (§ 2233 Abs. 2 BGB)
		b)	keine
3.	**Blinder**		
	a) beherrscht Blindenschrift	a)	Verfügungen von Todes wegen durch Übergabe einer Blindenschrift (§ 2232 BGB) oder durch Erklärung
		b)	außer bei Verzicht: Zuziehung eines Zeugen oder zweiten Notars (§ 22 BeurkG)
	b) beherrscht Blindenschrift nicht	a)	Verfügungen von Todes wegen nur durch Erklärung (§ 2233 Abs. 2 BGB)
		b)	außer bei Verzicht: Zuziehung eines Zeugen oder zweiten Notars (§ 22 BeurkG)
	c) schreibunfähig	a)	Verfügungen von Todes wegen nur durch Erklärung (§ 2233 Abs. 2 BGB)
		b)	Zuziehung eines Schreibzeugen oder zweiten Notars (§ 25 BeurkG), wenn nicht bereits ein Zeuge nach § 22 BeurkG zugezogen ist
4.	**Stummer (nicht taub)**		
	a) kann lesen und schreiben	a)	alle Verfügungen von Todes wegen
		b)	außer bei Verzicht: Zuziehung eines Zeugen oder zweiten Notars (§ 22 BeurkG)
	b) kann nicht schreiben, aber lesen	a)	alle Verfügungen von Todes wegen
		b)	Zuziehung eines Erklärungshelfers (§ 24 BeurkG); z.B. Gebärdendolmetscher oder naher Angehöriger); außer bei Verzicht: Zuziehung eines Zeugen oder zweiten Notars (§ 22 BeurkG)
	c) kann schreiben, aber nicht lesen	a)	Verfügungen von Todes wegen nur durch Erklärung
		b)	Zuziehung eines Erklärungshelfers (§ 24 BeurkG); außer bei Verzicht: Zuziehung eines Zeugen oder zweiten Notars (§ 22 BeurkG)

Lfd. Nr.	Art der Behinderung des Erblassers	a) Möglichkeit der Errichtung einer letztwilligen Verfügung und b) anwendbare Sondervorschriften
5.	**Tauber (nicht stumm)**	
	a) kann lesen und/oder schreiben	a) alle Verfügungen von Todes wegen b) Niederschrift ist nicht vorzulesen, sondern zur Durchsicht vorzulegen (§ 23 BeurkG); außer bei Verzicht: Zuziehung eines Zeugen oder zweiten Notars (§ 22 BeurkG)
	b) kann nicht schreiben und/oder nicht lesen	a) Verfügungen von Todes wegen nur durch Erklärung (§ 2233 Abs. 2 BGB) b) Zuziehung eines Erklärungshelfers (§ 24 BeurkG); außer bei Verzicht: Zuziehung eines Zeugen oder zweiten Notars (§ 22 BeurkG); falls die Verständigung auch mittels eines Erklärungshelfers nach § 24 BeurkG nicht möglich ist, liegt faktische Testierunfähigkeit vor
6.	**Taubstummer**	
	a) kann schreiben und lesen	a) alle Verfügungen von Todes wegen b) außer bei Verzicht: Zuziehung eines Zeugen oder zweiten Notars (§ 22 BeurkG); die Niederschrift ist nicht vorzulesen, sondern zur Durchsicht vorzulegen (§ 23 BeurkG)
	b) kann nicht schreiben, aber lesen	a) alle Verfügungen von Todes wegen b) Zuziehung eines Erklärungshelfers (§ 24 BeurkG); außer bei Verzicht: Zuziehung eines Zeugen oder zweiten Notars (§ 22 BeurkG);[1] falls die Verständigung auch mittels eines Erklärungshelfers nach § 24 BeurkG nicht möglich ist, liegt faktische Testierunfähigkeit vor
	c) kann schreiben, aber nicht lesen	a) Verfügungen von Todes wegen nur durch Erklärung (§ 2233 Abs. 2 BGB) b) Zuziehung eines Erklärungshelfers (§ 24 BeurkG); außer bei Verzicht: Zuziehung eines Zeugen oder zweiten Notars (§ 22 BeurkG); falls Verständigung auch mittels eines Erklärungshelfers nach § 24 BeurkG nicht möglich ist, liegt faktische Testierunfähigkeit vor

---

[1] An sich wäre zusätzlich § 23 BeurkG zu beachten, da der Taubstumme nicht hören kann. § 23 BeurkG wird aber durch § 24 BeurkG als die speziellere Vorschrift verdrängt. Die von § 23 BeurkG geforderte Vorlage der Niederschrift zur Durchsicht wäre bei einem Hörbehinderten, der sich nicht schriftlich verständen kann, sinnlos.

Lfd. Nr.	Art der Behinderung des Erblassers	a) Möglichkeit der Errichtung einer letztwilligen Verfügung und b) anwendbare Sondervorschriften	
7.	Sprachunkundiger	a)	alle Verfügungen von Todes wegen
		b)	falls Notar nicht selbst übersetzt: Zuziehung eines Dolmetschers (§ 16 BeurkG); bei Errichtung durch Erklärung; außer bei Verzicht (und dessen Feststellung in Urkunde): Anfertigung einer schriftlichen Übersetzung und Beifügen zur Niederschrift (§ 32 BeurkG) bei Errichtung durch Übergabe einer Schrift: Ist Schrift offen übergeben, soll Notar Kenntnis nehmen (§ 30 Satz 4 BeurkG)

Beachte in der Praxis:

– **Schreibunfähigkeit** i.s.d § 25 Abs. 1 Satz 1 BeurkG liegt nur vor, wenn der Erblasser nicht einmal die Fähigkeit besitzt, seinen eigenen Namen im Sinne einer **Namensunterschrift** (vgl. § 13 Abs. 1 Satz 1 BeurkG) zu schreiben (Handzeichen genügen nicht). Die Hand darf gestützt, aber nicht geführt werden. Schreibunfähigkeit liegt also nicht vor, wenn der Erblasser zwar seinen Namen, sonst jedoch nicht zu schreiben in der Lage ist. Auch Blinde können i.d.R. ihren Namen schreiben; dass sie die Unterschrift nicht auch lesen können, spielt keine Rolle.

– **Stummheit** des Erblassers (§ 22 BeurkG) ist immer dann **gegeben, aber auch nur** dann, wenn der Erblasser auf die Frage des Notars, ob das Verlesene seinem letzten Willen entspricht, nicht mit „Ja" – sei es auch schwer verständlich – antworten kann. **Gebärden** können eine solche Antwort nicht ersetzen.

– Die **Verständigungsperson** gem. § 24 BeurkG (z.B. Gebärdendolmetscher oder naher Angehöriger) kann nicht zugleich Zeuge i.s.d. § 22 BeurkG sein. Sie soll die Niederschrift unterschreiben (§ 24 Abs. 1 Satz 3 und 4 BeurkG).

– Eine **schriftliche Verständigung** i.s.d. § 24 BeurkG erfordert nicht in beiden Kommunikationsrichtungen – also vom Notar zum Beteiligten und vom Beteiligten zum Notar – Schriftlichkeit. Kann z.B. der Notar den Hörbehinderten schriftlich befragen und er mündlich antworten, finden die weiteren Vorgaben aus § 24 BeurkG keine Anwendung. Eine schriftliche Verständigung scheidet also erst dann aus mit der Folge, dass § 24 BeurkG anwendbar ist, wenn weder eine schriftliche Antwort des Beteiligten noch eine schriftliche Frage des Notars möglich ist.

Beispiele

– Der Hörbehinderte, der nicht lesen kann.

– Kann der hör-, seh- oder sprachbehinderte Beteiligte bei jeder Art von notarieller Niederschrift einen **Zeugen** nach § 22 BeurkG zuziehen, steht ihm nach der Sondervorschrift des § 29 Satz 1 BeurkG bei der Beurkundung seiner letztwilligen Verfügung auch die Möglichkeit offen, einen **zweiten Zeugen** hinzuziehen. Diese Möglichkeit besteht **unabhängig** vom Vorliegen einer Behinderung und wird bei Testierenden aus dem anglo-amerikanischen Rechtskreis bisweilen angewandt, um der dort verbreiteten Testamentsform des Zweizeugentestaments zu genügen.

– Die **Behinderung** soll jeweils wahlweise aufgrund der Angabe des Behinderten oder der Überzeugung des Notars festgestellt und in der Niederschrift festgehalten werden. Im Anwendungsbereich der §§ 23, 24, 32 BeurkG löst erst diese **Sollfeststellung** den dann zwingend einzuhaltenden verfahrensrechtlichen Schutz aus!

– Mit „Sprachunkundiger" meint § 32 BeurkG nur einen solchen Erblasser (und Erbvertragsbeteiligten, § 33 BeurkG), der dem Notar seinen letzten Willen (bzw. seine vertragliche Erklärung) mündlich erklärt, aber der **Sprache, in der die Niederschrift** des Notars aufgenommen ist (i.d.R. Deutsch), nicht hinreichend kundig ist. Bei diesen Sprachunkundigen **muss** der Verzicht auf die Anfertigung einer Übersetzung nach § 32 BeurkG in der Niederschrift festgestellt werden, sonst muss diese schriftlich übersetzt werden.

– Der **Verzicht** der Beteiligten auf die Zuziehung eines Zeugen oder zweiten Notars nach § 22 BeurkG soll jeweils in der Niederschrift festgestellt werden. Werden diese Personen aber wunschgemäß zugezogen, sollen sie die Niederschrift mit unterschreiben (§ 22 Abs. 2 BeurkG).

– Zu den **besonderen Ausschließungsgründen** für Zeugen oder zweiten Notar vgl. § 26 BeurkG. Diese gelten nicht für die Verständigungsperson i.S.d. § 24 BeurkG.

Gute **Formulierungsbeispiele** für den Urkundseingang bei den verschiedenen Behinderungsarten finden sich z.B. bei v. DICKHUTH-HARRACH, Handbuch der Erbfolge-Gestaltung, 2011, § 14 Rdnr. 12, 19, 26, 33.

III.   Die EU-Erbrechtsverordnung (EuErbVO)

Literaturhinweise

Wegen der immer noch relativ neuen und zugleich **sehr anspruchsvollen Rechtsmaterie** mit teilweise eigener Begrifflichkeit (z.b. Erbvertrag, vgl. Art. 3 Abs. 1 Buchst. b) EuErbVO und unten Ziffer 2. Buchst. a) bb)) vorab einige wenige Literaturhinweise speziell für die notarielle Praxis:

–　**Aufsätze** (diese können oft über die Datenbank des DNotI „DNotI-Online-Plus" eingesehen werden): BUSCHBAUM/SIMON, Rpfleger 2015, 444 (ENZ); DÖBEREINER, MittBayNot 2013, 358 und 437 (Überblick); EGIDY/VOLMER, Rpfleger 2015, 433 (instruktiv zur Gerichtspraxis); HEINIG, RNotZ 2014, 197 (Rechtswahlen); HERZOG, ErbR 2015, 606 (Erbschein); MANKOWSKI, IPrax 2015, 39; ODERSKY, notar 2015, 18 (Gestaltungspraxis); DERS., notar 2013, 3 (Gestaltungspraxis); WACHTER, ZNotP 2014, 2 (Gestaltungspraxis); WEBER, notar 2015, 296 (Gestaltungspraxis).

–　**Bücher:** FRANK/DÖBEREINER, Nachlassfälle mit Auslandsbezug, 2015.

–　**Kommentare:** DUTTA/WEBER, Internationales Erbrecht, 2016; Beck'sche Kurz-Kommentare, alternativ: beck online Großkommentar (Kommentierung zur EuErbVO).

1.   Rechtsentwicklung des Internationalen Erbrechts in Deutschland

a)   Rechtslage bis 16.08.2015: Art. 25 EGBGB

Bis 16.08.2015, 23:59 Uhr, galt das im BGB geregelte Erbrecht für alle **deutschen Staatsangehörigen**, gleichgültig, wo sie gestorben sind und wo ihr letzter Wohnsitz war, Art. 25 Abs. 1 EGBGB i.d.F. bis 16.08.2015. Das auf den Todesfall anwendbare Erbrecht (sog. **Erbstatut**) war damit grundsätzlich durch die bei Geburt oder später erworbene Staatsangehörigkeit vorbestimmt und unveränderlich. Einzige Ausnahme hiervon bildete Art. 25 Abs. 2 EGBGB i.d.F. bis 16.08.2015: Danach konnte auch ein ausländischer Erblasser für sein in Deutschland vorhandenes unbewegliches Vermögen deutsches Recht wählen, und zwar in der Form einer Verfügung von Todes wegen; war auf den Erbfall im Übrigen ausländisches Erbrecht anwendbar, kam es durch eine solche Verfügung zu einer sogenannten **Nachlassspaltung.**

Die Anknüpfung an die Staatsangehörigkeit des Erblassers bot den **Vorteil,** dass das anwendbare Erbrecht leicht festgestellt werden konnte. Gleichzeitig war immer wieder zu beobachten, dass bei den hierzulande lebenden Ausländern die Bindung zum eigenen Heimatland und dessen Erbrecht gering ausgeprägt sein konnte. So wurde nach bisherigem deutschem Rechtsverständnis z.B. ein hierzulande lebender türkischer Staatsangehöriger nach türkischem Erbrecht beerbt, selbst wenn er seit Jahrzehnten in Deutschland gelebt hatte und möglicherweise nicht einmal das türkische Recht kannte oder gar der türkischen Sprache mächtig war. Das **starre Anknüpfungskriterium** der Staatsangehörigkeit wurde immer wieder als nachteilhaft kritisiert, zumal in einer Rechtsordnung, die (wie die deutsche) relativ hohe Hürden für den Erwerb der heimischen Staatsangehörigkeit durch Ausländer aufstellt, also viele Migranten während ihres gesamten Lebens ausländische Staatsangehörige bleiben (müssen).

Andere Rechtsordnungen, auch solche innerhalb von Europa, knüpften schon vor Geltung der EuErbVO für das anwendbare Erbrecht nicht – oder jedenfalls nicht ausschließlich – an die Staatsangehörigkeit des Erblassers an, sondern – ggf. auch – an dessen **letzten gewöhnlichen Aufenthaltsort.** Der **Vorteil** dieses Anknüpfungskriteriums liegt in der häufig zutreffenden Annahme, dass man zu derjenigen Rechtsordnung, in der man zuletzt gelebt hat, den größten Bezug aufweisen wird, und zwar losgelöst von der eigenen Staatsangehörigkeit. Nach diesem Anknüpfungskriterium würde z.B. ein deutscher Staatsangehöriger ebenso wie ein spanischer Staatsangehöriger nach deutschem Erbrecht beerbt, solange beide in Deutschland ihren gewöhnlichen Aufenthalt haben, während das spanische Erbrecht für beide das maßgebliche Erbstatut würde, sobald sie dort ihren gewöhnlichen Aufenthalt nähmen.

b)   Rechtslage ab 17.08.2015: EuErbVO

Nach der seit 17.08.2015, 0:00 Uhr, einheitlich innerhalb (fast) der gesamten EU geltenden Rechtslage bestimmt sich das anwendbare Erbrecht nach dem Recht desjenigen Staates, in dessen Gebiet der Erblasser seinen **letzten gewöhnlichen Aufenthalt** hatte. Diese **Rechtsvereinheitlichung** wurde durch die sogenannte **EU-Erbrechtsverordnung (EuErbVO oder kurz ErbVO)** vom 08.06.2012 – Verordnung (EU) Nr. 650/2012, ABl EU Nr. L 201 vom 27.07.2012, 107; berichtigt (zu Art. 83 Abs. 3) in ABl EU Nr. L 41 vom 12.02.2013, 16 – herbeigeführt. Die ErbVO ist – nach einer mehr als dreijährigen Übergangsphase – seit dem 17.08.2015 **unmittelbar geltendes Recht** in Deutschland und dem (fast gesamten restlichen) Europa, d.h., die nationalen Gesetzgeber mussten keine weiteren Umsetzungsakte mehr erlassen, um die ErbVO in Kraft zu setzen (Art. 288 Abs. 2 AEUV).

Hinweis

Den Text der EuErbVO und die offiziellen Formblätter (zu ihnen unten Ziffer 2. Buchst. a) cc)) können Sie im Online-Bereich dieses Buchs abrufen (siehe dazu vorne im Umschlageinband).

2. Regelungsbereiche der EuErbVO

a) Regelungsbereiche

Die EuErbVO regelt vier unterschiedliche Rechtsmaterien:

aa) Bestimmung des Erbstatuts

Die EuErbVO bestimmt das auf einen Todesfall anzuwendende Recht (sog. Erbstatut):

– Der maßgebliche Anknüpfungspunkt ist hierbei der **letzte gewöhnliche Aufenthalt** des Erblassers (siehe oben bereits Ziffer 1.): Das Recht desjenigen Staates, in dessen Gebiet sich dieser letzte gewöhnliche Aufenthalt des Erblassers befindet, ist zur Anwendung auf den Erbfall berufen (Art. 21 Abs. 1 EuErbVO). Dieses anwendbare Recht nennt man auch die **lex successionis**.

Beispiel

– Ein Erblasser verstirbt mit gewöhnlichem Aufenthalt in Berlin; dann wird er nach deutschem Erbrecht beerbt, und zwar unabhängig davon, ob er deutscher oder z.B. französischer Staatsangehöriger war.

– Unter Geltung der ErbVO verändert sich also dann, wenn keine Rechtswahl vorliegt, bei einem Umzug in ein anderes Land grundsätzlich auch das anwendbare Erbrecht (sog. **Statutenwechsel**). Diese Möglichkeit ist bei einer vorausschauenden (notariellen) Nachlassplanung unbedingt zu berücksichtigen. Denn nach dem Erbstatut richten sich – einheitlich – ganz **zentrale Fragen der Rechtsnachfolge von Todes wegen** wie insbesondere die folgenden:

  – die **Berufung und Rechtsstellung der Berechtigten** sowie die sonstigen Rechte am Nachlass (Art. 23 Abs. 2 Buchst. b) EuErbVO), damit sind z.B. auch Regelungen zu den Erbquoten bei mehreren Berechtigten und **die vom Erblasser auferlegten Pflichten** (im deutschen Recht: Auflagen, § 1940 BGB) gemeint,

  – die **Enterbung und Erbunwürdigkeit** (Art. 23 Abs. 2 Buchst. d) EuErbVO),

– der **Übergang der Rechte und Pflichten**, also im deutschen Recht der Grundsatz des Vonselbsterwerbs (oben Abschnitt II. Ziffer 5.), sowie zur **Annahme und Ausschlagung** der Erbschaft oder eines Vermächtnisses (Art. 23 Abs. 2 Buchst. e) EuErbVO),

– das Recht der **Testamentsvollstreckung** und anderer **Nachlassverwaltungen** (Art. 23 Abs. 2 Buchst. f) EuErbVO),

– die **Haftung für Nachlassverbindlichkeiten** (Art. 23 Abs. 2 Buchst. g) EuErbVO),

– **Beschränkungen der Testierfreiheit** (Art. 23 Abs. 2 Buchst. h) EuErbVO), dazu gehören insbesondere Bestimmungen zu den unentziehbaren **Pflichtteilen** (im deutschen Recht §§ 2303 ff. BGB) und sogenannte Noterbrechte nach anderen europäischen Rechtsordnungen,

– die **Ausgleichung und Anrechnung unentgeltlicher Zuwendungen** bei der Bestimmung des Anteils eines Berechtigten (Art. 23 Abs. 2 Buchst. i) EuErbVO), nach deutschem Recht also z.B. die Bestimmung des § 2050 BGB.

Beachte:

Nur die Anrechnungsbestimmung unterfällt der erbrechtlichen lex successionis, die eigentliche Schenkung unter Lebenden ist aus dem Anwendungsbereich der ErbVO ausgeklammert (Art. 1 Abs. 2 Buchst. g) EuErbVO, siehe weiter unten bei Buchst. d)),

– die **Teilung des Nachlasses** (Art. 23 Abs. 2 Buchst. j) EuErbVO), also Regelungen dazu, wie und auf welche Weise sich die Nachlassteilung vollzieht (siehe dazu im deutschen Recht bereits oben Abschnitt II. Ziffer 6.).

Dies alles wirkt grundsätzlich **insgesamt**, also für den gesamten Nachlass (**Grundsatz der Nachlasseinheit**, Art. 21 Abs. 1 EuErbVO).

Die EuErbVO möchte ganz bewusst das Gegenstück – die sogenannte **Nachlassspaltung** – vermeiden, da diese oft mit erheblichen Nachteilen verbunden ist, so etwa hinsichtlich

– Entstehung **mehrerer Nachlassmassen**, die jeweils einem anderen Recht unterliegen;

– Schwierigkeiten bei der **Nachlassplanung**, wie die einzelnen Nachlassgegenstände unabhängig vom Belegenheitsort gerecht auf die gewünschten Erben aufgeteilt werden können.

Also Merkposten

Kennzeichnend für die ErbVO sind der **Grundsatz der einheitlichen lex successionis** und der **Grundsatz der Nachlasseinheit.**

– Das Recht am Ort des letzten gewöhnlichen Aufenthalts gilt nur dann **nicht** als lex successionis, wenn der Erblasser zu Lebzeiten das für seinen Erbfall maßgebliche Erbrecht **per Rechtswahl** bestimmt hat. Eine Rechtswahl muss durch Erklärung in Form einer Verfügung von Todes wegen erfolgen (Art. 22 Abs. 2 EuErbVO). Eine solche Rechtswahl lässt die ErbVO allerdings **nur zugunsten des Rechts der eigenen Staatsangehörigkeit** zu (Art. 22 Abs. 1 Satz 1 EuErbVO), oder, falls der Erblasser mehrere Staatsangehörigkeiten besitzt (sog. Mehrstaatler), zugunsten einer dieser Staatsangehörigkeiten (Art. 22 Abs. 1 Satz 2 EuErbVO).

Beispiel

– Ein deutscher Erblasser verstirbt auf Mallorca, hat aber durch letztwillige Verfügung für seinen Nachlass die Anwendbarkeit des deutschen Erbrechts bestimmt. Diese Rechtswahl ist nach der Eu-ErbVO beachtlich.

Beachte aber:

Die Rechtswahl zugunsten des Rechts am **gegenwärtigen gewöhnlichen Aufenthalt** ist dagegen **nicht möglich.**

Beispiel

– Ein in Deutschland lebender Franzose kann unter der EuErbVO keine Rechtswahl zugunsten des deutschen Rechts treffen (instruktiv: DNotI-Report 2015, 113).

Beachte ferner:

Eine einmal getroffene Rechtswahl ist zu Lebzeiten des Erblassers **widerruflich** bzw. änderbar. Weitgehend Einigkeit herrscht darüber, dass diese Frage nach Art. 24 Abs. 3 Satz 1 EuErbVO zu beantworten ist, da es sich hierbei um die für den Widerruf oder die Änderung einer letztwilligen Verfügung maßgebliche Kollisionsnorm handelt und Rechtswahlen gerade in Form einer letztwilligen Verfügung erfolgen (Art. 22 Abs. 2 EuErbVO). Umstritten ist aber, **welches Recht** nach Art. 24 Abs. 3 Satz 1 EuErbVO genau auf den Widerruf und ggf. die Wahl eines neuen Erbstatuts anwendbar ist. Denkbar ist das zunächst gewählte Recht wie auch das nunmehr gewählte Recht oder eine Kombination aus beidem (aktuelle Aufbereitung des Streitstands bei WEBER, notar 2015, 296, 300 m.w.N.). Bedeutsam wird die Frage z.b., wenn das bisher gewählte Recht die Wirksamkeit des Widerrufs von letztwilligen Verfügungen vom Zugang einer förmlichen Widerrufserklärung abhängig macht (z.b. §§ 2271 Abs. 1, 2296 Abs. 2 BGB).

– Die EuErbVO berücksichtigt, dass sich im Laufe eines Lebens auch die **Staatsangehörigkeit ändern** kann. Daher lässt Art. 22 Abs. 1 EuErbVO zu, dass der Erblasser das Recht der Staatsangehörigkeit wählt, die er entweder zum **Zeitpunkt der Rechtswahl** oder zum **Zeitpunkt des Todes** hat.

Beispiel

– Ein syrischer Staatsangehöriger lebt in Deutschland und steht dort kurz vor seiner Einbürgerung. Er trifft noch als Syrer per Testament eine Rechtswahl zugunsten des deutschen Rechts. Er stirbt als deutscher Staatsangehöriger. Auf seinen Nachlass findet deutsches Erbrecht Anwendung.

Eine Rechtswahl kann nach der EuErbVO auch hinsichtlich des sogenannten Errichtungsstatuts getroffen werden. Dazu und zum Verhältnis der beiden Rechtswahlen zueinander siehe sogleich unter bb).

– Eine **weitere Ausnahme** von der Anknüpfung an den letzten gewöhnlichen Aufenthalt des Erblassers regelt Art. 21 Abs. 2 EuErbVO: Ergibt sich **ausnahmsweise** aus der **Gesamtheit der Umstände**, dass der Erblasser zum Zeitpunkt seines Todes eine offensichtlich engere Verbindung zu einem anderen als dem Staat seines letzten gewöhnlichen Aufenthalts hatte, so ist auf die Rechtsnachfolge von Todes wegen das Recht dieses anderen Staates anzuwenden.

Beachte aber:

Die notarielle Gestaltungspraxis wird sich nach Möglichkeit nicht auf solche „Gummiklauseln" verlassen, sondern für möglichst eindeutige Rechtsverhältnisse sorgen.

bb)   Bestimmung des Errichtungsstatuts

Die EuErbVO bestimmt das auf die Zulässigkeit und materielle Wirksamkeit einer letztwilligen Verfügung anzuwendende Recht (sog. Errichtungsstatut):

– Die EuErbVO bestimmt das anwendbare Recht und entscheidet damit über die Voraussetzungen, nach denen eine Verfügung von Todes wegen (in der Form eines Testaments oder Erbvertrags) zulässig und materiell wirksam ist (vgl.

Art. 24 EuErbVO für alle letztwilligen Verfügungen außer Erbverträgen und Art. 25 EuErbVO speziell für Erbverträge).

- Für diese Fragen des sogenannten **Errichtungsstatuts** sieht die EuErbVO eine **eigene Anknüpfung** (sog. Sonderanknüpfung) vor, die – anders als das Erbstatut (siehe oben aa), Art. 21 EuErbVO) – nicht nach dem Recht des **letzten** gewöhnlichen Aufenthalts fragt (da einen solchen definitionsgemäß nur bereits **verstorbene** Personen haben; konsequent spricht die EuErbVO deshalb an den relevanten Stellen auch nicht vom letzten gewöhnlichen Aufenthalt, sondern von dem gewöhnlichen Aufenthalt, den der Erblasser im Zeitpunkt seines Todes hatte, z.B. Art. 4, 21 Abs. 1 EuErbVO).

Das Errichtungsstatut unterliegt daher dem Recht, das anwendbar gewesen wäre, wenn der Erblasser **zum Zeitpunkt der Errichtung** des Testaments **verstorben wäre** (Art. 24 Abs. 1 EuErbVO; Ähnliches gilt für den Erbvertrag, siehe weiter unten).

Das bedeutet: Trifft der Erblasser keine Rechtswahl bzgl. des Errichtungsstatuts, kommt es zu einer Anknüpfung an den **gegenwärtigen gewöhnlichen Aufenthalt** zum Zeitpunkt der letztwilligen Verfügung. Das dort geltende Recht ist dann maßgeblich für die Frage, ob eine Verfügung von Todes wegen zulässig und materiell wirksam ist, es sei denn, die Ausnahmevorschrift des Art. 21 Abs. 2 EuErbVO findet Anwendung (offensichtliche engere Verbindung zu einem anderen als dem Aufenthaltsstaat).

Damit ist beim Errichtungsstatut – anders als beim Erbstatut (siehe oben aa)) – ein **späterer Umzug** ins Ausland **unschädlich!** Dadurch ist sichergestellt, dass ein Testament und vor allem ein Erbvertrag nicht nachträglich durch einen Statutenwechsel unwirksam wird. Die Bestimmungen der Art. 24, 25 EuErbVO dienen damit in besonderem Maß der **Rechtssicherheit in der grenzüberschreitenden Nachlassplanung.**

- **Die Abgrenzung zwischen Erbstatut und Errichtungsstatut ist teilweise schwierig, aber wichtig:**

Denn beide Statuten können (wie gerade gesehen) **unterschiedlich angeknüpft** werden. Deshalb muss das nach dem Errichtungsstatut maßgebliche Recht nicht demjenigen entsprechen, das später im Todesfall nach dem Erbstatut zur Anwendung gelangt.

Beispiel (nach Weber, notar 2015, 296, 297 f.)

- Ein Deutscher mit gewöhnlichem Aufenthalt in Deutschland setzt testamentarisch eine Person zu seinem Alleinerben ein, ohne eine Rechtswahl zugunsten des deutschen Rechts zu treffen. Das Testament ist nach deutschem Recht zulässig und wirksam errichtet (Art. 24 Abs. 1 EuErbVO). Dann verzieht der Erblasser nach Frankreich und verstirbt dort. Französisches Erbrecht ist auf den Todesfall anwendbar (Art. 21 Abs. 1 EuErbVO), kennt jedoch keine Berufung zum Alleinerben, sondern nur ein Universalvermächtnis.

Lösung: Hier soll nach dem Grundsatz des **Handelns unter falschem Recht** eine Umdeutung der Erbeinsetzung in ein Universalvermächtnis möglich sein.

„Zulässigkeit" i.S.d. Art. 24 (25) EuErbVO meint, **ob** eine Verfügung von Todes wegen (Erbvertrag) **überhaupt statthaft** ist, also unter welchen Voraussetzungen die Testierfreiheit gewährt wird und ob ein bestimmter Typ von Verfügung **überhaupt gewählt** werden kann. Dazu gehört auch die Frage, ob und wie zwei oder mehr Personen ein gemeinschaftliches Testament errichten können (viele Rechtsordnungen in Europa stehen gemeinschaftlichen Testamenten auch Erbverträgen ablehnend gegenüber).

Der Begriff der **„materiellen Wirksamkeit"** ist in Art. 26 EuErbVO legaldefiniert und umfasst (abschließend):

– die Frage, ob der Erblasser **testierfähig** war (Art. 26 Buchst. a) EuErbVO),

– die Frage, ob erbrechtliche **Einsetzungs- und Erwerbsbeschränkungen** bestehen (Art. 26 Buchst. b) EuErbVO; ob das Einsetzungsverbot des § 14 HeimG im deutschen Recht hierunter fällt, ist deshalb streitig; streng zu trennen sind Regelungen zur Erbunwürdigkeit wie z.B. in § 2339 BGB, die dem Erbstatut und nicht dem Errichtungsstatut unterfallen, siehe oben aa) bei Art. 23 Abs. 2 Buchst. d) EuErbVO),

– die Frage, ob eine letztwillige Verfügung **höchstpersönlich** abzugeben und inwieweit eine Stellvertretung zulässig ist (Art. 26 Buchst. c) EuErbVO),

– die Frage, wie eine letztwillige Verfügung **auszulegen** ist (Art. 26 Buchst. d) EuErbVO),

– die Frage, ob und wer eine letztwillige Verfügung wegen **Willensmängeln** anfechten kann (Art. 26 Buchst. e) EuErbVO).

– **Bei Erbverträgen** zählt zum Errichtungsstatut auch die Frage der **Bindungswirkung** (vgl. Art. 25 Abs. 1 EuErbVO).

Nicht dem **Errichtungsstatut** (sondern dem Erbstatut) unterfallen die o.g. Materien, die (nicht abschließend) im Katalog des Art. 23 Abs. 2 EuErbVO genannt sind (siehe oben aa)).

Beachte ferner als dritte Kategorie das sogenannte Formstatut:

Von Errichtungs- und Erbstatut gleichermaßen abzugrenzen ist die Frage, ob eine letztwillige Verfügung **formwirksam errichtet** worden ist (sog. **Formstatut**), also ob z.B. **ein notarielles Beurkundungserfordernis** gewahrt ist oder **Zeugen** hinzuzuziehen sind.

Hierzu besteht eine komplizierte Gemengelage aus verschiedenen Regelungsmaterien innerhalb und außerhalb der ErbVO, die aber durch **eine praktische Faustregel** vereinfacht wird: Eine Verfügung von Todes ist wegen jedenfalls immer dann formwirksam errichtet, wenn sie die Formvorschriften beachtet, die am Errichtungsort gelten.

Im Einzelnen gilt Folgendes (vgl. auch Art. 26 EGBGB):

– Vorrangig ist zu prüfen, ob der Anwendungsbereich des **Haager Übereinkommens** vom 05.10.1961 über das auf die Form letztwilliger Verfügungen anzuwendende Recht (HTestformÜ) eröffnet ist (der deutsche Text dieses Übereinkommens kann über den nachstehenden Link direkt im PDF-Format abgerufen werden: *www.assets.hcch.net/upload/text11_d.pdf*; letzter Abruf 01.03.2019). Dies ist der Fall, wenn es um **schriftlich oder mündlich errichtete Testamente oder gemeinschaftliche Testamente** geht und ein Vertragsstaat des HTestformÜ betroffen ist.

Dazu muss man wissen, dass aktuell 16 der 24 Mitgliedstaaten der EuErbVO Vertragsstaaten des HTestformÜ sind, darunter auch Deutschland. In diesen Fällen ist das Formstatut nach dem HTestformÜ zu ermitteln (vor allem Art. 1 Abs. 1, Art. 2 Abs. 3 und Art. 5 HTestformÜ). Die EuErbVO ist **nicht anwendbar** (vgl. Art. 75 Abs. 1 EuErbVO).

Für die übrigen acht Mitgliedstaaten der EuErbVO, die nicht Vertragsstaaten des HTestformÜ sind, ermittelt sich das Formstatut bei schriftlichen Testamenten nach Art. 27 EuErbVO, bei mündlichen Testamenten nach autonomem (d.h. nicht vereinheitlichtem nationalem) Recht bzw. nach anderen staatsvertraglichen Regelungen, da **Art. 27 EuErbVO nur schriftliche** Testamente erfasst.

– Demgegenüber richtet sich für alle Mitgliedstaaten der EuErbVO das Formstatut eines **schriftlichen Erbvertrags** nach Art. 27 EuErbVO, da das

HTestformÜ nicht auf Erbverträge anwendbar ist. Für **mündliche Erbver-träge** gilt aber auch Art. 27 EuErbVO nicht (vgl. den eindeutigen Wort-laut!), so dass hier wiederum die Anknüpfung nach autonomem Recht bzw. anderen staatsvertraglichen Regelungen zu erfolgen hat.

Mündliche Testamente bzw. Erbverträge dürften freilich in der Notarpraxis kaum je bedeutsam werden, da der Erblasser dem Notar im Regelfall sei-nen letzten Willen zwar mündlich erklärt (vgl. § 2232 Satz 1 Fall 1 BGB), daraus aber aufgrund der notariellen Niederschrift eine „schriftliche" Ver-fügung von Todes wegen i.S.d. Art. 27 EuErbVO bzw. des HTestformÜ entsteht. Der Begriff der „schriftlichen" Verfügung von Todes wegen ist unionsautonom nämlich so zu verstehen, dass alle Erklärungen erfasst sind, die nicht bloß mündlich abgegeben, sondern irgendwie in Schriftzei-chen festgehalten werden.

– **In der Sache** bestehen zwischen Art. 27 EuErbVO und den Normen des HTestformÜ keine nennenswerten Unterschiede, da Art. 27 EuErbVO dem HTestformÜ nachgebildet ist. Demnach ist eine (schriftliche) Verfügung von Todes wegen hinsichtlich ihrer Form wirksam, wenn sie eines von **fünf alternativen Formstatuten** erfüllt, insbesondere wenn

– sie dem Recht des Staates entspricht, in dem die Verfügung errichtet oder der Erbvertrag **geschlossen** wurde (Art. 27 Abs. 1 Buchst. a) EuErbVO), oder

– sie dem Recht eines Staates entspricht, dem der Erblasser oder min-destens eine der Personen, deren Rechtsnachfolge von Todes wegen durch einen Erbvertrag betroffen ist, entweder im Zeitpunkt der Er-richtung der Verfügung bzw. des Abschlusses des Erbvertrags oder im Zeitpunkt des Todes **angehörte** (Art. 27 Abs. 1 Buchst. b) EuErbVO), oder

– eine der genannten Personen dort den **gewöhnlichen Aufenthalt** hatte (Art. 27 Abs. 1 Buchst. d) EuErbVO).

– **Zur Möglichkeit einer Wahl des Errichtungsstatuts:**

Wie für das anwendbare Erbrecht (Erbstatut, siehe oben Buchst. aa)) kann der Erblasser eine **Rechtswahl auch mit Blick auf das Errichtungsstatut** treffen, also privatautonom bestimmen, nach welchem Recht sich die Zu-lässigkeit und materielle Wirksamkeit seiner letztwilligen Verfügung rich-ten sollen.

Allerdings besteht diese Wahlmöglichkeit auch hier **nur eingeschränkt**, was die wählbaren Rechtsordnungen anbetrifft:

- Art. 24 Abs. 2 EuErbVO bestimmt nämlich, dass eine Person (**nur**) **das Recht** wählen kann, das sie nach Art. 22 EuErbVO unter den darin genannten Bedingungen hätte wählen können.

  Dieser etwas schwierig zugängliche Wortlaut meint: Die Wahl des Errichtungsstatuts ist **nur möglich zugunsten des Rechts der eigenen Staatsangehörigkeit zum Jetzt-Zeitpunkt** (= Zeitpunkt der Errichtung der Verfügung von Todes wegen). Eine Wahl des Rechts zum Zeitpunkt des hypothetischen Todes (die ja Art. 22 Abs. 2 EuErbVO für die Wahl der lex successionis zulässt) scheidet beim Errichtungsstatut aus, da sie gleichzusetzen wäre mit der Wahl des Rechts des Zeitpunkts der Errichtung der Verfügung. Dies ergibt sich aus Erwägungsgrund Art. 51 EuErbVO!

- Die Rechtswahl kann zudem nur für die Zulässigkeit **und** materielle Wirksamkeit **zusammen** erfolgen, die Wahl nur für den einen oder anderen Teil ist unzulässig.

- Einige **Besonderheiten für das Errichtungsstatut** ergeben sich beim **Erbvertrag**, für das Art. 25 EuErbVO eine lex spezialis enthält gegenüber den sonstigen Verfügungen von Todes wegen, für die Art. 24 EuErbVO gilt.

Beachte:

Das **Errichtungsstatut** beim Erbvertrag wird auch **Erbvertragsstatut** genannt!

- Nur scheinbar banal ist die Frage, was überhaupt als Erbvertrag i.S.d. Art. 25 EuErbVO einzuordnen ist. Der **Begriff des Erbvertrags** ist nämlich **unionsautonom auszulegen**, d.h., man darf nicht ein mitgliedstaatliches Verständnis (z.B. §§ 1941, 2274 ff. BGB) zugrunde legen.

  Der Erbvertrag ist **legaldefiniert** in Art. 3 Abs. 1 Buchst. b) EuErbVO. Erbverträge sind jede Vereinbarung, einschließlich einer Vereinbarung aufgrund gegenseitiger Testamente, die mit oder ohne Gegenleistung Rechte am künftigen Nachlass oder künftigen Nachlässen einer oder mehrerer an dieser Vereinbarung beteiligter Personen begründet, ändert oder entzieht.

Diese Definition zielt also – anders als §§ 2274 ff. BGB – nicht auf die
äußere Form der Erklärung, sondern auf die **materiell-rechtliche Vereinbarung** der Parteien **über ein Recht an dem Nachlass eines Vertragsteils.**

In negativer Hinsicht ist der Erbvertrag **abzugrenzen** von den anderen
Verfügungen von Todes wegen (Art. 3 Abs. 1 Buchst. d) EuErbVO), also den (einseitigen) Testamenten und den gemeinschaftlichen Testamenten, die durch die formale Verbindung der Testamente von mindestens zwei Personen in (zwingend) einem einheitlichen Dokument cha-
rakterisiert sind (Art. 3 Abs. 1 Buchst. c) EuErbVO).

–   **Schwierigkeiten** bereitet die **Abgrenzung des Erbvertrags zum ge-
    meinschaftlichen Testament** aufgrund der Formulierung in Art. 3
    Abs. 1 Buchst. b) EuErbVO: „einschließlich einer Vereinbarung auf-
    grund gegenseitiger Testamente". Relevant ist die Abgrenzung für die
    Frage, ob sich das Errichtungsstatut gemeinschaftlicher Testamente
    nach Art. 24 oder nach Art. 25 EuErbVO ermittelt. Für die Abgren-
    zung gilt nach wohl h.M. die folgende **Leitlinie:** Gemeinschaftliche
    Testamente sind dann (aber auch nur dann) **Erbverträge** i.S.d. Art. 3
    Abs. 1 Buchst. b), 25 EuErbVO, wenn mindestens einer der Beteilig-
    ten bindend (nach deutschem Verständnis also wechselbezüglich) ver-
    fügt, denn nur dann enthalten sie eine Vereinbarung i.S.d. Art. 3
    Abs. 1 Buchst. b) EuErbVO. Ob dies der Fall ist, muss notfalls als so-
    genannte Erstfrage für jeden Verfügenden nach dem gem. Art. 24 (!)
    EuErbVO anzuknüpfenden Recht ermittelt werden (vgl. HEINIG,
    RNotZ 2014, 197, 200 m.w.N.).

–   Treffen die Parteien keine Rechtswahl, ist für das **Erbvertragsstatut**
    danach zu **unterscheiden,** ob der Erbvertrag die todesfallbedingte
    Rechtsnachfolge von nur einer Vertragspartei regelt (dann ist Art. 25
    Abs. 1 EuErbVO anwendbar) oder von **mehreren** (nicht notwendig
    allen) Vertragsparteien (dann ist Art. 25 Abs. 2 EuErbVO anwend-
    bar).

–   Bei einem nur **einseitigen Erbvertrag** kommt es gem. Art. 25 Abs. 1
    EuErbVO zu einer Anknüpfung an den **gegenwärtigen gewöhnlichen
    Aufenthalt** des Erblassers im Zeitpunkt der letztwilligen Verfügung
    als dem hypothetischen Erbstatut. Nach diesem Recht entscheiden
    sich die Fragen zur Zulässigkeit, materiellen Wirksamkeit und Bin-
    dungswirkung des Erbvertrags, aber z.B. auch zu einer späteren Auf-

lösung, einem Rücktritt oder der Anfechtung (siehe zu den Begriffen Zulässigkeit und materielle Wirksamkeit bereits oben).

Beispiel

– Der alleinstehende polnische Staatsbürger P lebt in Berlin. Er setzt die ihn pflegende T erbvertraglich bindend zu seiner Alleinerbin ein. T verpflichtet sich, P bis zum Lebensende weiterzupflegen. Das Erbvertragsstatut ist gem. Art. 25 Abs. 1, 21 Abs. 1 EuErbVO das deutsche Recht. Sollte P in Polen mit letztem Wohnsitz dort versterben, wird er zwar gem. Art. 21 Abs. 1 EuErbVO nach polnischem Erbrecht beerbt. Dies ändert aber nichts daran, dass der Erbvertrag nach deutschem Recht zulässig, wirksam und bindend war.

– In der notariellen Praxis wird der Erbvertrag üblicherweise den Nachlass mehrerer Personen betreffen. Dann liegt ein mehrseitiger Erbvertrag vor (bei zwei Erblassern also ein zweiseitiger Erbvertrag), dessen Erbvertragsstatut sich nach Art. 25 Abs. 2 EuErbVO richtet. Hierbei wird unterschiedlich angeknüpft:

Ein solcher Erbvertrag ist nur dann zulässig, wenn er – kumulativ – nach dem hypothetischen Erbstatut eines jeden Erblassers zulässig ist (Art. 25 Abs. [= Unterabsatz] 2 UAbs. 1 EuErbVO).

Beispiel

– Ein Deutscher und eine Italienerin mit gewöhnlichem Aufenthalt in Berlin möchten einen Erbvertrag schließen. Hypothetisches Erbstatut wäre für beide deutsches Recht (Art. 21 Abs. 1 EuErbVO) und somit der Vertragsschluss zulässig. Etwas anderes würde gelten, wenn die Ehefrau in einer früheren letztwilligen Verfügung wirksam für sich italienisches Erbrecht zur Anwendung berufen hat. Aufgrund einer solchen Rechtswahl käme es für die Zulässigkeit des Erbvertrags auch auf das italienische Erbrecht an (Art. 25 Abs. 2 UAbs. 1, 22 Abs. 1 EuErbVO). Das italienische materielle Erbrecht verbietet aber Erbverträge (Art. 458 Satz 1 ital. c.c.). Im Ergebnis wäre dann der geplante Erbvertrag insgesamt unzulässig. Lösungsansatz: Denkbar ist, wenn der Abschluss des Erbvertrags trotzdem erfolgen würde, darin den konkludenten Widerruf der Rechtswahl zugunsten des italienischen Rechts zu sehen, da nur so dem Erbvertrag zur Zulässigkeit verholfen werden kann und nicht anzunehmen ist, dass die Eheleute einen unzulässigen und damit unwirksamen Erbvertrag haben schließen wollen. Dieser Widerruf sollte aber zur Vermeidung von Wirksamkeitszweifeln ausdrücklich erklärt werden.

– Die materielle Wirksamkeit und Bindungswirkung eines mehrseitigen Erbvertrags richtet sich nach dem einen maßgeblichen hypothetischen Erbstatut, nach dem sich auch die Zulässigkeit des Erbvertrags richtet, wenn es ein solches einheitliches hypothetisches Erbstatut gibt. Das ist insbesondere dann der Fall, wenn die Ehegatten einen gemeinsamen gewöhnlichen Aufenthalt und keine Rechtswahl getroffen haben. Weichen die maßgeblichen hypothetischen Erbstatute dagegen (ausnahmsweise) voneinander ab – z.B. weil bei einer binationalen Ehe die Eheleute sich scheiden lassen möchten und deshalb jeder von ihnen wieder in sein Heimatland zurückgekehrt ist –, kommt es nach Art. 25 Abs. 2 UAbs. 2 EuErbVO zur Anwendung desjenigen Rechts, zu dem der Erbvertrag die engste Verbindung hat. Welches Recht das ist, hängt von den Umständen des Einzelfalls ab. In jedem Fall richtet sich die materielle Wirksamkeit und Bindungswirkung eines mehrseitigen Erbvertrags aber immer nur nach einem Recht.

– Möglich ist auch bei einem Erbvertrag die parteiautonome Wahl des Erbvertragsstatuts (Rechtswahl). Art. 25 Abs. 3 EuErbVO lässt dabei durch die Verweisung auf Art. 22 EuErbVO die Wahl jedes Rechts zu, das das Recht der Staatsangehörigkeit mindestens eines der am Vertrag beteiligten Erblasser ist.

Beachte hierzu:

– Das Erbstatut bleibt von einer solchen Rechtswahl unberührt.

– Die Wahl des Erbvertragsstatuts kann unterbleiben, wenn nach dem hypothetischen Erbstatut des Art. 25 Abs. 2 EuErbVO ohnehin das gewünschte Erbvertragsstatut zur Anwendung gelangt, insbesondere weil die Parteien im Erbvertrag das Recht ihrer gemeinsamen Staatsangehörigkeit als Erbstatut gem. Art. 22 Abs. 2 EuErbVO treffen (näher WEBER, notar 2015, 296, 302, dort auch mit Beispielen, wann die Wahl des Erbvertragsstatuts sinnvoll sein kann).

– Beim **Erbvertrag** wird sich nicht selten als Gestaltungsziel die Frage stellen, ob eine zu treffende **Rechtswahl bindend** ist, d.h. nicht einseitig von einer Partei widerrufen oder geändert werden kann.

Hier dürften folgende Leitlinien gelten (näher WEBER, notar 2015, 296, 303 m.w.N.): Die **Wahl des Erbvertragsstatuts** ist stets bindend in diesem Sinne. Bei der **Wahl des Erbstatuts** kommt es hingegen auf das zur Anwendung berufene Erbrecht an. Gibt dieses eine bindende Rechtswahl vor, scheidet deren einseitiger Widerruf generell aus. Lässt es eine Bindungswirkung zumindest zu (so wie das deutsche Recht, vgl. §§ 1941 Abs. 1, 2278 Abs. 2 BGB n.F.), dann scheidet ein einseitiger Widerruf der Rechtswahl aus, wenn die Parteien die Rechtswahl auch tatsächlich mit erbvertragsmäßiger Bindungswirkung belegt haben. Kennt das zur Anwendung berufene Erbrecht keine Bindungswirkung hinsichtlich Rechtswahlen, kann die im Erbvertrag getroffene Rechtswahl auch einseitig widerrufen werden.

– Die Wahl des Errichtungsstatuts gem. Art. 24 Abs. 2 EuErbVO (bzw. des Erbvertragsstatuts gem. Art. 25 Abs. 3 EuErbVO) wird auch als **isolierte oder kleine Rechtswahl** bezeichnet. Dieser Begriff dient zur Abgrenzung gegenüber einer Wahl des Erbstatuts gem. Art. 22 Abs. 2 EuErbVO, die als **generelle oder große Rechtswahl** bezeichnet wird.

Beachte zum Verhältnis zwischen großer und kleiner Rechtswahl:

– Beide Rechtswahlen stehen wegen ihres unterschiedlichen Gegenstands grundsätzlich unabhängig **nebeneinander.**

– Trifft der Erblasser allerdings eine **große Rechtswahl**, ist darin automatisch auch eine Wahl des Errichtungsstatuts getroffen, das sich dann nämlich ebenfalls nach dem gewählten Recht richtet. Ob eine große Rechtswahl explizit auf die *lex successionis* (d.h. unter Ausklammerung der Wahl des Errichtungsstatuts) beschränkt werden kann mit der Folge, dass das Errichtungsstatut objektiv am gewöhnlichen Aufenthalt zum Zeitpunkt der Errichtung der Verfügung angeknüpft bleibt, wird unterschiedlich beantwortet, aber wohl überwiegend bejaht. Relevant kann diese Frage z.B. für in Deutschland lebende Erblasser werden, die zwar grundsätzlich ihr Heimatrecht bevorzugen, aber gerne von der Bindungswirkung eines deutschen Erbvertrags Gebrauch machen möchten (Beispiel nach WEBER, notar 2015, 296, 299).

– Umgekehrt kann sich der Erblasser mit einer **kleinen Rechtswahl** begnügen.

Formulierungsbeispiel – Kleine Rechtswahl gem. Art. 24 Abs. 2 EuErbVO

Ich bin [ausschließlich deutscher] Staatsangehöriger und habe seit dem [Datum] meinen gewöhnlichen Aufenthalt in [Musterstadt/Deutschland].

Die Zulässigkeit und materielle Wirksamkeit meines heutigen Testaments sollen sich nach [deutschem] Recht als dem Recht meiner Staatsangehörigkeit richten. Die Rechtswahl ist hierauf beschränkt. Eine generelle Wahl des [deutschen] Rechts für meine Rechtsnachfolge von Todes wegen möchte ich hingegen heute ausdrücklich nicht treffen.

Der Notar hat mich zu dem (begrenzten) Umfang und die Wirkung dieser Rechtswahl belehrt. Mir ist insbesondere bekannt, dass für meine Rechtsnachfolge von Todes wegen das Erbrecht am Ort meines letzten gewöhnlichen Aufenthalts zur Anwendung gelangt, auch wenn ich ins Ausland umziehe, solange ich keine diesbezügliche Rechtswahl zugunsten des [deutschen] Rechts als mein Staatsangehörigkeitsrecht treffe.

[Der Notar hat darauf hingewiesen, dass er ausländisches Recht nicht kennen muss. Er hat hierüber nicht belehrt, insbesondere nicht als Alternative zu meinen heutigen Verfügungen.]

Die isolierte kleine Rechtswahl dürfte aber nur selten interessengerecht sein. Denkbar ist sie in dem gerade geschilderten **Beispielsfall**, dass die Erbvertragsparteien eine Bindungswirkung nach deutschem Errichtungsstatut bei (rechtswahllos angeknüpftem) ausländischem Erbstatut herbeiführen wollen.

– Soll eine Rechtswahl erfolgen, wird im praktischen Regelfall eine Gestaltung angemessen sein, die eine **große und damit auch eine kleine Rechtswahl beinhaltet**. Dann sollten beiden Rechtswahlen aber **sprachlich auch ausdrücklich** klargestellt werden:

Formulierungsbeispiel – Kumulative Rechtswahl gem. Art. 22 Abs. 1, 24 Abs. 2 EuErbVO

Ich bin [ausschließlich deutscher] Staatsangehöriger und habe seit dem [Datum] meinen gewöhnlichen Aufenthalt in [Musterstadt/Deutschland].

Ich wähle für meine Rechtsnachfolge von Todes wegen das [deutsche] Recht als das Recht meiner Staatsangehörigkeit. Dieses Recht soll auch für die Zulässigkeit und materielle Wirksamkeit meiner heutigen Verfügung von Todes wegen gelten.

Der Notar hat mich zu Umfang und Wirkung dieser Rechtswahl belehrt. Mir ist insbesondere bekannt, dass

– die Rechtswahl nicht nur für die Inhalte des heutigen Testaments, sondern für alle Aspekte meiner Rechtsnachfolge von Todes wegen gilt. Dazu gehören insbesondere auch Pflichtteils- bzw. Noterbenrechte.

– ohne Rechtswahl das Erbrecht am Ort meines letzten gewöhnlichen Aufenthalts anwendbar wäre, auch wenn ich ins Ausland umziehe.

[Der Notar hat darauf hingewiesen, dass er ausländisches Recht nicht kennen muss. Er hat hierüber nicht belehrt, insbesondere nicht als Alterantive zu meinen heutigen Verfügungen.]

Kostenhinweis

Geschäftswert: Für die Rechtswahl sind gem. § 104 Abs. 2 GNotKG 30 % des Werts des Nachlasses (§ 102 Abs. 1 GNotKG) anzusetzen.

Gebührensatz: 1,0-Gebühr gem. Nr. 21200 KV GNotKG bei Rechtswahl im Einzeltestament, 2,0-Gebühr gem. Nr. 21100 KV GNotKG beim Erbvertrag.

Die Gebühr für die Rechtswahl ist dem Geschäftswert für die Beurkundung des Testaments/Erbvertrags hinzuzurechnen, da immer ein **besonderer** (= gegenstandsverschiedener) **Beurkundungsgenstand** vorliegt (§ 111 Nr. 4 GNotKG).

Rechtswahlen, die nach der EuErbVO häufiger als bislang empfehlenswert sein können, führen also zu einer spürbaren Verteuerung der notariellen Urkunde, und zwar auch dann, wenn sie **nur vorsorglich** erklärt werden, weil der Erblasser aktuell gar keinen Umzug ins Ausland plant. Wo eine Rechtswahl vor allem im Kosteninteresse unterbleibt, empfiehlt sich dringend ein klarer Hinweis auf die wahrscheinliche Geltung ausländischen Erbrechts bei Umzug ins Ausland (siehe unten Ziffer 5 Buchst. b)).

Trifft der Erblasser sowohl eine große wie auch – jedenfalls zur Klarstellung – eine kleine Rechtswahl, besteht nach h.M. zwischen **beiden Rechtswahlen Gegenstandsgleichheit** (§ 109 Abs. 1 Satz 1 GNotKG). Die Gebühr für die Rechtswahl fällt dann nur einmal an.

cc) Einführung des Europäischen Nachlasszeugnisses (ENZ)

Die EuErbVO führt das Europäische Nachlasszeugnis (ENZ) ein:

– Das ENZ **dient** – wie der deutsche Erbschein – dem **Nachweis des Erbrechts**
im Rechtsverkehr, setzt aber die – im Antrag darzulegende – Absicht der Verwendung in einem anderen Mitgliedstaat voraus (grenzüberschreitenden Verwendung, Art. 62 Abs. 1 EuErbVO; sog. **innergemeinschaftlicher Verkehr**). Insofern verdrängt das ENZ den deutschen Erbschein nicht, sondern tritt als
zweites Instrument neben den deutschen Erbschein (Art. 62 Abs. 3 Satz 1
EuErbVO).

– **Zuständig** für die Erteilung eines ENZ sind grundsätzlich die Gerichte des
Mitgliedstaates der EuErbVO, in dessen Gebiet der Erblasser seinen **letzten
gewöhnlichen Aufenthalt** hatte (Art. 64 Satz 1 i.V.m. Art. 4 EuErbVO). Zu
Sonderzuständigkeiten vgl. Art. 7, 10 und 11 EuErbVO.

Beachte:

Die Befugnis zur Erteilung eines ENZ legt jeder Mitgliedstaat in seinem Verfah-
rensrecht fest. Der nationale Gesetzgeber ist dabei **nicht auf Gerichte** (Art. 3
Abs. 2 EuErbVO) **beschränkt** (arg. Art. 64 Satz 2 Buchst. b) EuErbVO).
Zuständige Behörden für die Erteilung eines ENZ können vielmehr auch sons-
tige Stellen sein, insbesondere auch **Notare** (vgl. Erwägungsgrund 70 Satz 2
EuErbVO). Von dieser Öffnungsklausel haben 16 Mitgliedstaaten der
EuErbVO Gebrauch gemacht, so dass z.B. ein niederländischer oder belgischer
Notar ein ENZ erteilen darf. Abweichend davon die Rechtslage in Deutsch-
land: Zur Erteilung eines ENZ sind nur die Nachlassgericht sachlich zuständig
(§ 34 Abs. 4 IntErbRVG).

– Im Zusammenhang mit dem ENZ sind auch die sogenannten **Formblätter** von
großer praktischer Bedeutung, die die ErbVO an einigen Stellen vorsieht, insbesondere für die **Beantragung und Erteilung eines ENZ** (Formblätter IV und
V nebst Anlagen). Diese Formblätter dienen der ordnungsgemäßen (europaweit einheitlichen) Anwendung der ErbVO und wurden inzwischen von der
EU-Kommission erlassen (Durchführungsverordnung (EU) Nr. 1329/2014 v.
09.12.2014, ABl EU Nr. L 359 v. 15.12.2014, 30). Ermächtigungsnorm ist
Art. 80 EuErbVO.

Hinweis

Den Text der Formblätter können Sie im Online-Bereich dieses Buchs abrufen
(siehe dazu den Umschlagband)

– Zum ENZ siehe noch unten im **Kontext des deutschen Erbscheins** (Abschnitt X. Ziffer 2. (zum Fremdrechtserbschein) und Ziffer 6. (Beantragung
eines ENZ im Inland)).

dd) Regelung der internationalen Zuständigkeit von Gerichten bei der Abwicklung von Erbfällen

Die EuErbVO regelt die internationale Zuständigkeit von Gerichten bei der Abwicklung von Erbfällen:

- Grundsätzlich sind für solche Entscheidungen in Erbsachen für den gesamten Nachlass die Gerichte desjenigen EU-Mitgliedstaates zuständig, in dessen Hoheitsgebiet der Erblasser im Zeitpunkt seines Todes seinen **gewöhnlichen Aufenthalt** hatte (Art. 4 EuErbVO).

- **Sonderanknüpfungen** sind in Art. 5 ff. EuErbVO geregelt: Hatte der Erblasser zuletzt in einem Drittstaat (siehe zum Begriff unten Ziffer 3. Buchst. c)) seinen Aufenthalt, sind die Gerichte desjenigen EU-Staates zuständig, in dem sich Nachlassgegenstände befinden, wenn der Erblasser die Staatsangehörigkeit dieses Mitgliedstaates bei seinem Tod besaß oder, falls dies nicht der Fall ist, wenn der Erblasser in diesem Staat in den letzten fünf Jahren seinen gewöhnlichen Aufenthalt hatte (Art. 10 Abs. 1 EuErbVO), hilfsweise sind die Gerichte des Mitgliedstaates, in dem sich Nachlassvermögen befindet, für Entscheidungen beschränkt auf dieses Nachlassvermögen (Art. 10 Abs. 2 EuErbVO). Falls keinerlei Anknüpfungspunkt besteht, können die Gerichte eines Mitgliedstaates in Ausnahmefällen trotzdem in einer Erbsache entscheiden, wenn es nicht zumutbar ist oder es sich als unmöglich erweist, ein Verfahren in einem Drittstaat, zu dem die Sache einen engen Bezug aufweist, einzuleiten oder zu führen (Art. 11 EuErbVO, sog. forum necessitatis).

- Hat der Erblasser eine **verbindliche Rechtswahl** i.S.d. Art. 22 EuErbVO getroffen, können die Gericht seines Heimatstaates (nur dessen Erbrecht kann er ja wählen, siehe oben Buchst. aa)) vorrangig zuständig sein, wenn alle Parteien des konkreten gerichtlichen Verfahrens diese Zuständigkeit vereinbart oder anerkannt (Art. 7 Buchst. b), c) EuErbVO) oder sich, ohne die Unzuständigkeit zu rügen, zur Sache eingelassen haben (Art. 9 EuErbVO), oder wenn sich das eigentlich zuständige Gericht (am letzten gewöhnlichen Aufenthaltsort) auf Antrag einer Partei für unzuständig erklärt hat, weil es die Gerichte des Heimatstaates des Erblassers für besser geeignet hält, das gewählte Heimatrecht des Erblassers auf den Fall anzuwenden (Art. 7 Buchst. a) i.V.m. Art. 6 Buchst. a) EuErbVO).

- Die genannten Gerichtszuständigkeiten sind **i.d.R. ausschließlich**, d.h., es können **keine Doppelzuständigkeiten** begründet werden (Ausnahmen: Empfangnahme von Ausschlagungserklärungen, Art. 13 EuErbVO; vorläufige Sicherungsmaßnahmen, Art. 19 EuErbVO).

– **Nicht geregelt** hat die EuErbVO hingegen, welches Gericht innerhalb des Mitgliedstaates **örtlich und sachlich zuständig** ist. So haben z.B. im niederländischen Recht (wie in vielen anderen Rechtsordnungen) auch Notarinnen und Notare die Befugnis, ein ENZ auszustellen.

– Neben der Gerichtszuständigkeit (Art. 4 ff. EuErbVO) regelt die ErbVO auch die **grenzüberschreitende Anerkennung und Vollstreckung** von Entscheidungen (Art. 39 ff. EuErbVO) und die **Annahme und Vollstreckung öffentlicher Urkunden** in Erbsachen (Art. 59 ff. EuErbVO).

b)   Internationales Erbrechtsverfahrensgesetz (IntErbRVG)

Flankierend zu den in der ErbVO enthaltenen Regelungen hat der deutsche Gesetzgeber mit dem **Internationalen Erbrechtsverfahrensgesetz (IntErbRVG)** Durchführungsbestimmungen geschaffen, die hierzulande die Lücken schließen sollen, die die ErbVO gelassen hat. Das IntErbRVG fügt also unterhalb der europäischen Normebene noch eine **weitere nationale Normebene** hinzu, die bei dem Rechtsanwender für zusätzliche Komplexität sorgt.

Das IntErbRVG ist im Wesentlichen wie folgt **aufgebaut**:

– § 1 IntErbRVG: Anwendungsbereich

– §§ 3–30 IntErbRVG: Regelungen zur Zulassung der Zwangsvollstreckung aus ausländischen Titeln und zur Anerkennungsfeststellung. Diese knüpfen an Art. 39 ff. EuErbVO an.

– §§ 33–44 IntErbRVG: Regelungen zum ENZ. Diese knüpfen an Art. 62 ff. EuErbVO an.

Diese Regelungen sind für den deutschen Notar vermutlich am relevantesten. Zum ENZ siehe noch unten im Kontext des deutschen Erbscheins (Abschnitt X. Ziffer 2., zum Fremdrechtserbschein) und Ziffer 6. (Beantragung eines ENZ im Inland).

c)   Vorrang staatsvertraglicher Regelungen

Zu beachten ist schließlich, dass die EuErbVO **staatsvertragliche Regelungen** weiter gelten lässt, selbst wenn sie Bereiche betreffen, die in der EuErbVO abweichend geregelt sind (Art. 75 EuErbVO). Mit Blick auf Deutschland sind damit insbesondere weiterhin maßgeblich:

– für **iranische** Staatsangehörige deren Staatsangehörigkeit nach dem deutsch-persischen Niederlassungsabkommen aus dem Jahr 1929;

– für **türkische** Staatsangehörige deren Staatsangehörigkeit bezüglich des beweglichen Nachlasses nach dem deutsch-türkischen Konsularvertrag aus dem Jahr 1956; für unbewegliches Vermögen gilt aber das Recht am Belegenheitsort;

– für Staatsangehörige der meisten **sowjetischen** Nachfolgestaaten (u.a. Armenien, Georgien, Russland, Ukraine, Weißrussland) der deutsch-sowjetische Konsularvertrag von 1958; dieser gilt aber nur für die Erbfolge in unbewegliches Vermögen in einem Vertragsstaat, für die an das Recht des Belegenheitsstaates angeknüpft wird. Das bedeutet, dass für die Erbfolge in das übrige, insbesondere bewegliche Vermögen eines hier verstorbenen Staatsangehörigen der erfassten Nachfolgestaaten aus deutscher Sicht die ErbVO gilt.

Hier können sich **schwierige Abgrenzungsfragen** ergeben, zu deren Vermeidung empfohlen wird, in Deutschland anstelle eines ENZ für den Nachlass zumindest eines türkischen oder iranischen Staatsangehörigen besser einen deutschen Erbschein zu verwenden (LEHMANN, ZEV 2015, 138, 140).

d) Ausgenommene Anwendungsbereiche

Zahlreiche Rechtsgebiete sind gem. Art. 1 Abs. 2 EuErbVO vom **Anwendungsbereich der EUErbVO ausgenommen**. Für die notarielle Praxis sind vor allem wichtig:

– Fragen des ehelichen **Güterrechts** (§ 1 Abs. 2 Buchst. d)). Die ErbVO entscheidet also nicht die Qualifikationsfrage, welche Bestimmungen des nationalen Rechts güterrechtlich und welche erbrechtlich zu qualifizieren sind. Diese Abgrenzung ist im deutschen Recht für den pauschalen Zugewinnausgleich beim Tod eines in Zugewinngemeinschaft verstorbenen Ehegatten problematisch (§ 1371 Abs. 1 BGB, siehe dazu unten Abschnitt IV. Ziffer 3.).

– **Schenkungen unter Lebenden** (Buchst. g)). Hierher gehören auch Ansprüche aus Lebensversicherungen.

– **Fragen des Gesellschaftsrechts** (Buchst. h)). Wie im deutschen Recht entscheidet sich also nach dem Gesellschaftsstatut, welche Gesellschafterpositionen überhaupt in den Nachlass fallen.

– Die **Art der dinglichen Rechte** (Buchst. k)). Die Vorschrift **schützt den sachrechtlichen Numerus clausus**, indem sie verhindert, dass aus einem ausländischen Erbstatut herrührende Rechte wie insbesondere Vindikationslegate (das sind – entgegen § 2174 BGB – unmittelbar dinglich wirkende Vermächtnisse, die manche Mitgliedstaaten kennen = sog. **Vindikationslegate**) unmittelbar in das Register eines anderen Mitgliedstaates (vor allem in das Grundbuch) einzutragen sind, dessen Rechtsordnung solche Rechte fremd sind.

– Das **Register- und Immobiliarsachenrecht** (Buchst. l)). Diese Herausnahme hat z.B. zur Folge, dass auch künftig die Übertragung von Immobilien durch Rechtsgeschäft zwischen Erben (etwa im Zuge der Erbauseinandersetzung) die erforderlichen Erklärungen über die Auflassung in grundbuchtauglicher Form nachgewiesen werden müssen (§§ 19, 20, 29 GBO).

– Diese an sich klaren Vorgaben der EuErbVO hat der **EuGH in der Rechtssache Kubicka** (Urt. v. 12.10.2017 – C-218/16) dahingehend umgestaltet, dass Art. 1 Abs. 2 Buchst. k) und l) EuErbVO die unmittelbaren dinglichen Wirkungen des Vindikationslegats nicht aus dem Anwendungsbereich der EuErbVO ausschließen und dass daher das nach dem Erbstatut (im entschiedenen Fall: dem polnischen Recht) wirksame Vindikationslegat in einem Mitgliedstaat, dessen Rechtsordnung dieses Institut nicht kennt (z.B. Deutschland, arg. § 2174 BGB), **anzuerkennen** ist. Noch offen ist die daraus resultierende **Folgefrage**, welche zusätzlichen Anforderungen die deutschen Grundbuchämter stellen werden, um den Eigentumswechsel aufgrund eines solchen Vindikationslegats auf den Vermächtnisnehmer im deutschen Grundbuch einzutragen (Auflassung nach § 925 BGB? Grundbuchberichtigung gem. § 22 GBO?).

3. Zeitlicher und örtlicher Anwendungsbereich

a) Zeitlicher Anwendungsbereich

Die EuErbVO gilt in **zeitlicher Hinsicht** für alle Erbfälle, die ab dem 17.08.2015, 0:00 Uhr, eingetreten sind (vgl. Art. 83 Abs. 1 EuErbVO). Maßgeblich ist also nicht, wann der Antrag auf Erteilung eines Erbscheins oder ENZ gestellt wird, sondern wann die Person, um deren Nachlass es geht, verstorben ist. Das bedeutet umgekehrt, dass auf Verfahren zur Erteilung von Erbscheinen nach einem Erblasser, der vor dem 17.08.2015 verstorben ist, das damals gültige Zuständigkeits- und Verfahrensrecht auch ab/nach dem 17.08.2015 anzuwenden ist (vgl. Art. 229 § 36 EGBGB).

b)   Übergangsbestimmungen

Die ErbVO regelt auch, welche Auswirkungen ihr Wirksamwerden zum 17.08.2015 **auf bereits existierende letztwillige Verfügungen** hat (wenn der Erblasser am 17.08.2015 oder danach verstirbt). Solche letztwilligen Verfügungen genießen nach Maßgabe von Art. 83 Abs. 3, 4 EuErbVO **Bestandsschutz.** Insoweit gilt – ähnlich wie für Rechtswahlen (Art. 83 Abs. 2 EuErbVO, siehe sogleich) – das Bestreben des europäischen Gesetzgebers, solchen Verfügungen – und Rechtswahlen – zur Wirksamkeit zu verhelfen und das **Vertrauen in den Fortbestand** der einmal getroffenen letztwilligen Verfügung – oder Rechtswahl – zu schützen.

Eine vor dem 17.08.2015 errichtete Verfügung von Todes wegen ist demnach gem. Art. 83 Abs. 3 EuErbVO **zulässig sowie materiell und formell wirksam** (zu diesen Begriffen vgl. Art. 24 ff. EuErbVO und oben Ziffer 2.), wenn sie entweder

– die **Voraussetzungen der Art. 20 ff. EUErbVO erfüllt**; damit ist für Erbverträge auf Art. 25 EuErbVO verwiesen und für (gemeinschaftliche) Testamente und sonstige letztwillige Verfügungen auf Art. 24 EuErbVO;

oder wenn sie alternativ

– nach den zum Zeitpunkt der Errichtung der Verfügung geltenden Vorschriften des Internationalen Privatrechts in dem Staat, in dem der Erblasser **seinen gewöhnlichen Aufenthalt** hatte (dabei ist es nach h.M. egal, ob es sich bei diesem Staat um einen Mitglied- oder einen Drittstaat handelt), oder

– in einem Staat, dessen **Staatsangehörigkeit** er besaß (auch hier ist es egal, ob Mitglied- oder Drittstaat), oder

– in dem Mitgliedstaat, dessen Behörde (damit sind auch Gerichte und Notare gemeint) **mit der Erbsache** befasst ist,

zulässig sowie materiell und formell wirksam ist.

Ergänzend fingiert Art. 83 Abs. 4 EuErbVO eine Rechtswahl zugunsten des Rechts, das der Erblasser nach der EuErbVO hätte wählen können (hätte sie schon gegolten), wenn der Erblasser vor dem 17.08.2015 eine letztwillige Verfügung nach dem Recht dieses Staates errichtet hat.

Daneben enthält die EuErbVO eine weitere **Übergangsbestimmung** in Art. 83 Abs. 2 EuErbVO. Sie betrifft **Rechtswahlen**, die bereits vor dem 17.08.2015 mit Blick auf die künftig wirksame EuErbVO errichtet worden sind. Auch hier gilt das Grundanliegen, der wirksam getroffenen Erklärung zur fortbestehenden Wirksamkeit zu verhelfen.

Gemäß Art. 83 Abs. 2 EuErbVO ist eine schon vor dem 17.08.2015 getroffene Rechtswahl für wirksam, wenn sie zum damaligen Zeitpunkt

– die **Voraussetzungen** der ErbVO erfüllt (d.h. des Art. 22 EU-ErbRVO bei generellen Rechtswahlen oder der Art. 24 Abs. 2, 25 Abs. 3 EuErbVO bei isolierten Rechtswahlen) oder

– nach Maßgabe des bis zur Geltung der ErbRVO anwendbaren Kollisionsrechts am **gewöhnlichen Aufenthalt** (egal ob Dritt- oder Mitgliedstaat) oder

– des Staates, dessen **Staatsangehörigkeit** der Erblasser besaß,

wirksam war. Die vierte Option des Art. 83 Abs. 3 EuErbVO (Wirksamkeit letztwilliger Verfügungen nach der lex fori zum Zeitpunkt der Errichtung) fehlt überraschenderweise in Absatz 2 für Rechtswahlen.

c) Örtlicher Anwendungsbereich

In **örtlicher Hinsicht** gilt die EuErbVO für Sterbefälle in allen Mitgliedstaaten der EU mit **Ausnahme des Vereinigten Königreichs (das also auch schon vor dem Austrittsgesuch bei der EuErbVO nicht „mitgemacht" hatte), Irlands und Dänemarks** (vgl. Erwägungsgründe 82 und 83 EuErbVO). Diese drei EU-Mitgliedstaaten nehmen an der EuErbVO nicht teil und sind deshalb für die Zwecke der ErbVO als **Drittstaaten** anzusehen. Gleiches gilt für alle übrigen Länder der Erde.

Wichtig ist, dass die EuErbVO räumlich **nicht nur** für den innergemeinschaftlichen Verkehr Geltung zwischen den an der EuErbVO teilnehmenden Staaten beansprucht, sondern **auch dann**,

– wenn **Bürger eines Drittstaates** Nachlass (auch) innerhalb der EU hinterlassen,

– wenn Bürger der teilnehmenden EU-Staaten ihren letzten gewöhnlichen Aufenthalt **in einem Drittstaat** haben.

Das bedeutet aber auch, dass

– das nach der EuErbVO zur Anwendung berufene Erbrecht auch dann anzuwenden ist, wenn es sich um das **Recht eines Drittstaates** handelt (Art. 20 EuErbVO);

– wenn das Recht eines Drittstaates, das gem. Art. 20 EuErbVO anwendbar ist, seinerseits auf das Recht eines an der EuErbVO teilnehmenden EU-Mitgliedstaates **zurück- oder weiterverweist**, diese Verweisung grundsätzlich Bestand hat (Art. 34 Abs. 1 EuErbVO). Im Ergebnis kann dann trotz eines Bezugs zu einem Drittstaat doch das Erbrecht eines Mitgliedstaates Anwendung finden. Ziel ist, einen internationalen Entscheidungseinklang im Verhältnis zu Drittstaaten zu erreichen (vgl. Erwägungsgrund 57 Satz 3 EuErbVO).

Beispiel (nach PALANDT/THORN, BGB, 75. Aufl. 2016, Art. 34 EuErbVO Rdnr. 3):

– Stirbt ein Deutscher mit letztem gewöhnlichen Aufenthalt in der Türkei, verweist Art. 20 Abs. 1 des türkischen IPR-Gesetzes auf das Recht der Staatsangehörigkeit des Erblassers, also auf das deutsche Erbrecht. Diese Rückverweisung wird gem. Art. 34 Abs. 1 Buchst. a) EuErbVO angenommen.

– dass je nach Ausgestaltung des Drittstaatenrechts das kollisionsrechtliche Ziel der **Nachlasseinheit verpasst** wird, weil es zu einer Nachlassspaltung kommt.

Beispiel (nach ODERSKY, notar 2013, 3, 4):

– Stirbt ein Deutscher mit letztem gewöhnlichem Aufenthalt in London und einer Immobilie in Köln, kommt es aufgrund des Belegenheitsprinzips des entglischen IPR i.V.m. Art. 34 Abs. 1 Buchst. a) EuErbVO zur Rückverweisug auf das deutsche Recht. Weitere Beispiele bei EGIDY/VOLMER, Rpfleger 2015, 433, 434. – Die EuErbVO fängt dies mit einer international-gerichtlichen Notzuständigkeit für innergemeinschaftliches Vermögen auf (Art. 10, 11 EuErbVO).

4. Begriff des gewöhnlichen Aufenthalts

Obwohl der letzte gewöhnliche Aufenthalt das zentrale Anknüpfungskriterium für die oben (Ziffer 2. Buchst. a)) genannten Regelungsbereiche der EuErbVO ist, hat die EuErbVO diesen Begriff **nicht definiert** und, abgesehen von Erwägungsgründen 23 und 24, auch nicht tatbestandlich näher umschrieben. Auch der deutsche Gesetzgeber schuf **keine Legaldefinition**.

a)   Bedeutung

Zur Wiederholung:

Der **letzte gewöhnliche Aufenthalt** ist nach der EuErbVO bedeutsam für

– das **anwendbare Erbrecht** (Art. 21 Abs. 1 EuErbVO),

– die **internationale Zuständigkeit** der Gerichte eines Mitgliedstaates (Art. 4 EuErbVO),

– die internationale Zuständigkeit zur **Erteilung eines ENZ** (Art. 67 EuErbVO; dem folgend innerdeutsch die örtliche Zuständigkeit, § 34 IntErbRVG),

– die Möglichkeit, an seinem Heimatgericht rechtswirksam **verfahrensrechtliche Erklärungen** (vor allem Erbausschlagungen) nach der dort geltenden Form abgeben zu können (Art. 13, 28 Buchst. b) EuErbVO),

und nach dem deutschen Recht u.a.

– für die allgemeine **örtliche Zuständigkeit** des Nachlassgerichts (§ 343 Abs. 1 FamFG).

Daneben ist der **gegenwärtige gewöhnliche Aufenthalt** (nur denkbar bei noch einer noch lebenden Person) nach der EuErbVO wichtig für

– die **Zulässigkeit und Wirksamkeit** einer letztwilligen Verfügung (sog. Errichtungsstatut, Art. 24, Art. 25 EuErbVO) und

– die dabei zu beachtende Form (sog. Formstatut, Art. 27, 75 Abs. 1 EuErbVO).

b)   Inhalt

In den aktuellen Veröffentlichungen zur EuErbVO finden sich aber genügend Hinweise, um für die allermeisten praktischen Fälle gut gewappnet zu sein (siehe zur Literatur oben vor Ziffer 1.). Man hüte sich aber vor Schema F: Der Rechtsbegriff des gewöhnlichen Aufenthalts hat **keine starre Konturen**. Er ist im konkreten Fall anhand eines **Indizienkatalogs** zu bestimmen, ohne dass die relative Gewichtung der Indizien von vornherein feststünde. Diese Indizien brauchen auch nicht immer nur auf einen Aufenthaltsort hinweisen, sondern können auch gegensätzliche Erkenntnisse liefern, die es dann aufzulösen gilt.

Konkreter:

– Jede Person hat zu einem konkreten Zeitpunkt (z.B. dem Erbfall) immer **nur einen gewöhnlichen Aufenthalt.**

– Gewöhnlicher Aufenthalt erfordert **mehr als das bloße Verweilen** an einem Ort (vorübergehender Aufenthalt, z.b. Hotel im Urlaub, kurzer Krankenhausaufenthalt, Transit durch ein Land). Insoweit erfordert die Begründung eines gewöhnlichen Aufenthalts auch ein zeitliches Element, eine gewisse **Mindestverweildauer** an einem Ort. Diese kann aber zunächst nur geplant sein.

Beispiel

– Bereits am Tag des vollständigen Umzugs von Bonn nach Berlin hat man (sofort) seinen gewöhnlichen Aufenthalt in Berlin, mag sich das wohlige „Zuhause-Gefühl" angesichts zahlloser Umzugskartons (einstweilen) nicht einstellen. Daraus eine starre Mindestdauer ableiten zu wollen, dürfte deshalb zu weit gehen; entscheidender dürfte vielmehr sein, dass man am bisherigen Wohnort „die Zelte abbricht" und ohne konkrete Rückkehrabsicht sein Glück in der „neuen Heimat" suchen möchte.

– Der gewöhnliche Aufenthalt ermittelt sich aus **tatsächlichen Umständen.** Geschäftsfähigkeit ist dafür nicht erforderlich. Auch Minderjährige haben daher einen gewöhnlichen Aufenthalt, der i.d.R. demjenigen des erziehungsberechtigten Elternteils entsprechen wird, bei dem sie leben.

– Wie Erwägungsgrund 24 EuErbVO verdeutlicht, kommt es ganz wesentlich auf die **soziale Eingliederung** des Erblassers an; also dort, wo sich in familiärer und sozialer Hinsicht der Lebensmittelpunkt einer Person befindet. Daraus folgt ein **Vorrang des Privatlebens** gegenüber einer nur beruflich veranlassten Einbindung an einem anderen Ort.

Beispiel

– Wer morgens von Köln nach Bonn zur Arbeit pendelt und abends wieder zurück, weil er in Köln Familie und Freunde hat und seinen Freizeitaktivitäten nachgeht, hat seinen gewöhnlichen Aufenthalt in Köln, auch wenn sich der Todesfall tragischerweise in Bonn ereignen sollte. Gleiches gilt für den grenzüberschreitenden **Berufspendler** (sog. Grenzpendler), z.B. vom polnischen Lubin nach Frankfurt/Oder, und für **Wanderarbeiter** oder **Unternehmensberater**, die projektbezogen in nacheinander wechselnden Unternehmen eingesetzt werden, soweit sie (wie i.d.R.) einen privat motivierten Lebensmittelpunkt (ein „Zuhause") unterhalten.

– **Soldaten,** die in einer Kaserne stationiert sind und keine Privatwohnung außerhalb unterhalten, haben ihren gewöhnlichen Aufenthalt in der Kaserne. Das dürfte in einer Berufsarmee wie der deutschen aber eher der Ausnahmefall sein.

– **Strafgefangene** werden, zumindest wenn sie eine längere Freiheitsstrafe verbüßen, ihren gewöhnlichen Aufenthalt i.d.R. in der Justizvollzugsanstalt haben. Dies gilt nicht für die **Untersuchungshaft** und womöglich auch nicht für die **Hauptverhandlungshaft,** sofern die Hauptverhandlung nicht wie z.B. im Fall der Beate Zschäpe über Jahre hinweg angesetzt ist (und eine soziale Einbindung außerhalb der Haftanstalt aufgrund der Umstände des Falls zweifelhaft erscheint). Aber auch hier kommt es auf die genauen Umstände des Einzelfalls an: Der vormalige **Freigänger** Uli Hoeneß dürfte, wenn man der damaligen Presseberichterstattung Glauben schenken durfte, seine bisherige familiäre und soziale Einbindung trotz der Haftstrafe nicht aufgegeben haben.

– **Arbeitnehmer/Soldaten/Diplomaten im Auslandseinsatz:** Arbeitnehmer, die von ihrem Arbeitgeber an einen ausländischen Unternehmensstandort geschickt werden (sog. **Expats**), Soldaten im Auslandseinsatz bzw. auf Abordnung bei der Nato und Diplomaten während eines gewöhnlichen (meist dreijährigen) Einsatzes an einer deutschen Botschaft bzw. einem deutschen Konsulat im Ausland haben wegen des i.d.R. zeitlich befristeten Engagements im Ausland i.d.R. eine konkrete **Rückkehrabsicht.** Unter dieser Prämisse können sie trotz ihres hauptsächlichen Verweilens im Ausland ununterbrochen ihren Lebensmittelpunkt in Deutschland unterhalten, z.B. an dem Ort, wo sie eine Immobilie besitzen und die Kinder wohnen. Daran ist insbesondere dann zu denken, wenn am ausländischen Einsatzort (z.B. wegen eines bewaffneten Konflikts, großer kultureller Unterschiede und/oder einer besonders problematischen Sicherheitslage) ein familiäres oder soziales Umfeld nicht entstehen kann. Dieser Gedanke lässt sich für auch **Studenten im Auslandssemester** („Erasmus-Jahr") fruchtbar machen.

– Schwierigkeiten kann die zutreffende Einordnung des gewöhnlichen Aufenthalts eines sogenannten **Mallorca-Rentners** bereiten. Dabei handelt es sich um Menschen, die ihren Lebensabend teilweise „im Süden" (z.B. auf Mallorca), teilweise in Deutschland (meist dort, wo nach wie vor die „deutschen" Freunde und Bekannten leben), und zwar häufig in der Weise, dass sie im Winterhalbjahr im Süden verweilen und im den Sommermonaten in Deutschland (sog. **Überwinterer**). Meist wird an beiden Orten eine Wohnung und ein Freundeskreis unterhalten. Hier wird man sorgfältig prüfen müssen: Zu welchem Ort hat die Person den engeren sozialen Bezug? Kriterien können sein:

die Aufenthaltsdauer; Ausstattung/Größe der jeweiligen Wohnung; Verbleib der wesentlichen persönlichen Gegenstände an nur einem Ort; Zusammensetzung und Bestandskraft der sozialen Bindungen am Ort; Mitgliedschaften oder ehrenamtliches Engagement; aber auch die bewusste Konzentration von Arzt- und Behördengängen an nur einem der beiden Aufenthaltsorte. Die in der juristischen Literatur vertretene Ansicht, dass bei scheinbar gleichgewichtigen Aufenthalten ein halbjähriger Wechsel des Erbstatuts stattfindet, wird überwiegend abgelehnt.

– Zuletzt sollte man sich noch klarmachen: **Wohnsitz und gewöhnlicher Aufenthalt sind zwei verschiedene Rechtsbegriffe**, die nicht vermengt werden dürfen. Der Wohnsitz ist der Ort, an dem eine Person melderechtlich gemeldet ist (vgl. z.B. § 2 BMeldeG); gleichwohl besteht eine tatsächliche Vermutung, dass Wohnsitz und gewöhnlicher Aufenthalt **vielfach übereinstimmen** (für ein gesetzliches Beispiel dieser Vermutung vgl. § 7 Abs. 3 Satz 2 ZTRV).

– Weitere **Problemfälle** sind denkbar, dürften in der notariellen Praxis aber keine herausgehobene Bedeutung erlangen, so etwa der intensiv diskutierte Fall, wo ein pflegebedürftiger Erblasser, der gegen oder ohne seinen Willen zur Pflege ins Ausland verbracht wird, seinen gewöhnlichen Aufenthalt hat.

5. Konsequenzen für die Gestaltung notarieller letztwilliger Verfügungen (Rechtswahlen und Belehrungen)

a) Vorüberlegungen

Die EuErbVO hat das internationale Erbrecht **grundlegend umgestaltet**. Die Bestimmung des Erbstatuts primär nach dem Recht am letzten gewöhnlichen Aufenthalt bei lebzeitiger Möglichkeit der Rechtswahl zugunsten des Rechts (einer) der eigenen Staatsangehörigkeit(en) stellt die markantesten, aber keineswegs einzigen Neuerungen gegenüber Art. 25 EGBGB a.F. dar (siehe im Detail oben Ziffer 2.–4.). Insgesamt führt die ErbVO zu einer **größeren Freiheit** bei der Gestaltung letztwilliger Verfügungen, vor allem im Kontext von **Rechtswahlen**.

Gleichzeitig ist zu berücksichtigen, dass Rechtswahlen auch dann, wenn sie „rein vorsorglich" getroffen werden, zu einer Verteuerung der Urkunde führen (siehe oben Ziffer 2. Buchst. a) bb) am Ende). Im **Kosteninteresse** sollte deshalb möglichst nicht standardmäßig in jedes Testament oder in jeden Erbvertrag eine Rechtswahlklausel aufgenommen werden.

Vielmehr wird man die **folgende Empfehlungen** beherzigen können (WEBER, notar 2015, 296, 298; vgl. auch ODERSKY, notar 2013, 3, 7), wonach eine Rechtswahl

- **sinnvoll** ist, wenn Zweifel am derzeitigen oder künftigen gewöhnlichen Aufenthalt des Erblassers bestehen,

- **geboten** ist, wenn sich die gewünschte Gestaltung nur unter einem wählbaren (i.d.R. dem deutschen) Recht umsetzen lässt und der Erblasser sich aktuell oder perspektivisch dort nicht aufhält, und

- womöglich **zweckmäßig** ist, wenn das wesentliche Vermögen des Erblassers abweichend von seinem gewöhnlichen Aufenthalt in dem Staat belegen ist, dessen Staatsangehörigkeit er besitzt, dies vor allem dann, wenn sich dort auch die potentiellen Erben aufhalten.

In **Erbverträgen** ist dies für jeden verfügenden Erblasser gesondert zu prüfen.

Die (neuen) Möglichkeiten der EuErbVO muss der **Notar** kennen, um sie vor allem bei der Beratung zu einer **grenzüberschreitenden Nachlassplanung** einfließen lassen und die diesbezüglichen Vorstellungen des Erblassers angemessen in der Urkunde berücksichtigen zu können. Die **schnelle Wandelbarkeit** der erbrechtlichen Verhältnisse (wegen der grundsätzlichen Anknüpfung an den wandelbaren gewöhnlichen Aufenthalt) führt aber auch in den „ganz normalen" Inlandsfällen, in denen der deutsche Erblasser keinerlei Pläne hegt, seine Zukunft im Ausland zu verbringen, zu neuen notariellen Hinweisen und Schlussbestimmungen. Insgesamt hat die EuErbVO daher **konkrete Auswirkungen auf die Gestaltung** notarieller letztwilliger Verfügungen.

Für den **Notariatsmitarbeiter** bedeutet die EuErbVO häufig die erste intensive Begegnung mit einem europäischen Rechtsakt. Dieser liest sich anders, vermutlich viel weniger „griffig" als ein deutsches Gesetz, und enthält wegen der internationalprivatrechtlichen Aufhängung auch zahlreiche nicht immer sofort zugängliche Fachbegriffe. Die **Hemmschwelle**, sich mit der EuErbVO intensiver zu beschäftigen, dürfte entsprechend hoch sein. Nicht zuletzt deshalb werden Testamente und Erbverträge mit echtem grenzüberschreitenden Bezug auch weiterhin in vielen Fällen „Chefsache" bleiben. Ein solcher internationaler Bezug kann sich aber unter der Geltung der EuErbVO nicht nur aus einer anderen als der deutschen Staatsangehörigkeit (eines) der Erblasser ergeben, sondern eben auch aus einem im Ausland (z.B. dem belgischen oder österreichischen Grenzgebiet) liegenden oder für die Zukunft (Lebensabend) geplanten Aufenthaltsort ergeben. Hier gilt es also, beiläufige Äußerungen des Erblassers über seinen aktuellen Aufenthaltsort oder seine großen „Pläne für die Zukunft" **besondere Aufmerksamkeit** zu schenken.

Was die konkrete Testaments- oder Erbvertragsgestaltung anbetrifft, bietet es sich an, unter Geltung der EuErbVO zu verschiedenen typischen Lebenssachverhalten **verschiedene Fallkonstellationen** zu bilden und dabei auch zwischen der Form eines Testaments und der eines Erbvertrags zu unterscheiden. Anhand dieser Matrix lassen sich bestehende Rechtswahlmöglichkeiten praktisch besser identifizieren und fallangemessene Hinweise für die Beteiligten formulieren. Die nachfolgenden Formulierungsvorschläge folgen dieser Grundüberlegung, können aber nicht den Anspruch befriedigen, alle denkbaren Konstellationen abzudecken. Insoweit sei auf die weiterführende Literatur verwiesen (siehe oben vor Ziffer 1.).

b)   Testamentsgestaltung

aa)   Variante 1: Reiner Inlandsfall ohne jeden grenzüberschreitenden Bezug

Diese Fallgruppe meint den deutschen Erblasser, der nach eigenen Angaben seine heimische Umgebung nicht, auch nicht vorübergehend, in Richtung Ausland verlassen will. Dieser Fall dürfte in der notariellen Praxis **nach wie vor vorherrschen.**

Hier kann das Testament **inhaltlich wie bisher gestaltet** werden. Allerdings sollte der Erblasser auf die wandelbaren Verhältnisse (Art. 21 EuErbVO) hingewiesen werden. Sie begründen (nachträglichen) Überprüfungs- und ggf. Anpassungsbedarf, wenn der Erblasser entgegen seiner heutiger Erwartung doch noch ins Ausland umziehen sollte. Es bietet sich an, die **erforderliche Aufklärung** in die Schlussbestimmungen der Urkunde aufnehmen.

Formulierungsbeispiel 1 – Deutscher mit gewöhnlichem Aufenthalt in Deutschland

Ich bin ausschließlich deutscher Staatsangehöriger. Ich habe [schon immer] / [seit dem Jahr ...] meinen gewöhnlichen Aufenthalt in [Musterstadt/Deutschland]. Diesen möchte ich auch dauerhaft beibehalten. Hier befinden sich mein Lebensmittelpunkt und mein [persönliches, familiären, berufliches sowie] soziales Umfeld. Auch [der wesentliche Teil meines Vermögens] / [mein gesamtes Vermögen] befindet sich hier bzw. innerhalb von Deutschland. Zu keinem anderen Staat habe ich eine engere Verbindung. Insbesondere beabsichtige ich nicht, ins Ausland umziehen, um dort meinen gewöhnlichen Aufenthalt zu begründen.

Der Notar hat mich darüber belehrt, dass für meine Rechtsnachfolge von Todes wegen das Erbrecht am Ort meines letzten gewöhnlichen Aufenthalts zur Anwendung gelangt, und damit ausländisches Erbrecht, wenn ich – entgegen meiner fester Erwartung – doch noch meinen gewöhnlichen Aufenthalt im Ausland nehmen sollte. Der Notar hat darauf hingewiesen, dass dann eine Überprüfung meiner heutigen Verfügung geboten ist. Mir ist schließlich bekannt, dass ich die Anwendbarkeit ausländischen Erbrechts ausschließen kann, indem ich eine Rechtswahl zugunsten des deutschen Rechts als mein Staatsangehörigkeitsrecht treffe.

Oder alternativ kürzer:

Formulierungsbeispiel 2 – Deutscher mit gewöhnlichem Aufenthalt in Deutschland

Ich bin ausschließlich deutscher Staatsangehöriger und habe meinen gewöhnlichen Aufenthalt in Deutschland. Diesen möchte ich auch dauerhaft beibehalten.

Der Notar hat mich darauf hingewiesen, dass es zu einem Wechsel des anwendbaren Erbrechts kommen kann, wenn ich meinen gewöhnlichen Aufenthalt in einen anderen Staat verlege, und dass in diesem Fall die erneute Überprüfung meiner heutigen Verfügungen geboten ist. Über die Möglichkeit einer Wahl des deutschen Rechts bin ich belehrt.

Der vorstehende Befund – kein besonderer Gestaltungsbedarf, aber spezifischer Hinweis – gilt mit der EuErbVO europaweit bewirkten Grundsatzes der Nachlasseinheit (siehe oben Ziffer 2. Buchst. a) aa)) nunmehr gerade auch dann, wenn Teile des **Erblasservermögens im Ausland belegen** sind (insbesondere ausländischer Grundbesitz beispielsweise in Italien vorhanden ist). Dann wird auch dieses Auslandsvermögen ohne weiteres nach deutschem Erbrecht vererbt, so dass auch die am Belegenheitsort womöglich unbekannten oder unzulässigen erbrechtlichen Gestaltungsmittel des BGB (z.B. Vor- und Nacherbschaften; Dauertestamentsvollstreckung) gezielt eingesetzt werden können. Die Möglichkeit eines „deutschen" ENZ, das europaweit Berücksichtigung findet, erleichtert die Durchführung solcher Anordnungen am Belegenheitsort. Mit Ausland sind hier natürlich einschränkend nur die anderen Mitgliedstaaten der EuErbVO gemeint (dazu oben Ziffer 3. Buchst. c)).

Hinweis

Die beispielhaften Belehrungen in den obigen Formulierungsvorschlägen können letztlich auch in **allen anderen Fallvarianten** verwendet werden.

Eine „vorsorgliche" **Rechtswahl** zugunsten des deutschen Rechts ist in dieser Fallkonstellation nach obiger Leitlinie (siehe Buchst. a)) nicht unbedingt angezeigt. Erfolgt sie im Einzelfall dennoch – etwa weil der Erblasser aufgrund seines ausländischen Immobilienbesitzes oder familiärer Bindungen nicht ausschließen kann, seinen Lebensabend doch noch andernorts zu verbringen –, sollte sie ausdrücklich **neben der großen auch die kleine Rechtswahl** beinhalten (siehe oben Ziffer 2. Buchst. a) bb) am Ende mit Formulierungsvorschlägen).

Wer keine förmliche Rechtswahl aufnehmen, aber mit Blick auf die Sonderanknüpfung des Art. 21 Abs. 2 EuErbVO auch nicht ganz zu der Frage des anwendbaren Rechts schweigen möchte, könnte z.B. wie folgt **formulieren**:

Formulierungsbeispiel – Engster Bezug zu Deutschland

Ich bin ausschließlich deutscher Staatsangehöriger und habe meinen gewöhnlichen Aufenthalt in Deutschland. Diesen möchte ich auch dauerhaft beibehalten. ...

Ich gehe davon aus, dass sich die Wirksamkeit dieser Verfügung von Todes wegen und ihre Wirkungen nach deutschem Recht richten, da ich zu keinem anderen Land eine engeren (oder auch nur vergleichbar enge) Verbindung habe.

Es ist aber zu betonen, dass Art. 21 Abs. 2 EuErbVO eine restriktiv anzuwendende Ausnahmevorschrift ist (vgl. auch Erwägungsgrund 25 EuErbVO). Ob sie eingreift oder nicht, hängt nicht in erster Linie von der Aufnahme einer entsprechenden Klausel in einem Testament ab, sondern auf den Eintritt der besonderen Umstände, die den Ausnahmefall des Art. 21 Abs. 2 EuErbVO begründen (zumal diese Umstände erst beim Tod des Erblassers und nicht schon bei Testamentserrichtung vorliegen können). Man sollte sich also über den **beschränkten „Effekt"** einer solchen im Klaren sein.

bb) Variante 2: Deutscher Erblasser mit gewöhnlichem Aufenthalt im Ausland

Ein deutscher Erblasser, der sich gewöhnlich im Ausland aufhält, wird seinen Nachlass **nicht zwangsläufig bei einem deutschen Notar** regeln. Ausgeschlossen ist diese Fallkonstellation natürlich nicht.

Hier ist zunächst sorgfältig zu prüfen, ob der Erblasser **nicht doch einen gewöhnlichen Aufenthalt in Deutschland** hat. Insbesondere bei Menschen, die berufsbedingt im Ausland leben, ist dies durchaus denkbar (siehe oben Ziffer 4. Buchst. b)).

Liegt ein ausländischer gewöhnlicher Aufenthalt vor, ist zu prüfen, inwieweit eine Gestaltung nach deutschem Recht die **Interessen des Erblassers** besser umsetzen kann als eine solche nach dem Recht an seinem gewöhnlichen Aufenthalt. Eine solche Prüfung wird der Notar nur bedingt leisten können, da sie die genaue **Kenntnis auch des ausländischen Erbrechts** voraussetzt. Hierzu bieten aber viele Publikationen, z.B. FERID/FIRSCHING/DÖRNER/HAUSMANN (Hrsg.), Internationales Erbrecht (Loseblattsammlung); SÜß (Hrsg.), Erbrecht in Europa, 3. Aufl. 2015, sowie die zahlreichen Gutachten in der Datenbank DNotI-Online-Plus mehr als eine erste Orientierung. Zudem stellt sich im Gespräch nicht selten heraus, dass es dem Erblasser auf einen oder wenige Punkte besonders ankommt (z.B. Pflichtteils- bzw. Noterbrechte oder Modalitäten der Erbauseinandersetzung und die Möglichkeit der Einflussnahme des Erblassers hierauf), so dass sich die Recherche und die Rechtsvergleichung hierauf konzentrieren können.

Falls sich das deutsche Erbrecht als vorteilhaft herausstellt, sollte im Testament eine **(große) Rechtswahl** zugunsten des deutschen Rechts erfolgen und, darauf aufbauend, eine „normale" Testamentsgestaltung. Die Rechtswahl kann auch aus einem der bereits oben (Buchst. a)) genannten Gründe angezeigt sein. Zu einem **Formulierungsvorschlag** siehe oben Ziffer 2. Buchst. a) bb) am Ende.

cc) Variante 3: Ausländischer Erblasser mit gewöhnlichem Aufenthalt in Deutschland

Sitzen am Besprechungstisch im Notariat ausländische Staatsangehörige, ist zunächst die Anwendbarkeit der **vorrangigen völkerrechtlichen Abkommen** zwischen Deutschland und der Türkei, dem Iran und den meisten Nachfolgestaaten der Sowjetunion zu prüfen (Art. 75 EuErbVO, siehe dazu oben Ziffer 2. Buchst. c)).

Ist hingegen der Anwendungsbereich der EuErbVO eröffnet, ist zunächst zu klären, ob der Erblasser eine **Rückkehr in sein Heimatland** (oder den „Weiterzug" in einen Drittstaat) plant. Ist beides nicht der Fall, kann eine Gestaltung anhand der

Erbfolge nach deutschem Recht erfolgen. Der Notar sollte dann jedoch ausdrücklich auf die Wandelbarkeit des Erbstatuts hinweisen, da eine Rechtswahl zugunsten des Rechts am gewöhnlichen Aufenthaltsort nicht zulässig ist (Art. 22 EuErbVO, siehe oben Ziffer 2. Buchst. a) aa)).

Durch die **Wahl einer deutschen Testamentsgestaltung** sollte hinreichend klar sein, dass der Erblasser damit nicht konkludent das Recht seiner Staatsangehörigkeit gewählt hat. Eine Klarstellung kann natürlich nicht schaden. Falls der Erblasser sogar **den Erwerb der deutschen Staatsangehörigkeit plant,** kann vorsorglich eine **Rechtswahl zugunsten des deutschen Rechts** aufgenommen und damit die Wandelbarkeit der Anknüpfung beendet werden (vgl. Art. 22 Abs. 1 EuErbVO: „oder im Zeitpunkt ihres Todes angehört"). Bleibt der Erwerb aus welchem Grund auch immer aus, geht die Rechtswahl allerdings ins Leere (ohne dass dies die Wirksamkeit des Testaments im Übrigen infizieren würde; § 139 Satz 1 BGB dürfte insoweit nicht gelten). Dies sollte immer als **Möglichkeit mitbedacht** werden!

Ein die vorstehenden Überlegungen umsetzender Hinweis könnte z.B. wie folgt lauten:

Formulierungsbeispiel – Ausländischer Staatsangehöriger mit gewöhnlichem Aufenthalt in Deutschland

Ich bin ausschließlich [ausländischer] Staatsangehöriger. Ich habe seit dem [Datum / Jahr] meinen gewöhnlichen Aufenthalt in Deutschland. Diesen möchte ich auch dauerhaft bis zu meinem Tode beibehalten; mein Lebensmittelpunkt und mein berufliches, familiäres und soziales Umfeld befinden sich inzwischen in Deutschland. Auch [der wesentliche Teil meines Vermögens] / [mein gesamtes Vermögen] befindet sich hier bzw. innerhalb von Deutschland. Die Annahme der deutschen Staatsbürgerschaft plane ich derzeit nicht.

Aus den vorgenannten Gründen wünsche ich heute nicht, das Erbrecht meiner derzeitigen Staatsangehörigkeit zu wählen. Ich habe zu Deutschland die engste Verbindung. Deshalb beruht mein heutiges Testament auf deutschem Erbrecht als dem Recht meines gewöhnlichen Aufenthalts.

Der Notar hat mich darüber belehrt, dass sich mein Nachlass nach dem Erbrecht am Ort meines letzten gewöhnlichen Aufenthalts richtet. Das bedeutet, dass deutsches Erbrecht anwendbar ist, wenn ich – wie geplant – hier sterben sollte, und ausländisches Erbrecht, wenn ich – entgegen meiner fester Erwartung – doch in mein Heimatland zurück oder in ein anderes Land gehen und dort meinen letzten gewöhnlichen Aufenthalt nehmen sollte. Mir ist bekannt, dass in diesem Fall wesentliche Ziele meines heutigen Testaments verfehlt werden können. Der Notar hat deshalb darauf hingewiesen, dass ich bei meinem Wegzug aus Deutschland meine heutige Verfügung überprüfen lassen sollte.

> *Der Notar hat mich schließlich darauf hingewiesen, dass er ausländi-*
> *sches Recht, insbesondere [mein Staatsangehörigkeitsrecht] nicht ken-*
> *nen muss. Ich bestätige, dass er mich darüber auch nicht beraten hat –*
> *auch nicht als Alternative zu meinen heutigen Verfügungen nach deut-*
> *schem Erbrecht – und entlasse ihn insoweit aus jeder Haftung.*

Wenn der ausländische Erblasser hingegen eine **Gestaltung nach seinem Heimat-recht** wünscht, hat der Notar zu entscheiden, ob er diese Aufgabe übernehmen kann und möchte. Da ausländisches (Erb-)Recht zur Anwendung käme, ist er dazu nicht verpflichtet (§ 24 BNotO). Tut er es, dann haftet er auch dafür.

Dasselbe gilt (erst recht), wenn ein ausländischer Staatsangehöriger mit gewöhnli-chem Aufenthalt im Ausland ein notarielles Testament in Deutschland errichten möchte, weil dort (wesentliche) Vermögensgegenstände belegen sind.

c)   Erbvertragsgestaltung

Bitte beachten Sie zunächst zu den **Besonderheiten des Erbvertrags** unter Geltung der EuErbVO oben Ziffer 2. Buchst. a) bb).

Um den Blick auf die Grundstrukturen nicht zu verstellen, werden im Folgenden **nur Erbverträge mit zwei Beteiligten** behandelt, in denen jeder Beteiligte letztwillig verfügt. Es soll ferner unterstellt werden, dass die Vertragsschließenden Eheleute sind. Diese Annahmen dürften für die notarielle Praxis häufig zutreffend sein.

aa)   Variante 1: Reiner Inlandsfall

Im reinen Inlandsfall findet deutsches Erbrecht Anwendung. Wie beim Einzeltes-tament sind auch bei einem Erbvertrag zwischen zwei Deutschen mit gewöhnli-chem Aufenthalt in Deutschland **keine besonderen Gestaltungen** erforderlich, je-doch sinnvolle Hinweise auf die Wandelbarkeit des Erbstatuts angezeigt. Gegebe-nenfalls kann auch hier eine große Rechtswahl zugunsten des deutschen Rechts als dem Recht der jeweiligen Staatsangehörigkeit aufgenommen werden.

Ein solcher Erbvertrag ist ohne weiteres **zulässig und wirksam** (Art. 25 Abs. 2 EuErbVO, siehe dazu ausf. oben Ziffer 2. Buchst. a) bb)).

bb) Variante 2: Deutscher und ausländischer Ehegatte; gemeinsamer gewöhnlicher Aufenthalt in Deutschland

Wollen ein Deutscher und ein ausländischer Staatsangehöriger einen Erbvertrag in Deutschland abschließen, sind (zumindest gedanklich) mehrere Ebenen zu trennen:

Zulässigkeit des Erbvertrags

– Sie ist nur gegeben, wenn nach dem **hypothetischen Erbstatut** einer jeden Vertragspartei ein Erbvertrag zulässig ist (Art. 25 Abs. 2 UAbs. 1 EuErbVO).

– Das hypothetische Erbstatut beider Vertragsschließenden ist hier das **deutsche Recht** gem. Art. 21 Abs. 1 EuErbVO (sofern der ausländische Ehegatte zu einem früheren Zeitpunkt keine abweichende Rechtswahl getroffen haben sollte; in diesem Fall müsste geprüft werden, ob auch das gewählte ausländische Recht den Erbvertrag zulässt (was keineswegs selbstverständlich ist!); ist er das nicht, wäre ein wirksamer Erbvertragsschluss nicht möglich).

Materielle Wirksamkeit und Bindungswirkungen

– Die materielle Wirksamkeit und Bindungswirkungen des Erbvertrags unterliegen dann ebenfalls **deutschem Recht**, Art. 25 Abs. 2 UAbs. 2 EuErbVO.

Anwendbares Erbstatut

– Anwendbares Erbstatut wäre **für beide** Ehegatten **deutsches Erbrecht**, solange keiner seinen gewöhnlichen Aufenthalt ins Ausland verlegt (und sofern der ausländische Ehegatte nicht zu einem früheren Zeitpunkt eine – nicht mehr revidierbare – abweichende Rechtswahl zugunsten seines Heimatrechts getroffen hat).

Folgerungen für die Gestaltungspraxis

– Der Erbvertrag ist in dieser Fallvariante **auch ohne Rechtswahl** zulässig und wirksam und kann mit Bindungswirkung geschlossen werden. Er bliebe dies dauerhaft, also auch dann, wenn sich einer oder beide Ehegatten später gewöhnlich im Ausland aufhalten sollte(n) (keine Wandelbarkeit des Erbvertragsstatuts, siehe oben Ziffer 2. Buchst. a) bb)).

– Eine Rechtswahl des deutschen Erbvertragsstatuts wäre zwar zulässig (Art. 25 Abs. 3, 22 EuErbVO), böte hier (als isolierte = kleine) Rechtswahl) aber „nur" den Vorteil, dass später im Todesfall **nicht positiv festgestellt** werden müsste, dass die Eheleute bei Vertragsschluss ihren gemeinsamen gewöhnlichen Aufenthalt in Deutschland hatten.

– Hinsichtlich des anwendbaren Erbstatuts gilt die **Wandelbarkeit** nach Art. 21 Abs. 1 EuErbVO zu beachten. Der ausländische Beteiligte kann deutsches Erbrecht nicht positiv wählen, da es sich nicht um sein Staatsangehörigenrecht handelt (Art. 22 Abs. 1 EuErbVO); deshalb sollte insoweit eine Rechtswahl unterbleiben. Ob der deutsche Ehegatte eine Rechtswahl treffen sollte, hängt von den Umständen des Einzelfalls ab (siehe oben Buchst. a)).

Ein diese Varianten berücksichtigendes Muster könnte wie folgt aussehen (nach WEBER, notar 2015, 296, 303 f.):

Formulierungsbeispiel – Rechtswahlen im Erbvertrag

Ich, A, bin in [Ort/Deutschland] geboren und ausschließlich deutscher Staatsangehöriger. Ich, B, bin in [Ort/Ausland] geboren und ausschließlich [ausländische] Staatsangehörige. Wir haben am [Datum] vor dem Standesbeamten in [Ort/Deutschland] die Ehe miteinander geschlossen. Seit dem [Datum] haben wir unseren gewöhnlichen Aufenthalt in [Ort/Deutschland]. Hier befinden sich unser gemeinsamer Lebensmittelpunkt sowie unser [persönliches, familiäres, berufliches und] soziales Umfeld. Auch der Großteil unseres Vermögens befindet sich hier bzw. innerhalb Deutschlands. Eine engere Verbindung zu anderen Staaten besteht nicht, insbesondere nicht zu dem Heimatstaat der B.

1. Eine erbrechtliche Rechtswahl haben wir bislang nicht getroffen. Rein vorsorglich widerrufen wir und ein jeder von uns, soweit möglich, etwaige frühere Rechtswahlerklärungen.

2. Für das auf diesen Erbvertrag anwendbare Recht (Erbvertragsstatut) treffen wir folgende Regelung:

Für die Zulässigkeit, die materielle Wirksamkeit und die Bindungswirkungen dieses Vertrags, einschließlich der Voraussetzungen für seine Auflösung, wählen wir deutsches Recht als das Recht der Staatsangehörigkeit des A. Diese Rechtswahl soll bindend sein.

[alternativ keine Rechtswahl:

Der Notar hat uns auf die Möglichkeit hingewiesen, für die Zulässigkeit, die materielle Wirksamkeit und die Bindungswirkungen dieses Vertrags einschließlich der Voraussetzungen für seine Auflösung das Recht der Staatsangehörigkeit einer Vertragspartei zu wählen, deren Nachlass betroffen ist. Eine solche Rechtswahl wollen wir heute nicht treffen. Es soll also für diesen Erbvertrag das Recht unseres gegenwärtigen gewöhnlichen Aufenthalts zur Anwendung kommen.]

3. Der Notar hat uns auf die zusätzliche Möglichkeit hingewiesen, dass ein jeder von uns das Recht seiner Staatsangehörigkeit als auf seine Rechtsnachfolge von Todes wegen anwendbares Recht wählt.

Ich, A, wähle für die Rechtsnachfolge von Todes wegen in mein gesamtes Vermögen das deutsche Recht. Diese Rechtswahl wird [jedoch nicht] erbvertraglich bindend vereinbart. Der Notar hat uns über die Bedeutung dieser Rechtswahl belehrt.

Ich, B, möchte hingegen heute keine Rechtswahl treffen, insbesondere nicht das Recht meiner Staatsangehörigkeit wählen. Es sollen also für meine Rechtsnachfolge von Todes wegen die gesetzlichen objektiven Anknüpfungsregelungen gelten, über die der Notar belehrt hat. [alternativ keine Rechtswahl:

Eine Rechtswahl möchten wir insoweit heute nicht treffen. Es sollen also die gesetzlichen objektiven Anknüpfungsregelungen gelten, über die der Notar belehrt hat, solange bis wir oder einer von uns ein anderes bestimmen.]

[Alternative, wenn beide Ehegatten dieselbe Staatsangehörigkeit haben: Wir wählen für die Rechtsnachfolge von Todes wegen in unser gesamtes Vermögen das Recht unserer gemeinsamen Staatsangehörigkeit, nämlich [Staatsangehörigkeit] Recht. Diese Rechtswahl treffen wir [mit / jedoch nicht mit] erbvertraglicher Bindungswirkung. Der Notar hat uns über die Bedeutung dieser Rechtswahl belehrt.]

4. *Der Notar hat uns darüber belehrt, dass die in diesem Vertrag getroffenen Verfügungen einschließlich etwaiger Rechtswahl außerhalb des räumlichen Anwendungsbereichs der Erbrechtsverordnung möglicherweise nicht anerkannt werden. Verlegt einer von uns seinen gewöhnlichen Aufenthalt in einen anderen Staat, können anderes Erbrecht zur Anwendung gelangen, sofern der Erblasser keine Rechtswahl des auf die Rechtsnachfolge von Todes wegen anwendbares Recht getroffen oder diese, sofern zulässig, widerrufen hat. In diesem Fall können einzelne Anordnungen des Vertrags unzulässig sein.*

Der Notar muss ausländisches Recht nicht kennen. Er hat hierüber nicht belehrt. Von einer Haftung wird freigestellt.

cc)   Variante 3: Zwei ausländische Ehegatten; gemeinsamer gewöhnlicher Aufenthalt in Deutschland

Zulässigkeit des Erbvertrags

–   Wie bei Variante 2 (oben bb) wäre auch hier das hypothetische Erbstatut beider Vertragsschließenden das **deutsche Recht** gem. Art. 21 Abs. 1 EuErbVO, sofern keine abweichenden Rechtswahlen bestehen.

- Die Ehegatten können den Erbvertrag **zulässig** schließen, Art. 25 Abs. 2 UAbs. 1 EuErbVO.

Materielle Wirksamkeit und Bindungswirkungen

- Die materielle Wirksamkeit und Bindungswirkungen des Erbvertrags unterliegen dann ebenfalls **deutschem Recht** (Art. 25 Abs. 2 UAbs. 2 EuErbVO).

Anwendbares Erbstatut

- Anwendbares Erbstatut wäre **für beide** Ehegatten **deutsches Erbrecht,** solange keiner seinen gewöhnlichen Aufenthalt ins Ausland verlegt (und sofern abweichenden – irreversiblen – Rechtswahlen zugunsten des jeweiligen Heimatrechts getroffen sind).

Folgerungen für die Gestaltungspraxis

- Der Erbvertrag ist auch in dieser Fallvariante **zulässig** und wirksam und kann mit den Bindungswirkungen deutschen Rechts geschlossen werden. Er bliebe dies dauerhaft, also auch dann, wenn sich einer oder beide Ehegatten später gewöhnlich im Ausland aufhalten sollte(n) (keine Wandelbarkeit des Erbvertragsstatuts, siehe oben Ziffer 2. Buchst. a) bb)).

- Die **bestätigende Wahl deutschen Rechts** für das Erbvertragsstatut **scheidet allerdings von vornherein aus,** da nach Art. 25 Abs. 3, 22 EuErbVO nur das Recht einer der Staatsangehörigkeiten, nicht aber das des gemeinsamen gewöhnlichen Aufenthalts gewählt werden könnte.

- **Gleiches gilt für das Erbstatut.** Hier kann zudem ausdrücklich klargestellt werden, dass keine der Parteien ihr Heimatrecht wählt.

- **In dieser Fallvariante wird der Notar besonders intensiv auf das Risiko, dass aus einem späteren Aufenthaltswechsel resultieren kann, hinweisen.**

dd) Variante 4: Gemeinsamer gewöhnlicher Aufenthalt im Ausland; (mindestens) ein Vertragsbeteiligter ist Deutscher

Zulässigkeit, materielle Wirksamkeit und Bindungswirkungen des Erbvertrags

- Wie bereits bei Variante 2 (oben bb) angedeutet, wäre hier zunächst zu fragen, ob auch das ausländische Recht am gegenwärtigen gewöhnlichen Aufenthaltsort einen Erbvertrag **überhaupt zulässt.**

- Ist dies **nicht** der Fall, **muss** deutsches Recht zu dem auf den Erbvertrag anwendbaren Recht vertraglich bestimmt werden. Dies wäre aufgrund der deutschen Staatsangehörigkeit (zumindest) einer Vertragspartei möglich (Art. 25 Abs. 3 EuErbVO). Auch sonst kann sich in diesen Fällen ein solche Rechtswahl des Erbvertragsstatuts anbieten.

– Besteht **Zulässigkeit** nach dem Recht am ausländischen gewöhnlichen Aufenthaltsort und treffen die Ehegatten keine Rechtswahl, richten sich auch materielle Wirksamkeit und die Bindungswirkungen des Erbvertrags nach diesem Recht (Art. 25 Abs. 2 UAbs. 2 EuErbVO). Im Fall einer Rechtswahl kann auch insoweit deutsches Recht zur Anwendung berufen werden.

Anwendbares Erbstatut

– Anwendbares Erbstatut wäre für beide Ehegatten das Recht am **gemeinsamen ausländischen gewöhnlichen Aufenthaltsort**, solange kein Aufenthaltswechsel eintritt (und sofern keine abweichenden Rechtswahlen zugunsten des jeweiligen Heimatrechts getroffen sind; diese wäre möglich, doch damit ließe sich bei einer ausländischen Staatsangehörigkeit nicht gemeinsam für beide Ehegatten deutsches Erbrecht wählen).

– Inhaltlich müsste der beurkundende Notar bei beiden Ehegatten (oder, falls der deutsche Ehegatte sein Heimatrecht gem. Art. 22 EuErbVO wählt, zumindest bei dem ausländischen Ehegatten) **ausländisches Erbrecht** anwenden. Zu den diesbezüglichen Schwierigkeiten bereits oben Buchst. b) bb).

d) Gemeinschaftliches Testament als Alternative zum Erbvertrag?

Ob miteinander verheiratete Erblasser ihren Nachlass in der äußeren Form eines Erbvertrags oder eines gemeinschaftlichen Testaments regeln, dürfte sich aus rein deutscher Perspektive eher nach der **persönlichen Präferenz** des beurkundenden Notars als nach rechtlichen Notwendigkeiten entscheiden (siehe zu den verbliebenen Unterschieden im deutschen Recht unten Abschnitt IX. Ziffer 1.).

Anders liegen die Dinge, wenn ein **grenzüberschreitender Bezug** besteht. Denn die Einordnung gemeinschaftlicher Testamente „deutscher" Prägung in die Kategorien der EuErbVO bereitet **erhebliche Schwierigkeiten**, die hier nur angedeutet werden sollen:

– Fraglich ist bereits, ob gemeinschaftliche Testamente als „Verfügungen von Todes wegen außer Erbverträgen" i.S.d. Art. 24 EuErbVO oder als Erbverträge i.S.d. Art. 3 Abs. 1 Buchst. b), 25 EuErbVO zu qualifizieren sind (siehe dazu oben Ziffer 2. Buchst. a) bb)).

– Unklar ist in diesem Kontext ferner, ob das Verbot der gemeinschaftlichen Testamente (das viele europäische Rechtsordnungen aussprechen) als Frage der Zulässigkeit (dann Art. 24, 25 EuErbVO) oder als Formfrage (dann Art. 27 EuErbVO bzw. HTestformÜ) zu qualifizieren ist.

Aufgrund dieser praktischen Schwierigkeiten ist das gemeinschaftliche Testament als „das große Sorgenkind" (WEBER, notar 2015, 296, 304) bezeichnet worden.

Beachte in der Praxis:

In der Konsequenz wird der vorsichtige Notar die Unsicherheiten meiden und **stets einen Erbvertrag wählen**, um zweifelsfrei in den Anwendungsbereich des Art. 25 EuErbVO zu gelangen.

IV.   Die gesetzliche Erbfolge (nach deutschem Erbrecht)

1.   Allgemeines

Der Erblasser kann eine andere Person entweder durch Testament oder durch Erbvertrag zum Erben einsetzen (§§ 1937, 1941 BGB = sog. **gewillkürte Erbfolge**).

Stirbt der Erblasser **ohne eine solche letztwillige Verfügung** getroffen zu haben, gibt das Gesetz an, wer Erbe sein soll. Ist die letztwillige Verfügung nur für einen Teil des Nachlasses getroffen worden, so gilt für den Rest die gesetzliche Erbfolge (§ 2088 Abs. 1 BGB).

Die gesetzliche Erbfolge tritt also hinter die gewillkürte Erbfolge zurück. Das ist Folge der verfassungsrechtlich garantierten Testierfreiheit (siehe bereits oben Abschnitt II. Ziffer 7.). Nur wenn und soweit der Erblasser von ihr keinen Gebrauch gemacht hat, gibt das Gesetz vor, wer Erbe sein soll, und beschränkt sich dabei auf die Festlegung der Erben und der Erbquoten.

Die ganze **Bandbreite der erbrechtlichen Instrumentarien**, z.B. die Möglichkeit, Vermächtnisse oder eine Testamentsvollstreckung anzuordnen, kommt also nur zur Anwendung, wenn sich der Erblasser ihrer durch letztwillige Verfügung bedient hat.

2.   Das gesetzliche Erbrecht als Verwandtenerbrecht

Die gesetzliche Erbfolge ist mit Ausnahme des Erbrechts des Ehegatten (§ 1931 BGB, siehe dazu unten Ziffer 3.) ein **Verwandtenerbrecht**, wie die nachfolgende Abbildung 1 verdeutlicht:

Abbildung 1: Gesetzliche Erbfolge

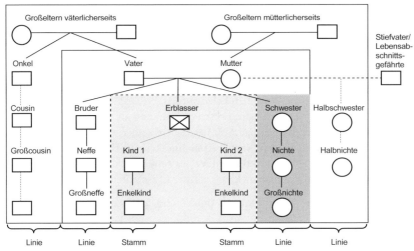

Legende (auch für die nachfolgenden Abbildungen):

⊗/⊠	Erblasser
⊘/⊠	vorverstorben
∞	verheiratet
○/□	weiblich/männlich
|	Abkömmling
⊤	gemeinsamer Abkömmling

a)   Erbordnungen

Der Gesetzgeber hat die gesetzliche Erbfolge nach dem sogenannten **Parentelsystem** ausgestaltet. Das bedeutet: Alle Verwandten des Erblassers werden zu **Gruppen (Ordnungen) zusammengefasst,** die sich darin unterscheiden, wie nahe ihre jeweilige verwandtschaftliche Beziehung zum Erblasser ausfällt:

– Erben der **ersten Ordnung** (§ 1924 Abs. 1 BGB) sind die **Abkömmlinge des Erblassers,** also insbesondere die eigenen Kinder des Erblassers und deren Kinder, also die Enkelkinder usw.

– Erben **zweiter Ordnung** (§ 1925 Abs. 1 BGB) sind die **Eltern des Erblassers und deren Abkömmlinge,** also insbesondere die Geschwister des Erblassers und deren Kinder, also die Nichten und Neffen.

– Erben der **dritten Ordnung** (§ 1926 Abs. 1 BGB) sind die **Großeltern des Erblassers und deren Abkömmlinge**, also insbesondere die Onkel und Tanten des
  Erblassers und deren Kinder, also die Cousins und Cousinen.

– Diese Reihe ließe sich theoretisch weiter fortsetzen – vgl. §§ 1928 und 1929
  BGB.

Kein Erbfall ohne Erben: Ist kein Verwandter oder Ehegatte des Erblassers mehr
vorhanden oder will keiner von ihnen Erbe werden, erbt der **Fiskus** (§ 1936 BGB,
sog. Fiskuserbschaften). Er kann die Erbschaft – anders als die sonstigen gesetzlichen Erben – nicht ausschlagen (§ 1942 Abs. 2 BGB), aber – wie jeder andere Erbe auch – seine Haftung auf den Nachlass beschränken (§§ 1975 ff. BGB). Fiskuserbschaften sind keine Seltenheit: Bei den Verwaltungen der Länder existieren eigene Abteilungen, die mit der Abwicklung solcher Erbschaften betraut sind.

Für das **Verhältnis der Erbordnungen unter- und zueinander** gelten folgende
Grundregeln:

– **Verdrängung aller entfernteren durch jeden näheren Verwandten**: Kein Verwandter einer höheren (= entfernteren) Ordnung wird gesetzlicher Erbe, solange auch nur ein Verwandter einer vorhergehenden Ordnung vorhanden ist,
  der nicht die Erbschaft ausschlägt (§ 1930 BGB).

Beispiel

Abbildung 2

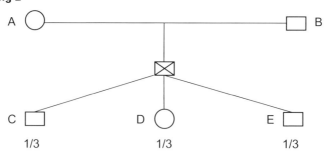

Die Abkömmlinge C, D und E des Erblassers erben als Erben erster Ordnung
je 1/3 des Nachlasses (§ 1924 Abs. 1 und 4 BGB); die Eltern des Erblassers (A
und B) kommen als Erben der zweiten Ordnung nicht zum Zuge (§§ 1925
Abs. 1, 1930 BGB).

– **Erben nach Köpfen:** Die zu gesetzlichen Erben berufenen Kinder des Erblassers, seine Eltern, Geschwister, Großeltern usw. erben **unter sich zu gleichen Teilen**, d.h. nach Köpfen (z.b. §§ 1924 Abs. 4, 1925 Abs. 2 BGB).

Beispiel

– Hinterlässt der unverheiratete Erblasser zwei Kinder, erben diese zu je 1/2.

b)   Stämme und Linien

Die Bildung von Erbordnungen erlaubt aber nur eine erste grobe Vorauswahl aus dem Kreis der möglicherweise erbberechtigten Verwandten des Erblassers. Das BGB **verfeinert diese Auswahl** durch die Zusammenfassung der Erben erster Ordnung nach Stämmen und der Erben zweiter und dritter Ordnung nach (Seiten-) Linien:

– **Stammsystem** meint dabei: **Jedes Kind des Erblassers begründet einen eigenen Stamm**, dem dann die jeweiligen Abkömmlinge dieses Kindes (also aus Sicht des Erblassers die Enkelkinder, Urenkelkinder etc.) angehören. Das den Stamm begründende Kind wird treffend (abhängig vom Geschlecht) als „Stammvater" oder „Stammmutter" bezeichnet, jedes von ihm abstammende Enkelkind „Unterstammvater" oder „Unterstammmutter" usw.

– Dem gleichen Grundgedanken folgt das **Liniensystem** in der **zweiten und dritten Erbordnung:** Die Linien werden begründet durch den Vater bzw. die Mutter des Erblassers (zweite Ordnung; zwei Linien) und durch den Großvater und die Großmutter väterlicherseits sowie den Großvater und die Großmutter mütterlicherseits (dritte Ordnung; vier Linien).

Beispiel

– Wie die vorstehende Abbildung 1 veranschaulicht, gehören der Bruder und die Schwester des Erblassers sowie deren Kinder und Kindeskinder (= Neffe/Nichte und Großneffe/Großnichte aus Sicht des Erblassers) sowohl der Linie des Vaters als auch der Linie der Mutter an, da sie von beiden abstammen. Dies ist lediglich bei **Halbgeschwistern** (in Abbildung 1: der Halbschwester und deren Tochter) nicht der Fall (in Abbildung 1 sind sie nur Mitglied der mütterlichen Linie).

Ab der vierten Ordnung gelten weitere Besonderheiten:

– In der **vierten Ordnung** (Urgroßeltern und deren Abkömmlinge, § 1928 Abs. 1 BGB) erben, sofern noch vorhanden, die Urgroßeltern allein. Lebt beim Erbfall kein Urgroßelternteil mehr, gilt das sogenannte **Gradualsystem**. Danach erben die Abkömmlinge der Urgroßeltern nach ihrer gradmäßigen Nähe zum Erblasser, wobei gleich nahe Verwandte zu gleichen Teilen erben (§ 1928 Abs. 3 zweiter Halbsatz BGB).

– Das Gradualsystem gilt auch für noch **weiter entfernte Ordnungen** (§ 1929 Abs. 2 BGB).

Beachte hierzu:

Der **Grad der Verwandtschaft** bestimmt sich nach der Zahl der sie vermittelnden Geburten (§ 1589 Satz 3 BGB, siehe oben § 14 Abschnitt III. Ziffer 1.).

Beispiele

– Mit seinen Kindern ist der Erblasser in gerade Linie ersten Grades verwandt.

– Mit seinen Neffen und Nichten ist der Erblasser jeweils in Seitenlinie dritten Grades verwandt.

c)   Repräsentationsprinzip und Eintrittsrecht

Die Systematisierung **innerhalb der ersten drei Erbordnungen** wird durch zusätzliche Rechtsprinzipien noch weiter verfeinert.

Ziel dieser ergänzenden Prinzipien – wie übrigens auch des Gradualsystems ab der vierten Erbordnung – ist es, aus der möglicherweise sehr großen Zahl der Verwandten des Erblassers **möglichst wenige Verwandte zu gesetzlichen Erben** zu berufen. Das erscheint zweckmäßig vor dem Hintergrund, dass mehrere Erben als Miterben in Erbengemeinschaft nur gemeinschaftlich („gesamthänderisch") über die Erbschaft bestimmen können (siehe oben Abschnitt II. Ziffer 6.) und sich die dafür notwendige Abstimmung typischerweise umso schwerer gestaltet, je mehr Personen beteiligt sind.

aa)   Repräsentationsprinzip

Dieses Ziel sichert in erster Linie das **Repräsentationsprinzip**. Es besagt:

Jeder erbberechtigte Verwandte schließt die durch ihn mit dem Erblasser verwandten Abkömmlinge von der Erbschaft aus (vgl. §§ 1924 Abs. 2, 1925 Abs. 2, 1926 Abs. 2 BGB).

Beispiel

– Die Enkelkinder des Erblassers kommen solange nicht zum Zuge, wie das Stammelternteil (Stammvater oder Stammmutter), d.h. das Kind des Erblassers, von dem die Enkelkinder abstammen, noch lebt (und die Erbschaft nicht ausschlägt).

Weiteres Beispiel:

Abbildung 3

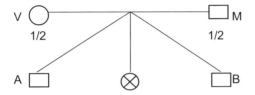

In dem in Abbildung 3 dargestellten Erbfall leben zur Zeit des Erbfalls beide Eltern (V und M) noch, so dass sie allein und zu gleichen Teilen erben. Die Geschwister des Erblassers (A und B) gehören zwar derselben Erbordnung an wie die Eltern selbst, nämlich der zweiten Ordnung (§ 1925 Abs. 1 BGB). Trotzdem gehen A und B leer aus, da die Eltern noch leben und jeweils als Stammhalter „näher" am Erblasser dran sind als deren Kinder (die Geschwister des Erblassers).

bb) Eintrittsrecht

Als weiteres Rechtsprinzip des gesetzlichen Erbrechts gelangt das sogenannte **Eintrittsrecht** zur Anwendung. Ihm liegt folgender Gedanke zugrunde:

Lebt der Repräsentant eines Stamms bzw. einer Linie zum Zeitpunkt des Erbfalls nicht mehr (d.h., ist er vorverstorben), kann er nicht erben (§ 1923 Abs. 1 BGB). Gleiches gilt im Fall der Erbausschlagung (§ 1953 Abs. 1, 2 BGB). Das soeben geschilderte Repräsentationsprinzip greift dann ins Leere. In diesem Fall **rücken die nachgeordneten Verwandten** dieses Stamms bzw. dieser Linie sofern vorhanden, in seine erbrechtliche Position auf, d.h., sie erben an seiner Stelle (sog. **Eintrittsrecht,** vgl. §§ 1924 Abs. 3, 1925 Abs. 3 Satz 1, 1926 Abs. 3 Satz 1 BGB).

cc) Beispiele

Zur Veranschaulichung folgende **Beispiele:**

Abbildung 4

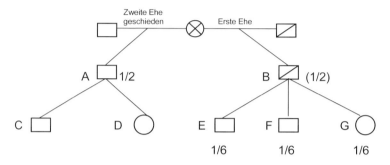

Wie Abbildung 4 zeigt, hatte der zuletzt geschiedene Erblasser zwei Kinder aus zwei verschiedenen Ehen (A, B), von denen das eine – B – vorverstorben ist. An die Stelle des vorverstorbenen Abkömmlings B treten die durch B mit dem Erblasser verwandten Enkelkinder E, F und G (Eintrittsrecht, § 1924 Abs. 3 BGB). Diese erhalten den Erbteil des „Stamms B" (nämlich 1/2) und erben untereinander wieder zu gleichen Teilen, also je zu 1/6 (§ 1924 Abs. 4 BGB). C und D erben nicht, da A erbt (§ 1924 Abs. 2 BGB), d.h., es gilt innerhalb von „Stamm A" das Repräsentationsprinzip.

Abbildung 5

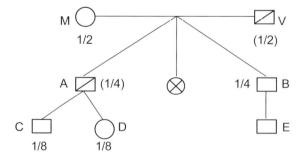

In diesem Beispiel ist die Erblasserin kinderlos gestorben (und war nicht unverheiratet). Darüber hinaus lebte beim Tod der Erblasserin auch ihr Vater (V) nicht mehr. Lebt zur Zeit des Erbfalls der Vater oder die Mutter des Erblassers nicht mehr, so treten an die Stelle des vorverstorbenen Elternteils dessen Abkömmlinge – also die Geschwister des Erblassers – nach den für die Erbfolge der ersten Ordnung – aus der Perspektive des vorverstorbenen Elternteils als Erblasser – geltenden Vorschriften. Das sind nicht notwendig alle Geschwister eines Erblassers, da es auch Halbgeschwister gibt, die nur ein Elternteil mit dem Erblasser gemeinsam haben.

Im Beispiel 5 würden an die Stelle des vorverstorbenen Vaters V (dessen Anteil nach § 1925 Abs. 2 BGB 1/2 betragen hätte) seine Söhne A und B – die Brüder der Erblasserin – zu gleichen Teilen treten (§ 1925 Abs. 3 Satz 1 BGB). A ist aber ebenfalls vorverstorben und kann deshalb erbrechtlich nicht an die Stelle seines Vaters treten. In die erbrechtliche Position des vorverstorbenen A treten dann seine Kinder C und D (§ 1924 Abs. 3 BGB) untereinander zu gleichen Teilen (§ 1924 Abs. 4 BGB) ein. B hat den Tod seiner Schwester hingegen erlebt und schließt daher seinen Sohn E von dieser Erbfolge aus (§ 1924 Abs. 2 BGB).

Beachte abschließend:

Wer in der ersten (bzw. zweiten oder dritten) Ordnung **mehreren Stämmen** (bzw. Linien) angehört – wie im nachfolgenden Beispiel (Abbildung 6) der G –, erhält den ihm in jedem dieser Stämme (im Beispiel „Unterstamm D" und „Unterstamm E") zufallenden Anteil (§ 1927 BGB). Die Eltern des Erblassers (V und M) erben in diesem Beispiel nichts, da noch Erben erster Ordnung vorhanden sind (§ 1930 BGB):

Abbildung 6

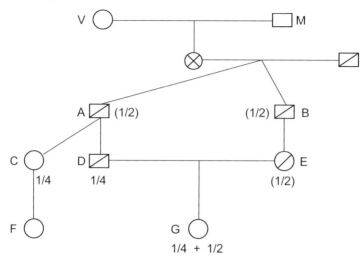

Nebenbei: Die vorverstorbenen Eheleute D und E waren zueinander Cousin und Cousine; es bestand aber kein Eheverbot nach deutschem Recht (vgl. § 1307 BGB). Außer im Fall der Verwandtenheirat kann es zu solchen Konstellationen durch die Adoption eines Kindes kommen.

3.   Gesetzliches Erbrecht des überlebenden Ehegatten

a)   Übersicht über die gesetzlichen Erbquoten

Der überlebende Ehegatte erbt bei gesetzlicher Erbfolge gem. § 1931 Abs. 1 und 2 BGB wie folgt:

–   neben Verwandten der **ersten Ordnung** zu 1/4;

–   neben Verwandten der **zweiten Ordnung** zu 1/2;

–   neben **Großeltern** (falls alle noch leben) zu 1/2 (§ 1931 Abs. 1 Satz 1 BGB);

–   neben ein, zwei oder drei noch lebenden Großelternteilen nicht nur die ihm nach § 1931 Abs. 1 Satz 1 BGB zustehende Hälfte, sondern **auch die Anteile der verstorbenen Großelternteile**, die eigentlich gem. § 1926 Abs. 3 Satz 1 BGB deren Abkömmlingen zufallen müssten (§ 1931 Abs. 1 Satz 2 BGB: 1/2 + 1/8, + 2/8 oder + 3/8);

– sind weder Verwandte der ersten Ordnung noch solche der zweiten Ordnung oder **Großeltern** erbberechtigt, erbt der überlebende Ehegatte **allein** (§ 1931 Abs. 2 BGB).

Die Erben dritter Ordnung werden also hinsichtlich des Ehegattenerbrechts untereinander nicht gleich behandelt, sondern die Großeltern des Erblassers privilegiert.

b) Einfluss der ehelichen Güterstände auf die Höhe der gesetzlichen Erbquote

Wie ein Blick in § 1931 Abs. 3 BGB (mit § 1371 BGB) und § 1931 Abs. 4 BGB zeigt, kann die tatsächliche Erbquote des überlebenden Ehegatten höher ausfallen als nach § 1931 Abs. 1, 2 BGB eigentlich vorgesehen. Ob eine Erhöhung eintritt, hängt davon ab, **in welchem ehelichen Güterstand** die Ehegatten zur Zeit des Todes eines von ihnen gelebt haben.

Um die nachstehenden Erläuterungen und Beispiele besser verstehen zu können, sollten Sie noch einmal die ehelichen Güterstände wiederholen (siehe oben § 14 Abschnitt II.).

aa) Gesetzlicher Güterstand der Zugewinngemeinschaft

Wird die zwischen Ehegatten bestehende Zugewinngemeinschaft durch den Tod eines Ehegatten beendet, vollzieht sich der Ausgleich des Zugewinns in der Weise, dass sich der gesetzliche Erbteil des überlebenden Ehegatten **pauschal um 1/4 erhöht** (§ 1371 Abs. 1 BGB).

Die Erhöhung tritt **ohne Rücksicht** darauf ein, ob und in welcher Höhe ein Zugewinn tatsächlich auszugleichen wäre. Sie tritt selbst dann ein, wenn der Ehegatte mit dem größeren Zugewinn der Überlebende selbst ist, also bei einer konkreten Durchführung des Zugewinnausgleichs nach §§ 1373 ff. BGB ausgleichspflichtig und nicht ausgleichsberechtigt gewesen wäre (sog. **erbrechtliche Lösung**). Die pauschale Erhöhung der Erbquote des überlebenden Ehegatten ist auch unabhängig davon, wer neben dem überlebenden Ehegatten weiterer gesetzlicher Erbe ist. Dies stellt § 1931 Abs. 3 BGB klar.

Daraus folgt: Der gesetzliche Erbteil eines Ehegatten, der mit dem Erblasser bei dessen Tod in Zugewinngemeinschaft gelebt hat, beträgt

– neben Abkömmlingen des verstorbenen Ehegatten (statt 1/4) nun **1/2** und

– neben **Eltern, Abkömmlingen** von Eltern (= Geschwister des Erblassers) und **Großeltern** des verstorbenen Ehegatten statt 1/2 (mindestens, vgl. § 1931 Abs. 1 Satz 2 BGB) 3/4 (der Umfang der zusätzlichen Erhöhung wegen § 1931 Abs. 1 Satz 2 BGB ist einzelfallbezogen und z.T. streitig).

Die beiden folgenden Abbildungen 7 und 8 belegen die **starke erbrechtliche Stellung** des überlebenden Ehegatten in der Zugewinngemeinschaft bei Anwendung der erbrechtlichen Lösung gem. §§ 1371 Abs. 1, 1931 Abs. 3 BGB:

Abbildung 7

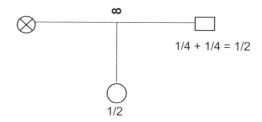

Das Erbrecht des Ehegatten in **Abbildung 7** betrüge, da ein Abkömmling der Erblasserin vorhanden ist, nur 1/4 (§ 1931 Abs. 1 Satz 1 BGB). Es wird aber pauschal erhöht um ein weiteres 1/4 auf 1/2 (§§ 1931 Abs. 1, Abs. 3, 1371 Abs. 1 BGB).

Abbildung 8

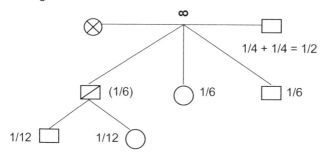

In **Abbildung 8** treten die Kinder des vorverstorbenen Sohnes der Erblasserin zu gleichen Teilen (§ 1924 Abs. 4 BGB) an seine Stelle (§ 1924 Abs. 3 BGB, Eintrittsrecht). Das ändert aber nichts an der um 1/4 erhöhten Erbquote des überlebenden Ehemannes, da die Enkelkinder nur in die erbrechtliche Position eintreten können, die ihrem vorverstorbenen Vater als Stammvater zugestanden hätte.

Beachte in der Praxis:

Zur **Ermittlung der Erbquoten** bei Anwendung von § 1931 Abs. 3 BGB empfiehlt es sich aufgrund der pauschalen Erhöhung des Erbteils des Ehegatten in der Zugewinngemeinschaft,

– **zuerst** die Erbquote des **überlebenden Ehegatten** gem. §§ 1931 Abs. 1, 2 BGB auszurechnen,

– sie dann pauschal um 1/4 gem. §§ 1931 Abs. 3, 1371 Abs. 1 BGB **zu erhöhen** und

– erst aus dem **dann noch verbleibenden Rest** die Quoten der übrigen Miterben nach den dafür geltenden Regeln der gesetzlichen Erbfolge zu ermitteln.

Ein einfaches **Beispiel** zur Veranschaulichung:

Der Erblasser ist gesetzlich beerbt worden von seiner Ehefrau (F) und den beiden gemeinsamen Kindern (A und B). Man **hüte sich** vor folgender Berechnung: Quote F neben Abkömmlingen des Erblassers: 1/4; Quote A (3/4 durch 2 =) 3/8, Quote B 3/8; pauschale Erhöhung für F um 1/4 auf 1/2. Dies würde zu einer um 1/4 überschießenden Verteilung des Nachlasses führen (1/2 + 3/8 + 3/8 = 5/4). Allein **richtig** ist: Quote F neben Abkömmlingen des Erblassers: 1/4; pauschale Erhöhung der Quote der F um 1/4 auf 1/2; Quote A (restliches 1/2 durch 2 =) 1/4, Quote B 1/4.

bb) Handlungsmöglichkeiten des überlebenden Ehegatten in der Zugewinngemeinschaft

Es gibt **kein Wahlrecht des überlebenden Ehegatten**, ob er die pauschale Erhöhung seines Erbteils zum Ausgleich des Zugewinns überhaupt möchte oder ob er den Zugewinn nicht vielmehr konkret, ohne pauschale Erhöhung seines Erbteils, nach den Bestimmungen der §§ 1373 ff. BGB berechnet (vgl. auch § 1372 BGB).

Die zweite Variante – **konkreter Zugewinnausgleich** statt pauschale Erhöhung – könnte im Einzelfall für den überlebenden Ehegatten **wirtschaftlich vorteilhafter** sein. Ein solcher Fall ist vor allem dann denkbar, wenn der Erblasser Abkömmlinge hinterlässt und während der Ehe einen großen Zugewinn erzielt hat, wohingegen der überlebende Ehegatte keinen oder nur einen vergleichsweise kleinen Zugewinn erzielen konnte. In dem Fall bestünde eine relativ hohe Zugewinnausgleichsforderung. Dieser konkret ermittelte Zugewinnausgleichsanspruch stünde dem überlebenden Ehegatten allein zu, während der Zugewinn als Nachlassbestandteil unter den Erben entsprechend ihrer Erbquote aufzuteilen ist – ein klarer wirtschaftlicher Nachteil.

Der überlebende Ehegatte kann aber in einem solchen Fall mittelbar **doch Einfluss nehmen**, indem er die **Erbschaft** nach seinem verstorbenen Ehegatten **ausschlägt** und dann den **Zugewinnausgleich konkret** berechnet. Mangels Erbenstellung gibt es in diesem Fall keine Erbquote des überlebenden Ehegatten und ein pauschaler Ausgleich des Zugewinns über die Erbquote findet nicht statt!

Neben dem Zugewinn kann der die Erbschaft ausschlagende Ehegatte in diesem Fall **zusätzlich** noch den **Pflichtteil** nach dem Erblasser verlangen, obwohl er hier nicht – wie § 2303 Abs. 2 Satz 1 BGB an sich fordert – durch letztwillige Verfügung des Erblassers von der Erbfolge ausgeschlossen wurde. Diese Möglichkeit, neben dem Zugewinnausgleich auch den Pflichtteil zu verlangen, stellen §§ 1371 Abs. 3 erster Halbsatz mit Abs. 2 zweiter Halbsatz, 2303 Abs. 2 Satz 2 BGB klar.

Dieser Pflichtteil des überlebenden Ehegatten beträgt nach allgemeinen Grundsätzen die Hälfte des Werts des gesetzlichen Erbteils (§ 2303 Abs. 1 Satz 2, Abs. 2 Satz 1 BGB). Es stellt sich nun die **Frage, ob dieser gesetzliche Erbteil pauschal um 1/4 erhöht ist**. Die Antwort lautet: Nein. Für die Berechnung des Pflichtteils des ausschlagenden Ehegatten wird die gesetzliche Erbquote **nicht erhöht**, § 1931 Abs. 3 BGB findet also keine Anwendung (sog. **kleiner Pflichtteil**).

Dieses alternative Vorgehen zum Ausgleich des Zugewinns im Todesfall (durch Ausschlagung der Erbschaft, konkreten Zugewinnausgleich plus kleinen Pflichtteil) wird als **güterrechtliche Lösung** bezeichnet.

Ein in gesetzlichem Güterstand verwitweter Ehegatte kann also **stets** die Erbschaft ausschlagen, ohne seinen Pflichtteilsanspruch zu verlieren. Es handelt sich dann aber nur um den **kleinen** Pflichtteil.

Als **großer Pflichtteil** wird demgegenüber der Ehegattenpflichtteil bezeichnet, der sich durch Halbierung (§ 2303 Abs. 1 Satz 2 BGB) des pauschal um 1/4 erhöhten gesetzlichen Erbteils errechnet. Diesen großen Pflichtteil kann aber nur derjenige Ehegatte **im Wege der Pflichtteilsergänzung** (vgl. § 2305 BGB) verlangen, der durch den Erblasser **in irgendeiner Weise**, jedoch geringer als der Pflichtteil, bedacht worden ist (und dies so akzeptiert), ganz egal, ob der überlebende Ehegatte

– gewillkürter Erbe (also z.B. per Testament) mit jeder beliebigen geringeren (auch noch so kleinen) Erbquote als der Pflichtteil oder

– Vermächtnisnehmer mit jedem beliebigen (auch noch so geringwertigen) Vermächtnis geworden ist. Diese Handlungsoption (keine Ausschlagung, kein konkreter Zugewinnausgleich, dafür aber großer Pflichtteil) wird als **erbrechtliche Lösung** bezeichnet.

Welche **Handlungsmöglichkeiten** dem überlebenden Ehegatten zustehen, der mit dem Erblasser in Zugewinngemeinschaft gelebt hat, und welche Rechtsfolgen daraus resultieren, fasst folgende **Übersicht** zusammen:

 Übersicht: Handlungsmöglichkeiten des überlebenden Ehegatten im gesetzlichen Güterstand

	Erbrechtliche Lösung		Güterrechtliche Lösung	
	Pauschal um 1/4 erhöhter Erbteil	Großer Pflichtteil	Konkreter Zugewinnausgleich	Kleiner Pflichtteil
Gesetzliche Erbfolge	Nur bei Annahme	Weder bei Annahme noch bei Ausschlagung	Nur bei Ausschlagung	Nur bei Ausschlagung
Gewillkürte Erbfolge	Weder bei Annahme (dann bekommt der Ehegatte das ihm Zugewandte) noch bei Ausschlagung	Nur bei Annahme und nur bei Zuwendung von weniger als dem Pflichtteil	Nur bei Ausschlagung	Nur bei Ausschlagung

Welche dieser Handlungsoptionen für den überlebenden Ehegatten wirtschaftlich günstiger ist, hängt von den Umständen des Einzelfalls ab. Als gute **Faustregel** kann man sich aber merken: In aller Regel ist die **erbrechtliche Lösung** für den überlebenden Ehegatten **vorteilhafter**.

Ein abschließendes **Beispiel** mit konkreten Zahlen mag dies veranschaulichen:

Fallgestaltung

Der Erblasser wird gesetzlich beerbt von seiner Ehefrau und dem gemeinsamen Kind. Der Zugewinn des Ehemannes beträgt 100.000 €, derjenige der Ehefrau 50.000 €. Der Nachlass des Ehemannes setzt sich zusammen aus diesem Zugewinn (100.000 €) und sonstigem Vermögen (20.000 €), beträgt also 120.000 €

– **Erbrechtliche Lösung**: Der Erbteil der Ehefrau erhöht sich pauschal um 1/4 auf 1/2 und sie erhält aus dem Nachlass wirtschaftlich 60.000 €.

– Güterrechtliche Lösung: Die Ehefrau schlägt die Erbschaft nach ihrem Ehemann aus. Dann erhält sie im Wege des Zugewinnausgleichs 25.000 €, da ihr verstorbener Ehemann einen um 50.000 € höheren Zugewinn als sie erzielt hat (hälftiger Ausgleich des Differenzbetrags, § 1378 Abs. 1 BGB). Die Ehefrau erhält zusätzlich den Pflichtteil, jedoch nicht aus dem erhöhten Erbteil, sondern nur aus ihrer gesetzlichen Erbquote (hier 1/4, da ein Abkömmling des Erblassers vorhanden ist, § 1931 Abs. 1 Satz 1 BGB), und damit 1/8 (§ 2303 Abs. 1 Satz 1 BGB), und dies auch nur aus dem Restnachlass i.H.v. 95.000 € (= 120.000 € abzgl. Zugewinnausgleich 25.000 €) = 11.875 €.

Ergebnis

Nach der erbrechtlichen Lösung stehen der Ehefrau wirtschaftlich 60.000 € zu, während sie nach der güterrechtlichen Lösung nur 36.875 € bekommt.

cc)   Güterstand der Gütertrennung

Nach Beendigung des Güterstands der Gütertrennung gibt es – dem Wesen der Gütertrennung entsprechend – keinerlei Vermögensausgleich. Dies gilt grundsätzlich auch für die Beendigung durch den Tod des einen Ehegatten; der **gesetzliche Erbteil** des überlebenden Ehegatten gem. § 1931 Abs. 1, 2 BGB **erhöht sich also nicht.**

Beachte jedoch **§ 1931 Abs. 4 BGB** (gültig auf Erbfälle seit 01.07.1970):

– Sind als gesetzliche Erben neben dem überlebenden Ehegatten **ein** oder **zwei Kinder** des Erblassers berufen, so erben der überlebende Ehegatte und jedes Kind zu **gleichen Teilen.**

– Die Regelung will **verhindern,** dass der Erbteil des überlebenden Ehegatten geringer ausfällt als der eines Kindes. Dies wäre aber nach § 1931 Abs. 1 Satz 1 BGB bei einem oder zwei Kindern rechnerisch der Fall, denn die Kinder des Erblassers teilen sich die freien 3/4 neben dem 1/4 des Ehegatten (3/4 geteilt durch 2 = 3/8). Deshalb erben bei maximal zwei Kindern abweichend von § 1931 Abs. 1 Satz 1 BGB diese und der überlebende Ehegatte alle zu gleichen Teilen. Wenn man dieses Regelungsanliegen verstanden hat, bereitet der etwas komplizierte Wortlaut des § 1931 Abs. 4 BGB keine Probleme.

– Hierzu drei **Beispiele** (Abbildung 9–11):

Abbildung 9

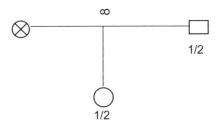

Abbildung 9 veranschaulicht die Wirkung von § 1931 Abs. 4 BGB: Der überlebende Ehegatte erhält nicht nur 1/4 (§ 1931 Abs. 1 Satz 1 BGB), sondern genauso viel wie das einzige Kind der Erblasserin, nämlich 1/2.

Abbildung 10

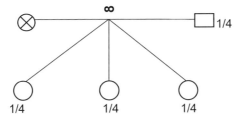

Abbildung 11

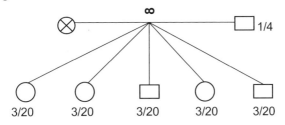

Die Erbquote des Ehegatten in den Abbildungen 10 und 11 ergibt sich demgegenüber allein aus der Anwendung des § 1931 Abs. 1 Satz 1 BGB (je 1/4, da mehr als zwei Abkömmlinge des Erblassers vorhanden). Für die zusätzliche Anwendung von § 1931 Abs. 4 BGB besteht **kein Raum**, da wegen der Anzahl der erbberechtigten Abkömmlinge die Erbquote eines jeden Kindes genauso hoch ist wie die des Ehegatten (Abbildung 10) oder niedriger (Abbildung 11).

dd)   Güterstand der Gütergemeinschaft

Wird die Gütergemeinschaft durch den Tod eines Ehegatten beendet, so gehört der Anteil des verstorbenen Ehegatten am **Gesamtgut zu seinem Nachlass** (§ 1482 Satz 1 BGB).

Dieser Ehegatte wird **nach allgemeinen Vorschriften** beerbt (§ 1482 Satz 2 i.V.m. § 1931 BGB). Bei gesetzlicher Erbfolge erhält der überlebende Ehegatte, anders als bei Zugewinngemeinschaft (§ 1371 Abs. 1 BGB), **keinen erhöhten Erbteil.**

Abbildung 12

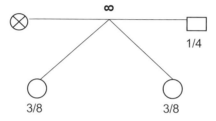

Im mit Abbildung 12 dargestellten **Beispiel** sind zwei Abkömmlinge der Erblasserin vorhanden. Der überlebende Ehegatte erbt neben ihnen zu 1/4 (§ 1931 Abs. 1 Satz 1 BGB). Die beiden Kinder teilen sich die verbleibenden 3/4 (§ 1924 Abs. 4 BGB). Mangels Zugewinngemeinschaft tritt keine pauschale Erhöhung des Erbteils ein (§ 1931 Abs. 3 BGB unanwendbar), mangels Gütertrennung liegt der Erbteil des überlebenden Ehegatten niedriger als der der beiden Kinder des Erblassers (§ 1931 Abs. 4 BGB unanwendbar).

Sind gemeinschaftliche Abkömmlinge vorhanden, können die Ehegatten durch Ehevertrag aber vereinbaren, dass die zwischen ihnen bestehende Gütergemeinschaft nach dem Tod des einen durch den überlebenden Ehegatten und die gemeinschaftlichen Abkömmlingen bis zum Tod des Längstlebenden fortgesetzt wird. Man nennt dies dann **fortgesetzte Gütergemeinschaft.** Der Anteil des verstorbenen Ehegatten am Gesamtgut gehört in diesem Fall **nicht** zum Nachlass.

ee)   Deutsch-französischer Wahlgüterstand der Zugewinngemeinschaft

Obwohl die Wahlzugewinngemeinschaft der deutschen Zugewinngemeinschaft nachgebildet ist, kennt sie **keine pauschale Erhöhung des Erbteils** wie nach §§ 1371 Abs. 1, 1931 Abs. 3 BGB vorgesehen. Vielmehr muss die Zugewinnausgleichsforderung – vergleichbar dem Verfahren gem. §§ 1373 ff. BGB – im Todesfall konkret ermittelt werden und tritt dann im Fall einer testamentarischen Einsetzung des überlebenden Erben sogar neben dessen erbrechtlichen Anteil.

ff)   Zusammenfassung

Die nachstehende Übersicht gibt Auskunft über das **gesetzliche Ehegattenerbrecht** in den verschiedenen Fallkonstellationen, wobei für den gesetzlichen Güterstand der Zugewinngemeinschaft die erbrechtliche Lösung zugrunde gelegt wird:

 Übersicht: Das gesetzliche Ehegattenerbrecht

	Zugewinn-gemeinschaft	Güter-trennung	Güter-gemeinschaft	Deutsch-französischer Wahlgüterstand
Erben erster Ordnung vorhanden	1/2	1/4 bei drei oder mehr Kindern (oder deren Abkömmlingen) 1/3 bei zwei Kindern (oder deren Abkömmlingen) 1/2 bei einem Kind (oder dessen Abkömmlingen)	1/4	1/4
Erben zweiter Ordnung vorhanden	3/4	1/2	1/2	1/2
Erben dritter Ordnung vorhanden	3/4 + ggf. Anteil(e) der Abkömmlinge weggefallener Großeltern 1/1 wenn alle Großelternteile weggefallen	1/2 + ggf. Anteil(e) der Abkömmlinge weggefallener Großeltern 1/1 wenn alle Großelternteile weggefallen	1/2 + ggf. Anteil(e) der Abkömmlinge weggefallener Großeltern 1/1 wenn alle Großelternteile weggefallen	1/2 + ggf. Anteil(e) der Abkömmlinge weggefallener Großeltern 1/1 wenn alle Großelternteile weggefallen

	Zugewinn-gemeinschaft	Güter-trennung	Güter-gemeinschaft	Deutsch-französischer Wahlgüterstand
Erben vierter oder ent-fernterer Ordnung vorhanden	1/1	1/1	1/1	1/1

c)　　　Wegfall des Ehegattenerbrechts

Mit **Rechtskraft des gerichtlichen Scheidungsbeschlusses** (früher: Scheidungsurteil) endet die Ehe und damit auch das gesetzliche Erbrecht des Ehegatten im Todesfall.

Der Gesetzgeber geht allerdings zutreffend davon aus, dass die innere Rechtfertigung für das wechselseitige Ehegattenerbrecht **bereits mit dem Beginn** des – oft viele Monate andauernden – gerichtlichen Scheidungsverfahrens entfällt: Wer sich scheiden lässt, dem liegt an einer Auflösung der ehelichen Rechtsbeziehungen und dem Ende der wechselseitigen Absicherung im Todesfall.

Aus diesem Grund verlagert **§ 1933 BGB** den Zeitpunkt, ab dem ein Ehegatte nicht mehr gesetzlicher Erbe des anderen Ehegatten wird, auf den Beginn des gerichtlichen Scheidungsverfahrens vor. Diese zeitliche Vorverlagerung tritt aber nach dem Gesetz **nur unter zwei Bedingungen** ein:

– Es waren zum Zeitpunkt des Todes des Erblassers die Voraussetzungen für die Scheidung der Ehe gegeben (insbesondere war das **Trennungsjahr** abgelaufen), und

– der Erblasser (!) hatte die Scheidung zu Lebzeiten selbst **beantragt oder** ihr **zu**gestimmt.

Beispiel

– Der Ehemann möchte sich gegen den ausdrücklichen Wunsch der Ehefrau scheiden lassen. Er stellt den Scheidungsantrag allein, die übrigen Scheidungsvoraussetzungen (Trennungsjahr etc.) liegen vor. Stirbt nun die Ehefrau vor der rechtskräftigen Scheidung, verbleibt es bei dem gesetzlichen Erbrecht des überlebenden Ehemannes, obwohl er allein die Scheidung betrieben hatte. Stirbt umgekehrt der Ehemann und lagen zum Todeszeitpunkt die Voraussetzungen der Scheidung vor, wäre die Ehefrau nicht mehr gesetzliche Erbin nach ihrem Mann geworden. § 1933 BGB gilt also nicht bei dem „scheidungsunwilligen" Ehegatten.

Beachte zu § 1933 BGB:

– Der dort niedergelegte Rechtsgedanke findet **auch bei gewillkürter Erbfolge** Anwendung: § 2077 BGB (Einzeltestament), § 2268 BGB (gemeinschaftliches Testament) und § 2279 BGB (Erbvertrag) ordnen eine § 1933 BGB vergleichbare zeitliche Vorverlagerung für den Wegfall des Ehegattenerbrechts an.

– Eine testamentarische oder erbvertragliche Einsetzung des anderen Ehegatten zum Erben oder Vermächtnisnehmer ist demnach im Zweifel unwirksam, wenn die Ehe **vor dem Tod des Erblassers geschieden** wird, vgl. § 2077 Abs. 1 Satz 1 BGB (Einzeltestament), § 2268 BGB (gemeinschaftliches Testament), § 2279 Abs. 2 BGB (Erbvertrag). Diese Vermutung musste der Gesetzgeber anordnen, da eine letztwillige Verfügung nicht automatisch unwirksam wird, wenn ihre **tatsächliche Basis** (hier: **Fortbestand** der Ehe bis zum Tod) wegfällt. Ergeben sich aber Anhaltspunkte, dass diese Unwirksamkeit im Einzelfall nicht dem Willen des Erblassers entsprach, er also den Ehegatten unabhängig vom Fortbestand der Ehe bedenken wollte, bleibt es aber – anders als bei der gesetzlichen Erbfolge – beim Erbrecht des geschiedenen Ehegatten (§ 2077 Abs. 3 BGB).

– **Notariell gestaltete Testamente** bzw. **Erbverträge** überlassen es i.d.R. nicht diesen zeitlichen Zufälligkeiten, wer am Ende einer Ehe Erbe eines Ehegatten wird (siehe für ein Formulierungsbeispiel unten Abschnitt VIII. Ziffer 5.).

4. Das Erbrecht der nichtehelichen Kinder

a) Erbrecht nach der Mutter

Nach dem Tod ihrer leiblichen **Mutter** erben nichteheliche Kinder genauso wie die ehelichen Abkömmlinge und gleichberechtigt mit ihnen, also als Erben der ersten Ordnung. Dies war unter Geltung des BGB schon immer so.

b) Erbrecht nach dem Vater

Das Erbrecht der nichtehelichen Kinder nach dem Tod ihres **Vaters** folgte hingegen den gesellschaftlichen Anschauungen der Zeit und wurde demzufolge mehrfach geändert (siehe für eine ausführliche Darstellung der Rechtsentwicklung die 10. Aufl. dieses Buchs).

Für alle **heute eintretenden Todesfälle** sind nichteheliche Kinder in ihrer Erbenstellung auch nach dem Vater **den ehelichen Kindern gleichgestellt.** Zur Nachlassverteilung muss bei der erbrechtlichen Stellung von Abkömmlingen also nicht mehr unterschieden werden zwischen ehelichen und nichtehelichen (ebenso wenig übrigens wie zwischen leiblichen und adoptierten).

Diese Gleichstellung von nichtehelichen und ehelichen Kindern beim Tod des Vaters gilt uneingeschränkt für alle **Erbfälle ab dem 01.04.1998,** sofern das nichteheliche Kind nicht vor dem 01.07.1949 geboren war, und unabhängig vom Geburtsdatum des Kindes für alle **Erbfälle ab dem 29.05.2009.** Dieser jüngste Stichtag (29.05.2009) beruht auf einer Entscheidung des Europäischen Gerichtshofs für Menschenrechte (EGMR) in Straßburg vom 28.05.2009. Sie verpflichtete die Bundesrepublik Deutschland völkerrechtlich dazu, die nichtehelichen Abkömmlinge mit Geburtsdatum vor dem 01.07.1949 nicht länger erbrechtlich schlechter zu stellen als die nichtehelichen Abkömmlinge mit späterem Geburtsdatum. Dem ist der deutsche Gesetzgeber durch das Zweite Gesetz zur erbrechtlichen Gleichstellung nichtehelicher Kinder vom 12.04.2011 (BGBl I, 615) rückwirkend zum Stichtag 29.05.2009 nachgekommen. Für Erbfälle vor diesem Stichtag (29.05.2009) bleibt es aber aus Gründen des Vertrauensschutzes bei der bisherigen Rechtslage.

Die erbrechtliche Gleichstellung der nichtehelichen mit den sonstigen Kindern des Vaters ist **keine rechtliche Einbahnstraße:** Verstirbt das nichteheliche Kind vor dem Vater, sind er bzw. seine jeweiligen Verwandten erbberechtigt am Nachlass des Kindes.

Grundvoraussetzung für die beschriebene Gleichstellung ist aber stets, dass die rechtliche Vaterschaft, die dem Verwandtenerbrecht der §§ 1924 ff. BGB zugrunde liegt und es voraussetzt, von dem Vater anerkannt (§§ 1592 Nr. 2, 1594 ff. BGB) oder durch gerichtliche Entscheidung festgestellt worden ist (§§ 1592 Nr. 3, 1600d BGB), siehe hierzu oben § 14 Abschnitt III.

Ist ein Erblasser aus der **ehemaligen DDR** nach dem Wirksamwerden des Beitritts der DDR zur Bundesrepublik (03.10.1990) gestorben, gelten für diesen Todesfall die für die erbrechtlichen Verhältnisse eines nichtehelichen Kindes geltenden Vorschriften (Art. 235 § 1 EGBGB). Es ist also wie beschrieben der Todestag des Vaters maßgeblich (vor dem 01.04.1998, vor dem 29.05.2009 oder danach). Diese Übergangsregelungen gelten nicht für Kinder, die in der ehemaligen DDR (d.h. vor dem 03.10.1990) nichtehelich geboren wurden. Sie werden als eheliche Kinder behandelt (Art. 235 § 1 Abs. 1 EGBGB); diese Gleichstellung hatte die DDR zum 01.01.1976 vollzogen.

V. Die gewillkürte Erbfolge

1. Vorüberlegungen

Macht der Erblasser von seiner Testierfreiheit Gebrauch, gehen seine letztwilligen Verfügungen der gesetzlichen Erbfolge vor (**Vorrang der gewillkürten Erbfolge**, siehe oben Abschnitt II. Ziffer 7.). Die einzelnen erbrechtlichen Gestaltungsmittel werden in den folgenden Abschnitten hinsichtlich ihrer äußeren Form und einiger typischer Inhalte näher dargestellt. Es kann aber hilfreich sein, sich vorab die besondere rechtliche Schwierigkeit des Erbrechts und die **komplexen Anforderungen** an eine zweckmäßige erbrechtliche Gestaltung zu verdeutlichen. Ausgangspunkt der Überlegungen sollte dabei stets der Erblasser und sein letzter Wille sein, da die inhaltliche Gestaltungsfreiheit im Erbrecht sehr weit reicht.

2. Anforderungen an den erbrechtlichen Berater

Das Erbrecht ist ein umfangreiches, oft **schwieriges Rechtsgebiet**. In der juristisch nicht bewanderten Bevölkerung hält sich aber hartnäckig die Vorstellung, dass man seinen Nachlass ohne weiteres selbst regeln könne. Tatsächlich scheitern viele eigenhändige Testamente schon bei der sauberen Formulierung einer simplen Erbeinsetzung. So dürfte z.B. der Satz: „Ich vermache meinem einzigen Sohn S alles" rechtlich gerade nicht als bloßes Vermächtnis i.S.d. § 2147 BGB gewollt sein. Besonders problematisch wird die **laienhafte Erbrechtsgestaltung** bei eigenhändigen Ehegattentestamenten. Hier unterlaufen den Eheleuten nicht selten Fehler bei der Ausgestaltung der Bindungswirkung (siehe zu ihr unten Abschnitt VIII. Ziffer 3.). Von den anspruchsvolleren erbrechtlichen Gestaltungsmitteln wie z.B. der Anordnung einer Vor- und Nacherbschaft oder besonderen Vermächtniskonstruktionen haben die meisten Personen noch nicht einmal etwas gehört. Nicht selten sind die Beteiligten daher in einem Beratungsgespräch über das Ausmaß ihrer Fehlvorstellungen zu grundlegenden erbrechtlichen Kategorien überrascht. Dies macht in vielen Fällen eine **ausführliche rechtliche Beratung** Hinzu kommt, dass viele Menschen sich nicht besonders gerne mit der Frage beschäftigen, was bei ihrem eigenen Tod gelten soll. Dieser mitunter sehr **emotionale Zugang** setzt einen feinfühligen Umgang des Beraters mit der gesamten Rechtsmaterie „Erbrecht" voraus.

Aus Beratersicht ist eine weitere Besonderheit des Erbrechts, dass ein unterlaufener (Gestaltungs-)**Fehler** meist erst entdeckt wird, wenn der Erblasser schon gestorben ist, so dass der Fehler kaum noch richtiggestellt werden kann, und, falls dies doch ausnahmsweise möglich ist, alle Betroffenen bei der Reparatur „mitziehen" müssen.

In wirtschaftlicher Hinsicht geht es bei gewillkürten Erbfolgen aufgrund des Prinzips der Gesamtrechtsnachfolge (§ 1922 BGB, siehe oben Abschnitt I.) nicht selten um das **gesamte Vermögen** des Erblassers.

Für den Rechtsberater sind eine **genaue Sachverhaltsaufklärung** und die **saubere juristische Umsetzung** der Wünsche des Erblassers unverzichtbar. Nicht selten lässt sich ein Gestaltungsbedarf mittels der Kontrollüberlegung identifizieren, wie die Erbfolge aussehen würde, wenn der oder die Erblasser nichts regeln würde(n). Es widerspricht z.b. häufig dem Wunsch von Ehegatten, ihre gemeinsamen Kinder beim Tod des Erstversterbenden erbrechtlich schon zum Zuge kommen zu lassen, obwohl genau dies bei gesetzlicher Erbfolge der Fall wäre (siehe oben Abschnitt IV. Ziffer 3.). Um die gewünschte starke Stellung des überlebenden Ehegatten zu bewirken, kann vorbehaltlich erbschaftsteuerlicher Notwendigkeiten eine wechselseitige Erbeinsetzung gewählt werden, ggf. sogar flankiert um eine Pflichtteilsstrafklausel (siehe zu ihr unten Abschnitt VIII. Ziffer 6. Buchst. b)).

Zu einer guten Beratung der Erblasser gehört aber auch die Fähigkeit, behutsam **Gestaltungsgrenzen** aufzuzeigen: Je nach Fallgestaltung lässt sich nicht jedes Ziel umsetzen, lassen sich nicht alle Einzelziele miteinander vereinbaren, und nicht zuletzt sollte der Nachwelt, die mit dem Erblasserwillen umgehen muss, nicht immer jede noch so komplexe Gestaltung „zugemutet" werden.

Für die Beantwortung der Frage, ob man ein Testament errichten und wie man den Inhalt ausgestalten soll, lassen sich allgemeine, für alle denkbaren Fälle passende Regeln und Schablonen nicht aufstellen. Hier kommt es vor allem auf den einzelnen Fall an, der individuell zu behandeln ist, da es allein um die **Umsetzung des Willens des Erblassers** geht.

Wesentlich sind dabei insbesondere die Familienverhältnisse, die Art und Zusammensetzung des Vermögens, die Charaktere der als Erben vorgesehenen Personen sowie die (lebzeitigen) Zukunftspläne des (zukünftigen) Erblassers. Als **Alternative zu einer erbrechtlichen Gestaltung** kommt im Einzelfall die lebzeitige Übertragung von Vermögen bzw. Vermögensbestandteilen in Betracht, im notariellen Kontext insbesondere in Form der Grundstücksübertragungs- bzw. -überlassungsverträge (siehe unten Abschnitt XIV.).

Bei den – an praktischer Bedeutung gewinnenden – **Erbfällen mit internationalen Bezügen**, die sich durch einen ausländischen Staatsangehörigen, durch Auslandsvermögen und/oder durch einen aktuellen oder künftig geplanten ausländischen gewöhnlichen Aufenthalt kennzeichnen, sind zudem Fragen des internationalen Erbrechts und vor allem der **EU-Erbrechtsverordnung** zu berücksichtigen (siehe dazu Abschnitt III.).

3.   Faktoren erbrechtlicher Beratung

Die erbrechtliche Beratung im Einzelfall ist Sache der Rechts- und Steuerkundigen, insbesondere der **Notare,** Rechtsanwälte und Steuerfachleute. Diese Einzelberatung sollen und können die nachstehenden Abschnitte in keiner Weise ersetzen oder überflüssig machen. Innerhalb des Notariats sind erbrechtliche Mandate deshalb nicht selten „Chefsache" oder den besonders erfahrenen Notariatsmitarbeitern vorbehalten.

Die nachfolgende Abbildung 13 vermag einen Eindruck über die komplexen **Faktoren erbrechtlicher Beratung** zu vermitteln:

Abbildung 13: Faktoren erbrechtlicher Beratung

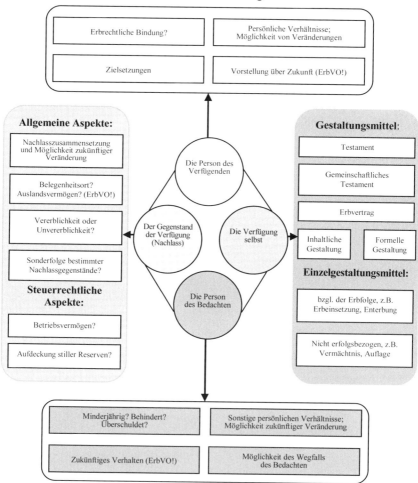

(Quelle: VON DICKHUTH-HARRACH, Handbuch der Erbfolge-Gestaltung, 2011, § 2 Rdnr. 1)

VI. Das Einzeltestament

1. Das eigenhändige Testament

Anders als z.b. beim Immobilienkauf (§ 311b BGB, § 11 Abs. 2 ErbbauRG, § 4 Abs. 3 WEG) oder der GmbH-Gründung (§ 2 GmbHG) muss eine Person ihren letzten Willen **nicht zwingend** in einer notariellen Urkunde festhalten. Zulässig – und entsprechend verbreitet – ist auch das sogenannte **eigenhändige Testament** (§ 2247 BGB), auch in der Erscheinungsform des eigenhändigen Ehegattentestaments (§ 2267 BGB, dazu unten Abschnitt VIII. Ziffer 2.). Der Erbvertrag (§ 2276 BGB, dazu unten Abschnitt IX. Ziffer 2.) und bestimmte lebzeitige Gestaltungsinstrumente (wie etwa der Erb- oder Pflichtteilsverzicht, § 2348 BGB – dazu unten Abschnitt XIV. Ziffer 2. – und der Erbschaftskaufvertrag, § 2371 BGB) müssen hingegen zwingend notariell beurkundet werden.

Dementsprechend kennt das BGB zwei Arten von **ordentlichen Testamenten**, nämlich das eigenhändige und das notarielle (§ 2231 BGB). Zwischen diesen beiden Arten der Errichtung hat sich der Testierwillige zu entscheiden. Falls er in dieser Frage rechtlich beraten werden möchte, um eine sachgerechte Entscheidung zu treffen, lässt sich festhalten, dass die Vorteile eines notariellen Testaments deutlich überwiegen und die vermeintlichen Vorteile eines eigenhändigen Testaments relativiert werden müssen:

a) Vorteile des eigenhändigen Testaments

Der spezifische Vorteil des eigenhändigen Testaments gegenüber dem notariellen ist seine **leichte Errichtungsmöglichkeit** zu jeder Zeit und an jedem Ort, ebenso die leichte Aufhebungs- und Änderungsmöglichkeit.

Aber

– Das Erleichterungsargument wiegt nicht besonders schwer. Testamente werden oft nur wenige Male – **häufig sogar nur einmal** – im Leben errichtet und sind i.d.R. Ergebnis gründlicher Überlegung. Wenn solche seltenen Urkundsarten hinsichtlich ihrer äußeren Form etwas „schwerfälliger" errichtet werden müssen als Massengeschäfte des Alltags, zeigt sich darin die grundsätzlich zu begrüßende Warn- und Beweissicherungsfunktion (zu ihr oben § 2 Abschnitt I. Ziffer 1. und 2. Buchst. d)).

– Das eigenhändige Testament kann keineswegs formfrei errichtet werden, sondern unterliegt seinerseits der Formvorschrift des § 2247 BGB (ggf. i.V.m.

§ 2267 BGB). Deren Anforderungen sind bei Lichte betrachtet alles andere als banal zu erfüllen. Schon die Anforderung, dass sämtliche Inhalte des Testaments eigenhändig, d.h. selbst von Hand geschrieben werden müssen, kann zu Wirksamkeitsproblemen führen. Weitere Anwendungsprobleme bei § 2247 BGB lassen sich nennen (siehe dazu unten Buchst. c)).

– Auch das **Kostenargument** wird gerne als Vorteil des Privattestaments aufgeführt. In der Tat entstehen dem Erblasser bis auf Stift und Papier **zunächst** keine Kosten, vorausgesetzt, er greift zur Abfassung des Testaments nicht auf andere Berater (z.B. Rechtsanwalt, Steuerberater) zurück.

Aber

– Berücksichtigt man, dass die Erben, deren Erbrecht auf einem eigenhändigen Testament beruht, in aller Regel einen kostenpflichtigen Erbschein als Nachweis ihrer Erbenstellung benötigen, so ist die oft gehörte Aussage, das privatschriftliche Testament sei kostengünstiger als das notarielle, so pauschal nicht zutreffend.

– Insbesondere wenn sich Grundstücke im Nachlass befinden, wird in diesen Fällen (ebenso wie bei gesetzlicher Erbfolge) das Eigentum in Abteilung I des Grundbuchs nur gegen **Vorlage eines Erbscheins** auf die Erben umgeschrieben (§ 35 GBO). Gleiches gilt im Bereich des Handelsregisters, wenn es z.B. um die Rechtsnachfolge von Todes wegen in eine Kommanditbeteiligung geht (§ 12 Abs. 1 Satz 4 HGB, siehe oben § 13 Abschnitt IV. Ziffer 8. Buchst. c)). Bei einem notariell beurkundeten Testament genügt hingegen eine beglaubigte Abschrift des nachlassgerichtlichen Eröffnungsprotokolls, wenn sich aus dem eröffneten Testament die Erbfolge eindeutig ergibt (vgl. § 35 Abs. 1 Satz 2 GBO). Anderslautende Geschäftsbedingungen von Banken und Sparkassen, die den Nachweis der Erbenstellung von der Vorlage eines Erbscheins abhängig machen, sind unwirksam (BGH, DNotZ 2014, 53).

– Die **Kosten eines Erbscheins** sind i.d.R. **höher** als die Kosten eines notariellen Testaments. Diese Aussage trifft nicht nur dann zu, wenn das Vermögen des Erblassers zwischen Testamentserrichtung und Erbfall gleich geblieben oder angewachsen ist, sondern – wegen der Gebührendegression – auch bei Regelung von zwei Erbfällen in einer notariellen Urkunde (gemeinschaftliches Testament).

Beispiel

– Bei einem Geschäftswert (Erblasservermögen i.S.d. § 102 Abs. 1 GNotKG) von 50.000 € kostet ein notarielles Einzeltestament eine volle Gebühr gem. Nr. 21200 KV GNotKG i.H.v. 165 € zzgl. geringen Auslagen und Umsatzsteuer.

Bei einem eigenhändigen Testament würden im Todesfall bei demselben Geschäftswert zwei Gebühren i.h.v. jeweils 165 € anfallen, einmal für die Beantragung (Nr. 23300 KV GNotKG) und einmal für die Erteilung des Erbscheins (Nr. 12210 KV GNotKG).

– Von der Kostenfrage völlig losgelöst schlägt der höhere zeitliche Aufwand zu Buche: Ein **Erbscheinverfahren** kann sich – je nach Komplexität der Angelegenheit und je nachdem, welches Nachlassgericht zuständig ist – über mehrere Wochen oder gar Monate hinziehen. Zuzugeben ist aber, dass nur dem Erbschein die **verkehrsschützenden Vorschriften** der §§ 2366, 2367 BGB zukommen, nicht auch dem (eröffneten) notariellen Testament.

b)   Nachteile des eigenhändigen Testaments

Das Privattestament hat handfeste **Nachteile**, die je nach Einzelfall nicht unterschätzt werden dürfen:

– Ein eigenhändiges Testament kann leicht(er) gefälscht werden als ein notarielles Testament.

– Es wird evtl. im Erbfall nicht aufgefunden oder kann **nach dem Tod** des Erblassers **unterschlagen** werden (trotz einer Ablieferungspflicht für jedermann, § 2259 BGB).

– **Aber:** Der Erblasser kann sein eigenhändiges Testament bei einem Amtsgericht (Nachlassgericht) hinterlegen; zuständig dafür ist jedes beliebige Amtsgericht, insbesondere auch das für den derzeitigen Wohnort des Erblassers (§ 344 Abs. 1 Nr. 3 FamFG).

– Den Nachweis, dass der Erblasser bei der Testamentserrichtung **im vollen Besitz seiner geistigen Kräfte** war, hat u.U. derjenige zu erbringen, der sich auf das Testament beruft.

– Dazu kommen vielfach noch Schwierigkeiten bei der **Durchführung** eines eigenhändigen Testaments, da sich evtl. nicht ermitteln lässt, welchen Inhalt der Erblasser genau hatte anordnen wollen. Dem rechtlichen Laien ist das Arsenal und die Tragweite der erbrechtlichen Gestaltungsmittel häufig nicht oder nur unzureichend bekannt (siehe bereits oben Abschnitt V. Ziffer 2. und Abschnitt II. Ziffer 7. am **Beispiel** der grundsätzlich unzulässigen Singularsukzession. Ein weiteres Beispiel ist die Existenz und Reichweite der – häufig unbekannten – Bindungswirkung in Ehegattentestamenten, vgl. § 2271 BGB und unten Abschnitt VIII. Ziffer 3.).

c)   Formvorgaben

Für die Form des eigenhändigen Testaments gelten **starre Regeln**. Sie sind notwendig, um ein Mindestmaß an Sicherheit dafür zu bieten, dass das nach dem Tod des Erblassers vorgefundene Testament auch wirklich sein letzter Wille war. Die Befolgung dieser Formvorschriften ist unbedingt erforderlich. Ein der Form nicht entsprechendes Privattestament ist nichtig (§ 125 Satz 1 BGB):

–   Das Testament muss (samt Zusätzen und Änderungen) in allen seinen Teilen vom Erblasser **selbst geschrieben** werden (§ 2247 Abs. 1 BGB).

Ein „eigenhändig" mit Schreibmaschine geschriebenes Testament ist also **nichtig!**

Das von einem Armamputierten **mit dem Fuß** geschriebene Testament ist hingegen wirksam, obwohl es nicht im Wortsinn „eigenhändig" geschrieben ist.

Die Hand des Erblassers darf beim Schreiben **unterstützt**, auch gestützt werden, allerdings nicht so weitgehend, dass die Schriftzüge nicht mehr vom Erblasser, sondern von Dritten geführt werden. Es liegt auf der Hand, dass diese Abgrenzungsfragen nach dem Tod des Erblassers zu schwierigen Beweissituationen führen können.

–   Das eigenhändige Testament muss vom Erblasser auch **eigenhändig unterschrieben** werden. **Unterschrift** heißt, dass der Namenszug **unter** den Erklärungen des Erblassers zu stehen hat.

Weist jedoch das Schriftstück, das den letzten Willen bekundet, eine am Rand quer gesetzte Unterschrift auf, kann auch diese genügen, wenn die Unterschrift ersichtlich den ganzen nebenstehenden Inhalt decken soll. Davon geht man aus, wenn z.B. das Blatt bis ganz an den unteren Rand beschrieben ist, so dass die Unterschrift dort keinen Platz mehr hatte.

Befindet sich hingegen ein privatschriftliches Testament ohne Unterschrift in einem verschlossenen Umschlag, der seinerseits den Vermerk trägt: „Hierin befindet sich mein Testament – Egon Müller", so ist dies nach RGZ 110, 66, mangels Unterschrift kein wirksames Testament. Dies ist anders als beim notariellen Testament, für dessen Formwirksamkeit es genügt, wenn der Notar zwar nicht seine Niederschrift selbst, dafür aber die Aufschrift auf dem Testamentsumschlag unterschrieben hat (§ 35 BeurkG).

–   Der Erblasser soll mit **Vor- und Nachnamen** Eine andere Unterschrift, wie z.B. „Euer Vater" oder der Künstlername, genügt jedoch, wenn die Identität des Erblassers festgestellt werden kann (§ 2247 Abs. 3 Satz 2 BGB).

– Das privatschriftliche Testament soll Angaben über **Tag und Ort der Errich-tung** enthalten (§ 2247 Abs. 2 BGB). Ein Verstoß dagegen bleibt **grundsätzlich** ohne Auswirkung auf die Rechtswirksamkeit des Testaments. Es gibt aber **Ausnahmen** hierzu:

– Finden sich nach dem Tod des Erblassers **zwei Testamente**, eines davon undatiert, so ist das undatierte Testament im Zweifel unwirksam (§ 2247 Abs. 5 BGB).

– Es finden sich nach dem Tod des Erblassers **zwei Testamente, beide unda-tiert**. Nach § 2258 Abs. 1 BGB kann der Erblasser durch Errichtung eines Testaments ein früher von ihm errichtetes widerrufen. Hier ist unklar, wel-ches Testament das andere aufhebt. Sie heben sich also quasi „gegenseitig" auf, so dass keines der Testamente wirksam sein kann.

2. Das notarielle Testament

a) Äußere Form

Der **Urkundsmantel** bei einem notariellen Einzeltestament kann z.B. wie folgt lau-ten:

 Muster: Notarielles Testament

Urkundenrolle Nummer 198/2019

(Testament)

Verhandelt zu Musterstadt am 24.02.2019

Vor

Max Muster
Notar in Musterstadt

erschien:

Frau Petra Müller geb. Meyer, geboren 05.01.1961,
wohnhaft Hauptstraße 6, 12345 Musterstadt.

Frau Müller wies sich aus durch Vorlage des Bundespersonalausweises.

Der Notar überzeugte sich durch die Verhandlung von der Geschäfts- und Testierfä-higkeit der Erschienenen. Die Hinzuziehung von Zeugen oder einem zweiten Notar war weder gewünscht noch angezeigt.

Die Erschienene erklärte dem Notar sodann mündlich zur Niederschrift als ihren letzten Willen das folgende

TESTAMENT

1. Vorbemerkungen

Ich wurde geboren in Musterstadt/Musterkreis als Tochter der Eheleute Heinz Meyer und Hedda Meyer, geb. Schmitz (Geburtsstandesamt Musterstadt, Geburtenregisternummer 6/1961).

Ich habe ausschließlich die deutsche Staatsangehörigkeit. An der Errichtung eines Testaments bin ich durch frühere Verfügungen von Todes wegen nicht gehindert: Ich habe zwar mit meinem vorverstorbenen Ehemann, Peter Müller, ein gemeinschaftliches privatschriftliches Testament am 17.03.2007 errichtet, dieses enthält jedoch ausschließlich Regelungen auf den Tod des Erstversterbenden von uns, bindet mich als Längstlebende daher nicht.

Der Notar soll eine beglaubigte Abschrift der heutigen Urkunde unverschlossen zu seiner Urkundensammlung nehmen.

2. Widerruf früherer Verfügungen

Alle von mir bisher errichteten Verfügungen von Todes wegen hebe ich hiermit auf, mit Ausnahme der von mir im vorgenannten gemeinschaftlichen Testament vom 17.03.2007 getroffenen Verfügungen.

3. (...)

(Zu möglichen Inhalten letztwilliger Verfügungen siehe den nachstehenden Abschnitt VII.)

4. Schlussbestimmungen

Der Notar hat mich über das gesetzliche Erb- und Pflichtteilsrecht belehrt.

Der Notar hat mich ferner darauf hingewiesen, dass bei Begründung eines Aufenthaltsortes des Erblassers im Ausland ausländisches Erbrecht anwendbar sein kann und eine Überprüfung dieser Verfügung geboten ist.

Zu meinem Vermögen gehört derzeit kein höferechtlich gebundenes Vermögen oder Vermögen im Ausland, welches zusätzliche Anordnungen erforderlich machen kann. Anteile an Gesellschaften, insbesondere Personengesellschaften, besitze ich derzeit nicht.

Weitere Anordnungen möchte ich heute nicht treffen. Mir ist bekannt, dass bei Veränderung der tatsächlichen oder rechtlichen Verhältnisse eine Überprüfung meines heutigen Testaments ratsam ist.

Diese Niederschrift wurde der Erschienenen vom Notar vorgelesen, von ihr genehmigt und eigenhändig wie folgt unterschrieben:

...

(Unterschriften von Petra Müller und des beurkundenden Notars)

Anmerkungen

Ist der Erblasser unbedenklich **geschäftsfähig**, genügt eine einfache Feststellung im Urkundseingang. Sie ist wegen § 28 BeurkG jedoch auch zwingend erforderlich. Ist der Erblasser hingegen schwer krank, muss der Notar (erst recht) bei Testamenten und Erbverträgen dies in der Urkunde vermerken und angeben, welche Feststellungen er über die Geschäftsfähigkeit des Erblassers getroffen hat (§ 11 Abs. 2 BeurkG, siehe für ein Formulierungsbeispiel oben § 2 Abschnitt VI. Ziffer 3. Buchst. d)). Zu **Erblassern mit Behinderung** siehe oben Abschnitt II. Ziffer 8.

Liegt kein Fall einer verpflichtenden Hinzuziehung von **Zeugen oder einem zweiten Notar** vor, kann der Erblasser dies trotzdem verlangen (§ 29 BeurkG). Dass dieser Wunsch nicht geäußert wurde, wird in der Urkunde vermerkt.

Die Angaben zu den Eltern und zum **Geburtenregistereintrag** des Erblassers (Geburtsstandesamt und Geburtenregisternummer) erleichtern die (verpflichtende, § 34a BeurkG) Registrierung der letztwilligen Verfügung beim Zentralen Testamentsregister (siehe unten Abschnitt XIII.). Es empfiehlt sich, dass der Erblasser hierfür entweder vor oder bei Beurkundung sein Familienstammbuch oder zumindest seine Heirats- oder Geburtsurkunde mitbringt. Die Angaben müssen nicht zwingend in der notariellen Urkunde vermerkt werden; bei späteren letztwilligen Verfügungen kann dies aber die Arbeit des dann beurkundenden Notars erleichtern.

Zuvor errichtete gemeinschaftliche Testamente oder Erbverträge können den Erblasser in seiner Testierfreiheit beschränken, vgl. §§ 2271, 2287 f. BGB. Bestehen solche früheren Verfügungen von Todes wegen wie im vorliegenden Beispiel, ist es ratsam, die Zulässigkeit der jetzt gewünschten neuen Verfügung (zu prüfen und in der Urkunde) kurz festzustellen.

Zur Sondererbfolge bei Höfen i.S.d. **HöfeO** – und (bestimmten) Beteiligungen an Personengesellschaften – siehe oben Abschnitt I.

Kostenhinweis

Geschäftswert bei einer Verfügung von Todes wegen ist derjenige Teil des Nachlasses, über den verfügt wird, bei einer Erbeinsetzung also i.d.R. der Wert des gesamten Vermögens des Erblassers, § 102 Abs. 1 Satz 1 GNotKG. Bestehende Verbindlichkeiten dürfen abgezogen werden, jedoch nur bis zur Hälfte des Aktivvermögens (§ 102 Abs. 1 Satz 2 GNotKG).

Der **Gebührensatz** beträgt 1,0 bei einem Einzeltestament gemäß Nr. 21200 KV GNotKG.

b)   Urkundenabwicklung

Die Besonderheiten bei der Abwicklung eines notariellen Testaments sind unten im Abschnitt XIII. Ziffer 2. dargestellt.

VII.   Mögliche Inhalte letztwilliger Anordnungen

Die nachstehenden Muster verstehen sich als Textbausteine, die sowohl für Einzeltestamente als auch für gemeinschaftliche Testamente und Erbverträge verwendet werden können. Wie alle Textbausteine dürfen und können sie nicht schematisch verwendet, vielmehr muss ihr Inhalt **stets für den Einzelfall geprüft** und notfalls angepasst werden.

1.   Einsetzung eines Alleinerben

 Muster: Einsetzung eines Alleinerben

Erbeinsetzung

Ich berufe zu meinem alleinigen Erben meinen Sohn Max Adam, geboren 15.03.1973, wohnhaft 12345 Musterstadt, Hauptstraße 4.

Ersatzerben sind seine Abkömmlinge nach Regeln der gesetzlichen Erbfolge erster Ordnung.

2.   Einsetzung mehrerer Erben

 Muster: Einsetzung mehrerer Erben

Erbeinsetzung

Ich berufe zu meinen Erben

1. meinen Neffen Franz Müller, geboren 19.07.1964,
   wohnhaft Nordstraße 1, 12345 Musterstadt, **zu 1/2 Anteil**,

2. meine Nichte Johanna Müller, geboren 24.05.1967,
   wohnhaft Oststraße 151, 12345 Musterstadt, **zu 1/4 Anteil**, und

3. meine Nichte Paula Mayer, geboren 06.09.1970,
wohnhaft An der Westtangente 18, 12345 Musterstadt, **zu 1/4 Anteil**.

Ersatzerben sind die Abkömmlinge der Berufenen nach den Regeln über die gesetzliche Erbfolge erster Ordnung. Mangels solcher Abkömmlinge tritt Anwachsung zugunsten der anderen Erbenstämme ein.

Besondere Bestimmungen über die Art der Nachlassauseinandersetzungen treffe ich nicht.

Anmerkungen

Die Einsetzung mehrerer Erben erfolgt, wie bereits erwähnt (oben Abschnitt II. Ziffer 6.), nicht dadurch, dass jedem Miterben einzelne Gegenstände zugewendet werden, sondern dadurch, dass jeder Miterbe auf eine **Quote am Nachlass** eingesetzt wird.

Soll ein Miterbe einen bestimmten Gegenstand erhalten, kann dies über eine **Teilungsanordnung** (§ 2048 BGB) oder ein **Vorausvermächtnis** (§ 2150 BGB) verwirklicht werden. Die Teilungsanordnung ändert den Wert des Erbteils nicht, wie er sich aus der vom Erblasser für den Miterben vorgesehenen Erbquote ergibt. Soll dem Miterben ein über den Wert seiner Erbquote hinausgehender Mehrwert zugewandt werden, muss das mit einem Vorausvermächtnis des Erblassers an diesen Miterben geschehen.

3.   Ersatzerbenanordnung

 Muster: Ersatzerbenanordnung

Ersatzerbenregelung

Sollte eine zum Erben berufene Person vor dem Erbfall versterben oder aus einem anderen Grund nicht Erbe werden, treten die Abkömmlinge dieser Person entsprechend den Regeln über die gesetzliche Erbfolge an ihre Stelle. Das gilt nicht, wenn die Person gegen Abfindung auf ihr Erbrecht verzichtet hat. Sind Abkömmlinge eines Erben nicht vorhanden, soll der Erbteil des weggefallenen Erben dem oder den anderen eingesetzten Erben nach dem Verhältnis ihrer Erbteile zuwachsen.

Anmerkungen

In privatschriftlichen Testamenten wird häufig übersehen, dass eine Person, die Erbe werden soll, dies nur dann sein kann, wenn sie **ihrerseits den Todesfall des Erblassers erlebt** und überhaupt **Erbe sein möchte.** Liegen diese Voraussetzungen nicht vor, d.h., fällt ein Erbe vor dem Erbfall (bei Vorversterben) oder danach (durch Ausschlagung) weg, wird der Erblasserwille mangels vorhandener Erben vereitelt.

Dieser Gefahr kann grundsätzlich auf zwei unterschiedlichen Arten Rechnung getragen werden:

– Der für den ausgefallenen Erben vorgesehene Erbteil fällt einer oder mehreren anderen Personen zu, die dadurch überhaupt erst zu Erben des Erblassers werden. Solche ersatzweise zu Erben berufenen Personen nennt das Gesetz **Ersatzerben.**

– Der für den ausgefallenen Erben vorgesehene Erbteil fällt einem oder mehreren anderen Miterben zu (sog. **Anwachsung,** § 2094 BGB).

Das Gesetz überlässt es dem Erblasser, zu entscheiden, ob er eine Ersatzerbenanordnung treffen und wen er als Ersatzerben berufen möchte (§ 2096 BGB). Macht der Erblasser hiervon Gebrauch, geht das **Recht des Ersatzerben dem Anwachsungsrecht vor** (§ 2099 BGB).

Häufig werden in notariellen Testamenten Ersatzerbenanordnungen in dem Abschnitt getroffen, in dem auch die jeweiligen Erben berufen werden (so bereits Formulierungsbeispiele oben Ziffer 1. und 2.). Zwingend ist dies nicht, wie das vorstehende Muster zeigt. Es kann im Anschluss an alle Erbeinsetzungen in der Urkunde eingefügt werden.

4.   Vor- und Nacherbschaft

 Muster: Vor- und Nacherbschaft

Erbeinsetzung

Ich berufe zu meiner alleinigen Erbin meine Schwester Emilie Adam, geboren 29.10.1980, wohnhaft 12345 Musterstadt, Jupiterstraße 15.

Meine Schwester Emilie soll jedoch nur Vorerbin sein. Sie ist von allen Beschränkungen befreit, von denen nach dem Gesetz befreit werden kann.

Zum alleinigen Nacherben auf den Tod der Vorerbin und zum alleinigen Ersatzerben bei ihrem Vorableben setze ich meinen Neffen Hans Adam, geboren 17.02.1975, wohnhaft Marsweg 53, 12345 Musterstadt, ein. Ersatznacherbe ist dessen ältester Sohn Peter Adam, geboren 05.05.1995, derzeit wohnhaft bei seinem Vater.

Die Nacherbenanwartschaft ist nicht übertragbar und nicht vererblich. Zulässig ist jedoch eine Veräußerung an die Vorerbin; in diesem Fall entfällt auch jede ausdrückliche oder stillschweigende Ersatznacherbeneinsetzung.

Anmerkungen

§ 2100 BGB beschreibt die Vor- und Nacherbfolge aus **Sicht des Nacherben** dahingehend, dass dieser kraft Anordnung des Erblassers **erst Erbe wird**, nachdem zunächst ein anderer (= der Vorerbe) Erbe geworden ist. Der **Vorerbe ist damit nur Erbe auf Zeit** – häufig auf seine Lebenszeit (vgl. § 2106 BGB) –, aber während dieser Zeit „richtiger" Erbe, dem z.B. alle Erbenrechte gegenüber Dritten zustehen.

Mit **Ende der Vorerbschaft** endet sodann jegliche Berechtigung des Vorerben am Nachlass; er hört also automatisch auf, Erbe zu sein. Die Vor- und Nacherbfolge ermöglicht es damit dem Erblasser, **zeitlich nacheinander geschaltet** mehrere Personen zu seinen Erben zu berufen – zunächst den Vorerben und anschließend den Nacherben.

Tritt ein Begünstigter die Vorerbschaft an, führt das bei ihm zu einer **Vermögenstrennung**. Das vom Erblasser zugewandte Vermögen unterliegt (in Abgrenzung zu dem Eigenvermögen des Vorerben) eigenen Regeln

– Zunächst **während der Dauer der Vorerbschaft**, da der Vorerbe bei der Verwaltung der Vorerbschaft zahlreichen **Beschränkungen zum Schutz des Nacherben** unterliegt (vgl. vor allem §§ 2111, 2113, 2127, 2134 Satz 2, 2138 Abs. 2 BGB). Von diesen Beschränkungen kann der Erblasser den Vorerben nur in den Grenzen des § 2136 BGB befreien; hat er dies getan (wie im obigen Muster, zweiter Absatz), spricht man vom „**befreiten Vorerben**".

– Unabhängig von der Frage der Befreiung des Vorerbens ist das der Vorerbschaft unterliegende Vermögen dem **Vollstreckungszugriff** der Eigengläubiger des Vorerben entzogen (§ 2115 Satz 1 BGB). Die Vermögenstrennung gilt also auch bei Zwangsvollstreckungen und in der Insolvenz des Vorerben! Dies schützt Nachlass und Nacherben vor einer nachteiligen Entwicklung beim Eigenvermögen des Vorerben.

– Sodann **mit Eintritt des Nacherbfalls**, denn über die **Person des endgültig Bedachten** bestimmt nicht der Vorerbe, sondern der Erblasser (häufiges Missverständnis!). Tritt der Nacherbfall mit dem Tod des Vorerben ein, sind folglich nicht die Erben des Vorerben (über die er natürlich weiterhin selbst bestimmt), sondern die vom Erblasser eingesetzten Personen die Rechtsnachfolger in das der Vorerbschaft unterlegene Vermögen des Erblassers.

Auf diese Vermögenstrennung kommt es dem Erblasser bei Anordnung der Vor- und Nacherbfolge an. Er möchte es selbst steuern, wer sein Vermögen schlussendlich erhalten soll. **Typische Anwendungsfälle** der Vor- und Nacherbfolge betreffen daher z.B.

– **Partner** in **Patchworkfamilien** mit einseitigen Kindern (da diese mangels Verwandtschaftsverhältnis zum überlebenden Patchwork-Partner bei einer Vollerbschaft des überlebenden Partners leer ausgehen könnten),

– Erblasser mit **überschuldeten Kindern** (wegen des Vollstreckungsschutzes, § 2115 Satz 1 BGB, siehe soeben),

– Erblasser, die **Pflichtteilsberechtigte** des Vorerben ausschalten möchten (durch die Vermögenstrennung ermittelt sich der Pflichtteil lediglich aus dem ggf. ganz niedrigen Eigenvermögen des Vorerben).

In der Zeit **zwischen Erbfall und Nacherbfall** gelten weitere Besonderheiten:

– Allein der Vorerbe hat die **Erbenstellung** inne. Ein **Erbschein** darf nur auf ihn ausgestellt werden.

– Der **Nacherbe** genießt jedoch ab dem Erbfall (Tod des Erblassers, der die Vor- und Nacherbschaft anordnet) eine nicht mehr ohne seinen Willen entziehbare, rechtlich gesicherte Position (sog. **Nacherbenanwartschaftsrecht**). Dieses Anwartschaftsrecht des Nacherben ist **vererblich** (§ 2108 Abs. 2 Satz 1 BGB) und **veräußerbar** (durch notariell zu beurkundenden Vertrag gem. §§ 2033, 2371 BGB). Beides – **Vererblichkeit** und **Veräußerbarkeit** – entspricht aber i.d.R. nicht dem **Willen des Erblassers**, der häufig sehr klare Vorstellungen über die genaue Person des Nacherben (und ggf. des Ersatznacherben) hat. Die Nacherbenanwartschaft wird deshalb häufig als nicht vererbliche und nicht veräußerliche angeordnet, allerdings mit der (zweckmäßigen) Ausnahme für den Fall der Veräußerung an den Vorerben selbst. Diese sollte zulässig bleiben, um dem Vorerben (gegen entsprechende Kompensationsleistung an den Nacherben) den Erwerb einer unbeschränkten Erbenstellung zu ermöglichen. Denn wenn sich Vorerbenstellung und Nacherbenanwartschaft in der Person des Vorerben vereinen, enden die Bindungen des Vorerben und er wird zum unbeschränkten

Vollerben (durch sog. **Konsolidation**). Durch die auflösend bedingt angeordnete Ersatznacherbfolge im obigen Muster ist sichergestellt, dass die Ersatznacherben der Veräußerung der Anwartschaft durch die Ersatzerben an den Vorerben nicht zustimmen müssen.

Bei der Verwendung der Vor- und Nacherbfolge als erbrechtliches Gestaltungsinstrument ist neben einer gründlichen juristischen Prüfung auch eine **gewisse Zurückhaltung** geboten. Wie schon die vorstehenden Ausführungen zeigen, ist sie in ihrer rechtlichen Konstruktion und praktischen Handhabung **sehr komplex**.

Beispiele für die Komplexität der Vor- und Nacherbschaft

– Unterfällt ein Grundstück der Vor- und Nacherbschaft, ist **im Grundbuch ein Nacherbenvermerk** einzutragen. Dieser Vermerk bezweckt, den Nacherben davor zu schützen, dass ein gutgläubiger Dritte das Grundstück erwirbt (§§ 2113 Abs. 3, 892 Abs. 1 Satz 2 BGB). Verfügungen des Vorerben über das Grundstück, insbesondere auch Grundschuldbestellungen, bedürfen dann regelmäßig der Zustimmung des Nacherben, die aus rechtlichen oder wirtschaftlichen Gründen **nur schwer erreichbar** sein kann.

– Mancher Erblasser wünscht bisweilen, durch die Erbeinsetzung das Verhalten seines Erben nach dem eigenen Ableben (gewissermaßen „aus dem Grab heraus") zu steuern. Versucht er dieses Ziel umzusetzen, indem er anordnet, dass ein Erbe seine Erbenstellung verliert, wenn er eine unerwünschte Handlung vornimmt (z.B. wieder heiratet; einer Sekte beitritt), löst diese Anordnung eine Vor- und Nacherbschaft aus (sog. **konstruktive Nacherbfolge**, § 2104 BGB). Deren Eintritt wünscht der Erblasser aber häufig gar nicht wegen der damit verbundenen Verfügungs- und sonstigen Beschränkungen des Bedachten, zumal er dann auch anordnen muss, wer an die Stelle des „bestraften" (Vor-)Erben im Ernstfall treten soll.

Professionelle Testamentsgestalter greifen daher auf das Gestaltungsmittel der Vor- und Nacherbschaft i.d.R. nur zurück, wenn **besondere Gründe dies rechtfertigen** (siehe dazu oben). Laien sollten dieses Instrument in eigenhändigen Testamenten ohne Beratung gar nicht verwenden.

5.   Vermächtnisanordnungen (allgemein)

 Muster: Vermächtnisse

Vermächtnisse

Zu Lasten meiner Erben setze ich folgende Vermächtnisse aus:

1. meinem Neffen Karl Adam, geboren 18.03.1967, als Sachvermächtnis **meine gesamte Briefmarkensammlung samt allem Zubehör.** Ersatzvermächtnisnehmer ist sein Sohn Fritz Adam, geboren 16.04.1992;

2. meinem Freund Max Meyer, geboren 05.09.1957, als **Wahlvermächtnis ein Buch bis zum Preis von 50 €**, das er sich in einer Buchhandlung aussuchen kann;

3. meinem langjährigen Angestellten Hugo Moll, geboren 29.11.1960, als **Gattungsvermächtnis einen Sonntagsanzug aus meinen Kleidern**;

4. meinem Neffen Hugo Adam, geboren 30.12.1964, als **Verschaffungsvermächtnis das Motorrad Marke „Quick"**, das meinem zum Miterben eingesetzten Neffen Franz Adam gehört, wogegen dieser als **Vorausvermächtnis** aus meinem Nachlass meinen Volkswagen erhält;

5. meiner Nichte Maria Adam, geboren 18.03.1967, als **Forderungsvermächtnis das Schuldscheindarlehen von 2.000 €**, das mir gegen Herrn Johann Müller e.K., Münsterstraße 19, 12345 Musterstadt, zusteht. Sollte das Darlehen bis zu meinem Tod getilgt sein, so erhält Maria aus meinem Nachlass 2.000 € in bar;

6. meinem Freund Ludwig Hahn, geboren 03.01.1971, als **Befreiungsvermächtnis den Betrag von 5.000 €**, den er mir schuldig ist.

Abgesehen vom Vermächtnis in Ziffer 1 ernenne ich keine Ersatzvermächtnisnehmer. Die Vermächtnisse stehen insoweit nur den Bedachten persönlich zu.

Anmerkungen

Vermächtnisse sind dadurch gekennzeichnet, dass sie nicht – wie eine Erbschaft – von selbst mit dem Tod des Erblassers beim Begünstigten anfallen, sondern durch den oder die mit dem Vermächtnis Beschwerten (i.d.R. die Erben) **erfüllt** werden müssen (**kein Vonselbsterwerb**, siehe oben Abschnitt II. Ziffer 5.). Sie beziehen sich auch nicht auf den Nachlass als Ganzes, sondern **nur auf einzelne Vermögensgegenstände** hieraus. Der Anspruch des Begünstigten auf Erfüllung des Vermächtnisses heißt **Vermächtnisanspruch** und ist in § 2174 BGB geregelt.

Wie das Muster zeigt, gibt es viele verschiedene Unterarten von Vermächtnissen. Zu den praxisrelevantesten Vermächtnisarten siehe die nachfolgenden Ziffern 6.–8.

Der Vertrag, durch den dem Vermächtnisnehmer der vermachte Gegenstand übertragen wird (= **Vermächtniserfüllungsvertrag**), kann grundsätzlich formfrei abgeschlossen werden. Ist allerdings Grundbesitz vermacht (siehe dazu unten Ziffer 8.), gilt jedenfalls die Formvorschrift des § 925 BGB. In der Praxis werden häufig neben der reinen Auflassung des vermachten Grundbesitzes weitere Abreden getroffen (z.B. Besitz- und Lastenübergang). Insoweit liegt dann ein beurkundungsbedürftiges Rechtsgeschäft vor (§ 311b Abs. 1 BGB). Der Unterschied macht sich auch bei den Notarkosten bemerkbar: Während im letztgenannten Fall eine 2,0-Gebühr gem. Nr. 21100 KV GNotKG aus dem Wert des vermachten Grundbesitzes anfällt, beträgt die Gebühr bei reiner Auflassung nur 1,0 (vgl. Nr. 21102, 21100 KV GNotKG).

Von der Vermächtniserfüllung ist die **Erbauseinandersetzung zu unterscheiden**, die sich, soweit für die notarielle Praxis relevant, häufig auch gegenstandsbezogen auf Grundstücke aus dem Nachlass bezieht. Die Erbauseinandersetzung vollzieht sich dabei nicht mit dem Dritten, der durch ein Vermächtnis begünstigt ist, sondern zwischen den Erben untereinander. Zu Überschneidungen kann es zum einen kommen, wenn der Miterbe durch ein Vermächtnis auf das Grundstück begünstigt ist (sog. **Vorausvermächtnis**, § 2150 BGB), zum anderen, wenn ein Miterbe einen für ihn vorgesehenen Nachlassgegenstand einer dritten Person (z.B. seinem Ehegatten) zuwenden will. Dieser Direkterwerb kann dann Notar- und Grundbuchkosten sparen. Rechtlich liegt dann meist eine schenkweise Zuwendung des Miterben an den Dritten vor, die ihrerseits z.B. eine **schenkungsteuerliche Anzeigepflicht** des Notars gem. § 34 ErbStG, § 8 ErbStDV auslöst.

6. Nießbrauchsvermächtnis

 Muster: Nießbrauchsvermächtnis

Nießbrauchsvermächtnis

Meiner Lebensgefährtin Auguste Koch, geboren 09.08.1975, wohnhaft 12345 Musterstadt, Frankfurter Straße 40, wende ich den Nießbrauch auf Lebenszeit an meinem Zweifamilienhaus in Musterstadt, Frankfurter Straße 40, zu. Der Nießbrauch erlischt nicht im Fall einer etwaigen Verheiratung der Bedachten.

Während des Bestehens des Nießbrauchs hat die Berechtigte die Zinsen aus dem Hypothekendarlehen der Stadt- und Kreissparkasse Musterstadt i.H.v. ursprünglich 200.000 € zu zahlen.

Auf Verlangen der Bedachten ist der Nießbrauch am Haus dinglich auf Kosten der Erben sicherzustellen. Dabei ist zu vermerken, dass zur Löschung der Nachweis des Todes der Berechtigten genügt.

Anmerkungen

Das Vermächtnis haben die Erben des Erblassers im Wege eines Vermächtniserfüllungsvertrags mit der Lebensgefährtin zu erfüllen (siehe soeben Ziffer 5.).

Die **Absicherung** der Begünstigten erfolgt, falls sie dies wünscht, wie im Testament vorgesehen durch **Eintragung des Nießbrauchs** im Grundbuch. Ist der Nießbrauchsberechtigte nicht zugleich Miterbe, kann der Berechtigte über die Absicherung im Grundbuch hinaus zusätzlich dadurch geschützt werden, dass eine **Testamentsvollstreckung** angeordnet wird. Zum Testamentsvollstrecker wird der Vermächtnisnehmer selbst berufen und einzig mit der Aufgabe betraut, das ausgesetzte Vermächtnis zu erfüllen. Der Vorteil liegt in der sofortigen Handlungsfähigkeit des Begünstigten, ohne Rücksicht auf den oder die Erben nehmen zu müssen (siehe zu einer solchen Anordnung unten Ziffer 10.).

Zum Zweck eines **Löschungserleichterungsvermerks** vgl. §§ 23, 24 GBO und oben § 9 Abschnitt III.

7.   Rentenvermächtnis

 Muster: Rentenvermächtnis

Rentenvermächtnis

Meinem Haushälter Fritz Lehmann, geboren 20.04.1957, wende ich eine mit dem Zeitpunkt meines Todes beginnende, jeweils im Voraus zahlbare lebenslängliche Rente i.H.v. monatlich 400 € zu. Der Betrag soll ab meinem Tod wertgesichert sein. Sollte der Bedachte Fritz Lehmann innerhalb von zehn Jahren, gerechnet von meinem Tod an, sterben, so steht die vorbezeichnete Rente bis zum Ablauf der genannten zehn Jahre seiner etwaigen Witwe, nicht aber seinen (sonstigen) Erben, zu.

Anmerkung

Siehe oben Ziffer 6.

8. Grundstücksvermächtnis

 Muster: Grundstücksvermächtnis

Grundstücksvermächtnis

Mein Neffe Johann Schultz, geboren 10.10.1970, Landwirt in Musterdorf, erhält als Vermächtnis mein im Grundbuch von Musterstadt, Blatt 781 eingetragenes Grundstück

Flur 13 Nr. 203, Ackerland, Auf der Bruchwiese = 3.700 m².

Sollte dieses Grundstück bei meinem Tod mit Grundpfandrechten belastet sein, so sind diese auf Rechnung meines Nachlasses unverzüglich zu beseitigen.

Ersatzvermächtnisnehmer ist derjenige Sohn meines Neffen, der wie sein Vater die Landwirtschaft als Hauptberuf ausübt.

Sollte das vorgenannte Grundstück mir bei meinem Ableben nicht mehr gehören, entfällt das vorstehende Vermächtnis ersatzlos.

Anmerkungen

Neben der Angabe der genauen Grundstücksbezeichnung sollte in der letztwilligen Verfügung geregelt werden, wie mit etwaigen **dinglichen Belastungen** auf dem Grundbesitz verfahren werden soll, andernfalls gelten die §§ 2165 ff. BGB.

Es bietet sich im Einzelfall auch die Regelung an, was mit dem Vermächtnis passiert, wenn der Erblasser noch zu seinen Lebzeiten den Grundbesitz veräußert, also dem Erben die Übertragung des Grundstücks nicht mehr, jedenfalls nicht mehr ohne weiteres, möglich ist. Im Muster ist wohl der praktische Regelfall angeordnet: der ersatzlose Wegfall des Vermächtnisses. Alternativ könnte an ein **Verschaffungsvermächtnis** gedacht werden, das den Erben zum (Wieder-)Erwerb des Grundstücks verpflichtet, oder an ein Vermächtnis des Surrogats, also des Vermögenswerts (i.d.R. Geld), den der Erblasser als Gegenleistung für das veräußerte Grundstück erhalten hat. In diesem Fall sollte aber zweckmäßig die Einschränkung angeordnet werden, dass der Erbe dieses Surrogat nur insoweit herauszugeben hat, wie es noch nachvollziehbar im Nachlass vorhanden ist (bei Geld ggf. schwierige Beweisfragen).

9.   Anordnung der Testamentsvollstreckung (Abwicklungsvollstreckung)

 Muster: Anordnung der Abwicklungsvollstreckung

Testamentsvollstreckung

Für meinen Nachlass ordne ich Testamentsvollstreckung an.

Zu meinem Testamentsvollstrecker ernenne ich Herrn Hugo Voltz, geboren 18.12.1974, Bankkaufmann, wohnhaft Börsenplatz 1, 12345 Musterstadt. Ihm stehen alle Rechte zu, die einem Testamentsvollstrecker eingeräumt werden können.

Er ist insbesondere zur Auseinandersetzung meines Nachlasses nach billigem Ermessen berechtigt, in der Eingehung von Verbindlichkeiten nicht beschränkt und von den Beschränkungen des § 181 BGB entbunden. Er kann einen Mittestamentsvollstrecker oder einen Nachfolger ernennen.

Sollte Herr Hugo Voltz als mein Testamentsvollstrecker von Anfang an nicht in Frage kommen oder später in dieser Eigenschaft wegfallen, ohne selbst einen Nachfolger ernannt zu haben, so berufe ich zu meinem Testamentsvollstrecker mit den gleichen Befugnissen Herrn Hermann Winter, geboren am 19.02.1965, Kaufmann in 12345 Musterstadt, geschäftsansässig Handelszentrum 6a.

Kommt auch er als Testamentsvollstrecker nicht in Frage oder fällt er später in dieser Eigenschaft weg, so ersuche ich hiermit das Nachlassgericht um die Ernennung eines Testamentsvollstreckers.

Auf alle Fälle soll mein Nachlass bis zu seiner vollständigen Auseinandersetzung nicht ohne Testamentsvollstrecker sein.

Der Testamentsvollstrecker erhält neben dem Ersatz seiner Auslagen eine pauschale Vergütung i.H.v. von 450 € pro Monat.

Anmerkungen

Der Testamentsvollstrecker ist vom Erblasser dazu berufen, **anstelle der Erben** den Nachlass zu verwalten und/oder abzuwickeln.

a)   Rechtliche Stellung des Testamentsvollstreckers

Der Testamentsvollstrecker handelt dabei **im eigenen Namen** (als sog. **Partei kraft Amtes**) und nicht etwa als Stellvertreter der Erben. Er unterliegt insbesondere nicht deren Weisungen, ist dafür aber auch für die gewissenhafte Erfüllung seiner Aufgaben den betroffenen Erben gegenüber (auch haftungsrechtlich) verantwortlich (§§ 2216 Abs. 1, 2219 BGB).

b) Grundformen der Testamentsvollstreckung

Der Erblasser ist bei der **Ausgestaltung** der Testamentsvollstreckung **sehr frei**. Es lassen sich **zwei Grundformen** der Testamentsvollstreckung unterscheiden:

– **Abwicklungsvollstreckung** (siehe dazu das hier abgedruckte Muster in Ziffer 9.): Wie der Name andeutet, geht es bei der Abwicklungsvollstreckung darum, die letztwilligen Anordnungen des Erblassers durchzuführen und den Nachlass zwischen den Erben auseinanderzusetzen (§§ 2203, 2204 BGB). Die Abwicklungsvollstreckung ist der **gesetzliche Regelfall** und grundsätzlich von **beschränkter Dauer.**

– **Verwaltungs- oder Dauervollstreckung** (siehe dazu das nachfolgende Muster Ziffer 10.): Hier wird der Testamentsvollstrecker zum **treuhänderischen Verwalter** des Nachlasses auf die vom Erblasser bestimmte Dauer (grundsätzliche Grenze: 30 Jahre, § 2210 Satz 1 BGB) bestellt, vgl. § 2209 BGB. In dieser Funktion hat er den Nachlass insbesondere zu erhalten, ggf. nach näherer Maßgabe des Erblassers (bisweilen wird dazu formuliert, dass der Testamentsvollstrecker das Vermögen „mündelsicher" = konservativ anzulegen habe). Die Dauertestamentsvollstreckung schützt das ihr unterfallende Nachlassvermögen vor **Vollstreckungszugriffen** von sogenannten Eigengläubigern des Erben (§ 2214 BGB) und schließt so bei „problematischen" Erben zugunsten der Substanzerhaltung des Nachlasses gewisse Schutzlücken bei der isolierten Anordnung der Vor- und Nacherbschaft (siehe oben Ziffer 4.).

c) Befugnisse des Testamentsvollstreckers

Es obliegt dem Erblasser, die **Reichweite der Befugnisse** des Testamentsvollstreckers im Einzelnen auszugestalten. Dabei bietet es sich an, dem Testamentsvollstrecker so viele Befugnisse an die Hand zu geben, wie er zur angemessenen Erfüllung seiner Aufgaben voraussichtlich benötigt. Grundsätzlich darf der Testamentsvollstrecker über Nachlassgegenstände verfügen (**Verfügungsbefugnis,** § 2205 Satz 2 BGB) und den Nachlass durch (bestimmte) Rechtsgeschäfte verpflichten (**Verpflichtungsbefugnis,** § 2206 BGB).

Beispiel

– Neuvermietung einer Wohnung des Erblassers (= ordnungsgemäße Verwaltung gem. § 2206 Abs. 1 Satz 1 BGB).

Je länger und dauerhafter die Testamentsvollstreckung angeordnet ist, desto weiter reicht dabei grundsätzlich die Verpflichtungsbefugnis. Im Fall der Dauertestamentsvollstreckung wird sogar vermutet, dass der Testamentsvollstrecker in der Eingehung von Verbindlichkeiten nicht beschränkt ist (§§ 2209 Satz 2, 2207 BGB). Aber auch dann sind dem Testamentsvollstrecker Schenkungen grundsätzlich verboten (§ 2205 Satz 3 BGB). **In-sich-Geschäfte** (§ 181 BGB) darf der Testamentsvollstrecker nur vornehmen, soweit sie ihm der Erblasser gestattet hat und sie der ordnungsgemäßen Verwaltung des Nachlasses nicht widersprechen.

d) Testamentsvollstreckervermerk im Grundbuch

Viele der praxisrelevanten Erscheinungsformen der Testamentsvollstreckung ermöglichen die Eintragung eines **Testamentsvollstreckervermerks** im Grundbuch zusammen mit der Eintragung der Erben (vgl. § 52 GBO). Gleiches kann bei Dauertestamentsvollstreckung auch für das Handelsregister gelten (vgl. BGH, DNotZ 2012, 788, für die Rechtsnachfolge in einen Kommanditanteil).

e) Anforderungen an die Person des Testamentsvollstreckers

Das Amt eines Testamentsvollstreckers kann jede (unbeschränkt geschäftsfähige, § 2201 BGB) **natürliche Person** ausüben, aber auch eine **juristische Person**. Weitere Voraussetzung ist, dass die zum Testamentsvollstrecker berufene Person mit der Übernahme dieses Amts einverstanden ist. Der Wunschkandidat des Erblassers kann also auch **ablehnen** (§ 2202 BGB). Daher empfiehlt es sich, dessen grundsätzliche Bereitschaft möglichst noch zu Lebzeiten abzuklären, die Möglichkeit der Nachfolgerbestimmung (§ 2199 Abs. 2 BGB) in Betracht zu ziehen und auch eine angemessene Vergütung ins Auge zu fassen.

Testamentsvollstrecker kann auch ein **Miterbe** sein (siehe unten das Muster in Ziffer 11.), nicht aber der Alleinerbe. Im Fall einer Alleinerbschaft besteht für eine Testamentsvollstreckung kein Bedarf, es sei denn, der Alleinerbe wird als Testamentsvollstrecker mit der Aufgabe berufen, dafür zu sorgen, dass der Vermächtnisnehmer die ihm auferlegten Beschwerungen erfüllt (sog. **Vermächtnisvollstreckung**, § 2223 BGB). Umgekehrt kann der Erblasser aber zu Lasten eines Alleinerben Testamentsvollstreckung anordnen; diese muss dann in die Hände eines Dritten gelegt werden (in der Praxis häufig: des Vermächtnisnehmers, der dann für die Vermächtniserfüllung nicht von der Handlungsbereitschaft des Erben abhängig ist, siehe unten das Muster in Ziffer 10.).

Der das Testament **beurkundende Notar** kann darin übrigens **nicht** zum Testamentsvollstrecker berufen werden (§§ 27, 7 Nr. 1 BeurkG, siehe oben § 2 Abschnitt VI. Ziffer 1. Buchst. b)), unabhängig davon, wie die Testamentsvollstreckung konkret ausgestaltet ist. Falls im Einzelfall wirklich notwendig, wird in der Praxis häufig ein Vorbehalt des Erblassers im notariellen Testament aufgenommen, wonach er die Person des Testamentsvollstreckers später bestimmen wird; diese Bestimmung erfolgt dann in einem privatschriftlichen Testament, das nach der Beurkundung des notariellen Testaments errichtet wird (instruktiv dazu jüngst OLG Bremen, ZEV 2016, 273).

Die Bestimmung der Person des Testamentsvollstreckers kann auch **einem Dritten** oder, in der Praxis häufiger, dem Nachlassgericht **überlassen** werden (§§ 2198, 2200 BGB). Auf diese Möglichkeit wird der Erblasser vor allem dann zurückgreifen, wenn er die Testamentsvollstreckung für geboten, aber keine Person aus seinem Umfeld dafür geeignet hält.

10. Anordnung der Testamentsvollstreckung zur Vermächtniserfüllung

 Muster: Anordnung der Testamentsvollstreckung zur Vermächtniserfüllung

Testamentsvollstreckung

Zu meinen Erben berufe ich meine beiden Töchter Johanna und Maria Meyer (...). Ersatzerben sind ihre etwaigen Abkömmlinge; mangels solcher soll Anwachsung zugunsten des anderen Tochterstamms erfolgen.

Meinen Sohn Paul Meyer, geboren 06.01.1982, habe ich mit seinem Einverständnis nicht als Miterben berufen. Er hat durch Übertragung meines Geschäfts im Jahr 2013 schon mehr erhalten, als sein gesetzliches Erbteil ausmachen würde.

Ich wende meinem Sohn Paul Meyer, vorgenannt, als Vermächtnis meinen im Grundbuch von Musterstadt (Amtsgericht Musterstadt), Blatt 50, eingetragenen Bauplatz Flur 2 Nr. 103, Königstraße 10 = 640 m² zu.

Ich berufe hiermit meinen vorbenannten Sohn Paul zu meinem Testamentsvollstrecker mit der einzigen Aufgabe, nach meinem Tod das vorstehende Vermächtnis auf sich selbst unverzüglich zu erfüllen, d.h. insbesondere die Eigentumsumschreibung auf sich herbeizuführen. Hierfür ist er von allen Beschränkungen befreit, von denen Befreiung erteilt werden kann, namentlich von den Beschränkungen des § 181 BGB.

Sollte mein Sohn Paul Meyer das Vermächtnis nicht annehmen wollen oder können, berufe ich als Ersatzvermächtnisnehmer seine zum Zeitpunkt meines Todes vorhandenen Kinder zu gleichen Teilen. Auch für diesen Fall ordne ich Testamentsvollstreckung zur Erfüllung des Vermächtnisses an mit dem Ersuchen an das Nachlassgericht, einen Testamentsvollstrecker für die genannten Aufgaben zu ernennen.

Anmerkung

Siehe soeben Ziffer 9.

11. Anordnung der Testamentsvollstreckung für den „unreifen" Erben

Muster: Anordnung der Testamentsvollstreckung für den „unreifen" Erben

Testamentsvollstreckung

Für den Fall, dass ein Erbe im Zeitpunkt des Erbfalls noch nicht das 21. Lebensjahr vollendet haben sollte, ordne ich Testamentsvollstreckung für diesen Erben an und bestimme hierzu Folgendes:

1. Zum Testamentsvollstrecker ernenne ich meine vorgenannte Schwester, Frau Petra Ramsauer geb. Meinolf, geboren 08.07.1964, wohnhaft Am Bahndamm 19, 12345 Musterstadt. Der Testamentsvollstrecker ist ermächtigt, einen Nachfolger zu ernennen.

   Für den Fall, dass der Testamentsvollstrecker vor oder nach Antritt seines Amts wegfällt, ohne einen Nachfolger zu ernennen, soll von Gerichts wegen ein anderer Testamentsvollstrecker ernannt werden.

2. Die Testamentsvollstreckung bezieht sich bis zu einer Erbauseinandersetzung auf den betroffenen Erbteil und die damit wirtschaftlich zusammenhängenden Vermögensgegenstände und Verbindlichkeiten. Nach der Teilung des Nachlasses setzt sich die Testamentsvollstreckung an den Vermögenswerten fort, die dem betroffenen Erben dadurch zugefallen sind.

3. Der Testamentsvollstrecker soll den Nachlass zusammen mit den anderen Miterben verwalten, etwaige Rechte Dritter befriedigen und den Nachlass nach seinem Ermessen auseinandersetzen. Die Testamentsvollstreckung endet mit Vollendung des 21. Lebensjahres des jeweiligen Erben.

4. Während der Dauer der Testamentsvollstreckung soll der Testamentsvollstrecker die Erträge – und soweit erforderlich – die Substanz des jeweiligen Erbteils nach seinem Ermessen für Ausbildungszwecke des jeweiligen Erben verwenden und ihm einen angemessenen Lebensunterhalt sicherstellen.

5. Der Testamentsvollstrecker kann einzelne Nachlassgegenstände freigeben, sofern er sie zur Erfüllung seiner Aufgaben, insbesondere den Schutz des betroffenen Erben, voraussichtlich nicht oder nicht mehr benötigt.

6. Der Testamentsvollstrecker soll in der Eingehung von Verbindlichkeiten nicht beschränkt sein. In dem gesetzlich zulässigen Umfang ist er auch von sonstigen Verpflichtungen und Beschränkungen befreit, insbesondere von solchen aus § 181 BGB. Die in diesem Absatz verfügten Befreiungen gelten nicht für einen von Gerichts wegen bestellten Testamentsvollstrecker.

7. Der Testamentsvollstrecker erhält neben der Erstattung seiner Auslagen eine Vergütung für seine Tätigkeit. Maßgebend für die Vergütung sind die Empfehlungen des Deutschen Notarvereins für die Vergütung des Testamentsvollstreckers (abgedruckt in der Zeitschrift notar 2000, Heft 1, S. 2 ff.).

Anmerkungen

Zur Testamentsvollstreckung allgemein bereits oben Ziffer 9.

Die im Muster genannten **Vergütungsempfehlungen des Deutschen Notarvereins** können im Internet unter *https://www.dnotv.de/* abgerufen werden (Weg: Dokumente > Testamentsvollstrecker, hier: *https://www.dnotv.de/dokumente/testamentsvollstrecker.*

12.   Familienrechtliche Anordnung gem. § 1638 BGB

Die Testamentsvollstreckung muss nicht mit der Volljährigkeit des Erben enden. Sie kann – wie im vorstehenden Muster – bis zum 21. (oder 25. etc.) Lebensjahr des betroffenen Erben angeordnet sein. Hierin **unterscheidet** sie sich von der **familienrechtlichen Anordnung** gem. § 1638 Abs. 1 BGB, durch die das überlebende – häufig: geschiedene – Elternteil von dem elterlichen Verwaltungsrecht über das vom Kind ererbte Vermögen ausgeschlossen ist. Dieser Ausschluss **endet** – wie die elterliche Sorge insgesamt – zwingend mit Vollendung des 18. Lebensjahres des Kindes.

 Muster: Familienrechtliche Anordnung gem. § 1638 BGB

Familienrechtliche Anordnung

Den Vater meiner Tochter Patricia Müller, Herrn Thorsten Schmitz, geboren 21.08.1975, schließe ich von der Vermögensverwaltung für meine Tochter in Bezug auf meinen Nachlass aus. Soweit erforderlich, ersuche ich das zuständige Vormundschaftsgericht, meine Mutter, Frau Theresia Haller geb. Retter, geboren 06.07.1962, wohnhaft, Blumenstraße 8, 12345 Musterstadt hilfsweise meinen Vater, Herrn Andreas Haller, geboren 06.11.1958, wohnhaft daselbst, zum Vermögenssorgeberechtigten bzw. Pfleger zu bestellen.

13.   Anordnung einer befristeten Testamentsvollstreckung

Muster: Anordnung einer befristeten Testamentsvollstreckung

Testamentsvollstreckung

Die Auseinandersetzung meines Nachlasses schließe ich auf die Dauer von fünf Jahren, gerechnet von meinem Todestag an, aus.

Über diese Zeit berufe ich meinen Bruder Hans Haagen, geboren 09.03.1980, wohnhaft Heinrich-Heine-Straße 14, 12345 Musterstadt, zu meinem Testamentsvollstrecker mit dem Aufgabenkreis der Verwaltung meines Nachlasses und der jährlichen Abrechnung über Einnahmen und Ausgaben. Die Reinüberschüsse der Verwaltung sind jährlich nachträglich bis spätestens 01.03. des folgenden Jahres auf die Erben zu verteilen.

Die Auseinandersetzung meines Nachlasses nach Ablauf der Frist von fünf Jahren ist ebenfalls Aufgabe des Testamentsvollstreckers, die von ihm alsdann unverzüglich nach billigem Ermessen durchzuführen ist.

Der namentlich benannte Testamentsvollstrecker erhält als Vergütung das mir gehörende Grundstück, eingetragen im Grundbuch von Musterstadt (Amtsgericht Musterstadt), Blatt 50, Flur 2 Nr. 100, Wiese, In den Erlen = 4.300 m². Eine darüber hinausgehende Vergütung kann er nicht verlangen, jedoch den Ersatz seiner notwendigen Auslagen.

Sollte mein Bruder Hans Haagen als Testamentsvollstrecker nicht infrage kommen, ersuche ich das Nachlassgericht, einen Testamentsvollstrecker zu ernennen, möglichst aus meinen Verwandtenkreis.

Anmerkung

Bitte beachten Sie zur Testamentsvollstreckung allgemein oben Ziffer 9.

14.   Isolierter Widerruf eines notariellen Testaments

Muster: Isolierter Widerruf eines notariellen Testaments

Widerruf früherer Verfügungen

Ich habe am 20.02.2013 vor dem Notar Karl Pünktlich in München ein Testament zu Urkundenrolle Nr. 398/2013 errichtet, das sich unter Verwahrungsbuch-Nr. 1017 beim Amtsgericht in München in besonderer amtlicher Verwahrung befindet.

Dieses Testament widerrufe ich hiermit in vollem Umfang. Neue Bestimmungen möchte ich heute nicht treffen.

Anmerkungen

Durch den Widerruf wird das zuvor errichtete Testament (im Beispiel: vom 20.02.2013) unwirksam. Der Widerruf erfolgt hier in der **Form eines Testaments** (§§ 2254, 2255 BGB).

Trotz Widerrufs verbleibt das frühere Testament in der besonderen amtlichen Verwahrung des Nachlassgerichts. Es wird im Todesfall **eröffnet**, da die Prüfung der inhaltlichen Wirksamkeit einer letztwilligen Verfügung nicht Bestandteil des gerichtlichen Eröffnungsverfahrens (§§ 348 ff. FamFG) ist; das Nachlassgericht soll auch von dem widerrufenen Testament Kenntnis erlangen, da z.b. zu prüfen sein könnte, ob der Erblasser im Zeitpunkt des Widerrufs überhaupt noch die erforderliche Testierfähigkeit besaß.

Will der Erblasser die Eröffnung eines widerrufenen Testaments vermeiden – z.b. weil er die darin widerrufene Erbeinsetzung einer bestimmten Person der Nachwelt verschweigen möchte –, kann er ein notarielles Testament gem. § 2256 Abs. 1 Satz 1 BGB auch in der Weise widerrufen, dass er es aus der amtlichen Verwahrung zurückholt. Der Erblasser darf die Herausgabe **jederzeit,** aber nur höchstpersönlich (§ 2256 Abs. 2 BGB) und unter Vorlage des gerichtlichen Hinterlegungsscheins verlangen (siehe hierzu näher unten Abschnitt XIII. Ziffer 2. Buchst. a)).

Das **Verfahren der Zurückholung** einer notariellen letztwilligen Verfügung aus der besonderen amtlichen Verwahrung des Gerichts zum Zweck ihres Widerrufs stellt eine wirkliche Alternative zum ausdrücklichen Widerruf durch neues Testament nur in dem hier vorliegenden (Ausnahme-)Fall dar, dass der Erblasser aus Anlass des Widerrufs nicht zugleich eine neue letztwillige Verfügung mit anderem Inhalt treffen möchte. Möchte der Erblasser hingegen zugleich neu (= anders) testieren, kann die Rückholung des alten Testaments aus der besonderen amtlichen Verwahrung nur als flankierende Maßnahme zweckdienlich sein.

Beachte hierzu:

Ein bei Gericht hinterlegtes **eigenhändiges** Testament (§§ 2247, 2248 BGB) wird durch die Rückgabe aus der amtlichen Verwahrung jedoch **nicht** aufgehoben (§ 2256 Abs. 3 BGB)!

VIII.   Das gemeinschaftliche Testament

1.   Berechtigter Personenkreis

Das gemeinschaftliche Testament steht nur miteinander verheirateten Personen (§ 2265 BGB) und eingetragenen Lebenspartnern (§ 10 Abs. 4 LPartG) offen. Die nachfolgenden Ausführungen gelten entsprechend auch für gemeinschaftliche Testamente von Lebenspartnern, ohne dass dies noch einmal näher erwähnt wird.

Zwischen **Verlobten, Verwandten oder sonstigen Personen** kann ein solches Testament nicht errichtet werden. Diesen Personen steht aber – wie allen anderen auch – der **Erbvertrag** als Alternative zur Verfügung, der allerdings stets vor einem Notar geschlossen werden muss (§ 2276 BGB). Natürlich können auch Ehegatten und eingetragene Lebenspartner einen Erbvertrag schließen; dieser Personenkreis muss sich also nicht etwa auf ein gemeinschaftliches Testament beschränken.

2.   Formerfordernisse

Die Formvorschriften für ein **eigenhändiges Ehegattentestament** sind vergleichbar mit denen für das eigenhändige Einzeltestament:

–   **Einer der Ehegatten** – gleichgültig ob Mann oder Frau (vielfach der Schreibgewandtere) – schreibt seinen letzten Willen eigenhändig nieder und unterzeichnet die Niederschrift eigenhändig (mit Vor- und Familiennamen).

–   Der **andere Ehegatte** hat dann nichts weiter zu tun, als unter die Unterschrift des Ehegatten seinen Vor- und Familiennamen eigenhändig hinzuzusetzen. Die Beifügung des Orts und des Datums der Testamentserrichtung durch **jeden** Ehegatten ist, wie in § 2247 BGB zum eigenhändigen Testament angegeben, nicht Wirksamkeitsvoraussetzung, gleichwohl – wie dort – dringend zu empfehlen (vgl. auch § 2267 Satz 2 BGB).

–   **Früher war es notwendig,** dass der an zweiter Stelle unterzeichnende Ehegatte seiner eigenhändigen Unterschrift folgende Worte voranstellte: „Das vorstehende Testament soll auch als mein Testament gelten". Dieser Satz ist seit geraumer Zeit nicht mehr erforderlich (vgl. § 2267 BGB), aber natürlich unschädlich. Man trifft ihn auch vielfach noch in Ehegattentestamenten an.

Bei dem **notariellen gemeinschaftlichen Testament** bestehen keine Besonderheiten (siehe für ein Gesamtmuster unten Ziffer 6.). Zur **Abwicklung** notarieller gemeinschaftlicher Testamente siehe unten Abschnitt XI. Ziffer 2., zu ihrer Registrierung im Zentralen Testamentsregister siehe unten Abschnitt XIII. Ziffer 1. Buchst. b).

3.   Bindungswirkung wechselbezüglicher Verfügungen

Das **charakteristische Merkmal** eines Ehegattentestaments – auch im Vergleich zu zwei in einer Urkunde lediglich äußerlich zusammengefassten Einzeltestamenten – liegt in der (beschränkten) **Bindungswirkung**, die es erzeugt.

Einzeltestamente, auch die Einzeltestamente von Eheleuten, sind in Wirksamkeit und Bestand grundsätzlich rechtlich voneinander unabhängig; mehr noch: Der andere Ehegatte muss nicht einmal davon erfahren, dass sein Partner überhaupt eine letztwillige Verfügung errichtet oder die einmal errichtete Verfügung zwischenzeitlich widerrufen hat. Die Verschwiegenheitspflicht des Notars (§ 18 BNotO) gilt gerade dann auch gegenüber dem nicht beteiligten Ehegatten!

Eine **bindend gewordene wechselbezügliche Verfügung** ist demgegenüber gerade nicht mehr einseitig, nach dem freien Ermessen des Verfügenden abänderbar.

Für die Zwecke der Bindungswirkung **unterscheidet** man zwei Arten letztwilliger Verfügungen, die in einem gemeinschaftlichen Testament von Eheleuten enthalten sein können:

– **wechselbezügliche Verfügungen** sind solche, die sich rechtlich gegenseitig bedingen, von denen also die eine Verfügung mit der anderen „steht und fällt", oder – wie § 2270 Abs. 1 BGB es formuliert – von denen anzunehmen ist, dass die Verfügung des einen Ehegatten nicht ohne die Verfügung des anderen Ehegatten getroffen sein würde;

– **sonstige Verfügungen** sind solche, die rechtlich in keiner solchen inneren Beziehung zueinander stehen, sondern nur einseitig verfügt werden (wenn auch in der äußeren Form eines gemeinschaftlichen Testaments).

Wie die vorstehende Unterscheidung zeigt, unterfallen in einem gemeinschaftlichen Testament **keineswegs sämtliche Anordnungen** der Ehegatten automatisch der Bindungswirkung. Diese beschränkt sich vielmehr auf die wechselbezüglichen Verfügungen. **Ohne Wechselbezüglichkeit** kann es beim gemeinschaftlichen Testament also **keine Bindung** geben (wohingegen Wechselbezüglichkeit ohne Bindung möglich ist; dies wird praktisch bedeutsam vor allem bei der Abänderungsbefugnis des überlebenden Ehegatten, siehe zu ihr unten Ziffer 6. Buchst. a) und b)).

Wann eine solche Wechselbezüglichkeit vorliegt, muss für jede einzelne in einem gemeinschaftlichen Testament getroffene Verfügung **gesondert geprüft** werden:

– Maßgeblich ist jeweils der **Wille der Erblasser**.

– **Andere** Verfügungen als die in § 2270 Abs. 3 BGB genannte **Erbeinsetzung**, das **Vermächtnis**, die **Auflage** und neuerdings – mit Blick auf Art. 22, 25 EuErbVO (siehe aber unbedingt oben Abschnitt III. Ziffer 5. Buchst. d)) – die **Wahl des anzuwendenden Erbrechts** können allerdings **von vornherein nicht** wechselbezüglich sein. Nie wechselbezüglich ist also z.b. die Enterbung oder die Anordnung einer Testamentsvollstreckung.

– Lässt sich der Erblasserwillen nicht eindeutig feststellen, darf (und muss) auf die gesetzliche **Auslegungsregel** des § 2270 Abs. 2 BGB (und weitere, von der Rspr. entwickelte Auslegungsregeln) zurückgegriffen werden. Gemäß § 2270 Abs. 2 BGB ist von Wechselbezüglichkeit im **Zweifel dann auszugehen**, wenn

– sich die **Ehegatten gegenseitig** (sei es auch unterschiedlich) bedacht haben oder

– dem einen Ehegatten von dem anderen etwas zugewendet wird und der bedachte Ehegatte **für den Fall seines Überlebens** eine Verfügung zugunsten einer Person getroffen hat, die mit dem anderen (d.h. zunächst zuwendenden) Ehegatten **verwandt ist oder ihm sonst nahesteht**.

Der **Notar** wird es auf derartige Auslegungsregeln nicht ankommen lassen und in einem von ihm entworfenen gemeinschaftlichen Testament **genau festlegen**, welche der Verfügungen wechselbezüglich bindend ausgestaltet sein sollen und welche nicht. Leider ist diese Klarheit in privatschriftlichen gemeinschaftlichen Testamenten i.d.R. nicht zu erwarten. Dies hat manche Beobachter zu folgendem Schluss kommen lassen: „So beliebt privatschriftliche Ehegattentestamente sind, so gefährlich sind sie!"

Für den genauen **Umfang der Bindungswirkung** wechselbezüglich getroffener Verfügungen ist zu unterscheiden:

– Ein Ehegatte kann zu **Lebzeiten des anderen Ehegatten** seine wechselbezüglichen Verfügungen jederzeit widerrufen. Der Widerruf bedarf aber der notariellen Form (§§ 2271 Abs. 1, 2296 Abs. 2 BGB) und muss zu seiner Wirksamkeit dem anderen Ehegatten **noch zu dessen Lebzeiten zugegangen** sein. Es handelt sich streng genommen zu diesem Zeitpunkt noch nicht um eine Bindungswirkung, sondern um eine **erschwerte Widerruflichkeit**.

– Die Voraussetzung, dass der Widerruf dem anderen Ehegatten noch zu Lebzeiten zugegangen sein muss, um wirksam zu sein, ist vor dem Hintergrund des § 2270 Abs. 1 BGB zu sehen: Danach führt die **Unwirksamkeit** einer wechselbezüglichen Verfügung **automatisch** zur Unwirksamkeit der damit wechselbezüglichen Verfügung des anderen Ehegatten. Wegen dieser **Verknüpfung** im rechtlichen Fortbestand muss **der andere Ehegatte** erfahren, wenn sein Partner eine wechselbezügliche Verfügung widerruft, damit er darauf reagieren und neu testieren kann.

– Das (freie, aber erschwerte) Widerrufsrecht **erlischt** mit dem **Tod** eines Ehegatten (§ 2271 Abs. 2 Satz 1 erster Halbsatz BGB). Das Erlöschen hat zur Folge, dass die **Testierfreiheit** des überlebenden Ehegatten fortan **beschränkt** ist. Der Überlebende ist an seine wechselbezüglichen Verfügungen gebunden und kann sie nicht mehr einseitig abändern oder außer Kraft setzen. Für ein **Formulierungsbeispiel** einer umfassenden Wechselbezüglichkeit siehe unten das Muster in Ziffer 6. Buchst. a).

Von dieser Bindungswirkung nach dem Tod eines Ehegatten gibt es **zwei wichtige Ausnahmen:**

– Der vorverstorbene hat dem überlebenden Ehegatten eine einseitige Abänderung nach seinem Tod ausdrücklich gestattet (**Abänderungsbefugnis**). Den Ehegatten steht es bei Abfassung ihres gemeinschaftlichen Testaments (oder späteren einvernehmlichen Änderungen) frei, dem Überlebenden zu gestatten, seine Verfügungen auch nach dem Tod des erstversterbenden von ihnen vollständig oder teilweise abzuändern. Dieses Gestaltungsmittel der Abänderungsbefugnis kommt in der notariellen Praxis verbreitet zum Einsatz (siehe dafür unten Beispiel Ziffer 6. Buchst. b)).

– Der überlebende Ehegatte schlägt das ihm von seinem vorverstorbenen Ehegatten Zugewendete aus, § 2271 Abs. 2 Satz 1 BGB. Die **Ausschlagung** ist der Preis für die **Wiedererlangung der Testierfreiheit**.

Um Missverständnissen vorzubeugen, sei noch klargestellt, dass die Ehegatten zu ihrer beider Lebzeiten ein früheres gemeinschaftliches Testament jederzeit **gemeinsam beliebig abändern** oder außer Kraft setzen können. Die testamentarische Bindung bezieht sich also nur auf die **einseitige** Abänderbarkeit: Einer allein – der Überlebende – darf seine letztwillige Verfügung nach dem Tod des anderen – des Erstversterbende – nicht mehr ohne weiteres abändern.

4.   „Berliner Testament"

Für eine besondere – und besonders verbreitete – Art des Ehegattentestaments, nämlich das sogenannte **Berliner Testament**, enthält das Gesetz in § 2269 BGB eine **besondere Auslegungsregel:**

Haben die Ehegatten in einem gemeinschaftlichen Testament, durch das sie sich gegenseitig als Erben einsetzen, bestimmt, dass nach dem Tod des Überlebenden der beiderseitige Nachlass an einen Dritten (Schlusserben) fallen soll, so ist im Zweifel anzunehmen, dass der Dritte für den gesamten Nachlass als Erbe des zuletzt sterbenden Ehegatten eingesetzt ist (sog. Einheitslösung): Der Schlusserbe ist nur Erbe des längstlebenden Ehegatten, der den erstversterbenden zuvor voll (= einheitlich) beerbt hat. Das Vermögen des erstversterbenden „verschmilzt" sozusagen mit dem Vermögen des überlebenden Ehegatten, bevor es einheitlich auf den Dritten übergeht. „Dritter" sind in diesen Fällen regelmäßig die gemeinsamen Abkömmlinge der Ehegatten.

Mangels besonderer Anhaltspunkte ist also nicht anzunehmen, dass der überlebende Ehegatte nur Vorerbe und der Dritte Nacherbe des erstversterbenden Ehegatten (und daneben unmittelbarer Erbe des Nachlasses des überlebenden Ehegatten) werden soll.

Dies wäre bei der sogenannte Trennungslösung der Fall: Beim Überlebenden werden dann – wie bei jeder anderen Vor- und Nacherbschaft – getrennte Vermögensmassen gebildet, in die der Dritte (Schlusserbe) aus verschiedenem Berufungsgrund beim Tod des Letztlebenden eintritt.

Die Einheitslösung stärkt die erbrechtliche Position des überlebenden Ehegatten. Sie entspricht dem häufigen Wunsch von Ehegatten, sich wechselseitig im Todesfall wirtschaftlich abzusichern und die gemeinsamen Kinder erst nach dem beiderseitigen Ableben zu bedenken. Entsprechend häufig ist die Einheitslösung in der Praxis anzutreffen.

5.   Auswirkung der Ehescheidung

Ein Ehegattentestament wird insgesamt unwirksam, wenn die Ehe auf andere Weise als durch den Tod eines Ehegatten aufgelöst wird. Die Verfügungen bleiben hier nur insoweit wirksam, als anzunehmen ist, dass sie auch für diesen Fall getroffen sein würden (§ 2268 BGB).

Wie bereits erwähnt (oben Abschnitt IV. Ziffer 3. Buchst. c)), ist dieser Unwirksamkeitsgrund aber davon abhängig, dass Scheidungsantrag von dem Erblasser gestellt wurde oder er ihm zumindest zugestimmt hat. Um die oben (a.a.O.) beschriebenen Zufälligkeiten zu vermeiden, kann die Unwirksamkeitsfolge an das objektive Vorliegen der Scheidungsvoraussetzungen geknüpft werden. Dann spielt es keine Rolle mehr, wer den Scheidungsantrag gestellt und ob sich ihm der andere Ehegatte angeschlossen hat. Auch kann der Fortbestand der nicht wechselbezüglich getroffenen Verfügungen jedes Ehegatten geregelt werden. Dann kann z.B. wie folgt formuliert werden:

Muster: Unwirksamkeit bei Scheidung

> ### Unwirksamkeit bei Scheidung
>
> Mit Scheidungsantrag werden alle Verfügungen dieses Testaments unwirksam, die wir wechselbezüglich treffen, wenn in der Folge des Scheidungsantrags unsere Ehe geschieden wird oder wenn einer von uns vor Rechtskraft der Scheidung verstirbt und die Voraussetzungen für die Scheidung vorlagen.

In dem Muster ist zudem nur die Unwirksamkeit der Wechselbezüglichkeit getroffener Verfügungen bei Scheidung angeordnet. Andere, d.h., einseitig getroffene Anordnungen **bleiben bestehen**, z.B. die Einsetzung eines Abkömmlings zum Erben.

6.   Formulierungsbeispiele

a)   Ehegattentestament – gegenseitige Erbeinsetzung mit bindender Schlusserbeneinsetzung

Muster: Ehegattentestament mit bindender Schlusserbeneinsetzung

1. Der Erstversterbende von uns beruft den Überlebenden zu seinem unbeschränkten Alleinerben als Vollerben.

2. Der Überlebende von uns beruft zu seinen unmittelbaren Erben die zum Zeitpunkt seines Todes vorhandenen gemeinschaftlichen Abkömmlinge nach den Regeln der gesetzlichen Erbfolge in der ersten Erbordnung. Nach den heutigen Verhältnissen wären dies die Kinder:

   a) Karl Haagen, geboren 18.05.1979,
      wohnhaft Platanenallee 187, 12345 Musterstadt,

   b) Caroline Müller, geb. Haagen, geboren 08.10.1983,
      wohnhaft Olof-Palme-Allee 1, 12345 Musterstadt.

   je zur Hälfte.

3. Besondere Teilungsanordnungen auf den Tod des Überlebenden von uns treffen wir nicht. Vermächtnisse ordnen wir nicht an.

4. Die Erbeinsetzung nach Ziffer 2 gilt auch dann, wenn der Überlebende von uns eine neue Ehe eingeht oder wenn sonstige Pflichtteilsberechtigte später hinzutreten. Im Übrigen treffen wir keine besonderen Bestimmungen für den Fall der etwaigen Wiederverheiratung des überlebenden Ehegatten.

5. Sämtliche Bestimmungen sind wechselbezüglich. Sie können nach dem Tod des Erstverstorbenen und Annahme der Erbschaft durch den überlebenden Ehegatten von diesem nicht mehr geändert werden.

6. Alle bisher errichteten Verfügungen von Todes wegen widerrufen wir.

Anmerkungen

Ein **häufiger und** „natürlicher" **Wunsch in der Nachlassplanung von Ehegatten** lautet:

– Zum einen wollen sich die Ehegatten im Todesfall wechselseitig beerben, um auch als Witwe(r) abgesichert zu sein

– Zum anderen soll das beim Tod des Längstlebenden noch verfügbare Vermögen auf die gemeinsamen Kinder übergehen.

Im Muster ist neben der gegenseitigen auch die Schlusserbeneinsetzung wechselbezüglich bindend verfügt (Ziffer 5. des Musters). Die notarielle Gestaltungspraxis macht von einer solch **umfassenden Bindungswirkung** wohl nur noch zurückhaltend Gebrauch. Sie erfordert in jedem Fall eine ausführliche Beratung und Belehrung der Ehegatten, denen die **Tragweite der Bindungswirkung oftmals nicht bewusst** ist. So bedenken sie z.B. nicht, dass sich gerade nach dem Tod des Bezugselternteils das Verhältnis zu einem in Erbenstellung und Erbquote unverrückbar eingesetzten Kind verschlechtern könnte. Auch könnte sich etwa bei drohender Insolvenz eines Kindes ein konkreter Anlass für den überlebenden Ehegatten ergeben, in die seinerzeit (mit bestem Wissen und Gewissen getroffene) Verfügung nachträglich korrigierend einzugreifen.

Diesem Gedanken trägt das folgende Muster Rechnung:

b)   Ehegattentestament – gegenseitige Einsetzung mit Abänderungsbefugnis

Muster: Ehegattentestament mit Abänderungsbefugnis

UR-Nr. 1273/2019

(gemeinschaftliches Testament)

Verhandelt zu Musterstadt am 05.08.2019

Vor

Max Mustermann
Notar in Musterstadt

erschienen:

Eheleute Herr Peter Haagen, geboren 19.02.1960, und
Frau Petra Haagen geb. Meyer, geboren 05.01.1961,
beide wohnhaft Hauptstraße 6, 12345 Musterstadt.

Die Eheleute wiesen sich aus durch Vorlage ihrer Bundespersonalausweise.

Der Notar überzeugte sich durch die Verhandlung von der Geschäfts- und Testierfähigkeit der Erschienenen. Die Hinzuziehung von Zeugen oder einem zweiten Notar war weder gewünscht noch angezeigt.

Die Erschienenen erklärten dem Notar sodann mündlich zur Niederschrift als ihren letzten Willen das folgende

GEMEINSCHAFTLICHES TESTAMENT

1. Vorbemerkungen

Der Ehemann wurde geboren in Musterstadt/Musterkreis als Sohn der Eheleute Wilhelm Haagen und Annegret Haagen geb. Minge (Geburtsstandesamt Musterstadt, Geburtenregisternummer 165/1960).

Die Ehefrau wurde geboren in Musterstadt/Musterkreis als Tochter der Eheleute Heinz Meyer und Hedda Meyer, geb. Schmitz (Geburtsstandesamt Musterstadt, Geburtenregisternummer 5/1961).

Die Erschienenen erklären:

Wir haben ausschließlich die deutsche Staatsangehörigkeit. An der Errichtung eines gemeinschaftlichen Testaments sind wir durch frühere Verfügungen von Todes wegen nicht gehindert: Wir haben bislang überhaupt kein Testament und keinen Erbvertrag errichtet.

Eine beglaubigte Abschrift des Testaments soll unverschlossen in der amtlichen Verwahrung des Notars bleiben.

Wir leben im gesetzlichen Güterstand.

2. Widerruf früherer Verfügungen

Alle von uns bisher gemeinsam oder einzeln errichteten Verfügungen von Todes wegen heben wir rein vorsorglich hiermit auf.

3. Erbfolge nach dem Erstversterbenden

Der erstversterbende Ehegatte setzt den überlebenden Ehegatten zu seinem unbeschränkten Alleinerben ein. Der Alleinerbe ist unter Lebenden und auch von Todes wegen über das gesamte Vermögen (Alleinerbschaft und eigenes Vermögen) vollkommen frei verfügungsberechtigt.

4. Erbfolge nach dem Überlebenden

Der überlebende Ehegatte und für den Fall unseres gleichzeitigen Versterbens ein jeder von uns setzt zu seinen unmittelbaren Erben

a) den Sohn Karl Haagen, geboren 18.05.1979,
    wohnhaft Platanenallee 187, 12345 Musterstadt,

b) die Tochter Caroline Müller geb. Haagen, geboren 08.10.1983,
    wohnhaft Olof-Palme-Allee 1, 12345 Musterstadt,

je zur Hälfte des Nachlasses ein.

Ersatzerben sind die Abkömmlinge unserer Kinder; sind solche Abkömmlinge nicht vorhanden, tritt Anwachsung zugunsten der anderen Erbenstämme ein.

Über die Art der Nachlassauseinandersetzung nach dem Tod des überlebenden Ehegatten werden keine Anordnungen getroffen.

5. Pflichtteilsklausel

Sollte ein Abkömmling beim Tod des erstversterbenden Ehegatten den Pflichtteil verlangen, so wird er, was hiermit der überlebende Ehegatte anordnet, auch von ihm auf den Pflichtteil als reine Geldforderung gesetzt.

6. Bindungswirkung

Der Notar hat uns die Bestimmungen des gesetzlichen Erb- und Pflichtteilsrechts erläutert und auf die Bedeutung der testamentarischen Bindung hingewiesen. Uns ist bekannt, dass der einseitige Widerruf der notariellen Beurkundung bedarf.

Ein jeder von uns soll berechtigt sein, einseitig alle Bestimmungen dieses Testaments aufzuheben oder abzuändern außer der gegenseitigen Erbeinsetzung, die wir als wechselbezügliche Verfügung vornehmen.

Durch Stellung des Scheidungsantrags werden alle Verfügungen dieses Testaments unwirksam, die wechselbezüglich getroffen wurden, wenn in der Folge des Scheidungsantrags die Ehe geschieden wird oder, wenn ein Ehegatte vor Rechtskraft der Scheidung verstirbt und die Voraussetzungen für die Scheidung gegeben waren.

7. Schlussbestimmungen

Der Notar hat uns darauf hingewiesen, dass bei Begründung eines Aufenthaltsorts des Erblassers im Ausland ausländisches Erbrecht anwendbar sein kann und eine Überprüfung dieser Verfügung geboten ist.

Zu unserem Vermögen gehört derzeit kein höferechtlich gebundenes Vermögen oder Vermögen im Ausland, welches zusätzliche Anordnungen erforderlich machen kann. Anteile an Gesellschaften, insbesondere Personengesellschaften, besitzen wir derzeit nicht.

Weitere Anordnungen – auch für den Fall der Wiederheirat des Längstlebenden von uns – möchten wir ich heute nicht treffen. Uns ist bekannt, dass bei Veränderung der tatsächlichen oder rechtlichen Verhältnisse eine Überprüfung unseres heutigen Testaments ratsam ist.

Diese Niederschrift wurde den Erschienenen vom Notar vorgelesen, von ihnen genehmigt und eigenhändig wie folgt unterschrieben:

...

(Unterschriften von Peter und Petra Haagen und des beurkundenden Notars)

Anmerkung

Zur Bindungswirkung siehe allgemein oben Ziffer 3.

Alternativ zu der im Muster unter Ziffer 6. vorgesehenen **freien Änderungsbefugnis** des überlebenden Ehegatten können die Ehegatten z.B. auch einschränkend festlegen, dass der Überlebende von ihnen Veränderungen nur innerhalb der Familie vornehmen darf. Dann könnte im Muster die Erbquote eines Kindes z.B. auf einen 3/10-Anteil herabgesetzt werden und der frei werdende 2/10-Anteil dem anderen Geschwister oder Enkelkindern (Nachkommen dieses Kindes) zugewandt werden. Auch die Herabsetzung auf null wäre im Einzelfall denkbar. Nicht zulässig wäre hingegen die Berücksichtigung von Dritten, wozu im Zweifel auch Schwiegerkinder gehören, oder – je nach Ausgestaltung – von entfernteren Angehörigen.

Das Muster einer solch **eingeschränkten Änderungsbefugnis** kann etwa wie folgt lauten:

Muster: Eingeschränkte Bindungswirkung

Bindungswirkung

Wir bestimmen, dass der Überlebende von uns die vorstehend getroffene Schlusserbeneinsetzung nur zwischen unseren Abkömmlingen ändern darf. Er darf daher z.B. bestimmen, dass ein Abkömmling ganz als Erbe wegfällt oder die Beteiligung eines Abkömmlings am Nachlass erhöhen oder verringern. Er darf ferner Vorausvermächtnisse anordnen, Teilungsanordnungen treffen und Beschränkungen aussprechen, all dies jedoch immer nur zu Lasten oder zugunsten der jeweils anderen Abkömmlinge. Der Überlebende ist somit nicht berechtigt, Verfügungen zugunsten eines Dritten auszusprechen.

Kostenhinweis

Geschäftswert bei einer Verfügung von Todes wegen ist derjenige Teil des Nachlasses, über den verfügt wird, bei einer Erbeinsetzung wie hier also der Wert des gesamten Vermögens der Erblasser, § 102 Abs. 1 Satz 1 GNotKG. Bestehende Verbindlichkeiten dürfen abgezogen werden, jedoch nur bis zur Hälfte des Aktivvermögens, § 102 Abs. 1 Satz 2 GNotKG. Die Wertermittlung ist für beide Ehegatten separat vorzunehmen.

Der **Gebührensatz** beträgt bei einem gemeinschaftlichen Testament eine 2,0-Gebühr (Nr. 21100 KV GNotKG).

c)   Wiederverheiratungsklausel

Muster: Wiederverheiratungsklausel

1. Der Erstversterbende von uns beruft den Überlebenden zu seinem alleinigen Vorerben. Dieser ist von allen Beschränkungen befreit, von denen nach dem Gesetz Befreiung erteilt werden kann. Die Vorerbschaft dauert bis zum Tod oder bis zur etwaigen Wiederverheiratung des überlebenden Ehegatten.

2. Der Erstversterbende von uns beruft zu seinen Nacherben

   a) die Tochter Margarete Meier, geboren 18.05.1992,
       wohnhaft Boxerstraße 2, 12345 Musterstadt,

   b) die Tochter Ottilie Müller, geb. Meier, geboren 14.09.1994,
       wohnhaft Hauptstraße 389, 12345 Musterstadt,

   zu gleichen Teilen.

Ersatznacherben sind die Abkömmlinge unserer Töchter nach gesetzlicher Erbregel. Mangels solcher Abkömmlinge tritt Anwachsung zugunsten des anderen Tochterstamms ein.

3. Sollte die Nacherbfolge zu Lebzeiten des überlebenden Ehegatten eintreten, so erhält dieser Ehegatte als Vorausvermächtnis, frei von Nacherbschaft, alle zum ehelichen Haushalt gehörenden beweglichen Gegenstände, ferner seinen Schmuck, Schallplatten mit allen Geräten, die gesamten Bücher und die Hochzeitsgeschenke.

4. Der Überlebende von uns trifft heute keinerlei Bestimmungen von Todes wegen. Er ist durch dieses Testament in seiner Testierfreiheit nicht beschränkt.

Anmerkungen

Der Nacherbfall tritt gem. Ziffer 1. des Musters bereits zu Lebzeiten des überlebenden Ehegatten ein, wenn der überlebende Ehegatte wieder heiratet (sog. **Wiederverheiratungsklausel**). Da das ererbte Vermögen dann von dem Überlebenden auf die Töchter als Nacherbinnen überginge, entsteht ein (rechtlich zulässiger) wirtschaftlicher Druck, nicht wieder zu heiraten.

Zu Wiederverheiratungsklauseln in Ehegattentestamenten vgl. ausf. VÖLZMANN, RNotZ 2012, 1.

Besondere **Vorsicht** ist bei Ziffer 4. des Musters geboten: Danach würde der überlebende Ehegatte nach gesetzlichem Erbrecht beerbt. Gesetzliche Erben wären hier die beiden im Beispiel genannten Töchter. Mangels notarieller Erbeinsetzung benötigten sie dann aber einen Erbschein zum Nachweis ihrer Erbenstellung (siehe oben Abschnitt VI. Ziffer 1. Buchst. b)). Den Ehegatten sollte in einem gemeinschaftlichen Testament für den Normalfall zur **Regelung beider Erbfälle** – des Erstversterbenden und des Längstlebenden – geraten werden.

d)   Gestaltungsalternativen zur wechselseitigen Erbeinsetzung

Die gegenseitige wechselbezügliche Erbeinsetzung von Ehegatten ist der praktische Regelfall. Er ist **rechtlich natürlich nicht alternativlos**, wie nachfolgendes Musterbeispiel belegt.

Muster: Abkömmlinge als Erben, überlebender Ehegatte nur Nießbraucher

1.　Der Erstversterbende wie auch der Überlebende von uns beruft zu seinen Erben die zum Zeitpunkt seines Todes an ihm gesetzlich erbberechtigten Abkömmlinge nach gesetzlicher Erbordnung, wie diese zum Zeitpunkt des jeweiligen Todes gültig ist. Nach derzeitigem Stand wären dies unsere beiden Söhne ...

2.　Der Erstversterbende von uns räumt dem überlebenden Ehegatten den lebenslänglichen Nießbrauch an seinem Nachlass ein.

　　Im Fall einer etwaigen Wiederverheiratung erlischt dieser Nießbrauch nicht. Die Erben sind verpflichtet, bei Grundbesitz den Nießbrauch unverzüglich im Grundbuch eintragen zu lassen.

3.　Die Nachlassauseinandersetzung ist bis zum Tod des überlebenden Ehegatten ausgeschlossen. Durch Wegfall eines Erben tritt an dieser Anordnung keine Änderung ein.

Anmerkung

Für Eheleute steht bei der Errichtung eines gemeinschaftlichen Testaments oft im Vordergrund, den Längstlebenden von ihnen möglichst umfassend abzusichern. Die **erbrechtlichen Interessen der Kindergeneration** treten dahin zurück, was Pflichtteilsstrafklauseln beim Tod des Erstversterbenden in besonderem Maß verdeutlichen (siehe für ein Beispiel oben das Muster in Buchst. b), dort Ziffer 5.). Sollen demgegenüber (ausnahmsweise) die Kinder stärker zum Zuge kommen – insbesondere um die erbschaftsteuerlichen Freibeträge der Kinder schon beim Tod des ersten Elternteils (besser oder überhaupt) zu nutzen –, kommt als Gestaltungsalternative zur wechselseitigen Erbeinsetzung die **Anordnung wechselseitiger Nießbrauchsvermächtnisse** in Betracht. Der Nießbraucher darf, anders als der Vollerbe, nicht auf die Substanz der dem Nießbrauch unterliegenden Vermögenswerte zugreifen, diese also insbesondere nicht verbrauchen oder veräußern. Die wirtschaftlichen Erträge aus den nießbrauchsbefangenen Gegenständen stehen aber dem Nießbraucher zu (z.B. Mieteinnahmen).

e) Schlusserbenbestimmung für den Fall der Kinderlosigkeit

Muster: Schlusserbenbestimmung für den Fall der Kinderlosigkeit

1. Wir setzen uns gegenseitig zu alleinigen und ausschließlichen Erben unseres gesamten zum Todeszeitpunkt vorhandenen Nachlasses ein.

2. Der Überlebende von uns soll über das Ererbte und über sein eigenes Vermögen unter Lebenden und von Todes wegen frei verfügen können.

3. Trifft der Überlebende keine Verfügung, so sollen die evtl. noch aus unserer Ehe hervorgehenden gemeinschaftlichen Kinder zu gleichen Teilen Erben des Längstlebenden werden.

4. Sofern beim Ableben des Längstlebenden keine gemeinschaftlichen Abkömmlinge vorhanden sind und der Überlebende keine andere Verfügung getroffen hat sowie auch für den Fall, dass wir beide gleichzeitig ohne gemeinschaftliche Abkömmlinge versterben, sollen Erben je zur Hälfte werden:

   a) die Deutsche Krebshilfe e.V., Buschstr. 32, 53113 Bonn
   (Amtsgericht Bonn, Vereinsregister Nr. 3898),

   b) die Deutsche Welthungerhilfe e.V., Friedrich-Ebert-Str. 1, 53173 Bonn
   (Amtsgericht Bonn, Vereinsregister Nr. 3810).

   Sollte beim Ableben des Längstlebenden von uns eine der genannten Organisationen aufgelöst sein und kein Rechtsnachfolger bestehen, der die gleichen Ziele verfolgt, so ist die jeweils noch bestehende Organisation Alleinerbe.

5. Nach dem Tod des Längstlebenden ordnen wir Testamentsvollstreckung an. Jeder von uns bestellt zum Testamentsvollstrecker Herrn Otto Müller, Frankfurter Straße 112, Musterstadt. Die Testamentsvollstreckung beginnt mit dem Ableben des Längstlebenden von uns.

   Sollte der Genannte vor dem Ableben des Längstlebenden wegfallen oder das Amt nicht annehmen können, wird das zuständige Nachlassgericht ersucht, einen Ersatztestamentsvollstrecker zu bestellen.

   Der Testamentsvollstrecker hat insbesondere folgende Aufgaben:

   a) unverzüglich nach dem Ableben des Längstlebenden von uns das gesamte bewegliche und unbewegliche Vermögen zu veräußern,

   b) das nachstehend ausgesetzte Vermächtnisse zu erfüllen,

   c) den nach Abzug der Nachlassverbindlichkeiten und der Erfüllung der Vermächtnisse verbleibenden Erlös an die vorgenannten Erben auszuzahlen.

6. Für den Fall, dass die Tante der Ehefrau, Frau Elisabeth Fröhlich in Bremen, den Längstlebenden von uns überlebt, erhält sie als Vermächtnis einen Betrag i.H.v. 10.000 € (in Worten: zehntausend Euro).

7. Aus dem Nachlass sind ferner die Kosten für die Anlegung und Unterhaltung unserer Grabstätte vorab zu entnehmen. Die Grabstätte ist zwanzig Jahre lang, vom Tod des Längstlebenden an gerechnet, gärtnerisch zu pflegen und zu unterhalten. Mit der Pflege ist eine Friedhofsgärtnerei über die Rheinische Treuhandstelle für Dauergrabpflege GmbH, Amsterdamer Straße 206, 50375 Köln zu beauftragen.

Anmerkung

Werden Organisationen eingesetzt (wie im Beispiel zu Ziffer 4.), empfiehlt sich eine möglichst eindeutige Bezeichnung. Vereine können durch ihre Vereinsregisternummer und das zuständige Registergericht zweifelsfrei ermittelt werden, und zwar auch **etwaige Nachfolgeorganisationen**.

7.   Urkundenabwicklung

Die Anforderungen zur Abwicklung eines (gemeinschaftlichen) Testaments sind unten im Abschnitt XIII. Ziffer 2. dargestellt. Zur Registrierung des Erbvertrags im **Zentralen Testamentsregister** siehe unten Abschnitt XIII. Ziffer 1. Buchst. c).

IX.   Der Erbvertrag

Der Erbvertrag erlaubt es mehreren Personen, letztwillige Verfügungen in einer Urkunde anzuordnen und diese mit einer spezifischen erbrechtlichen Bindung (siehe unten Ziffer 3.) zu belegen. Er hat gegenüber einzeltestamentarischen Verfügungen damit einen Anwendungsbereich, der funktional **mit dem eines gemeinschaftlichen Testaments vergleichbar** ist. Aus diesem Grund wird in der nachfolgenden Darstellung besonderes Augenmerk auf die **Gemeinsamkeiten und Unterschiede** von Erbvertrag und gemeinschaftlichem (notariellen) Testament gelegt.

1.   Mögliche Beteiligte

Ein wichtiger Unterschied zum gemeinschaftlichen Testament betrifft den **Kreis möglicher Erbvertragsparteien**: Erbverträge sind nicht – wie gemeinschaftliche Testamente, siehe oben Abschnitt VIII. Ziffer 1. – nur Ehegatten und eingetragenen Lebenspartnern vorbehalten. Sie können vielmehr **zwischen beliebigen Personen** vereinbart werden, so z.B. auch zwischen Verlobten, zwischen nicht verheirateten Paaren oder zwischen Eltern und ihren Kindern.

Es können auch **mehr als nur zwei Personen** einen Erbvertrag vereinbaren, so etwa, wenn Eltern nicht nur im Verhältnis untereinander, sondern auch zu einem oder mehreren ihrer Kinder eine „verbindliche" erbrechtliche Regelung wünschen.

Nicht jede am Erbvertrag beteiligte Partei muss **eine eigene letztwillige Verfügung anordnen.** Zulässig sind auch Erbverträge mit nur einem beteiligten Erblasser (= sog. **einseitiger Erbvertrag**). Dies hat zum einen Auswirkungen auf die Form (siehe unten Ziffer 2.) und zum anderen auf die Anzahl der Registrierungen im Zentralen Testamentsregister (siehe dazu Abschnitt XIII. Ziffer 1. Buchst. b)).

Ebenso wie beim gemeinschaftlichen Testament kann einen Erbvertrag nur abschließen, wer **unbeschränkt geschäftsfähig** ist, also insbesondere **nicht minderjährig** ist (§ 2275 Abs. 1 BGB). Anders als beim Testament (§ 2229 BGB) verwendet das Gesetz beim Erbvertrag nicht den Begriff Testierfähigkeit (zu ihm oben Abschnitt II. Ziffer 7.). Ausnahmen vom Erfordernis der unbeschränkten Geschäftsfähigkeit waren für Ehegatten und Verlobte in § 2275 Abs. 2, 3 BGB a.F. vorgesehen, die auch als beschränkt Geschäftsfähige mit Zustimmung des gesetzlichen Vertreters einen Erbvertrag als Erblasser schließen konnten. Diese Möglichkeiten wurden aber zum 22.07.2017 abgeschafft (siehe bereits oben Abschnitt II. Ziffer 8.).

Beachte hierzu:

Die vorstehenden Beschränkungen bei Beteiligung beschränkt Geschäftsfähiger gelten **nicht,** wenn der **Minderjährige nicht als Erblasser** am Vertrag beteiligt ist, sondern nur die erbvertragliche Verfügung seines Vertragspartners annimmt. Ein solch (einseitiger) Erbvertrag, in dem der Minderjährige sich nicht sonst irgendwie verpflichtet oder selbst letztwillig verfügt, ist für ihn lediglich mit rechtlichen Vorteilen verbunden (§ 107 BGB) und kann damit von allen beschränkt geschäftsfähigen Minderjährigen ohne Zustimmung der Eltern abgeschlossen werden. Soll der Minderjährige sich dem Erblasser gegenüber zu einer lebzeitigen Leistung verpflichten (z.B. zur Pflege des Erblassers), gelten die §§ 106 ff. BGB unmittelbar (dazu ausf. oben § 14 Abschnitt IV. Ziffer 3.). In jedem Fall kann der Minderjährige seine Erklärungen im Erbvertrag nur mündlich oder durch Übergabe einer offenen Schrift abgeben (§§ 2276 Abs. 1 Satz 2 zweiter Halbsatz, 2233 Abs. 1 BGB).

2. Errichtung; Form

Der Erbvertrag muss bei **gleichzeitiger Anwesenheit** beider Vertragsteile notariell beurkundet werden, § 2276 Abs. 1 Satz 1 BGB. Das schließt eine Aufspaltung des Erbvertrags in Angebot und Annahme (§ 128 BGB) aus (siehe dazu oben § 2 Abschnitt I. Ziffer 2. Buchst. f)).

Der **Erblasser** kann einen Erbvertrag zudem **nur höchstpersönlich** abschließen, sich also nicht vertreten lassen (§ 2274 BGB). Erblasser ist dabei jede Vertragspartei, die in der Erbvertragsurkunde eine **eigene Verfügung von Todes wegen** trifft:

- Erblasser kann demnach entweder **nur eine Vertragspartei** sein (dann liegt ein sog. **einseitiger Erbvertrag** vor).

Beispiel

- Der Vater setzt seine Tochter zur Alleinerbin ein. Die Tochter nimmt diese Einsetzung an, testiert aber nicht selbst in der Erbvertragsurkunde; für ein Fallbeispiel siehe unten Ziffer 6.

- Oder es können auch **beide (oder alle) Vertragsteile** Erblasser sein (**zwei- bzw. mehrseitiger Erbvertrag**);

Beispiel

- Ehemann M und Ehefrau F schließen einen Erbvertrag, in dem M seine Kinder aus erster Ehe zu seinen Erben einsetzt und Ehefrau F ihre Kinder aus ihrer ersten Ehe. Setzen sich die Erblasser in ihren letztwilligen Verfügungen gegenseitig als Erben ein, spricht man vom **gegenseitigen Erbvertrag**. Er ist ein Sonderfall des zweiseitigen Erbvertrags und in der notariellen Praxis der wohl häufigste Fall.

Die **andere Vertragspartei** (z.T. auch „schlichter Vertragsschließender" oder Vertragsgegner genannt), d.h. die Partei **ohne eigene letztwillige Verfügung** im Erbvertrag, darf sich beim Abschluss des Erbvertrags vertreten lassen. Das Erfordernis der „gleichzeitigen Anwesenheit" i.S.d. § 2276 Abs. 1 BGB ist auch dann gewahrt, wenn der Vertragspartner des Erblassers vertreten wird. Wo das Gesetz höchstpersönliche Erklärungen verlangt, ordnet es dies ausdrücklich an – so für den Erblasser in der Nachbarvorschrift des § 2274 BGB.

Zur notwendigen Form bei **Beteiligung Minderjähriger** an einem Erbvertrag (nur als nicht testierender Vertragsteil) siehe soeben Ziffer 1.

3. Notwendiger Inhalt

Für einen Erbvertrag i.S.d. §§ 2274 ff. BGB ist es **zwingend erforderlich**, dass

- in ihm überhaupt **mindestens eine letztwillige Verfügung** enthalten ist und

- mindestens eine letztwillige Verfügung **vertragsmäßig bindend i.S.d. § 2278 BGB** getroffen wurde.

Fehlt es an einer dieser Voraussetzungen, liegt kein Erbvertrag vor! Der Notar wird es nicht auf die Folgefrage ankommen lassen, ob sich eine solche Urkunde im Wege der Umdeutung gem. § 140 BGB in ein Testament möglicherweise „retten" lassen könnte.

Beispiel

– M und F schließen einen „Erbvertrag", in dem jeder Teilungsanordnungen trifft und den Nachbarn N zum Testamentsvollstrecker für seinen Nachlass bestimmt. Weiteres wird nicht bestimmt. Es liegt kein Erbvertrag vor, da **vertragsmäßig bindend** von vornherein nur **Erbeinsetzungen, Vermächtnisse, Auflagen** und neuerdings – mit Blick auf Art. 22 EuErbVO (siehe oben Abschnitt III.) – die Wahl des anzuwendenden Erbrechts (**Rechtswahlen**) getroffen werden können (§ 2278 Abs. 2 BGB), nicht aber auch die Testamentsvollstreckung oder Teilungsanordnungen.

Merke also:

Vertragsmäßig bindende Verfügungen beim Erbvertrag und wechselbezüglich getroffene Verfügungen im gemeinschaftlichen Testament sind auf diese vier Gestaltungsmittel begrenzt; das ist den beiden Arten einer letztwilligen Verfügung also gemeinsam.

Anders als beim Erbvertrag braucht ein gemeinschaftliches Testament aber nicht zwingend eine bindende Verfügung zu enthalten. Es genügt, wenn es eine wechselbezügliche Verfügung enthält (siehe Abschnitt VIII. Ziffer 3.).

Liegt mindestens eine vertragsmäßig bindende Verfügung von Todes wegen im Erbvertrag vor, kann der Erbvertrag um **beliebige weitere** vertragliche – nicht zwingend nur erbrechtliche! – Vereinbarungen **ergänzt** werden. Es sind insbesondere auch bereits lebzeitig zu erfüllende Verpflichtungen möglich. In dieser „Kombinationsfähigkeit" liegt gerade der Charme des Erbvertrags für den Vertragsgestalter.

Beispiel hierzu:

– Der ältere A setzt die jüngere J vertragsmäßig bindend zu seiner Alleinerbin ein. Im Gegenzug verpflichtet sich die J, den A im Alter zu pflegen und ihn zu versorgen.

– Die Eheleute M und F schließen einen Erbvertrag mit bindenden Verfügungen und zugleich einen Ehevertrag, der ihr lebzeitiges Zusammenleben regelt (**Ehe-und Erbvertrag**).

4.   Bindungswirkung

a)   Bedeutung

Wie schon erwähnt, können von den denkbaren erbrechtlichen Anordnungen **nur Erbeinsetzungen, Vermächtnisse, Auflagen** und neuerdings – mit Blick auf Art. 22, 25 EuErbVO – die **Wahl des anzuwendenden Erbrechts** mit vertragsmäßiger Bindung getroffen werden.

Welche Verfügung dieser Art in einem konkreten Erbvertrag tatsächlich vertragsmäßig bindend angeordnet ist, können (und sollten) die Parteien **ausdrücklich klarstellen.** In Erbverträgen finden sich hierzu Formulierungen wie

– „nehmen die Beteiligten mit erbvertragsmäßiger Bindung gegenseitig an"

oder umgekehrt, wenn diese Bindung nicht gewollt ist,

– „im Wege der einseitigen, jederzeit frei abänderbaren Verfügung von Todes wegen".

Bindungswirkung bedeutet dabei

– **zukunftsbezogen,** dass der Erblasser in seiner Testierfreiheit beschränkt wird, da spätere Verfügungen von Todes wegen **unwirksam sind,** soweit sie das Recht des vertragsmäßig Bedachten beeinträchtigen würden (§ 2289 Abs. 1 Satz 2 BGB), und

– **vergangenheitsbezogen,** dass frühere Verfügungen von Todes wegen durch den später folgenden Erbvertrag aufgehoben werden (§ 2289 Abs. 1 Satz 1 BGB).

Beispiele zu § 2289 BGB

Erblasser E setzt den Erben V vertragsmäßig zum Alleinerben ein (= sog. **Vertragserbe**). Unwirksam wäre, wenn E nachträglich

– einen Dritten zum Alleinerben beruft,

– einen Miterben oder Nacherben einsetzt,

– den Vertragserben (V) mit Vermächtnissen beschwert,

– Testamentsvollstreckung anordnet.

Denn in allen drei Varianten würde das vertragsmäßige Recht des V, unbeschränkter Alleinerbe nach dem E zu werden, ausgeschlossen bzw. beeinträchtigt.

Gegenbeispiel

– Ist im Erbvertrag der V zum Alleinerben eingesetzt und zugleich Testamentsvollstreckung durch den T angeordnet, wäre es nicht gem. § 2289 BGB unwirksam, wenn E nachträglich

  – die Testamentsvollstreckung wieder aufhebt (da V die Erbschaft dann selbst
  verwalten und verwerten kann, was ihn gegenüber dem Inhalt des Erbvertrags besserstellt),

  – die Person des Testamentsvollstreckers ändert (z.b. den T durch den D ersetzt), solange jedenfalls der Umfang der Testamentsvollstreckung dadurch
  nicht erweitert wird.

b)   Grenzen

Vertragsmäßige Verfügungen **beschränken immer nur die Testierfreiheit des Erblassers**, binden ihn also nur **erbrechtlich**. Durch den Erbvertrag wird das Recht des
Erblassers, über sein Vermögen durch Rechtsgeschäft **unter Lebenden** zu verfügen
(z.b. eine ihm gehörende Immobilie zu verkaufen), nicht beschränkt (§ 2286 BGB).

Einen **gewissen Schutz** vor lebzeitigen Dispositionen bieten nur § 2287 BGB für
den vertragsmäßig bestimmten **Erben** gegen ihn beeinträchtigende Schenkungen
und – stärker noch – § 2288 BGB für den vertragsmäßig bestimmten **Vermächtnisnehmer** gegen ihn beeinträchtigende Handlungen (nicht nur Schenkungen) des
Erblassers. Beide Schutznormen (§ 2287 BGB und § 2288 BGB) setzen tatbestandlich voraus, dass der Erblasser die Beeinträchtigung nach Erbvertragsschluss in **Be-
einträchtigungsabsicht** vornimmt. Daran kann es nach der Rechtsprechung des
BGH (zuletzt zusammenfassend z.b. NJW-RR 2012, 207) im Einzelfall bei Vorliegen eines sogenannten **lebzeitigen Eigeninteresses** des Erblassers an der Vornahme
der Schenkung bzw. Handlung fehlen (z.b. indem der Erblasser einem Dritten ein
Vermächtnis aussetzt in Anerkennung von dessen aufopfernden Pflege im Alter).
Die Einzelheiten hierzu sind aber sehr **komplex** und z.T. auch umstritten.

Beachte zudem:

Obwohl er nur im Erbvertrag gesetzlich ausgestaltet ist, wird der Schutz, den
§§ 2287 und 2288 BGB bieten, nach Auffassung der Rechtsprechung auch auf den
Erben oder Vermächtnisnehmer erstreckt, der **im gemeinschaftlichen Testament**
mit wechselbezüglich bindender Wirkung (zu ihr oben Abschnitt VIII. Ziffer 3.)
bedacht ist, und zwar ab dem Zeitpunkt, zu dem die betreffende Verfügung durch
den Tod des anderen Partners bindend geworden ist (zuletzt: BGH, ZEV 2016,
641, 642).

Daher **Vorsicht**: Im „Normalfall" werden die verfügenden Parteien des Erbvertrags eine solche – ins Lebzeitige „vorverlagerte" – Bindung nicht oder erst nach ausführlicher Beratung durch den Notar wünschen. Sofern eine solche Vorverlagerung nicht gewünscht ist, kann im Erbvertrag (oder gemeinschaftlichen Testament) vorsorglich formuliert werden:

 Muster: Ausschluss der Anwendbarkeit von §§ 2287, 2288 BGB

Durch die vorstehenden bindenden Anordnungen wird das Recht des Längstlebenden von uns, zu seinen Lebzeiten frei über sein Vermögen, einschließlich des von dem Zuerstversterbenden von uns geerbten Nachlasses, zu verfügen, auch Schenkungen vorzunehmen, nicht beschränkt. Vorsorglich schließen wir jede Anwendung der §§ 2287 und 2288 BGB aus.

c)   Eintrittszeitpunkt – Beseitigung nach Vertragsschluss

Anders als beim gemeinschaftlichen Testament tritt die Bindungswirkung **bereits mit Abschluss des notariellen Erbvertrags** ein und nicht (wie beim gemeinschaftlichen Testament) erst mit dem Tod des erstversterbenden Vertragspartners.

Deshalb steht dem Erblasser hinsichtlich der von ihm im Erbvertrag getroffenen vertragsmäßigen Verfügungen **zu Lebzeiten** des Vertragspartners im Unterschied zu § 2271 Abs. 1 BGB auch **kein** (zwar formgebundenes, aber) **freies Widerrufsrecht** zu. Wer sich als Erblasser zu Lebzeiten noch nicht endgültig binden will, kann ein (freies) **Rücktrittsrecht** vertraglich vereinbaren (§ 2293 BGB) – und sollte dies dann auch tun, da die gesetzlichen Rücktrittsgründe der §§ 2294 f. BGB nur für besondere Situationen das Recht gewähren, vom Erbvertrag wieder Abstand zu nehmen.

Der **Rücktritt** vom Erbvertrag erfolgt durch Rücktrittserklärung gegenüber dem Vertragspartner. Er muss (wie der Widerruf beim gemeinschaftlichen Testament) **notariell beurkundet** werden (§ 2296 Abs. 2 BGB).

Ist der Vertragspartner des Erblassers **bereits verstorben**, bleibt bei einem einseitigen Erbvertrag das Rücktrittsrecht **bestehen** und kann, wenn die Voraussetzungen vorliegen, durch letztwillige Verfügung ausgeübt werden (§ 2297 Abs. 1 BGB). Es ändert sich also (nur) die **Rücktrittsform**.

Beachte ferner:

Zwar braucht die vertragsmäßig getroffene Verfügung nicht zwingend den Vertragspartner selbst begünstigen. Sie kann auch einen Dritten begünstigen, der nicht Vertragspartei ist (= der „vertragsmäßig Bedachte"), z.b. ein gemeinsames Kind der vertragsschließenden Parteien. Die erbvertragliche Bindungswirkung besteht aber **immer (nur) gegenüber dem Vertragspartner** des Erblassers aus dem Erbvertrag, nicht gegenüber begünstigten Dritten!

Beispiel

– Die Eltern schließen einen Erbvertrag, in dem jedes Elternteil für den Fall seines Letztversterbens das gemeinsame Kind zum Alleinerben beruft.

Die Unterscheidung zwischen der Person, gegenüber der die erbvertragliche Bindung eintritt, und der Person, die vertragsmäßig bedacht ist, spielt eine Rolle z.b. bei der Frage, wer an der **Aufhebung eines Erbvertrags** zu beteiligen ist: Dies ist immer nur der **Vertragspartner**, nie hingegen der Drittbegünstigte.

Lösung

– Um in dem gebildeten Beispiel das gemeinsame Kind vor nachteiligen späteren Änderungen zu schützen, muss es an dem Erbvertrag **als Partei** (nämlich als schlichte Vertragspartei ohne eigene Verfügung von Todes wegen) **beteiligt** werden!

5. Urkundenabwicklung

Die Besonderheiten bei der Abwicklung eines Erbvertrags sind unten im Abschnitt XIII. Ziffer 3. dargestellt. Zur Registrierung des Erbvertrags im **Zentralen Testamentsregister** siehe unten Abschnitt XIII. Ziffer 1. Buchst. c).

6. Fallbeispiel

Fallgestaltung

Herr Bernhard Schneider hat zwei erwachsene Töchter aus geschiedener Ehe. Er ist seit Jahren mit seiner Lebensgefährtin, Frau Luise Keller, liiert. Eine neue Heirat schließt Herr Schneider aus; das tue er sich nicht noch einmal an. Frau Keller bewohnt eine Immobilie in Bonn, die Herrn Schneider gehört; er selbst lebt überwiegend in Köln, wenn er nicht bei Frau Keller in Bonn weilt. Herr Schneider möchte Frau Keller absichern, falls er vor ihr verstirbt. Sein Vermögen einschließlich der Bonner Immobilie sollen aber seine beiden Töchter bekommen. Frau Keller hat kein nennenswertes eigenes Vermögen.

Nach ausführlicher Beratung schließen die Beteiligten den nachfolgenden Erbvertrag:

 Muster: Einseitiger Erbvertrag

Urkundenrolle Nummer 218/2019

(Erbvertrag)

Verhandelt zu Musterstadt, am 21.02.2019.

Vor

Dr. Max Mustermann
Notar in Musterstadt

erschienen:

1. Herr Bernhard Schneider, geboren 02.12.1952,
   wohnhaft Mohrenstraße 18, 50667 Köln,
   nach seinen Angaben geschieden, und dessen Lebensgefährtin,

2. Frau Luise Keller geb. Jensen, geboren 12.05.1956,
   wohnhaft Am Kurpark 1, 53177 Bonn.

Die Erschienenen wiesen sich aus durch Vorlage ihrer Bundespersonalausweise.

Der Notar überzeugte sich durch die Verhandlung von der Geschäfts- und Testierfähigkeit der Erschienenen. Die Erschienenen erklärten und ließen Folgendes beurkunden:

ERBVERTRAG

I.

Vorbemerkung

Herr Schneider wurde geboren in Köln-Ehrenfeld als Sohn der Eheleute Hinrich Schneider und Helene Schneider geb. Mascher (Geburtsstandesamt Köln IV, heute Köln, Geburtenregisternummer 4327/1942).

Herr Schneider erklärte: Ich habe ausschließlich die deutsche Staatsangehörigkeit. An der Errichtung eines Erbvertrags bin ich durch frühere Verfügungen von Todes wegen nicht gehindert. Zeugen sollen bei der Beurkundung nicht zugezogen werden.

Herr Schneider und Frau Keller erklärten: Der Erbvertrag und eine beglaubigte Abschrift hiervon sollen unverschlossen in der amtlichen Verwahrung des Notars bleiben.

II.

Frühere Verfügungen

Herr Schneider erklärte: Alle etwa bisher von mir errichteten Verfügungen von Todes wegen hebe ich hiermit auf.

III.
Erbfolge nach Herrn Schneider

Herr Schneider beruft zu seinen Erben seine Töchter:

1. Kirsten Dunst geb. Schneider, geboren 30.04.1975,
   wohnhaft Am Bickenbach 34, 12345 Musterstadt und

2. Iris Müller geb. Schneider, geboren 12.05.1978,
   wohnhaft Kellereiweg 99, 12345 Musterstadt,

zu gleichen Teilen.

Die Erbeneinsetzung gilt auch für den Fall der erneuten Heirat von Herrn Schneider.

Sollte eine Tochter vor dem Erbfall versterben oder aus einem anderen Grund nicht Erbin werden, so treten ihre Abkömmlinge entsprechend den Regeln über die gesetzliche Erbfolge an ihre Stelle. Das gilt nicht, wenn diese Tochter gegen eine Abfindung auf ihr Erbrecht verzichtet hat. Fällt eine Tochter kinderlos weg, soll ihr Erbteil dem oder den anderen Erben nach dem Verhältnis ihrer Erbteile zuwachsen.

V.
Vermächtnis

Herr Schneider vermacht seiner dies annehmenden Lebensgefährtin, Frau Luise Keller, ein unentgeltliches Wohnungs- und Nutzungsrecht an seinem Grundbesitz Am Kurpark 1, 53177 Bonn, eingetragen im Grundbuch des Amtsgerichts Bonn von Godesberg Blatt 2705, Gemarkung Godesberg, Flur 8 Flurstück 25, groß 893 m², mit dem Inhalt, dass sie berechtigt ist, alle Räume in dem hinteren Teils des Grundbesitzes, der auf dem beiliegenden Lageplan mit den Buchstaben A-B-C-D-E-F-A und schraffiert gekennzeichnet ist, sowie Hof- und Gartenflächen des hinteren Teils des Grundbesitzes unter Ausschluss des Eigentümers als Wohnung oder in sonstiger Weise zu benutzen; ferner wird ihr ein Zugangsrecht zum hinteren Teils des Grundbesitzes über den vorderen Teil des Grundbesitzes gewährt.

Das Wohnungs- und Nutzungsrecht sowie das Zugangsrecht soll der Berechtigten auf ihre Lebenszeit zustehen.

Die Ausübung des Rechts kann Dritten nicht überlassen werden.

Frau Keller ist für die Dauer des Wohnungs- und Nutzungsrechts verpflichtet, für eine ordnungsgemäße Unterhaltung des ihr zur ausschließlichen Nutzung überlassenen Grundbesitzanteils zu sorgen. Ihr obliegen darüber hinaus Ausbesserungen und Erneuerungen bzgl. der ihr zur ausschließlichen Nutzung vorbehaltenen Räumlichkeiten, allerdings nur insoweit, als sie zur gewöhnlichen Unterhaltung gehören (Schönheitsreparaturen). Die mit der Ausübung des Wohnungsrechts verbundenen Nebenkosten, insbesondere die Kosten für Heizung, Strom, Wasser und Müllabfuhr, trägt Frau Keller. Sie hat die dem Wohnungs- und Nutzungsrecht unterliegenden Räumlichkeiten gegen Brandschäden und sonstige Unfälle auf ihre Kosten versichert zu halten.

Frau Keller kann auf ihre Kosten die Absicherung des Wohnungs- und Nutzungsrechts sowie des Zugangsrechts im Grundbuch verlangen.

Ersatzvermächtnisnehmer bestimmt Herr Schneider keine. Wenn Frau Keller das
Vermächtnis nicht annehmen kann oder will, soll es ersatzlos entfallen.

VI.
Testamentsvollstreckung

Herr Schneider ordnet Testamentsvollstreckung an. Zur Testamentsvollstreckerin er-
nennt er seine Lebensgefährtin, Frau Luise Keller, vorgenannt. Einzige Aufgabe der
Testamentsvollstreckerin ist die Erfüllung des vorstehenden Vermächtnisses zu ihren
Gunsten.

Für den Fall, dass Frau Keller vor oder nach Antritt ihres Amts als Testamentsvollstreckerin wegfällt, soll von Gerichts wegen kein anderer zum Testamentsvollstrecker ernannt werden; vielmehr entfällt dann die Anordnung der Testamentsvollstreckung ersatzlos.

Die Testamentsvollstreckerin soll, soweit zulässig, von gesetzlichen Beschränkungen, insbesondere von solchen aus § 181 BGB, befreit sein.

Die namentlich benannte Testamentsvollstreckerin kann für ihre Tätigkeit weder eine
Vergütung noch Erstattung von Auslagen verlangen.

VII.
Bindungswirkung

Der Notar hat die Bestimmungen des gesetzlichen Erb- und Pflichtteilsrechts
erläutert und auf die Bedeutung der erbvertraglichen Bindung hingewiesen.

Die Erklärungen von Herrn Schneider über das Vermächtnis zugunsten von Frau Keller in Abschnitt V. dieses Erbvertrags nehmen die heutigen Vertragsparteien erbver-
tragsmäßig bindend an. Die weiteren Verfügungen sollen nur testamentarisch wirken und jederzeit einseitig widerruflich bzw. abänderbar sein.

In Kenntnis der Bindungswirkung dieses Erbvertrags behält sich Herr Schneider ein
einseitiges Rücktrittsrecht hiervon vor. Die Erschienenen wurden darauf hingewiesen, dass der Rücktritt der notariellen Beurkundung bedarf.

Die Vermächtnisse zugunsten von Frau Keller entfallen ersatzlos, wenn die Partnerschaft zwischen Frau Keller und Herrn Schneider vor dem Tod von Herrn Schneider
aufgelöst wird; eine Auflösung der Partnerschaft im vorstehenden Sinne wird vermutet, wenn Frau Keller nicht mehr meldepolizeilich unter der eingangs genannten
Adresse Am Kurpark 1 in Bonn, Bad Godesberg gemeldet ist. Frau Keller willigt bereits heute in die Einholung einer melderechtlichen Auskunft durch Herrn Schneider
ein.

VIII.
Schlussbestimmungen, Hinweise

Der Notar hat darauf hingewiesen, dass zusätzliche Vereinbarungen erforderlich werden können, wenn zum Nachlass Vermögen im Ausland gehört; gegenwärtig ist kein solches Vermögen vorhanden. Zum Vermögen von Herrn Schneider gehört keine Beteiligung an einer Gesellschaft.

[Hinweis: Für weitere Gestaltungshinweise nach Inkrafttreten der EU-ErbVO siehe oben Abschnitt III. Ziffer 5.]

Weitere Bestimmungen wollen die Parteien heute nicht treffen, insbesondere möchte Frau Keller keine Verfügungen von Todes wegen treffen.

Diese Niederschrift wurde den Erschienenen in Gegenwart des Notars vorgelesen, der Lageplan zur Durchsicht vorgelegt, alles von ihnen genehmigt und von ihnen und dem Notar wie folgt eigenhändig unterschrieben:

...

(Unterschriften von Bernhard Schneider, Luise Keller und des beurkundenden Notars)

X. Erbschein; Erbscheinsantrag; Europäisches Nachlasszeugnis

1. Neuregelung des Erbscheinsverfahrens; Übergangsrecht

Die Beurkundung von Erbscheinsanträgen gehört in der notariellen Praxis zur **regelmäßigen Routine**. Die Schwierigkeit der zu fertigenden Entwürfe reicht dabei von ganz einfach (klare Fakten- und Rechtslage; nur ein Erbe; alle urkundlichen Nachweise liegen vor; kein Auslandsbezug) bis **sehr komplex** (unklare Fakten- und/oder Rechtslage; Vielzahl von Erben, davon einige unbekannt, ggf. untereinander zerstritten; urkundliche Nachweise fehlen oder sind nur schwer zu beschaffen; Auslandsbezug). Für den Notariatsmitarbeiter bedeutet das, dass er besondere Sorgfalt walten lassen und alle Sachverhaltsdetails berücksichtigen muss. Kein Fall gleicht hier dem anderen.

Die Vorschriften zum **deutschen Erbscheinsverfahren** sind im Zuge der EuErbVO (siehe oben Abschnitt III.) **neu gefasst** worden. Bislang standen sie – als Verfahrensrecht systematisch unzutreffend – in §§ 2354–2359, 2361, 2363–2364, 2369 BGB a.F. Der deutsche Gesetzgeber hat daher das Wirksamwerden der EuErbVO zum 17.08.2015 zum Anlass genommen, das Erbscheinsverfahren in das Verfahrensrecht der freiwilligen Gerichtsbarkeit – das FamFG – zu integrieren. Es findet sich **jetzt in §§ 352a–352e FamFG.**

Abgesehen von einigen redaktionellen bzw. sprachlichen Klarstellungen hat die Neuregelung auch **eine wichtige inhaltliche Änderung** gebracht, und zwar für gemeinschaftliche Erbscheine (die das Erbrecht mehrerer Personen ausweisen): Bislang (§ 2357 Abs. 2 BGB a.f.) war es zwingend erforderlich, in dem Erbschein (und damit auch in dem notariellen Erbscheinsantrag!) die „Erbteile" (= **Erbquote eines jeden Miterben**) anzugeben. Sie zu ermitteln war bisweilen schwierig, z.b. in eigenhändigen Testamenten, in denen der Erblasser laienhaft seine Erben durch Zuwendung einzelgegenständlichen Vermögens berufen hat; die Größe der Erbteile hängt dann von dem erst noch festzustellenden – und ohne Erbschein oft gar nicht feststellbaren! – Wert der Nachlassgegenstände ab. Die Angabe von Erbquoten ist aber vor allem für den Rechtsverkehr oft auch ohne weiteren Erkenntniswert, wenn und weil ohnehin **alle Miterben** an der Auseinandersetzung des Nachlasses **mitwirken** müssen (siehe dazu oben Abschnitt II Ziffer 6. und unten Abschnitt XII.). Dementsprechend kann **nunmehr** ein **gemeinschaftlicher Erbschein auch ohne Angabe der Erbquoten** beantragt und erteilt werden, wenn alle Antragsteller auf diese Angabe verzichten (§ 352a Abs. 2 Satz 2 FamFG n.F., vgl. dazu ZIMMERMANN, ZEV 2015, 520).

Die §§ 352a ff. FamFG **gelten** gem. Art. 229 § 36 EGBGB für **alle Erbfälle seit dem 17.08.2015,** also dem Tag des Wirksamwerdens der EuErbVO (siehe oben Abschnitt III. Ziffer 1.). Umgekehrt folgt das Erbscheinsverfahren noch altem Recht (§§ 2354 ff. BGB), wenn es zwar an oder nach dem 17.08.2015 eingeleitet worden ist, der Todesfall aber vor dem 17.08.2015 eingetreten ist. Maßgeblich für die zeitliche Abgrenzung ist damit **immer nur der Todestag** des Erblassers, auf dessen Nachlass sich der Erbschein bezieht, nicht der Tag der Antragstellung oder Erteilung des Erbscheins.

2.   Erbscheinantrag (gesetzliche Erbfolge)

Als Ausgangspunkt diene folgendes Fallbeispiel:

Fallgestaltung

Im Notariat erscheint Herr Karl Bayer aus Musterstadt. Er legt das elterliche Familienbuch vor und berichtet folgenden Sachverhalt:

„Meine Mutter, Frau Sofie Bayer geborene Leonhard, ist am 13.12.2018 verstorben. Im Grundbuch von Musterstadt, Blatt 401, ist sie noch als Alleineigentümerin des Grundstücks Flur 1 Nr. 302, Landwirtschaftsfläche, In den Krautäckern = 4.300 m² eingetragen.

Sie hinterließ ferner ein Sparbuch bei der Stadt- und Kreissparkasse Musterstadt mit einem Guthaben von 8.000 €, einige Schmuckstücke von geringerem Wert und Hausrat.

Ein Testament ist nicht vorhanden. Vor kurzem habe ich mich an das Grundbuchamt in Musterstadt gewandt, um zu erfahren, wie es mit dem Grundstück meiner Mutter weitergeht. Da erhielt ich vom Grundbuchamt die Aufforderung, den Erbnachweis zu führen und das Grundbuch zu berichtigen. Hierzu bedarf ich der Hilfe des Notars.

Meine verstorbene Mutter, die Erblasserin, war verwitwet, ihr Ehemann (also mein Vater Friedrich Bayer) war am 01.11.2000 vorverstorben. Ein weiterer Sohn, mein Bruder Otto Bayer, ist am 03.02.1999 vorverstorben. Otto Bayer hinterließ zwei Kinder:

– Jörg Bayer, geboren 07.07.1986, und

– Ellen Kolb geb. Bayer, geboren 04.06.1988."

Nach ausführlicher Besprechung wird Ende Februar 2019 der nachfolgende Erbscheinsantrag beurkundet:

 Muster: Erbscheinsantrag (gesetzliche Erbfolge)

Urkundenrolle Nr. 201/2019

Erbscheinsantrag (gesetzliche Erbfolge)
mit eidesstattlicher Versicherung

Verhandelt zu Musterstadt am 24.02.2019

Vor mir, dem unterzeichnenden Notar

Dr. Max Muster

mit dem Amtssitz in Musterstadt,

erschien heute:

Herr Karl Bayer, geboren 10.04.1963,
wohnhaft Schlossstraße 5, 12345 Musterstadt.

Der Erschienene ist dem amtierenden Notar von Person bekannt.

(Der Notar fragte nach einer Vorbefassung i.S.v. § 3 Abs. 1 Nr. 7 BeurkG.

Sie wurde von dem Beteiligten verneint.)

Der Erschienene erklärte:

1. Sachverhalt

Am 13.12.2018 ist meine Mutter, **Frau Sofie Bayer geborene Leonhard** (nachfolgend „die Erblasserin" genannt), in Musterstadt verstorben.

Ihr letzter Wohnsitz und gewöhnlicher Aufenthalt war Musterstadt.

Eine Verfügung von Todes wegen hat die Erblasserin nicht hinterlassen, so dass die gesetzliche Erbfolge eingetreten ist.

Die Erblasserin war verheiratet mit Friedrich Bayer (vorverstorben am 01.11.2000).

Gesetzliche Erben der Erblasserin sind geworden:

1. ich, der Sohn Karl Bayer, geboren 10.04.1963,
   wohnhaft Schlossstraße 5, 12345 Musterstadt,

zu 1/2 Anteil,

2. die Enkelkinder der Erblasserin:

   a) Jörg Bayer, geboren 07.07.1986,
      wohnhaft Uferstraße 4, 55116 Mainz,

   b) Ellen Kolb geb. Bayer, geboren 04.06.1988,
      wohnhaft Elbchaussee 101, 22763 Hamburg,

zu je 1/4 Anteil.

Vorverstorben sind:

a) der Ehemann der Erblasserin, Friedrich Bayer, am 01.11.2000,

b) der Sohn der Erblasserin, Otto Bayer, am 03.02.1999.

Weitere Kinder (auch nichteheliche oder adoptierte) sind und waren nicht vorhanden.

2. Eidesstattliche Versicherung

Nach Belehrung über die Bedeutung einer eidesstattlichen Versicherung und über die strafrechtlichen Folgen einer falschen oder unvollständigen Versicherung an Eides statt versichere ich, dass mir nichts bekannt ist, was der Richtigkeit meiner folgenden Angaben entgegensteht:

1. Außer den Vorgenannten sind und waren keine anderen Personen vorhanden, welche die Erbfolge ändern oder die Erbteile mindern würden. Ehelichkeitserklärungen und Adoptionen sind nicht vorgenommen worden.

2. Ein Rechtsstreit über das Erbrecht ist nicht anhängig.

3. Die Erbschaft ist von mir und auch von den nicht erschienenen Miterben angenommen worden.

4. Eine Verfügung von Todes wegen hat die Erblasserin nicht hinterlassen.

3. Antrag

Bei dem zuständigen Amtsgericht – Nachlassgericht – in Musterstadt wird hiermit der **Antrag** gestellt, den gemeinschaftlichen Erbschein nach der Erblasserin mit dem vorstehenden Inhalt zu Händen des beurkundenden Notars – in dreifacher Ausfertigung – zu erteilen.

Es wird angeregt, den nicht erschienenen Miterben die Abgabe einer eidesstattlichen Versicherung zu erlassen, da eine weitere Sachverhaltsaufklärung nicht zu erwarten ist.

Nach Abzug der Verbindlichkeiten beträgt der Wert des reinen Nachlasses 126.000 €.

Die Kosten dieser Verhandlung und des Erbscheins werden von dem Antragsteller getragen.

Die Niederschrift wurde von dem amtierenden Notar dem Erschienenen vorgelesen, von diesem genehmigt und eigenhändig wie folgt unterschrieben:

...

(Unterschriften von Karl Bayer und des beurkundenden Notars)

Kostenhinweis

Geschäftswert : 126.000 € (§§ 40 Abs. 1 Satz 1 Nr. 1, Satz 2 GNotKG).

Gebührensatz: 1,0-Gebühr (Nr. 23300 KV GNotKG), eidesstattliche Versicherung zur Erteilung eines Erbscheins, 327 €.

Der Erbscheinsantrag selbst wird nicht zusätzlich mit einer 0,5-Gebühr abgerechnet (vgl. Nr. 21201 KV a.E. und KV Vorbem. 2.3.3. Abs. 2 GNotKG).

Anmerkungen

Begriff des Erbscheins; Bedeutung im Rechtsverkehr

Der Erbschein ist ein **Zeugnis des Nachlassgerichts** über das Erbrecht eines Erben und, wenn dieser nur zu einem Teil der Erbschaft berufen ist, über die Größe seines Erbteils (§ 2353 BGB).

Die besondere **Funktion des Erbscheins** aus Sicht des Rechtsverkehrs ergibt sich aus §§ 2366, 2367 BGB: Geschäftspartner (§ 2366 BGB) und Nachlassschuldner (§ 2367 BGB) dürfen sich auf die **Richtigkeit** der im erteilten und noch in Kraft befindlichen Erbschein bezeugten Erbfolge verlassen (vgl. § 2361 Satz 2 BGB, § 353 FamFG zur Kraftloserklärung).

Der Erbschein ist im Fallbeispiel in erster Linie zum **Zwecke der Grundbuchberichtigung** (§ 35 GBO) notwendig (siehe noch unten Ziffer 2. zum Grundbuchberichtigungsantrag).

Arten von Erbscheinen

Es geht hier um die Erteilung eines **gemeinschaftlichen Erbscheins**. Dieser bezeugt das Erbrecht mehrerer Personen und ihre jeweiligen Erbquoten (vgl. § 352a FamFG n.F. = § 2357 BGB a.F.). Wichtigste Neuerung ist, dass für alle Erbfälle seit dem 17.08.2015 auf die **Angabe von Erbquoten verzichtet** werden kann (sog. quotenloser gemeinschaftlicher Erbschein), wenn alle Antragsteller in dem Antrag auf die Aufnahme dieser Angabe in dem Erbschein verzichten (§ 352a Abs. 2 Satz 2 FamFG; zu den Gründen dieser – für die notarielle Praxis zu begrüßenden – Neuerung siehe oben Ziffer 1.).

Beachte noch zum quotenlosen gemeinschaftlichen Erbschein:

- Beantragen – wie hier – nicht alle Miterben die Erteilung eines gemeinschaftlichen Erbscheins (was zulässig ist, vgl. § 352a Abs. 1 Satz 2 FamFG = § 2357 Abs. 1 Satz 2 BGB a.F.), so ist unklar, ob dies auch für einen wirksamen Verzicht auf die Angabe der Erbquoten genügt. Nach überzeugender Auffassung (ZIMMERMANN, ZEV 2015, 520, 521) muss **jeder Miterbe** den Verzicht gegenüber dem Nachlassgericht erklären.

- Im **Grundbuch** hat die Neuerung keine Auswirkung. Dort wird eine Erbengemeinschaft von jeher nur mit den Namen der Miterben eingetragen, nicht jedoch die Erbquoten (§ 47 GBO).

Neben dem gemeinschaftlichen und dem gemeinschaftlichen quotenlosen Erbschein gibt es andere **Arten von Erbscheinen**, praxisrelevant sind insbesondere der

- **Alleinerbschein** (§ 2353 erster Fall BGB), der das Alleinerbrecht bezeugt,

- **Teilerbschein** (§ 2353 zweiter Fall BGB), der nur den genauen Erbteil eines Miterben angibt (ggf. auch nur den Mindesterbteil bei ungewisser Rechtslage) und deshalb wegen der gesamthänderischen Mitberechtigung aller Erben nur ausnahmsweise zweckdienlich ist (z.B. als erster Teilschritt hin zur Abwicklung einer rechtlich komplizierten Erbschaft, ggf. unter Mitwirkung von gerichtlich zu bestellenden Nachlasspflegern für weitere Erbteile, § 1960 Abs. 2 BGB),

- **gegenständlich beschränkte Erbschein** (§ 352c FamFG = § 2369 BGB a.F.), der das Nachlassvermögen im Ausland ausklammert (etwa durch die Wendung: „… unter Beschränkung auf den im Inland befindlichen Nachlass …").

Anders als nach ganz früherer Rechtslage, aber schon vor Wirksamwerden der EuErbVO, setzte ein solcher auf das Inlandsvermögen des Erblassers beschränkte Erbschein **nicht** voraus, dass **ausländisches materielles Erbrecht** auf den Erbfall anwendbar ist. Aber auch in einer solchen Konstellation ist der gegenständlich beschränkte Erbschein natürlich nach wie vor zulässig. Man spricht dann von einem sogenannten **Fremdrechtserbschein**.

Beispiel

– (nach ODERSKY, notar 2015, 183, 187): Ein griechischer Staatsangehöriger, der Jahrzehnte in Deutschland als „Gastarbeiter" gearbeitet hatte, ist mit letztem gewöhnlichen Aufenthalt in Athen verstorben. Auf seinen Nachlass findet griechisches Erbrecht Anwendung (Art. 21 Abs. 1 EuErbVO, siehe oben Abschnitt III. Ziffer 2. Buchst. a) aa)). Bis zur Übertragung in vorweggenommener Erbfolge auf seinen Sohn war er Eigentümer einer Immobilie in der Nähe von Stuttgart. Dort war bis zuletzt eine Sicherungshypothek zu seinen Gunsten eingetragen. Diese möchte der Sohn nun, nach dem Tod des Vaters, im Grundbuch löschen lassen. Zum Nachweis seiner Erbenstellung nach griechischem Recht kann der Sohn dem Grundbuchamt einen deutschen Fremdrechtserbschein i.S.d. § 352c FamFG vorlegen.

Beachte zum vorstehenden Beispiel:

– In diesem Erbfall (sofern der Vater am oder nach dem 17.08.2015 verstorben ist) käme auch die Erteilung eines **Europäischen Nachlasszeugnisses** (ENZ) in Betracht. Das deutsche Grundbuchamt müsste die gewünschte Löschung auch gegen Vorlage eines solchen ENZ vornehmen. Für die Erteilung dieses ENZ wären aber **ausschließlich griechische Stellen** international zuständig (Art. 64 i.V.m. Art. 4 EuErbVO, siehe oben Abschnitt III. Ziffer 2. Buchst. a) cc)).

– Aus diesem Grund war ursprünglich (im Referentenentwurf des IntErbRVG) vorgesehen, dass deutsche Nachlassgerichte dann keinen (deutschen) (Fremdrechts-)Erbschein mehr erteilen dürfen (und zwar unabhängig davon, ob tatsächlich ein ENZ beantragt bzw. erteilt worden ist). Diese Beschränkung ist zu Recht nicht Gesetz geworden.

Mit anderen Worten (Merkposten): **Es kann auch dann ein deutscher Erbschein erteilt werden, wenn deutsche Nachlassgerichte nach der EuErbVO international nicht für die Erteilung eines ENZ zuständig sind**, insbesondere weil der Erblasser seinen letzten gewöhnlichen Aufenthalt in einem anderen Mitgliedstaat der EuErbVO hatte.

– Werden ein deutscher Erbschein und ein „ausländisches" ENZ (im Beispielsfall oben z.B. von einem griechischen Gericht) erteilt, stellt sich die Folgefrage, ob einem der beiden Erbnachweise der Vorrang gebührt. Diese Frage ist vor allem relevant, wenn sich deutscher **Erbschein und ENZ inhaltlich widersprechen** (was nicht immer nur auf Anwendungsfehler zurückzuführen sein muss). Hier geht die wohl h.M. davon aus, dass deutscher Erbschein und ENZ gleichwertig nebeneinander stehen (arg. Art. 62 Abs. 3 Satz 1 EuErbVO) und bei inhaltlichen Widersprüchen die Vermutungs- und Gutglaubenswirkung beider Zeugnisse entfällt (vgl. ODERSKY, notar 2015, 183, 187 m.w.N.).

– Daneben gibt es noch das **Hoffolgezeugnis** (§ 18 Abs. 2 HöfeO). Darunter ist ein **auf die Hoferbfolge beschränkter Erbschein für einen Hof** i.S.d. HöfeO (Hamburg, Niedersachsen, Schleswig-Holstein, Nordrhein-Westfalen, siehe oben Abschnitt I.) bzw. landesrechtlicher Höfegesetze (Bremen, Hessen, Rheinland-Pfalz, Baden-Württemberg) zu verstehen, der durch das Landwirtschaftsgericht erteilt wird.

Vollzug des Erbscheinsantrags; vorzulegende Nachweise

Dem Amtsgericht – Nachlassgericht – ist eine **Ausfertigung des beurkundeten Erbscheinsantrags** vorzulegen.

Zur örtlichen Zuständigkeit siehe unten Ziffer 5.

Beizufügen sind dem Antrag folgende **personenstandsrechtliche Nachweise** (als Original oder beglaubigte Abschrift; ausgestellt werden solche Urkunden beim zuständigen Standesamt, vgl. § 55 Abs. 1 PStG):

– Sterbeurkunde der Erblasserin

– Sterbeurkunde des Ehemannes der Erblasserin,

– Sterbeurkunde des Sohnes der Erblasserin Otto Bayer,

– Geburtsurkunde des Sohnes Karl Bayer,

– Geburtsurkunde von Jörg Bayer,

– Geburtsurkunde von Ellen Kolb geb. Bayer,

– Geburtsurkunde des vorverstorbenen Sohnes Otto Bayer,

– zweckmäßigerweise auch die Heiratsurkunde der Enkelin Ellen Kolb geborene Bayer – sie kann jedoch vom Gericht nicht verlangt werden, weil in diesem Fall das Erbrecht nicht auf der Verheiratung beruht.

Befugnis zur Stellung eines Erbscheinsantrags

Antragsberechtigt ist jeder Erbe oder Erbeserbe (dieser aber nur auf den Namen des verstorbenen Erben), jeder Erbteilserwerber, der Testamentsvollstrecker, der

Nachlass- oder Nachlassinsolvenzverwalter, je nach Einzelfall auch ein Abwesenheitspfleger (§ 1911 BGB) sowie ein Erbengläubiger (dieser jedoch nur auf Grundlage eines vollstreckbaren Titels und im Rahmen der §§ 792, 896 ZPO).

Nicht antragsberechtigt ist der **Nacherbe** während der Dauer der Vorerbschaft, auch nicht der Nachlassgläubiger (z.B. der Pflichtteilsberechtigte).

Inhalt des Erbscheinsantrags (bei gesetzlicher Erbfolge)

Der Antrag hat bei **gesetzlicher Erbfolge** zweckmäßigerweise folgenden **Inhalt** (zum Muss-Inhalt vgl. §§ 352 Abs. 1, Abs. 3, 352a FamFG = mit geringfügigen Abweichungen §§ 2354, 2356, 2357 BGB a.F.):

– den **Todeszeitpunkt**, die Staatsangehörigkeit, den Familienstand und den **letzten gewöhnlichen Aufenthalt** des Erblassers (Letzteres wegen der örtlichen Zuständigkeit des Nachlassgerichts, § 343 FamFG, siehe dazu unten Ziffer 5.),

– dass der Erblasser **keine Verfügungen** von Todes wegen hinterlassen hat,

– das Verhältnis, auf dem das Erbrecht beruht, insbesondere Angaben zum **Verwandtschaftsgrad**,

– ob und welche Personen vorhanden sind oder waren, durch die der Antragsteller bzw. die (Mit-)Erben von der Erbfolge ausgeschlossen oder der Erbteil gemindert werden würde, und, soweit eine solche Person vorhanden war aber weggefallen ist, die Angabe des Grunds für den **Wegfall** (z.B. Tod, Ausschlagung, Erbverzicht), § 352 Abs. 1 Satz 1 Nr. 4, Satz 2 FamFG = § 2354 Abs. 1 Nr. 3, Abs. 2 BGB a.F.,

– bei Erblassern, die bis zum Tod verheiratet (bzw. verpartnert) waren: der **Güterstand** (§ 352 Abs. 3 Satz 3 FamFG = § 2356 Abs. 2 Satz 1 BGB a.F., wegen der verschiedenen Erbquoten je nach Güterstand, §§ 1371, 1931 BGB) und ob eine Ehesache zwischen den Eheleuten bei Gericht anhängig war,

– dass **der Antragsteller** die Erbschaft **angenommen** hat (§ 352 Abs. 1 Satz 1 Nr. 7 FamFG; hierzu gibt es keine gesetzliche Entsprechung im alten Recht, die entsprechende Angabe war aber praxisüblich),

– dass die **übrigen Erben** die Erbschaft **angenommen** haben (§ 352a Abs. 3 Satz 1 FamFG = § 2357 Abs. 3 BGB a.F.); diese Angabe ist nur bei Beantragung eines gemeinschaftlichen Erbscheins und auch dann nur notwendig, soweit die Miterben nicht ohnehin an der Antragstellung selbst mitwirken,

–   dass **kein Rechtsstreit** über das Erbrecht anhängig ist (§ 352 Abs. 1 Satz 1
    Nr. 6 FamFG = § 2354 Abs. 1 Nr. 5 BGB a.F.; vgl. zur Beteiligtenfähigkeit des
    Erbprätendenten im Erbscheinsverfahren § 345 Abs. 1 Satz 1 Nr. 3 FamFG),

–   die **Belehrung** über die eidesstattliche Versicherung (§ 38 Abs. 2 BeurkG) und
    die **Beteuerung** selbst, dass dem Antragsteller nichts bekannt sei, was der Rich-
    tigkeit seiner Angaben entgegensteht,

–   den **Antrag**, einen bestimmten Erbschein zu erteilen, wobei bei mehreren Er-
    ben nicht nur deren Person, sondern **auch die jeweilige Erbquote** anzugeben ist
    (§ 352 Abs. 1 Satz 1 Nr. 8 FamFG; hierzu gibt es keine gesetzliche Entspre-
    chung im alten Recht, die entsprechende Angabe war aber praxisüblich), **so-
    fern nicht** alle Miterben, was nach neuem Recht zulässig ist, die Erteilung eines
    quotenlosen gemeinschaftlichen Erbscheins beantragen (§ 352a Abs. 2 Satz 2
    FamFG, siehe dazu bereits oben Ziffer 2.).

Der Erblasser hat die Richtigkeit seiner personenstandsbezogenen Angaben (§ 352
Abs. 1 Satz 1 Nr. 1 und 3, Satz 1 FamFG = § 2354 Abs. 1 Nr. 1 und 2, Abs. 2
BGB a.F.) durch Vorlage entsprechender Personenstandsurkunden (Geburts-,
Sterbeurkunden etc.) nachzuweisen (§ 352 Abs. 3 Satz 1 FamFG = § 2356 Abs. 1
Satz 1 BGB a.F.). Im Übrigen hat er seine Angaben durch **eidesstattliche Versicherung** zu bekräftigen (§ 352 Abs. 3 Satz 3 FamFG = § 2356 Abs. 2 Satz 1 BGB
a.F.). Bei Antragstellung eines Miterben ohne Mitwirkung der anderen Miterben
hat sich die eidesstattliche Versicherung auch auf die Richtigkeit der Angaben zu
erstrecken, die diese übrigen Erben betreffen (§ 352a Abs. 3 Satz 2 FamFG =
§ 2357 Abs. 3 Satz 2 BGB a.F.).

Beachte zur eidesstattlichen Versicherung:

–   Bisweilen unterliegt der Antragsteller einer Fehlvorstellung über den **Umfang
    seiner Versicherung:** Er steht nicht dafür ein, dass der im Erbscheinsantrag an-
    gegebene Sachverhalt tatsächlich der Realität entspricht. Dies würde Allwis-
    senheit verlangen, z.B. auch über etwaige nichteheliche Abkömmlinge des Erb-
    lassers (Seitensprung!). Er steht aber dafür ein, dass er das ihm Bekannte dem
    Nachlassgericht **vollständig und richtig** offenbart (vgl. den Wortlaut des § 352
    Abs. 3 Satz 3 FamFG = § 2356 Abs. 2 Satz 1 BGB a.F.).

–   **Andere Beweismittel** als Standesamtsurkunden und eidesstattliche Versiche-
    rung sind nicht per se ausgeschlossen (vgl. § 352 Abs. 3 Satz 2, Satz 4 FamFG
    = § 2356 Abs. 1 Satz 2, Abs. 2 Satz 2, Abs. 3 BGB a.F.). An solche anderen
    Beweismittel ist insbesondere zu denken, wenn Geburtsurkunden z.B. wegen
    Kriegswirren oder eines Geburtsorts im Ausland nicht oder nur mit einem im
    Hinblick auf die zu erwartende Erbschaft **unverhältnismäßig hohem Aufwand**

zu besorgen sind. An die Beantragung eines entsprechenden Dispenses ist insbesondere bei älteren Antragstellern zu denken, denen eine **Recherche im Ausland** selten zumutbar sein wird.

– **Rechtsgeschäftliche Vertretung** ist bei der Abgabe der eidesstattlichen Versicherung nicht zulässig, auch nicht auf Basis einer General- und Vorsorgevollmacht. Für Minderjährige handelt deren gesetzlicher Vertreter, der in dieser Eigenschaft eine eigene eidesstattliche Versicherung abgibt (d.h. seine Kenntnisse sind maßgeblich), ebenso der Betreuer für den betreuten Erben, wobei bei (familienfremden Berufs-)Betreuern häufig ein Erlass der eidesstattlichen Versicherung gem. §§ 352 Abs. 3 Satz 4, 352a Abs. 3 Satz 2 FamFG = §§ 2356 Abs. 2 Satz 2, 2357 Abs. 4 BGB in Betracht kommt, da diese i.d.R. keinen persönlichen Kontakt zum Erblasser hatten. **Kinder ab 16 Jahren** können (nicht: müssen) vom Nachlassgericht als eidesmündig angesehen werden und eine eigene eidesstattliche Versicherung abgeben (vgl. § 455 Abs. 2 Satz 1 ZPO).

Form

Der Antrag selbst bedarf nur der Schriftform oder muss alternativ zur Niederschrift der Geschäftsstelle abgegeben werden (§§ 23, 25 Abs. 1 FamFG). Er wird jedoch in der notariellen Praxis regelmäßig mit der – beurkundungspflichtigen (§ 38 BeurkG) – **eidesstattlichen Versicherung** nach §§ 352 Abs. 3, 352a Abs. 4 FamFG (= §§ 2356 Abs. 2, 2357 Abs. 4 BGB a.F.) verbunden.

Das Beurkundungserfordernis besteht also nur hinsichtlich der eidesstattlichen Versicherung, die regelmäßig in dem Erbscheinsantrag enthalten ist. Jedoch kann jedes Bundesland die notarielle Form aufgrund einer bundesrechtlichen **Öffnungsklausel** auch für den Erbscheinsantrag selbst zwingend vorgeben; von dieser Möglichkeit hat aber bislang noch kein Bundesland Gebrauch gemacht (siehe unten Ziffer 5. Buchst. b)).

Tipp zur Verfahrensbeschleunigung bei gemeinschaftlichen Erbscheinen

Beantragt **nur einer von mehreren Miterben** den Erbscheinsantrag, lässt sich ggf. eine Verfahrensbeschleunigung beim Nachlassgericht erzielen, wenn sich die übrigen Miterben zeitnah mit dem beurkundeten Inhalt des Erbscheinsantrags einverstanden erklären. Dies geschieht durch **privatschriftliche** (meist vom Notar zusammen mit dem Erbscheinsantrag entworfene) **Erklärung** gegenüber dem Nachlassgericht.

Diese Vorgehensweise kommt vor allem dann in Betracht, wenn der Sachverhalt unter den Miterben und den sonstigen Familienangehörigen unstreitig ist. Das Nachlassgericht kann (nicht muss) bei Vorliegen solcher Einverständniserklärungen von der persönlichen Anhörung der übrigen Beteiligten absehen.

Beispielhaft kann eine solche Einverständniserklärung wie folgt lauten:

 Muster: Einverständniserklärung der Miterben

Einverständniserklärung

Die Unterzeichnenden

Jörg Bayer, geboren am 07.07.1986, wohnhaft Uferstraße 4 in 55116 Mainz, und

Ellen Kolb geborene Bayer, geboren am 04.06.1988, wohnhaft Elbchaussee 101 in 22763 Hamburg,

erklären gegenüber dem Amtsgericht Musterstadt als Nachlassgericht:

Uns ist der zu Urkunde Nr. 201/2019 des Notars Dr. Max Muster in Musterstadt gestellte Erbscheinsantrag bekannt, desgleichen der gesamte Inhalt der vorgenannten Urkunde.

Wir treten hiermit sämtlichen tatsächlichen Erklärungen dieser Urkunde voll inhaltlich bei und sind mit der Erteilung des Erbscheins gemäß dem vorgenannten Antrag einverstanden. Wir verzichten auf eine weitere Anhörung durch das Nachlassgericht.

Mainz, den 27.02.2019   Hamburg, den 02.03.2019

...   ...

[Unterschrift Bayer]   [Unterschrift Kolb]

Hinweis

Natürlich kann jeder Miterbe auch eine eigene Erklärung abgeben. Sie müssen nicht in demselben Dokument enthalten sein.

3.   Muster eines Grundbuchberichtigungsantrags

Im vorstehenden **Beispielsfall** (siehe Ziffer 2.) ist das Grundbuch beim Amtsgericht Musterstadt durch den Erbfall **unrichtig geworden**: Eigentümer ist nicht mehr, wie noch in Abteilung I eingetragen, die Erblasserin, sondern deren gesetzliche Erben, §§ 1922, 1941 Abs. 1 BGB. Nach Erteilung des Erbscheins, mit dem der Unrichtigkeitsnachweis beim Grundbuchamt geführt wird (§§ 22, 35 GBO), kann das Grundbuch auf den Namen der Erben berichtigt werden. Als Gemeinschaftsverhältnis (§ 47 GBO) ist bei mehreren Erben die Erbengemeinschaft selbst einzutragen, jedoch ohne Angabe der Erbquoten („– in Erbengemeinschaft –").

Der entsprechende **Grundbuchberichtigungsantrag** kann z.B. wie folgt lauten:

Muster: Antrag auf Berichtigung des Grundbuchs nach Todesfall

Antrag auf Berichtigung des Grundbuchs

Im Grundbuch von Musterstadt, Blatt 401, ist Frau Sofie Bayer geb. Leonhard als Alleineigentümerin des Grundbesitzes

Gemarkung Musterstadt

Flur 1 Nr. 302, Landwirtschaftsfläche, In den Krautäckern = 4.300 m²

eingetragen.

Die Grundstückseigentümerin ist am 13.12.2018 verstorben und ausweislich des Erbscheins des Amtsgerichts – Nachlassgericht – Musterstadt (4 VI 34/19) vom 21.03.2019 gesetzlich beerbt worden von:

a) ihrem Sohn Karl Bayer, geboren 10.04.1963, wohnhaft Schlossstraße 5, 12345 Musterstadt,

    zu 1/2 Anteil

b) ihren Enkelkindern:

    1. Jörg Bayer, geboren 07.07.1986, wohnhaft Uferstraße 4, 55116 Mainz,

    2. Ellen Kolb geb. Bayer, geboren 04.06.1988, wohnhaft Elbchaussee 101, 22763 Hamburg,

    zu je 1/4 Anteil

Ich, der Unterzeichnende, beantrage nunmehr die Berichtigung des Grundbuchs dahingehend, dass der vorbezeichnete Grundbesitz auf die vorgenannten Erben in Erbengemeinschaft eingetragen wird.

Der Verkehrswert des Grundbesitzes wird mit 27 € pro m² = 116.100 € angegeben.

Musterstadt, den 29.03.2019

...

(Unterschrift Karl Bayer)

Anmerkungen

Es handelt sich um einen Antrag i.S.v. § 13 GBO.

Der Antrag kann **formlos** gestellt werden. Es genügt, wenn **einer der Miterben** ihn stellt (vgl. § 13 Abs. 1 Satz 2 GBO). Eine Bewilligung in öffentlicher Urkunde (§ 19 GBO) ist nicht erforderlich, da die unrichtige Eintragung im Grundbuch durch eine öffentliche Urkunde, nämlich den Erbschein, **nachgewiesen** wird (§§ 22 Abs. 1, 35 Abs. 1 Satz 1 GBO).

Der Erbschein ist **in Ausfertigung** dem Grundbuchamt vorzulegen, es sei denn, das Grundbuchamt und das Nachlassgericht befinden sich an einem Amtsgericht; dann genügt die **Bezugnahme** auf die Nachlassakten. Ist eine Ausfertigung einzureichen, kann das Grundbuchamt um Rücksendung gebeten werden, nachdem es die Berichtigung vorgenommen hat. Es empfiehlt sich in diesen Fällen aber, gleich **mehrere Ausfertigungen** des gewünschten Erbscheins zu beantragen und das Nachlassgericht zu bitten, je eine Ausfertigung direkt an das jeweils zuständige Grundbuchamt zu übersenden. Hier kann wie folgt formuliert werden:

Formulierungsbeispiel – Erteilung mehrerer Erbscheins-Ausfertigungen

Ich beantrage die Erteilung eines gemeinschaftlichen Erbscheins, der die genannten Erben zu den angegebenen Erbanteilen ausweist, und bitte um Übersendung von zwei Ausfertigungen zu Händen des beurkundenden Notars sowie einer weiteren Ausfertigung an das Amtsgericht Musterstadt – Grundbuchamt – zu den Grundakten von Musterstadt Blatt 401.

Beachte in der Praxis:

Das Vorliegen eines **Erbscheins** macht die **Grundbuchberichtigung nicht überflüssig.** Der gute Glaube an den Inhalt des Grundbuchs (§ 892 BGB) wird zwar nicht weiter geschützt als der gute Glaube an den Inhalt des Erbscheins (§§ 2365, 2366 BGB). In beiden Fällen ist der Erwerber gegen die fehlende Verfügungsbefugnis des Erben geschützt, in beiden Fällen schadet nur positive Kenntnis von der Unrichtigkeit.

Doch geht der **öffentliche Glaube des Grundbuchs dem des Erbscheins vor**, was bei einem der Grundbucheintragung widersprechenden Erbschein relevant wird: Der gutgläubige Erwerb des Grundstücks vom Erbscheinserben (d.h. dem durch Erbschein ausgewiesenen Scheinerben) scheitert, wenn eine andere Person als der Erblasser im Grundbuch eingetragen war, zwischenzeitlich eingetragen wird oder ein Widerspruch gegen die Eigentümereintragung in das Grundbuch eingetragen wird.

Kostenhinweis

Geschäftswert: 116.100 € (§ 46 Abs. 1 GNotKG)

Gebührensatz: 0,5-Gebühr (Entwurfsfertigung), Nr. 24102 KV GNotKG = 150 €.

Beachte zu den Kosten:

- Hier ist es nicht zur Beurkundung des Grundbuchberichtigungsantrags gekommen. Die Gebühr für die Beurkundung des Entwurfs hätte 0,5 betragen (vgl. Nr. 21201 Nr. 4 KV GNotKG). Dieser Umstand ist entscheidend für die Festlegung, welche der Entwurfsgebühren in Nr. 24100–24102 KV GNotKG anzusetzen ist. Da der Notar im **Beispielfall** einen vollständigen Entwurf gefertigt hat, ist der höchste nach Nr. 24102 KV GNotKG zugelassene Gebührensatz zu erheben (§ 92 Abs. 2 GNotKG). Die Entwurfsgebühr ist damit dieselbe wie bei Beurkundung des Grundbuchberichtigungsantrags.

- Dieselbe Gebühr wäre angefallen (d.h. **keine Kostenersparnis** eingetreten), wenn der Grundbuchberichtigungsantrag nicht isoliert gestellt, sondern **in den Erbscheinsantrag integriert** worden wäre. Grundbuchberichtigungsantrag und eidesstattliche Versicherung (nebst Erbscheinsantrag) sind zwei verschiedene Beurkundungsgegenstände (§ 86 Abs. 2 GNotKG). Die wegen der unterschiedlichen Gebührensätze (0,5 vs. 1,0) gem. § 94 Abs. 1 zweiter Halbsatz GNotKG erforderliche Vergleichsrechnung erbringt keine Gebührenersparnis bei gemeinsamer Beurkundung: eine 1,0-Gebühr aus den zusammengerechneten Einzelwerten (116.100 € + 126.000 € = 242.100 €) beträge 535 €, wohingegen die getrennte Bewertung billiger ist und deshalb maßgeblich ist: 327 € für den Erbscheinsantrag und 150 € für den Berichtigungsantrag (siehe oben) = 477 €.

- Der Erbschein nur zu Grundbuchberichtigungszwecken ist **nicht mehr** – wie bisher (§ 107 Abs. 3 KostO a.F.) – **kostenprivilegiert**. Es ist hier wie auch sonst der Wert des bereinigten maßgeblichen Nachlassvermögens (§ 40 Abs. 1 Satz 1, 2 GNotKG) zugrunde zu legen.

- Die Berichtigung **im Grundbuch** durch das Grundbuchamt ist kostenfrei, wenn der Antrag binnen zwei Jahren seit dem Erbfall bei dem Grundbuchamt eingereicht wird, siehe Nr. 14100 Abs. 1 KV GNotKG.

4. Erbscheinsantrag (gewillkürte Erbfolge)

a) Gesetzlicher Inhalt

Bei **Vorhandensein einer letztlichen Verfügung** enthält der Erbscheinsantrag die folgenden **Angaben** bzw. Unterlagen (vgl. § 352 Abs. 2, Abs. 3, 352a FamFG = §§ 2355, 2356, 2357 BGB a.F.; zur besseren Übersicht werden nachstehend nur noch die Bestimmungen des FamFG zitiert):

- **Name des Erblassers,** Sterbetag (dieser ist dem Nachlassgericht durch Vorlage der Sterbeurkunde in Original oder öffentlich beglaubigter Form nachzuweisen), letzter gewöhnlicher Aufenthalt und Staatsangehörigkeit des Erblassers (§ 352 Abs. 1 Satz 1 Nr. 1, 2 FamFG),

- Angabe, **welche Verfügungen** von Todes wegen vorhanden sind (§ 352 Abs. 2 Nr. 2 FamFG), wobei auch widerrufene, ungültige und solche Verfügungen von Todes wegen anzugeben sind, die keine Erbeinsetzung enthalten. Befindet sich ein privatschriftliches Testament des Erblassers noch im Besitz des Antragstellers, hat er dies an das Nachlassgericht abzuliefern, § 2259 BGB. Dies geschieht dann häufig zusammen mit der Antragstellung (als untechnische Anlage),

- **Angabe der Verfügung,** auf der das Erbrecht beruht (Ort, Datum und Inhalt des Testaments oder Erbvertrags, falls vorhanden mit Aktenzeichen der gerichtlichen Nachlassakte, in der sich das Eröffnungsprotokoll befindet, § 352 Abs. 2 Nr. 3 FamFG),

- Erklärung, dass **kein Rechtsstreit** über das Erbrecht anhängig ist (§ 352 Abs. 2 Nr. 3 i.V.m. Abs. 1 Satz 1 Nr. 6 FamFG) und dass der Antragsteller sowie etwa vorhandene Miterben **die Erbschaft angenommen** haben (§ 352 Abs. 2 Nr. 3 i.V.m. Abs. 1 Satz 1 Nr. 7 FamFG, § 352a Abs. 3 Satz 1 FamFG),

- Angabe, ob und welche Personen weggefallen sind, die die Erbschaft des gewillkürten Erben ausschließen oder mindern würden, und **in welcher Weise** diese Personen als Erben **weggefallen** sind (Vorversterben, Erbausschlagung, Ehescheidung, Erbunwürdigkeitserklärung i.S.d. § 2344 BGB, Erbverzicht, § 352 Abs. 2 Nr. 3 i.V.m. Abs. 1 Satz 2 FamFG). Soweit möglich, sind entsprechende Personenstandsurkunden oder notarielle **Urkunden** beizubringen,

- **eidesstattliche Versicherung des Antragstellers,** dass ihm nichts bekannt sei, was der Richtigkeit seiner Angaben entgegensteht (§ 2356 BGB), siehe bereits oben Ziffer 1.,

- **Antrag** auf Erteilung eines bestimmten Erbscheins, bei mehreren eingesetzten Erben auch deren jeweilige **Erbquoten,** § 352 Abs. 2 Nr. 3 i.V.m. Abs. 1 Satz 1 Nr. 8 FamFG (sofern nicht alle Miterben, was nach neuem Recht zulässig ist, die Erteilung eines quotenlosen gemeinschaftlichen Erbscheins beantragen, § 352a Abs. 2 Satz 2 FamFG, siehe dazu bereits oben bei Ziffer 2.).

Beachte abschließend:

- Der Erbscheinsantrag **bezieht sich** stets **nur auf die Erbfolge** als solche, so dass insbesondere Angaben zu etwaigen Vermächtnisnehmern selbst bei wirtschaftlich bedeutenden Vermächtnissen entbehrlich sind.

- Angabe der in den Erbschein aufzunehmenden **Beschränkungen** (§ 352b FamFG in den Fällen der Nacherbschaft bzw. Testamentsvollstreckung).

b)   Fallbeispiel

Fallgestaltung

In Ihrer Kanzlei erscheint Frau Anders, deren Mann Karl vor einigen Wochen tragischerweise bei einem Verkehrsunfall ums Leben gekommen ist. Er hinterlässt zwei gemeinsame minderjährige Kinder. In einem gemeinschaftlichen privatschriftlichen Testament vom 01.02.2001 hatten sich die Eheleute gegenseitig zu unbeschränkten Alleinerben eingesetzt. Es wurde bereits vom Nachlassgericht eröffnet.

Der Erbscheinsantrag kann hierbei in seinen wesentlichen Bestimmungen wie folgt lauten:

 Muster: Erbscheinsantrag (gewillkürte Erbfolge)

...

1. Sachverhalt

Am 12.03.2019 ist in Köln, seinem letzten gewöhnlichen Aufenthalt, mein Ehemann Karl Anders geborener Müller, verstorben.

Der Erblasser hat als einzige Verfügung von Todes wegen ein eigenhändiges privatschriftliches Testament vom 01.02.2001 hinterlassen, das er zusammen mit mir errichtet hat. Die Eröffnung des gemeinschaftlichen Testaments nach dem Erblasser durch das Amtsgericht Köln ist bereits erfolgt (40 IV 210/2019). Wir lebten im gesetzlichen Güterstand. Die Voraussetzungen für den Ausschluss des Ehegattenerbrechts nach §§ 2077, 2280 BGB lagen zum Zeitpunkt des Erbfalls nicht vor.

In diesem gemeinschaftlichen Testament haben mein Ehemann und ich uns gegenseitig zu Alleinerben eingesetzt. Der weitere Inhalt des gemeinschaftlichen Testaments bezieht sich nicht auf die Erbfolge nach dem Zuerstversterbenden.

Ich bin damit Alleinerbin meines Ehemannes geworden und habe die Erbschaft angenommen.

Ein Rechtsstreit über mein Erbrecht ist nicht anhängig.

2. Eidesstattliche Versicherung

Vom Notar über die Bedeutung einer eidesstattlichen Versicherung und über die Strafbarkeit einer unrichtig abgegebenen eidesstattlichen Versicherung belehrt, versichere ich hiermit an Eides statt, dass mir nicht bekannt ist, was der Richtigkeit meiner vorstehend gemachten Angaben entgegensteht.

3. Antrag

Ich beantrage die Erteilung eines Erbscheins nach meinem verstorbenen Ehemann und Aushändigung einer Ausfertigung desselben an mich zu Händen des beurkundenden Notars.

Den reinen Wert des Nachlasses meines verstorbenen Ehemannes gebe ich an mit 187.000 €.

...

5.   Zuständigkeit des Nachlassgerichts

a)   Erteilung des Erbscheins

In Deutschland kann **nur das Nachlassgericht** Erbscheine erteilen.

Das Nachlassgericht ist – wie das Grundbuchamt – eine besondere Abteilung innerhalb eines **Amtsgerichts**.

Welches Nachlassgericht für die Erteilung eines Erbscheins örtlich zuständig ist, bestimmt sich gem. § 343 FamFG. Diese Bestimmung wurde durch das Wirksamwerden der EuErbVO mit Wirkung für alle Erbfälle ab dem 17.08.2015 an das neue Kollisionsrecht angepasst, also das starre Anknüpfungskriterium des letzten Wohnsitz (§ 343 FamFG a.F.) durch das des letzten gewöhnlichen Aufenthalts ersetzt (zu diesem Begriff oben Abschnitt III. Ziffer 4.):

–   Örtlich zuständig ist nach § 343 Abs. 1 FamFG n.F. in erster Linie das Gericht, in dessen Bezirk der Erblasser **zum Zeitpunkt seines Todes** seinen gewöhnlichen Aufenthalt hatte.

Beispiel

–   Der Erblasser verstirbt mit letztem gewöhnlichem Aufenthalt in München. Es ist das Amtsgericht München für die Erteilung des Erbscheins zuständig.

–   § 343 Abs. 1 FamFG meint nur einen letzten gewöhnlichen Aufenthalt im Inland. Fehlt ein solcher, weil sich der Erblasser zuletzt gewöhnlich im Ausland aufgehalten hatte, ist das Nachlassgericht zuständig, in dessen Bezirk der Erblasser seinen **letzten inländischen gewöhnlichen Aufenthalt** hatte (§ 343 Abs. 2 FamFG n.F.).

– Fehlt es auch daran, weil der Erblasser sich Zeit seines Lebens niemals gewöhnlich in Deutschland aufgehalten hat, ist das Amtsgericht Schöneberg (in Berlin) örtlich zuständig, wenn ein **Bezug zu Deutschland** besteht. Das ist gem. § 343 Abs. 3 Satz 1 FamFG n.F. (nur) dann der Fall, wenn

    – entweder der Erblasser deutscher Staatsangehöriger war

    – oder sich Nachlassgegenstände im Inland befinden.

Das Amtsgericht Schöneberg in Berlin kann die Sache aus wichtigem Grund an ein anderes Nachlassgericht verweisen (§ 343 Abs. 3 Satz 2 FamFG n.F.).

– Ist ein deutsches Nachlassgericht gem. § 343 FamFG örtlich zuständig, ist es auch international (= weltweit) zuständig, d.h. unabhängig davon, ob der Erblasser im In- oder Ausland verstorben ist (§ 105 FamFG).

b) Zuständigkeit zur Aufnahme eines Erbscheinsantrags

Von der Frage, wer den Erbschein in Deutschland erteilen darf (nur Amtsgerichte; siehe soeben Buchst. a)), zu trennen ist die **Zuständigkeit** für die Aufnahme eines **Erbscheinsantrags** und die Abnahme der darin regelmäßig enthaltenen **eidesstattlichen Versicherung** (§ 352 Abs. 3 Satz 3 FamFG).

Zur Beurkundung solcher eidesstattlicher Versicherungen sind zunächst nur die Notare zuständig. Daneben besteht gem. § 352 Abs. 3 FamFG **eine Zuständigkeit des Nachlassgerichts**, bei einem Erbscheinverfahren die eidesstattliche Versicherung zu protokollieren („…vor Gericht oder vor einem Notar…"). Innerhalb des Nachlassgerichts ist dafür der Rechtspfleger zuständig (§ 3 Nr. 1 Buchst. f), Nr. 2 Buchst. c) RPflG, sog. funktionelle Zuständigkeit).

Diese **Doppelzuständigkeit von Nachlassgericht und Notar** kann jedes Bundesland seit dem **01.09.2013 beseitigen**, indem es durch Gesetz bestimmt, dass der Antrag auf Erteilung eines Erbscheins der notariellen Beurkundung bedarf und die Versicherung an Eides statt nach § 352 Abs. 3 Satz 3 FamFG (Gleiches gilt für das ENZ, vgl. § 36 Abs. 2 Satz 1 IntErbRVG) nur vor einem Notar abzugeben ist (sog. **Länderöffnungsklausel**). Rechtliche Grundlage ist **Art. 239 EGBGB**, der durch das Gesetz zur Übertragung von Aufgaben im Bereich der freiwilligen Gerichtsbarkeit auf Notare eingeführt worden ist. Damit sollen neben einer fachkundigen Beratung des Antragstellers die **Nachlassgerichte entlastet** werden. Bislang hat leider

noch kein Bundesland von der Öffnungsklausel Gebrauch gemacht, die sich ihrem
Wortlaut nach nicht auch auf Anträge zur Erteilung eines Testamentsvollstreckerzeugnisses (§ 2368 BGB n.f., § 354 FamFG n.f.) erstreckt.

c)   Erteilung eines Europäischen Nachlasszeugnisses (ENZ)

Deutsche Nachlassgerichte sind ferner unter bestimmten Umständen zur Erteilung
eines Europäischen Nachlasszeugnisses (ENZ) zuständig, siehe nachfolgende Ziffer 6.

6.   Beantragung eines Europäischen Nachlasszeugnisses im Inland

a)   Bedeutung des ENZ

Das Europäische Nachlasszeugnis (ENZ) ist mit der EuErbVO geschaffen worden.
Es dient dem Nachweis des Erbrechts speziell in **grenzüberschreitenden Erbfällen**,
vgl. Art. 62 Abs. 1 EuErbVO. Die besondere Bedeutung liegt darin, dass das ENZ
als Erbnachweis unmittelbar im Ausland eingesetzt werden kann. Siehe hierzu bereits oben Abschnitt III. Ziffer 2. Buchst. a) cc) und speziell unten Buchst. d). Die
Reichweite des ENZ ist freilich auf die EU-Mitgliedstaaten beschränkt, die an der
ErbVO teilnehmen (siehe oben Abschnitt III. Ziffer 3. Buchst. c)).

b)   Internationale, sachliche und örtliche Zuständigkeit deutscher Gerichte

Beachte vorab:

Die **EuErbVO regelt nur die internationale Zuständigkeit** der Gerichte. Sachliche
und örtliche Zuständigkeitsbestimmungen sind Sache der Mitgliedstaaten (vgl.
auch Art. 64 Satz 2 Buchst. b) EuErbVO: nach innerstaatlichem Recht).

–   **International zuständig** für die Erteilung eines ENZ sind die deutschen Gerich-
    te nur unter den in Art. 64 Satz 1 EuErbVO geregelten Voraussetzungen. Diese
    Bestimmung verweist auf Art. 4, 7, 10 (und 11) EuErbVO (dazu bereits oben
    Abschnitt III. Ziffer 2. Buchst. a) dd)). Im praktischen Normalfall wird ein
    deutsches Gericht dadurch international für die Erteilung eines ENZ zustän-
    dig, dass der verstorbene Erblasser seinen letzten gewöhnlichen Aufenthalt in
    Deutschland gehabt hat (Art. 64 Satz 1 i.V.m. Art. 4 EuErbVO).

– **Sachlich zuständig** zur Erteilung eines ENZ in Deutschland sind nur die Nachlassgerichte (§ 34 Abs. 4 IntErbRVG). Andere Mitgliedstaaten sehen dies anders und berufen auch Notare zu Ausstellungsbehörden eines ENZ (siehe oben Abschnitt III. Ziffer 2. Buchst. a) cc)).

– Die örtliche **Zuständigkeit** eines deutschen Nachlassgerichts ergibt sich im praktischen Normalfall aus § 34 Abs. 3 Satz 1 IntErbRVG. Danach ist das Gericht örtlich zuständig, in dessen Bezirk der Erblasser bei seinem Tod seinen gewöhnlichen Aufenthalt hatte.

Beachte noch einmal zum Verhältnis von ENZ zu deutschem Erbschein:

Besteht keine internationale Zuständigkeit deutscher Gerichte, kann trotzdem ein **deutscher (Fremdrechts-)Erbschein** erteilt werden. Insofern verdrängt das ENZ den deutschen Erbschein nicht, sondern tritt als zweites Instrument daneben (Art. 62 Abs. 3 Satz 1 EuErbVO, siehe bereits oben Ziffer 2.). Erst recht **keine Sperrwirkung** entfaltet das ENZ, das von einem **deutschen** Gericht ausgestellt wurde, hinsichtlich eines deutschen Erbscheins in gleicher Erbsache (für dessen Erteilung dann dasselbe deutsche Nachlassgericht zuständig ist). ENZ und deutscher Erbschein können vielmehr zusammen oder nacheinander erteilt werden. Dass dies möglich ist, zeigt nicht zuletzt die Anrechnungsvorschrift von Nr. 12210 Abs. 2 KV GNotKG (zu ihr unten Buchst. e)).

c) Antrag auf Erteilung eines ENZ

Das Verfahren zur Antragstellung eines ENZ **ähnelt** im Grundsatz demjenigen auf Erteilung eines Erbscheins. Insbesondere hat der Antragsteller auch beim ENZ die Richtigkeit seiner Angaben vor dem Gericht oder einem Notar **eidesstattlich zu versichern** (Art. 66 Abs. 3 EuErbVO, § 36 Abs. 2 IntErbRVG).

Es sind aber v.a. **folgende Besonderheiten** zu beachten:

– Das ENZ bedarf zwingend eines **grenzüberschreitenden Bezugs**. Der Antragsteller muss daher nachweisen, dass er das ENZ benötigt, um seine Rechte in einem anderen Mitgliedstaat der EuErbVO auszuüben (vgl. Art. 62 Abs. 1 EuErbVO).

– Auch **Testamentsvollstrecker**, andere **Nachlassverwalter** (gemeint ist: Nachlasspflegschaft i.S.d. § 1960 Abs. 2 BGB) und sogar **bestimmte Vermächtnisnehmer** (denen nach ausländischem Erbrecht abweichend von § 2174 BGB dinglich wirkende Vermächtnisse hinterlassen wurden, vgl. Art. 63 Abs. 1 EuErbVO) können ein ENZ beantragen, da ihre Rechte darin aufgeführt werden können (siehe zu diesen Wirkungen unten Buchst. d)).

– Der **Inhalt des Antrags** ist in Art. 65 Abs. 3 EuErbVO vorgegeben, wobei nur insoweit Angaben erforderlich sind, wie diese von der Ausstellungsbehörde benötigt werden. So kann also die Angabe des Erben entfallen, wenn das ENZ allein zum Zwecke des Nachweises eines Testamentsvollstreckeramts für die Erfüllung eines Immobilienvermächtnisses im Ausland beantragt wird. Dieser (beschränkte) Zweck ist deshalb stets anzugeben (Art. 65 Abs. 3 Buchst. f) EuErbVO).

– Für den Antrag eines ENZ kann das **Formblatt IV der EU-Kommission** verwendet werden (das Formblatt kann im Online-Modul dieses Buchs abgerufen werden, siehe Seite XIX und oben Abschnitt III. Ziffer 2. Buchst. a) cc)). Eine **Pflicht** zur Verwendung besteht **nicht**, Art. 65 Abs. 2 EuErbVO, anders als für die Gerichte bei Erteilung des ENZ, die gem. Art. 67 Abs. 1 Satz 2 EuErbVO Formblatt V verwenden müssen. Losgelöst davon empfiehlt sich natürlich die Verwendung oder zumindest Orientierung an Formblatt IV, um nichts zu vergessen und dem Gericht „Bekanntes" zu bieten. Ausführliche **Ausfüllhinweise** zu und eine handbuchartige Kommentierung von Formblatt IV bieten BUSCH-BAUM/SIMON, Rpfleger 2015, 444, 445 f.

d)   Wirkungen des ENZ

Dem ENZ kommen die in Art. 69 Abs. 2–4 EuErbVO genannten **Vermutungs- und Gutglaubenswirkungen** zu. Insbesondere darf sich der Rechtsverkehr auf die Verfügungsbefugnis des im ENZ genannten Erben (Testamentsvollstreckers, Nachlassverwalters) verlassen. Anders als bei § 2366 BGB schadet aber nicht nur positive Kenntnis von der Unrichtigkeit des Zeugnisses, sondern auch schon **grob fahrlässige Unkenntnis** (Art. 69 Abs. 3, 4 EuErbVO).

Daneben ist das ENZ gem. Art. 69 Abs. 5 EuErbVO auch **taugliche Grundlage** („wirksames Schriftstück") für die **Eintragung** des Nachlassvermögens in einschlägige **Register** (also auch die Register anderer Mitgliedstaaten der EuErbVO). Demgemäß kann eine erbfallbedingte Grundbuchberichtigung i.S.d. Art. 22 GBO auch durch Vorlage eines ENZ als Erbnachweis durchgeführt werden (vgl. § 35 GBO n.F.).

Diese Wirkungen kommen dem ENZ **in allen Mitgliedstaaten** der EuErbVO automatisch mit/ab Erteilung zu, ohne dass es weiterer mitgliedstaatlicher Anerkennungs- oder Transformationsakte bedürfte (Art. 69 Abs. 1 EuErbVO). Das ENZ geht insoweit als über die Rechtswirkungen eines deutschen Erbscheins hinaus. Zudem können in einem ENZ wie erwähnt auch die Befugnisse zu einer etwa angeordneten Testamentsvollstreckung oder Nachlassverwaltung bestätigt werden.

In beidem liegt eine bemerkenswerte **Erleichterung** bei der Abwicklung grenzüberschreitender Erbfällen, da der Inhaber des ENZ grundsätzlich nur noch diesen einen Erbnachweis benötigt, um sich den Ländern, in denen sich Nachlassgegenstände befinden, als Erbe, Testamentsvollstrecker, Nachlassverwalter oder auch Vermächtnisnehmer zu legitimieren.

Allerdings ist für die notarielle Praxis auch auf **zwei Nachteile des ENZ** hinzuweisen:

– Zum einen gelten die Vermutungs- und Gutglaubenswirkungen **schon bei grob fahrlässiger Unkenntnis** des Geschäftspartners von der Unrichtigkeit des ENZ nicht (siehe soeben). Dies ist ein erheblicher Nachteil gegenüber dem deutschen Erbschein.

– Zum anderen verliert das ENZ grundsätzlich **sechs Monate** nach seiner Erteilung die Gültigkeit, Art. 70 Abs. 3 Satz 1 EuErbVO (zur Fristberechnung nach deutschem Recht vgl. § 42 IntErbRVG). Das Ablaufdatum ist auf dem ENZ angegeben. Diese **begrenzte Gültigkeitsdauer** kann für den grundbuchlichen Vollzug eines Immobiliengeschäfts problematisch werden, für das nach allgemeinen Grundsätzen die Verfügungsbefugnis des Veräußernden bis zum letzten Vollzugsakt im Grundbuch bestehen muss. – Immerhin kann das ENZ **auf (formlos möglichen) Antrag verlängert** werden gem. Art. 70 Abs. 3 Satz 2 EuErbVO.

Zu späteren **Berichtigungen, Änderungen** und dem **Widerruf** des ENZ vgl. Art. 71 EuErbVO und § 38 IntErbRVG, zur Aussetzung der Wirkung Art. 73 EuErbVO. Anders als im deutschen Erbscheinsverfahren sieht die EuErbVO die Einziehung oder Kraftloserklärung eines ENZ nicht vor.

e)   Notar- und Gerichtsgebühren

Der Kostenrechtsgesetzgeber wollte das ENZ dem Erbschein gebührenrechtlich weitgehend gleichstellen. Vergleiche zum Folgenden SEEBACH, RNotZ 2015, 342, 344 ff.

aa)   Geschäftswert

Die besondere **Geschäftswertvorschrift des § 40 GNotKG** gilt auch für die Abnahme der eidesstattlichen Versicherung zur Erlangung eines ENZ, für dessen Ausstellung sowie für die Änderung und den Widerruf eines ENZ (§ 40 Abs. 1 Satz 1 Nr. 1, 2 und 4 GNotKG), dies allerdings nur, soweit hiervon – wie i.d.R. –

die Rechtsstellung oder Rechte der Erben oder dinglichen Vermächtnisnehmer betroffen sind.

Erstrecken sich die Wirkungen eines ENZ nur auf einen Teil des Nachlasses, ist gem. § 40 Abs. 3 Satz 3 GNotKG n.F. eine **Teilwertbildung** nicht nur bei Ausstellung, sondern auch bei Widerruf oder nachträglicher Änderung eines solchen ENZ möglich.

Beschränkt sich der Inhalt eines ENZ auf die Angabe der Befugnisse des **Testamentsvollstreckers** (Nachlassverwalters), ist der Geschäftswert entsprechend den Bestimmungen zum Testamentsvollstreckerzeugnis 20 % des insoweit maßgeblichen (also ggf. beschränkten, vgl. § 40 Abs. 5 Satz 1 erster Halbsatz GNotKG) Nachlasswerts, wobei Nachlassverbindlichkeiten nicht abgezogen werden (§ 40 Abs. 5 Satz 2 GNotKG n.F.).

Tritt eine solche Angabe zu dem Nachweis der Erben im ENZ hinzu, bildet sie kostenrechtlich einen **eigenen Gegenstand**. Die Geschäftswerte sind also zu addieren.

bb)   Notargebühren

Aus notarieller Sicht bestehen bei Beantragung eines ENZ **keine kostenrechtlichen Besonderheiten**.

Beurkundet ein Notar die eidesstattliche Versicherung zur Erlangung eines ENZ, richtet sich die Beurkundungsgebühr nach Nr. **23300 KV GNotKG**; es fällt eine 1,0-Gebühr aus dem nach § 40 GNotKG ermittelten Geschäftswert an.

Wie beim Erbscheinsantrag ist mit dieser Gebühr die Beurkundung des Antrags an das Nachlassgericht auf Erteilung des ENZ abgegolten (Vorbem. 2.3.3 Abs. 2 und erster Halbsatz der Anm. zu Nr. 21201 KV GNotKG).

Fertigt der Notar den (formlos möglichen) **Antrag auf Verlängerung** eines ENZ, soll sich der Geschäftswert dieser Entwurfstätigkeit nicht nach § 40 GNotKG richten, sondern nach § 36 Abs. 1, 3 GNotKG. 10–30% des nach § 103 GNotKG ermittelten Nachlassreinvermögens sollen dafür anzusetzen sein (Prüfungsabteilung der Ländernotarkasse, NotBZ 2015, 295).

cc)   Gerichtsgebühren

Ausstellungsverfahren

– Das Verfahren über die Ausstellung eines ENZ wird dem **Erbscheinsverfahren gleichgestellt** und kostet daher gem. Nr. 12210 KV GNotKG n.F. eine 1,0-Gebühr (aus Tabelle B).

– Wie schon bisher beim Erbschein fällt auch künftig beim ENZ für die Abnahme der **eidesstattlichen Versicherung** durch das Gericht (vgl. Art. 66 Abs. 3 EuErbVO, § 36 Abs. 2 IntErbRVG) eine zusätzliche Gebühr an (Vorbem. 1 Abs. 2 KV GNotKG). Dies wiederholt Abs. 1 der Anm. zu Nr. 12210 KV GNotKG

– Der neue Absatz 2 der Anm. zu Nr. 12210 KV GNotKG enthält eine **Anrechnungsvorschrift**, wonach 3/4 der Gebühr eines bereits erteilten Erbscheins auf die Gebühr für die Erstellung des ENZ angerechnet werden, wenn sich beide Erbnachweise inhaltlich nicht (auch nicht teilweise) widersprechen. Gleiches gilt für den umgekehrten Fall, dass zuerst ein ENZ erteilt wird. Die Anrechnungsvorschrift trägt dem Umstand Rechnung, dass in solchen Fällen nach Prüfung des Erstantrags durch den zweiten Antrag kein erheblicher Aufwand bei Gericht mehr ausgelöst wird. Die Anrechnung kann freilich nur im Fall der zweimaligen Erteilung, nicht aber auch dann erfolgen, wenn die Erteilung in einem Fall abgelehnt worden ist.

Sonstige Gerichtsgebühren

– Gemäß Nr. 12216 KV GNotKG n.F. entsteht für den **Widerruf eines ENZ** eine 0,5-Gerichtsgebühr, die auf 400 € gedeckelt ist. Dies entspricht der Gebühr für Verfahren über die Einziehung oder Kraftloserklärung von Erbscheinen (Nr. 12215 KV GNotKG), da sich diese Institute funktional entsprechen.

– Die Gebühr für die **Änderung eines ENZ** beträgt 1,0 und ist der Höhe nach nicht gedeckelt (Nr. 12217 KV GNotKG n.F.). Sie entspricht damit der Gebühr für die Ausstellung des ENZ. Der Gesetzgeber begründet den kostenrechtlichen Gleichlauf damit, dass die Änderung eines ENZ einer neuen Ausstellung nach Widerruf gleichstehe. Immerhin ist gem. § 40 Abs. 3 GNotKG n.F. bei der Änderung des ENZ auch eine Teilgeschäftswertbildung möglich (siehe oben). Ein Teilwiderruf auf Antrag eines Beteiligten soll als Änderungsantrag auszulegen sein.

– Für das Verfahren betreffend die **Erteilung der „beglaubigten Abschrift"** eines ENZ (Art. 70 Abs. 1 EuErbVO, § 33 Nr. 2 IntErbRVG; damit ist im deutschen Recht eine Ausfertigung gemeint; das Original des ENZ verbleibt bei dem Gericht) oder die **Verlängerung ihrer Gültigkeitsfrist** (Art. 70 Abs. 3 EuErbVO, § 33 Nr. 2 IntErbRVG) sieht Nr. 12218 KV GNotKG eine Festgebühr von 20 € vor, neben der keine Dokumentenpauschale anfällt (Anm. zu Nr. 12218 KV GNotKG). Die erstmalige Ausstellung von „beglaubigten Abschriften" im Zusammenhang mit der Ausstellung des ENZ löst die Gebühr Nr. 12218 allerdings nicht aus, da sie durch die Kosten für das ENZ (Nr. 12210 KV GNotKG) abgegolten ist. Sprachlich kommt dies durch die Wendung „nach Beendigung des Verfahrens" in Nr. 12218 KV GNotKG zum Ausdruck.

–   Das Verfahren über die **Aussetzung der Wirkungen** eines ENZ (Art. 73 ErbVO, § 33 Nr. 3 IntErbRVG) folgt kostenrechtlich den für Verfahren im einstweiligen Rechtsschutz geltenden Bestimmungen, konkret den Nr. 16210 ff. KV GNotKG, da in der Hauptsache Tabelle B anzuwenden ist. Dies stellt Vorbem. 1.2.2 Abs. 2 Satz 2 KV GNotKG n.F. klar.

–   Das Verfahren über die **Berichtigung eines ENZ** (Art. 71 Abs. 1 EuErbVO, § 33 Nr. 1 IntErbRVG) bleibt gebührenfrei.

XI.   Erbschaftsausschlagung

1.   Ausgangspunkt: Erbrechtlicher Vonselbsterwerb

Niemand wird gegen seinen Willen Erbe – oder genauer: niemand muss gegen seinen Willen dauerhaft Erbe bleiben. Anders als bei Schenkungen unter Lebenden, die als Vertrag nicht ohne Zustimmung des Beschenkten für ihn wirksam werden, verfährt das Gesetz bei Erbschaften nämlich genau umgekehrt: Die Erbschaft fällt der eingesetzten oder kraft Gesetzes berufenen Person zunächst automatisch mit dem Todesfall an (sog. **Vonselbsterwerb**, siehe oben Abschnitt II. Ziffer 5., § 1942 BGB).

Der Erbe kann sich aber notfalls von dieser Rechtsposition durch Aufgabeerklärung wieder lösen. Diese Erklärung, nicht Erbe sein zu wollen, nennt das Gesetz Erbausschlagung (in der Praxis häufig auch gleichbedeutend: Erbschaftsausschlagung). Merke also: **Schweigen führt zum Bestand der einmal angefallenen Erbschaft.**

Eine Erbschaft kann immer innerhalb der hierfür vorgesehenen Fristen ausgeschlagen werden, unabhängig davon, ob sie auf **gesetzlicher oder gewillkürter Erbfolge** beruht (schon aus diesem Grund ist standardmäßig eine Ersatzerbenregelung in notarielle Testamente aufzunehmen). Nur der Fiskus darf als gesetzlicher Erbe nicht ausschlagen, § 1942 Abs. 2 BGB (er darf aber, wie jeder Erbe, die Erbenhaftung auf den Nachlass zu beschränken, §§ 1975 ff. BGB).

Beachte aber:

Die Ausschlagung der Erbschaft ist selbst innerhalb der sechswöchigen Ausschlagungsfrist (siehe dazu sogleich) nicht mehr möglich, wenn der Erbe die Erbschaft **zuvor bereits angenommen** hat (§ 1943 BGB). Die Annahme bedarf keiner ausdrücklichen Annahmeerklärung, sondern kann **auch durch schlüssiges Verhalten** erfolgen, insbesondere durch Verkauf oder Verbrauch eines zur Erbschaft gehörenden Gegenstands.

In diesem Fall kommt **nur noch eine Anfechtung** der Erbschaftsannahme wegen Irrtums über eine verkehrswesentliche Eigenschaft des Nachlasses in Betracht, z.B. wegen dessen wirtschaftlicher Zusammensetzung (Überschuldung), die sich erst nach gründlicher Sichtung des Nachlassvermögens herausgestellt hat (§§ 1954 ff., 119 Abs. 2 BGB). Die Anfechtung der Annahme hat die **Wirkung der Erbschaftsausschlagung** (§ 1957 Abs. 1 erster Fall BGB).

Bei der **Entscheidung** über den Erbantritt gibt es keine halben Sachen: Der Erbe kann die Erbschaft **nur entweder ganz annehmen oder ganz ausschlagen.** Er kann sie nicht hinsichtlich der Vermögenswerte des Erblassers annehmen und hinsichtlich der Schulden ausschlagen; beides wäre unwirksam (§ 1950 BGB).

2.   Fallbeispiel

Dem nachfolgenden Formulierungsbeispiel einer Erbschaftsausschlagung liegt folgende

Fallgestaltung

zugrunde: Herr Schnell ist verstorben. Er hinterließ kein Testament. Herr Schnell wurde von seiner einzigen Tochter Sandra beerbt. Sandra möchte die Erbschaft nicht annehmen, da sie weiß, dass die Schulden ihres Vaters sein Vermögen bei weitem überstiegen haben. Sandra hat mit ihrem Mann Sandro eine kleine Tochter, Mia. Damit Mia nicht anstelle von Sandra Erbin wird, muss auch ihre Erbschaft ausgeschlagen werden.

Muster: Erbschaftsausschlagung durch Alleinerbin mit minderjährigem Kind

Einschreiben/Rückschein

Amtsgericht Musterstadt
– Nachlassgericht –
Balthasar-Neumann-Platz
12345 Musterstadt

Nachlasssache Norbert Schnell, geboren 25.04.1958, verstorben am 18.03.2019

Am 18.03.2019 verstarb in Musterstadt, mit letztem Wohnsitz dort, mein Vater, Herr Norbert Schnell. Er besaß ausschließlich die deutsche Staatsangehörigkeit.

I.

Ich, die unterzeichnete Frau Sandra Frohnheim geb. Schnell, geboren 15.05.1990, wohnhaft Pastor-Gregorius-Straße 4, 12345 Musterstadt, schlage hiermit die Erbschaft nach meinem Vater Norbert Schnell (Erblasser) aus allen Berufungsgründen aus.

Mein Vater hat meines Wissens keine letztwilligen Verfügungen hinterlassen. Er verstarb verwitwet.

Vom Anfall der Erbschaft habe ich am Todestag Kenntnis erlangt.

II.

Als weitere gesetzliche Erbin kommt meine Tochter Mia Frohnheim, geboren 28.10.2009, wohnhaft bei mir, in Betracht.

Wir, die gemeinsam sorgeberechtigten Eheleute Sandra Frohnheim und Sandro Frohnheim, geboren 09.08.1987, wohnhaft Pastor-Gregorius-Straße 4, 12345 Musterstadt, schlagen hiermit als gesetzliche Vertreter für unsere minderjährige Tochter Mia Frohnheim die Erbschaft nach dem verstorbenen Herrn Norbert Schnell aus allen Berufungsgründen aus, soweit unsere Tochter Mia Frohnheim infolge der Erbausschlagung ihrer Mutter Sandra Frohnheim Erbin wird.

III.

Der Nachlass ist unseres Wissens überschuldet.

Die Kosten dieser Urkunde trägt Frau Sandra Frohnheim.

Musterstadt, den 28.03.2019

...   ...

(Unterschrift Sandra Frohnheim)   (Unterschrift Sandro Frohnheim)

Urkundenrolle Nr. 389/2019

Aufgrund der vor mir erfolgten Anerkennung beglaubige ich hiermit die obigen Namensunterschriften

der Eheleute

Frau Sandra **Frohnheim** geb. Schnell, geboren 15.05.1990, und

Herrn Sandro **Frohnheim**, geboren 09.08.1987,

beide wohnhaft Pastor-Gregorius-Straße 4, 12345 Musterstadt,

– beide ausgewiesen durch gültigen deutschen Bundespersonalausweis –.

Musterstadt, den 28.03.2019

...

L.S. gez. Muster

(Dr. Max Muster)

Notar

Kostenhinweis

Geschäftswert: 0 € (§ 103 Abs. 1 GNotKG), wenn die Überschuldung sicher feststeht (ein negativer Geschäftswert ist nicht möglich). Vermutet der Erbe dagegen nur, dass der Nachlass überschuldet ist, soll nach Ansicht vieler Autoren der Geschäftswert in Anlehnung an § 36 Abs. 3 GNotKG 5.000 € betragen.

Es liegen hier **zwei Ausschlagungserklärungen** vor (Tochter Sandra und Enkelin Mia; obwohl für Mia beide Elternteile die Erklärung abgegeben, liegt insoweit nur eine Ausschlagung vor). Diese sind gegenstandsverschieden (§ 86 Abs. 2 GNotKG). Die Werte der mehreren Ausschlagungserklärungen sind deshalb zusammenzurechnen (§ 35 Abs. 1 GNotKG), betragen aber wegen des (hier sicher) überschuldeten Nachlasses 0 € (bei nur vermuteter Überschuldung nach o.g. Ansicht 10.000 € (2 x 5.000 €)).

Gebührensatz: 0,5-Gebühr gem. Nr. 24102 KV GNotKG (da für die Beurkundung der Ausschlagung eine 0,5-Gebühr gem. Nr. 21201 Nr. 7 KV KNotKG angefallen wäre): 30 €.

Gerichtskosten:

– Für die **Entgegennahme** einer unterschriftsbeglaubigten Ausschlagung fällt keine Gerichtsgebühr an, da Nr. 12410 KV GNotKG keinen entsprechenden Gebührentatbestand enthält.

– Wird die Ausschlagungserklärung durch den Urkundsbeamten bei der Geschäftsstelle des Nachlassgerichts **beurkundet** (was möglich ist, § 1945 Abs. 1

zweiter Halbsatz, Abs. 2 BGB), fallen dieselben Gebühren an wie bei dem Notar (Vorbem. 1 Abs. 2 KV GNotKG i.V.m. Nr. 21201 Nr. 7 KV GNotKG; bei den Gerichten fällt freilich keine Umsatzsteuer an, was einen kaum zu rechtfertigenden Wettbewerbsvorteil der Gerichte gegenüber den Notaren darstellt).

3. Motive

Der häufigste **Grund** für die Ausschlagung einer Erbschaft in der Praxis ist die (vermutete oder bekannte) **Überschuldung** des Nachlasses.

Andere Motive können z.B. sein:

– die **Insolvenz des Erben**: Im laufenden Restschuldbefreiungsverfahren darf der Schuldner eine Erbschaft nur zu 50 % behalten; der Rest würde den Gläubigern zufallen (vgl. § 295 Abs. 1 Nr. 2 InsO);

– bei Ehegatten, damit der Überlebende neben dem konkreten Zugewinnausgleich den (kleinen) Pflichtteil geltend machen kann (sog. **güterrechtliche Lösung**, siehe oben Abschnitt IV. Ziffer 3. Buchst. b) bb)).

4. Wirkung der Erbschaftsausschlagung

Aus § 1953 Abs. 1 und 2 BGB ergibt sich die Wirkung einer Erbausschlagung:

– Der **Ausschlagende** wird als beim Erbfall **nicht lebend** und damit als **Nichterbe** betrachtet.

– Der vom Erblasser zum **Ersatzerben** berufene (bei gewillkürter Erbfolge) oder der nach gesetzlicher Erbfolge **Nächstberufene** tritt rückwirkend mit dem Erbfall an die Stelle des Ausschlagenden.

Bisweilen haben Erben die **irrige Vorstellung**, sie könnten zurückstehen, damit die Erbschaft einer anderen Person (z.B. dem eigenen Kind oder dem überlebenden Elternteil) zufällt. Die Ausschlagung der Erbschaft „zugunsten" einer bestimmten Person gibt es aber nicht. Denn die Wirkung der Ausschlagung bestimmt nicht der Ausschlagende, sie steht nach § 1953 BGB fest. Wer der nach dieser Vorschrift Nächstberufene ist, kann der Ausschlagende aber nicht immer sicher einschätzen. So kann es bei gesetzlicher Erbfolge unbekannte Abkömmlinge geben; der Nächstberufene könnte ebenfalls die Erbschaft ausschlagen. In rechtlicher Hinsicht könnte die Ausschlagung „für Herrn/ Frau …" sogar als Ausschlagung unter einer Bedingung gewertet werden, was die Erklärung unwirksam macht (§ 1947 BGB).

5. Form und Frist

Damit keine länger andauernde Unklarheit über die Person des Erben besteht, stellt das Gesetz **strenge Anforderungen** an Form und Frist der Ausschlagung:

a) Form der Ausschlagung

Für die Form der Ausschlagung ist vor allem zu beachten:

Die Erbausschlagung erfolgt entweder zur Niederschrift des Nachlassgerichts oder in **öffentlich (= notariell) beglaubigter Form** (§ 1945 Abs. 1 BGB).

Stellvertretung bei der Abgabe der Ausschlagungserklärung ist zulässig. Abweichend von § 167 Abs. 2 BGB muss ein Stellvertreter aber **in öffentlich beglaubigter Form bevollmächtigt** werden. Die Vollmacht muss dem Nachlassgericht ebenfalls fristgemäß zugehen (§ 1945 Abs. 3 BGB).

Für einen **minderjährigen Erben** handeln seine sorgeberechtigten Elternteile. Sie bedürfen dabei nach dem Gesetz **grundsätzlich der familiengerichtlichen Genehmigung** (§ 1643 Abs. 2 Satz 1 BGB). Eine Genehmigung ist nur **ausnahmsweise** dann **nicht** erforderlich, wenn das minderjährige Kind überhaupt erst dadurch Erbe wird, dass ein/das sorgeberechtigte(s) Elternteil die Erbschaft zuvor selbst ausgeschlagen hat, wenn also das Kind nicht neben seinem erbberechtigten Elternteil zum Erben berufen war (§ 1643 Abs. 2 Satz 2 BGB).

Was nach dem Gesetz den Ausnahmefall darstellt, dürfte in der Rechtswirklichkeit der **Regelfall** sein (so auch im obigen Beispielfall Ziffer 2.: Mia ist nur deshalb Erbin nach ihrem Großvater geworden, weil Sandra die Erbschaft zuvor ausgeschlagen hatte).

Beachte zudem:

Diese Ausnahme gilt **nicht**, d.h., Genehmigungspflicht besteht, wenn dem die Erbschaft ausschlagenden Elternteil **nicht** die elterliche Sorge für das Kind zusteht.

Beispiel

– Wäre in Abwandlung des obigen Beispielfalls nur Sandro sorgeberechtigt für Mia, wäre Mia zwar infolge der Ausschlagung durch Sandra Erbin nach dem Großvater geworden (Mia ist unabhängig von der Frage des Sorgerechts natürlich ein Abkömmling von Sandra und dem verstorbenen Großvater). Sandra benötigt aber für die Ausschlagung die familiengerichtliche Genehmigung. Grund ist, dass § 1643 Abs. 2 Satz 2 die Vertretungsberechtigung gerade des ausschlagenden Elternteils verlangt.

Während der Dauer eines gerichtlichen Genehmigungsverfahrens ist der **Lauf der sechswöchigen Ausschlagungsfrist gehemmt** (§§ 1944 Abs. 2 Satz 3, 206 BGB).

b)   Frist der Ausschlagung

Zur Ausschlagungsfrist ist Folgendes bedeutsam:

–   Die Frist zur Ausschlagung der Erbschaft beträgt **sechs Wochen** (§ 1944 Abs. 1 BGB). Nach ihrem fruchtlosen Ablauf gilt die Erbschaft als angenommen (§ 1943 zweiter Halbsatz BGB). **Ausnahmsweise** beträgt die Ausschlagungsfrist **sechs Monate**, wenn der Erblasser seinen letzten Wohnsitz nur im Ausland gehabt hat oder wenn sich der Erbe bei Beginn der Frist im Ausland aufhält (einfacher Urlaub genügt!).

–   Die Frist **beginnt** erst zu laufen, wenn der Erbe eine bestimmte und überzeugende **Kenntnis von dem Anfall** der Erbschaft und dem **Grund der Berufung** erhalten hat (§ 1944 Abs. 2 Satz 1 BGB). Die Kenntnis vom Tod des Erblassers bedeutet daher nicht zwangsläufig den Beginn der Frist.

Beispiel

–   Wer als **Ersatzerbe** berufen ist, erlangt Kenntnis von dem Anfall der Erbschaft erst, sobald er weiß, dass der eigentliche Erbe weggefallen ist. Bei Kettenausschlagungen nach dem Tod entfernterer Verwandter kann der Erbe ggf. erst durch ein entsprechendes Schreiben des Nachlassgerichts von dem Anfall (§ 1953 Abs. 3 BGB) erfahren.

–   Bei **gewillkürter Erbfolge** beginnt die Frist frühestens mit Zugang des Eröffnungsprotokolls des Nachlassgerichts (oder mit der Eröffnungsverhandlung, wenn die Eröffnung ausnahmsweise nicht auf rein schriftlichem Wege erfolgt, § 348 FamFG).

–   Für die **Berechnung der Frist** gelten die allgemeinen Grundsätze (§§ 186 ff. BGB). Damit endet die Frist sechs Wochen nach Ablauf des Wochentags, an dem Kenntnis und damit Fristbeginn eintrat.

Beispiel

–   Kenntnis am Montag, den 18.03.2019, Fristende am Montag, den 01.04.2019, 24:00 Uhr.

–   Nur das Nachlassgericht, nicht der beglaubigende Notar, ist der **richtige Empfänger** der Ausschlagungserklärung (§ 1945 Abs. 1 BGB). Erfolgt die Erbausschlagung zu notarieller Urkunde, muss sie also **dem zuständigen Nachlassgericht innerhalb der Frist übermittelt** werden!

Der Ausschlagende trägt daher das **Übermittlungsrisiko:** Geht die Erklärung auf dem Postweg verloren oder dem Nachlassgericht erst nach Ablauf der Ausschlagungsfrist zu, ist sie wegen Fristüberschreitung wirkungslos (§ 1943 zweiter Halbsatz BGB). Es kommt aber eine **Anfechtung** wegen Versäumung der Ausschlagungsfrist in Betracht (§ 1956 BGB), doch sollten sich weder Erbe noch Notar auf diese Möglichkeit bedingungslos verlassen.

– Für die Frage, **welches Nachlassgericht** überhaupt (= örtlich) zuständig ist,

– gilt zunächst einmal § 343 FamFG, der primär an den letzten gewöhnlichen **Aufenthalt des Erblassers** anknüpft (siehe ausf. oben Abschnitt X. Ziffer 5. Buchst. a)); die internationale Zuständigkeit deutscher Gerichte ergibt sich aus § 105 FamFG; zu Erbausschlagungen nach der EuErbVO bei ausländischem Erbrecht siehe unten Ziffer 7.;

– ist in **Erweiterung** zu § 343 FamFG **zusätzlich** auch das Nachlassgericht örtlich zuständig, in dessen Bezirk **der Ausschlagende** seinen eigenen gewöhnlichen Aufenthalt hat (§ 344 Abs. 7 Satz 1 FamFG). Dieses Gericht übersendet die Ausschlagungserklärung in Urschrift an das andere (= gem. § 343 FamFG **zuständige**) **Nachlassgericht** (§ 344 Abs. 7 Satz 2 FamFG). Die Entgegennahme der Ausschlagung durch das nach § 344 Abs. 7 FamFG zuständige Gericht **wirkt fristwahrend!** Verzögert sich die Weiterleitung an das zuständige Nachlassgericht, kann dies also dem Ausschlagenden nicht mehr zum Nachteil geraten. Grund ist der Zweck der Sonderzuständigkeit nach § 344 Abs. 7 FamFG: Die Möglichkeit zur Abgabe der Anfechtungserklärung gegenüber **seinem „Heimatgericht"** soll dem Erben die bisweilen schwierige Frage abnehmen, wo sich der Erblasser zuletzt gewöhnlich aufhielt.

Die Zuständigkeit des Nachlassgerichts am gewöhnlichen Aufenthalt des Ausschlagenden beschränkt sich nicht nur, wie man bei einem Blick in das Gesetz meinen könnte, auf die Entgegennahme und Weiterleitung einer notariell beglaubigten Ausschlagungserklärung. Dieses Nachlassgericht am Wohnsitz des Ausschlagenden darf vielmehr die Erbausschlagung **auch selbst protokollieren** (und sie anschließend weiterleiten).

Beispiel

– Der Erblasser verstirbt mit letztem Aufenthalt in Hamburg. Erbe ist sein Sohn in München. Er möchte die Erbschaft ausschlagen. Die Ausschlagungserklärung kann er vor jedem deutschen Notar, gegenüber dem Nachlassgericht in Hamburg oder gegenüber dem Nachlassgericht in München abgeben. In den letzten beiden Fällen wirkt sie mit Zugang fristwahrend.

–   Nach h.M. gilt die Sonderzuständigkeit des § 344 Abs. 7 FamFG analog auch für Erklärungen über die **Anfechtung der Annahme** der Erbschaft (§ 1955 BGB), der **Fristversäumung** (§ 1956 BGB) und die **Anfechtung der Ausschlagung** der Erbschaft (§ 2308 Abs. 1 BGB).

–   Es gibt Notare, die die **Übermittlung der Erbausschlagungserklärung** an das zuständige Nachlassgericht für den Ausschlagenden übernehmen.

Das ist ein Service, zu dem der Notar rechtlich nicht verpflichtet ist.

Wenn der Notar die Übermittlung der Erklärung übernimmt, **haftet** er auch für den fristgerechten Eingang bei Gericht. Da der Notar aber die maßgeblichen Umstände für den Beginn der Ausschlagungsfrist regelmäßig nicht (genauer) kennt, entspricht es der ganz überwiegenden Praxis, dem Ausschlagenden die Urschrift seiner Ausschlagungserklärung zu übergeben und diesen zu bitten, sich **selbst um den fristgerechten Eingang beim Nachlassgericht** zu kümmern. Dabei sollte und wird der Notar den Betroffenen über die Fristproblematik belehren. Zur Haftungsprävention ist es dabei üblich, diese Belehrung schriftlich zu erteilen und sich den Erhalt quittieren zu lassen.

Ein entsprechender Belehrungsvermerk kann im obigen **Beispielfall** etwa wie folgt formuliert sein:

Muster: Belehrungsvermerk Sechswochenfrist der Erbschaftsausschlagung

zur Urkunde Nr. 389/2019

Frau Sandra Frohnheim geb. Schnell, und Herr Sandro Frohnheim bestätigen, dass

–   ihnen heute die Urschrift der Urkunde Nr. 389/2019 des Notars Dr. Max Muster in Musterstadt ausgehändigt wurde,

–   sie über die Sechswochenfrist für die Erbausschlagung belehrt wurden,

–   sie ferner darüber belehrt wurden, dass die Urschrift der Erbausschlagung so schnell wie möglich dem Nachlassgericht beim zuständigen Amtsgericht eingereicht werden muss, damit die Ausschlagungsfrist gewahrt bleibt; zuständig zur Entgegennahme der Erbausschlagung ist das Nachlassgericht des letzten gewöhnlichen Aufenthalts des Erblassers, aber auch das Nachlassgericht des gewöhnlichen Aufenthalts des Ausschlagenden.

— der Notar sie auf die zur Erbausschlagung alternativen Möglichkeiten zur Herbeiführung einer Beschränkung der Erbenhaftung hingewiesen hat, namentlich auf das Aufgebotsverfahren und die Nachlassverwaltung oder Nachlassinsolvenz, und sie gleichwohl die (notarielle Beglaubigung der) Erbausschlagungserklärung heute wünschten.

Musterstadt, den 28.03.2019

...   ...

Sandra Frohnheim   Sandro Frohnheim

Anmerkung zum Belehrungsvermerk

Der letzte Spiegelstrich des Belehrungsvermerks soll den Beteiligten verdeutlichen, dass es **rechtliche Alternativen** zu dem – möglicherweise vorschnellen – Ausschlagen einer Erbschaft gibt. So dient das **Aufgebotsverfahren** (§§ 1970 ff. BGB) gerade dem Zweck, dem Erben (Nachlasspfleger, Nachlassverwalter oder Testamentsvollstrecker) einen Überblick über die Passiva zu verschaffen. Während der Durchführung einer (sich ggf. anschließenden) **Nachlassverwaltung oder Nachlassinsolvenz** ist die Haftung des Erben auf das Nachlassvermögen beschränkt (§ 1975 BGB), nach ihrem Abschluss bzw. ohne ihre Durchführung steht dem Erben die Erschöpfungs- bzw. Dürftigkeitseinrede zu (§§ 1989, 1990 BGB) mit ebenfalls haftungsbeschränkender Wirkung.

6.   Ausschlagung eines Vermächtnisses

Auch ein Vermächtnis kann von dem Begünstigten ausgeschlagen werden. Es bestehen aber mehrere wichtige **Unterschiede zur Erbschaftsausschlagung:**

— Das Vermächtnis wird **gegenüber dem** mit dem Vermächtnis **Beschwerten** erklärt, nicht gegenüber dem Nachlassgericht (§ 2180 Abs. 2 Satz 1 BGB). Beschwerter ist regelmäßig der Erbe (§ 2147 Satz 2 BGB).

— Für die Ausschlagung des Vermächtnisses gilt **keine Frist** (ebenso wie für dessen Annahme, sofern der Erblasser keine Annahmefrist bestimmt).

— Die Ausschlagungserklärung kann **formlos** erfolgen, auch stillschweigend.

Beispiel

— Ein glühender Verehrer vermacht dem bekannten Stargeiger André X von Todes wegen seine Geige. Der Erbe E schickt sie dem Management des X zu. X will die Geige aus naheliegenden Gründen nicht gegen seine Stradivari eintauschen und hat auch sonst keine Verwendung für derartige Zuwendungen (sie nerven ihn vielmehr, da solche ungewünschten Schenkungen ständig vorkommen). Er schlägt das Vermächtnis aus, indem er (über sein Management) die Geige dem Erben kommentarlos zurückschickt.

7. Ausschlagungen bei ausländischem Erbstatut

Die EuErbVO hat auch eine Neuerung bei grenzüberschreitenden Ausschlagungserklärungen gebracht: Art. 28 EuErbVO erlaubt es, die Ausschlagung einer Erbschaft oder eines Vermächtnisses nicht nur in der **Form des auf den fraglichen Erbfall anwendbaren Erbrechts abzugeben** (Art. 28 Buchst. a) EuErbVO; **Merke:** die Erbausschlagung unterliegt dem Erbstatut, vgl. Art. 23 Abs. 2 Buchst. e) EuErbVO und bereits oben Abschnitt III. Ziffer 2. Buchst. a) aa)). Zulässig ist auch die Abgabe nach den **Formvorschriften des Staates**, in dem der Erklärende **seinen gewöhnlichen Aufenthalt** hat (Art. 28 Buchst. b) EuErbVO). Art. 28 EuErbVO erfasst neben der Erb- und Vermächtnisausschlagung auch Erklärungen über die Annahme von Erbschaft und Vermächtnis sowie über die Annahme und Ausschlagung eines **Pflichtteils** und zur **Begrenzung der Haftung** für Nachlassverbindlichkeiten.

Zweck dieser Sonderanknüpfung für das Formstatut solcher Erklärungen ist, Erben und Vermächtnisnehmern, die ihren gewöhnlichen Aufenthalt in einem anderen Mitgliedstaat haben als dem, in dem der Nachlass abgewickelt wird, eine formwirksame Annahme- oder Ausschlagungserklärung **nach der** (vertrauteren) **Ortsform** ihres eigenen gewöhnlichen Aufenthalts zu ermöglichen.

Beispiel

– Der in Bonn lebende Erbe möchte eine überschuldete Erbschaft nach seinem Onkel ausschlagen, der in Portugal seinen letzten gewöhnlichen Aufenthalt hatte. Auf den Erbfall findet portugiesisches Recht Anwendung (Art. 21 Abs. 1 EuErbVO, siehe dazu oben Abschnitt III. Ziffer 2. Buchst. a) aa)). Die Ausschlagungserklärung kann der Erbe jedoch gem. Art. 28 Buchst. b) EuErbVO durch notariell zu beurkundende (oder zur Niederschrift des deutschen Nachlassgerichts abzugebende) Erklärung **in der Form des deutschen Rechts** abgeben.

Zur Durchführung dieser Erleichterung bestimmt § 31 Satz 1 IntErbRVG, dass hierbei das Nachlassgericht **örtlich zuständig** ist, in dessen Bezirk der Ausschlagende seinen gewöhnlichen Aufenthalt hat. Das Gericht muss die Ausschlagungserklärung dann entgegennehmen (vgl. § 31 Satz 3 zweiter Halbsatz IntErbRVG).

Leider hat die gesamte Konstruktion **zwei praktische** „Schönheitsfehler" (ODERSKY, notar 2015, 183, 188):

– Die Ausschlagung eines **Vermächtnisses** ist schon nach deutschem Ortsrecht formfrei möglich, siehe oben Ziffer 6. Gleiches gilt für den Verzicht auf Pflichtteilsrechte (nach dem Erbfall). In diesen Fällen ist das deutsche Nachlassgericht nicht zu einer Entgegennahme der Erklärung verpflichtet. Damit kommt eine Tätigkeit nach § 31 IntErbRVG im Ergebnis nur in Betracht, wenn es sich um die Ausschlagung (oder Annahme) einer Erbschaft handelt.

– Die Wahrung der deutschen Ortsform für die Erbausschlagung hilft **nicht** über **inhaltliche Anforderungen** hinweg, die das anwendbare ausländische Erbstatut an die Wirksamkeit der Ausschlagungserklärung stellt. Denn diese folgen nicht dem Formstatut (nur hierfür bietet Art. 28 EuErbVO eine Sonderanknüpfung), sondern dem Erbstatut (Art. 23 Abs. 2 Buchst. e) EuErbVO, siehe soeben).

Merke also:

Im Ergebnis müssen also doch **alle Anforderungen des ausländischen Rechts** an eine wirksame (nicht nur formwirksame) Ausschlagungserklärung geprüft und umgesetzt werden.

XII. Erbschaftsauseinandersetzung

Hinterlässt ein Erblasser **mehrere Erben,** wird der gesamte Nachlass ihr gemeinschaftliches Vermögen, das sie **gesamthänderisch gebunden als Erbengemeinschaft** halten (siehe bereits oben Abschnitt II. Ziffer 6.). Eine Erbengemeinschaft ist deshalb nicht auf Dauer angelegt, sondern nur eine Abwicklungsgemeinschaft. Die **Auflösung einer Erbengemeinschaft** kann auf verschiedene Arten geschehen (auch dazu bereits oben Abschnitt II. Ziffer 6.), insbesondere:

– einvernehmlich durch einen Erbauseinandersetzungsvertrag;

– streitig im Wege der gerichtlichen Durchsetzung des Teilungsanspruchs im Wege der Teilungsklage (§ 2042 BGB), speziell bei Nachlassgrundstücken durch Teilungsversteigerung.

Nur der erste Auseinandersetzungsweg hat einen Bezug zur notariellen Praxis. Zur Veranschaulichung eines Teilerbauseinandersetzungsvertrags über zwei Nachlassgrundstücke diene folgendes **Fallbeispiel:**

Fallgestaltung

Die Eheleute Willy und Anne Klump waren zu je 1/2 Anteil Miteigentümer zweier Grundstücke. F

Frau Anne Klump ist am 15.02.2012 verstorben und von ihrem Ehemann zu 1/2-Anteil und ihren Kindern, den Töchtern Petra und Susanne Klump, zu je 1/4-Anteil beerbt worden.

Am 05.04.2019 ist Herr Willy Klump nachverstorben und von seinen beiden Töchtern Petra und Susanne beerbt worden. Die Töchter wollen sich hinsichtlich der Nachlässe derart auseinandersetzen, dass jede von ihnen ein Grundstück zu Alleineigentum erhält. Sie schließen den nachfolgenden Teilerbauseinandersetzungsvertrag:

 Muster: Teil-Erbauseinandersetzungsvertrag

Urkundenrolle Nr. 768/2019

(Teil-Erbauseinandersetzungsvertrag)

Verhandelt zu Musterstadt am 17.05.2019.

Vor

Max Mustermann
Notar mit dem Amtssitz zu Musterstadt

erschienen:

1. Frau Petra Klump, geboren 24.05.1975,
   wohnhaft Bergstraße 2, 12345 Musterstadt,

2. Frau Susanne Klump, geboren 11.02.1977,
   wohnhaft Karlstraße 2, 12345 Musterstadt.

Die Erschienenen sind dem amtierenden Notar von Person bekannt.

(Der Notar fragte nach einer Vorbefassung i.S.v. § 3 Abs. 1 Nr. 7 BeurkG. Sie wurde von den Beteiligten verneint.)

Die Erschienenen erklärten folgenden

Erbauseinandersetzungsvertrag

I.

1. Als Eigentümer des nachstehend bezeichneten Grundbesitzes sind noch eingetragen die Eheleute Willy Klump und Anne Klump zu je 1/2-Anteil:

   a) Grundbuch von Musterstadt Blatt 874, Gemarkung Musterstadt, Flur 1 Flurstück 102

   Landwirtschaftsfläche, In den Krautäckern, groß 450 m².

In Abteilung II des Grundbuchs ist unter lfd. Nr. 1 eine Grunddienstbarkeit (Leitungsrecht) eingetragen; in Abteilung III sind keine Eintragungen vorhanden.

b) Grundbuch von Musterstadt-Land Blatt 1045, Gemarkung Musterstadt-Land, Flur 7 Flurstück 1155

Landwirtschaftsfläche, In der Aue, groß 440 m².

In Abteilung II und III des Grundbuchs ist keine Eintragung vorhanden.

Diesen Grundbuchinhalt hat der Notar am heutigen Tag feststellen lassen.

2. Frau Anne Klump ist am 15.02.2012 verstorben und gemäß Erbschein des Amtsgerichts Musterstadt (Az 7 VI 56/12) beerbt worden von Herrn Willy Klump und ihren Töchtern Petra und Susanne Klump.

Hinsichtlich des 1/2-Miteigentumsanteils der verstorbenen Frau Anne Klump ist eine Auseinandersetzung unter den Miterben bisher nicht erfolgt.

3. Herr Willy Klump ist am 05.04.2019 nachverstorben und gemäß Erbschein des Amtsgerichts Musterstadt (Az. 4 VI 117/19) beerbt worden von seinen Töchtern Petra und Susanne Klump zu je 1/2 Anteil.

4. Auf die vorgenannten Akten des Nachlassgerichts in Musterstadt wird Bezug genommen. Grundbuchberichtigung wird jeweils beantragt.

II.

Hinsichtlich des vorbezeichneten Grundbesitzes heben die Beteiligten die zwischen ihnen allein bestehenden Erbengemeinschaften am Nachlass ihrer Mutter und am Nachlass ihres Vaters auf und setzen sich über das Gesamthandsvermögen wie folgt auseinander:

a) Frau Petra Klump erhält den in Abschnitt I. Ziffer 1. Buchst. a) bezeichneten Grundbesitz (Grundbuch von Musterstadt Blatt 874) zu Alleineigentum;

b) Frau Susanne Klump erhält den in Abschnitt I. Ziffer 1. Buchst. b) bezeichneten Grundbesitz (Grundbuch von Musterstadt-Land Blatt 1045) zu Alleineigentum.

III.

1. Frau Petra Klump übernimmt die in Abteilung II unter lfd. Nr. 1 eingetragene Grunddienstbarkeit (Grundbuch von Musterstadt Blatt 874) nebst den zugrundeliegenden Verpflichtungen.

2. Weitere Gegenleistungen sind nicht geschuldet. Die Beteiligten stimmen darin überein, dass der Grundbesitz, den eine jede von ihnen erhält, wirtschaftlich praktisch gleichwertig ist, so dass von keiner Seite eine Ausgleichszahlung zu leisten ist.

3. Ansprüche und Rechte des jeweiligen Übernehmers wegen eines Sachmangels des Grundstücks und aufstehender Gebäude sind ausgeschlossen. Dies gilt auch für alle Ansprüche auf Schadensersatz. Der jeweilige Übernehmer übernimmt den jeweiligen Grundbesitz im gegenwärtigen Zustand.

4. Der Besitz und die Nutzungen, die Gefahr und die Lasten einschließlich aller Verpflichtungen aus den den Grundbesitz betreffenden Versicherungen sowie die
   allgemeinen Verkehrssicherungspflichten gehen auf den jeweiligen Erwerber am
   heutigen Tag über.

5. Miet- oder Pachtverhältnisse bestehen nicht. Der Notar hat auf die Vorschrift des
   § 566 BGB hingewiesen.

6. Erschließungs- und sonstige Anliegerbeiträge trägt der jeweilige Übernehmer für
   seinen Erwerb, soweit sie ab heute festgesetzt werden.

7. Sämtliche mit dieser Urkunde und ihrer Durchführung verbundenen Notar- und
   Gerichtskosten sowie eine etwaige Steuer trägt jede Beteiligten zur Hälfte. Der
   Notar hat keine steuerliche Beratung übernommen. Er hat auf den möglichen
   Anfall von Schenkungsteuer hingewiesen.

   Der Verkehrswert des Grundbesitzes wird im Kosteninteresse wie folgt angegeben:

   Grundbuch von Musterstadt Blatt 874: 7.515 €
   Grundbuch von Musterstadt-Land Blatt 1045: 7.320 €

IV.

Die Beteiligten sind sich darüber einig, dass das Eigentum

a) an dem im Grundbuch von Musterstadt Blatt 874 verzeichneten Grundbesitz auf
   Frau Petra Klump übergeht,

b) an dem im Grundbuch von Musterstadt-Land Blatt 1045 verzeichneten Grundbesitz auf Frau Susanne Klump übergeht.

Sie bewilligen und beantragen die Eintragung des Eigentumswechsels in das
jeweilige Grundbuch.

V.

[Hinweise, Schlussbestimmungen]

Diese Niederschrift wurde den Erschienenen vom Notar vorgelesen, von ihnen genehmigt und eigenhändig wie folgt unterschrieben:

...

(Unterschriften von Petra und Susanne Klump und des beurkundenden Notars)

Anmerkungen

Wegen der nur gesamthänderischen Berechtigung in der Erbengemeinschaft wäre
zu Abschnitt II. der Urkunde die nachfolgende Formulierung **unzutreffend**:

„Susanne Klump überträgt ihre Anteil am Grundbesitz Blatt 874 an Petra Klump,
diese überträgt ihren Anteil am Grundbesitz Blatt 1045 an Susanne Klump."

Denn beide Miterbinnen haben vor Erbauseinandersetzung keine Anteile an den jeweiligen Grundstücken, die sie sich gegenseitig übertragen könnten. Die Übertragung ihrer Erbanteile ist nicht beabsichtigt.

Es handelt sich um ein schlichtes Vertragsmuster, dessen Besonderheit lediglich darin besteht, dass die beiden Erbinnen sich gleich über **zwei Erbengemeinschaften**, an denen sie beide beteiligt sind, (teilweise) auseinandersetzen: In den Nachlass des nachverstorbenen Willy Klump (= Erbfall 2) ist seine Mitberechtigung an der Erbengemeinschaft nach der vorverstorbenen Anne Klump gefallen (= Erbfall 1). Hierauf ist besonders zu achten, wenn – anders als hier – die Erben des letztversterbenden Miteigentümers nicht zugleich sämtliche Miterben des erstversterbenden Miteigentümers, die beteiligten Erbengemeinschaften also nicht personenidentisch zusammengesetzt sein sollten. Dem Grundbuchamt sind demnach auch zwei Erbnachweise (§ 35 GBO) vorzulegen, hier durch Bezugnahme auf die in den Nachlassakten des örtlichen Nachlassgerichts befindlichen Erbscheine.

Kostenhinweis

Geschäftswert: (§§ 35, 47, 97 GNotKG): Verkehrswert beider Grundstücke = 14.835 €.

Gebührensatz: 2,0-Gebühr gemäß Nr. 21100 KV GNotKG: 182 €.

XIII. Abwicklung notarieller Urkunden mit erbfolgerelevantem Inhalt

1. Registrierung beim Zentralen Testamentsregister (ZTR)

a) Einrichtung

Rechtslage bis 31.12.2011

Bis zum 31.12.2011 wurde die Errichtung von Testamenten, Erbverträgen und sonstigen **erbfolgerelevanten Urkunden** händisch oder per Schreibmaschine auf **Karteikarten** (wegen ihrer gelben Farbe auch **Gelbe Karten** genannt) vermerkt und bei dem Geburtsstandesamt eines jeden beteiligten Erblassers eingereicht. Dort wurde eine Gelbe Karte in die sogenannte **Testamentskartei** aufgenommen. Da das Geburtsstandesamt von dem Tod des Erblassers Kenntnis erlangt (wegen § 27 Abs. 4 Satz 2 Nr. 3 PStG), konnte es das zuständige Nachlassgericht von der Existenz der erbfolgerelevanten Urkunde in Kenntnis setzen, indem es die Gelbe Karte im Sterbefall dorthin übersandte. Somit war verfahrensrechtlich sichergestellt, dass eine in amtlicher (notarieller oder gerichtlicher) Verwahrung befindliche erbfolgerelevante Urkunde im Sterbefall auch aufgefunden werden konnte. Hatte der Erblasser kein inländisches Geburtsstandesamt, weil er im Ausland geboren war (und die Geburt nicht im Inland gem. § 36 PStG nachbeurkundet wurde), wurde die Gelbe Karte an das „Hilfsstandesamt" beim Amtsgericht Schöneberg, die sogenannte **Hauptkartei für Testamente (HFT)**, geschickt.

Einrichtung des ZTR zum 01.01.2012

Seit dem 01.01.2012 erfolgt die **Registrierung** notarieller erbfolgerelevanter Urkunden ausschließlich elektronisch im **Zentralen Testamentsregister** der Bundesnotarkammer in Berlin (ZTR).

Primäre Aufgabe des ZTR ist es, weiterhin sicherzustellen, dass eine in amtlicher Verwahrung befindliche erbfolgerelevante Urkunde im Todesfall aufgefunden wird. Damit flankiert das ZTR in verfahrensrechtlicher Hinsicht die materielle Gewährleistung von Erbrecht und Testierfreiheit durch Art. 14 GG. Zugleich sollte das ZTR das fehleranfällige und zeitintensive Karteikartensystem durch ein einheitliches EDV-gestütztes, **zeitgemäßes Benachrichtigungswesen** in Nachlasssachen ersetzen (vgl. näher BT-Drucks. 17/2583, S. 1, 10 ff.).

Da das ZTR durch die Bundesnotarkammer als **Registerbehörde** betrieben wird, finden sich die Rechtsgrundlagen zum ZTR in der BNotO (§§ 78 Abs. 2, 78b ff.), in der Testamentsregister-Verordnung (ZTRV) und, da der Registerbetrieb durch Gebühren finanziert wird (§ 78e BNotO), in der ZTR-Gebührensatzung (ZTR-GebS).

Das ZTR nimmt dabei **Informationen** über erbfolgerelevante Urkunden auf (sog. Verwahrangaben, § 78b Abs. 2 Satz 2 BNotO, § 1 Abs. 1 ZTRV), die ihm entweder von Notaren (hinsichtlich der von ihnen beurkundeten Vorgänge, § 34a BeurkG) oder von Nachlassgerichten (hinsichtlich der dort hinterlegten eigenhändigen Testamente, § 347 FamFG) elektronisch mitgeteilt werden. Ist der Notar nicht verwahrende Stelle der erbfolgerelevanten Urkunde, teilt er dem ZTR auch die Verwahrstelle mit, an die er die erbfolgerelevante Urkunde abgeliefert hat. Dies spielt vor allem bei notariellen Testamenten eine Rolle, da diese zwingend in die besondere amtliche Verwahrung des örtlich zuständigen Nachlassgerichts zu verbringen sind, siehe unten Ziffer 2. Buchst. a).

Über einen eingetretenen **Erbfall** wird das ZTR durch eine entsprechende Sterbefallmitteilung (§ 78c Satz 1 BNotO, § 6 ZTRV) in Kenntnis gesetzt, die im praktischen Regelfall das Sterbestandsamt verschickt, also das Standesamt, welches den Sterbefall des Erblassers personenstandsrechtlich aufgenommen („beurkundet") hat (vgl. § 60 Abs. 1 Nr. 9 PStV). Das ZTR informiert dann seinerseits diejenige Stelle (Notar oder Nachlassgericht), welche die erbfolgerelevante Urkunde verwahrt. Die **Verwahrstelle** liefert die Urkunde anschließend an das für deren Eröffnung zuständige Nachlassgericht ab (vgl. für Notare § 34a Abs. 3 BeurkG). Sind Verwahrangaben zu mehreren erbfolgerelevanten Urkunden des Erblassers im ZTR gespeichert, wird jede Verwahrstelle gesondert zur Ablieferung aufgefordert.

Auch das nach § 343 FamFG, § 7 Abs. 3 ZTRV zuständige **Nachlassgericht** erhält automatisch vom ZTR eine Information über den Sterbefall und die Verwahrstelle(n), die die erbfolgerelevante(n) Urkunde(n) verwahrt/verwahren.

b)   Testamentsverzeichnisüberführung

Das ZTR ging zum 01.01.2012 in Betrieb. Die Mitteilungen zu den zuvor errichteten und amtlich verwahrten erbfolgerelevanten Urkunden lagerten zu diesem Zeitpunkt **noch immer in Papierform** (auf den Gelben Karten, siehe oben) bei dem jeweiligen Geburtsstandesamt des Erblassers bzw. bei der HFT.

Es war von Anfang an klar, dass die Umstellung auf ein modernes elektronischen Benachrichtigungswesen in Nachlasssachen nur gelingen konnte, wenn auch diese papiergebundenen Verwahrungsnachrichten aus der Zeit vor 2012 schrittweise digital nacherfasst und ins ZTR überführt würden. Denn nur der Einschluss dieses schon existierenden (großen) Datenbestands ermöglicht einen vollständigen Registerbetrieb ohne jahrzehntelange Übergangsphasen. Mit der Digitalisierung der Testamentskarteien – der sogenannten **Testamentsverzeichnisüberführung (TVÜ)** – wurde ebenfalls die Bundesnotarkammer betraut (vgl. § 1 Abs. 2 TVÜG). Ihr gesetzlicher Überführungsauftrag wurde zu Beginn des Jahres 2013 noch erweitert auf die bei den Standesämtern (auf sog. Weißen Karten) gesammelten Informationen über nichteheliche bzw. einzeladoptierte Kinder, die personenstandsrechtlich in den Jahren 1970 bis 2008 angelegt werden mussten (vgl. § 9 TVÜG). Die Erfassung dieser Kinder auf den Weißen Karten sollte deren Erbrecht verfahrensrechtlich absichern (siehe zur geschichtlichen Entwicklung des Erbrechts nichtehelicher Kinder oben Abschnitt IV. Ziffer 4.).

Im Zuge der TVÜ müssen von **knapp 5.000 Standesämtern** bundesweit rund 13,5 Mio. Gelbe und 4 Mio. Weiße Karten abgeholt und zusammen mit den noch einmal etwa 3 Mio. Datensätzen der HFT zu den im Ausland geborenen Erblassern ins ZTR überführt werden. Dieser Prozess dauert derzeit an. **Gesetzliche Frist** für den Abschluss der TVÜ war der 28.12.2016 (§ 1 Abs. 1 TVÜG). Die Bundesnotarkammer hat diese Aufgabe bereits im Herbst 2016 vorzeitig erledigt (siehe Pressemitteilung der Bundesnotarkammer v. 08.02.2017, abrufbar unter *www.bnotk.de*

unter Presse > Pressemitteilungen, hier: *www.bnotk.de/9:1150/Pressemitteilungen/2017/pm_bnotk_170208.html*). Welche Standesämter im Rahmen der TVÜ an welchem Datum ins ZTR überführt worden sind, kann man auf der Internetseite der Bundesnotarkammer unter *www.notar.de* im Reiter „Standesamtssuche" tagesaktuell einsehen.

Mit **Abschluss der TVÜ** beinhaltet das ZTR die Verwahrangaben zu grundsätzlich allen erbfolgerelevanten Urkunden, die sich in Deutschland in notarieller oder besonderer amtlicher Verwahrung befinden, unabhängig von ihrem Errichtungsdatum. Diese Perspektive ist für Notare vor allem mit Blick auf ihre Pflichten bei der **Fortlebensüberprüfung gem.** § 20 Abs. 5 DONot, § 351 FamFG interessant (siehe dazu unten Ziffer 3. Buchst. c)). Eine Registerabfrage nach § 78d Abs. 1 BNotO, § 8 Abs. 1 ZTRV kann daher – künftig – ein sinnvolles Element der Amtsermittlung der Notare darstellen (vgl. näher SEEBACH, notar 2015, 373, 378 f.).

c)   Registrierung notarieller Urkunden im ZTR

Alle vor dem Notar errichteten erbfolgerelevanten Urkunden müssen beim ZTR elektronisch über einen sicheren Kommunikationskanal registriert werden.

Erbfolgerelevant sind gem. § 78d Abs. 2 Satz 1 BNotO:

– **Testamente und Erbverträge,** und zwar stets, d.h. unabhängig von dem konkreten Inhalt der Urkunde. Es spielt bei diesen beiden Urkundsarten also keine Rolle, ob ihr Inhalt die Erbfolge nach dem Erblasser beeinflussen kann. So ist **z.B. auch das Testament** registrierungspflichtig, durch das der Erblasser lediglich ein Vermächtnis aussetzt oder von seinem Vormundbenennungsrecht gem. §§ 1776, 1777 BGB Gebrauch macht (dazu oben § 14 Abschnitt III. Ziffer 3. Buchst. b)).

– **Sonstige notarielle Urkunden,** wenn nicht ausgeschlossen werden kann, dass sie die Erbfolge **beeinflussen.** Das ist z.B. bei einem Ehevertrag der Fall, durch den die Eheleute in den Güterstand der Gütertrennung wechseln (wegen der veränderten Erbquote gem. § 1931 BGB, siehe dazu oben Abschnitt IV. Ziffer 3.). Auch Rechtswahlen in einer Urkunde können die Registrierungspflicht auslösen, desgleichen Erbverzichtsverträge sowie notarielle Rücktritts- und Anfechtungserklärungen von Verfügungen von Todes wegen.

Bei vielen Gestaltungen muss aber **im Einzelfall** überlegt werden, ob eine Registrierung erforderlich ist. Die Modifizierung des gesetzlichen Güterstands der Zugewinngemeinschaft durch notariellen Ehevertrag ist z.B. dann nicht registrierungspflichtig, wenn er nur für alle Fälle der Beendigung der Ehe außer durch Tod geschlossen ist. Auch Pflichtteilsverzichtsverträge sind nicht registerpflichtig.

Beachte hierzu:

Der früher verbreitete **Ehe- und Erbvertrag ist als Erbvertrag** zu registrieren, nicht als sonstige Urkunde. Merkposten also: „Erbvertrag sticht!"

Die **Registrierungspflicht** für Notare ist in § 34a Abs. 1 BeurkG geregelt, in Absatz 2 speziell die Rückgabe eines Erbvertrags aus der notariellen Verwahrung (dazu unten Ziffer 3. Buchst. e)). Die Registrierungspflicht steht **nicht zur Disposition** der Beteiligten oder des Notars: Ist eine Urkunde erbfolgerelevant im oben beschriebenen Sinne, muss sie im ZTR registriert werden, ist sie es nicht, darf sie nicht im ZTR registriert werden.

Es ist für **jeden Erblasser** eine **separate Registrierung** vorzunehmen, bei einem gemeinschaftlichen Testament folglich zwei Registrierungen, bei einem Erbvertrag ggf. auch mehrere oder nur eine, je nachdem, wie viele Personen darin letztwillige Verfügungen errichtet haben (siehe oben Abschnitt IX. Ziffer 2.). Das ist der Grund, warum im ZTR die Zahl der Registrierungen größer ist als die der Urkunden, auf die sich diese Registrierungen beziehen.

Zu erfassen sind gem. § 1 Abs. 1 ZTRV **personenbezogene Daten** der an der Urkunde beteiligten Personen (Name, Geburtsdatum, Geburtsort), Angaben zu der **notariellen Urkunde** selbst (Art der Urkunde, Notar, Amtssitz, Errichtungsdatum, UR-Nr.) und zu ihrer **Verwahrstelle** (Notar oder Gericht). Diese Informationen ergeben sich größtenteils direkt aus dem Rubrum der notariellen Urkunde.

Für die Eindeutigkeit der Registrierung unerlässlich ist darüber hinaus die Angabe des **Geburtsstandesamts** und der **Geburtenregisternummer** des Erblassers, da diese Angaben sich zeitlebens nicht mehr ändern. Diese Daten sind bei den Urkundsbeteiligten zu erfragen, die hierfür beibringungspflichtig sind. Entsprechende Angaben finden sich auf den Geburtsurkunden (vorzugswürdig), hilfsweise auf Heiratsurkunden. Ebenso tauglich wie Geburtsurkunden sind Abstammungsurkunden, Geburtsscheine oder Abschriften des Geburtenregistereintrags.

Zur richtigen Erfassung von **Geburtsstandesamt** und **Geburtenregisternummer** können die folgenden weiteren Hinweise helfen (SEEBACH, notar 2015, 373, 376 f.):

– Sind die Erblasser trotz rechtzeitiger Erinnerung des Notariats nicht in der Lage, ihre Geburtenregisternummer spätestens zur Beurkundung beizubringen, muss der Notar dennoch **seiner Registrierungspflicht „unverzüglich"** nachkommen (§ 34a Abs. 1 BeurkG). Das ZTR bietet dann am Ende des Registrierungsprozesses ein Musterschreiben zum Download an, mit dessen Hilfe der Notar bei dem Geburtsstandesamt des Erblassers die (i.d.R. kostenpflichtige!) Übersendung einer Geburtsurkunde anfordern kann. Eine Amtspflicht des Notars, dies zu tun, besteht nicht. Die später mitgeteilte Geburtenregisternummer kann (und muss) dann in der ZTR-Weboberfläche unter „Einsicht/Bearbeiten" > „Geburtenregisternummer ergänzen" **nachgetragen** werden.

— Die Angabe von Geburtsstandesamt und Geburtenregisternummer ist **nicht erforderlich**, wenn die Geburt des Erblassers **nicht im Inland beurkundet worden ist**. Grund ist, dass das geltende Recht am ausländischen Geburtsort womöglich gar kein Geburtenregister kennt. Freilich ist eine freiwillige Registrierung dieser Angaben, soweit vorhanden, nicht verboten. Maßgeblich für die Abgrenzung, ob es sich für die Zwecke des Registerbetriebs um eine inländische oder ausländische Geburt handelt, ist das **heutige deutsche Staatsgebiet**. Einen Sonderfall bildet die Geburt auf dem vom ehemaligen Deutschen Reich verwalteten Gebiet. Wurde sie seinerzeit von einem deutschen Standesbeamten nach deutschen Rechtsvorschriften beurkundet, handelt es sich personenstandsrechtlich um einen Inlandsfall. Im ZTR kann als Geburtsland aber auch die damalige Region (z.B. Schlesien oder Ostpreußen) angegeben werden. Die Angabe von „Polen" als Geburtsland träfe in den soeben genannten Beispielsfällen registerrechtlich dagegen nicht zu. Bildet das vormalige deutsche Ostgebiet einen Namensbestandteil des Geburtsorts (z.B. Waldenburg (Schles.)), genügt es, diesen als Geburtsland zu erfassen und den Zusatz beim Geburtsort wegzulassen.

— Erblasser, die in der **ehemaligen DDR** geboren wurden, sind für die Zwecke des ZTR als in Deutschland geboren, d.h. unter zwingender Angabe von Geburtsstandesamt und Geburtenregisternummer, zu registrieren.

— **Historische Ortsnamen** sind mit ihrer zum Geburtszeitpunkt maßgeblichen Bezeichnung zu registrieren (z.B. Karl-Marx-Stadt anstatt Chemnitz).

— Eine inländische Geburt liegt auch dann vor, wenn eine Geburt im Ausland von einem deutschen Standesamt gem. § 36 PStG **nachbeurkundet** worden ist. Ein von Deutschland abweichendes Geburtsland ist daher nicht in jedem Fall (automatisch) ein Auslandsfall i.S.d. § 1 Satz 1 Nr. 1 Buchst. c) zweiter Halbsatz ZTRV.

Jede beim ZTR elektronisch vorgenommene Registrierung wird durch eine **Eintragungsbestätigung des ZTR** bescheinigt. Aus ihr sind die hinterlegten Daten ersichtlich. Das grafisch leicht vereinfachte **Beispiel** einer solchen Eintragungsbestätigung für die Neuregistrierung eines notariellen Testaments zeigt die nachstehende Abbildung 14. Diese Eintragungsbestätigungen sind wichtig, da sie **zur Urkundensammlung zu nehmen** sind (§ 20 Abs. 2 DONot) und – bei Erbverträgen – die Führung des **Erbvertragsverzeichnisses in Karteiform** erlauben (§ 9 Abs. 2 DONot; siehe unten Ziffer 3.).

Weitere praktische Tipps

– Bei Fragen rund um die Registrierung von erbfolgerelevanten Urkunden im ZTR bietet die **Online-Hilfe der Bundesnotarkammer** eine fundierte Hilfestellung. Sie kann ganz normal über das Internet abrufen werden unter *www.ztr-onlinehilfe.testamentsregister.de*. Der Stand der Online-Hilfe entspricht grundsätzlich der Versionsnummer des ZTR. Es kann aber gelegentlich zu kleineren zeitlichen Verzögerungen bei der Aktualisierung kommen.

– Der qualifizierte fachliche und technische **Support des ZTR** steht Notaren und Notariatsmitarbeitern unter *notare@testamentsregister.de* sowie unter der gebührenfreien Festnetznummer 0800-3550600 in der Zeit von 7:00 Uhr bis 17:00 Uhr (Mo–Do) und 7:00 Uhr bis 13:00 Uhr (Fr) zur Verfügung.

– Aktuelle Anwendungsprobleme aus notarieller Sicht sind zusammengetragen bei SEEBACH, notar 2015, 373; daneben können die Kommentierungen von § 78b BNotO konsultiert werden, z.b. aktuell DIEHN/DIEHN, BNotO, 2015.

Kostenhinweis

Für jede (Neu-)Registrierung im ZTR fällt eine **Registrierungsgebühr** gemäß der Testamentsregister-Gebührensatzung (ZTR-GebS) an. Üblicherweise verauslagt der Notar die Registrierungskosten der von ihm registrierten Urkunden für die Beteiligten (vgl. § 3 ZTR-GebS) und stellt ihnen diese Kosten zusammen mit seiner eigenen Kostennote in Rechnung (Grundlage: Nr. 32015 KV GNotKG). In diesem Fall kostet eine Registrierung im ZTR **einmalig 15 €** je Erblasser (§ 1 Abs. 2 ZTR-GebS).

Vergleiche zum Thema „ZTR" SEEBACH, notar 2015, 373; BÜTTNER/FROHN/SEEBACH, Elektronischer Rechtsverkehr und Informationstechnologie im Notariat, 2019, Kapitel 4.

Abbildung 14: Eintragungsbestätigung des ZTR

EINTRAGUNGSBESTÄTIGUNG

ZENTRALES
TESTAMENTSREGISTER
BUNDESNOTARKAMMER

Neuregistrierung

Die nachstehenden Verwahrangaben wurden in das Zentrale
Testamentsregister aufgenommen. Bitte überprüfen Sie diese,
insbesondere die Erblasserdaten.

VORGANGSDATUM
06.01.2016

REGISTRIERUNGSNUMMER
29872110

ANREDE	VORNAME(N)
Frau	Luise

FAMILIENNAME	GEBURTSNAME
Meyer	Hansen

GEBURTSORT (KREIS: Bremen – PLZ: 28195)	GEBURTSDATUM
Bremen	15.03.1966

GEBURTSSTANDESAMT (BEHÖRDENNUMMER: 04011001 – Bremen)	GEBURTENREGISTERNUMMER
Bremen-Mitte	175/1966

URKUNDE	URKUNDENROLLENNUMMER	URKUNDENDATUM
Notarielles Testament	17/2016	05.01.2016

NOTAR	AMTSSITZ
Dr. Max Mustermann	Musterstadt

VERWAHRSTELLE	ZTR-VERWAHRNUMMER
Amtsgericht Musterstadt	

ANSCHRIFT VERWAHRSTELLE	EIGENES VERWAHRKENNZEICHEN
Gerichtsplatz 3, 12345 Musterstadt	—

WEITERE REGISTRIERUNGEN ZU DIESER URKUNDE	BEMERKUNGEN

GEBÜHRENFESTSETZUNG   15,00 €   AMTLICHE HINWEISE

Die Gebühr wurde nach § 1 Abs. 2 ZTR-GebS festgesetzt. Sie wird durch den Notar für die
Registerbehörde erhoben.

Bundesnotarkammer, kd.ö.R.
Internet: www.testamentsregister.de
E-Mail: info@testamentsregister.de

Zentrales Testamentsregister
Telefon: 0800 35 50 600 (gebührenfrei)
Telefax: 030 38 38 66 88

06.01.2016 09.13.02

100-523687

2. Abwicklung eines notariellen Testaments

a) Verbringung in die besondere amtliche Verwahrung

Die **Urschrift** eines notariellen Testaments (Einzeltestaments ebenso wie gemeinschaftlichen Testaments) hat der Notar in einen **Umschlag** zu nehmen und diesen mit dem **Prägesiegel** zu verschließen (§ 34 Abs. 1 Satz 1 BeurkG). Die Verwendung des Lacksiegels ist nicht zwingend erforderlich, das Oblatensiegel ausreichend. Üblicherweise werden zwei Siegel, je eines an den beiden mittigen Enden des rückseitigen Klebestreifens, aufgebracht.

Auf die **Vorderseite des Umschlags** ist eine sogenannte **Aufschrift** mit dem in § 34 Abs. 1 Satz 3 BeurkG vorgegebenen Inhalt zu setzen. Über die Web-Anwendung des ZTR kann der Text einer den gesetzlichen Anforderungen genügenden Aufschrift generiert und – bei Vorhandensein eines entsprechenden (lokalen oder Netzwerk-)Druckers im Notariat – direkt auf den üblicherweise hellbraunen Umschlag aufgedruckt werden.

Das grafisch leicht vereinfachte **Beispiel** einer mithilfe des ZTR generierten Aufschrift zeigt die nachstehende Abbildung 15.

Abbildung 15: ZTR-Aufdruck Testamentsumschlag

ZENTRALES		Amtsgericht Musterstadt
TESTAMENTSREGISTER	VERWAHRUNGSBUCHNUMMER	21/2016
BUNDESNOTARKAMMER		ZTR-VERWAHR-NUMMER

| ERBLASSER ZU 1: ZTR.REG-Nr. | ERBLASSER ZU 2: ZTR.REG-Nr. | |
| 12982314 | 1298235 | |

Herr	Frau	ANREDE
Peter Josef	Anneliese	VORNAME
Müller	Müller	FAMILIENNAME
	Schmitz	GEBURTSNAME
24.12.1967	31.12.1968	GEBURTSDATUM
KREIS: Berlin-Stadt – PLZ: 10587	KREIS: Nürnberg – PLZ: 90403	
Berlin-Charlottenburg-Wilmersdorf	Nürnberg	GEBURTSORT
Berlin-Charlottenburg, heute Charlottenburg	I Nürnberg, heute Nürnberg	GEBURTSSTANDESAMT
5918/1967	2798/1968	GEBURTSREGISTERNUMMER

URKUNDE / DATUM / URNR.		UNTERSCHRIFT DES MELDERS
Notarielles gemeinschaftliches Testament		
vom 16.01.2014, URNr. 57/2014		

| NOTAR / AMTSSITZ | | |
| Dr. Max Mustermann, Musterstadt | | - |

| NACH ABLEBEN DES ERBLASSERS ZU ... | ERÖFFNET AM ... UND WIEDERVERSCHL. | AMTSGERICHT | UNTERSCHRIFT |

- - - - - - - - - - - - - - - - - - - -

Die Aufschrift muss an der vorgesehenen Stelle vom Notar (im Muster als „Melder" bezeichnet) **unterschrieben** werden und wird – obwohl im ZTR-Musteraufdruck nicht vorgesehen – üblicherweise mit dem Farbdrucksiegel links neben der Unterschrift gesiegelt.

848

Die so behandelte Urschrift ist **unverzüglich** in die **besondere amtliche Verwahrung des Nachlassgerichts** zu geben. Anders als beim Erbvertrag (siehe unten Ziffer 3. Buchst. a)) ist der Erblasser nicht befugt, über das Ob der Hinterlegung zu disponieren: Jedes notarielle Testament **muss zwingend** in die besondere amtliche Verwahrung des Nachlassgerichts verbracht werden.

Lediglich bei dem Gericht, das das Testament amtlich verwahren soll, besteht Wahlfreiheit: **Örtlich zuständig** ist zwar grundsätzlich das Amtsgericht – Nachlassgericht –, in dessen Bezirk der **Notar seinen Amtssitz** hat (§ 344 Abs. 1 Satz 1 Nr. 1 FamFG). Der Erblasser kann aber verlangen, dass sein Testament bei einem **(beliebigen) anderen Amtsgericht** hinterlegt wird (§ 344 Abs. 1 Satz 2 FamFG). Ein solches Verlangen kann zweckmäßig sein, wenn der Wohnsitz des Erblassers im örtlichen Zuständigkeitsbereich eines anderen Nachlassgerichts liegt; es erspart ihm, falls er das Testament aus der amtlichen Verwahrung zurücknehmen will, die Fahrt zu einem anderen, möglicherweise weit entfernten Amtsgericht. Hinzu kommt, dass das Amtsgericht des Wohnsitzes meist auch das spätere Nachlassgericht sein wird. In solchen Fällen bespricht der Notar zweckmäßigerweise mit dem Erblasser, wo die anschließende Hinterlegung erfolgen soll.

Nach Zahlung der gerichtlichen **Verwahrungsgebühr** (sie beträgt pauschal pro Testament, auch pro gemeinschaftlichem Testament, 75 €, vgl. Nr. 12100 KV GNotKG) erhält der Erblasser einen **Hinterlegungsschein**. Dieser bezeugt in öffentlicher Urkunde den Vorgang der Hinterlegung. Auf ihm findet sich auch die Verwahrungsbuchnummer, unter der das Testament beim Nachlassgericht „abgelegt" ist. Bedeutung erlangt der Hinterlegungsschein vor allem beim Widerruf dieses Testaments. Die **Rücknahme des notariellen Testaments** aus der besonderen amtlichen Verwahrung des Nachlassgerichts hat die Rechtswirkung eines Widerrufs dieses Testaments (§ 2256 Abs. 1 Satz 1 BGB; beachte: diese Wirkung tritt nicht ein bei Rückgabe eines eigenhändig errichteten Testaments, § 2256 Abs. 3 BGB). Will der Erblasser das Testament aus der Verwahrung zurücknehmen, muss er das höchstpersönlich tun. Denn schließlich ist die Rücknahme das Gegenstück zur höchstpersönlichen Errichtung. Das Nachlassgericht wird dabei zusätzlich die **Vorlage des Hinterlegungsscheins** verlangen. Auch bei gemeinschaftlichen Testamenten wird nur ein Hinterlegungsschein erteilt, da die Eheleute das Testament auch nur gemeinsam aus der amtlichen Verwahrung zurücknehmen können (§ 2272 BGB).

Ihre spezifische Bedeutung hat die Rücknahme eines Testaments aus der besonderen amtlichen Verwahrung, wenn dem Erblasser nicht nur an der rechtlichen Aufhebung, sondern auch daran gelegen ist, dass die Nachwelt **nichts vom Inhalt des aufgehobenen Testaments erfährt.** Diesen Zweck kann nur die Rücknahme aus der amtlichen Verwahrung erfüllen: Nach dem Tod des Erblassers werden nämlich alle von ihm errichteten Verfügungen von Todes wegen eröffnet, die sich noch in amtlicher Verwahrung befinden, und zwar völlig unabhängig davon, ob diese der Erblasser zwischenzeitlich widerrufen hat oder sie sonst unwirksam geworden sind (siehe schon oben Abschnitt VII. Ziffer 13.).

b)   Führung der Urkundensammlung

Der Notar muss **bei Abgabe** des notariellen Testaments an die Verwahrstelle (Nachlassgericht) ein **Vermerkblatt** mit dem Inhalt gem. § 20 Abs. 1 Satz 1, 2 DONot zu seiner Urkundensammlung nehmen.

Das ZTR bietet den Service, mit den hinterlegten Daten aus dem Registrierungs-vorgang auch ein solches Vermerkblatt über die Web-Anwendung zu generieren und lokal auszudrucken. Das grafisch leicht vereinfachte **Beispiel** eines solchen Vermerkblatts für ein gemeinschaftliches Testament zeigt die nachstehende Abbil-dung 16.

Die Dienstordnung geht davon aus, dass allein das Vermerkblatt die Urschrift des Testaments für die Zwecke der Urkundensammlung vertritt. Nur auf Wunsch der Beteiligten soll der Notar eine **beglaubigte Abschrift** der Verfügung von Todes we-gen für die Urkundensammlung zurückbehalten. Die beglaubigte Abschrift ist dann ihrerseits in einem verschlossenen Umschlag zur Urkundensammlung zu nehmen, es sei denn, dass sich die Beteiligten mit der offenen, d.h. unverschlosse-nen Aufbewahrung einverstanden erklären (§ 20 Abs. 1 Satz 3, 4 DONot). Diese beiden dienstrechtlich zugelassenen Ausnahmen (Zurückbehalten einer Abschrift des Testaments und offene Verwahrung) bilden in der Praxis den **Regelfall** (so auch oben Abschnitt VIII. Ziffer 6. Buchst. b) im Gesamtmuster eines gemein-schaftlichen Testaments).

Ebenfalls zur Urkundensammlung zu nehmen ist ein **Ausdruck** der ZTR-Registrierungsbestätigung (§ 20 Abs. 2 DONot).

Abbildung 16: ZTR-Vermerkblatt

VERMERKBLATT (§ 20 ABS. 1 DONOT)

ZENTRALES
TESTAMENTSREGISTER
BUNDESNOTARKAMMER

Notar

Der Erblasser hat mir seinen letzten Willen

REGISTRIERUNGSDATUM
17.01.2016

☒ zur Niederschrift erklärt.

☐ durch Übergabe einer offenen / verschlossenen Schrift erklärt.

ZTR-VERWAHRNUMMER
21/2016

URKUNDE	URKUNDENDATUM	URKUNDENROLLENNUMMER
Notarielles gemeinschaftliches Testament	16.01.2016	57/2016

VERWAHRGERICHT
Amtsgericht Musterstadt, Gerichtsplatz 3, 12345 Musterstadt

(REG-NR. 1182540)

ANREDE	VORNAME(N)
Herr	Peter Josef

FAMILIENNAME	GEBURTSNAME
Müller	

GEBURTSORT (KREIS: Berlin, Stadt – PLZ: 10587)	GEBURTSDATUM
Berlin-Carlottenburg-Wilmersdorf	24.12.1967

WOHNORT
Musterstadt

(REG-NR. 1182541)

ANREDE	VORNAME(N)
Frau	Anneliese

FAMILIENNAME	GEBURTSNAME
Müller	Schmitz

GEBURTSORT (KREIS: Nürnberg – PLZ: 90403)	GEBURTSDATUM
Nürnberg	31.12.1968

WOHNORT
Musterstadt

ZEUGEN, ZWEITE/R NOTAR/IN

ICH HABE DIE URKUNDE HEUTE AN DAS
AMTSGERICHT MUSTERSTADT ABGELIEFERT.

DATUM

UNTERSCHRIFT NOTAR

Notar Dr. Max Mustermann	Telefon: 01234/56789-0
Bürostraße 4	Telefax: 01234/56789-30
12345 Musterstadt	E-Mail: notar@notar-muster.de

17.01.2016 12:03:47

481130722

851

3.   Abwicklung eines Erbvertrags

a)   Verbringung in die besondere amtliche Verwahrung

Auch beim Erbvertrag ist als **gesetzlicher Regelfall** (§ 34 Abs. 2 Satz 1 BeurkG) vorgesehen, dass der Notar die Urschrift des Erbvertrags im verschlossenen, gesiegelten und mit Aufschrift versehenen Umschlag in die **besondere amtliche Verwahrung** des Nachlassgerichts gibt. Für die Zuständigkeit zur Verwahrung gilt das zu den notariellen Testamenten Gesagte entsprechend (§ 344 Abs. 3 FamFG): Örtlich zuständig ist das Amtsgericht, in dessen Bezirk der Notar seinen Amtssitz hat, es sei denn, der Erblasser wählt die Hinterlegung bei einem (beliebigen) anderen Amtsgericht (§ 344 Abs. 1 Satz 2 FamFG).

Auch bezüglich der **Verwahrungsgebühr** bei Gericht (sie beträgt auch beim Erbvertrag pauschal 75 € gem. Nr. 12100 KV GNotKG) und des **Hinterlegungsscheins** gelten die Ausführungen zum (gemeinschaftlichen) Testament entsprechend (oben Ziffer 2. Buchst. b)).

Der Erbvertrag kann von den Parteien später aus der gerichtlichen Verwahrung **zurückgenommen** werden. Die diesbezüglichen Voraussetzungen und Rechtsfolgen sind unten Buchst. f) näher erläutert.

b)   Notarielle Verwahrung; Urkundensammlung

Anders als beim notariellen Testament haben die Beteiligten beim Erbvertrag die Möglichkeit, die **gerichtliche Verwahrung auszuschließen** und stattdessen **den Notar** mit der Verwahrung des Erbvertrags zu betrauen (§ 34 Abs. 2 erster Halbsatz BeurkG). Die Entscheidung hierüber obliegt den Beteiligten, wobei das Gesetz in einem Spezialfall genau diese vermutet: nämlich dann, wenn der Erbvertrag mit einem anderen Vertrag (insbesondere Ehevertrag) in derselben notariellen Urkunde verbunden ist (§ 34 Abs. 2 zweiter Halbsatz BeurkG). Von der Möglichkeit der notariellen Verwahrung von Erbverträgen macht die Notarpraxis oft Gebrauch, wobei es regionale Gepflogenheiten gibt. Für ein Formulierungsbeispiel siehe oben Abschnitt IX. Ziffer 6.

Der Notar darf Erbverträge, die in seiner Verwahrung bleiben, gesondert von seiner Urkundensammlung aufbewahren (§ 18 Abs. 4 Satz 1 DONot), nämlich in einer **Erbvertragssammlung**, die sich z.B. in einem separat verschließbaren und feuersicheren Stahlschrank befindet.

Grund ist, dass die Urschriften dieser Erbverträge bei Eintritt des Todes des Erblassers zum Zweck der Eröffnung an das Nachlassgericht abgeliefert werden (§ 34a Abs. 3 Satz 1 BeurkG) und somit ohnehin eines Tages aus der Urkundensammlung ausscheiden müssen. Dann soll sie der Notar von Anfang an in einer separaten Stelle aufbewahren dürfen.

Wird die Urschrift des Erbvertrags separat aufbewahrt, ist für die **Urkundensammlung** ein **Vermerkblatt** entsprechend § 20 Abs. 1 DONot (d.h. wie bei den Testamenten, siehe oben Abbildung 16) oder eine **beglaubigte Abschrift** des Erbvertrags zu fertigen. Das ZTR bietet bei Registrierung eines Erbvertrags auch dieses Vermerkblatt zum Download und Ausdruck an.

Wird eine beglaubigte Abschrift des Erbvertrags zum Verbleib beim Notar gefertigt – sei es als Alternative zum Vermerkblatt, sei es auf entsprechenden Wunsch der Beteiligten –, sind diese in verschlossenem **Umschlag** zur Urkundensammlung zu nehmen, es sei denn, die Beteiligten sind mit der offenen Aufbewahrung einverstanden (§ 18 Abs. 4 Satz 2 DONot). Das Einverständnis muss schriftlich erfolgen; in der Praxis wird es im notariellen Protokoll selbst erklärt, was natürlich formwahrend ist (§ 126 Abs. 4 BGB). Für ein Formulierungsbeispiel siehe oben Abschnitt IX. Ziffer 6.

In jedem Fall ist zur Urkundensammlung auch die **Registrierungsbestätigung des ZTR** zu nehmen (§ 20 Abs. 2 DONot).

Kostenhinweise

Auch wenn ein Erbvertrag i.d.R. für lange Jahre durch den Notar (und ggf. seinen Amtsnachfolger als Aktenverwahrer, § 51 Abs. 1 BNotO) verwahrt und im Todesfall an das zuständige Nachlassgericht abgeliefert werden muss, was mit entsprechenden Kosten verbunden ist, erhält er – anders als das Nachlassgericht – für die amtliche Verwahrung der Urkunde keine weitere Gebühr, ebensowenig wie für die Verwahrung sonstiger Urschriften. Die Verwahrung und Ablieferung ist vielmehr in der Beurkundungsgebühr mit enthalten.

Beachte hierzu:

Der Notar muss die Vertragsparteien nicht von sich aus darauf hinweisen, dass bei einer notariellen Verwahrung die gerichtliche Verwahrungsgebühr i.H.v. 75 € (Nr. 12100 KV GNotKG) „gespart" werden kann. Es liegt auch keine Amtspflichtverletzung vor, wenn der Notar einen Erbvertrag in die besondere amtliche Verwahrung des Nachlassgerichts gibt.

c)   Späterer Wechsel der Verwahrstelle

Die Entscheidung der Beteiligten, ob der Erbvertrag bei Notar oder Gericht verwahrt werden soll, muss bei Errichtung der Urkunde getroffen werden. Diese Entscheidung kann aber **später jederzeit abgeändert werden**, sofern alle Vertragsparteien einverstanden sind:

– So hat der Notar einen bislang von ihm verwahrten Erbvertrag an das nach § 344 Abs. 1 Satz 1 Nr. 1, Satz 2, Abs. 3 FamFG **zuständige Nachlassgericht abzuliefern**, wenn die (= alle!) Vertragsbeteiligten später die besondere amtliche Verwahrung durch ein bestimmtes Nachlassgericht wünschen. Dieser Wunsch sollte schriftlich dokumentiert sein, braucht aber keiner Begründung. Im ZTR muss der Notar dann die **neue Verwahrstelle** registrieren (Menüpunkt „Registrierungen", Untermenüpunkt „Umzug einer notariellen Urkunde"). Das ZTR zeigt dort die „umzugsfähigen" Erbverträge direkt in der Auswahlliste an, so dass der fragliche Erbvertrag nur noch ausgewählt und die neue Verwahrstelle (Nachlassgericht) eingetragen werden muss. Von dort kommt dann nach Erhalt der Urschrift eine Empfangsbestätigung über das ZTR.

– Umgekehrt kann ein Erbvertrag auf Wunsch aller Vertragsbeteiligten auch **vom Gericht zum Notar** „umziehen". Dann nimmt der Notar die Urkunde wieder in seine Verwahrung. Die Registrierung der neuen Verwahrstelle im **ZTR** stößt das abgebende Nachlassgericht an.

Beachte in der Praxis:

Beide Fälle des Wechsels der Verwahrstelle (von Notar zu Gericht und umgekehrt) sind **nicht zu verwechseln** mit der Rückgabe des Erbvertrags an die Beteiligten. Insbesondere beseitigt der Wechsel der Verwahrstelle nicht die Wirksamkeit des Erbvertrags; sonst wäre ja sein Umzug überflüssig! Selbstverständlich kann der Erbvertrag auch aus der amtlichen (gerichtlichen oder notariellen) Verwahrung **zurückgenommen** werden. Die Rücknahme hat aber ganz andere Voraussetzungen und Rechtsfolgen, die unten bei Buchst. f) näher erläutert sind.

d)   Nachforschungspflichten gem. § 20 Abs. 5 DONot i.V.m. § 351 FamFG

Der Notar liefert einen von ihm verwahrten Erbvertrag an das Nachlassgericht ab, wenn er von dem **Eintritt des Erbfalls** Kenntnis erlangt hat.

Was aber gilt, wenn eine Todesfallnachricht **auch lange Zeit nach der Errichtung** des Erbvertrags nicht eintrifft? Darauf gibt § 20 Abs. 5 DONot Antwort, der besagt: Befindet sich ein Erbvertrag **länger als 30 Jahre** in notarieller Verwahrung (ab Datum der Errichtung), so muss der Notar

– von Amts wegen **ermitteln**, ob der Erblasser **noch lebt** (§ 351 Satz 1 FamFG),

– den Erbvertrag ggf. an das Nachlassgericht zum Zwecke der **Eröffnung abliefern**, die Ablieferung dem **ZTR** mitteilen und eine beglaubigte Abschrift zu seiner Urkundensammlung nehmen, falls ein Erblasser verstorben ist oder sich nicht ermitteln lässt, dass der Erblasser noch lebt (§ 351 Satz 2 FamFG), andernfalls

– das vorstehende Überprüfungsverfahren **spätestens alle fünf Jahre wiederholen** (§ 20 Abs. 5 Satz 4 DONot).

Auf welche Weise der Notar seiner Amtsermittlungspflicht aus § 20 Abs. 5 DONot i.V.m. § 351 FamG nachzukommen hat, ist eine **Frage des Berufsrechts,** die nicht für jeden denkbaren Fall immer zu gleichen Antworten führen dürfte (vgl. näher KORDEL, DNotZ 2009, 644):

– Die Nachforschungspflicht des Notars kann insbesondere durch eine **Anfrage beim** (inländischen) **Geburtsstandesamt** des Erblassers erfüllt werden. Denn der Tod des Erblassers würde dort im Geburtenregister vermerkt (§ 27 Abs. 4 Satz 2 Nr. 3 PStG). Die Auskunft ist allerdings nach teilweise geübter Verwaltungspraxis gebührenpflichtig (ca. 15 € je Auskunft).

– Zumindest als Einzelfallabfrage kostenfrei (§ 34 Abs. 6 Satz 1 BMG) ist hingegen eine **melderechtliche Abfrage** zu dem Erblasser bei dem Einwohnermeldeamt der zuletzt bekannten Adresse. Eine Datenübermittlung ist dann gem. § 34 Abs. 1 Satz 1 BMG zulässig, da die Fortlebensüberprüfung des Notars eine öffentliche Aufgabe ist; mitgeteilt werden können u.a. Sterbedatum und Sterbeort (§ 34 Abs. 1 Satz 1 Nr. 14 BMG). Da die zuletzt bekannte Meldeanschrift nicht mehr der aktuellen Meldeanschrift entsprechen muss, kann ggf. erst über mehrere hintereinander geschaltete Anfragen Klarheit geschaffen werden.

– Schließlich kommt – flankierend – auch eine **Abfrage des ZTR** in Betracht, die der Notar selbst durchführen kann (unter dem Menüpunkt „Registerabfragen" > „Registrierungen suchen"). Der verwahrende Notar darf eine solche Registerabfrage gerade auch zum Zwecke der Fortlebensüberprüfung durchführen. Für sie ist (nach überzeugender und soweit ersichtlich unbestrittener Auffassung) das Einverständnis des Erblassers nach § 78f Abs. 1 Satz 3 BNotO, sollte dieser tatsächlich noch leben, nicht erforderlich bzw. gilt als erteilt. Erblasser, von deren Versterben das ZTR Kenntnis erlangt hat, werden in der Registerauskunft unter Hinweis auf die jeweilige Sterbefallmitteilung des Sterbestandsamts als „verstorben" gekennzeichnet. Fehlt ein solcher Hinweis, ist dies ein Indiz, aufgrund der nicht immer befriedigenden Qualität der TVÜ-Ausgangsdaten (siehe oben Ziffer 1. Buchst. b)) aber (leider) kein sicherer Beweis dafür, dass der Erblasser noch lebt.

e)   Führung eines Erbvertragsverzeichnisses

Der Notar hat **ein Erbvertragsverzeichnis** zu führen.

Das Erbvertragsverzeichnis soll **sicherstellen**, dass der Notar in den gesetzlich vorgeschriebenen Intervallen (§ 20 Abs. 5 DONot, siehe soeben) tatsächlich überprüft, ob versehentlich eine Sterbefallmitteilung unterblieben ist und er deshalb von sich aus den Erbvertrag zur Eröffnung dem zuständigen Nachlassgericht übermitteln muss.

Bei dieser Aufgabe erleichtert das Erbvertragsverzeichnis als spezielles Verzeichnis dem Notar (bzw. dessen Amtsnachfolger) das **Auffinden** dieser einschlägigen Urkunde aus der Masse der Beurkundungen eines jeden Jahrgangs.

Dementsprechend hat der Notar das Erbvertragsverzeichnis am Jahresende auf diese Erbverträge hin durchzusehen und die Durchsicht und deren Ergebnis durch einen von ihm unterzeichneten Vermerk zu bestätigen, § 20 Abs. 5 Satz 3 DONot.

Inhalt des Erbvertragsverzeichnisses sind (§ 9 Abs. 1 Satz 3 DONot):

–   die Namen der Erblasser, ihre Geburtsdaten, der Tag der Beurkundung, Nummer der Urkundenrolle,

–   sofern die Ablieferung an das Nachlassgericht bereits erfolgt ist, das Gericht und der Tag der Abgabe (§ 9 Abs. 3 DONot).

Der Notar muss die **Eintragungen** in das Erbvertragsverzeichnis zeitnah, spätestens 14 Tage nach der Beurkundung, in ununterbrochener Reihenfolge vornehmen und jahrgangsweise mit laufenden Nummern versehen (§ 9 Abs. 1 Satz 2 DONot).

Alternativ zur Verzeichnisform kann der Notar das Erbvertragsverzeichnis auch **als Kartei** führen (§ 9 Abs. 2 DONot). Die Kartei enthält die **Registrierungsbestätigungen** des ZTR über die Registrierung der Erbverträge, die in zeitlicher Reihenfolge geordnet und mit laufenden Nummern versehen aufbewahrt werden müssen (sog. Benachrichtigungskartei).

Wird der Erbvertrag **später** in besondere amtliche Verwahrung gebracht oder an das Amtsgericht abgeliefert (§ 20 Abs. 4 und 5 DONot), sind das Gericht und der Tag der Abgabe in das Erbvertragsverzeichnis oder die Benachrichtigungskartei einzutragen.

Beachte abschließend:

Mit Einführung des **elektronischen Urkundenarchivs** (siehe oben § 2 Abschnitt V. Ziffer 2.) wird zum 01.01.2020 im elektronischen Urkundenarchiv auch das Erbvertragsverzeichnis genuin **elektronisch geführt** werden.

f)   Spätere Rückgabe aus der notariellen Verwahrung

Haben die Vertragsparteien des Erbvertrags die notarielle Verwahrung gewählt, können sie den Vertrag **aufheben**, indem sie ihn aus der notariellen Verwahrung zurücknehmen (§ 2300 Abs. 2 Satz 3 BGB). Die **Unwirksamkeitsfolge** erfasst den gesamten Erbvertrag und nicht nur die darin enthaltenen vertragsmäßigen Verfügungen.

Der Notar als Verwahrstelle darf die Urschrift nur dann zurückgeben, wenn das Rückgabeverlangen **von allen Vertragsparteien gemeinsam** gestellt wird (§ 2300 Abs. 2 Satz 2 BGB). Gemeinsam ist hier **auch zeitlich** zu verstehen: Alle Beteiligten müssen gleichzeitig vor dem Notar erscheinen, wie beim Abschluss des Erbvertrags auch. Wie sein Abschluss ist die Rücknahme des Erbvertrags für den Erblasser ebenfalls nur **höchstpersönlich** möglich (§§ 2300 Abs. 2 Satz 2 zweiter Halbsatz, 2290 Abs. 2 Satz 1 BGB). Erblasser und die übrigen Vertragsteile müssen bei der Rücknahme **voll geschäftsfähig** sein, wobei zugunsten des Erblassers die errichtungsbezogenen Ausnahmen (§ 2275 BGB) gelten (§§ 2300 Abs. 2 Satz 2 zweiter Halbsatz, 2290 Abs. 2 Satz 2, Abs. 3 BGB).

Eine Rückgabe kommt ferner **nur bei Erbverträgen** in Betracht, die **ausschließlich** Verfügungen von Todes wegen enthalten (§ 2300 Abs. 2 Satz 1 BGB). Damit scheidet z.B. die Rückgabe eines (früher aus Gründen der Kostenersparnis häufig gewählten) Ehe- und Erbvertrags aus.

Zur **praktischen Relevanz** der Rückgabe der letztwilligen Verfügung (keine Eröffnung im Todesfall) siehe bereits oben Ziffer 2. Buchst. a) zum notariellen Testament.

Die Rückgabe eines Erbvertrags aus der notariellen Verwahrung muss der Notar nach näherer Maßgabe von § 20 Abs. 3 DONot **aktenkundig** machen. In der Praxis geschieht dies durch ein notarielles Protokoll, das wie folgt formuliert werden kann:

Muster: Rückgabe eines Erbvertrags

Zu Urkundenrolle Nummer 1976/2012

Am heutigen 15.05.2019 erschienen vor mir die Geschwister

1. Herr Hans-Peter Krauß, geboren 11.06.1943,

   wohnhaft An der Burg 19, 12345 Musterstadt,

   – ausgewiesen durch Bundespersonalausweis –

2. Frau Brigitte Krauß, geboren 18.05.1945,

   wohnhaft An der Burg 19, 12345 Musterstadt,

   – ausgewiesen durch Reisepass –

Ich überzeugte mich durch die geführte Unterredung von der Geschäftsfähigkeit der Erschienenen.

Die Erschienenen wünschten die Rücknahme des von ihnen am 05.12.2012 zu Urkundenrolle Nummer 1976/2012 meines Amtsvorgängers, des Notars Kurt Müller in Musterstadt, errichteten Erbvertrags aus der notariellen Verwahrung. Sie beantragten bei mir dessen Rückgabe. Ich habe den Erschienenen die Urschrift der vorgenannten Urkunde vorgelegt. Sie bestätigten, dass es sich dabei um die Urschrift desjenigen Erbvertrags handele, deren Rückgabe sie beantragen.

Ich überzeugte mich davon, dass der vorgenannte Erbvertrag nur zwischen den heute Erschienenen geschlossen wurde und er nur Verfügungen von Todes wegen enthält.

Ich habe die Erschienenen darüber belehrt, dass durch die Rücknahme

– der Erbvertrag vom 05.12.2012 seinem gesamten Inhalt nach unwirksam ist; diese Belehrung habe ich auch auf dem Erbvertrag vermerkt;

– frühere Verfügungen von Todes wegen des Erblassers, die durch den Erbvertrag unwirksam geworden sind, wieder wirksam werden,

– ohne neue Verfügung von Todes wegen der Erblasser nach gesetzlicher Erbfolge beerbt wird.

Daraufhin habe ich die mit dem Unwirksamkeitsvermerk versehene Urschrift des Erbvertrags den Erschienenen persönlich ausgehändigt. Mit ihrer Zustimmung habe ich eine einfache Abschrift des Erbvertrags zur Urkundensammlung genommen.

Die Erschienenen bestätigen mit ihrer Unterschrift, dass sie die Urschrift des Erbvertrags vom 05.12.2002 erhalten haben.

Musterstadt, den 15.05.2019

...

(Unterschrift Hans-Peter Krauß)   (Unterschrift Brigitte Krauß)

...

(Unterschrift Notar Dr. Max Mustermann in Musterstadt)

als amtlich bestellter Verwahrer
der Urkunden des Notars
Kurt Müller in Musterstadt

Kostenhinweis

Geschäftswert: §§ 114, 102 Abs. 1 GNotKG: modifiziertes Reinvermögen des Erblassers (zum Zeitpunkt der Rückgabe).

Gebührensatz: 0,3-Gebühr (Nr. 23100 KV GNotKG

Mit dieser Gebühr sind alle notariellen Tätigkeiten im Rahmen der Rückgabe abgegolten, nicht aber eine etwaige neue erbrechtliche Beratung. Die 0,3-Verfahrensgebühr wird **auf die Beurkundungsgebühr angerechnet,** wenn derselbe Erblasser demnächst nach Rückgabe erneut vor demselben Notar von Todes wegen verfügt (vgl. Anm. zu Nr. 23100 KV GNotKG). Die **Anrechnung** erfordert also einen zeitlichen Zusammenhang zwischen der Rückgabe des Erbvertrags und der Beurkundung der neuen letztwilligen Verfügung. Eine starre zeitliche Frist gibt es nicht, jedoch wird man bei einem zeitlichen Abstand von mehr als sechs Monaten den notwendigen zeitlichen Zusammenhang wohl nur noch ausnahmsweise bejahen können.

Auf der zurückzugebenden Urschrift des Erbvertrags und der für die Urkundensammlung gefertigten Abschrift muss der Notar die Unwirksamkeit infolge der **Aufhebung vermerken,** um diesen Urkunden ihre Eignung als Rechtsscheinträger zu nehmen. Aus diesem Grund empfiehlt es sich, den Vermerktext möglichst auf der ersten Seite aufzusetzen oder auf einem vorgehefteten Beiblatt, das dann mit Schnur und Prägesiegel mit der Urkunde verbunden wird.

Der Vermerktext kann in etwa so lauten:

Formulierungsbeispiel – Vermerk Unwirksamkeit Erbvertrag infolge Rücknahme

Dieser Erbvertrag gilt durch die am 15.05.2019 erfolgte Rückgabe aus der notariellen Verwahrung als aufgehoben (§§ 2300 Abs. 2, 2256 Abs. 1 BGB). Ich habe die Parteien über die Rechtsfolgen der Rückgabe belehrt.

Musterstadt, den 15.05.2019

...

L.S. gez. Max Mustermann

...

Max Mustermann, Notar

Schließlich muss der Notar die Rücknahme und den Tag der Rückgabe in das Erbvertragsverzeichnis (bzw. die Benachrichtigungskartei) eintragen und die Aufhebung des Erbvertrags **beim ZTR registrieren** (obwohl streng genommen nicht dem notariellen Vermerk, sondern der Rückgabe als Realakt die Aufhebungswirkung zukommt).

g)   Ablieferung im Todesfall

Wie bereits erwähnt, muss der Notar einen von ihm verwahrten Erbvertrag an das Nachlassgericht abliefern, wenn einer der darin beteiligten Erblasser – nämlich der erste – verstirbt und der Notar von dem **Eintritt des Erbfalls** Kenntnis erlangt hat (§ 34a Abs. 3 Satz 1 BeurkG). Regelmäßig wird diese Kenntnis durch eine Sterbefallbenachrichtigung des ZTR an den Notar als Verwahrstelle der Urkunde (§ 7 Abs. 1 ZTRV) vermittelt, die dann auch die Ablieferungsaufforderung und eine Information über das für diesen Sterbefall zuständige Nachlassgericht enthält.

Der Erbvertrag ist in **Urschrift** abzuliefern. Spätestens bei Ablieferung muss der Notar deshalb auch eine beglaubigte Abschrift des Erbvertrags zu seiner Urkundensammlung nehmen, sofern er diese nicht schon zuvor gem. § 18 Abs. 4 Satz 2 DONot angefertigt hatte.

Ist der Erbvertrag bereits zu einem früheren Zeitpunkt abgeliefert worden, ist die **Ablieferungsaufforderung im ZTR** zu stornieren. Gleiches gilt, wenn die Urkunde ausnahmsweise nicht mehr auffindbar sein sollte. Ist der Erbvertrag aber ordnungsgemäß an das zuständige Nachlassgericht versandt worden, darf die Ablieferungsaufgabe im ZTR keinesfalls mehr storniert werden! Vielmehr ist zu warten, bis das Nachlassgericht den postalischen Empfang der Urkunde im ZTR bestätigt hat (sog. Empfangsbestätigung). Dann „verschwindet" der Erbvertrag im Menüpunkt „Urkunde übersenden (Sterbefall)" aus der Ansichtsliste und wandert in den Ordner „auf dem Postweg" bzw. „Empfang bestätigt".

Nach der Ablieferung **verbleibt** der Erbvertrag dann bei diesem Gericht, um beim Tod des zweiten Erblassers (§ 349 FamFG) leichter eröffnet werden zu können.

4. Abwicklung sonstiger erbfolgerelevanter Urkunden

Wie bereits erwähnt, sind nicht nur Testamente und Erbverträge (und spätere Änderungsurkunden hierzu) erbfolgerelevante Urkunden i.S.d. § 34a Abs. 1 BeurkG, § 78d Abs. 2 Satz 1 BNotO. Es gibt weitere, sogenannte **sonstige erbfolgerelevante Urkunden.**

Beispiele für diese „zweite Gruppe" notarieller Urkunden mit Erbfolgerelevanz sind (siehe im Übrigen schon oben Ziffer 1. Buchst. c)):

– der Ehevertrag, durch den die Ehegatten in den Güterstand der Gütertrennung wechseln (§ 1414 BGB);

– der Erbverzichtsvertrag (§ 2346 BGB);

– der Zuwendungsverzichtsvertrag (§ 2352 BGB);

– die Aufhebung oder spätere Änderung von Urkunden mit erbfolgerelevantem Inhalt (§ 34a Abs. 1 Satz 2 BeurkG), auch die Aufhebung eines Erbvertrags nach § 2290 BGB, wohingegen die Aufhebung durch Abschluss eines gemeinschaftlichen Testaments (§ 2292 BGB) sowie der Neuabschluss eines Erbvertrags nicht als sonstige Urkunde, sondern als gemeinschaftliches Testament bzw. Erbvertrag zu registrieren sind;

– der einseitiger Widerruf eines gemeinschaftlichen Testaments (§§ 2271, 2296 BGB);

– die Zustimmung des anderen Teils zur testamentarischen Aufhebung einer erbvertragsmäßigen Verfügung gem. § 2291 BGB.

Für die **Abwicklung** dieser sonstigen erbfolgerelevanten Urkunden gelten folgende Leitlinien:

– Auch diese Urkunden sind im **ZTR** zu registrieren, und zwar unter „Registrierungen" > „Sonstige Urkunde". Die erstmalige Registrierung dieser Urkunden löst die Registrierungsgebühr im ZTR aus (§ 1 Abs. 2 ZTR-GebS, siehe oben Ziffer 1. Buchst. c)). Die Urkunde ist so oft im ZTR zu registrieren wie Erblasser an ihr beteiligt sind (im Beispielsfall der Gütertrennung also zwei, Ehemann und Ehefrau).

– Die Registrierungspflicht besteht auch bei **Aufhebung oder späterer Änderung** solcher Urkunden (§ 34a Abs. 1 Satz 2 BeurkG). Im Änderungsfall ist allerdings umstritten, ob die Änderung sich genau auf den erbfolgerelevanten Teil beziehen muss, um die Registrierungspflicht auszulösen (so die wohl h.M., vgl. BeckOGK/Grziwotz, BeurkG, § 34a Rdnr. 10 m.w.N.), oder ob jede nicht bloß redaktionelle Änderung dem ZTR mitgeteilt werden muss. Dieser Streit wird z.b. relevant, wenn ein registrierungspflichtiger Ehevertrag auch einen Pflichtteilsverzicht der Ehegatten enthält (ein solcher könnte isoliert nicht im ZTR registriert werden) und dieser später geändert oder aufgehoben wird.

– Bei der Registrierung sonstiger erbfolgerelevanter Urkunden wird ZTR-seitig **kein Vermerkblatt** erzeugt, da § 20 Abs. 1 Satz 1 DONot nur für letztwillige Verfügungen gilt, nicht aber für alle erbfolgerelevanten Urkunden (dieser Begriff umfasst mehr als nur letztwillige Verfügungen). Auch die **Fortlebensüberprüfung** nach § 20 Abs. 5 DONot, § 351 FamFG erfolgt nicht, da diese nach dem klaren Wortlaut der Vorschrift nur für Erbverträge vorgeschrieben ist.

– Auch für sonstige erbfolgerelevante Urkunden besteht im Todesfall eine **Ablieferungspflicht** des Notars. Es ist allerdings **nicht die Urschrift** der Urkunde, sondern „nur" eine beglaubigte Abschrift an das Nachlassgericht zu übersenden (§ 34a Abs. 3 Satz 2 BeurkG).

5.   Tatsächliche Vorgänge mit Erbfolgerelevanz

Zu beachten ist schließlich, dass **dem ZTR** nicht nur Urkunden gemeldet werden müssen, soweit sie Erbfolgerelevanz besitzen, sondern auch tatsächliche Vorgänge, die dieses Merkmal aufweisen. Solche **tatsächlichen Vorgänge mit Erbfolgerelevanz** sind aus notarieller Perspektive vor allem:

– Ein Erbvertrag wird aus der notariellen Verwahrung **zurückgenommen** (siehe oben Ziffer 3. Buchst. f)). Dieser Fall ist im ZTR zu registrieren (vgl. § 34a Abs. 2 BeurkG), damit das Nachlassgericht später im Todesfall Kenntnis davon erlangt, dass ein einmal existenter Erbvertrag wieder beseitigt worden ist und der Notar die Urschrift infolge der Rückgabe nicht mehr abliefern kann.

– Ein Erbvertrag wird vom Notar zum Nachlassgericht **umgezogen** (siehe dazu oben Ziffer 3. Buchst. c)).

– Ein Erbvertrag wird nach Durchführung der **Fortlebensüberprüfung** gem. § 20 Abs. 5 Satz 1 DONot, § 351 Satz 1 FamFG an das Nachlassgericht abgeliefert, z.B. weil der Notar den Tod des Erblassers positiv feststellen konnte. Derzeit wird dieser Anwendungsfall im ZTR noch als Umzugsfall registriert. Künftig wird dafür ein eigenes Untermenü in der Web-Oberfläche des ZTR zur Verfügung bereitstehen.

XIV. Übertragung in vorweggenommener Erbfolge als lebzeitige Gestaltungsalternative

1. Hintergrund – Bedeutung im Notariat

In einer **ergebnisoffenen Nachlassplanung** kann je nach Einzelfall zumindest auch einmal darüber nachgedacht werden, ob das eigentliche Ziel der Beteiligten, Vermögen rechtssicher und möglichst steuerneutral in die nachfolgende Generation zu leiten, nicht auch – oder womöglich besser – **durch eine lebzeitige Gestaltung** erreicht werden kann in Form der Übertragung in vorweggenommener Erbfolge.

Beispiel 1

– Die verwitwete F ist Alleineigentümerin eines Hausgrundstücks. Sie bewohnt das Haus seit dem Tod ihres Mannes vor zehn Jahren allein. Seitdem hatte sie die Immobilie etwas „stiefmütterlich" behandelt, so dass sich ein erheblicher **Investitionsstau** angesammelt hat. F kann diesen Investitionsstau mit ihrer Witwenrente nicht beheben. Überhaupt wird ihr das ganze Haus langsam „zu viel". Eines der Kinder der F hat es zu einem gewissen Wohlstand gebracht und möchte seiner Mutter unter die Arme greifen. Auch im Hinblick auf das nicht problemfreie Verhältnis zu den übrigen Geschwistern will dieses Kind aber nur dann in das Haus investieren, wenn diese Investition „für später" abgesichert ist. Hier wäre der Rat, auf den todesfallbedingten Erwerb zu warten, nicht sonderlich klug – dieser kann ggf. erst in vielen Jahren eintreten, während sich hinsichtlich der Immobilie akuter Handlungsbedarf offenbart.

Beispiel 2

– Die Eltern E verfügen über ein Privatvermögen, das die **erbschaftsteuerlichen Freibeträge** bei weitem übersteigt. Hier kann eine (sachkundig erfolgte) steuerliche Beratung ergeben, dass diese erbschaftsteuerlichen Freibeträge möglichst mehrfach, d.h. auch schon durch Übertragungsverträge unter Lebenden, ausgenutzt werden sollten.

Der Notar kommt mit derartigen Überlegungen meist nur in Berührung, wenn die vorweggenommene Erbfolge in einen Gegenstand erfolgen soll, für dessen Übertragung (unter Lebenden) die notarielle Form vorgeschrieben ist: namentlich Grundbesitz (§ 311b BGB), aber z.B. auch GmbH-Anteile (§ 15 Abs. 3, 4 GmbHG).

Die nachfolgenden **Fallbeispiele** mögen die Wirkweise der Übertragung in vorweggenommener Erbfolge veranschaulichen:

2. Fallbeispiel 1: Grundstücksübertragung gegen Wohnungsrecht und Herauszahlung an das weichende Geschwisterteil

Fallgestaltung

Im Besprechungszimmer von Notar Max Mustermann in Musterstadt erscheint Herr Karl Bayer mit seiner Familie: die Ehefrau Ellen, die verwitwete Mutter Sofie und die beide Söhne Harald und Fritz. Sie schildern folgenden Sachverhalt:

Herr Karl Bayer ist Alleineigentümer eines Mehrfamilienhauses in Musterstadt.

Er bewohnt zusammen mit seiner Ehefrau das erste Obergeschoss. Seine Mutter, die verwitwete Sofie Bayer, wohnt im Erdgeschoss des Hauses, der Sohn Harald Bayer hat mit seiner Familie (Schwiegertochter Petra und Töchterchen Mila) das Dachgeschoss bezogen. Sohn Harald möchte wegen der Finanzierung einer größeren Renovierungsmaßnahme am gesamten Haus und aus steuerlichen Gründen Eigentümer des Hauses werden.

Karl Bayer möchte einerseits die Renovierung nicht mehr selbst vornehmen, sich andererseits von seinem Grundbesitz aber nur dann trennen, wenn er und seine Frau Ellen ausreichend abgesichert sind.

Der zweite Sohn, Fritz Bayer, ist kinderlos und hat keinerlei Interesse am Haus. Er soll nach dem Wunsch der Eltern schon jetzt „ausbezahlt" werden. Dabei will der Übergeber (Karl Bayer) erreichen, dass der Erwerber (Harald) später vor Pflichtteilsansprüchen seines Bruders (Fritz) geschützt bleibt.

Nach eingehender Besprechung und Beratung schließen die Parteien den nachstehenden Übergabevertrag:

Muster: Grundstücksübertragung gegen Wohnungsrecht und Herauszahlung an das weichende Geschwisterteil

Urkundenrolle Nummer 1689/2019

(Übergabevertrag)

Verhandelt zu Musterstadt am 18.07.2019

Vor mir, dem unterzeichnenden Notar

Max Mustermann

mit dem Amtssitz in Musterstadt

erschienen heute:

1. Herr Karl Bayer, geboren 15.05.1954,
    wohnhaft Schlossstraße 5, 12345 Musterstadt,

2. dessen Ehefrau Katharina Bayer geb. Hof, geboren 22.02.1956,
    wohnhaft ebenda,

3. Herr Harald Bayer, geboren 29.10.1976, wohnhaft ebenda,

4. Herr Fritz Bayer, geboren 03.01.1980,
    wohnhaft Rheinstraße 12, 54321 Musterdorf.

Die Erschienenen sind dem amtierenden Notar persönlich bekannt.

(Der Notar fragte nach einer Vorbefassung i.S.v. § 3 Abs. 1 Nr. 7 BeurkG.
Sie wurde von den Beteiligten verneint.)

Die Erschienenen erklären sodann den nachfolgenden

Grundstücksübergabevertrag

I.
Vorbemerkung

Im Grundbuch des Amtsgerichts Musterstadt von Musterstadt, Blatt 662, ist Herr
Karl Bayer als Alleineigentümer des Grundstücks Gemarkung Ober-Ramstadt

Flur 1 Nr. 188	Hof- und Gebäudefläche, Hausgarten,		
	Schlossstraße 5	=	498 m²

eingetragen.

Wie eine von dem amtierenden Notar am heutigen Tag veranlasste Grundbucheinsicht ergeben hat, ist der Grundbesitz wie folgt belastet:

Abteilung II: lfd. Nr. 1   beschränkte persönliche Dienstbarkeit – Wohnungsrecht –
für Frau Sofie Bayer geb. Leonhard,
geboren 05.01.1931.

Dieses Recht, dessen Inhalt bekannt ist, wird vom nachgenannten Übernehmer
übernommen.

In Abteilung III des Grundbuchs sind keine Belastungen verzeichnet.

II.
Übergabe

Herr Karl Bayer
– nachstehend „Übergeber" genannt –

übergibt mit Zustimmung seiner Ehefrau Katharina Bayer, der Erschienenen zu 2.,

an seinen Sohn Harald Bayer
– nachstehend „Übernehmer" genannt –

den in Abschnitt I näher bezeichneten Grundbesitz unter den nachstehenden
Bedingungen:

1. Die Veräußerung erstreckt sich auf das Zubehör.

2. Die Übergabe erfolgt zum heutigen Tag. Das Eigentum geht erst mit der Eintragung im Grundbuch, die Gefahr mit dem Tag der Übergabe auf den Übernehmer über.

3. Ansprüche und Rechte des Käufers wegen eines Sachmangels des Grundstücks und des Gebäudes sind ausgeschlossen. Dies gilt auch für Ansprüche auf Schadensersatz, es sei denn, der Übergeber handelt vorsätzlich. Der Übernehmer hat den Vertragsgegenstand besichtigt; er übernimmt ihn im gegenwärtigen Zustand.

4. Die in Abteilung II lfd. Nr. 1 eingetragene beschränkte persönliche Dienstbarkeit – Wohnungsrecht – zugunsten der Frau Sofie Bayer geb. Leonhard wird von dem Übernehmer zur ferneren Duldung übernommen.

   Die Berechtigte ist 85 Jahre alt. Der jährliche Wert des Rechts beträgt 2.000 €.

   Der Übergeber ist verpflichtet, den übergebenen Grundbesitz frei von im Grundbuch in Abteilung II und III eingetragenen Belastungen und Beschränkungen zu verschaffen, soweit sie nicht, wie vorstehend geschehen, vom Übernehmer übernommen worden sind oder in dieser Urkunde zur Eintragung bewilligt werden.

5. Die auf dem übergebenen Grundbesitz ruhenden öffentlichen Abgaben und Lasten gehen mit dem Tag der Übergabe auf den Übernehmer über.

6. Die Kosten dieses Vertrags und seiner Durchführung trägt der Übernehmer.

   Es wird Befreiung von der Grunderwerbsteuer gem. § 3 Nr. 6 des Grunderwerbsteuergesetzes beansprucht.

7. Der Übernehmer hat an den Übergeber keine Herauszahlung zu leisten.

   Der Übernehmer hat jedoch an seinen Bruder, Herrn Fritz Bayer, den Erschienenen zu 4., eine Herauszahlung i.H.v. 30.000 € (in Worten: dreißigtausend Euro) zu leisten.

   Der Herauszahlungsbetrag ist fällig und zahlbar innerhalb eines halben Jahres nach Eintragung der Eigentumsänderung im Grundbuch.

   Der Herauszahlungsbetrag ist bis zum Fälligkeitstag nicht zu verzinsen.

   Der Erschienene zu 4., Herr Fritz Bayer, verzichtet mit Zahlung des vorgenannten Betrags hiermit auf sein Pflichtteilsrecht am Nachlass des Übergebers in der Weise, dass der Vertragsgegenstand bei der Berechnung des Pflichtteilsanspruchs als nicht zum Nachlass des Übergebers gehörend angesehen und aus der Berechnungsgrundlage für den Pflichtteilsanspruch ausgeschieden werden soll.

   Soweit erforderlich, nimmt der Übergeber diesen Verzicht hiermit an.

8. Der Übernehmer räumt seinen Eltern, den Eheleuten Karl Bayer und Katharina geb. Hof – als Gesamtberechtigten gem. § 428 BGB – an dem übergebenen Grundbesitz auf Lebenszeit folgende Rechte ein:

a) Wohnungsrecht im gesamten ersten Obergeschoss des Hauses, bestehend aus drei Zimmern, Küche und Bad, Mitbenutzung des Kellers, des Speichers und der Waschküche sowie aller sonstigen Einrichtungen des Hauses und des Hofs, soweit dies durch das gemeinsame Beisammensein bedingt ist, insbesondere freien Ein- und Ausgang in Haus, Hof und Garten zu jeder Tages- und Nachtzeit und das Recht, sich jederzeit dort aufzuhalten.

Die Kosten für Wasser, Brand und Licht tragen die Berechtigten selbst;

b) in kranken und altersschwachen Tagen Zubereitung der Speisen, Wartung und Pflege sowie die Vornahme aller erforderlich werdenden Handreichungen, Reinigen und Instandhalten der Wäsche und Bekleidungsstücke, Reinigen, Instandhalten und Heizen der von den Berechtigten bewohnten Räume.

Etwaige Arzt-, Apotheken- und Krankenhauskosten tragen die Berechtigten selbst.

Stirbt einer der Berechtigten, so sollen vorstehend bestellte Rechte dem Überlebenden unverkürzt weiter zustehen.

Die Berechtigten sind 60 bzw. 62 Jahre alt.

Mit schuldrechtlicher Wirkung erklären die Vertragsparteien, dass die vorgenannten Rechte vom Erwerber unentgeltlich zu erbringen sind.

Der jährliche Wert der Rechte beträgt:

zu a) 2.400 €,

zu b) 1.800 €.

Die Pflegepflicht entfällt, wenn und solange die Berechtigten sich aufgrund Einweisung ihres Hausarztes im Altersheim, Krankenhaus oder Pflegeheim befinden, ohne dass dafür ein Ausgleich gezahlt werden müsste.

9. Der Übernehmer unterwirft sich wegen der gem. Abschnitt II. Ziffer 7. dieses Vertrags übernommenen Zahlungsverpflichtungen der sofortigen Zwangsvollstreckung in sein gesamtes Vermögen. Der Gläubiger ist berechtigt, jederzeit ohne Nachweis der die Fälligkeit begründenden Tatsachen auf Kosten des Schuldners eine vollstreckbare Ausfertigung dieser Urkunde zu verlangen.

III.
Auflassung

Wir sind uns darüber einig, dass das Eigentum an dem übergebenen Grundbesitz auf den Übernehmer übergehen soll, und bewilligen und beantragen die Eintragung der Eigentumsänderung im Grundbuch.

Das Eigentum ist einzutragen auf den Übernehmer allein.

IV.
Eintragungsbewilligung

Wir bewilligen und beantragen die Eintragung der in Abschnitt II. Ziffer 8. Buchst. a) und b) dieses Vertrags bestellten Rechte zugunsten der Eheleute Karl Bayer und Katharina geb. Hof – als Gesamtberechtigten gem. § 428 BGB – in das Grundbuch mit der Maßgabe, dass zur Löschung der Nachweis des Todes der Berechtigten genügen soll. Die Rechte sollen Rang nach der Dienstbarkeit Abteilung II lfd. Nr. 1 und untereinander gleichen Rang haben.

V.
Hinweise

Auf die Bestimmungen der §§ 528, 530 BGB (Rückforderung einer Schenkung wegen groben Undanks des Beschenkten oder Verarmung des Schenkers), auf die gesetzliche Unterhaltspflicht der Abkömmlinge und auf die Rückgriffsansprüche der Sozialhilfeträger nach dem Sozialgesetzbuch – Zwölftes Buch (Sozialhilfe) – wurde hingewiesen. Ferner wurde den Beteiligten mitgeteilt, dass die Eintragung der Eigentumsänderung im Grundbuch grundsätzlich erst nach Vorliegen der Unbedenklichkeitsbescheinigung des Finanzamts und nach Zahlung der Gerichtskosten erfolgen kann. Auf den möglichen Anfall von Schenkungsteuer wurde hingewiesen.

Die Vertragsparteien beantragen je eine Ausfertigung dieser Urkunde für sich und zur Vorlage an das Grundbuchamt, beglaubigte und einfache Abschrift für das Finanzamt/Grunderwerbsteuerstelle sowie beglaubigte Abschrift für das Finanzamt/Erbschaftsteuerstelle.

Die Beteiligten geben den Verkehrswert des Grundbesitzes im Kosteninteresse an mit 150.000 €.

Diese Niederschrift wurde den Beteiligten von dem amtierenden Notar vorgelesen, von diesen genehmigt und eigenhändig wie folgt unterschrieben:

...

(Unterschriften von Karl, Katharina, Harald und Fritz Bayer und des beurkundenden Notars)

Anmerkungen

Bei der **Herauszahlung** i.H.v. 30.000 € handelt es sich rechtlich um eine **Schenkung des Vaters an den weichenden Bruder** Fritz, die lediglich zur vereinfachten Abwicklung direkt von dem Erwerber Harald ausbezahlt wird.

Da die Höhe des Herauszahlungsbetrags den Bruder Fritz wirtschaftlich nicht voll kompensiert – auch nicht nach Abzug der Gegenleistungen, die Harald nach dem Vertrag sonst noch zu erbringen hat –, haben der Bruder Fritz und der Vater einen gegenständlich auf den Übertragungsgegenstand **beschränkten Pflichtteilsverzicht** vereinbart, der insoweit auch einen Pflichtteilsergänzungsanspruch ausschließt (siehe Abschnitt II. Ziffer 7. im Mustervertrag). Zur Bedeutung des Pflichtteils oben Abschnitt II. Ziffer 4.

Für die rechtlichen Hintergründe dieses Pflichtteilsverzichts ist auf den **Pflichtteilsergänzungsanspruch** gem. **§ 2325 BGB** hinzuweisen:

– Wenn der Erblasser zu seinen Lebzeiten etwas aus seinem Vermögen an Dritte verschenkt, **schmälert** er dadurch seinen späteren Nachlass, aus dem sich am Todestag die Pflichtteilsansprüche (vgl. §§ 2303 ff. BGB) errechnen. Damit der Erblasser es nun nicht in der Hand hat, ungeliebte Pflichtteilsberechtigte durch rechtzeitiges Beiseiteschaffen seines Vermögens wirtschaftlich doch zu enterben – was das Pflichtteilsrecht gerade zu verhindern sucht –, kann der Pflichtteilsberechtigte verlangen, dass die (vollzogene) Schenkung dem Nachlass wieder hinzugerechnet wird (§ 2325 Abs. 1 BGB), so dass sich der Pflichtteil aus einem höheren, dem sogenannten fiktiven Nachlasswert errechnet. Der Pflichtteilsberechtigte wird dadurch im wirtschaftlichen Ergebnis so gestellt, als ob die Schenkung nie erfolgt wäre (§ 2325 Abs. 1 BGB). Diesen Anspruch nennt das Gesetz **Pflichtteilsergänzungsanspruch.**

– Für die **Höhe der Hinzurechnung** bestimmt § 2325 Abs. 3 Satz 1 BGB, dass sich der Wert der Schenkung während der Zehnjahresfrist pro Jahr um 10 % gemindert (sog. **Abschmelzung**), so dass schließlich kein Schenkungsbetrag mehr dem Nachlass hinzuzurechnen ist, wenn die Schenkung zehn Jahre (oder länger) zurückliegt. Durch die Abschmelzung werden also letztlich Schenkungen pflichtteilsrechtlich irrelevant, die der Erblasser mindestens zehn Jahre vor seinem Tod vollzogen hat. – Eine ähnliche Zehnjahresfrist (mit allerdings anderen Detailproblemen bei ihrer Berechnung) kennt das Schenkungsrecht in **§ 529 Abs. 1 BGB**: Liegen zwischen der Schenkung und der späteren Verarmung des Schenkers (§ 528 BGB) zehn Jahre oder mehr, so ist die Rückforderung der Schenkung ausgeschlossen.

– Die für den Erblasser (und seine Erben) günstige Abschmelzung tritt aber nur ein, wenn die Schenkung auch **tatsächlich vollzogen** worden, der verschenkte Gegenstand also zur **freien Verfügung** des Beschenkten gelangt ist.

– Dies ist bei Übertragung eines Grundstücks unter Zurückbehaltung eines **Vorbehaltsnießbrauchs** gerade **nicht** der Fall, da die beschenkte Person das übergebene Grundstück infolge des Nießbrauchs für den Übergeber nicht, wie es für den Beginn der Abschmelzung erforderlich wäre, vorbehaltlos und vollständig, sondern im Gegenteil wirtschaftlich überhaupt nicht nutzen kann (siehe für ein Fallbeispiel die nachfolgende Ziffer 3.). Der Vorbehaltsnießbrauch ist mit anderen Worten **schädlich für den Fristbeginn** (BGHZ 125, 395, 398 f. = NJW 1994, 1791).

– Nach einer neuerer Auffassung, die auch in der obergerichtlichen Rechtsprechung eine zunehmende Anhängerschaft findet, sollen auch die Einräumung eines **Wohnungsrechts** – jedenfalls wenn dem Beschenkten keinerlei eigenständige Nutzungsmöglichkeit belassen wird (was wohl ab etwa 50 % der Gesamtwohnfläche der Fall sein kann; anders hier der Mustervertrag zu Abschnitt II. Ziffer 8., wo das Wohnungsrecht auf eine von drei Etagen beschränkt ist) –, und die Vereinbarung von **Rückübertragungsansprüchen** – jedenfalls wenn das auslösende Ereignis im Belieben des Schenkers steht (sog. Potestativbedingung) – den Anlauf der Abschmelzung **hemmen** (zu Rückübertragungsansprüchen siehe unten Ziffer 3.). Hier ist freilich vieles im Detail streitig (vgl. für eine Aufbereitung von Meinungsstand und Kasuistik z.B. GEHSE, RNotZ 2009, 361). – Diese Entwicklung führt in der Tendenz dazu, dass in vielen praktisch relevanten Übertragungsfällen die erst 2010 eingeführte zeitanteilige flexible Abschmelzungsregelung in § 2325 Abs. 3 BGB leerlaufen wird! Umso wichtigere Gestaltungsmittel sind dann die flankierenden gegenständlichen Pflichtteilsverzichtsverträge (zu ihnen sogleich).

– Immerhin ist wohl unstreitig, dass die Übergabe eines Mietshauses gegen Zahlung einer **Leibrente** in Höhe der monatlichen Mieteinnahmen den Fristlauf in Gang setzt.

Beachte:

Endet der Vorbehaltsnießbrauch oder ein anderes fristhemmendes Recht des Übertragenden (z.B. weil er später darauf verzichtet), **beginnt** die Abschmelzung zu laufen. Die Vereinbarung solcher Rechte schließt also die Abschmelzung nicht für alle Ewigkeit, sondern nur für die Dauer ihrer Gültigkeit aus und wirkt damit „nur" **fristhemmend.**

– Bei **Schenkungen eines Ehegatten an den anderen** beginnt die Zehnjahresfrist und mit ihr die Abschmelzung immer (frühestens) mit der Auflösung der Ehe (durch Scheidung) zu laufen (§ 2325 Abs. 3 Satz 3 BGB). Gleiches gilt für eingetragene Lebenspartner.

Pflichtteilsberechtigte können **auf ihren Pflichtteil verzichten:**

– Der Pflichtteilsverzicht kann **umfassend** erklärt werden oder, was bei intakten Familienverhältnissen und Übertragungen in vorweggenommener Erbfolge häufig allein interessengerecht ist, **gegenständlich beschränkt** sein auf den (einen) Vermögensgegenstand, der gerade übertragen wird.

– Der **Pflichtteilsverzicht** erfordert stets einen **Vertrag** zwischen dem Verzichtenden und dem Erblasser. Rechtlich handelt es sich um einen Unterfall des Erbverzichts (vgl. § 2346 Abs. 2 BGB). Das bedeutet, dass der Pflichtteilsverzichtsvertrag, auch der gegenständlich beschränkte Pflichtteilsverzichtsvertrag, der notariellen Beurkundung bedarf und vor allem von (geschäftsfähigen) **Erblassern persönlich abgeschlossen** werden muss (§ 2347 Abs. 2 erster Halbsatz BGB)!

Achtung

Darauf ist besonders in den Übertragungsverträgen zu achten, die hinsichtlich der Grundstücksübertragung und anderer Vereinbarungen (Vorbehaltsnießbrauch, Rückübertragungsvorbehalt etc.) auch eine Vertretung des Übertragen (= Erblassers) zuließen!

– Der Verzicht kann (dem übertragenden Teil gegenüber) **unentgeltlich**, entgeltlich oder (wie hier i.H.v. 30.000 €) teilweise **entgeltlich** erfolgen.

– Der **umfassende Pflichtteilsverzicht** bewirkt, dass der Verzichtende zwar gesetzlicher Erbe bleibt, aber bei Enterbung **keinen Pflichtteilsanspruch** mehr geltend machen kann. Die Verzichtserklärung ist i.d.R. so auszulegen, dass auch ein Verzicht auf die Ansprüche aus §§ 2305, 2307, 2318 Abs. 1, 2319, 2328 sowie 2325 BGB umfasst.

– Ein **gegenständlich beschränkter Pflichtteilsverzicht** hat den rechtlichen Effekt, wie der Mustervertrag unter Abschnitt II. Ziffer 4. formuliert, dass der übertragene Vermögensgegenstand bei einer späteren Berechnung des Pflichtteilsanspruchs des Verzichtenden als **nicht zum Nachlass** des Übergebers gehörend angesehen wird und damit aus der Berechnungsgrundlage für den Pflichtteilsanspruch ausscheidet. Durch den Pflichtteilsverzicht kommt es also auf das Abschmelzen nach § 2325 BGB gar nicht an!

Beachte hierzu:

Der Pflichtteilsverzicht führt **nicht zum Ausschluss** des Verzichtenden von der **gesetzlichen Erbfolge.** Dies wäre auch häufig nicht gewollt, da sich dann durch den Pflichtteilsverzicht die Erbquoten der übrigen gesetzlichen Erben erhöhen würden (vgl. § 2310 Satz 2 BGB für den Erbverzicht).

– Die befriedende Wirkung von **Pflichtteilsverzichtsverträgen** kann dann, wenn der Erblasser nach dem Abschluss seinen gewöhnlichen Aufenthalt in einen Staat verlegt, dessen Recht solche Verträge nicht anerkennt (z.B. Portugal), gefährdet sein. Hintergrund ist die umstrittene kollisionsrechtliche Einordnung solcher Verträge unter Geltung der EuErbVO. Vergleiche hierzu WEBER, notar 2015, 296, 305.

Urkundenabwicklung

Es bestehen grundsätzlich die üblichen **grundstücksbezogenen Anzeigepflichten** des Notars. Insbesondere entfällt die Anzeigepflicht des Notars gem. § 18 GrEStG nicht schon allein deshalb, weil eine Grunderwerbsteuer wegen der familiären Verhältnisse (§ 3 Nr. 6 GrEStG) nicht anfallen wird. Gerade um der Finanzverwaltung diese Prüfung zu ermöglichen, gilt die Anzeigepflicht vielmehr auch hier. Allerdings ist die gem. § 22 Abs. 1 Satz 1 GrEStG für die Eigentumsumschreibung im Grundbuch sonst erforderliche **Unbedenklichkeitsbescheinigung** bei Übertragung auf einen Verwandten in gerader Linie (z.B. Kind) oder auf den Ehegatten in fast allen Bundesländern entbehrlich (Übersicht unter www.dnoti.de, Arbeitshilfen > Steuerrecht).

Erfolgt der Pflichtteilsverzicht entgeltlich, ist er der **Erbschaft-/Schenkungsteuer- stelle** anzuzeigen (§§ 7 Abs. 1 Nr. 5, 34 ErbStG); erfolgt er unentgeltlich, kommt eine Anzeige wegen § 7 Abs. 1 Nr. 1 ErbStG in Betracht.

Kostenhinweise

Der Grundstücksübergabevertrag im Fallbeispiel zählt kostenrechtlich gem. § 97 Abs. 3 GNotKG zu den **Austauschverträgen**. Bei Verträgen, die den Austausch von Leistungen zum Gegenstand haben, ist danach nur der Wert der Leistung des einen Teils, und wenn der Wert der Leistungen verschieden ist, der **höhere** maßgebend.

In diesem Fallbeispiel stehen sich folgende Leistungen gegenüber:

Leistung des Übergebers:	Leistungen des Übernehmers:
Grundbesitz, 150.000 €	a) übernommenes Wohnungsrecht Abt. II/lfd. Nr. 1, § 52 Abs. 4 Satz 1 GNotKG: 2.000 € x 5 = 10.000 €
	b) Herauszahlung an Bruder, § 97 Abs. 1 GNotKG: 30.000 €
	c) vorbehaltene Rechte des Übergebers und seiner (jüngeren!) Ehefrau, § 54 Abs. 4 Satz 2 Nr. 1 GNotKG: 4.200 € x 10 = 42.000 €
	Summe Gegenleistungen = 82.000 €

Hinweis: Für den Wert der in Abschnitt II. Ziffer 8. des Mustervertrags vorbehaltenen Rechte könnten notfalls die entsprechenden sozialrechtlichen Sätze herangezogen werden (vgl. § 37 SGB XI für Pflegebedürftige und § 2 Sozialversicherungsentgeltverordnung für Verköstigung).

Geschäftswert: Gemäß § 97 Abs. 3 zweiter Halbsatz GNotKG beträgt der Geschäftswert deshalb 150.000 €.

Gebührensatz: 2,0-Gebühr Nr. 21100 KV GNotKG = 708 €

Vollzugsgebühren und Betreuungsgebühren fallen hier nicht an.

3.   Fallbeispiel 2: Übergabevertrag mit Bestellung eines Vorbehaltsnießbrauchs und Rückübertragungsrecht

 Muster: Übergabevertrag mit Bestellung eines Vorbehaltsnießbrauchs und Rückübertragungsrecht

Urkundenrolle Nr. 1736/2019

(Übergabevertrag)

Verhandelt zu Musterstadt am 17.06.2019

Vor mir, dem unterzeichnenden Notar

Max Muster

mit dem Amtssitz in Musterstadt

erschienen heute:

1. als Übergeber:
    Eheleute Karl Schmidt, geboren 25.04.1937, und
    Franziska Erika Schmidt geb. Meyer, geboren 19.05.1940,
    beide wohnhaft Rheinstraße 3, 12345 Musterstadt,

2. als Erwerber deren Sohn:
    Werner Schmidt, geboren 04.11.1966,
    wohnhaft Pastor-Müller-Straße 3, 12345 Musterstadt,

3. als weiterer Beteiligter der Sohn der Erschienenen zu 1. und Bruder des
    Erschienenen zu 2.:
    Felix Schmidt, geboren 10.08.1964,
    wohnhaft Baumschulallee 17, 12345 Musterstadt.

Die Erschienenen wiesen sich aus durch Vorlage ihrer Bundespersonalausweise.

(Der Notar fragte vor Beurkundung die Beteiligten, ob er oder eine Person, mit der sich der Notar zur gemeinsamen Berufsausübung verbunden hat, in der Angelegenheit, die Gegenstand der Beurkundung ist, außerhalb seiner Amtstätigkeit bereits tätig war oder ist. Die Beteiligten erklärten, dass dies nicht der Fall ist.)

Die Erschienenen erklärten sodann mit der Bitte um Beurkundung, was folgt:

ÜBERGABEVERTRAG

I.
Grundbuchstand

Im Grundbuch des Amtsgerichts Musterstadt von Musterstadt, Blatt 2106, sind die Eheleute Karl Franziska Schmidt je zur Hälfte eingetragene Eigentümer des Grundbesitzes

lfd. Nr. 1 des Bestandsverzeichnisses
Gemarkung Musterstadt, Flur 3, Flurstück 206, Gebäude- und Freifläche, Rheinstraße 3 = 586 m^2

– nachstehend auch als der „Grundbesitz" bezeichnet –

Der Grundbesitz ist weder in Abteilung II noch in Abteilung III des Grundbuchs belastet.

Dieser Grundbuchstand wurde anhand eines elektronischen Grundbuchauszugs vom 02.06.2016 und Aktualisierungsnachweis vom heutigen Tag festgestellt.

II.
Übertragung

Die vorgenannten Eheleute Karl und Franziska Schmidt
– im Folgenden als „Übergeber" bezeichnet –

übergeben hiermit ihrem vorgenannten Sohn Werner Schmidt
– im Folgenden als „Erwerber" bezeichnet –

den vorbezeichneten Grundbesitz mit allen Rechten und Pflichten, den wesentlichen Bestandteilen und dem gesetzlichen Zubehör zu Alleineigentum.

III.
Auflassung

Die Vertragsbeteiligten sind sich über den Eigentumsübergang einig. Die Übergeber bewilligen und der Erwerber beantragt die Eintragung der Rechtsänderung im Grundbuch.

Das Eigentum ist einzutragen auf den Erwerber allein.

Auf die Eintragung einer Auflassungsvormerkung wird nach Belehrung verzichtet.

IV.
Besitz, Nutzungen und Lasten

Der mittelbare Besitz, die Gefahr des zufälligen Untergangs und der zufälligen Verschlechterung gehen sofort auf den Erwerber über, der unmittelbare Besitz, die Nutzungen und die Lasten mit Beendigung des nachfolgend bestellten Nießbrauchsrechts.

V.
Rechts- und Sachmängel

1. Ansprüche und Rechte des Erwerbers wegen eines Sachmangels des Grundstücks und des Gebäudes sind ausgeschlossen. Dies gilt auch für alle Ansprüche auf Schadensersatz, es sei denn, die Übergeber handeln vorsätzlich. Die Übergeber versichern, dass ihnen versteckte Sachmängel nicht bekannt sind. Der Erwerber übernimmt den Vertragsgegenstand im gegenwärtigen Zustand.

2. Die Übergeber sind verpflichtet, den übergebenen Grundbesitz frei von im Grundbuch in Abteilung II und III eingetragenen Belastungen und Beschränkungen zu verschaffen, soweit sie nicht vom Erwerber übernommen worden sind.

3. Im Grundbuch nicht eingetragene Grunddienstbarkeiten, nachbarrechtliche Beschränkungen sowie Baulasten werden von dem Erwerber übernommen. Solche sind den Übergebern nicht bekannt.

VI.
Nießbrauch

Die Übergeber behalten sich als Gesamtberechtigte nach § 428 BGB auf ihre Lebensdauer das

Nießbrauchsrecht

an dem Vertragsgegenstand vor.

Danach sind die Übergeber berechtigt, sämtliche Nutzungen aus dem Vertragsgegenstand zu ziehen, und verpflichtet, sämtliche aus dem Vertragsgegenstand ruhenden privaten und öffentlichen Lasten einschließlich der außerordentlichen Lasten zu tragen. Die Nießbrauchsberechtigten haben auch die nach der gesetzlichen Lastenverteilungsregelung dem Eigentümer obliegenden privaten Lasten zu tragen, insbesondere auch außergewöhnliche Ausbesserungen und Erneuerungen.

Verstirbt einer der Berechtigten, so soll das vorstehend bestellte Recht dem Überlebenden unverkürzt allein weiter zustehen.

Die Vertragsparteien **bewilligen und beantragen** die Eintragung des Nießbrauchsrechts zugunsten der Übergeber – diesen als Gesamtberechtigten des § 428 BGB zustehend – an erster Rangstelle im Grundbuch mit dem Vermerk, dass zur Löschung des Rechts der Nachweis des Todes der Berechtigten genügt.

Die Berechtigten sind am 25.04.1937 und am 19.05.1940 geboren.

Der jährliche Wert des Rechts beträgt 6.000 €.

VII.
Rückübertragungsverpflichtung

1.

Die Übergeber behalten sich vor, die Rückübertragung des heutigen Vertragsobjekts zu verlangen, falls

a) der Erwerber den übertragenen Grundbesitz oder Teile daraus zu Lebzeiten der Übergeber oder eines der Übergeber ohne deren schriftliche Zustimmung veräußert oder belastet;

b) über das Vermögen des Erwerbers das Insolvenzverfahren eröffnet oder mangels Masse abgelehnt oder die Zwangsvollstreckung in den Grundbesitz betrieben wird und diese Maßnahme nicht innerhalb von drei Monaten wieder aufgehoben wird (insoweit wird der Widerruf bereits heute aufschiebend bedingt erklärt);

c) der Erwerber vor dem Längstlebenden der Übergeber verstirbt, ohne dass das Eigentum an dem Vertragsgegenstand ausschließlich auf leibliche Abkömmlinge des Erwerbers übergeht;

d) die Gründe des § 2333 BGB vorliegen, wonach die Eltern berechtigt sind, dem Erwerber den Pflichtteil zu entziehen.

Im Fall des Widerrufs sind die Übergeber und beim Ableben eines der Übergeber der Längstlebende berechtigt, von dem Erwerber die unentgeltliche, kosten- und steuerfreie Rückübereignung des unbelasteten Grundbesitzes zu verlangen.

2.

Zur Sicherung des bedingten Anspruchs der Übergeber auf Rückübertragung bewilligen und beantragen die Vertragsparteien die Eintragung einer Vormerkung für die Übergeber – diesen als Gesamtberechtigten gem. § 428 BGB zustehend – in das Grundbuch.

Die Vormerkung soll den unmittelbaren Rang nach dem vorstehend bestellten Nießbrauchsrecht erhalten.

Die Übergeber bevollmächtigen den Erwerber unter Befreiung von den Beschränkungen des § 181 BGB, nach ihrem Tod die Löschung der Vormerkung im Grundbuch zu bewilligen und zu beantragen.

VIII.
Gegenständlich beschränkter Pflichtteilsverzicht

Der Erwerber hat an die Übergeber keine Herauszahlung zu leisten.

Im Hinblick auf die zahlreichen Vorerwerbe des Erschienenen zu 4., Herrn Felix Schmidt, verzichtet Herr Felix Schmidt hiermit auf sein Pflichtteilsrecht am Nachlass der Übergeber in der Weise, dass der heutige Vertragsgegenstand bei der Berechnung des Pflichtteilsanspruchs als nicht zum Nachlass der Übergeber gehörend angesehen und aus der Berechnungsgrundlage für den Pflichtteilsanspruch ausgeschieden werden soll. Soweit erforderlich, nehmen die Übergeber und Erwerber diesen Verzicht hiermit an.

IX.
Vollmacht

Der Notar wird ohne Beschränkungen auf die gesetzliche Vollmacht nach § 15 GBO ermächtigt, Anträge aus dieser Urkunde getrennt und eingeschränkt zu stellen und sie in gleicher Weise zurückzunehmen. Die Beteiligten bevollmächtigen den Notar, soweit erforderlich, Bewilligungen und Anträge gegenüber dem Grundbuchamt zu ändern und zu ergänzen, überhaupt alles zu tun, was verfahrensrechtlich zur Durchführung dieses Vertrags erforderlich sein sollte. Der Notar ist ermächtigt, die Beteiligten im Grundbuchverfahren uneingeschränkt zu vertreten.

X.
Hinweise

Die Vertragsbeteiligten wurden vom Notar hingewiesen

a) auf den Zeitpunkt und die Voraussetzung des Eigentumsübergangs;

b) auf das Erfordernis der vollständigen Beurkundung der getroffenen Vereinbarungen;

c) auf die Haftung des Grundbesitzes für öffentliche Lasten und Abgaben;

d) auf die gesetzliche Unterhaltspflicht der Abkömmlinge und auf die Rückgriffsansprüche der Sozialhilfeträger nach dem Sozialgesetzbuch – Zwölftes Buch (Sozialhilfe);

3) auf den möglichen Anfall von Schenkungsteuer.

XI.
Kosten

Die Kosten dieser Urkunde und des Vollzugs trägt der Erwerber.

Befreiung von der Grunderwerbsteuer wird gem. § 3 Nr. 6 des GrEStG beansprucht.

XII.
Ausfertigungen und Abschriften

Von dieser Urkunde erhalten die Vertragsbeteiligten und das Grundbuchamt je eine Ausfertigung, das Finanzamt – Erbschaftsteuerstelle – eine beglaubigte Abschrift, das Finanzamt – Grunderwerbsteuerstelle – zwei einfache Abschriften.

XIII.

Der Verkehrswert des Übertragungsgegenstands wird zu Kostenzwecken mit 200.000 € angegeben.

Die Niederschrift wurde von dem amtierenden Notar den Erschienenen vorgelesen, von diesen genehmigt und eigenhändig wie folgt unterschrieben:

...

(Unterschriften von Karl, Franziska, Werner und Felix Schmidt und des beurkundenden Notars)

Anmerkungen

Wünscht der Übergeber eine **umfassende Weiternutzungsmöglichkeit** am übertragenen Grundbesitz, ist anstelle eines Wohnungsrechts (§ 1093 BGB) der Nießbrauch (§ 1030 BGB) vorzubehalten. Er erlaubt die umfassende (Weiter-)Nutzung des Vertragsobjekts „wie ein Eigentümer", jedoch im Unterschied zu diesem ohne Zugriff auf die Substanz (z.B. durch Veräußerung oder wesentliche Umgestaltung).

Da sich die Übergeber in dieser Urkunde den Nießbrauch an dem übergebenen Grundstück vorbehalten haben, gilt die Schenkung mit der Übertragung des Grundstücks auf den Sohn Werner noch nicht als endgültig vollzogen i.S.d. § 2325 BGB (siehe oben Ziffer 2.), so dass auch die „Abschmelzungsfrist" von zehn Jahren nicht zu laufen beginnt. Dem **Pflichtteilsberechtigten** (Sohn Felix) stünde also beim Tod der Übergeber der Pflichtteilsergänzungsanspruch in voller Höhe zu (falls er nicht in der Urkunde darauf verzichtet hätte).

Der **bedingte Rückübertragungsanspruch** (Abschnitt VII. im Mustervertrag) schützt den Übertragenden vor nachträglichen Veränderungen in der Person des Erwerbers oder dessen Vermögensverhältnissen, die gleichsam die Geschäftsgrundlage (im untechnischen Sinne) für die Übertragung entfallen lassen. Tritt ein solcher Fall ein, kann (nicht muss!) der Überlasser das Grundstück zurückholen.

Typische **Auslöser** der Rückforderungsverpflichtung sind

– neben dem **Vermögensfall beim Erwerber** (dessen Eigengläubiger würden das Grundstück als äußerst willkommene Verbreiterung seiner Vermögensmasse ansehen) und

– dessen **Vorversterben** (weil anders als bei Vor- und Nacherbschaft bei lebzeitiger Übertragung von Grundbesitz der Erwerber autonom bestimmt, wer sein Erbe wird), auch die **Veräußerung oder** (**dingliche**) **Belastung** des Übertragungsobjekts ohne vorherige schriftliche Zustimmung der Überlasser.

Die Beteiligten können die zur Rückforderung berechtigenden Gründe frei bestimmen, wobei ein **freies** (= willkürliches, jederzeitig ausübbares) Widerrufsrecht **nicht ratsam** ist. Der im Muster des Übergabevertrags enthaltene Formulierungsvorschlag sollte ergänzt werden, wenn der Erwerber zu Lebzeiten des Übertragenden werterhöhende Aufwendungen auf das Objekt plant (z.B. energetische Gebäudesanierung).

§ 16   Prüfung der Amtsführung des Notars

I.   Hintergrund, rechtliche Grundlagen

Als unabhängige Träger eines öffentlichen Amts (§ 1 BNotO) arbeiten Notare sachlich weisungsfrei. Gleichwohl unterliegen sie einer **Aufsicht**. Sie umfasst nicht nur die **präventive Kontrolle** mithilfe von Genehmigungs- und Anzeigepflichten, die bestimmten, typischen Gefahren vorbeugen sollen (z.b. die Genehmigungspflicht bei Ausübung bestimmter Nebentätigkeiten, § 8 Abs. 3 BNotO, oder die Anzeigepflicht bei Beurkundungen außerhalb des Amtesbereichs, § 10a Abs. 3 BNotO). Aufsicht meint auch – nachsorgend – die **regelmäßige Prüfung** und Überwachung der Amtsführung der Notare (sog. Amtsprüfung, § 93 BNotO).

Gemäß § 93 Abs. 1 Satz 1 BNotO obliegt den Aufsichtsbehörden die regelmäßige (d.h. anlassunabhängige) Prüfung und Überwachung der Amtsführung der Notare, i.d.R. in Abständen von vier Jahren (§ 32 Abs. 1 DONot; in Bayern: sechs Jahre), bei einem neubestellten Notar innerhalb der ersten zwei Jahre seiner Tätigkeit (§ 93 Abs. 1 Satz 3 BNotO). Zwischenprüfungen und Stichproben sind ohne besonderen Anlass zulässig (§ 93 Abs. 1 Satz 2 BNotO).

Die Prüfung wird von dem Präsidenten des Landgerichts (§ 92 Nr. 1 BNotO) oder Richtern auf Lebenszeit, welche dieser mit der Prüfung beauftragt hat – ggf. unter Heranziehung von Beamten der Justizverwaltung (§ 93 Abs. 3 Satz 3 BNotO) –, durchgeführt (§ 32 Abs. 2 Satz 1 DONot).

Gegenstand der Prüfung ist die ordnungsmäßige Erledigung der Amtsgeschäfte des Notars (§ 93 Abs. 2 Satz 1 BNotO). Die Prüfung erstreckt sich (§ 93 Abs. 2 Satz 2 BNotO):

– auf die Einrichtung der Geschäftsstelle,

– auf die Führung und Aufbewahrung der Bücher, Verzeichnisse und Akten,

– auf die ordnungsgemäße automatisierte Verarbeitung personenbezogener Daten,

– auf die vorschriftsmäßige Verwahrung von Wertgegenständen,

– auf die rechtzeitige Anzeige von Vertretungen sowie

– auf das Bestehen der Haftpflichtversicherung.

In jedem Fall ist eine größere Anzahl von Urkunden und Nebenakten **durchzusehen** und dabei auch die Kostenberechnung zu prüfen (**Kostenprüfung**). Soweit bei dem Notar die Kostenberechnung und der Kosteneinzug bereits von einem Beauftragten der Notarkasse geprüft werden, ist eine Prüfung nicht erforderlich.

Der Notar ist zur **Mitwirkung** an der Amtsprüfung im Rahmen des § 93 Abs. 4 BNotO verpflichtet. Die Prüfer berichten dem Präsidenten des Landgerichts über das Ergebnis der Prüfung; dieser trifft bei Beanstandungen etwa erforderliche Anordnungen (§ 32 Abs. 3 DONot).

Zur vertiefenden Lektüre wird hingewiesen auf BLASESCHKE, Praxishandbuch Notarprüfung, 2. Aufl. 2010, und den Kommentar von WEINGÄRTNER/GASSEN/SOMMERFELDT, Dienstordnung für Notarinnen und Notare, 13. Aufl. 2016.

II.   Checkliste

Die nachstehende, auszugsweise wiedergegebene und aktualisierte Checkliste eines Notarprüfers soll dazu beitragen, Fehlerquellen zu identifizieren und auszuschalten.

Eine vergleichbare „Checkliste für die Durchführung der Amtsprüfung der Notare" ist abgedruckt als Anlage 7 der sogenannten Bekanntmachung betreffend die Angelegenheiten der Notare (**NotBek**) des Bayerischen Justizministeriums. Die NotBek ist im Justizministerialblatt veröffentlicht. Sie enthält in Abschnitt 11 weitere Informationen zur Amtsprüfung und als Anlage 5 ein Musteranschreiben zur Ankündigung sowie als Anlage 6 ein Merkblatt für die Durchführung der Amtsprüfung. Die NotBek einschließlich Anlagen kann über das Rechtsportal *www.gesetze-bayern.de* und dort über den Reiter „Verwaltungsvorschriften" und die Suchfunktion abgerufen werden (hier: *http://www.gesetze-bayern.de/Search/Hitlist*).

 Checkliste: Notarprüfungen

Einrichtung der Geschäftsstelle

Nach § 93 BNotO erstreckt sich die Prüfung auch auf die Einrichtung der Geschäftsstelle, auf die Führung und Aufbewahrung der Bücher und Akten sowie auf den ordnungsgemäßen Zustand und die Verwahrung der Siegelgerätschaften.

Generalakten

☐ Ordnungsgemäße Vertreterbestellungen?

☐ Schriftwechsel mit der Dienstaufsicht abgeheftet?

☐ Ordnungsgemäße Belehrung der Angestellten nach § 26 BNotO?

☐ Einhaltung der Vorgaben zu § 26a BNotO?

☐ Sind die Dokumentationen zur DSGVO und zum GwG vorhanden und aktuell?

☐ Zahl und Namen der an der Notarstelle beschäftigten Mitarbeiter?

Akten und sonstige Sammelwerke des Notars

☐ Wird bei der Aktenausschneiderung § 5 Abs. 4 DONot beachtet und bei der Vernichtung das Amtsgeheimnis ausreichend gewahrt?

☐ Verzeichnis der in Verwahrung genommenen Erbverträge?

☐ Dokumentation der 30jährigen Regelprüfung und ihrer Wiederholungen gem. § 20 Abs. 5 DONot?

Beanstandungen zur Urkundenrolle

☐ Ist das Titelblatt ordnungsgemäß ausgefüllt?

☐ Stichproben, ob das alphabetische Namensverzeichnis vollständig ist.

☐ Sind Beginn und Ende der Vertretung ordnungsgemäß in der Urkundenrolle vermerkt worden?

☐ Die in der Urkundenrolle eingetragenen Vertretungszeiten müssen mit denen der Generalakten übereinstimmen und umgekehrt.

☐ Ordnungsgemäße Eintragung in der Urkundenrolle?

☐ Sind die Beteiligten ordnungsgemäß eingetragen worden?

☐ Präzise Bezeichnung des Geschäftsgegenstands?

☐ Unterschriftsbeglaubigungen ohne Entwurf sind nur als Unterschriftsbeglaubigungen zu bezeichnen.

☐ Hat der Notar bei einer Unterschriftsbeglaubigung auch den Entwurf der Urkunde gefertigt, so hat er dies – neben dem Geschäftsgegenstand – in der Urkundenrolle zu vermerken.

☐ Bei Urkunden, in denen der Inhalt einer in der Urkundensammlung befindlichen Urkunde berichtigt, aufgehoben, geändert oder ergänzt wird, ist jeweils wechselseitig darauf in Spalte 5 zu verweisen.

☐ In diesem Zusammenhang empfiehlt es sich, in den betreffenden Urkunden nachzusehen, ob in der Haupturkunde auch durch einen Vermerk auf die spätere Urkunde hingewiesen worden ist.

☐ Wenn der Notar Erbverträge in Verwahrung hat, muss er das Erbvertragsverzeichnis führen.

☐ Sind unzulässige Ausschabungen in der Urkundenrolle vorgenommen worden?

Äußere Mängel der Urkunden

☐ Ist die Urkundensammlung vollständig?

☐ Hat der Notar zulässiges Schreibmaterial verwendet?

☐ Sind bei Zusätzen oder nicht nur geringfügigen Änderungen die Erfordernisse des § 44a BeurkG beachtet worden?

☐ Sind Lücken durch Füllstriche ausgefüllt?

☐ Sind Urkunden, die mehr als einen Bogen umfassen, entsprechend § 44 BeurkG und § 30 DONot ordnungsgemäß geheftet?

☐ Ist der Heftfaden angesiegelt?

☐ Die Urkunde muss vom Notar mit seinem Namen und dem Zusatz „Notar" unterzeichnet sein.

☐ Auf Urkunden, in denen der Inhalt einer früheren, in der Sammlung befindlichen Urkunde berichtigt, aufgehoben, geändert oder ergänzt wird, soll bei der Haupturkunde durch einen Vermerk hingewiesen werden.

☐ Auf der Urschrift der Urkunde soll der Notar vermerken, wem und an welchem Tag er eine Ausfertigung erteilt hat.

Überschreiten des Amtsbezirks

☐ Hat der Notar außerhalb seines Amtsbezirks Amtshandlungen vorgenommen (Amtsbezirk – Oberlandesgerichtsbezirk)?

Personenfeststellung

☐ Hat der Notar ausreichende Feststellungen darüber getroffen, wie er sich Gewissheit über die Person der Beteiligten verschafft hat?

☐ Ist der Vorbefassungsvermerk nach § 3 Abs. 1 BeurkG aufgenommen?

Angabe des Geburtsdatums

☐ Bei allen Beurkundungen und Beglaubigungen, die zur Eintragung im Grundbuch, im Vereins- und Güterrechtsregister führen, soll das Geburtsdatum angegeben werden, sofern es ohne besondere Schwierigkeiten zuverlässig festgestellt werden kann.

Verfügungsbefugnis

☐ Die Verfügungsbefugnis bei Rechtsgeschäften über Grundstücke oder Rechte an Grundstücken kann der Notar durch Einblick in das Grundbuch feststellen.

Einbeziehung von Protokollanlagen

☐ Sind Protokollanlagen, auf die in der Niederschrift Bezug genommen worden ist, vorgelesen und genehmigt worden?

Grundbucheinsicht

☐ In den in § 21 BeurkG genannten Fällen besteht für den Notar die Pflicht, sich vor der Beurkundung über den Grundbuchinhalt zu unterrichten. Ist dies geschehen?

Hinterlegungsvereinbarung

☐ Hinterlegungsanweisung als Bestandteil des Hauptvertrags oder gesonderte schriftliche Vereinbarung

☐ Hinterlegungsanweisung oder deren beglaubigte Abschrift in einer gesonderten Blattsammlung

☐ Inhalt der Hinterlegungsanweisung

☐ Person des Anweisenden

☐ Person des Empfangsberechtigten

☐ Hinterlegungszeitpunkt/eventuell Festgeldkonto

☐ Zinsen

☐ Auszahlungsvoraussetzung Briefpfandrecht

☐ Hat der Notar bei der Abtretung oder Belastung eines Briefrechts in der Niederschrift vermerkt, ob der Brief vorgelegen hat?

Genehmigungserfordernisse – Vorkaufsrecht

☐ Ist auf behördliche Genehmigungen und auf gesetzliche Vorkaufsrechte hingewiesen (§ 18 BeurkG)?

Unterschriftsbeglaubigung

☐ Bei einer Unterschriftsbeglaubigung hat der Notar anzugeben, ob die Unterschrift vor ihm geleistet oder vor ihm anerkannt worden ist. Falls nur ein Vermerkblatt in der Urkundensammlung bleibt, hat er dies darauf zu vermerken.

☐ Fernbeglaubigung?

Letztwillige Verfügungen

☐ Testamente und (ggf.) Erbverträge hat der Notar nach § 34 BeurkG unverzüglich nach der Errichtung dem Amtsgericht zur besonderen amtlichen Verwahrung einzureichen. Ist dies geschehen?

☐ Verwahrungsgeschäfte

☐ Die Feststellung, ob entsprechend §§ 11 und 12 DONot die Eintragungen in den Büchern vollständig sind.

☐ Keine Fremdgelder auf Privat- oder Geschäftskonten?

☐ Für jede Masse muss ein selbständiges Anderkonto errichtet werden.

- [ ] Ohne ausdrückliche Anweisung der Beteiligten dürfen die Gelder nicht auf ein Festgeldkonto umgebucht werden.
- [ ] Sind Fremdgelder ordnungsgemäß verwaltet worden?
- [ ] Unverzügliche Auszahlung?
- [ ] Auszahlung an den Berechtigten?
- [ ] Ordnungsgemäße Abführung der Zinsen?
- [ ] Vollständigkeit der Belegsammlung? Verfügungen über Beträge aus Anderkonten durch Überweisungen sind durch Belege nachzuweisen. Die Belege müssen die Ausführungsbestätigung der Bank enthalten.

Stichwortverzeichnis

Die Zahlen verweisen auf die Seiten.